GLOSSAIRE

GLO

de term

MCMLXXXIX
ZODIAQUE
introductions à
la nuit des temps

nos ouvrages et dont le contenu, par principe, est assez divers. Archéologie, architecture, art, liturgie..., la matière d'un tel glossaire est difficile à préciser de façon rigoureuse. Elle ne se peut définir que par le caractère utilitaire qu'elle revêt et ce sont les usagers d'un tel volume, à l'exclusion des autres, qui pourront en dire l'intérêt et la valeur.

En tout glossaire de ce genre, l'illustration est essentielle. On l'a donc multipliée à dessein. Photographies et plus encore schémas nombreux, viennent éclairer le texte. Il est inutile d'insister sur le travail qu'a pu requérir cette exigence fondamentale de l'ouvrage. On a visé à la précision et la clarté, dans la mesure du possible.

Le plan du volume est simple : après quelques planches-répertoires, destinées à donner d'emblée les termes essentiels d'architecture, vient le glossaire lui-même. Dans les marges sont placées les figures, le plus près qu'on a pu du texte qu'elles illustrent. Par groupes sont rassemblées les photographies, afin de leur assurer, en hélio, une qualité à laquelle nous avons toujours tenu dans nos ouvrages et particulièrement en celui-ci. Il est finalement peu de livres plus passionnants à feuilleter et plus enrichissants à lire qu'un dictionnaire. Dans la mesure où la simple beauté de sa mise en pages et la valeur de son illustration le rendent plus agréable et attirant, il ne peut que devenir davantage cet ouvrage auquel on revient volontiers, ce compagnon de lecture et de vie que l'on garde toujours à portée de la main.

Après le glossaire lui-même, au terme du livre, un index analytique tente de regrouper les articles, nécessairement épars, autour de quelques termes principaux. Ainsi devrait être en partie compensé le défaut inhérent au principe même de tout dictionnaire – par ailleurs si pratique – : cet index indique en effet les éléments constitutifs ou dérivés de thèmes généraux. Il devrait permettre de retrouver les termes ou les notions que l'on aurait oubliés, voire même de découvrir ceux ou celles que l'on pourrait ignorer et, à ces deux titres, sera de nature à rendre quelque service.

Enfin, dans cette nouvelle édition, nous avons ajouté un index alphabétique des termes du glossaire en anglais, allemand, espagnol, italien, ce qui devrait faciliter la lecture des ouvrages en ces diverses langues.

La documentation photographique, tant en noir qu'en couleurs, voudrait montrer qu'un dictionnaire n'est point forcément un livre austère, un ouvrage technique, à placer sur le rayon des livres nécessaires, certes, mais d'abord ingrat. Tout à l'inverse, nous voudrions qu'un tel volume s'insère parmi ses frères de *La nuit des temps* dont il est l'introduction et le complément indispensable, sans nulle apparence de rupture, voire même de différence de nature : il s'agit en tous les cas de livres qui souhaitent être utiles et qui désirent atteindre, dans leur forme comme dans leur fond, à un certain niveau de qualité, si propre à la dignité et au caractère même du livre.

Encore une fois, nos éditions ne se donnent pas pour réservées à un auditoire restreint de spécialistes. Bien au contraire, elles veulent ouvrir l'intelligence du monde roman à un vaste public, désireux d'approcher un tel domaine, trop longtemps réservé à un petit nombre d'initiés.

Ce disant, nous ne voulons pas laisser entendre que nous faisons peu de cas du sérieux et de la valeur scientifique de tels travaux. Nous souhaitons, au contraire, introduire nos lecteurs au cœur du monument, en leur assurant des guides savants et sûrs. Mais, d'une part, toute œuvre réalisée a ses limites, celle-ci plus que d'autres. En outre, il serait vain de prétendre fermer l'accès de quelque science que ce soit au grand nombre, sous prétexte d'en sauvegarder la valeur. Ne serait-ce point faire montre de quelque pharisaïsme en ce domaine et mériter, toutes proportions gardées, le dur reproche fait par le Christ aux docteurs de la Loi, en son temps : « Malheur à vous, légistes, parce que vous avez enlevé la clef de la science ! Vous-mêmes n'y êtes pas entrés, et ceux qui voulaient entrer, vous les en avez empêchés ! »

Puissent ces clefs être les bonnes : faciliter l'accès du domaine de l'art chrétien dans sa réalité religieuse la plus authentique, la plus vraie, servir à nombre d'hommes de notre temps pour qui le monde de l'art roman a quitté le domaine plus ou moins trompeur de l'esthétique pour gagner celui de la vie. Avouons-le pour finir : nous n'avons pas d'autre ambition.

nos ouvrages et dont le contenu, par principe, est assez divers. Archéologie, architecture, art, liturgie..., la matière d'un tel glossaire est difficile à préciser de façon rigoureuse. Elle ne se peut définir que par le caractère utilitaire qu'elle revêt et ce sont les usagers d'un tel volume, à l'exclusion des autres, qui pourront en dire l'intérêt et la valeur.

En tout glossaire de ce genre, l'illustration est essentielle. On l'a donc multipliée à dessein. Photographies et plus encore schémas nombreux, viennent éclairer le texte. Il est inutile d'insister sur le travail qu'a pu requérir cette exigence fondamentale de l'ouvrage. On a visé à la précision et la clarté, dans la mesure du possible.

Le plan du volume est simple : après quelques planches-répertoires, destinées à donner d'emblée les termes essentiels d'architecture, vient le glossaire lui-même. Dans les marges sont placées les figures, le plus près qu'on a pu du texte qu'elles illustrent. Par groupes sont rassemblées les photographies, afin de leur assurer, en hélio, une qualité à laquelle nous avons toujours tenu dans nos ouvrages et particulièrement en celui-ci. Il est finalement peu de livres plus passionnants à feuilleter et plus enrichissants à lire qu'un dictionnaire. Dans la mesure où la simple beauté de sa mise en pages et la valeur de son illustration le rendent plus agréable et attirant, il ne peut que devenir davantage cet ouvrage auquel on revient volontiers, ce compagnon de lecture et de vie que l'on garde toujours à portée de la main.

Après le glossaire lui-même, au terme du livre, un index analytique tente de regrouper les articles, nécessairement épars, autour de quelques termes principaux. Ainsi devrait être en partie compensé le défaut inhérent au principe même de tout dictionnaire – par ailleurs si pratique – : cet index indique en effet les éléments constitutifs ou dérivés de thèmes généraux. Il devrait permettre de retrouver les termes ou les notions que l'on aurait oubliés, voire même de découvrir ceux ou celles que l'on pourrait ignorer et, à ces deux titres, sera de nature à rendre quelque service.

Enfin, dans cette nouvelle édition, nous avons ajouté un index alphabétique des termes du glossaire en anglais, allemand, espagnol, italien, ce qui devrait faciliter la lecture des ouvrages en ces diverses langues.

La documentation photographique, tant en noir qu'en couleurs, voudrait montrer qu'un dictionnaire n'est point forcément un livre austère, un ouvrage technique, à placer sur le rayon des livres nécessaires, certes, mais d'abord ingrat. Tout à l'inverse, nous voudrions qu'un tel volume s'insère parmi ses frères de *La nuit des temps* dont il est l'introduction et le complément indispensable, sans nulle apparence de rupture, voire même de différence de nature : il s'agit en tous les cas de livres qui souhaitent être utiles et qui désirent atteindre, dans leur forme comme dans leur fond, à un certain niveau de qualité, si propre à la dignité et au caractère même du livre.

Encore une fois, nos éditions ne se donnent pas pour réservées à un auditoire restreint de spécialistes. Bien au contraire, elles veulent ouvrir l'intelligence du monde roman à un vaste public, désireux d'approcher un tel domaine, trop longtemps réservé à un petit nombre d'initiés.

Ce disant, nous ne voulons pas laisser entendre que nous faisons peu de cas du sérieux et de la valeur scientifique de tels travaux. Nous souhaitons, au contraire, introduire nos lecteurs au cœur du monument, en leur assurant des guides savants et sûrs. Mais, d'une part, toute œuvre réalisée a ses limites, celle-ci plus que d'autres. En outre, il serait vain de prétendre fermer l'accès de quelque science que ce soit au grand nombre, sous prétexte d'en sauvegarder la valeur. Ne serait-ce point faire montre de quelque pharisaïsme en ce domaine et mériter, toutes proportions gardées, le dur reproche fait par le Christ aux docteurs de la Loi, en son temps : « Malheur à vous, légistes, parce que vous avez enlevé la clef de la science ! Vous-mêmes n'y êtes pas entrés, et ceux qui voulaient entrer, vous les en avez empêchés ! »

Puissent ces clefs être les bonnes : faciliter l'accès du domaine de l'art chrétien dans sa réalité religieuse la plus authentique, la plus vraie, servir à nombre d'hommes de notre temps pour qui le monde de l'art roman a quitté le domaine plus ou moins trompeur de l'esthétique pour gagner celui de la vie. Avouons-le pour finir : nous n'avons pas d'autre ambition.

PLANCHES-RÉPERTOIRES

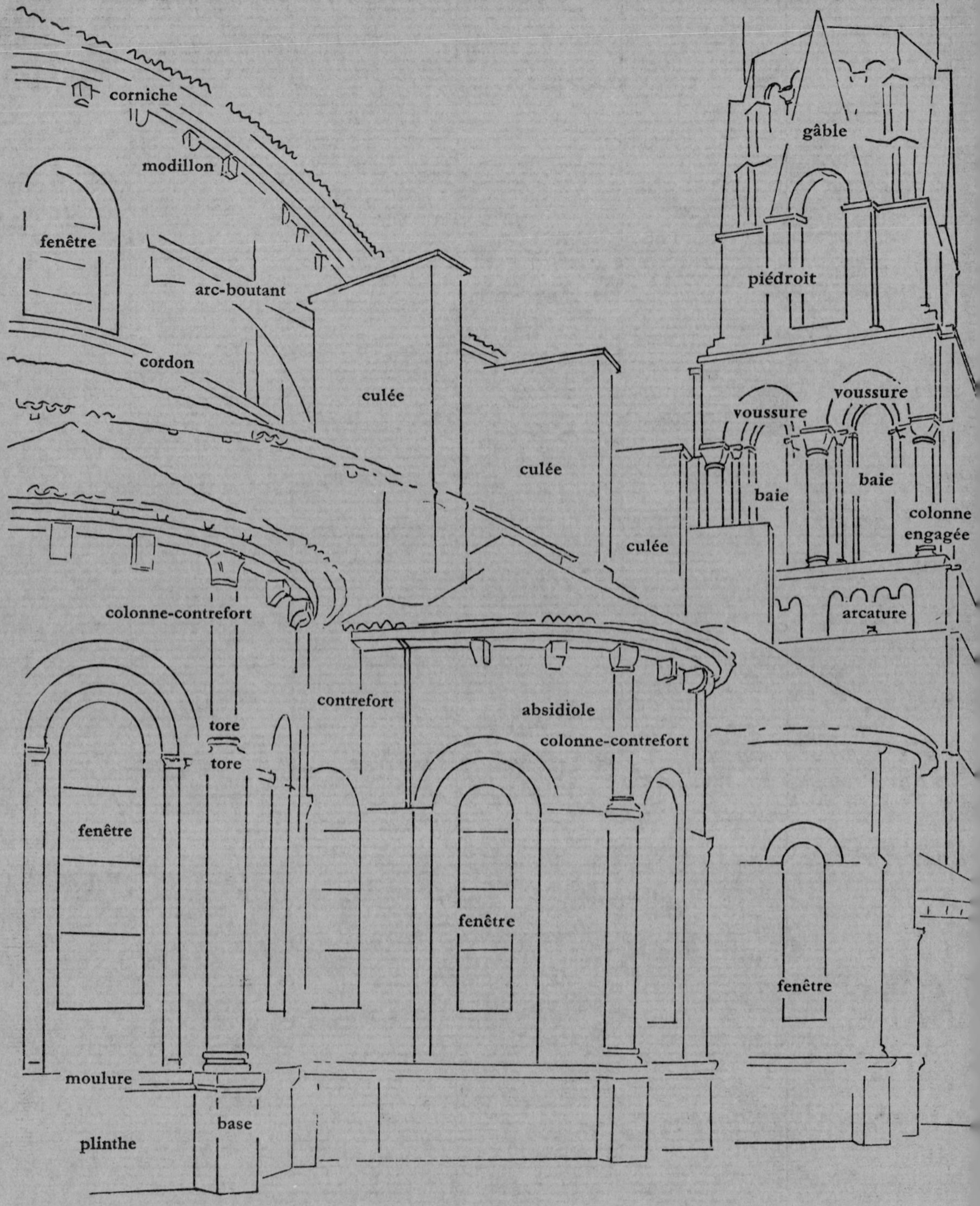
corniche
modillon
fenêtre
arc-boutant
cordon
culée
culée
culée
gâble
piédroit
voussure
voussure
baie
baie
colonne
engagée
arcature
colonne-contrefort
contrefort
absidiole
colonne-contrefort
tore
tore
fenêtre
fenêtre
fenêtre
moulure
base
plinthe

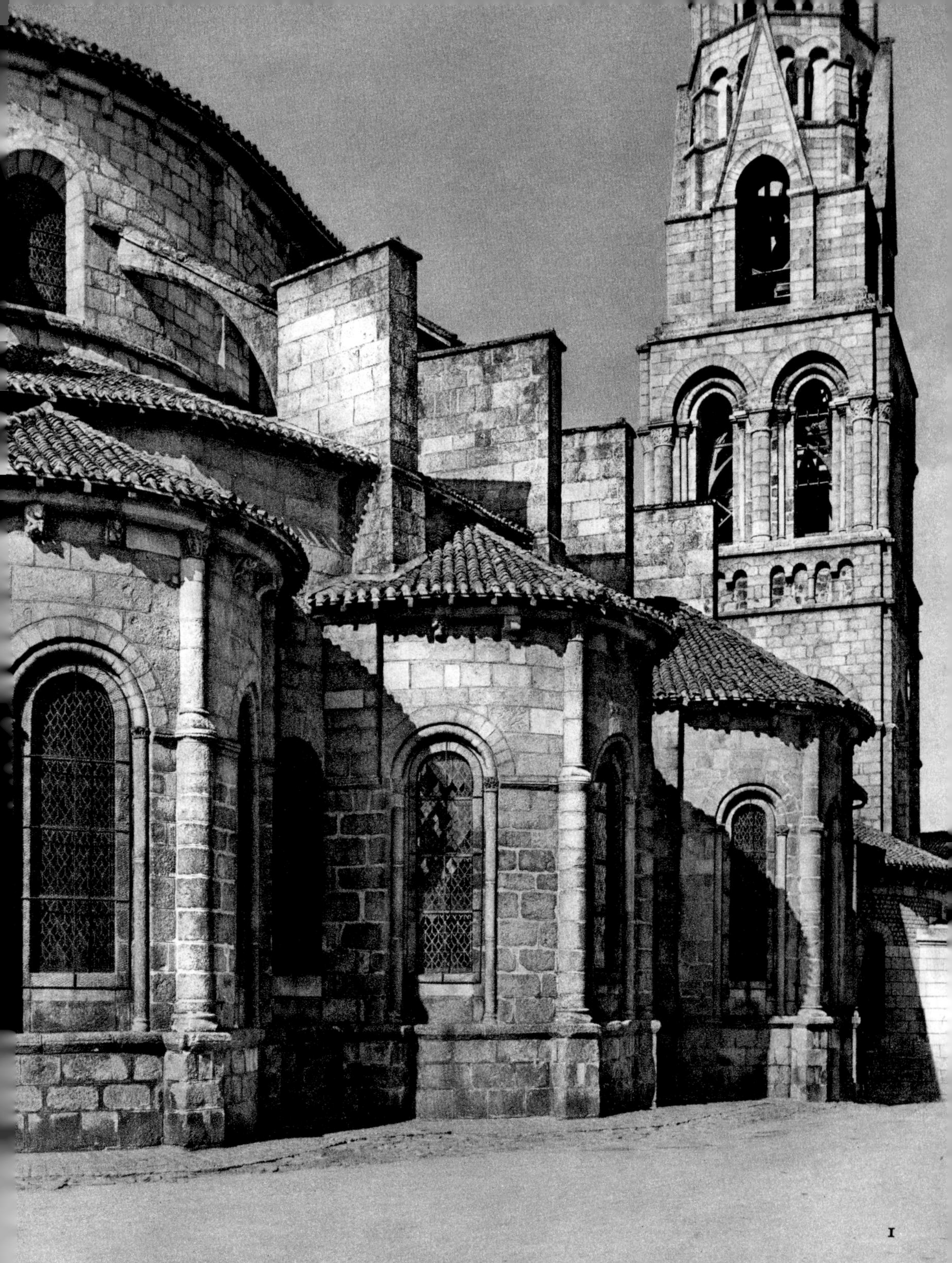

I

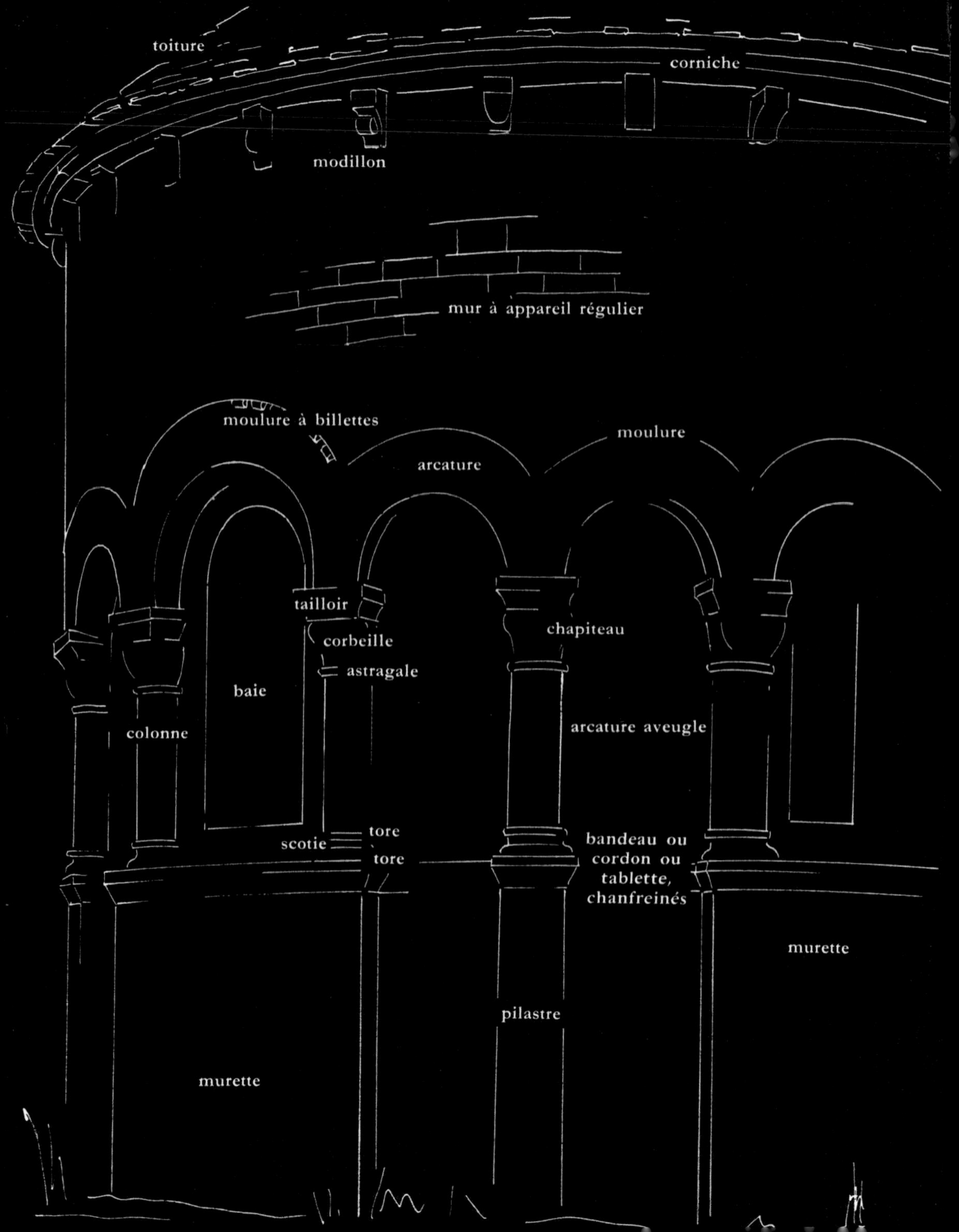
toiture
corniche
modillon
mur à appareil régulier
moulure à billettes
moulure
arcature
tailloir
corbeille
astragale
chapiteau
baie
colonne
arcature aveugle
tore
scotie
tore
bandeau ou cordon ou tablette, chanfreinés
murette
pilastre
murette

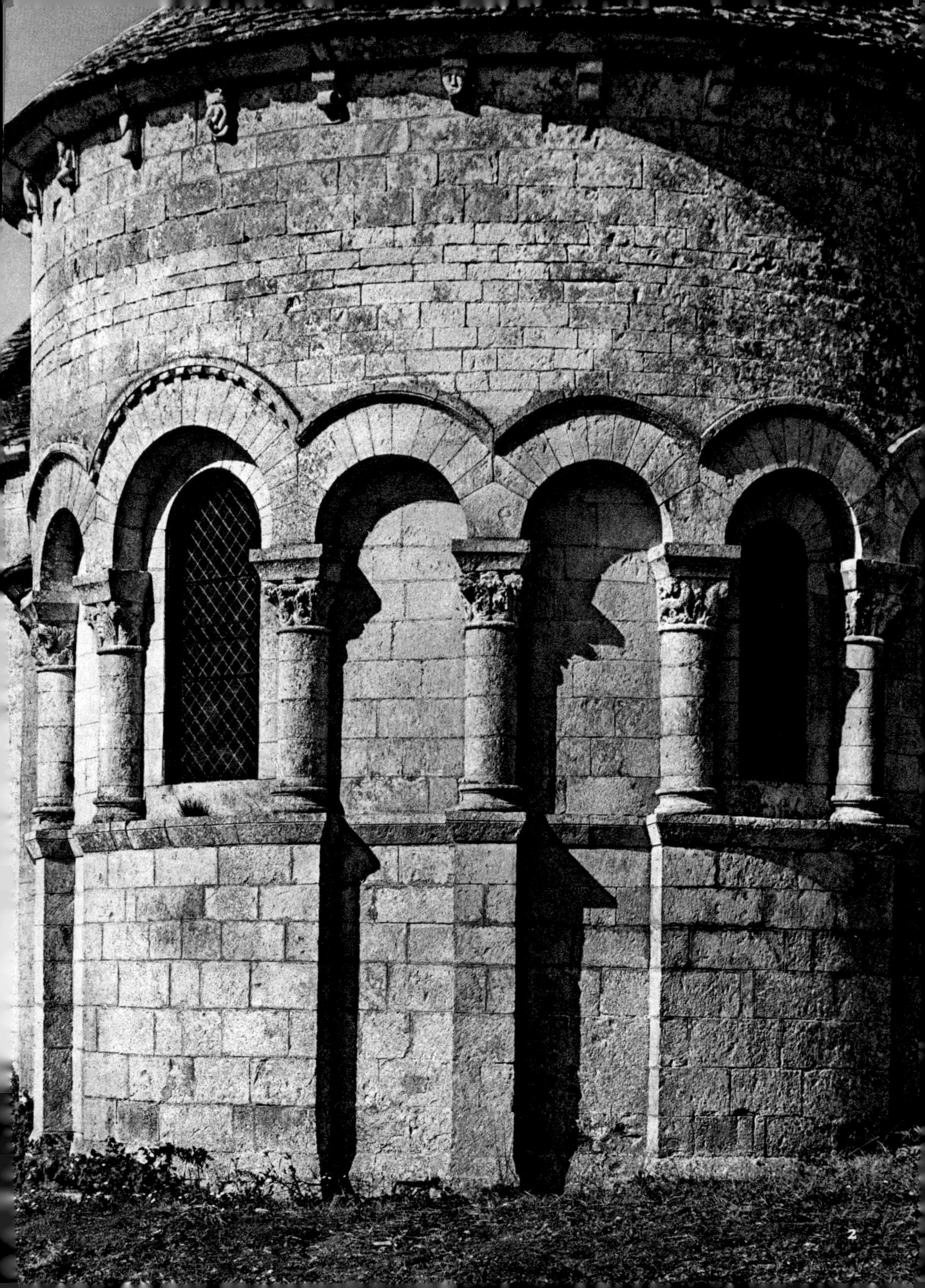

2

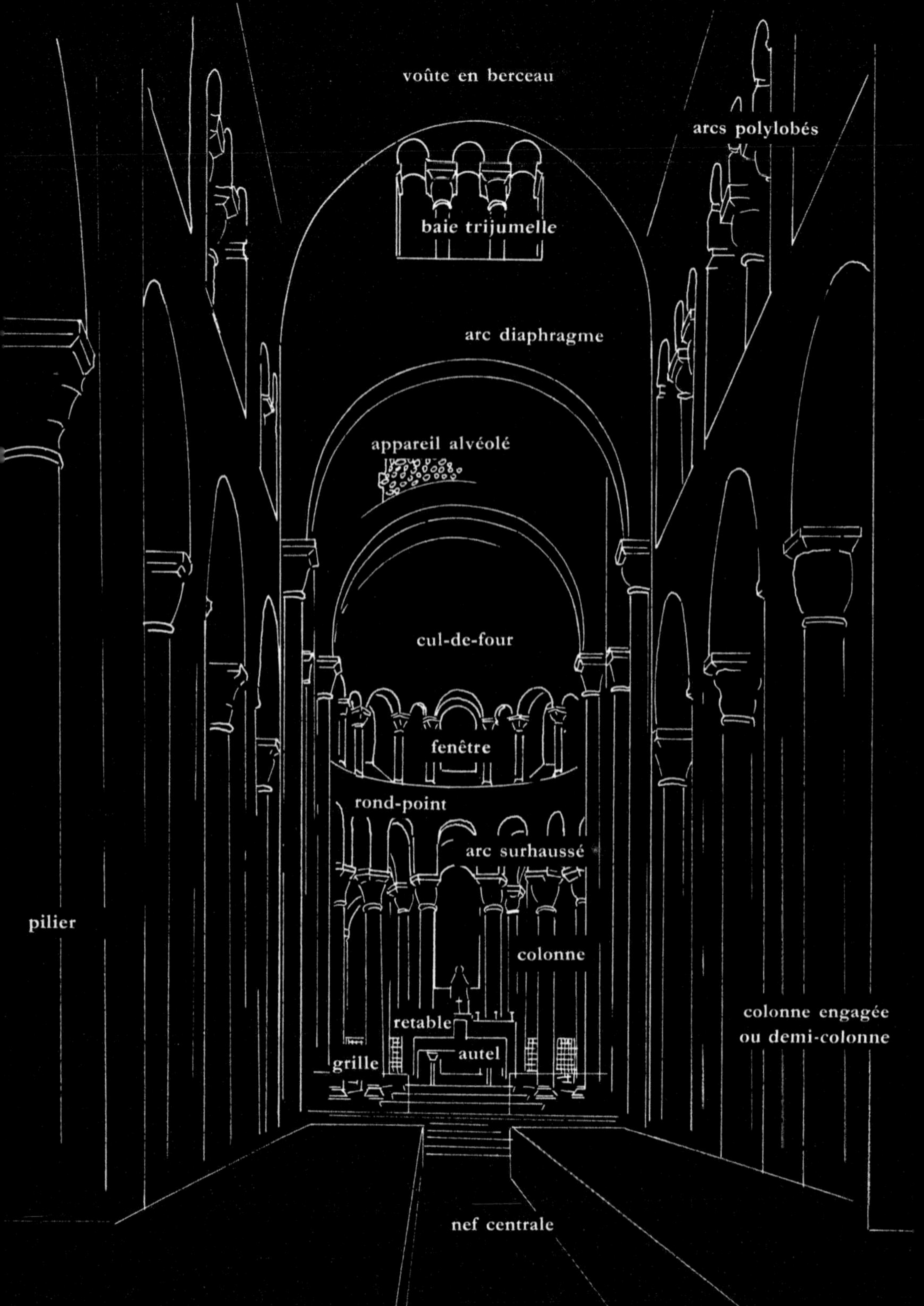
voûte en berceau
arcs polylobés
baie trijumelle
arc diaphragme
appareil alvéolé
cul-de-four
fenêtre
rond-point
arc surhaussé
pilier
colonne
colonne engagée
ou demi-colonne
retable
autel
grille
nef centrale

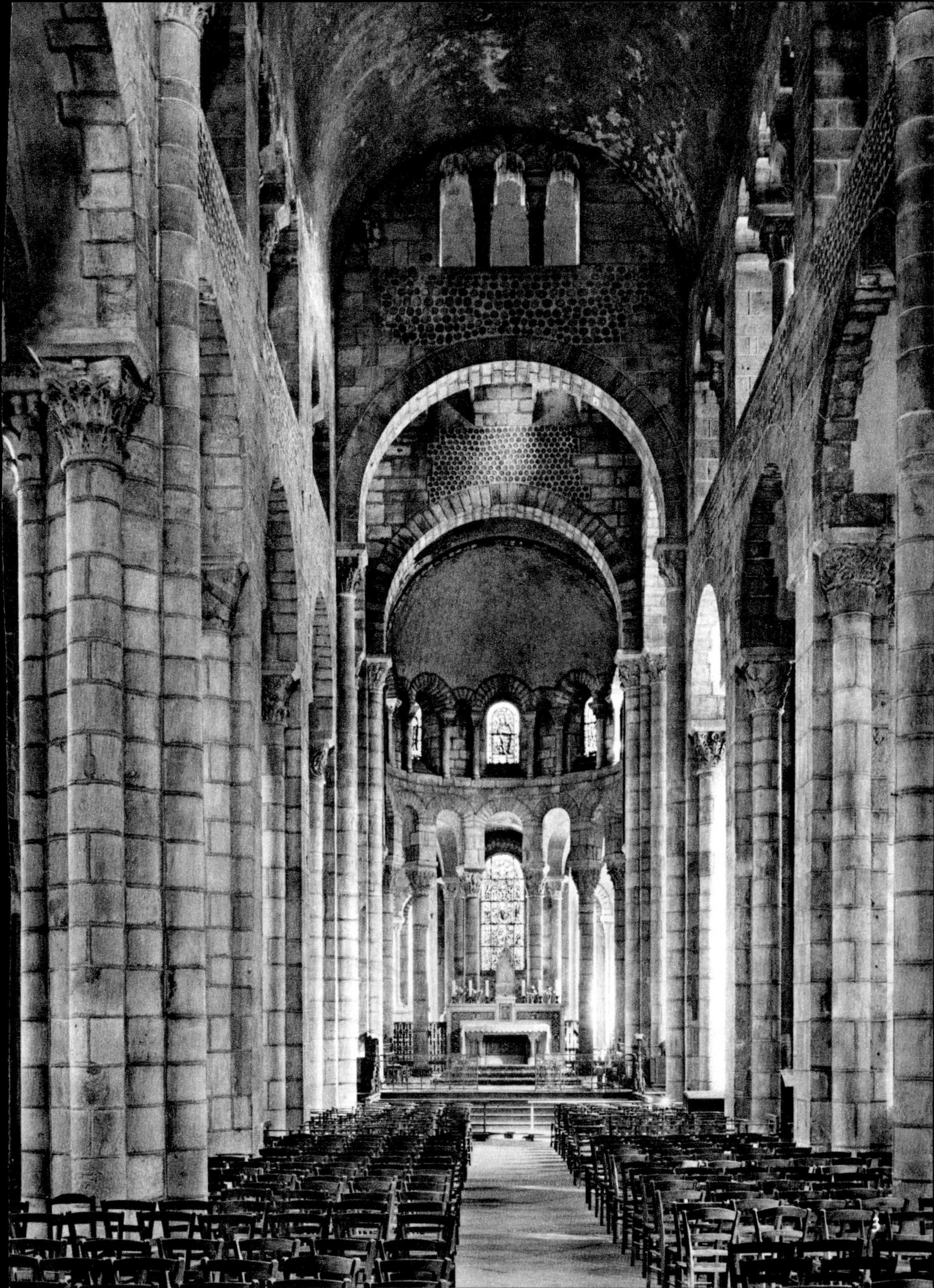

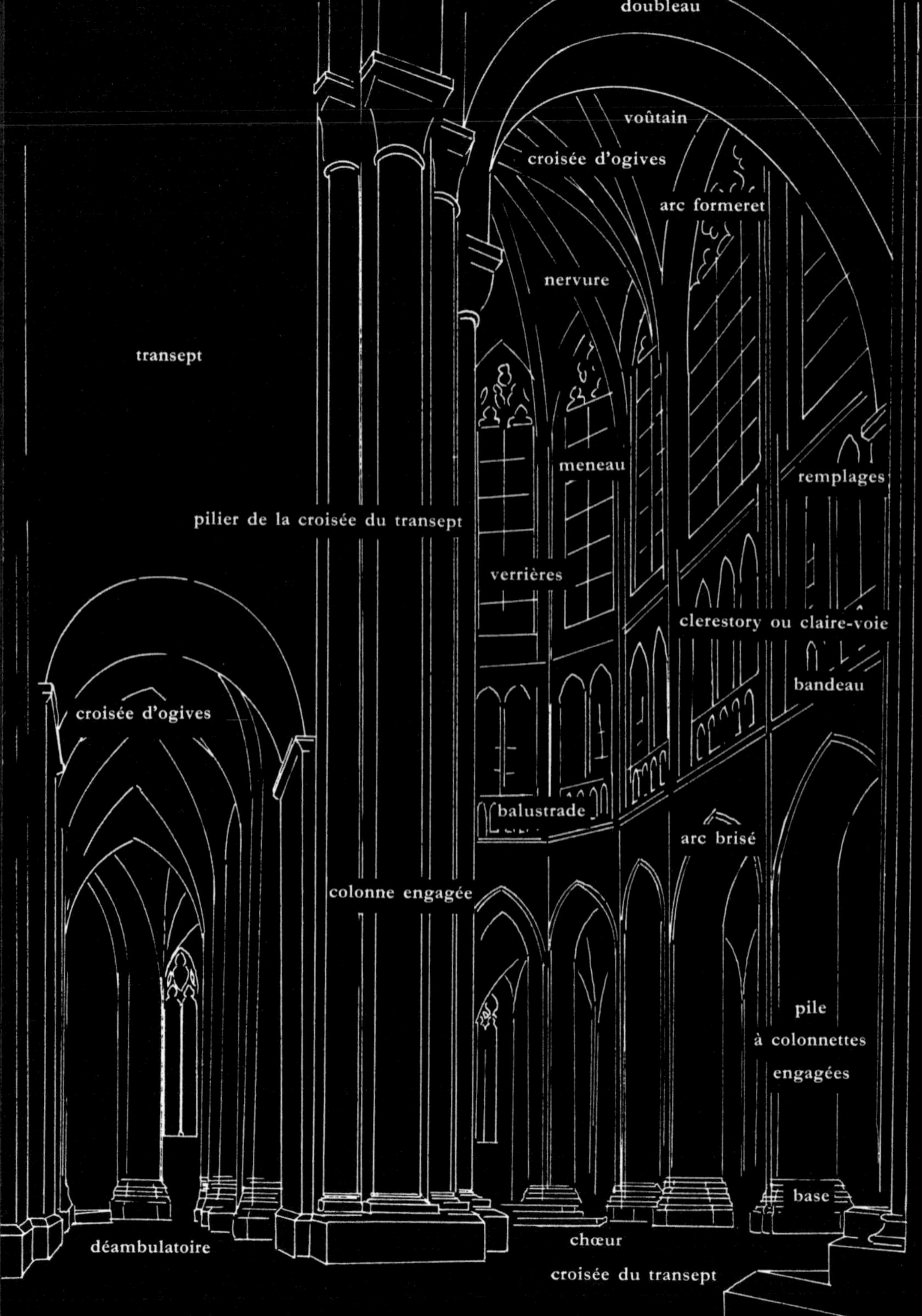
doubleau
voûtain
croisée d'ogives
arc formeret
nervure
transept
meneau
remplages
pilier de la croisée du transept
verrières
clerestory ou claire-voie
bandeau
croisée d'ogives
balustrade
arc brisé
colonne engagée
pile
à colonnettes
engagées
base
déambulatoire
chœur
croisée du transept

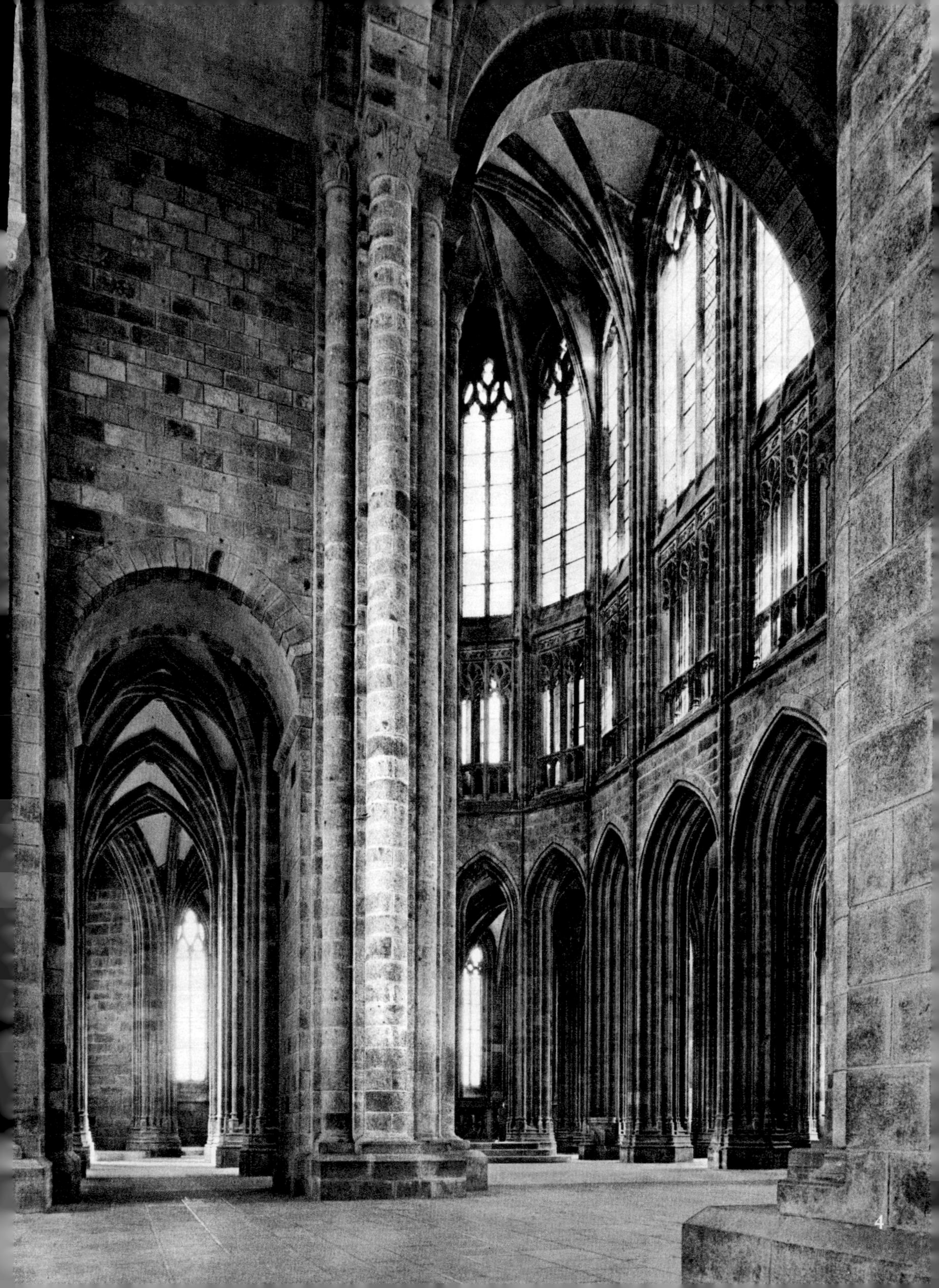

4

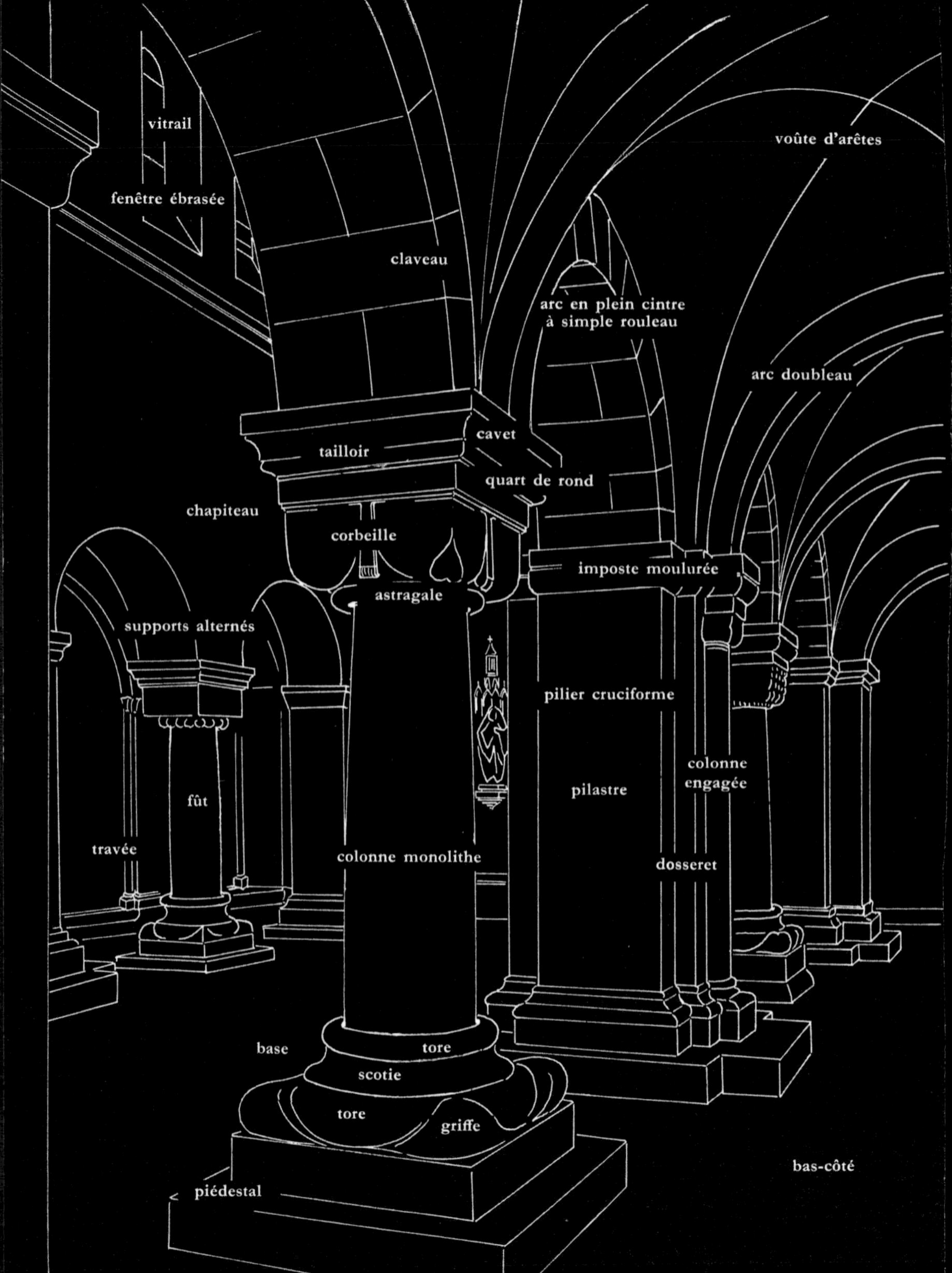
vitrail
fenêtre ébrasée
claveau
voûte d'arêtes
arc en plein cintre
à simple rouleau
arc doubleau
cavet
tailloir
quart de rond
chapiteau
corbeille
imposte moulurée
astragale
supports alternés
pilier cruciforme
colonne
engagée
pilastre
fût
travée
colonne monolithe
dosseret
base
tore
scotie
tore
griffe
bas-côté
piédestal

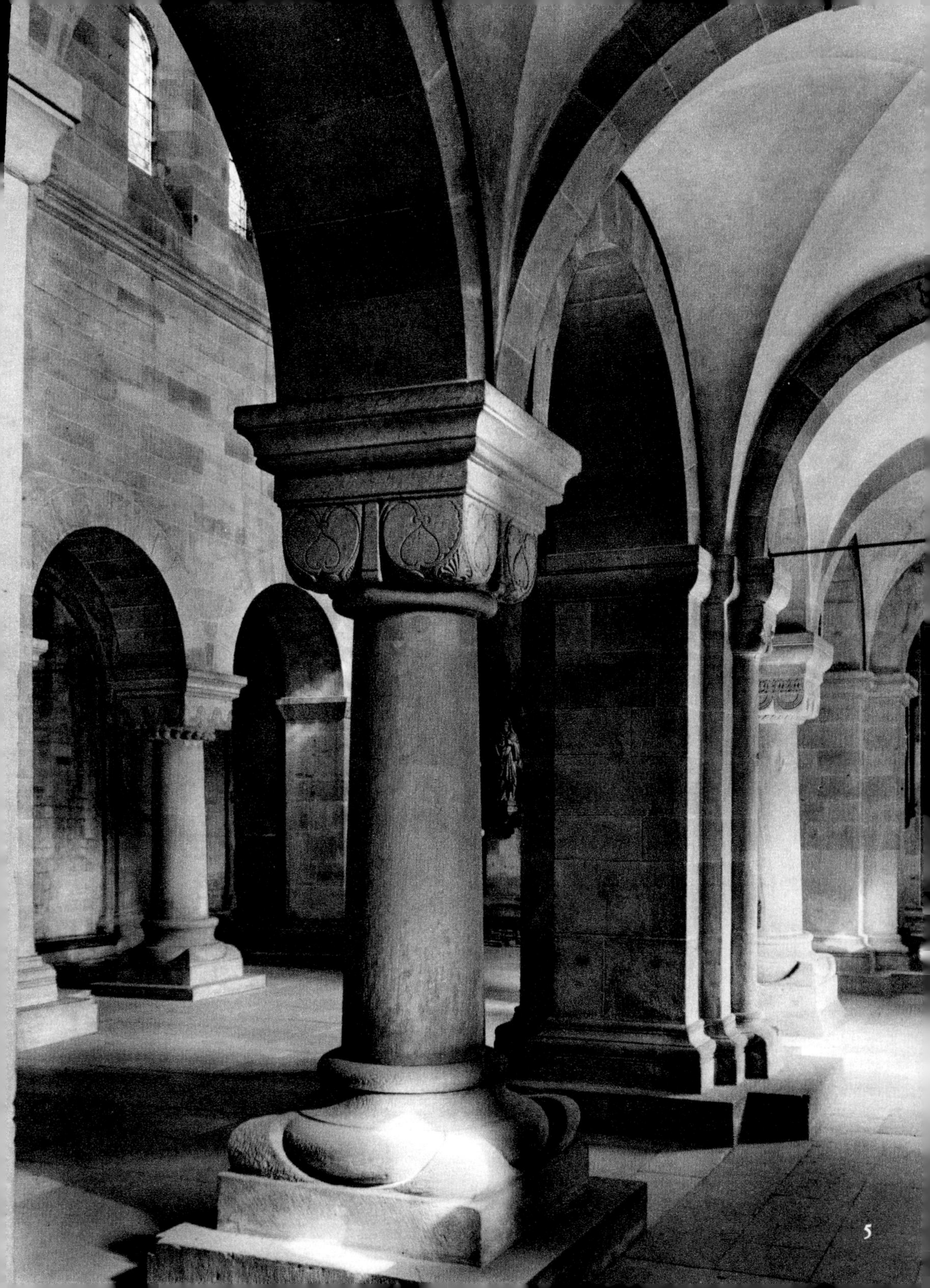

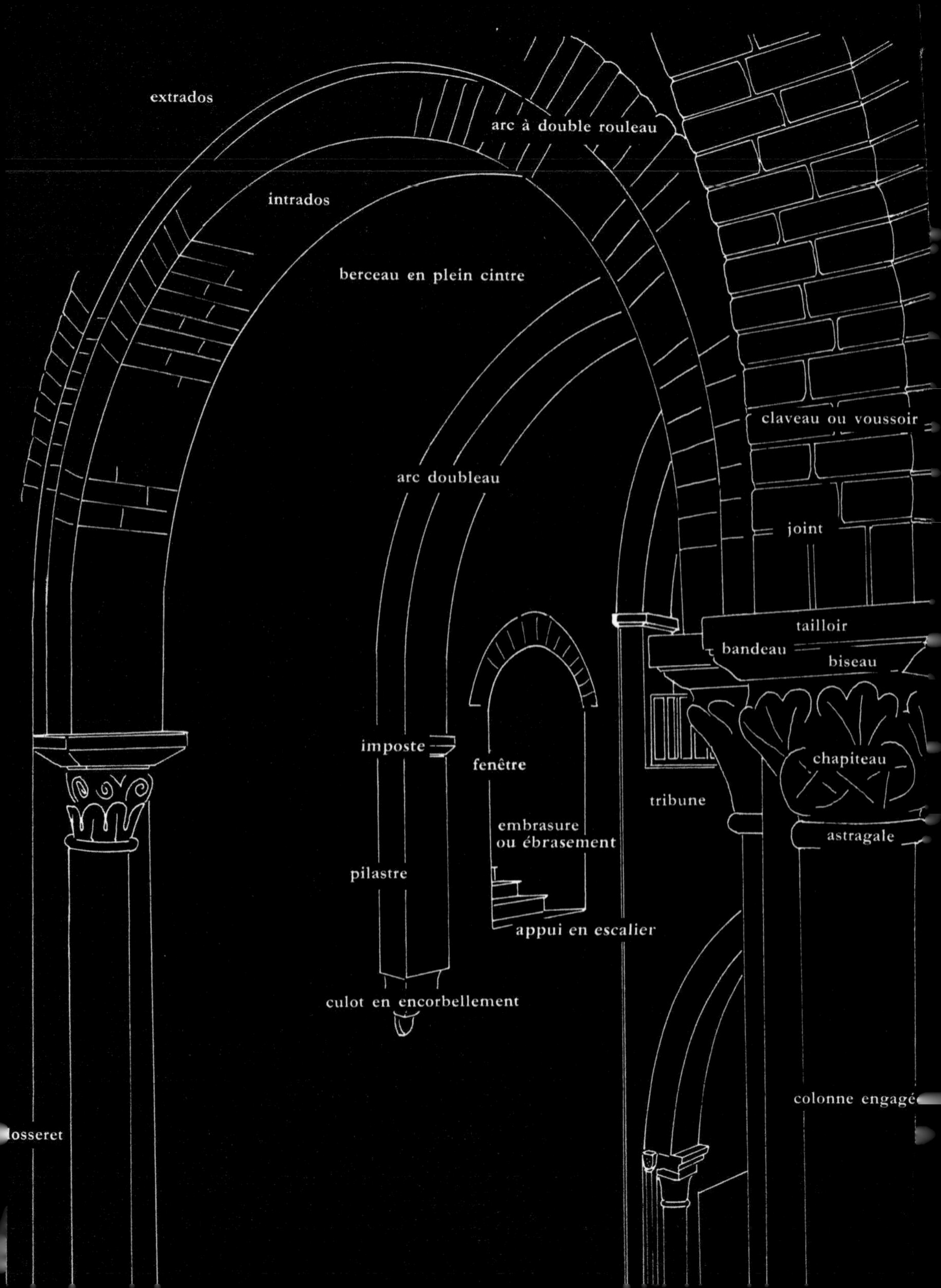
extrados
arc à double rouleau
intrados
berceau en plein cintre
claveau ou voussoir
arc doubleau
joint
tailloir
bandeau
biseau
imposte
fenêtre
chapiteau
tribune
embrasure
ou ébrasement
astragale
pilastre
appui en escalier
culot en encorbellement
colonne engagée
dosseret

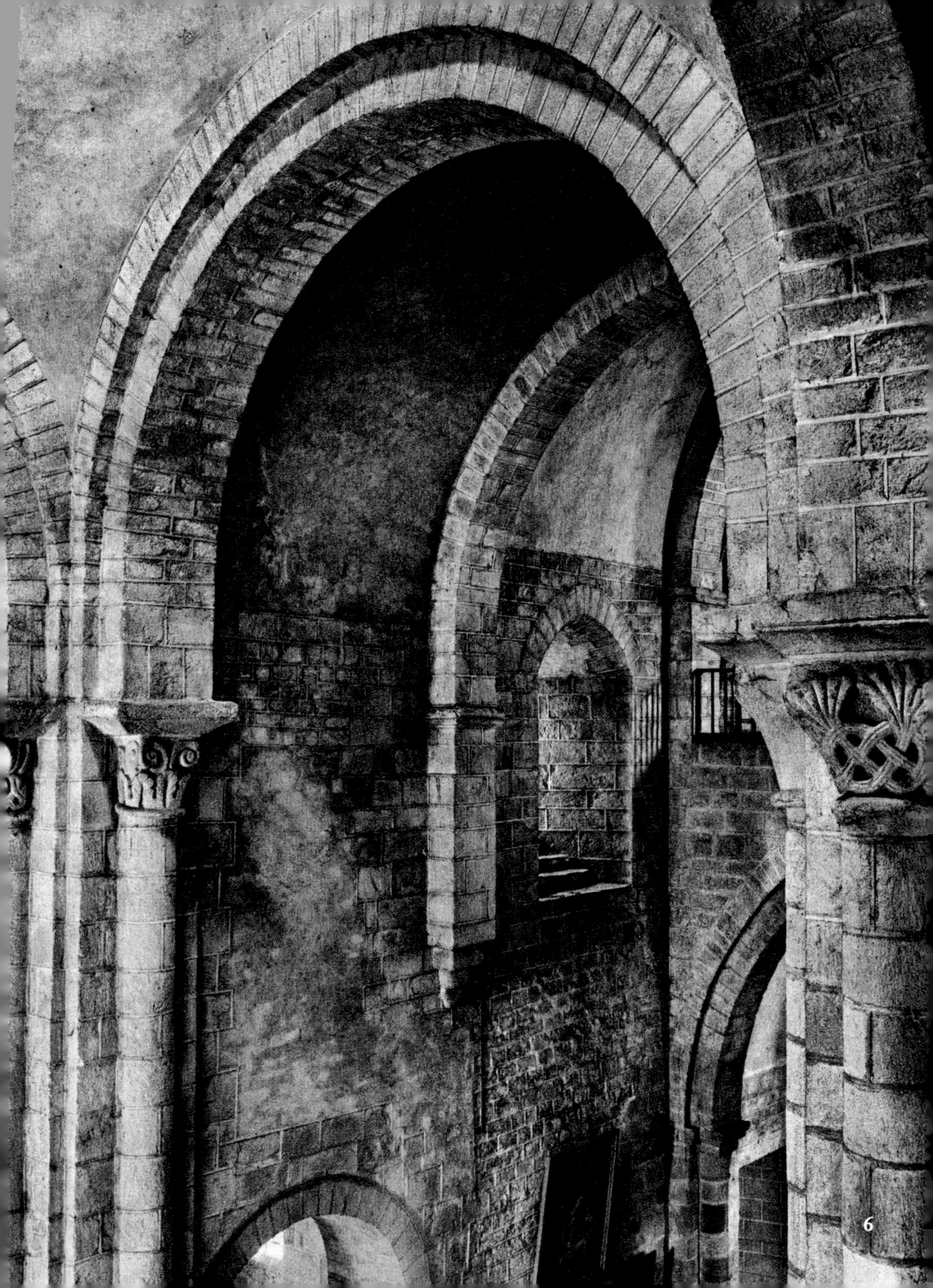

6

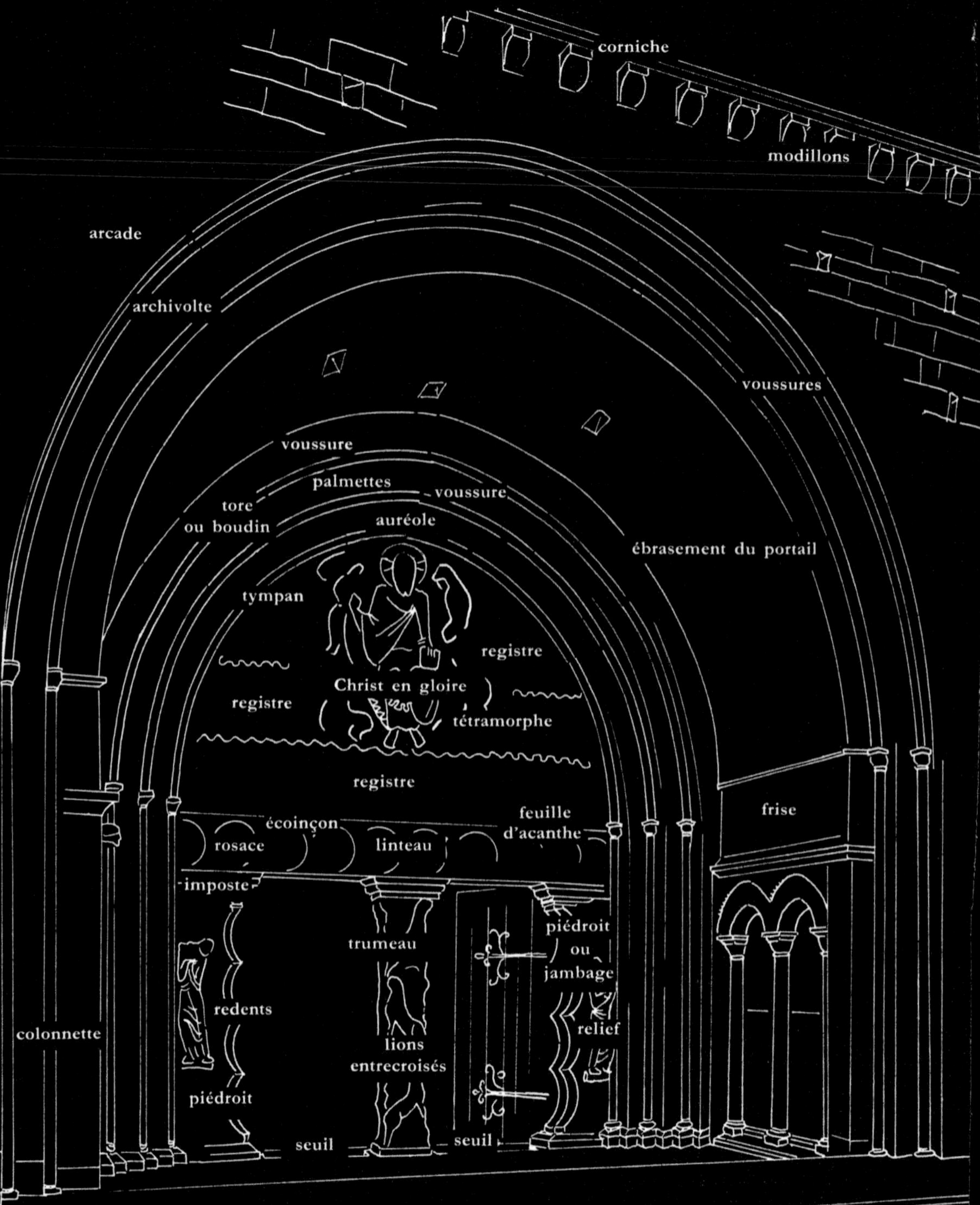
corniche
modillons
arcade
archivolte
voussures
voussure
palmettes
voussure
tore
ou boudin
auréole
ébrasement du portail
tympan
registre
Christ en gloire
registre
tétramorphe
registre
frise
écoinçon
feuille
d'acanthe
rosace
linteau
imposte
piédroit
ou
jambage
trumeau
redents
relief
colonnette
lions
entrecroisés
piédroit
seuil
seuil

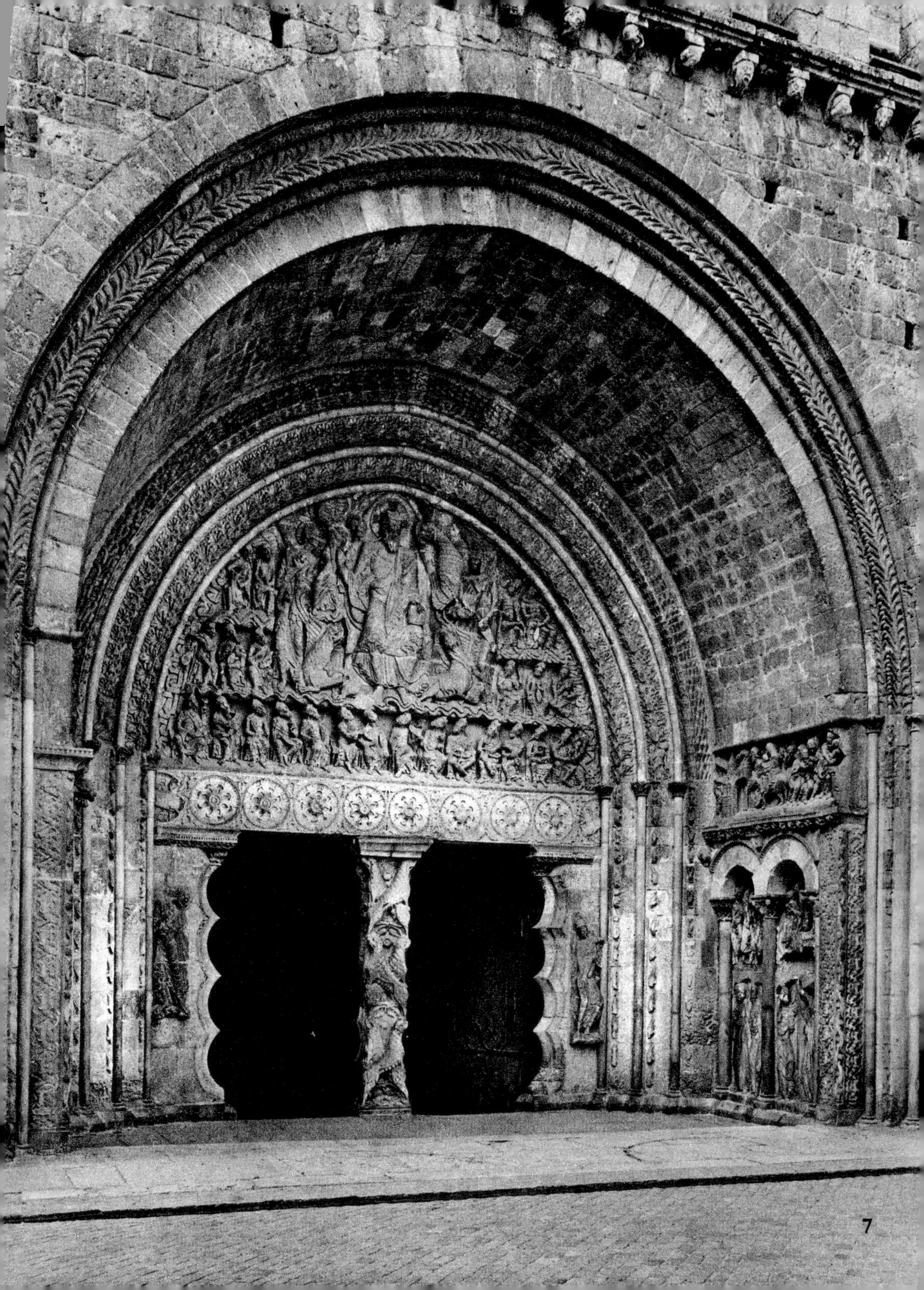

7

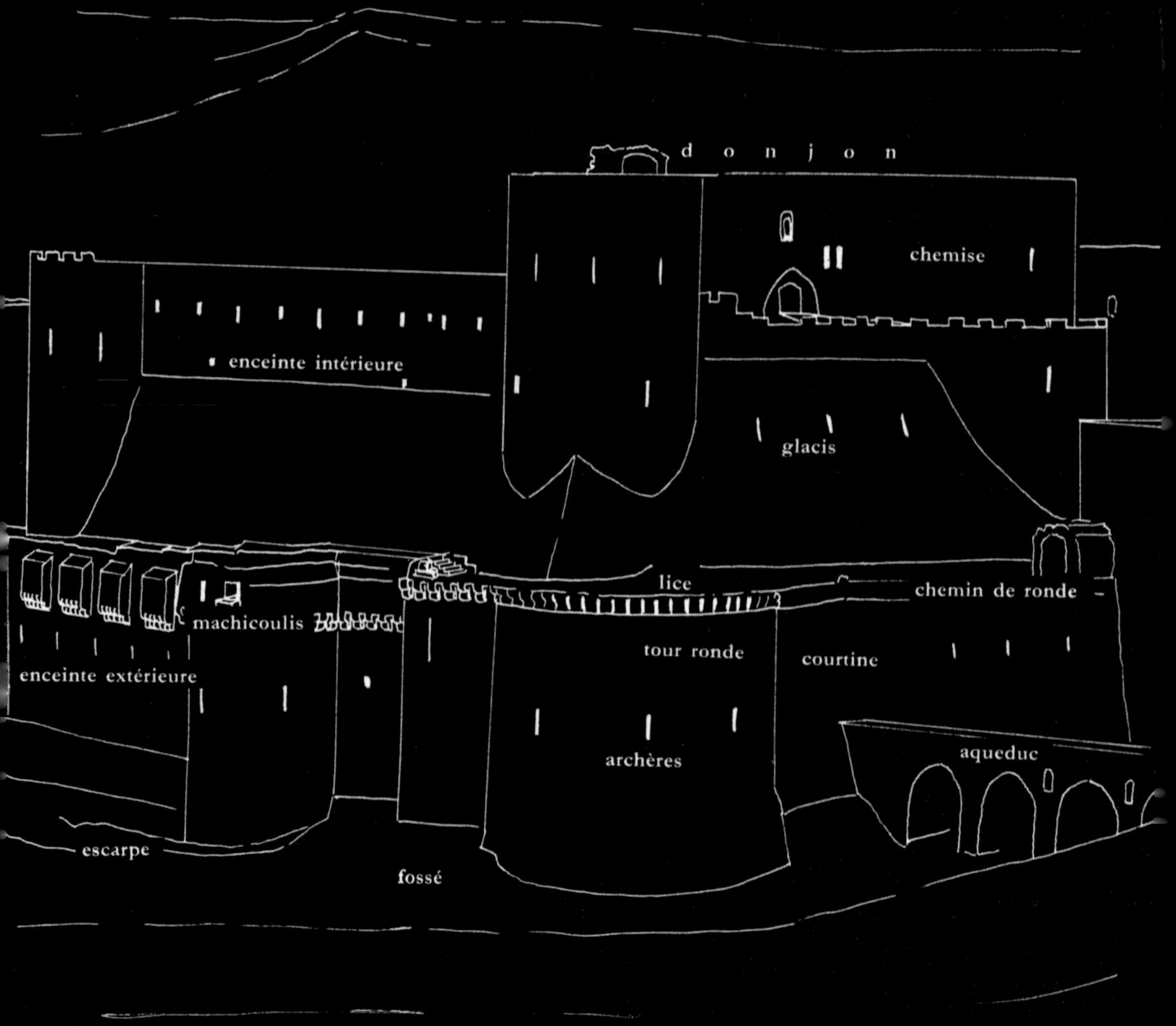

donjon
chemise
enceinte intérieure
glacis
lice
chemin de ronde
machicoulis
tour ronde
courtine
enceinte extérieure
archères
aqueduc
escarpe
fossé

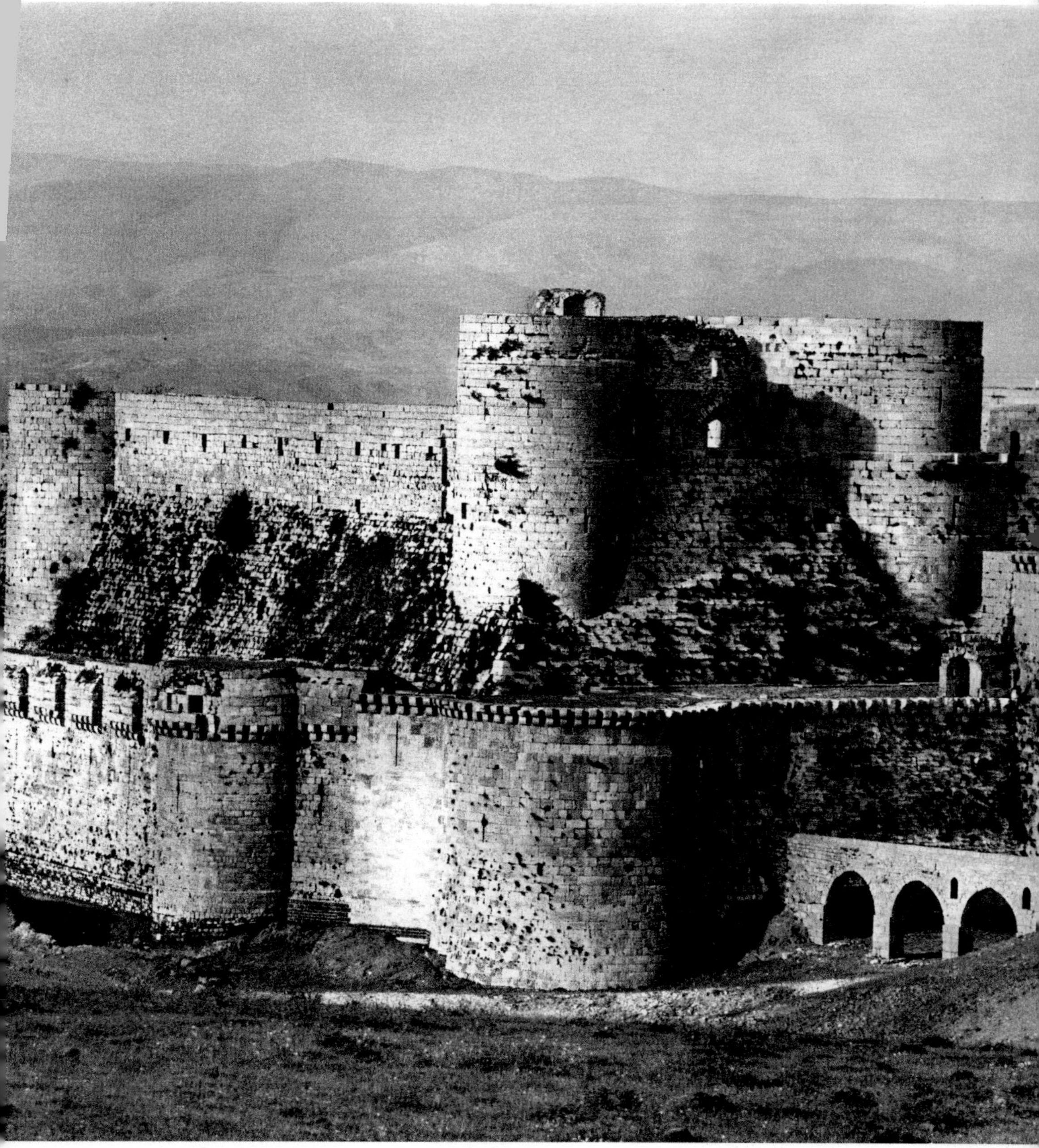

8

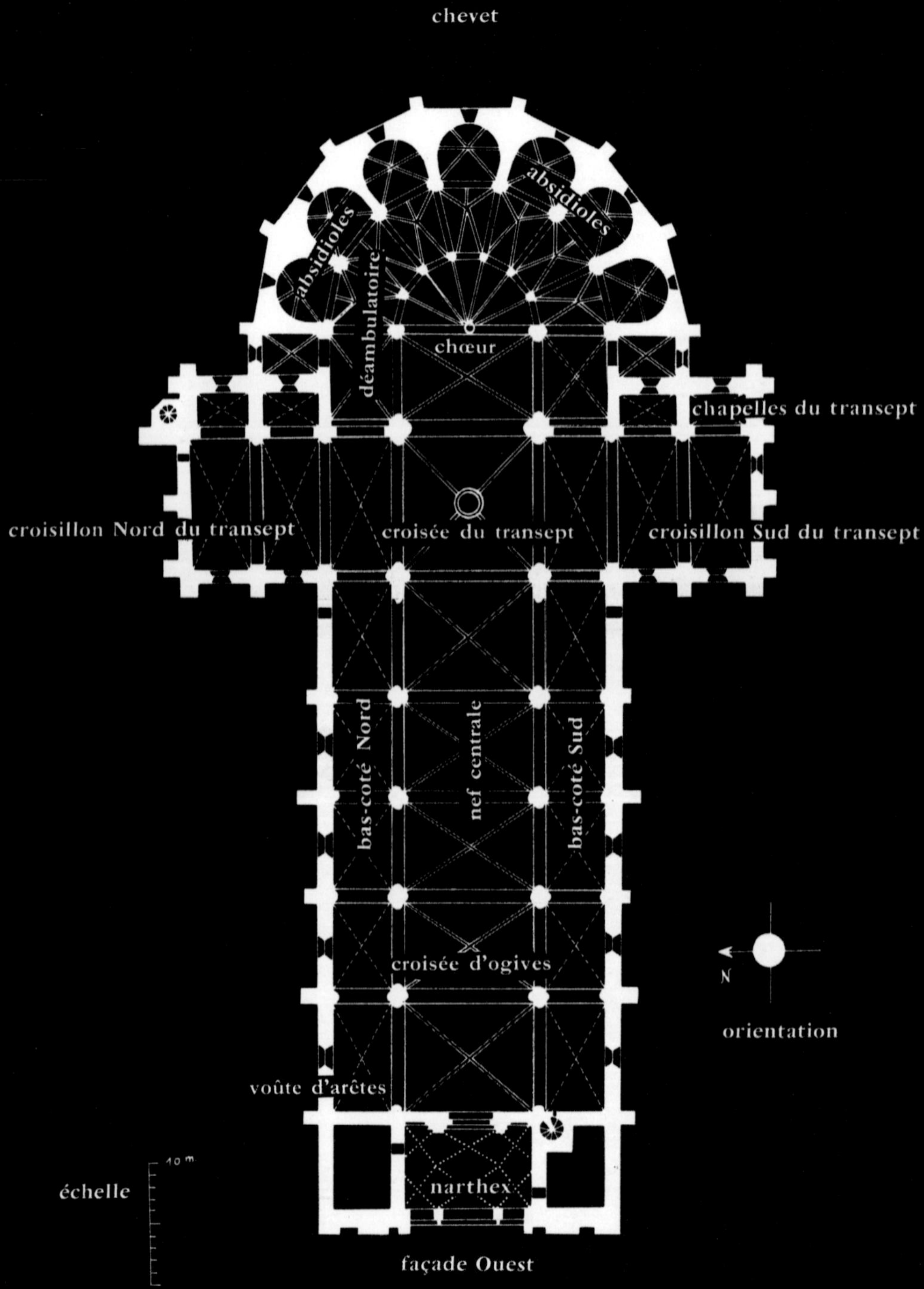

plan-type d'église

GLOSSAIRE

ABRÉVIATIONS

adj. : adjectif
all. : allemand
anal. : analyse, analytique
anc. : ancien, anciennement
angl. : anglais
aug., *augment.* : augmentatif
dér. : dérivé
ecclésiast. : ecclésiastique
esp. : espagnol
ex. : exemple
extens. : extension
f., *fém.* : féminin
fam. : familier
gaul. : gaulois
germ. : germanique
goth. gothique
gr. : grec
hébr. : hébreu
ital. : italien
lat. : latin
litt. : littéralement
m., *masc.* : masculin
milit. : militaire
n. : nom
néerl. : néerlandais
norv. : norvégien
orig. obsc. : origine obscure
par anal. : par analogie
partic. : participe
péjor. : péjoratif
pl., *plur.* : pluriel
pop. : populaire
provenç. : provençal
rac. : racine
syn., *synon.* : synonyme
v. : voir
v.intr., *v.n.*, *v.réfl.*, *v.tr.* : verbe intransitif, neutre, réfléchi, transitif
vx fr., *vx franç.* : vieux français
Archit. : architecture
Blas. : blason
Bx-Arts : beaux-arts
Charp. : charpenterie
Dr. : droit
Fortif. : fortification
Histor. : historique
Icon. : iconographie
Littér. : littérature
Numism. : numismatique
Orfèvr. : orfèvrerie
Paléogr. : paléographie
Peint. : peinture
Rel. : reliure
Sculpt. : sculpture

SIGNES ET RENVOIS

* indique que le mot précédent doit être pris au sens technique qui se trouve défini à l'article correspondant du glossaire.

∅ précède les traductions, en différentes langues, du mot ou de l'expression dont le sens a été donné.

fig. correspond à un croquis imprimé dans une marge de la même page ou double-page.

pl., *v. pl.* renvoie par son numéro à une planche hélio, qu'il s'agisse d'une des planches-répertoires placées en tête de l'ouvrage (p. 11 à 26) ou d'une planche-illustration.

pl. coul. p. indique la page où se trouve la planche couleurs correspondant à cet article.

N.B. La table des planches (hélios et couleurs) se trouve à la fin du volume, p. 459.

A

abacule n.m. (*lat.* abaculus, *dim. de* abacus). Petit bloc cubique de verre ou de pierre. La mosaïque* est formée par la juxtaposition d'*abacules. Voir* smalte.

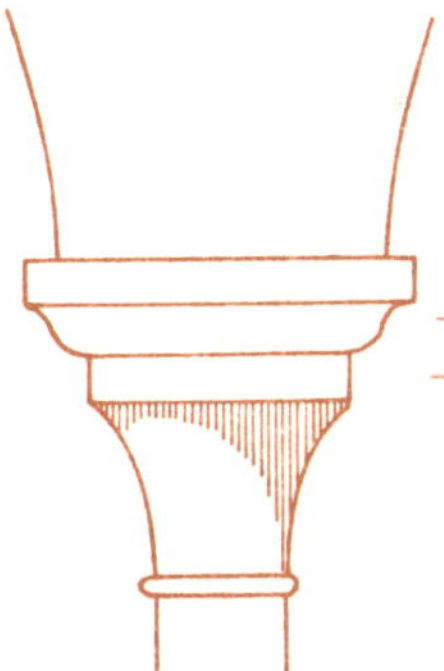

abaque

abaque n.m. (*lat.* abacus, *du gr.* αβαξ : plateau). 1)Table à calcul des Romains (tablette remplie de sable fin. ‖ 2) Cadre rectangulaire muni de boules qui servait dans l'Antiquité pour compter. ‖ 3) *Archit.* Tablette carrée, qui forme la partie supérieure du chapiteau d'une colonne* (*fig.*). L'abaque joue le rôle d'un coussinet* (ou sommier), établissant la liaison entre la colonne et l'architrave* ou le tailloir*.

L'abaque des chapiteaux romans est une simple plinthe* biseautée, qui s'ajoute au tailloir du chapiteau. En effet, dans les chapiteaux romans, l'abaque antique est très souvent dédoublé. Une partie est mince et surmonte immédiatement le chapiteau ; l'autre, beaucoup plus volumineuse, joue le rôle de coussinet et coiffe à la fois le chapiteau et le petit abaque qui le surmonte.

ø *All.* Viereckplatte des Kapitells, *angl.* abacus, *esp.* ábaco, *ital.* abaco.

abâtardi adj. (*dér. de* bâtard, *venant de* bât : enfant illégitime). Qui a perdu sa pureté originelle, s'agissant d'un modèle, d'une forme, d'un art, d'une norme ou canon, d'un style, etc.

ø *All.* entartet, verkümmert, *angl.* degenerate, *esp.* degenerado, *ital.* imbastardito.

abatis n.m. (*de* abattre, *rac. gaul.* battere). Éléments d'une construction démolie, répandus sur le sol qu'ils jonchent.

abat-jour n.m. *Archit.* Ouverture pratiquée dans un mur épais, évasée intérieurement, mais davantage vers le bas, de telle sorte qu'il pénètre le maximum de lumière (il ne s'agit donc pas de

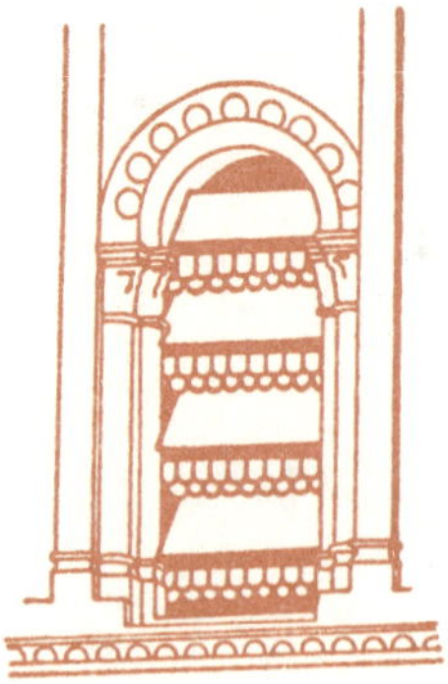

abat-son

rabattre la lumière comme avec l'accessoire de même nom qui surmonte une lampe).

abat-son n.m. *Archit.* Planches de bois bardées d'ardoises* ou de plomb garnissant dans les clochers* les ouvertures placées au niveau des cloches (*fig.*). Peut-être avaient-elles pour objet de diriger le son vers la terre, en le propageant à ras de sol plutôt que dans les airs.

ø *All.* Schallblatt, *angl.* louvre-boarding, *ital.* abbattisuono.

abattu adj. *Archit.* Se dit d'un angle dont l'arête a été adoucie.

ø *All.* abgeschrägte Ecke, *angl.* canted angle, *esp.* ángulo embotado, *ital.* angolo smusso.

abattue n.f. (*de* abattre). *Très peu usité*; *v.* retombée.

abat-vent n.m. 1) Même définition que l'*abat-son** dont rien ne le distingue. Ces planches ont pour objet de protéger le bois du beffroi contre la pluie ou la neige pénétrant sous l'action du vent. ‖ 2) Sorte de couvercle en terre ou en tôle coiffant les tuyaux de cheminée* qu'il obture partiellement et qui permet à la fumée de s'échapper sans être refoulée par le vent.

ø *All.* Schirmbretter, *angl.* chimney-cowl, *esp.* caballete, *ital.* tettuccio.

abat-voix n.m. Dispositif, le plus souvent en forme de toiture, placé au-dessus d'une chaire à prêcher et servant à rabattre le son de la voix vers les fidèles.

ø *All.* Schalldeckel, *angl.* sounding board, *esp.* tornavoz, *ital.* baldacchino.

abbatial adj. (*de* abbé). Qui se rapporte à un abbé ou une abbaye. ‖ *Au fém. et pris substantivement* Église* principale d'une abbaye.

abbaye n.f. (*v.* abbé). 1) Établissement monastique où vivent, à l'origine, des moines* ou parfois, plus tard, des chanoines* réguliers, et gouvernés par un abbé. Les deux plus anciennes en France sont Lérins (IVe s.) et Ligugé (Ve s.). A partir du IXe s., les abbayes proprement dites suivirent presque toutes la *Règle de saint Benoît** (bénédictins* et cisterciens*). L'abbaye bénédictine est un organisme indépendant et autonome (*v.* exemption). Elle pouvait avoir (abbaye-mère) des dépendances appelées *prieurés** où un prieur représentait l'abbé. Plusieurs abbayes pouvaient se réunir en *ordre,* derrière une abbaye *chef d'ordre.* ‖ 2) Ensemble des constructions formant un monastère : elles comprennent l'église (abbatiale) avec le chœur réservé aux moines; autour de l'église se groupent généralement des cloîtres*, la salle du chapitre* (salle capitulaire), la bibliothèque, les dortoirs et réfectoires, la cuisine, le cellier, l'infirmerie, les bains, les parloirs, les bâtiments annexes, l'hôtellerie qui est séparée des bâtiments conventuels. Chaque abbaye comporte un cimetière à l'intérieur de la clôture. ‖ 3) Il existe des abbayes de femmes où les religieuses sont appelées *moniales* et qui sont dirigées par une *abbesse**. *Voir* monastère.

ø *All.* Abtei, *angl.* abbey, *esp.* abadía, *ital.* abbazia, abazia *ou* badia.

abbé n.m. (*lat.* abbas, *de l'araméen* abba : père; *le latin des clercs avait créé le féminin* abbatissa, *d'où* abbaye *et* abbesse). D'après la *Règle de saint Benoît*,* il est le chef de la communauté de moines qui forme l'abbaye* et il est élu à vie par le chapitre conventuel.

Depuis le XIe s. il a droit aux insignes pontificaux : crosse*, mitre*, anneau*, croix* pectorale, sandales. Il avait un sceau* propre différent de celui de l'abbaye.

Abbé de régime ou *régulier* : c'est l'abbé qui, religieux comme les autres moines, gouverne effectivement la communauté.

Abbé commendataire : personnage (clerc pour avoir été seulement tonsuré, mais vivant dans le siècle et ne jouant aucun rôle ecclésiastique) qui recevait du souverain « en commende* » les revenus d'une abbaye.

ø *All.* Abt, *angl.* abbot, *esp.* abad, *ital.* abbate.

abbesse n.f. (*v.* abbé). Supérieure d'une abbaye de moniales (surtout bénédictines). Ses pouvoirs sont analogues mais inférieurs à ceux de l'abbé dans son monastère de moines, parce qu'elle ne peut pas recevoir le sacerdoce. Ses insignes sont la croix* abbatiale, la crosse* et l'anneau*.

ø *All.* Äbtissin, *angl.* abbes, *esp.* abadesa,

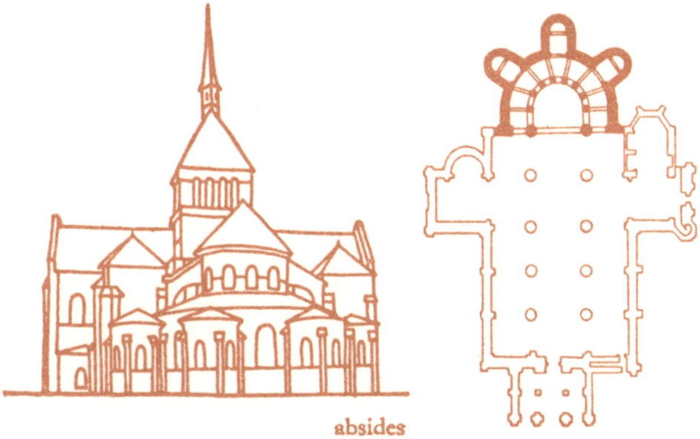

absides

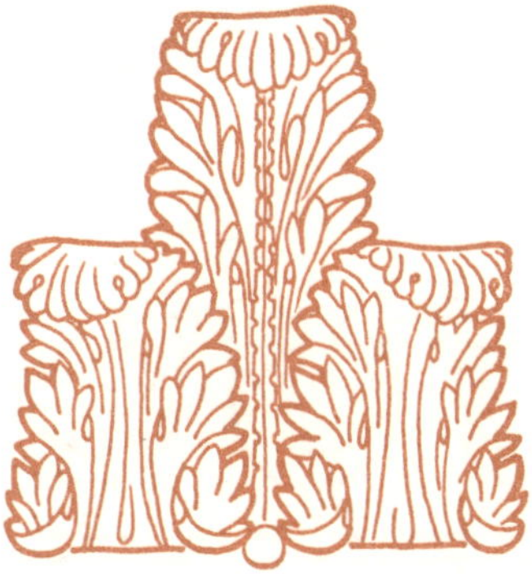

acanthe

ital. abadessa *ou* badessa.

abîme n.m. (*lat.* abyssus, *du gr.* αβυσσος : sans fond). *Blas.* Milieu de l'écu*. On dit aussi *cœur**.

about n.m. (*dér. de* bouter, *du francique* bôtant : frapper, pousser). *Archit.* Pièce de charpente placée à l'extrémité d'une autre pour la prolonger.

ø *All.* Balkenkopf, *angl.* butt end, *esp.* cabo, punta, *ital.* giunta.

abreuvoir n.m. (*dér. d'*abreuver, *rac. lat.* bibere : boire). *Archit.* Vide laissé entre les pierres, dans lequel le maçon verse mortier* ou plâtre*.

absidal adj. *plutôt que* **absidial** (*de* abside). *Archit.* Qui se rapporte à l'abside.

abside n.f. (*lat.* absida, *du gr.* αψις : voûte). *Archit.* Dans l'Antiquité chrétienne, on appelle ainsi l'extrémité de la nef* centrale de la basilique*, extrémité en forme de demi-cercle, voûtée en forme de coquille, au fond de laquelle était dressé le siège de l'évêque.

Par analogie Dans une église moins ancienne, terminaison arrondie de la nef principale, contenant le chœur* et souvent le sanctuaire* (*fig.*).

Le plan des *absides,* généralement orientées c'est-à-dire tournées vers l'Est, est très varié. Autour de l'abside principale se trouvent greffées des absides secondaires, plus petites, appelées *absidioles* ou encore *chapelles rayonnantes,* lorsqu'elles sont situées sur des axes correspondant aux rayons du demi-cercle absidal (*pl.* 11, *v. pl.* 1).

Les nefs latérales peuvent aussi se trouver terminées par des absides ou absidioles*. On donne parfois le même nom, par extension, aux chapelles* qui se greffent sur le transept*, parallèlement à l'abside principale.

Parfois l'autre extrémité de la nef se termine aussi par une abside. On a alors le plan à *absides opposées.*

ø *All.* Halbrund, Apsis, *angl.* apse, *esp.* ábside, *ital.* abside.

Abside à chapelles (ou *absidioles*) *rayonnantes* :

ø *All.* Apsis mit Kapellenkranz, *angl.* apse with radiating chapels, *esp.* ábside con capillas radiales, *ital.* abside a cappelle radiali.

Plan à double abside :

ø *All.* doppelchörige Anlage, *angl.* double apse plan, *esp.* plano a doble ábside, *ital.* pianta a doppia abside.

Abside tréflée :

ø *All.* kleeblattförmige Apsis, *angl.* trefoil apse, *esp.* ábside trilobada, *ital.* abside trifogliata.

absidiole n.f. Petite abside*.

acanthe n.f. (*gr.* ακανθος *de* ακανθα : épine). Le feuillage de cette plante est employé de toute antiquité comme motif* décoratif (*fig., v. pl.* 7); la feuille d'acanthe caractérise le chapiteau corinthien* (*v.* ornementation).

ø *All.* Akanthusblätter, *angl.* acanthus leaf, *esp.* acanto, *ital.* acanto, foglie d'acanto.

accoinçon n.m. (*rac.* coin, *du lat.* cuneus : coin pour fendre). *Charp.* Pièce supplémentaire destinée à régulariser la pente du toit.

accolé (en) n.f. *Voir* arc.

accolé adj. *Voir* accoler *et* colonne.

accoler v.tr. (*lat.* accolare, *rac.* collum : cou). Lier jointivement, comme par embrassement. *Ex.* En blason, deux écus* *accolés* sont deux écus joints par les côtés dextre et senestre, pour indiquer l'union de deux familles ou de deux États ‖ *S'accoler* : s'appuyer jointivement. Se dit *par ex.* d'une nervure* de la voûte* ou d'un doubleau*, qui vont s'unir (« s'accoler ») à un pilier* de la nef.

accosté adj. (*de l'ital.* accostare). Qui se trouve à côté de. *Ex.* Façade* accostée d'une grosse tour*.

ø *All.* flankiert, *angl.* flanked, *esp.* flanqueado, *ital.* fiancheggiato.

accotoir n.m. (*de* accoter, *anc. franç., rac.* côté). *Archit.* Tout changement de direction d'un parement* ou d'une moulure* qui ne se fait pas à angle droit. S'emploie aussi comme synonyme d'*accoudoir**.

accoudoir n.m. (*de* accouder, *du lat.* cubitus : coude). *Archit.* Membre d'architecture qui permet de poser les coudes à hauteur d'appui : balustrade*, grille d'un balcon, etc. Se dit aussi de la séparation entre deux stalles* de chœur sur laquelle s'appuie celui qui est debout en usant de la miséricorde*.

ø *All.* Armstütze, *angl.* leaning place, arm-

ache

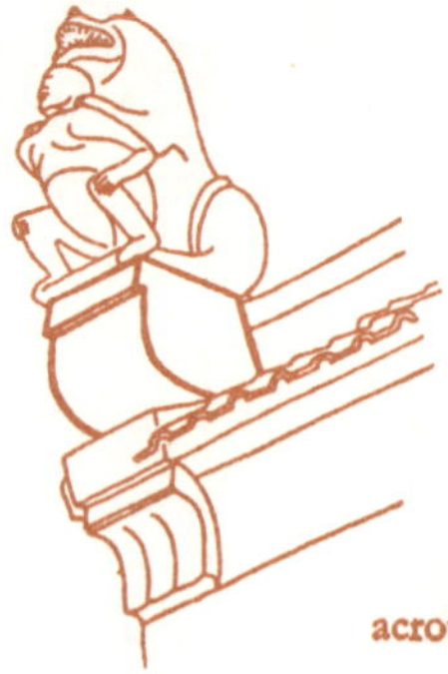

acrotère

rest, *esp.* apoyo, *ital.* appoggiatoio.

accouplé adj. *Voir* colonne.

ache n.f. (*lat.* apium, *groupe de plantes telles que le* céleri). Plante appartenant aux ombellifères. Le dessin de sa feuille qui ressemble au trèfle est très employé dans les chapiteaux* gothiques et en héraldique (couronnes) (*fig.*).

∅ *All.* Eppichblatt, *angl.* smallage, *esp.* apio silvestre, *ital.* appio *ou* apio.

acoustiques (vases) (*du gr.* ακουειν : entendre). Sortes de pots rudimentaires placés dans les murs des théâtres antiques et de certaines églises, à l'effet d'amortir l'écho qui brouille la voix des acteurs ou des officiants. On emploie aussi en architecture le substantif latin *ollae*.

∅ *All.* Schallgefässe, *angl.* harmonical vases, *esp.* jarrones acústicos, *ital.* vasi acustici.

acrotère n.f. (*gr.* ακρωτηριον : extrémité). *Archit.* 1) Dans l'Antiquité, sorte de piédestal sans ornement, servant de socle, placé au-dessus d'une corniche*, notamment aux extrémités ou au faîte d'un fronton* (*fig.*) ‖ 2) Pleins de maçonnerie qui figurent de place en place dans les balustrades*.

∅ *All.* Giebelverzierung, *angl.* corner ornament, *esp.* acrotera, remate, *ital.* acroterio.

Actes des Apôtres *Bible* Suite du récit de l'évangile selon saint Luc, à partir de l'Ascension. Il raconte les premiers développements de l'Église à Jérusalem et à Antioche et se continue par les premiers voyages de saint Paul. L'iconographie a surtout retenu les mystères de l'Ascension et de la Pentecôte, la conversion de saint Paul sur le chemin de Damas et l'épisode de Simon le Mage.

∅ *All.* Apostelgeschichte, *angl.* Acts of the Apostles, *esp.* Hechos de los Apóstoles, *ital.* Atti degli Apostoli.

adent n.m. (*de* à *et* dent; *lat.* dens). *Charp.* Saillies ou creux ménagés sur ou dans des pièces de bois pour les assembler plus parfaitement (*v.* endenter).

adossé adj. (*du verbe* adosser, *de* dos, *lat.* dorsum). *Blas.* Deux pièces sont dites adossées lorsqu'elles s'opposent dos à dos. ‖ *Archit.* Se dit d'un édifice construit devant un autre plus important contre lequel il s'appuie (*v.* colonne).

∅ *All.* angelehnt, angebaut, *angl.* leaning, *esp.* adosado, *ital.* addossato.

adoubement n.m. *Voir* armure.

adoucissement n.m. (*composé de* doux, *lat.* dulcis). *Archit.* Moulure* concave faisant la transition entre un membre* d'architecture en saillie* et un autre en retrait (*v.* cavet).

affaissement n.m. (*composé de* faix, *lat.* fascis : charge). *Archit.* Il est le fait d'une maçonnerie* qui cède, qui « ploie sous le faix », soit par suite d'un glissement du terrain, soit par un défaut de construction*.

∅ *All.* Senkung, *angl.* settlement, sinking, *esp.* falla, *ital.* sprofondamento.

affamer v.tr. (*composé de* faim, *lat.* fames). *Archit.* 1)Rompre la ligne d'une moulure* en l'arrêtant net au moyen d'une coupure droite, oblique ou courbe. ‖ 2) Amincir une pièce de bois, un pilastre*, en interrompant la continuité de son profil.

affleurer v.tr. (*composé de* fleur, *lat.* flos (florem) *dans le sens figuré de* dessus). Placer deux objets contigus sur le même niveau, « à fleur* ».

affleurement n.m. (*d'*affleurer). 1) État de surfaces de maçonnerie contiguës ayant même *nu** (*v. ce mot*). ‖ 2) Action d'affleurer.

∅ *All.* Abgleichen, *angl.* flushing, *esp.* afloramiento, *ital.* pareggiamento, pareggiatura.

affourchage *ou* **affourchement** n.m. (*de* affourcher). *Charp.* 1) Assemblage* de deux pièces de bois jointes sur toute leur longueur, la saillie* pratiquée sur la bordure de l'une pénétrant dans le vide creusé dans la bordure de l'autre. ‖ 2) Action d'*affourcher*.

affourcher v.tr. (*de* fourche, *lat.* furca). Assembler deux pièces de bois par affourchage*.

affronté adj. (*d'*affronter). *Archit.* Employé comme synonyme d'*affleurer** à l'égard de deux pièces de bois se joignant l'une à l'autre par une extrémité pour se prolonger ainsi de niveau. ‖ *Blas.* Sens opposé à *adossé**. Se dit d'animaux placés face à face dans l'écu. ‖ *Icon.* Même sens. Les animaux affrontés sont un des thèmes de l'art roman. ‖ *Par anal.* Objets s'opposant par leurs pointes ou saillies.

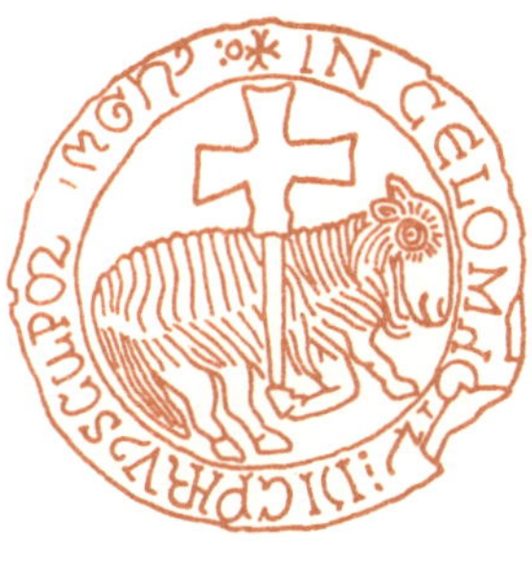

agneau mystique

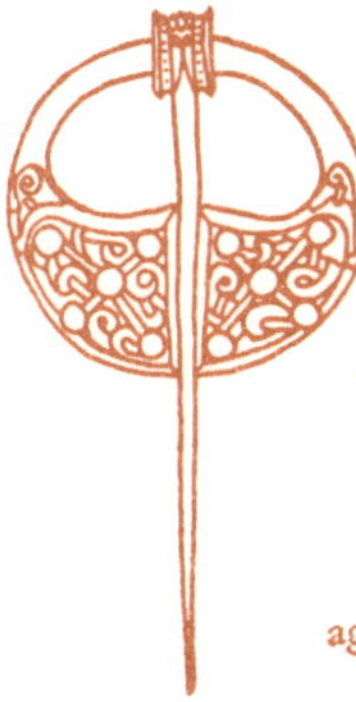

agrafe

∅ *All.* affrontiert, einander gegenüber, *angl.* face to face, *esp.* afrontado, *ital.* affrontato.

affrontement n.m. Action d'*affronter*.

affronter v.tr. (*composé de* à *et de* front). Mettre face à face (*v.* affronté).

agglomérés n.m. (*d'*agglomérer : accumuler; *rac. lat.* glomus : peloton). Matériaux composés d'éléments comprimés.

agneau n.m. (*lat.* agnus). *Agneau mystique* : image du Sauveur d'après l'*Apocalypse** de saint Jean (*fig.*).

∅ *All.* Das Lamm Gottes, *angl.* the Holy Lamb, *esp.* Cordero mistico, *ital.* Agnello di Dio.

agrafe n.f. (*de* grafe, *du germ.* Krap : crochet). 1) Petit crochet servant à attacher une étoffe; se dit d'attaches telles que broche, mors* de chape, permettant de fermer sur la poitrine les pans d'un vêtement (*fig.*) (*v.* fibule). ‖ 2) *Archit.* Courte barre de fer, terminée par un crochet à chaque extrémité, servant à lier entre elles les pierres d'une assise* ou les claveaux* d'un cintre.

∅ *All.* Schnalle, *angl.* clasp, *esp.* grapa, *ital.* fibbia.

aigle n.m. *Voir* lutrin.

aiguille n.f. (*lat.* acicula, *de* acus : pointe). *Charp.* Poutre verticale suspendue par son sommet à la jointure des arbalétriers*. *Syn. de* poinçon (*v.* charpente). ‖ *Archit.* Clocher* en forme de pyramide très effilée (on emploie plus volontiers le terme de flèche*). Se dit aussi des clochetons* gothiques.

∅ *All.* Nadel, *angl.* spire, *esp.* aguja, *ital.* guglia.

aile n.f. (*lat.* ala). *Archit.* (*au plur.*) Constructions* accessoires placées de chaque côté d'un bâtiment central et édifiées sur le même alignement, ou en potence. Elles sont souvent moins hautes que le bâtiment central. ‖ *Charp.* (*au plur.*) Éléments de charpente unissant un toit* à une construction plus élevée (tour* ou flèche*) ‖ *Ailes de lucarne* : côtés de la lucarne* qui reposent sur la charpente du toit.

∅ *All.* Flügel, *angl.* wing, *esp. et ital.* ala.

aire n.f. (*lat.* area). Emplacement pour battre le grain au fléau. ‖ *Archit.* Ce mot s'applique à toute surface unie horizontale : on appelle parfois *aire basse* les sols planchéiés, et *aire supérieure* la surface qui couvre une pièce d'habitation.

On appelle *aire fausse* le garnissage des vides séparant les solives* sur lequel s'appuie l'aire définitive ou plancher*.

∅ *All.* Grundfläche, *angl.* area, *esp.* área, *ital.* area.

ais n.m. (*lat.* axis : planche). *Construct.* Bois de sciage façonné en planches* légères et longues.

∅ *All.* Brett, *angl.* board, *esp.* tabla, *ital.* asse.

Rel. A l'époque romane, planchette en bois biseautée servant de support au revêtement extérieur du codex* (plaque d'orfévrerie ou couverture de peau). Les *ais* étaient percés de petits trous qui permettaient de les attacher par l'extrémité des nerfs*.

aissellier n.m. (*dér. de* ais) *ou* **esselier**. *Charp.* Pièce de formes diverses servant à lier entre elles les pièces maîtresses pour assurer leur rigidité et leur cohésion.

∅ *All.* Tragband, *angl.* strut, *esp.* viga.

aître n.m. (*lat.* atrium). Espace réservé autour d'une église pour être utilisé comme cimetière. ‖ *Au plur.*, employé comme synonyme d'*êtres** (*v. ce mot*) pour désigner l'ensemble des parties d'une habitation.

ajour n.m. (*de* jour). Espace vide pratiqué dans une surface, notamment comme motif* d'ornementation (*v.* jour).

∅ *All.* Durchbruch, *angl.* openwork, *ital.* traforo.

ajouré adj. (*d'*ajourer). Parsemé d'ouvertures, de trous plus ou moins dessinés.

∅ *All.* durchbrochen, *angl.* pierced, perforated, *esp.* calado, *ital.* traforato.

ajourer v.tr. (*dér. de* jour, *v. ce mot*). Pratiquer des ouvertures dans... (*v.* jour).

∅ *All.* durchbrechen, *angl.* to perforate, *esp.* calar, *ital.* traforare a giorno.

albâtre n.m. (*gr.* αλαβαστρος). Pierre ressemblant au marbre blanc sans en avoir la dureté; transparente et particulièrement belle au polissage.

Très employée en sculpture au Moyen Age,

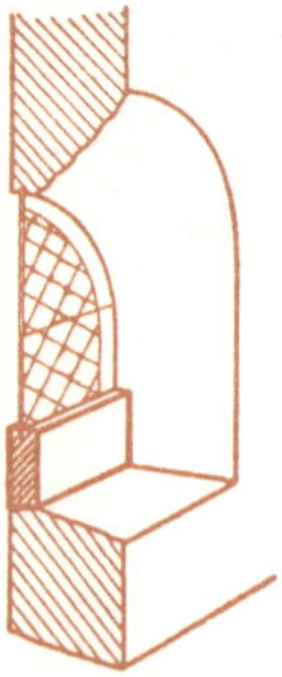

allège

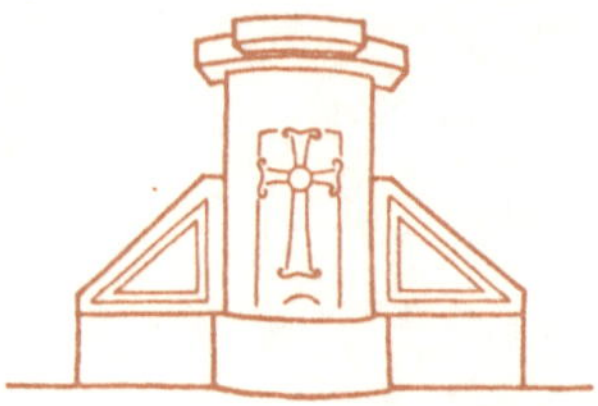

ambon

amortissement

surtout en Angleterre.

⌀ *All.* Alabaster, *angl.* alabaster, *esp. et ital.* alabastro.

alette n.f. (*dim. du lat.* ala : aile). *Archit.* Dans une balustrade* pleine, c'est la partie moins épaisse qui se situe au milieu entre le sol et la surface à hauteur d'appui*.

On appelle aussi *fausse alette* un pilier* placé en arrière de l'alignement principal et soutenant par exemple dans une ouverture une moulure*, ou une plate-bande*.

alexandrin adj. *Voir* appareil*.

allège n.f. (*du lat.* alleviare, *rac.* levis : léger). *Archit.* Petit mur très peu épais placé sur l'appui* sous une fenêtre (*v.* élégir *et* baie) (*fig.*).

⌀ *All.* Fensterbrüstung, *angl.* dwarf-wall, *esp.* aféizar, *ital.* parapetto.

alpha n.m. Première lettre de l'alphabet grec. *Voir* oméga.

alternance n.f. (*du lat.* alternus, *dér. de* alter : l'un des deux). *Archit.* Motifs d'ornementation* ou éléments de construction* (tels que piliers*) de forme différente se succédant régulièrement par répétition sur un même plan (*v. pl.* 5).

amaigrir v.tr. (*dér. de* maigre, *du lat.* macer). *Archit.* Diminuer l'épaisseur, le volume d'une poutre, d'une pierre de taille.

amande mystique. *Voir* nimbe.

amatir v.tr. (*dér. de* mat (*terme d'échecs*), *du persan* mât : mort). *Archit.* Enlever le brillant de son poil à un métal précieux. Une surface *amatie* fait mieux ressortir les ornements* en relief* dont elle forme l'arrière-plan (par exemple des entrelacs*).

ambon n.m. (*gr.* αμβων, *lieu sur lequel on doit* monter, αναβαινειν). *Archit.* Petite chaire* en pierre surélevée et découverte que l'on voit dans les anciennes basiliques* chrétiennes (*fig.*). Le plus souvent par deux, élevés chacun à une extrémité de la clôture qui sépare le chœur* de la nef*, les ambons étaient destinés à la lecture de l'épître et de l'évangile.

Ils furent remplacés au XIIIe s. par le *jubé** ou la *chaire* à prêcher*.

⌀ *All.* Ambo, *angl.* ambo, *esp.* ambón, *ital.* ambone.

âme n.f. (*lat.* anima). 1) *Orfèvr.* Massif en bois qui se trouve à l'intérieur d'une statue* faite de plaques de métal appliquées sur ce massif. ‖ 2) *Statuaire* Se dit aussi de l'armature métallique intérieure servant à consolider les parties faibles d'une statue.

⌀ *All.* Kern, *angl.* core, *esp.* alma, *ital.* armatura.

3) *Icon.* L'art du Moyen Age représente (par exemple dans les scènes du Jugement dernier) les âmes humaines ou les corps glorieux par de petites statues nues ayant les bras croisés sur la poitrine. De même l'âme est parfois représentée, au moment où elle s'évade par la bouche d'un mourant, sous la forme d'un petit personnage nu à figure jeune, les mains jointes.

améthyste n.f. (*gr.* α-μεθυστος : qui préserve, *croyait-on*, de l'ivresse). Pierre de couleur violette.

⌀ *All.* Amethyst, *angl.* amethyst, *esp.* amatista, *ital.* ametista.

amorce n.f. (*vx fr.* amordre : faire mordre). *Archit.* 1) Début d'une construction quelconque inachevée. 2) Pierres d'attente (*v.* attente).

⌀ *All.* Zahnsteine, *angl.* toothing stones, *esp.* adaraja, *ital.* addentellato.

amortissement n.m. (*dér. de* mort). *Archit.* Terminaison ornementale du sommet d'une construction (pignon*, comble*, etc.), présentant un amenuisement progressif plus ou moins marqué (*fig.*).

Le mot s'applique également en matière de *mobilier*.

⌀ *All.* Krönung, *angl.* end ornament, *esp.* coronamiento, *ital.* pinnacolo.

ampoule n.f. (*lat.* ampulla, *dim. de* amphora : vase). *Liturgie* Petits récipients où se gardent les saintes huiles.

All. Oelfläschen, *angl.* anointing vessel, *esp. et ital.* ampolla.

La Sainte Ampoule : petit vase qui contenait l'huile sainte qui servit à Reims au couronnement des rois de 496 à 1825. Une pieuse tradition disait cette huile miraculeuse.

anaglyphe n.m. (*gr.* ανα-γλυφος : ciselé en haut,

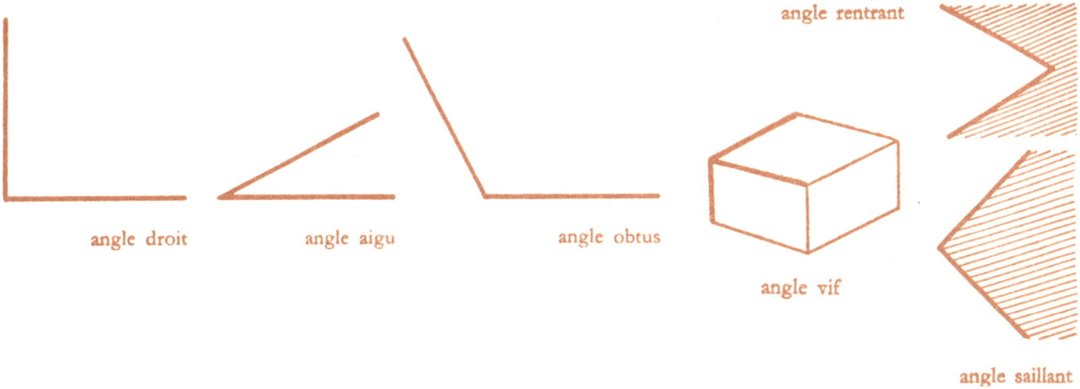

en relief). Dans l'Antiquité, une sculpture en bas-relief* (*v. ce mot*).

∅ *All.* getriebene Arbeit, *angl.* anaglyph, *esp.* anáglifo, *ital.* anaglifo.

anastasis n.f. (*gr.* αναστασις : résurrection). Résurrection du Christ dans l'Église byzantine. Souvent, dans ces représentations, le Seigneur ressuscité remonte des Limbes.

ancelle n.f. Petite lame de bois utilisée pour la couverture d'un toit. *Voir* bardeau.

ancrage n.m. (*dér. de* ancre). *Archit.* Attache d'un câble à un point fixe situé dans un mur* ou sur la terre.

ancre n.f. (*lat.* ancora, *gros crochet double envoyé au fond de la mer pour fixer un navire au moyen d'une chaîne*). *Archit.* Barres de fer de forme variée (en S, en T, en croix, etc.) fixées à un tirant* pris dans la maçonnerie et destinées à maintenir dans son aplomb* un mur* qui a tendance à s'en écarter. ‖ *Icon.* Symbole de la foi.

∅ *All.* Anker, *angl.* anchor, *esp.* ancla, *ital.* áncora.

andésite n.f. (*orig. inconnue*). Pierre volcanique grise au grain rude employée beaucoup en Auvergne pour la construction.

André (croix de saint) 1) Croix* formée en X sur laquelle fut attaché saint André. ‖ 2) *Archit.* Élément de charpente* très employé, pour la solidité qu'il confère à un ensemble rectangulaire.

∅ *All.* Andreaskreuz, *angl.* St. Andrew's cross, *esp.* cruz de San Andrés, *ital.* croce di sant'Andrea.

androcéphale adj. (*gr.* ανηρ, -δρος : homme; κεφαλη : tête). Se dit d'un monstre à tête d'homme.

andron n.m. (*dér. du gr.* ανηρ, -δρος : homme). 1) *Archit.* Dans l'Antiquité, partie de la maison habitée par les hommes (contraire de *gynécée*). ‖ 2) Dans les églises grecques, côté où doivent se tenir les hommes.

âne (en dos d') *Archit.* Forme réalisée par deux plans inclinés s'adossant.

All. Eselsrücken, *angl.* hog backed, saddle shaped, *esp.* en forma de caballete, *ital.* a schiena d'asino.

ange n.m. (*lat.* angelus, *du gr.* αγγελος). Personnage spirituel qui se tient au service de Dieu et transmet ses messages. Il est représenté généralement avec des ailes. La hiérarchie des anges comporte neuf ordres ou chœurs. Dieu leur imposa une épreuve. Ceux qui furent fidèles sont les Saints Anges. Ceux qui se révoltèrent sont les anges déchus, les démons, parmi lesquels se trouve le plus bel ange créé par Dieu, Lucifer.

∅ *All.* Engel, *angl.* angel, *esp.* ángel, *ital.* angelo.

angle n.m. (*lat.* angulus). Espace contenu entre deux lignes ou deux surfaces qui se coupent.

∅ *All.* Winkel, *angl.* angle, *esp.* ángulo, *ital.* angolo.

Angle droit (*fig.*) :

∅ *All.* rechter Winkel, *angl.* right angle, *esp.* ángulo recto, *ital.* angolo retto.

Angle aigu (*fig.*) :

∅ *All.* spitzer Winkel, *angl.* acute angle, *esp.* ángulo agudo, *ital.* angolo acuto.

Angle obtus (*fig.*) :

∅ *All.* stumpfer Winkel, *angl.* obtuse angle, *esp.* ángulo obtuso, *ital.* angolo ottuso.

Angle rentrant (*fig.*) :

∅ *All.* einspringender Winkel, *angl.* reentrant angle, *esp.* ángulo entrante, *ital.* angolo rientrante.

Angle saillant (*fig.*) :

∅ *All.* ausspringender Winkel, *angl.* salient angle, *esp.* ángulo saliente, *ital.* angolo saliente.

Angle vif (*fig.*) :

∅ *All.* scharfe Kante, *angl.* sharp edge, *esp.* ángulo vivo, *ital.* spigolo vivo.

anglet n.m. *Archit.* Intervalle en creux entre deux bossages* (*v. ce mot*).

angulaire adj. (*du lat.* angulus : angle). *Archit.* Placé en coin, à la jonction de deux surfaces se coupant.

Pierre angulaire : pierre qui soutient deux murs à leur intersection et sur laquelle repose la solidité d'une construction.

∅ *All.* Eckstein, *angl.* corner stone, *esp.* piedra angular, *ital.* pietra angolare.

animaux symboliques. 1) Dès les premiers siècles de l'Église, on figure les quatre évangélistes par

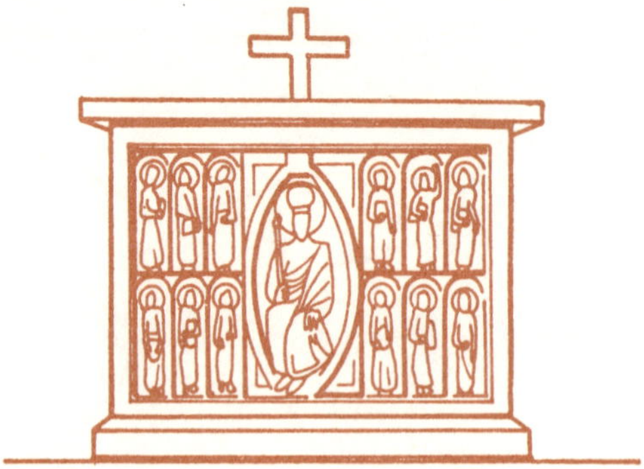

antependium

les animaux de la vision de saint Jean (Apoc. 3 et 4); il y eut le lion de saint Marc, l'ange ou l'homme de saint Mathieu, l'aigle de saint Jean et le bœuf de saint Luc. Vers le VIIe siècle ces animaux sont devenus le symbole classique des évangélistes*. ‖ 2) On trouve dans l'art roman une quantité infinie d'animaux fantastiques inventés par les artistes ou copiés dans des *bestiaires** contenant la description et relatant les qualités symboliques des animaux fabuleux.

∅ *All.* symbolische Tiere, *angl.* symbolical animals, *esp.* animales simbólicos, *ital.* animali simbolici.

anneau n.m. (*lat.* annellus). 1) *Liturgie* Bague métallique qui se porte au doigt (*annulaire*). Signe d'alliance (maillon d'une chaîne) et de pouvoir (cachet servant à sceller).

Anneau pastoral ou *épiscopal*. L'évêque le reçoit le jour de son sacre. C'est un cercle d'or enchâssé d'une pierre précieuse (de couleur quelconque). Les prélats non évêques, notamment les abbés, ainsi que les abbesses, portent aussi un anneau à la main droite.

Anneau nuptial de l'épouse (et de l'époux). Image du lien matrimonial. Il est béni par le prêtre témoin du mariage et traditionnellement conféré à l'épouse par l'époux (à la main gauche).

2) *Archit.* Se dit aussi des bagues ornant certaines petites colonnes* (*v.* bague *et* bandeau).

∅ *All.* Ring, *angl.* ring, *esp.* anillo, *ital.* anello.

annelé adj. (*de* anneau). *Archit.* Se dit de piliers* ou de fûts* de colonnes* ornés d'anneaux (*v.* bague *et pl.* 92).

∅ *All.* beringt, *angl.* ringed, *esp.* anillado, *ital.* inanellato.

annelet n.m. (*dér. d'*anneau). Se dit des anneaux* ou bagues* figurant sur les petites colonnes. *Voir* armilles *et* bracelet.

annelure n.m. (*dér. d'*anneau). *Archit.* Moulures* en forme d'anneaux ou de bagues décorant les piliers* ou fûts* de colonnes*. *Synonyme de* bague, armilles, bracelet, ceinture (*v. ces mots*).

annulaire adj. *Voir* voûte.

∅ *All.* ringförmig, *angl.* ring-shaped, *esp.* anular, *ital.* anulare.

anse de panier. *Voir* arc.

antéfixe n.m. (*lat.* ante : devant, *et fr.* fixe). *Archit.* Motifs* placés sur les toits ou corniches* d'un édifice à l'extrémité d'une rangée de tuiles ou d'une partie saillante de la toiture, par exemple pour orner ou pour masquer.

∅ *All.* Strichziegel, *angl.* antefix, *esp.* antefija, *ital.* antefissa.

antéglise n.f. *Archit.* Portail* très agrandi pour isoler l'église de la rue. Se dit aussi des narthex.

antependium n.m. (*lat.* ante : devant *et* pendere : suspendre). *Liturgie.* Pièce d'étoffe tombant de la table d'autel* sur sa face antérieure ou parfois entourant celui-ci sur ses quatre faces. La pièce d'étoffe est parfois remplacée par un panneau de bois ou de métal (*fig., v. pl.* 27).

∅ *All.* Altarvorhang, *angl.* antependium, *esp.* antipendium, *ital.* antependium.

antes n.m.pl. (*lat.* antae : piliers). *Archit.* Pilastres* venant s'ajouter à l'épaisseur de deux murs* formant un angle* de la construction, pour les renforcer.

On appelle ainsi également des pilastres se détachant sur le nu* d'une muraille dont ils font partie, en particulier de chaque côté d'une porte.

∅ *All.* Anten, Eckwandpfeiler, *angl.* antae, *esp.* antas, *ital.* ante.

« **antiquum (opus)** ». *Voir* appareil.

anthropomorphisme n.m. (*gr.* ανθρωπος : homme; μορφη : forme). *Art* Expression par laquelle est attribuée à une réalité spirituelle une forme humaine. *Par ex.,* la Bible attribue à Dieu une face, une main, un souffle.

anthropozoomorphique adj. (*v. ci-dessus et ajouter* : *gr.* ζωον : animal). Qui a pour partie la forme humaine et pour partie la forme d'un animal (centaure*, triton, sirène*).

aplanir v.tr. (*du lat.* planus, *traduit jadis par* plain – « de plain pied » – *puis par* plan). *Archit.* Faire disparaître les aspérités d'une surface.

∅ *All.* ebnen, *angl.* to smooth, *esp.* allanar, *ital.* appianare.

aplomb n.m. (*de* plomb). *Archit.* Direction verticale déterminée par l'action de la pesanteur sur un

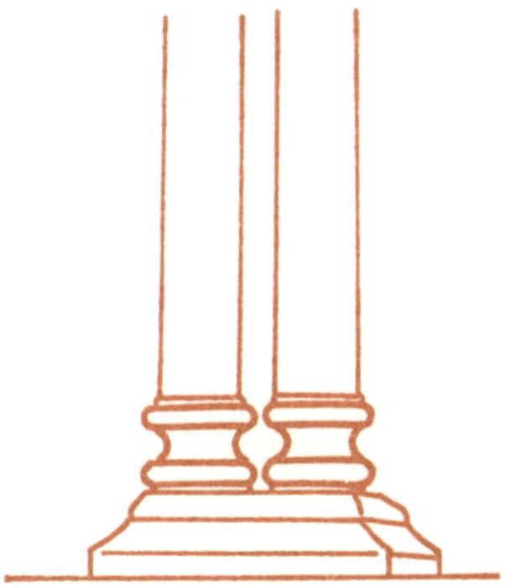

apophy

fil à plomb et coupant la ligne d'horizon à angle droit.

ø *All.* senkrechte Stellung, *angl.* perpendicularity, *esp.* aplomo, *ital.* appiombo.

apocalypse n.f. (*gr.* αποκαλυψις, révélation). *Littér. juive* Genre littéraire prédisant sous forme d'allégorie les destinées du peuple et cultivé vers la période −200 à +100. Les judéo-chrétiens l'imitèrent dans certains apocryphes. ‖ *Bible* Ce genre apparaît dans l'Ancien Testament* (*Daniel*) et dans l'*Évangile* (v.g. Matt. 24). Il triomphe dans l'*Apocalypse de saint Jean,* livre auquel l'iconographie romane, en particulier, se réfère très souvent. L'ouvrage contient sept visions : les sept étoiles; les sept chandeliers; le livre aux sept sceaux; les sept trompettes; les sept signes (la femme et le dragon, la bête et ses adorateurs, etc.); les sept coupes de la colère; la ruine de Babylone; les sept actes du drame final (apparition du Christ et de son armée, le grand banquet de Dieu, Satan lié pour mille ans et la terre nouvelle, la défaite de Satan, le Jugement, la Jérusalem nouvelle).

ø *All.* geheime Offenbarung Sankt Johannis, *angl.* Apocalypse, *esp.* apocalipsis, *ital.* apocalisse.

apocryphe adj. *Voir* canonique.

apophyge n.f. (*gr.* αποφυγη : action de sortir de). *Archit.* Raccord, de dessin concave, reliant le corps d'une colonne* à sa base* ou à son chapiteau* (*v.* congé) (*fig.*).

apothèque n.f. (*gr.* αποθηκη : lieu de dépôt, *d'où est venu* boutique, *par le provençal* botiga). *Archit.* Lieu réservé dans une église* à la garde des livres, vêtements, etc.

appareil n.m. (*rac. lat.* apparare : préparer). *Archit.* On donne le nom d'*appareil* aux différentes façons de tailler et d'assembler les pierres* et les autres matériaux* de maçonnerie dans la construction. « Chaque mode d'architecture a adopté un appareil qui lui appartient, aussi l'examen de l'appareil conduit-il souvent à reconnaître l'âge d'une construction » (Viollet-le-Duc). La nature même des matériaux influe aussi sur le choix des divers *appareils* : appareils plus grands dans la région où la pierre de taille est dure et difficile à débiter; appareils plus petits et serrés où la pierre est tendre et facile à tailler; appareils en mosaïque reproduisant des combinaisons géométriques variées dans les contrées où on peut se procurer des pierres de différentes couleurs (grès jaune, calcaire blanc, lave grise, etc.).

ø *All.* Quaderbau, *angl.* fitting of stones, bond, *esp.* aparejo, *ital.* apparecchio.

Les Romains, en dehors des procédés utilisés par les Grecs et qu'ils ont perfectionnés, ont découvert des procédés qui leur appartiennent en propre. Ils ont employé beaucoup de brique* cuite, dont ils avaient appris l'usage en Asie.

Pour bien distinguer les différentes sortes d'appareils, il n'est pas inutile de décrire ici la manière dont sont construits en général les murs* romains. Rares sont ceux qui sont formés d'assises* régulières de pierre de taille d'égale hauteur. Le plus souvent le mur se compose de deux parements* ou revêtements plus ou moins épais entre lesquels est coulé un blocage* en maçonnerie* ordinaire. Pour consolider le mur, de longues pierres sont placées dans son épaisseur perpendiculairement à la face, au « nu » du mur, de façon à le traverser de part en part; ces pierres sont soit des parpaings* dont la largeur est sensiblement égale à l'épaisseur du mur, soit des boutisses*, plus étroites. Toujours pour consolider ces murs, on rencontre le procédé suivant : à distance régulière le blocage et les deux parements (ou revêtements) sont recouverts d'une couche de briques horizontale (ou d'une assise de pierres taillées), qui traverse le mur de part en part : cette couche ou cette assise unit les deux parements (ou revêtements) en surmontant le blocage. On peut appeler ce procédé appareil mixte (*v. ci-après* « opus mixtum »). Il arrive aussi que les revêtements ou parements soient constitués par des assises alternées de briques et de pierres.

On distingue :

1) Suivant la dimension des pierres :

Le grand appareil, assemblage de pierres de taille

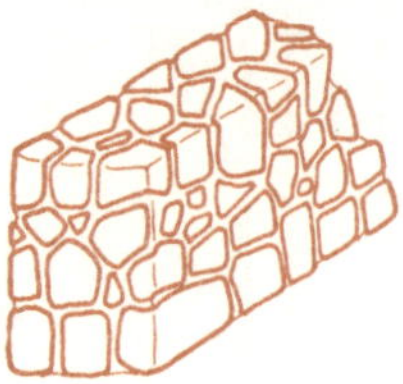

appareil irrégulier

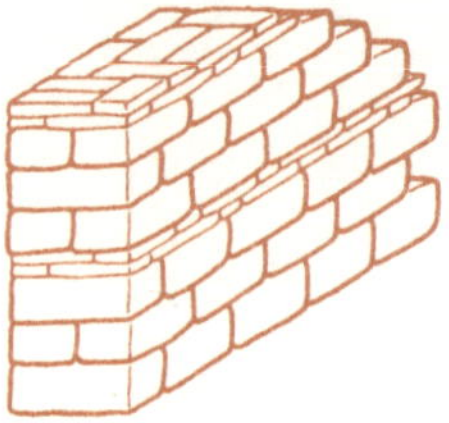

opus mixtum

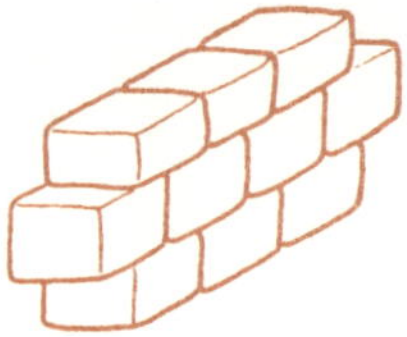

opus quadratum

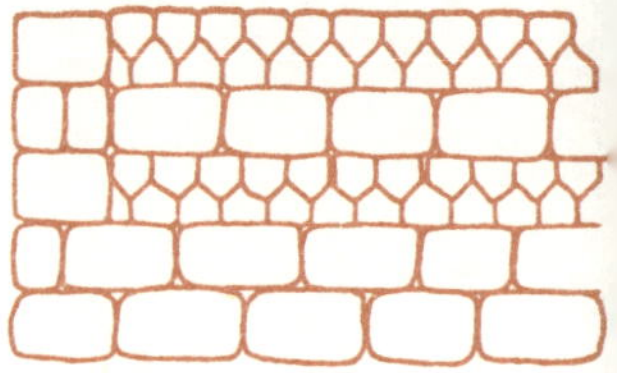

opus reticulatum

de grandes dimensions soigneusement préparées et dressées en assises de même hauteur, et placées souvent « à joints vifs », c'est-à-dire sans ciment*. Parfois les pierres sont liées au moyen de crampons* ou de queues d'aronde* en fer.

ø *All.* Grossquaderwerk, *angl.* masonry in large courses, *esp.* gran aparejo, *ital.* grand'apparecchio.

Le moyen appareil, en pierres taillées moins grandes (par exemple pierres de 0 m. 20 × 0 m. 40) employées le plus souvent à former les revêtements ou parements extérieurs des gros murs. *Le petit appareil,* utilisant de petits moellons* à face carrée ou rectangulaire pris dans une épaisse couche de ciment*. Ils sont souvent interrompus de distance en distance par une couche horizontale de briques (rangs de briques en nombre variable séparés par d'épaisses couches de ciment).

ø *All.* Kleinquaderwerk, *angl.* masonry in small courses, *esp.* aparejo pequeño, *ital.* piccolo apparecchio.

Le moyen et le petit appareil forment le plus souvent des variantes moins soignées du grand appareil.

2) Suivant la forme et l'assemblage des matériaux :
L'appareil régulier : pierres de taille posées en assises égales en hauteur (*v. ci-dessus* grand appareil). Se dit aussi « opus isodomum » (*v. pl.* 2).
L'appareil irrégulier, « opus incertum *ou* antiquum », variante de l'*emplecton* grec. C'est un mur, gros mur ou simple revêtement, fait de pierres brutes empilées sans ordre (*fig.*).
L' « *opus mixtum* » : ici le procédé consiste à interrompre à intervalles réguliers de niveau en niveau un parement en briques par une assise de pierres, ou inversement, un parement en pierres par une couche de briques (*fig.*).
L' « *opus quadratum* » : fait avec des pierres de grandes dimensions (*v. ci-dessus* grand appareil) assemblées en appareil régulier (*fig.*).
L' « *opus reticulatum* » : les pierres sont taillées en forme de losanges et placées en oblique (*fig.*). On a ainsi l'aspect d'un filet* (*lat.* rete) ou d'une résille*.

ø *All.* Netzwerk, *angl.* reticulated work, *esp.* aparejo reticular, *ital.* apparecchio reticolato.
L' « *opus spicatum* » : ici ce sont les briques ou les pierres qui sont placées en oblique sur champ*, se joignant à celles qui sont au-dessus et au-dessous d'elles en coin, par leurs petits côtés. Le dessin formé est celui d'un épi (*lat.* spica) ou d'une feuille de fougère (*fig.*).

ø *All.* Fischgrätenmauerwerk, *angl.* herring bone pattern work.
L'appareil en bossages : appareil de pierres taillées à parement brut dont les arêtes* sont aplanies en biseau (*fig.*) (*v.* bossage *et v. plus bas* appareil en pointes de diamant).

ø *All.* Rusticaquaderung, *angl.* rustic work, *esp.* aparejo almohadillado, *ital.* pietra bugnata.

Art gallo-romain. On n'y trouve qu'une imitation des appareils romains, en particulier du *petit appareil.*

Art roman. L'état social a été bouleversé. Disparition de la main-d'œuvre gratuite des Romains (esclaves). On recherche l'économie. Pour la construction des gros murs on utilise des moellons équarris posés sur lit de mortier*. Parfois on rencontre des longrines* prises dans le mur. Moindre souci de régularité et de belle apparence dans l'appareil. Les murs sont le plus souvent en blocage (*fig.*) avec des parements en dalles* minces (carreaux*) et des angles* formés de pierres en grand appareil ou en besace (*v. ce mot*). Si les tassements* sont inégaux entre blocage, parements et angles, il se produit des ruptures de liaison. On rencontre :
L'appareil alterné, qui présente par exemple deux rangs de briques pour six rangs de pierres longues. Il daterait de l'époque mérovingienne (*v.* Poitou roman *p.* 87). Cet appareil rappelle l' « *opus mixtum* » romain (*v. plus haut*).
L'appareil alexandrin, où les extérieurs du mur sont en sorte de marqueterie.
L'appareil en besace : *v.* besace.
L'appareil en carreaux et boutisses. Les pierres sont disposées alternativement en longueur et en largeur (*fig.*). Ces pierres (de dimensions inégales)

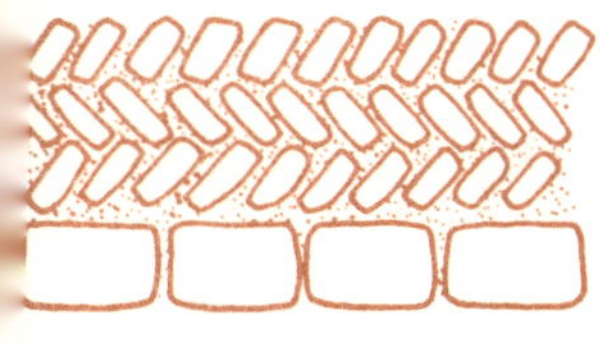

opus spicatum

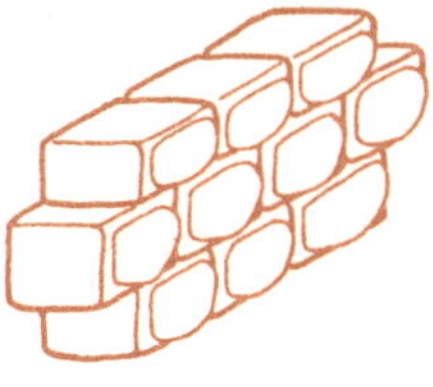

appareil en bossages

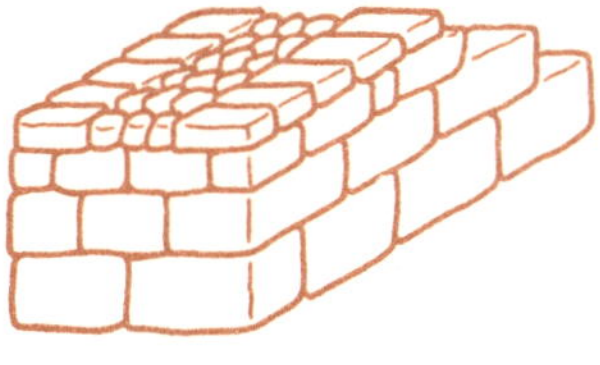

appareil d'un mur en blocage

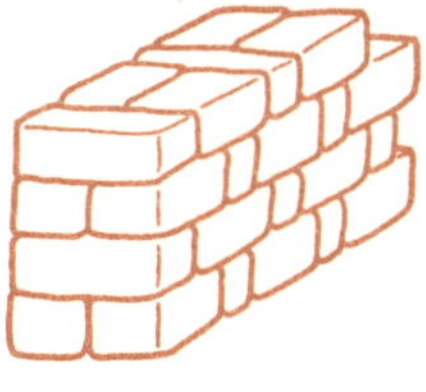

appareil en carreaux et boutisses

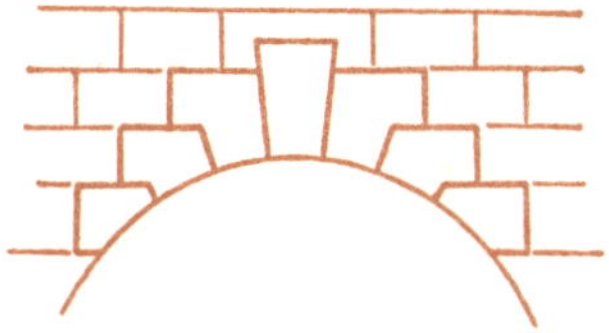

appareil à crossettes

peuvent être : *a*) soit des pierres plus longues que larges – *boutisses* n'affleurant que par un petit côté, ou *parpaings* traversant le mur de part en part, *b*) soit des pierres larges et hautes taillées en carré (*carreaux*) ou même en cube et alternant avec les précédentes, comme à Saint-Michel-de-Cuxa et à Saint-Genis-des-Fontaines (*cf.* Roussillon roman *pp.* 44 *et* 78).

L'appareil à crossettes. Au lieu d'extradosser* les arcs*, on peut entailler le haut des voussoirs* pour les faire raccorder avec les assises* horizontales (*fig.*). Une voûte* ainsi appareillée est appelée aussi appareillée *en tas de charge* (*v.* claveau, clef).

∅ *All.* Hakensteinbogen, *angl.* arch with joggled joints, *esp.* aparejo de cruceta.

L'appareil enchaîné : *v.* linteau.

L'appareil imbriqué : pierres ayant une extrémité ronde et l'autre carrée à la manière d'un écusson, et se chevauchant les unes les autres comme des écailles de poisson (*fig. supposant inclinaison)*.

L'appareil irrégulier (ou mixte). Des pierres de formes diverses sont assemblées et prises les unes dans les autres au moyen de joints* en mortier* débordant largement.

L'appareil obliqué. Il est formé de pierres taillées en losange et jointives, se superposant obliquement (*fig.*).

L'appareil en pointes de diamant. C'est l'appareil *en bossages* (*v. plus haut*) mais avec la partie saillante des pierres taillée en pointe comme un diamant (*fig.*).

L'appareil à rubans entrecroisés (*v.* Poitou roman *p.* 34).

De plus, on rencontre souvent dans l'art roman l' « *opus reticulatum* » et l' « *opus spicatum* » des Romains (*v. plus haut*).

Le mot *appareil* s'applique aussi aux *colonnes** et aux *linteaux**.

Enfin, d'après Viollet-le-Duc, dans les constructions en briques, pendant les XIe et XIIe siècles, on a beaucoup fait usage d'appareils présentant des combinaisons géométriques; non seulement ces appareils compliqués ont été employés

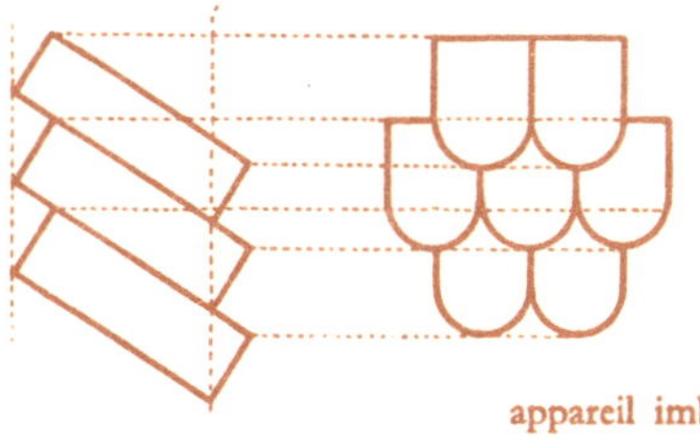

appareil imbriqué

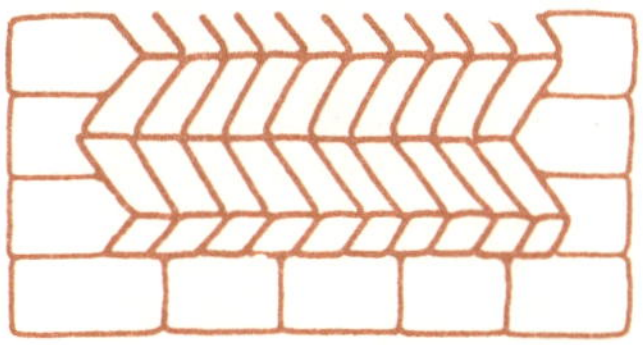

appareil obliqué

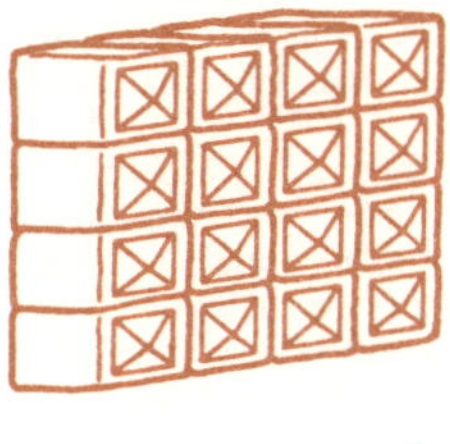

appareil en pointes de diamant

pour décorer des parements unis, mais ils le furent aussi parfois dans la construction des arcs* (*v.* voussoir); par exemple *l'appareil en tas de charge* (*v. ci-dessus* appareil à crossettes). *Voir aussi* charge, crossettes, clef, claveau.

appareiller v.tr. (*de* appareil). 1) Appareiller *les pierres**, cela consiste à faire connaître les mesures exactes qu'elles devront avoir une fois taillées. ‖ 2) On dit aussi appareiller *la façade** d'une construction, ce qui veut dire appareiller les pierres d'une façade. ‖ 3) On dit de pierres ou de moellons qu'ils « s'appareillent » lorsque la taille aux mesures voulues les fait s'adapter parfaitement.

appareilleur n.m. (*dér. d'*appareiller). On donne ce nom au maître maçon qui dirige l'exécution des ordres de l'architecte et surveille spécialement la manière dont sont taillées* et posées* les pierres*.

ø *All.* Steinausmesser, *angl.* dresser, foreman mason, *esp.* aparejador, *ital.* apparecchiatore.

appentis n.m. (*du lat.* appendere : pendre). *Archit.* 1) Petite construction, appuyée à un mur et dont la couverture n'a qu'un versant. ‖ 2) Toiture qui n'a qu'une seule pente.

ø *All.* Schirmdach, *angl.* penthouse, lean-to roof, *esp.* tejadillo, *ital.* tettoia.

application n.f. (*du lat.* applicare : appliquer). *Archit.* Viollet-le-Duc appelait ainsi le procédé décoratif consistant à superposer des ornements* en matière plus rare ou plus précieuse à des matériaux* ordinaires : pierres, briques, moellons, bois. Par exemple, on trouvait des applications de stucs*, de marbres*, de mosaïques*, de métal, etc.

De nos jours ce mot ne paraît plus guère usité que dans le *tissage* à propos d'étoffes, de dentelles, de broderies, etc.

applique (figure d') (*dér. d'*appliquer). *Émaillerie limousine.* Personnages réservés* sur la plaque de cuivre (applique) dont le fond (le *champ*) a été creusé (*levé*) pour recevoir l'émail* (ces motifs peuvent aussi être rapportés en bas-relief* plus ou moins accentué) (*v. dans* Auvergne romane, *pl.* 117).

ø *All.* aufgelegte Arbeit, *angl.* inlaid work, *esp.* aplicación, *ital.* decorazione applicata.

apprenti n.m. (*dér. du v. lat.* apprehendere : saisir, apprendre). Celui à qui un maître* enseigne son métier.

ø *All.* Lehrling, *angl.* apprentice, *esp.* aprendiz, *ital.* apprendista.

apprêt n.m. (*dér. du lat.* apprestare, *rac.* praesto : être sous la main, présent). *Peint.* Action de mettre une surface quelconque dans un état où l'on puisse lui appliquer une couche de peinture (*par ex.* enduit* pour un mur, un panneau* en bois, en toile, etc.). C'est une « première couche ».

ø *All.* erster Anstrich, Grundierung, *angl.* dressing, *esp.* aderezo, *ital.* apprettatura, appretto, imprimitura.

appui n.m. (*rac. lat.* podium : soubassement). *Archit.* Tout ce qui procure un soutien, *par ex.* : *Barre d'appui* : *v.* barre.

Mur d'appui : rebord protecteur construit au-dessus du vide à hauteur des coudes sur un pont*, une terrasse*, etc.

ø *All.* Brüstungsmauer, *angl.* breast wall, *esp.* pretil, *ital.* sostegno.

Appui d'une fenêtre : partie transversale de la fenêtre* sur laquelle une personne debout peut commodément poser les coudes (*v.* allège, baie). « *A hauteur d'appui* » : à la hauteur qui permet de s'accouder lorsqu'on est debout.

ø *All.* brusthoch, *angl.* breast high, *esp* a la altura del codo, *ital.* all'altezza del gomito.

*Appui en bahut** : mur d'appui dont la section est une partie de cercle.

Appui droit ou *carré* : appui à surface horizontale et en droite ligne.

Appui de communion : *v.* balustrade.

Appui évidé : appui formé de balustres*, d'ornements ajourés.

*Appui en piédestal** : avec une base* et une corniche*.

Appui rampant : penché comme une rampe*.

On donne ce nom d'*appui* à la pièce de bois horizontale qui est posée sur l'appui d'une fenêtre* et forme le bas des ouvertures de fenêtre.

ø *All.* Fensterbrüstung, *angl.* window sill, *esp.*

antepecho, *ital.* davanzále.

aquamanile n.m. (*rac. lat.* aqua : eau *et* manus : main). Travail de dinanderie* exécuté au Moyen Age en cuivre ou laiton, dans lequel on pouvait conserver du liquide. De forme souvent peu commune (ils représentaient des animaux, des cavaliers, etc.) ils servaient notamment aux prêtres pour se laver les mains avant de célébrer la messe (*fig.*).

∅ *All.* Gießgefäß, *angl.* aquamanile, *esp.* aguamanil, *ital.* acquamanile.

arabesque n.f. (*de l'ital.* arabesco : arabe). 1) Ornement propre à l'art arabe fait de lignes droites ou courbes entremêlées et dessinant des figures géométriques, des étoiles, etc. ‖ 2) *Par anal.* On appelle ainsi l'ornement* où se mélangent les motifs* décoratifs les plus variés, à l'exception de la figure humaine (*fig., pl.* 10). On rencontre des arabesques dans les styles byzantin* et roman* : chapiteaux*, broderies*, verrières*, enluminures*, etc. Ne pas les confondre avec les *grotesques**.

∅ *All.* Arabeske, *angl.* arabesque, *esp.* arabesco, *ital.* arabesco.

arase n.f. (*dér. de* araser). *Archit.* On nomme ainsi la partie supérieure d'un mur en maçonnerie*, aménagée en plan absolument horizontal. On dit aussi *arasement**.

arasement n.m. (*dér. de* araser). 1) Action d'araser. ‖ 2) Synonyme d'*arase*.

∅ *All.* Abgleichung, *angl.* levelling, *esp.* enrasamiento, *ital.* livellamento.

araser (*de* à *et* raser *dans le sens de* mettre à ras). *Araser* un mur* en cours de construction ou de démolition, c'est égaliser sa partie supérieure pour obtenir une ligne de même niveau.

∅ *All.* abgleichen, *angl.* to level, *esp.* enrasar, *ital.* livelláre.

arbalète n.f. (*lat.* arcus : arc *et* ballista : machine de jet). *Armement* Arc très fort en bois ou en corne, ou même en acier, supporté par un *arbrier* et tendu mécaniquement au moyen d'un *cric*. Il envoyait des carreaux ou des flèches à plus de deux cents pas.

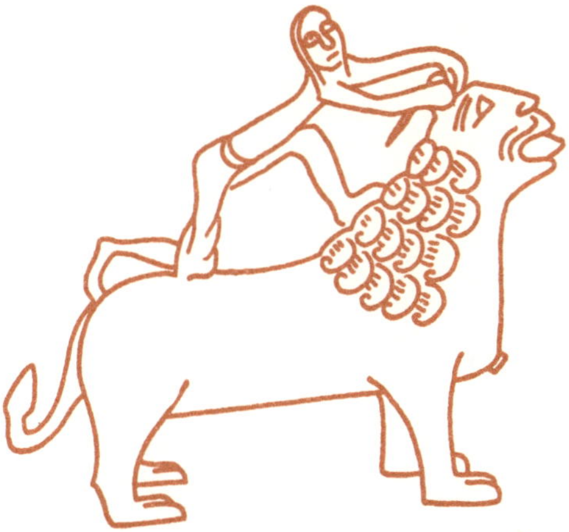

aquamanile

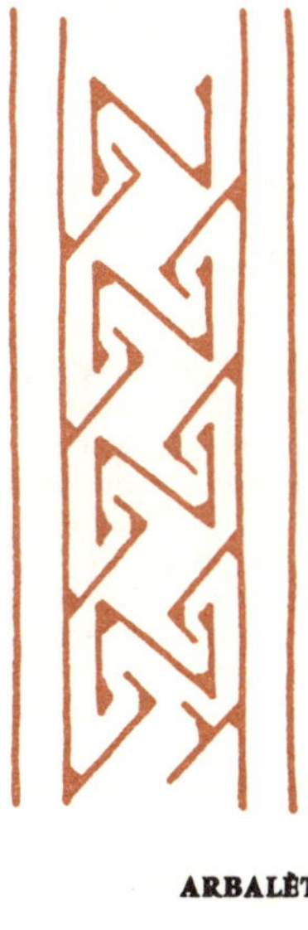

arabesque

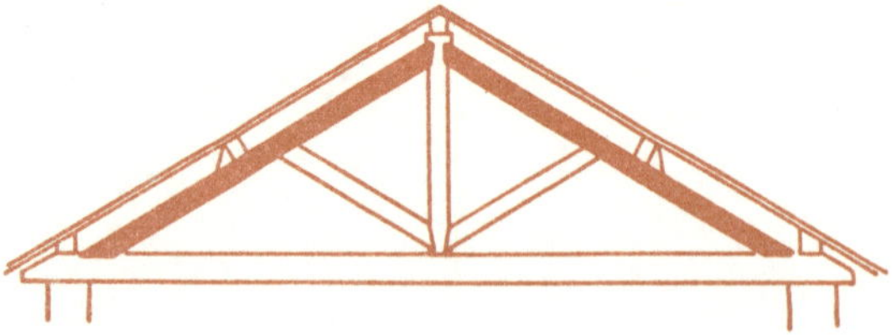

arbalétrier

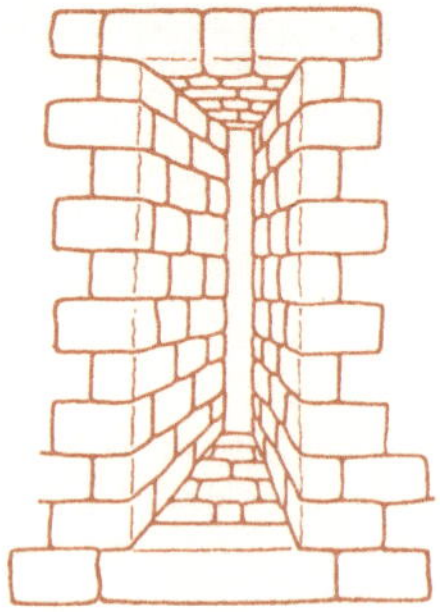

arbalétrière

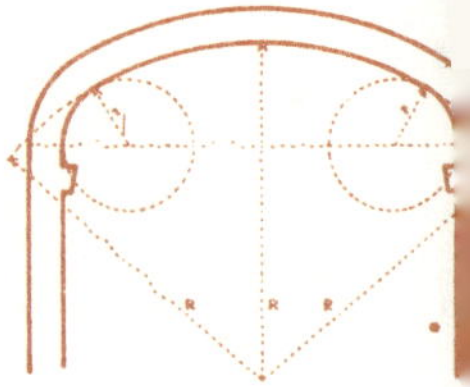

arc en anse de panier

∅ *All.* Armbrust, *angl.* crossbow, *esp.* ballesta, *ital.* baléstra.

arbalétrier n.m. (*dér. d'*arbalète). *Charp.* Poutre inclinée qui dans le comble* forme l'élément principal de la ferme* de couverture (*fig.*). Les deux *arbalétriers* prenant pied sur l'entrait* et réunis à leur sommet sur le poinçon*, ressemblent ensemble à un arc, ou une arbalète*, dont l'entrait serait la corde et le poinçon, la flèche ou le carreau. *N.B.* : L'Académie des Beaux-Arts préfère le mot *arbalétier* au terme usuel considéré comme peu correct.

∅ *All.* Dachstuhlsäule, Bundsparren, *angl.* chief rafter, *esp.* riostra, *ital.* balestriere, puntone del tetto.

arbalétrière n.f. (*dér. d'*arbalète). *Archit.* Ouverture étroite et haute pratiquée dans une muraille*. Ébrasée vers la face interne du mur*, elle permettait le tir de l'arc ou de l'arbalète*, depuis l'intérieur, dans des directions autres que selon le plan vertical perpendiculaire au mur (*fig.*; *v.* archère).

∅ *All.* Schießscharte, *angl.* balistraria, *esp.* ballestera, *ital.* balestriera.

arbre ● – *généalogique* (*lat.* arbor; *pour* généalogique *v.* généalogie). Tableau qui représente, sous la figuration d'un arbre conventionnel, la souche et les ramifications d'une famille, la filiation régulière de ses membres et leurs alliances.

L'*arbre généalogique* du Christ est représenté par l'*arbre de Jessé**, du nom de l'ancêtre des rois de Juda.

∅ *All.* Stammbaum, *angl.* family tree, *esp.* árbol genealógico, *ital.* albero genealogico.

● – *de la science du bien et du mal.* Arbre de l'Eden qui portait le fruit défendu. La Bible (Gen. 2) ne donne aucune précision à son sujet.

∅ *All.* Baum der Erkenntnis, *angl.* tree of knowledge of Good and Evil, *esp.* árbol de la Ciencia del Bien y del Mal, *ital.* albero della Scienza del Bene e del Male.

arc n.m. (*lat.* arcus). *Archit.* 1) Courbe que décrit une voûte* ou la partie supérieure d'une baie*. Elle est formée habituellement d'une ou de plusieurs portions de cercles diversement raccordées. ‖ 2) Élément de construction dont le prof[il] est celui d'une telle courbe et qui exerce un[e] fonction de soutien.

∅ *All.* Bogen, *angl.* arch, *esp. et ital.* arco

On distingue :

1) Suivant leurs formes :

L'arc en accolade, à contre-courbe ou *à talons* Caractéristique du gothique flamboyant. Se compose de deux éléments égaux et opposés comprenant chacun deux courbes qui s'infléchissent l'une par rapport à l'autre, l'une concave en bas l'autre convexe au-dessus, les éléments étant réunis par une pointe qui ferme le sommet de l'arc.

∅ *All.* Wellenbogen, *angl.* ogee arch, four centered arch, *esp.* arco escocés, *ital.* arco a fiamma, arco carenato.

L'arc angulaire : *v.* arc en fronton.

L'arc en anse de panier ou *surbaissé.* Il est constitué par des cercles de rayons différents (*fig.*).

∅ *All.* Korbhenkelbogen, *angl.* three centered arch, depressed arch, *esp.* arco de asa de cesta, *ital.* arco policentrico, arco ribassato.

L'arc en arceaux. Arc agrémenté de filets* (creux ou en relief) en forme de trèfle* (*fig.*)

L'arc bombé ou *segmentaire.* Arc dont le centre est au-dessous du plan des naissances* (*fig.*)

∅ *All.* leichtgekrümmter Bogen, *angl.* segmental arch, *esp.* arco escarzano, *ital.* arco sesto ellittico.

L'arc brisé ou *en cintre brisé.* Arc aigu formé de deux segments de cercle se coupant suivant un certain angle. Suivant le plus ou moins d'ouverture ou d'écartement qui existe entre ces arcs de cercle, on obtient des arcs de diverses formes auxquels on a donné entre autres les noms suivants : A. *Arc en tiers-point.* « Si l'on tend d'un sommier* à l'autre de chacun des segments de cercle qui composent l'arc brisé une ligne horizontale et qu'on divise celle-ci en trois parties égales; si, de chacun des points intermédiaires, on trace un segment de cercle ayant pour rayon les deux tiers de la corde horizontale et issu en sens contraire de l'une et l'autre extrémité de celle-ci,

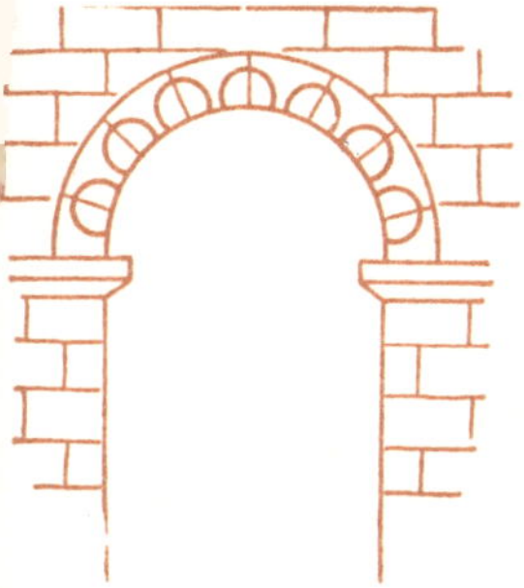

arc en arceaux

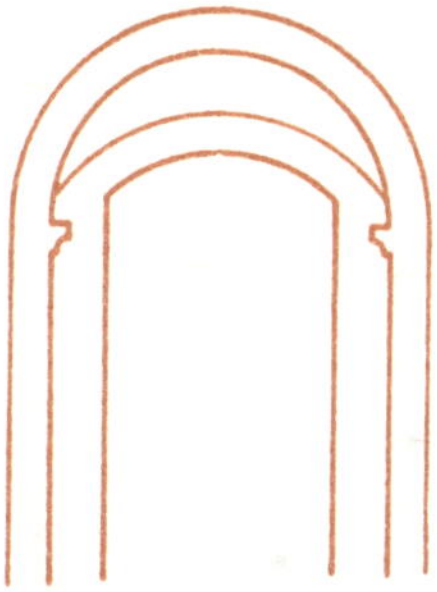

arc bombé ou segmentaire

arc brisé

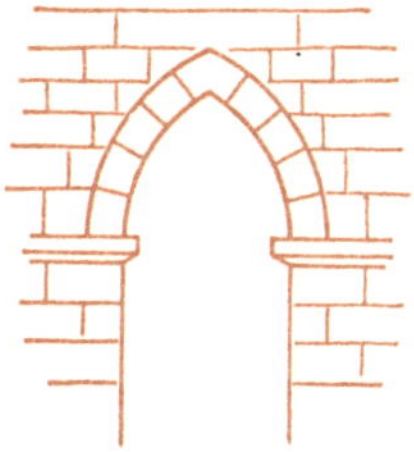

arc en tiers-point

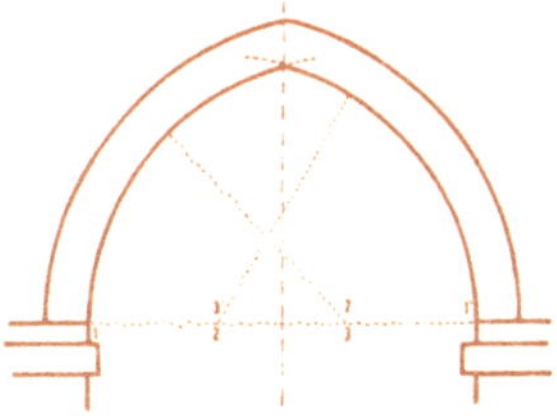

l'on obtient une figure d'arc en tiers-point » (*Invention de l'architecture romane*) (*fig.*).

ø *All.* gleichseitiger Spitzbogen, *angl.* pointed arch, *esp.* arco terciario, *ital.* arco a terzo punto.
B. *Arc en lancette* ou *en cintre aigu.* C'est une arcade formée par deux arcs qui ont leur centre au delà du point de retombée de l'arc qui leur est opposé, puisque le rayon qui sert à les déterminer est plus grand que l'ouverture de l'arcade (*fig.*). On peut donc inscrire dans cet arc un triangle isocèle dont la base est plus courte que les côtés.

L'arc en chaînette renversée. Sa courbe reproduit vers le haut la courbe dessinée par une chaînette libre et souple suspendue à deux points placés au même niveau. Ses claveaux n'éprouvent aucune tendance à s'écarter de la courbe, s'il n'y a pas d'autre charge que son propre poids (*fig.*).

L'arc à crossettes : *v.* appareil* à crossettes*, claveau*.

L'arc déprimé. C'est une plate-bande* reliée aux deux pieds-droits du mur par des quarts de cercle (*fig.*).

L'arc à double rouleau. On appelle rouleau un rang courbe de claveaux*. Un arc peut être fait d'un ou plusieurs rangs de claveaux superposés. Deux rangs forment un arc à double rouleau (*fig., v. pl.* 6).

L'arc en doucine. La doucine est une ligne formée de deux courbes inversées, l'une convexe, en bas, l'autre concave, en haut. L'arc en doucine est fait de deux doucines opposées se coupant par leur sommet.

L'arc elliptique. Formé d'une portion d'ellipse (*fig.*). Inventé au XVIe s., il est difficile à construire et plutôt moins stable que les plus anciens.

Les arcs entrelacés. Arcs souvent en plein-cintre* formant dans une arcature* un entrelacs* de petits arcs brisés (*fig., pl.* 14).

L'arc exhaussé : *v.* arc surhaussé.

L'arc extradossé. Arc dans lequel les extrados* des voussoirs* forment une courbe régulière et concentrique à celle des intrados*.

L'arc en fer à cheval : *v.* arc outrepassé.

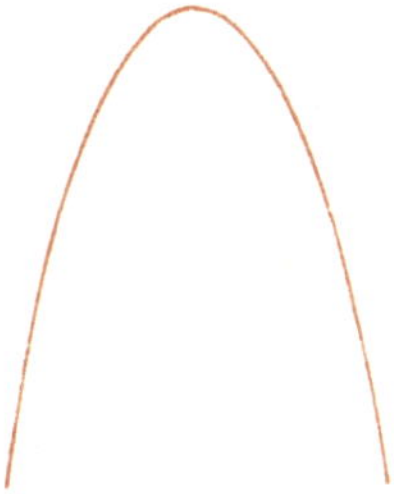

arc en chaînette

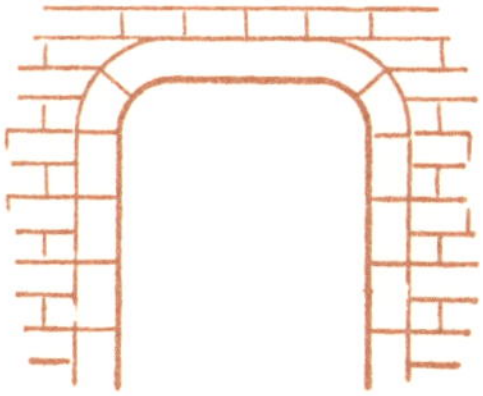

arc déprimé

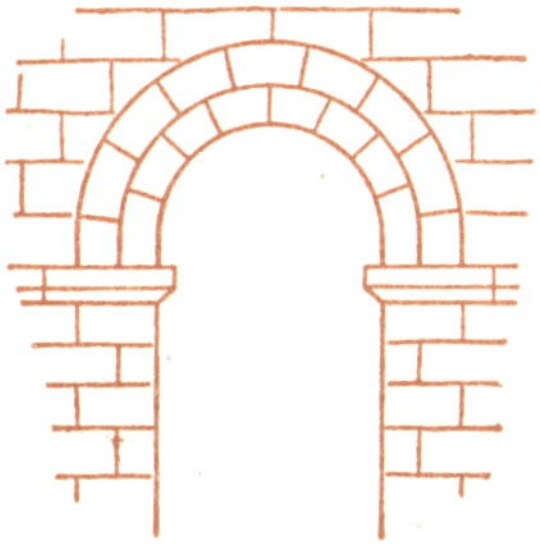

arc à double rouleau

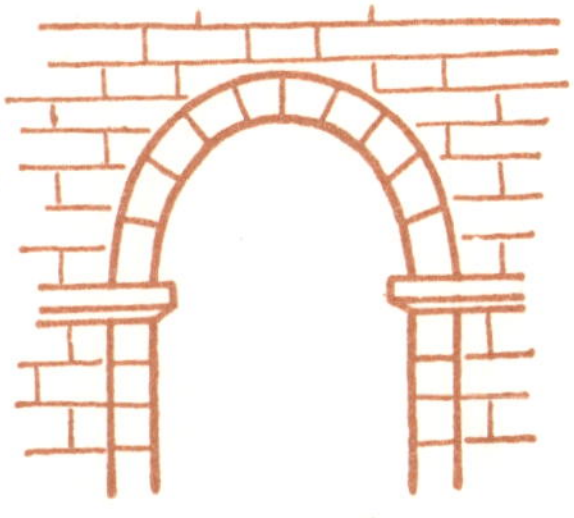

arc elliptique

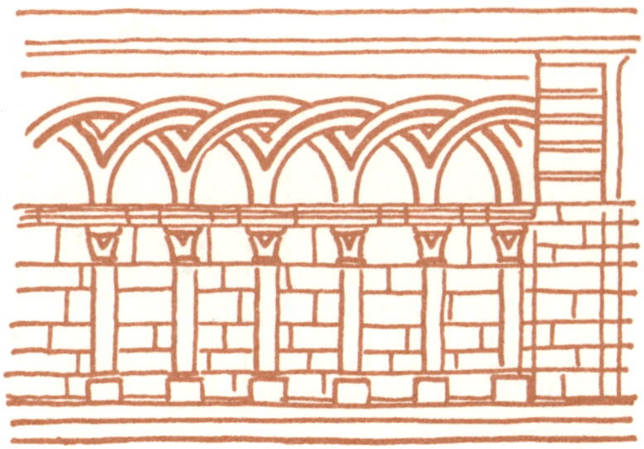

arcs entrelacés

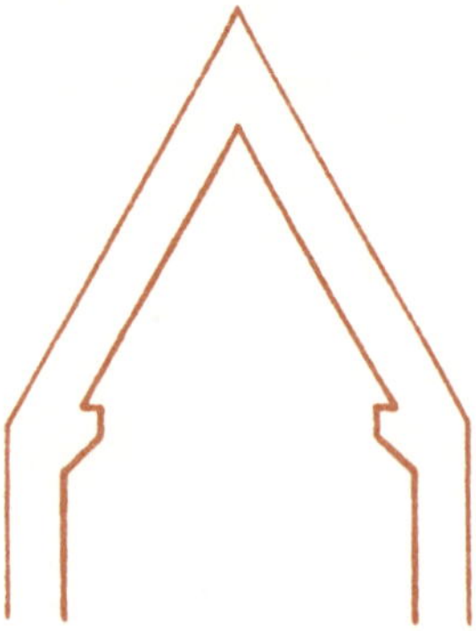

arc en mitre

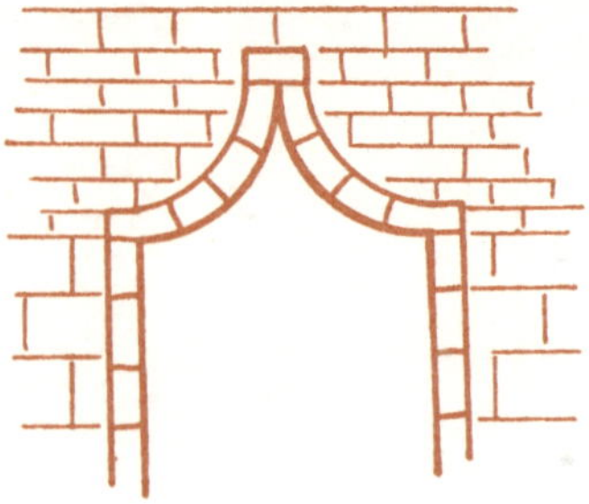

arc infléchi

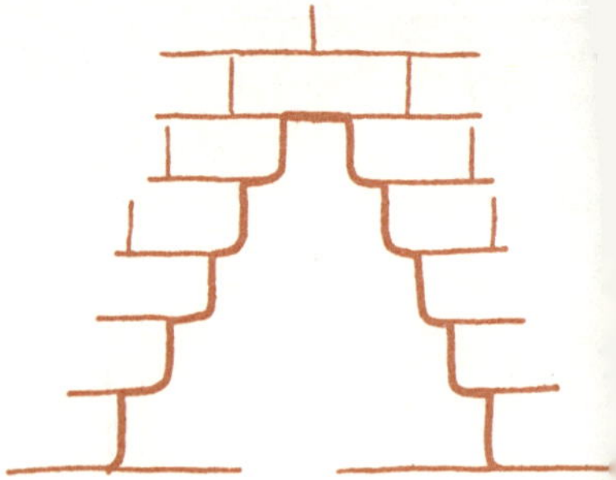

arc à joints horizontaux

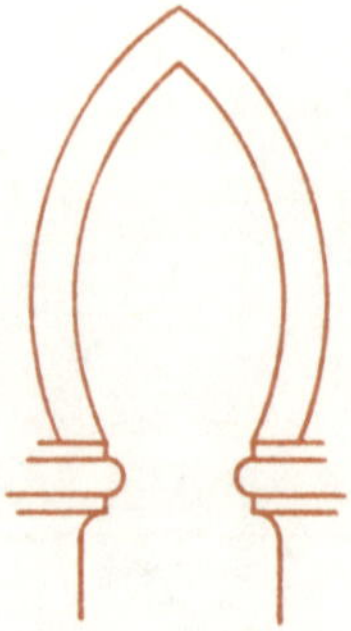

arc lancéolé

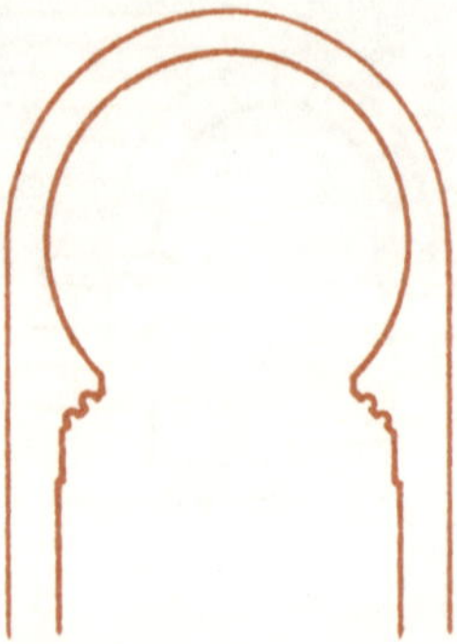

arc outrepassé

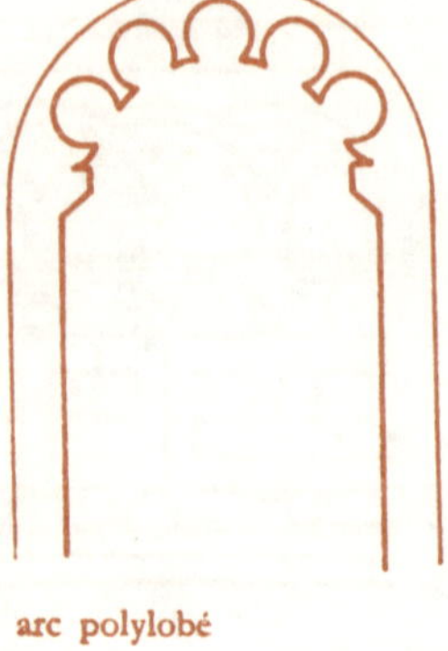

arc polylobé

L'arc festonné. Il est ourlé* de petits lobes*.
⌀ *All.* geschweifter Bogen, *angl.* scalloped arch, *esp.* arco festoneado, *ital.* arco a festone.

L'arc en fronton ou *angulaire* ou *en mitre*. Il est fait de droites se coupant à angle plus ou moins ouvert (*fig.*).
⌀ *All.* Giebelbogen, *angl.* mitre arch, triangular arch, *esp.* arco mitriforme, *ital.* arco spezzato.

L'arc infléchi ou *à contrecourbure*. Celui dont les côtés sont des courbes convexes tangentes entre elles au sommet de l'arc (*fig.*).

L'arc à joints horizontaux. Arc creusé dans un mur fait de grosses pierres* en assises* horizontales; les pierres laissées en encorbellement* tiennent lieu de voussoirs* (*fig.*).

L'arc à joints rayonnants. Les joints* de ses voussoirs* vont dans le même sens que le rayon de la courbe.

L'arc lancéolé. En forme de fer de lance*.

L'arc en mitre : *v.* arc en fronton.

L'arc outrepassé ou *en fer à cheval*. Caractéristique de l'architecture arabe, qui l'a repris à celle des Wisigoths. Il se continue en dessous de son diamètre (*fig.*, *pl.* 12).
⌀ *All.* Hufeisenbogen, *angl.* horseshoe arch, *esp.* arco de herradura, *ital.* arco moresco, arco a ferro di cavallo tondo.

L'arc en plein cintre (cintre, *du lat.* cintura : ceinture). Il est constitué simplement d'une moitié de cercle, avec un seul centre (*v. pl.* 5).
⌀ *All.* Halbkreisbogen, *angl.* round arch, *esp.* arco de medio punto, *ital.* arco a tutto sesto, arco a pieno centro.

L'arc polylobé. Il est fait de plusieurs arcs de cercle (lobes*) (*fig.*, *pl.* 13, *v. pl.* 3 *et* 77).
⌀ *All.* Zackenbogen, *angl.* multifoil arch, *esp.* arco polilobulado, *ital.* arco polilobato.

L'arc rampant. Les deux naissances* ne sont pas de même niveau (*fig.*). *Voir aussi* § 2 : arc-boutant.
⌀ *All.* steigender Bogen, *angl.* rampant arch, *esp.* arco por tranquil, *ital.* arco rampante.

L'arc renversé. Tourné vers le haut, il sert à réunir et consolider par des surfaces concaves des

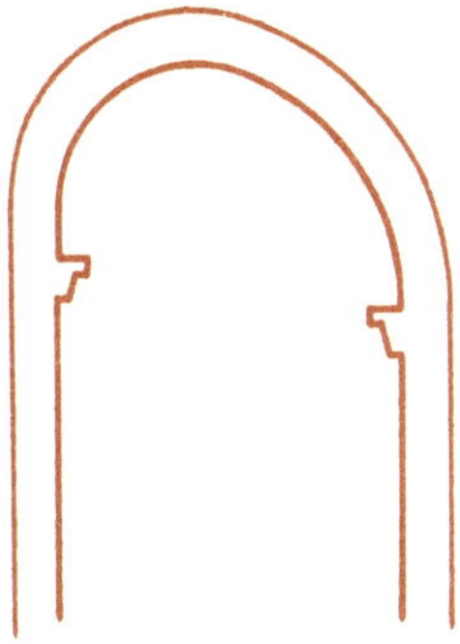

arc rampant

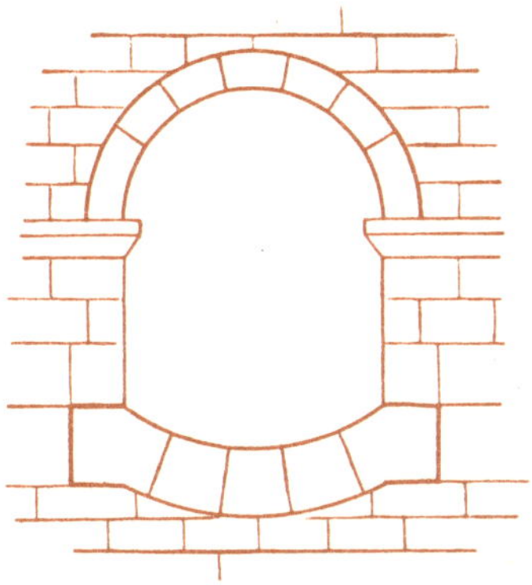

arc renversé

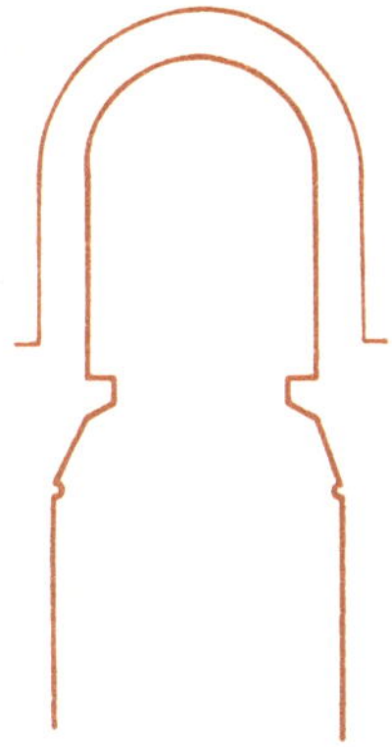

arc surhaussé

éléments de fondation* isolés (piles* de pont, par exemple) (*fig.*).

L'arc segmentaire : *v.* arc bombé.

L'arc surbaissé : *v.* arc en anse de panier.

L'arc surhaussé ou *surmonté* ou *exhaussé*. Celui dont la hauteur est plus grande que celle du plein cintre. C'est l'opposé du précédent (*fig.*, *pl.* 15, *v. pl.* 3).

∅ *All.* überhöhter, zugespitzer Bogen, *angl.* raised arch, *esp.* arco peraltado, *ital.* arco rialzato.

L'arc en talons : *v.* arc en accolade.

L'arc en tas de charge : *v.* arc à crossettes, appareil à crossettes.

L'arc en tiers-point : *v.* arc brisé.

L'arc triangulaire : *v.* arc à joints horizontaux *et* arc en fronton.

L'arc trilobé ou *tréflé* : fait de trois portions de cercle (*fig.*).

∅ *All.* Kleeblattbogen, *angl.* trefoil arch, *esp.* arco trebolado, *ital.* arco trilobato.

L'arc zigzagué. Dont l'intrados* est découpé en zigzags*.

2) Suivant la fonction qu'ils exercent ou suivant leur place :

L'arc-boutant (bouter = pousser). C'est un arc rampant* qui partant d'un contrefort extérieur sur lequel il s'appuie, contre-bute* la voûte* en un point plus élevé (*pl.* 16, *v. pl.* 1).

∅ *All.* Strebebogen, *angl.* flying buttress, *esp.* arbotante, *ital.* arco di sostegno.

L'arc de cloître : *v.* voûte en arc de cloître.

L'arc de décharge. Arc qui est disposé dans le mur au-dessus d'un linteau* (ou d'une plate-bande*) pour l'alléger partiellement du poids du mur qu'il (ou elle) supporte (*fig.*).

On désigne aussi sous ce nom un arc aveugle*, creusé dans une paroi pour élégir celle-ci à sa base, par un procédé d'encorbellement*.

∅ *All.* Ablastebogen, *angl.* relieving arch, *esp.* arco de descarga, *ital.* arco di scarico.

L'arc diaphragme (*gr.* διαφραγμα : cloison, de δια : en travers et φρασσειν : obstruer). L'arc *diaphragme* (*adj.*) est, comme le mur *diaphragme*, un arc (ou mur) transversal séparant les travées*

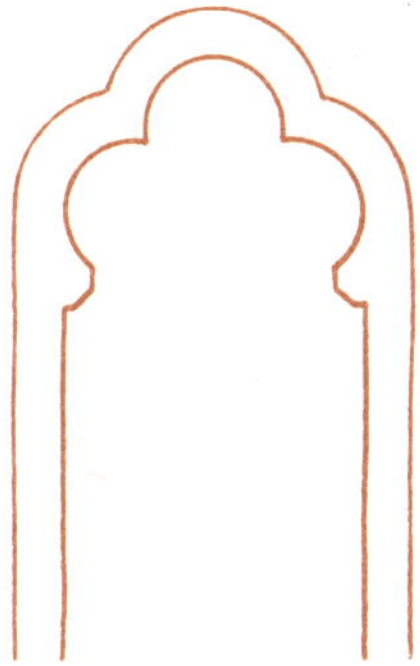

arc trilobé

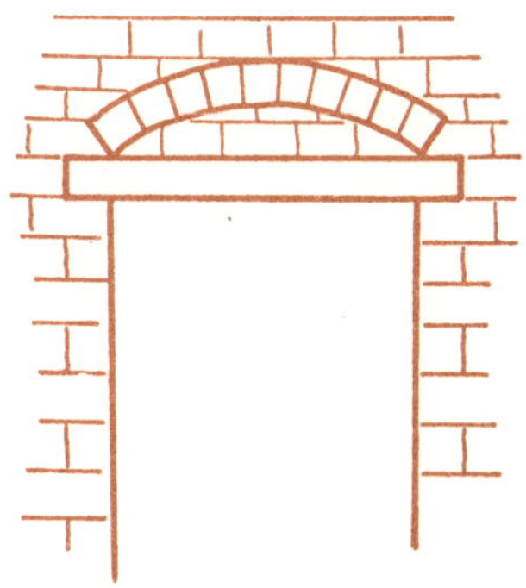

arc de décharge

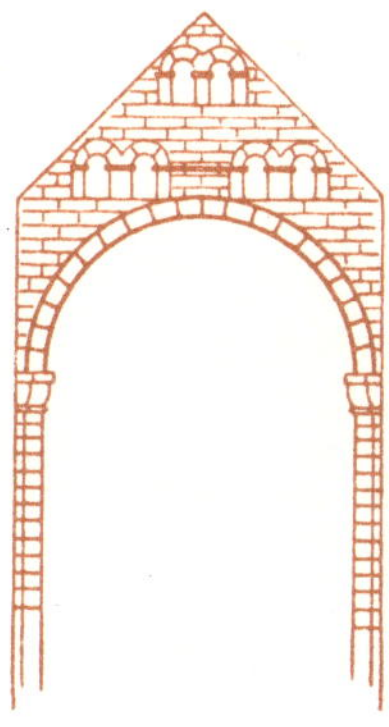

arc diaphragme

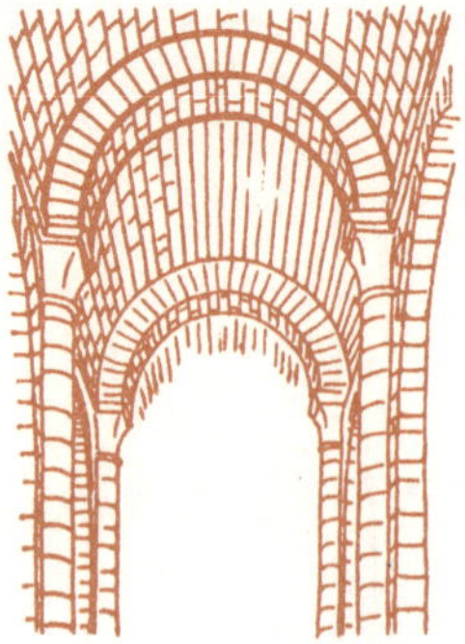

arc doubleau

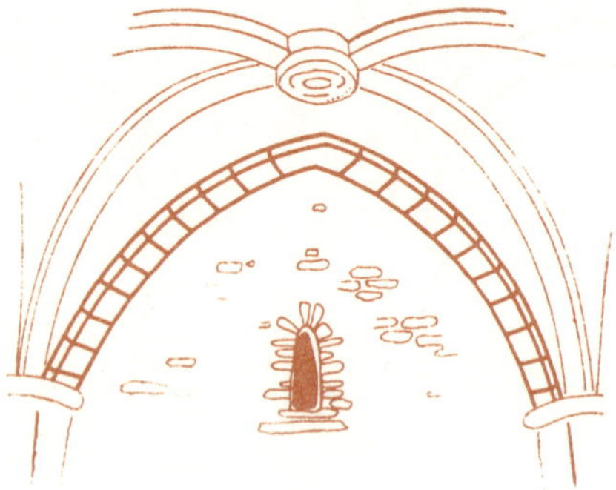

arc formeret

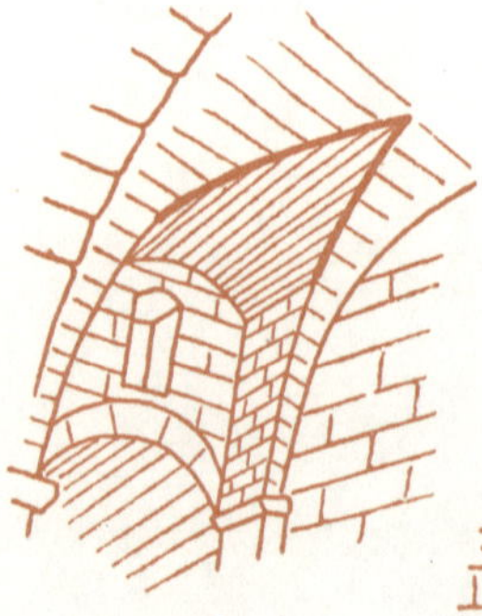

arc de pénétration

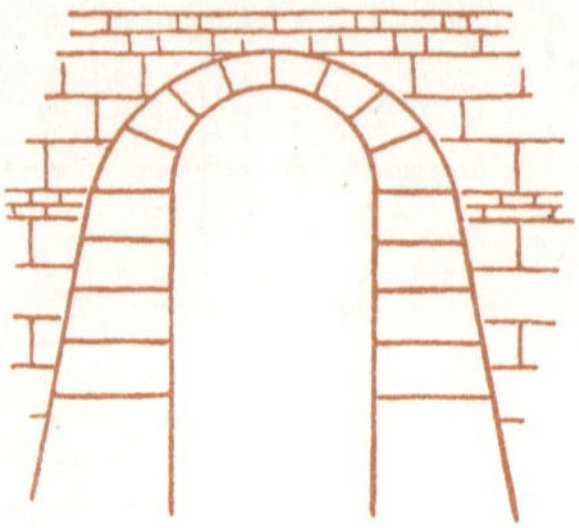

arc en talus

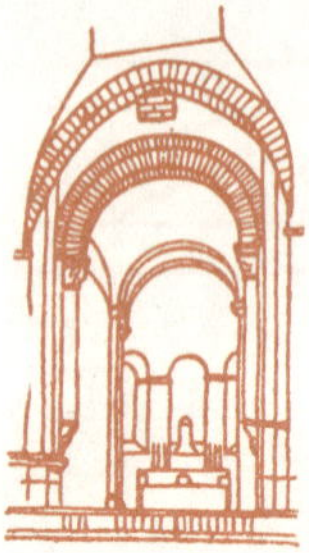

arc triomphal

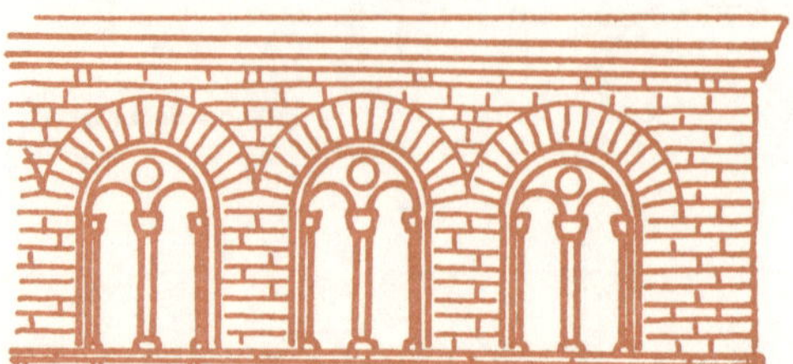

arcades géminées

de certaines églises* romanes et dont l'objet est de soulager les murs latéraux* ou les fermes* des combles* (*fig. page précédente, pl.* 74, *v. pl.* 3).

L'arc doubleau. Il est placé en doublure sous la voûte* et perpendiculairement au mur gouttereau* (*fig., pl.* 75, *v. pl.* 4, 5, 6).

ø *All.* Doppelbogen, Querbogen, *angl.* arch band, *esp.* arco perpiaño, *ital.* arco sporgente v. in aggetto.

L'arc formeret. Lorsqu'une voûte* repose sur une croisée* d'ogives*, sa retombée est soutenue à sa rencontre avec le mur gouttereau* par *l'arc formeret* (*fig.*), parallèle à ce mur; cet arc est généralement encastré* dans le mur (*v. pl.* 4). Il forme, avec l'arc doubleau et l'arc d'ogive, l'ossature de la croisée d'ogives. L'arc formeret est donc placé soit contre le mur parallèle au collatéral* (et souvent engagé dans ce mur), soit entre les piliers* séparant la nef* des collatéraux. L'arc formeret est le contraire de l'*arc doubleau,* qui est bandé transversalement à l'axe du vaisseau.

ø *All.* Wandbogen, Längengurt, *angl.* wall arch, *esp.* arco formero, *ital.* arco longitudinale.

L'arc d'ogive ou *diagonal.* Un des trois éléments de la croisée* d'ogives : arc doubleau, arc d'ogive, arc formeret. Les arcs d'ogive unissent les arcs doubleaux et les arcs formerets en passant par la clef* de voûte. Cette armature permet de faire reposer le poids de la voûte uniquement sur les piles* et de décharger ainsi les murs.

L'arc de pénétration. La pénétration est l'intersection de deux berceaux* (ou voûtes*) (*fig.*). En se coupant ces deux berceaux de voûte donnent une ligne de pénétration qui est un arc (*v.* voûte*). *Cf.* Limousin roman, *p.* 26.

L'arc en talus (*du gaulois* tal : front). C'est un arc dont l'intrados* repose sur un plan vertical, tandis que l'extrados* se continue sur un plan oblique (*fig.*). Le plan oblique est un glacis, comme dans les murs de soutènement (*v.* talus).

L'arc triomphal. On nomme ainsi l'arcade* qui se trouve dans une église à l'entrée du chœur* (*fig.*). Ses bases étaient souvent réunies par une forte poutre appelée *tref**, laquelle était surmontée

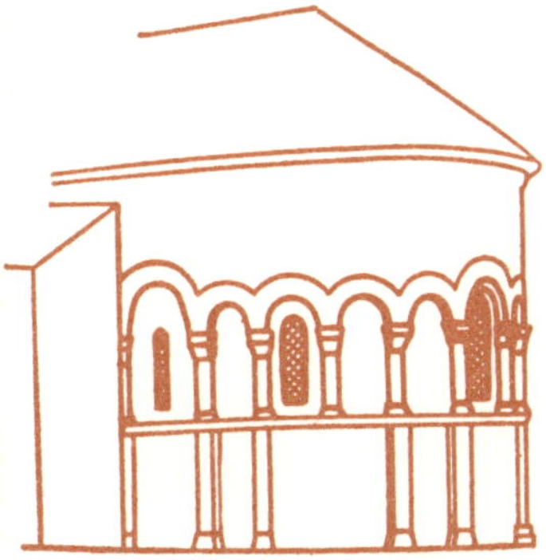

arcature basse

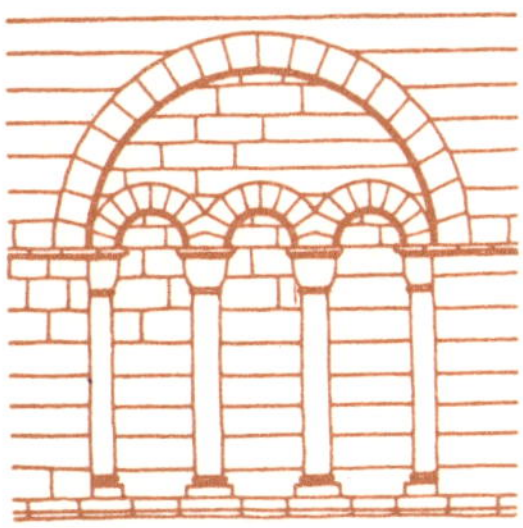

arcatures aveugles

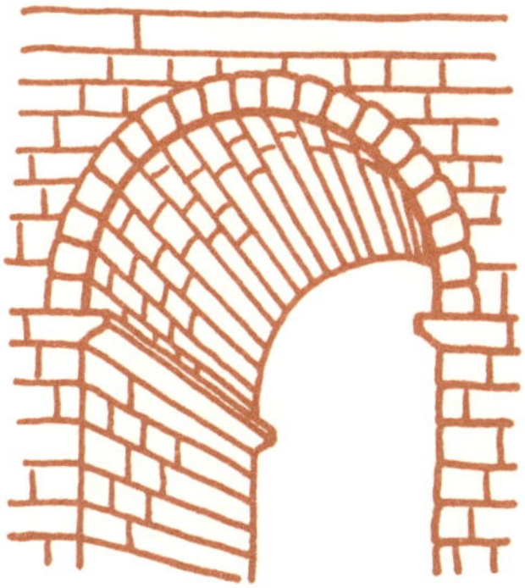

arceau

d'un grand Christ.

∅ *All.* Triumphbogen, *angl.* chancel arch, *esp.* arco triunfal, *ital.* arco trionfale.

arcade n.f. (*de l'ital.* arcata, *dér. de* arco). *Archit.* Ouverture pratiquée sous un arc* dans un mur (*v. pl.* 1, 7). Elle est qualifiée du nom de l'arc dont elle a la forme (arcade *en plein cintre, en tiers-point, etc.*).

∅ *All.* Bogengang, Arkade, *angl.* arcade, *esp.* arcada, *ital.* arcata.

Quelques cas particuliers :

Arcade aveugle. On nomme ainsi une arcade qui ne perce pas toute l'épaisseur du mur dans lequel elle est construite. On dit aussi dans ce cas *arcade simulée.*

∅ *All.* Blendbogen, *angl.* blind arcade, *esp.* arcada ciega, *ital.* arcata cieca.

Arcade géminée ou *ternée.* Parfois on juxtapose à l'intérieur d'une arcade deux ou trois arcades plus petites qui s'y trouvent ainsi inscrites. On les appelle *arcades géminées* (*fig.*) ou *ternées.*

Arcades lobées. Dont l'arc est découpé et orné de portions de cercles ou lobes* (en général demi-cercles) en nombre variable (*v.* archivolte*).

Arcade praticable. C'est une arcade qui sert de passage. On dit aussi *arcade réelle.*

Arcade en tresses. Dans cette arcade, les moulures* plates ou convexes de l'arc sont ornées de rubans* ou bandelettes* tressées*.

arcature n.f. (*dér. de* arcade). *Archit.* Motif* architectural fait d'un ensemble de petites arcades* réelles ou factices servant d'ornement (*v.* ornementation*) (*fig., v. pl.* 1, 2, 3, 7).

∅ *All.* Bogenstellung, *angl.* arcature, *esp.* arquería, *ital.* arcatella.

Viollet-le-Duc distinguait les *arcatures basses,* placées par exemple sur l'appui* d'une fenêtre, les *arcatures de couronnement* qui se rencontrent dans les galeries* supérieures, les tours*, les clochers*, etc., et les *arcatures-ornements,* purement décoratives (sur les devants* d'autel par exemple), détachées de tout ensemble architectural. On les dit :

– *à claire voie,* lorsqu'elles se détachent, par une petite distance, du mur contre lequel elles sont placées.

– *aveugles,* lorsqu'elles sont adossées hermétiquement à un fond vertical (*fig., pl.* 18).

∅ *All.* Blendarkaden, *angl.* blind arcades, *esp.* arquería ciega, *ital.* arcatelle cieche.

– *entrecroisées* : dont les petites arcades se coupent.

∅ *All.* Kreuzungsbogen, *angl.* intersecting arcades, *esp.* arcos entrecruzados, *ital.* arcatelle incrociate.

– *trilobées* : creusées en forme de feuille de trèfle.

∅ *All.* Kleeblattbogenstellung, *angl.* trefoiled arcades, *esp.* arquería trilobulada, *ital.* arcatelle trilobate.

– *ouvertes ou à jour* : à l'intérieur desquelles le mur est percé; c'est le contraire des arcatures aveugles.

∅ *All.* durchbrochene Bogenstellungen, *angl.* pierced arcades, *esp.* arquería calada, *ital.* arcatelle perforate.

arc-boutant n.m. (*de* arc *et* bouter, *au sens de* pousser). *Archit. Voir* arc, § 2. Les arcs-boutants servent aussi à entraîner les eaux pluviales qui suivent des caniveaux creusés dans leurs extrados* et aboutissant dans les gargouilles*.

∅ *All.* Strebebogen, *angl.* flyer, flying buttress, *esp.* arbotante, *ital.* arco di sostegno.

arc-bouter v.tr. *Archit.* Épauler avec des arcs-boutants*. On dit : *arc-bouter* une nef*.

arceau n.m. (*de* arc). *Archit.* Petit arc*. ‖ L'*arceau* d'une voûte*, c'est l'arc de courbe qui définit la forme de cette voûte. *Ex.* Si l'*arceau* est un demi-cercle, il s'agit d'une voûte en berceau* (*fig.*). ‖ *Sculpt.* Ornement dessinant un trèfle à quatre feuilles.

∅ *All.* kleiner Bogen, *angl.* small arch, *esp.* arco pequeño, *ital.* archetto.

arche n.f. ● (*lat.* arca *dérivé de* arcus : arc). *Archit.* Voûte* reliant deux piles* d'un pont. Exemples :

Arche elliptique. Dont la courbe forme une demi-ellipse.

Arche extradossée. Dont l'extrados* et l'intrados* sont faits de courbes concentriques.

Arche maîtresse. L'arche du milieu d'un pont, si elle est plus haute que les autres.

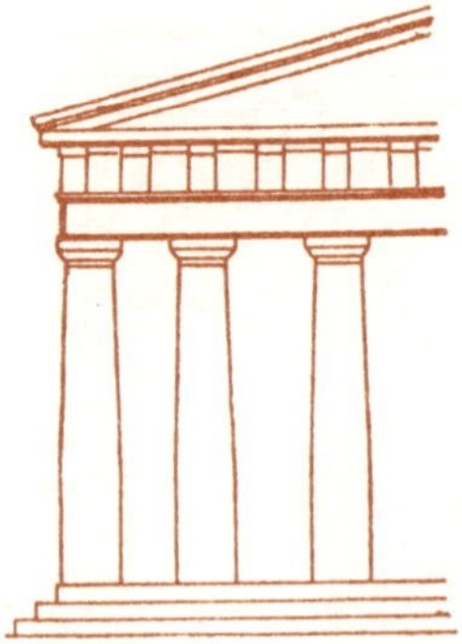

architrave

∅ *All.* Brückenbogen, *angl.* arch, *esp.* arcada de puente, *ital.* arco.

Charp. On appelle *arche* d'assemblage l'ensemble des éléments de charpente* formant l'ossature d'un toit bombé*.

• (*du lat. chrétien* arca : coffre). *Vieux français* Coffre.

Arche de Noé. Vaisseau en forme de coffre construit par Noé (Gen. 6, 14 sqq.), pour échapper au Déluge avec sa famille et les animaux de la création (un couple par espèce). Elle est représentée souvent, dans l'art roman, par une maison munie d'un toit et de fenêtres et posée sur un navire.

∅ *All.* Arche Noah, *angl.* Noah's ark, *esp.* arca de Noé, *ital.* arca di Noe.

Arche Sainte ou *Arche d'Alliance.* Coffre dans lequel Moïse enferma les Tables de la Loi donnée par Dieu au Sinaï. Son nom d'*Arche d'Alliance* vient de ce qu'elle contenait des objets qui étaient les signes de l'alliance de Iahvé avec le peuple d'Israël. L'art du Moyen Age n'a pas, semble-t-il, donné à l'Arche Sainte une forme stéréotypée.

∅ *All.* Bundeslade, *angl.* Ark of the covenant, *esp.* arca de la Alianza, *ital.* arca del Testamento, arca dell'Alleanza.

archère *ou* **archière** n.f. (*dér. d'*arc). *Archit.* Percée haute et très étroite pratiquée au Moyen Age dans les murailles* fortifiées et permettant le tir de l'arc ou de l'arbalète* depuis l'intérieur (*pl.* 19, *v. pl.* 8). Le trait ne pouvait être décoché que dans un seul plan vertical, alors que l'arbalétrière* permettait le tir dans d'autres directions.

La plupart des *archères* ont une base horizontale. Parfois cette base est évasée vers le bas en forme d'étrier* pour augmenter la plongée et permettre un tir très rapproché du pied de la muraille.

∅ *All.* senkrechte Schießscharte, *angl.* arrow slit, *esp.* saetera, *ital.* feritoia.

archétype n.m. (*gr.* αρχε-τυπος : type primitif). Exemplaire plus ancien servant de modèle à une œuvre.

∅ *All.* Vorbild, *angl.* archetype, *esp.* arquetipo, *ital.* archetipo.

archevêque n.m. L'*archevêque* a pour insignes particuliers le *pallium** et la *croix* à double traverse*.

∅ *All.* Erzbischof, *angl.* archbishop, *esp.* arzobispo, *ital.* arcivescovo.

architecte n.m. (*gr.* αρχιτεκτων). Technicien qui dirige les travaux de construction et dont la mission consiste à établir les plans* et à surveiller leur exécution. On le qualifie de maître d'œuvre quand il assure en premier l'initiative et la conception de l'ouvrage. Le technicien chargé de réaliser les plans d'un maître d'œuvre est dit architecte d'exécution. On employait également au Moyen Age le terme de « deviseur de bâtiments ».

Alors que les bâtisseurs de l'époque romane étaient parfois des moines, les maîtres de l'œuvre gothiques sont le plus souvent des laïcs dont la profession est le gagne-pain.

∅ *All.* Baumeister, *angl.* architect, *esp.* arquitecto, *ital.* architetto.

architectonique adj. (*du gr.* αρχιτεκτονειν : bâtir). *Archit.* Qui est du domaine de l'architecture, qui en suit les règles. Le sens se rapproche beaucoup du mot *architectural.*

∅ *Angl.* architectonic, *esp.* arquitectónico, *ital.* architettonico.

architecture n.f. (*lat.* architectura). C'est l'art de bâtir; c'est aussi une science.

architrave n.f. (*du gr.* αρχος : principal *et du lat.* trabes : poutre). *Archit.* Ce terme qui désignait originairement une poutre maîtresse dans la charpente* en bois, s'applique dans l'architecture grecque à la plate-bande* qui repose directement sur deux colonnes*, formant la partie basse de l'entablement* (*fig., pl.* 17).

∅ *All.* Architrav, Querbalken, *angl.* architrave, *esp.* arquitrabe, *ital.* architrave.

archives n.f.pl. (*rac. gr.* αρχαιος : ancien). Titres et documents, actes ou textes manuscrits pouvant renseigner sur l'histoire d'un monument, d'une famille, etc.

∅ *All.* Archiv, *angl.* records, *esp.* archivo, *ital. ital.* archivio.

archivolte n.f. (*ital.* archivolto). Ce mot désigne

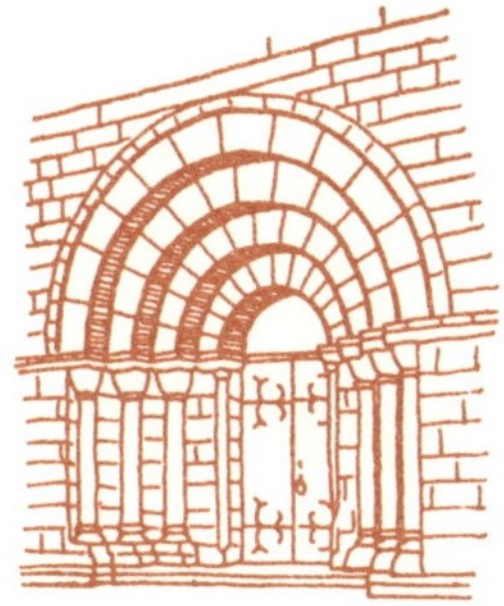

archivolte

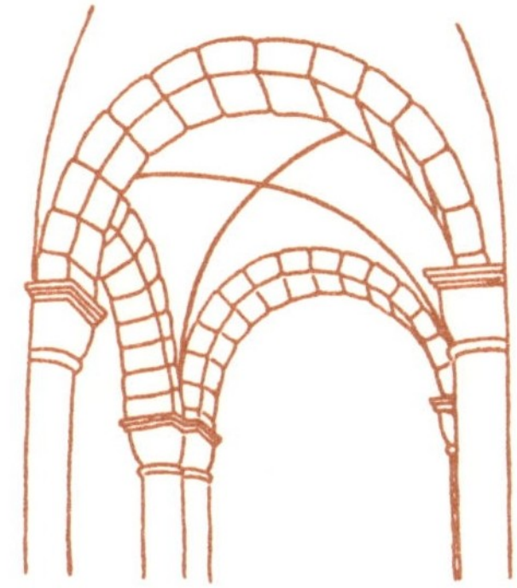

arêtes (voûte d')

l'ensemble des ornements*, sculptures* ou baguettes* qui encadrent une arcade* en soulignant les contours supérieurs et inférieurs des voussoirs* ou claveaux* de l'arc* (*fig., pl.* 21, *v. pl.* 7). *Par extension* ensemble des voussures* d'encadrement d'une porte ou d'une baie.

ø *All.* Archivolte, *angl.* archivolt, *esp.* archivolta, *ital.* archivolto.

Archivolte enveloppante. On désigne sous ce nom une archivolte en saillie sur la surface d'une paroi, et qui circonscrit concentriquement une arcade ou une baie, à quelque distance de celle-ci. Décorative, souvent moulurée, elle joue aussi l'office de larmier*.

« **arcosolium** ». *Voir* enfeu.

ø *All.* Arkosolgrab, *angl.* wall-tomb, *esp. et ital.* arcosolio.

ardoise n.f. (*orig. inconnue*). 1) Schiste se présentant en lamelles minces, lesquelles sont délitées pour servir à la couverture des toits*. Cette opération délicate ne s'est faite que tardivement. ‖ 2) Chacune de ces plaques, taillées régulièrement. Les premières ardoises fines apparaissent en Anjou au XIIe siècle.

ø *All.* Schiefer, *angl.* slate, *esp.* pizarra, *ital.* lavagna.

Ardoises en écailles. Ardoises découpées à angle aigu, dentelées ou arrondies, servant pour la couverture de toitures compliquées (tourelles, pavillons, bâtiments circulaires ou coupoles).

arête n.f. (*lat.* arista : épi, *puis* partie du squelette des poissons).

● *Archit.* Désigne par métaphore l'angle* saillant* formé par la rencontre de deux surfaces planes; ainsi on dira *l'arête d'un toit* (*all.* Grat, *angl.* edge, *esp.* arista, *ital.* crociera). Ou encore l'angle vif formé par l'intersection de deux surfaces d'une même pierre ou pièce de bois; on dira de cette pierre (ou de cette pièce de bois) qu'elle est taillée à *arêtes vives.*

ø *All.* in scharfen Gräten, scharfgrätig, *angl.* sharp edged, *esp.* a arista viva, *ital.* a spigolo vivo.

Le contraire d'arête vive est *arête mousse* (d'*émousser*) (*v.* émousser *et* épaufrer).

● – (**voûte d'**). *Archit.* En théorie, cette voûte* peut être définie comme un berceau* traversé perpendiculairement à son axe par un autre berceau, les deux clefs* de voûte étant sur le même plan (*fig.*). Cette voûte a l'avantage sur le simple berceau de sectionner chaque travée* en quatre voûtains* indépendants se coupant à *arêtes vives.* Ainsi la poussée* de la voûte est répartie entre le mur* et les points d'appui* auxquels aboutissent les arêtes. Plus tardivement, ces arêtes se transformeront en *arcs* d'ogives**, pièce maîtresse de la croisée* d'ogives.

ø *All.* Kreuzgratgewölbe, *angl.* groined vault, *esp.* bóveda de aristas, *ital.* volta a crociera.

arêtier n.m. (*dérivé d'*arête). *Archit.* Garniture en métal ou en tuiles recouvrant le faîte d'une toiture* ou la rencontre des surfaces d'une flèche* de clocher*. ‖ Dans la charpente même du comble*, élément incliné formant l'arête de l'encoignure et portant l'extrémité des pannes* (*v.* noue).

arêtière n.f. (*d'*arête). *Archit.* On appelle *arêtières* les tuiles de forme spéciale qui constituent l'arêtier* d'une toiture.

arkose n.m. *Constr.* Grès rougeâtre qui fut utilisé pour construire les églises d'Auvergne jusqu'au début du XIIIe s.; il fut remplacé par la pierre volcanique noire de Volvic, dont les carrières s'ouvrirent vers cette époque.

« **armarium** ». *Voir* armoire.

armature n.f. (*du lat.* armare : armer). *Archit.* 1) Tiges ou lames métalliques servant à soutenir, consolider, tenir ensemble les éléments d'une maçonnerie*, d'une charpente*, d'un vitrail*, etc. ‖ 2) Cintre* en charpente sur lequel on construit les arcades*, voûtes*, arches*, etc.

ø *All.* Rahmenwerk, *angl.* framework, *esp.* armadura, *ital.* armatura.

arme n.f. (*lat.* arma *plur. neutre*).

ø *All.* Waffe, *angl.* weapon, *esp.* arma, *ital.* arma.

Parmi les armes de guerre, on distinguait notamment :

Les armes d'hast. Celles qui sont emmanchées sur une tige, une hampe, etc.

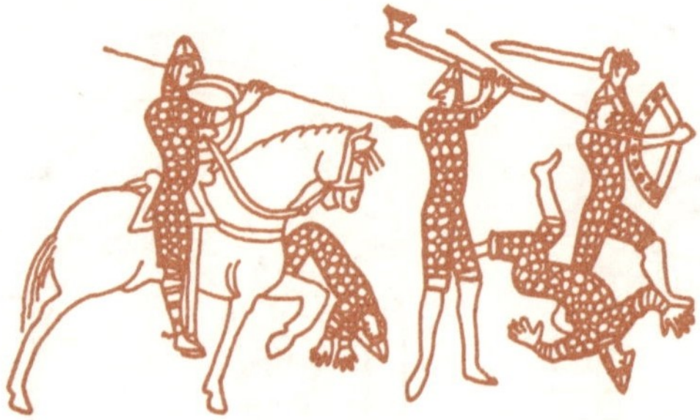

armures

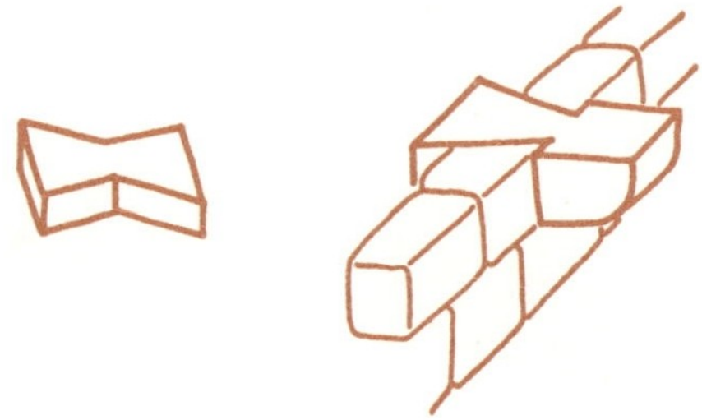

aronde (queue d')

ø *All.* Stangenwaffen, *angl.* pole arms, *esp.* armas de asta, *ital.* armi in asta.

Les armes de jet, faites pour être lancées.

ø *All.* Wurfwaffen, *angl.* missile weapons, *esp.* armas de tiro, *ital.* armi da lancio, armi da getto.

armes n.f.pl. (*lat.* arma, *pl. neutre devenu fém. sing. en bas-lat*). *Blas.* Dans la langue vulgaire, ce mot désigne les emblèmes peints sur l'écu*. Le mot correspondant dans la science du blason* est *armoiries.*

ø *All.* Wappen, *angl.* armorial bearings, *esp.* armas, *ital.* arme, stemma.

armilles n.f.pl. (*lat.* armila : bracelet). *Archit.* Petits anneaux finement dessinés figurant dans le chapiteau* dorique* au-dessous de l'échine (*v. ce mot*). On dit aussi *annelets**.

armoire n.f. (*du lat.* armarium *dér. d'*arma *au sens d'*ustensile). 1) Meuble renfermant linge ou objets divers (*pl.* 20). ‖ 2) Excavation ménagée dans l'épaisseur d'un mur*, pour le même usage ou comme bibliothèque (*armarium*).

ø *All.* Schrank, *angl.* cupboard, *esp.* armario, *ital.* armadio.

armoiries n.f.pl. (*dér. de l'anc. franç.* armoier : couvrir d'armes héraldiques, *devenu* armorier). *Blas.* Figures reproduites sur les armes* et armures* des chevaliers et leur servant à se faire reconnaître dans la bataille ou au tournoi. Devenues héréditaires, elles furent utilisées pour individualiser les familles et leurs différentes branches.

Le caractère des emblèmes* ne se fixe et ne devient objet d'étude systématique qu'après l'époque des croisades (XIIIe et surtout XVe s.).

Le mot désigne l'ensemble de l'écu*, de ses pièces*, de ses supports*, etc. (*v.* blason). Il signifie l'objet propre de la science du blason.

On distingue parmi les *armoiries* :

- les armoiries de *domaine* ou de souveraineté (celles des pays fiefs, des terres appartenant à un seigneur).
- les armoiries de *prétention,* domaines sur lesquels un prince estimait avoir des droits (les rois d'Angleterre joignant à leurs armoiries celles de France).
- les armoiries de *concession,* concédées par un souverain (cas de Jeanne d'Arc).
- les armoiries de *patronage,* indiquant la protection par un puissant seigneur (les armes de Paris portent un « chef » de France).
- les armoiries de *famille.* Elles pouvaient être *légitimes, vraies, pleines, brisées, parlantes, bâtardes,* etc.
- les armoiries de *dignité,* qui font connaître les charges dont le propriétaire est revêtu.
- les armoiries de *communauté* (ordres, chapitres, abbayes, corporations, sociétés, etc), qui voulaient assimiler leurs droits à ceux des nobles et des communes.

ø *All.* Wappen, *angl.* coat of arms, *esp.* escudo de armas, *ital.* arme, stemma.

Voir héraldique, blason.

armure n.f. (*lat.* armatura, *dér. de* arma). C'est l'ensemble des armes* défensives du combattant au Moyen Age (*fig.*).

A proprement parler, cependant, l'*armure* ne se compose que de plaques de fer forgé appelées *plates.* Les armes défensives faites de mailles s'appelaient *adoubement.*

ø *All.* Rüstung, *angl.* armour, *esp.* armadura, *ital.* armatura.

Armure de plates :

ø *All.* Plattenrüstung, Plattenpanzer, *angl.* plate armour, *esp.* loriga, *ital.* armatura di piastra.

aronde (queue d') (*du lat.* hirundo : hirondelle). *Constr.* On appelle assemblage* *en queue d'aronde* un procédé de jointure entre deux pièces de bois ou de pierre dans lequel le tenon* et la mortaise* prennent une forme qui va en s'élargissant comme la queue de l'hirondelle (*fig.*).

ø *All.* Schwalbenschwanzverbindung, *angl.* dove tail, *esp.* cola de milano, *ital.* a coda di rondine.

arqué adj. (*dér. de* arc). *Archit.* Courbé en forme d'arc*.

ø *All.* bogenförmig, *angl.* arched, *esp.* arqueado.

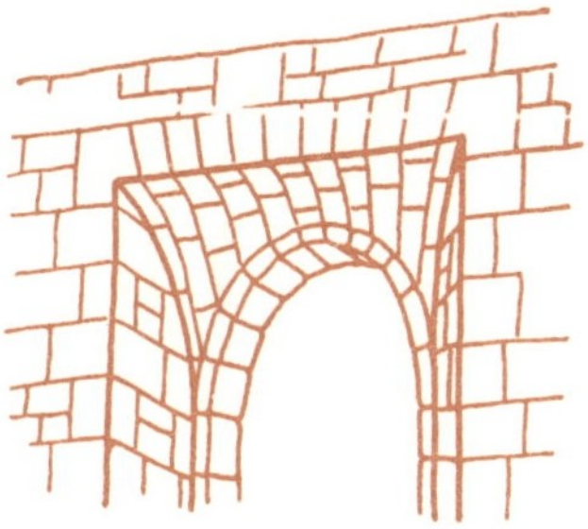

arrière-voussure

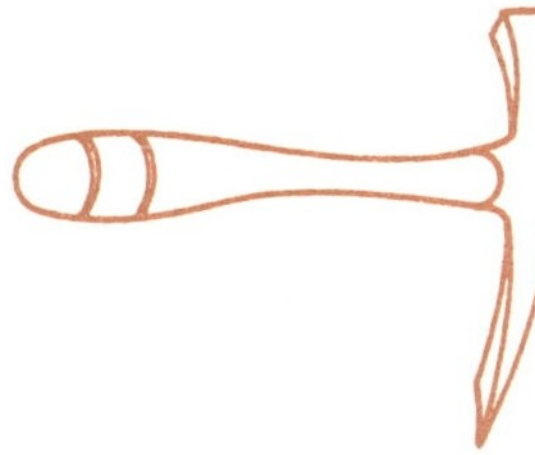

asseau

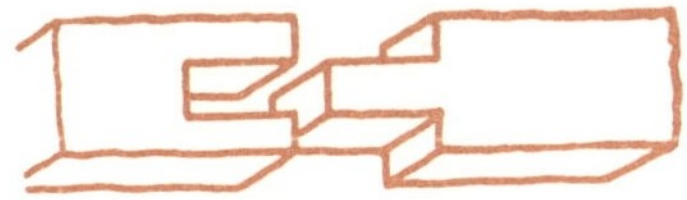

assemblage à tenon et mortaise

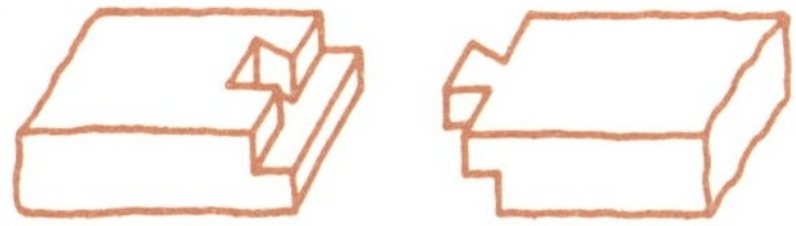

assemblage en queue d'aronde

arrachement n.m. (*dér. du lat.* eradicare : enlever avec la racine). *Archit.* Pierres saillantes*, inégalités laissées exprès dans un mur* (sens perpendiculaire) ou au bout d'un mur pour servir éventuellement de point de départ à un autre mur ou partie de mur. On les appelle aussi pierres d'*attente* (*v. ce mot*).

Le terme s'emploie également pour désigner les assises apparentes d'un membre de maçonnerie ruiné, comme si on les avait arrachées de la masse.

On désigne sous le nom d'*arrachement* d'une voûte les pierres communes à une voûte* et au mur* sur lequel elle s'appuie et qui forment les premières retombées*.

ø *All.* Verzähnung, *angl.* toothing stones, *esp.* arranque, *ital.* addentellato.

arrière-chœur n.m. *Archit.* 1) Dans une église monastique, c'est le chœur* des moines* placé derrière le maître-autel*. ‖ 2) Dans certaines églises où l'abside* est divisée en deux par le maître-autel*, l'arrière-chœur est la portion de l'abside qui se trouve derrière le maître-autel et qui contient souvent soit l'autel des reliques*, soit le trésor*.

ø *All.* Hinterchor, *angl.* retro-choir, *esp.* trascoro, *ital.* retrocoro.

arrière-corps *Archit.* Éléments d'une construction qui se trouvent en *arrière* de la ligne de façade*.

arrière-voussure *Archit.* Petite voûte* qui, placée en deçà (en *arrière*) de l'intrados* d'une baie*, forme une arcade* (de plein cintre* ou brisée*) ou une plate-bande*, et sert soit à consolider la construction, soit à obtenir un effet décoratif (*fig.*).

artisan n.m. (*ital.* artigiano, *dérivé d'*arte, *du lat.* ars : art). Travailleur exerçant pour son compte un métier manuel seul ou avec l'aide d'un ou deux ouvriers (maître artisan).

Jusqu'au XVIIe siècle, aucune distinction n'existait entre *artiste* et *artisan,* ces deux termes étaient employés indifféremment.

ø *All.* Handwerker, *angl.* craftsman, *esp.* artesano, *ital.* artigiano.

artiste n.m. (*dér. du lat.* ars : art). Celui qui pratique l'un des beaux-arts (*v.* artisan).

ø *All.* Künstler, *angl.* artist, *esp. et ital.* artista.

aspersoir n.m. *Voir* goupillon.

asseau n.m. (*dér. de* asse, *du lat.* ascia : hache). *Archit.* Marteau utilisé par les couvreurs : sa tête est recourbée d'un côté et tranchante de l'autre. Il sert aussi bien à clouer qu'à couper lattes* et ardoises*. On le nomme aussi *assette* (*fig.*).

assemblage n.m. (*du lat. vulg.* assimulare : joindre ensemble, *dér. de* simul). *Archit.* Procédé par lequel on joint ensemble des pièces de bois ou de fer, en menuiserie* ou en charpente*, pour former un ensemble. Les *assemblages* sont d'une grande variété.

ø *All.* Fugenwerk, *angl.* joining, *esp.* ensambladura, *ital.* connessione.

On peut distinguer notamment :

– ceux où les 2 pièces forment un *angle* : tels que queue d'aronde* (*fig.*), à tenon* et mortaise* (*fig.*), etc.

– ceux qui joignent deux pièces *par une de leurs extrémités,* qu'on appelle aussi *entures* : enture à mi bois, en sifflet, à joints brisés, à joint de bout simple, etc. (*v.* enture).

– ceux qui joignent deux pièces placées *côte à côte* : on les appelle aussi *jumelages*; ici les pièces sont liées au moyen d'étriers*, de vis, etc.

Assemblage à tenon et mortaise** :

ø *All.* Verzapfung, *angl.* mortise-and-tenon joining, *esp.* ensambladura de mortaja y espiga, *ital.* commessura a femmina e maschio.

assise n.f. (*dér. de* asseoir). *Archit.* Pierres ou briques de même hauteur juxtaposées et formant un rang horizontal. L'assise* peut être en retrait* ou en saillie* par rapport au parement*; elle a une certaine indépendance à l'égard du mur* qu'elle soutient.

ø *All.* Schicht, Lage, *angl.* course, *esp.* hilada, *ital.* corso di pietra.

*Assise de parpaings** : les pierres traversent l'épaisseur du mur d'une face à l'autre.

Assises réglées (bâtir en) : de façon que les pierres, vues en bout, ont leur milieu sur les joints de l'assise inférieure.

astragale

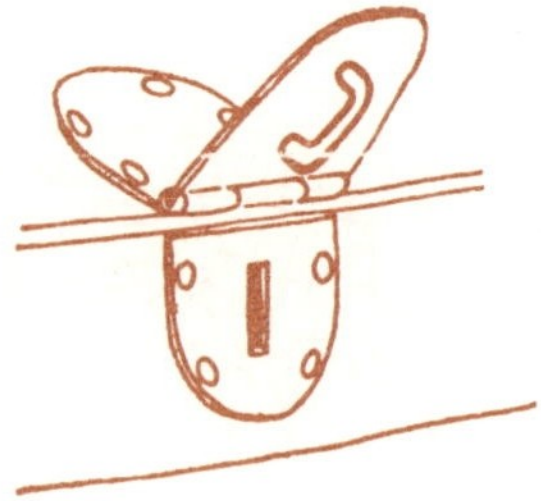

auberon

Assise de retraite : c'est celle qui est au niveau du sol, la première au-dessus et généralement en retrait des fondations.

assommoir n.m. (*dér. de* somme, *au sens de* fardeau). *Archit. milit.* Ouverture ménagée dans une voûte* au-dessus d'une porte fortifiée ou d'un passage voûté, permettant aux défenseurs d'assommer l'assaillant au moyen de blocs de pierre qu'on faisait tomber par ces ouvertures (*pl.* 22).

ø *All.* Gußloch, *esp.* matacán, *ital.* schiaccia.

« **aster** » *Mot lat. signif.* étoile*.

astragale n.m. (*gr.* αστραγαλος : os du talon). *Archit.* Moulure* arrondie, sorte d'anneau séparant le chapiteau* du fût* de la colonne* (*fig., v. pl.* 2, 6). Au Moyen Age, l'*astragale* fait partie du chapiteau et est séparé du fût par un joint*. Dans l'art antique, c'était le contraire, l'astragale était séparé du chapiteau.

ø *All.* Astragal, *angl.* astragal, *esp.* astrágalo, *ital.* astragalo.

atelier n.m. (*dér. du l'anc. franç.* astelle : éclat de bois). Premier sens : tas d'éclats de bois. ‖ Puis, endroit où l'on travaille les planchettes appelées *attelles.* ‖ *Par extens.* Lieu de travail.

ø *All.* Werkstatt, *angl.* workshop, *esp.* taller, *ital.* laboratorio.

Beaux-Arts. a) Local où un artiste* (peintre, sculpteur, etc.) exerce son art, seul ou avec ses aides. *b*) Les élèves et disciples d'un artiste dans leur ensemble. On appelle *travail d'atelier* une œuvre exécutée sous la direction d'un artiste par ses aides ou élèves; ou simplement d'après ses dessins.

atlante n.m. (*dér. du gr.* Ατλας, *nom d'un géant fabuleux*). *Archit.* Cariatide* masculine soutenant, généralement sur son dos, une partie de construction, comme le géant Atlas soutenait le ciel.

ø *All.* Atlant, Simsträger, *angl.* atlante, telamon, *esp.* atlante, *ital.* telamone.

attente (pierres d') (*dér. de* attendre, *du lat.* tendere : tendre vers). *Archit.* Pierres laissées en saillie* à l'extrémité d'un mur pour amorcer la construction éventuelle d'un autre mur et sa jonction au premier (*v. aussi* arrachement).

attique n.m. (*gr.* αττικος). *Archit.* Dans un entablement*, étage peu élevé qui surmonte la corniche* et cache la naissance du toit*. Le *faux attique* supporte la partie inférieure de l'entablement.

attitude n.f. (*du lat.* aptitudo : aptitude *et* posture). *Liturgie* Etant des personnes corporelles, nous devons rendre à Dieu nos hommages par un culte qui ne saurait rester mental, mais qui doit s'exprimer corporellement, notamment par l'*attitude*; nous exprimerons notre respect en nous tenant debout, notre supplication en fléchissant les genoux, notre déférence en inclinant la tête.

1) *La station verticale* est « le signe de l'action liturgique » (saint Jean Chrysostome). Ce fut l'attitude normale de la prière chez les païens et chez les juifs, adoptée par les premiers chrétiens (dans les catacombes les *orantes* sont toujours debout). On se lève toujours pour entendre la lecture ou le chant de l'Évangile. C'est parce que cette station debout évoque une idée de victoire qu'elle est prescrite le dimanche et pendant le temps pascal pour des prières dites habituellement à genoux. D'ailleurs, le mystère même de la Résurrection, que commémorent ces deux circonstances, renferme l'idée de « se relever » (*resurgere* : se redresser, *au fig.* revivre, renaître).

2) *L'agenouillement*, dans l'Eglise latine, est signe de pénitence, de deuil, d'adoration ou de fervente instance dans la prière.

3) *La prostration*, qui consiste à s'étendre entièrement sur le sol, n'est plus en usage que dans certaines circonstances particulières (ordination, profession monastique, office du vendredi saint).

4) *La génuflexion* est simplement la flexion du genou en signe d'adoration.

5) *L'inclination* est signe de respect. Elle est plus ou moins profonde, selon les cas.

ø *All.* Gebärde, *angl.* posture, *esp.* actitud, *ital.* atteggiamento.

attribut n.m. (*du lat.* attributum, *rac.* tribuere : attribuer). Accessoire consacré par la tradition pour individualiser, dans leur représentation artistique, un dieu antique, un saint personnage,

B

badigeon n.m. (*orig. inconnue*). *Archit.* Peinture grossière à base de lait de chaux ou de colle, que l'on étend grossièrement à la brosse* sur les murs extérieurs ou intérieurs d'un monument. Il recouvre souvent d'anciennes peintures, ne le gratter ou le laver qu'avec précaution.

∅ *All.* Tünche, *angl.* whitewash, *esp.* estuco, *ital.* imbiancatura.

bague n.m. (*du néerlandais* Bagge : anneau). *Archit.* 1) Moulure* horizontale en forme d'anneau qui divise la colonne* en sa hauteur (*fig.*) (*v. pl.* 92). La bague sert d'ornement* (*v.* bandeau). ‖ 2) Parfois aussi elle est une assise* de pierre, encastrée dans les piles* ou dans les murs* et servant à relier solidement à l'ensemble, des colonnettes* posées en délit* dont les parties superposées auraient tendance à se disjoindre en s'écartant (*v.* délit *et* boutisse).

∅ *All.* Ring (1), shaftring (2), *angl.* ring, annulet, *esp.* anillo, *ital.* anello.

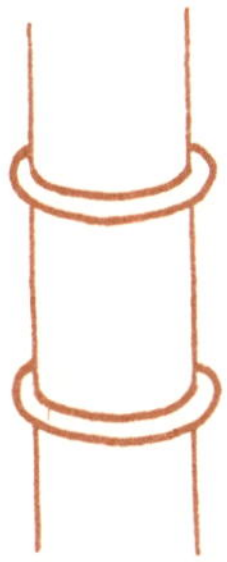

bague

baguette n.f. (*de l'ital.* bacchetta, *dimin. du lat.* baculus : bâton).

● *Archit.* Moulure* cylindrique de très petit diamètre que l'on trouve dans les corniches*, bandeaux*, archivoltes*, nervures*, colonnes*, etc. Son objet est uniquement la décoration. (*v.* bandeau *et* archivolte).

∅ *All.* Leiste, Rundstab, *angl.* fillet, moulding, *esp.* baquetón, *ital.* tondino.

● – **d'angle** *Archit.* Moulure* cylindrique, unie ou ornementée couvrant les angles* des piles carrées* pour protéger les arêtes vives*.

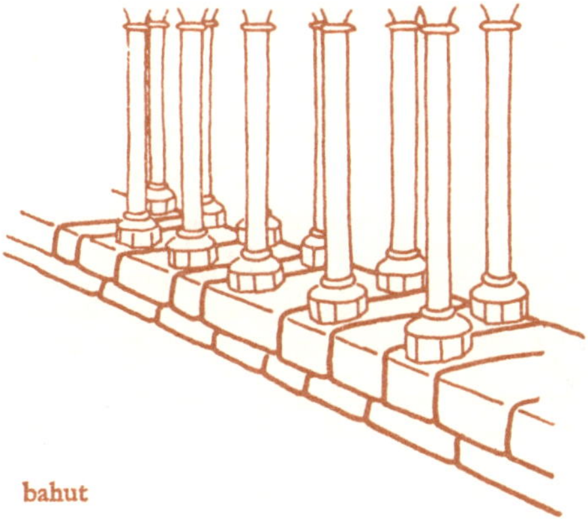

bahut

bahut n.m. (*orig. obsc., même rac. ital.* baule *et esp.* baul : coffre). 1) Malle dont le couvercle est arrondi. ‖ 2) *Archit.* Mur* de faible hauteur (*fig.*) destiné à porter un élément d'architecture, comme

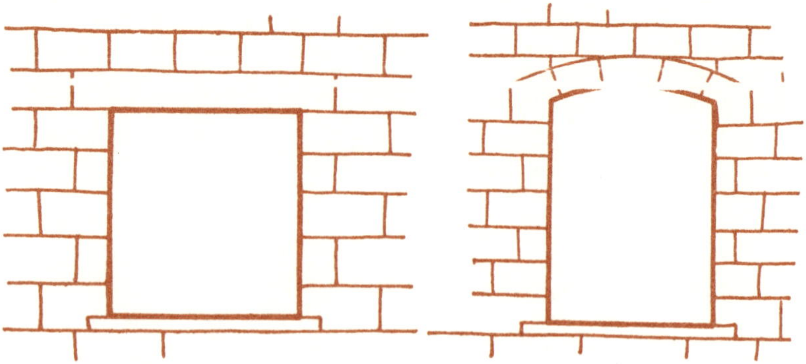

baies

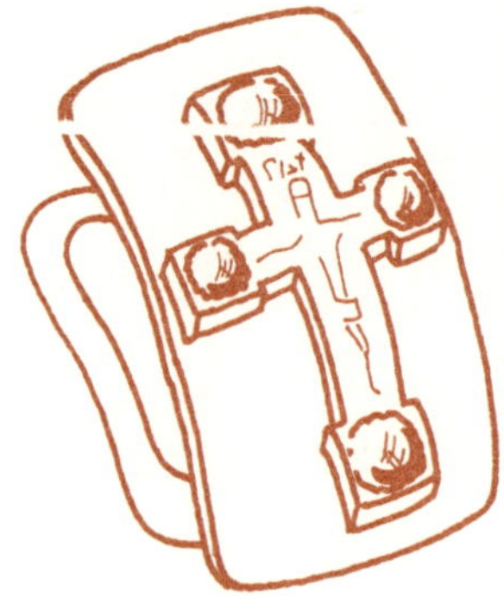

baiser de paix

par exemple un comble* au-dessus d'un chéneau*, ou l'arcature* d'un cloître*, ou d'une grille*, ou les colonnes* d'un triforium*, ou une baie* (*pl.* 26).

Ce mot signifie également le chaperon* arrondi d'un mur bas.

3) *Voir* appui (*appui* en bahut).

baie n.f. (*du vx franç.* bayer, béer, *lat.* batare : être ouvert). *Archit.* Vide *béant* pratiqué dans un mur*, pour servir de porte ou de fenêtre (*fig.*) (*v. pl.* 2). S'il est rectangulaire, la partie du haut se nomme *linteau**, ou *plate-bande**; il peut aussi être surmonté d'un *arc**. La partie inférieure se nomme *seuil** pour une porte, *allège** ou *appui** pour une fenêtre; les côtés sont appelés *montants**, *pieds-droits**, *jambages**, *postes**, *dosserets** (*v. ce mot*).

⌀ *All.* Öffnung, *angl.* opening, *esp.* hueco, *ital.* baia.

baiser-de-paix n.m. Tablette historiée en ivoire ou en métal que l'on donnait à baiser aux fidèles au moment du baiser de paix avant la communion pour remplacer l'embrassement (*fig.*). L'usage en paraît tombé en désuétude.

⌀ *All.* Kußtäfelchen, *angl.* osculatory, pax, *esp.* portapaz, *ital.* pace, osculatorium.

baldaquin n.m. (*de l'ital.* baldacchino, *qui vient de* Bagdad, *d'où provenait le tissu précieux des trônes des souverains*). *Archit.* Par analogie avec les dais en étoffe précieuse placés au-dessus des trônes de grands dignitaires, et notamment des évêques, ainsi que des autels, on donne ce nom soit à un panneau fixe dressé au-dessus de l'autel, soit à un édicule à claire-voie et couverture domicale, encadrant l'autel* (*pl.* 27) (*v.* ciborium).

⌀ *All.* Thronhimmel, *angl.* canopy, *esp.* baldaquino, *ital.* baldacchino.

balèvre n.f. (*de* ba, *préfixe de dépréciation, et de* lèvre). 1) *Orfèvr.* Saillies* inégales (bavures) sur un objet moulé provenant d'une mauvaise jonction des éléments du moule. ‖ 2) *Archit.* Pierre en saillie sur le parement* d'un mur*. Claveau* ou douelle* en saillie dans une voûte*. Dans un carrelage, on nomme *balèvre* un gauchissement* des carreaux* provoqué par un défaut de fabrication, gauchissement qui nuit à l'écoulement de l'eau et retient la poussière.

⌀ *All.* Formnaht, Gußnaht, *angl.* overplus-lip, blister, *esp.* rebaba, resalto, *ital.* aggesto, sporgenza.

balustrade n.f. (*dér. de* balustre). *Archit.* Balustres* alignés en rang et recouverts d'une tablette (*v.* table) qui les unit. *Par extension* Toute clôture placée à hauteur d'*appui* sur le rebord d'une galerie*, d'une tribune*, etc. (*pl.* 4). *Particulièrement* Clôture séparant le chœur* du reste de l'église (*v.* chancel). Les balustrades sont en principe ajourées, il s'en trouve de pleines, fermées d'un mur bas; on les dit *feintes* ou *aveuglées* lorsque les balustres et les intervalles ajourés se détachent sur un fond de maçonnerie*.

Dans la période romane, la balustrade du chœur est le plus souvent pleine ou aveuglée. Plus tard on évidera la balustrade et on en réduira la hauteur pour en faire un *appui de communion*.

⌀ *All.* Dockengeländer, *angl.* balustrade, *esp.* balaustrada, *ital.* balaustrata.

balustre n.m. (*lat.* balaustium : fleur de grenadier). *Archit.* Petite colonne basse qui est renflée comme le calice de cette fleur.

Elle se compose d'un chapiteau*, d'une tige ou vase, et d'un piédouche. La tige, renflée, comporte une panse et un col (*v.* panse *et* piédouche).

Une succession de *balustres* sous une tablette* constitue une balustrade*.

⌀ *All.* Docke, *angl.* baluster, *esp.* balaustre, *ital.* balaustro.

On parle de :

Balustres entrelacés : réunis par un motif ornemental.

Balustres de fermeture : balustre en bois de forme très allongée, formant des grilles de clôture devant le chœur* ou les chapelles* de certaines églises.

Faux balustres : d'une balustrade non ajourée ou aveuglée.

Balustres ioniques : portant à leur chapiteau l'enroulement caractéristique des volutes du chapiteau ionique*.

banc n.m. (*du germ.* banki : banc courant tout autour de la chambre).

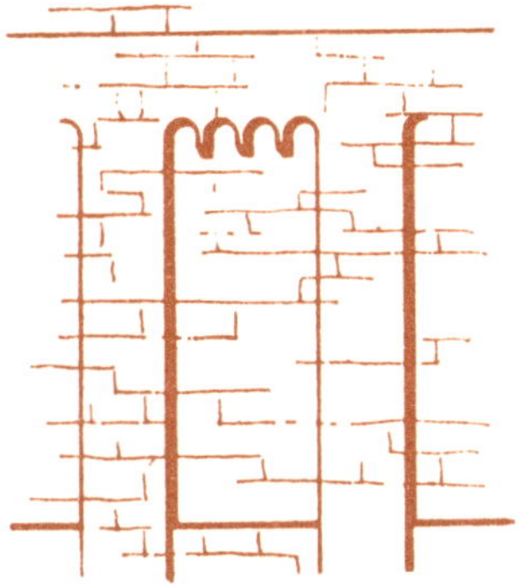

bandes lombardes

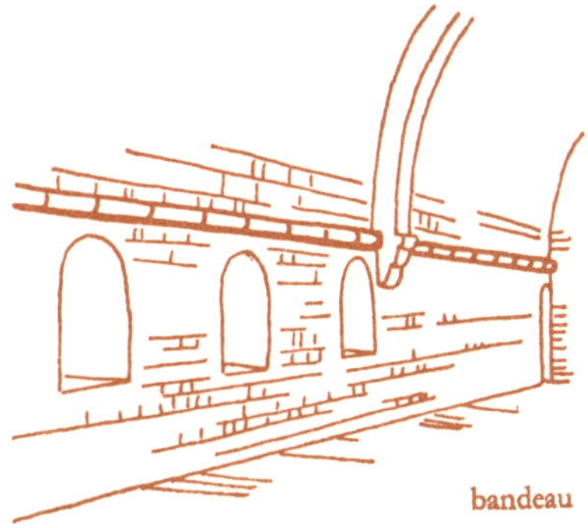

bandeau

● *Minéralogie* Couche de pierre* dans la carrière avec son épaisseur naturelle.

● – **d'église** *Archit.* Avant la fin du XVIe s., n'existait pour les fidèles aucun banc de bois dans les églises, mais des bancs de pierre le long des murs des bas-côtés* et des chapelles*, formant comme un soubassement* continu. Parfois ils étaient surélevés par un emmarchement*.

Il y avait presque toujours de ces bancs en pierre sous les portails*, dans les porches* des églises, dans les galeries des cloîtres*.

On en voit aussi dans les salles capitulaires*, les chauffoirs*, les parloirs des monastères*.

∅ *All.* Kirchenbank, *angl.* bench, *esp.* banco, banca, *ital.* banco, bancale.

● – **d'œuvre.** *Archit.* Banc d'honneur placé en face de la chaire* pour le clergé et les fabriciens de la paroisse.

∅ *All.* Kirchenratsstuhl, *angl.* churchwarden's pew, *esp.* banco de fábrica, *ital.* banco della fabbriceria.

banche n.f. (*mot d'orig. pop., forme fémin. de* banc). *Archit.* Cadre en planche où l'on presse la terre humide pour la fabrication du pisé*.

banchée n.f. (*dér. de* banche) *Archit.* Partie du mur édifiée avec le contenu d'une *banche* complètement remplie.

bande n.f. *Voir* bandeau.

Bande lombarde : on appelle ainsi des bandes de faible saillie non pas horizontales mais verticales, qui sont généralement reliées en haut par de petites arcatures* (*fig., v. pl.* 28). On a fait de ces sortes de pilastres* méplats une caractéristique de l'art roman lombard. Elles se détachent sur les murs extérieurs et principalement au chevet des églises romanes.

On leur donne aussi le nom de *lésènes*.

∅ *All.* Lisene, *angl.* pilaster-strips, *esp.* bandas lombardas, *ital.* lesene romanice.

bandeau n.m. (*dér. de* bande, *du francique* binda, *rac. allem.* binden : attacher). *Archit.* Moulure* horizontale, large et peu saillante, placée sur une surface verticale (*fig., v. pl.* 2, 4, 5, 6) ou épousant la circonférence d'une colonne (*v.* anneau). Lorsque cette moulure est plate, on l'appelle aussi *bande*. Si elle est décorée de sculptures*, on l'appelle plutôt *cordon* (*v. ce mot*).

La place d'un bandeau sur une façade* n'est pas indifférente. Elle indique souvent l'emplacement d'un sol*, d'un plancher*.

Le rôle des bandeaux extérieurs est d'empêcher l'eau de pluie de couler le long du mur*. Alors le profil de leur base forme larmier*.

Il existe une très grande variété de bandeaux quant à la forme, au profil, à l'ornementation; ils peuvent être assortis d'un biseau*, d'un cavet*, d'une doucine*, ou être une simple baguette*.

∅ *All.* Bandgesims, *angl.* band, fillet, *esp.* cordón, imposta, *ital.* cordone.

bandelette n.f. (*dim. de* bande). *Archit.* Moulure* plate peu large, à profil* rectangulaire ou carré, s'intercalant entre des moulures à profil courbe pour les différencier (*v.* filet *et* listel).

∅ *All.* Bändchen, *angl.* bandelet, *esp.* filete, *ital.* listello.

bander v.tr. (*dér. de* bande; *v.* bandeau). *Archit.* Poser le dernier claveau d'un arc*, d'une voûte*. Ensuite on peut décintrer (*v.* cintre).

∅ *All.* spannen, *angl.* to key up, *ital.* ponere la chiave.

banderole n.f. (*dim. de* bandière *ou* bannière). Bande d'étoffe très peu large et flottante, parfois repliée ou enroulée à ses extrémités, sur laquelle figure une inscription ou une légende. *Synon.* phylactère.

∅ *All.* Banderole, Spruchband, *angl.* banderole, *esp.* banderola, *ital.* banderuola.

bannière *ou* **bandière** n.f. (*rac. germ.* banda : signe, étandard). Fanion fixé sur une hampe, signe distinctif des chevaliers.

∅ *All.* Banner, Fähnchen, *angl.* banner, *esp.* pendón, bandera, *ital.* bandiera, banderuola, banderese.

banquette n.f. (*dim. de* banc). 1) *Liturgie* Siège sans dossier ni accoudoir sur lequel le célébrant s'asseoit. Les ministres en ont de même. ‖ 2) Tablette de pierre surmontant un mur d'appui.

∅ *All.* Bank, *angl.* bench, *esp.* banqueta, *ital.*

panca.

Banquette de fenêtre : banc de pierre pris dans l'embrasure* d'une fenêtre*. On appelle également ainsi l'appui* d'une fenêtre.

baptistère n.m. (*gr.* βαπτιστηριον). *Archit.* Construction circulaire ou polygonale élevée dans le voisinage tout proche d'une cathédrale à partir du IVe s., dans laquelle l'évêque aux jours fixés par la liturgie conférait le baptême par immersion.

Le baptistère fut ensuite réuni à la cathédrale par des portiques. Au VIIe s., le baptême ayant cessé d'être pratiqué par immersion, le baptistère disparut et fut remplacé par les *fonts* baptismaux*; sur ces cuves de pierre ou de métal souvent très ornées, placées à l'entrée de l'église, à l'intérieur, s'administre le baptême par infusion.

∅ *All.* Taufkapelle, *angl.* baptistery, *esp.* bautisterio, *ital.* battistero.

barbacane n.f. (*orig. inconnue*). *Archit.* 1) Fortification placée pour la défense à l'entrée d'un pont, d'une ville.

∅ *All.* Vorwerk, *angl.* barbican, *esp.* barbacana, *ital.* barbacane.

2) Même sens que *meurtrière**.

∅ *All.* Schießscharte, *angl.* loop-hole, *esp.* aspillera, *ital.* barbacane.

3) Ouverture haute et étroite éclairant et aérant un local. ‖ 4) Ouverture étroite pratiquée dans un épais ouvrage de maçonnerie (mur de soutènement* de terrasse*) pour permettre l'écoulement des eaux d'infiltration. *Syn.* chantepleure*.

bard n.m. (*dér. de l'anc. franç.* baer : civière à claire voie). *Archit.* Brancard ou chariot à deux roues utilisé pour transporter sur le chantier des matériaux de construction.

bardage n.m. (*dér. de* bard). *Archit.* On appelle ainsi l'opération d'amener à pied d'œuvre tous les matériaux nécessaires à la construction d'un édifice.

bardeau n.m. (*de l'arabe* barda : bât, armure). *Archit.* 1) Petites lames de bois fendu jointives, posées sur des solives* et servant à recevoir la terre ou le mortier* qui constituera un sol* artificiel sur lequel sera posé le carrelage*. ‖ 2) Planchettes de bois dont on se servait à défaut d'ardoises*, au Moyen Age, pour couvrir les toitures* ou pour protéger les poutres* extérieures contre l'humidité (*pl.* 29). On utilisait le bois de châtaignier qui résiste à la pourriture.

∅ *All.* Dachschindel, *angl.* shingle, *esp.* tablilla, *ital.* listello.

barlong adj. (*de* long, *avec le préf. péjoratif* bar *ou* ba). Qui a la forme d'un carré allongé, d'un rectangle (*pl.* 30).

∅ *All.* ungleichmässig viereckig, *angl.* oblong, *esp.* oblongo, *ital.* di lunghezza zoppa.

barlotière n.f. (*variante de* barelottière : petite barre). *Archit.* Tringle de fer posée en travers d'un châssis de vitrail* pour le défendre contre les coups de vent.

∅ *All.* Fensterstange, Windeisen, *angl.* iron window bar.

barre n.f. (*lat. vulg.* barra). Toute pièce de bois ou de métal de forme étroite et allongée; les barres sont rondes, méplates ou carrées.

Les barres transversales ou horizontales sont appelées généralement *traverses*; les barres verticales sont bien souvent appelées *montants*.

∅ *All.* Stange, *angl.* bar, *esp. et ital.* barra.

• – **d'appui**. *Archit.* Main courante en pierre, en fer ou en bois, placée à hauteur d'appui sur une balustrade*, le rebord d'une fenêtre*, etc.

∅ *All.* Brustlehne, *angl.* handrail, *esp.* baranda, *ital.* appoggiatoio.

bas-côté n.m. (*bas-lat.* bassus : bas; costatum : partie du corps où sont les côtes). *Archit.* Nef* latérale d'une église, de hauteur le plus souvent moindre que la nef principale (*v. pl.* 5).

Ils sont généralement au nombre de deux, mais parfois il s'en trouve quatre et plus.

On les désigne également sous le nom de collatéraux*.

∅ *All.* Seitenschiff, *angl.* side aisle, *esp.* nave colateral, *ital.* navata laterale.

base n.f. (*gr.* βασις : marche, point d'appui). *Archit.* Substruction* d'un édifice, plus spécialement d'une colonne*, d'un pilier* (*pl.* 5, *v. pl.* 1, 4).

L'usage des colonnes et piliers exigeait des

fondations* très solides; souvent, dans l'Antiquité, les colonnes reposaient sur des blocs de maçonnerie* assurant en même temps la liaison entre les colonnes et même parfois la liaison avec les murs* de l'édifice devant lequel s'élevaient ces colonnes formant portiques*. Mais dans l'art grec primitif (ordre dorique*), la colonne reposait directement sur ces fondations, c'est-à-dire sur le sol*. Puis apparut, en fait de base, une simple *plinthe**, sorte de dé carré ou rectangulaire en pierre qui s'enrichit par la suite de *tores**, de *filets**, de *scoties**.

Les bases antiques furent imitées jusqu'au Xe s.; à cette époque, on voit apparaître des bases de forme nouvelle, soit par leurs profils, soit par les ornements qui les chargent quelquefois. A partir du XIVe s. les moulures* des bases deviendront moins hautes et moins accusées.

Quelques exemples :

Base appendiculée : on appelle parfois ainsi *l'empattement**.

Base attique : faite de *tores** séparés par une *scotie**, en usage dans les ordres* antiques (sauf le dorique).

Base composite : faite de deux tores, un astragale* et deux scoties.

Base continue : moulure de soubassement* courant sur la surface d'une façade* et englobant les piliers ou colonnes en saillie*.

Base corinthienne : formée de deux tores, de *deux* astragales* et de deux scoties.

Base dorique : formée de deux filets, un tore et une plinthe, n'existe que dans le dorique *romain*.

Base de fronton : corniche de l'entablement* qui réunit à leur départ les deux rampants* formant couronnement triangulaire de la façade d'un temple antique.

Base gothique : dans l'architecture de cette période le profil et l'ornementation des bases présentent de très nombreuses variations.

Base ionique : formée d'un tore et de deux scoties séparés par de petites moulures.

Base mutilée : base dont le profil n'existe que sur les faces latérales d'un pilier.

Base toscane : formée d'un filet, un tore et une plinthe; sa hauteur est égale à la moitié de l'épaisseur.

∅ *All.* Grundlage, *angl.* basis, *esp.* basa, *ital.* base.

basilic n.m. (*du gr.* βασιλισκος : petit roi). Animal fabuleux ayant une queue de vipère et sur le corps une sorte de crête de coq. Il tuait par son regard. Il est au Moyen Age l'image de l'Esprit du mal, par référence au Ps. 90 (Vg).

basilien n.m. (*dér. de* Basile). Nom des moines orientaux qui suivent la Règle de saint Basile. Certains d'entre eux, Grecs unis ou Ruthènes par exemple, ont laissé des traces notamment dans des « grottes basiliennes » situées dans les Pouilles, où ils avaient émigré.

basilique n.f. (*gr.* βασιλικη : royale). *Archit.* 1) Désigne des édifices antiques qui servaient à abriter les tribunaux, la bourse, la promenade, les réunions. La basilique était une sorte de *forum* couvert. Ces bâtiments sont de longs rectangles que des colonnes* séparent en trois nefs*; elles s'élèvent soit dans un enclos fermé de murs, soit en plein découvert, entourées de portiques*. 2) A partir du IVe s. (paix constantinienne), les vieilles églises romaines prirent la forme des basiliques classiques, adaptant ainsi les grandes dimensions du bâtiment antique aux nécessités nouvelles du culte et de la communauté chrétiens (*pl.* 31). On eut ainsi un *atrium*, ou cour à ciel ouvert; un *narthex* (ou *ferula*), ou large portique extérieur; une *salle rectangulaire* divisée en nefs (trois ou cinq) selon la longueur. Au-dessus des bas-côtés courait une galerie*, la *tribune*, où se tenaient les femmes, en particulier les vierges. Elles étaient couvertes au moyen soit d'une charpente apparente, soit d'un plafond*. Au fond de la grande salle, un *hémicycle* avec une demi coupole* abritait le trône* de l'évêque (*cathedra*) et, de chaque côté, des bancs réservés au clergé (*presbyterium*). Devant l'hémicycle se trouvait l'*autel* sous lequel était aménagée une crypte* (*martyrium*). Au-dessus de l'autel, un baldaquin* (*ciborium*).

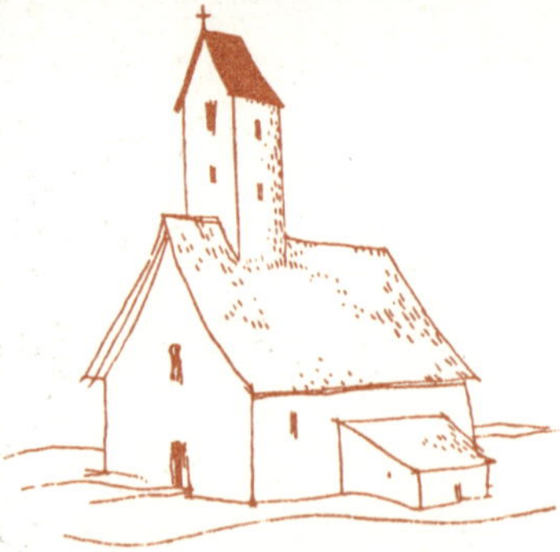

bâtière (clocher en)

Liturgie Une église peut être honorée par le pape du titre de *basilique*, ce qui lui confère entre autres privilèges honorifiques, la préséance sur toutes les autres églises du diocèse, sauf la cathédrale. Il existe quatre basiliques majeures, toutes quatre situées à Rome : Saint-Pierre, Saint-Paul-hors-les-Murs, Saint-Jean-de-Latran, Sainte-Marie-Majeure. Toutes les autres basiliques, où qu'elles soient établies, sont mineures.

ø *All.* Basilika, *angl.* basilica, *esp.* basílica, *ital.* basilica.

bas-relief n.m. (*de l'ital.* riluevo : relever). *Archit.* Sculpture faisant corps avec un fond sur lequel elle se détache, mais avec une netteté et une vigueur moindres que la sculpture dite en demi-relief et celle dite en haut-relief (ou plein relief) (*pl.* 131). La sculpture en relief s'oppose à la sculpture *en ronde* bosse,* laquelle est entièrement indépendante de tout fond, isolée dans l'espace et autour de laquelle on peut passer pour l'examiner de tous côtés.

On disait au XVIe s. *basse taille* (*v.* anaglyphe).

ø *All.* Flachrelief, *angl.* low relief, *esp.* bajo relieve, *ital.* basso rilievo.

basses (arcatures). *Voir* arcature.

basse-fosse n.f. (*du lat.* fossa, *rac.* fodere : creuser). *Archit.* Caveau souterrain exigu et obscur. On appelait *cul de basse fosse* un second caveau creusé en dessous du premier.

ø *All.* Verliess, *angl.* dungeon, *esp.* calabozo, *ital.* sotterraneo.

basse-taille n.f. *Archit. Voir* bas-relief.

bât n.m. (*du bas-lat.* bastare : *idée de* support). Selle très simple placée sur le dos des bêtes de somme, et servant au transport des objets.

ø *All.* Packsattel, *angl.* pack saddle, *esp.* albarda, *ital.* basto.

bâtarde (porte) adj. *Archit.* Porte qui n'est ni une grande ni une petite porte.

ø *All.* mittelgrosse Tür, *angl.* small gateway, *ital.* porta bastarda.

bâte n.f. (*subst. verb. de* bâtir). *Orfèvr.* Cercle métallique où est enchâssée une pierre précieuse, une plaque d'émail.

ø *All.* Zarge, *angl.* bezel, *esp.* engaste, *ital.* castone.

bâti n.m. (*dér. de* bâtir). *Archit.* Pièces assemblées constituant un ensemble : cadre de charpente, etc.

ø *All.* Rahmenwerk, *angl.* frame-work, *esp.* armazón, *ital.* telaio.

bâtière (toit en) n.f. (*dér. de* bât). *Archit.* Toit à deux versants inclinés comme les côtés d'un bât*, et posé sur deux pignons*. Se rencontre surtout sur les clochers* (*fig.*) (*v.* toit).

ø *All.* Satteldach, *angl.* saddle-roof, *esp.* tejado de dos vertientes, *ital.* tetto a due spioventi.

batifodage n.m. (*orig. obsc.*). *Archit.* Terre mélangée à de la bourre, servant à fabriquer certains plafonds.

bâtiment n.m. (*dér. de* bâtir). *Archit.* Construction en maçonnerie. Ce terme s'applique à une construction de dimensions quelconques et utilitaire (*v.* édifice).

ø *All.* Gebäude, *angl.* building, structure, *esp.* edificio, *ital.* fabbrica.

bâtisse n.f. (*dér. de* bâtir). *Archit.* Construction n'ayant pas de valeur artistique.

bâton n.m. (*même rac. que* bât). Exemples de *bâtons* comme insignes ecclésiastiques et liturgiques : *Bâton pastoral.* Primitivement terminé par une branche posée en forme de T. Remplacé par la crosse* épiscopale ou abbatiale.

ø *All.* Hirtenstab, *angl.* pastoral staff, *esp.* báculo pastoral, *ital.* pastorale.

Bâton cantoral. Le bâton des chantres était à l'origine surmonté comme le bâton pastoral d'une branche en forme de T. Dans la suite, il se réduisit à un bâton droit.

ø *All.* Kantorstab, *angl.* cantor's staff, *esp.* bastón de cantor, *ital.* verga del arcicantore.

Bâton de confrérie. Porté dans les processions et souvent surmonté de l'effigie du saint patron de la confrérie. On appelait *bâtonnier* le dignitaire de la confrérie (généralement le doyen) chargé de porter le bâton.

ø *All.* Tragstange, *angl.* processional staff, *ital.* mazza della compagnia.

Archit. On appelle *bâtons rompus* une manière

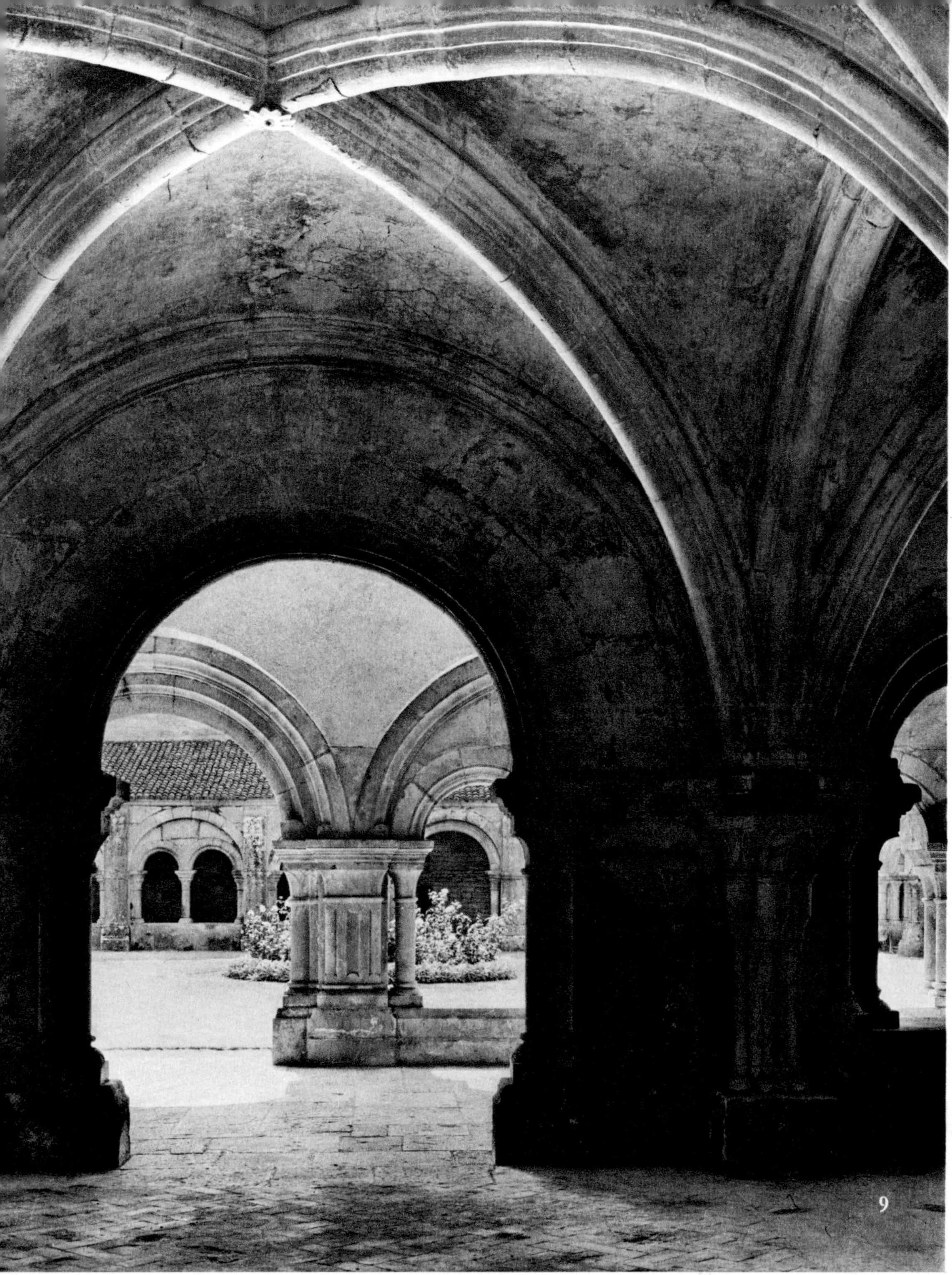

abbaye

10

arabesque

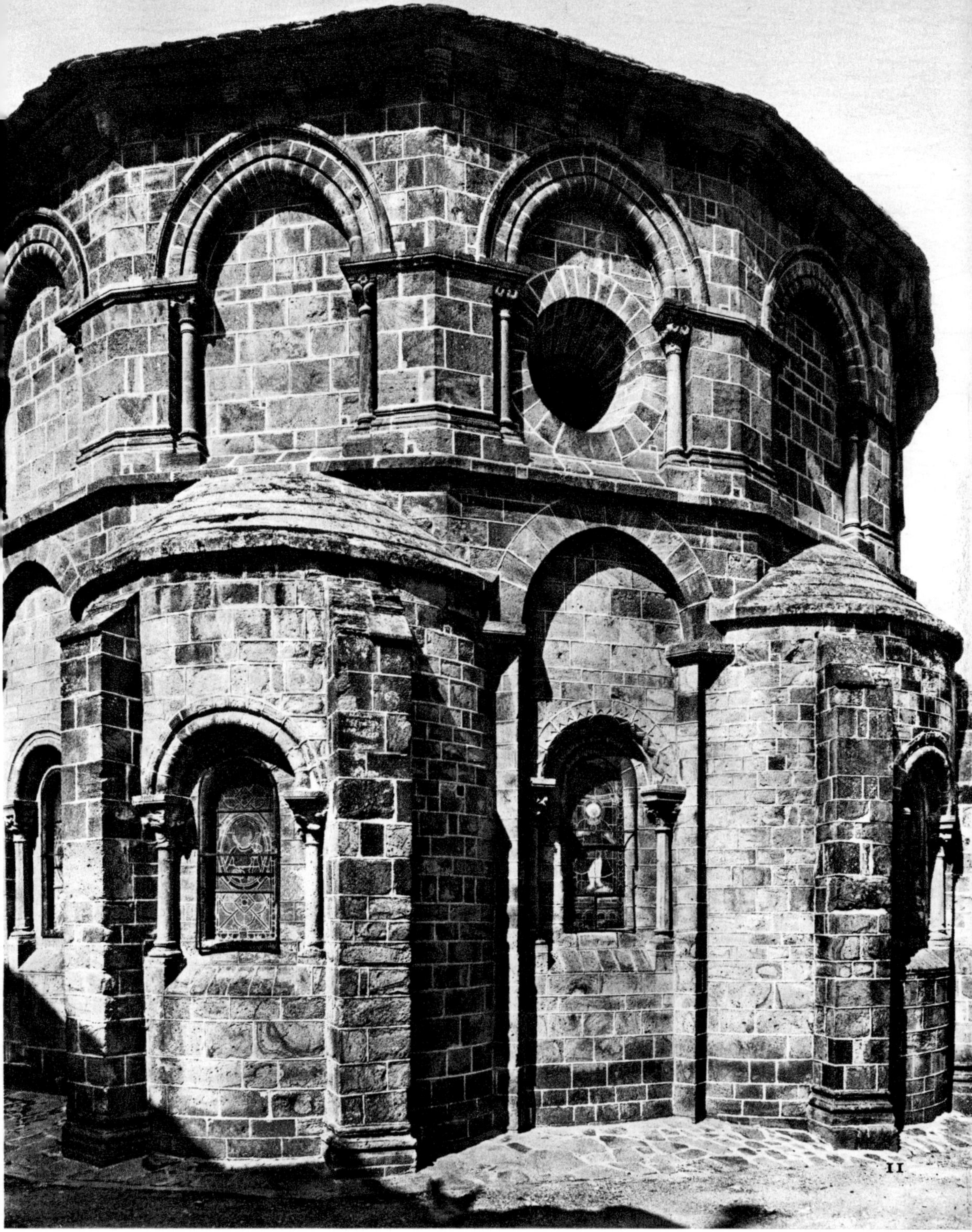

11

abside à chapelles rayonnantes

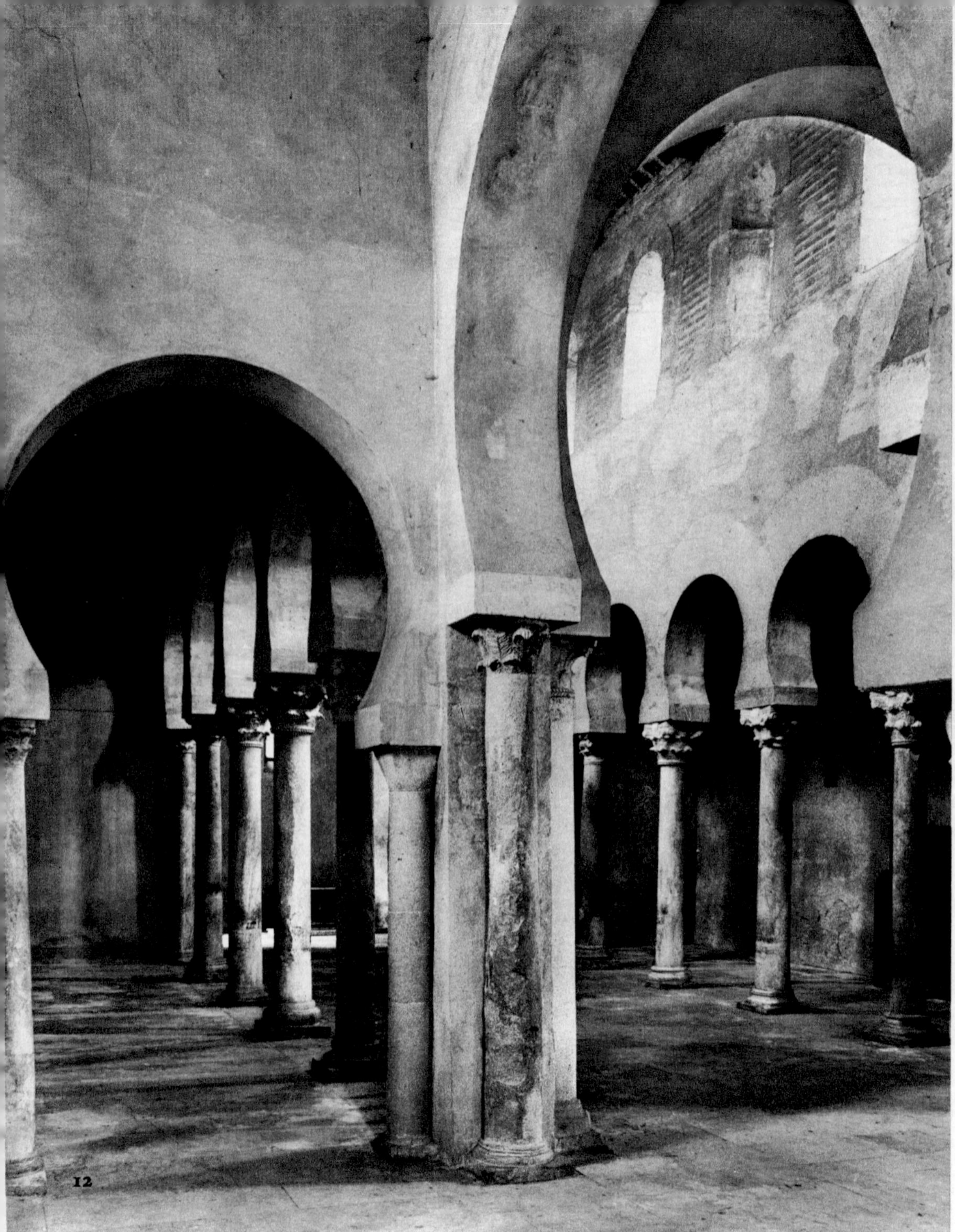

arc outrepassé

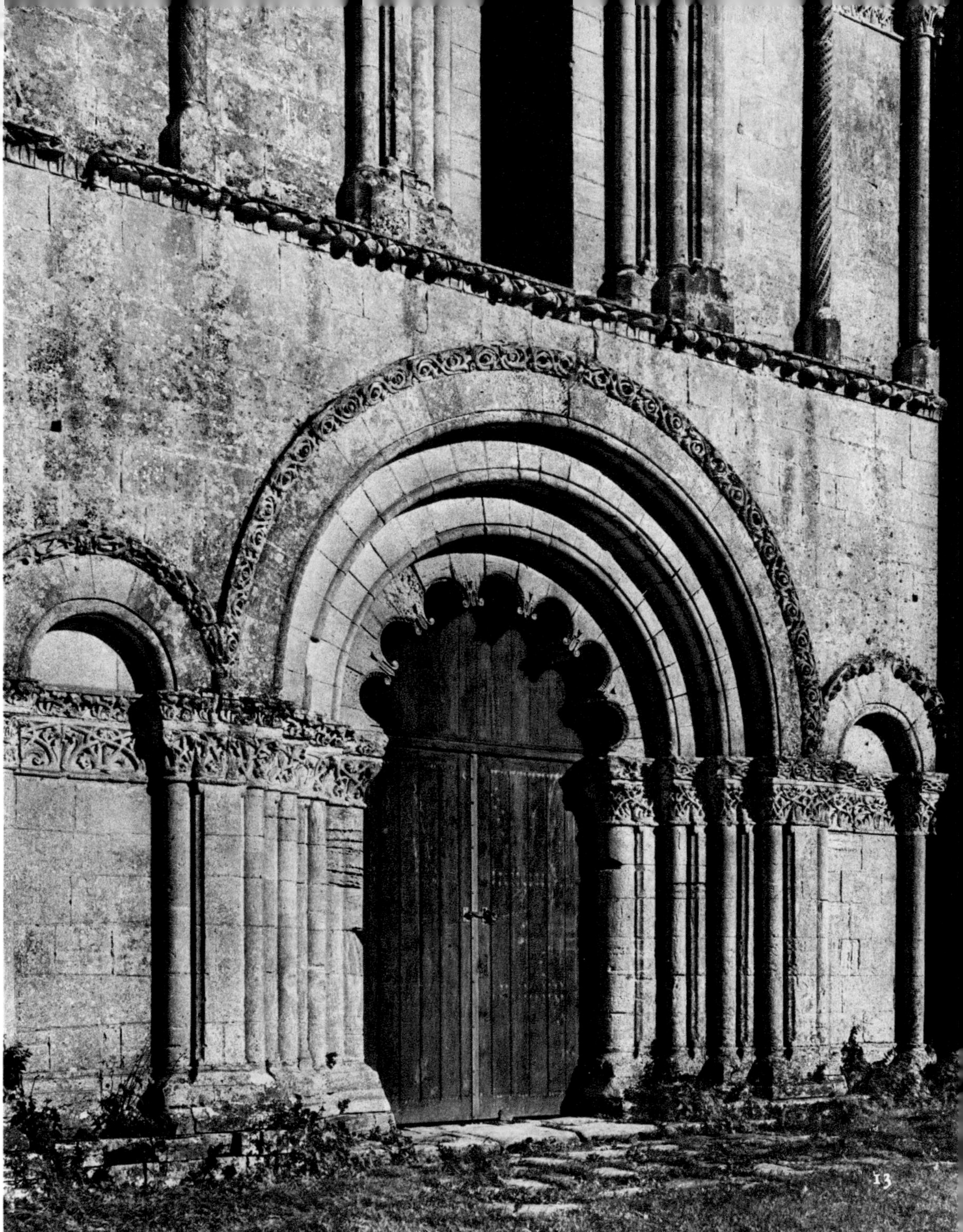

arc polylobé

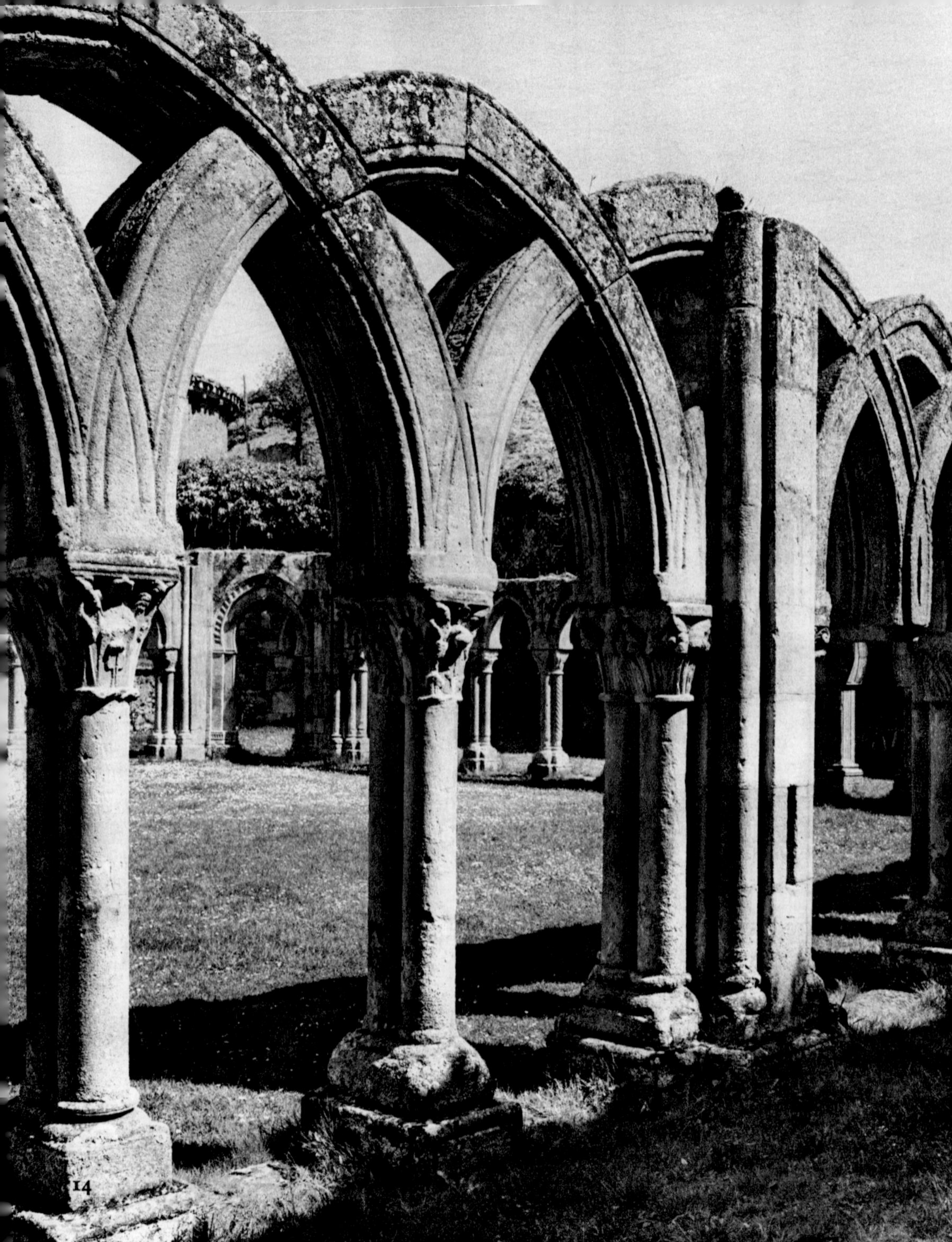

arcs entrelacés

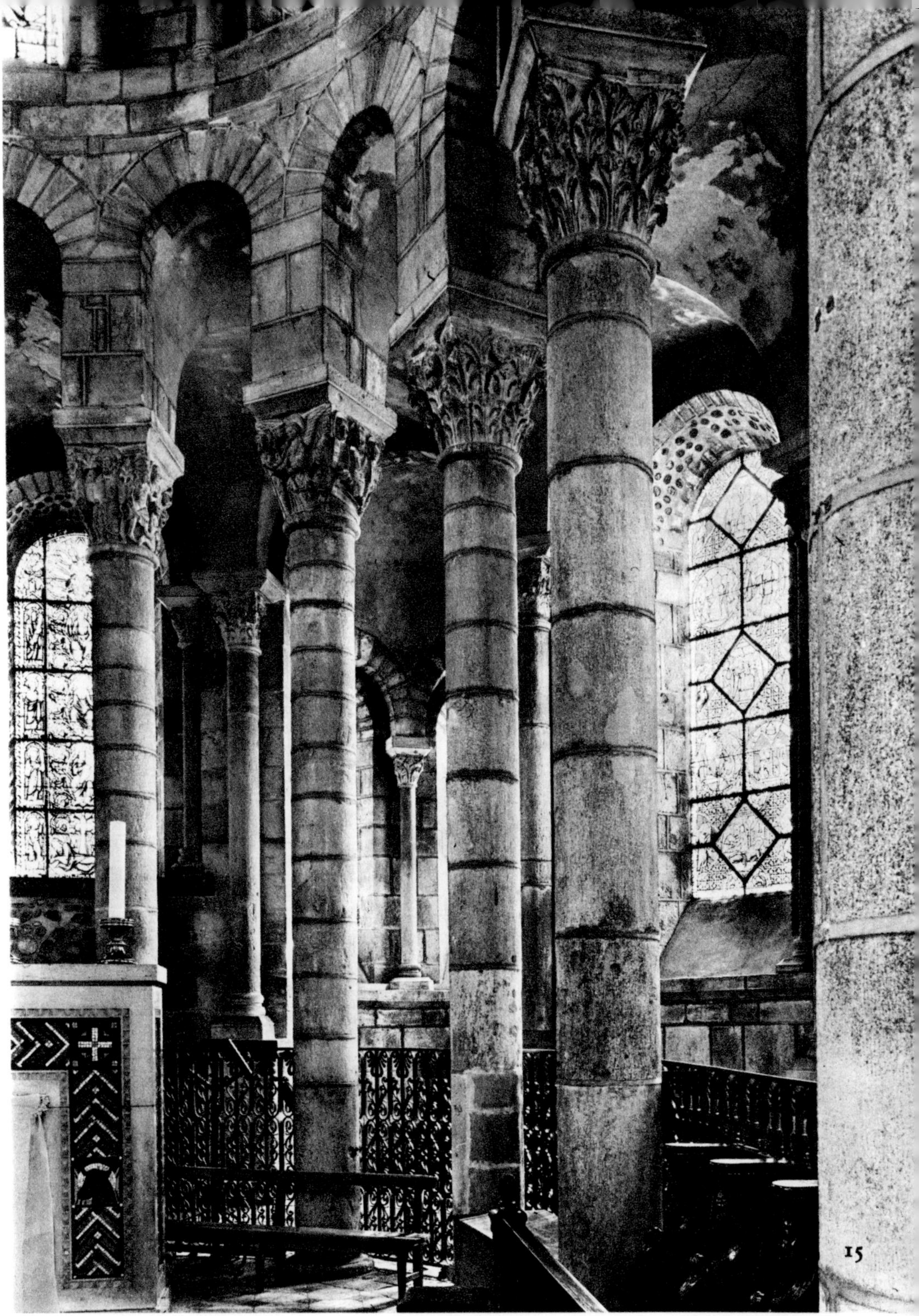

15

arc surhaussé

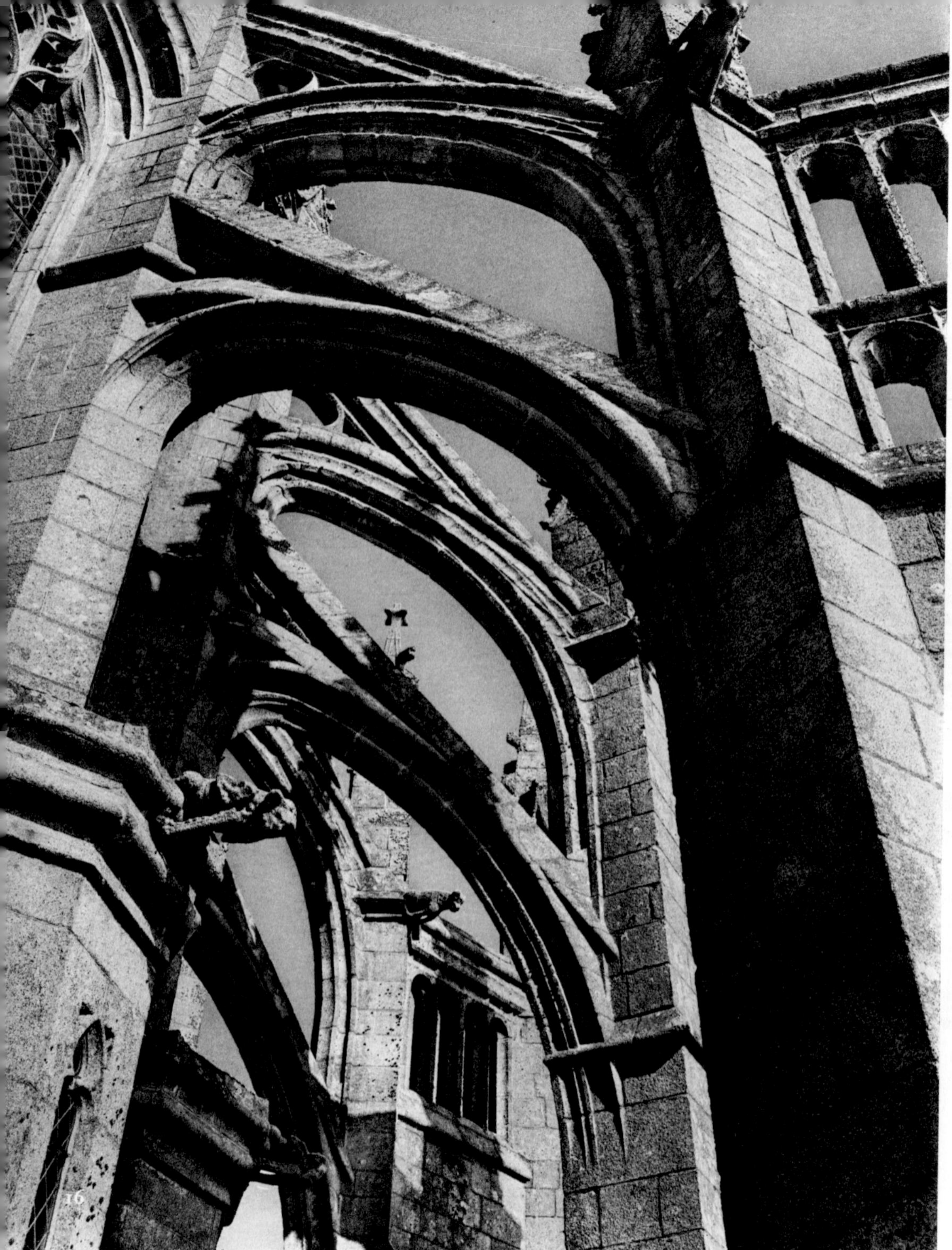

arc-boutant

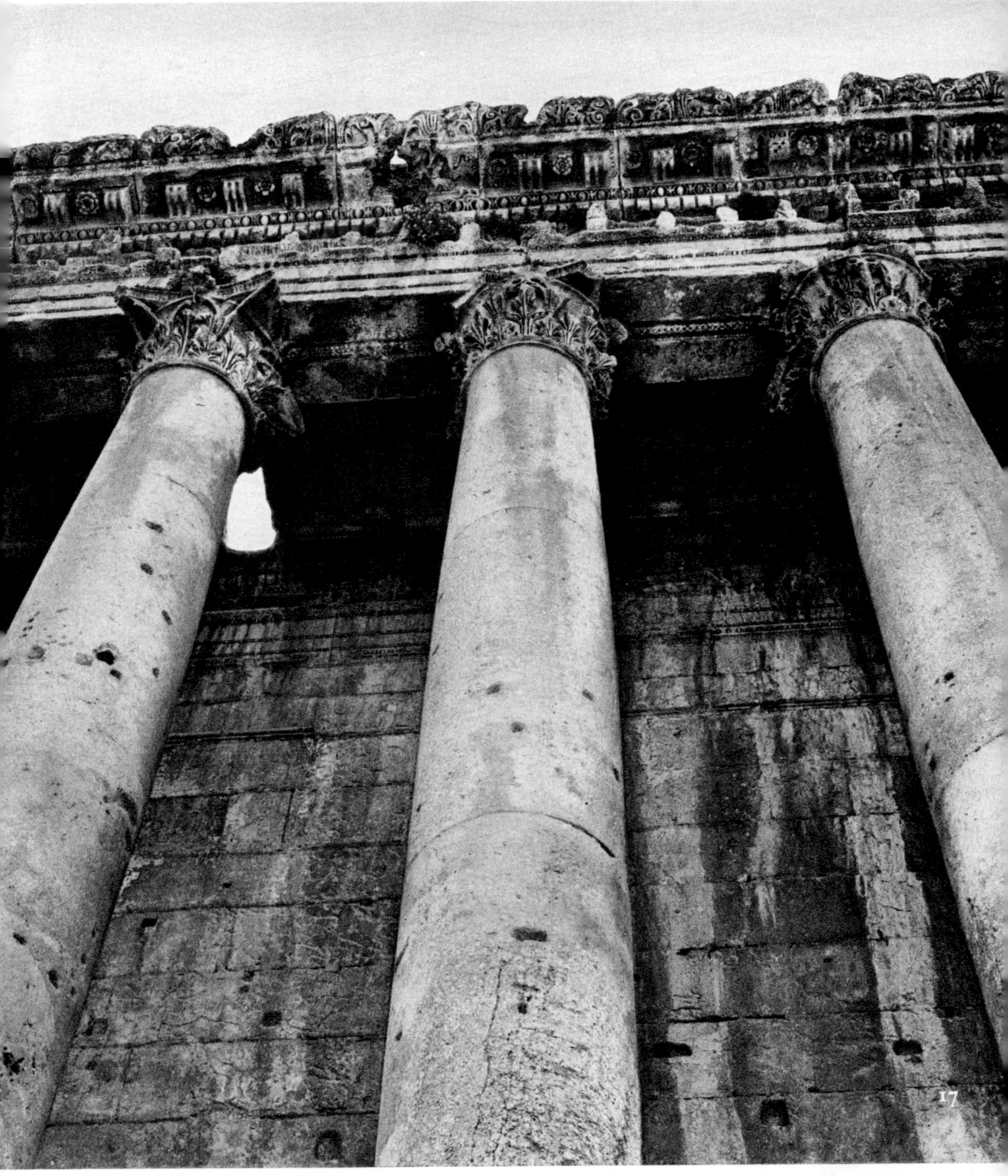

17

architrave

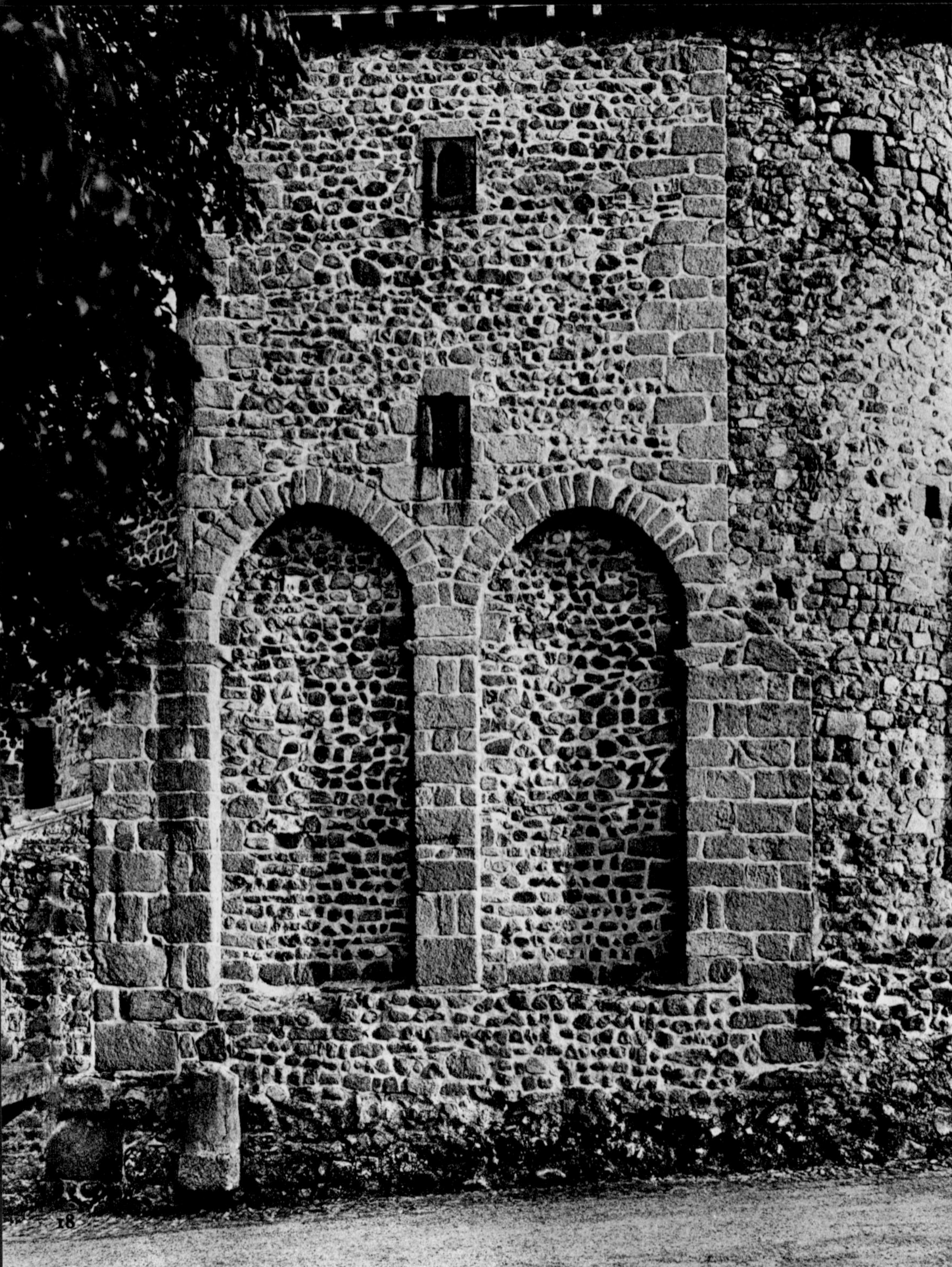

arcature aveugle

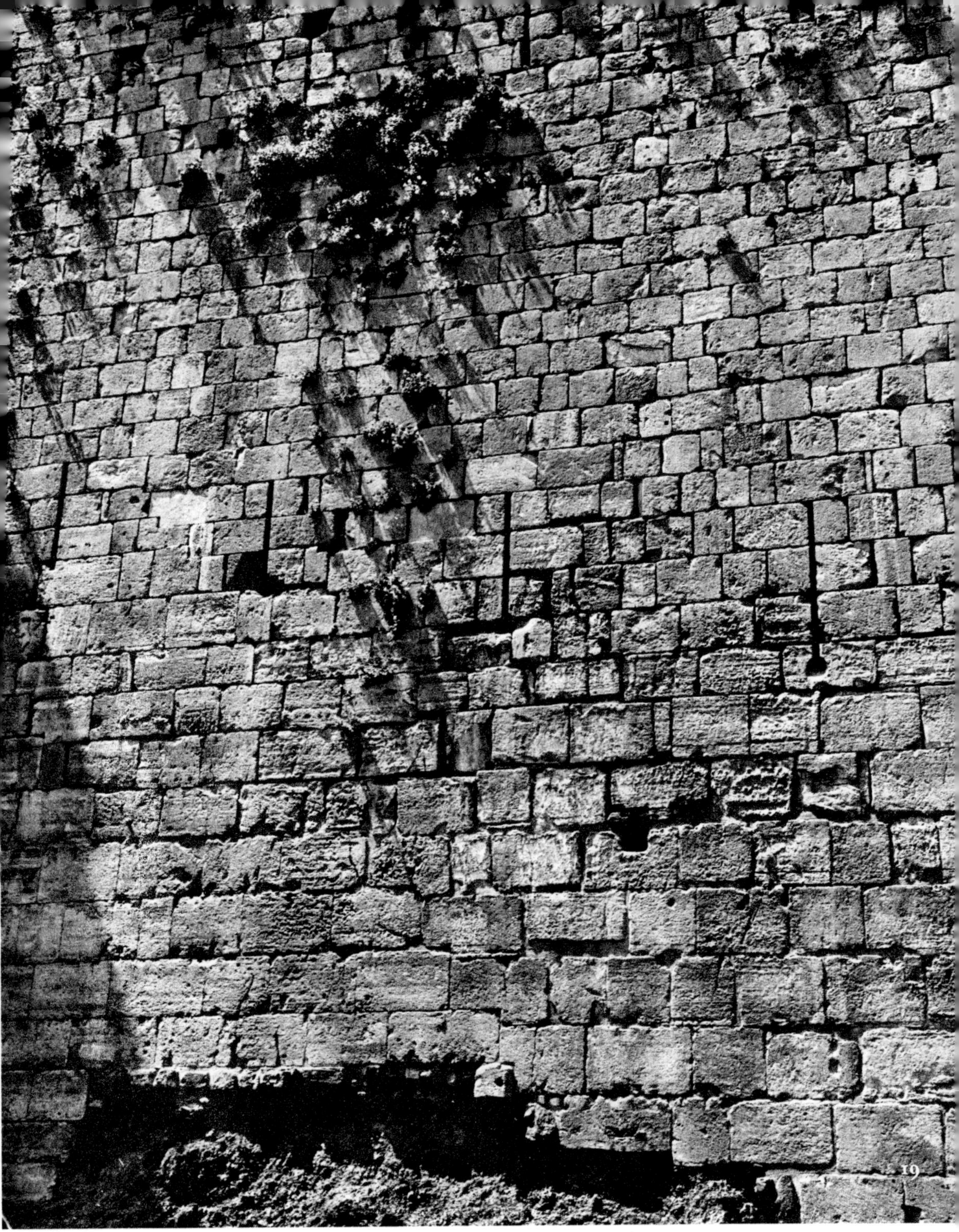

archère

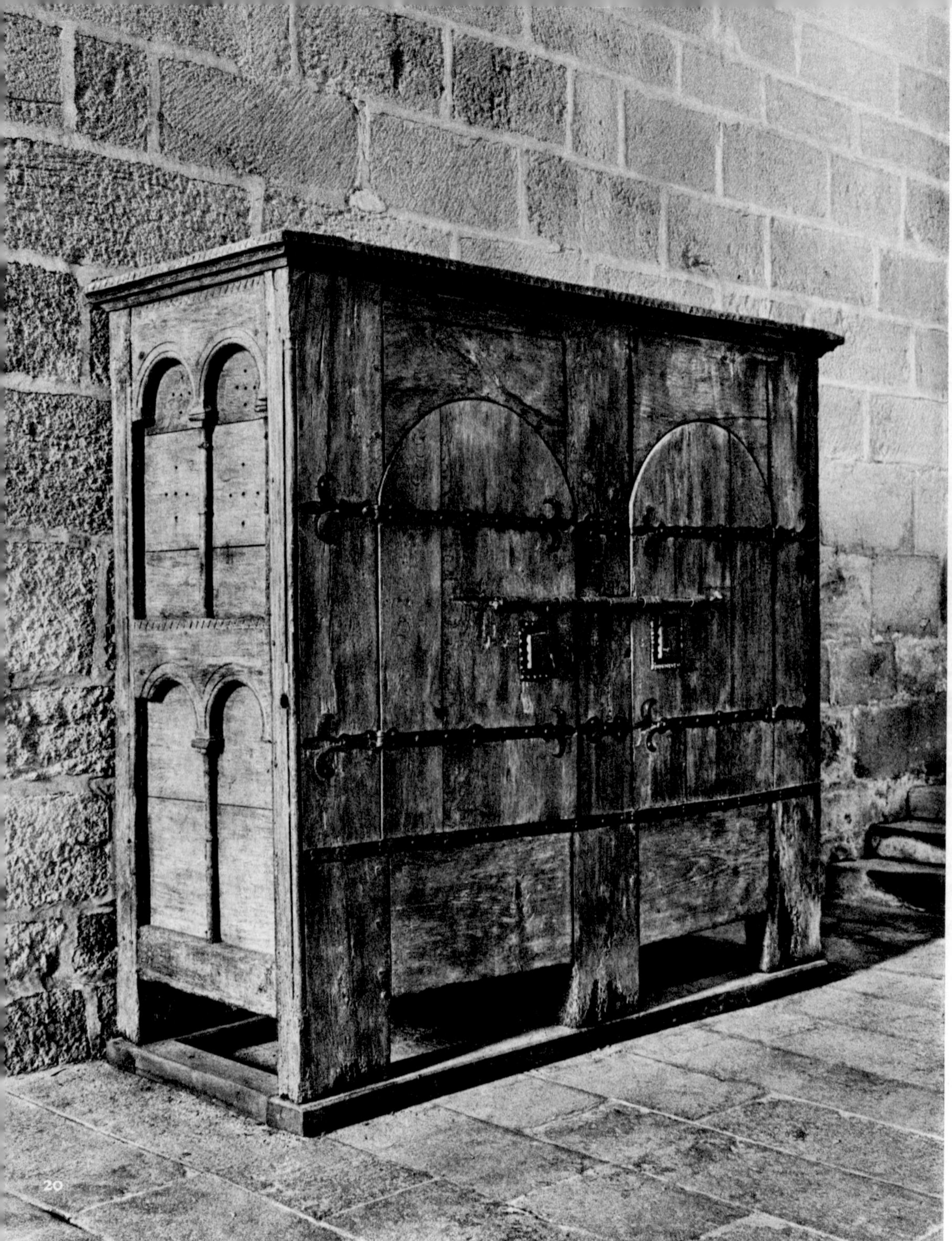

armoire

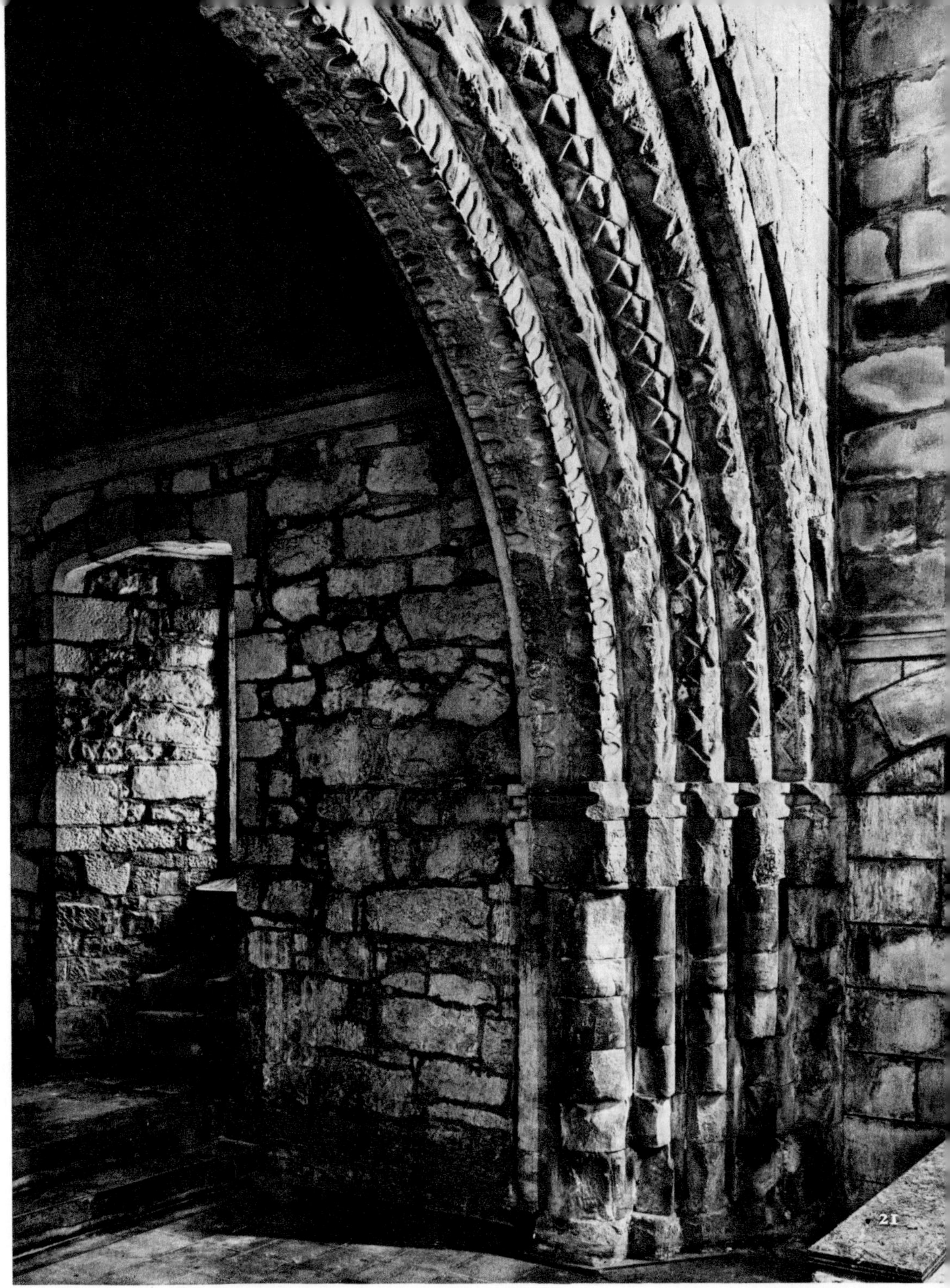

archivolte

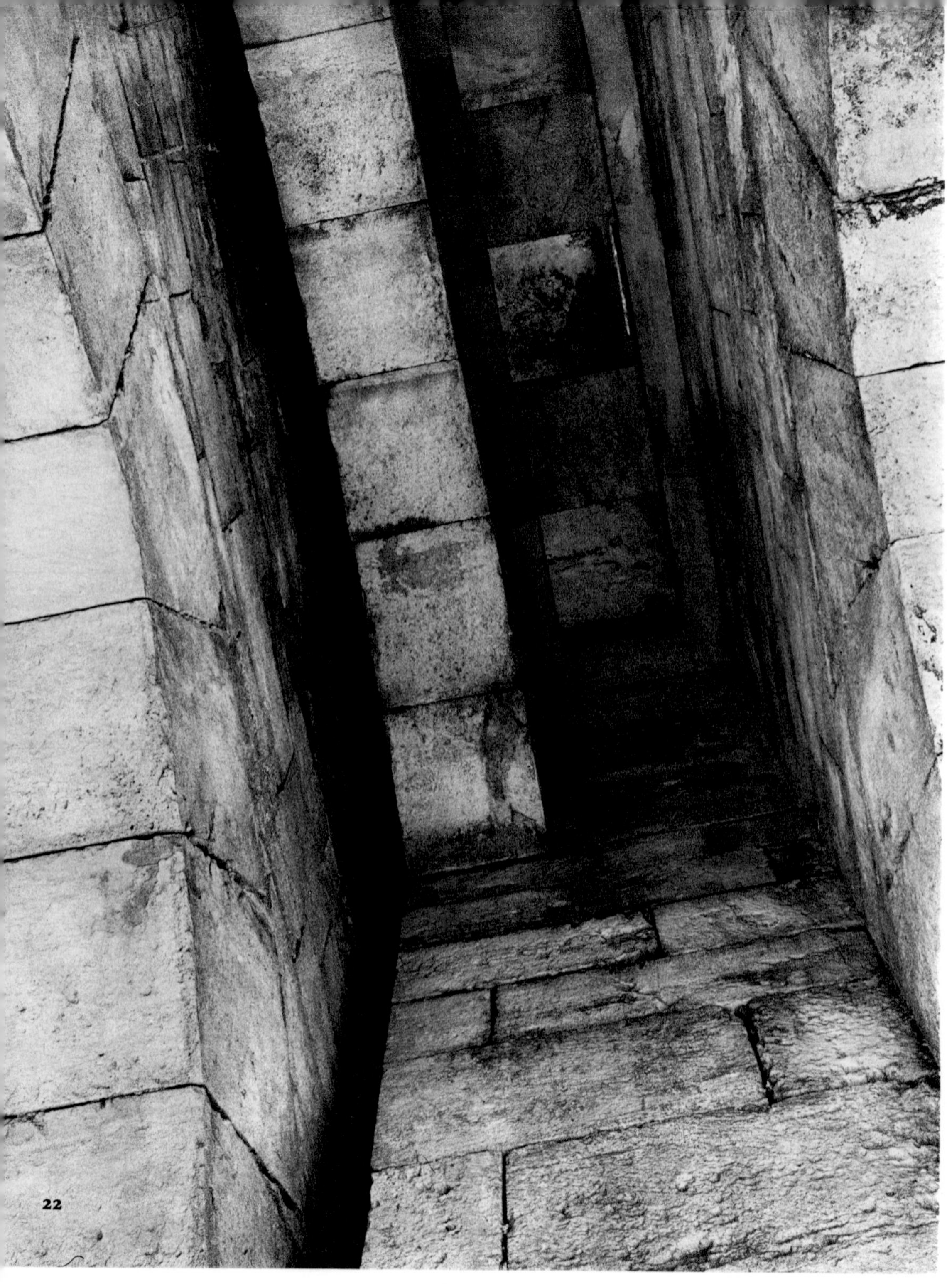

assommoir

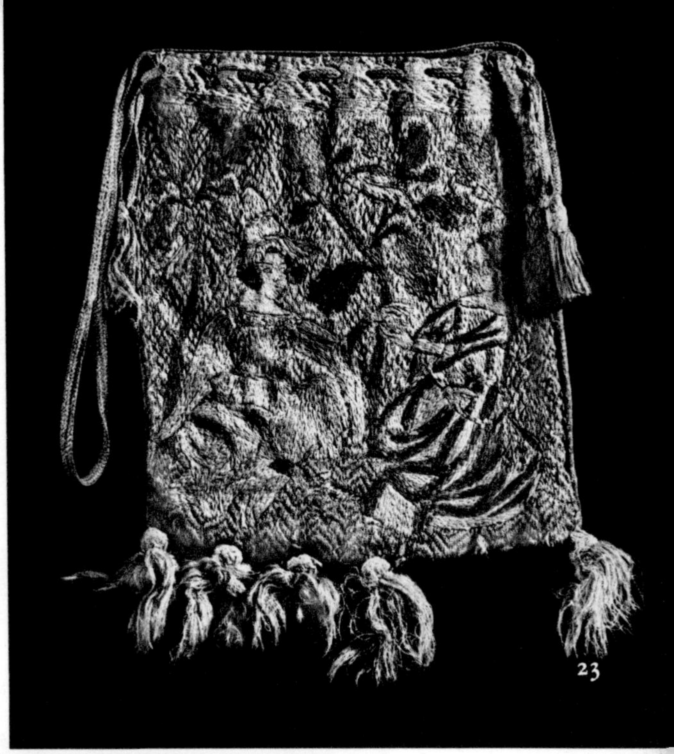

aumônière

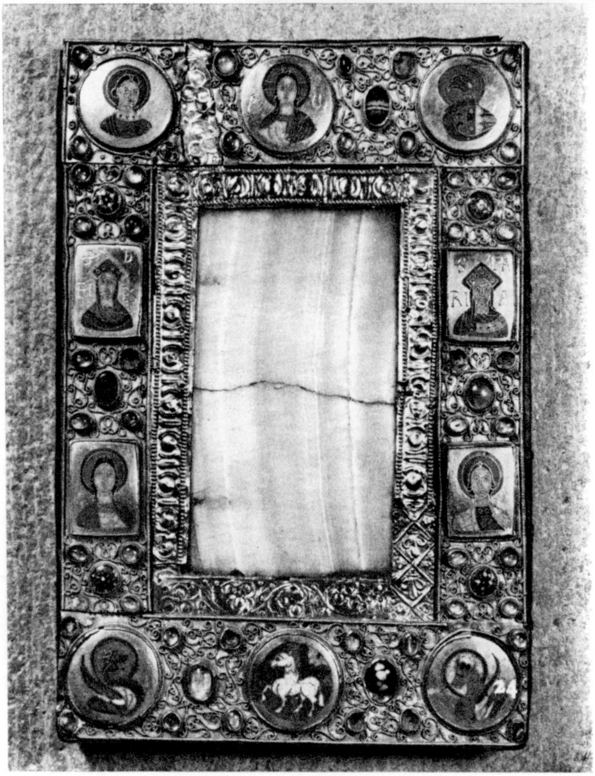

autel portatif

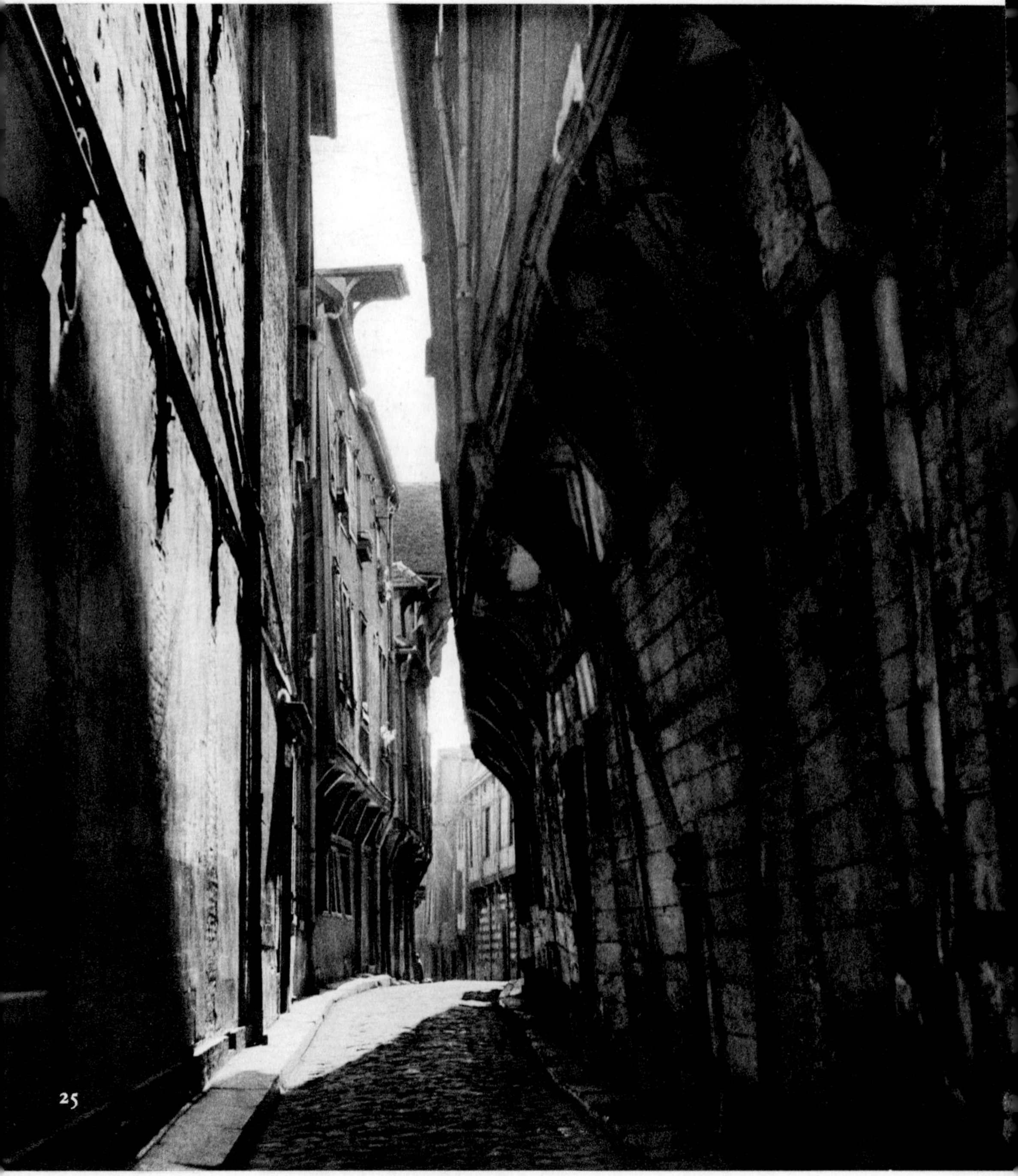

25

avant-solier

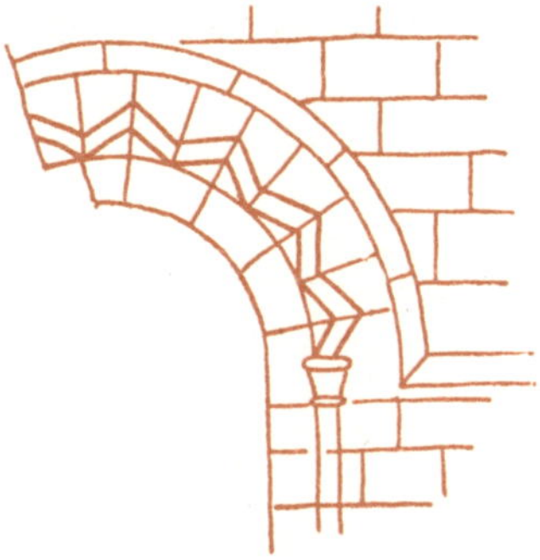

bâtons rompus

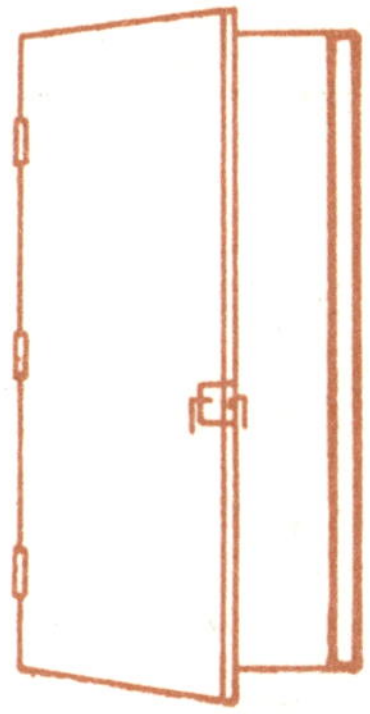

battement

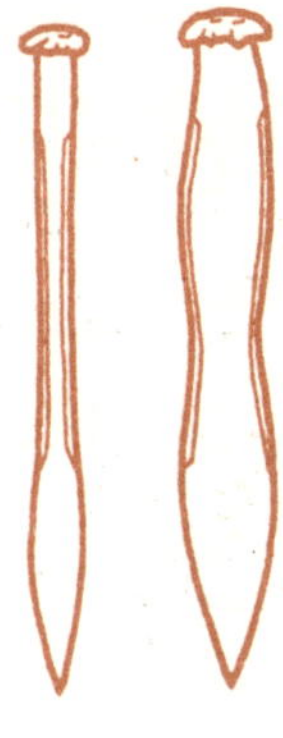

bec d'âne

d'ornementation* des bandeaux* ou des archivoltes* faites de frettes (*v. ce mot*), de baguettes* ou de tiges cylindriques interrompues et se brisant de diverses manières (*fig.*). Ils ont souvent la forme angulaire de chevrons*, et dans ce cas ils en portent le nom.

∅ *All.* gebrochene Stäbe, *angl.* broken sticks, *esp.* zigzag, *ital.* ghiera a spinapesce.

battant n.m. (*de* battre, *lat.* battuere : frapper, *probablement d'origine gauloise*). • *Archit.* Partie mobile d'une porte*, d'une fenêtre*, appelée aussi *vantail* (*v. ce mot*).

Le battant vient buter sur une feuillure* appelée *battée* ou *battement*.

∅ *All.* Flügel, *angl.* leaf, folding, *esp.* hoja, *ital.* battente.

• **– de cloche** n.m. Marteau suspendu à l'intérieur de la cloche*, venant frapper le bord de celle-ci pour la faire sonner.

∅ *All.* Klöppel, *angl.* bell clapper, *esp.* badajo, *ital.* battaglio.

batte n.f. (*dér. de* battre *comme* battant). *Archit.* Instrument en bois servant à aplatir la terre, à écraser le plâtre*, etc.

∅ *All.* Schlegel, *angl.* rammer, *esp.* pisón.

battée n.f. *Voir* battement.

battement n.m. (*dér. de* battre *comme* battant). *Archit.* Feuillure* contre laquelle vient s'appuyer le battant* d'une porte*. On la nomme aussi *battée** (*fig.*).

bauge *ou* **bauche** n.f. (*du gaul.* balc : fort, *appliqué aux terres grasses*). *Archit.* Matériau* composé de terre argileuse, de paille hachée et de chaux mélangées, servant jadis à construire les bâtiments* ruraux. *Synon. de* torchis*.

bavette n.f. (*de* bave, *du lat.* baba, *onomatopée du babil enfantin*) *Archit.* Lame métallique recouvrant un chéneau*.

béatification n.f. (*lat.* beatificatio). Dans l'Église romaine, acte solennel par lequel le pape, en vertu de son magistère suprême, autorise le culte public d'une personne « morte en odeur de sainteté », dite dès lors bienheureux ou bienheureuse. Ce culte est plus restreint que celui des saints. C'est à partir de 1170 que la béatification, qui était jusque-là une prérogative des évêques, fut réservée au pape.

bec n.m. (*du lat.* beccus, *mot d'orig. gaul.*). *Archit.* 1) Moulure* saillante placée à la partie inférieure d'un larmier*. ‖ 2) Masse de maçonnerie* placée aux extrémités de la pile* d'un pont. Celle qui fait face à l'amont se nomme *avant-bec*, celle qui fait face à l'aval, l'*arrière-bec* (*v.* éperon).

∅ *All.* Sporn, *angl.* spur, *esp.* espolón, *ital.* rostro di ponte.

3) Masse de maçonnerie faisant saillie* au pied des tours* de défense pour éloigner l'assaillant (*v.* éperon).

• **– d'âne** (*ou* **bédane**). Ciseau dont se servent menuisiers et charpentiers pour creuser les mortaises*. C'est une pièce de métal quadrangulaire dont l'extrémité est taillée en biseau (*fig.*).

∅ *All.* Kreuzmeißel, *angl.* mortise chisel, *esp.* escoplo, *ital.* bedano, sgorbia.

• **– de corbin.** Moulure* faisant saillie* suivant une courbe ressemblant au bec de corbeau.

∅ *All.* Hakenstock, *angl.* crow-bar, bird's beak moulding, *esp.* pico de cuervo, *ital.* becco di civetta.

• **– d'oiseau.** Décoration* faite d'une tête d'oiseau s'appuyant sur une moulure* ronde, la courbure du bec se liant à la courbure de la moulure. Se rencontre particulièrement en Angleterre.

∅ *All.* Schnabel, *angl.* beak, *esp.* pico, *ital.* becco.

beffroi n.m. (*du francique* bergfrid : ce qui garde la paix, tour de défense). *Archit.* 1) Bâti* de fortes pièces de charpente* solidement liées qui contient les cloches* dans la tour* de l'église. Cet assemblage est indépendant de la maçonnerie* pour que les murs* du clocher* ne soient pas ébranlés par le battement des cloches.

∅ *All.* Glockenstuhl, *angl.* bell frame, *esp.* armazón de campanario.

2) *Par extens.* Bâtiment communal (le plus souvent une tour) où sont contenues les cloches communales (bancloques). Ce bâtiment est en

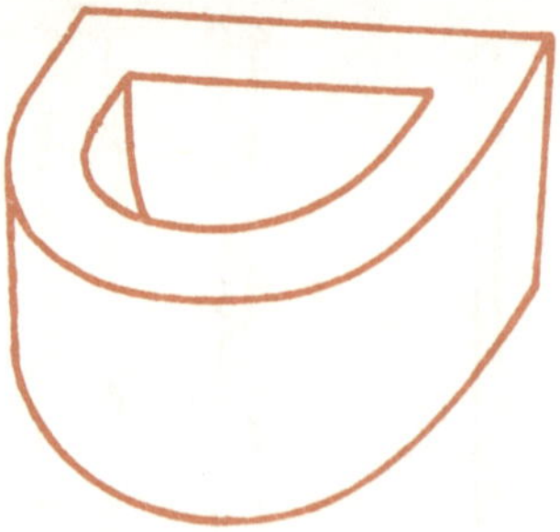

bénitier

général pourvu d'une horloge, souvent d'un poste de veilleurs.

ø *All.* Bergfried, Glockenturm, *angl.* belfry, bell tower, *esp.* campanario, *ital.* torre delle campane.

3) Désigne une tour pouvant être déplacée, machine autrefois utilisée dans les sièges.

bêma n.m. (*mot gr.* βημα : tribune, *dér. de* βαινειν : marcher). *Archit.* Sanctuaire des églises grecques qui contient l'autel* et le trône* pontifical et qui est surélevé par rapport au niveau de la nef*. On dit aussi *bême.*

bénédictin n.m. (*du lat.* Benedictus : Benoît). Moine vivant dans un monastère* cénobitique sous la Règle de saint Benoît*.

bénéfice n.m. (*lat.* beneficium, *de* benefacere : faire du bien). *Droit ecclésiast.* Propriété foncière attribuée, pour son entretien, à un ecclésiastique qui assure un service habituel dans une église, ou remplit une fonction dans un diocèse.

bénitier n.m. (*de l'anc. franç.* benoîtier, *du lat.* benedicere : bénir). *Archit.* Récipient en pierre ou en métal renfermant l'eau* bénite et placé à l'entrée de l'église* (*fig.*) (*pl.* 32).

Après le IXe s., il a remplacé la fontaine servant aux ablutions et peut-être parfois aux baptêmes par immersion.

Le *bénitier* est en général scellé ou adossé à un pilier* ou à un mur*. Parfois, indépendant, il est supporté par un pied ou plusieurs et dit dans ce cas *pédiculé.*

ø *All.* Weihwasserbecken, *angl.* stoup, holy water basin, *esp.* pila de agua bendita, *ital.* acquasantiera.

Benoît d'Aniane (Saint). Né en Languedoc au bord de la rivière Aniane vers 750, il devint moine puis cellérier* de l'abbaye de Saint-Seine, en Bourgogne. Revenu s'établir à Aniane vers 780, protégé par Louis le Pieux, alors roi d'Aquitaine, il répandait l'observance de la *Règle de saint Benoît* (*v. l'art. suivant*), dont il avait reconnu la supériorité. Finalement, établi par Louis le Pieux au monastère d'Inda près d'Aix-la-Chapelle, il fut chargé par lui de réformer tous les monastères de l'empire franc. Ce fut le but notamment du synode monastique d'Aix-la-Chapelle (817). Il mourut en 821. Depuis ce temps, la *Règle de saint Benoît* fut celle de tous les moines d'Occident, mis à part les chartreux et les grandmontains.

Benoît de Nursie (Saint). Nous ne connaissons sa vie que par les *Dialogues* du pape saint Grégoire le Grand. On la place entre les dates de 480 et 547 environ. Sortant de l'adolescence, il abandonne les études commencées à Rome et s'enfonce dans la solitude de Subiaco pour y mener la vie érémitique durant trois ans. Dès lors, des disciples vinrent à lui et il fonda là douze petits monastères. Chassé par des péripéties douloureuses, il partit en direction de Naples et se fixa dans l'ancienne forteresse du Mont-Cassin où il groupa de nouveaux disciples en un seul grand monastère, toujours reconstruit jusqu'à nos jours après invasions et guerres. C'est là qu'il composa la *Règle* qui porte son nom, en utilisant les documents qui lui étaient accessibles en latin et en cimentant ces éléments divers par le lien de sa charité. Renommée par son équilibre qui favorise la ferveur en restant accessible à tous, cette Règle ne prévalut en Occident que bien plus tard, grâce aux louanges de saint Grégoire et à l'action vigoureuse de saint Benoît d'Aniane (*v. art. précédent*). La translation de ses reliques au monastère franc de Fleury (Saint-Benoît-sur-Loire) vers la fin du VIIe s. est difficilement contestable. Il se peut qu'une partie des vénérables ossements ait été rendue lorsque Carloman, frère de Pépin le Bref, était moine au Cassin. Le pape Paul VI a institué saint Benoît patron de l'Europe, le 24 octobre 1964. Fêtes le 21 mars et le 11 juillet.

berceau *Voir* voûte.

besace n.f. (*lat.* bis : deux fois *et* saccus : sac). Sac composé de deux poches et porté sur l'épaule.

ø *All.* Doppeltasche, *angl.* wallet, scrip, *esp.* alforja, *ital.* bisaccia.

Par anal., en archit. Pour assurer une meilleure liaison entre deux murs* dont l'un prend son origine dans l'autre, on place à la jonction, dans les assises* successives, des pierres* de même

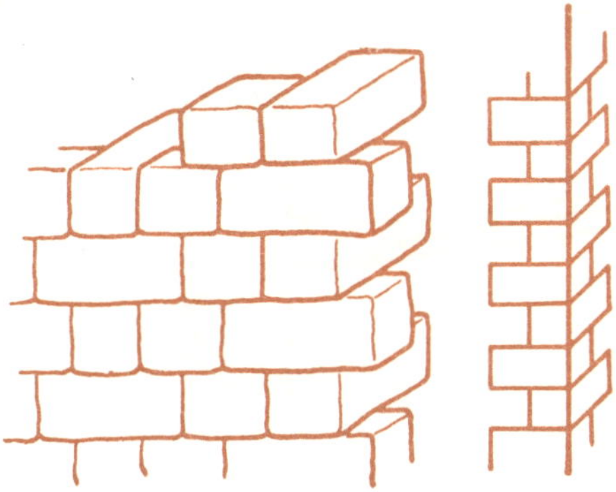

besace (appareil en)

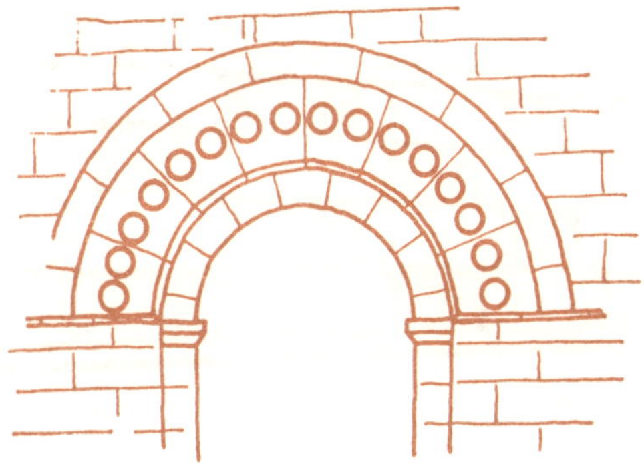

besants

dimension alternativement dans le sens de la longueur et de la largeur.

On appelle *appareil* en besace* celui que forment les pierres de même dimension placées de cette manière (*fig.*).

besaiguë. *Voir* bisaiguë.

besant n.m. (*lat.* byzantium : monnaie de Byzance). *Archit.* Disque aplati utilisé dans l'ornementation* romane. La perle* (moins grosse) et le bouton* (plus gros) en diffèrent surtout parce qu'ils sont tous deux des parties de sphère (*fig.*).

∅ *All.* Scheibenfries, *angl.* bezant, pellet ornament, *esp.* besante, *ital.* bisante.

bestiaire n.m. (*lat.* bestiarium). Histoire naturelle allégorique d'animaux fabuleux. De nombreux *bestiaires* composés au Moyen Age ont servi aux imagiers* qui y ont cherché des inspirations. Fondés sur la doctrine que le monde a été créé par Dieu pour permettre à l'homme de faire son salut, et que rien n'y existe d'où on ne puisse tirer un enseignement, les bestiaires ont créé une faune mystique servant à représenter allégoriquement vertus, vices, caractères, passions, etc.

∅ *All.* Tierbuch, Bestiar, *angl.* bestiary, *esp. et ital.* bestiario.

béton n.m. (*lat.* bitumen : bitume). *Archit.* Matériau* fait de cailloux et de mortier* de chaux* mélangés d'avance, répandus en couches profondes, souvent moulés, et toujours fortement pilonnés. Ce matériau fut introduit par les Romains qui en prirent modèle chez les Perses. Ils l'utilisèrent beaucoup dans leurs murs en blocage* où la brique était un des éléments de base. Ainsi le gros mur* romain est souvent fait de coffres* à parois de briques remplis de *béton.* En réalité, ce blocage est fait de lits superposés de cailloux et de mortier*, sans pilonnage ni mélange, car le pilonnage eût compromis la solidité des parements* souvent légers.

∅ *All.* Grundmörtel, *angl.* concrete, *esp.* hormigón, *ital.* calcestruzzo.

Délaissé au Moyen Age, ce matériau est de nouveau employé par l'architecture moderne sous la forme de *béton armé*; cette invention française est un béton dans lequel sont noyées des tringles métalliques assemblées (*v.* armature) pour assurer la cohésion de l'ensemble (*v.* ciment).

∅ *All.* Eisenbeton, *angl.* reinforced concrete, *esp.* hormigón armado, *ital.* cemento armato.

bétonnage n.m. *Archit.* Maçonnerie* faite de béton*.

bétonner v.tr. *Archit.* Construire par coulées de béton*.

bétonnière n.f. *Archit.* Machine servant à produire le béton*.

biais n.m. (*orig. obsc.*). *Archit.* Obliquité; sens, direction oblique. ‖ *Adjectivement, en archit.* Qui n'est pas dans une direction parallèle à la direction principale. On dit : un pont *biais,* une voûte *biaise.*

∅ *All.* schief, *angl.* skew, *esp.* sesgo, *ital.* di sbieco.

Biais passé. Appareillage (*v.* appareil) d'une voûte* lorsque sa direction est oblique par rapport à celle des deux parements*.

Bible. *Voir* Testament.

bienheureux n.m. *Voir* béatification.

∅ *All.* selig, *angl.* blessed, *esp. et ital.* beato.

bifide adj. (*lat.* bifidus). Fendu en deux par une longue entaille dans le sens de la longueur.

bigorne n.f. (*provençal* bigorn, *du lat.* bicornis : qui a deux cornes). On appelle ainsi les deux extrémités de l'enclume*, de formes très diverses : rondes, en pointe, droites, etc.; elles servent de support pour travailler les pièces en fer forgé.

∅ *All.* Spitzamboss, *angl.* beak-iron, anvil iron, *esp.* yunque, *ital.* bicornia.

bilboquet n.m. (*de* bille *et* bouquer : frapper, *dér. de* bouc). *Archit.* Pierre* irrégulière de forme, provenant d'un bloc taillé ou évidé, utilisable seulement comme moellon*.

bille n.f. (*lat.* bilia, *mot présumé gaulois* : tronc d'arbre). *Archit.* Partie de tronc d'arbre brut sectionné, attendant d'être travaillée.

∅ *All.* Holzblock, *angl.* log, *esp.* madero, *ital.* pezzo di legno.

billettes n.f.pl. (*dér. de* bille). *Archit.* Moulure* ornementale faite de petits tores* (ou boudins*)

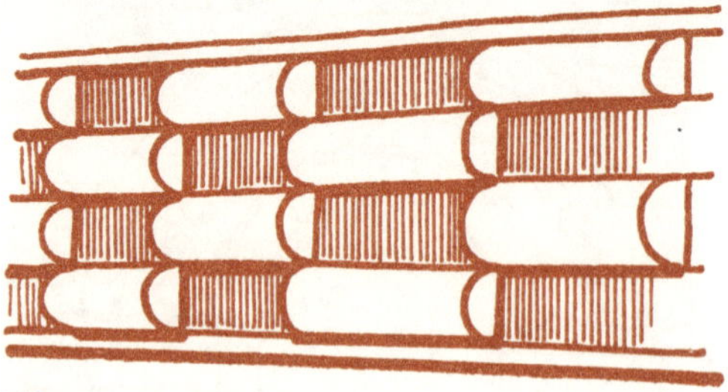

billettes

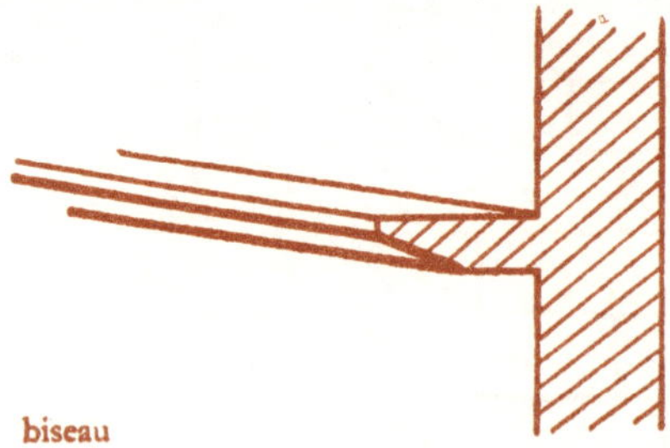

biseau

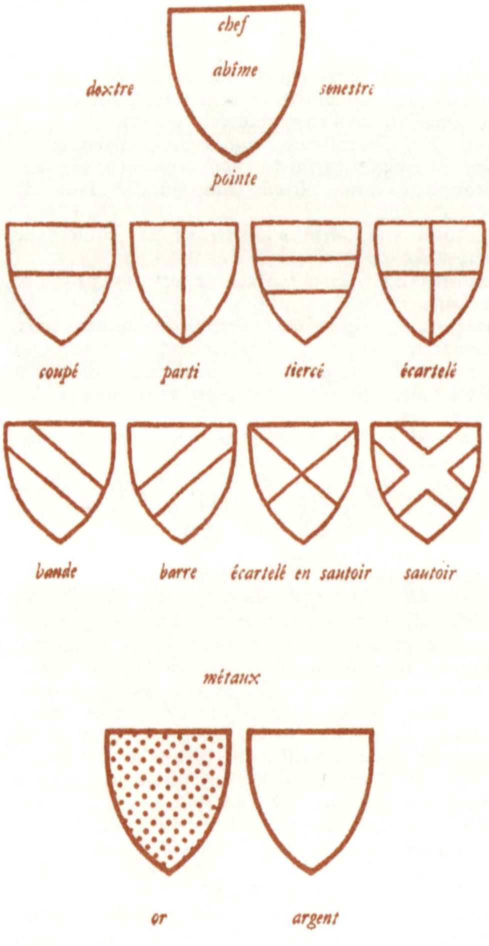

blasons

tronçonnés en fractions égales, séparées les unes des autres par un vide (*fig., pl.* 33, *v. pl.* 2).

Très employées dans l'art roman, les *billettes* sont assez souvent placées sur plusieurs rangs, en damier*, de telle sorte que les pleins d'une rangée correspondent aux vides d'une autre.

⌀ *All.* Schindelfries, *angl.* billets, *esp.* billetes, *ital.* bastoncelli.

bisaiguë *ou* **besaiguë** n.f. (*lat.* bis : deux; secare : couper). *Archit.* Outil* à deux bouts tranchants utilisé pour les travaux de charpente*. Un tranchant (en biseau) sert à dresser le bois; l'autre tranchant (en bec* d'âne) sert à forer des mortaises*.

⌀ *All.* Zwerchaxt, *angl.* mortising axe, twibill, *esp.* azuela de dos filos, *ital.* bicciacuto.

biseau n.m. (*orig. obsc.*). *Archit.* On appelle ainsi dans une moulure* plane un angle* droit dont l'arête* vive est abattue*, et aplanie selon une oblique (*fig.*; *v. pl.* 6).

⌀ *All.* schiefe Fläche, *angl.* bevel, feather-edge, *esp.* bisel, chaflán.

blason n.m. (*orig. obsc.*).Ce terme a désigné d'abord l'écu*, bouclier employé au Moyen Age, puis les signes distinctifs peints sur l'écu, ou armoiries*. Finalement, la science des armoiries, qui en décrit les formes et en explique le sens.

Origine. Jusqu'au début du XIIe s., on rencontre des emblèmes individuels de chevaliers ou de groupes féodaux. Le *blason* est individuel et désigne le seigneur d'une terre. Vers 1155, on le voit figurer sur les sceaux. Puis apparaissent les couleurs et les règles régissant les armoiries des grands seigneurs : la science héraldique se précise et prend forme vers le début du XIIIe s. Dans la suite, les armoiries deviennent familiales et héréditaires et entrent en usage dans les villes, le clergé, les métiers, chez les paysans.

Le blason est soumis à des règles et à une terminologie particulières et strictes. Les principaux éléments en sont :

1) La *partition* ou division de l'écu (*fig.*). Le champ se partage de haut en bas en *chef, centre,* et *pointe.* On appelle *dextre* le côté de l'écu situé à gauche

du spectateur qui regarde le blason, *senestre* le côté situé à sa droite (il faut imaginer l'écu posé sur le bras gauche de celui qui le porte); l'écu divisé en trois est *tiercé*; s'il est en quatre parties égales (ou *quartiers*), il est dit *écartelé*.
2) Les *émaux*. Éléments peints servant à différencier les partitions de l'écu. Ils sont au nombre de neuf et de trois sortes : a) deux *métaux* : or et argent; b) cinq *couleurs* : azur (bleu), gueules (rouge), sinople (vert), sable (noir), pourpre (violet); c) deux *fourrures* : vair et hermine. Dans les figures en noir, chacun des émaux est représenté par un signe conventionnel (or : pointillé; argent : surface unie; azur : raies transversales; gueules : verticales; etc.) (*fig*).
3) Les *charges*. Ce sont les pièces qui sont représentées sur l'écu, on les appelle aussi *meubles*. Les plus anciens meubles sont la figuration de renforcements métalliques de l'écu : barre (transversale), bande (en diagonale), sautoir (croix de saint André), pal (verticale). On rencontre aussi dès les premiers temps des figures d'animaux (lion, aigle, dragon, etc.). Mais dans les premiers temps, on rencontrait très souvent des écus *plains* (sans meubles) avec un seul émail (couleur). Certains meubles sont dit *honorables*, comme la croix.
4) Les *ornements*. Ce sont les figures ou les emblèmes placés au-dessus ou autour de l'écu (couronnes, heaumes, cimiers, pennons, tenants (hommes) et supports (animaux), etc.), marquant le rang nobiliaire du possesseur de l'écu (*fig*.). Les couronnes se distinguent par le nombre de perles ou fleurons. Il y a également les *insignes* : bâton de maréchal, chapeau de cardinal, mitre et crosse d'évêque ou d'abbé, colliers des ordres de chevalerie.
5) Les *devises* et *cris de guerre*, inscrits sur une banderole.

ø *All.* Wappenschild, *angl.* coat of arms, *esp.* blasón, *ital.* blasone.

Blason ecclésiastique : les sceaux ecclésiastiques apparaissent au milieu du XIe s., les armoiries ecclésiastiques au XIIIe s. (*v.* héraldique).

émaux

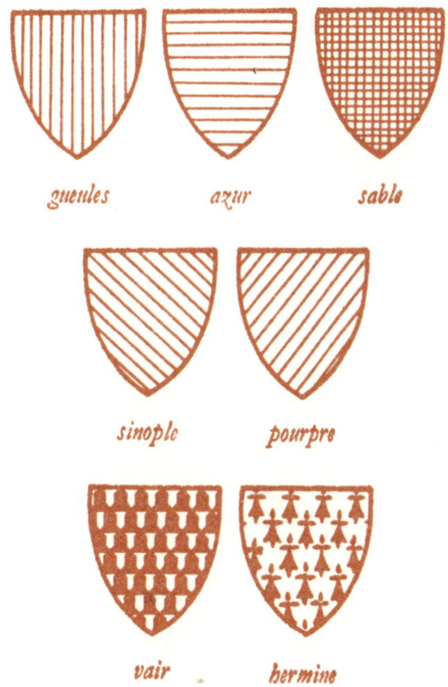

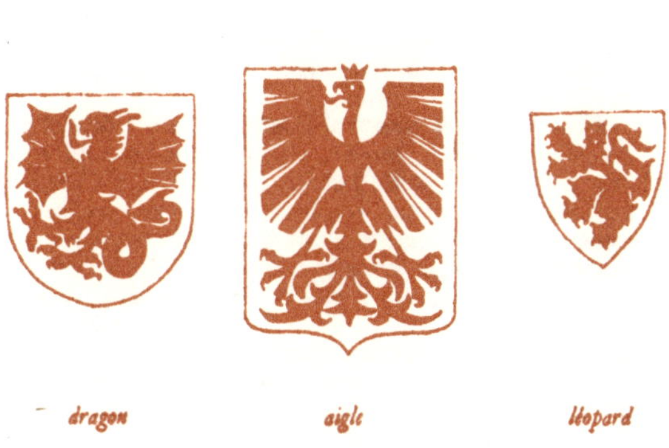

blasons

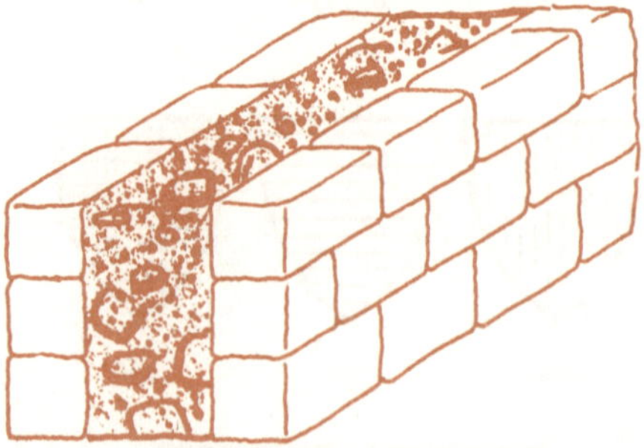

blocage

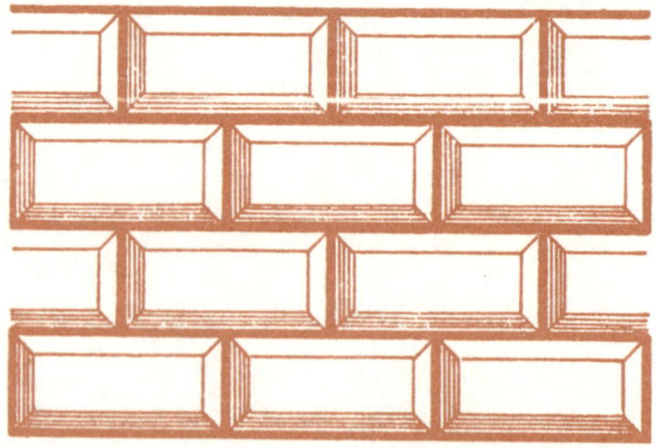

bossages à chanfrein

bliaud n.m. (*orig. inconnue*). *Costume* Tunique que portaient très longue au Moyen Age les hommes et les femmes.

blocage n.m. (*dér. de néerl.* bloc : tronc abattu). *Archit.* Débris de pierres*, moellons*, briques*, pressés et maçonnés, remplissant l'intérieur d'un mur* entre ses deux parements* (*fig.*).

ø *All.* Zwicksteine, *angl.* rubble, *esp.* casquijo, *ital.* pietrisco.

blocageux *ou* **blocailleux** adj. Fait de blocage*.

blocaille n.f. (*dér. de* bloc, blocage). *Archit.* Pierres* ou briques* en petits morceaux utilisés pour le béton* ou pour de petits blocages*. ‖ Pierres trop petites pour être employées dans un parement*.

blochet n.m. (*dér. de* bloc, *v.* blocage). *Archit.* Pièce de charpente* horizontale qui, à l'angle d'une ferme* de comble*, soutient le pied de l'arbalétrier*, et dont l'autre extrémité est entée sur la jambe* de force.

Blochet mordant : assemblé en queue d'aronde*. ‖ *Blochet de recrue* : assemblé droit dans les angles.

bois n.m. (*rad. germ.* bosc). Le mot a d'abord signifié un groupe d'arbres, puis la matière ligneuse. Celle-ci est un des matériaux* les plus employés dans la construction.

ø *All.* Holz, *angl.* wood, *esp.* madera, *ital.* legno.

Bois de charpente, de construction :

ø *All.* Bauholz, *angl.* timber, *esp.* madera de construcción, *ital.* legname da fabbrica.

Bois de grume : *v.* grume.

Bois sculpté :

ø *All.* Holzschnitzerei, *angl.* wood carving, *esp.* madera tallada, *ital.* legno intagliato.

boisseau n.m. (*même rad. que* boîte). *Archit.* Élément cylindrique en fonte ou en poterie, de section ronde ou carrée, servant à former par emboîtage un conduit de fumée ou un tuyau de descente.

boîte n.f. (*bas-lat.* buxida : pyxis, boîte en buis, *de* puxos : buis). *Charpente* Petit logement fait de planches* et destiné à recevoir l'extrémité d'une poutre*.

ø *All.* Büchse, Schachtel, *angl.* box, *esp.* caja, *ital.* scatola.

bombé adj. *Voir* arc.

bossage n.m. (*dér. de* bosse). *Archit.* Toute saillie* ou protubérance laissée sur le parement* d'une pierre* taillée (*pl.* 34); les *bossages* peuvent être soit bruts*, soit sculptés ou simplement taillés (*v.* taille).

ø *All.* Bossenwerk, *angl.* boss, *esp.* almohadilla, *ital.* bugnato.

Bossage arrondi : bossage taillé dont les arêtes* vives* sont adoucies en surface de dessin convexe. ‖ *Bossage en cavet* : bossage taillé dont les arêtes vives sont abattues* par une moulure* de dessin concave. ‖ *Bossage à chanfrein* : bossage taillé dont les arêtes vives sont abattues à 45° (*fig.*). ‖ *Bossage continu* : ornementation en bossages se prolongeant sur toute la longueur d'une façade*. ‖ *Bossage en liaison* : décoration en bossages où les pierres*, taillées à deux dimensions, présentent alternativement leur petit côté (*fig.*). ‖ *Bossage à onglet* : bossage qui a pour objet de dissimuler par sa saillie* les joints* creusés entre deux pierres. ‖ *Bossage en pointe de diamant* : bossage formé de quatre surfaces en biseau* se terminant par une pointe au centre de la pierre (*fig.*).

ø *All.* Diamantquader, *angl.* diamond shaped work, *esp.* almohadilla en punto de diamante, *ital.* bugna a punta di diamante.

Bossage ravalé : bossage dont les surfaces en retrait sont ornées de filets* saillants parallèles aux joints (*fig.*). ‖ *Bossage rustique* : bossage dont le parement* est fait de la pierre laissée brute (*fig*). ‖ *Bossage vermiculé* : bossage taillé dont le parement est strié d'ornements* ayant la forme de vers de terre. ‖ *Bossage à stalactites* : bossage dont le parement est chargé de sculptures en forme de stalactites.

Appareil en bossages : *v.* appareil.

bosse n.f. (*peut-être francique* bôtja : coup *et* tumeur produite par le coup, *substantif verbal de* bôtan : frapper). *Archit.* Sculpture* en relief*. Elle est appelée ronde* bosse ou demi* bosse.

boucharde n.f. (*paraît dér. de* bocard *ou* bocambre, *de l'allemand* Pochhammer : marteau à écraser).

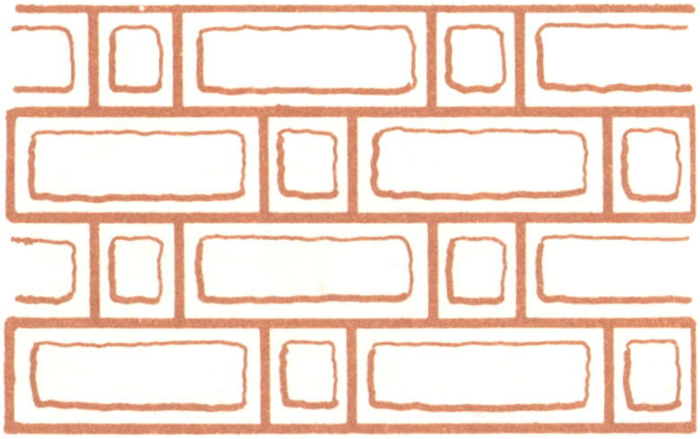

bossages en liaison

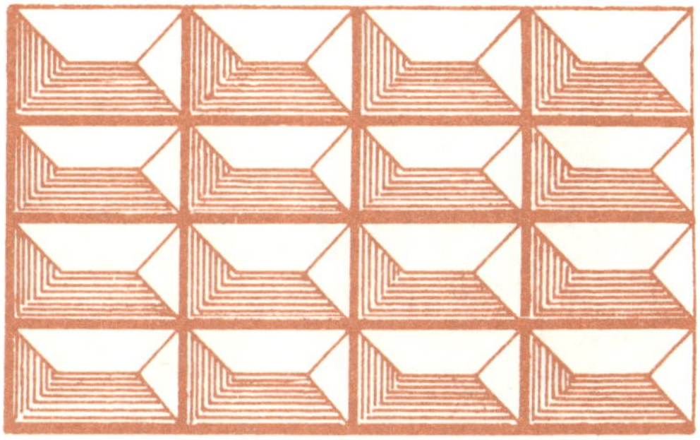

bossages en pointes de diamant

Archit. Marteau* à deux têtes, découpées chacune en pointes de diamant*, dont se servent les tailleurs de pierres pour imprimer de petites cavités dans une surface.

∅ *All.* Spitzhammer, *angl.* bush hammer, *esp.* escoda, *ital.* bocciarda.

boucharder v.tr. (*de* boucharde). *Archit.* Travailler une pierre* avec la boucharde*.

∅ *Angl.* to roughen.

boucher v.tr. (*du vx franç.* bousche : faisceau de paille, de branchage). Obturer une ouverture.

∅ *All.* verstopfen, *angl.* to stop, *esp.* tapiar, *ital.* turare.

boucle n.f. (*lat.* buccula : petite joue, *d'où* bosse *au centre de l'écu*). Anneau métallique; agrafe.

∅ *All.* Schnalle, *angl.* buckle, *esp.* hebilla, *ital.* fibbia.

Archit. Petit anneau* ornant une moulure ronde. ‖ Moulure ornementale composée d'anneaux bouclés ou enlacés formant un motif* continu.

boucler v.n. (*dér. de* boucle). *Archit.* On dit d'un mur* qu'il *boucle* lorsqu'il s'y forme une protubérance par suite d'une poussée* (*v.* travailler). Ce terme s'emploie aussi dans le sens de *faire ventre* pour signifier qu'une fente en hauteur se produit après perte d'aplomb dans l'épaisseur d'un mur sous l'effet d'une charge trop lourde.

∅ *All.* sich ausbauchen, *angl.* to bulge out, *esp.* hacer barriga, *ital.* far pancia.

bouclier n.m. (*dér. de* boucle : *l'écu* bouclier *est celui au centre duquel se trouve une* boucle *ou bosse*). Arme défensive portée de la main gauche par le combattant pour s'abriter des traits et des flèches (*pl.* 35). *En architecture,* il est employé comme motif* de décoration* (frises*, trophées).

∅ *All.* Schild, *angl.* shield, *esp.* escudo, *ital.* scudo.

boudin n.m. (*comme* bedaine, *vient du vx fr.* boudine : nombril). Boyau de porc gonflé d'un mélange de graisse et de sang. ‖ *Archit.* Nom donné usuellement à la moulure* appelée tore* (*fig.*, *v. pl.* 7). Ce dernier terme s'appliquant de préférence à l'architecture antique, et le vieux

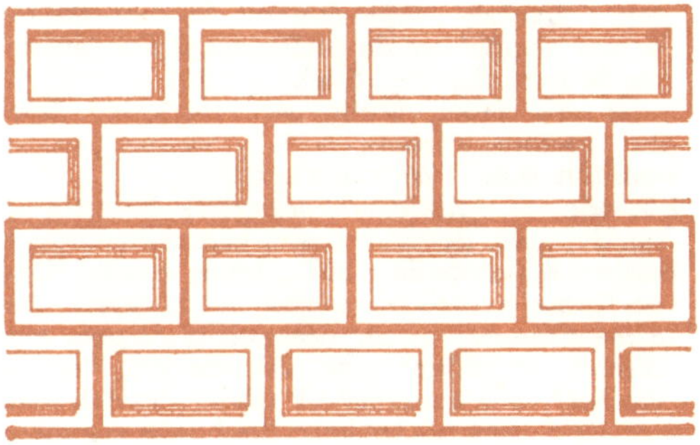

bossages ravalés (*haut*) et en table (*bas*)

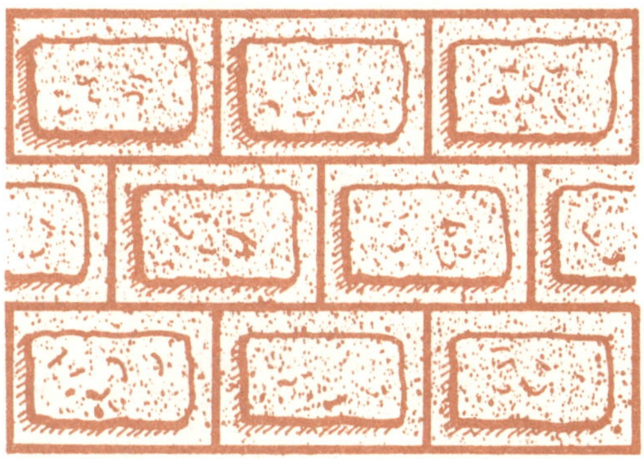

bossages rustiques

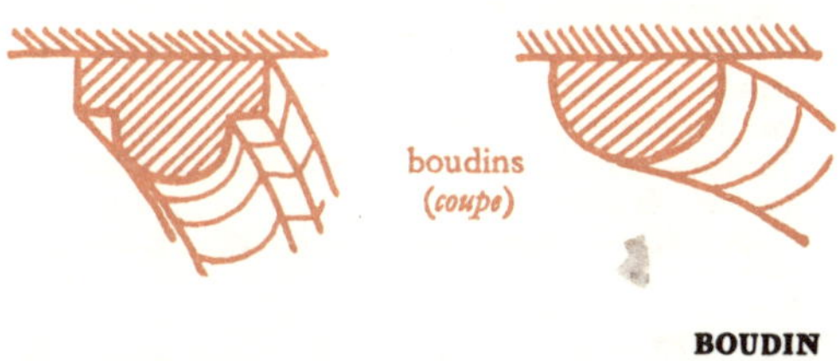

boudins (*coupe*)

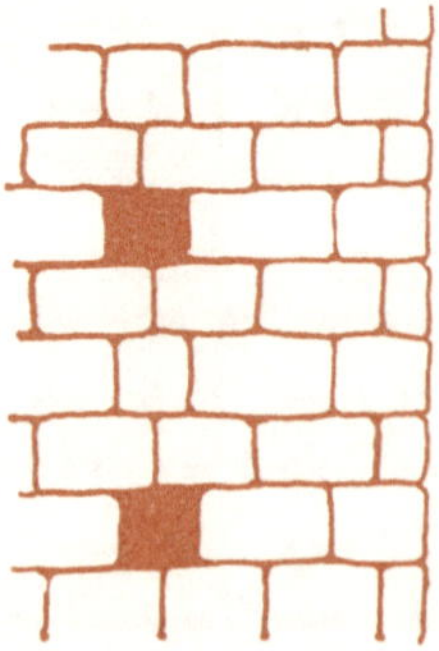

boulins

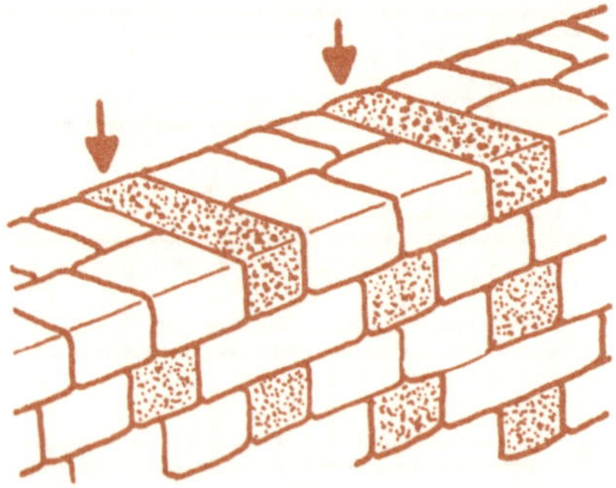

boutisses

terme français *boudin* (comme le mot *tailloir**) devant s'appliquer de préférence à l'architecture du Moyen Age (*v.* tore).

ø *All.* Pfühl, Wulst, *angl.* torus, *esp.* bocel, *ital.* bastone, toro.

bouillon n.m. *Voir* cabochon.

boulade n.f. (*patois local auvergnat*). Bâton à tête renflée, sorte de houlette des bergers auvergnats.

boule n.f. (*lat.* bulla : bulle, boule creuse). Objet de forme ovoïde ou sphérique. ‖ *Archit. Boule d'amortissement* : motif* décoratif placé pour ornementer, équilibrer une décoration*, sur un clocher*, une lanterne* de dôme, des pilastres*, etc. Ce ne sont pas toujours des boules régulières; souvent elles sont ornées en forme de vases ronds et pansus. ‖ *Boule d'angle* : sortes de fleurs en boutons stylisées, stylisation sortant de la corbeille* d'un chapiteau* à l'aplomb des angles* du tailloir*. On les appelle aussi *boutons* (*voir ce mot*). Elles ressemblent à ce qui sera désigné plus tard dans l'art gothique sous le nom de crochets* ou crosses.

ø *All.* Kugel, *angl.* ball, *esp.* bola, *ital.* palla.

boulin n.m. (*dér. de* boule). 1) Petite niche ronde, en poterie, où s'abritent les pigeons à l'intérieur d'un pigeonnier*.

ø *All.* Taubenloch, *angl.* dove hole, *esp.* hornilla.

2) *Par anal., en archit.* Trou pratiqué dans un mur* où vient se loger l'extrémité d'une poutre*, ou simplement une pièce d'échafaudage (*fig., pl.* 36).

ø *All.* Rüstloch, *angl.* putlog-hole, *esp.* mechinal, *ital.* buco.

3) *Archit.* Poutrelle soutenant un échafaudage*, et dont l'about* vient se loger dans un trou pratiqué dans le mur.

ø *All.* Rüstbalken, *angl.* putlog, *esp.* almojaya, *ital.* ponteggiatura.

boulon n.m. (*dér. de* boule). *Archit.* Tige de fer ronde ou carrée, à tête par un bout et à vis* par l'autre pour recevoir un écrou taraudé*. Les boulons servent à réunir des pièces de charpente* (*v.* vis, écrou).

ø *All.* Bolzen, *angl.* bolt, *esp.* perno, *ital.* bullone.

bouquet n.m. (*doublet de* bosquet, *dér. de* bosc, *forme primitive de* bois). *Artisanat* Faisceau de fleurs, de rameaux, d'épis, que les couvreurs attachent traditionnellement au sommet d'un toit qu'ils viennent d'achever. ‖ *Par anal., en archit.* Motif* d'ornementation placé en amortissement* (en terminaison) des pyramides*, clochetons*, frontons*, etc., surtout dans les monuments gothiques. *Synon.* bourgeon.

ø *All.* Blumenstrauß, *angl.* bunch, nosegay, *esp.* ramillete, *ital.* mazzolino.

bourdon n.m. ● (*rac. lat.* burdus *ou* burdo : mulet *d'où dérivé au sens métaphorique*). Bâton de pèlerin long muni d'une gourde au sommet.

ø *All.* Pilgerstab, *angl.* pilgrim's staff, *esp.* bordon, *ital.* bordone.

● – (*onomatopée*). Grosse cloche* donnant un son grave.

ø *All.* grosse Glocke, *angl.* big bell, *esp.* campana grande, *ital.* campanone.

bourgeon n.m. *Voir* bouquet.

bousillage n.m. (*de* bousiller : construire en torchis, *dér. de* bouse, *orig. obsc., peut-être* boue). *Archit.* Matériau* très vulgaire servant à faire des murs* de clôture. Il est fait de *terre* détrempée et de chaume haché.

ø *All.* Strohlehm, Strohlehmbau, *angl.* cob, *esp.* adobe, *ital.* malta di fango e paglia.

Par anal., fam. Ouvrage mal fait et peu solide (*v.* gâchis).

ø *All.* Pfuscherei, *angl.* bungled piece of work, *esp.* chapucería, *ital.* lavoro mal fatto.

bousin n.m. (*dér. de* bouse, *v. le précédent*). Sorte de boue, de croûte tendre qui se trouve à la surface des pierres* et des moellons* sortant de la carrière. On doit nettoyer les pierres avant usage, les purger de ce bousin, nuisible à la solidité de la pierre. C'est ce qu'on appelle *ébousiner,* afin de trouver le *vif* de la pierre (*v. ces mots*).

ø *All.* verwitterte Kruste, *angl.* dirt, earth (clinging to quarried stone), *esp.* flor de las piedras de cantería, *ital.* crosta delle pietre.

boutée n.f. (*subst. verb. de* bouter : frapper, pousser,

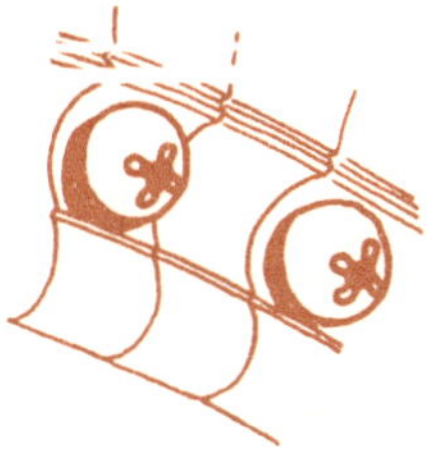

boutons

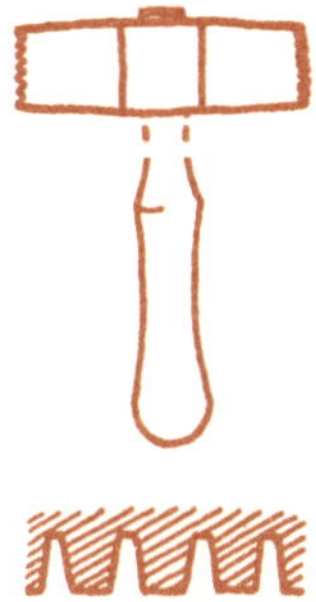

bretture

du francique bôtan : frapper). *Archit.* Massif* de maçonnerie* qui soutient la poussée* d'une voûte* ou d'une terrasse*. Désigne aussi la culée* d'un pont.

boutisse n.f. (*dér. de* bouter, *v. le précédent*). *Archit.* 1) Pierre taillée* dont la longueur est plus grande que la largeur, et dont les extrémités affleurent ou dépassent le nu* du mur de manière à consolider le mur en le traversant de part en part (*fig.*) (*v.* appareil en carreaux et boutisses). ‖ 2) On trouve souvent au flanc des colonnes* ou piliers* romans des colonnettes* placées en délit* et de ce fait moins sujettes à s'écraser que des assises* superposées. Ces colonnettes sont soutenues par des *boutisses* qui, au lieu d'affleurer au nu du pilier (comme ci-dessus), font saillie pour former un appui où vient se loger la base des colonnettes. (Cet appui peut aussi être constitué par une bague*).

ø *All.* Binder, *angl.* bonder, *esp.* tizón, *ital.* pietra posta a coltello.

bouton n.m. (*dér. de* bouter, *v.* boutée). Pousse qui apparaît sur une plante. ‖ *Archit.* Ornement* fait d'une fleur en *bouton*, sculptée. Le *bouton* est simple ou façonné, c'est-à-dire recoupé en trois, quatre ou cinq feuilles (*fig.*). Il est souvent stylisé (*v.* boule d'angle).

ø *All.* Knope, *angl.* ball-flower, *esp.* botón, *ital.* bottone.

bracelet n.m. (*dim. de* bras, *lat.* brachium). Anneau porté au bras. ‖ *Archit.* Bague* ornementale entourant le fût* d'une colonne (*v.* armille, anneau, annelet).

ø *All.* Armband, *angl.* armlet, bracelet, *esp.* brazalete, *ital.* anello.

bractéate n.f. (*lat.* bractea : lame de métal). Flan très mince de métal précieux, frappé à la façon d'une pièce de monnaie, mais d'un seul côté.

branche n.f. *Archit.* (*par anal. avec la* branche *d'un compas*). *Par ex., branche d'ogive* : demi arc* d'ogive; *petites branches d'ogives* : nervures secondaires d'une croisée* d'ogives (*v.* lierne 1).
branche d'arc : départ d'un arc formant un faisceau avec d'autres qui reposent avec lui sur le même appui* ou sommier*; *branche de voussoir* : voussoir commun formant le départ de deux voûtes* qui, en se touchant, reposent sur le même appui.

bras n.m. (*lat.* brachium). 1) Membre du corps humain.

ø *All.* Arm, *angl.* arm. *esp.* brazo, *ital.* braccio.
Bras-reliquaire (*v.* reliquaire) :

ø *All.* Armreliquiar, *angl.* arm reliquary, *esp.* brazo relicario, *ital.* braccio reliquiario.

2) Tout ce qui peut avoir la forme, la configuration d'un bras. *Ex.* : bras d'une croix*, d'un transept* (*v. ces mots*).
Bras de croix :

ø *All.* Kreuzarm, *angl.* limb of cross, *esp.* brazo de cruz, *ital.* braccio di croce.
Bras de transept :

ø *All.* Querschiffarm, *angl.* arm of transept, *esp.* brazo de crucero, *ital.* braccio di crociera.

bravette n.f. (*orig. obsc.*). *Archit.* Moulure* profilée en demi cœur, appelée aussi tore* corrompu.

bretèche n.f. (*dér. probable du lat.* brittus : breton; *fortification bretonne*). *Archit.* Petite fortification en encorbellement* venant s'ajouter en avant du parement* d'un ouvrage fortifié* pour mieux défendre un point faible (*pl.* 37).

Dans l'architecture civile, la *bretèche* ou *oriel* est une sorte de balcon*, s'appliquant sur la façade* et servant par exemple de tribune pour les orateurs.

Ne pas confondre *bretèche* avec *échauguette,* tourelle ronde en poivrière* à l'angle* d'un bâtiment, alors que la bretèche est surtout rectangulaire, se place au besoin au milieu d'une façade et est recouverte en appentis*.

ø *All.* Gusserker, *angl.* oriel, *esp.* muralla almenada, *ital.* bertesca.

bretteler, bretter v.tr. (*orig. obsc.*). *Archit.* Dresser* le parement* d'une pierre* avec un outil à dents, le recouvrir de stries*. ‖ *Orfèvr.* Graver de légères hachures sur un objet (*v.* layer).

ø *All.* kröneln, *angl.* to notch, *esp.* estriar, *ital.* striare.

brettelure *ou* **bretture** n.f. (*dér. des précédents*). Dentures de l'outil* qui sert à strier ou *bretter*. ‖ L'outil lui-même (*fig.*) (*v.* laie).

bréviaire n.m. (*lat.* breviarium : abrégé). *Voir* livre.

bride n.f. (*du ht-allem.* brïdel : rêne). *Archit.* Lien de fer méplat servant à relier des pièces de bois de charpente ou de fer.

ø *All.* Zügel, *angl.* strap, *esp.* grapa, *ital.* briglia.

brin (bois de) n.m. (*orig. obsc.*). *Archit.* Tout tronc d'arbre abattu, grossièrement équarri, ayant gardé son diamètre presque entier et ses fibres intactes. Plus résistant que le bois de sciage et donc très employé en charpente*.

brins de fougères. Motif* de décoration* où de petits éléments tels que pavés, poutrelles*, lamelles, briques*, etc., sont placés en biais* et symétriquement par rapport à un axe, comme des feuilles de fougère.

brique n.f. (*du néerl.* bricke : fragment, *de* brechen : briser). *Archit.* Matériau* fait d'argile moulée et séchée au soleil ou au feu. Il a été employé dès la plus haute Antiquité dans les pays dépourvus de pierre* à bâtir (Mésopotamie). Les briques séchées au soleil ou briques crues ne sont pas employées dans les climats humides où elles se désagrègent. Les briques durcies au four, ou briques cuites, ont été utilisées beaucoup par les Romains et les Byzantins. Au Moyen Age, on ne les rencontre que dans quelques régions, notamment le Languedoc.

Il existe une grande variété de *briques*. Elles sont pleines pour les gros murs*, creuses pour les murs de refend, émaillées pour la décoration murale ou celle des pavements*, etc.

ø *All.* Backstein, *angl.* brick, *esp.* ladrillo, *ital.* mattone.

Brique crue :

ø *All.* roher Ziegelstein, Luftziegel, *angl.* unbaked clay, *esp.* adobe, *ital.* mattone crudo.

Brique cuite :

ø *All.* gebrannter Ziegel, *angl.* brick, *esp.* ladrillo, *ital.* mattone cotto.

Brique émaillée :

ø *All.* glasierter Ziegel, *angl.* glazed brick, *esp.* ladrillo vidriado, *ital.* mattone smaltato.

briquetage n.m. (*dér. de* brique). *Archit.* 1) Emploi de briques*. « De champ » lorsqu'une brique est posée dans le sens de la longueur et sur son côté étroit; « à plat » lorsque la brique repose dans le sens de la longueur sur son côté large. Beaucoup de combinaisons sont possibles pour l'utilisation des briques (*v.* appareil alterné, etc.). ‖ 2) Maçonnerie* de briques.

ø *All.* Ziegelmauerwerk, *angl.* brickwork, *esp.* mampostería de ladrillos, *ital.* opera di mattoni.

briqueter v.tr. *Archit.* Paver avec des briques*.

briqueton n.m. *Archit.* Demi-brique.

brisé adj. *Archit.* Se dit d'une ligne formant un ou plusieurs angles*. *Arc brisé, v.* arc. *Bâtons brisés, v.* bâtons rompus. *Berceau brisé, v.* voûte.

broderie n.f. (*de* broder, *du francique* brozdon). 1) Ornements en relief ou découpés, pratiqués sur une étoffe tissée au préalable. ‖ 2) Tout ornement de dessin compliqué, quel que soit le matériau*.

ø *All.* Stickerei, *angl.* embroidery, *esp.* bordado, *ital.* ricamo.

bronze n.m. (*de l'ital.* bronzo). Alliage de cuivre, d'étain et de zinc.

ø *All.* Bronze, *angl.* bronze, *esp.* bronce, *ital.* bronzo.

brosse n.f. *Peint.* Terme technique désignant l'instrument appelé couramment pinceau, formé de soies naturelles ou artificielles fixées dans le prolongement d'un manche. On réserve cependant le nom de *pinceau* à celui, généralement à soies plus fines, qui se termine en pointe (peinture à l'huile et aquarelle); les peintres en bâtiment appellent *queues-de-morue* les brosses plates, à cause de la forme de leur manche.

brosser v.tr. *Peint.* Ébaucher ou exécuter un tableau.

brut adj. (*lat.* brutus : lourd, stupide). *Archit.* Non façonné; ébauché grossièrement. Se dit d'une pierre* non taillée.

ø *All.* rauh, roh, *angl.* rough, raw, *esp.* bruto, *ital.* rozzo, non lavorato.

bûche n.f. *Archit.* Ornement* formé de petites

pierres* juxtaposées dans le sens de la longueur, taillées en forme de petites bûches de bois de chauffage.

bucrâne n.m. (*gr.* βους : bœuf, *et* κρανιον : crâne). *Archit.* Motif* décoratif représentant une tête de bœuf décharnée, fréquent dans l'art antique et dans les arts qui l'imitent.

∅ *All.* Stierschädel, *angl.* ox-skull, *esp.* bucráneo, *ital.* bucranio.

buffet d'orgues *Voir* orgue.

butée n.f. (*de* buter). Masse de maçonnerie* destinée à neutraliser activement une poussée* par une poussée contraire (et pas seulement à l'épauler en lui servant d'appui inerte).

butement n.m. *Synon. de* butée*.

buter v.intr. (*v.* boutée). *Archit.* S'appuyer contre.

∅ *All.* stützen, *angl.* to abut, *esp.* apoyarse, *ital.* sostenere.

byzantin adj. ● – (**arc**). *Voir* arc outrepassé, ● – (**art**). *Voir* église.

C

câble n.m. (*du bas-lat.* capulum : grosse corde). *Archit.* Moulure* ronde et portant des stries* parallèles qui la font ressembler à un gros cordage.
ø *All.* Kabel, Tau, *angl.* cable, *esp.* soga, *ital.* tortile.

câblé adj. *Archit.* Se dit d'une moulure* qui a la forme d'un *câble** (*v.* rudenture).

cabochon n.m. (*dér. du lat.* caput : tête). Pierre* précieuse arrondie et polie* sans être taillée* et employée telle quelle (*pl.* 38).
ø *All.* Cabochon, *angl.* cabochon, *esp.* cabujón, *ital.* pietra grezza.
Les plats* de reliure des livres liturgiques* en étaient souvent ornés. Le nom est passé aux clous métalliques qui les ont remplacés, celui du centre s'appelant *ombilic* et ceux des coins les *bouillons*.

cadran n.m. (*lat.* quadrum : carré). *Cadran solaire.* C'est un espace souvent carré et plan sur lequel sont tracées des lignes que suit l'ombre d'un stylet en métal, en marquant les heures selon la position du soleil.
ø *All.* Sonnenuhr, *angl.* sundial, *esp.* cuadrante solar, *ital.* quadrante.

cadre n.m. (*ital.* quadro : carré). *Archit.* Entourage régulier en relief bordant une partie de construction*, des panneaux* ou boiseries.
ø *All.* Rahmen, *angl.* frame, *esp.* marco, *ital.* cornice.

cage n.f. (*du lat.* cavus : creux). *Archit. Cage d'escalier* : espace vide ménagé entre des murs* droits ou circulaires pour placer un escalier*.
ø *All.* Treppenhaus, *angl.* well, *esp.* caja de escalera, *ital.* vano di scala.
Cage de clocher : se dit de la charpente* d'un clocher*; et aussi de l'espace vide formé à l'inté-

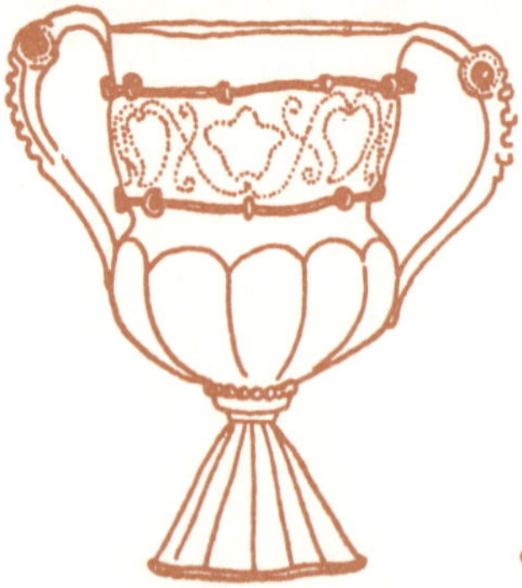

calice

rieur des quatre murs* droits formant la base du clocher.

cagoule n.f. (*lat.* cuculla). 1) Manteau de moine*, sans manches avec capuchon (*v.* coule). ‖ 2) Capuchon percé à l'endroit des yeux porté par certaines confréries de pénitents, à la fin du Moyen Age.

∅ *All.* Mönchskutte, *angl.* cowl, *esp.* cogulla, *ital.* buffa.

caisson n.m. (*ital.* cassone, *augment. de* cassa : caisse). *Archit.* Compartiment creux formé par un vide dans l'assemblage* des solives* d'un plafond*, qui sera utilisé ou imité dans la décoration des plafonds.

Les *caissons* ont ainsi des formes variées, sont faits de matières diverses (bois, pierre, plâtre, etc.) et sont ornés de moulures* ou de sculptures*.

∅ *All.* Kassette, *angl.* lacunar, *esp.* artesón, *ital.* cassettone.

calame n.m. (*gr.* καλαμος : roseau). Tige de roseau taillée qui servait dans l'Antiquité à écrire à l'encre sur le papyrus ou le parchemin*. La plume d'oie le remplaça au Moyen Age.

calcaire n.m. (*lat.* calcarius, *de* calx : chaux). *Archit.* Pierre* servant à la construction, composée principalement de carbonate de chaux.

∅ *All.* Kalkstein, *angl.* limestone, *esp.* caliza, *ital.* calcare.

calendrier n.m. (*lat.* calendarium, *dér. de* calendae : calendes, *dér. du gr.* καλειν : convoquer). *Liturgie* Tableau des mois, semaines et jours de l'année, où sont portés les noms des fêtes qui sont célébrées en l'honneur des saints dont le culte est reconnu par l'Église. ‖ *Archit.* Cycle des travaux* des mois souvent représentés au début des livres d'heures au Moyen Age, et par les imagiers* sur les soubassements* ou les voussures* des portails* d'églises.

∅ *All.* Kalender, *angl.* calendar, *esp. et ital.* calendario.

calibre n.m. (*ital.* calibro, *de l'arabe* qâlib : moule à métaux). *Archit.* Modèle servant à exécuter, régler ou vérifier certains travaux de même dimension qui doivent être répétés plusieurs fois.

Les maçons emploient des calibres en tôle, bois ou fer pour « traîner » au plâtre* les moulures*, corniches*, cadres*, etc.

Pour les voûtes* ou voussoirs* le calibre se nomme aussi *patron*, *cerce* ou *panneau*.

∅ *All.* Kaliber, *angl.* template, *esp.* calaña, *ital.* calibro.

calibrer v.tr. (*de* calibre). *Archit.* Passer au calibre. Régler les dimensions d'une pièce de bois ou de métal de façon que sa largeur et son épaisseur soient les mêmes sur toute la longueur.

∅ *All.* abgleichen, *angl.* to size, *esp.* calibrar, *ital.* calibrare.

calice n.m. (*lat.* calix). *Liturgie* Vase sacré dans lequel est consacré le vin eucharistique à la messe (*fig.*; *pl.* 39).

Pour la communion sous les deux espèces, avant le XIIIe s., à côté des petits calices (*minores*), il existait des calices plus grands appelés « *calices ministeriales* », où les fidèles aspiraient tour à tour au moyen de chalumeaux en métal quelques gouttes de vin consacré.

∅ *All.* Kelch, *angl.* chalice, *esp.* cáliz, *ital.* calice.

califal adj. (*arabe* calife : successeur). *Espagne califale.* Il s'agit du califat de Cordoue (758-1031) où régnait un calife, c'est-à-dire un membre de la famille de Mahomet.

calotte n.f. *Archit.* Partie la plus élevée d'une voûte* en demi-sphère (coupole).

∅ *All.* Schale, *angl.* cupola, *esp.* cúpula, *ital.* calotta.

calvaire n.m. (*lat.* calvarium, *de* calva : crâne chauve, *traduction de l'hébreu* golgotha). *Archit.* Croix monumentale généralement de pierre érigée à côté d'une église. En Bretagne, les calvaires sont de vrais monuments comprenant de nombreux personnages représentant les scènes de la Passion.

On appelle *calvaires*, par extension, les croix simples placées à une croisée de chemins ou dans tout autre lieu.

camaldule n.m. Membre de l'ordre monastique fondé par saint Romuald en 1012 à Camaldoli en Toscane. Les religieux de cet ordre* suivent la Règle de saint Benoît*, mais tendent à vivre d'une façon solitaire, en ermites* qui ne se réunissent que pour l'office.

∅ *All.* Kamaldulenser, *angl.* Camaldolese, *esp.* Camaldulenses, *ital.* camaldolese.

cambré adj. (*du lat.* camarus : courbe). *Archit.* Courbé en arc. « Figure bien cambrée » : dont les courbes sont harmonieuses.

∅ *All.* geschweift, *angl.* cambered, *esp.* combado, *ital.* curvato.

cambrure n.f. (*comme* cambré). *Archit.* Courbure d'une voûte*, d'une pièce de bois formant cintre*.

∅ *All.* Schweifung, *angl.* curve, *esp.* corvadura, *ital.* incurvamento.

camée n.m. (*ital.* cammeo, *orig. inconnue*). Pierre* fine gravée* en relief (contraire de l'intaille, gravée en creux). Les anciens se servaient de préférence de pierres présentant différentes couches de couleurs différentes (agate, onyx, sardonyx) permettant des tons différents dans les scènes représentées (*v. pl.* 121 *en haut*).

Les *camées* ont servi au Moyen Age à la décoration* des reliquaires*, des reliures, des vases sacrés.

∅ *All.* Kamee, *angl.* cameo, *esp.* camafeo, *ital.* cammeo.

« **camelaucum** » (*de* camelus : chameau, *gr.* καμηλος). Coiffe conique en étoffe faite de poil de chameau parfois ornée de gemmes*, que certains auteurs anciens donnent comme coiffure soit au pape, soit aux évêques; le terme *apostolus pontifex* employé pour désigner ceux-ci a permis de croire qu'il s'agissait de la coiffure des premiers apôtres des diocèses.

La coiffure est originaire d'Orient, notamment d'Arménie. Elle semble être la coiffure des Rois Mages sur une mosaïque de Saint-Apollinaire de Ravenne, datant du VIe siècle.

On rencontre souvent la forme altérée « *calamaucum* » qui a le même sens.

campagne n.f. (*lat.* campania : plaine, *puis* armée en campagne). *Archéol.* Dans une construction*, ensemble des travaux effectués sans interruption pendant une période de mois ou d'années.

On distingue souvent plusieurs campagnes dans la construction des grandes églises du Moyen Age.

∅ *All.* Bauabschnitt, *angl.* building campaign, *esp.* período de edificación, *ital.* campagna di edificazione.

campanaire adj. (*de* campane). Qui a rapport à une cloche. *Ex.* tintement campanaire, inscription campanaire.

campane n.f. (*lat.* campana : cloche). *Archit.* Corps des chapiteaux* corinthiens et autres qui ressemble à une cloche renversée.

campaniforme adj. (*de* campane). En forme de cloche*. On dit aussi *campanulé.*

∅ *All.* glockenförmig, *angl.* bellshaped, *esp.* campaniforme, *ital.* accampanato.

campanile n.m. (*dér de* campana : cloche). *Archit.* Clocher* généralement séparé de l'église* comme celui de Saint-Marc à Venise. ‖ *Par extens.* Construction ajoutée au comble* d'un édifice, comme un hôtel-de-ville, pour abriter la cloche de l'horloge.

∅ *All.* Glockenturm, *angl.* campanile, *esp.* campanil, *ital.* campanile.

« **campo santo** » (*mot ital., littéralement* champ consacré). Nom italien du cimetière*; c'est en général un espace entouré de tous côtés d'un portique* muré du côté de l'extérieur (*campo santo* de Pise).

canal n.m. (*lat.* canalis, *de* canna : roseau, tube). *Archit.* Tout évidement pratiqué dans les moulures*, pilastres*, colonnes et autres membres* d'architecture (*v.* cannelure).

∅ *All.* Rinne, Kehle, *angl.* groove, *esp.* canal, *ital.* canale.

cancel n.m. *Voir* chancel.

candélabre n.m. (*du lat.* candela : chandelle, *vx franç.* chandelabre). Appareil supportant une chandelle. Le plus souvent à plusieurs branches pour plusieurs chandelles.

∅ *All.* Leuchter, *angl.* candelabrum, *esp. et ital.* candelabro.

canéphore n.f. (*gr.* κανη : corbeille, φορειν : porter). *Archit.* Motif* décoratif : femme portant sur sa tête une corbeille. La *canéphore* est souvent une cariatide* (*v.* panier).

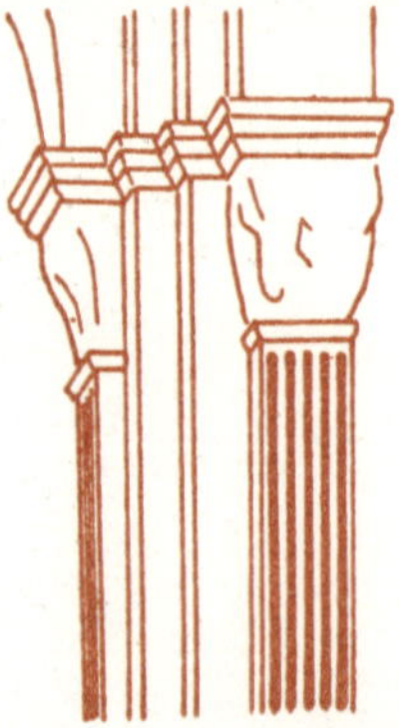

cannelures

∅ *All.* Korbträgerin, *angl.* canephor, *esp.* canéfora, *ital.* canefora.

caniveau n.m. (*orig. obsc.*; *peut-être dér. du lat.* canna : roseau, tube). *Archit.* Pierre* creusée en forme de canal* pour l'écoulement des eaux.

∅ *All.* Rinnstein, *angl.* kennel-stone, *esp.* canal, *ital.* cunetta.

cannelé adj. (*de* cannelure). *Archit.* Couvert de cannelures*.

∅ *All.* geriefelt, *angl.* fluted, *esp.* estriado, *ital.* scanalato.

canneler v.tr. (*de* cannelure). *Archit.* Décorer de cannelures.

cannelure n.f. (*dim. de* canne, *lat.* canna : roseau). *Archit.* Sorte de sillon creusé verticalement ou en hélice le long de divers membres* d'architecture, spécialement dans le fût* d'une colonne*, sur un pilastre*, sur la périphérie d'un vase (*fig.*, *pl.* 40).

∅ *All.* Kannelierung, *angl.* fluting, groove, *esp.* estría, *ital.* scanalatura.

Elles affectent des formes très diverses, tantôt demi-cylindriques, tantôt plus ou moins creuses, tantôt à peine accusées. Dans les arts roman et gothique, on en rencontre en forme d'angle dièdre ou demi-prismatiques.

Elles sont lisses ou décorées, soit de simples rudentures (*v. ce mot*), soit d'ornements variés.

Quelques exemples :

– *cannelures câblées,* dont le creux est occupé par un câble*.

– *cannelures chevronnées,* creux garni de chevrons*.

– *cannelures à côtes,* séparées les unes des autres par des listels*.

– *cannelures en gaine,* plus étroites vers le bas que vers le haut; usitées pour décorer des gaines*, des piédestaux*.

– *cannelures ornées,* dont le creux est agrémenté d'ornements* divers tels que brindilles, fleurs, cordelettes, palmettes*, feuillages, entrelacs*, bouquets de laurier, culots redressés, perles* et olives*.

– *cannelures plates,* creusées en manière de pans* coupés ou de petites facettes rectangulaires.

– *cannelures rudentées* : *v.* rudenture.

– *cannelures de terme* : *v.* cannelures en gaine.

– *cannelures torses,* tracées en spirale autour du fût* des colonnes*.

– *cannelures en vive arête,* dont les bords se coupent à angle plus ou moins aigu, parce qu'elles ne sont pas séparées par des côtes.

– *cannelures en zigzag*,* tracées en lignes brisées.

Les *cannelures* sont le plus souvent verticales. Lorsqu'elles sont ondulées (comme sur les sarcophages*), on les appelle strigiles (*v. ce mot*).

canon n.m. (*gr.* κανων : règle). *Sculpture* Rapport mathématique servant de module pour établir les proportions des statues* (canons de Polyclète, de Lysippe, etc.). Le canon pour le sculpteur est comme l'ordre* pour l'architecte. Chaque époque, chaque peuple, tend à établir un certain canon. Il est bon que ce canon se renouvelle, car s'il est fixé l'art tombe dans la routine et la convention.

∅ *All.* Richtmass, *angl.* canon, *esp.* canon, *ital.* canone.

Liturgie Les *canons d'autel* sont des tablettes servant d'aide-mémoire déposées sur l'autel et contenant le *canon* de la messe et d'autres prières que doit réciter le célébrant (Le canon de la messe est la prière sacrificielle qui pendant de long siècles ne changeait jamais dans le rit romain).

∅ *All.* Kanontafel. *angl.* canon of the altar, *esp.* sacras, *ital.* carte glorie.

Paléogr. Canon des évangiles : les quatre évangiles, surtout les trois « synoptiques », rapportant souvent les mêmes actes et les mêmes paroles du Christ dans un ordre différent, on a pu établir des tableaux de correspondance pour les divers passages similaires; ces tableaux copiés dans les anciens manuscrits constituaient les *canons des évangiles* souvent enluminés (*pl.* 41).

canonial adj. (*lat.* canonicalis, *de* canonicus : chanoine). Qui se rapporte aux chanoines*. *Ex.* Maison canoniale, office canonial.

∅ *All.* domherrlich, *angl.* canonical, *esp.* canonical, *ital.* canonicale.

canonicat n.m. (*v. le précédent*). Dignité, fonction

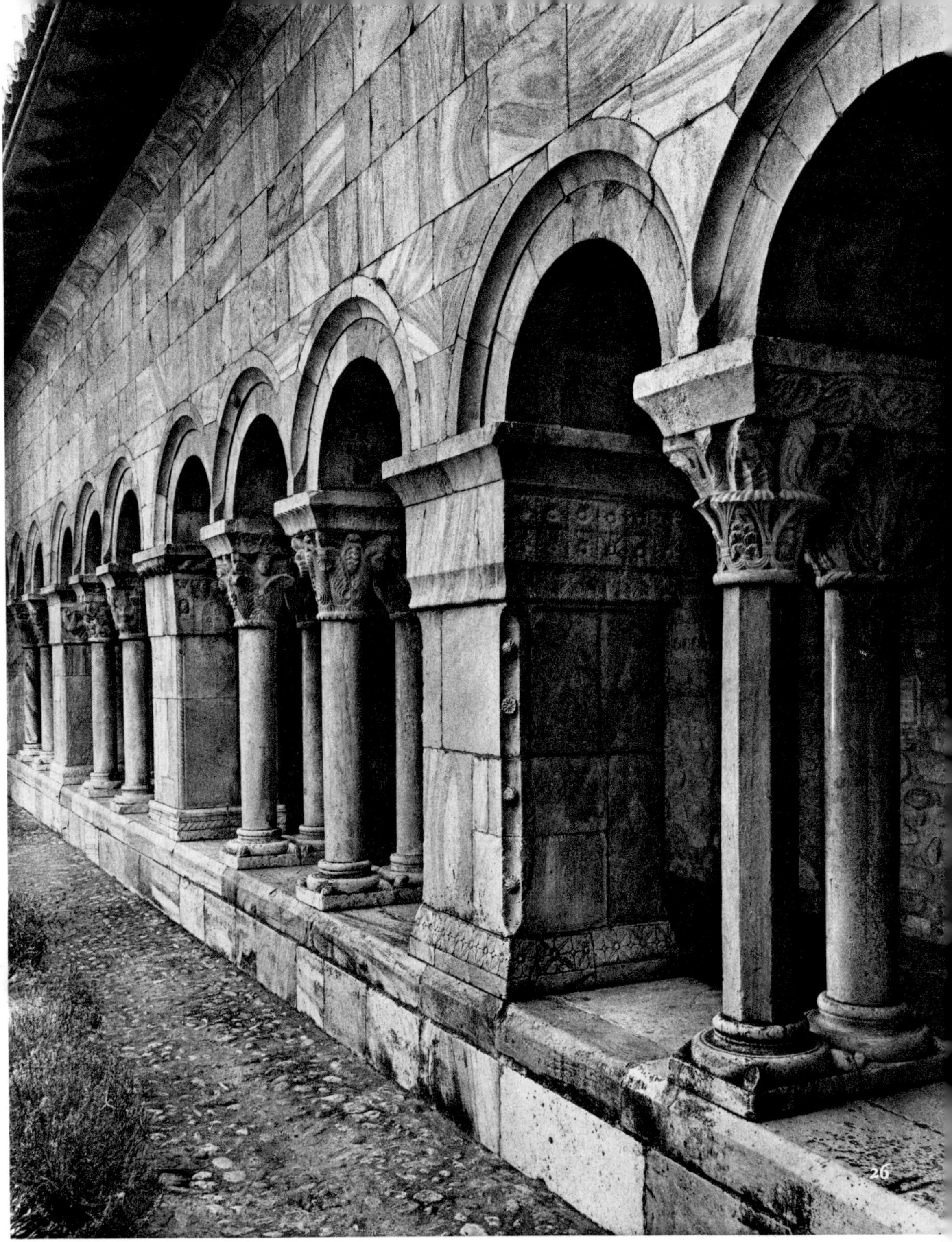

bahut

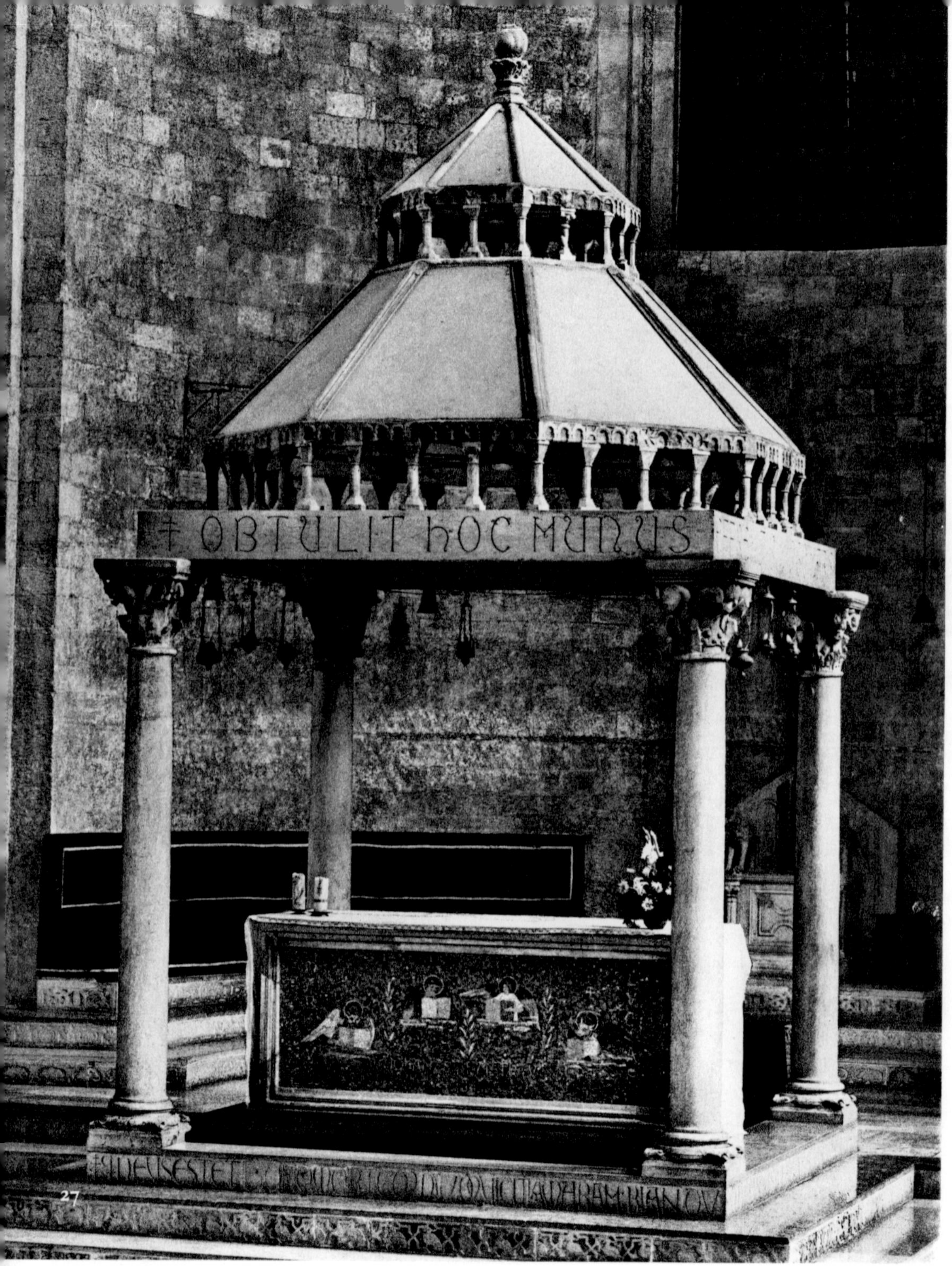

27

baldaquin

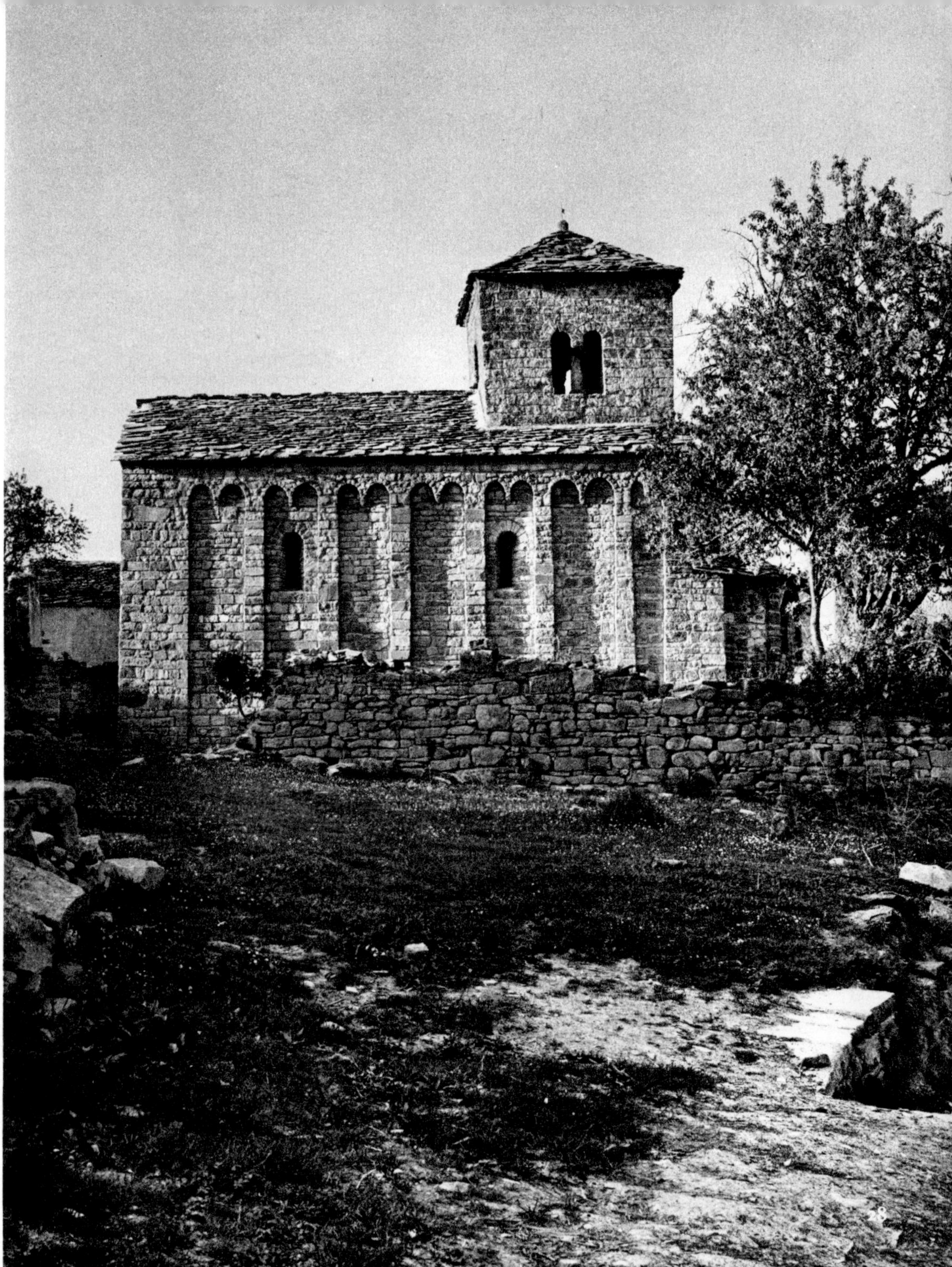

bande lombarde

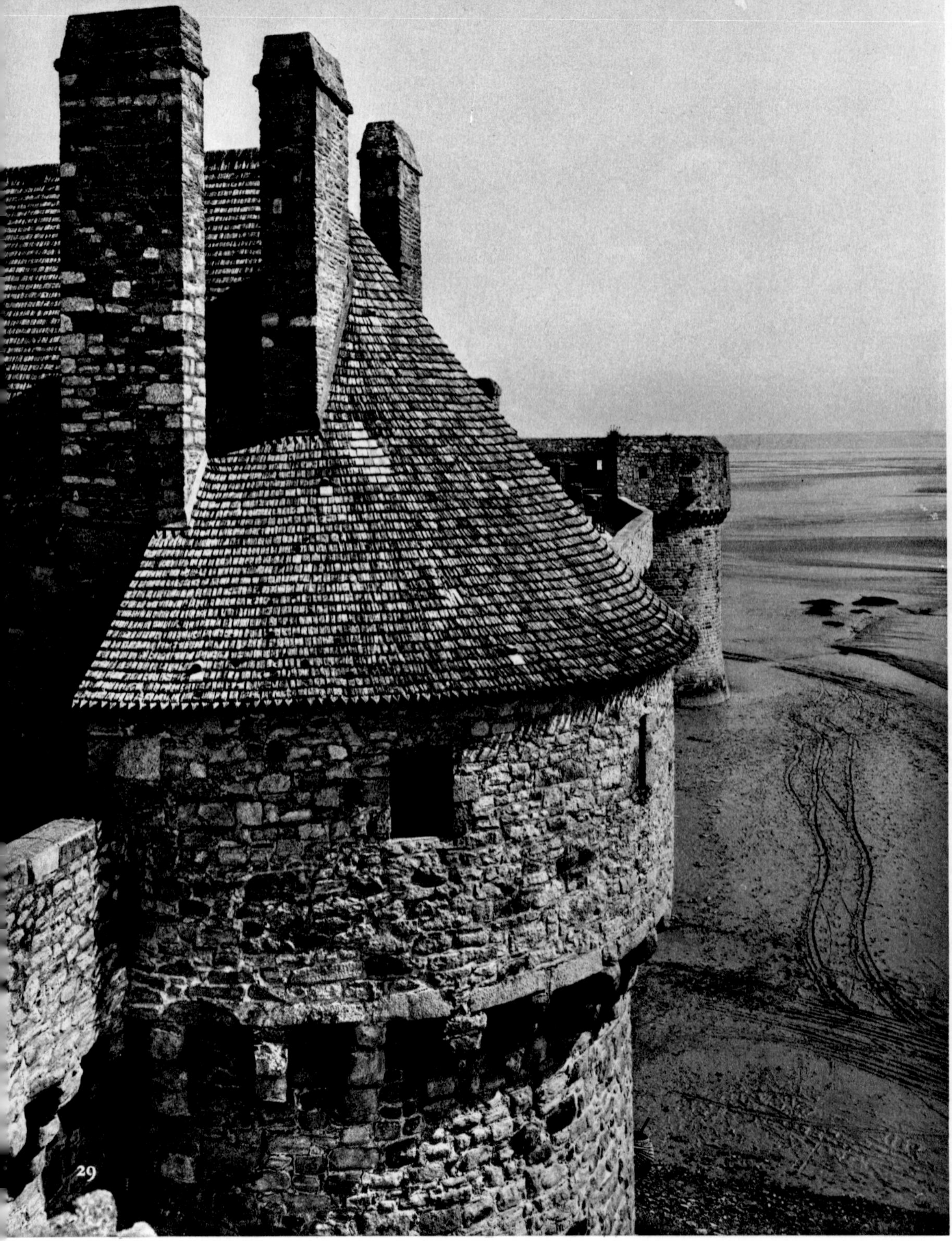

bardeau

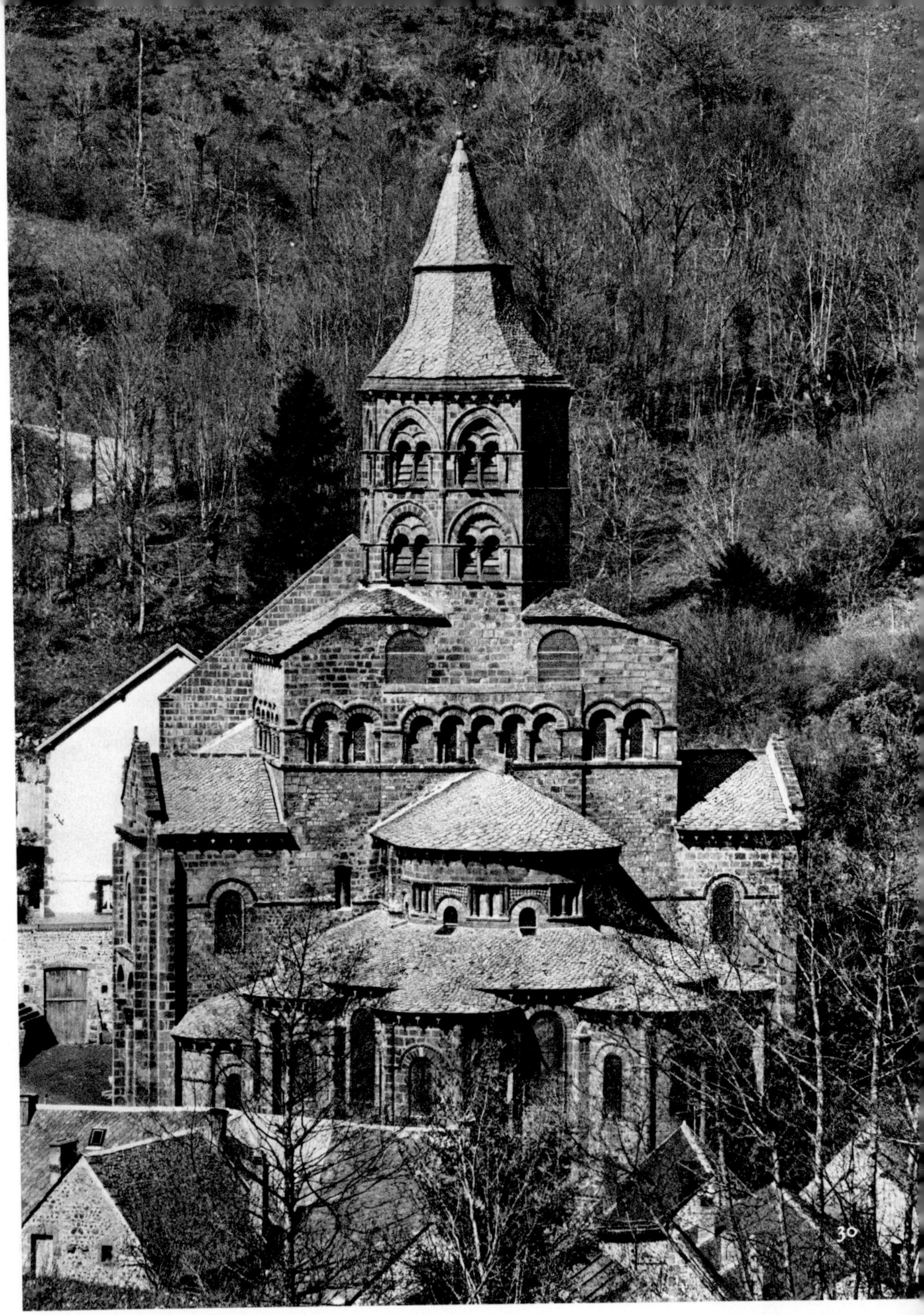

(massif) barlong

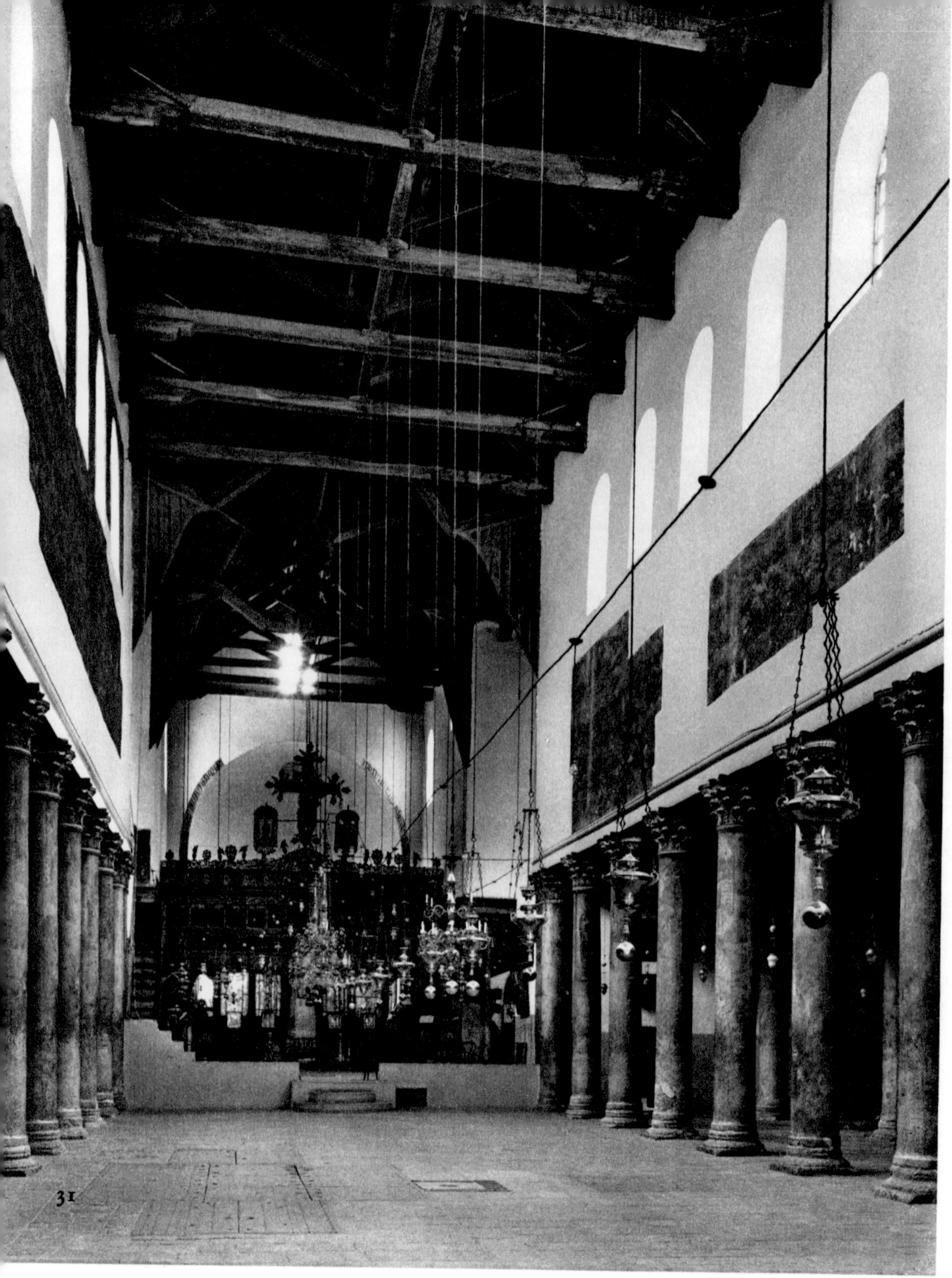

basilique

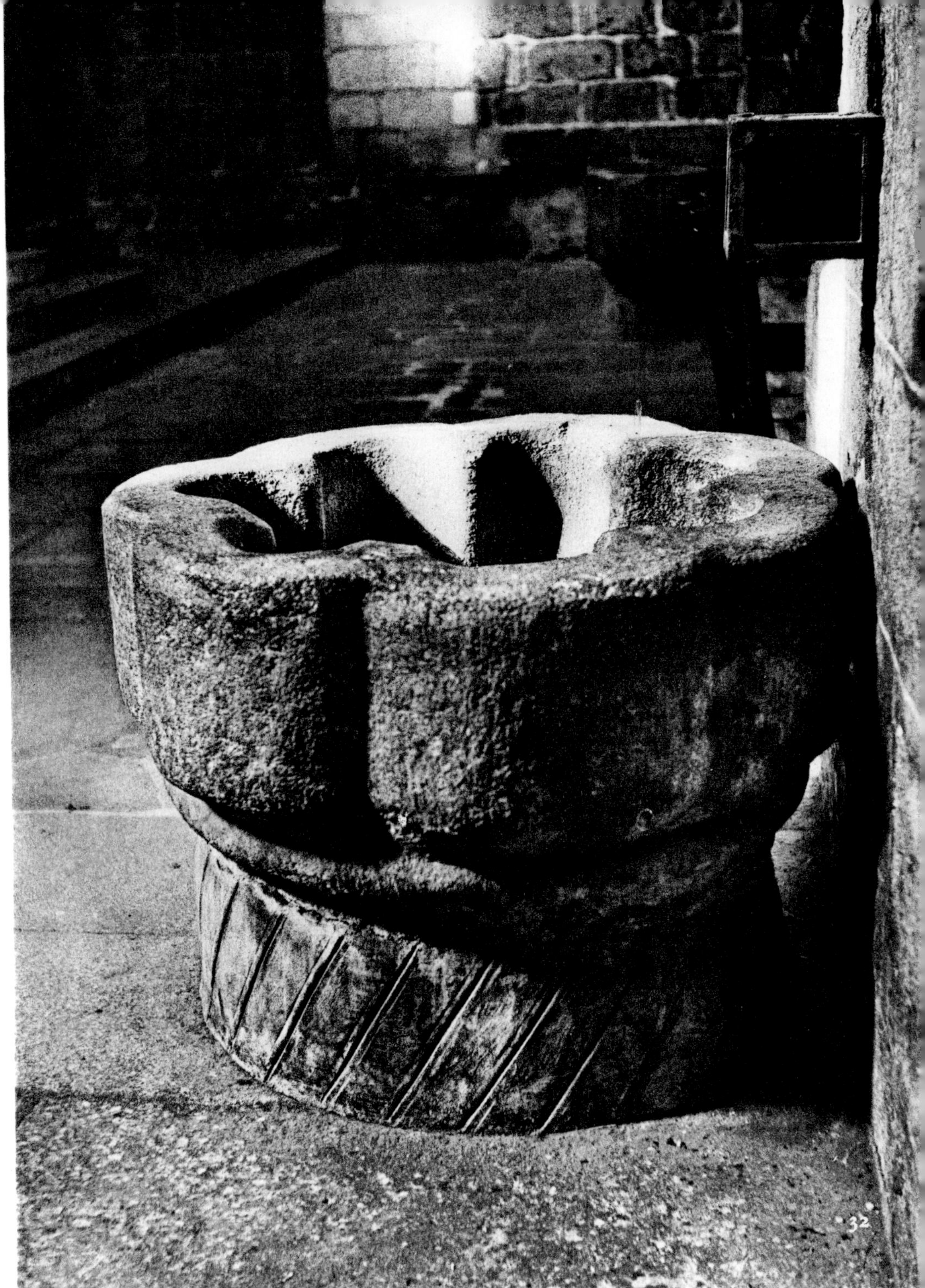

bénitier

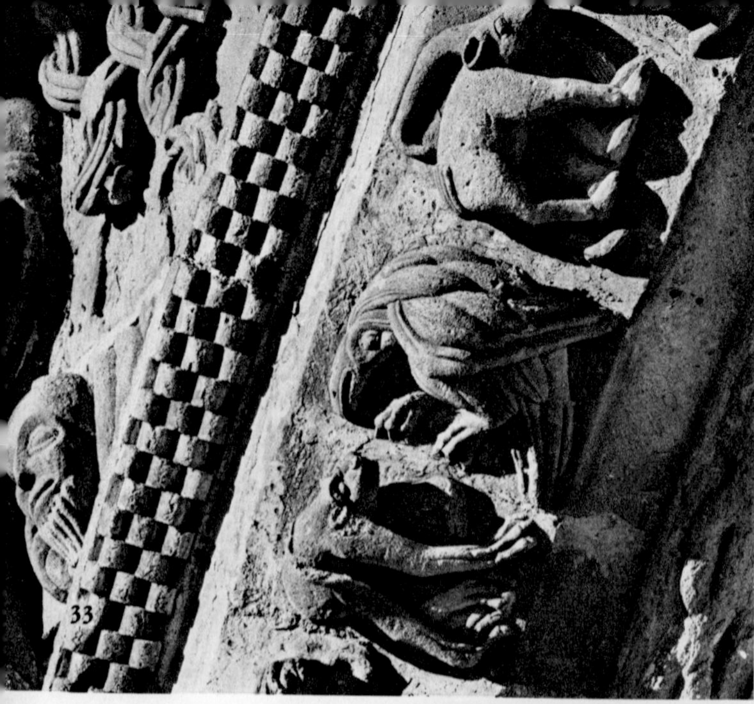
33

billettes

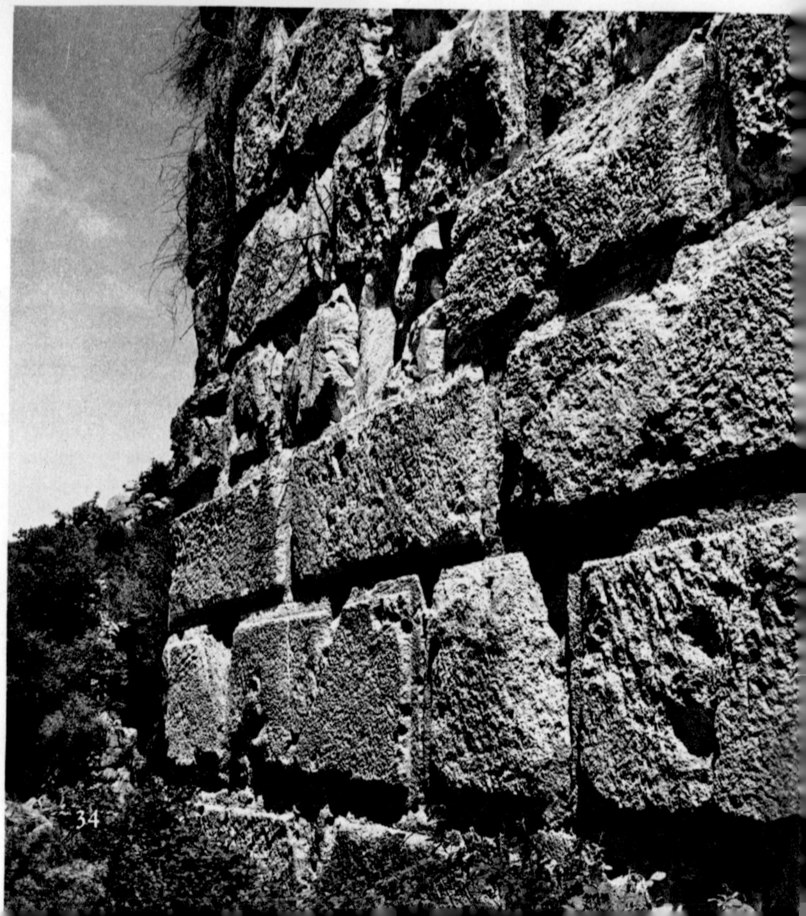
34

bossage

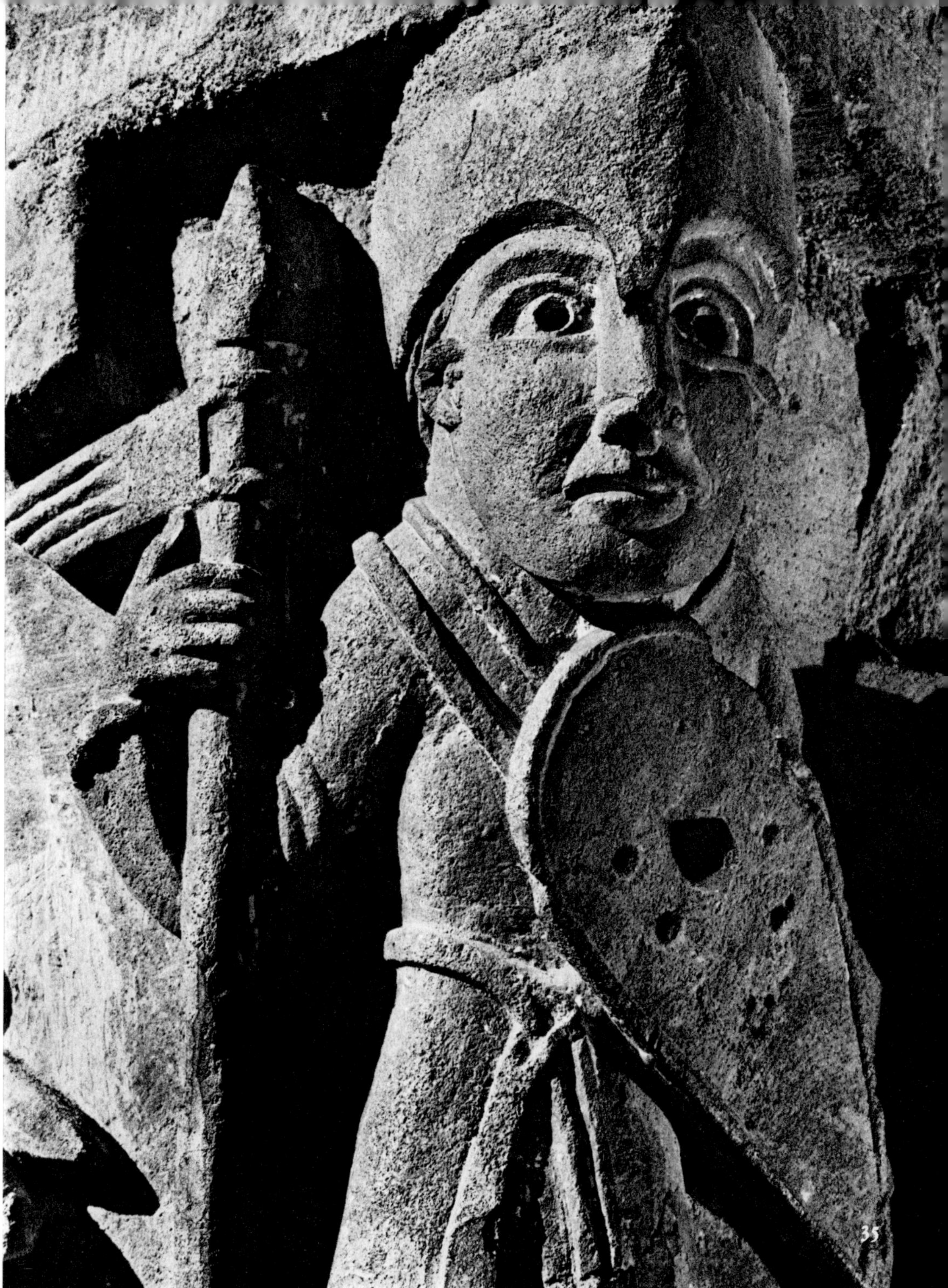

bouclier

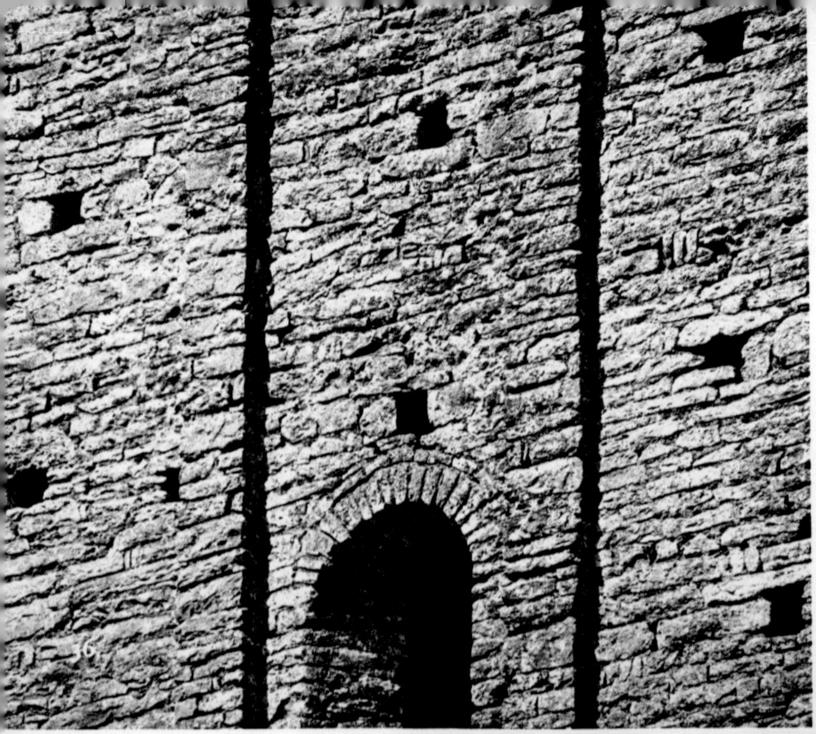

boulin

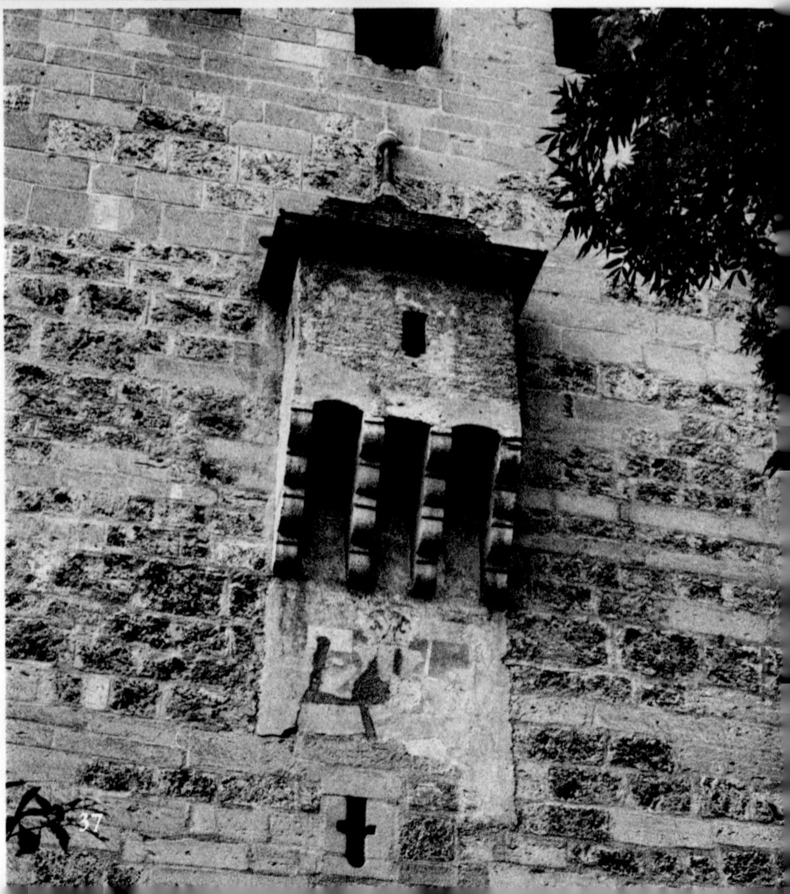

bretèche

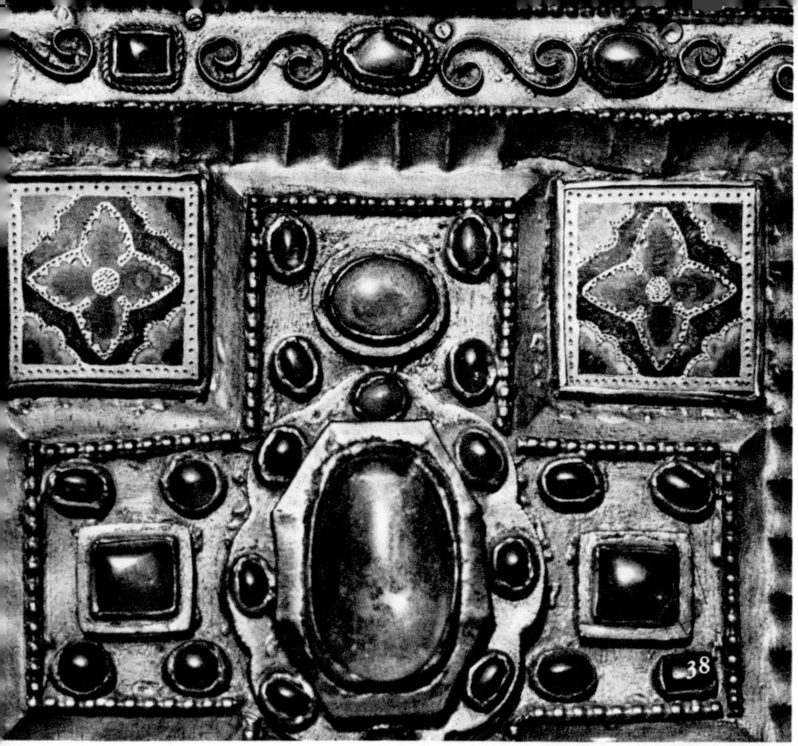

38

cabochon

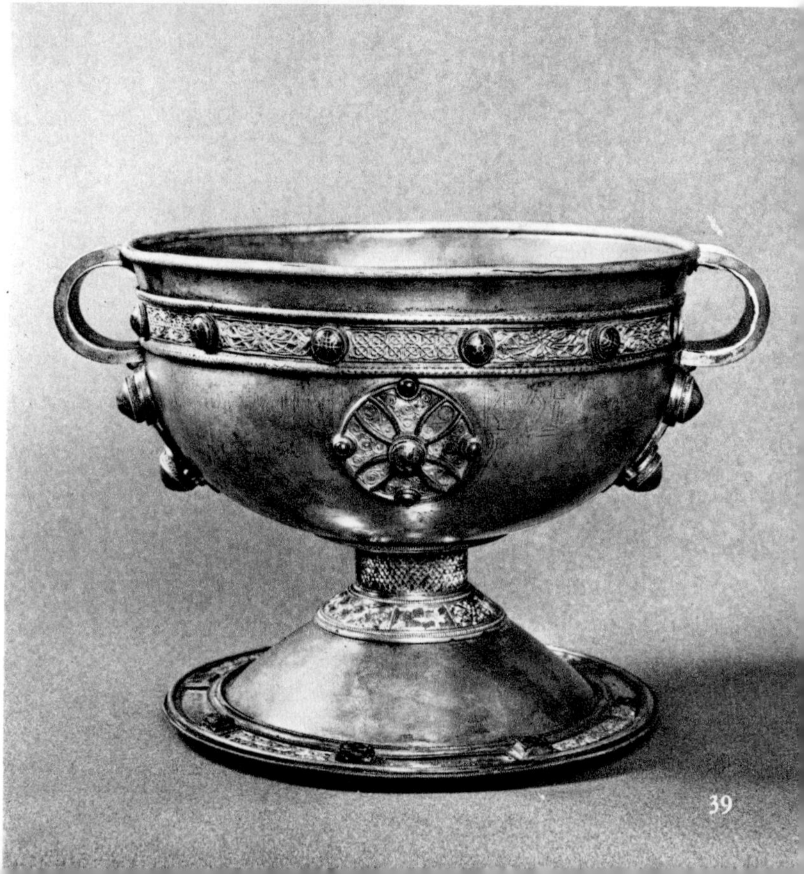

39

calice

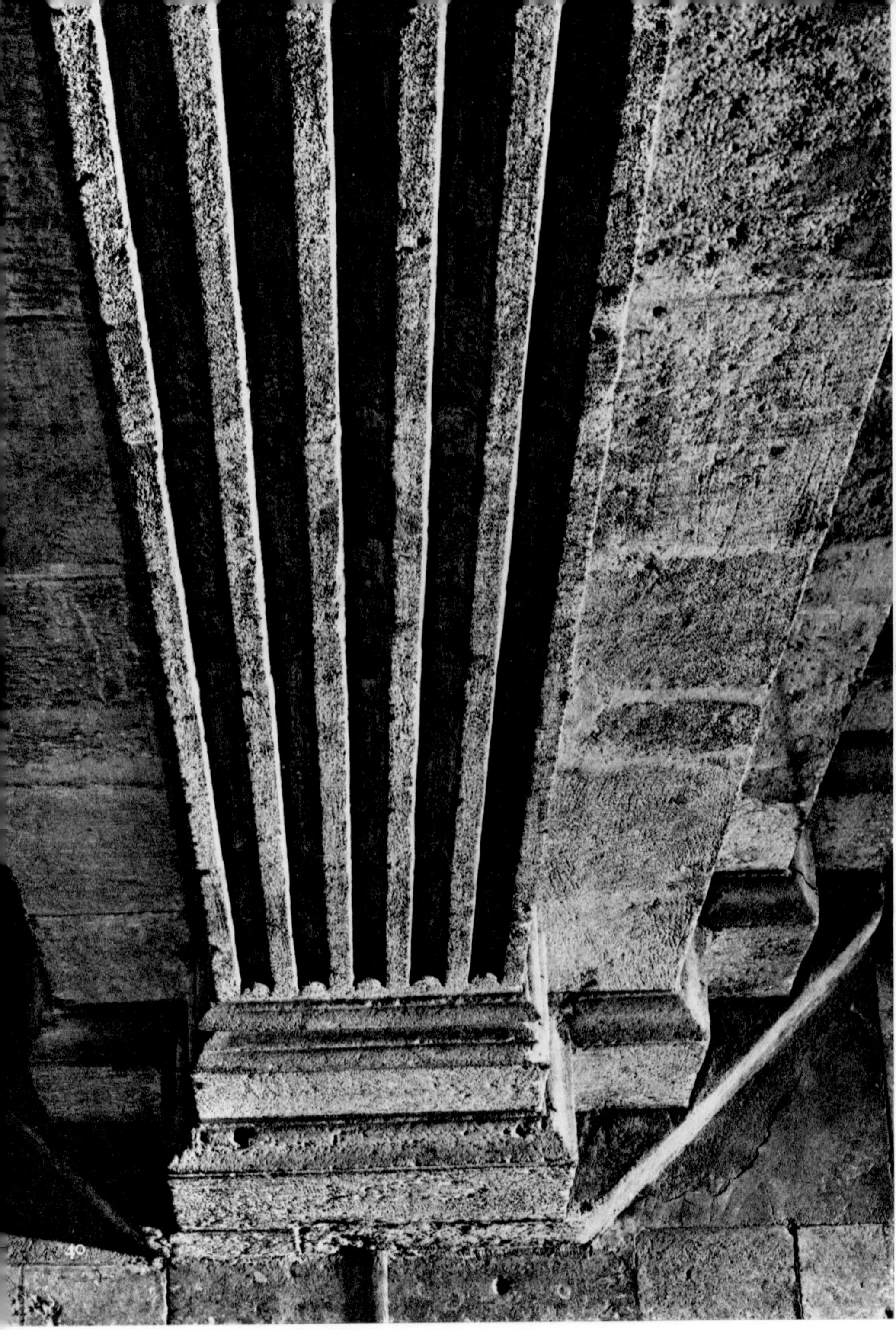

cannelure

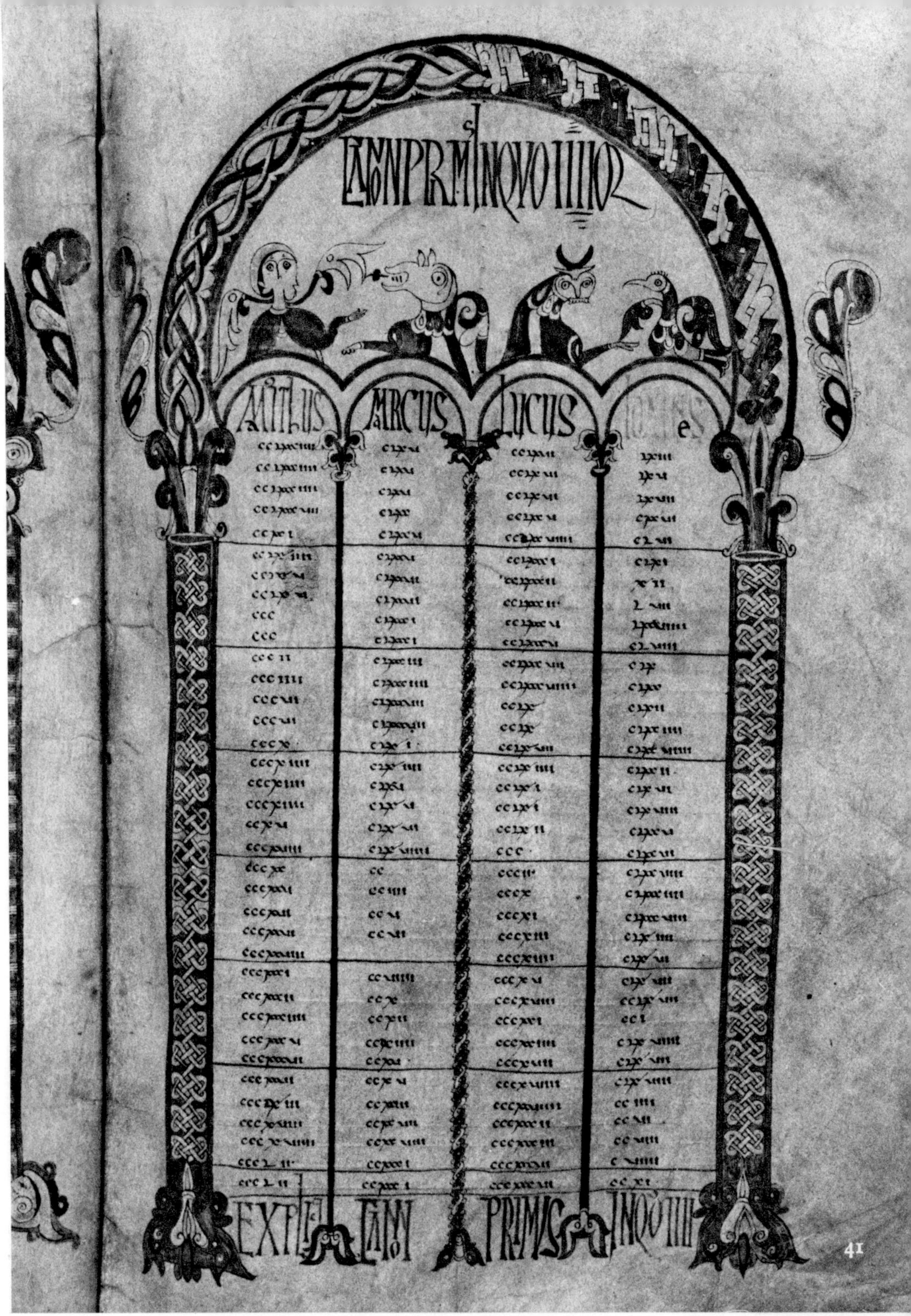

41

canons

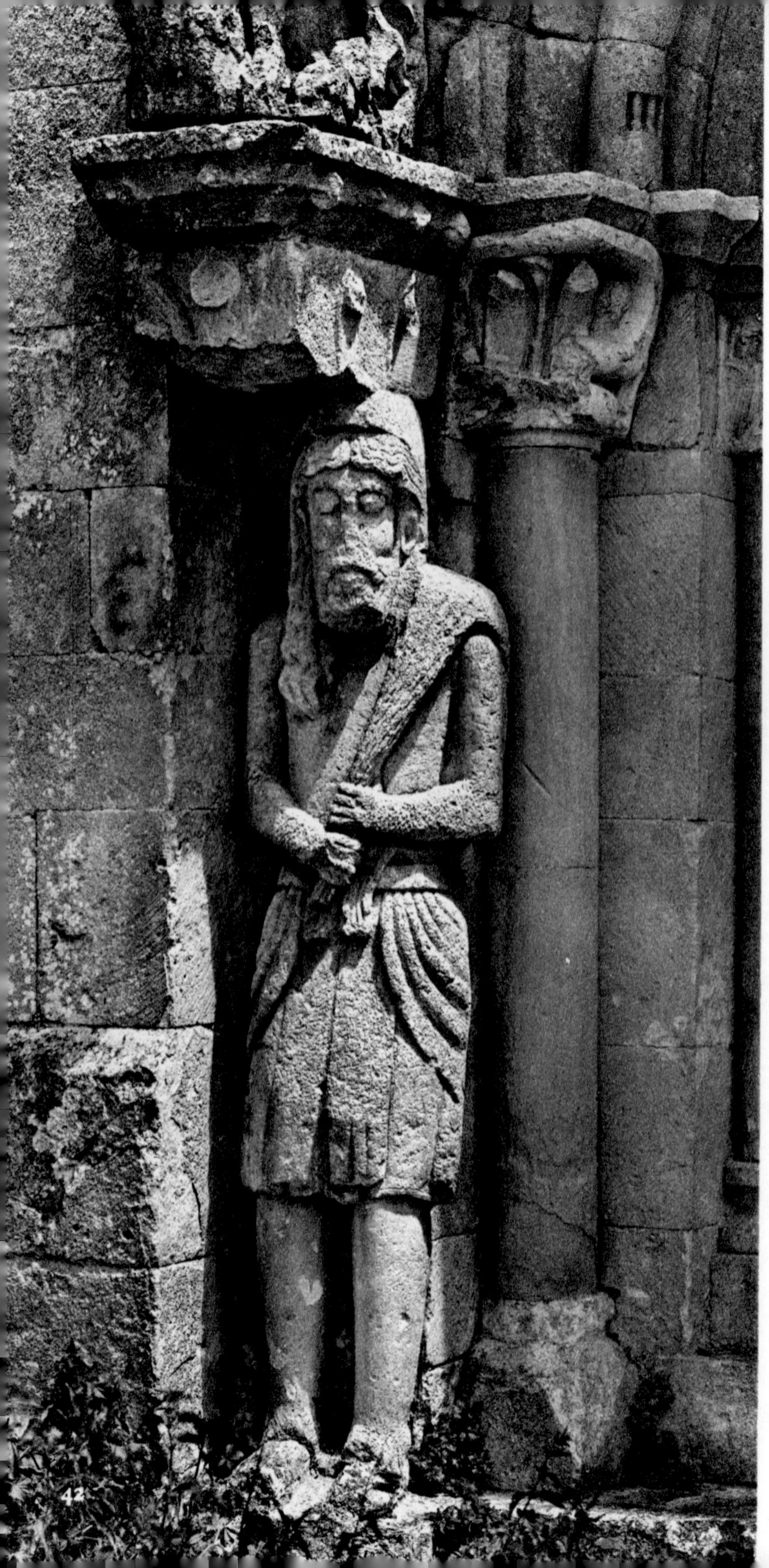

42

cariatide

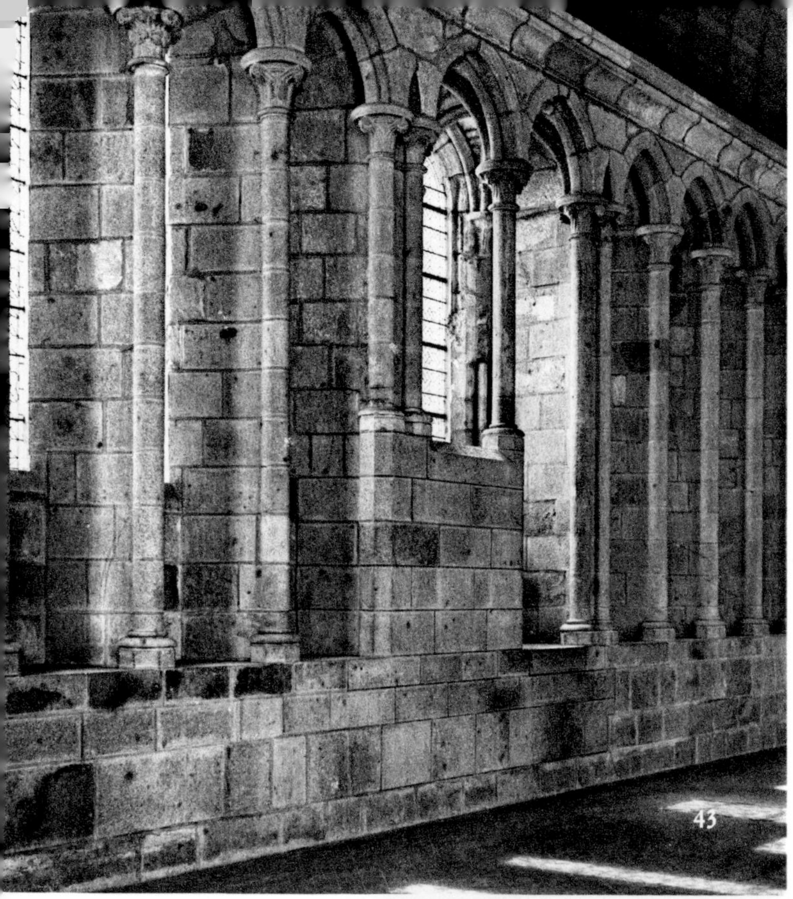

chaire
de lecteur

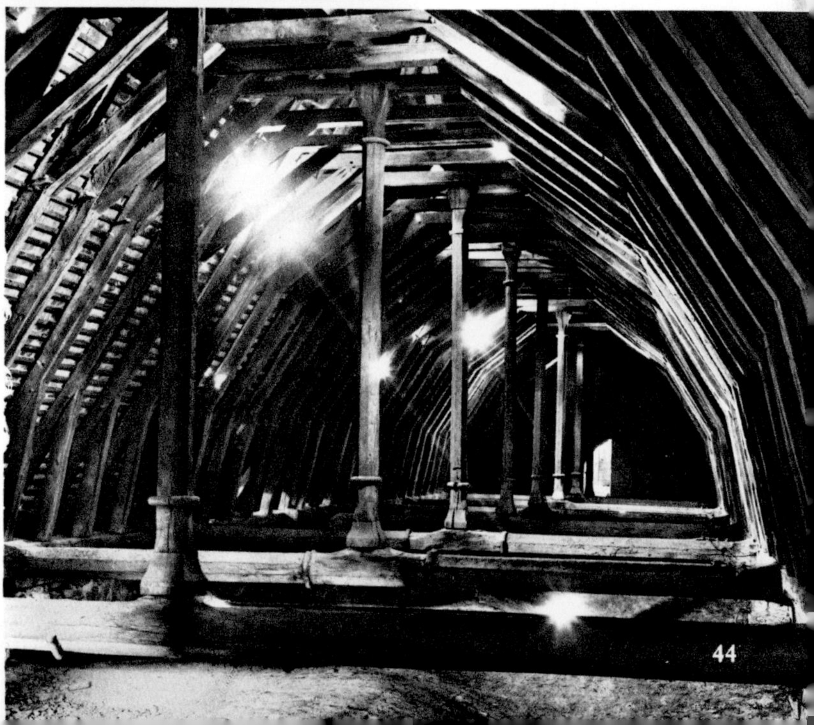

charpente

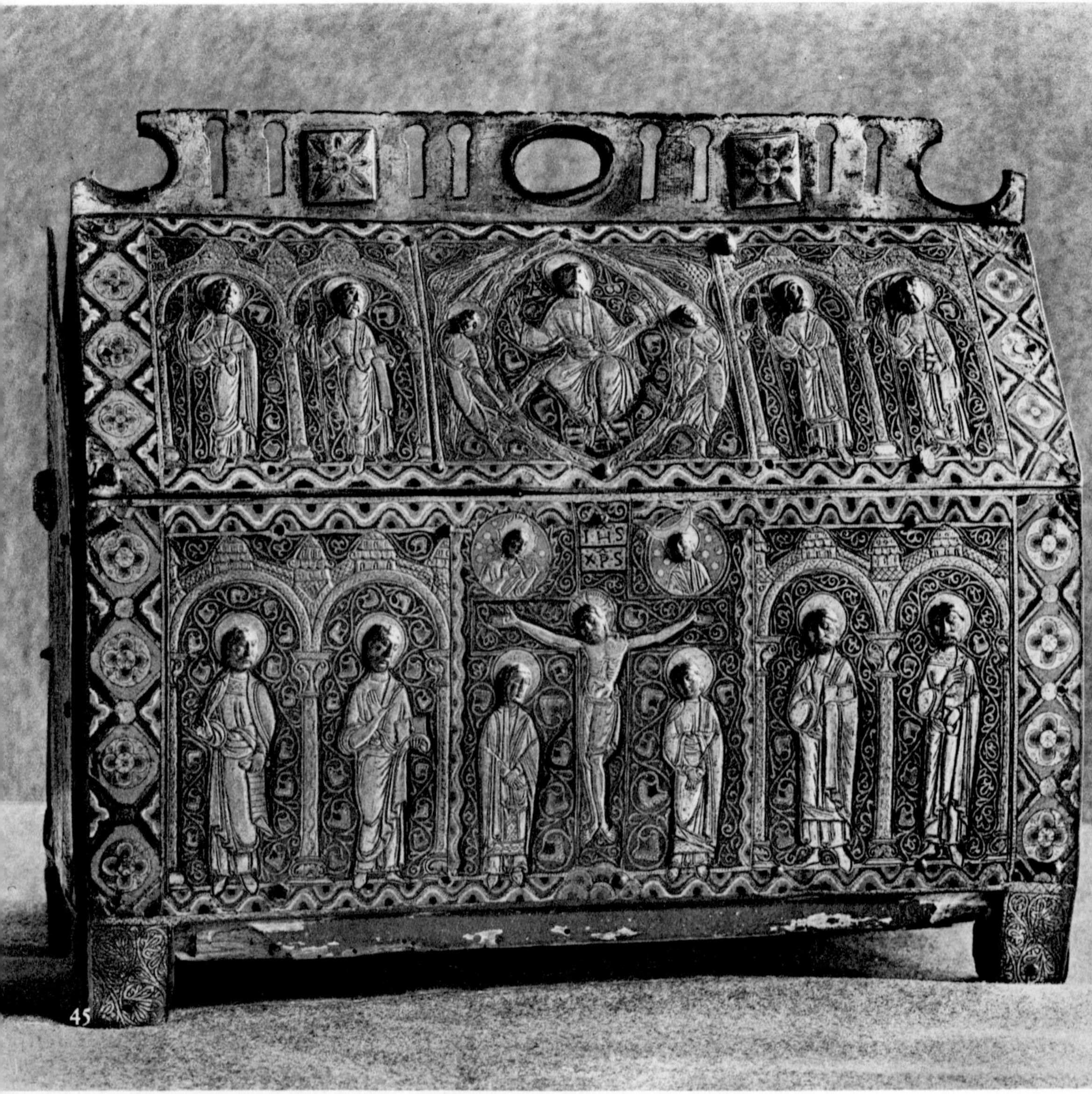

45

châsse

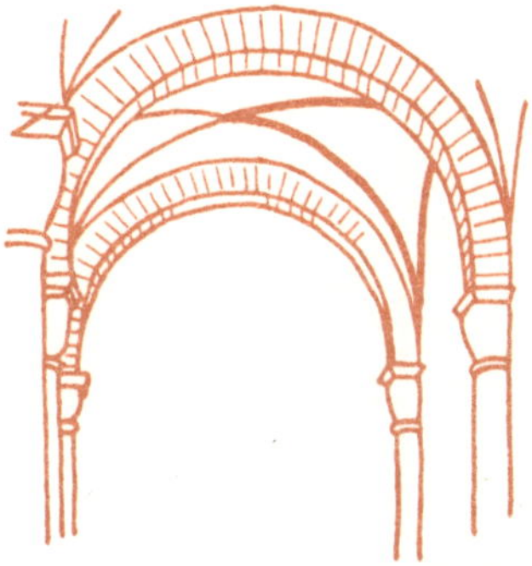

canton de voûte

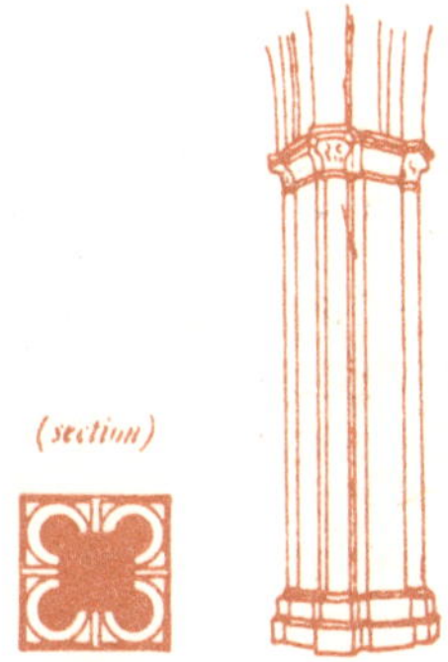

cantonné (pilier)

de chanoine*. Se disait aussi des prébendes* ou revenus de chanoines.

⌀ *All.* Stiftsstelle, Domherrnpfründe, *angl.* canonry, *esp. et ital.* canonicato.

canonique adj. (*de* canon : règle). *Bible* Se dit des livres retenus dans la liste (*canon*) de ceux que l'Église reconnaît comme inspirés. Comme les juifs, les chrétiens des débuts de l'Église ont connu des livres apocryphes, qui prétendent faussement se rattacher à des personnages de la Bible. Issus souvent de l'imagination populaire, ils contiennent entre autres des récits non dénués d'une valeur poétique qui leur a permis d'inspirer parfois l'art chrétien.

⌀ *All.* kanonisch, *angl.* canonical, *esp.* canónico, *ital.* canonico.

● – (**droit**) C'est l'ensemble des règles qui concernent l'organisation de l'Église, son administration, les divers actes de la vie chrétienne. Ses sources sont les décisions des conciles, des papes, etc., et aussi pour une grande part la coutume. Le pape saint Pie X l'avait fait rédiger en un code. On dit aussi *droit ecclésiastique* ou *droit canon.*

canthare n.m. *Liturgie* Le *canthare* était d'abord un vase à boire, qui s'est agrandi jusqu'à servir pour les fidèles de lavabo alimenté en eau courante. A Saint-Pierre de Rome, il a atteint des proportions monumentales (*v.* labrum).

canton n.m. (*de l'ital.* cantone, *augment. de* canto : coin). *Archit.* On désigne par les mots *canton de voûte* un des quatre éléments de voûte* (*fig.*) ou *voûtains,* constitués dans les intervalles d'une croisée* d'ogives.

⌀ *All.* Gewölbesegment, *angl.* section of a vault, *esp.* segmento de bóveda, *ital.* specchio di volta.

cantonné adj. (*dér. de* canton). *Blason* Accompagné aux quatre coins. On dit d'une figure centrale qu'elle est *cantonnée* des meubles* placés aux angles. ‖ *Archit.* Une façade est dite *cantonnée* lorsque ses angles* ou encoignures sont ornés de colonnes*, de chaînes de pierre ou de tout autre ornement* faisant saillie sur le nu* du mur. Un pilier* est dit cantonné lorsqu'il reçoit à ses angles colonnes ou pilastres* (*fig.*). On dit alors : « façade cantonnée de colonnes..., pilier cantonné de pilastres... »

⌀ *All.* kantoniert, *angl.* cantoned, *esp.* acantonado, *ital.* accantonato.

cantoral adj. (*dér. du lat.* cantor : chantre). Se dit du long bâton porté comme insigne par le premier chantre, appelé préchantre (*v.* bâton).

capitulaire (*du lat.* capitulum : chapitre). ● – adj. Qui appartient à un chapitre de chanoines* ou de moines* (*v.* salle capitulaire). ● – n.m. Nom donné aux actes législatifs promulgués par les rois mérovingiens et carolingiens, et ainsi nommés à cause de leur division en chapitres.

capitulant adj. (*de* capitulum : chapitre). Qui a voix au chapitre* : un religieux capitulant.

« **capsa** » (*mot lat. signifiant* caisse). Plus spécialement, coffre contenant des reliques*. *Dérivé synon.* Châsse (*v. ce mot*).

cardinal n.m. (*lat.* cardinalis, *de* cardo : gond). Dignitaire du clergé de l'évêque de Rome. Les cardinaux-évêques étaient primitivement les évêques des villes voisines (suburbicaires); les cardinaux-prêtres, les desservants des diverses églises de la ville; les cardinaux-diacres, les auxiliaires du pape pour l'administration de l'Église. Après l'an mil, ces titres furent donnés à des étrangers. Depuis le XIIe s., l'élection du pape est réservée aux cardinaux.

Actuellement on distingue les cardinaux de curie, qui président aux diverses administrations de l'Église romaine, et les cardinaux qui sont des évêques résidentiels choisis dans toutes les parties du monde.

⌀ *All.* Kardinal, *angl.* cardinal, *esp.* cardenal, *ital.* cardinale.

carême n.m. (*lat.* quadragesima : quarantaine). Temps de purification où l'Église se prépare durant quarante jours à la fête de Pâques.

⌀ *All.* Fastenzeit, *angl.* lent, *esp.* cuaresma, *ital.* quaresima.

cariatide *ou* **caryatide** n.f. (*du gr.* καρυατις,-ιδις : jeune fille de Karia, *en Péloponèse*). *Archit.* Statue

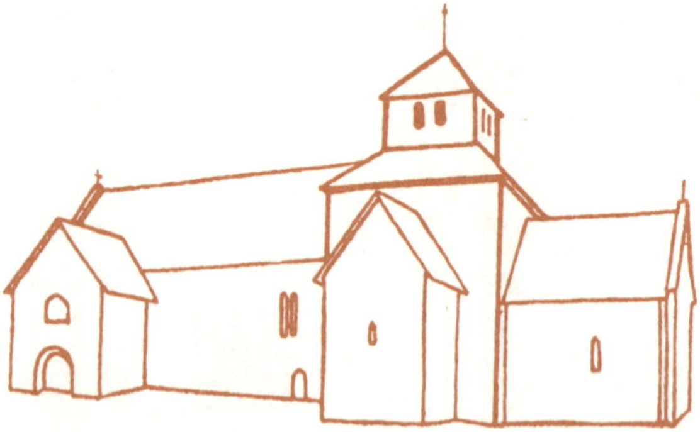

carré de transept

de femme (ou d'homme) servant de support*, de colonne* (*pl.* 42).

Lorsque ce rôle est tenu par une statue d'homme, on la nomme plutôt *atlante** ou *télamon*.

ø *All.* Gebälkträgerin, *angl.* caryatid, *esp.* cariátide, *ital.* cariatide.

carillon n.m. (*du lat.* quatrinio : groupe de quatre cloches). Ensemble de cloches* donnant des sons différents et permettant des combinaisons de sonneries.

ø *All.* Glockenspiel, *angl.* chime of bells, *esp.* repique de campanas, carillón, *holl.* beiaard, *ital.* scampanata.

carne n.f. (*du lat.* cardo, – inis : gond *et par extens.* extrémité). *Archit.* Extrémité aiguë, arête* d'une tablette de pierre ou de bois.

carole *ou* **charole** n.f. (*orig. obsc.*). *Archit.* On désignait ainsi le prolongement des bas-côtés* qui fait le tour du chœur*. Depuis le XVIIIe s., on emploie de préférence le mot déambulatoire*, bien que ce mot ait désigné au Moyen Age les bas-côtés rectilignes de la nef (*v.* chorea).

ø *All.* Chorumgang, *angl.* ambulatory, *esp.* girola, *ital.* ambulatorio.

carré n.m. (*du lat.* quadratus : rendu carré). *Archit.* *Carré du transept* : point où se croisent à angle droit le transept* de la nef* principale d'une église*. Il est souvent dominé par une tour* avec lanterne* ou une coupole* (*fig.*).

ø *All.* Vierung, *angl.* crossing, *esp.* crucero, *ital.* incrocio.

carreau n.m. (*lat.* quadrus : carré, *vx franç.* carrel : plaque carrée *de pierre, de verre ou d'étoffe*). *Archit.* 1) Plaque de pierre*, de marbre*, de terre cuite émaillée, de faïence*, qui est l'élément de base du pavement* ou carrelage*, ainsi que du revêtement des murs*, des poêles, etc. Ces plaques ont une forme géométrique qui permet leur juxtaposition. ‖ 2) On appelle *carreau,* dans une construction, la pierre* placée en parement* sur sa longueur, tandis que celle qui est placée en parement sur sa largeur est dite en boutisse* (*v. ce mot*).

ø *All.* Tonfliese, Kachel, *angl.* tile, flag-stone, *esp.* baldosa, *ital.* quadrello.

Carreau émaillé :

ø *All.* Bodenfliese, *angl.* enamelled tile, *esp.* azulejo, *ital.* mattone smaltato.

Carreaux de bossage. Pierres* taillées* en bossage (*v. ce mot*) pour être placées dans une chaîne*, soit à l'angle* d'une construction, soit sur la face* d'un mur*.

carrelage n.m. (*dér. de* carrel, *ancienne forme de* carreau). *Archit.* 1) Action de paver avec des carreaux* ‖ 2) *Par extens.* Le pavage fait de carreaux.

« Le carrelage, comme revêtement du sol, commença à être employé au Moyen Age dans les pays et à l'époque où disparut l'art de la mosaïque. Les premiers carreaux étaient de terre cuite et monochrome : les combinaisons géométriques des éléments de couleurs et de formes différentes pouvaient être déjà artistiques. Mais au XIIIe s. et peut-être plus tôt on imagine d'estamper en creux la terre des carreaux puis de remplir le creux d'une terre de couleur différente et avant cuisson de passer sur le tout un émail* plombifère incolore. Ces carreaux donnaient lieu à des combinaisons variant à l'infini » (Louis Hourticq).

ø *All.* Fliesenpflaster, *angl.* tile-pavement, *esp.* embaldosado, *ital.* ammattonamento.

carreleur n.m. (*dér. de* carrel). Ouvrier qui place les carreaux* de pavement* ou de revêtement*.

carrière n.f. (*bas-lat.* quadraria, *de* quadrare : équarrir). Exploitation à ciel ouvert d'un gisement de matériau naturel de construction : *carrière* de pierre, de sable... (*v.* eau *et* lit).

cartouche n.m. (*ital.* cartocci : cornet de papier). *Archit.* Au sens propre, ornement* sculpté ou peint en forme de feuille de papier enroulée aux deux extrémités, entourant une inscription, un chiffre, un signe, etc.

Par extension le mot désigne tout ornement disposé autour d'un espace vide appelé à recevoir une inscription quelconque.

ø *All.* Zierrahmen, *angl.* cartouche, *ital.* cartoccio.

cartulaire n.m. (*du lat.* carta : feuille *préparée pour l'écriture*). Recueil de chartes (*voir ce mot*) ou

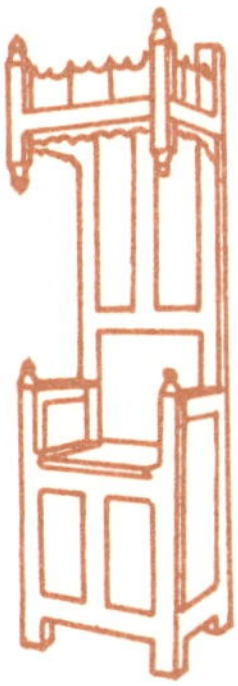

cathèdre

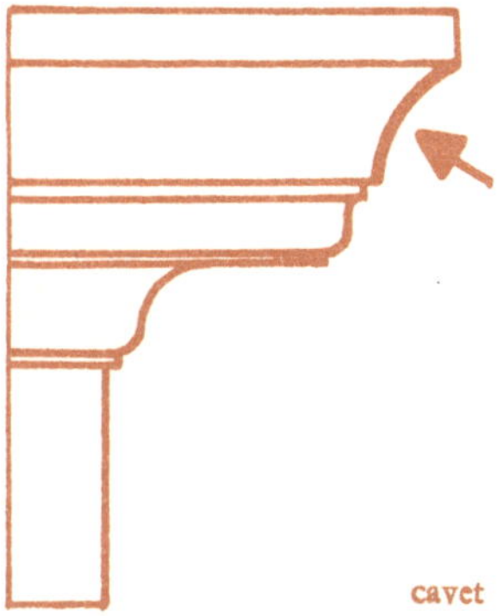

cavet

d'archives où sont transcrits les titres de propriété, privilèges, etc. qui concernent par exemple une église ou un monastère.

∅ *All.* Urkundenbuch, *angl.* cartulary, *esp.* cartulario, *ital.* cartolare.

caryatide n.f. *Voir* cariatide.

cassolette n.f. (*esp.* cazoleta). *Archit.* Motif* de décoration* ou d'amortissement* composé d'un récipient surmonté d'une flamme ou d'un panache de fumée.

∅ *All.* Rauchbecken, *angl.* perfume pan, *esp.* pebetero, *ital.* braciere.

casula n.f. (*dim. du lat.* casa : maison). Vêtement populaire tombant du cou aux pieds par-dessus les épaules et muni d'une seule ouverture au milieu pour passer la tête. Au VIe s., elle ne servait plus qu'aux moines, avant de devenir la chasuble* (*v.* chasuble, chape).

catéchumène n.m. (*du gr.* κατηχειν : instruire). Personne que l'on instruit des vérités religieuses, afin de la préparer au baptême.

cathédrale n.f. (*du lat.* cathedra : chaire, *siège épiscopal*). La *cathédrale* (ou primitivement l'*église cathédrale,* le mot étant adjectif) est l'église principale d'un diocèse, où se trouve le trône de l'évêque. L'évêque y siège entouré de son chapitre*, c'est-à-dire des chanoines titulaires qui ont la charge du service divin. Elle est dite parfois métropolitaine, primatiale ou patriarcale, selon la dignité du siège. C'est l'église mère des autres églises du diocèse; elle est comme la paroisse de tous les diocésains.

∅ *All.* Dom, *angl.* cathedral, *esp.* catedral, *ital.* duomo.

cathèdre n.f. (*lat.* cathedra : chaire). *Liturgie* Siège fixe du Souverain Pontife et des évêques. Il est construit et subsiste en permanence dans les cathédrales*, où il est le signe du magistère. Il est inséparable de l'église mère du diocèse qui tire de lui son nom (*cathédrale*). Il est en pierre ou en marbre, en bois ou en tout autre matériau*; sa forme traditionnelle est celle d'une caisse avec deux accoudoirs droits et un dossier arrondi dans le haut (*fig.*).

caulicoles n.f. (*lat.* caulicoli : petites tiges). *Archit.* Petites tiges sortant des feuilles d'acanthe* et s'enroulant sous le tailloir* du chapiteau* corinthien*.

∅ *All.* Schnecken, *angl.* cauliculi, *esp.* caulículos, *ital.* caulicoli.

cavalier-Constantin *Voir* Constantin.

cavalière (vue) La *vue* (ou *perspective*) *cavalière* représente les objets comme si on les voyait du haut d'un cheval, à vol d'oiseau, ou depuis un avion en vol (*v.* vue).

∅ *All.* Vogelperspektive, *angl.* bird's eye view, *esp.* vista caballera, *ital.* a volo d'uccello.

cave n.f. (*lat.* cava, *de* cavare : creuser). *Archit.* Construction souterraine située sous le rez-de-chaussée d'une maison; souvent voûtée.

∅ *All.* Keller, *angl.* cellar, *esp.* bodega, *ital.* cantina.

caveau n.m. (*dér. de* cave). *Archit.* Petite cave voûtée. Se dit en particulier des abris maçonnés souterrains où sont placés les cercucils dans les cimetières.

∅ *All.* Grabgewölbe, *angl.* burial vault, *esp.* bóveda sepulcral, *ital.* sepoltura.

cavet n.m. (*ital.* cavetto, *dimin. de* cavo : creux). *Archit.* Moulure* en creux dessinant en coupe un quart ou un segment de cercle (*fig., v. pl.* 5).

Utilisé dans les socles de colonnes* ou les bases*, on l'appelle congé* ou adoucissement* lorsqu'un de ses bords vient se confondre avec une surface plane.

∅ *All.* halbe Hohlkehle, Hohlleiste, *angl.* cavetto, *esp.* caveto, *ital.* cavetto.

cavoir n.m. *Voir* grésoir.

ceinture n.f. (*rac. lat.* cingere : ceindre). *Archit.* *Ceinture de colonne.* Anneau placé en haut et en bas du fût* d'une colonne*, et par extension bague* se trouvant sur le fût d'une colonne (*v.* annelure). On l'appelle aussi filet*. L'anneau se joint à la colonne par un cavet* (congé* ou adoucissement*).

∅ *All.* Gürtel, *angl.* girdle, *esp.* anillo, *ital.* cintola.

cellérier n.m. (*lat.* cellerarius). Moine* chargé de

l'administration temporelle du monastère, et notamment de la nourriture.

ø *All.* Cellerar, Kellermeister, *angl.* cellarer, *esp.* cillerero, *ital.* celleraio.

cellier n.m. (*rac. lat.* cella : chambre). Local destiné à conserver la réserve de vin.

ø *All.* Keller, *angl.* cellar, *esp.* bodega, *ital.* dispensa.

cellule n.f. (*lat.* cellula, *dim. de* cella). Chambrette de moine* dans un monastère*.

ø *All.* Zelle, Klause, *angl.* cell, *esp.* celda, *ital.* cella.

Cénacle n.m. (*lat.* cenaculum : salle à manger, *de* cena : repas). Salle où eut lieu la Sainte Cène, à Jérusalem.

ø *All.* Abendmahlssaal, Zönakel, *angl.* Cenacle, Upper-Room, *esp.* Cenáculo, *ital.* Cenacolo.

Cène (Sainte) n.f. (*lat.* cena : repas). Dernier repas pris par le Christ avec ses Apôtres la veille de la Passion.

ø *All.* das heilige Abendmahl, *angl.* The Last Supper, *esp.* la Última Cena, *ital.* la sacra Cena.

cénobite n.m. (*du gr.* κοινος : commun, *et* βιος : vie). Moine* vivant en communauté, tandis que les ermites* ou les anachorètes vivent isolés.

ø *All.* Klostermönch, *angl.* cœnobite, *esp. et ital.* cenobita.

cénotaphe n.m. (*du gr.* κενος : vide *et* ταφος : tombeau). *Archit.* Monument commémoratif d'un défunt, ne contenant pas son corps.

ø *All.* Ehrengrabmal, *angl.* cenotaph, *esp. et ital.* cenotafio.

censenier n.m. *Voir* colombe eucharistique.

céphalophore n.m. (*gr.* κεφαλη : tête; φορειν : porter). Personnage représenté portant sa tête dans ses mains. Symbole du martyr* décapité, comme saint Denis.

ø *All.* Hauptträger, *angl.* cephalophorous, *esp.* cefalóforo, *ital.* cefaloforo.

céramique n.f. (*gr.* κεραμος : argile, vase en argile). C'est l'art qui consiste à mouler, tourner, traiter, cuire, décorer des objets tant utiles que purement décoratifs dans un matériau* plastique tel que la terre argileuse.

Fabrication. Deux grandes catégories de céramique :
– la poterie poreuse, qui, non recouverte, se laisse pénétrer par liquides et graisses : ainsi les objets en terre cuite, émaillés ou vernissés;
– la poterie imperméable, qui comprend les objets en grès, en porcelaine dure ou tendre.

Le matériau* des potiers est l'argile, dont la plus pure est le kaolin, à laquelle on ajoute des produits dégraissants, tels que sable, craie, etc., pour améliorer la résistance de la pâte aux accidents pouvant survenir au cours du tournage ou de la cuisson.

1 – Le façonnage peut se faire de diverses manières : à la main mais ce procédé utilisé notamment pour la terre cuite ressortit plutôt à la sculpture*; – au tour, le tournage étant pratiqué depuis la plus haute Antiquité : la pâte placée sur un support rond fixé sur le tour est entraînée par le mouvement rotatif du tour, et le tourneur fait de ses doigts naître la forme; – le moulage consiste à façonner des ornements en relief, destiné à garnir les objets tournés; – le coulage est un procédé de moulage qui utilise la pâte à l'état liquide et permet de la verser dans les moules.

2 – Après le façonnage intervient la cuisson moyennant dessication préalable. La cuisson se fait dans des fours en briques réfractaires. C'est une opération délicate qui diffère selon les objets que l'on veut obtenir (une ou plusieurs cuissons, feu direct ou feu reçu à travers un écran de terre réfractaire, etc.) ou la décoration recherchée.

Historique. Tous les peuples de l'Antiquité ont pratiqué la poterie commune, et plusieurs la poterie fine (Chine). La Grèce a produit de très belles poteries en terre cuite décorée de figures noires ou rouges; les Romains ont laissé des poteries rouges. Dès la fin du XIe siècle, on fabrique beaucoup en France de carrelages* et de pièces en terre vernissée. Du VIIIe au XIVe siècle, la céramique arabe fut très florissante (mosaïques*, plaques de revêtement, vases).

ø *All.* Keramik, Töpferkunst, *angl.* ceramics, fictile art, *esp.* cerámica, *ital.* ceramica.

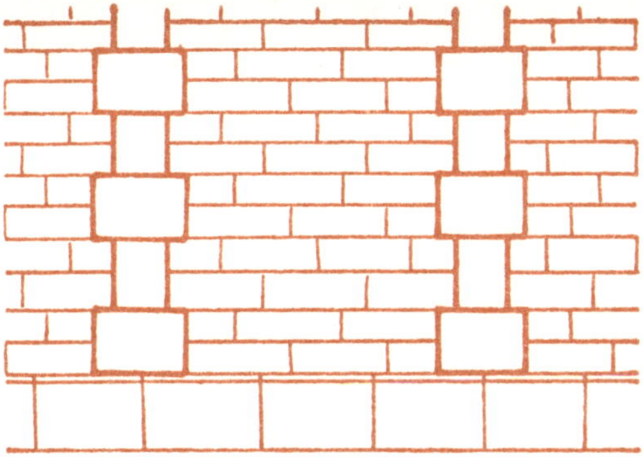

chaîne

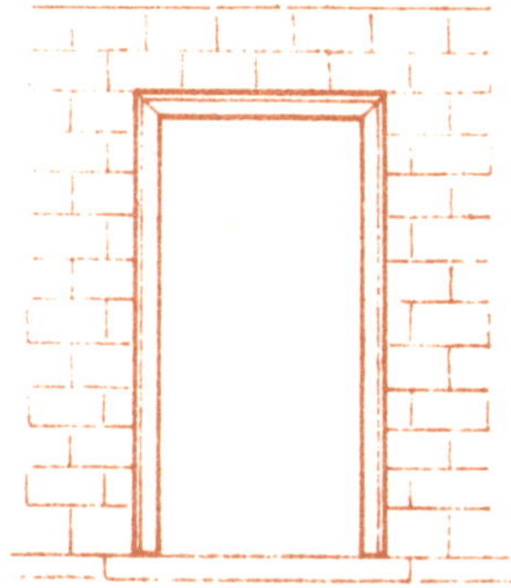

chambranle

cerce n.m. *Archit.* Cercle de fer d'un grand diamètre. Par analogie, il désigne le patron ou calibre de bois ou de zinc servant à tracer sur la pierre une courbe quelconque.
cercle (quart de) *Voir* voûte.
cercueil n.m. (*lat.* sarcophagus, *du gr.* σαρξ, σαρκος : chair *et* φαγειν : consommer). Coffre de bois destiné à recevoir la dépouille mortelle d'un défunt.

Dans l'Antiquité et jusqu'au XIIIe s. on déposait dans des sarcophages* de pierre les corps des défunts riches. Depuis le XIIIe s. on préféra tapisser de plomb le *cercueil* en bois.

∅ *All.* Sarg, *angl.* coffin, *esp.* ataúd, *ital.* feretro.
chafaud n.m. *Voir* échafaudage.
chaînage n.m. (*dér. de* chaîne). *Archit.* Pour relier entre elles des portions de murs* ou de constructions ayant tendance à s'écarter, on utilise le procédé du *chaînage* qui consiste à relier les parties divergentes au moyen de longrines* en bois ou de fers à crampons noyés dans l'épaisseur du mur*.

∅ *All.* Verankerung, *angl.* clamping, *esp.* apeo, *ital.* catena.
chaîne n.f. (*lat.* catena). *Archit.* Renforcement vertical jouant le rôle de pile* exécuté en pierres* de taille, et dans un appareil* plus résistant que la maçonnerie* ambiante, et destiné à donner de la fermeté à un mur* principalement aux angles* d'une construction (*fig.*). Les chaînes et en particulier les chaînes d'encoignure sont appareillées en assises alternativement longues et courtes (carreaux* et boutisses*).

Les *chaînes de bossage* sont celles dont les pierres sont taillées en arêtes* arrondies. Les *chaînes de refend*, celles dont les pierres sont séparées par une dépression plus ou moins profonde.

Les *chaînes en liaison* sont les chaînes de bossage ou de refend dont les bossages ou refends n'affectent pas toutes les pierres de taille, mais seulement quelques-unes de place en place.

∅ *All.* Kette, *angl.* chain, *esp.* cadena, *ital.* catena.
chaînement n.m. *Syn. de* chaînage.
chaîner v.tr. (*dér. de* chaîne). *Archit.* Exécuter le chaînage*.
chaînette n.f. (*dim. de* chaîne). *Archit.* Courbe formée par une chaîne suspendue par ses deux bouts à deux points fixes et de même hauteur (en supposant la chaîne plus longue que la distance entre les deux points de suspension).

Cette courbe retournée donne un tracé très favorable à la solidité des voûtes; elle est très souvent employée dans la construction d'arcs* ou de voûtes*.
chaire n.f. (*lat.* cathedra : siège à dossier, *vx franç.* chaière). *Archit.* Siège élevé, utilisé pour la parole ou l'enseignement.

Dans les églises*, le mot désigne :
– ou bien le siège de l'évêque, placé primitivement au fond de l'église cathédrale* et depuis le XIe s. dans le chœur*.

∅ *All.* Katheder, *angl.* throne, *esp.* cátedra, *ital.* cattedra.
– ou bien la chaire du prédicateur, qui a remplacé vers le XIIIe s. les ambons* des premières basiliques chrétiennes. C'est une tribune, de matériau* quelconque, élevée au-dessus du sol, adossée ou non à un pilier*. La cuve reliée au sol par un escalier est souvent surmontée d'un abat-voix* ou dais.

∅ *All.* Kanzel, *angl.* pulpit, *esp.* púlpito, *ital.* pulpito.

Dans certaines églises existent des *chaires extérieures*.

∅ *All.* Außenkanzel, *angl.* outside pulpit, *esp.* púlpito externo, *ital.* pulpito esterno.

Dans un réfectoire de monastère* se trouve la *chaire du lecteur* (*pl.* 43).
chaise n.f. (*forme dialectale de* chaire). *Archit.* Poutres* disposées et assemblées en carré portant la cage* d'un clocher* en charpente*.

∅ *All.* Stuhl, *angl.* chair, *esp.* silla, *ital.* sedia.
chambranle n.m. *Archit.* Cadre servant d'ornement à une baie*, porte*, fenêtre* ou cheminée*, etc., et formé de deux montants verticaux (pieds-droits*) joints au sommet par un élément horizontal (*fig.*). Il est uni* ou orné.

∅ *All.* Türeinfassung, Gesims, *angl.* door-

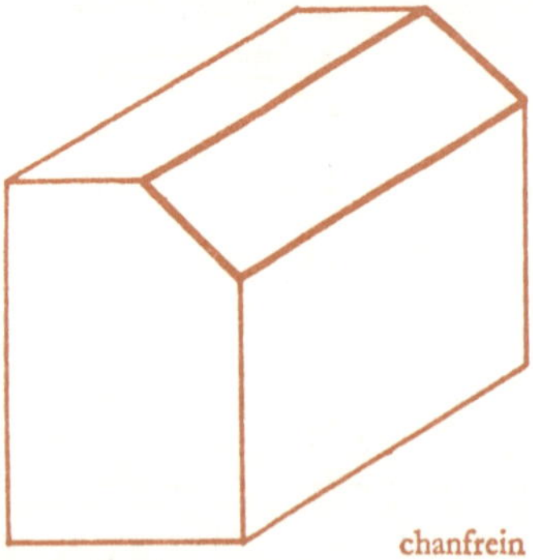

chanfrein

frame, *esp.* marco, *ital.* sguancio.

champ n.m. (*lat.* campus : plaine). *Blas.* Surface de l'écu* sur laquelle est étendu l'émail* (couleur). On dit *par ex.* d'un écu à fond bleu : « sur champ d'azur ». ‖ *Bx-arts.* Espace restant autour d'un ornement*, fond sur lequel se détache cet ornement, en relief ou en couleur.

Nombreux dérivés : *champlever**, *échampir*, etc.

ø *All.* Hintergrund, *angl.* background field, *esp. et ital.* campo.

● – **(de)** (*forme altérée de* chant, *du lat.* cantus : côté étroit, bande de la jante). *Archit.* Poser une brique *sur champ* ou *de champ*, c'est la faire reposer sur sa face étroite.

Nombreux dérivés : *chantourner**, *chantignolle**, *chanfraindre**, *etc.*

ø *All.* auf die hohe Kante, *angl.* edgewise, on edge, *esp.* de canto, *ital.* sulcanto.

champlevage n.m. (*de* champlever). Action d'évider, de creuser la surface d'une plaque à une profondeur déterminée. On décalque un dessin sur la surface du métal, puis on évide tout ce qui n'est pas dans le contour du dessin. On fabrique des émaux champlevés* en versant l'émail* dans ces vides (*pl.* 79).

champlevé adj (*v.* champ 2). *Émaillerie* Partie du fond en cuivre d'une décoration* qui a été creusée et dans laquelle on a coulé l'émail*. Alors les traits des figures sont formés de filets de métal restés en relief : on dit qu'ils ont été *réservés**. On appelle les émaux obtenus émaux *champlevés* ou émaux en *taille d'épargne* (*pl.* 79). On les appelle *cloisonnés** lorsqu'au lieu d'évider le fond de cuivre, on y soude des alvéoles (ou cloisons*) dans l'intérieur desquelles est coulé l'émail (*pl.* 78) (*v.* émail).

champlever v.tr. « Lever » (creuser) le champ*, c'est-à-dire la partie d'une surface unie dans laquelle on veut tailler des figures ou incruster des émaux*.

chancel n.m. (*lat.* cancellus : barreau). *Archit.* Clôture ou balustrade* placée entre le chœur* et la nef*. Forme et disposition très variables. Souvent le *chancel* contient des plaques ornementées ou sculptées.

ø *All.* Chorschranken, *angl.* enclosure, *esp.* cancel, *ital.* cancello.

chandeleur n.f. (*du lat.* candela, *gén. plur.* candelarum *festum*). Fête du 2 février en l'honneur de la Purification de la Sainte Vierge. On bénit les cierges* à l'office du jour et on les allume en procession.

ø *All.* Lichtmess, *angl.* Candlemas, *esp.* candelaria, *ital.* candelaia.

chandelier n.m. (*de* chandelle, *lat.* candela). Support pour chandelle ou cierge.

ø *All.* Leuchter, *angl.* candlestick, *esp.* candelero, *ital.* candelliere.

Le fameux *chandelier à sept branches* du Temple de Jérusalem, placé par Salomon, figure parmi les trophées sur l'arc de Titus à Rome. Il en existait des reproductions en métal dans plusieurs églises abbatiales (Cluny par ex.).

ø *All.* siebenarmiger Leuchter, *angl.* seven candle candelabrum, *esp.* candelabro de siete brazos, *ital.* candelabro delle sette braccia.

Chandelier pascal. Chandelier de très grande taille destiné à recevoir le cierge pascal, qu'on doit voir briller de tous les endroits d'une église*.

ø *All.* Osterleuchter, *angl.* paschal candlestick, *esp.* candelero pascual, *ital.* candelabro pasquale.

Chandelier de consécration. Simples appliques fixées, au nombre de douze, sur les piliers* ou les murs* d'une église consacrée, au-dessus des croix* gravées ou peintes sur lesquelles ont été faites par l'évêque les onctions du Saint Chrême (*v.* consécration, croix, dédicace).

chanfraindre v.tr. (*de* fraindre : briser *et* chant : de côté). *Archit.* Abattre une arête* par une taille en biseau. On dit aussi *chanfreiner**.

chanfrein n.m. (*dér. de* chanfraindre). *Archit.* Surface plane en biseau produite par l'abatage* d'une arête* sur une pierre taillée ou une pièce de bois (*fig*).

ø *All.* Schräge, *angl.* chamfer, *esp.* chaflán, *ital.* ripiano.

chanfreiner v.tr. *Archit.* Pratiquer un chanfrein* (*v.* chanfraindre).

ø *All.* abschrägen, *angl.* to chamfer, *esp.* achaflanar, *ital.* ripianare.

chanlatte n.f. (*de* champ *et de* latte). *Archit.* Les couvreurs désignent ainsi les lattes placées sur champ* et soutenant les dernières tuiles ainsi que l'égout d'un toit*.

chanoine n.m. (*lat.* canonicus, *du gr.* κανων : règle). ● Ecclésiastique dont la fonction principale est la célébration de l'office divin au chœur* d'une cathédrale*. Les *chanoines* réunis en chapitre* autour de l'évêque sont ainsi les successeurs du presbyterium antique.

∅ *All.* Domherr, *angl.* canon, *esp.* canónigo, *ital.* canonico.

● – **régulier** Membre d'un institut, celui des prémontrés* ou norbertins par exemple, dont le but est la célébration chorale de l'office divin dans une église appelée *collégiale.* Ces instituts qui existent depuis le XIe s. suivent la *Règle de saint Augustin* précisée par des règlements particuliers.

chanoinesse n.f. (*de* chanoine). Membre d'un institut féminin imitant la vie des chanoines* réguliers (par ex. norbertines). On a connu aussi des *chanoinesses* sans vœux, ce qui permettait à des filles sans dot de vivre des revenus d'un chapitre*. Souvent les chapitres n'admettaient que des filles nobles.

chant n.m. Côté étroit (*v.* champ 2).

chantepleure n.f. (*impérat. des verbes* chanter *et* pleurer, *allusion au bruit que fait le liquide en coulant*). 1) Robinet de tonneau. ‖ 2) *Archit.* Fente verticale ménagée dans un mur* soutenant un terre-plein, pour faciliter l'écoulement de l'eau. *Synon.* barbacane*.

chantignole n.f. (*de* chant : face étroite d'un objet; *v.* champ 2). *Archit.* Tasseau* généralement en forme de coin, fixé sur l'arbalétrier* au passage des pannes* pour les empêcher de glisser. On dit aussi *échantignole*.

chantournage n.m. Action de chantourner*.

chantourner v.tr. (*de* chant : côté, *v.* champ 2, *et de* tourner). *Archit.* Découper une pièce de bois ou de métal suivant un profil* donné. Les chantournements seront droits ou régulièrement cintrés ou offrant des sinuosités avec courbes alternativement rentrantes et sortantes, etc.

∅ *All.* ausschweifen, *angl.* to jig-saw, *esp.* tornear, *ital.* scorniciare.

chantre n.m. (*lat.* cantor; *doublet de* chanteur). *Liturgie* Les *chantres* sont adjoints aux officiants du sanctuaire* pour exécuter les chants qui, sans revenir aux ministres sacrés, ne sont pas exécutés par le peuple ni éventuellement par l'ensemble du chœur*. Le préchantre ou grand chantre a pour insigne le bâton* cantoral.

∅ *All.* Kantor, *angl.* cantor, *esp.* cantor, *ital.* cantore.

chape n.f. (*lat.* cappa : capuchon). 1) Manteau de laine porté par-dessus les vêtements par les Romains; manteau ample avec capuchon, appelé aussi *pluviale.* Utilisé par les hommes et par les femmes à la campagne ou en voyage. Cette *cappa* donna naissance à deux vêtements liturgiques, la chasuble* qui se détache de la *cappa* et la *chape.* Porté au IVe s. indifféremment par clercs, laïcs et nonnes dans les processions, ce manteau (la chape) devient au IXe s. habit de chœur réservé aux offices : *cappa chorale.* Sa forme ne varie plus depuis le XIIIe s. La chape, ornée seulement d'un orfroi* qui borde les deux côtés de l'ouverture, et d'un mors* de chape, ou fermail, est portée par le célébrant dans les fonctions solennelles ne réclamant pas la chasuble, c'est-à-dire hors de la messe.

∅ *All.* Chormantel, *angl.* cope, *esp.* capa, *ital.* piviale.

2) *En sculpture* se dit de l'enveloppe de plâtre* qui réunit les différents éléments d'un moule*.

∅ *All.* Mantel, *angl.* cope, *esp.* molde, envoltura, *ital.* coperchio.

3) *En archit.* se dit de l'enduit* qui recouvre l'extrados* d'une voûte*, d'un arc*.

chapeau n.m. (*vx franç.* chapel, *du lat.* capellus, *dim. de* cappa : capuchon). 1) Couronne de fleurs ou de métal. Au Moyen Age, les gentilshommes ceignaient leur tête de chapels de perles ou de pierres fines. C'est l'origine des couronnes et tortils, insigne du rang dans la noblesse; il était interdit aux roturiers d'en porter. 2) Couvre-chef.

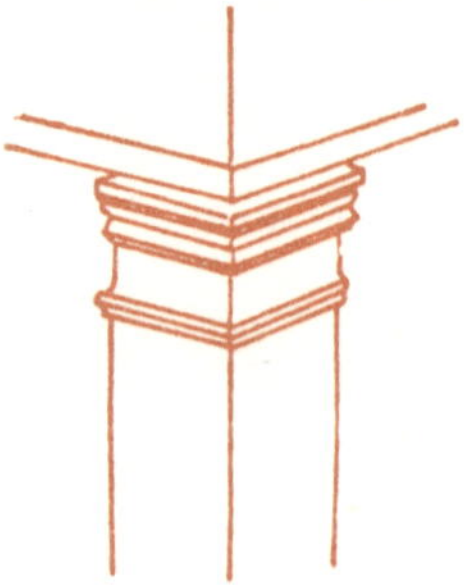

chapiteau angulaire

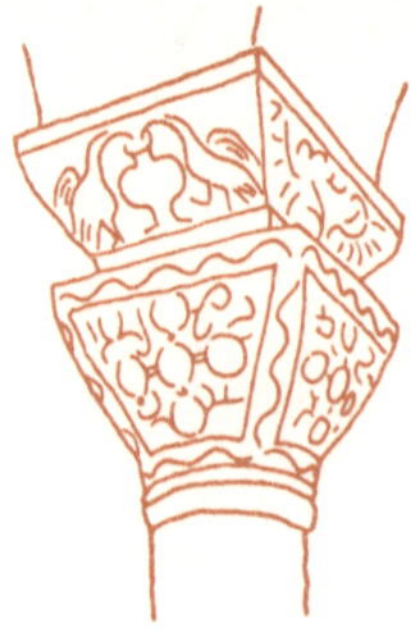

chapiteau byzantin

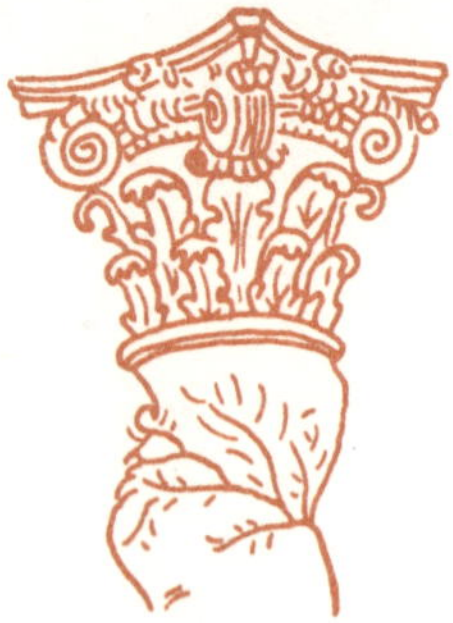

chapiteau composite

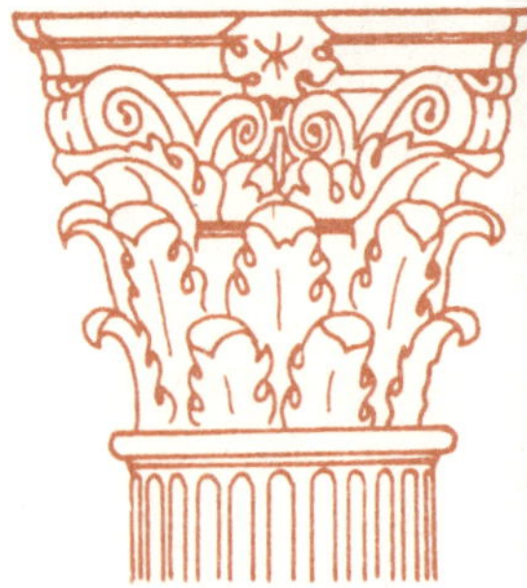

chapiteau corinthien

En particulier, couvre-chef des dignitaires ecclésiastiques figurant dans leurs armoiries*. Il est de couleur rouge pour les cardinaux, verte pour les archevêques et évêques, noire pour les abbés. Ses glands ou houppes reliés par des cordons tombent de chaque côté de l'écu*. Leur nombre est pour les cardinaux de quinze, pour les archevêques de dix, pour les évêques de six et pour les abbés de trois.

Ø *All.* Hut, *angl.* hat, *esp.* sombrero, *ital.* cappello.

chapelet n.m. (*dér. de* chapel *au sens de* couronne). 1) Couronne de roses des statues de la Sainte Vierge (rosaire). ‖ 2) Collier de grains enfilés que l'on égrène entre les doigts en récitant des Pater et des Ave.

Ø *All.* Rosenkranz, *angl.* rosary, *esp.* rosario, *ital.* coroncina, rosario.

3) Ornement* fait de perles, olives ou piécettes enfilées comme dans un *chapelet*.

Ø *All.* Perlenschnur, *angl.* beadrollstring, *esp.* ristra, *ital.* rosario.

chapelle n.f. (*bas-lat.* cappella, *dimin. de* cappa : chappe). De bons auteurs (Viollet-le-Duc et Littré notamment) pensent que l'oratoire des premiers rois de France reçut ce nom en raison de la chape de saint Martin qui y était conservée. La *chapelle* était par définition l'oratoire compris dans l'enceinte du palais royal.

Ø *All.* Hofkapelle, *angl.* palatial chapel, *esp.* capilla, *ital.* cappella palatina.

D'autres (notamment Réau) estiment que l'ensemble des vêtements liturgiques nécessaires pour un office, variant par la couleur, était dénommé *chapelle* et conservé dans les sacristies*.

Ø *All.* Messornat, *angl.* chapel, *esp.* terno, *ital.* cappella.

D'où par extension le nom est donné à l'endroit où est conservé la *chapelle,* petit bâtiment isolé ou annexé à une église.

D'où enfin : partie écartée dans une église*, où se trouve un petit autel*. La plupart des églises des XIIe et XIIIe siècles n'ont que des chapelles absidales* (*v. ce mot*).

Ø *All.* Kapelle des Chorumgangs, *angl.* apsidal chapel, *esp.* capilla absidal, *ital.* cappella absidale.

Ce n'est qu'après ce temps que se multiplièrent les chapelles de chaque côté de la nef.

Ce terme désigne encore de petites églises sans fonts* baptismaux ni cimetière, parce qu'elles ne sont pas le centre d'une paroisse, mais servent d'oratoires aux châteaux, monastères, couvents, etc.

Ø *All.* Kapelle, *angl.* chapel, *esp.* capilla, *ital.* cappella.

Sainte-Chapelle. Le vocable désigne quelques églises collégiales* fondées par des princes pour y abriter des reliques*. On connaît ainsi une Sainte-Chapelle à Paris, à Dijon, à Bourges, à Vincennes.

Ø *Esp.* Santa Capilla, *ital.* Santa Cappella.

Chapelle des morts. Petite église que l'on édifiait au Moyen Age au milieu des cimetières ou charniers.

Chapelle sépulcrale (ou *funéraire*). Chapelle souterraine ou rattachée à une église et dont l'objet est de recevoir des sépultures.

Ø *All.* Grabkapelle, *angl.* funeral chapel, *esp.* capilla funeraria, *ital.* cappella funeraria.

chaperon n.m. (*dérivé ancien de* chape). 1) Coiffure du Moyen Age : simple capuchon fixé à la chape. ‖ 2) *Archit.* Couverture d'un mur, à une ou deux pentes, pour le protéger à la façon d'un capuchon contre les eaux pluviales. ‖ 3) On nommait ainsi, d'une façon générale, tout ce qui ressemblait à un couvercle protecteur.

chapier n.m. (*de* chape). Meuble spécial dans les sacristies* où l'on serre les chapes*.

chapiteau n.m. (*du lat.* caput : tête). *Archit.* Pierre* portant un ensemble de moulures* et d'ornements*, qui coiffe ou couronne le fût* d'une colonne*, d'un pilastre*, d'un pilier* (*v.* colonne) (*v. pl.* 1, 2, 5, 6).

Les *chapiteaux*, dont il existe une variété infinie, caractérisent les différents styles*.

Le chapiteau comprend essentiellement *a*) le chapiteau proprement dit, recouvert par *b*) l'aba-

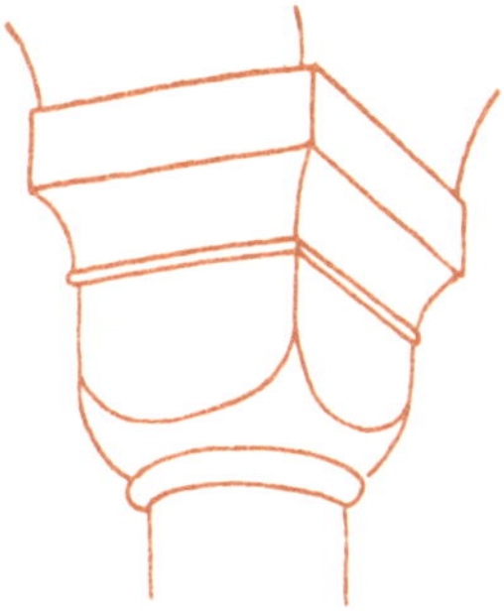

chapiteau cubique

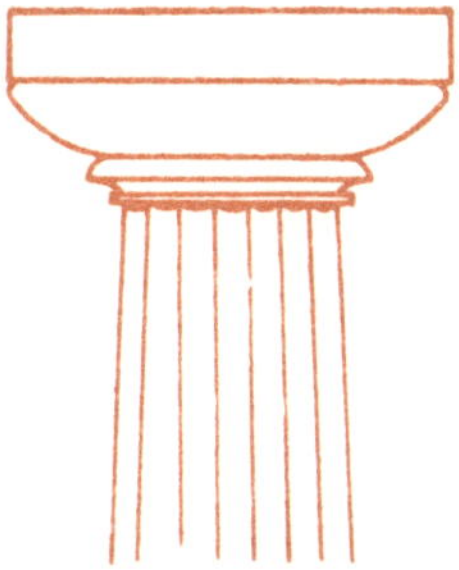

chapiteau dorique

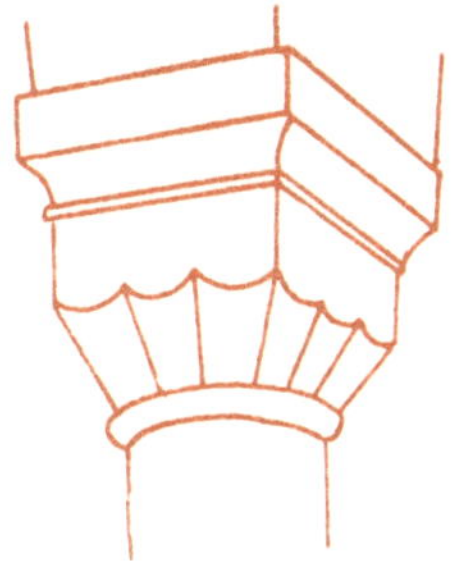

chapiteau à godrons

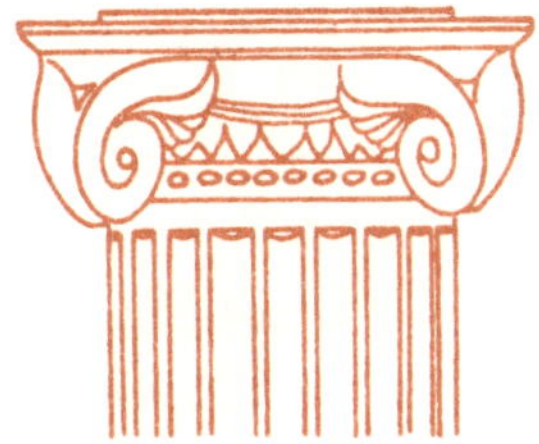

chapiteau ionique

que* (chapiteau antique) ou le tailloir* (chapiteau médiéval) (*v.* ornementation).

∅ *All.* Kapitell, *angl.* capital, *esp.* capitel, *ital.* capitello.

Exemples de diverses formes de chapiteaux :

Chapiteau angulaire. Chapiteau d'un pilastre* situé à un angle*, qui supporte un entablement* faisant un retour à angle* droit (*fig.*).

Chapiteau byzantin. Dès le règne de Constantin (IVᵉ siècle), l'architecture byzantine* délaissa les ordres* classiques et préféra de nouvelles formes. On vit des chapiteaux cubiques décorés de palmes légères; puis ce furent des pyramides tronquées, renversées sur la pointe (chapiteaux impostes) décorées d'ornements géométriques (*fig.*).

Chapiteau composite (ou *composé*). Empruntant des éléments aux divers ordres*. *Par ex.,* ajoutant les fortes volutes* de l'ionique* aux acanthes* du corinthien* (*fig.*).

∅ *All.* Kompositkapitell, *angl.* composite capital, *esp.* capitel compuesto, *ital.* capitello composito.

Chapiteau corinthien (*v.* colonne). Il paraît bien représenter, conformément à la légende qui en attribue l'invention à Callimachos, grec du Vᵉ s. av. J.C., une corbeille autour de laquelle une acanthe* a poussé des feuilles d'inégale hauteur. La corbeille* est reliée au fût* par l'astragale* et est surmontée de l'abaque*. Celui-ci n'est plus carré, mais à pans coupés dont les faces dessinent une ligne courbe concave. C'est le plus récent des trois ordres* grecs antiques (*fig.*).

∅ *All.* korinthisches Kapitell, *angl.* corinthian capital, *esp.* capitel corintio, *ital.* capitello corinzio.

Chapiteau cubique. Dont la corbeille* est comme un cube arrondi à ses angles inférieurs. Il est, aussi bien, comme une demi-sphère tranchée sur quatre faces et équarrie en cube. C'est le plus simple des chapiteaux romans (*fig.*). Originaire de l'Italie lombarde, il est répandu surtout dans les régions alémaniques et à l'Est de la France.

∅ *All.* Würfelkapitell, *angl.* cushion capital, capitel cúbico, *ital.* capitello cubico.

Chapiteau dorique (*v.* ordre, colonne). Le plus ancien, le premier des trois ordres* de la Grèce antique. Il se compose d'un tore* évasé appelé échine*, relié au fût* par de petits listels* appelés annelets*, et d'un abaque épais qui soutient l'architrave* (*fig.*).

La hauteur totale du chapiteau dorique doit être égale au rayon de la base de la colonne.

Chapiteau à feuillage. Orné de feuilles qui, à l'époque romane, sont généralement stylisées.

∅ *All.* Laubkapitell, *angl.* capital with foliage, *esp.* capitel de ramaje, *ital.* capitello a fogliami.

Chapiteau à godrons (ou *godronné*). Orné de godrons* (*fig.*).

∅ *All.* Faltenkapitell, *angl.* gadrooned capital, *ital.* capitello increspato.

Chapiteau historié. Décoré d' « hystoires », c'est-à-dire de scènes de personnages empruntées à l'Écriture Sainte, à la vie des Saints. Ils disparaissent à l'époque gothique, remplacés par de simples chapiteaux de feuillages réalistes.

∅ *All.* Figurenkapitell, *angl.* historiated capital, *esp.* capitel historiado, *ital.* capitello figurato.

Chapiteau imposte ou *chapiteau byzantin.*

∅ *All.* Kämpferkapitell, *angl.* impost capital, *esp.* capitel imposta, *ital.* capitello imposta.

Chapiteau indien. Ce chapiteau présente des motifs d'ornementation* extrêmement variés. Animaux, figures, plantes, s'y agencent et s'y réunissent avec une variété infinie. Le profil général est lui aussi varié : parfois très simple, souvent une sphère aplatie surmontée par des consoles* placées sous les linteaux* pour les soulager.

Chapiteau ionique. C'est le deuxième (dans le temps) des trois ordres* classiques de la Grèce. Caractérisé par une double volute* qui se déroule sur les faces antérieure et postérieure. Un abaque* (ou tailloir*) mince sépare l'architrave* de l'écorce qui produit les deux volutes. Ces deux volutes largement accentuées sont reliées par une échine*, laquelle est souvent couverte d'oves* et parfois surmontée d'un tore*, orné. Au-dessous de cette échine un large collier* se dessine, séparé du fût* par un astragale* (*fig.*). Une théorie sur l'origine des volutes les assimile aux plis d'un

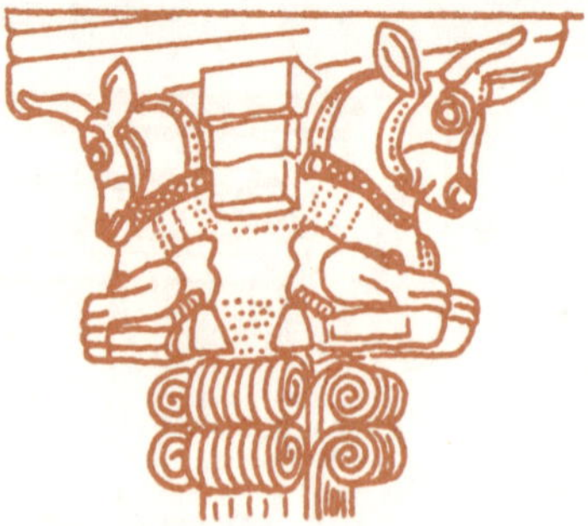

chapiteau persan

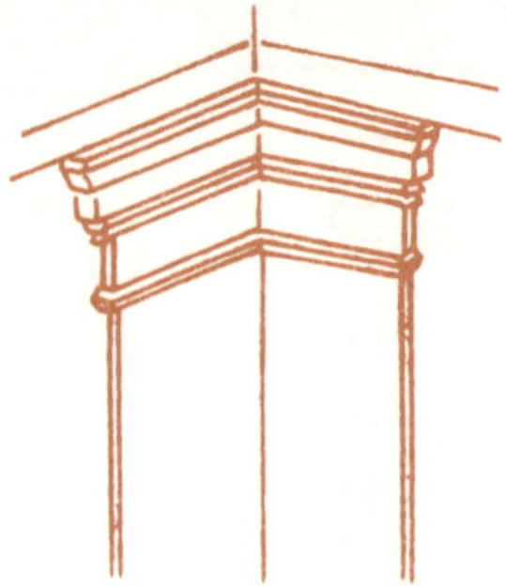

chapiteau plié

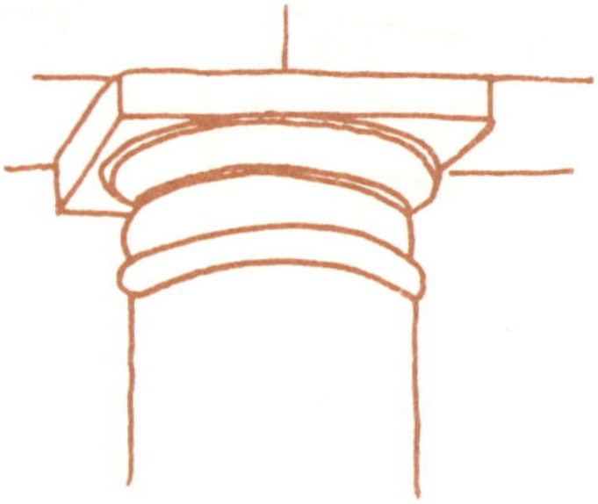

chapiteau toscan

coussin placé entre le fût et l'abaque. Cette thèse semble justifiée par l'aspect latéral des enroulements (*v.* colonne, ordre).
Chapiteau latin. Les premiers artistes chrétiens se servent des modèles de l'architecture antique. Mais à partir du Ve siècle se produisent de grands changements. C'est ainsi que la volute du chapiteau corinthien (*v. ci-dessus*) est remplacée par des animaux (aigles ou colombes) pour soutenir l'abaque*.
Chapiteau mauresque (ou *du style arabe*). De forme le plus souvent cubique, il se relie au fût* cylindrique de la colonne* par des courbes. Il peut être agrémenté d'un tailloir* et d'un astragale*, et de décorations* le plus souvent géométriques.
Chapiteau ogival. Plutôt que des chapiteaux à proprement parler, les chapiteaux surmontant les piliers* dans le style ogival* sont des frises* saillantes, régnant à la naissance des arcs* et épousant tous les contours des colonnettes*.

Au XIIe s., la frise se compose de rangées de bourgeons* qui prennent peu à peu la forme de crochets* pour devenir des bouquets* en plein épanouissement au XIIIe s. Perdant de son importance au XIVe s., le chapiteau disparaîtra souvent au XVe.
Chapiteau persan. L'abaque* échancré parfois comme celui du chapiteau corinthien (*v. ci-dessus*) s'appuie sur des têtes d'animaux, en général deux (chevaux ailés, taureaux, chameaux, etc.) (*fig.*).
Chapiteau plié. Chapiteau qui, couronnant un pilier* placé dans un angle* rentrant formé par deux murs*, se raccorde à chacun de ces deux murs (*fig.*). C'est l'opposé du *chapiteau angulaire* (*v. ci-dessus*).
Chapiteau Renaissance. Il n'est généralement qu'un composé ou un amalgame des chapiteaux décrits ici.
Chapiteau roman. Il n'est pas possible d'énumérer ici les nombreux exemples de chapiteaux romans. Ils sont différents selon les régions ou la pierre employée. Plus ou moins sculptés, on y voit figurer, à côté d'éléments antiques subsistants, des ornementations géométriques, florales, animales, ou de personnages humains représentant des scènes tirées de l'Écriture Sainte (*chapiteau historié*).
Chapiteau toscan. C'est une altération du chapiteau dorique (*fig.*).

chapitre n.m. (*du lat.* capitulum, *dimin. de* caput : tête). 1) Division d'un ouvrage littéraire. Dans l'Antiquité les livres étaient souvent divisés en chapitres assez courts : ainsi la *Règle de saint Benoît**. Saint Benoît* d'Aniane établit l'usage de lire chaque matin aux moines* après l'office de prime, un *chapitre* de cette Règle. ‖ 2) La salle où sont assemblés les moines pour cette lecture, dite aussi *salle capitulaire.* Elle sert pour toutes leurs assemblées, notamment celles où ils doivent délibérer pour régler une question intéressant le monastère*. C'est l'un des « lieux réguliers » de tout monastère (*pl.* 137). ‖ 3) Toute assemblée de la communauté de moines et plus tard de chanoines*, réguliers ou séculiers. ‖ 4) La communauté de chanoines elle-même.

ø *All.* Kapitel, *angl.* chapter, *esp.* capítulo, *ital.* capitolo.

chardon n.m. (*rac. lat.* carduus : chardon). *Archit.* 1) Plante souvent employée dans la décoration architecturale aux XIVe et XVe siècles. ‖ 2) Pointes de fer forgé placées sur le chaperon* d'un mur ou les côtés d'une grille* à titre de défense et agencées pour servir en même temps d'ornements*.

ø *All.* Schweinsfedern, *angl.* spikes, *esp.* cardos, *ital.* ricciolini di ferro.

charge n.f. (*dér. de* charger, *du lat.* carricare, *dér. de* carrus : char à quatre roues). *Archit.* Matières rapportées après coup pour compléter une épaisseur déterminée. *Par ex.* Gravois* placés sur les aires* de plancher pour y asseoir le carrelage*.

ø *All.* Last, *angl.* load, *esp.* grava, *ital.* carico.

Tas de charge. Appareillage particulier à certains arcs*, notamment à des arcs outrepassés. Au lieu d'être formé entièrement et dès sa naissance de claveaux* concentriques, l'arc ici ne repose pas dès le départ sur le point d'appui normal (chapi-

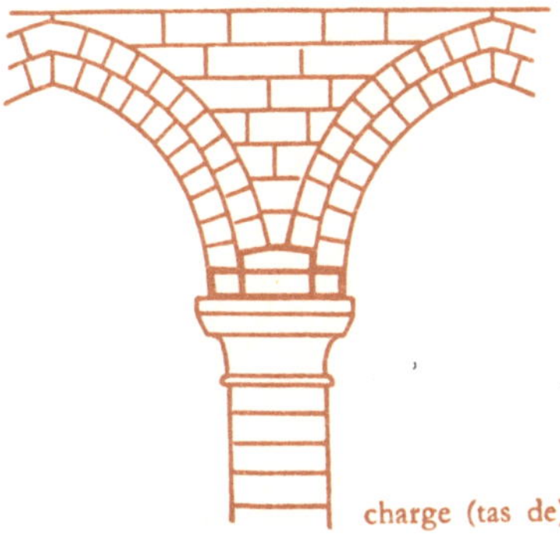

charge (tas de)

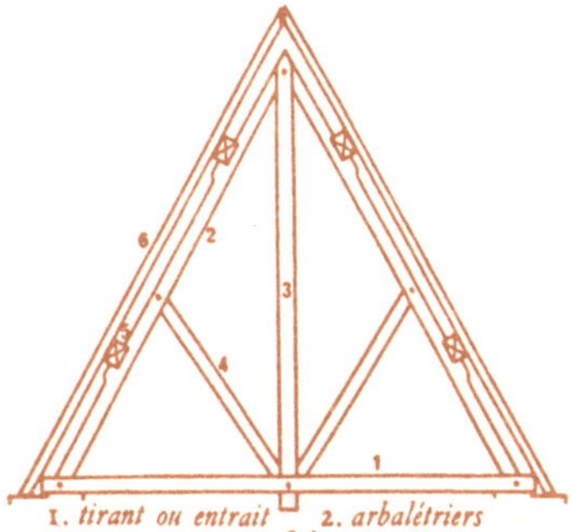

charpente

teau*, tailloir*, sommier* ou coussinet*), mais sur ce point d'appui renforcé lui-même par un bloc de maçonnerie dit *tas de charge* (*fig.*), de telle sorte que la portion centrale seulement de l'arc se trouve constituée par des claveaux concentriques, les autres portions l'étant par des blocs de maçonnerie. Chacun des blocs en question peut être formé soit d'un sommier supplémentaire, soit par des assises* horizontales de claveaux superposés qui sont placés non plus selon la normale à la courbe de l'arc, mais en porte-à-faux.

ø *All.* Anfänger, *angl.* springing stones, *esp.* hilada.

On désigne aussi sous ce nom d'appareillage *en tas de charge* des claveaux bien à leur place dans un arc dès son départ, mais dont les joints de lits (*v.* claveau) ne sont normaux à la courbe de l'arc que du côté de l'intrados*, et sont horizontaux du côté de l'extrados* pour mieux se lier à la maçonnerie environnante (*v.* crossettes *et* appareil à crossettes).

chariot de feu n.m. (*dér. de* char, *lat.* carrus : char à quatre roues). On appelle ainsi des caisses roulantes en métal (sortes de braseros) servant au chauffage des habitations, au Moyen Age (*v.* chauffe-doux).

charité n.f. Une des trois vertus théologales.

charnier n.m. (*dér. de* charn, *puis* chair, *du lat.* carnem, *de* caro). *Archit.* Galeries* édifiées dans les cimetières pour entasser les ossements des morts. Il s'agit plus exactement d'*ossuaires** puisque les os déposés étaient « décharnés ».

ø *All.* Beinhaus, *angl.* charnel house, *esp.* osario, *ital.* carnaio.

charnière n.f. (*dér. de* charnon, *du lat.* cardo : gond). Assemblage* mobile de deux platines de métal pourvues sur l'une de leurs rives de *charnons* réunis par un axe appelé *broche*. Une branche de la *charnière* est fixée sur une partie dormante; l'autre sur une partie mobile (fenêtre, porte, couvercle, etc.).

ø *All.* Scharnier, *angl.* hinge, *esp.* bisagra, *ital.* cerniera.

charole n.f. *Voir* carole.

charpente n.f. (*dér. de* charpenter). *Archit.* 1) Ossature en bois, en fer, en béton armé d'une construction quelconque. Ces matériaux lorsqu'ils sont agencés suivant certains principes forment une structure sur laquelle peuvent venir s'appliquer des matériaux divers (*fig., pl.* 44).

Parmi les principes directeurs, certains sont d'une rigueur absolue. Par exemple : *a*) Répartir les charges sur les points d'appui* notamment par des tirants*. *b*) Assurer le contreventement*, c'est-à-dire veiller à obtenir une structure invariable et à éviter toute déformation qui viendrait à se produire.

La charpente d'un comble* est divisée par des *fermes** en *travées** dont la longueur dépend de la résistance des poutres* et de la charge que celles-ci auront à supporter.

La *ferme* est formée essentiellement de deux solives* réunies par une extrémité, appelées *arbalétriers**. Les deux extrémités libres reposant sur les murs* (ou sur les piliers*) ont tendance par leur poids à pousser sur les murs (ou les piliers) et à les écarter ou renverser. On a donc imaginé d'entretoiser les deux extrémités libres des deux solives, c'est-à-dire de les réunir par une pièce appelée tirant ou *entrait* qui forme avec celles-ci une structure triangulaire, donc indéformable et n'exerçant aucune poussée. Afin d'empêcher le tirant de s'infléchir, on réunit le sommet des arbalétriers au centre du tirant (ou entrait) au moyen d'une poutre légère appelée *poinçon*; et pour renforcer encore l'ensemble, on réunit le milieu de chaque arbalétrier au pied du poinçon par deux poutrelles appelées les *contrefiches*.

Les fermes sont réunies entre elles par des solives appelées *pannes* qui sont attachées solidement aux arbalétriers. Ces pannes à leur tour portent les *chevrons*, pièces légères de bois placées dans la direction de la pente du toit, chevrons sur lesquels sera posée la couverture du toit (voliges, etc.).

Cette structure des fermes, ignorée des Grecs, fut utilisée par les Romains, qui inventèrent le

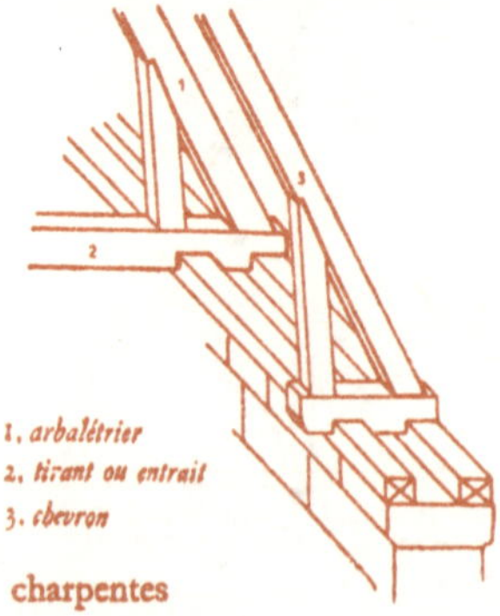

charpentes

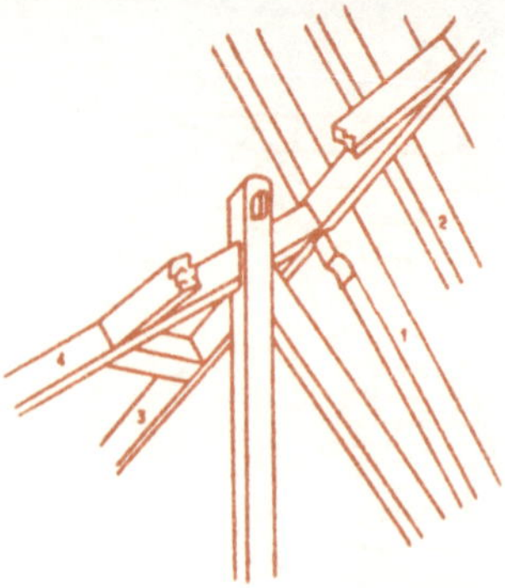

tirant. Au Moyen Age la tradition romaine continue. Mais peu à peu, les formes devenant de plus en plus élancées, les chevrons durent être empêchés de glisser, la pente des toits étant devenue très grande. On les traita donc comme les fermes, en les entretoisant. Les fermes disparurent et les chevrons liés et entretoisés devinrent des fermettes (*fig., ex. XIII*e *s. d'ap. Viollet-le-Duc*).

Le principe de la ferme à tirants et entretoises triangulaires est resté en vigueur de nos jours, en raison de sa simplicité et de sa perfection.

ø *All.* Dachstuhl, *angl.* framework, *esp.* armadura, *ital.* travatura di legno.

2) Art de construire des charpentes.

charpenter v.tr. (*lat.* carpentare : tailler *le bois pour fabriquer un char gaulois à deux roues ou* « carpentum »). *Archit.* Tailler, équarrir des pièces de bois*.

charpenterie n.f. (*dér. de* charpenter). *Archit.* 1) Art de la charpente*. ‖ 2) Ensemble de pièces charpentées.

charpentier (*lat.* carpentarius : charron, *fabricant de* chars *à deux roues*). *Archit.* Artisan qui, après en avoir taillé les pièces, assemble et édifie la charpente*.

ø *All.* Zimmermann, *angl.* carpenter, *esp.* carpintero, *ital.* carpentiere.

charte n.f. (*lat.* charta : papier). Autrefois *chartre*. Se dit des anciens documents juridiques servant à l'histoire d'une communauté religieuse ou civile. En particulier actes octroyant certaines libertés ou privilèges.

ø *All.* Urkunde, *angl.* charter, *esp.* carta, *ital.* antico diploma.

chartreuse n.f. (*nom de lieu* La Grande Chartreuse, *massif montagneux dans les Alpes françaises*). Lieu où saint Bruno fonda en 1086 l'ordre des chartreux et situé dans les montagnes du Dauphiné. Une chartreuse – c'est le nom des monastères de l'ordre – doit réunir les conditions de vie d'un ermite* et d'un moine* cénobite. L'église et le cloître sont communs, mais chaque moine occupe une maisonnette à part où il prie, mange, dort et travaille seul, cultivant seul aussi un petit jardin.

Parmi les fondations de l'ordre, en France, on remarque la chartreuse de Paris, fondée par saint Louis.

ø *All.* Kartause, *angl.* Charterhouse, *esp.* cartuja, *ital.* certosa.

chartrier n.m. (*dér. de* chartre *lat.* chartula *dim. de* charta : charte). *Archit.* Construction ou salle aménagée pour recevoir et conserver les archives (chartes*, titres et autres pièces).

ø *All.* Urkundensammlung, *angl.* charter room, *esp.* archivo, *ital.* archivio.

châsse n.f. (*du lat.* capsa : coffre). Coffre où sont gardées les reliques d'un saint (*pl.* 45).

Il s'agit très spécialement des reliquaires* primitifs qui gardaient la forme de cercueil*. En bois, au début, les *châsses* se virent peu à peu garnir de plaques de métal, et dans la suite furent exécutées entièrement en métal. Les dimensions diminuèrent lorsque les châsses ou les reliquaires n'eurent plus à contenir des corps entiers.

Les *reliquaires**, toujours plus petits que les châsses, ne contiennent qu'un fragment du corps du saint (chef, bras) ou un objet sanctifié (morceau de la Vraie Croix, par ex.).

Les châsses ont gardé généralement la forme soit d'un sarcophage, même lorsqu'elles sont de petites dimensions, soit d'une église* en réduction. Depuis le XIIe siècle, les châsses sont de plus en plus décorées. Elles ne restent plus cachées sous l'autel*, mais sont exposées et portées en procession (*v.* capsa).

ø *All.* Schrein, *angl.* shrine, *esp.* relicario, *ital.* cassa.

châssis n.m. (*dér. de* chas, *forme masculine de* châsse).
• Assemblage* de forme variée de pièces de bois (ou de métal) servant à d'innombrables usages. On distingue notamment les châssis de fenêtres*, qui sont dormants (fixes) ou ouvrants, etc.

ø *All.* Fensterrahmen, *angl.* window-frame, *esp.* marco de vidriera, *ital.* telaio.

• – **de pierre.** Pierre* taillée et évidée en son milieu, dont l'évidement est bordé intérieurement d'une feuillure* sur laquelle vient s'emboîter une autre pierre.

chasuble n.f. (*du lat.* casula : petite maison). *Liturgie* Vêtement enveloppant le corps tout entier, muni d'une ouverture pour passer la tête, qui ne sert qu'à la célébration de la messe (*v.* casula; *sur l'origine, v.* chape). Vers la fin du IVe s., la *chasuble* se détache de la « cappa » pour suivre une évolution qui lui est propre. Elle ne fut pas fendue et garda une seule ouverture pour permettre le passage de la tête. Appelée *casula* en Gaule, les Romains la dénommèrent *planeta*, nom qu'elle a gardé à ce jour en Italie et dans les règlements liturgiques. Dom Guéranger au XIXe s. fit revivre la grande chasuble romaine qui avait subi de graves déformations surtout au XVIIe s.

⌀ *All.* Kasel, *angl.* chasuble, *esp.* casulla, *ital.* pianeta.

chasublier n.m. (*dér. de* chasuble). Meuble de sacristie* dans lequel on étend les chasubles*.

château n.m. (*lat.* castellum, *dim. de* castrum : camp). *Archit.* Habitation fortifiée du seigneur, au Moyen Age, appelée souvent *château-fort*. Placé sur une hauteur ou dans une situation stratégique, celui-ci servait de refuge aux habitants voisins en cas de guerre.

⌀ *All.* Burg, Schloss, *angl.* castle, *esp.* alcázar, castillo, *ital.* castello.

châtelet n.m. (*dim. de château*). *Archit.* Petit château* fortifié défendant un passage (pont, route, gué, etc.).

⌀ *All.* Schlösschen, *angl.* small castle, *esp.* castillejo, *ital.* castelletto.

chatière n.f. (*dér. de* chat, *lat.* cattus). Petite ouverture ménagée au bas d'une porte* pour laisser passer les chats.

⌀ *All.* Katzenloch, *angl.* cat-hole, *esp.* gatera, *ital.* gattaiuola.

chaton n.m. *Voir* sertir.

chauffe-doux n.m. (*lat.* calidum : chaud *et* dulcis : doux). Appareil de chauffage du Moyen Age fait d'une caisse de fer à parois ornementées qu'on emplissait de cendre et de braise. Les *chauffe-doux* montés sur des roues étaient promenés d'une pièce à l'autre (*v.* chariot de feu).

chauffe-mains, chauffe-pieds, chaufferette. Boîtes métalliques de formes diverses (ronde pour les mains) dans lesquelles on pouvait conserver des braises ou des lingots rougis, sortes de réchauds portatifs.

Chauffe-mains :

⌀ *All.* Muff, *angl.* handwarmer, *esp.* calientamanos, *ital.* scaldamani.

Chauffe-pieds :

⌀ *All.* Fusswärmer, *angl.* footwarmer, *esp.* calientapiés, *ital.* scaldapiedi.

chauffoir n.m. (*dér. de* chauffer, *lat.* calefacere). *Archit.* Salle munie d'une cheminée où l'on venait se chauffer (dans un monastère*, un hospice*, etc.).

⌀ *All.* Wärmstube, *angl.* warming room, *esp.* calefactorio, *ital.* focolaio.

chaufour n.m. (*composé de* chaux *et* four). Four à chaux*.

⌀ *All.* Kalkofen, *angl.* lime-kiln, *esp.* calera, *ital.* fornace da calcina.

chaume n.m. (*lat.* calamus). *Archit.* Couverture en paille ou roseaux.

⌀ *All.* Dachstroh, *angl.* thatch, *esp.* paja, *ital.* stoppia.

chaumière n.f. (*dér. de* chaume, *lat.* calamus). *Archit.* Maison couverte de chaume*, c'est-à-dire de paille ou de roseaux.

⌀ *All.* Strohhütte, *angl.* thatched cottage, *esp.* choza, *ital.* capanna.

chausses n.f. (*lat.* calceus). 1) Partie de l'habillement qui couvrait les jambes. On distinguait les hauts de chausses (caleçon, culotte) allant de ceinture au genou; et les bas de chausses, ou bas tout court, allant du genou au pied. Les chaussettes les prolongeaient sur le pied, le couvrant en entier. ‖ 2) Revêtement de mailles* protégeant les jambes des hommes d'armes.

⌀ *All.* Hosen, *angl.* hose, *esp.* calzas, *ital.* calzoni.

chaux n.f. (*lat.* calx). *Archit.* Protoxyde de calcium, base de nombreuses pierres* (marbre, craie, pierre à chaux, à bâtir).

On obtient la *chaux* en calcinant la pierre à chaux (carbonate de chaux) dans des fours spéciaux, ce qui la débarrasse de l'acide carbonique. La *chaux vive* est celle qui sort du four; elle est anhydre. La *chaux éteinte* (ou hydratée) est la chaux sur laquelle on a versé un peu d'eau qui la dissout et forme avec elle une fine pâte blanche. Elle sert à fabriquer par mélange avec le sable le meilleur mortier* connu avant l'invention du ciment* (d'où l'expression : « bâtir à chaux et à sable »).

ø *All.* Kalk, *angl.* lime, *esp.* cal, *ital.* calce.

La *chaux grasse* (contraire de la *chaux maigre*) est celle que le contact de l'eau fait augmenter de volume. Durcit à l'air (ainsi que la chaux maigre).

Le *lait de chaux* est de la chaux éteinte largement étendue d'eau et pouvant ainsi être étalée à la brosse* (*v.* badigeon).

La *chaux hydraulique* a la propriété de durcir dans l'eau.

Chaux vive :

ø *All.* ungelöschter Kalk, *angl.* quick lime, *esp.* cal viva, *ital.* calce viva.

chef n.m. (*du lat.* caput : tête). • Tête. N'est plus usité dans ce sens que pour désigner la relique* d'un saint. *Ex.* Le chef de saint Jean-Baptiste (*v.* tête).

ø *All.* Haupt, *angl.* head, chief, *esp.* cabeza, *ital.* capo.

• – **d'œuvre.** 1) *Corporations* Le compagnon qui désirait passer maître devait exécuter devant les jurés une pièce qui, si elle était agréée, lui permettait d'être reçu.

ø *All.* Meisterstück, *angl.* trial piece, *esp.* obra de prueba, *ital.* capo d'arte.

2) Œuvre la plus importante d'un artiste.

ø *All.* Meisterwerk, Hauptwerk, *angl.* masterpiece, *esp.* obra maestra, *ital.* capolavoro.

3) Œuvre sans défaut dans son genre.

• – **d'ordre (abbaye).** Principal établissement d'un ordre* monastique. *Ex.* La Grande Chartreuse, Cluny, etc..

• – **reliquaire.** Reliquaire* contenant des ossements du *chef* d'un saint. Il est généralement en forme de tête, ou de buste (*pl.* 46).

ø *All.* Kopfreliquiar, *angl.* head reliquary, *esp.* cabeza relicario, *ital.* testa reliquiario.

chemin de croix n.m. (*lat.* camminus, *d'un mot gaulois*). Dévotion qui ne remonte pas, en Occident, au delà du XVe s. et qui consiste à visiter, en les méditant, les quatorze stations douloureuses de la Passion de N.S. entre le Mont des Oliviers et le Calvaire.

ø *All.* Kreuzweg, *angl.* Way of the Cross, *esp.* Vía crucis, *ital.* Via della Croce.

chemin de ronde n.m. *Fortif.* Passage aménagé à la crête d'une muraille, en vue de la circulation des sentinelles.

cheminée n.f. (*dér. de lat.* caminus : âtre, foyer). *Archit.* Partie de la construction d'une maison contenant l'âtre (ou foyer) destiné au chauffage. Cet âtre est entouré d'un chambranle* surmonté par une hotte*. Au Moyen Age, les *cheminées* sont monumentales.

ø *All.* Kamin, *angl.* chimney piece, *esp.* chimenea, *ital.* camino.

chemisage n.m. *Voir chemise.*

chemise n.f. (*bas-lat.* camisia *dont l'origine est obscure*). *Archit.* Signifie *enveloppe.* On appelle *chemise* (ou chemisage) un ouvrage de maçonnerie* servant à en couvrir, en parer, en protéger un autre. *Par ex.* La maçonnerie enveloppant un pilier*, l'enceinte d'un château (*v. pl.* 8) pour les renforcer.

ø *All.* Futtermauer, *angl.* mantle wall, *esp.* camisa, *ital.* camicia.

chéneau n.m. (*doubl. de* canal : chenal, *vx franç.* escheneau). *Archit.* Espèce de canal ou rigole qui règne au bas du rampant* d'un comble* et qui sert à recueillir les eaux pluviales et à les conduire dans une gargouille* saillante ou dans un tuyau* de descente.

Dans les édifices du Moyen Age, les *chéneaux* avaient une largeur suffisante pour permettre aux ouvriers d'y marcher.

ø *All.* Traufrinne, *angl.* gutter, *esp.* canalón, *ital.* canale dell'acqua piovana.

chérubin n.m. (*hébreu* cheroubim, *plur. de* cheroub : puissance céleste). Un des neuf chœurs des anges, représentés en général comme des anges ayant seulement le buste avec une ou plusieurs paires d'ailes.

∅ *All.* Cherub, *angl.* cherub, *esp.* querubín, *ital.* cherubino.

chevalement n.m. (*rac.* caballus : cheval). *Archit.* Assemblage* de grandes pièces de bois* en en forme de *chevalet,* pour soutenir une façade* menacée par des travaux en cours ou des affaissements.

chevalet n.m. (*dim. de* cheval). Sorte de trépied servant à supporter le tableau auquel travaille l'artiste peintre*.

∅ *All.* Staffelei, *angl.* easel (*litt.* .petit âne), *esp.* caballete, *ital.* cavalletto.

chevauchement n.m. (*dér. de* chevaucher, *lat.* caballicare : monter à cheval). *Archit.* Croisement de deux éléments passant l'un sur l'autre.

∅ *All.* Überlappung, *angl.* overlapping, *esp.* cruzamiento, *ital.* scavalcamento.

chevet n.m. (*du lat.* capitium, *ouverture supérieure de la tunique, de* caput : tête). 1) Le *chevet* d'un lit est la place où repose la tête de celui qui est couché (son *chef*). ‖ 2) *Archit.* De même le *chevet* de l'église* est la partie extrême de la nef*, au delà du sanctuaire*, assimilée en plan à la partie supérieure de la croix où reposait la tête du Christ. *Voir* abside.

Les *chevets* sont construits sur plans polygonaux (*pl.* 47), semi-circulaires (*pl.* 49) ou même rectangulaires (*pl.* 48).

∅ *All.* Chorhaupt, *angl.* chevet, *esp.* cabecera, *ital.* capocroce.

Chevet tréflé : *v.* chœur tréflé.

cheveteau *ou* **chevêtrier** n.m. (*dér. de* chevêtre). *Archit.* Solive* faisant partie d'une enchevêtrure* (*v. ce mot*).

chevêtre n.m. (*lat.* capistrum, *du verbe* capere : prendre). *Archit.* Barre qui relie les solives* d'un plancher, et plus particulièrement pièce de bois faisant partie de l'enchevêtrure* (*v. ce mot*). ‖ Vide ménagé dans les planches pour laisser la place des tuyaux* de cheminée* ou de l'âtre, etc.

∅ *All.* Stichbalken, *angl.* binding-joist, *esp.* brochal, *ital.* capestro.

cheville n.f. (*lat.* clavicula : petite clef). *Archit.* Petit morceau de bois de forme cylindrique, légèrement conique, et taillé quelquefois en pointe, introduit de force dans un trou traversant à la fois le tenon* et la mortaise*. Il sert à assujettir les assemblages* de charpenterie* et de menuiserie*.

∅ *All.* Pflock, *angl.* peg, *esp.* clavija, *ital.* caviglia.

chevron n.m. (*dér. de* chèvre). *Archit.* 1) Pièce de bois de faible équarrissage servant dans les combles* à supporter les lattis* ou les voligeages (*v.* volige) qui reçoivent la couverture*.

∅ *All.* Sparren, *angl.* rafter, *esp.* cabrio, *ital.* cantiere.

2) Ornement* caractéristique de l'époque romane consistant en un tore* ou une baguette* courant en zigzag (*v.* zigzag, bâtons rompus).

∅ *All.* Sparren, *angl.* chevron, *ital.* cavalletto.

chien-assis n.m. *Archit.* Petite lucarne destinée à éclairer et surtout à donner de l'air dans un comble*.

chimère n.f. (*gr.* χιμαιρα, *monstre mythologique*). Monstre fabuleux de l'Antiquité, à tête de lion, à corps de chèvre, à queue de dragon. Symbole de conceptions contraires à la réalité.

Le nom a été étendu à des êtres fantastiques n'ayant de commun avec le monstre antique que la bizarrerie de formes appartenant aux animaux les plus divers. L'art roman en fait le symbole de l'Esprit du mal.

∅ *All.* Chimära, *angl.* chimæra, *esp.* quimera, *ital.* chimera.

chœur n.m. (*lat.* chorus, *du gr.* χορος). 1) Ensemble de chantres* ou de chanteurs.

∅ *All.* Sängerchor, *angl.* chorus, *esp. et ital.* coro.

2) Lieu où se tient cet ensemble. *Au sens large,* c'est la partie de l'église réservée au clergé et interdite aux fidèles (*v. pl.* 4) (Saint des Saints

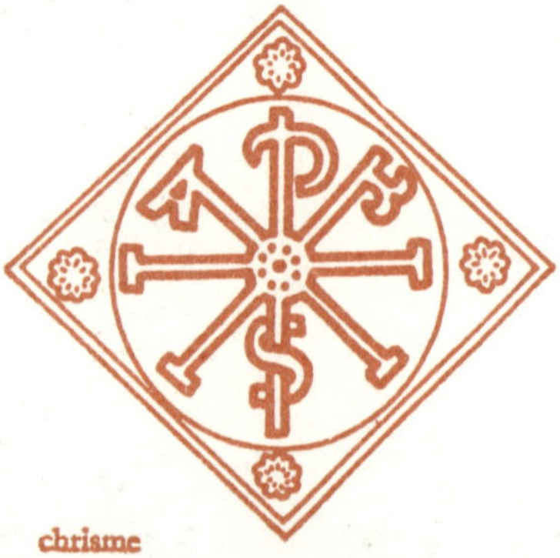

chrisme

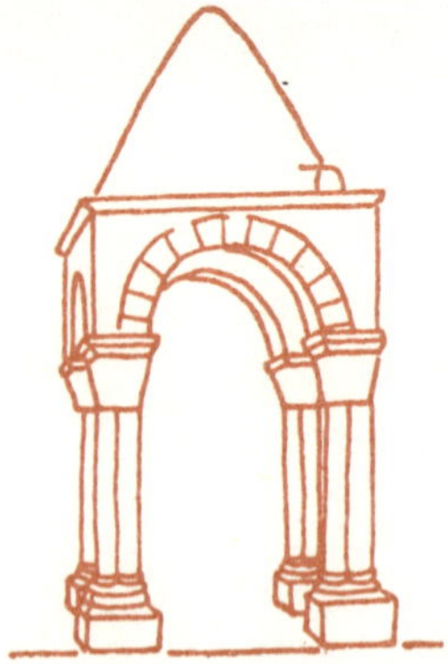

ciborium

du Temple). Au sens strict, on appelle *sanctuaire* la partie de l'église* où se trouve le maître-autel* et où évoluent les ministres de la messe, tandis que le *chœur* situé en avant ou en arrière et meublé de stalles* de chaque côté, est le lieu où se chante l'office* des différentes heures, diurnes et nocturnes. Mais dans les églises qui ne sont pas desservies par une communauté de moines* ou de chanoines*, le chœur est réduit à quelques stalles et se confond avec le sanctuaire : c'est le sens ordinaire du terme.

Le chœur s'ouvre quelquefois par un jubé*. Dans certaines cathédrales espagnoles, le chœur occupe le haut de la nef. Entouré de hautes clôtures il forme une sorte d'église dans l'église.

∅ *All.* Chor, *angl.* choir, *esp.* coro, capilla mayor, *ital.* coro.

Choeur tréflé : Trilobé en forme de trèfle. Le chevet* est alors formé de trois absides* (ou absidioles*) en éventail (*v.* chevet tréflé).

∅ *All.* Dreikonchenchor, *angl.* trefoiled choir, *esp.* cabecera·trebolada, *ital.* capocroce a trifoglio.

chorea n.f. (*lat.* chorus : chœur). Ensemble de chapelles* disposées circulairement autour du chevet* d'une église* et s'ouvrant sur la carole*. Ainsi nommé par Guillaume III, abbé de Saint-Germain des Prés.

chrême (saint) n.m. (*gr.* χρισμα : onction). Huile sainte servant aux onctions liturgiques (sacrements, dédicaces, sacre des rois, etc.).

∅ *All.* heilige Oel, *angl.* chrism, holy oil, *esp.* crisma, *ital.* cresima.

chrisme *ou* **chrismon** n.m. (*gr.* χρισμον). Monogramme du Christ fait des lettres grecques X (ki) et P (ro) entrelacées, premières lettres du mot Χριστος.

Il est souvent accompagné de l'alpha (A) et de l'oméga (Ω), première et dernière lettre de l'alphabet grec (*fig.*, *pl.* 50).

Ce *chrisme* que Constantin fit placer sur le labarum fut remplacé au Moyen Age par un autre formé des trois premières lettres du mot Jésus, en grec Ιησους, IHS. Cet emblème est interprété souvent *Iesus Hominum Salvator*.

∅ *All.* Chrismon, *angl.* chrismon, *esp.* crismón, *ital.* croce monogrammatica.

ciboire n.m. (*lat.* ciborium, *du gr.* χιβωριον, *coupe faite avec le fruit du nénuphar d'Egypte*). Vase sacré destiné à conserver la Réserve eucharistique après la messe (*pl.* 51). Le *ciboire* est appelé *pyxis* dans le latin des livres liturgiques.

∅ *All.* Hostiengefäss, *angl.* ciborium, *esp.* copón, *ital.* ciborio.

ciborium n.m. (*v. le précédent*). Édicule de pierre, marbre ou métal surmontant un autel* (*fig.*). *Syn. de* baldaquin (*v. ce mot*). Le *ciborium* de type paléo-chrétien est tombé en désuétude depuis le XIIIe siècle.

∅ *All.* Altarbaldachin, *angl.* altar canopy, *esp.* baldaquino, *ital.* ciborio.

On appelle également *ciboria* les armoires de pierre ou de bois, plus ou moins ouvragées, et fermant à clef ou au verrou, qui contiennent la Réserve eucharistique.

cierge n.m. (*lat.* cereus : de cire). Chandelle de cire, qui pour l'usage liturgique ne peut être remplacée par aucune autre substance, sauf certains tempéraments.

∅ *All.* Kerze, *angl.* taper, *esp.* cirio, *ital.* cero. Le *cierge pascal* qui est unique pour chaque église est placé sur un chandelier monumental appelé *chandelier pascal* (*v.* chandelier).

∅ *All.* Osterkerze, *angl.* paschal candle, *esp.* cirio pascual, *ital.* cero pasquale.

cimaise *ou* **cymaise** n.f. (*gr.* κυματιον : ondulation). Moulure* de pierre couronnant la corniche*. On appelle aussi de ce nom une moulure quelconque placée sur le mur à hauteur d'appui* dans l'intérieur d'une pièce.

∅ *All.* Karnies, *angl.* cyma, *esp.* cimacio, *ital.* cimasa.

ciment n.m. (*du lat.* caementum : pierre brute). Mélange de minéraux broyés, qui, délayés dans l'eau, se prend en masse compacte et dure : on l'emploie pour lier les éléments d'une maçonnerie*. Inconnu des Romains comme du Moyen Age, il fut découvert à la fin du XVIIIe s. (*v.* béton, pouzzolane).

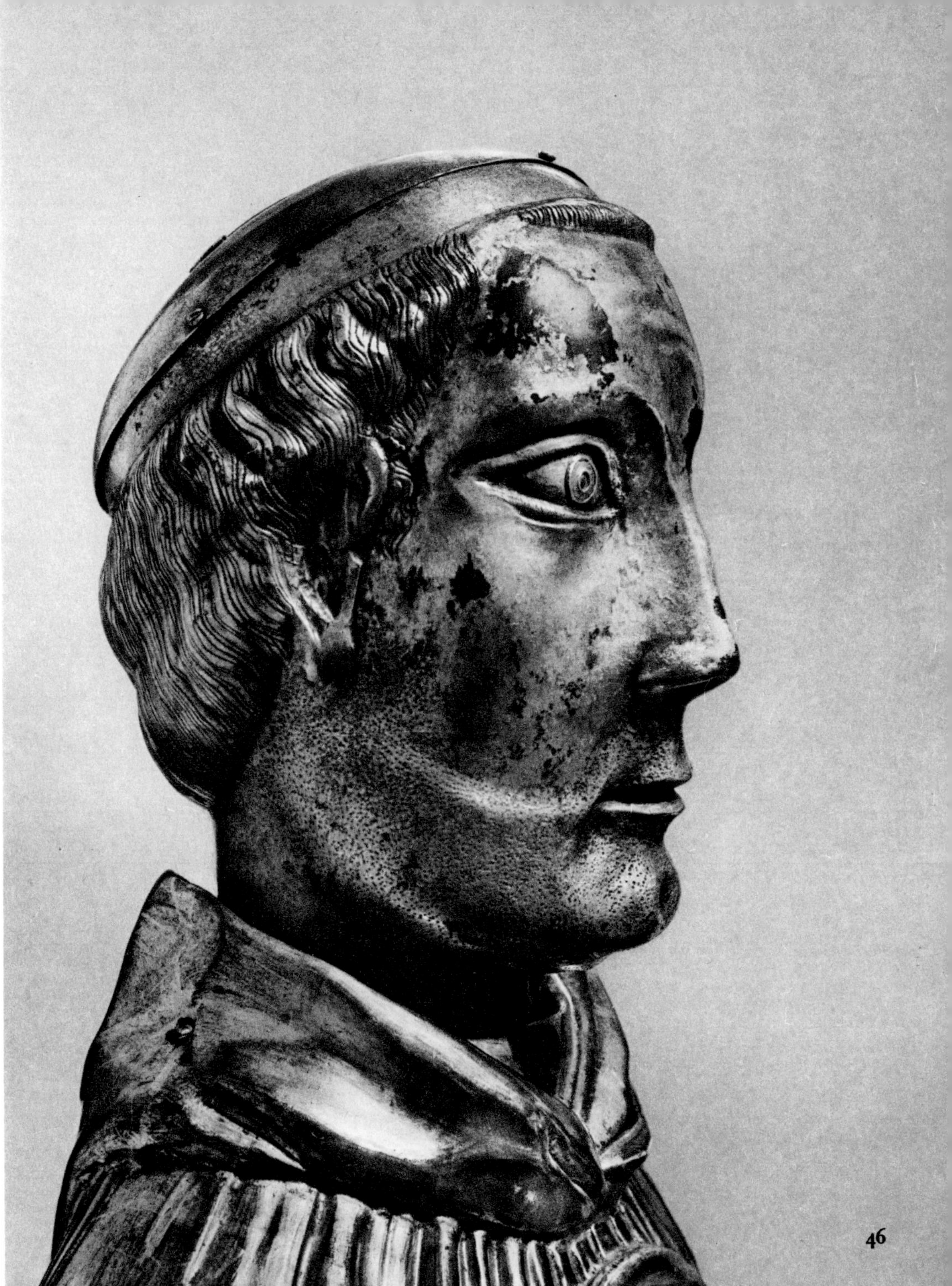

46

chef reliquaire

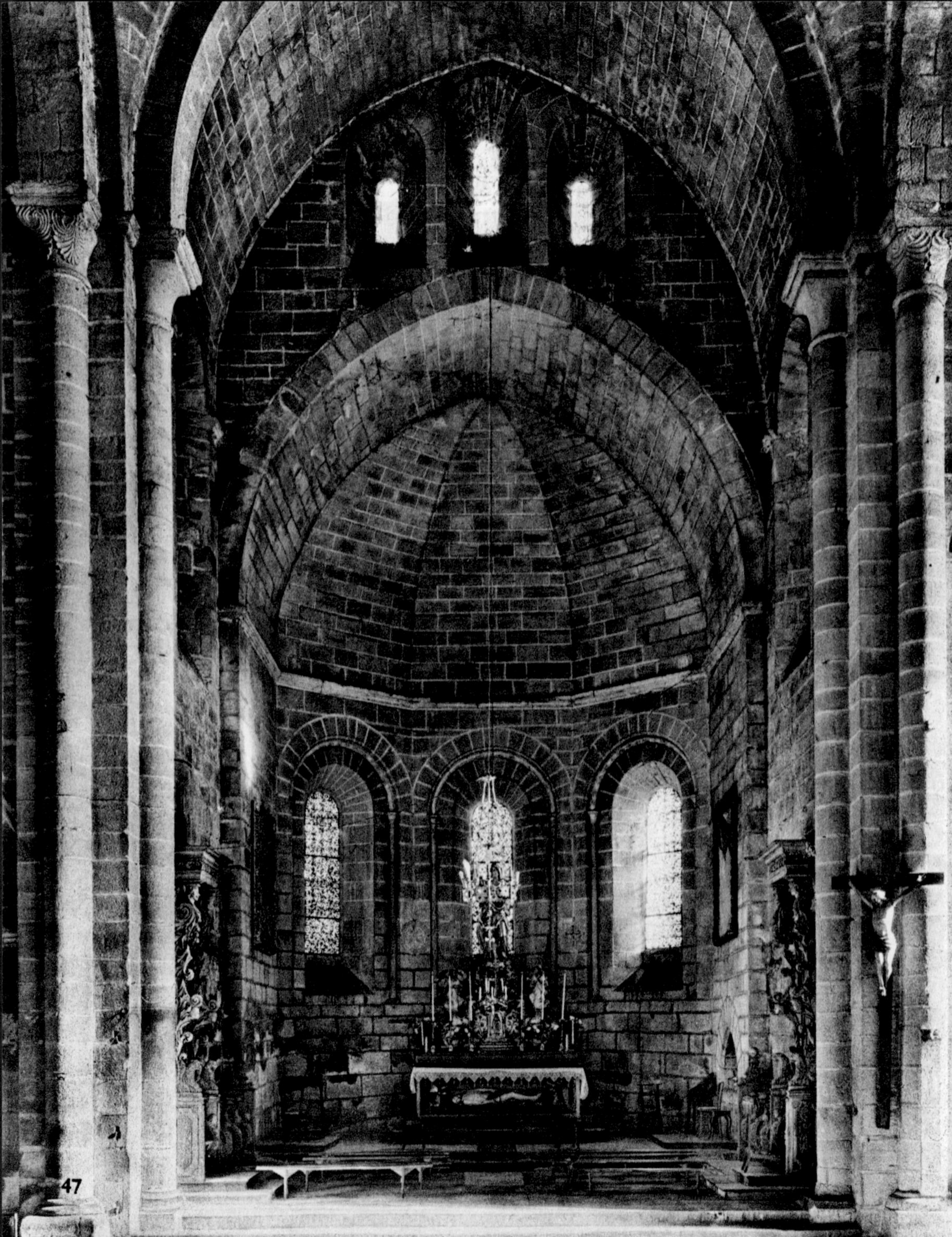

47

chevet sur plan polygonal

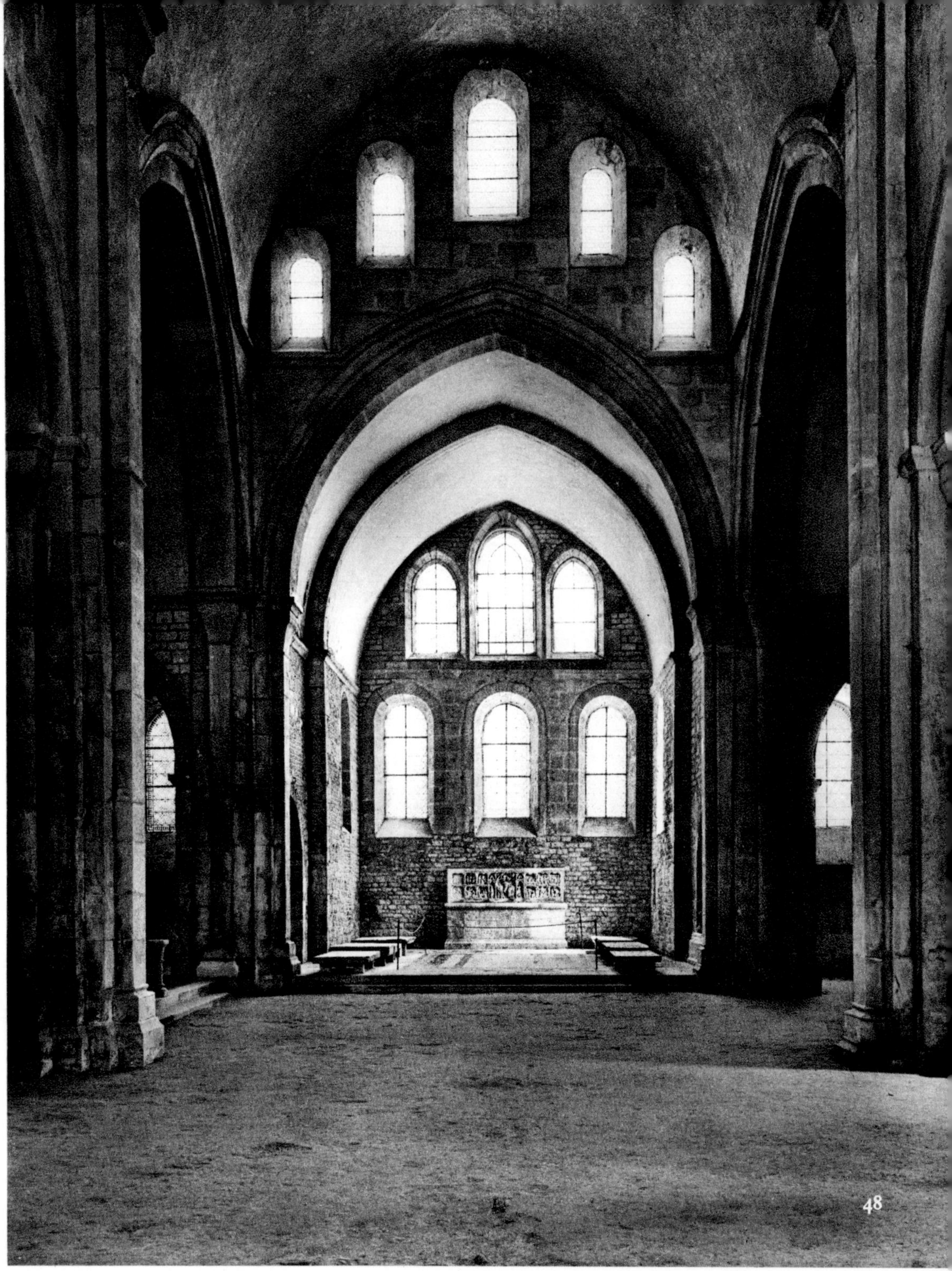

chevet sur plan rectangulaire

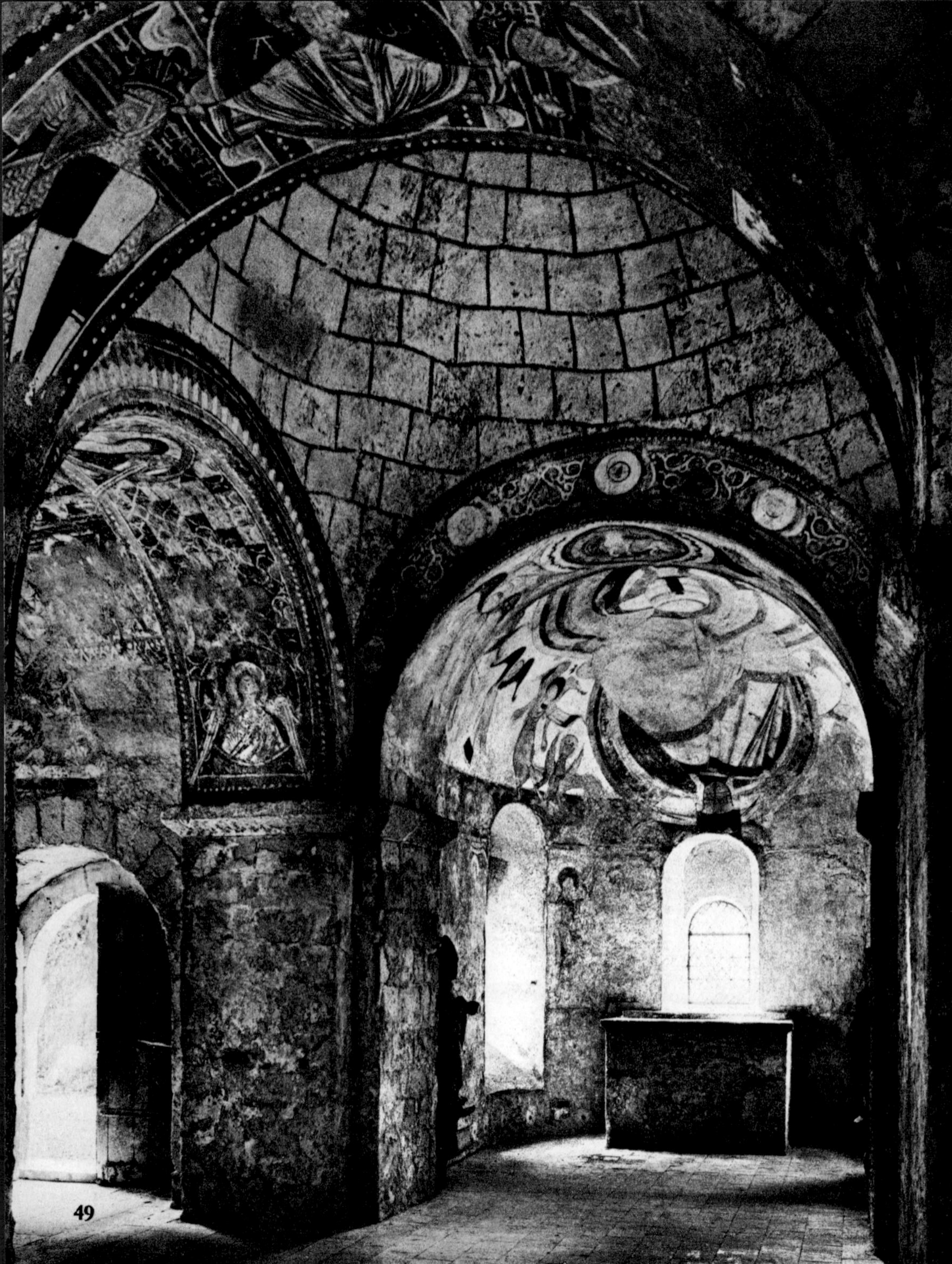

chevet sur plan semi-circulaire

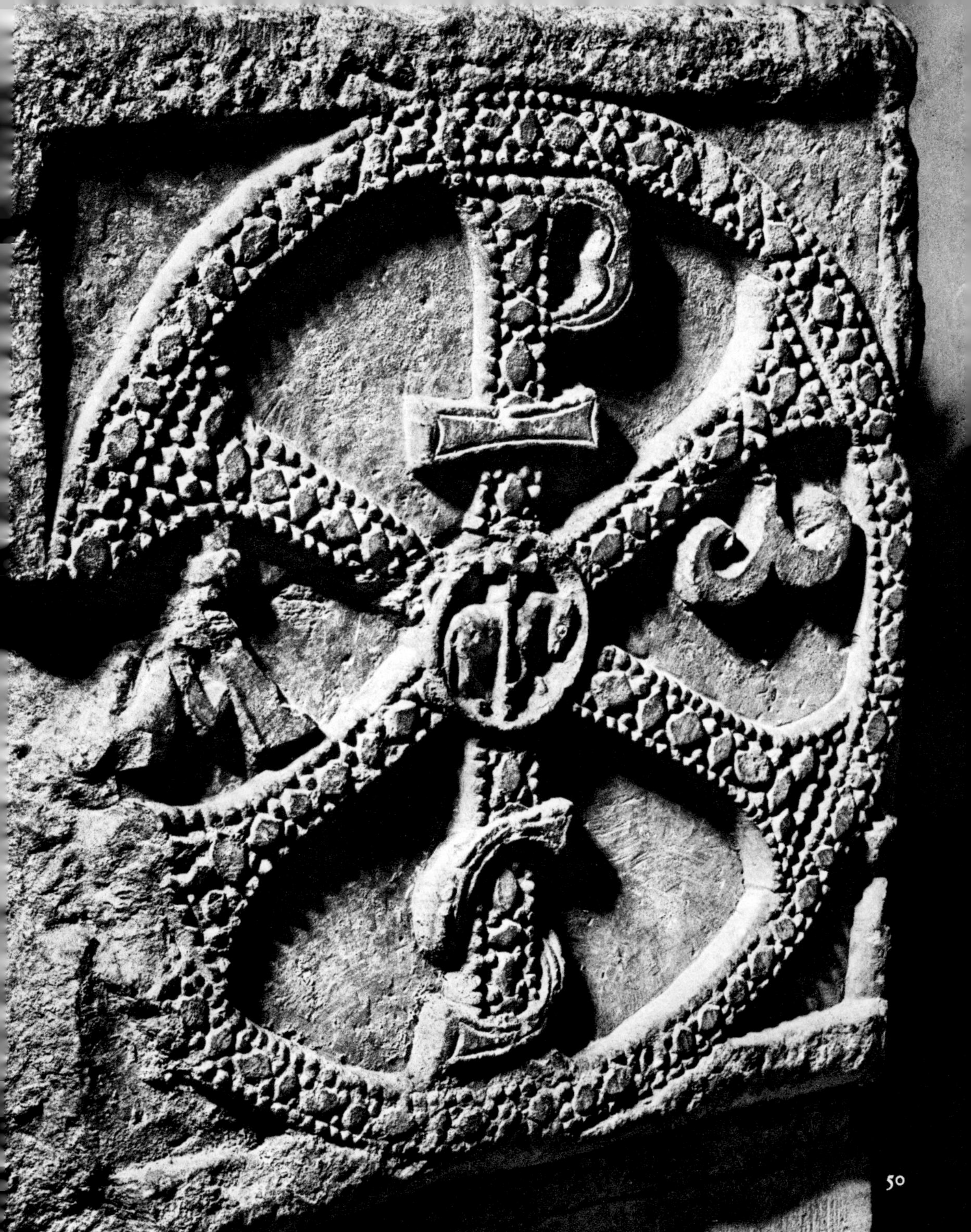

50

chrisme

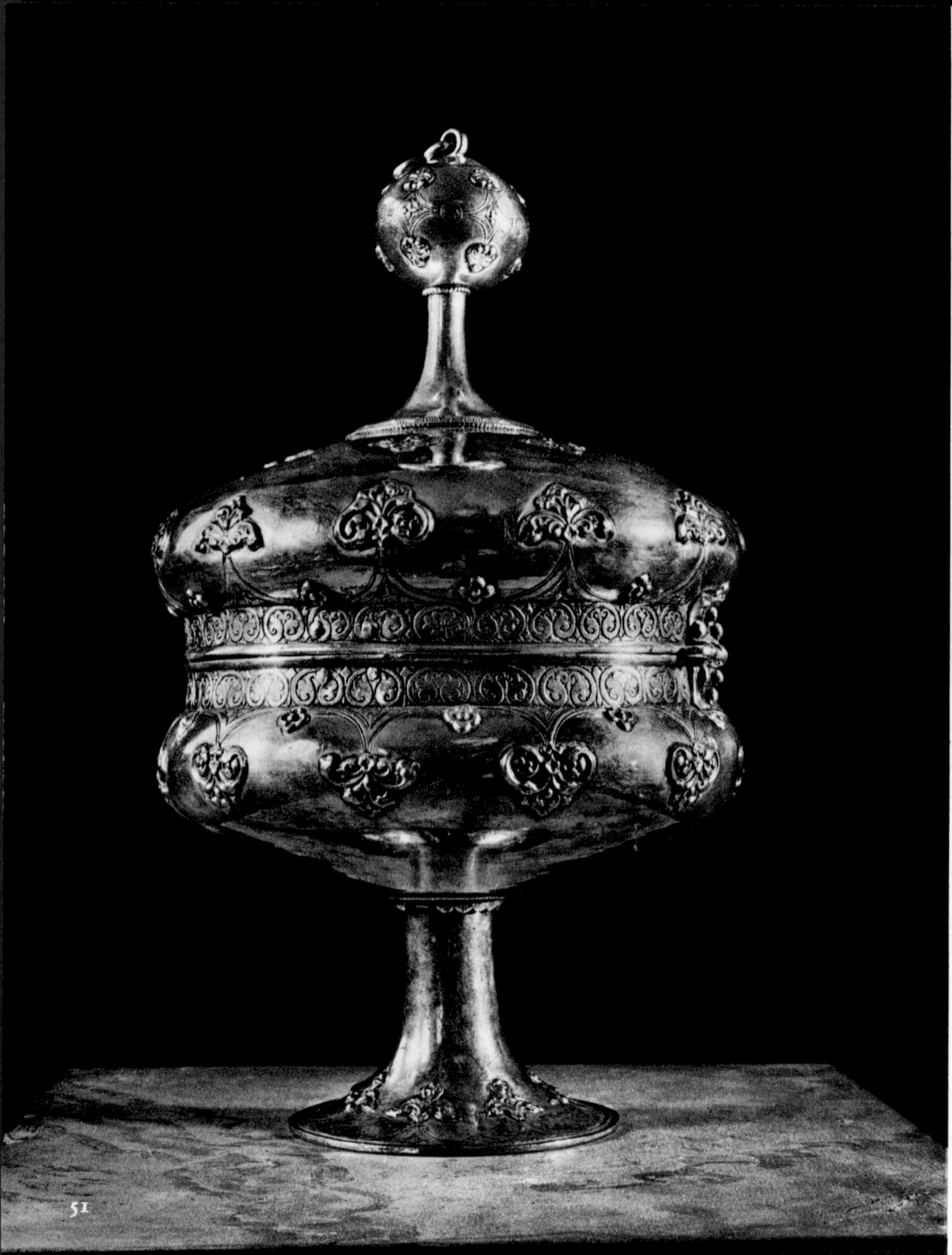

ciboire

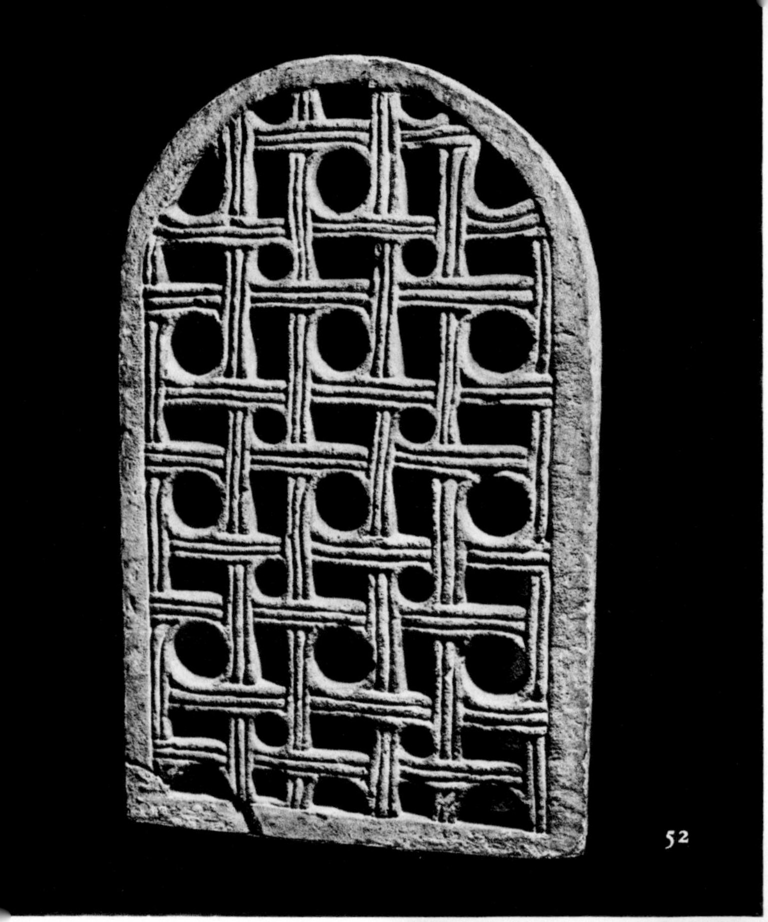

52

claustra

claveau

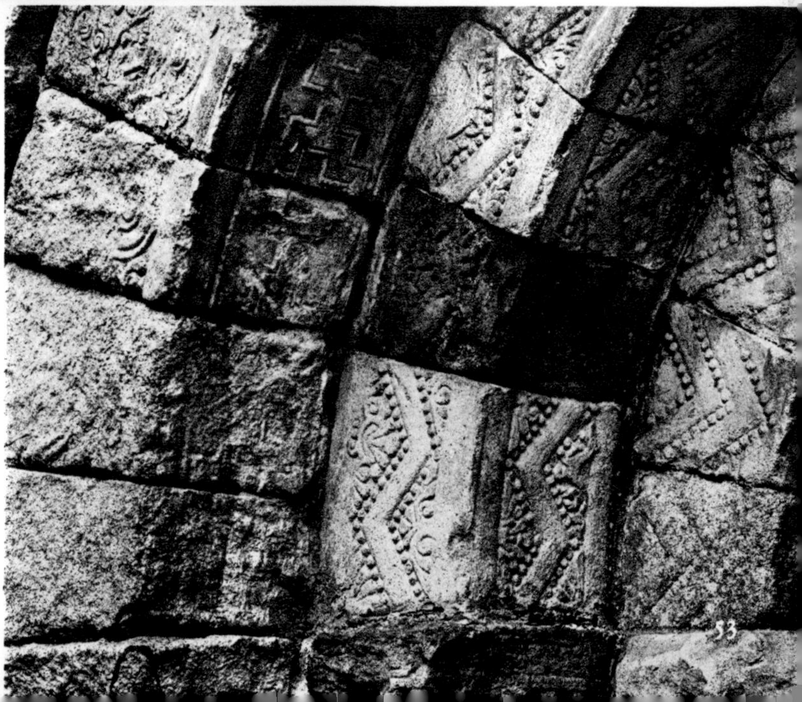

53

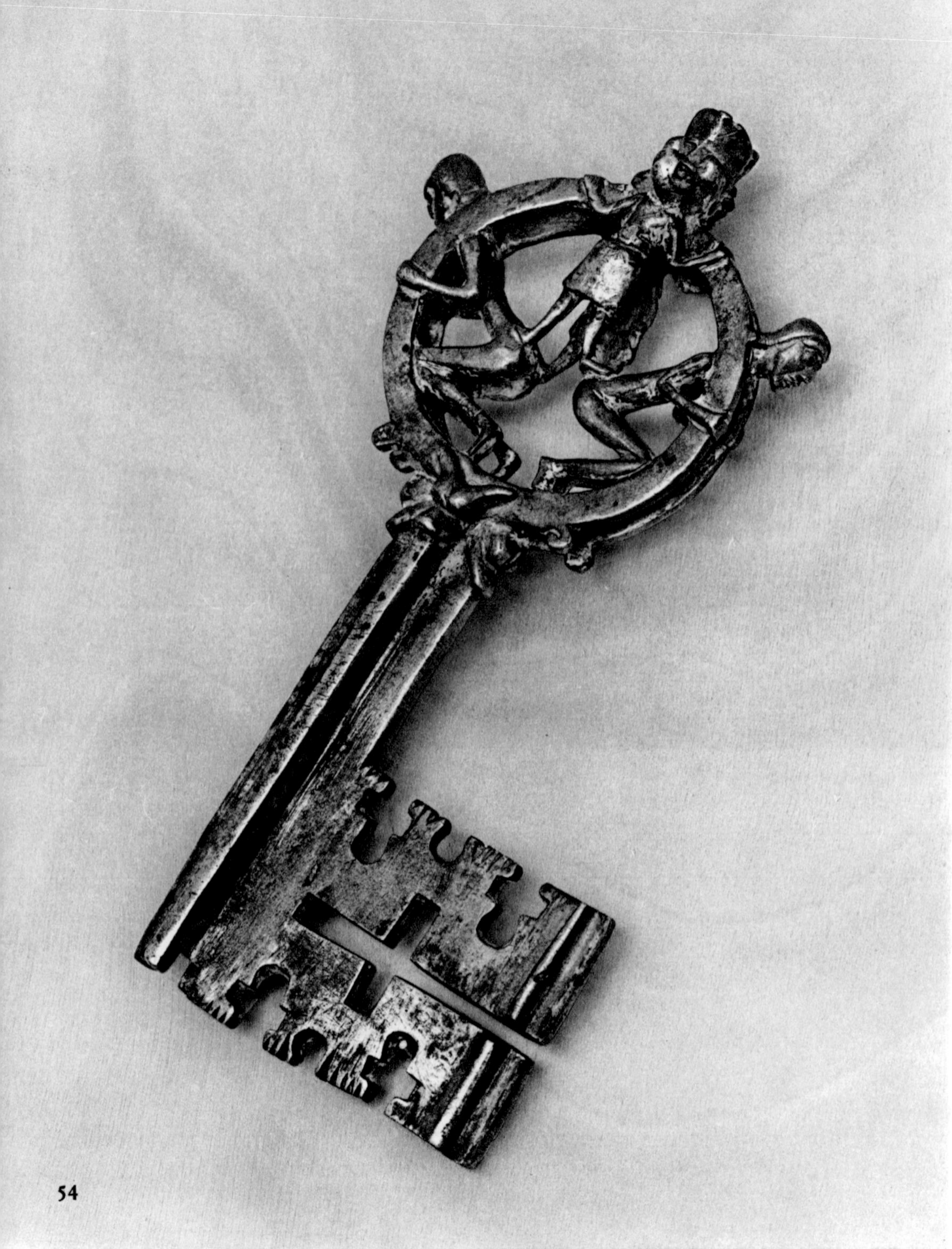

54

clef

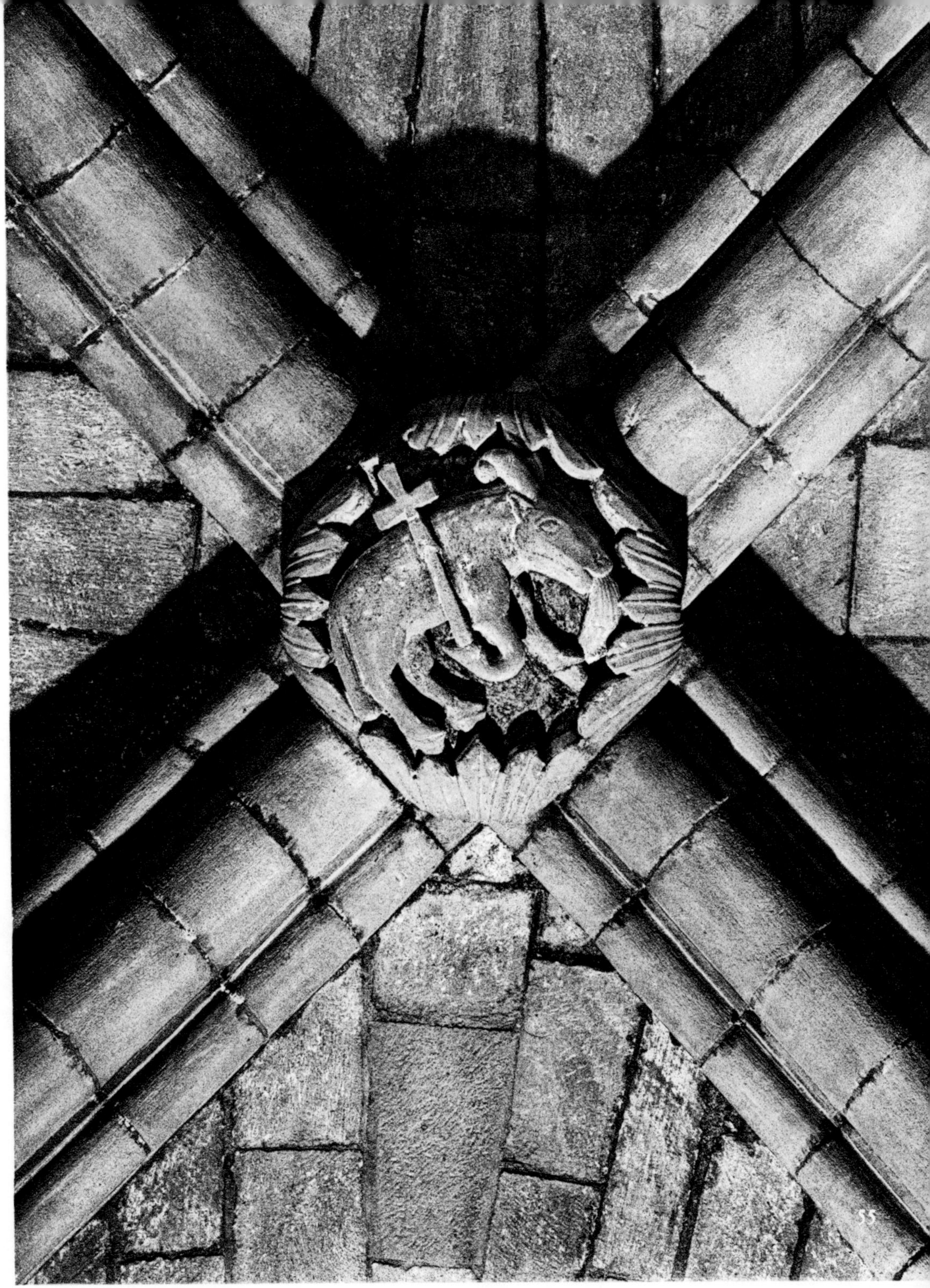

clef de voûte

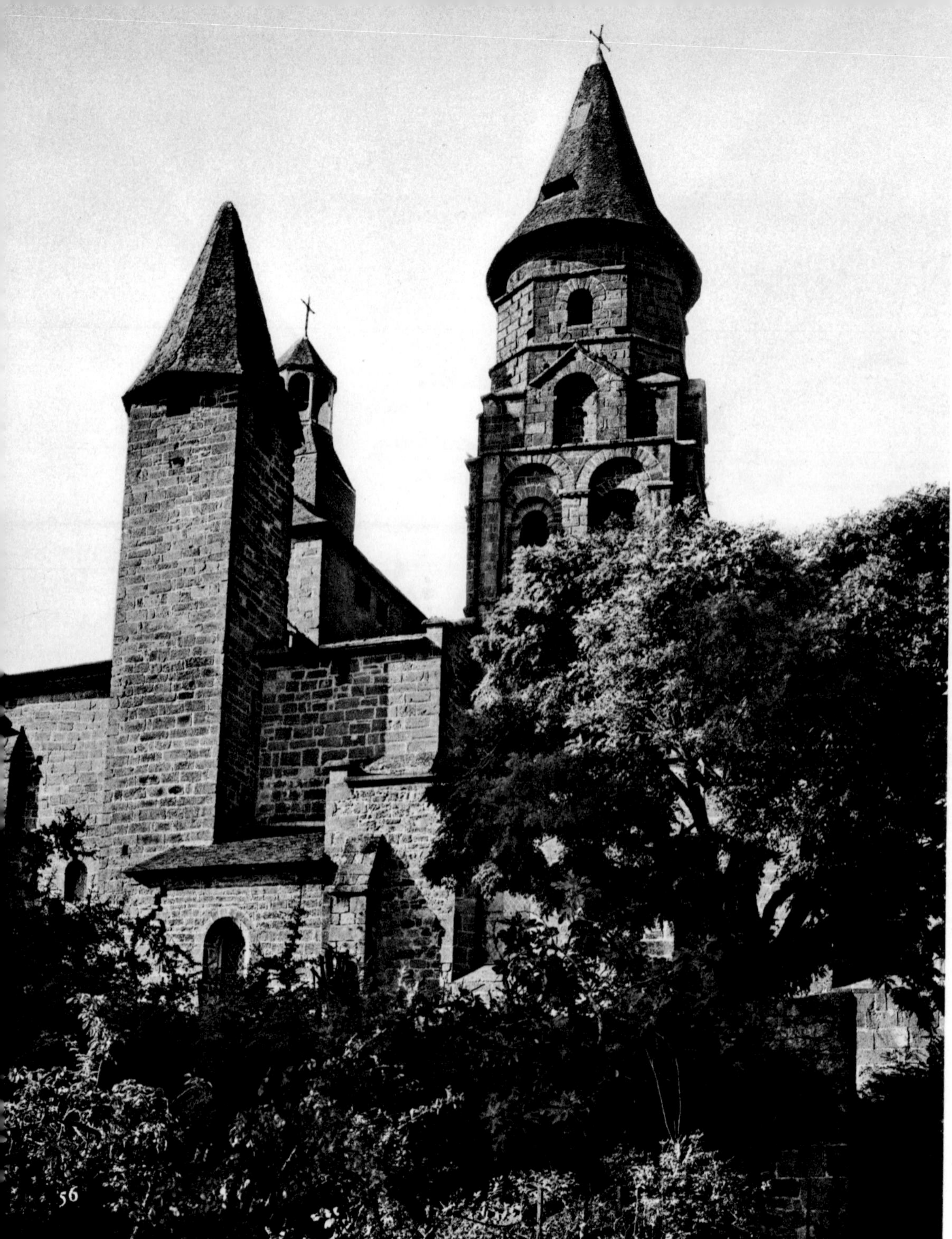

clocher à gable

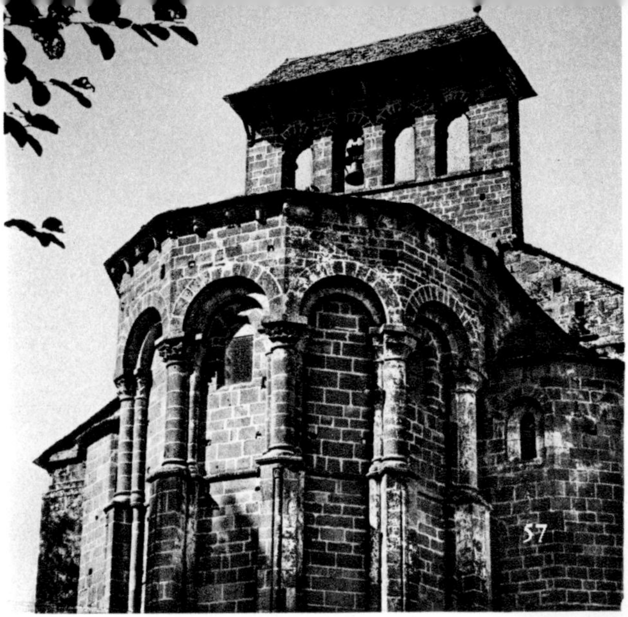

57

clocher-peigne

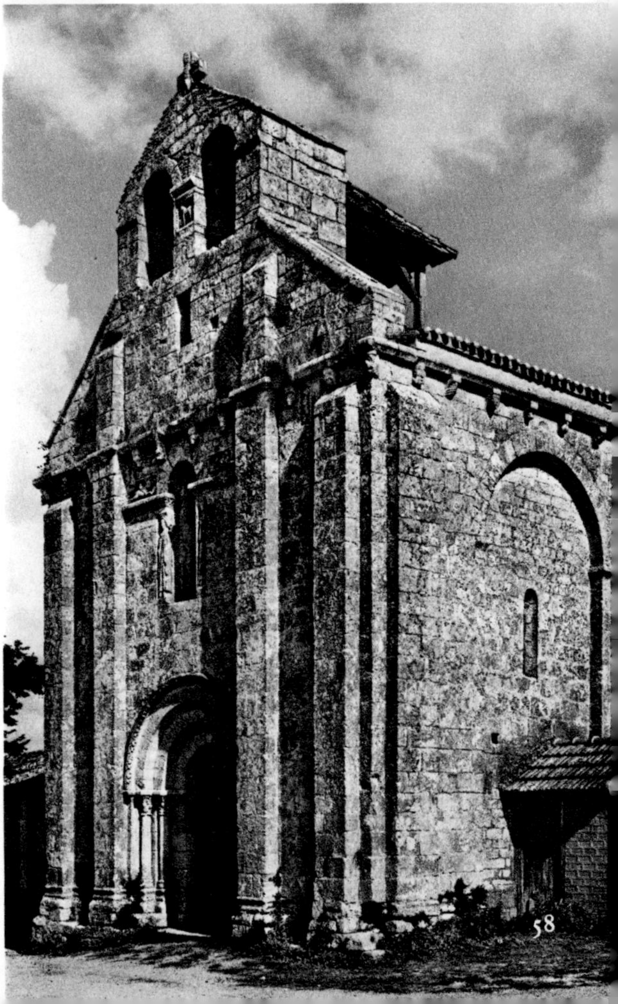

58

clocher-mur

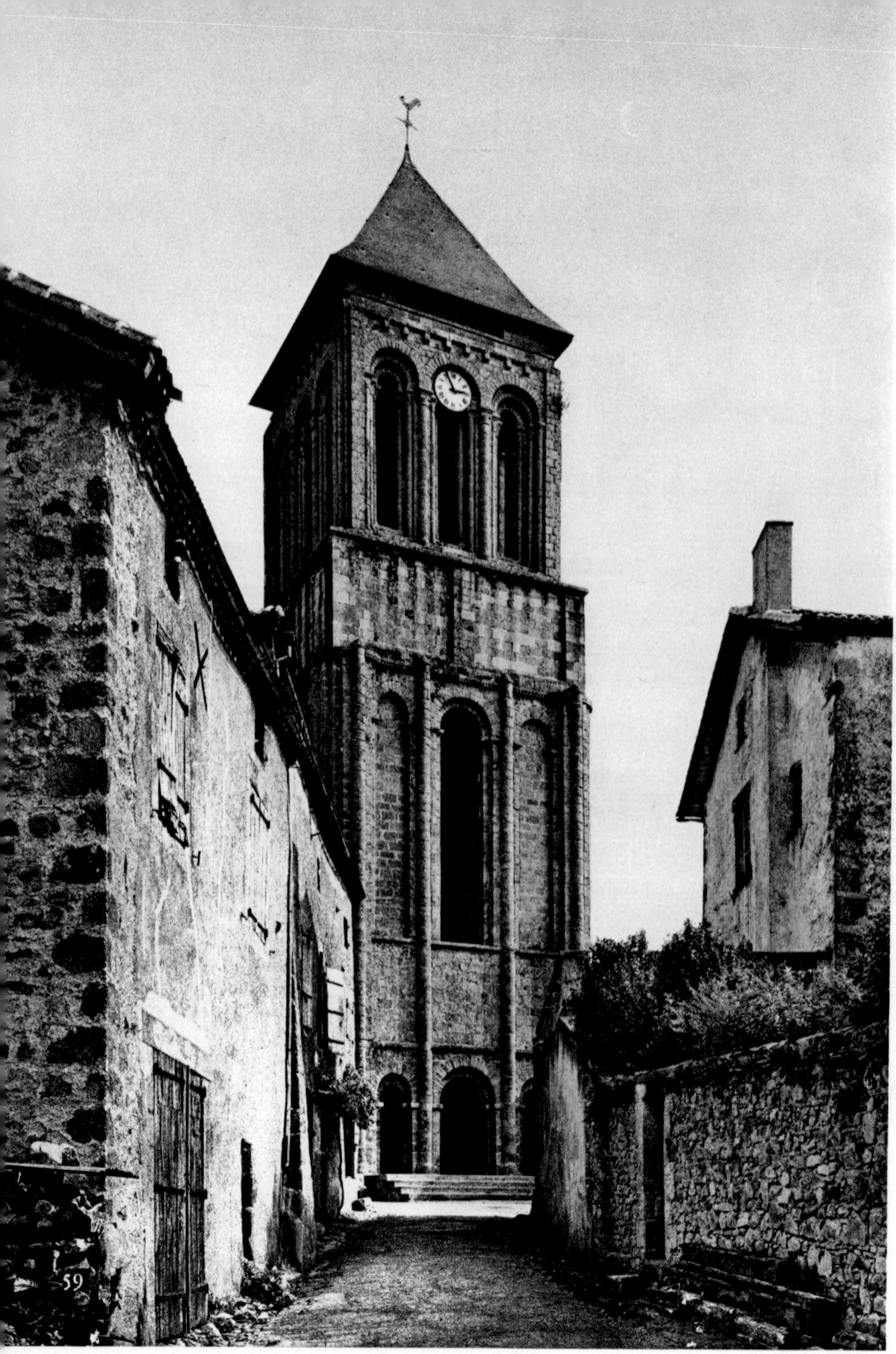

clocher-porche

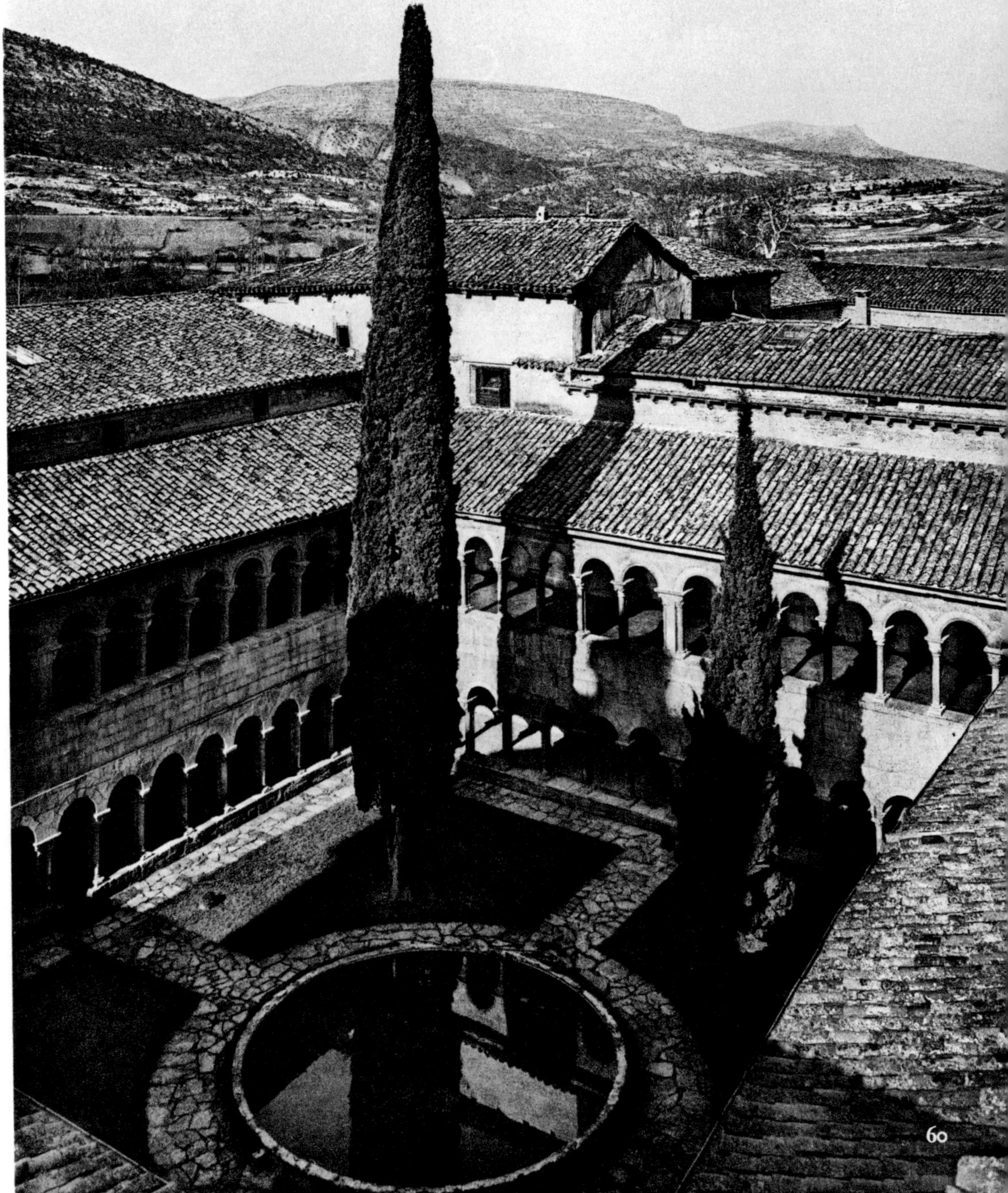

60

cloître

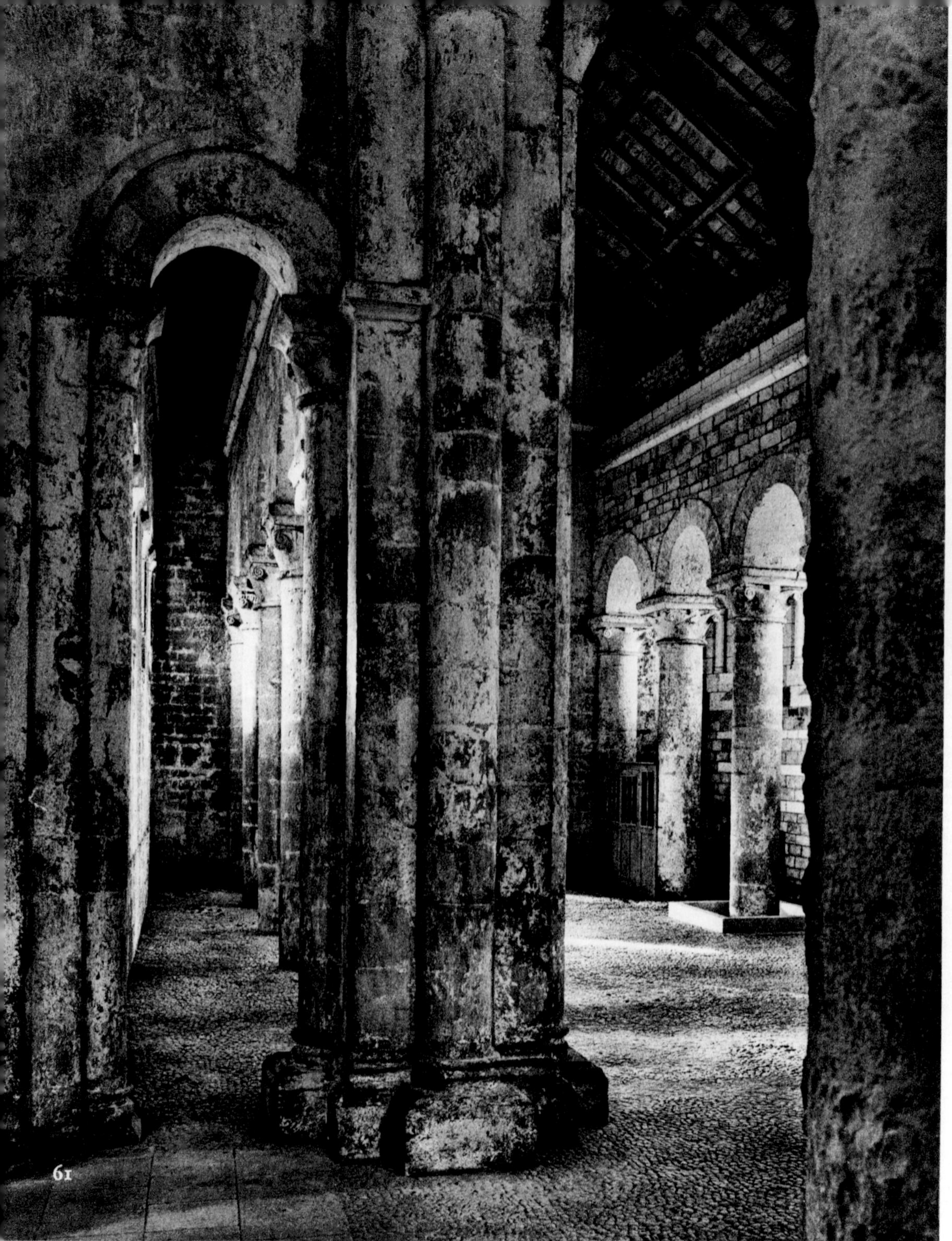

collatéral

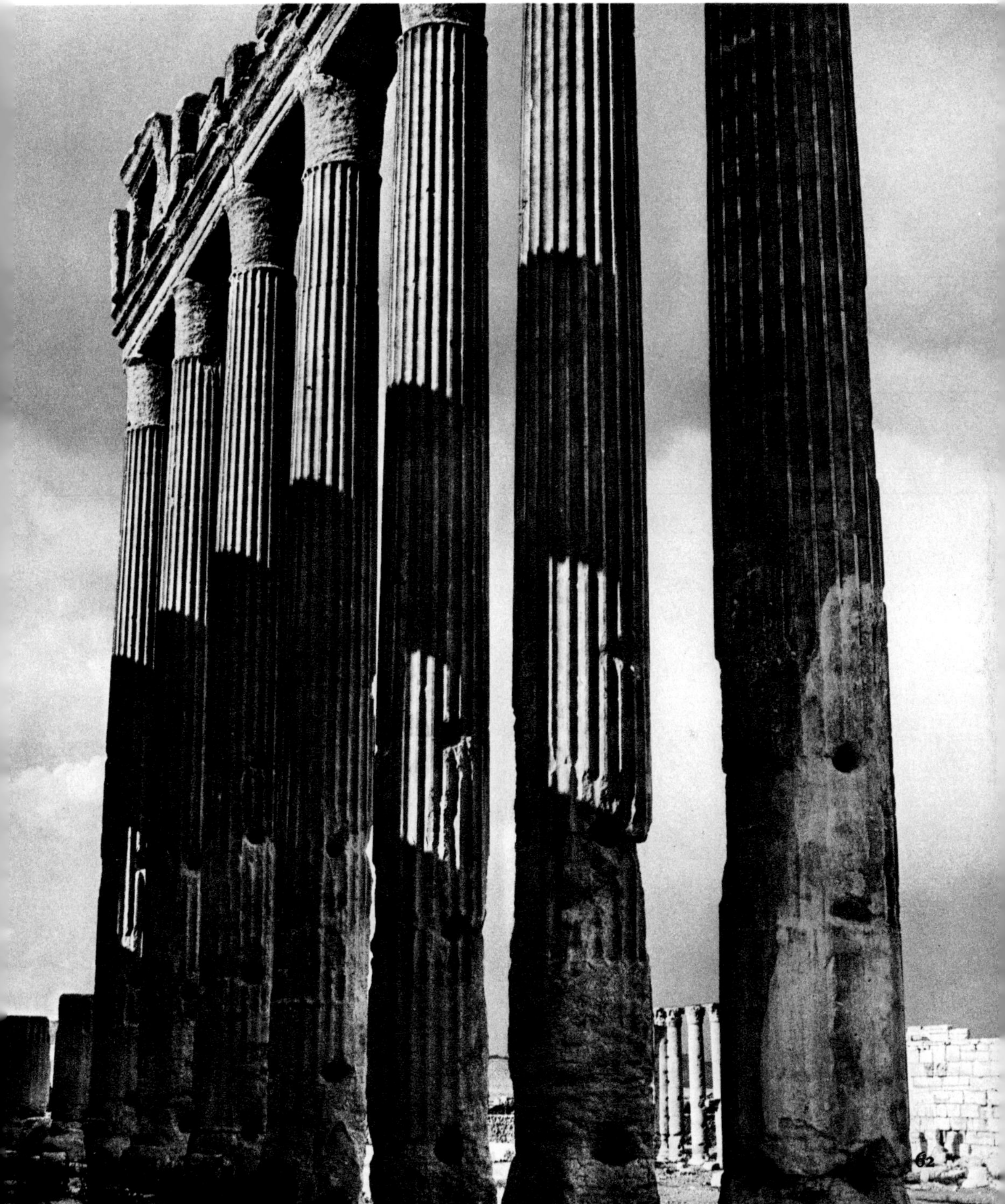

colonnade

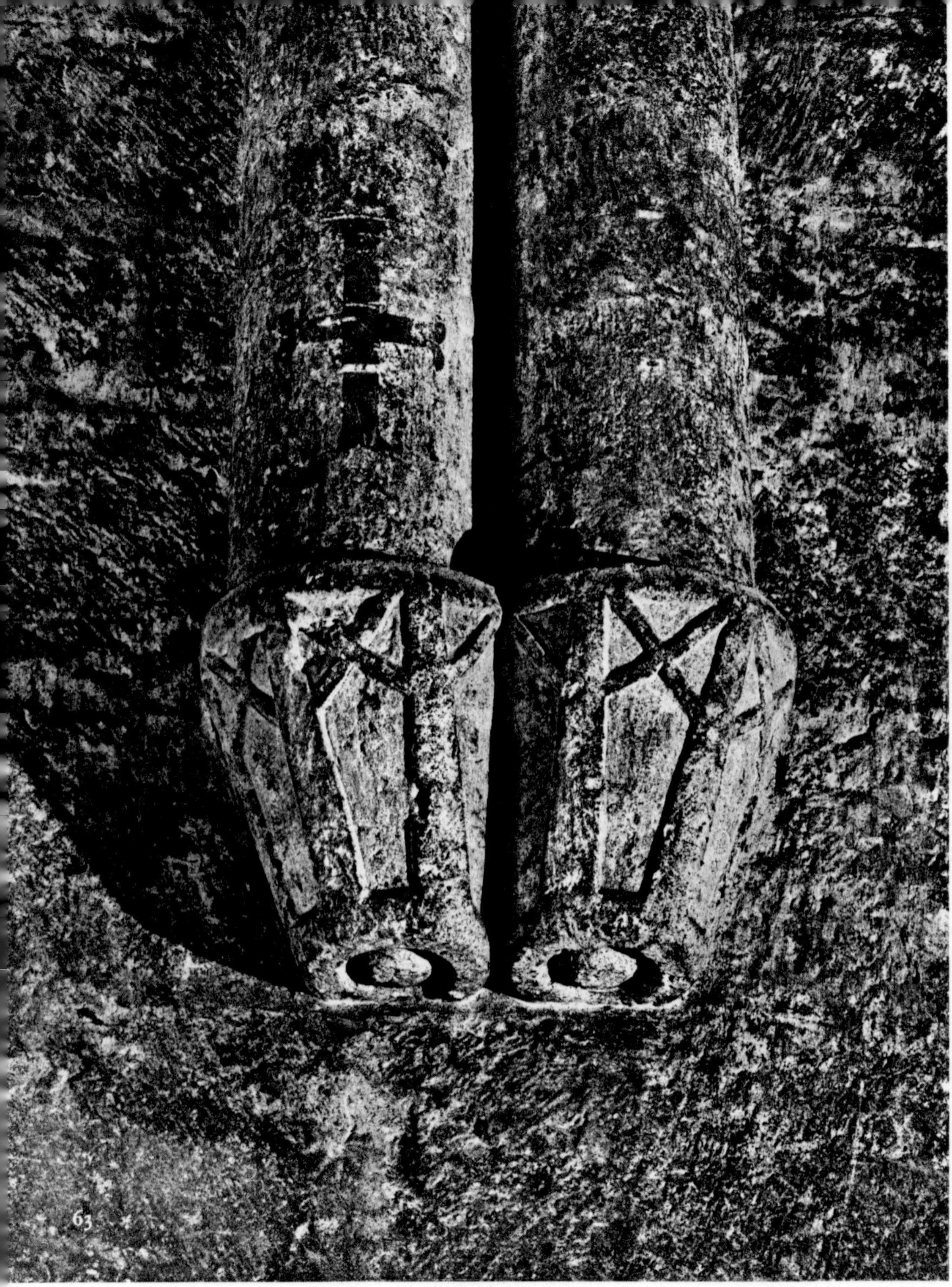

63

colonnes accouplées et cul-de-lampe

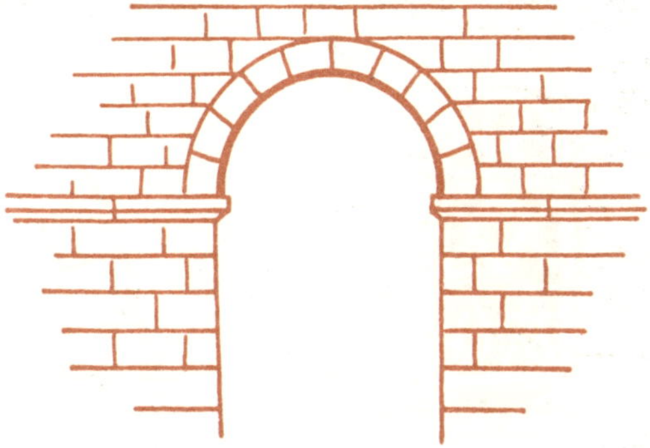

cintre

∅ *All.* Zement, *angl.* cement, *esp.* cemento, *ital.* cemento.

cimetière n.m. (*gr.* κοιμητηριον : lieu où l'on dort). Lieu sacré (jadis béni par l'évêque) où reposent les corps des défunts. C'est le dortoir que l'Église leur destine en attendant la Résurrection. A partir du IVe s. s'établit l'usage, qui se conserva pendant tout le Moyen Age, d'enterrer les morts dans l'église* ou autour d'elle. Le cimetière était placé autour de l'église dans un enclos éclairé souvent la nuit par une lanterne* des morts et qui était parfois entouré de galeries* couvertes.

∅ *All.* Kirchhof, Friedhof, *angl.* churchyard, *esp.* cementerio, *ital.* campo santo.

cinabre n.m. Sulfure naturel de mercure. Sa belle couleur rouge l'a fait employer en peinture. Le minium* a pris parfois le nom du *cinabre,* dont il imite la couleur.

cinipes n.m. Monstre humain qui, debout ou couché sur le dos, la jambe levée, s'abrite sous son pied. *Syn. de* sciapode (*v. ce mot*).

cinq-feuilles n.m. (*lat.* quinque : cinq *et* folia : feuille). *Archit.* Ornement en forme de rosace* présentant cinq divisions ou lobes*. On dit aussi *quintefeuille**.

∅ *All.* Fünfpass, *angl.* cinquefoil, *esp.* quinquefolio, *ital.* cinquefoglio.

cintre n.m. (*de* cintrer). *Archit.* 1) Courbure intérieure d'une voûte*, d'une arcade*, d'un arc* (*fig.*). On dit d'un arc qu'il est en *plein cintre* s'il décrit un demi-cercle. Le *cintre* est *surbaissé* ou *surhaussé* selon que sa hauteur de flèche est supérieure ou inférieure à la demi-corde de l'arc qui le sous-tend.

∅ *All.* Rundbogen, *angl.* curvature, *esp.* cimbra, *ital.* sesto.

2) Échafaudage* provisoire en charpente* utilisé pour contruire une voûte* et soutenir les voussoirs* avant que la voûte soit bandée*.

∅ *All.* Lehrbogen, *angl.* wooden-arch, *esp.* cimbra, *ital.* centina.

cintrer v.tr. (*lat.* cincturare, *de* cinctura : ceinture). *Archit.* Poser les cintres* d'une voûte* à construire. *Voir* décintrer.

cipolin n.m. (*ital.* cipollino *de* cipolla : oignon). Marbre* veiné dont les dessins rappellent un oignon coupé par le milieu.

∅ *All.* Zipolinmarmor, *angl.* cipolin, *esp.* cipolino, *ital.* cipollino.

circonvolution n.f. (*du lat.* circum : autour *et* volutus : enroulé). *Archit.* Chaque spirale d'une colonne* torse ou d'une volute*.

ciseau n.m. (*vx franç.* cisel, *lat. pop.* cisellum). *Sculpt.* Principal outil* du sculpteur*. En fer ou en acier. Il est droit ou coudé, plat sur une face, biseauté de l'autre.

∅ *All.* Meissel, *angl.* chisel, *esp.* cincel, *ital.* scarpello.

cistercien n.m. (*de* Cistercium *nom lat. de* Cîteaux). Moine* de l'ordre de Cîteaux.

∅ *All.* Cistercienser, *angl.* Cistercian, *esp. et ital.* cisterciense.

Cîteaux *Histor.* Robert, abbé de Molesmes, abbaye clunisienne, voulant appliquer plus strictement la Règle de saint Benoît*, se retire dans le désert de Cîteaux (près Dijon) en 1098. Le monastère essaima à partir de 1100. Saint Bernard, qui est considéré comme le second fondateur du nouvel ordre, y fit profession en 1113. Cîteaux devint le centre d'une réforme qui s'étendait à un moment à 1800 monastères affiliés, dont les « quatre filles de Cîteaux » : Clairvaux (dont saint Bernard fut le premier abbé), La Ferté, Pontigny et Morimont (*v.* trappiste).

Archit. L'architecture cistercienne est remarquable par sa simplicité nue; aucun ornement*, sculpture* très sobre, vitraux* sans couleurs. Le plan le plus courant des chevets est orthogonal, avec des chapelles carrées flanquant le chœur; mais les cisterciens ont aussi pratiqué, moins fréquemment, soit le chœur dit « bénédictin », à absides échelonnées, soit le chœur à déambulatoire annulaire et chapelles rayonnantes.

citerne n.f. (*lat.* cisterna). *Archit.* Excavation* de forme et de profondeur variables, recouverte et complètement maçonnée* et destinée à recueillir et à conserver potables les eaux pluviales.

∅ *All.* Zisterne, *angl.* tank, cistern, *esp.* aljibe,

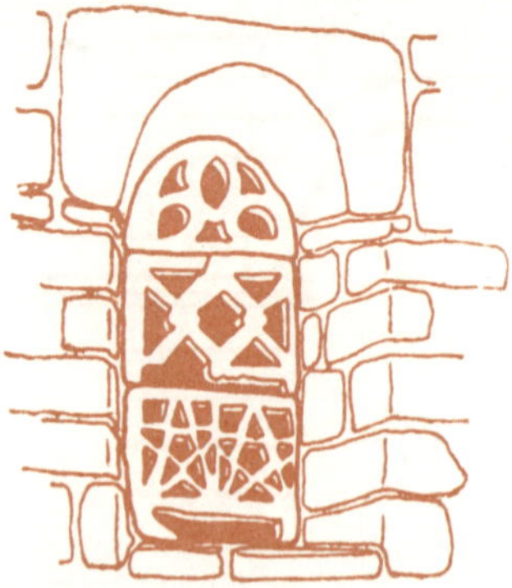

claustra

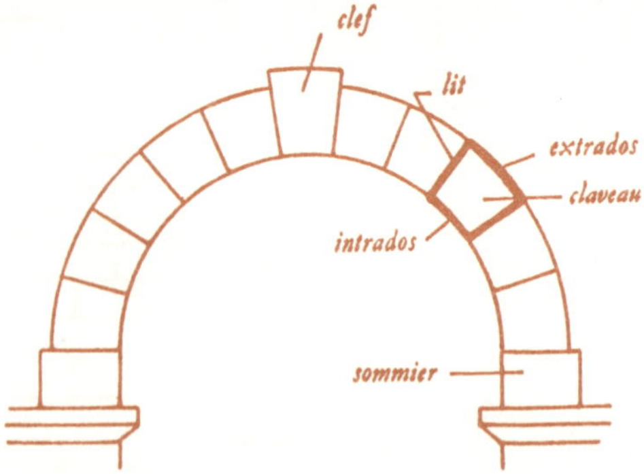

claveau

ital. cisterna.

citerneau n.m. (*dim de* citerne). *Archit.* Petit réservoir communiquant avec la citerne, où les eaux se décantent avant de pénétrer dans la citerne.

cives n.f.pl. (*du lat.* caepa : oignon). *Archit.* Petits blocs de verre* ronds dont le centre est plus épais que les bords, servant de carreaux-vitres au Moyen Age. *Synon.* culs-de-bouteille.

ø *All.* Butzenscheiben, *angl.* bull's eye panes, *esp.* culos de botella, *ital.* fondi di bottiglia.

claire-voie n.f. (*lat.* clarus : clair *et* via : chemin, ouverture). *Archit.* 1) Vide laissé dans une cloison* ou un plancher*. ‖ 2) Clôture faite de barreaux espacés. ‖ 3) Fenêtres* en série placées en haut de la nef* principale d'une église* (on dit aussi *clair-étage* ou *clerestory*) et l'éclairant directement (*v. pl.* 4).

ø *All.* 2) Gitter 3) Fenstergeschoss des Hauptschiffes, *angl.* 1) openwork 3) clerestory, *esp.* 3) claraboya, *ital.* 1) apertura 2) chiusura a cancello od a graticcio.

classement n.m. (*dér. de* classe : catégorie). *Archit.* Inscription d'un édifice ou d'un objet d'art sur la liste officielle des monuments historiques, impliquant pour leurs propriétaires certaines servitudes et certains avantages, cela en vue de leur conservation (*v.* Monuments Historiques).

clausoir n.m. (*rac. lat.* claudere : fermer, clore). *Archit.* Dernière pierre placée dans une voûte*, dans une assise*, pour la compléter. La clef* de voûte est un *clausoir*. On écrit aussi *closoir*.

« **claustra** » n.f. (*mot lat.*). Dispositif de fermeture des baies* au moyen de dalles* de pierre ou de terre cuite, ajourées* soit par des croisillons soit par d'autres figures géométriques. Très utilisé dans l'art roman (*fig., pl.* 52).

ø *All.* durchbrochene Steinplatten, *angl.* pierced slabs, *esp.* celosía, *ital.* traforo di finestra.

claustral adj. (*lat.* claustralis, *de* claustrum : cloître). Qui a rapport ou qui appartient à un cloître*.

Prieur claustral. C'est, dans une abbaye*, le moine qui a le premier rang après l'abbé* et qui le remplace en son absence. Le *prieur conventuel* est le supérieur d'un prieuré*.

clavage n.m. (*rac. lat.* clavis : clef). *Archit.* Action de poser une clef* de voûte.

clave n.m. (*lat.* clavus : clou). Raie de couleur tissée dans une pièce d'étoffe. Joint aux mots *angustus* (étroit) ou *latus* (large), le mot signifie une raie pourpre tissée verticalement depuis les épaules jusqu'en bas de la tunique romaine. Il y en avait deux, une à droite, l'autre à gauche; elles ne différaient que par la largeur. La laticlave était réservée aux personnages de premier rang, notamment aux prêtres* après Constantin. Les diacres* ne portaient que la dalmatique angusticlave. La tunique des sous-diacres ou des clercs d'un ordre inférieur n'a pas de claves.

ø *All.* Streifen, *angl.* purple band, *esp.* franja, *ital.* striscia.

claveau n.m. (*dér. de* clavis : clef). *Archit.* Pierre taillée en forme de coin qui entre dans la composition d'un arc* ou d'une voûte* (*pl.* 53; *v. pl.* 5, 6). *Synonyme de* voussoir*. Le *claveau* entre aussi dans la confection des plates-bandes* (*v.* voussure, panneau).

Le claveau a six faces. La supérieure se nomme extrados*, l'inférieure, intrados*; les deux latérales touchant aux autres claveaux, lits*; et les deux verticales, têtes* (*fig.*).

En principe les claveaux d'un arc sont tous concentriques; il n'y a d'exception que dans le *tas de charge* (*v.* charge).

ø *All.* Keilstein, *angl.* arch-stone, *esp.* dovela, *ital.* cuneo.

Plus précisément, on distingue :

a) *Les claveaux droits* : ils sont taillés en coin, et en nombre généralement impair. Celui qui occupe le sommet de l'arc se nomme la *clef* de voûte*. A ses côtés sont les *contre-clefs*; ceux qui reposent sur les pieds-droits* sont appelés *sommiers,* ils sont à la base de l'arc à sa naissance*.

b) *Les claveaux à crossettes* : se dit de ceux dont la face supérieure se prolonge en assise* horizontale, pour mieux se lier à la maçonnerie* environnante. Un arc construit avec ces claveaux est

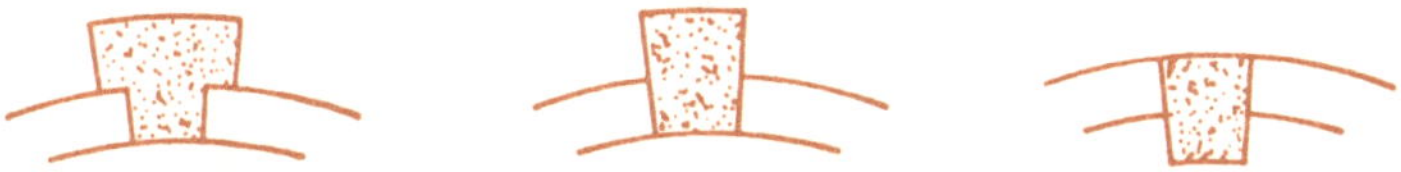

clefs

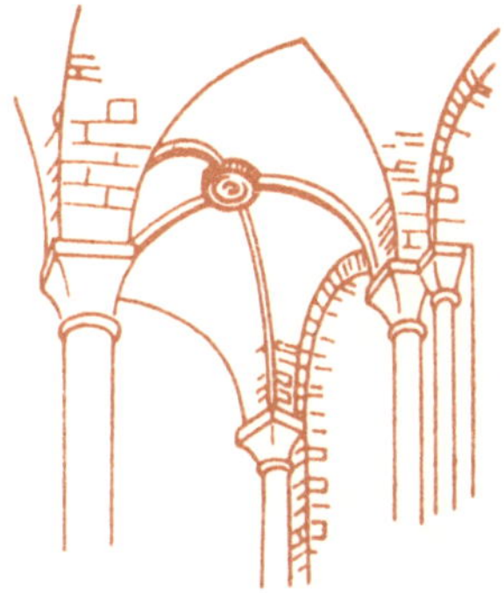

clef de voûte

dit appareillé en tas de charge (*v.* charge).

c) *Les claveaux engrenés* : claveaux superposés sur deux rangs et s'emboîtant les uns dans les autres.

clavette n.f. (*dér. de* clavis : clef). Petite cheville* plate généralement en métal servant à fixer un boulon, des panneaux de vitrail*, etc.

ø *All.* Pflöckchen, *angl.* linchpin, *esp.* chaveta, *ital.* chiavetta.

clé *ou* **clef** n.f. (*lat.* clavis). 1) Instrument de métal permettant de faire fonctionner une serrure* (*pl.* 54). ‖ 2) *Archit.* Claveau* placé au sommet du cintre* de l'arc* ou de la voûte*, que l'on pose le dernier pour le fermer (*fig.*). Cette clef est appelée éventuellement *clef de voûte.*

ø *All.* Gewölbeschlußstein, *angl.* key stone, *esp.* clave de bóveda, *ital.* chiave di volta.

L'usage s'est prolongé jusqu'au XVIe s. de peindre les clefs de voûte aux armes des souverains, évêques ou abbés, seigneurs ou villes (*pl.* 55).

On appelle clef, en menuiserie* et en charpente*, une cheville* en bois dur de section rectangulaire usitée pour parfaire le serrage des assemblages*.

ø *All.* Schlüssel, *angl.* key, *esp.* clave, *ital.* chiave.

Quelques exemples :

Clef à crossettes : clef présentant sur chaque lit une saillie qui coiffe l'extrados* des deux claveaux* adjacents (*fig.*).

Clef passante : clef plus haute que les autres claveaux et appartenant à l'assise horizontale supérieure à laquelle elle est reliée (*fig.*).

Clef pendante : souvent la clef de voûte se prolonge sous l'intrados* par des ornements sculptés formant pendentif*. On appelle cette clef *clef pendante* (*fig.*).

ø *All.* Hängezapfen, *angl.* pendent knob, *esp.* clave colgante, *ital.* chiave pendente.

Clef d'archivolte : parfois les archivoltes* des portails* d'églises sont terminées à leur sommet par une clef sur laquelle est sculptée une figure devant occuper la place d'honneur, comme le buste du Christ ou celui de Dieu le Père.

clerc n.m. (*gr.* κλερος, *lat.* clerus *d'où* clericus). Tout membre du clergé* quelle que soit la place qu'il occupe dans la hiérarchie. Ce terme s'oppose à laïc, homme du peuple (*gr.* λαος).

ø *All.* Geistlicher, *angl.* clergyman, *esp.* clérigo, *ital.* chierico.

clerestory n.m. *Voir* claire-voie.

clergé n.m. (*lat.* clericatus, *dér. de* clerus). Le clergé (*clergé séculier*) assure sous la direction de l'évêque le service du culte et de la pastorale dans un diocèse, en vertu du sacrement de l'ordre*. Dans les monastères* et les instituts religieux, certains membres reçoivent aussi le sacrement de l'ordre (*clergé régulier*) pour le service de leurs confrères ou pour coopérer avec le clergé séculier.

ø *All.* Klerus, *angl.* clergy, *esp.* clero, *ital.* clero.

cloche n.f. (*bas-lat.* clocca, *peut-être mot celtique importé par les missionnaires anglo-irlandais, qui aurait remplacé en Gaule le mot chrétien latin* signum : tocsin). Instrument de métal sonore en forme de coupe renversée qui vibre sous les coups frappés par un marteau* sur la surface externe ou par un battant* sur la surface interne. Le battant est suspendu par un anneau (*bélière*) au *cerveau* (ou *calotte*) (*v.* panse). Le métal est généralement de bronze (alliage de cuivre 3/4 et d'étain 1/4).

Les cloches de grand format existent depuis le VIe s. Une tradition légendaire les fait naître en Campanie, pays célèbre par son industrie de l'airain et du bronze, d'où le nom romain de la cloche, *campana,* nom conservé par la liturgie.

C'est sous le règne de Charlemagne que l'usage des cloches se répandit dans toute l'Europe. Le mot *clocca* daterait de cette époque.

Jusqu'au XIIIe siècle, les cloches dépassaient rarement 1 500 kgs. A partir de là seulement elles prennent des dimensions considérables (jusque 18 000 kgs).

La plupart des anciennes cloches ont été détruites. Une des plus anciennes est le bourdon de la cathédrale de Reims qui pèse 11 500 kgs et date de 1570. La bénédiction de la cloche (« baptême ») est réservée à l'évêque (ou à son

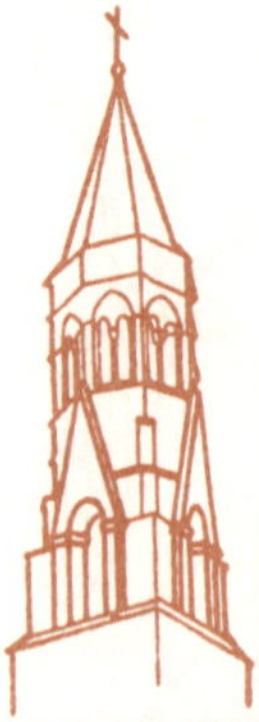

clocher à gâbles

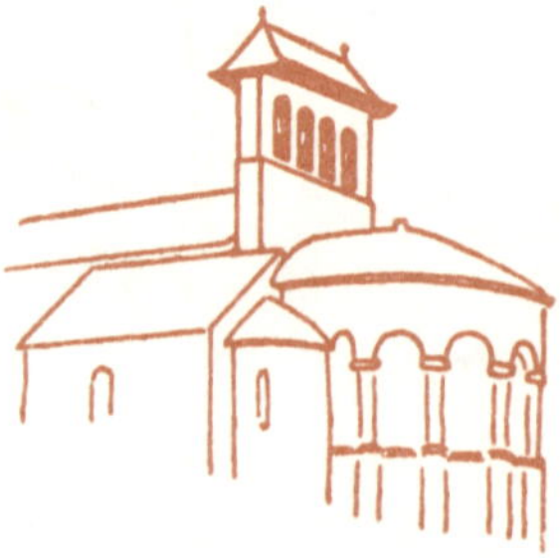

clocher-peigne

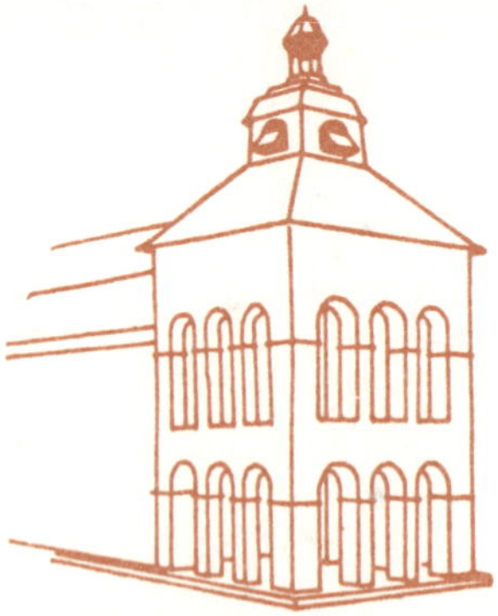

clocher-porche

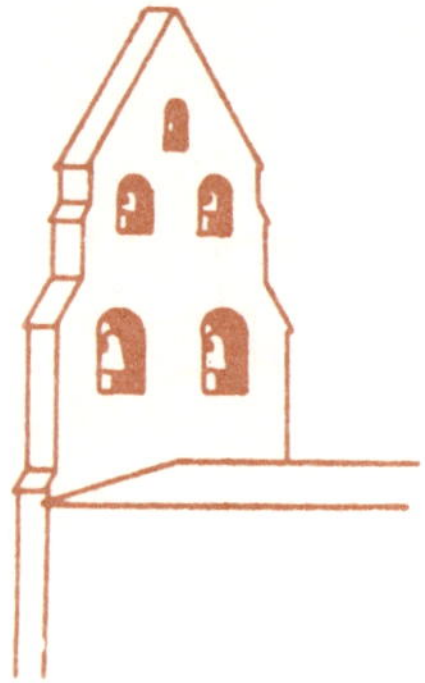

clocher-mur

délégué). L'usage fait figurer sur la cloche son nom, celui des donateurs, des parrain et marraine, etc.

∅ *All.* Glocke, *angl.* bell, *esp. et ital.* campana.

clocher n.m. (*dér. de* cloche). *Archit.* Les architectes chrétiens bâtissaient des *clochers* dès le VIIe s. Ceux-ci étaient faits autant pour distinguer l'église de loin que pour contenir des cloches. Ils servaient de même à marquer la puissance des chapitres, abbayes ou communes.

Les architectes romans n'élèvent souvent qu'un seul clocher contigu à la façade* ou construit sur elle et servant à l'origine de défense.

A partir du milieu du XIIe s., des tours carrées s'élèvent à chacun des angles de la façade et ces constructions deviennent un des plus beaux ornements de l'église.

Enfin, à l'exemple des carolingiens, les architectes romans imaginèrent d'élever des clochers sur le milieu de la croisée*, au point d'intersection de la nef et du transept.

A partir du XIIIe s., les clochers sont portés souvent à une hauteur très grande et on ne trouve plus guère de clochers isolés.

Leur forme varie autant que leur emplacement et leur nombre.

La croix et le coq surmontant les clochers sont le symbole de la vigilance chrétienne et de la résurrection.

∅ *All.* Glockenturm, *angl.* bell tower, steeple, *esp.* campanario, *ital.* campanile.

Quelques types particuliers :

Clocher à gâbles. Clocher où le plan passe du carré à l'octogone par l'intermédiaire de pignons décoratifs aigus appelés *gâbles* (*v. ce mot*). Fréquent dans le Roman limousin (*fig., pl.* 56).

Clocher-mur. Mur de façade d'une église qui remplace le clocher monumental absent, dans les églises de village (*fig., pl.* 58). Ce mur est le plus souvent un pignon*. Dans ce cas le clocher-mur est appelé clocher-pignon.

∅ *All.* Glockenwand, *angl.* wall belfry, *esp.* espadaña, *ital.* campanile muro.

Clocher-peigne ou *clocher-arcade* (*cf.* clocher-mur). C'est un mur surmonté d'un pignon triangulaire ou horizontal percé de baies (jusqu'à huit) où se balancent les cloches (*fig., pl.* 57). Se rencontre surtout dans les églises pauvres; néanmoins dans la Corrèze et le Roussillon le clocher-arcade est fréquent, soit sur la façade occidentale, soit à la jonction du chœur et de la nef.

Clocher-porche. Clocher dont la base sert de porche*, appuyé au mur pignon de façade (*fig., pl.* 59).

∅ *All.* Westwerk, Westbau, *angl.* gate tower, *esp.* atrio torre, *ital.* portico torre.

clocheton n.m. (*de* clocher). Amortissement* ayant la forme d'un petit clocher* utilisé à la fois pour charger et pour orner les contreforts*, la base des flèches*. Rares dans la période romane (ils ne paraissent pas avoir été utilisées avant le XIe s.), ils se multiplient à partir du XIIe s.

∅ *All.* Ziertürmchen, Fiale, *angl.* spirelet, pinnacle, *esp.* pináculo, *ital.* campaniluzzo, guglia.

cloison n.f. (*lat. pop.* clausio, *de* clausus : clos). *Archit.* Mur léger fait de briques* ou de bois établissant des séparations entre les gros murs* (murs de refend) d'un édifice.

∅ *All.* Scheidewand, *angl.* partition, *esp.* tabique, pared, *ital.* parete.

cloisonné adj. *Voir* émail *et* champlevé.

cloître n.m. (*lat.* claustrum : clôture). 1) *Archit.* Galerie couverte formant les quatre côtés de la cour intérieure enserrée par les bâtiments d'un monastère* ou d'un chapitre* (*cf.* l'atrium des maisons romaines). Elle a pour destination de permettre la circulation à l'abri des intempéries, entre les lieux réguliers (église*, salle du chapitre, réfectoire, bibliothèque, etc.). De plus elle permet le délassement de la marche; on peut y lire. On y garde toujours le silence pour respecter le recueillement des autres frères. Les cloîtres ont souvent reçu une décoration comparable à celle des églises (*fig., pl.* 60).

∅ *All.* Kreuzgang, *angl.* cloister, *esp.* claustro, *ital.* chiostro.

2) *Par extens.* Le monastère lui-même, le couvent. *Ex.* Entrer au cloître. ‖ 3) *Par extens.* La vie

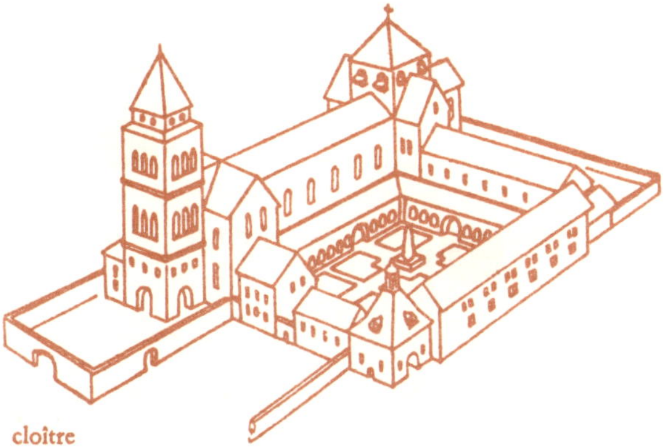

cloître

monastique. ‖ 4) *Par anal.* Enceinte de maisons où logeaient les chanoines* de certaines cathédrales ou collégiales.

closoir n.m. *Voir* clausoir.

clôture n.f. (*lat. pop.* clausitura, *de* clausus : clos). • *Archit.* Mur, cloison, porte ou grille opposant un obstacle matériel à l'entrée dans un monastère* ou un couvent. ‖ *Par extens.* Loi canonique* qui interdit ou restreint les entrées et sorties de la *clôture* matérielle.

∅ *All.* Klausur, *angl.* enclosure, *esp. et ital.* clausura.

• – *de chœur.* C'est une séparation entre le chœur* (et le sanctuaire*), réservé aux clercs*, et les nefs* de l'église réservées aux fidèles (*v.* chœur).

∅ *All.* Chorschranken, *angl.* choir-screen, *esp.* reja del coro, *ital.* clausura del coro.

clou n.m. (*lat.* clavus). Petite tige de fer à pointe aiguë qu'on enfonce dans le bois* ou la pierre*.

∅ *All.* Nagel, *angl.* nail, *esp.* clavo, *ital.* chiodo.

Tête de clou : motif* d'ornement.

∅ *All.* Nagelkopfverzierung, *angl.* nail head, *esp.* cabeza de clavo, *ital.* capo di chiodo.

clunisien n.m. Moine* de Cluny*.

∅ *All.* Cluniazenser, *angl.* Cluniac, *esp.* Cluniacense, *ital.* Cluniacense.

Cluny. Non loin de Mâcon. Abbaye* bénédictine* jadis fameuse fondée en 910 par le bienheureux Bernon. Chef d'ordre* (clunisien), Cluny rayonna sur toute la chrétienté. Son église* abbatiale était le plus vaste édifice du monde avant la reconstruction de Saint-Pierre de Rome.

codex n.m. (*mot latin*). Le terme désigna d'abord des tablettes de cire attachées ensemble. On eut ensuite l'idée de relier de même, à plat, des feuilles de papyrus (jusque-là roulées en volume*), puis de parchemin* (*v.* reliure).

cœur n.m. (*lat.* cor). *Blas.* Centre de l'écu* (*v.* abîme).

coffrage n.m. (*dér. de* coffre). *Archit.* Dans la construction en béton* (particulièrement en béton armé), on se sert de *coffrages* faits de planches de bois et de madriers pour maintenir le béton jusqu'à prise complète.

∅ *All.* Verschalung, *angl.* framing, *esp.* encofrado, *ital.* palafitta.

coffre n.m. (*lat.* cophinus, *du gr.* κοφινος : corbeille). Meuble ressemblant à une caisse, servant au Moyen Age d'armoire, de banc, de table, etc. Un coffre à couvercle bombé se nommait *bahut*.

∅ *All.* Koffer, *angl.* chest, *esp.* arca, *ital.* cassa.

coin n.m. (*lat.* cuneus : coin à fendre). Pièce en acier gravée en creux, avec laquelle sont frappées en relief les monnaies* et médailles*. ‖ Angle* formé par deux lignes, deux plans se coupant.

∅ *All.* Ecke, *angl.* corner, *esp.* esquina, *ital.* angolo.

Coin émoussé : Moulure* ayant la forme d'un listel* dont l'angle est aplani.

coïlanaglyphe n.m. (*peu usité*). Bas-relief* pris dans l'épaisseur de la pierre; celle-ci forme la bordure dont la saillie* dépasse celle des sculptures les plus saillantes.

colarin n.m. (*ital.* collarino : petit collier). *Archit.* Frise* du chapiteau* des colonnes* doriques et toscanes. *Synon. de* gorgerin. *Voir aussi* frise.

colimaçon n.m. *Voir* escalier.

collatéral n.m. (*du lat.* collateralis, *de* latus : côté). *Archit.* Nef* latérale d'une église* (*pl.* 61). Synonyme aujourd'hui de *bas-côté*.

∅ *All.* Seitenschiff, *angl.* aisle, side aisle, *esp.* nave colateral, *ital.* navata laterale.

collégiale n.f. (*du lat.* collegium : confrérie, groupement). Église* qui, bien que desservie par un chapitre* dit *collégial*, n'est pas siège épiscopal (*v.* église).

collier n.m. (*rac. lat.* collum : cou). *Archit.* Astragale* d'une colonne*, agrémentée de perles* ou d'oves*.

∅ *All.* Perlenschnur, *angl.* string of pearls, *esp.* collar, *ital.* collare.

colobium n.m. Tunique longue et sans manche dont le Christ en Croix est habillé dans l'art byzantin.

∅ *All.* ärmellose Tunika, *angl.* tunic without sleeves, *esp. et ital.* colobio.

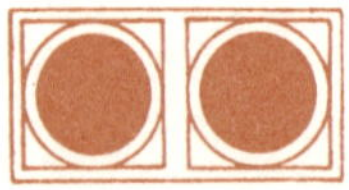

colonnes accouplées

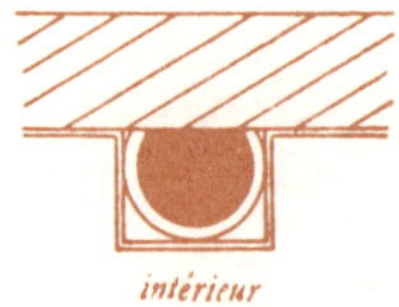

colonne adossée

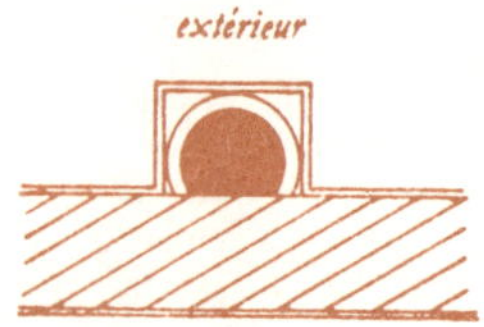

colonne-contrefort

colombage n.m. (*de* colombe : solive pour colombage, *ancienne forme de* colonne, *due à une confusion entre* columna *et* columba). *Archit.* Dispositif de charpente*, ressemblant à une rangée de colonnes* ou de poutres*, dont les vides sont remplis de hourdis* (maçonnerie* légère).

ø *All.* Fachwerk, Ständerwerk, *angl.* stud work, *esp.* entramado, *ital.* struttura in legname.

colombe eucharistique Vase ou coffret en forme de colombe, destiné à conserver le Saint Sacrement*. Il semble que ce fut le plus ancien tabernacle*; la pyxide* primitive la plus ancienne semble être un don de Constantin à la basilique Saint-Pierre de Rome, vers 335.

Certains appellent *censenier* la colombe fixée sur un plateau (Flipo).

Ces vases étaient suspendus au ciborium* au-dessus de l'autel, ou à une crosse d'argent (ou de bronze) par des chaînettes et une petite poulie.

La colombe était généralement placée dans une tour de plus grande dimension et entourée de toutes parts d'une sorte de tente (*tabernaculum*) faite d'étoffe précieuse (*v.* Sacrement (Saint), custode, tabernacle, pyxide). La colombe fut en usage au Moyen Age et chez les cisterciens, et dans quelques églises elle demeura jusqu'au XVIIIe s.

ø *All.* Hostientaube, *angl.* dove shaped pyx, *esp.* paloma eucarística, *ital.* colomba eucaristica.

colombier n.m. *Voir* pigeonnier.

colonnade n.f. (*d'après l'ital.* colonnata). Ensemble de colonnes* semblables alignées sur un ou plusieurs rangs dans un plan rectiligne (*pl.* 62) ou circulaire (Saint-Pierre de Rome).

ø *All.* Säulengang, *angl.* colonnade, *esp.* columnata, *ital.* colonnata.

colonne n.f. (*lat.* columna). *Archit.* Support*, de forme généralement cylindrique (ce qui le distingue du *pilier** qui a un fût carré), qui comprend trois parties : la base* ou empattement qui lui sert de pied, le fût* ou partie centrale, et le chapiteau* qui couronne le fût (*pl.* 5, *v. pl.* 2, 3).

Le pilier et la colonne existent dans toutes les architectures sous des aspects différents qui rappellent généralement les moyens d'étai* plus anciens, ainsi que l'usage du bois.

Dans l'Antiquité grecque et romaine les fûts étaient le plus souvent formés de tambours reliés par des goujons de bois ou de bronze. Sous l'Empire romain les colonnes étaient en général de marbre*, granit ou porphyre et la plupart d'une seule pièce.

Au Moyen Age on fit nombre de colonnes monolithes tournées.

Ce n'est qu'en Grèce que la colonne fut employée en conformité rigoureuse de principes (*ex.* : la hauteur de la colonne, chapiteau compris, est le sextuple de sa grosseur au pied) et des nécessités de la construction (*ex.* : il n'est jamais fait usage d'arcs* pour relier deux colonnes, mais de plates-bandes*).

Au Moyen Age, piliers et colonnes vont jouer un rôle important pour soutenir les voûtes* des églises* qui sont de plus en plus hautes. Ils ne pourront résister aux poussées* que grâce à des contre-butages (*v.* contre-buter), à des contreforts*. La colonne romane et gothique est cylindrique sans l'amincissement ni le galbe* antique; les proportions rigoureuses entre le fût et le chapiteau ne sont jamais observées comme en Grèce. Pour supporter le poids de l'édifice entier qui repose principalement sur les colonnes, c'est-à-dire sur quelques points du sol, il fut nécessaire de bâtir des substructures très résistantes.

Les architectes romans faisaient souvent reposer les arcs-doubleaux* sur deux colonnes engagées ou adossées. L'art gothique comportant des arcs d'appui* plus nombreux, cela entraîna l'adjonction au pilier de nouvelles colonnettes.

ø *All.* Säule, *angl.* column, *esp.* columna, *ital.* colonna.

Les colonnes diffèrent :

– par l'ordre architectural auquel elles appartiennent (dorique, ionique, corinthien, composite, toscan; *v.* chapiteau, ordre).

– par leur mode de construction :

colonnes monolithes, d'un seul bloc (*v. pl.* 5).

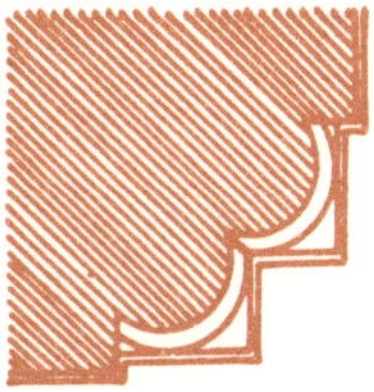

colonnes doublées

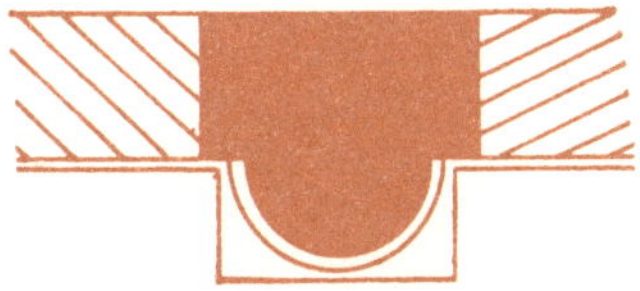

colonne engagée

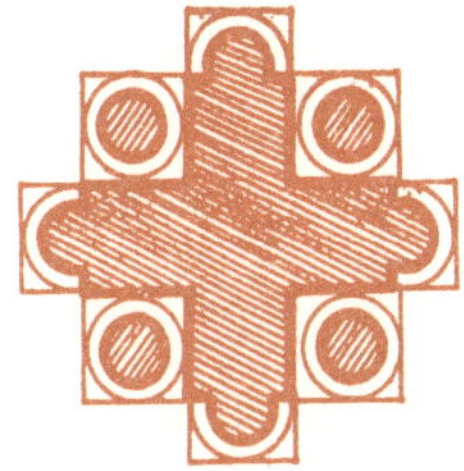

colonnes en faisceau

⌀ *All.* Einsteinsäule, *angl.* monolithic column, *esp.* columna monolítica, *ital.* colonna monolita.
colonnes en tronçons, disques superposés dont la hauteur est supérieure au diamètre.
colonnes d'appareil, celles qui sont faites de tambours circulaires superposés, par opposition aux colonnes monolithes. On les appelle aussi colonnes en tambour.
– par leur forme :
colonnes cantonnées, placées dans les angles* rentrants d'un pilier pour soutenir la retombée* des arcs. On appelle aussi improprement cantonnées les colonnes qui sont engagées dans les angles d'un pilier dit lui-même cantonné (*v. ce mot*).
colonnes corollitiques, celles dont le fût est décoré de guirlandes.
colonnes cylindriques, dont le fût n'a ni renflement, ni diminution.
colonnes diminuées, dont le diamètre à la base est plus grand que le diamètre au chapiteau.
colonnes fasciculées, composées de plusieurs supports réunis en faisceau.
⌀ *All.* Bündelsäule, *angl.* bundle column, *esp.* columna en forma de haz, *ital.* colonna fascicolata.
colonnes fuselées ou renflées : en forme de fuseau.
colonnes polygonales ou à pans : à fût prismatique.
colonnes torses, dont le fût monte en hélice.
⌀ *All.* gewundene Säule, *angl.* wreathed column, *esp.* columna torcida, *ital.* colonna tortile.
– par leur décor :
colonnes accolées : ornées d'entrelacs de branches de palmier ou de laurier qui entourent, embrassent la colonne.
colonnes annelées ou bandées : décorées d'anneaux en relief.
⌀ *All.* Ringsäule, *angl.* banded shaft, *esp.* col. armillada, *ital.* col. inannellata.
colonnes cannelées ou striées : au fût orné de cannelures (*v. ce mot*).
⌀ *All.* geriffelte Säule, *angl.* fluted column, *esp.* columna acanalada, *ital.* colonna scanalata.
colonnes lisses : sans aucun ornement.
colonnes manubiaires : au fût orné de trophées.
colonnes rostrales : au fût orné de proues de galères.
⌀ *All.* Schiffsäule, *angl.* rostral column, *esp.* columna rostrada, *ital.* colonna rostrale.
colonnes rustiques : au fût décoré de bossages en saillie.
– suivant la position :
colonnes accouplées : placées deux par deux sous le même tailloir parallèlement à la façade (*fig., pl.* 63).
colonnes adossées : en partie noyées dans la muraille verticale (*v.* demi-colonne) (*fig.*).
⌀ *All.* angelehnte Säule, *angl.* semi-detached shaft, *esp.* columna adosada, *ital.* colonna addossata.
colonnes contreforts : colonnes adossées servant de contrefort extérieur (*fig., pl.* 64, *v. pl.* 1).
colonnes en délit : colonnes isolées par un bref intervalle d'une paroi au-devant de laquelle elles sont appliquées.
colonnes doublées : se compénètrent deux à deux; peuvent être en même temps engagées (*fig.*).
colonnes engagées : faisant corps avec un mur (*fig., v. pl.* 3, 4, 5, 6) (*v.* demi-colonne).
⌀ *All.* Wandsäule, *angl.* embedded shaft, *esp.* columna embebida, *ital.* mezza colonna.
colonnes en faisceau : colonnettes réunies, juxtaposées ou soudées à la façon d'un faisceau, formant pilier (*v. plus haut* : colonnes fasciculées) (*fig.*).
colonnes flanquées : engagées entre deux demi-pilastres.
colonnes gémellées : deux colonnes de même diamètre juxtaposées ou soudées dans toute leur hauteur.
⌀ *All.* gekoppelte Säulen, *angl.* coupled col., *esp.* columnas acopladas, *ital.* colonne binate.
colonnes groupées : réunies au nombre de plus de deux sur un même socle.
colonnes isolées : dont le fût n'est ni lié ni engagé.
⌀ *All.* Vollsäule, *angl.* freestanding column, *esp.* columna aislada, *ital.* colonna staccata.
colonnes liées : qui tiennent à une autre ou à un pilastre* par une languette mais sans pénétration* de base ou de chapiteau.
colonnes nichées : engagées dans une muraille

comme dans une niche.
– suivant certaines particularités :
colonnes astronomiques : grande colonne terminée par un observatoire sur plateforme.
colonnes cochlides : monumentales, creuses, contenant un escalier à vis.
colonnes gnomoniques : dont le fût supporte un cadran solaire.

colonnette n.f. (*dér. de* colonne). *Archit.* Petite colonne* au fût* allongé (*v. pl.* 7). Se dit surtout des minces colonnes* dont sont cantonnées* les piliers* dans les édifices romans ou gothiques.

ø *All.* Säulchen, *angl.* small column, *esp.* columnita, *ital.* colonnetta.
Colonnettes couplées :
ø *All.* gekoppelte Säulchen, *angl.* small coupled columns, *esp.* columnillas geminadas, *ital.* colonnette binate.

« **comacini** » n.m.pl. (*mot italien*). *Archit.* Maçons de passage venant, à certaines époques au Moyen Age, de Lombardie sur les chantiers français et allemands.

comble n.m. (*lat.* culmen). *Archit.* 1) Partie la plus haute d'une construction*. ‖ 2) Ensemble de charpente* qui reçoit la couverture* faite d'ardoises, tuiles ou métal (*v.* charpente).

La pente du *comble* dépend du climat, plus ou moins pluvieux. Suivant le nombre des versants (ou égouts*), on distingue plusieurs formes de combles : la plus simple est le comble en appentis*, à un seul versant, fait de demi-fermes adossées à un mur*. Un comble fait de deux versants (deux égouts) limités latéralement par des murs en pignon* est appelé comble à deux ressauts, ou à deux pentes ou encore en bâtière; si les deux murs de pignon dépassent la hauteur de la toiture, on dit le comble « en bât d'âne ». Si le comble a quatre versants (ou égouts) en pyramide, on le dit en pavillon. Le comble brisé est un comble dont le même versant comprend deux pans à inclinaison différente. On le dit aussi comble à la Mansart, s'il comporte des lucarnes verticales.

ø *All.* Dach, *angl.* roof, *esp.* techo, *ital.* colmo.
Comble à un versant :
ø *All.* Pultdach, *angl.* single pitch roof, *esp.* techo a un vertiente.
Comble à deux égouts :
ø *All.* Satteldach, *angl.* double pitch roof, *esp.* techo a dos aguas.

commanderie n.f. (*dér. de* commander, *lat.* commendare : confier, prescrire). Établissement occupé par des frères appartenant à un ordre de chevalerie (ordre de Malte, par ex.).

ø *All.* Komturei, *angl.* commandery, *esp.* encomienda, *ital.* commenda.

commende n.f. (*du lat.* commendare *au sens de* confier). 1) Action de confier un bénéfice* ecclésiastique (abbaye*, prieuré*) à un clerc ou même à un laïc. On dit ainsi « recevoir un bénéfice (une abbaye) en commende ». ‖ 2) Ce bénéfice lui-même.

Dès le Ve siècle, on vit se former l'usage dans l'Église de donner les revenus d'évêchés ou d'abbayes vacants à un prélat privé des revenus de la charge dont il était titulaire. Cette concession était faite « in commendam » c'est-à-dire provisoirement. Mais bientôt rois et seigneurs se mirent à distribuer les bénéfices ecclésiastiques à de simples clercs ou à des laïcs. Cet usage condamné ou réglementé par l'Église dura jusqu'à la Révolution française. L'abbé « commendataire » touchait les revenus de son abbaye et n'y résidait pas.

ø *All.* Kommende, *angl.* commendam, *esp.* encomienda, *ital.* commenda.

communauté n.f. (*rac. lat.* communis : commun). *Dr. canon* 1) Assemblée permanente de personnes réunies pour vivre ensemble sous une règle dans un dessein religieux. ‖ 2) Lieu qu'habite cette assemblée.

compagnonnage n.m. (*dér. de* compagnon, *lat.* companio : qui mange son pain avec). Association entre compagnons (ouvriers de même métier) pour se prêter aide, et se procurer de l'ouvrage. C'est une sorte de franc-maçonnerie créée au Moyen Age en même temps que les jurandes et les maîtrises. Leur existence officiellement cons-

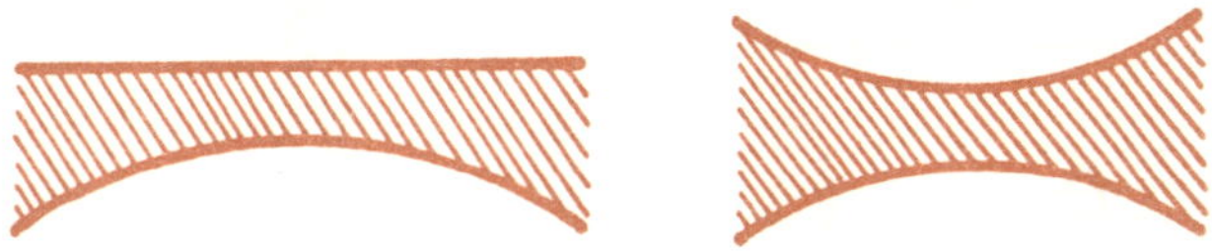

concave

tatée ne date que du XIIIe s.

compas n.m. (*de* compasser, *du lat.* passus : pas, mesure). Instrument à deux branches dont l'une au moins se termine par une pointe. Il sert principalement à tracer des arcs de cercle, soit sur le papier, soit sur la pierre et le bois. Les sculpteurs* emploient aussi des *compas* à trois branches, pour reporter des mesures.

complémentaire adj. *Voir* couleur.

composite (ordre) (*lat.* compositus : composé). *Archit.* Ordre* d'architecture fait d'emprunts aux ordres classiques, inventé par les Romains et appelé à tort cinquième ordre.

C'est principalement une déformation de l'ordre corinthien*, des éléments du chapiteau ionique* (grosse volute par exemple) venant s'ajouter à ce qui orne déjà le calice corinthien.

ø *All.* gemischt, *angl.* composite, *esp.* compuesto, *ital.* composito.

comput n.m. (*lat.* computus : compte). Calcul de la date de Pâques d'après les données astronomiques (soleil, lune) de l'année. Les règles du comput ont varié selon les pays dans les premiers siècles de l'Église.

ø *All.* Festrechnung, *angl.* computation, *esp.* cómputo, *ital.* computo.

concave adj. (*rac. lat.* cavus : creux). Creux, contraire de convexe (*fig.*).

ø *All.* eingezogen, hohl, *angl.* concave, *esp.* cóncavo, *ital.* concavo.

conduite n.f. (*rac. lat.* con-ducere : conduire). *Archit.* Tuyau de métal, terre cuite ou pierre servant à canaliser l'eau et à l'amener à destination, soit du haut en bas d'un édifice, soit horizontalement. Les conduites furent très employées au Moyen Age dans les églises*, cloîtres* et châteaux* pour amener les eaux de pluie dans les citernes*.

confession (*lat.* confessio, *dér. de* confiteri : avouer *puis* témoigner). *Archit.* Proprement : lieu de témoignage. ‖ Crypte où se trouve le tombeau d'un martyr. ‖ Autel édifié sur cette tombe, dit « autel de la confession ».

Cette application provient du sens primitif du mot confession qui est : aveu, témoignage de sa foi apporté par un chrétien aux dépens de sa vie.

confessional n.m. (*de* confession : aveu de ses fautes). *Archit.* Meuble ou édicule où le prêtre s'assied pour donner le sacrement de pénitence au fidèle qui se confesse. L'usage n'en remonte qu'au XVIe s.

ø *All.* Beichtstuhl, *angl.* confessional, *esp.* confesonario, *ital.* confessionale.

confrérie n.f. (*dér. de* confrater : confrère). Association de fidèles formant un corps organique réunis en vue de l'accroissement du culte public, avec l'autorisation de l'évêque.

La confrérie est distincte des instituts religieux (comportant des vœux) et des pieuses unions (sans rapport avec le culte public).

ø *All.* Bruderschaft, *angl.* confraternity, *esp.* cofradía, hermandad, *ital.* scuola, confraternita.

congé n.m. (*du lat.* commeatus : action de s'en aller). *Archit.* 1) Moulure* à dessin concave utilisée pour réunir deux surfaces n'ayant pas la même saillie* (ex. un fût* de colonne* et sa base* carrée). On l'appelle aussi adoucissement*, apophyse* ou cavet* (*v. ces mots*). ‖ 2) Petit motif* sculpté servant à amortir un groupe de moulures. Viollet-le-Duc l'explique : « Congé donné à la moulure de cesser d'être. »

ø *All.* Ablauf eines Säulenschaftes, *angl.* congé, hollow moulding, *esp.* esgucio, *ital.* scozia.

conque n.f. (*lat.* concha). 1) Ornement* en forme de coquille marine. ‖ 2) Cul-de-four* d'une abside*.

ø *All.* Muschelschale, *angl.* shell, *esp.* concha, *ital.* conca.

consécration n.f. (*du lat.* con-secrare : rendre sacré). Action sacrée par laquelle une personne ou une chose est séparée du monde profane et affectée définitivement au culte de Dieu.

En dehors de la *consécration* eucharistique, les choses consacrées peuvent être des églises*, des autels*, des cloches* ou des vases du culte. La consécration suppose l'usage du saint-chême et doit être effectuée par un ministre ayant reçu le

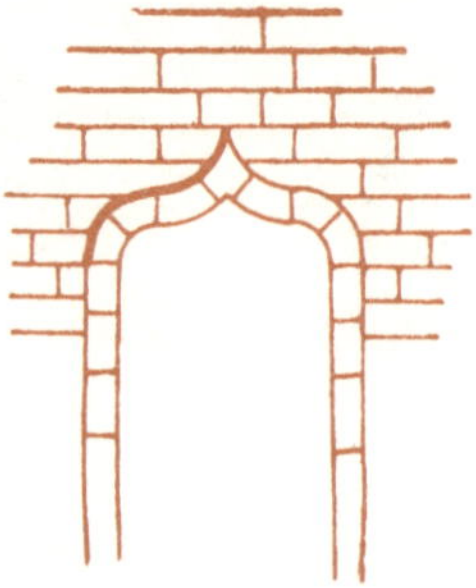

contre-courbe

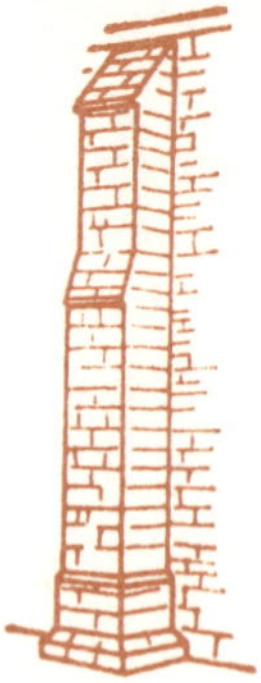

contrefort

contreforts

caractère épiscopal.

Consécration de la messe :

ø *All.* Wandlung, *angl.* consecration, *esp.* consagración, *ital.* consacrazione.

Consécration d'une église :

ø *All.* Weihe, *angl.* dedication, *esp.* consagración, *ital.* dedicazione.

console n.f. (*formé de* sole : poutre). *Archit.* Moulure* en forme d'S renversé ou de volute, destinée à être le support d'une corniche* ou d'un balcon (*v.* volute *et* corbeau).

ø *All.* Konsole, *angl.* bracket, console, *esp.* ménsula, *ital.* mensola.

Constantin (cavalier) Parmi les figures équestres sculptées ou peintes, fréquentes dans le Roman de l'Ouest de la France, un certain nombre porte traditionnellement le nom de Cavalier Constantin.

construction n.f. (*du lat.* construere : édifier). *Archit.* 1) Action ou art de bâtir.

ø *All.* Herstellung, *angl.* building, *esp.* construcción, *ital.* costruzione.

2) Édifice bâti.

ø *All.* Bau, *angl.* building, *esp.* construcción, *ital.* costruzione.

Construction appareillée : construction comportant des revêtements en grand appareil*, que certains croient être une des caractéristiques de l'art andalou du Xᵉ s. (*Ex.* Saint-Michel de Cuxa).

« **contrapposto** » Mot italien qui désigne les mouvements opposés, ou contrastés, ou le balancement rythmique des parties symétriques du corps. Une épaule se soulève, alors que l'autre s'abaisse, etc. Ce rythme fait de compensations permet de représenter dans les mouvements du corps la souplesse et la vie. Cette loi d'alternance découverte par les Grecs au Vᵉ siècle a pris la suite du principe de frontalité rigide, règle immuable de l'art primitif (*v.* frontalité).

ø *All.* Gegenbewegung, Kontrapost, *angl.* counterpoise, self-balance, *ital.* contrapposto.

contre-abside n.f. *Archit.* Abside* terminant une église* à l'opposé de l'abside* principale. Cette disposition rejette la porte principale sur l'axe des transepts* ou sur l'axe des collatéraux*.

contre-arcature n.f. *Archit.* Ensemble fait de sortes de festons* découpés ornant l'intrados* d'un arc*.

contre-arêtier n.m. Ardoise* placée immédiatement au-dessous de celle qui est coupée pour faire l'arêtier. On dit aussi *contre-approche.*

contre-buter v.tr. Consolider un mur ou une voûte en neutralisant ses poussées par une contre-poussée active. Ne pas confondre avec *épauler,* qui désigne un mode de consolidation passive ou inerte.

ø *All.* gegenstützen, mit Strebepfeilern oder Strebebogen stützen, *angl.* to buttress, to shore up, *esp.* apuntalar, *ital.* controspingere.

contre-clef n.f. On appelle ainsi les deux voussoirs* encadrant immédiatement la clef* de voûte.

contre-corbeau n.m. Modillon* placé entre des corbeaux* ou modillons qui supportent la retombée d'une arcature* et destiné à servir de point d'appui aux deux petites arcades comprises dans la grande.

contre-courbe n.f. Courbe renversée qui termine la partie supérieure d'un arc* en tiers point (*fig.*). Les arcs* en accolade sont généralement surmontés de deux *contre-courbes.*

ø *All.* Gegenbogen, *angl.* counter curve, *esp.* contracurva, *ital.* controcurva.

contre-extradossé adj. Se dit d'un claveau* placé contre la clef* de voûte et de même hauteur qu'elle.

contre-fiche n.f. 1) Pièce de charpente* d'un comble* reliant obliquement les arbalétriers* au poinçon*. ‖ 2) Gros étai* placé obliquement pour soutenir un mur menacé de s'effondrer.

ø *All.* Strebeband, *angl.* brace, strut, *esp.* puntal, *ital.* sostegno.

contrefort n.m. Bloc de maçonnerie* élevé en saillie* sur un mur* pour l'épauler ou le renforcer (*fig.*). Les voûtes* gothiques sont équilibrées par des arcs-boutants* qui viennent s'appuyer sur des *contreforts* (*fig., pl.* 65, *v. pl.* 1). Simples et sans ornement à l'origine, ces contreforts s'agrémentent peu à peu d'ornements*.

Tout contrefort se compose de la racine (partie

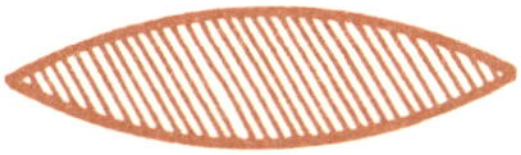

convexe

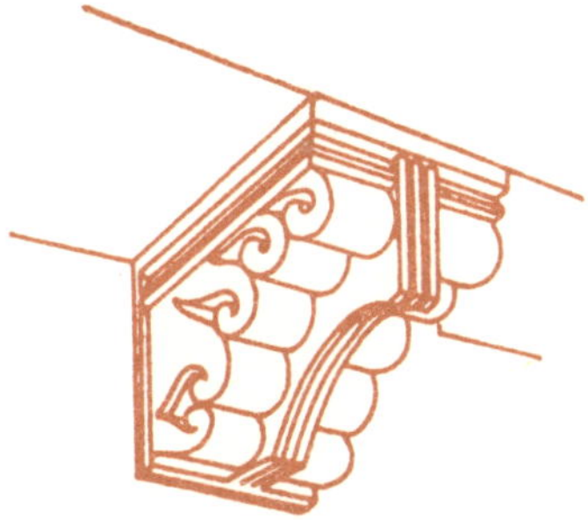

copeaux

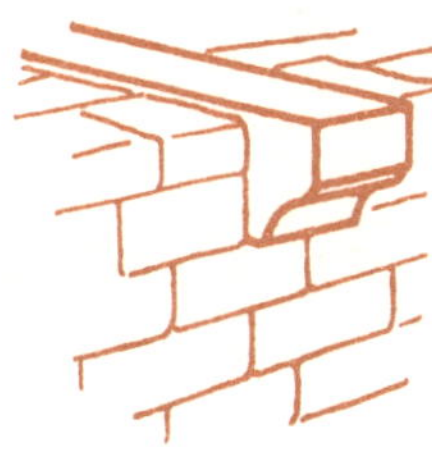

corbeau

adhérente au mur) et de la queue, qui est la partie saillante. Il comporte souvent des talus.

ø *All.* Strebepfeiler, Widerlager, *angl.* buttress, *esp.* contrafuerte, *ital.* contrafforte.

Quelques particularités :
contrefort colonne : *v.* colonne (position).
contrefort intérieur – pilier : disposition de piliers* servant de contreforts intérieurs, séparés du mur latéral par un étroit couloir; elle a son origine dans l'architecture romaine et se trouve notamment dans l'art roman du Roussillon (Saint-André-de-Sorède).

ø *All.* Wandpfeiler, *angl.* inner buttress, *esp.* contrafuerte interior, *ital.* contrafforte interiore.
contreforts à talus ou *talutés* : contreforts à base ou à sommet inclinés en forme de talus (église de Chambon).
contreforts sans retraites : verticaux de bas en haut sans aucune diminution (retraite) d'épaisseur en cours de route.

contre-retable n.m. *Archit.* Mur auquel est adossé un retable* et par extension le retable lui-même.

contrescarpe n.f. *Fortif.* Paroi extérieure d'un fossé* opposée à l'escarpe* du rempart et que l'assaillant doit descendre.

ø *All.* äussere Böschung, *angl.* counterscarp, *esp.* contraescarpa, *ital.* contrascarpa.

contrevent n.m. 1) Panneau en bois ou fer placé à l'extérieur d'une fenêtre*. Contraire de volet* (*v. ce mot*).

ø *All.* Fensterladen, *angl.* window shutter, *esp.* contraventana, *ital.* paravento.

2) Pièces de charpente* qui, dans la longueur des combles*, placées obliquement entre deux fermes* les lient et les empêchent de se déformer.

contreventer v.tr. Consolider une charpente* au moyen de contrevents*.

contreventement n.m. Assemblage* de charpente* obtenu en réunissant les fermes* par des contrevents*, et destiné à parer aux déformations ou au renversement d'un comble*, d'une fermeture.

convexe adj. (*lat.* convexus : voûté). Qui présente une courbure en saillie* (*fig.*). Contraire de *concave*.

ø *All.* gewölbt, *angl.* convex, *esp.* convexo, *ital.* bombato.

copeau n.m. (*de l'anc. franç.* coispel : pointe, *rac. lat.* cuspis : pointe). Éclat de bois enlevé par le rabot*. ‖ Les *modillons* à copeaux*,* fréquents dans le roman auvergnat, qui les tenait des Arabes, sont ainsi nommés parce qu'ils sont ornés sur leur tranche d'enroulements rappelant les copeaux de bois que fait voler le menuisier qui rabote (*fig.*) (*v.* modillon).

ø *All.* Span, *angl.* chip, *esp.* viruta, *ital.* truciolo.

coq n.m. (*onomatopée, cri du* coq). Oiseau de basse-cour dont le cri annonce le jour : chant du *coq*. ‖ *Archit.* Dans l'art chrétien, emblème de saint Pierre, symbole de la résurrection, de la vigilance chrétienne, des prédicateurs. Selon un usage français qui remonte au XIIe s., on le place avec la croix sur le faîte des clochers*. Il sert le plus souvent de girouette*.

ø *All.* Wetterhahn, *angl.* weather cock, *esp.* gallo de campanario, *ital.* gallo di bronzo.

coquille n.f. (*bas-lat.* conchiglia, *plur. neutre devenu fém. sing.*). *Archit.* 1) Voûte* en quart de sphère formant le haut d'une niche*. ‖ 2) Dessous de l'espèce de voûte* formée par les marches* en pierre d'un escalier à vis*.

La *coquille Saint-Jacques* est l'emblème des pèlerins de Saint-Jacques-de-Compostelle. Saint Jacques le Majeur a en effet comme attributs le bourdon, la gourde ronde attachée à ce bâton de voyage et la panetière sur laquelle se détache la coquille Saint-Jacques. *Voir* pèlerinage.

ø *All.* Pilgermuschel, *angl.* scallop-shell, *esp.* concha de Santiago, *ital.* conchiglia.

corbeau n.m. (*anc. franç.* corp, *du lat.* corvus : corbeau). *Archit.* Forte saillie* de pierre, de bois, ou de fer sur l'aplomb d'un parement*, destinée à supporter divers objets : poutres*, corniches*, arcatures*, etc. (*fig.*) (*v.* console).

Le *corbeau* a un rôle utilitaire de point d'appui* qui le distingue du modillon* qui est surtout ornemental. Le corbeau se distingue aussi du culot* (ou cul-de-lampe)* par sa construction. Alors que culot et cul-de-lampe sont pris dans une

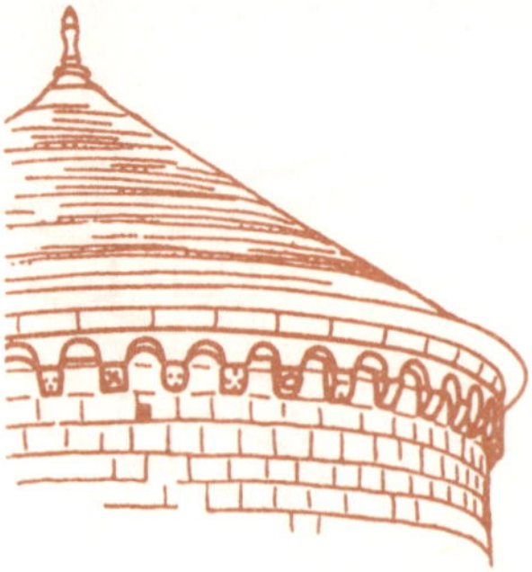

corniche

pierre d'assise*, le corbeau est toujours constitué d'une pierre distincte formant parpaing* dans le mur de manière à faire équilibre à la partie saillante qui reçoit une charge.

ø *All.* Kragstein, *angl.* corbel, *esp.* repisa, *ital.* beccatello.

corbeille n.f. (*lat.* corbicula, *dim. de* corbis). *Archit.* Partie centrale du chapiteau*, portant l'ornementation (*v. ce mot et pl.* 2, 5).

La dénomination de *corbeille* est tirée de la forme que présente le chapiteau corinthien; et elle n'existe que dans celui-ci et dans ceux qui en découlent (*v.* chapiteau corinthien).

ø *All.* Korb, *angl.* basket, *esp.* cesta, *ital.* canestro.

corbin n.m. *Voir* bec de corbin.

corde n.f. (*lat.* chorda : boyau). 1) Lien souple fait de chanvre tordu.

ø *All.* Seil, *angl.* rope, *esp.* cuerda, *ital.* fune. 2) Motif* décoratif (*v.* tresse). ‖ 3) Ligne droite qui joint les extrémités d'un arc de cercle, par analogie avec l'arc, arme offensive.

ø *All.* Bogensehne, *angl.* chord, *esp.* cuerda, *ital.* corda.

cordelier n.m. Religieux franciscain* ainsi nommé parce qu'il porte une cordelière au lieu d'une ceinture de cuir.

cordelière n.f. (*dér. de* corde). 1) Cordon* à nœuds. ‖ 2) *Archit.* Baguette* sculptée en forme de grosse corde*, ornement* fréquent dans l'art roman.

ø *All.* Knotenschnur, *angl.* twisted fillet, *esp.* cordón, *ital.* cordeliera.

cordon n.m. (*dér. du lat.* chorda : boyau). *Archit.* Assise* de pierre peu saillante courant sur une paroi et accusant la démarcation des étages ou un élément décoratif (archivolte*) (*v. pl.* 1).

ø *All.* Mauerband, *angl.* cordon, *esp.* cordón, *ital.* cordone.

Cordon de billettes, de perles : moulures* qui semblent faites de billettes* ou de perles* juxtaposées.

Cordon de billettes :

ø *All.* Schindelfries, *angl.* row of billets, *esp.* fila de billetes, *ital.* fila di palle.

Cordon de perles :

ø *All.* Perlenschnur, *angl.* string of beads, *esp.* hilera de perlas, *ital.* fila di perle.

cordonné adj. (*de* cordon). *Archit.* Se dit d'édifices ou d'éléments d'édifices reliés par un cordon*.

corinthien adj. *Voir* ordre.

corne n.f. (*lat.* cornu). ● – **d'abondance** 1) *Mythol.* C'est la corne de la chèvre Amalthée qui nourrit Jupiter, corne de laquelle sortent d'innombrables biens. ‖ 2) *Archit.* Motif* d'ornementation : corne d'où sortent fleurs et fruits.

ø *All.* Füllhorn, *angl.* horn of plenty, *esp.* cuerno de la Abundancia, *ital.* cornucopia.

● – **d'abaque** Dans les chapiteaux corinthien* et composite*, angle saillant du tailloir*.

corniche n.f. (*dér. du lat.* cornu : corne). *Archit.* Membre* saillant d'architecture qui sert à couronner le faîte*, le sommet d'un mur. La *corniche* reçoit le pied des chevrons* du comble*, et abrite en même temps la face du mur inférieur (*fig., v. pl.* 1, 2, 7). ‖ *Par extension* On a donné ce nom – improprement – à tout ornement en saillie composé de moulures*, où qu'il se trouve.

Mais dans la période romane les architectes ne se servent des divers membres de l'architecture qu'en raison de leur fonction réelle dépendante de la structure. Ils n'utiliseront donc de l'entablement* que la corniche, tablette de pierre en saillie portée par des corbeaux* et recouverte par l'égout du toit qu'elle doit reporter en avant de la muraille. La tablette de la corniche ne pouvant être décorée, ce sont les corbeaux qui sont sculptés. Néanmoins à l'époque romane, les types de corniche sont très variés et comprennent notamment la corniche auvergnate supportée fréquemment par des modillons à copeaux* et présentant des boutons* sculptés (rosaces* souvent côtelées) sur la face inférieure de l'entablement.

Dans les édifices gothiques le toit s'arrête en arrière de la corniche et l'eau de pluie canalisée par un chéneau* s'écoule par des gargouilles*.

ø *All.* Kranzgesims, *angl.* cornice, *esp.* cornisa, *ital.* cornice.

cornier adj. (*dér. de* corne). *Archit.* Se dit d'un poteau* qui est à l'angle* (d'un mur). Dans les maisons en bois du Moyen Age, le *poteau cornier* est souvent orné de sculptures*.

∅ *All.* Eckpfosten, *angl.* corner post, *esp.* poste angular, *ital.* palo angolare.

cornière n.f. (*de* corne). *Archit.* Pièce en métal à deux pans destinés à consolider les angles de deux pièces de charpente*, d'un coffret, etc.

∅ *All.* Winkeleisen, *angl.* angle iron, *esp.* codo metálico, *ital.* cantonata.

corporation n.f. (*de* corps). Association de personnes exerçant le même métier et ayant des devoirs, des privilèges, etc., communs. L'origine remonte aux *collegia* romains, et aux guildes germaniques. Nombreuses et puissantes en France sous l'Ancien Régime, elles furent abolies par un édit du roi en 1778, puis rétablies et supprimées définitivement en 1791.

∅ *All.* Zunft, Gilde, *angl.* guild, *esp.* corporación, *ital.* corporazione.

corps n.m. (*lat.* corpus). *Archit. Corps d'un édifice* : gros-œuvre de maçonnerie* sans la charpente* et la menuiserie*.

Corps de logis ou *de bâtiment* : masse principale d'une maison d'habitation par opposition aux dépendances et aux ailes. Lorsqu'il fait saillie, il prend le nom d'*avant-corps*.

∅ *All.* Hauptgebäude, *angl.* main building, *esp.* cuerpo de casa, *ital.* corpo di casa.

Corps de métier : ensemble des artisans d'une même profession.

∅ *All.* Zunft, *angl.* trade, *esp.* gremio de artesanos, *ital.* corporazione.

Faire corps : être réuni à un autre objet jusqu'à ne faire qu'un avec lui.

∅ *All.* sich einverleiben, *angl.* to form one body, *esp.* formar cuerpo, *ital.* incorporare.

corroi n.m. (*de* corroyer). Enduit de terre glaise pétrie employé contre les infiltrations dans les travaux d'eau (bassins, canaux, réservoirs, etc.).

corroyer v.tr. (*vx franç.* conréer, *du germ.* garedan : préparer). 1) Préparer le cuir. ‖ 2) Dégrossir le bois. ‖ 3) Pétrir la terre glaise pour en faire un corroi*; mélanger et pétrir de la chaux avec sable, ciment, caillou pour en faire du mortier* (*v.* torchis).

∅ *All.* gerben, *angl.* to make puddle, *esp.* (1) zurrar, (3) amasar, *ital.* corredare.

cote n.f. (*lat.* quota, *fém. de* quotus : combien). *Archit.* Mesure de dimension inscrite sur un plan* pour éviter d'avoir recours à l'échelle. Un plan ou un dessin d'architecte qui porte ces indications est dit *dessin* ou *plan coté*.

∅ *All.* Maßzeichnung, *angl.* dimensioned sketch, *esp.* dibujo acotado, *ital.* disegno annotato.

On appelle *cotes de niveau* les chiffres qui dans le travail de nivellement par l'arpenteur indiquent les différences de niveau.

∅ *All.* Maßbezeichnung, *angl.* spot level, *esp.* cota, *ital.* quota.

côte n.f. (*lat.* costa : côte, côté). *Archit.* Listel* placé entre les cannelures*. ‖ Lignes saillantes, nervures* divisant un dôme en segments, et se joignant au sommet.

∅ *All.* Rippe, *angl.* rib, *esp.* nervio, *ital.* costa.

côté n.m. *Voir* bas-côté.

côtelé adj. (*dér. de* côte). Se dit d'un tissu qui présente des côtes, des saillies rectilignes.

∅ *All.* gerippt, *angl.* ribbed, *esp.* asurcado, *ital.* costolato.

Rosace côtelée : *v.* corniche.

cou n.m. (*lat.* collum). *Archit.* Dégagement entre deux moulures* rondes.

couche n.f. (*dér. de* coucher, *du lat.* collocare : placer dedans). *Archit.* Manière d'étendre les matières plus ou moins liquides, susceptibles d'être répandues. On dit une couche de mortier, de ciment, de plâtre, de sable, de terre, etc.

Pour les pierres et briques, on se sert du mot *assise**; pour désigner une couche de mortier ou de plâtre gâché étendue horizontalement, le terme adéquat est *lit**. On donne improprement aussi ce nom de couche à certaines pièces d'étaiement, par corruption du mot couchis (*v. ci-après*).

couchis n.m. (*dér. de* coucher, *du lat.* collocare : placer dedans). 1) Lit de sable sur lequel on place un pavage. ‖ 2) Pièce de bois méplate

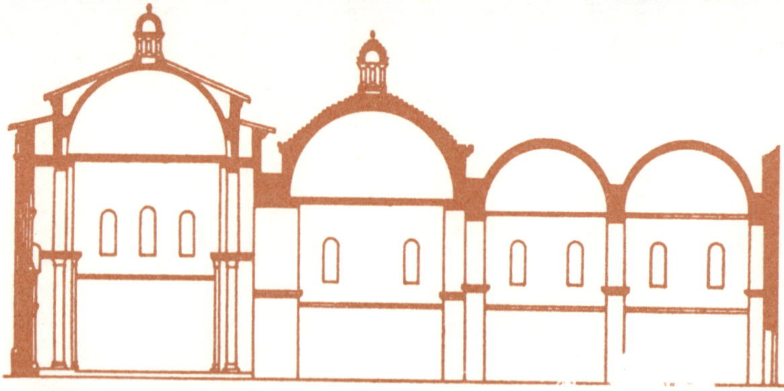

coupe longitudinale

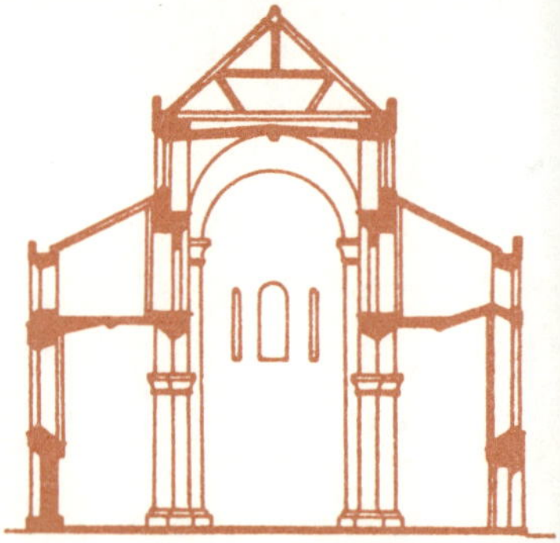

coupe transversale

faisant partie d'un étaiement*. Elle reçoit le pied d'un étai* et a pour rôle de répartir la pression de la pièce butante sur la plus grande surface possible. On l'appelle aussi (improprement) *couche*. ‖ 3) Lattis* cloué sur les solives* d'un plancher. ‖ 4) Madriers posés sur les fermes* d'un cintre* pour supporter une voûte* en construction.

coudé adj. (*du lat.* cubitus : coude). Plié en forme de coude*.

coule n.f. (*lat.* cuculla). Pèlerine ou robe à capuchon, sans ouverture, portée par les moines, et aussi, au Moyen Age, par les pèlerins* et les gens du peuple. Le mot est la forme populaire de *cagoule*.

ø *All.* Kutte, *angl.* cowl, *esp.* cogulla, *ital.* cocolla.

couleur n.f. (*lat.* color). *Couleurs du prisme* : les sept couleurs simples : violet, indigo, bleu vert, jaune, orangé, rouge, produites par la décomposition d'un rayon de lumière à travers un prisme.

ø *All.* Farbe, *angl.* colour, *esp.* color, *ital.* colore.

Couleurs complémentaires : celles dont la combinaison reproduit la couleur blanche. Le complémentaire du rouge est le vert; du bleu, l'orangé; du jaune, le violet. Dans la pratique ces mélanges ne donnent pas le blanc, mais un noir ou plutôt un gris normal.

ø *All.* Komplementärfarbe, *angl.* complementary colour, *esp.* color complementario, *ital.* colore complementare.

Couleurs héraldiques : usitées dans le blason*. Elles sont au nombre de cinq : azur (bleu), gueules (rouge), pourpre (violet), sable (noir), sinople (vert), et portent le nom d'*émaux**. Il faut y ajouter les couleurs des métaux, or (jaune) et argent (blanc) (*v. fig.* blason).

ø *All.* Tinkturen, *angl.* hues of the shield, *esp.* colores heráldicos, *ital.* colori del blasone.

Couleurs liturgiques : fixées depuis Innocent III (mort en 1216); selon l'usage de l'Église romaine : blanc, rouge, violet, vert et noir, exceptionnellement rose (en deux circonstances : en Avent et en Carême, aux dimanches *Laetare* et *Gaudete*) et drap d'or admis pour suppléer les couleurs reçues, sauf le noir.

coupe n.f. (*dér. de* couper, *dér. de* coup, *lat.* colaphus, *au sens de : diviser d'un* coup). *Archit.* 1) Dessin représentant l'aspect d'un édifice divisé (coupé) verticalement pour montrer le profil général de l'édifice et de chacune de ses parties. La coupe peut être longitudinale (sens de la longueur) (*fig.*) ou transversale (sens de la largeur) (*fig.*).

La coupe (jointe au plan* et à l'élévation*) permet de bien voir la distribution des étages et pièces, l'épaisseur des murs, l'aménagement des combles, etc.

ø *All.* Durchschnitt, *angl.* section, *esp.* sección, *ital.* sezione.

Coupe longitudinale :

ø *All.* Längsschnitt, *angl.* longitudinal section, *esp.* sección longitudinal, *ital.* sezione longitudinale.

Coupe transversale :

ø *All.* Querschnitt, *angl.* cross-section, *esp.* sección transversal, *ital.* sezione trasversale.

2) *Coupe des pierres* : *v.* stéréotomie.

ø *All.* Steinschnitt, *angl.* stone cutting, *esp.* corte de piedra, *ital.* taglio di pietre.

3) Se dit aussi de l'inclinaison des joints des voussoirs*. On appelle les voussoirs parfois du nom de « pierres en coupe ».

coupole n.f. (*ital.* cuppola, *du lat.* cuppa : coupe). *Archit.* Voûte* hémisphérique ou d'une forme se rapprochant plus ou moins de la demi-sphère et dont l'extérieur porte le nom de *dôme* (*v. ce mot*) (*fig.*).

La *coupole* peut être élevée sur un plan circulaire ou sur un plan carré, hexagonal, octogonal ou elliptique. Dans ces derniers cas, elle conserve la forme hémisphérique en rachetant la forme brisée du plan sur lequel elle repose au moyen de pendentifs* (*pl.* 68) ou de trompes* (*pl.* 69). Ou bien elle reproduit la forme même des constructions qui lui servent de base en présentant un certain nombre de pans* correspondant à celui de la figure géométrique de sa base.

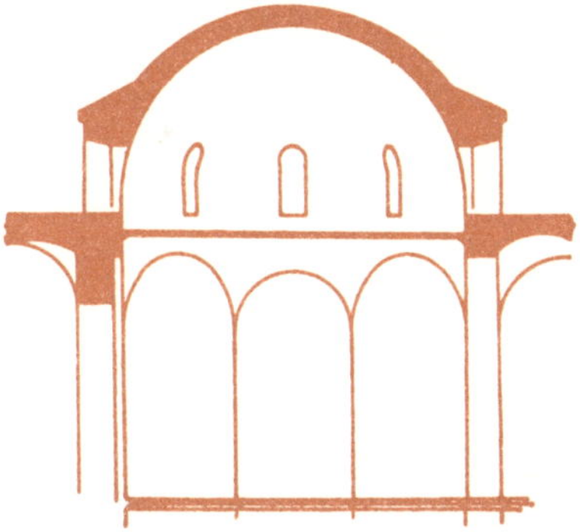

coupole

Les Romains, puis les Byzantins, firent de la coupole un usage constant; contrairement à l'opinion ancienne, la coupole ne disparut pas avec l'Empire romain; les architectes préromans l'ont connue et pratiquée dans un grand nombre d'édifices. Elle est très fréquente dans l'architecture romane, jusqu'à l'apparition de la voûte d'ogives, qui la raréfie peu à peu, au profit parfois de la tour-lanterne (*v.* pendentif, trompe, panache, voûte).

Coupole aplatie :

∅ *All.* flache Kuppel, *ital.* cupola piatta.

Coupole nervée :

∅ *Angl.* ribbed dome, *esp.* cúpula sobre nervios, *ital.* cupola costolata.

Coupole à pendentifs courbes :

∅ *All.* Eckzwickelkuppel, *angl.* cupola on pendentives, *esp.* cúpula sobre pechinas, *ital.* cupola su pennachi.

Coupole sur trompes :

∅ *All.* Ecktrichterkuppel, *angl.* cupola on squinches, *esp.* cúpula sobre trompas, *ital.* cupola su trombe d'angolo.

cour n.f. (*lat.* cohores : cour de ferme). Espace clos de murs ou de bâtiments presque toujours découvert et dépendant d'un édifice public ou privé. On distingue l'avant-cour, la cour d'honneur, etc.

∅ *All.* Hof, *angl.* yard, *esp.* patio, *ital.* cortile.

courant n.m. *Archit. Courant de comble* : comble* envisagé uniquement dans le sens de la longueur (*v.* comble).

courant adj. *Archit.* Se dit d'un dessin qui se répète indéfiniment dans une ornementation*.

∅ *All.* laufende, *angl.* running, *esp.* corrido, *ital.* corrente.

couronne n.f. (*lat.* corona). Ornement* de forme circulaire qui se pose sur la tête comme parure ou comme signe de distinction.

La couronne impériale est en forme de mitre surmontée d'un globe crucifère. La couronne royale est ornée de huit fleurs de lis d'or.

L'usage des couronnes fut introduit à Rome par imitation des mœurs grecques. Elles eurent au début un caractère religieux, qu'elles conserveront toujours plus ou moins : dans les cérémonies païennes, le dieu, les prêtres, les victimes étaient couronnés de fleurs ou de feuillage.

Elles étaient décernées comme récompense. La couronne est souvent l'attribut de saints.

La couronne funéraire remonte au paganisme.

La couronne est à l'origine de la mitre et de la tiare (*v. ces mots*).

∅ *All.* Krone, *angl.* crown, *esp. et ital.* corona.

Couronne d'épines :

∅ *All.* Dornenkrone, *angl.* crown of thorns, *esp.* corona de espinas, *ital.* corona di spine.

Couronne royale :

∅ *All.* Königskrone, *angl.* royal crown, *esp.* corona real, *ital.* corona reale.

couronnement n.m. (*dér. de* couronne). *Archit.* Partie qui termine un édifice, une partie d'édifice, un meuble, etc.

∅ *All.* Krönung, *angl.* crowning, *esp.* remate, *ital.* fastigio.

cours n.m. (*lat.* cursus *au sens de* course). *Archit.* Suite continue d'éléments mis bout à bout : on dit un *cours d'assises* (pierres taillées), un *cours de plinthes*, un *cours de pierres sablières*, un *cours d'ornements*, un *cours de pannes*, etc.

coursière n.f. (*dér. de* cours, *dans le sens ancien* course). *Archit.* 1) Raccourci, galerie de circulation étroite au-dessus des arcades* de la nef* d'une église*. ‖ 2) Chemin de ronde d'une forteresse.

∅ *All.* Laufgang, *angl.* gangway, *esp.* corredor, *ital.* via di ronda.

courtine n.f. (*lat.* cortina : tenture). *Archit. milit.* Mur* d'enceinte d'un château-fort* entre deux tours. ‖ Façade* terminée par deux pavillons (*peu usité*) (*v. pl.* 8).

∅ *All.* Zwischenwall, *angl.* curtain wall, *esp. et ital.* cortina.

coussinet n.m. (*dér. de* coussin). *Archit.* 1) Dernière pierre d'un pilier* (ou pied-droit*) taillée pour servir d'appui à l'arc* qui commence. *Voir* abaque, sommier.

∅ *All.* Polsterchen, *angl.* cushion, springer,

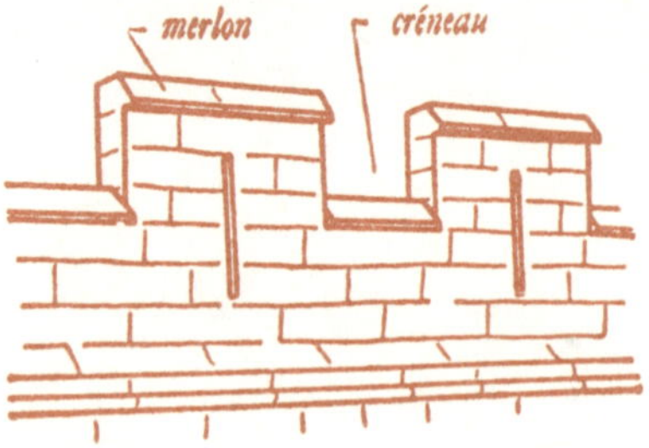

créneau

esp. sotabanco, *ital.* guancialetto.
2) Face latérale du chapiteau* à volutes* (ionique*). Cette face latérale est appelée aussi *balustre*, ou *oreille*. Le coussinet du chapiteau ionique a été au Moyen Age simplifié et est devenu un motif décoratif ressemblant au godron*.

∅ *All.* Wulst, *esp.* cojinete.

couverture n.f. (*dér. de* couvrir, *du lat.* cooperire). *Archit.* Revêtement appliqué sur le comble* d'un bâtiment dont il forme la toiture*. On peut employer à cet effet de nombreux matériaux* : pierres dures, ardoises, terre cuite, métaux, chaume, carton, tôle, etc.

∅ *All.* Decke, Dach, *angl.* roofing, *esp.* cubierta, *ital.* tetto.

Couverture de livre, d'évangéliaire (*v.* reliure) :

∅ *All.* Buchdeckel, *angl.* book cover, *esp.* tapa de libro, *ital.* coperta.

couvre-joint n.m. *Archit.* Tout objet couvrant un joint*. *Par ex.,* lamelle de bois posée entre deux planches* juxtaposées, etc.

∅ *All.* Deckplatte, *angl.* junction plate, *esp.* tapajunta, *ital.* coprigiunta.

coyau n.m. (*dér. de* coyer, *de* coe, *ancienne forme de* queue). *Archit.* Petite pièce de bois formant adoucissement* (dans la toiture) entre le pied des chevrons* et la saillie de l'entablement*. Ils forment l'égout du comble* et facilitent la chute et l'écoulement des eaux pluviales.

coyer n.m. (*de* coe, *ancienne forme de* queue). *Archit.* Pièce de charpente formant l'entrait* d'un arêtier*.

crampon n.m. (*francique* krampo : courbé). *Archit.* Pièce métallique aux bouts recourbés noyés dans la maçonnerie* et servant à lier ensemble les pierres d'une assise*.

∅ *All.* Klammer, *angl.* cramp-iron, *esp.* grapa, *ital.* rampone.

crapaudine n.f. (*dér. de* crapaux, *de* crape, *rac. francique* skrapan : nettoyer en raclant). Pièce de métal destinée à recevoir le tourillon d'un pivot; fer creux dans lequel pénètre le gond d'une porte.

crèche n.f. (*du francique* kripja). Mangeoire pour le bétail. ‖ Jésus ayant été déposé dans une crèche à sa naissance, on en est venu à désigner par ce nom les représentations de la scène de la Nativité avec des statuettes ou de menues figurines appelées en Provence *santons*. L'idée de cette représentation remonterait à saint François d'Assise.

∅ *All.* Weihnachtskrippe, *angl.* Crib, *esp.* Nacimiento, *ital.* Presepio.

crédence n.f. (*ital.* credenza : confiance). 1) Buffet provisoire où l'on faisait au Moyen Age l'essai des mets avant de les servir.

∅ *All.* Kredenz, *angl.* side table, *esp.* credencia, *ital.* tavola murale.

2) Table mobile (ou console) placée non loin de l'autel* pour recevoir divers objets nécessaires au Saint Sacrifice de la messe.

∅ *All.* Kredenztisch, *angl.* credence, *esp.* credencia, *ital.* credenza.

crémone n.f. Genre de fermeture de fenêtre usitée à Crémone (Italie), d'où son nom, comme aussi en Espagne, d'où le nom d'*espagnolette* (*v. ce mot*).

∅ *All.* Fensterriegel, *angl.* casement bolt, *esp.* falleba, *ital.* spagnoletta di finestra.

créneau n.m. (*du lat.* crena : entaille). *Archit. milit.* Les parapets* des anciennes fortifications sont surmontés de distance en distance de petits piliers de pierre appelés *merlons**. L'intervalle qui les sépare est appelé *créneau.* Le créneau est l'entaille, le merlon est la saillie (*fig.*) (*v.* merlon).

On trouve merlons et créneaux au couronnement d'édifices religieux.

∅ *All.* Zinne, *angl.* crenel, *esp.* almena, *ital.* merlo.

crénelage n.m. (*dér. de* créneau). *Archit.* Ensemble de créneaux* et merlons*.

∅ *All.* Zinnenkranz, *angl.* embattling, *esp.* almenaje, *ital.* merlatura.

crénelé adj. Garni de créneaux*. Dentelé comme une muraille* munie de créneaux.

∅ *All.* gezinnt, *angl.* battlemented, *esp.* almenado, *ital.* merlato.

crénelure n.f. (*dér. de* créneau). Rainure* triangu-

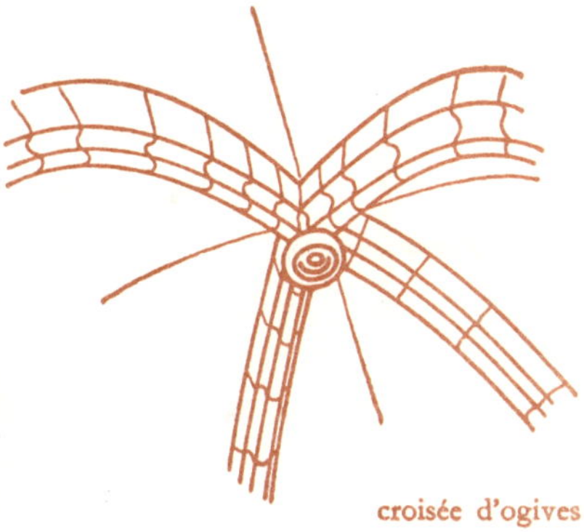

croisée d'ogives

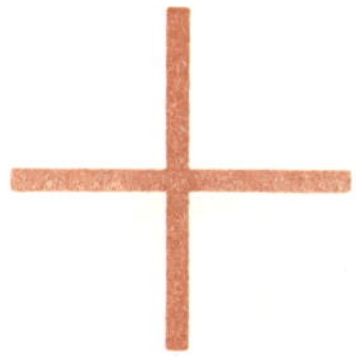

croix grecque

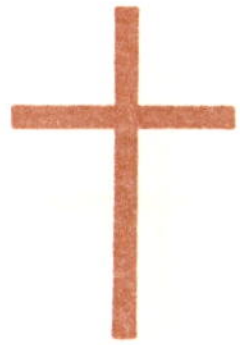

croix latine

laire ayant la forme d'une dent de scie.

crépi n.m. (*du lat.* crispus : frisé). *Archit.* Couche de plâtre* appliquée sur un mur* en maçonnerie ou un pan* de bois, pour préparer la surface à recevoir l'enduit*.
∅ *All.* Anwurf, Putz, *angl.* roughcast, *esp.* enlucido, *ital.* scialbo, intonaco.

crépir v.tr. Couvrir d'un crépi*.
∅ *All.* mit Mörtel bewerfen, *angl.* to parget, *esp.* enlucir, *ital.* intonacare, rinzaffare.

crête n.f. (*lat.* crista, *de* crescere : croître). *Archit.* 1) Ornement* découpé et à jour courant sur le faîtage d'un comble*. On les fit en métal, en terre cuite, ou en pierre.
∅ *All.* Dachkamm, *angl.* ridge, *esp.* crestería, *ital.* cresta.
2) Les châsses* en orfèvrerie qui reproduisent l'architecture des églises* sont aussi couronnées de *crêtes* ajourées.
∅ *All.* Kamm, *angl.* crest, *esp.* crestería, *ital.* cresta.
3) Couronnement d'un mur*.
∅ *All.* Mauerkappe, *angl.* coping, *esp.* coronamiento, *ital.* cresta del muro.

cri de guerre. Devise accompagnant les armoiries* de certaines familles féodales. *Ex.* « Montjoie Saint-Denis », cri des rois de France. C'était un cri de ralliement au fort de la bataille (*v.* Montjoie).

crible n.m. (*lat.* cribrum). Tamis permettant de séparer le sable* du caillou, et de faire du sable fin.
∅ *All.* Sieb, *angl.* sieve, riddle, *esp.* criba, *ital.* crivello.

cric n.m. (*orig. obscure*; *onomatopée*?). Instrument de levage fait d'une crémaillère mue par une roue dentée qu'on fait tourner au moyen d'une manivelle.
∅ *All.* Hebewinde, *angl.* lifting jack, *esp.* gato, *ital.* martinello.

crochet n.m. (*dér. de* croc, *du scandinave* Krôkr). *Archit.* Ornement* saillant* recourbé à son extrémité, laquelle s'enroule comme un bourgeon de feuillage. Très employé à partir du début du XIIe s. dans la sculpture des chapiteaux (*v.* crosse).
∅ *All.* Giebelblume, *angl.* crocket, *esp.* ganchillo, *ital.* uncinetto.
Crochet de chapiteau :
∅ *All.* Knospe, *angl.* crocket, *esp.* garfio, *ital.* uncino.

croisée n.f. (*dér. de* croix, *lat.* crux, crucem). *Archit.* *Croisée de fenêtre* : c'est dans le sens primitif le croisement de meneaux* dans une baie* quadrangulaire. Par extension, *croisée* a fini par désigner toute une fenêtre, après disparition des meneaux (*v.* meneaux).
∅ *All.* Fensterkreuz, *angl.* casement, *esp.* ventana, *ital.* finestra.
Croisée de transept : intersection de la nef* principale et du transept* (*v. pl.* 4).
∅ *All.* Vierung, *angl.* crossing, *esp.* crucero, *ital.* incrocio del transetto.
Croisée d'ogives : croisement de deux arcs* d'ogive (*ou* ogifs, *du lat.* augere (?) : renforcer) qui forme l'ossature de la voûte* gothique (*fig.*).
∅ *All.* Kreuzgurten *angl.* diagonal ribs, *esp.* crucería de ojivas, *ital.* crociera ogivale.

croisillon (*dér. de* croix). *Archit.* 1) Barre de pierre ou de bois divisant en deux la hauteur d'une fenêtre. ‖ 2) Traverse d'une croix*.
∅ *All.* Querholz, *angl.* cross-bar, *esp.* travesaño, *ital.* braccio di croce.
3) Nef* transversale d'une église, ou, plus souvent, un des bras du transept*.
∅ *All.* Querschiffsarm, *angl.* arm of transept, *esp.* brazo de transepto, *ital.* braccio del transetto.

croix n.f. (*lat.* crux, crucem). La *croix* se compose de deux parties : un montant ou hampe*, et une traverse ou croisillon*, dont l'intersection donne quatre branches (*v.* bras).
∅ *All.* Kreuz, *angl.* cross, *esp.* cruz, *ital.* croce.
Selon la forme générale, on distingue :
a) La croix à branches égales : c'est la *croix grecque*. Sur ce plan sont construites la plupart des églises d'Orient (*fig.*).
∅ *All.* griechisches Kreuz, *angl.* greek cross, *esp.* cruz griega, *ital.* croce greca.
b) La croix à branches inégales : le type en est la *croix latine* dont la branche inférieure (montant) est plus longue que les trois autres. Elle a servi

croix ancrée

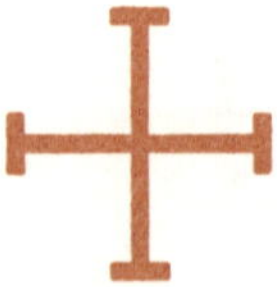
croix potencée

croix tréflée

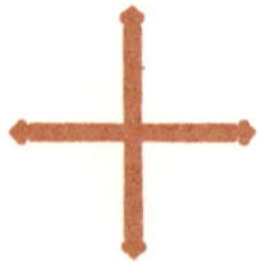
croix fleurdelysée

croix pattée

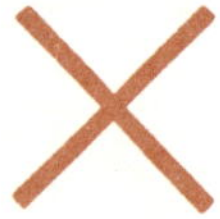
croix de saint André

de plan à la plupart des églises latines (*fig.*).

ø *All.* lateinisches Kreuz, *angl.* latin cross, *esp.* cruz latina, *ital.* croce latina.

Selon le dessin des extrémités, on a par exemple : la croix *ancrée* dont les terminaisons sont celles d'une barre d'ancrage* (*fig.*); *ansée* ou *potencée* si chaque branche forme un T (*fig.*) :

ø *All.* Henkelkreuz, *angl.* cross potent, *esp.* cruz potenzada, *ital.* croce ansata.

tréflée ou *fleuronnée,* si elle s'orne de trèfles ou de fleurons (*fig.*); *florencée* ou *fleurdelysée,* si chaque branche finit en fleur de lys (*fig.*); *pattée,* si les extrémités s'évasent (*fig.*).

Ne pas confondre croix *gammée* (*v.* svastika) et croix *gemmée* (*v.* gemmée).

La croix de saint André* en forme d'X se classe à part (*fig.*) :

ø *All.* Andreaskreuz, *angl.* St. Andrew's cross, *esp.* cruz de san Andrés, *ital.* croce discussata, di Sant'Andrea.

Selon l'usage, on peut citer :

1) La *croix d'autel,* posée en permanence sur l'autel depuis le XIIIᵉ s., mais primitivement portée par les acolythes à l'entrée pour chaque office.

2) La *croix pectorale,* insigne des prélats, portée sur la poitrine et suspendue au cou par un cordon ou une chaîne.

ø *All.* Brustkreuz, *angl.* pectoral cross, *esp.* cruz pectoral, *ital.* croce pettorale.

3) La *croix processionnelle,* que l'on porte devant le pape et les archevêques, ou en tête de toute procession religieuse.

ø *All.* Vortragekreuz, *angl.* processional cross, *esp.* cruz procesional, guión, *ital.* croce astile.

4) La *croix-reliquaire* : *v.* reliquaire.

Dans la consécration des églises*, l'évêque oint les murs en douze endroits où ont été gravées ou peintes des *croix de consécration* (*v.* dédicace).

ø *All.* Weihekreuz, *angl.* consecration cross, *esp.* cruz de consagración, *ital.* croce di consacrazione.

L'évêque fait aussi des onctions sur la table d'autel où cinq croix sont gravées dans la pierre comme témoins de cette consécration.

Timbres héraldiques : depuis le XIVᵉ s. les patriarches, archevêques et évêques portent dans leurs armes héraldiques une croix; elle a une traverse pour les évêques, deux pour les archevêques et patriarches, trois pour le pape.

crosse n.f. (*dér. de* croc *et du francique* krukja : béquille). 1) Bâton pastoral dont l'extrémité supérieure se recourbe, insigne de l'évêque ou de l'abbé (*pl.* 70). Son origine remonte, dit-on, au Vᵉ s. pour les évêques et au VIIᵉ s. pour les abbés. La crosse évoque la houlette du berger (*v.* volute).

ø *All.* Krummstab, *angl.* crozier, *esp.* báculo episcopal (abacial), *ital.* pastorale.

2) *Archit.* Ornement* de forme végétale (imitant le bourgeon d'une fleur ou d'une plante) que l'on trouve sur l'extrados* des arcs*, les rampants* de pignons (*fig.*), les chapiteaux* (*fig.*), etc. Analogue au crochet* (*v. ce mot*; *v. aussi* boule).

crossette n.f. (*dér. de* crosse). *Archit.* 1) C'est une certaine saillie* des pierres destinées à s'encastrer dans une entaille de même forme pratiquée dans une pierre adjacente. Ce procédé sert à consolider les plates-bandes* de grande étendue.

ø *All.* Hakenstein, *angl.* joggle, *ital.* risalto.

La crossette sert aussi à consolider les arcs*, en entaillant le haut des voussoirs* pour les lier et les raccorder aux assises horizontales*. On nomme ce procédé qui utilise des voussoirs à crossettes : *appareil en tas de charge* (*v.* appareil, arc, charge, claveau, clef).

2) Sorte d'oreille que forme la partie supérieure et transversale du chambranle* d'une baie* rectangulaire.

crotales n.m. (*gr.* χροταλον) *Antiq.* Instrument de musique, sorte de castagnettes, mais à palets de bronze.

croupe n.f. (*du francique* kruppa : masse arrondie). *Archit.* 1) Partie supérieure et arrondie du chevet* d'une église*.

ø *All.* Walmdach, *angl.* hip, *ital.* colmo d'abside.

2) A l'extrémité d'un comble* à deux versants,

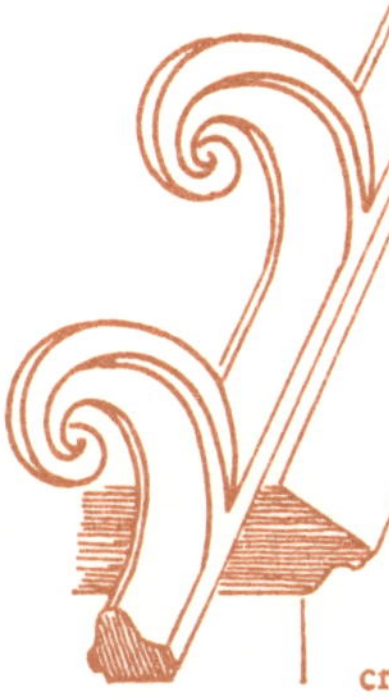

crosses

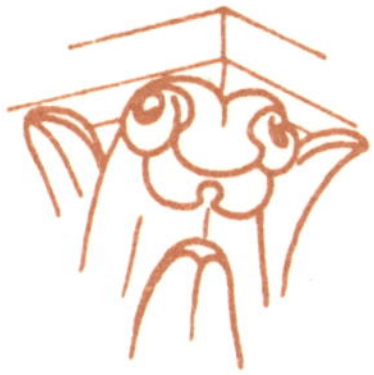

crosse

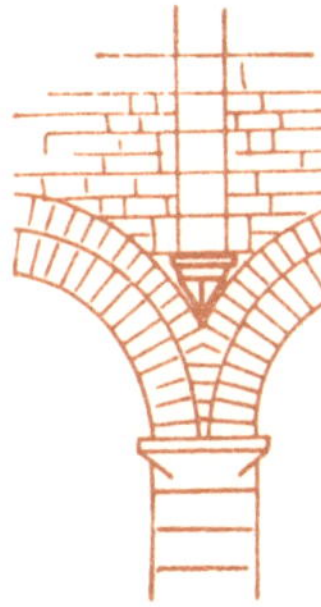

cul-de-lampe

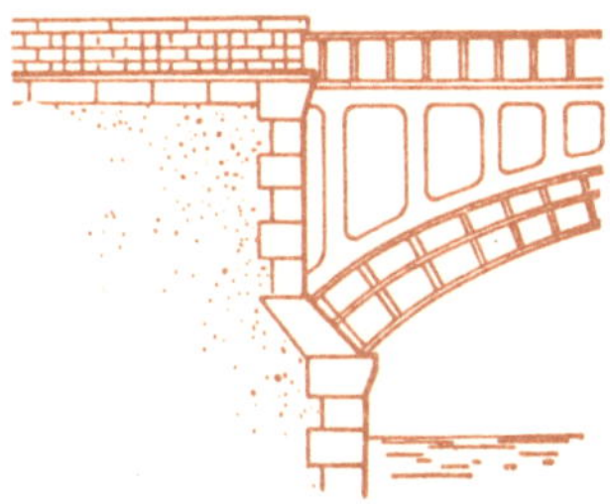

culée

comble triangulaire dont la base repose sur un mur latéral, les côtés étant les arêtiers* qui lui sont communs avec les versants principaux.

crucifère adj. (qui porte une croix). Timbré d'une croix. Le Christ se distingue des Apôtres et des Saints par un nimbe *crucifère*.

ø *All.* kreuztragend, *angl.* cruciferous, *esp.* crucífero, *ital.* crocifero.

crucifiement n.m. (*dér. de* crucifier, *du lat.* crucifigere : fixer sur la croix). 1) Action de crucifier. ‖ 2) Supplice de la croix. ‖ 3) Tableau représentant Notre-Seigneur sur la Croix, *synon. de* crucifixion.

ø *All.* Kreuzigung, *angl.* crucifixion, *esp.* crucifixión, *ital.* crocifissione.

crucifix n.m. (*dér. de* crucifier). Christ en Croix.

Le terme *crucifiement* (ou *crucifixion*) s'applique aux tableaux ou bas-reliefs* représentant dans les détails la tragédie du Calvaire. On entend par *crucifix* une figure du Christ en croix isolée et sculptée. Les crucifix peuvent être monumentaux ou portatifs.

ø *All.* Kruzifix, *angl.* crucifix, *esp.* crucifijo, *ital.* crocifisso.

Crucifixion n.f. (*dér. de* crucifier). Représentation du supplice du Christ attaché à la Croix sur le Golgotha.

ø *All.* Kreuzigung, *angl.* crucifixion, *esp.* crucifixión, *ital.* crocifissione.

cruciforme adj. (*dér. de* croix). *Archit.* En forme de croix*. On dit du plan d'une église, d'un pilier, etc., qu'il est *cruciforme*.

ø *All.* kreuzförmig, *angl.* cruciform, *esp.* cruciforme, *ital.* crociforme.

cry n.m. *Comme* cri.

crypte n.f. (*gr.* κρυπτος : caché). *Archit.* A l'origine, excavation* creusée pour abriter le corps d'un martyr*.

Plus tard, lorsqu'on construisit des églises*, on ménagea sous la construction une chapelle* souterraine, la *crypte,* où était renfermé le corps d'un saint. La crypte était plus grande que la *confession,* petit édifice sur lequel était édifié l'autel* et qui contenait les restes d'un martyr.

ø *All.* Krypta, *angl.* crypt, *esp.* cripta, *ital.* cripta.

cuculle n.f. *Comme* coule.

cuisine n.f. (*lat.* coquina, *de* coquere : cuire). *Archit.* Au Moyen Age, les *cuisines* de certains châteaux* ou monastères* étaient des constructions circulaires, avec sur leur pourtour des cheminées* monumentales correspondant à autant de foyers, et, au milieu de la cuisine, une cheminée centrale servant à l'aération.

ø *All.* Küche, *angl.* kitchen, *esp.* cocina, *ital.* cucina.

cul de basse-fosse *Archit.* Cachot souterrain creusé dans une fosse, à forme de cône renversé.

ø *All.* Verliess, *angl.* dungeon, *esp.* calabozo, *ital.* sotterraneo.

cul-de-bouteille n.m. *Voir* cives.

cul-de-four n.m. *Archit.* Voûte* formée d'un quart de sphère; c'est en réalité une demi-coupole. Les absides* de la plupart des églises* romanes sont voûtées en *cul-de-four* (*pl.* 160 *et v. pl.* 3).

ø *All.* Halbkuppel, *angl.* semi dome, *esp.* media naranja (demi-orange), cascarón, *ital.* semi calotta absidiale.

cul-de-lampe n.m. (*par anal. avec le fond d'une* lampe *suspendue terminée en pointe*). *Archit.* Encorbellement* ou pierre saillante* en forme de pyramide renversée qui sert à supporter une base* de colonne*, la retombée d'un arc* ou des nervures de voûte*, une statue*, etc. (*fig., pl.* 63 *et* 67). On dit aussi *culot* (*v. ce mot*).

ø *All.* Kragstein, *angl.* cul-de-lampe, *esp.* culo de lámpara, *ital.* mensola.

Cul en pendentif : cul-de-lampe formant pendentif* sous une clef* de voûte gothique.

culée n.f. (*dér. de* cul, *lat.* culus). *Archit.* 1) Massif de maçonnerie qui arc-boute la poussée* de la première et de la dernière arche* d'un pont (*fig.*).

Ne pas confondre avec la *pile* : celle-ci porte, alors que la *culée* épaule. On dit aussi *butée* (*v. ce mot*).

ø *All.* Widerlager, *angl.* abutment of a bridge, *esp.* estribo de puente, *ital.* coscia di ponte.

2) Massif* sur lequel s'appuie un arc-boutant* (*v. pl.* 1).

culot n.m. (*dér. de* cul). *Archit.* Ornement* de sculpture donnant naissance à des volutes*, des arabesques*, des rinceaux*, des feuilles d'acanthe, etc. Bien qu'il ait un objet surtout ornemental, il est parfois synonyme de *cul-de-lampe** lorsqu'il sert, comme celui-ci, à supporter une base de colonne, une statue, la retombée d'un arc ou les nervures d'une voûte. Le *culot* est souvent surmonté d'un abaque* ou d'un tailloir*, comme le chapiteau* (*pl.* 66).

∅ *All.* Unterteil, Konsole, *angl.* bracket, *esp.* ménsula, *ital.* fondo.

custode n.f. (*lat.* custodia : garde). 1) *Archit.* On appelait ainsi un édicule isolé ou une armoire destinés à renfermer les Saintes Espèces, les Saintes Huiles ou les vases sacrés. Aussi des petites armoires pratiquées dans les murs des chapelles à côté des autels. ‖ 2) On donnait encore ce nom aux voiles que l'on tirait devant l'autel au moment de la consécration et à ceux qui cachaient l'Eucharistie, renfermée dans la Suspension (*v.* colombe). ‖ 3) On appelle aussi *custode* une petite boîte (ou *pyxide**) dans laquelle on conserve les hosties* consacrées.

∅ *All.* Sakramentshäuschen, *angl.* pyx, *esp. et ital.* viril.

cuve n.f. (*lat.* cupa). *Archit.* Ce mot s'applique en particulier aux fonts* baptismaux (*cuve baptismale*).

∅ *All.* Taufbecken, *angl.* basin, *esp.* pila bautismal, *ital.* pila battesimale.

cyclopéen adj. *Voir* appareil.

cymaise. *Comme* cimaise.

D

dais n.m. (*du lat.* discus : disque, *par extens.* table – *en allemand* Tisch – *puis* tente dressée au-dessus). 1) Étoffe précieuse portée au-dessus d'une personne ou d'un objet pour l'honorer.

Au Moyen Age, le *dais* remplaça le ciborium (*v. ce mot*) qui protégeait l'autel*. Au XIIIe s. apparaît le dais portatif – étoffe précieuse tendue sur des hastes* – pour abriter le Saint Sacrement* (que l'on commence à porter en procession), les évêques et les princes. C'est devenu un baldaquin (*v. ce mot*) portatif.

ø *All.* Thronhimmel, Traghimmel, *angl.* canopy, *esp.* palio, *ital.* baldacchino portatile.

2) Dais en pierre ou en bois sculpté : c'est un baldaquin richement décoré protégeant les statues des portails* ou les statues adossées à un mur.

dallage n.m. (*dér. de* dalle). *Archit.* Pavement* fait de pierres plates ornées ou non, parfois combinées en mosaïques*. Le *dallage* a été remplacé dans les habitations par le carrelage* en céramique, puis par le parquet* en bois.

ø *All.* Fliesenboden, *angl.* flagstone pavement, *esp.* enlosado, *ital.* lastricamento.

dalle n.f. (*du néerl.* dal : planche). *Archit.* Pierre* débitée en plaques minces et larges qui sert de revêtement*.

ø *All.* Fliese, *angl.* flagstone, *esp.* losa, *ital.* lastra.

Dalle funéraire (ou *tumulaire*) : pierre taillée en longue lame recouvrant une sépulture, ornée souvent de l'effigie du défunt gravée en creux.

ø *All.* Grabtafel, *angl.* grave slab, *esp.* losa funeraria, *ital.* lastra di tomba.

dalmatique n.f. (*lat.* dalmatica : *blouse faite de laine de* Dalmatie). *Liturgie* Vêtement luxueux des Romains, emprunté dès le IIe s. aux Dalmates,

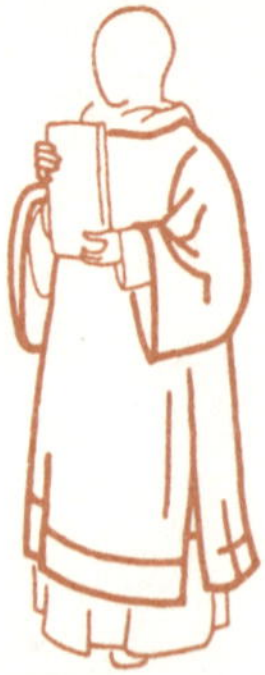

dalmatique

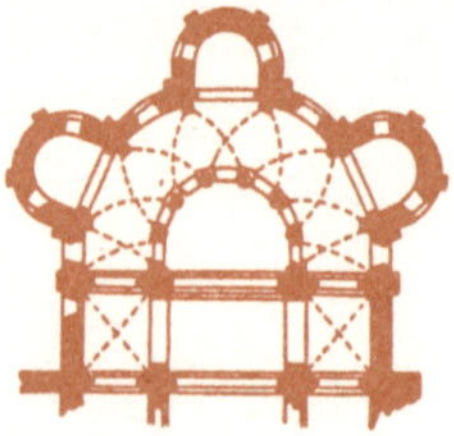

déambulatoire

devenu vêtement liturgique. Imposée aux diacres romains dès le IVᵉ s., elle fut portée par le pape, les évêques (comme par les empereurs et patriarches à Constantinople). Au IXᵉ s., tous les diacres d'Occident en faisaient usage. Elle est restée le vêtement propre aux diacres. C'est une ample tunique à manches courtes (*fig.*).

ø *All.* Diakonsgewand, *angl.* dalmatic, *esp.* dalmática, *ital.* dalmatica.

damas n.m. (*nom d'une étoffe produite à* Damas). Étoffe originaire de Damas, imitée en Occident dès la fin du Moyen Age. Tissée de fleurs et d'ornements en relief, elle a le même dessin à l'envers qu'à l'endroit, mais avec un mode de tissage contraire : l'ornement qui d'un côté est satiné, est mat de l'autre.

ø *All.* Damast, *angl.* damask, *esp. et ital.* damasco.

damasquinage n.m. (*de* Damasquin : habitant de Damas). Martelage* d'incrustations selon la manière usitée à Damas; c'est un dessin gravé dans un métal dur et rempli à froid par un métal plus doux.

On dit aussi *damasquinerie* et *damasquinure*.

ø *All.* Damaszierung, Tauschierung, *angl.* damasceening, *esp.* ataujía, *ital.* il damaschinare.

damasquiner v.tr. (*dér. de* Damasquin). Faire sur acier des incrustations d'or ou d'argent.

Damasquiné (adj.) :

ø *All.* damaszieren, *angl.* damasceened, *esp.* damasquinado, *ital.* damaschinare.

damier n.f. (*du lat.* domina : dame; *sens figuré* : jeu de dames). Dessin géométrique fait de carreaux* alternativement saillants et creux ou blancs et noirs, ou encore d'autres couleurs en alternance, employé pour la décoration* de surfaces murales, pavements*, etc.

ø *All.* (gewürfelt), *angl.* check, *esp.* dibujo ajedrezado, *ital.* scacchiere.

damné adj. (*rac. lat.* damnum : condamnation). Condamné au supplice de l'Enfer.

ø *All.* die Verdammten, *angl.* the damned, *esp.* los réprobos, *ital.* i dannati.

danse macabre. Représentation symbolique où la Mort sous la figure d'un squelette entraîne dans une danse fantastique tour à tour des personnages de toutes les conditions humaines. Ces compositions ne remontent qu'au XVᵉ siècle.

ø *All.* Totentanz, *angl.* dance of Death, *esp.* danza macabra, *ital.* danza della Morte.

danser v.n. (*rac. francique* dintjan : se mouvoir en cadence). *Archit.* Se dit de plans ou de compositions mal équilibrés ou de façades dans lesquelles des défauts de symétrie ou de proportions compromettent l'impression de stabilité que doit donner un édifice.

dard n.m. (*du francique* darod). 1) Arme* de jet formée d'une pointe en fer fichée dans une hampe de bois. ‖ 2) *Archit.* Ornement* à forme de flèche placé entre les oves*.

dater v.tr. (*dér. de* date, *lat. médiév.* data littera). En parlant d'une œuvre d'art, déterminer avec précision l'époque où elle a été exécutée.

ø *All.* datieren, ansetzen, *angl.* to date, *esp.* fechar, *ital.* datare.

dé n.m. (*lat.* datum : pion de jeu, *de* dare : donner). 1) Petit cube d'os ou d'ivoire marqué de points sur ses six faces et servant à jouer.

ø *All.* Würfel, *angl.* die, *plur.* dice, *esp. et ital.* dado.

2) *Archit.* Pierre de forme cubique faisant partie d'un piédestal* ou servant à supporter la partie inférieure d'un poteau de bois pour l'empêcher de toucher la terre humide.

ø *All.* Würfel, *angl.* dado, *esp.* dado de piedra, *ital.* dado di pietra.

déambulatoire n.m. (*du lat.* deambulare : marcher de long en large). *Archit.* Bas-côté* faisant le tour du chœur* (*fig., pl.* 71, *v. pl.* 4) (*v.* carole).

ø *All.* Chorumgang, *angl.* ambulatory, *esp.* girola, *ital.* deambulatorio.

Déambulatoire à chapelles rayonnantes :

ø *All.* Chorumgang mit Kapellenkranz, *angl.* ambulatory with radiating chapels, *esp.* girola con capillas radiales, *ital.* ambulacro absidiale a capelle radiali.

débillarder v.tr. Adoucir les arêtes* d'une pièce de bois*.

déblai n.m. (*dér. de* déblayer, *de l'anc. franç.* débléer : enlever le blé, la moisson). *Archit.* Ce qui est extrait d'une fouille* effectuée dans le sol. Contraire de *remblai**.

ø *All.* Aushubmaterial, Abtrag, *angl.* spoil, *esp.* escombro, *ital.* sterrato.

décalque n.m. (*dér. de* calquer, *lat.* calcare : fouler, presser). Report d'un dessin ou du calque d'un dessin sur un autre papier.

ø *All.* Gegenabzug, *angl.* transfer, *esp. et ital.* calco.

décapage n.m. *Voir* décaper.

décaper v.tr. (*du préf.* dé *et de* cape : manteau). Enlever par friction ou à l'aide d'un dissolvant les impuretés (oxydations, scories) qui recouvrent comme d'une croûte (ou d'une cape) une surface métallique.

ø *All.* abbeizen, *angl.* to scrape, *esp.* desoxidar, *ital.* pulire.

L'opération de décaper s'appelle *décapage* :

ø *All.* Abbeizen, *angl.* scraping, *esp.* desoxidación, *ital.* pulitura.

décharge (arc de) *Voir* arc.

déchausser v.tr. (*du lat.* de *privatif et* calceare, *de* calceus : soulier). *Archit.* Mettre à découvert; *par ex.* déchausser un mur*, c'est mettre à l'air les fondations* de ce mur.

ø *All.* bloßlegen, *angl.* to lay bare, *esp.* descalzar, *ital.* scalzare.

décintrer v.tr. (*dér. de* cinctura : ceinture). *Archit.* Les cintres* en charpente* qui ont servi à la construction d'une voûte* sont enlevés une fois que les pierres formant la voûte sont en place. On appelle cette opération le *décintrage* ou le *décintrement*. Elle exige de grandes précautions. Pour éviter que le mortier* ne se comprime irrégulièrement et afin de répartir au mieux les pressions, le meilleur procédé consiste à éviter que les cintres ne quittent la voûte trop brusquement. On y parvient au moyen de coins, de vérins, de sacs de sable, etc., qui font descendre les cintres d'un mouvement continu et très lent.

ø *All.* das Bogengerüst wegnehmen, *angl.* to discentre, *esp.* descimbrar, *ital.* tor via le centine.

déclasser v.tr. S'agissant d'un édifice, le rayer de la liste des édifices « classés monuments historiques » qui sont sous la protection de l'Administration (*v.* classement).

décollation n.f. (*dér. du lat.* collum : cou). Synonyme de *décapitation*. Ce terme désigne en particulier le martyre de saint Jean-Baptiste.

ø *All.* Enthauptung Johannis des Täufers, *angl.* Decollation of St. John the Baptist, *esp.* Degollación de San Juan Bautista, *ital.* Decollazione.

décombres n.m. (*de l'anc. franç.* combre : barrage de rivière). *Archit.* Débris variés de matériaux* accumulés par suite de la démolition d'une construction.

ø *All.* Schutt, *angl.* rubbish, *esp.* escombros, *ital.* macerie.

décoration n.f. (*dér. de* décorer, *rac. lat.* decus : ornement). *Archit.* Il y a deux genres de décoration* en architecture : la décoration fixe qui tient aux édifices et la décoration d'emprunt appliquée à l'occasion de certaines solennités.

La décoration fixe est inhérente à la structure (*v.* ornementation).

La décoration d'emprunt consistait au Moyen Age en tentures, guirlandes de feuillage, écussons armoriés, quelquefois en échafauds tapissés pour recevoir soit des grands personnages, soit des exhibitions de pièces composant les trésors si riches des abbayes ou cathédrales.

On prenait grand soin du choix de l'échelle* des ornements, qui étaient toujours en proportion avec le monument auquel on les appliquait.

ø *All.* Verzierung, *angl.* decoration, *esp.* adorno, *ital.* decorazione.

découpe n.f. (*dér. de* couper, *dér. de* coup, *lat.* colaphus; *néolog. syn. de* découpage). La *découpe* des plans dans une sculpture* et particulièrement dans un bas-relief*, est la distinction des plans successifs qui s'y révèle avec justesse et bonheur.

décrochement n.m. (*dér. de l'anc. franç.* croc, *du scandinave* krok : crochet). *Archit.* Se dit de constructions*, de combles*, de façades*, qui ne sont pas sur le même alignement ou sur le même niveau soit en raison du terrain inégal soit pour toute autre cause.

⌀ *Angl.* disconnexion, *esp.* desalineamiento, *ital.* risalto.

dédicace n.f. (*dér. du lat.* dedicare : dédier). On appelle ainsi la consécration d'une église* par un évêque au moment où elle va être ouverte au culte. La préparation éloignée comporte la sculpture ou la peinture de douze croix appelées *croix de consécration* (*v.* croix *et* consécration) sur les murs* de l'église et deux sur les montants* de la porte principale. Ces croix sont destinées aux onctions. Sur la « mensa » de l'autel majeur il sera gravé cinq ou six croix (une au milieu, une à chacun des angles, parfois une sur le front). Il y sera creusé un sépulcre dont le couvercle sera de pierre semblable à celle de la « mensa ». Douze appliques de métal seront scellées au-dessus des douze croix du mur destinées aux onctions.

⌀ *All.* Kirchweihe, *angl.* dedication, *esp.* dedicación, *ital.* dedicazione.

Déèsis *ou* **Déisis** n.f. (*mot gr.* δεησις : prière). Thème iconographique de l'Église grecque représentant une vision eschatologique : le Christ trônant entre la Sainte Vierge et saint Jean-Baptiste qui intercèdent pour les pécheurs que le Christ va juger. Se retrouve parfois dans l'art roman.

défigurer v.tr. (*dér. du lat. figura* : forme, figure). Gâter, abîmer la forme d'une œuvre d'art.

⌀ *All.* verunstalten, *angl.* to deface, *esp.* desfigurar, *ital.* sfigurare.

dégagement n.m. (*dér. de* gage, *du francique* wadi). *Archit.* 1) Action de débarrasser un édifice de constructions qui le cachent.

⌀ *All.* Freilegung, *angl.* clearing, *esp.* despejo, *ital.* isolamento.

2) Mise au jour d'une fresque*, d'une mosaïque*, d'une sculpture*, couvertes par un enduit, un badigeon.

⌀ *All.* Bloßlegung, *angl.* unveiling, laying bare, *esp. et ital.* limpiadura.

dégradation n.f. (*dér. de* gradus : degré). *Archit.* Syn. de *détérioration.*

⌀ *All.* Beschädigung, *angl.* defacement, *esp.* deterioro, *ital.* danno.

dégradé adj. (*dér. de* dégradation). *Archit.* Se dit d'un monument détérioré, notamment sur les façades*.

⌀ *All.* beschädigt, *angl.* decayed, weathered, *esp.* deteriorado, *ital.* dannegiato.

degré n.m. (*dér. du lat.* gradus : marche). *Archit.* Marche* d'un escalier*. Désignait anciennement un groupe de marches, un perron*.

⌀ *All.* Stufe, *angl.* step, *esp.* peldaño, *ital.* gradino.

dégrossir v.tr. (*composé de* gros, *lat. popul.* grossus). *Archit.* Tailler grossièrement un bloc de pierre* ou de marbre en faisant tomber à coups de masse* et de ciseau* les parties excédentaires.

⌀ *All.* behauen, *angl.* to rough-hew, *esp.* desbastar, *ital.* digrossare.

déjeté adj. (*dér. du lat. vulg.* jectare *de* jactare : jeter). *Archit.* Se dit d'une maçonnerie* ou d'une poutre* qui prend une forme dangereusement courbe ou gauchissante par l'effet de la pesanteur ou d'une poussée.

⌀ *All.* gekrümmt, schief, *angl.* deviated, warped, *esp.* alabeado, *ital.* incurvato.

délabré adj. (*emprunté au provençal moderne* deslabra : déchiré). *Archit.* En mauvais état.

⌀ *All.* baufällig, verfallen, *angl.* dilapidated, *esp.* arruinado, *ital.* rovinato.

délit (en) (*composé de* dé, *privatif, et de* lit, *lat.* lectus). *Archit.* Se dit d'une pierre* dont la face correspondant au lit* de carrière est posée verticalement ou obliquement. Cette situation compromet la solidité et la résistance de la pierre (*v.* lit).

⌀ *All.* andersgelegt, *angl.* contrary to the stratum, *esp.* a contralecho, *ital.* a contra vena.

Voir colonne en délit.

délitement n.m. (*de* délit). *Archit.* Action de se déliter*, pour une pierre* calcaire.

déliter (se) v.réfl. (*de* délit). *Archit.* Se désagréger, s'effeuiller sous l'effet notamment de la gelée, en parlant d'une pierre calcaire* dont les lits* successifs se séparent.

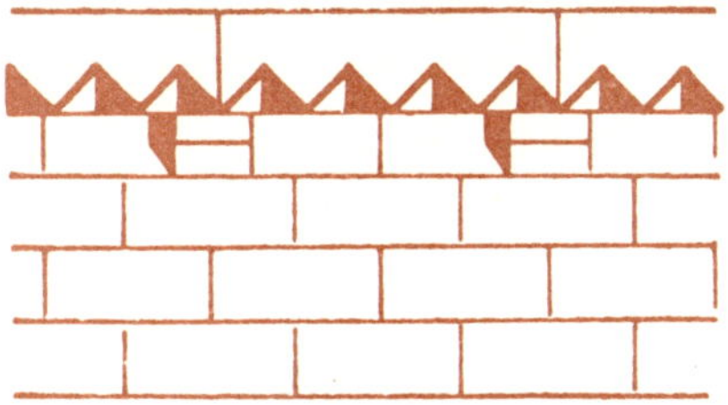

dents de scie

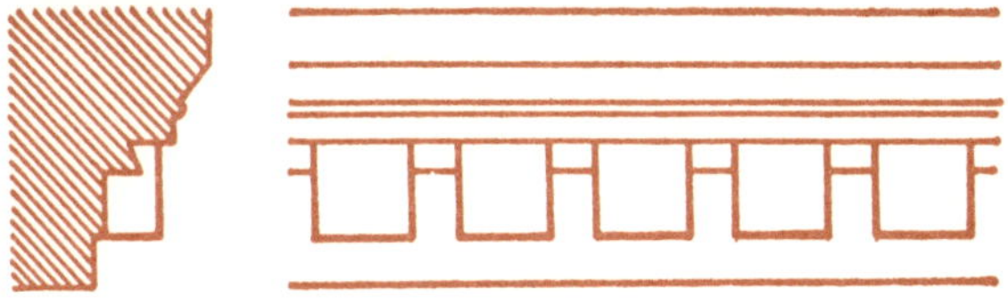

denticules

ø *All.* sich spalten, abblättern, *angl.* to exfoliate, *esp.* escamarse, *ital.* fendersi.

démesuré adj. (*rac. lat.* metiri : mesurer). Qui dépasse la mesure habituelle, disproportionné.

ø *All.* übermäßig, *angl.* inordinate, *esp.* desmesurado, *ital.* sterminato.

demi-bosse n.f. (*rac. francique* bôtan : frapper). Sculpture* en bas-relief très saillante, mais encore adossée. La *demi-bosse* est à mi-chemin entre la ronde-bosse et le bas-relief (*v. ces mots*).

ø *All.* halberhabene Arbeit, *angl.* middle relief, *esp.* medio relieve, *ital.* mezza-bozza.

demi-colonne n.f. On appelle ainsi une colonne* adossée* ou engagée* (*v. ces mots*) lorsque la colonne est prise dans le mur* jusqu'au centre et que la saillie* se mesure par une demi-circonférence.

ø *All.* Halbsäule, *angl.* semi-column, *esp.* media columna, *ital.* mezza colonna.

demi-nature n.f. Stature humaine peinte ou sculptée ne dépassant pas la hauteur de 0 m. 80, c'est-à-dire la moitié de la taille moyenne d'un homme.

ø *All.* Halbfigur, *angl.* half life-size, *ital.* ritratto a mezza figura.

démolir v.tr. (*rac. lat.* moles : masse *et* dé *privatif*). *Archit.* Inverse de construire*.

ø *All.* abbrechen, *angl.* to pull down, *esp.* demoler, *ital.* demolire.

démolition n.f. (*dér. de* démolir). *Archit.* Destruction d'un édifice.

ø *All.* Abbruch, *angl.* demolition, *esp.* derribo, demolición, *ital.* demolizione.

démon n.m. *Syn. de* diable.

dent n.f. • (*lat.* dens, dentem). *Archit.* Pointe* ou saillie* de métal ou de bois.

ø *All.* Zahn, *angl.* tooth, *esp.* diente, *ital.* dente.

• – **-de-chien** n.f. 1) Dans un motif* d'ornementation fait de deux petits fleurons* à quatre feuilles, saillie* de filets ressemblant à des dents de chien. ‖ 2) On donne aussi ce nom au ciseau* des sculpteurs* appelé aussi double-pointe, dont l'extrémité est fendue en deux parties.

• – **d'engrenage** : qui ont la forme aiguë de dents d'une roue d'engrenage (*pl.* 72).

• – **-de-loup** n.f. *Comme le suivant.*

• – **-de-scie** n.f. *Archit.* Ornement* très usité dans l'art roman. Le nom indique suffisamment sa forme. On le rencontre sur les corniches, bandeaux, archivoltes, tailloirs, etc. On le nomme aussi *dent-de-loup* (*fig., pl.* 72).

ø *All.* Sägezahnverzierung, *angl.* saw-teeth, *esp.* dientes de sierra, *ital.* denti di sega.

dentelé adj. (*dér. de* dentelle). Découpé à la façon de la dentelle*.

dentelle n.f. (*dimin. de* dent). *Archit.* Se dit improprement des découpures et ornements déchiquetés dans les monuments de style gothique.

ø *All.* Spitze, *angl.* lace, *esp.* encaje, *ital.* merletto.

dentelure n.f. (*dér. de* dentelle). *Archit.* Motif* d'ornementation en forme de dents*.

ø *All.* Auszahnung, *angl.* indentation, *esp.* dentellón, *ital.* dentello.

denticule n.f. (*dér. de* dent). *Archit.* Motif* ornemental. Juxtaposition de petites découpures rectangulaires entaillées dans une corniche*, appelées *denticules,* et séparées par des vides d'une largeur égale à la moitié de la largeur d'une denticule et désignées du nom de métatomes* (*fig.*).

ø *All.* Zahnfries, *angl.* dentils, *esp.* dentículos, *ital.* dentelli.

départ n.m. (*dér. de* partir, *lat.* partire : partager). *Archit.* Origine d'un arc*, d'une voûte*.

ø *All.* Anfang, *angl.* springing, *esp.* arranque, *ital.* partenza.

dépendances n.f. (*dér. de* dépendre, *lat.* dependere : pendre de). *Archit.* Parties secondaires d'un bâtiment principal.

ø *All.* Nebengebäude, *angl.* outbuildings, *esp.* dependencias, *ital.* annessi.

Déposition de Croix (*dér. de* poser, *rac. lat.* pausa : arrêt). Scène représentant le Christ détaché de la Croix par ses disciples.

ø *All.* Kreuzabnahme, *angl.* Deposition from the Cross, *esp.* Descendimiento, *ital.* Deposizione della Croce.

déraser (*composé de* dé *privatif et de* raser, *lat.* radere : racler). *Archit.* Diminuer la hauteur d'un mur*, d'une construction*, en enlevant les assises* les plus hautes.

Dérision du Christ (*dér. du lat.* deridere : se rire de). Scène de la Passion : le Christ en butte aux railleries de la soldatesque.

ø *All.* Verspottung Christi, *angl.* mocking of Christ, *esp.* Cristo escarnecido, *ital.* Cristo deriso.

dérobé adj. *Voir* escalier.

désaffecté adj. (*dér. de l'anc. franç.* afaitier : préparer). *Archit.* Se dit d'un édifice religieux privé de sa destination première.

ø *All.* der ursprünglichen Bestimmung entzogen, *angl.* deconsecrated, *esp.* profanado, *ital.* dissagrato.

désaxement n.m. (*dér. du lat.* axis : proprement essieu). *Archit.* Déviation par rapport à un axe*. *Ex.* : l'axe du chœur* d'une église* infléchi par rapport à l'axe de la nef*.

ø *All.* Achsenverschiebung, *angl.* deflection, *esp.* desviación, *ital.* sviamento.

descente n.f. (*dér. du lat.* descendere). *Bx-Arts* 1) *Descente de Croix, v.* déposition. ‖ 2) *Descente du Christ aux Limbes.* C'est l'*Anastasis* de l'Église grecque. Le Christ pénètre dans les portes de l'Enfer et tend la main à Adam et à Ève.

ø *All.* Niedersteigen zum Limbus, *angl.* Descent to Limbo, *esp.* Bajada al Limbo, *ital.* Discesa al Limbo.

3) *Descente du Saint-Esprit,* ou Pentecôte. Cinquante jours après Pâques, le Saint-Esprit descend sous forme de langues de feu sur les Apôtres réunis autour de la Sainte Vierge.

ø *All.* Herabkunft des Heiligen Geistes, *angl.* Descent of the Holy Ghost, *esp.* Venida del Espiritu Santo, *ital.* Discesa dello Spirito Santo.

dessin n.m. (*ital.* disegno). Mode de représentation des objets au moyen de traits à la plume ou au crayon. On le dit *à main levée* lorsqu'il est exécuté librement, sans usage d'instruments (compas*, règle*).

ø *All.* Zeichnung, *angl.* drawing, *esp.* diseño, dibujo, *ital.* disegno.

Archit. Dessin d'architecture : dessin reproduisant les monuments en élévation* ou en coupe* suivant les procédés géométriques.

ø *All.* Bauzeichnung, *angl.* architectural drawing, *esp.* plano, *ital.* disegno architettonico.

Dessin coté : *v.* cote.

destrier n.m. *Voir* palefroi.

destruction n.f. (*du lat.* destruere : détruire). Action de ruiner, de réduire à néant (*v.* ruine).

ø *All.* Zerstörung, *angl.* destruction, *esp.* destrucción, *ital.* distruzione.

détail n.m. (*dér. de* détailler : couper en morceaux). Petit élément d'un ensemble. « Le détail ornemental, aux XIe et XIIe siècles, n'existe qu'en fonction du tout... Il est défini par ce qui est plus grand que lui. » *Voir* ornementation.

détérioration n.f. (*dér. du lat.* deterior : pire). Action d'abîmer, d'endommager.

ø *All.* Beschädigung, *angl.* damaging, *esp.* deterioro, *ital.* deturpazione.

détrempe (à la) *ou* **tempera** *Archit.* Mode de peinture* existant dans l'Antiquité qui emploie les couleurs détrempées, c'est-à-dire délayées dans de l'eau mêlée de colle. On l'appelle aussi *peinture à la colle*; ses couleurs ne se détériorent pas.

ø *All.* Temperamalerei, *angl.* distemper, *esp.* al temple, *ital.* tempera.

devant d'autel *Voir* antependium.

déverser (se) v.réfl. (*dér. de* dévers : qui n'est ni droit ni d'aplomb; *rac. lat.* versare : tourner). Se dit d'un mur* qui menace de se renverser, n'étant plus d'aplomb*. *Voir* vide (pousser au vide).

Dévers d'un mur :

ø *All.* Mauerausweichung, *angl.* warping of a wall, *esp.* desplome, *ital.* inclinazione.

devis n.m. (*lat.* divisum : chose divisée). Description détaillée des travaux à effectuer dans un bâtiment* avec estimation détaillée des dépenses.

ø *All.* Kostenvoranschlag, *angl.* estimate, *esp.* proyecto, *ital.* lista dei costi.

devise n.f. (*proprement* ce qui divise, ce qui distingue d'autrui). *Blason* Sentence propre à un

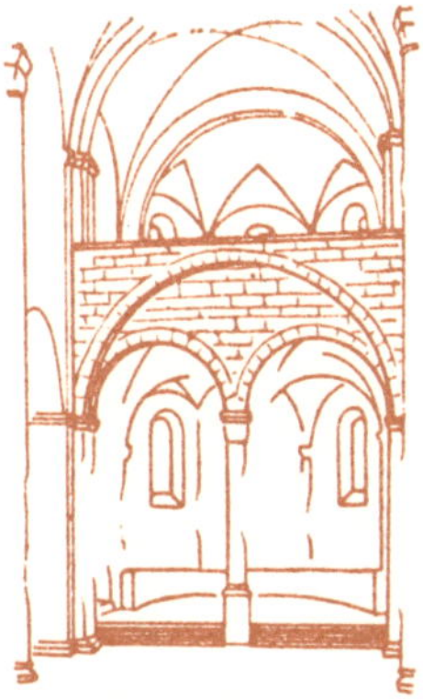

diaphragme (mur)

individu, à un groupe, accompagnant un emblème* ou des armoiries*.

∅ *All.* Wahlspruch, *angl.* motto, *esp.* divisa, *ital.* motto.

dextre n.f. *Voir* blason.

∅ *All.* Rechts, *angl.* dexter, *esp.* diestra, *ital.* destra.

diable n.m. (*du gr.* διαβολος : calomniateur). 1) Lucifer, l'ange déchu, appelé aussi Démon, Satan, personnification du Mal.

∅ *All.* Teufel, *angl.* devil, *esp.* diablo, *ital.* diavolo.

2) *Par extens.* Un ange déchu quelconque.

Dans la sculpture du XIe s., le diable joue un rôle important, sous la forme d'un être humain plus ou moins difforme, ou d'un animal fantastique. Il joue le rôle d'une puissance avec laquelle il n'est pas permis de prendre des libertés.

A partir du XIIIe s., il est moins représenté.

diablerie n.f. (*dér. de* diable). Ouvrage, tableau représentant des scènes où figure le diable*, ou ses suppôts les démons.

∅ *All.* Spukbild, *angl.* devilry, *esp.* diablería, *ital.* diavoleria.

diaconicum n.m. (*dér. du gr.* διακονος : diacre). *Archit.* 1) Dans les basiliques* anciennes, deux petites constructions étaient élevées de chaque côté de l'abside. L'une s'appelait le *diaconicon* (ou *secretarium*), on y conservait les vases sacrés et vêtements sacerdotaux; l'autre appelée *gazophylacium* ou *oblatorium* servait à déposer les offrandes des fidèles. Les deux absidioles* étaient sous la surveillance des diacres*.

∅ *All.* Diakonicum, *angl.* diaconicum, *esp.* diacónica, *ital.* diaconico.

2) Dans les églises* grecques modernes, on retrouve ces deux absidioles. L'*oblatorium* appelé aussi *prothèse* (*v. ce mot*) sert en particulier à la préparation des saintes espèces. Il a comme pendant le *diaconicon*, décrit ci-dessus.

diacre n.m. (*gr.* διακονος : diacre, serviteur). Le diaconat est le deuxième ordre majeur par lequel le clerc ordonné *diacre* devient le ministre principal et immédiat de l'évêque et du prêtre. Ornements caractéristiques : l'étole, portée en écharpe sur l'épaule gauche, et la dalmatique.

∅ *All.* Diakonus, *angl.* deacon, *esp.* diácono, *ital.* diacono.

diadème n.m. (*gr.* διαδημα). Lien enserrant la tête, fait soit d'un bandeau d'étoffe, soit d'un cercle de métal rare orné de pierres* précieuses. Attribut du pouvoir royal.

∅ *All.* Stirnband, *angl.* diadem, *esp. et ital.* diadema.

diamant n.m. (*lat.* adamas, adamantem : métal dur *et* diamant). 1) Pierre* précieuse très dure, carbone pur cristallisé.

∅ *All.* Diamant, *angl.* diamond, *esp. et ital.* diamante.

2) Outil* formé d'une pointe de diamant fixée à un manche servant à couper le verre. ‖ 3) *Pointes de diamant* : ornement* obtenu par une manière de tailler les pierres, le cristal, ou le bois, en ménageant des bossages* à facettes. Ornement fréquemment utilisé par l'art roman dans les archivoltes* des portails et les corniches* extérieures (*v.* appareil en pointes de diamant).

diaphane adj. (*gr.* δια : à travers *et* φαινεσται : paraître). Qualité de ce qui laisse passer la lumière sans qu'on puisse distinguer la forme des objets. Ne pas confondre avec *transparent*.

∅ *All.* durchsichtig, *angl.* diaphanous, *esp.* diáfano, *ital.* diafano.

diaphragme (mur) n.m. (*gr.* διαφραγμα : cloison). *Archit.* Mur* transversal léger généralement composé d'un arc* surmonté d'un pignon* placé entre les travées* dans certaines églises* romanes soit pour soulager les fermes* de charpentes (*pl.* 74, *v. pl.* 3), soit pour étrésillonner (*v. ce mot*) les murs (*fig.*).

∅ *All.* Quermauer, *angl.* diaphragm wall, *esp.* muro diafragma, *ital.* tramezzo.

diapre n.m. (*bas-lat.* dyasperus, *doublet de* jaspe). Les *diapres* (ou *diaspres*, ou *diaspinals*) étaient des étoffes de soie, de drap ou de brocart, d'origine orientale, employées pour les vêtements sacerdotaux ou les vêtements d'apparat.

diapré adj. (*rac. lat.* diasprum, *altération de* jaspis :

jaspe). Se dit d'un objet agrémenté de couleurs chatoyantes.

ø *All.* buntfarbig, *angl.* variegated, *esp.* diapreado, *ital.* variopinto.

digitation n.f. (*dér. du lat.* digitus : doigt; *néologisme*). Dans un bas-relief* en méplat, tiges minces et allongées ressemblant à des doigts (*v.* digité, digitiforme).

digité *et* **digitiforme** adj. (*dér. du lat.* digitus : doigt). Dont la forme rappelle un doigt.

ø *All.* fingerförmig, *angl.* fingered, *esp.* digitado, *ital.* digitato.

dinanderie n.f. (*dér. du nom de* Dinant). Objet de métal ouvré, fabriqué à l'origine à Dinant puis également à Lyon, Milan et certaines villes allemandes. En particulier objet servant pour les besoins du culte : cuves de fonts baptismaux, chandeliers, aiguières, etc. Les dinandiers ou batteurs de cuivre de Dinant-sur-Meuse ont lancé cette fabrication dès le XIIe s.

ø *All.* Gelbguß, *angl.* brass-ware, *esp.* latonería, *ital.* utensile d'ottone.

diocèse n.m. (*gr.* διοικησις). Portion territoriale de l'Église universelle, administrée au point de vue ecclésiastique par un évêque (ou archevêque); sauf exception le diocèse porte le nom de la ville où est le siège de l'évêque.

ø *All.* Diözese, *angl.* diocese, *esp.* diócesis, *ital.* diocesi.

diptyque n.m. (*gr.* διπτυκος : plié en deux). Tablette double en bois ou en ivoire dont les deux éléments sont réunis par une charnière médiane. Sur ces tablettes, enduites de cire, on traçait avec un stylet des notes (rendez-vous, invitations, visites à faire, etc.) comme sur de modernes agendas de poche.

ø *All.* Doppeltafel, *angl.* diptych, *esp.* díptico, *ital.* dittico.

Les *diptyques consulaires,* en ivoire sculpté, servaient aux nouveaux consuls de l'année de faire-part de leur nomination.

ø *All.* Konsulardiptychon, *angl.* consular diptych, *esp.* díptico consular, *ital.* dittico consolare.

Dans la *liturgie chrétienne*, on inscrivit de même sur les *diptyques* les noms des évêques à citer au canon de la messe, ainsi que les noms des vivants ou défunts pour qui était célébré le Saint Sacrifice.

disparate adj. (*lat.* disparatus : inégal). Le contraire d'harmonieux.

ø *All.* in Mißverhältnis stehend, *angl.* ill-matched, *esp.* disparejo, *ital.* disparato.

Substantivement, au f. Opposition choquante.

dispositif n.m. (*dér. du lat.* disponere : disposer). *Archit.* Arrangement, ensemble de mesures pratiques prises pour un objet déterminé.

ø *All.* Vorrichtung, *angl.* disposition, *esp.* disposición, *ital.* dispositivo.

disproportion n.f. (*rac. lat.* portio : part). Défaut d'harmonie entre les parties d'un tout.

ø *All.* Mißverhältnis, *angl.* disproportion, *esp.* desproporción, *ital.* sproporzione.

disque n.m. (*lat.* discus). *Archit.* Motif* d'ornementation en forme de petite plaque ronde analogue au palet lancé par les athlètes antiques.

ø *All.* Scheibe, *angl.* discus, *esp. et ital.* disco.

Disque crucifère (ou *liturgique*) : sorte d'éventail (flabellum) ou d'émouchoir devenu dans l'Église latine des débuts un insigne épiscopal et pontifical, ou une croix de procession. Il était composé d'une palette d'orfèvrerie souvent rehaussée de pierreries et se trouvait dans le mobilier de toutes les églises. Cet accessoire disparu n'existe plus que dans les musées.

djami n.m. (*arabe* djami : qui rassemble). *Archit.* Nom donné par les Arabes et les Turcs aux mosquées.

docteurs de l'Église. Saints qui ont mérité ce titre conféré par l'Église à cause de leur science de la doctrine. Leur savoir orthodoxe et leur sainteté leur donnent autorité pour instruire les fidèles des vérités de la Foi. Les quatre grands docteurs de l'Église grecque sont : saint Athanase, saint Basile, saint Grégoire de Nazianze et saint Jean Chrysostome. Les quatre grands docteurs de l'Église latine sont : saint Augustin, saint Ambroise, saint Grégoire le Grand et saint Jérôme.

ø *All.* die vier Kirchenlehrer, *angl.* Doctors

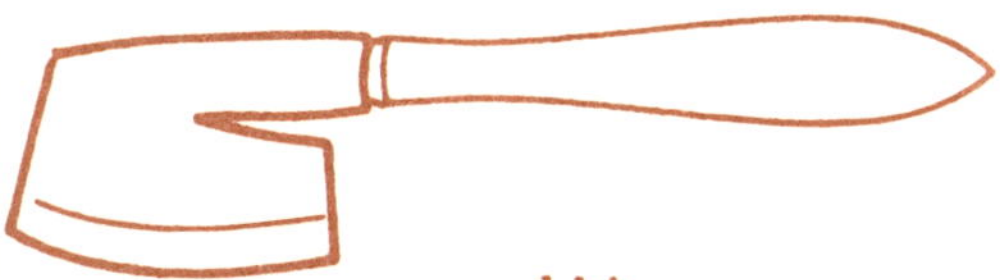

doloire

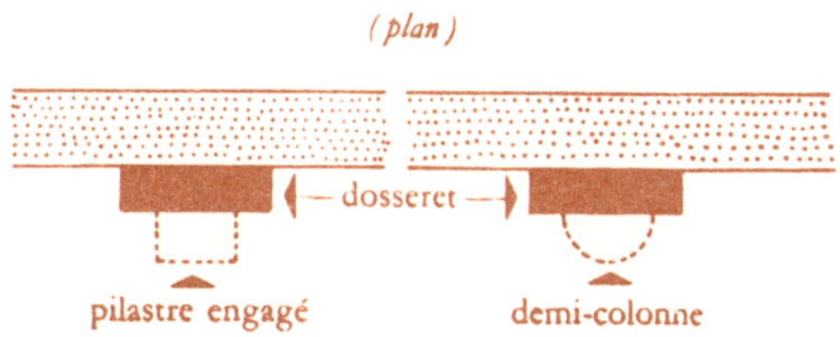

dosseret

of the Church, *esp.* Doctores de la Iglesia, *ital.* Dottori della Chiesa.

doloire n.f. (*lat.* dolabra, *de* dolare : dégrossir). Cognée spéciale, courte et à fer large servant aux charpentiers et aux tonneliers pour égaliser et dresser le bois (*fig.*).

∅ *All.* Dünnbeil, *angl.* adze, *esp.* doladera, *ital.* ascia da bottaio.

D.O.M. Abréviation des mots *Deo Optimo Maximo* (à Dieu très bon, très grand), formule de dédicace, de consécration d'objets ou d'édifices religieux.

dôme n.m. (*lat.* domus : maison). *Archit.* 1) Temple de Dieu, cathédrale. Ce sens a persisté en Italie et dans les pays rhénans. ‖ 2) La coupole étant la caractéristique de beaucoup de cathédrales italiennes, le mot a pris en France par extension la signification de *coupole* (*v. ce mot*).

∅ *All.* Dom, Kuppel, *angl.* dome, *esp.* cúpula, *ital.* duomo.

domical adj. (*dér. de* dôme). *Archit.* Se dit d'une voûte ogivale bombée (*pl.* 163) (*v.* voûte).

dominicain n.m. (*dér. de* Dominique). Religieux mendiant* de l'ordre des Frères Prêcheurs fondé en 1215 par saint Dominique.

Sur le blason de l'ordre figure un chien (qui désigne les dominicains, par un jeu de mots : *domini canes*) tenant dans sa gueule une torche allumée, avec la devise « Vérité ».

∅ *All.* Dominikaner, *angl.* Preaching brother, Dominican, *esp.* Dominico, *ital.* Domenicano.

donjon n.m. Dans un château-fort*, construction massive plus élevée que toutes les autres, qui était le dernier retranchement des défenseurs en cas d'attaque (*v. pl.* 8).

dorique adj. *Voir* ordre.

dormant n.m. Partie fixe d'une fenêtre ou d'une porte, et à laquelle s'ajuste le battant*.

Dormition n.f. (*lat.* dormitio : sommeil). Très antique expression désignant le décès de la Vierge, bientôt suivi de sa résurrection et de son assomption, c'est-à-dire son enlèvement mystérieux au Ciel.

∅ *All.* Mariä Entschlafung, *angl.* Dormition, *esp.* Dormición de la Virgen, *ital.* Dormizione.

dorsal n.m. (*dér. du lat.* dorsum : dos). Morceau de tapisserie ou d'étoffe brodée tendu verticalement derrière un siège sans dossier, ou sur le dossier des stalles, pour garantir contre le froid.

∅ *All.* Rücklaken, *angl.* dossal, *esp.* dorsal, *ital.* dorsale.

dortoir n.m. (*lat.* dormitorium, *dér. de* dormire : dormir). *Archit.* Les *dortoirs* des cisterciens* sont souvent bâtis dans le prolongement d'un des bras du transept* de l'église* abbatiale, pour rapprocher commodément les moines du chœur*.

Les dortoirs des grandes abbayes étaient bâtis avec magnificence et d'aspect monumental. Les grandes salles étaient divisées par des cloisons peu élevées en cellules ou stalles contenant un lit et les meubles strictement indispensables. Elles étaient fermées par une courtine.

∅ *All.* Schlafsaal, *angl.* dormitory, *esp. et ital.* dormitorio.

dorure n.f. (*dér. de* dorer, *lat.* deaurare, *renforcement de* aurare : couvrir d'or). Art qui consiste à fixer de l'or en feuilles ou de l'or moulu sur la surface de matières diverses : métal, bois, pierre, etc.

∅ *All.* Vergoldung, *angl.* gilding, *esp.* dorado, *ital.* doratura.

dos n.m. (*lat.* dorsum). *Rel.* Partie de la reliure* qui s'applique sur le dos (c'est-à-dire l'extérieur du pli) des cahiers cousus ensemble pour former le livre.

dos d'âne (en) Se dit d'une surface à deux pentes qui ont la même origine. *Ex.* Pont en dos d'âne, toit en dos d'âne (à double pente ou en bâtière).

∅ *All.* Satteldach, *angl.* coped, hog-backed, *esp.* caballete, *ital.* schiena d'asino.

dosseret n.m. (*dér. de* dos). *Archit.* 1) Support, de plan rectangulaire, dans lequel est engagée une colonne* ou un autre pilastre*, ou encore support servant de départ à la naissance d'un arc doubleau* (*fig., pl.* 75, *v. pl.* 5, 6). ‖ 2) Petit jambage* ou pied-droit* servant dans une baie, de support au linteau* ou à l'arc* de cette baie.

∅ *All.* Wandpfeiler, *angl.* respond, *esp.* pilastro saliente, *ital.* pilastrino.

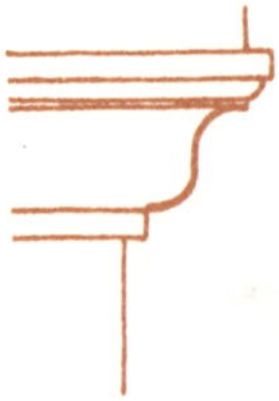

doucine

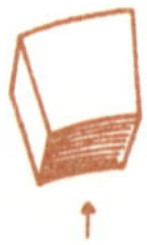

douelle

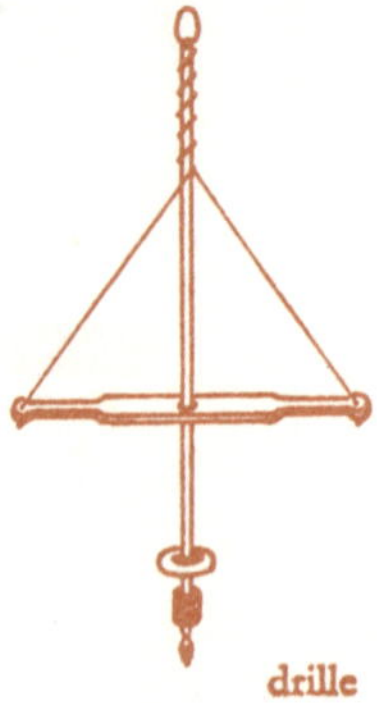

drille

dossier n.m. (*dér. de* dos). Partie postérieure verticale d'un siège (tel que banc, stalle, etc.) contre laquelle la personne assise appuie le dos.
ø *All.* Rücklehne, *angl.* seat-back, *esp.* respaldo, *ital.* spalliera.

doubleau n.m. (*lat.* duplus : double). *Archit.* Solive* ou renfort en maçonnerie* à forme d'arc destiné à augmenter, à « doubler » la solidité d'un plafond*, d'une voûte* (*pl.* 75, *v. pl.* 4, 5, 6). Cette saillie*, cette sorte d'arc* a donné naissance aux arcs doubleaux (*v.* arc). Dans certains cas l'*arc doubleau* est surmonté d'un *diaphragme**.

doucine n.f. (*dér. de* doux, *lat.* dulcis). *Archit.* Moulure* à double courbure, d'abord concave en haut puis convexe en bas. C'est un quart* de rond raccordé à un cavet* (*fig.*) (*v.* arc en doucine *et* talon).
ø *All.* Glockleiste, Rinnleiste, *angl.* doucine, ogee, *esp.* cimacio, *ital.* gola.
On emploie aussi la *doucine renversée*, convexe en haut et concave en bas.

douelle n.f. (*dér. de* douve, *du lat.* doga : récipient, planche d'un tonneau). *Archit.* On appelle ainsi la surface parée extérieure (dessus) ou intérieure (dessous) d'un claveau* (ou voussoir*). L'ensemble des *douelles* intérieures constitue l'*intrados** (et l'ensemble des douelles extérieures l'*extrados**) (*fig.*) de l'arc* ou de la voûte*.
ø *All.* Bogenfläche, *angl.* soffit, *esp.* dovela, *ital.* faccia d'una volta.

douve n.f. (*v.* douelle). *Archit.* 1) Fossé* rempli d'eau servant à protéger les murs et tours d'un château-fort*.
ø *All.* Schloßgraben, *angl.* moat, *esp.* foso, *ital.* fosso.
2) Paroi du fossé. ‖ 3) Paroi en bois d'un tonneau (planches courbes et cerceaux).
ø *All.* Faßdaube, *angl.* stave, *esp.* duela, *ital.* doga.

doxal n.m. (*lat.* trabes doxalis, *du gr.* δοξα : gloire). *Archit.* Poutre* de gloire placée à l'entrée du chœur* qui soutenait habituellement un immense crucifix*. Elle fut un des éléments du jubé*.

dragon n.m. (*lat.* draco). Animal fabuleux possédant des ailes d'aigle, des griffes de lion, une queue de serpent. Il représente en Occident comme en Orient l'esprit du Mal, Satan.
ø *All.* Drache, *angl.* dragon, *esp.* dragón, *ital.* dragone.

draperie n.f. (*dér. de* drap, *lat.* drappus, *d'origine gauloise*). 1) Étoffe faite de drap. ‖ 2) Vêtement drapé ou étoffe drapée pendue au mur dont les sculpteurs* et les peintres* tirent des effets décoratifs variés.
ø *All.* Faltenwerk, *angl.* drapery, *esp.* ropaje, *ital.* pannegiamento.

dresser v.tr. (*rac. lat.* directus : droit). *Archit.* 1) Élever à plomb* une statue*, un obélisque*, une colonne*. ‖ 2) Façonner, aplanir une pièce de bois* ou de pierre*. ‖ 3) Préparer les plans* pour la construction d'un édifice (dresser les plans et les devis).
ø *All.* (1) et (2) : aufrichten, *angl.* to raise, *esp.* levantar, *ital.* dirizzare.

drille n.f. (*allem.* drillen : percer en tournant). Sorte de trépan à archet servant aux sculpteurs* à perforer le marbre* et la pierre* (*fig.*).
ø *All.* Drillbohrer, *angl.* drill, *esp.* taladro, *ital.* trapano.

droit n.m. • *Numism.* Synonyme de *avers* (*v.* médaille).
• – **(au) de** Dans l'espace situé devant un mur ou une façade de bâtiment, entre les deux perpendiculaires aux extrémités.

drôleries n.f.pl. (*du néerl.* drolle : lutin). Compositions satiriques ou comiques comme celles qui ornent les stalles* et notamment les miséricordes*.
ø *All.* satirische Bildchen, *angl.* drolleries, *esp.* bufonadas, *ital.* buffoneria.

dulie n.f. (*du gr.* δουλεια : *proprement* esclavage). Culte rendu aux anges et aux saints, le culte de *latrie* (adoration) étant réservé à Dieu seul.

dynamique adj. (*rac. gr.* δυναμις : force). Donnant une idée de force, qu'elle soit latente ou en exercice, en réserve ou en action.
On oppose l'art dynamique, caractérisé par la puissance et par le mouvement, à l'art statique fait d'immobilité et de repos.
ø *All.* dynamisch, *angl.* dynamic, *esp.* dinámico, *ital.* dinamico.

E

eau n.f. (*du lat.* aqua). *Eau bénite* : eau ayant reçu une bénédiction rituelle; c'est un sacramental que l'on reçoit par aspersion ou que chacun s'applique en se signant (*v.* bénitier).

Ø *All.* Weihwasser, *angl.* holy water, *esp.* agua bendita, *ital.* acqua santa.

Eau de carrière : humidité qui imprègne une pierre* au moment de son extraction. Il est nécessaire de laisser la pierre ressuer à l'air libre avant de l'utiliser en construction*.

ébauche n.f. (*v. le suivant*). Premier état d'une œuvre d'art : esquisse d'un peintre*, maquette d'un sculpteur* (bloc de glaise ou de pierre dégrossi).

Se dit aussi (*péjor.*) d'un ouvrage grossier, rempli de fautes.

Ø *All.* erster Entwurf, *angl.* rough sketch, *esp.* borrón, bosquejo, *ital.* abbozzo.

ébauché adj. (*du verbe* ébaucher, *rac. francique* blak : banc, poutre). Dégrossi sommairement, quant à la forme générale.

Ø *All.* aus dem Groben gearbeitet, *angl.* rough hewn, *esp.* bosquejado, *ital.* abbozzato.

ébauchoir n.m. (*dér. d'*ébaucher). Instrument servant au sculpteur* à modeler la glaise ou la cire. ‖ Outil d'acier en forme de ciseau* denté qui sert à bretteler* un bloc de pierre (*fig.*).

Ø *All.* Modellierstab, *angl.* boaster, *esp.* debastador, *ital.* abbozzatoio.

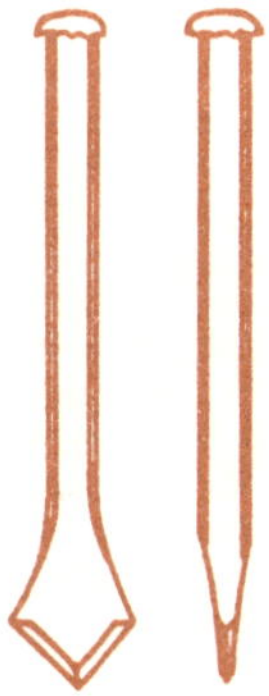

ébauchoir

ébousiner v.tr. (*dér. de* bousin, *dér. de* bouse, *orig. obscure*). Faire tomber le bousin (*v. ce mot*) qui adhère à la pierre* au sortir de la carrière, pour en trouver le vif*.

Ø *All.* abrichten, *angl.* to clean off, *esp.* descantillar, *ital.* spogliare une pietra delle parti tenere.

ébrasement n.m. (*variante d'*embrasement, *de*

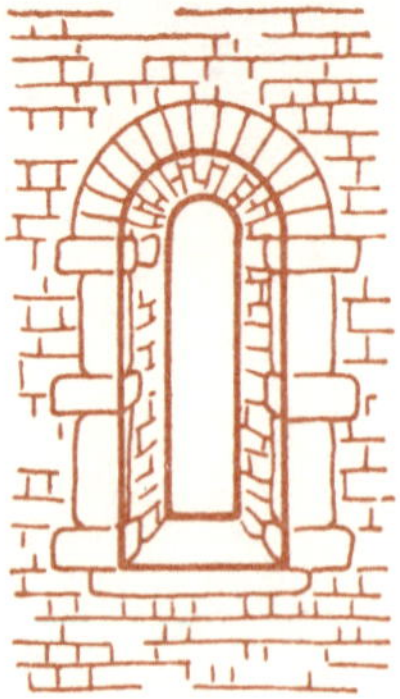

ébrasement

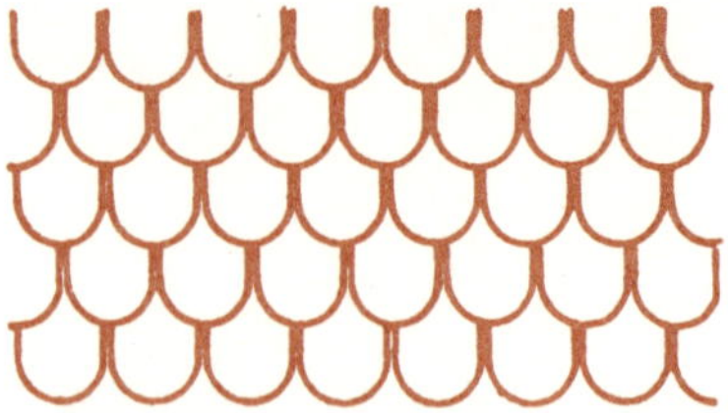

écailles (toiture en)

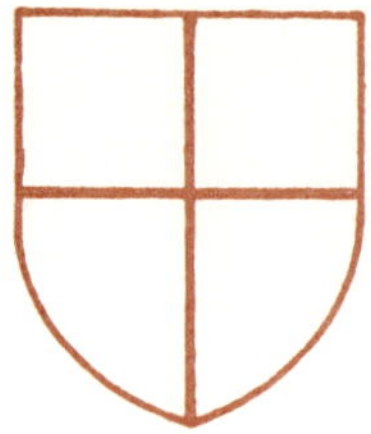

écartelé (écu)

embraser : élargir une ouverture). *Archit.* Disposition biaise, par rapport au plan d'axe du mur, des parois latérales d'une baie (*fig., pl.* 76, *v. pl.* 5, 7). Elle s'étend parfois à l'appui* et au cintre*. L'ébrasement peut exister soit à l'extérieur soit à l'intérieur. Terme presque synonyme d'*embrasure*. Jadis on disait aussi *embrasement*. Des fenêtres romanes étroites comme des meurtrières diffusent grâce à l'ébrasement autant de lumière que des baies plus larges. L'ébrasement des portails, tourné vers l'extérieur, est fait d'étages en retrait correspondant aux voussures de l'archivolte*.

ø *All.* Ausschrägung, Verschrägung, *angl.* splaying, *esp.* derrame, *ital.* strombatura.

Portail ébrasé :

ø *Angl.* recessed doorway, *esp.* pórtico abocinado, *ital.* portale strombato.

écailles n.f.pl. (*du francique* skalja, *allem.* schale). *Archit.* Motif* ornemental à l'imitation des écailles de poisson, ou des couvertures en bardeaux de bois ou en ardoises (*fig.*). Ces motifs exécutés avec des planchettes, des petites pierres plates, ou des feuilles d'ardoise, recouvraient souvent les clochers* romans dans le Poitou et la Saintonge, ainsi que des remparts de contreforts, des flèches de pierre, etc.

ø *All.* Fischschuppen, *angl.* fish scales, *esp.* escamas, *ital.* scaglie.

écailler (s') v.réfl. (*dér. d'*écaille). *Archit.* Un parement* de mur, une peinture*, une statue* en pierre sont dits *s'écailler* lorsque de leur surface se détachent des pelures ressemblant à des écailles de poisson.

ø *All.* abblättern, *angl.* to scale off, *esp.* desprenderse en escamas, *ital.* scagliarsi.

écarlate n.f. (*du lat.* scarlatum, *emprunté au persan* saquirlat, *nom d'étoffe primitivement bleue*). Nom d'une étoffe qui n'est pas obligatoirement rouge. Mais l'*écarlate* vermeille étant de l'emploi le plus courant, le nom a fini par désigner la couleur rouge vif.

ø *All.* Scharlach, *angl.* scarlet, *esp.* escarlata, *ital.* scarlatto.

écartelé adj. (*d'*écarteler, *vx franç.* esquarterer : mettre en quartiers, en quarts). *Blas.* Écu partagé en quatre quartiers par une ligne verticale et une ligne horizontale se croisant en leur milieu (*fig.*).

ø *All.* geviert, *angl.* quartered, *esp.* cuartelado, *ital.* inquartato.

ecclésiastique n.m. (*lat.* ecclesiasticus, *du gr.* εκκλησια : assemblée, réunion). Qui fait partie du clergé*.

ø *All.* Geistlicher, *angl.* clergyman, *esp.* clérigo, *ital.* ecclesiastico.

échafaud n.m. *et* **échafaudage** n.m. (*du lat.* catafalicum, *formé du préf. gr.* κατα *et lat.* fala : tour). Assemblage* provisoire de charpente*. 1) *Échafaudage de peintre*. Bâti composé d'un plancher et d'une échelle et permettant à l'artiste de couvrir un vaste mur de toiles peintes ou de peintures à fresque. ‖ 2) *Échafaudage de maçon*. Assemblage provisoire de charpente appelé aussi *échafaud* et anciennement *chafaud* monté devant un mur de façade* en vue de réparer ou de construire un bâtiment. Il se compose de planchers superposés devant faciliter le travail des ouvriers sur des plate-formes horizontales.

Il existe trois sortes d'échafaudages ou d'échafauds : – les *échafauds indépendants* faits de pièces verticales dites *écoperches* ou *échasses*, reliées entre elles par des traverses* ou boulins* qui supportent un plancher*. Ils sont placés devant le mur dont ils sont indépendants.

– les *échafauds adhérents* sont ceux dont on a supprimé les montants* verticaux du côté du mur ; les abouts* des traverses (ou boulins) sont encastrés dans le mur* même. Souvent les trous de boulins qui ont servi à fixer les traverses subsistent sans être bouchés.

– les *échafauds volants* sont de légers bâtis comprenant une plate-forme suspendue par des cordages aux souches de cheminée* et montant ou descendant à l'aide de poulies.

ø *All.* Baugerüst, *angl.* scaffolding, *esp.* andamio, *ital.* ponti di fabbrica, tavolato.

échantignolle *Voir* chantignolle.

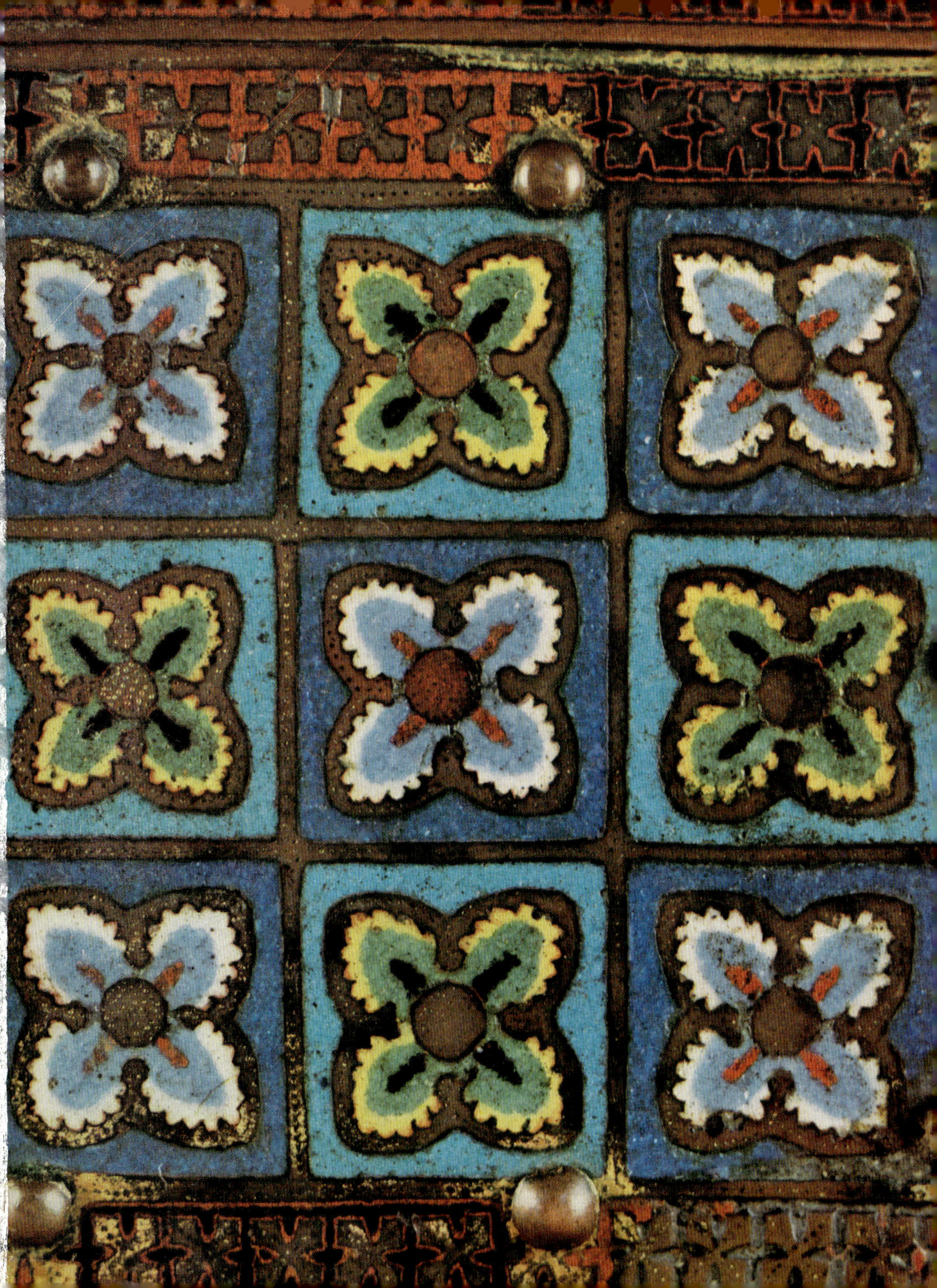

émail

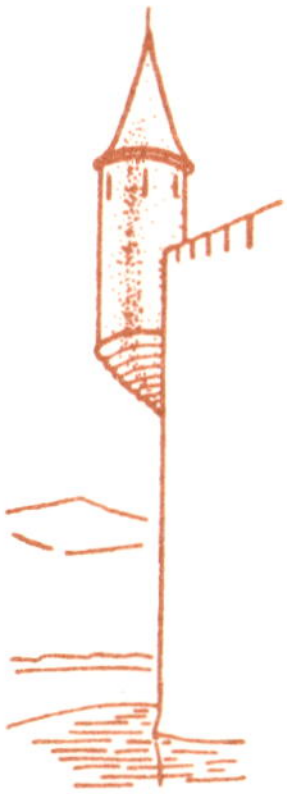

échauguette murale

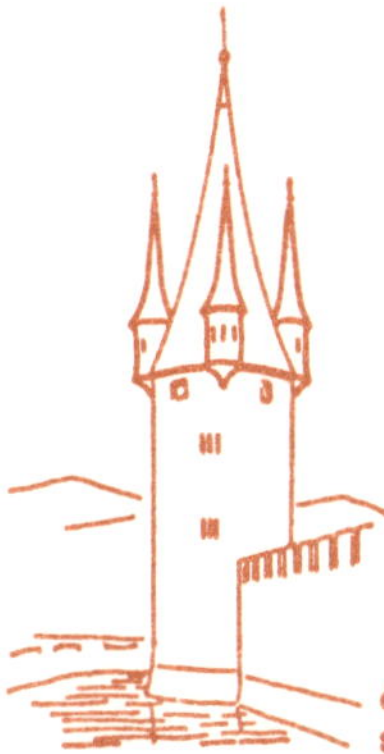

échauguettes sur tour d'angle

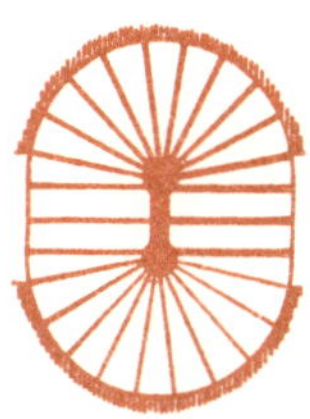

(plan)

échiffre (mur d')

échantillon n.m. (*dér. d'*eschandiller, *mot lyonnais* : vérifier les mesures des marchands). 1) Article d'épreuve, d'essai, puis morceau d'étoffe. ‖ 2) *Archit.* Type établi et adopté pour certaines espèces de matériaux (pavés, pierres, briques d' « échantillon »).

∅ *All.* Muster, *angl.* sample, *esp.* muestra, *ital.* campione.

écharpe n.f. (*du francique* skerpa : sacoche en bandoulière). *Archit.* Tringle de bois ou de fer posée diagonalement dans un panneau* de porte, un assemblage* de charpente ou de menuiserie, etc., pour les consolider ou les maintenir rigides.

∅ *All.* Schärpe, *angl.* brace, *esp.* banda, *ital.* ciarpa.

échasses n.f.pl. (*du francique* skatja : jambes de bois). *Archit.* On appelle *échasses d'échafaud* les madriers verticaux qui dans un échafaudage soutiennent les traverses (ou boulins). *Voir* échafaud.

∅ *All.* Stelzen, *angl.* stilts, *esp.* zancos, *ital.* trampoli.

échauguette n.f. (*du francique* skara : troupe *et* wahta : guet; troupe de guet *et par extens.* guérite de guet). *Archit.* Guérite en pierre élevée en encorbellement* sur l'angle d'un château-fort*, d'une muraille*, pour en surveiller les approches (*fig.*).

Par extension, le terme s'emploie également, dans l'architecture civile, pour désigner une logette, d'angle le plus souvent, mais toujours en encorbellement.

L'*échauguette,* tourelle en général ronde, coiffée d'un toit en poivrière*, est différente de la *bretèche,* petite loge rectangulaire placée généralement au milieu d'une façade* et couverte en appentis.

∅ *All.* Pfefferbüchse, Wartturm, *angl.* watch-turret, *esp.* atalaya, *ital.* vedetta.

échelle n.f. (*lat.* scala). Il n'est pas question ici de l'*échelle* servant aux ouvriers à monter sur les échafaudages, mais de l'*échelle* relative. En architecture, on parle de « l'échelle d'un monument »; on dit : « Cet édifice n'est pas à l'échelle. »

Ce principe était si controversé que Viollet-le-Duc a cru devoir en faire une étude approfondie. Il écrit : « A la place des principes harmoniques grecs basés sur le module abstrait, le Moyen Age émit un autre principe, celui de l'échelle. A la place d'un module variable comme la dimension des édifices, il prit une mesure uniforme et cette mesure uniforme est donnée par la taille de l'homme d'abord, puis par la nature de la matière employée. Ces nouveaux principes obligent l'architecte à toujours rappeler la dimension de l'homme, à toujours tenir compte de la dimension des matériaux qu'il emploie.

« La taille de l'homme est divisée en six parties, lesquelles sont divisées en douze, car le système duodécimal qui peut se diviser par deux, par quarts et par tiers est d'abord admis comme le plus complet. L'homme est la toise; le sixième de l'homme est le pied; le douzième du pied est le pouce. » Nota : toise = 1 m. 80 env.; pied = 0 m. 30 env.; pouce = 0 m. 025 env. (*v.* module).

∅ *All.* Maßstab, *angl.* scale, *esp.* escala, *ital.* scala.

A grande échelle :

∅ *All.* in grossem Maßstabe, *angl.* on a large scale, *esp.* en gran escala, *ital.* su larga scala.

A petite échelle :

∅ *All.* in verjüngtem Maßstabe, *angl.* on a small scale, *esp.* en pequeña escala, *ital.* in piccola scala.

Échelle de Jacob : *v.* Jacob.

échelon n.m. (*dér. d'*échelle). Tringles de bois ou de fer formant les degrés d'une échelle*. Ce sont des barres ou des bâtons reliant les montants* de l'échelle.

∅ *All.* Leitersprosse, *angl.* step, *esp.* escalón, *ital.* gradino.

échiffe *et* **échiffre (mur d')** (*dér. de l'anc. fr.* esquiver, *du germ.* skivh : farouche, *ou de l'allemand* scheu).

Archit. 1) Mur formant le centre d'une cage d'escalier* et portant les abouts* des marches*. Lorsque l'escalier est en vis*, l'*échiffre* est cylin-

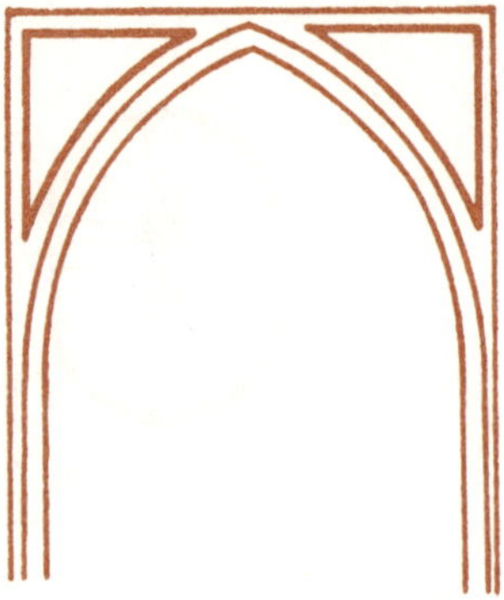

écoinçon

drique et s'appelle *noyau* (*fig.*).

ø *All.* schräge Grundmauer einer Treppe, *angl.* string wall, *esp.* alma de una escalera, *ital.* muro da scala.

2) Guérite posée sur la muraille* d'une ville.

échine n.f. (*orig. dout.*; *peut-être de gr.* εχινος : coussin *ou du francique* skina : os de la jambe, épine dorsale). *Archit.* Moulure* faisant saillie* placée sous l'abaque* du chapiteau* dorique (*v.* armilles).

ø *All.* Ei, *angl.* quarter round, echinus, *esp.* equino, *ital.* schiena, cucinetto.

échiquier n.m. (*dér. de* échec, *du persan* shah : roi, *par la locution* shah mat - échec et mat – : le roi est mort). Tableau divisé en carrés alternés blancs et noirs. ‖ Motif* ornemental.

ø *All.* Schachbrett, *angl.* chess-board, *esp.* tablero de ajedrez, *ital.* scacchiere.

échoppe n.m. (*de l'anc. néerl.* skoppe). Petite boutique adossée à une église*, à une maison.

ø *All.* Krambude, *angl.* small shop, stall, *esp.* puesto, *ital.* botteghetta.

écoinçon n.m. (*dér. de* coin, *lat.* cuneus : coin à fendre). *Archit.* 1) *Écoinçon d'arcade* : surface comprise entre la courbe d'un arc* et son encadrement orthogonal (*fig.*). ‖ 2) *Écoinçon de rosace* : surface triangulaire (située entre deux lignes droites se coupant à angle droit et une ligne courbe) qui existe entre une portion de la courbe extérieure d'une rosace* et les deux perpendiculaires (le coin*) dans lequel cette courbe s'inscrit (*v. pl.* 7).

ø *All.* Zwickel, Zwickelfüllung, *angl.* spandril, *esp.* enjuta, *ital.* cantoniera.

écolâtre n.m. (*dér. bas-lat.* scholaster, *du lat.* schola : école). Chef d'une école attachée au chapitre* d'un monastère* ou d'une cathédrale*, pour l'enseignement des lettres humaines.

ø *All.* Domscholaster, *esp.* maestrescuela, *ital.* teologo ispettore scolastico.

école n.f. (*lat.* schola). Dès le haut Moyen Age, l'évêque installe une *école* auprès de son église cathédrale* pour la formation de ses prêtres. L'écolâtre a souvent la dignité de chanoine. Du IXe au XVe s., les monastères* ont des *écoles* pour leurs novices et aussi des écoles publiques où sont reçus même les enfants pauvres.

ø *All.* Schule, *angl.* school, *esp.* escuela, *ital.* scuola.

2) Ensemble de disciples directs ou indirects d'un même maître. ‖ 3) Ensemble d'artistes groupés d'après les mêmes tendances ou la participation aux mêmes cultes. ‖ 4) *Au sens encore plus large.* Ensemble des artistes originaires d'une ville ou établis dans une ville, une province, une région. Ce mot s'entend principalement des peintres; on dira l'école française, l'école de Franconie, l'école de Cologne, etc.

ø *All.* Malerschule, *angl.* school of painting, *esp.* escuela de pintura, *ital.* scuola.

écrasé adj. (*orig. dout.*). *Archit.* Se dit d'un édifice qui manque de hauteur, ou dont les parties basses sont trop courtes par rapport aux étages supérieurs.

ø *All.* gedrückt, *angl.* squat, *esp.* achaparrado, *ital.* schiacciato.

Écriture Sainte *Voir* Testament.

écrou n.m. (*orig. dout.*). *Archit.* Petite pièce de fer forgée ou découpée, ronde, carrée ou à pans, percée d'un trou taraudé qui permet de la visser sur l'extrémité d'un boulon*.

ø *All.* Schraubenmutter, *angl.* nut, *esp.* tuerca, *ital.* madrevite.

écrouler (s') v.réfl. (*dér. de* crouler, *orig. dout.*). *Archit.* S'effondrer, s'affaisser et tomber en ruine.

ø *All.* zusammenstürzen, *angl.* to fall in, *esp.* desplomarse, *ital.* crollare.

écu n.m. (*lat.* scutum : bouclier). 1) Bouclier* généralement en bois couvert de crin porté par les chevaliers. 2) *Blason* Champ en forme de bouclier sur lequel on pose les meubles* et les pièces* des armoiries*. L'*écu* peut être carré, ovale, ou en losange; après le XVe s. il est généralement rectangulaire avec le côté inférieur en forme d'accolade.

ø *All.* Schild, *angl.* shield, *esp.* escudo, *ital.* scudo.

écusson n.m. (*dér. de* écu).

1) *Blason* Petit écu* armorié* se terminant en pointe.

∅ *All.* Wappenschild, *angl.* escutcheon, *esp.* escudo de armas, *ital.* stemma nobiliare.

2) *Décoration* Cartouche* d'une forme rappelant le plus souvent celle de l'écu* héraldique, servant à recevoir des ornements, des inscriptions, etc.

écuyer n.m. (*lat.* scutarius : qui porte l'écu). Gentilhomme qui accompagnait le chevalier et lui portait son bouclier*.

∅ *All.* Junker, *angl.* squire, *esp.* escudero, *ital.* scudiere.

édifice n.m. (*lat.* aedi-ficium : maison construite). *Archit.* Construction édifiée avec un certain caractère monumental et artistique (*v.* bâtiment).

∅ *All.* Gebäude, *angl.* structure, building, *esp.* edificio, *ital.* fabbrica.

effacé adj. (*composé de* ex *et de* face : *proprement,* qui n'a plus de figure). Qui a disparu par frottement ou usure.

∅ *All.* verwischt, *angl.* faded, obliterated, *esp.* borrado, *ital.* cancellato.

effigie n.f. (*lat.* effigies : figure). Portrait* peint, sculpté, gravé ou autre. Ne se dit que de figures humaines. Peut varier de taille entre une statue funéraire grandeur nature et un profil gravé sur une médaille.

∅ *All.* Bildnis, *angl.* effigy, *esp.* efigie, *ital.* effigie.

Église n.f. (*lat.* ecclesia *du gr.* εκκλησια : assemblée). 1) C'est l'ensemble des fidèles chrétiens baptisés réunis sous l'autorité de leurs pasteurs, les évêques et le pape.

∅ *All.* Kirche, *angl.* Church, *esp.* Iglesia, *ital.* Chiesa.

2) *Église et Synagogue* personnifiées : au début du XIIIe s., les constructeurs de cathédrales voulurent, dans la sculpture des scènes du Nouveau et de l'Ancien Testament, indiquer la distinction nécessaire à faire entre la Loi nouvelle et la Loi ancienne. Ils posèrent donc deux figures de femmes, l'une tenant un étendard qui se brise dans ses mains, une couronne tombée à ses pieds, les yeux voilés par un bandeau ou un dragon qui s'enroule autour de son front : c'est l'Ancienne Loi, la Synagogue; l'autre porte la couronne en tête, tient l'étendard de la foi et se tourne vers le Christ enseignant, c'est la Loi Nouvelle, l'Église. Il n'en reste plus qu'un petit nombre en France. ‖ 3) *Archit.* Édifice sacré dédié au culte divin, à cette fin principale de servir à tous les fidèles pour l'exercice public du culte.

Historique. Lorsque l'empereur Constantin permit enfin aux chrétiens d'exercer librement leur culte, ceux-ci utilisèrent non pas les temples des idoles, trop petits et impropres aux rassemblements de foules, mais les basiliques* (*v. ce mot*), dont la forme se prêtait mieux à leurs réunions religieuses.

En Occident. Dans ces vastes bâtiments très fréquentés du public, de larges tribunes disposées en avant du chœur et face aux fidèles placés dans les trois nefs servaient à la lecture des Écritures et aux annonces; plus tard à la prédication; c'étaient les ambons*.

La basilique païenne devenue *église* fut distribuée en trois enceintes successives : la nef* (le plus souvent triple), le chœur*, réservé au clergé, et le sanctuaire*, réservé à l'officiant et aux ministres. Le chœur se ferma de plus en plus et il se fit comme une fusion entre la clôture, les ambons, et le *trabes* – ou arc triomphal – fusion d'où naquit le *jubé*. Le maître-autel* fut peu à peu reporté vers le fond de l'abside*, les reliques* insignes déposées derrière lui; la cathèdre* fut rapprochée de la nef et bien souvent le chœur se confondit avec le sanctuaire, dans les églises non monastiques.

En Orient, avait été adopté pour les églises le plan circulaire ou polygonal des temples antiques, avec un dôme* pour couverture et donc une coupole* pour plafond intérieur. Plus tard ce plan affecta la forme d'une croix* grecque. Cette architecture dite byzantine se répandit dans les églises d'Italie et de la France méridionale et remonta par les vallées du Rhône et du Rhin jusqu'en Germanie.

Le style roman fut aux XIe et XIIe siècles

l'expression architecturale de l'Europe chrétienne. Les églises de ce style suivent en général assez fidèlement le plan de l'antique basilique. Le sanctuaire prend de plus en plus un certain développement. Le transept* coupe l'église de manière à lui donner la forme d'une croix latine (et non plus d'une croix grecque aux quatre branches égales). La croisée (travée où la nef est coupée par le transept) peut être surmontée d'une lanterne*. Le chœur et le sanctuaire réservés au clergé sont quelquefois d'un niveau plus élevé et isolés par un déambulatoire* qui les enveloppe et sur lequel s'ouvrent les chapelles* plus ou moins nombreuses (*v. plan-type p.* 26).

Mobilier des églises romanes. Ce mobilier peut comprendre une chaire à prêcher (extérieure ou intérieure) souvent en pierre; des stalles* de bois, des grilles, des lutrins*, bénitiers et tabernacles, bancs d'œuvre, orgue avec son buffet, fonts baptismaux et parfois jubé*.

Classes des églises. Celles-ci selon leur importance se divisent, en commençant par les plus importantes en : *églises cathédrales* (*v.* cathédrale), *églises abbatiales* (*v.* abbaye).

Ø *All.* Abteikirche, *angl.* abbey church, *esp.* iglesia abacial, *ital.* chiesa abbaziale.

églises collégiales : ce sont des églises desservies par un chapitre* de chanoines.

Ø *All.* Stiftskirche, *angl.* collegiate church, *esp.* iglesia colegial, *ital.* collegiata.

églises conventuelles : ou églises de couvent.

Ø *All.* Klosterkirche, *angl.* conventual church, *esp.* iglesia conventual, *ital.* chiesa conventuale.

églises paroissiales : églises propres des fidèles d'une paroisse.

Ø *All.* Pfarrkirche, *angl.* parish church, *esp.* iglesia parroquial, *ital.* chiesa parrocchiale.

Le titre de basilique (*v. ce mot*) est un titre honorifique qui peut s'appliquer aux diverses classes d'églises.

Genres d'églises : *églises en bois* (Scandinavie, Russie) :

Ø *All.* Stabkirche, *angl.* stave church, *esp.* iglesia de madera, *ital.* chiesa di legno, *norv.* stavkirke.

églises basses :

Ø *All.* Unterkirche, *angl.* lower church, *ital.* chiesa inferiore.

églises fortifiées :

Ø *All.* befestigte Kirche, *angl.* fortified church, *esp.* iglesia fortificada, *ital.* chiesa fortificata.

églises hautes :

Ø *All.* Oberkirche, *angl.* upper church, *ital.* chiesa superiore.

églises halles : dont les trois nefs sont d'égale hauteur ce qui la fait ressembler à une halle.

Ø *All.* Saalbau, *angl.* hall church, *esp.* iglesia de planta de salón, *ital.* chiesa di tre navate di altezza uguale.

Orientation : D'après une ancienne coutume liturgique, un très grand nombre d'églises construites au Moyen Age sont disposées de manière que le célébrant au maître-autel* regarde le soleil levant.

égout n.m. (*rac. lat.* gutta : goutte). *Archit.* 1) Conduit souterrain en maçonnerie* servant à recevoir et à évacuer les eaux pluviales et ménagères.

Ø *All.* unterirdischer Abzugskanal, *angl.* sewer, *esp.* albañal, *ital.* fogna.

2) Pente ou versant d'un toit : un toit en bâtière* est dit « à deux égouts ». Partie du toit qui dépasse le mur de façade* pour l'abriter.

Ø *All.* Dachschräge, *angl.* slope of a roof.

égriser v.tr. (*préf.* e *et néerl.* gruizen : écraser). *Marbrerie* Enlever en frottant avec du grès mouillé les rugosités laissées sur le marbre* ou la pierre* par les traits de la scie ou les coups du ciseau.

Ø *All.* glattschleifen, *angl.* to grind off, *esp.* pulimentar, *ital.* spegnare.

égrugeoir n.m. *Voir* grésoir.

élégir v.tr. (*rac. lat.* levis : léger). *Archit.* Réduire le volume d'un membre* d'architecture; réduire l'épaisseur d'une colonne* ou d'une pièce de charpente* en y pratiquant des moulures*. *Élégir* n'est que la corruption d'*allégir* et d'*alléger*.

Ø *All.* verjüngen, auskehlen, *angl.* to lighten, *esp.* adelgazar, *ital.* assottigliare.

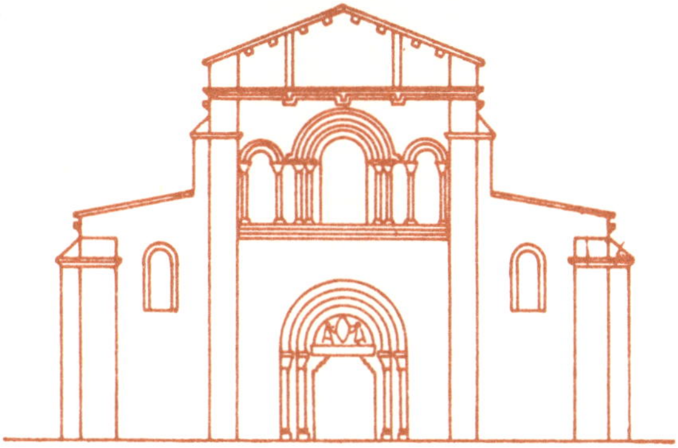

élévation

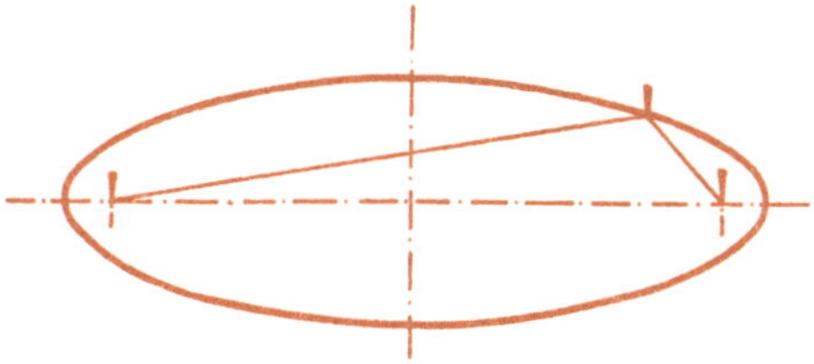

ellipse

élévation n.f. (*lat.* levare : lever). *Archit.* Dessin d'un édifice vu dans ses mesures verticales et horizontales extérieurement apparentes sans égard à leur profondeur (*fig.*). C'est ce que les anciens appelaient *orthographia*, ou élévation géométrale. Ils nommaient *scenographia,* au contraire, l'élévation perspective qui est le dessin d'un édifice obtenu avec des lignes obliques et qui paraît en raccourci.

∅ *All.* Aufriß, *angl.* elevation, *esp.* alzado, *ital.* alzata.

élève n.m. (*dér. de* lever, *lat.* levare). *Bx-arts* Celui qui a été formé par un artiste et qui en applique les principes.

∅ *All.* Schüler, *angl.* pupil, *esp.* discípulo, *ital.* allievo.

élever v.tr. (*dér. de* lever, *lat.* levare). Ériger, en parlant d'un monument, d'une statue, etc.

∅ *All.* errichten, *angl.* to set up, *esp.* levantar, *ital.* erigere.

ellipse n.m. (*gr.* ελλειψις). Toute projection, toute perspective d'un cercle est une *ellipse*, et c'est à ce titre que cette courbe nous intéresse, car les ovales* des architectes du Moyen Age ne sont pas des ellipses; ils sont formés d'arcs de cercles. L'ellipse peut se définir comme la section d'un cylindre de révolution par un plan. Elle comporte deux axes de symétrie. Sur le grand axe se trouvent les deux foyers de l'ellipse (*fig.*) : la somme des distances d'un point de la courbe aux deux foyers reste constante quand le point parcourt l'ellipse. Si les foyers se rapprochent jusqu'à se confondre, l'ellipse devient un cercle.

élu n.m. (*du verbe* élire, *lat.* eligere : choisir). *Religion* Chacun de ceux qui ont répondu à l'appel de Dieu à la vie surnaturelle et au salut, et sont admis au bonheur éternel auprès du Christ.

∅ *All.* die Auserwählten, *angl.* the elect, the saved, *esp.* los elegidos, *ital.* gli eletti.

email n.m. (*francique* smalt, *rac.* schmelzen : fondre). *Céramique* Substance vitrifiable, transparente ou opaque, incolore ou colorée, dont on recouvre une poterie, un verre ou un métal en vue d'obtenir une protection de la pièce contre les agents extérieurs, ou un effet décoratif, et qu'on fixe par une fusion à très haute température (*pl. couleurs p.* 173).

Il ne sera examiné ici que l'*émail* sur métal.

∅ *All.* Schmelz, *angl.* enamel, *esp.* esmalte, *ital.* smalto.

Technique. Procédés d'exécution. Il existe quatre catégories principales d'émaux.

1) *les émaux cloisonnés.* Sur une plaque de fond généralement en or, on soude de petites cloisons qui forment des compartiments dans lesquels on place la poudre d'émail. La cuisson fixe l'émail. Une fois poli à l'émeri cet émail présente une surface plane et lisse faite de couleurs vitrifiées séparées par de minces filets d'or (*pl.* 78). Cette technique riche et raffinée est celle des émaux byzantins.

∅ *All.* Zellenschmelz, *angl.* cloisonné enamel, *esp.* tabicado, *ital.* smalto ad alveoli.

2) *les émaux champlevés*, ou *en taille d'épargne*, d'une facture plus rudimentaire, sont établis sur des plaques de cuivre où les compartiments ne sont plus rapportés sur le fond et séparés par des cloisons, mais creusés sur la surface même de la plaque, les séparations étant « épargnées ». L'émail est déposé en poudre dans les cavités ainsi ménagées, puis la plaque est soumise aux opérations de cuisson et de polissage, comme les cloisonnés (*pl.* 79).

∅ *All.* Grubenschmelz, *angl.* champlevé enamel, *esp.* esmalte campeado, *ital.* smalto ad incavo, intagliato.

3) *les émaux translucides* sur reliefs ne sont utilisés que pour la décoration de métaux précieux (or et argent). Ce sont en fait des émaux de basse taille, c'est-à-dire des bas-reliefs recouverts d'émail transparent. On leur donne aussi les noms d'*émaux de plique,* ou d'*applique.*

∅ *All.* Translucidschmelz, Reliefschmelz, *angl.* translucent enamel, *esp.* esmalte translúcido, *ital.* smalto traslucido.

4) *les émaux peints* : ne sont plus des mosaïques, comme les émaux des deux premières catégories, mais de simples peintures en émail par couches

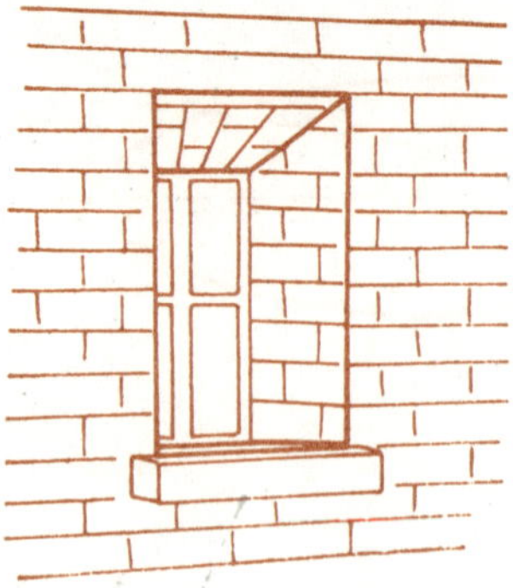

embrasure

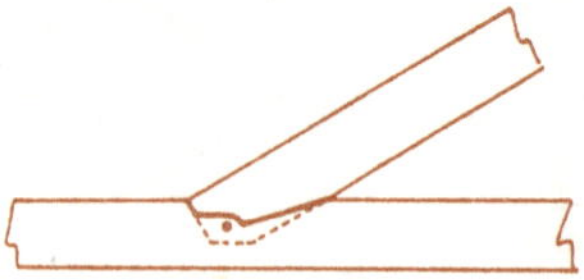

embrèvement

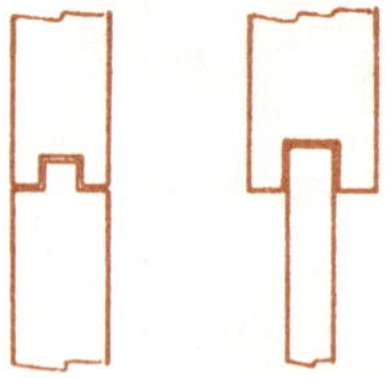

embrèvements simple et à vif

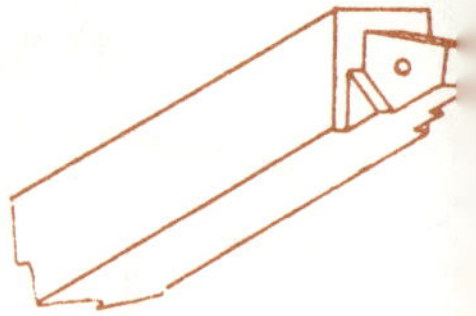

embrèvement (tenon à)

d'émail superposées (*émailleurs*). Ils appartiennent presque tous à la période de la Renaissance (XVIe s.). Aux siècles suivants on vit apparaître la peinture sur émail (*émaillistes*).

ø *All.* Malerschmelz, *angl.* painted enamel, *esp.* esmalte pintado, *ital.* smalto dipinto.

5) Il existe un cinquième procédé, plus tardif, usité dans les ateliers limousins, celui de l'*enlevage* (*v. ce mot*), c'est-à-dire des *émaux en grisaille*.

Historique. Ni les Hébreux, ni les Grecs, ni les Romains ne semblent avoir connu l'émail, mais les Étrusques ont laissé des bijoux ornés d'émaux. Au IIIe siècle on trouve de l'émaillage sur bronze en Gaule et en Angleterre. Puis Byzance fut le centre de l'émaillerie et fournit des techniciens à toute l'Europe. L'émaillerie eut au Moyen Age une grande importance : toute l'orfèvrerie était émaillée, et l'on fit en émail jusqu'à de grandes pierres tombales.

Les quatre procédés décrits ci-dessus se sont succédé dans un ordre chronologique. Le plus ancien (cloisonnés) a connu sa perfection chez les Byzantins – Pala d'oro à Saint-Marc de Venise; reliquaire du VIe s. à Sainte-Croix de Poitiers – et aussi en Extrême-Orient. En Occident on adopte beaucoup plus fréquemment la méthode plus expéditive et moins coûteuse de la taille d'épargne. Deux centres principaux d'émaux champlevés : la région mosane-rhénane et le Limousin. Dès le XIIe s., Limoges a inondé l'Europe de l'*opus lemovicense*, et cela pendant tout le Moyen Age (pyxides, crosses, châsses, plaques tombales, etc.). Les émaux peints et les émaux en grisaille n'apparaissent qu'au XVe s. L'évolution de l'art des émaux est parallèle à celle de l'art du vitrail* qui passe de même de la mosaïque de verre à la peinture sur verre.

émaillerie n.f. (*dér. d'*émail). Art de la fabrication des émaux*, consistant à fixer sur un métal, par la cuisson, un fondant – l'émail – teinté de différentes couleurs au moyen d'oxydes métalliques.

Le bleu domine dans les émaux limousins. Dans les émaux provenant du Mans ou de la région mosane-rhénane, les couleurs vertes et jaunes dominent.

ø *All.* Schmelzkunst, *angl.* enamelling, *esp.* esmalte, *ital.* smaltatura.

émailleur n.m. (*dér. d'*émail). Peintre en émail* (XVIe s.).

ø *All.* Schmelzarbeiter, *angl.* enameller, *esp.* esmaltador, *ital.* smaltatore.

émailliste n.m. (*dér. d'*émail). Peintre sur émail* (XVIIe s.).

ø *All.* Schmelzmaler, *angl.* enamel painter, *esp.* esmaltador, *ital.* smaltista.

émaux n.m. (*plur. de* émail). *Blason* Métaux, couleurs et fourrures utilisées dans la composition des armoiries*. *Voir* blason.

ø *All.* Tinkturen, *angl.* hues, tinctures, *esp.* esmaltes de los escudos, *ital.* smalti degli scudi.

embase n.f. (*dér. de* base). Surface servant d'appui*. ‖ *Archit.* Synonyme d'*embasement.*

embasement n.m. (*de* base). *Archit.* Synonyme peu usité de *soubassement* et de *base.*

embellir v.tr. (*dér. de* beau, *bas-lat.* bellus). Ajouter à la beauté d'une chose.

ø *All.* verschönern, *angl.* to beautify, *esp.* embellecer, *ital.* imbellire.

emblème n.m. (*gr.* εμβλημα : ornement rapporté). Figure symbolique, souvent accompagnée d'une sentence. *Ex.* La colombe est l'*emblème* de l'innocence.

Distinct à la fois du *symbole* (plus naturel, plus constant, plus universel, ayant avec l'objet auquel il se rapporte une analogie réelle facile à saisir : *ex.* le triangle, symbole de la Trinité) et de l'*attribut* (objet qui accompagne plutôt qu'il ne représente certaines personnes ou certaines choses : le caducée est l'attribut de Mercure).

ø *All.* Sinnbild, *angl.* emblem, *esp.* emblema, *ital.* emblema.

embrasure n.f. (*orig. dout.*). *Archit.* Ouverture pratiquée dans un mur par le percement d'une baie*, d'une fenêtre* (*fig.*). C'est l'espace vide compris entre les deux parois verticales du mur* dans lequel cette baie ou fenêtre est enchâssée (*v. pl.* 6). Si les parois sont taillées en biais, on devrait dire plutôt *ébrasement* (*v. ce mot*).

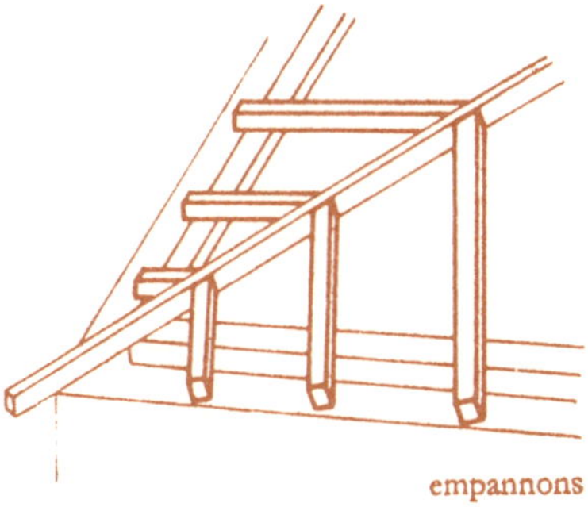

empannons

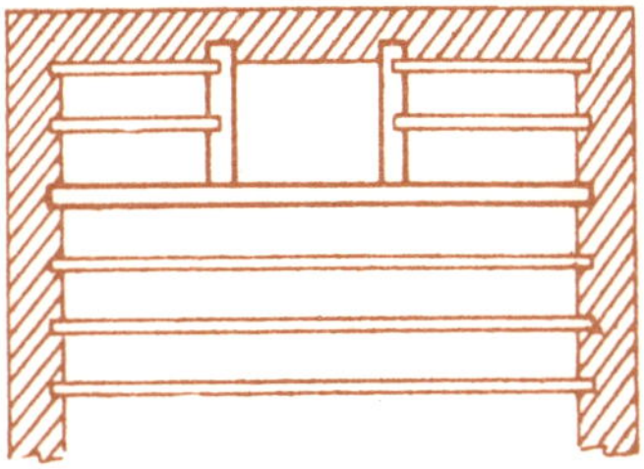

enchevêtrure

∅ *All.* Fensterleibung, *angl.* embrasure, *esp.* alféizar, *ital.* strombatura.

embrèvement n.m. (*du lat.* imbeberare : imbiber, abreuver). *Charpente* Assemblage* très solide où les tenons* ajustés et renforcés s'emboîtent avec force dans les mortaises*, de manière que les deux pièces de bois assemblées ne puissent se soulever ou se déplacer dans quelque direction que ce soit (*fig.*).

∅ *All.* Kerbenfügung, *angl.* slit and tongue joint, *ital.* calettatura.

émeraude n.f. (*lat.* smaragdus). Pierre* précieuse d'une belle couleur verte.

∅ *All.* Smaragd, *angl.* emerald, *esp.* esmeralda, *ital.* smeraldo.

emmarchement n.m. (*dér. de* marcher, *bas-lat.* marcare, *d'un rad. german.*). *Archit.* Disposition et ensemble des marches* d'un escalier. ‖ Largeur d'une marche d'un limon* à l'autre, ou du limon au mur si l'escalier est adossé.

∅ *All.* Stufennute, *esp.* entabladura, *ital.* intaglio.

émousser v.tr. *Archit.* Enlever au marteau* le bousin (*v. ce mot*) d'une pierre* sortant de carrière* (*v.* épaufrer, arête).

empannon n.m. (*orig. obsc.*). *Archit.* Chevron* raccourci du fait de la croupe* où il se trouve, qui au lieu d'être fixé sur le faîtage* est assemblé à l'arêtier* et à la sablière* ou la plateforme (*fig.*).

∅ *All.* Strebeband, *angl.* jack rafter.

empattement n.m. (*dér. de* patte, *orig. obsc.*). *Archit.* Épaisseur de maçonnerie* qui sert de pied à un mur. Se dit aussi de griffes à la base d'une colonne*.

∅ *All.* Verdickung einer Grundmauer, *angl.* footing, *esp.* zócalo de cantería, *ital.* imbasamento.

emplacement n.m. (*dér. de* place, *du lat.* platea : large rue). Lieu où se trouve un objet, un monument.

∅ *All.* Standort, *angl.* location, *esp.* emplazamiento, *ital.* ubicazione.

empreinte n.f. (*dér. du lat.* impremere : presser sur). L'impression d'un objet sur une matière plastique (cire, plâtre, glaise) laisse une trace sur la matière plastique qui reproduit exactement cet objet.

∅ *All.* Abdruck, *angl.* print, *esp.* impronta, *ital.* stampa.

Les empreintes d'inscriptions ou de sculptures prises sur des feuilles de carton mouillé se nomment *estampages* (*v. ce mot*).

encadrement n.m. (*dér. de* cadre, *de l'ital.* quadro : carré). *Archit.* Ornementation* faite de moulures* entourant sur plusieurs côtés une baie* de porte ou de fenêtre, un panneau*, une absidiole*, etc.

∅ *All.* Tür-, Fenstereinfassung, *angl.* framing, *esp.* orla, *ital.* telaio.

encastrer v.tr. (*de l'ital.* incastrare : emboîter). *Archit.* Incorporer un objet à un autre. *Par ex.* Sceller une pierre sculptée dans un mur.

∅ *All.* einfügen, einmauern, *angl.* to embed, *esp.* empotrar, *ital.* incastrare.

enceinte n.f. (*participe passé substantivé de* enceindre, *lat.* incingere, *de* in : en *et* cingere : ceindre). *Archit.* Muraille* de défense faisant tout le tour d'une ville, d'un château-fort, etc. (*v. pl.* 8).

∅ *All.* Umfriedung, Ringmauer, *angl.* enceinte, *esp.* cerco, recinto de murallas, *ital.* cinta.

encensoir n.m. (*du lat.* incensus : ce qui est brûlé). Brûle-parfum où se consume l'encens dans les cérémonies liturgiques (*pl.* 80).

∅ *All.* Rauchfaß, *angl.* censer, thurible, *esp.* incensario, *ital.* turibolo.

enchâsser v.tr. (*dér. de* châsse, *lat.* capsa : coffre). *Orfèvr.* Encastrer, sertir* une pierre* précieuse dans sa monture.

∅ *All.* einkapseln, *angl.* to set, *esp.* engastar, *ital.* incastrare.

enchevêtrure n.f. (*dér. de* chevêtre, *du lat.* capistrum : licou). *Archit.* Assemblage* spécial de charpente* laissant un espace vide dans un plancher* (*fig.*) pour le passage de tuyaux de cheminée* ou à l'emplacement d'un foyer (*v.* chevêtre).

enclume n.f. (*lat.* incus). Grosse masse de fer aciérée sur laquelle les forgerons forgent les métaux; elle est de forme prismatique, rectangulaire, terminée par deux cornes qu'on nomme *bigornes* et reposant sur une forte bille de bois nommée *billot.*

∅ *All.* Amboss, *angl.* anvil, *esp.* bigornia, *ital.* incudine.

encoche n.f. (*dér. de* coche : entaille, *orig. obsc.*). Petite entaille.

∅ *All.* Kerbschnitt, *angl.* notch, *esp.* muesca, *ital.* dentello.

encoignure n.f. (*dér. de* coin, *lat.* cuneus : coin à fendre). *Archit.* Angle* saillant ou rentrant formé par la rencontre de deux murs. Les *encoignures* sont des points faibles de la construction*, qui demandent à être faits de matériaux meilleurs que le reste; on leur donne une forte liaison dans chacun des deux murs (chaînes*, appareil* en carreaux et boutisse, etc.).

∅ *All.* Ecke, *angl.* corner, *esp.* esquina, *ital.* angolo.

encolpion n.m. (*gr.* εν-κολπιον : qui est dans le sein). Tout objet de dévotion porté suspendu au cou (croix, médaillon, etc.) et en particulier boîte contenant des reliques* ou des textes bibliques écrits sur parchemin*. Les *encolpions* (ou *encolpia*), connus dès les premiers temps du christianisme, se mettaient aussi dans les tombeaux.

encorbellement n.m. (*dér. de* corbeau : poutre *ou* pierre en saillie). *Archit.* Construction en saillie* portant à faux sur le nu* du mur, et soutenue par des consoles*, des corbeaux*, des cariatides*, des trompes*, etc. (*v. pl.* 6).

∅ *All.* Auskragung, Ausladung, *angl.* cantilever, *esp.* salidizo, *ital.* risalto, aggetto, sporto.

En encorbellement :

∅ *All.* ausgekragt, *angl.* corbelled out, *esp.* piso en voladizos, *ital.* sportante.

endenter v.tr. (*dér. de* dent). *Charpente* Lier deux pièces de bois au moyen de dents, les assembler en adent (*v. ce mot*).

endommagé adj. (*probabl. dér. ancien de* dam). Abîmé, altéré, par suite de mauvais traitements.

∅ *All.* beschädigt, *angl.* damaged, injured, *esp.* dañado, *ital.* dannegiato.

enduit n.m. (*rac. lat.* inducere : mettre dans, sur). *Archit.* Couche de mortier, de ciment, de plâtre, de mastic, etc., qu'on applique sur une surface de maçonnerie pour la dresser et la lisser. ‖ Préparation dont on revêt les murs avant de les peindre à fresque*.

∅ *All.* Tünche, Mauerbewurf, *angl.* coating, plastering, *esp.* revoque, *ital.* intonaco.

enfaîteau n.m. *et* **enfaîtement** n.m. *Voir* faîtage.

Enfer n.m. (*lat.* infernum, *de* infra : en bas). Lieu que la tradition fixe sous terre, où les damnés* subissent leur châtiment.

∅ *All.* Hölle, *angl.* hell, *esp.* infierno, *ital.* inferno.

L'*Enfer* est représenté au Moyen Age par une gueule monstrueuse dans laquelle s'engloutissent les damnés.

∅ *All.* Höllenrachen, *angl.* mouth jaws of Hell, *esp.* boca del Infierno, *ital.* bocca del'Inferno.

enfeu n.m. (*rac. lat.* infodere : creuser, enfouir). *Archit.* Caveau funéraire placé généralement dans le chœur* d'une église* et qui affectait la forme d'une grande niche (*pl.* 77). Avant la Révolution française, les seigneurs du pays étaient enterrés par *droit d'enfeu* dans un sépulcre de ce genre. On l'appelle aussi *arcosolium.*

∅ *All.* Wandnischengrab, *angl.* wall-niche tomb, *esp. et ital.* arcosolio.

engagée (colonne) *Voir* colonne.

engin n.m. (*lat.* ingenium : talent, finesse). *Sens ancien* : adresse, industrie. ‖ *Par extens., sens moderne* : instrument, machine.

On peut distinguer au Moyen Age les *engins* employés pour le service civil tels que appareils de levage ou de transport : grues, chèvres, treuils, presses, machines hydrauliques, etc., et les *engins de guerre* offensifs, défensifs, ou les deux à la fois.

Ce mot a fait donner le nom d'*engeigneur* à celui qui construisait des engins et qu'on nomme aujourd'hui *ingénieur.*

∅ *All.* Werkzeug, *angl.* engine, *esp.* aparato, *ital.* ordigno.

engrenage (dents d') *Voir* dents.

engrenure n.f. (*dér. de* engrener : mettre du grain au moulin, *puis* engrener les dents d'une roue). *Archit.* Disposition des claveaux* d'un arc*

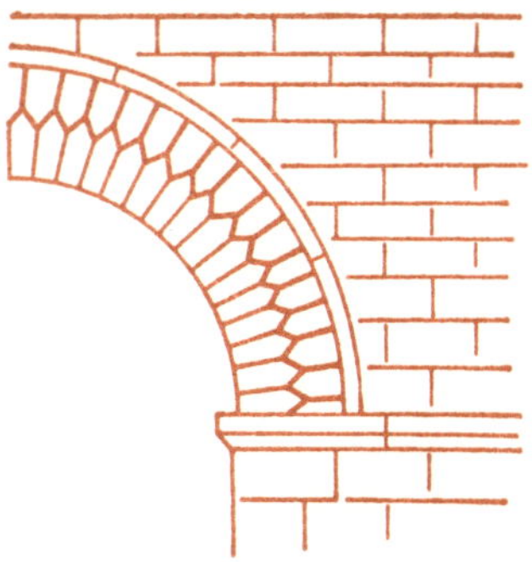
engrenures

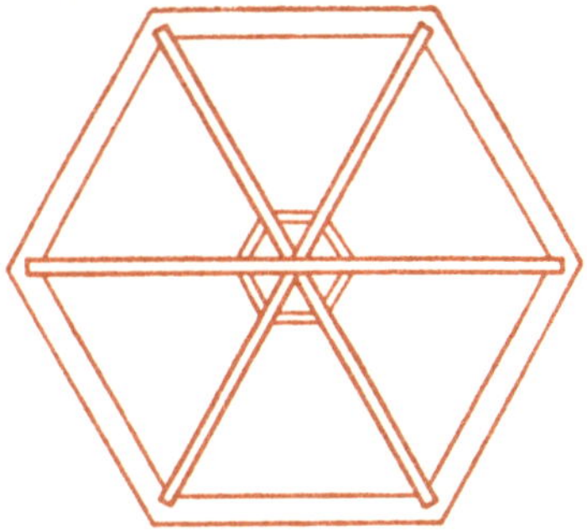
enrayure

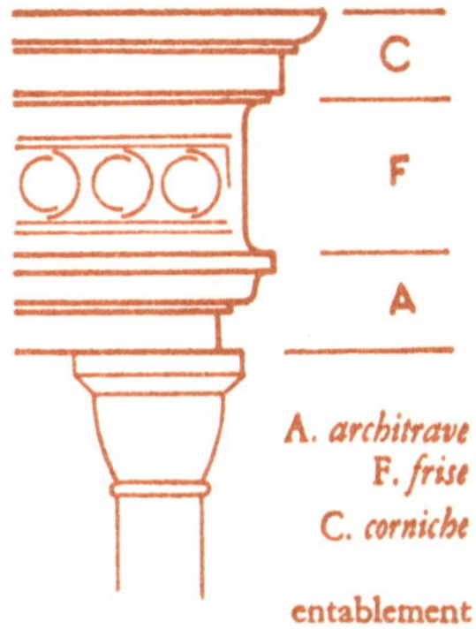

entablement

double et quelquefois triple insérés les uns dans les autres par encastrement ou en manière de coins* (*fig.*).

L'objet de cette disposition est de renforcer la solidité dans toutes les parties de l'arc; elle est utilisée aussi pour la décoration (églises romanes d'Auvergne).

énigme n.f. (*gr.* αινιγμα). Pensée énoncée sous une forme peu claire ou allégorique dont le sens reste à trouver.

∅ *All.* Rätsel, *angl.* riddle, *esp.* enigma, *ital.* enimma.

enlevage n.m. (*dér. de* lever, *lat.* levare, *dans le sens d'*enlever). *Céramique* Procédé de décoration* des émaux* peints d'après lequel sur une première couche d'émail noir on étend une pellicule d'émail blanc. Puis on dessine sur cet émail au moyen d'une pointe, et on enlève avec une spatule les surfaces d'émail en excédent qui recouvre le fond. On obtient ainsi des *émaux en grisaille* (*v.* émail).

Procédé utilisé à partir du XVIe s.

∅ *All.* Wegschleifen, *ital.* togliere.

enluminure n.f. (*dér. de* enluminer, *lat.* illuminare). Image en couleurs illustrant les manuscrits* du Moyen Age. Ce terme devrait être utilisé de préférence à *miniature* (*v. ce mot*), qui a un sens analogue.

∅ *All.* Buchmalerei, *angl.* illumination, *esp.* iluminación, *ital.* miniatura.

enrayure n.f. (*dér. de* rai : rayon de roue, *du lat.* radius : rayon). *Archit.* Assemblage* de pièces de charpente* posées horizontalement suivant les rayons d'un cercle ou d'un polygone, qui forme la plate-forme de la charpente d'un beffroi, d'un dôme, d'un comble pyramidal ou sphérique (*fig.*).

enroulement n.m. (*dér. de* rouler, *lat.* rotulare, *rac.* rota : roue). Ornement* présentant des types très variés, mais toujours contournés en spirale.

∅ *All.* Schnörkel, *angl.* scroll, *esp.* roleo, *ital.* spira ravvolgimento.

enseigne n.f. (*lat.* insignia, *rac.* signum : signe).

1) *Enseignes militaires* : aigles des légions romaines.

∅ *All.* Feldzeichen, *angl.* ensign, *esp.* insignia, *ital.* insegna.

2) *Enseignes de pèlerinage* : signes distinctifs en étoffe, en plomb, en orfèvrerie cousus par les pèlerins* à leur chapeau (*pl.* 81), elles jouaient le rôle d'emblème* ou de souvenir; elles portaient les attributs des saints dont le pèlerin allait vénérer les reliques* (coquilles de Saint-Jacques-de-Compostelle).

∅ *All.* Pilgerzeichen, *angl.* pilgrim's badge, *ital.* insegna da pellegrino.

3) *Enseignes de boutique* : ce sont tantôt des bas-reliefs* englobés dans une façade, ou des peintures* ou des plaques de métal découpées suspendues à une potence* de fer.

∅ *All.* Aushängeschild, *angl.* sign board, *esp.* muestra, *ital.* insegna.

ensemble n.m. (*lat.* insimul, *renforcement de* simul : ensemble). *Archit.* Terme employé pour indiquer la masse d'un bâtiment, d'un travail, d'une décoration, etc. *Ex.* L'ensemble de ce monument est remarquable.

entablé adj. *Voir* feuilles (entablées).

entablement n.m. (*rac. lat.* tabula : planche). *Archit.* Couronnement d'une ordonnance d'architecture. Il se compose de trois parties : a) l'architrave*, partie inférieure; b) la frise*, partie intermédiaire; c) la corniche*, partie supérieure. L'*entablement* n'est donc pas synonyme de *corniche* (*fig.*). ‖ Couronnement en saillie* d'une façade servant à soutenir la charpente*.

∅ *All.* Gebälk, *angl.* entablature, *esp.* entablamento, *ital.* cornicione.

entaille n.f. (*dér. de* tailler, *bas-lat.* taliare, *rac. probable* talea : bouture). Évidement pratiqué dans un objet quelconque. En charpenterie*, on fait des *entailles* dans des pièces de bois* pour y loger des assemblages*, des étriers*, des corbeaux*, etc.

∅ *All.* Kerbe, Schnitt, *angl.* notch, *esp.* muesca, *ital.* intaccatura.

entailleur n.m. *Voir* taille.

« **entasis** » (*gr.* εντασις : renflement). *Archit.* Ce mot grec sert à désigner le renflement du fût* d'une colonne.

∅ *All.* Säulenschwellung, *angl.* entasis, *esp.*

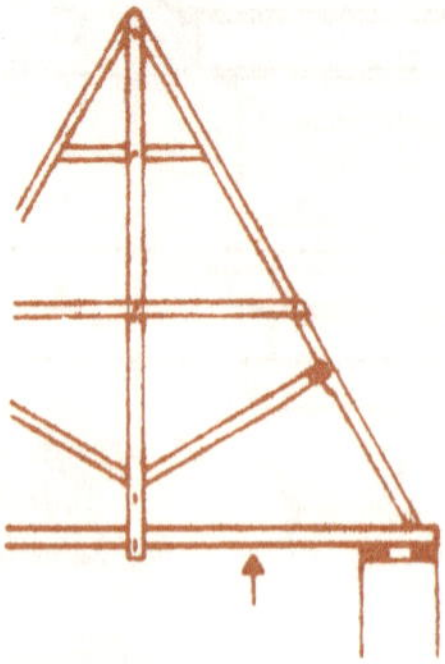

entrait

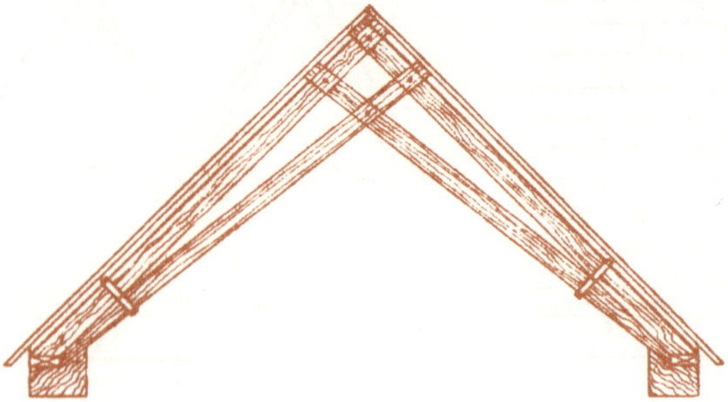

entrait retroussé

éntasis, *ital.* rigonfiamento.

entrait n.m. (*de l'anc. franç.* traire : tirer). *Archit.* Pièce de bois* horizontale faisant partie d'une ferme* dans la charpente d'un comble*. Elle sert à relier les arbalétriers* par leur pied, à maintenir leur écartement et à recevoir le poinçon*. On appelle l'*entrait* aussi *tirant* (*fig., v.* ferme). Dans les grandes fermes, il y a parfois deux entraits l'un au-dessus de l'autre, le second s'appelle alors le *faux* ou le *petit entrait*. Parfois l'entrait réunit non le pied mais le milieu des arbalétriers; dans ce cas le pied des arbalétriers est réuni par un autre entrait, ou tirant. En beaucoup d'églises* et de bâtiments monastiques ou civils, on trouve des voûtes* de bois dont les entraits sont apparents, chanfreinés, et décorés de peintures. Ces entraits sont le plus souvent des tirants, reposant sur la sablière*.

ø *All.* Spannriegel, Dachbinder, Balken, *angl.* tie-beam, *esp.* tirante, *ital.* tirante.

Entrait retroussé : sorte d'entrait dédoublé, redressé vers les arbalétriers de chaque côté de la ferme, de façon à ce que les bois symétriques forment un quadrilatère rigide dans leur partie supérieure (*fig.*); il est utilisé pour des fermes légères sous lesquelles il faut beaucoup de hauteur. Pour supporter de lourdes charges, celles-ci ont besoin d'être moisées* et réconfortées par des bois courbes.

entre-colonnement n.m. (*dér. de* colonne; *v. ce mot*). *Archit.* Distance qui dans une colonnade* sépare l'axe* d'une colonne* de l'axe des colonnes voisines.

La mesure qui sert d'unité pour mesurer cet intervalle dans les ordres* grecs et romains est le rayon du fût de la colonne à son extrémité inférieure. Cette mesure s'appelle *module*.

ø *All.* Säulenzwischenweite, *angl.* intercolumnation, *esp.* intercolumnio, *ital.* intercolonnio.

entrée n.f. (*dér. de* entrer, *lat.* intrare, *rac.* inter : entre). *Archit.* Endroit par lequel on pénètre dans une clôture, un édifice, un lieu quelconque.

ø *All.* Eingang, *angl.* entrance, *esp.* entrada, *ital.* entrata.

entrelacs n.m. (*rac. lat.* laqueus : lacet). Ornement* formé de lignes courbes qui se croisent en se recouvrant, comme les passes d'un lacet sur lui-même. Se rencontre fréquemment pendant l'époque romane (*fig., pl.* 82).

ø *All.* Geflechtsornamentik, Verschlingung, *angl.* fretwork, *esp.* lacería, *ital.* intrecci.

entretien n.m. (*dér. de* entretenir : tenir ensemble, *lat.* tenere). *Archit.* Travaux destinés à maintenir un édifice en bon état.

ø *All.* Erhaltung, *angl.* upkeep, *esp. et ital.* mantenimiento.

entretoise n.f. (*rac. lat.* tendere : tendre). *Archit.* Pièce de bois ou de fer de quelque nature que ce soit, qui relie deux autres pièces et maintient leur écartement.

ø *All.* Querholz, *angl.* strut, *esp.* virotillo, *ital.* calastrello.

entrevous n.m. *Archit.* Espace compris entre deux solives* du plafond* de bois. Lorsque les solives, comme souvent au Moyen Age, restent apparentes, l'*entrevous* est apparent et peut être plat ou cintré, il est très souvent peint ou décoré (*fig.*).

entrevoûter v.tr. *Archit.* Garnir de plâtre* les entrevous*.

enture n.f. *Voir* assemblage.

épannelage n.m. (*dér. d'*épanneler). *Archit.* C'est la taille préparatoire d'une moulure* ou d'un ornement*.

Il existe aussi des épannelages définitifs : ceux des chapiteaux, par exemple, dont la corbeille a été intentionnellement laissée vierge de toute sculpture, pour tirer de cette forme nue un effet d'ascétisme monumental.

Jusqu'au XVIe s., chaque pierre* était posée toute ravalée et même sculptée; aussi les édifices ne risquaient-ils jamais de rester épannelés, comme cela est arrivé souvent depuis.

ø *All.* erste Behauung, *angl.* roughing out, *esp.* desbaste, *ital.* disgrossamento.

épanneler v.tr. (*orig. douteuse*). *Archit. et sculpt.* Dégrossir* un bloc de pierre* en commençant à tracer la forme d'un ornement, d'un profil.

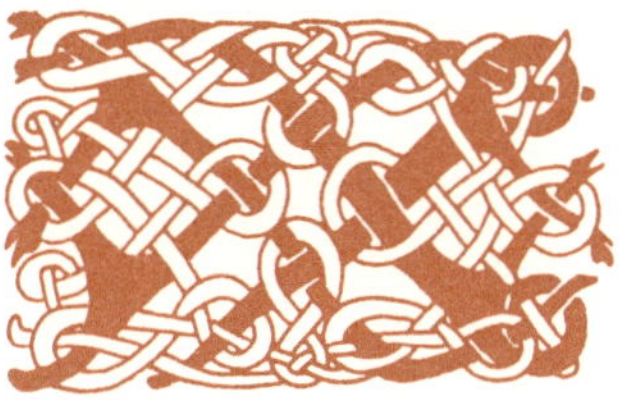

entrelacs

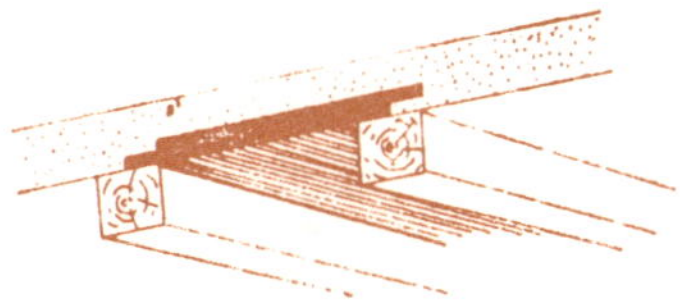

entrevous

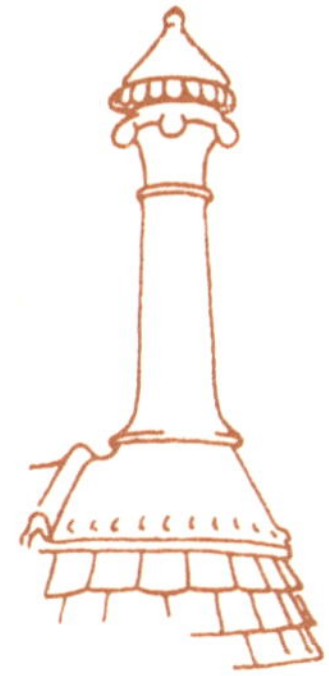

épi de faîtage

∅ *All.* abschroten, *angl.* to rough out, *esp.* desbastar, *ital.* sgrossare.

épargne (taille d'). *Voir* émail.

épaufrer v.tr. (*orig. obsc.*). *Archit.* Synonyme d'*écorner*. Écraser les arêtes* d'un bloc de pierre par accident ou négligence soit avant, soit pendant la pose* (*v.* arête).

∅ *All.* bestoßen, *angl.* to splinter, *esp.* astillar, *ital.* scantonare.

épaufrure n.f. (*dér. d'*épaufrer). *Archit.* Éclat de pierre* enlevé d'une arête* par un coup de masse* irrégulier.

∅ *All.* abgesprengtes Stück, *angl.* bruise, splinter, *esp.* astilla, *ital.* scheggia.

épauler v.tr. (*dér. de* épaule, *du lat.* spathula, *dim. de* spatha : épée large *d'où* omoplate *et* épaule). *Archit.* Amortir une poussée* dans la construction par une maçonnerie* massive. N'est pas synonyme de *contre-buter* qui veut dire *neutraliser*.

∅ *All.* stützen, *angl.* to back, *esp.* apoyar, *ital.* sostenere.

épée n.f. (*lat.* spatha : large épée à deux tranchants). Arme* portée au côté, faite d'une lame d'acier le plus souvent à deux tranchants, pointue, emmanchée dans une poignée munie d'une garde. Arme par excellence de vaillance et de noblesse.

Blas. L'épée était une des cinq pièces dites de « grand honneur » (*v.* pièces).

∅ *All.* Degen, *angl.* sword, *esp.* espada, *ital.* spada.

Épée à deux tranchants :

∅ *All.* zweischneidiges Schwert, *angl.* two edged sword, *esp.* espada de dos filos, *ital.* spada a due tagli.

éperon n.m. (*du francique* sporo : éperon). 1) Tige métallique possédant à une extrémité soit une pointe acérée, soit un disque contenant une petite roue dentée (molette), et à l'autre extrémité deux branches terminées par des yeux ou des boucles; cette tige s'attache au talon pour aiguillonner le cheval.

∅ *All.* Sporn, *angl.* spur, *esp.* espuela, *ital.* sprone.

Jusqu'à la fin du XIIIe s. l'*éperon* est à pointe unique.

∅ *All.* Stachelsporn, *angl.* prickspur, *esp.* espuela de punta, *ital.* sprone a punta.

Les éperons dorés sont un insigne des chevaliers. On les quittait pour rendre foi et hommage et pour entrer dans le chœur* d'une église (*v.* pièces).

2) *Archit.* Massif* d'architecture appelé aussi *avant-bec* s'avançant en pointe en amont d'une pile* de pont et servant à briser le courant (*v.* bec). ‖ *Par anal.* Renfort de maçonnerie angulaire, en plan, formant saillie sur la surface cylindrique extérieure des tours* de défense, pour éloigner l'assaillant. On les nomme aussi *bec* (*v. ce mot*).

épi n.m. (*lat.* spica : pointe). *Archit.* 1) Assemblage* de charpente, monté en forme d'épi de blé, disposé en travers d'un cours d'eau. Assemblage de chevrons* et de liens autour d'un poinçon* au sommet d'une tourelle.

∅ *All.* Ähre, *angl.* ear, *esp.* espiga, *ital.* spiga.

2) Ornement* en forme de pointe (épi de blé) placé au Moyen Age au sommet des toitures* pour orner les faîtages*, appelé aussi *heuse* (*v.* toit) ou *épi de faîtage* (*fig.*).

∅ *All.* Giebelähre, *angl.* finial, *esp.* espiga de techo, *ital.* comignolo.

3) *Appareil en épi* : c'est l'*opus spicatum* des Romains (*v.* appareil).

épigraphe n.m. (*du gr.* επι : sur *et* γραφειν : écrire). *Archit.* Inscription gravée sur un édifice pour en rappeler la date. Il est plus court qu'une inscription normale et contient souvent des allusions, des raccourcis pleins de sens et d'esprit.

∅ *All.* Inschrift, motto, *angl.* epigraph, motto, *esp.* epígrafe, *ital.* iscrizione.

épigraphie n.f. (*dér. d'*épigraphe). Science des inscriptions et épigraphes*, leur étude, leur interprétation, leur déchiffrement, etc.

∅ *All.* Inschriftenkunde, *angl.* epigraphy, *esp.* epigrafía, *ital.* epigrafia.

épine n.f. (*lat. spina*). *Archit.* Rang de colonnes* partageant une nef* en deux vaisseaux.

∅ *All.* Säulenreihe, *angl.* central line of pillars,

esp. fila central de columnas, *ital.* sfilata di colonne.

Épiphanie n.f. (*gr* επι : sur *et* φανειν : apparaître). Manifestation de l'Enfant Jésus aux Rois Mages guidés par l'étoile.

∅ *All.* Fest der Erscheinung des Herrn, Dreikönigsfest, *angl.* Twelfth Night, *esp.* Dia de Reyes, Epifanía, *ital.* Epifania.

épiscopat n.m. *Voir* évêque.

épistyle n.m. (*gr.* επι : sur *et* στυλος : colonne). *Archit.* Synonyme grec d'*architrave*. Poutre* horizontale posée sur les chapiteaux* des colonnes* pour les relier entre eux et servir de support au couronnement d'un édifice. C'est une partie de l'entablement (*v. ce mot*).

∅ *All.* Epistyl, *angl.* epistyle, *esp.* arquitrabe, *ital.* epistilio.

épitaphe n.f. (*gr.* επι : sur *et* ταφος : tombeau). *Archit.* Inscription funéraire.

∅ *All.* Grabinschrift, *angl.* epitaph, *esp.* epitafio, *ital.* epitaffio.

épître n.f. (*gr.* επιστολη). *Liturgie* Passage de l'Écriture ordinairement tiré des épîtres des Apôtres qui se lit ou se chante avant l'évangile. ‖ *Côté de l'épître* : partie de l'autel* qui est à la droite du célébrant lorsqu'il fait face au centre de l'autel. Le côté de l'évangile est à sa gauche.

∅ *All.* Epistelseite, *angl.* Epistle side, *esp.* lado de la Epístola, *ital.* lato dell'Epistola.

époque n.f. Période historique donnée ‖ *Être d'époque* : se dit familièrement d'un objet dont on a la preuve qu'il a été exécuté à une époque donnée.

épure n.f. (*préf.* es *et* pur : mise au net d'un plan). *Archit.* Dessin géométrique et industriel réalisé à une échelle déterminée représentant le plan*, la coupe*, les détails d'une construction avec les cotes précisant les dimensions. C'est d'après l'*épure* que les corps* de métier exécuteront chacun leur partie.

∅ *All.* Musterriß, Bauriß, *angl.* working drawing, *esp.* plano de un edificio, *ital.* pianta.

équarrir v.tr. (*du lat.* exquadrare : rendre carré). *Archit.* Tailler, retrancher d'un bois* en grume* ou d'un bloc de pierre* ce qu'il faut pour lui donner une forme carrée.

∅ *All.* viereckig bearbeiten, *angl.* to square, *esp.* escuadrar, *ital.* squadrare.

équerre n.f. (*dér. d'*équarrir). 1) Instrument de bois ou de métal servant à tracer des angles* droits.

∅ *All.* Winkelmaß, *angl.* square, *esp.* escuadra, *ital.* squadra.

L'équerre à dessiner est une planchette taillée en forme de triangle et percée d'une ouverture circulaire appelée *œil*. L'équerre de tailleur de pierres et une équerre évidée de grande dimension, formée de deux branches perpendiculaires l'une à l'autre dont les côtés intérieurs servent à vérifier la taille* des pierres. L'équerre d'arpenteur est un appareil de visées qui sert à tracer sur le terrain à l'aide de jalons des lignes droites et des perpendiculaires. ‖ 2) En termes de charpente*, une équerre est une pièce de fer plat faite de deux branches perpendiculaires l'une à l'autre et servant à consolider un assemblage* en bois. ‖ 3) Être placé *d'équerre* ou *en retour d'équerre* en parlant d'un élément d'une construction*, signifie « à angle droit ».

∅ *All.* rechtwinklig, *angl.* at right angles, *esp.* a escuadre, *ital.* voltata di squadra.

équilibre n.m. (*du lat.* aequus : égal, *et* libra : balance). Au figuré, on dit qu'une construction*, une décoration* sont bien *en équilibre,* ou bien *équilibrées,* quand leur ensemble présente d'heureuses proportions.

∅ *All.* Gleichgewicht, *angl.* balance, poise, *esp.* equilibrio, *ital.* bilico, equilibrio.

équipage n.m. (*dér. d'*équiper : pourvoir une embarcation du nécessaire; *rac. germ.* skip : bateau). *Archit.* Tout ce qui sert à la construction* et au transport des matériaux* d'un édifice.

∅ *All.* Gerät, *angl.* equipment, *esp.* equipaje, *ital.* equipaggio.

ériger v.tr. (*lat.* erigere : dresser). *Archit.* Élever une construction*, un édifice.

∅ *All.* errichten, *angl.* to erect, *esp.* erigir, *ital.* erigere.

ermite n.m. (*rac. gr.* ερημος : désert). Solitaire

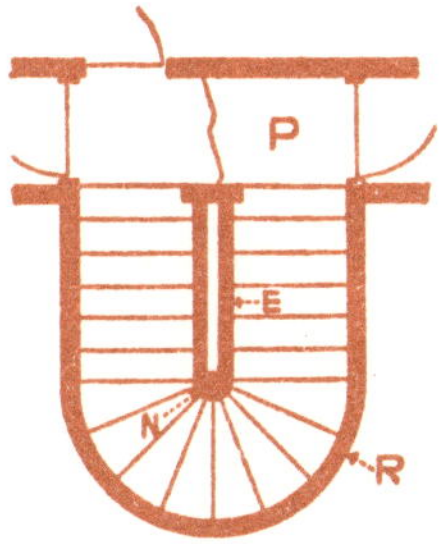

E. mur d'échiffre R. révolution N. noyau
P. palier

escalier (cage d') (*en plan*)

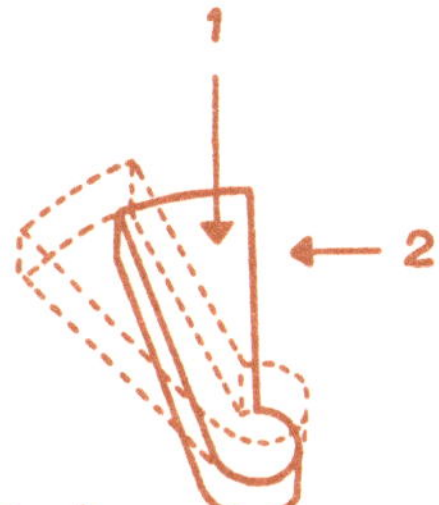

1. *giron*
2. *contremarche*

escalier (marche d')

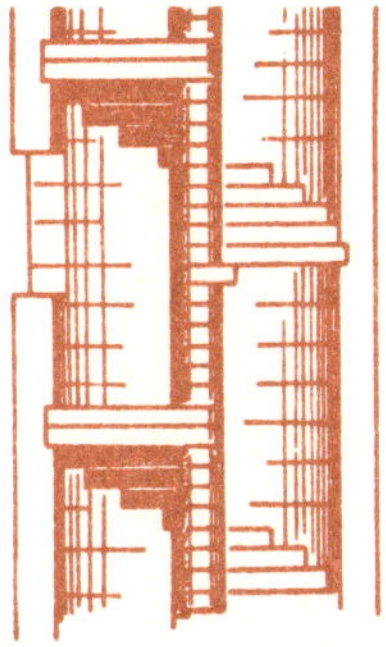

escalier à vis (cage d')

ou religieux isolé vivant au désert.

∅ *All.* Einsiedler, *angl.* hermit, *esp.* ermitaño, *ital.* eremita.

escabeau n.m. (*lat.* scabellum). 1) Siège bas ne comportant ni dossier ni bras.

∅ *All.* Schemel, *angl.* stool, *esp.* escabel, *ital.* sgabello.

2) Petit banc pour les pieds.

∅ *All.* Fußbank, *angl.* footstool, *esp.* escabel, *ital.* posapiedi.

escalier n.m. (*du lat.* scala : échelle). *Archit.* Assemblage* de marches* ou de degrés* servant à mettre en communication les différents étages d'un édifice par un accès permanent et aisé. Il est généralement en bois* ou en pierre*.

Il se compose d'éléments invariables se prêtant à des combinaisons très variées. L'emplacement se nomme la *cage* (*fig.*). Le mur formant limon* et portant la rampe* se nomme *mur d'échiffre*; dans les escaliers tournants il est remplacé par un *noyau*. Dans le mur d'échiffre ou le noyau sont engagées les *marches** dont la tablette de dessus se nomme *giron* et la face verticale *contremarche* (*fig.*).

Dans un escalier tournant, on appelle *révolution* chaque série de marches ininterrompue allant d'un étage à l'autre. Les parties de plain* pied se nomment *paliers*.

∅ *All.* Treppe, *angl.* stairs, *esp.* escalera, *ital.* scala.

Il existe plusieurs types d'*escaliers* :

– suivant leur emplacement, ils sont intérieurs (« *dans œuvre* ») ou extérieurs (« *hors œuvre* ») :

∅ *All.* Freitreppe, *angl.* outer staircase, *esp.* escalera al descubierto, *ital.* scala esterna.

– suivant leur plan, les escaliers sont *droits* ou *tournants*. Au Moyen Age, la plupart des escaliers sont tournants, appelés aussi escaliers *à vis* ou *en spirale* ou *en colimaçon*, et logés parfois dans des tourelles* hors œuvre (*fig.*).

∅ *All.* Wendeltreppe, Schneckentreppe, *angl.* cork screw staircase, spiral stairs, *esp.* escalera de caracol, *ital.* scala a chiocciola.

Viollet-le-Duc fait observer que les architectes du Moyen Age n'ont jamais vu dans un escalier qu'un appendice indispensable à un édifice composé de plusieurs étages, appendice devant être placé de la manière la plus commode pour les services, comme on place une échelle le long d'un bâtiment en construction là où le besoin s'en fait sentir.

Escalier dérobé : escalier dissimulé par lequel on peut secrètement s'en aller.

∅ *All.* Geheimtreppe, *angl.* hidden staircase, *esp.* escalera secreta, *ital.* scala secreta.

Escalier en fer à cheval : escalier formé de deux branches droites parallèles réunies par une partie courbe, ou franchement en forme de fer à cheval.

∅ *All.* Hufeisentreppe, *angl.* horsehoe stairs, *esp.* escalera de herradura, *ital.* scala a ferro di cavallo.

escargot (en) n.m. (*du provençal mod.* escaragol). *Archit.* Se dit d'un escalier en spirale ou en colimaçon (*v.* escalier).

escarpe n.f. (*rac. germ.* skrepa : talus). *Archit. milit.* Talus* de terre* ou de maçonnerie* surmontant le fossé* au-dessus duquel se dresse le rempart, du côté de la place (*v. pl.* 8).

∅ *All.* innere Böschung eines Grabens, *angl.* scarp, *esp.* escarpa, *ital.* scarpa.

eschatologie n.f. (*gr.* εσχατος : dernier *et* λογος : doctrine). Science des fins dernières de l'homme; de ce qui doit lui arriver après sa vie terrestre et la fin des temps annoncée par les Saintes Écritures.

∅ *All.* die Lehre von den letzten Dingen, *angl.* eschatology, *esp.* escatología, *ital.* escatología.

esconce n.f. (*lat.* abscondere : cacher). Lanterne sourde, chandelle protégée contre le vent, utilisée jusqu'au XVIᵉ s., notamment dans les monastères* pour l'office de nuit.

espagnolette n.f. Genre de fermeture de fenêtre usitée jadis en Espagne (*v.* crémone).

∅ *All.* Spagnoletteverschluß, *angl.* espagnolette, *esp.* falleba, *ital.* spagnoletta.

espérance n.f. Une des trois vertus théologales. Attribut : un drapeau. Au contraire le Désespoir se passe une épée à travers le corps.

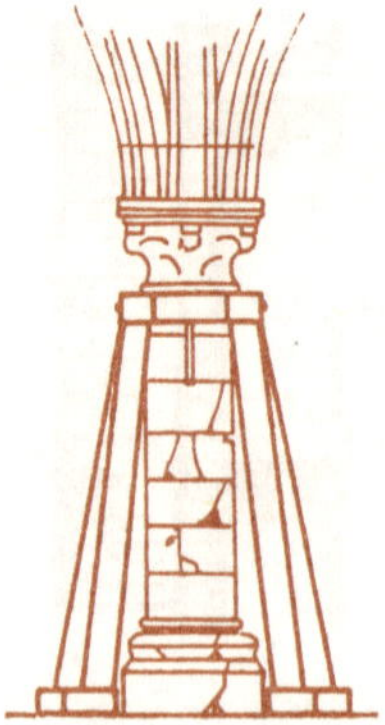

étais

esquisse n.f. (*ital.* schizzo). *Archit.* Étude première dessinée à grands traits, d'un projet d'architecture. Elle indique la position relative des éléments de la construction*. Les peintres, les graveurs, les sculpteurs font aussi des *esquisses.*

Elle diffère de l'*ébauche* en ce qu'elle est distincte du dessin ou du projet lui-même, tandis que l'ébauche est l'œuvre elle-même au stade primitif de son exécution.

∅ *All.* Entwurf, *angl.* sketch, *esp.* bosquejo, *ital.* schizzo.

essaules n.f. (*dér. de* ais, *rac. lat.* axis : planche). Petites planchettes de bois courtes en forme d'écailles ou bardeaux fixés sur les voliges* pour servir de couverture*.

∅ *All.* Schindeln, *angl.* shingles, *ital.* assicelle incurvate.

esselier n.m. *Voir* aisselier.

essentes n.f. (*anc. franç.* aissentes, *dér. de* ais, *rac. lat.* axis : planche). *Archit.* Petites planchettes de bois en forme d'ardoises* qui, fixées sur les poutres* extérieures des maisons en pans* de bois, protégeaient ces poutres contre la pluie.

estampage n.m. (*du francique* stampôn : piler, broyer). 1) Procédé par lequel on obtient en creux ou en relief l'empreinte d'un modèle sculpté ou gravé. C'est un procédé mécanique utilisant la presse à estamper.

∅ *All.* Stanzung, *angl.* stamping, *esp.* estampado, *ital.* stampatura.

2) Empreinte d'une inscription ou d'un bas-relief prise au moyen d'une feuille de papier humide.

∅ *All.* Stempelung, *angl.* rubbing, *esp.* estampado, *ital.* stampatura.

estoffage n.m. (*de* estoffer, *du germ.* stopfen : rembourrer). Mot du vieux français désignant au Moyen Age la peinture des statues, des bas-reliefs (*v.* polychromie).

estrade n.f. (*du lat.* strata, *ellipse de* via strata lapide : voie couverte en dalles). Plancher* élevé au-dessus du sol ou d'un autre plancher. Dans ce dernier cas il sert à recevoir un lit, un trône.

∅ *All.* Bühne, Podest, *angl.* platform, *esp.* estrado, *ital.* palco.

étage n.m. (*rac. lat.* staticum, *de* stare : se tenir). *Archit.* Espace compris entre deux planchers*, où l'on peut se tenir debout.

C'est aussi l'ensemble de pièces situées sur un même niveau dans un bâtiment.

∅ *All.* Stock, Geschoß, *angl.* story, floor, *esp.* piso, planta, *ital.* piano.

Étage clair : étage des fenêtres* hautes d'une nef* d'église.

∅ *All.* Oberlichtgaden, *angl.* clerestory, *ital.* chiaropiano.

étai n.m. (*du néerl.* staeye (stehen) : se tenir debout). *Archit.* Forte pièce de bois* servant à soutenir provisoirement une construction (un mur par exemple) prête à s'effondrer (*fig.*). L'*étai* est souvent oblique.

∅ *All.* Stützbalken, *angl.* prop, stay, *esp.* puntal, *ital.* puntello.

étançon n.m. (*dér. d'*étance, *rac. lat.* stare : se tenir). *Archit.* Pièce de bois* posée verticalement sous une construction pour arrêter un écrasement. L'*étançon,* généralement court, ne fait que résister dans le sens vertical.

∅ *All.* Stütze, *angl.* prop, stanchion, *esp.* puntal, *ital.* puntello.

étançonnement n.m. (*dér. d'*étançon). *Archit.* Action de poser* des étançons* ‖ Ensemble des étançons posés.

∅ *All.* Stützen, *angl.* propping, *esp.* apuntalamiento, *ital.* puntellamento.

étayer v.tr. (*dér. de* étai). *Archit.* Poser* des étais*.

∅ *All.* unterbauen, unterstützen, *angl.* to prop up, *esp.* apear, apuntalar, *ital.* puntellare.

éthiopien n.m. Monstre humain à deux paires d'yeux superposées (*v.* monstre).

étimasie n.f. (*du gr.* ετοιμησις : préparation). Préparation du trône du Christ au Jugement dernier. Thème fréquent dans l'iconographie byzantine.

∅ *All.* Thronbereitung, *angl.* hetimasia, the empty throne, *esp.* etimasia, *ital.* etimasia.

étoile n.f. (*lat.* stella). *Archit.* Se dit d'ornements* peints, sculptés ou gravés, présentant des rayons pointus en nombre variable. *Syn.* aster.

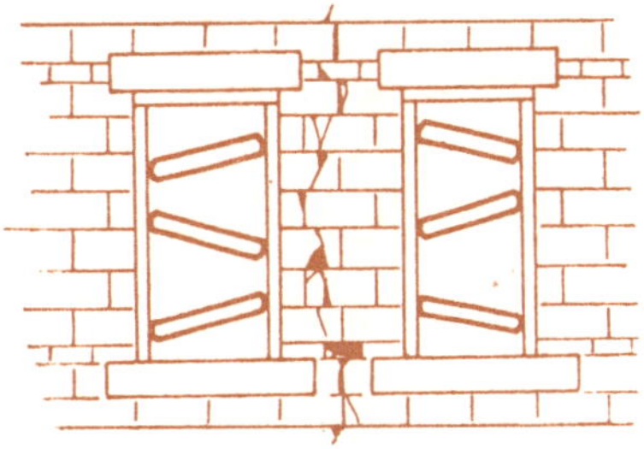

étrésillons

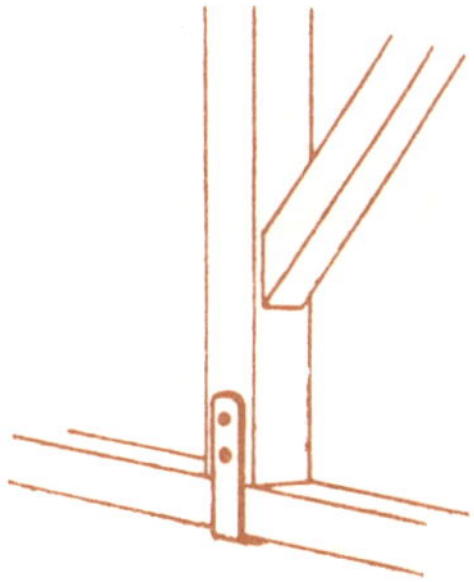

étrier

Se dit aussi d'ornements faits de sortes de fleurs rappelant des étoiles à quatre branches et juxtaposées pour former des motifs* continus.

⌀ *All.* Stern, *angl.* star, *esp.* estrella, *ital.* stella.

étole n.f. (*du gr.* στολη : longue robe). Insigne du pouvoir d'ordre*, que l'évêque, le prêtre et le diacre portent dans l'exercice de certaines fonctions liturgiques.

L'origine paraît être non tant la *stola* (longue robe blanche à manches) qu'un *sudarium* ou linge destiné à essuyer la bouche, les larmes, à l'usage des gens de qualité. On l'appelait aussi *orarium* (os, oris : visage), ce qui suggère un linge accessoire pour la face. L'*orarium* est cité à partir du début du IVe s., et ne fut remplacé par la stola qu'à l'époque carolingienne.

Stola donna *estola* et *étole*, tandis que les byzantins et grecs ont gardé *orarion.*

L'étole perdit vite sa destination pratique et devint l'insigne honorifique qu'elle est encore.

⌀ *All.* Stole, *angl.* stole, *esp.* estola, *ital.* stola.

étonnement n.m. (*du lat.* ex-tonare : ébranler comme par un coup de tonnerre). *Archit.* Ébranlement. Se dit aussi de lézardes* provoquées dans une maçonnerie* par un choc ou un ébranlement.

êtres n.m. (*du lat.* exterus : qui est à l'extérieur). *Archit.* Disposition et aspect d'ensemble d'une maison et de ses dépendances. On ne l'emploie généralement qu'au pluriel : les *êtres* comme synonyme d'*aîtres* (*v. ce mot*), avec lequel il se confond.

étrésillon n.m. (*altération de* tésillon, *dér. de* téseillier : ouvrir la bouche). Sens primitif : bâton pour maintenir la gueule ouverte. *Archit.* 1) Pièce de bois* tendue en travers d'une fouille* ou tranchée pour empêcher l'éboulement des terres. C'est un étai* horizontal. ‖ 2) Pièce de charpente* servant à soutenir des parties construites pendant leur reprise en sous-œuvre (*v.* tirant) (*fig.*). ‖ 3) Pièce de maçonnerie horizontale, bandée entre deux parois pour les soutenir, les raidir et empêcher leur dévers.

⌀ *All.* Stütze, *angl.* prop, stay, *esp.* puntal, *ital.* puntello.

étrésillonner v.tr. (*dér. d'*étrésillon). *Archit.* Poser des étrésillons*; étayer*. ‖ *Au sens large* c'est la fonction d'un dispositif architectural qui assure la stabilité d'un membre* vertical (mur, colonne, etc.).

⌀ *All.* stützen, *angl.* to prop, *esp.* apuntalar, *ital.* puntellare.

étrier n.m. (*du francique* streup : courroie). 1) Pièce de la selle* qui soutient le pied du cavalier. ‖ 2) *Archit.* Pièce de fer contournée supportant un élément de charpente* dont l'appui sur un point fixe paraissait insuffisant (*fig.*).

⌀ *All.* Steigbügel, Steigreif, *angl.* stirrup, *esp.* estribo, *ital.* staffa.

eucharistie n.f. *Voir* sacrement (saint).

eucologe n.m. (*du gr.* ευχη : prière, *et* λογιον : recueil). Livre liturgique. Dans l'Église latine : « paroissien » contenant l'office des dimanches et fêtes à l'usage des fidèles. Dans l'Église grecque : rituel des cérémonies du culte.

⌀ *All.* Kirchenagende, *angl.* euchology, *esp. et ital.* eucologio.

évangéliaire n.m. (*dér. d'*évangile). Livre liturgique, de tous le plus vénéré, contenant les évangiles de toutes les messes de l'année. La reliure* en est souvent, aux époques byzantine et romane, une œuvre d'orfèvrerie.

⌀ *All.* Evangelienbuch, *angl.* evangeliary, gospel book, *esp.* evangeliario, *ital.* evangelario.

évangéliste n.m. (*dér. d'*évangile). Chacun des écrivains sacrés qui ont rédigé un évangile*. Les quatre *évangélistes*, saint Mathieu, saint Marc, saint Luc, saint Jean, ont respectivement pour attribut, conformément à la vision d'Ézéchiel, l'homme (ou ange), le lion, le bœuf, l'aigle. Ces quatre animaux (tétramorphe), dans les fresques ou sculptures apocalyptiques, cantonnent le Christ en majesté*.

⌀ *All.* Evangelist, *angl.* Evangelist, *esp.* Evangelista, *ital.* Evangelista.

évangile n.m. (*gr.* ευαγγελιον, *de* ευ : bon *et* αγγελειν : annoncer). Livre contenant le récit de la vie et des œuvres de N.S. Jésus Christ. La

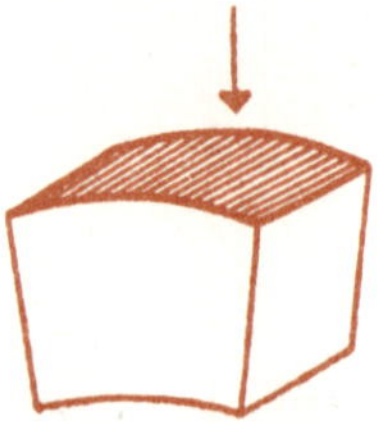

extrados de claveau

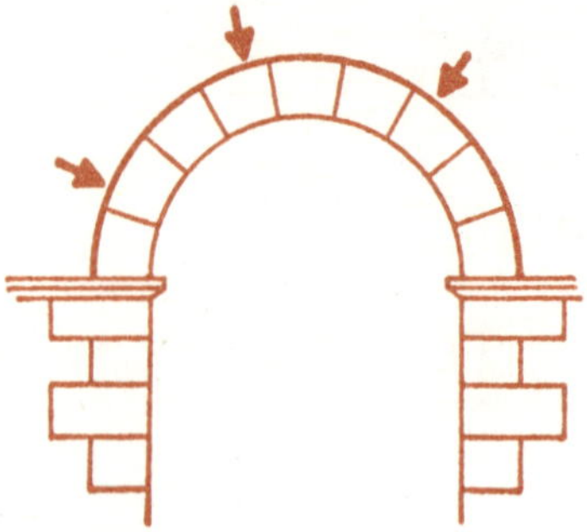

extrados d'arc

lecture s'en fait à la messe, après l'épître; avant 1965, le prêtre le lisait en se plaçant au « côté de l'évangile » (côté de l'autel à gauche du célébrant). *Voir* évangélistes.

ø *All.* Evangelium, *angl.* gospel, *esp.* evangelio, *ital.* vangelo.

éventail liturgique *Voir* flabel.

évêché n.m. 1) Territoire soumis à l'autorité d'un évêque*. ‖ 2) Ville où est le siège de l'évêque*. ‖ 3) Palais épiscopal.

évêque n.m. (*gr.* επισκοπος : gardien). Les apôtres furent les premiers *évêques.* Ils en instituèrent d'autres, et leur suite ininterrompue jusqu'à ce jour constitue la tradition apostolique. Le pouvoir de l'évêque, pouvoir ordinaire et suprême dans son diocèse, dépend de l'autorité du Pontife romain.

Les ornements distinctifs de l'évêque qu'il reçoit à son sacre sont : la crosse*, l'anneau*, la croix* pectorale et la mitre*.

ø *All.* Bischof, *angl.* bishop, *esp.* obispo, *ital.* vescovo.

évidement n.m. (*dér. de* vide, *lat.* vacuus). Échancrure pratiquée dans une pièce de bois* ou dans une pierre*.

ø *All.* Aushohlung, *angl.* hollow, *esp.* ahuecamiento, *ital.* scanalatura.

évolution n.f. (*du lat.* evolutio : action de rouler; *rac.* volvere : rouler). Changement, transformation, série de transformations.

ø *All.* Entwicklung, *angl.* evolution, *esp.* evolución, *ital.* evoluzione.

excavation n.f. (*du lat.* excavere, creuser; *rac.* cavus : creux). Creux pratiqué ou existant naturellement dans le sol.

exécuter v.tr. (*dér. de* exécuteur, *lat.* executor, *rac.* exsequi : poursuivre). Accomplir, réaliser, mettre à exécution.

ø *All.* ausführen, *angl.* to carry out, *esp.* ejecutar, *ital.* eseguire.

exèdre n.f. (*gr.* εξεδρα, *du préf.* εξ *et de* εδρα : siège). Banc semi-circulaire. Cette forme de siège en usage dans les palestres et gymnases fut adoptée dans les basiliques* chrétiennes; il en fut placé au fond de l'abside* de chaque côté du trône épiscopal.

ø *All.* Exedra, *angl.* exedra, *esp.* exedra, *ital.* esedra.

exégète n.m. (*gr.* εξηγητης, *de* εξηγειται : expliquer). Savant adonné aux commentaires, à l'explication et à l'interprétation des Livres saints.

ø *All.* Schriftausleger, Exeget, *angl.* exegete, *esp.* exegeta, *ital.* esegeta.

exemption n.f. *Droit canonique* L'évêque a pouvoir de gouvernement, du point de vue de leur appartenance à l'Église, sur tous les fidèles qui se trouvent sur le territoire de son diocèse. L'*exemption* consiste, primitivement pour quelques monastères* et actuellement pour la plupart des religieux, à être soustraits plus ou moins complètement à cette autorité, pour dépendre directement du Saint Siège.

exergue n.m. *Voir* médaille.

ø *All.* Umschrift.

exhausser v.tr. (*dér. de* hausser, *rac. lat.* altus : haut). *Archit.* Surélever une construction*.

ø *All.* erhöhen, *angl.* to raise, *esp.* levantar, *ital.* innalzare.

expression n.f. (*du lat.* expressus, *de* exprimere, *rac.* premere : presser). *Bx-arts* En art réaliste, façon dont les sentiments intérieurs s'extériorisent dans les attitudes, les traits du visage, les gestes, etc.

ø *All.* Ausdruck, *angl.* expression, *esp.* expresión, *ital.* expressione.

extrados n.m. (*composé de* extra : à l'extérieur, *et* dos, *lat.* dorsum). *Archit.* Surface convexe et extérieure d'un claveau* (*fig.*), d'un arc* (*fig.*) ou d'une voûte* dans leur forme régulière (*v. pl.* 6). C'est l'opposé de la surface intérieure appelée *intrados** (*v.* douelle).

ø *All.* Bogenrücken, Oberbogen, *angl.* extrados, *esp.* trasdos, *ital.* estradosso.

extradossé adj. On dit qu'un arc* est *extradossé* lorsque sa courbe extérieure est régulièrement taillée et concentrique à l'*intrados.*

« exsultet » (*mot latin*). Premier mot de l'introduction du cantique chanté par le diacre à la

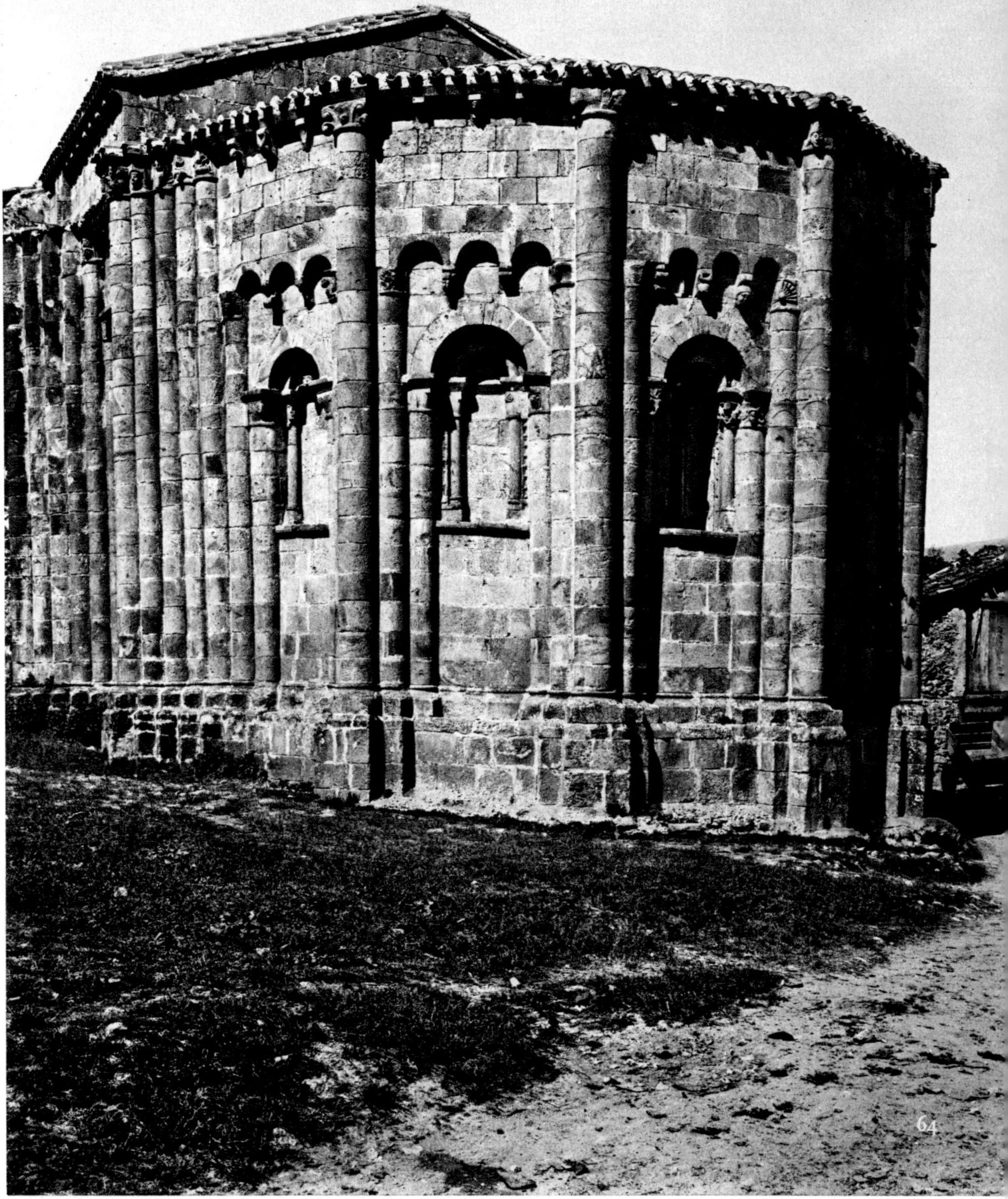

colonnes-contreforts

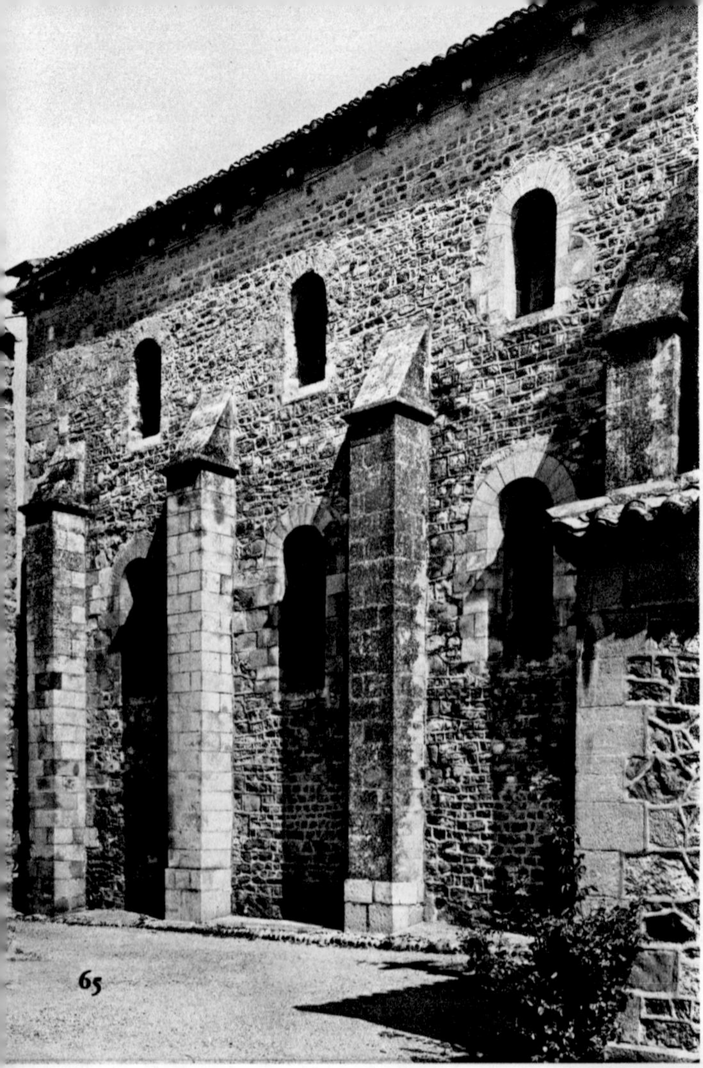

65

contrefort

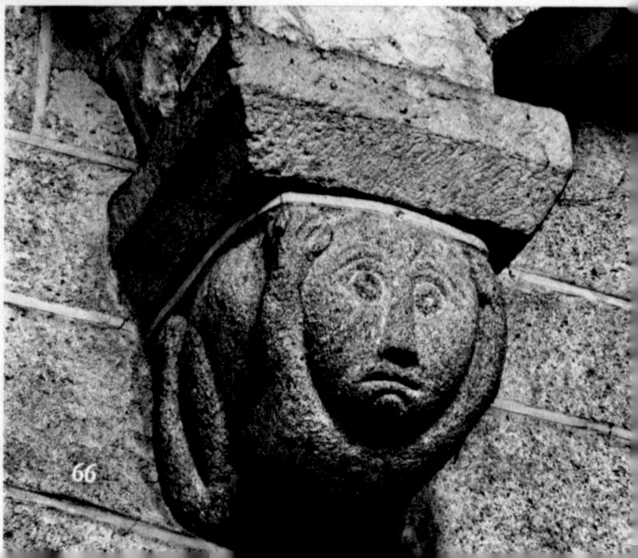

66

culot

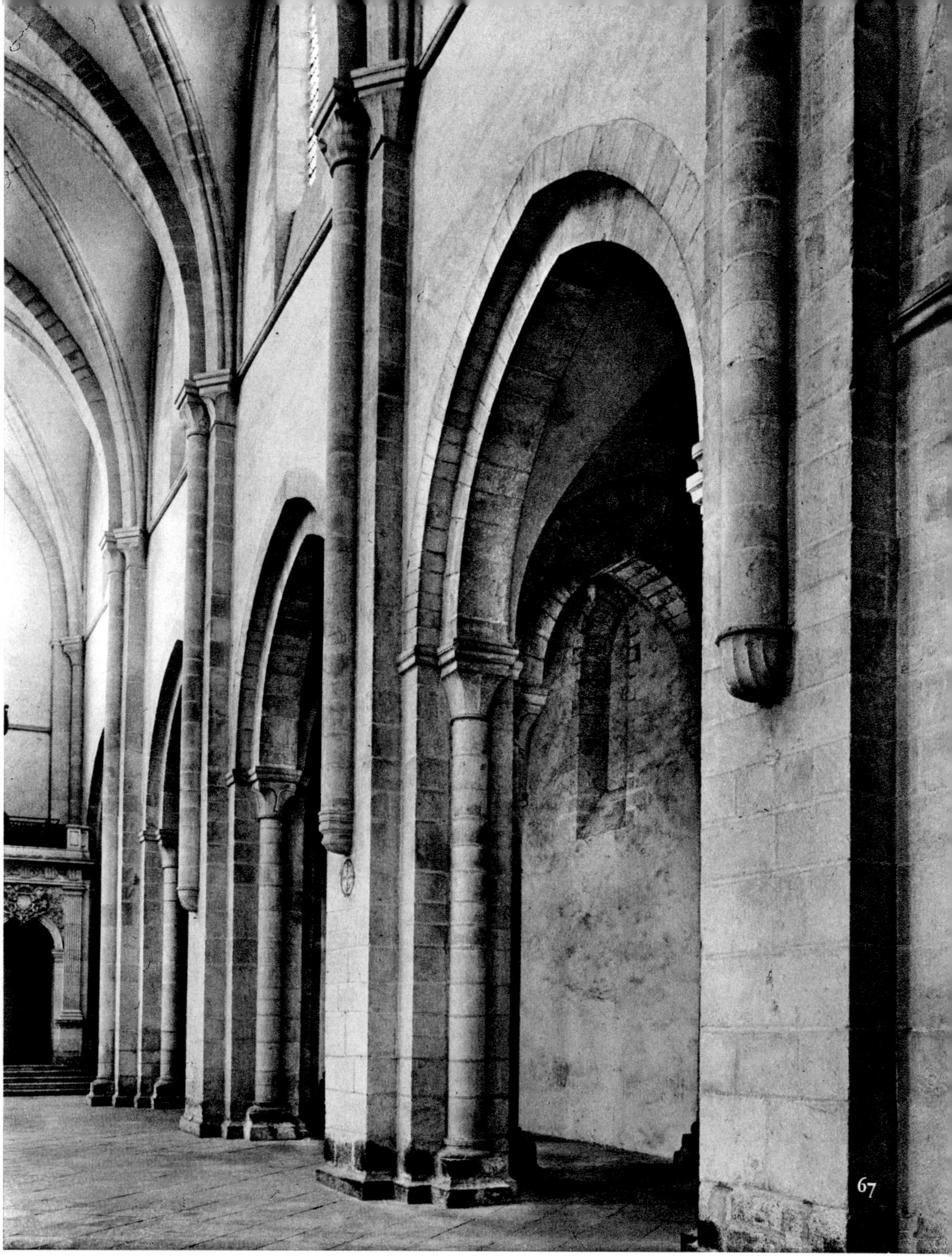

cul-de-lampe

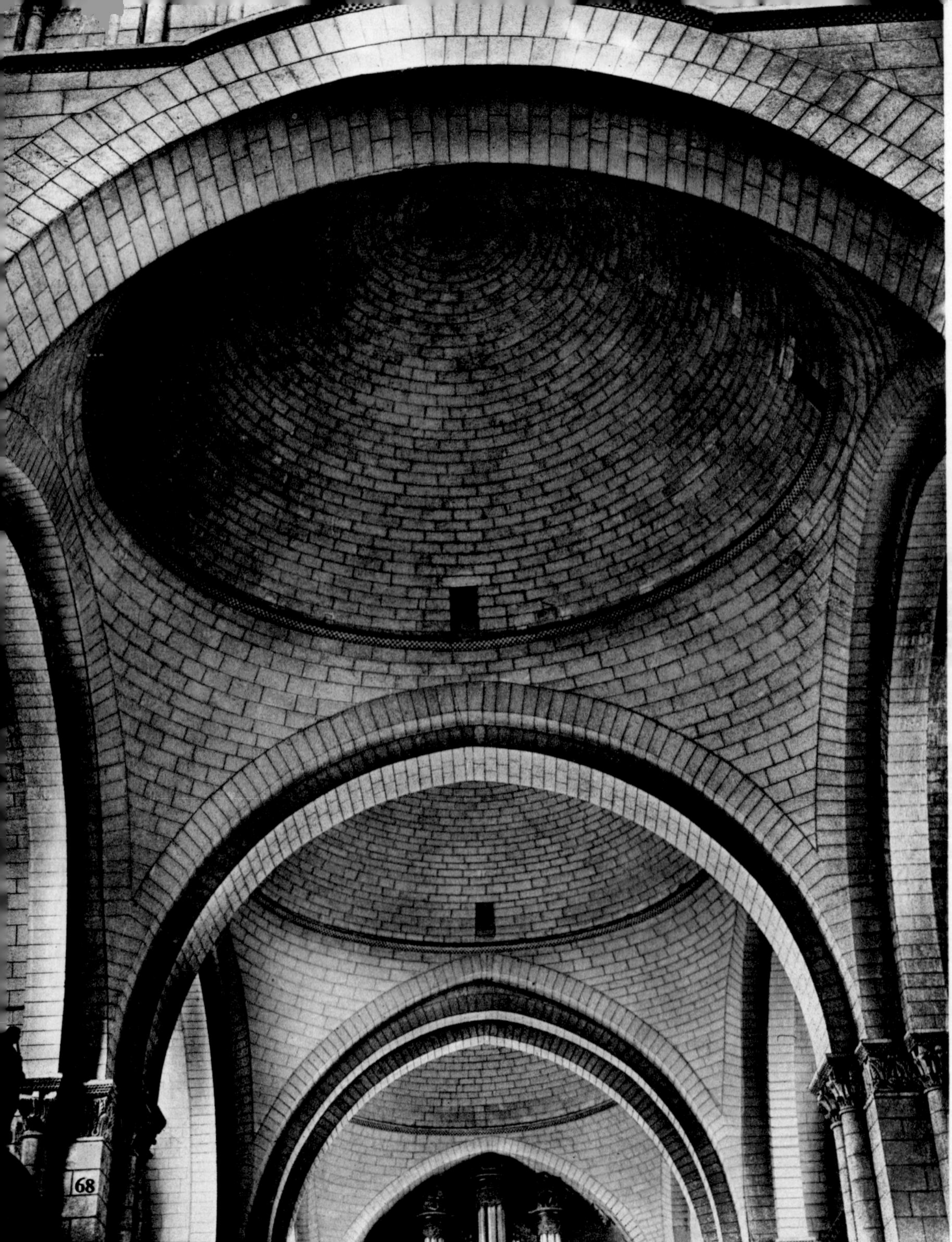

coupole sur pendentifs

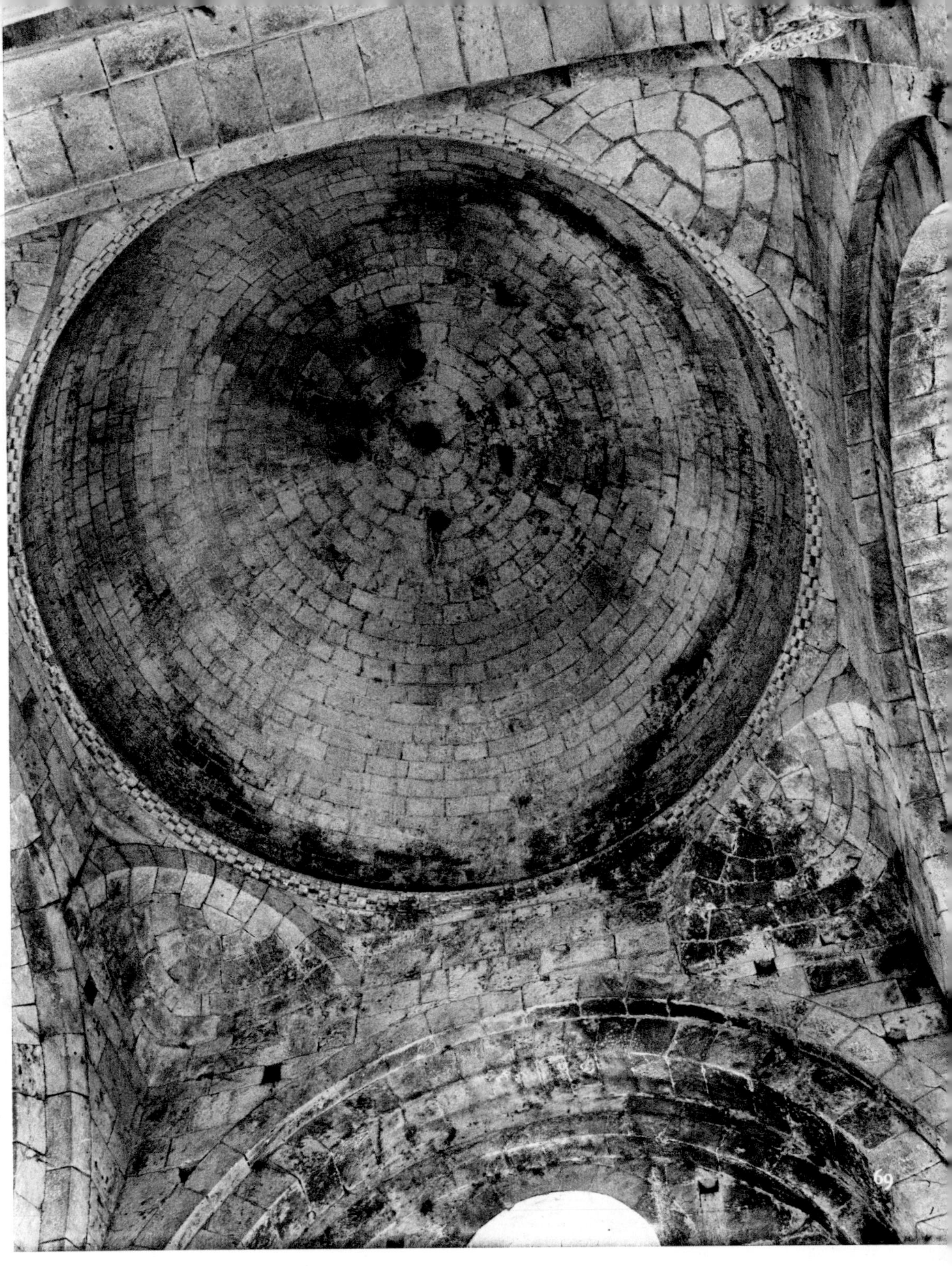

coupole sur trompes

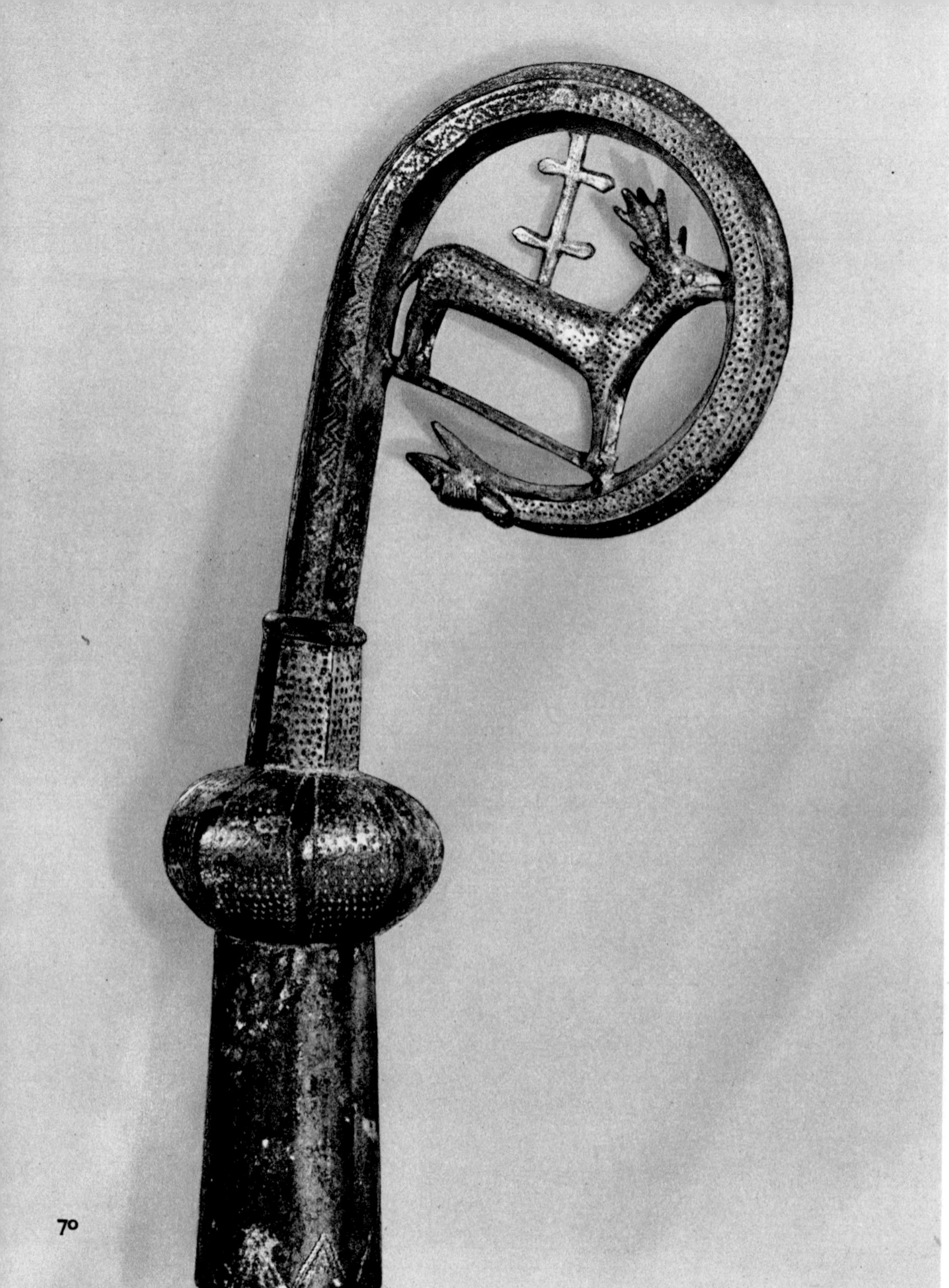

70

crosse

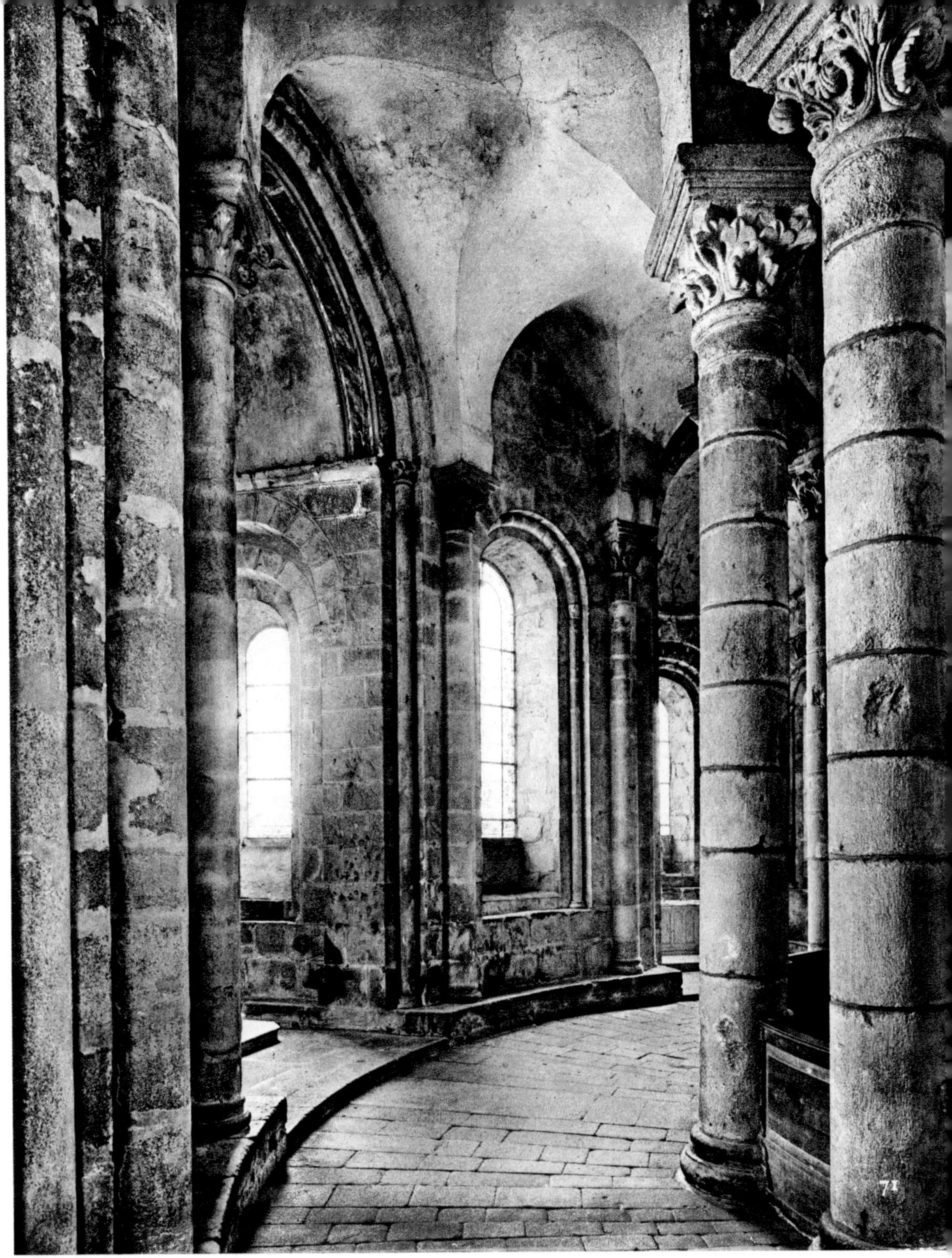

déambulatoire

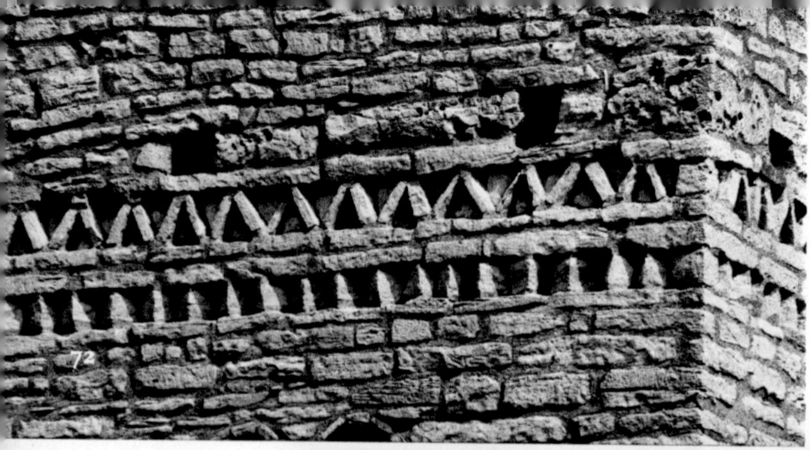
72

dents de scie et
dents d'engrenage

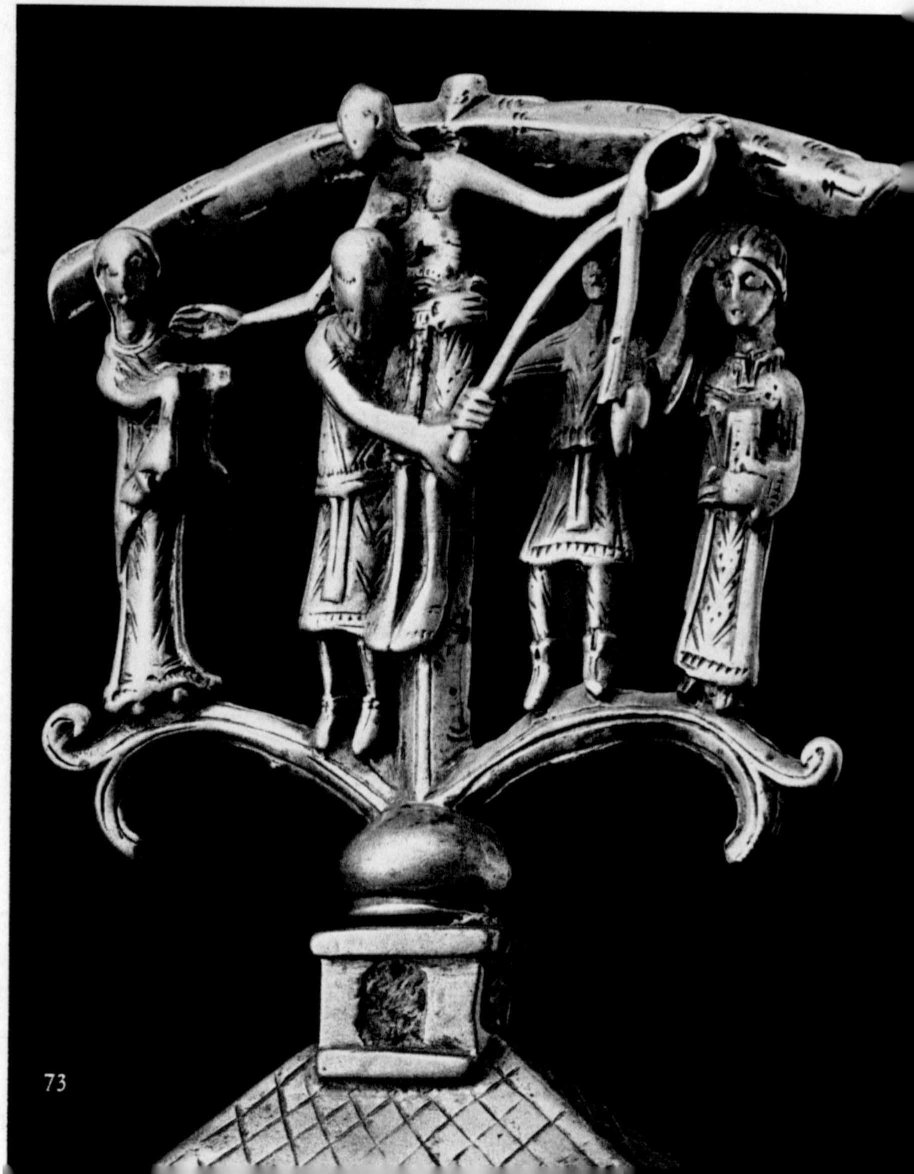
73

déposition
de croix

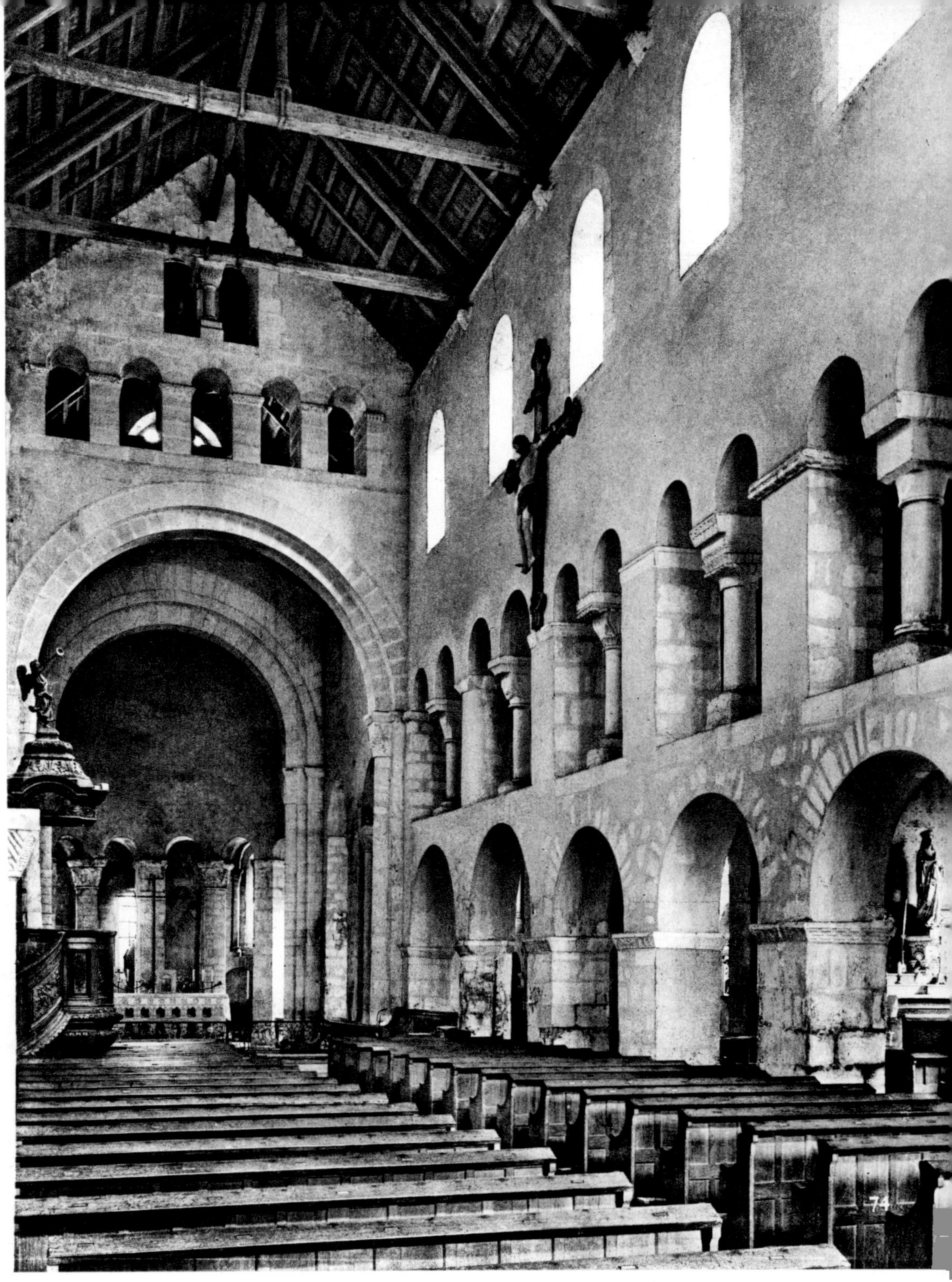

diaphragme

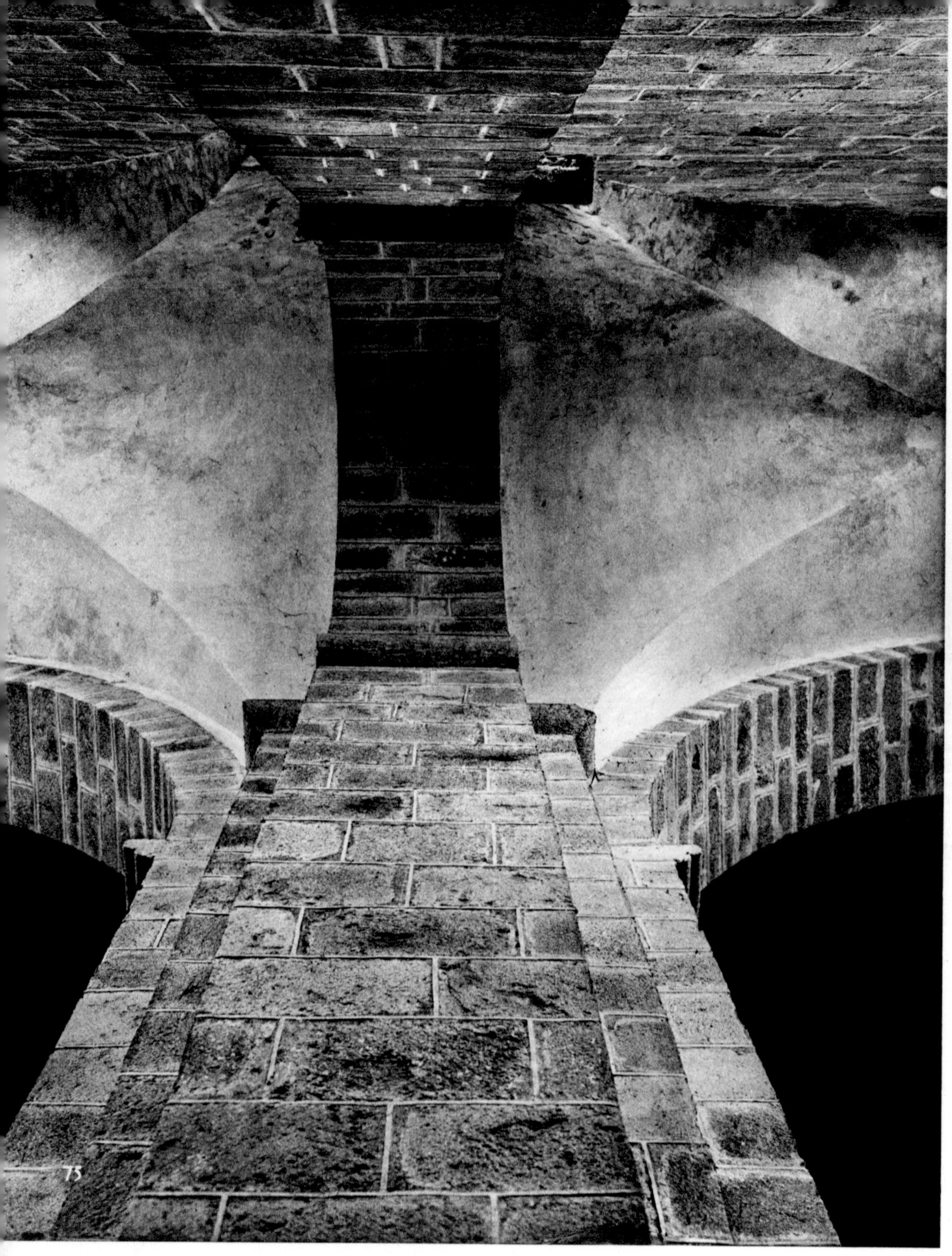

75

doubleau et dosseret

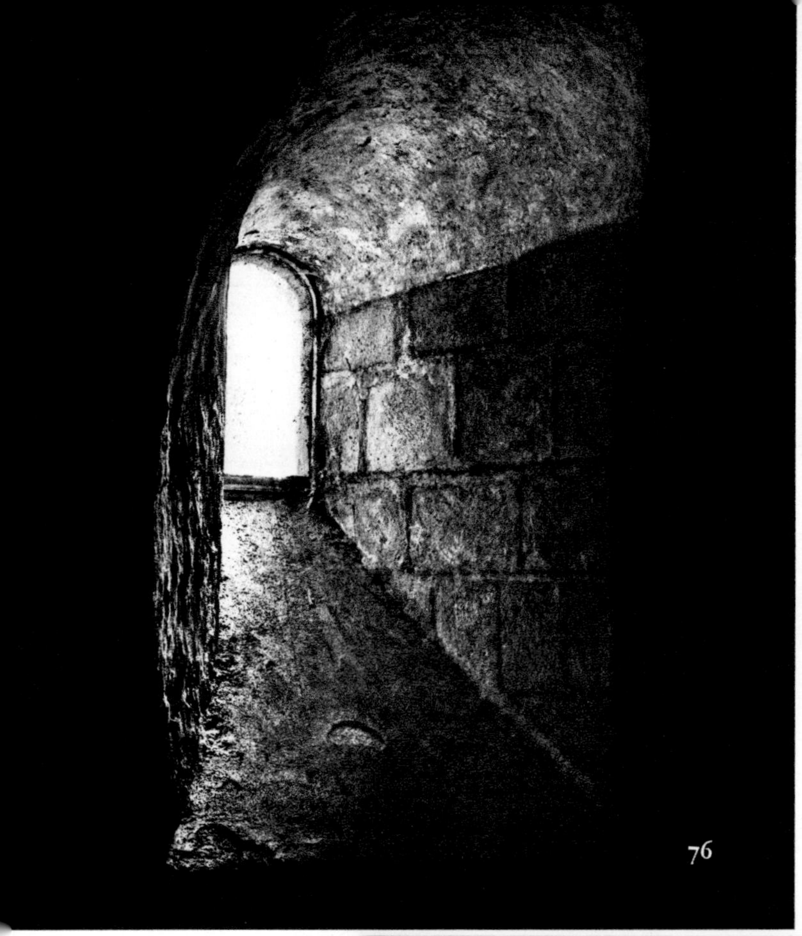

ébrasement

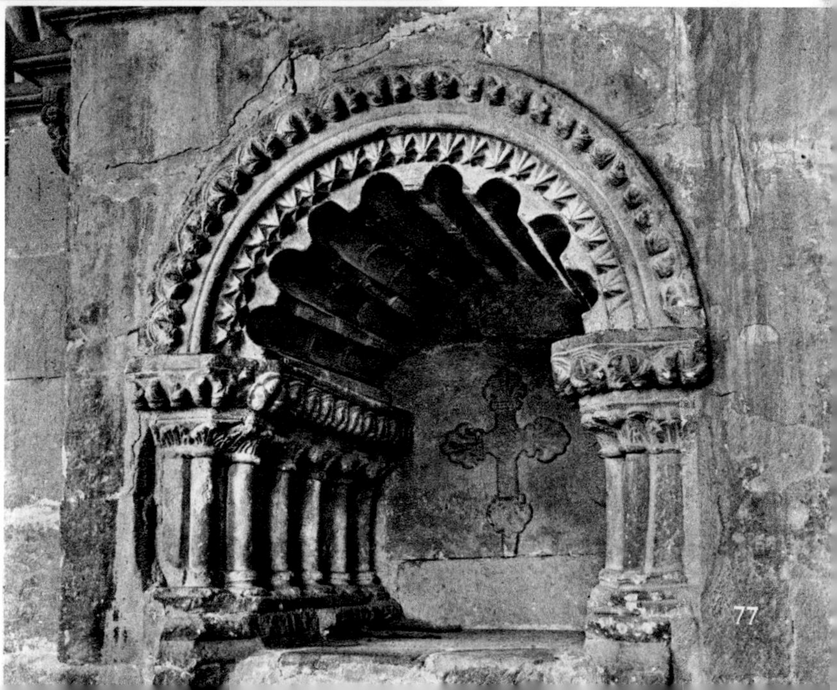

enfeu

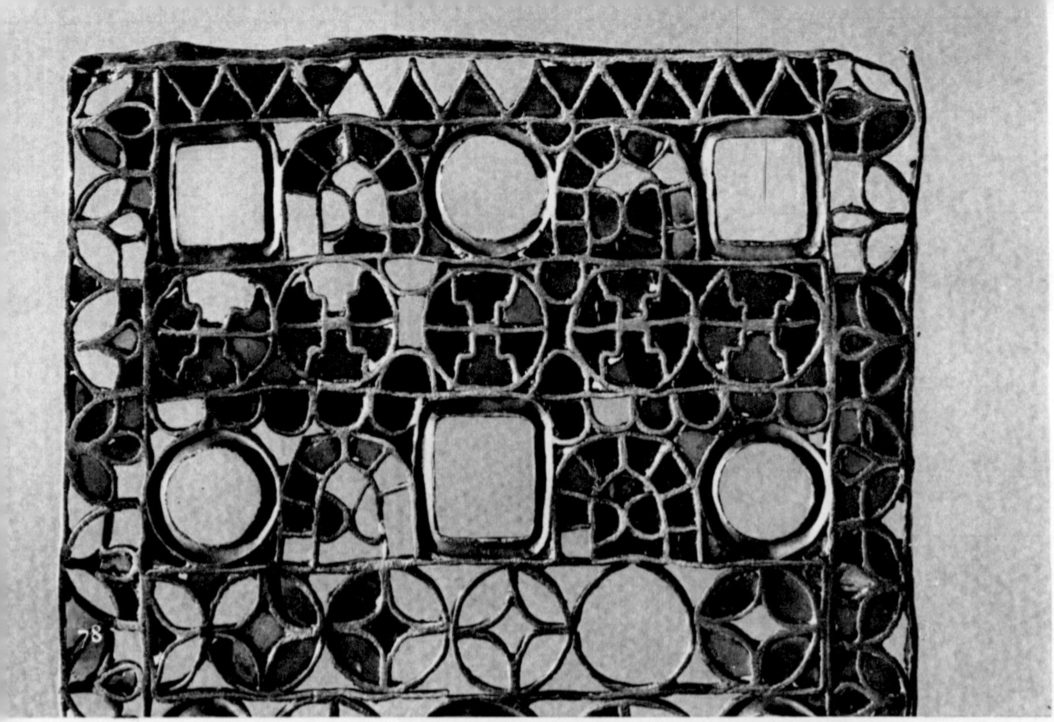

émail cloisonné

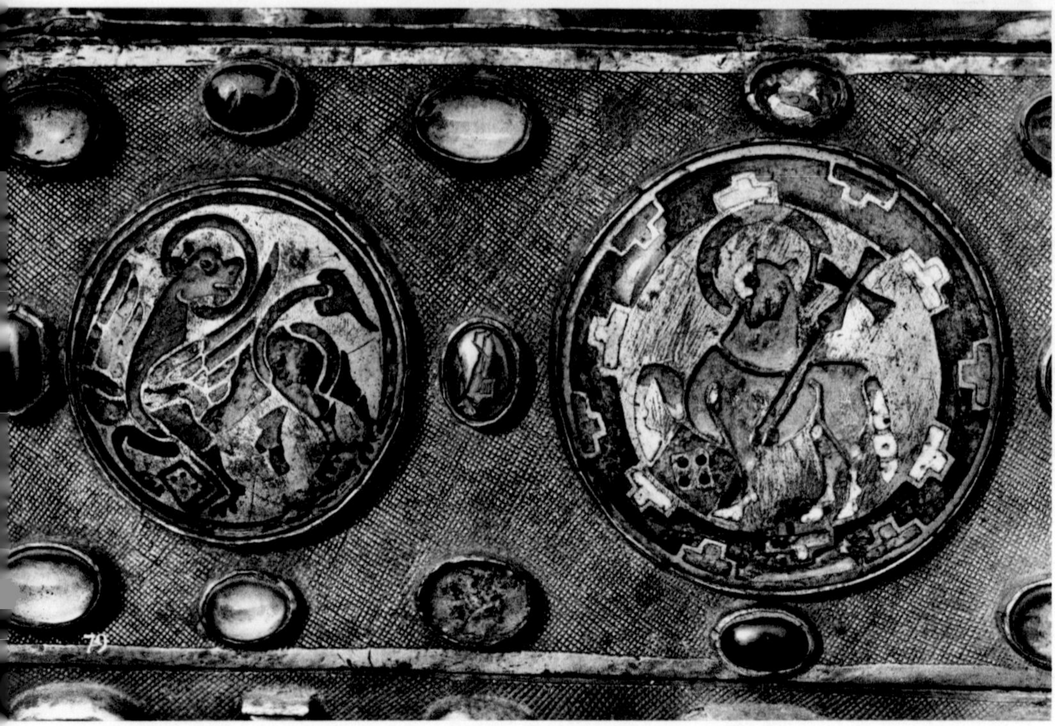

émail champlevé

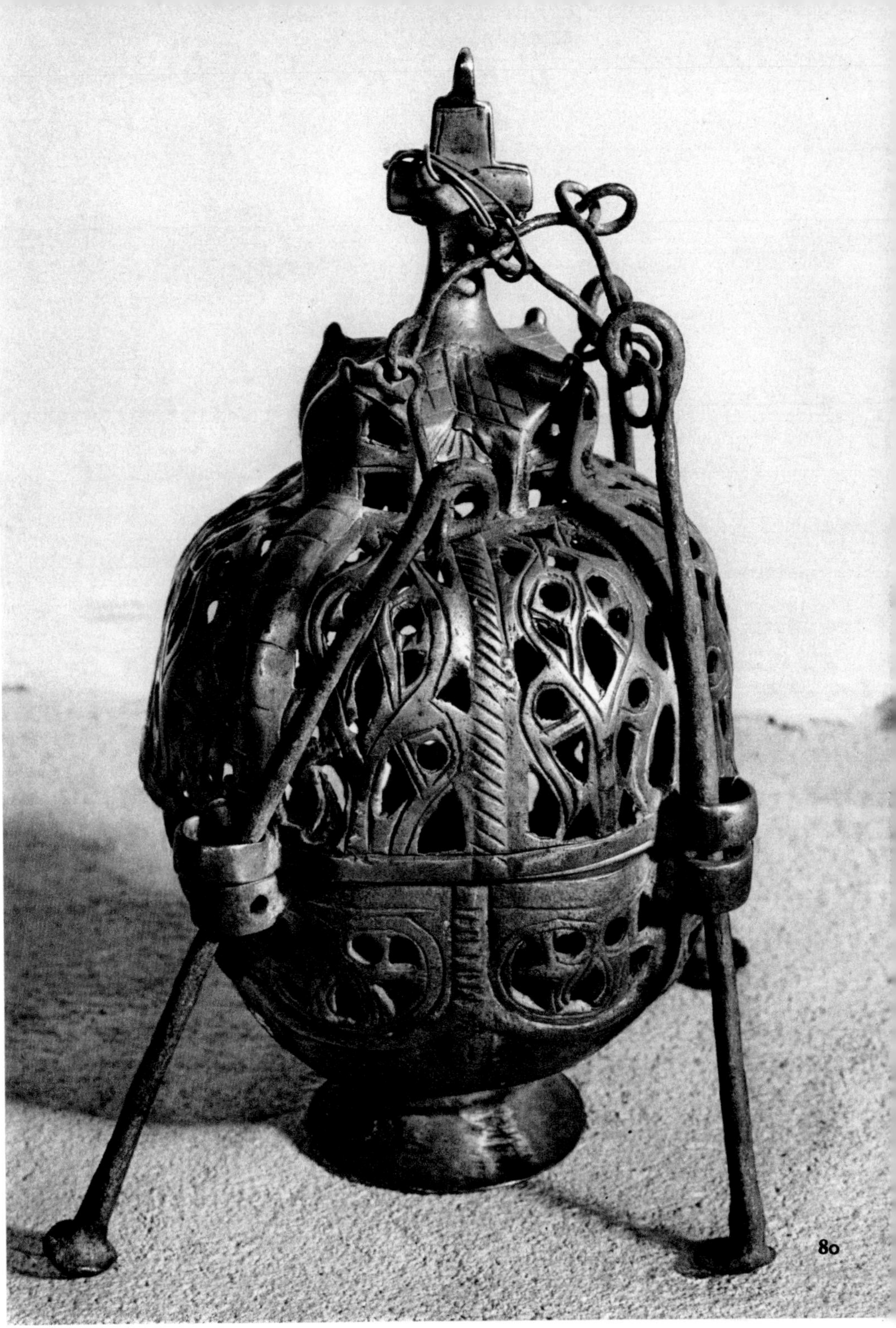

80

encensoir

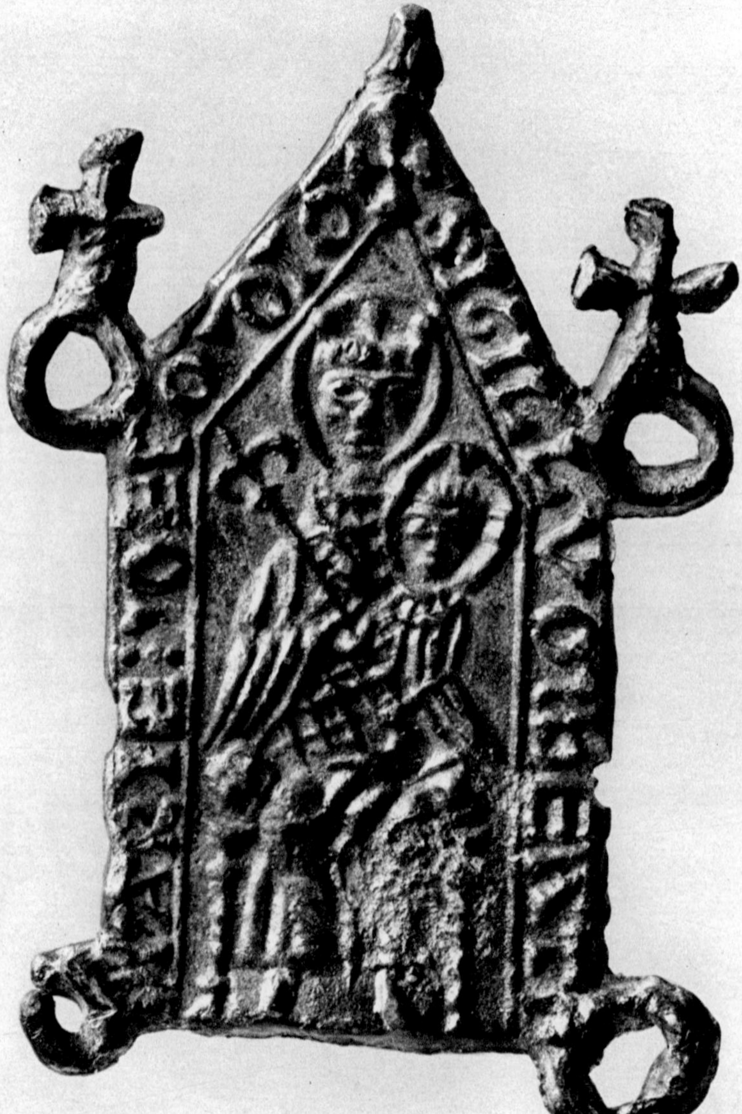

81

enseigne de pèlerinage

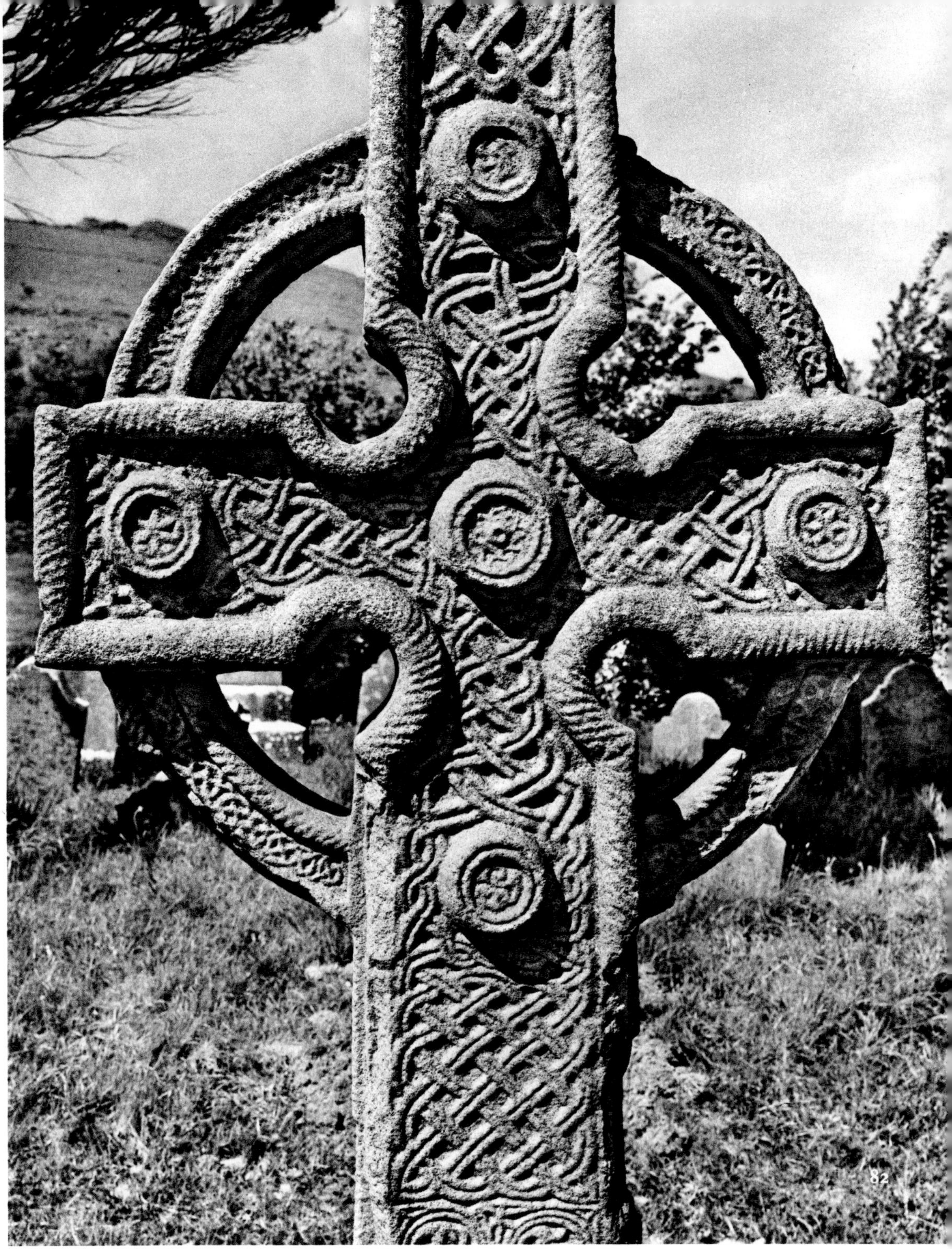

entrelacs

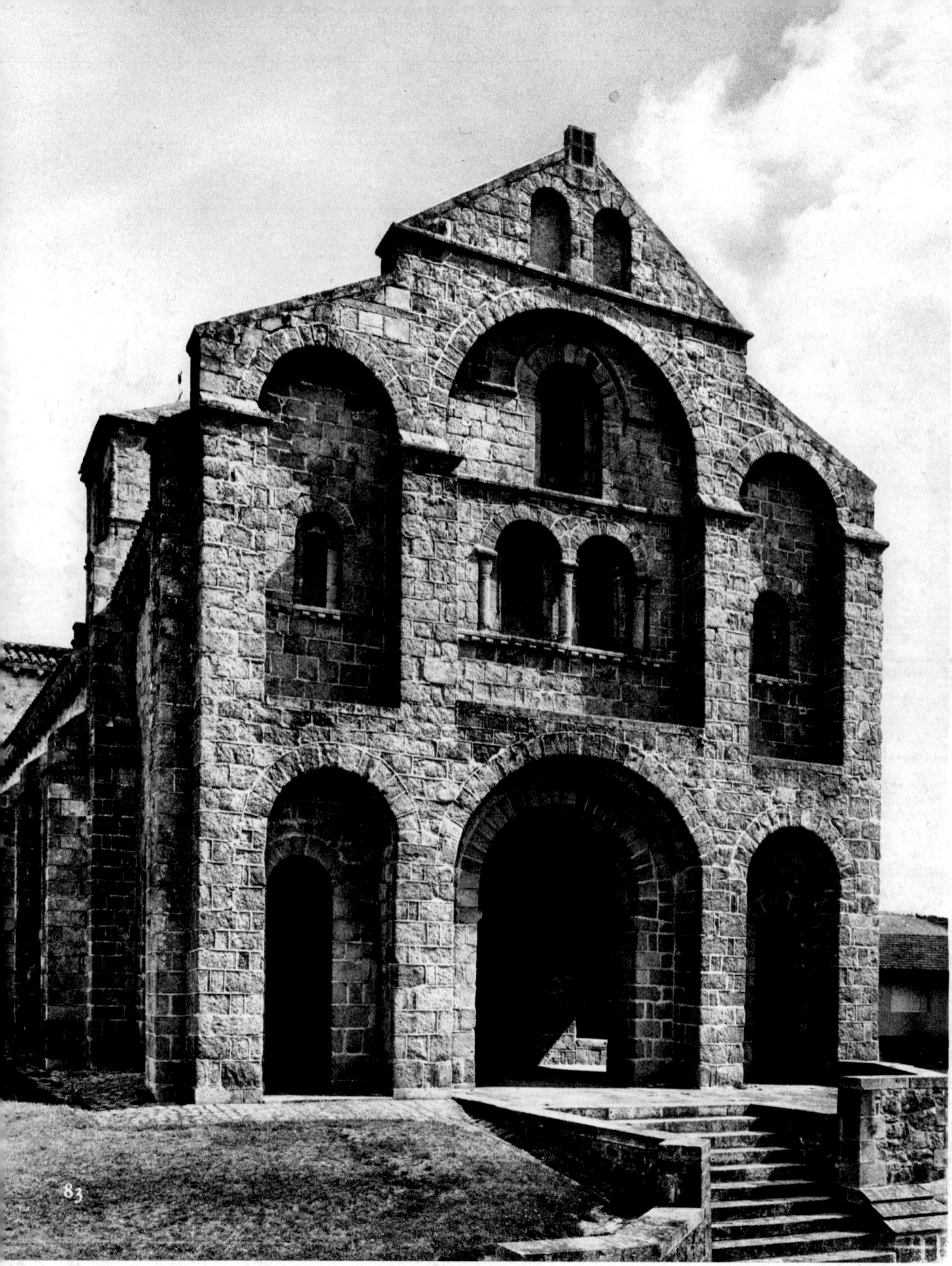

façade

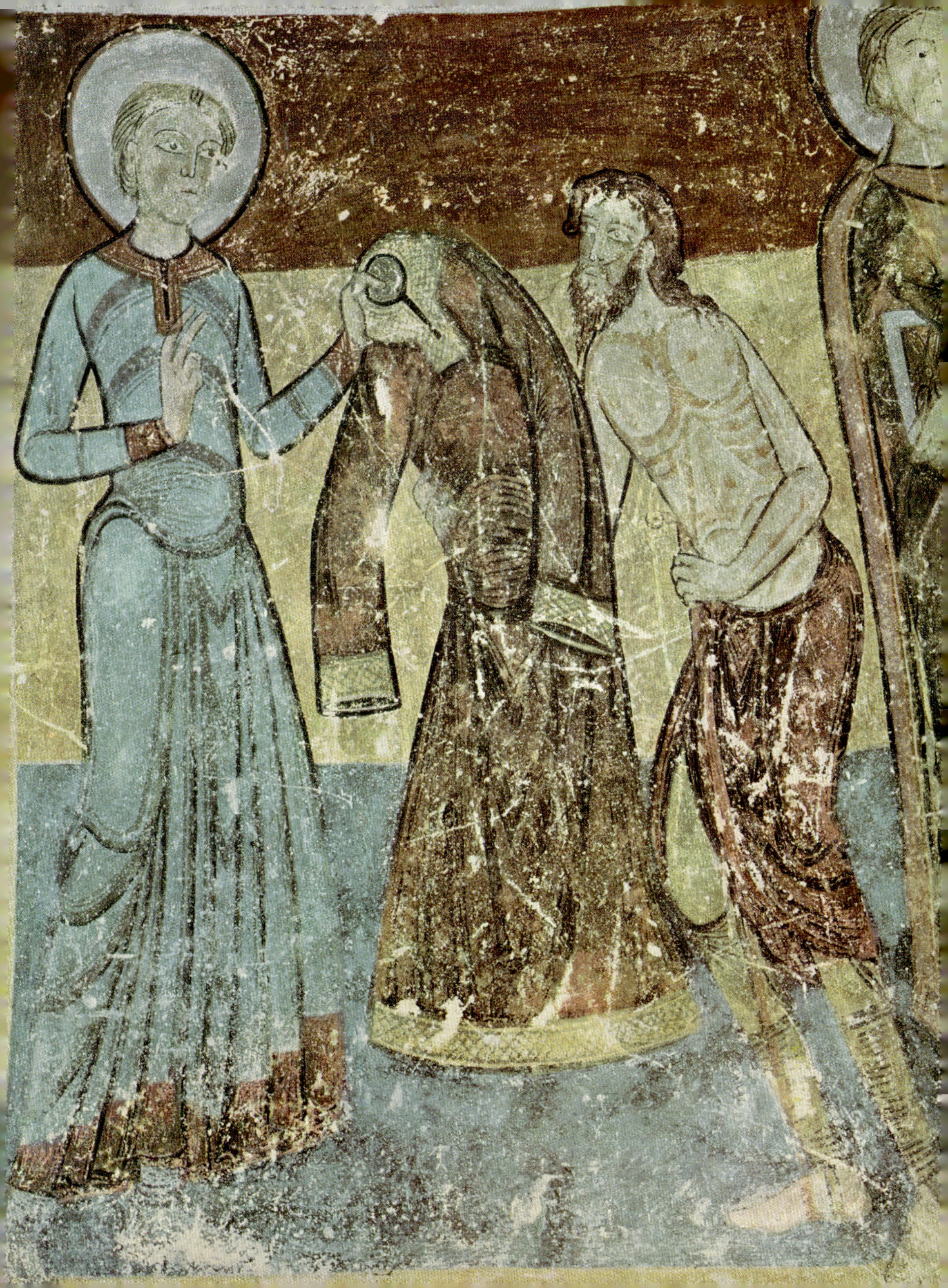

fresque

vigile de Pâques (soir du samedi-saint), qui exalte le Cierge pascal, figure du Christ ressuscité qui éclaire le monde et toute vie chrétienne.

Rouleau d'exsultet : rouleau de parchemin que le diacre déroulait du haut de l'ambon* au fur et à mesure de sa lecture. Les miniatures* qui ornaient le manuscrit étaient disposées en sens inverse du texte afin d'être vues à l'endroit par les fidèles.

ø *All.* Exultetrolle, *angl.* exultet roll, *ital.* rotolo del preconio pasquale.

ex-voto n.m. (*premiers mots de la formule* ex voto donatum : donné à la suite d'un vœu). Objet exposé dans une église* (verrières, plaques gravées, tableaux, béquilles, etc.) pour accomplir un vœu ou en souvenir reconnaissant d'une grâce obtenue.

ø *All.* Ex Voto, Votivtafel, *angl.* votive offering, *esp.* exvoto, *ital.* offerta.

F

façade n.f. (*ital.* facciata, *dér. de* faccia : face). *Archit.* On applique ce mot de nos jours à toute ordonnance d'architecture donnant sur les dehors, sur la voie publique, sur une cour, sur un jardin. Les anciens, non plus que les architectes du Moyen Age, ne savaient pas ce que c'était qu'une *façade* dressée avec la seule pensée de plaire aux passants. Les faces extérieures des monuments de l'Antiquité et du Moyen Age ne sont le plus souvent que l'expression des dispositions intérieures(*pl.*83).

Pour les églises* par exemple, les façades principales, celles qui sont opposées au chevet*, ne sont pas autre chose que la section transversale des nefs*.

En un mot, dans l'architecture du Moyen Age, la façade ne peut être séparée de l'ordonnance générale du bâtiment, elle en est la conséquence.

ø *All.* Fassade, Schauseite, *angl.* facade, *esp.* fachada, frontispicio, *ital.* facciata.

face n.f. (*lat.* facies). • *Numism. Voir* monnaie. • – (**de**) Par-devant, vis-à-vis. *Syn.* En face.

ø *All.* von vorn, in Vorderansicht, *angl.* in front, full face, *esp.* de frente, *ital.* di faccia, di fronte.

facette n.f. (*dimin. du lat.* facies : face). *Archit.* Surface plane très petite. ‖ Petit plan taillé sur une pierre* fine qui, au lieu d'avoir une seule face, comprend plusieurs petites faces sur des plans différents.

On dit d'un bossage* taillé en pointe* de diamant qu'il est *à facettes*.

ø *All.* kleine Raute, Rautenfläche, *angl.* facet, *esp.* faceta, *ital.* faccetta.

façon n.f. (*lat.* factionem, *de* facere : faire). Rôle de la main* d'œuvre (*opus*).

ø *All.* Arbeit, *angl.* making, *esp.* hechura,

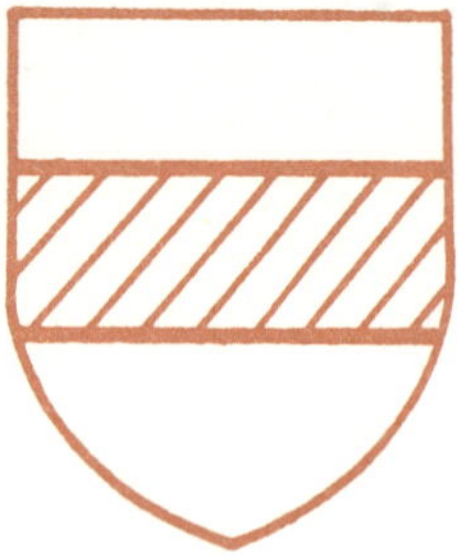

fasce

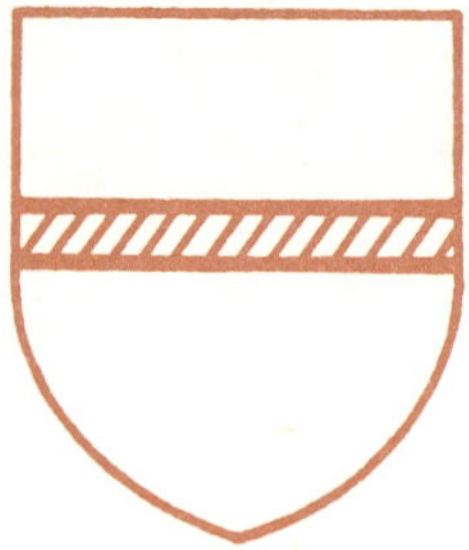

(devise)

ital. lavoro.

Un artisan* travaille *à façon* si on lui fournit la matière de son ouvrage.

façonner v.tr. (*dér. de* façon). Travailler un objet pour lui donner une façon, une forme.

ø *All.* gestalten, *angl.* to shape, *esp.* formar, *ital.* foggiare.

factice adj. (*lat.* facticius : artificiel, *rac.* facere : faire). *Archit.* Artificiel, imitant la nature. *Ex.* Pierre* factice : composé imitant la pierre.

ø *All.* künstlich, *angl.* artificial, *esp.* facticio, *ital.* artifiziale.

facture n.f. (*lat.* factura, *de* facere : faire). *Bx-arts* Manière dont est exécutée une œuvre d'art.

ø *All.* Ausführung, *angl.* workmanship, *esp.* factura, *ital.* fattura.

faïence n.f. (*de* Faenza, *nom d'une ville italienne*). Poterie* émaillée ou vernissée d'origine orientale. L'Italie a été l'initiatrice de décorations soignées. En France divers styles de décoration ont fait la célébrité de plusieurs centres de fabrication. La faïence traditionnelle fut remplacée par la faïence fine à pâte blanche (à base de kaolin) et émail transparent, qui prit au XVIIe s. le nom de *porcelaine* (ce nom était celui de coquillages nacrés).

ø *All.* Steingut, *angl.* crockery, *esp.* loza, *ital.* maiolica.

faisceau n.m. (*dér. du lat.* fascis : botte, tiges liées ensemble). Assemblage* avec ligature de plusieurs objets, dans le sens de la longueur.

ø *All.* Rutenbündel, *angl.* bundle, *esp.* haz, *ital.* fascio.

Archit. Colonne* (ou pilier*) formée de colonnettes* liées : colonne *fasciculée*.

faîtage n.m. (*dér. de* faîte). *Archit.* Ce terme sert à désigner à la fois la pièce de charpente*, la portion de couverture ainsi que l'ornement, quand il en existe un, qui forment le sommet ou arête supérieure d'un comble*.

ø *All.* Firstbalken, *angl.* ridge, *esp.* caballete, *ital.* spina del tetto.

faîte n.m. (*du francique* first, fest *qui a donné* faîte *d'après le lat.* fastigium). *Archit.* Sommet du comble* d'un édifice*. Comme synonyme de *faîtage*, ce terme sert à désigner la pièce de bois généralement horizontale, qui réunit les extrémités supérieures des poinçons* de fermes*.

ø *All.* Dachfirst, *angl.* ridge, *esp.* techumbre, *ital.* fastigio.

faîtière (tuile) (*dér. de* faîte). *Archit.* Tuile* courbe qui sert à recouvrir le faîtage* d'un comble à deux égouts*. Il en existe de nombreuses variétés.

ø *All.* Firstziegel, *angl.* ridge tile, *esp.* cobija, *ital.* tegolino.

faldistoire n.m. (*du francique* faldistol : siège pliant, *d'où* fauteuil). *Liturgie* Siège mobile de l'évêque, en forme d'X sans dossier, dont il use en l'absence de trône ou pour certaines fonctions.

fanal n.m. *Voir* lanterne des morts.

fanon n.m. (*du francique* fano : pièce d'étoffe). Bandelettes de soie (deux) attachées à la partie postérieure de la mitre* et retombant sur la nuque (*v. pl.* 112). Le *fanon* du pape est une sorte de collerette double qui lui est placée sur les épaules (comme l'amict du prêtre) lorsqu'il revêt les habits sacerdotaux.

ø *All.* Mitrabänder, *angl.* fanons, *esp.* ínfulas, *ital.* bendoni.

fasce n.f. (*lat.* fascia : bande). *Blason* Bande horizontale au centre de l'écu*. Elle sépare le chef* de la pointe*. Elle doit être large au plus comme le tiers de l'écu (*fig.*). Plus étroite, elle prend le nom de *devise* (*fig.*). ‖ *Par anal.* Ligne horizontale placée dans une peinture* à la manière d'une *fasce* d'écu.

ø *All.* Balken, Fasche, *angl.* fess, *esp.* faja, *ital.* fascia.

fascé adj. (*de* fasce). Se dit d'un écu* couvert de fasces*.

fasciculé *Voir* faisceau.

faux (porte à) *Voir* porte-à-faux.

faux-attique n.m. *Voir* attique.

faux-tympan n.m. Tympan* situé au-dessus d'une porte aveugle*.

feint adj. (*partic. passé de* feindre, *lat.* fingere : façonner). Simulé. On le dit par exemple d'une fausse fenêtre, d'un faux marbre...

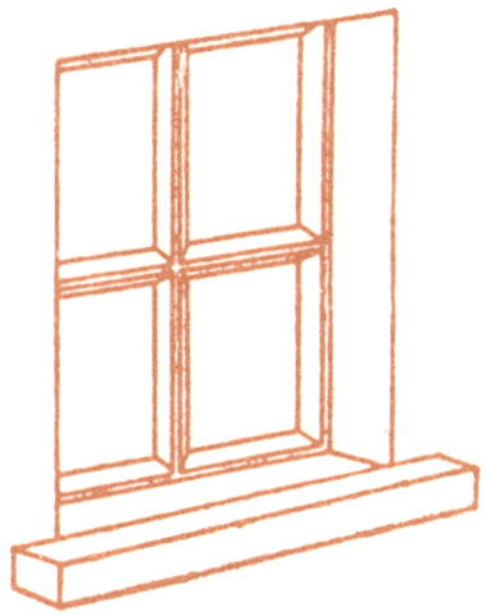

fenêtre

∅ *All.* Schein..., *angl.* false, *esp.* fingido, *ital.* finto.

fendre v.tr. (*lat.* findere). Diviser en deux par éclatement.

∅ *All.* spalten, *angl.* to split, *esp.* hender, *ital.* fendere.

fenestella n.f. (*dim. lat. de* fenestra : fenêtre). *Archit.* Petite ouverture pratiquée dans la voûte* d'une crypte* ou d'une confession* permettant aux fidèles de voir et de toucher un reliquaire* vénéré.

fenestrage n.m. *ou* **fenestration** n.f. (*dér. de* fenêtre). *Archit.* Mots synonymes désignant : 1) La répartition des fenêtres* sur une façade* de bâtiment. ‖ 2) L'ensemble des pierres formant l'ossature d'une fenêtre : meneaux*, remplage* (ou remplissage).

∅ *All.* Befensterung, Fensterwerk, *angl.* window tracery, *esp.* ventanaje, *ital.* finestrato.

3) L'ornementation, en forme de fenêtre, de panneaux* de bois, notamment des jouées* de parois de stalles.

fenêtre n.f. (*lat.* fenestra). *Archit.* Baie* pratiquée dans un mur pour éclairer, aérer et ventiler l'intérieur des édifices (*fig., v. pl.* 1, 3, 5, 6).

Au Moyen Age ces baies sont tracées en plein cintre* ou en arc* brisé et partagées par des colonnettes* ou des meneaux*.

Ce mot, dès le XIIe s., a désigné par extension l'ensemble des garnitures destinées à clore la baie, ensemble désigné proprement par *croisée* (*v. ce mot*).

Toute fenêtre doit avoir une ouverture proportionnée à l'étendue du vaisseau à éclairer. C'est une loi que connaissaient très bien et appliquaient les architectes romans. Ils poussaient très loin cet art de l'introduction de la lumière du jour dans l'intérieur des églises* et de grandes salles.

∅ *All.* Fenster, *angl.* window, *esp.* ventana, *ital.* finestra.

Les types de fenêtres sont très nombreux au Moyen Age : – *fenêtre à croisée* : se dit d'une fenêtre divisée en quatre compartiments par une barre verticale et une barre horizontale se croisant à angle droit, appelées meneaux : on dit également *fenêtre à meneaux*.

∅ *All.* Kreuzfenster, *angl.* mullioned window, *esp.* ventana ajimezada, *ital.* finestra a crociera.

– *fenêtre dormante* : fausse fenêtre, fenêtre qui ne s'ouvre pas.

∅ *All.* Scheinfenster, *angl.* fixed window, *esp.* ventana ciega, *ital.* falsa finestra.

– *fenêtre gisante* ou *mezzanine* : dont la largeur est plus grande que la hauteur.

– *fenêtre haute* (d'une nef* d'église) : *v.* étage.

∅ *All.* Hochschiff-Fenster, Oberfenster, *angl.* clear-story, clerestory window, *esp.* ventana alta, *ital.* finestra alta.

– *fenêtre bilobée* : fenêtre divisée en deux compartiments par une colonnette* médiane.

∅ *All.* Doppelfenster, *angl.* two light window, *esp.* ajimez, *ital.* bifora.

– *fenêtre limousine* : fenêtre ornée d'une mouluration*, particulièrement fréquente en Limousin roman : colonnettes logées dans les piédroits des ouvertures, répondant à des tores sous les cintres, par l'intermédiaire de petits chapiteaux sculptés ou lisses (*pl.* 84).

fer n.m. (*lat.* ferrum). *Fer forgé* (*v.* forge, ferronnerie).

∅ *All.* Schmiedeeisen, *angl.* wrought iron, *esp.* hierro forjado, *ital.* ferro battuto.

Arc en fer à cheval : *v.* arc.

Escalier en fer à cheval : *v.* escalier.

Fer à hosties. Le pain offert au Saint Sacrifice de la messe (hosties*) est du pain sans levain auquel on donne une forme ronde et très mince, sur laquelle se dessine une décoration en relief. pour cuire les hosties, on serre la pâte entre deux plaques de fer chauffées à l'avance. Ces plaques portant en creux les dessins à reproduire sont montées sur un double manche de tenailles. L'ensemble s'appelle *fer à hosties* (*v.* gaufrier).

Fer de lance : *v.* lance.

∅ *All.* Lanzenspitze, *angl.* lance head, *esp.* punta de lanza, *ital.* cuspide di lancia.

fermail n.m. *ou* **fermaillet** n.m. *Voir* formal.

ferme n.f. (*subst. verbal de* fermer, *lat.* firmare :

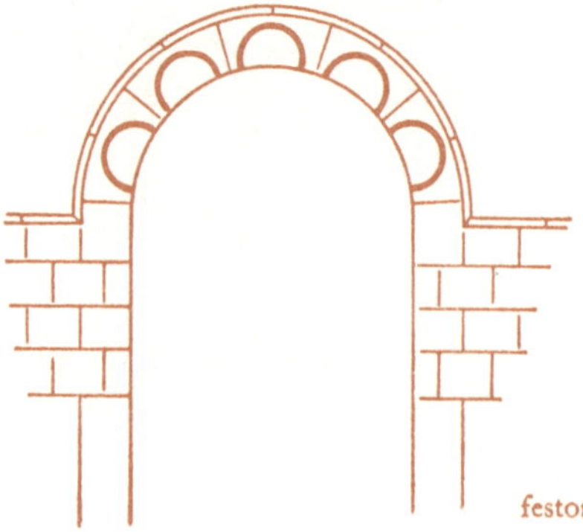

festonné (arc)

rendre fixe). *Archit.* Assemblage* de pièces de bois, de bois et fer ou de fer, destiné à supporter la couverture d'un édifice* quand les murs pignons* sont trop écartés pour soutenir les pannes* et le faîtage d'un comble*. La *ferme* la plus simple est un triangle de pièces de charpente supportant les rampants* du toit. Elle se compose essentiellement de trois pièces : deux arbalétriers*, joints à leur sommet et descendant obliquement pour s'appuyer par leurs bases sur le haut des murs*, et un entrait* qui relie ces bases et empêche ainsi les arbalétriers de s'écarter. A ce triangle essentiel s'ajoutent en général des pièces qui viennent renforcer la solidité de l'ensemble, un poinçon*, parfois un entrait* retroussé, un entrait ou tirant, ou un faux-entrait, des aisselliers, etc. (*v. fig.* charpente).

∅ *All.* Binderdreieck, *angl.* roof-truss, framework, *esp.* armadura de carpintería, *ital.* cavaletto d'una tettoia, incavallatura.

ferronnerie n.f. (*rac. lat.* ferrum : fer). Travail de fer exécuté à la forge, à l'étampe ou au marteau (grilles, balustrades, pentures, etc.).

∅ *All.* Schmiedearbeit, Schmiedeeisenkunst, *angl.* iron-work, *esp.* herrería, ferronería, *ital.* ferreria.

ferrure n.f. (*rac. lat.* ferrum : fer). *Archit.* 1) Ensemble des pièces de métal qui consolident ou garnissent les ouvrages de charpente ou de menuiserie.

∅ *All.* Eisenbeschlag, *angl.* iron fitting, *esp.* herraje, *ital.* ferratura.

On appelle *ferrures de porte* ou *pentures* des lames de fer forgé qui supportaient et décoraient les portes des églises au Moyen Age (*pl.* 124). 2) Armature de fer servant à monter les vitraux.

« **ferula** » n.f. (*mot lat.*). *Archit.* Dans les basiliques* chrétiennes, les trois nefs* s'ouvraient par trois portes sur un premier narthex ou *ferula,* sorte de portique fermé, de même largeur que la basilique et lui servant comme de *pronaos.* Là se tenaient les catéchumènes de la deuxième classe qui pouvaient écouter de ce lieu ce qui se chantait dans les nefs (*v.* narthex).

feston n.m. (*ital.* festone, *rac.* festa : fête). *Archit.* Découpure en forme de guirlande de feuillage, de fruits ou de fleurs stylisés.

∅ *All.* Bogengehänge, *angl.* festoon, *esp.* festón, *ital.* festone.

festonné (arc) Arc orné de petits lobes (*fig.*) (*v.* arc).

∅ *All.* geschweift, *angl.* scalloped, *esp.* festoneado, *ital.* a festoni.

feuillage n.m. (*dér. de* feuille). *Archit.* Ensemble décoratif composé de feuilles. Motif* d'ornementation qui se diversifie selon les pays. Les sculpteurs romans se sont inspirés le plus souvent des feuillages antiques du Bassin méditerranéen, tels que l'acanthe; variant presque à l'infini les compositions, recherchant des types audacieux de stylisation, ils ont créé des feuillages de palmes plates qui confèrent au chapiteau une austérité linéaire de bel effet. Les imagiers gothiques s'inspirent davantage des plantes de nos campagnes : la vigne, le lierre, le chêne, etc., imitées de la nature avec un réalisme touchant (*v.* chapiteau à feuillage).

∅ *All.* Laubwerk, *angl.* foliage, *esp.* follaje, *ital.* fogliame.

feuille n.f. (*lat.* folia, *plur. de* folium : feuille). *Archit.* 1) Le mot s'applique à tout objet dont l'étendue en surface est considérable par rapport à l'épaisseur. On dit ainsi : une feuille de papier, de tôle, de verre, de zinc, etc. On nomme ainsi les volets* des persiennes, les panneaux* de menuiserie employés pour les parquets*. Les *feuilles de parquet* se composent généralement d'un bâti d'encadrement avec un remplissage. ‖ 2) Ornement* dans la composition duquel il entre des feuilles d'arbres ou autres plantes.

∅ *All.* Blatt, *angl.* leaf, *esp.* hoja, *ital.* foglia.

Feuille d'acanthe (*v.* acanthe) :

∅ *All.* Akanthusblatt, *angl.* acanthus leaf, *esp.* hoja de acanto, *ital.* foglia d'acanto.

Feuilles d'angle : qui décorent l'angle* d'une corniche, d'une voussure, d'un cadre.

Feuilles d'eau : simples, sans découpures ni dentelures, telles que les feuilles de nénuphar, de renoncule d'eau, etc.

∅ *All.* Wasserblatt, *angl.* waterleaf, *esp.* hoja acuática, *ital.* foglia d'acqua.

Feuilles galbées : qui ne sont qu'ébauchées pour recevoir ultérieurement des refends et de la sculpture.

Feuilles entablées : placées entre deux moulures* (dans les chapiteaux par exemple) et formées de rangées de feuilles dont les extrémités se recourbent en crochets (*v.* chapiteau à crochets).

Feuilles refendues (ou *de refend*) : dont les bords sont découpés.

Feuilles tournantes : appliquées sur une moulure de forme circulaire; ou encore qui tournent autour d'un point, et sont elles-mêmes de forme circulaire.

On distingue encore les feuilles incisées, lacinées, lyrées, lobées, etc. et les feuilles de laurier, de persil, de chardon, de chou, etc. (*v. aussi* quatre-feuilles *et* quintefeuille).

Feuille de laurier :

∅ *All.* Lorbeerblatt, *angl.* laurel leaf, *esp.* hoja de laurel, *ital.* foglia di lauro.

Feuille de lierre :

∅ *All.* Efeublatt, *angl.* ivy-leaf, *esp.* hoja de hiedra, *ital.* foglia di edera.

Feuille de vigne :

∅ *All.* Weinblatt, Feigenblatt, *angl.* vine leaf, *esp.* hoja de vid, *ital.* foglia di vigna.

feuillure n.f. (*dér. de* feuille). *Archit.* Entaille ou évidement rectangulaire pratiqué dans le tableau* d'une baie pour y loger un bâti dormant de porte ou de fenêtre.

∅ *All.* Falz, *angl.* groove, rabbet, *esp.* rebajo, *ital.* scanalatura.

fibule n.f. (*lat.* fibula). Agrafe* de métal servant à attacher deux pans d'un vêtement, à l'épaule ou sur la poitrine. Toute l'Antiquité, de la Grèce à la Gaule, a connu des fibules plus ou moins ornées.

fiche n.f. (*dér. de* ficher, *lat.* figere : fixer). 1) *Archit.* Outil* de maçon ou de paveur servant à glisser le ciment* ou le mortier* dans l'interstice de deux pierres de taille ou de deux pavés. ‖ 2) *Menuiserie* Objet métallique faisant office de gond* dans une charnière servant à suspendre les vantaux* de portes ou de fenêtres.

fierte n.f. (*lat.* feretrum : brancard). Vieux mot signifiant châsse*, reliquaire* (proprement : ce qui est porté sur un brancard).

∅ *All.* Schrein, *angl.* feretory, shrine, *esp.* relicario, *ital.* feretro.

figuratif adj. (*de* figure). Se dit d'un art qui donne la représentation d'un objet considéré en lui-même, selon ses apparences physiques.

figure n.f. (*lat.* figura : forme, figure). 1) Représentation en peinture* ou en sculpture* d'un homme ou d'un animal. En art, ce mot ne désigne pas une tête mais un personnage entier.

L'unité de mesure des figures humaines est la tête. Celle-ci est comprise environ huit fois dans le corps de l'homme et sept fois dans le corps de la femme.

∅ *All.* Figur, *angl.* figure, *esp. et ital.* figura.

Particularités :

– *demi-figure* : se dit d'une figure qui représente un personnage jusqu'à la ceinture seulement (*v.* portrait, grandeur nature, demi nature).

– *figure assise* :

∅ *All.* sitzende Figur, *angl.* seated figure, *esp.* figura sentada, *ital.* figura seduta.

– *figure couchée* :

∅ *All.* liegende Figur, *angl.* reclining figure, *esp.* figura acostada, *ital.* figura straiata.

– *figure debout* :

∅ *All.* stehende Figur, *angl.* standing figure, *esp.* figura de pie, *ital.* figura stante.

– *figure d'applique* : *v.* applique.

2) *Blason* On donne ce nom à toute pièce dont est chargé l'écu* : figures naturelles (humaines, animales), figures héraldiques (chef, fasce, pal, bande, croix, chevrons, etc.) ou figures artificielles (armes, vêtements, tours, etc.).

figurine n.f. (*dim. de* figure). Petite figure.

∅ *All.* Statuette, *angl.* figurine, *esp.* figurilla, *ital.* figurina.

filardeux *ou* **filandreux** adj. *Voir* fil.

fil n.m. (*lat.* filum). 1) Fibre textile tordue en mince cordon.

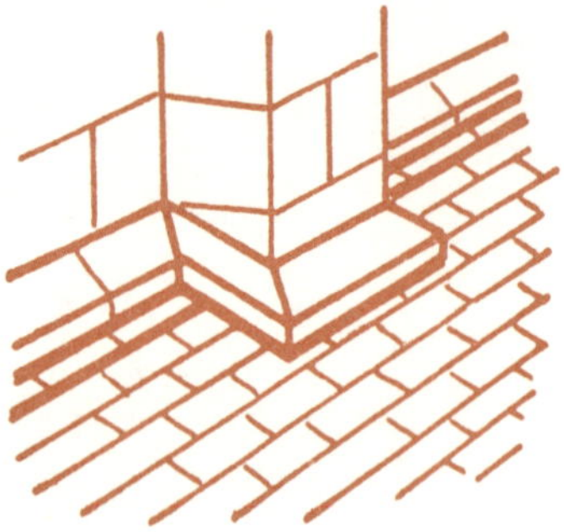

filet

∅ *All.* Faden, *angl.* thread, *esp.* hilo, *ital.* filo. 2) *Archit. Fil à plomb* : instrument servant à vérifier si une maçonnerie* est rigoureusement verticale ; c'est un petit poids cylindrique suspendu par son axe à un cordeau.

∅ *All.* Bleilot, *angl.* plumb line, *esp.* plomada, *ital.* filo a piombo.

3) *Archit. De fil* : en charpenterie* et en menuiserie* on dit qu'un bois* est employé de fil quand les fibres du bois sont disposées suivant la longueur de l'ouvrage. ‖ 4) *Archit. Fil* : on appelle ainsi une veine tendre et terreuse ou une petite fente qui se rencontre assez fréquemment dans la pierre* et dans le marbre*. On doit rejeter comme défectueuses les pierres qui ont des fils, on les nomme communément *filardeuses* ou *filandreuses* ou *fileuses*.

file n.f. (*dér. de* filer, *rac. lat.* filum : fil). *Archit.* Pièces d'une construction placées en ligne droite. On le dit de pieux, de colonnes, de coupoles. On dit par exemple d'une nef* qu'elle est couverte d'une *file de coupoles* (*pl.* 85).

∅ *All.* Reihe, *angl.* row, *esp.* hilera, *ital.* serie.

filet n.m. (*dim. de* fil). *Archit.* Petite moulure* rectangulaire de peu de hauteur qui sert le plus souvent à séparer de plus fortes moulures galbées. On dit aussi *listel*.

En couverture, c'est un solin* de plâtre ou de mortier qui maintient arrêtées des tuiles ou des ardoises sur le bord d'un pignon* (ou arc*), au sommet d'un appentis* adossé à un mur. On empêche ainsi les eaux pluviales de glisser le long des parements* et de s'introduire entre la couverture et les maçonneries (*fig.*).

∅ *All.* Fase, schmale Leiste, *angl.* fillet, *esp.* filete, *ital.* lista.

filiforme adj. Mince comme un fil.

∅ *All.* fadenformig, *angl.* thread-like, *esp. et ital.* filiforme.

filigrane n.m. *Orfèvr.* Travail qui consiste en un dessin serré de fils soudés sur un fond (*pl.* 86).

fille n.f. (*lat.* filia, *fém. de* filius : fils). *Droit monastique* Dans l'ordre cistercien, monastère* fondé par une abbaye-mère.

∅ *All.* Tochterabtei, *angl.* daughter-house, *esp.* hija, *ital.* figlia.

filotière n.f. (*dér. de* fil). *Archit.* Bordure d'un panneau de vitrail*.

fini n.m. (*dér. de* finir, *lat.* finire). Exécution très soignée.

∅ *All.* feine Ausführung, *angl.* finish, *esp.* perfeccion, *ital.* finitezza.

fioritures n.f.pl. (*ital.* fioritura, *rac.* fiore : fleur). Ornements* supplémentaires et choisis arbitrairement d'un motif* décoratif.

∅ *All.* Verzierungen, *angl.* flourishes, *esp.* floreos, *ital.* fioriture.

fissure n.f. (*lat.* fissura, *dér. de* findere : fendre). *Archit.* Petite fente ; petite crevasse qui se produit dans un mur, dans un terrain.

∅ *All.* Riss, Sprung, *angl.* chink, rift, *esp.* hendedura, *ital.* fessura.

flabel *ou* **flabellum** n.m. (*lat.* flabellum : éventail, *rac.* flare : souffler). Grand éventail à plumes de paon qui est une marque de distinction pour le Souverain Pontife, supprimée en 1965. En usage depuis des temps immémoriaux en Orient, et encore de nos jours dans les rites orientaux, il servait aux Romains à chasser les insectes et à procurer une agréable fraîcheur, étant agité par un flabellifère. En usage commun dans l'église latine au Moyen Age.

∅ *All.* liturgischer Fächer, *angl.* flabellum, *esp.* flabelo, *ital.* flabello.

flambe n.f. (*du lat.* flammula, *dim. de* flamma). 1) Autre forme du mot *flamme*. ‖ 2) Glaive dont la lame ondulée rappelle une *flamme*. ‖ 3) Bannière étroite.

flambeau n.m. (*dér. de* flambe). Cierge* à plusieurs mèches sans chandelier. Le sens primitif du mot est cierge, chandelle, torche. On distinguait les *flambeaux de poing* (se portant à la main) et les *flambeaux en salle* fixés dans des « chandeliers à mettre flambeaux ». Plus tard seulement (XVIIe s.) le mot se restreint au sens de chandelier en métal.

∅ *All.* Leuchter, *angl.* candlestick, *esp.* hacha, *ital.* doppiere.

flamberge n.f. (*de* Floberge, *nom de personnage*

florencée (croix)

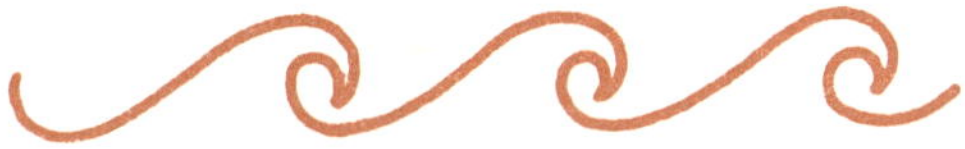

flots grecs

germanique altéré par attraction de flambe). Épée de héros de chansons de gestes.

Ø *All.* Flamberg, *ang,.* sword, *esp.* espada, *ital.* durlindana.

flanc n.m. (*du francique* hlanka : hanche) 1) Côté du corps. ‖ 2) *Par anal.* Côté d'un édifice*.

Ø *All.* Flanke, Seite, *angl.* flank, side, *esp.* flanco, costado, *ital.* fianco.

flanquer v.tr. (*dér. de* flanc). Placer sur le côté de.

Ø *All.* flankieren, *angl.* to flank, *esp.* flanquear, *ital.* fiancheggiare.

flèche n.f. (*orig. douteuse*). *Archit.* Pyramide* en bois ou en pierre qui surmonte ordinairement un clocher* et le termine. Parfois la *flèche* se dresse directement du toit.

A l'origine les flèches sont souvent des pyramides quadrangulaires fort basses. Au XIe s. c'était même leur disposition générale. Ce fut au XIIe s. que les constructeurs montrèrent une hardiesse plus grande, remplaçant assez souvent la forme quadrangulaire par la forme octogonale, et élevant des flèches empreintes d'un singulier caractère de puissance et de grandeur.

Ø *All.* Spitzhelm, Turmspitze, *angl.* spire, *esp.* aguja, *ital.* aguglia, cuspide.

fleur (à) loc. prép. Sur le même plan et niveau que...

Ø *All.* auf gleicher Höhe mit, *angl.* flush with, on a level with, *esp.* a flor de, *ital.* a fior di.

fleur de lys *ou* **de lis** Fleur stylisée entrant dans certaines armoiries*, notamment celles des rois de France (*v.* lys).

Ø *All.* Wappenlilie, *angl.* fleur-de-lis, *esp.* flor de lis, *ital.* fiordaliso.

fleurdelysé *ou* **fleurdelisé** adj. Parsemé de fleurs* de lys.

Ø *All.* Lilienverziert, *angl.* adorned with fleurs-de-lis, *esp.* flordelisado, *ital.* gigliato.

fleuron n.m. (*dér. de* fleur, *lat.* flos, florem). *Archit.* 1) Petit ornement* isolé dont le nom indique que le prototype était une fleur. C'est une fleur interprétée et modifiée dans un sens ornemental comme par exemple la fleur de lys. Cet ornement apparaît au XIIe s. ‖ 2) On donne aussi ce nom aux ornements sculptés représentant une fleur entourée de feuillages.

Ø *All.* Endblume, Kreuzblume, *angl.* fleuret, *esp.* florón, *ital.* fiorone.

fleuronné adj. Se dit d'une croix* dont les branches sont terminées par un fleuron*.

flore n.f. (*rac. lat.* flos, floris : fleur). *Archit.* Dans l'ornementation, c'est l'ensemble des sujets décoratifs pris dans le règne végétal. Pendant la période romane, la flore est généralement une interprétation de la sculpture romaine ou byzantine. Cependant on aperçoit au début du XIIe s. une tendance à rechercher les modèles de l'ornementation sculptée parmi les plantes des bois et des champs.

florencé adj. (*dér. de* Florence, *ville d'Italie*). *Croix florencée* : fleuronnée de fleurs de lys (*fig.*). ‖ *Fleur de lys florencée* : ornée de boutons entre les fleurons ou agrémentées de rinceaux pour la transformer en une sorte de riche fleuron, comme sur les armes de Florence.

flots grecs (*dér. de* flotter, *du francique* flod, *all.* flut). *Archit.* Motif* d'ornementation fait d'une série d'enroulements couronnés d'une volute, imitant la crête d'une vague (*fig.*).

Les variations de cet ornement sont très nombreuses (flots grecs primitifs, doublés, simplifiés, affrontés, fleuronnés, etc.). On les appelle également *postes* (*v. ce mot*).

Ø *All.* Wellenmuster, *angl.* wave moulding, *esp.* olas, *ital.* onde.

foi n.f. (*lat.* fides). Une des trois vertus théologales. Attribut : la foi porte un écu* timbré d'une croix ou d'un calice surmonté d'une croix.

fonçage n.m. (*dér. de* foncer, *lui-même dér. de* fond). *Archit.* Action de faire pénétrer dans la terre, par exemple, des pieux*.

Ø *All.* Einrammen, *angl.* pile-driving, *esp.* clavar, enterrar, *ital.* scavamento.

fond n.m. (*lat.* fundus *au double sens* fond d'un objet *et* fonds de terre). 1) Partie basse d'un objet creux : fond d'une cuve. ‖ 2) Partie postérieure sur laquelle d'autres se détachent (bas-reliefs en sculpture, etc.) (*v.* réserve).

Ø *All.* Grund, *angl.* bottom, ground, *esp. et*

ital. fondo.

De fond : un mur, un pilier sont dits *monter de fond* lorsqu'ils reposent directement sur les fondations*. Le contraire est l'encorbellement* ou le porte-à-faux.

fondateur n.m. (*dér. de* fond). Personne physique ou morale qui est à l'origine d'une œuvre, d'une église, d'une abbaye.

∅ *All.* Stifter, *angl.* founder, *esp.* fundador, *ital.* fondatore.

fondation n.m. (*dér. de* fond). Action de créer une œuvre, un établissement, etc.

∅ *All.* Stiftung, *angl.* foundation, *esp.* fundación, *ital.* fondazione.

fondations n.f.pl. (*dér. de* fond). *Archit.* Ensemble des travaux nécessaires pour asseoir solidement une construction*. Ce sont ordinairement de simples maçonneries* cachées dans le sol ou dans les eaux.

∅ *All.* Fundamente, *angl.* foundations, *esp.* cimientos, *ital.* fondamenti.

fondements n.m. *Syn. de* fondations.

fonderie n.f. (*dér. de* fondre). Établissement où se pratique la fonte des métaux, où sont coulés les statues* et objets en bronze, les cloches*, etc.

∅ *All.* Giesserei, *angl.* foundry, *esp.* fundición, *ital.* fonderia.

fondeur n.m. (*dér. de* fondre). Celui qui dirige une fonderie*; ouvrier qui exécute les opérations de fusion. Les *fondeurs* formaient déjà au XIIIe s. une corporation nombreuse.

∅ *All.* Giesser, Metallgiesser, *angl.* founder, bronze-caster, *esp.* fundidor, *ital.* fonditore.

Fondeur de cloches :

∅ *All.* Glockengiesser, *angl.* bell founder, *esp.* fundidor de campanas, *ital.* fonditore di campane.

fondre v.tr. (*lat.* fundere : verser). 1) Mettre un métal en fusion par l'effet de la chaleur.

∅ *All.* schmelzen, *angl.* to melt, *esp.* fundir, *ital.* fondere.

2) *Par extens.* Couler le métal fondu dans un moule pour faire une statue*, une cloche*, etc.

∅ *All.* giessen, *angl.* to cast, *esp.* fundir, *ital.* fondere.

fonds n.m. (*lat.* fundus, *v.* fond). 1) Capital constitué en terres, en argent comptant, en valeurs.

∅ *All.* Grund und Boden, Kapital, *angl.* capital, *esp. et ital.* fondo.

2) Ensemble le plus ancien d'une collection, d'une bibliothèque, autour duquel sont venues se grouper les additions.

∅ *All.* Bestand, *angl.* stock, *esp. et ital.* fondo.

fontaine n.f. (*lat.* fontana, *dér. de* fons, fontis : source). *Archit.* 1) Vaisseau de pierre ou de métal dans lequel on conserve l'eau servant aux prêtres (et jadis aux fidèles) pour les ablutions rituelles. La fontaine du Moyen Age est un instrument d'utilité et non de décoration : c'est en général une colonne ou une pile entourée d'une large cuve et de tuyaux distribuant l'eau courante.

∅ *All.* Brunnen, Born, *angl.* fountain, *esp.* fuente, *ital.* fontana.

2) Pièce d'orfèvrerie qu'on plaçait au Moyen Age au milieu de la table, contenant du vin, de l'hypocras et d'autres liqueurs, ainsi que de l'eau parfumée. ‖ 3) Fontaines d'apparat qui figuraient dans les grandes fêtes au Moyen Age, sur les places publiques, dans les carrefours, les châteaux; ce n'était plus l'eau mais le vin qui coulait à la demande.

fonte n.f. (*dér. de* fondre). Action de mettre un métal en état de fusion, et notamment fabrication du bronze.

∅ *All.* Bronzeguss, *angl.* casting, bronze casting, *esp.* fundicion, *ital.* fusione.

fonts baptismaux (*du lat.* fons, fontis : source). Petite cuve ou bassin, placé sur un socle et recouvert d'un couvercle et destiné à recevoir l'eau qui a été bénite pour l'administration du baptême (*pl.* 87).

La cuve baptismale remplace le bassin où descendaient les catéchumènes* pour recevoir le baptême par immersion. Le remplacement eut lieu à l'époque carolingienne dès que le baptême par infusion remplaça le baptême par immersion (*v.* baptistère).

∅ *All.* Taufkessel, Taufstein, *angl.* font, *esp.*

pila bautismal, *ital.* vasca battesimale.

force n.f. Une des quatre vertus cardinales. Attribut : un soldat dont l'écu* est timbré d'un lion.

∅ *All.* Kraft, *angl.* strength, *esp.* fuerza, *ital.* forza.

forge n.f. Atelier où se travaille le fer au moyen du marteau* et de l'enclume*.

∅ *All.* Schmiede, *angl.* forge, *esp.* fragua, *ital.* fucina.

forgeron n.m. Artisan ou ouvrier qui travaille dans une forge*.

∅ *All.* Schmied, *angl.* blacksmith, *esp.* herrero, *ital.* fabbro.

formal n.m. Plaquette de métal ouvragé, ronde ou elliptique*, munie d'une agrafe* et servant à attacher la chape* sur la poitrine. Son nom ancien est *pectoral* (*v. ce mot*). Cet ornement est exclusivement réservé à l'évêque diocésain. On dit aussi *fermail* et *fermaillet*.

∅ *All.* Mantelschloss, *angl.* clasp, *esp.* broche, hebilla, *ital.* fermaglio.

forme n.f. (*lat.* forma). 1) *Bx-Arts* Contour extérieur par opposition à *couleur*.

∅ *All.* Gestalt, *angl.* form, *esp. et ital.* forma.

2) *Formes* : banquettes, sièges qui précédèrent les stalles* de chœur.

3) Travée de fenêtre*, panneau de vitrail*, remplissant un cadre de pierre dans une fenêtre (travée, lobe ogival, etc.) (*v.* croisée, meneau).

∅ *All.* Fensterbahn, *angl.* light, *esp.* vano, *ital.* fora.

formeret (arc) *Voir* arc *avec la figure*. Lorsqu'une voûte* repose sur une croisée* d'ogives, sa retombée est soutenue à sa rencontre avec le mur gouttereau* par un arc dit *arc formeret*, parallèle à ce mur; cet arc est généralement encastré dans le mur (*pl.* 88, *v. pl.* 4). Il forme, avec l'*arc doubleau* et l'*arc d'ogive*, l'ossature de la croisée d'ogives. L'arc formeret est donc placé soit contre le mur parallèle au collatéral (et souvent engagé dans ce mur), soit entre les piliers séparant la nef des collatéraux. L'arc formeret est le contraire de l'arc doubleau, qui est bandé transversalement à l'axe du vaisseau. Certaines coupoles et voûtes d'arêtes comportent également des arcs formerets.

fortifié adj. (*rac. lat.* fortis : fort). Muni d'ouvrages de défense militaire tels que murs*, tours*, créneaux*, etc.

∅ *All.* befestigt, *angl.* fortified, *esp.* fortificado, *ital.* fortificato.

fossé n.m. (*rac. lat.* fodere : creuser). *Archit. milit.* Large excavation* creusée devant la muraille d'un château-fort* pour augmenter la hauteur à gravir par l'assaillant. Parfois il est rempli d'eau, si le site s'y prête.

fouet n.m. (*dér. de l'ancien français* fou : hêtre). 1) Baguette (de hêtre) pour fustiger. ‖ 2) Lanière de cuir ou de corde, ou cordelette tressée, fixée à un manche, servant à frapper ou à stimuler.

∅ *All.* Peitsche, *angl.* whip, *esp.* látigo, *ital.* flagello.

fouille n.f. (*dér. de* fouiller) 1) *Archit.* Ce terme s'applique à la fois au travail d'extraction des terres et au résultat même de ce travail, c'est-à-dire à l'excavation faite dans un terrain pour extraire des matériaux, ou pour jeter les fondations* d'une construction quelconque. ‖ 2) *Au plur.* Ensemble des travaux de creusement entrepris pour des recherches archéologiques d'objets ou de vestiges de construction.

∅ *All.* Ausgrabungen, *angl.* diggings, *esp.* excavaciones, *ital.* scavi.

fouiller v.tr. (*lat.* fodicare). Creuser la terre, par exemple à la recherche d'objets ou de vestiges de constructions.

∅ *All.* ausgraben, *angl.* to excavate, *esp.* excavar, *ital.* scavare.

four n.m. (*du lat.* furnus). *Archit.* Construction en maçonnerie* qui sert à la calcination ou à la cuisson de diverses substances telles que le pain, les briques, la pierre calcaire, les poteries.

∅ *All.* Ofen, *angl.* oven, *esp.* horno, *ital.* forno.

fourche n.f. *Voir* panache, pendentif.

fournaise n.f. (*lat.* fornax, fornacem, *de* furnus : four). Grand four* où brûle un feu ardent.

∅ *All.* Schmelzofen, *angl.* furnace, *esp.* hoguera,

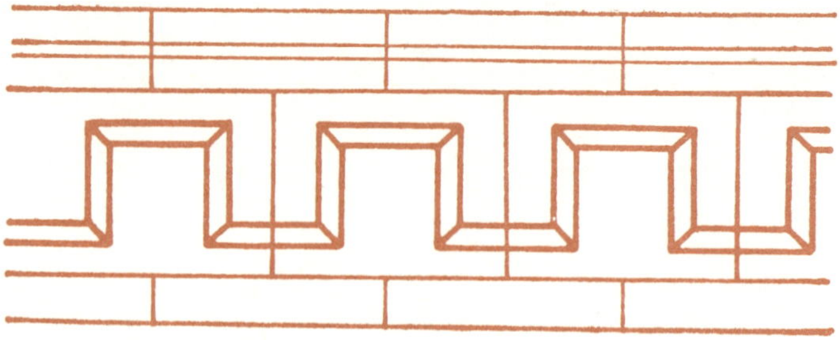

frette crénelée

ital. fornace.

fourré adj. (*dér. de* fourrer, *du vx franç.* fuerre *rac. francique* fôdr : fourrage, paille). *Archit.* Se dit d'une arcade* dont les arêtes* sont appareillées*, et enferment une fourrure* en blocage* (*v. le suivant*).

fourrure n.f. (*dér. de* fourrer). *Archit.* Blocage* grossier de pierres à peine taillées (libages) ou de pierrailles, entre les deux parements* d'un mur* (*v.* libage).

fragment n.m. (*lat.* fragmentum, *de* frangere : briser). Morceau détaché d'un ensemble.

Ø *All.* Teilstück, *angl.* fragment, *esp.* fragmento, *ital.* frammento.

franciscain n.m. (*dér. de* François). Religieux de l'ordre mendiant* fondé par saint François d'Assise au XIIIe siècle. On appelait aussi les franciscains *frères mineurs* ou *cordeliers*.

Ø *All.* Franziskaner, Minoriten, *angl.* Franciscans, Friars minor, *esp.* Franciscanos, Frailes menores, *ital.* Franciscani, Frati minori.

fresque n.f. (*ital.* fresco : frais, *de* dipingere a fresco : peindre à frais). *Archit.* Le procédé de la *fresque* consiste à employer des couleurs à l'eau sur l'enduit frais d'un mur. Les couleurs sont absorbées par l'enduit et n'ont pas besoin d'un agglutinant comme les autres procédés de peinture (*pl. coul. p.* 207).

Ce procédé simple est d'une exécution très difficile. Il exige beaucoup de soin dans les travaux préparatoires, et une grande assurance en même temps qu'une grande dextérité dans l'exécution. Aussi le peintre doit-il préparer minutieusement des calques divisés en morceaux que l'artiste estime pouvoir terminer en une journée, c'est-à-dire pendant le temps où l'enduit restera frais. D'autre part les tons une fois secs perdront de leur intensité dans une mesure difficile à prévoir. Enfin la gamme des couleurs utilisables en fresque est limitée, ce sont des oxydes de fer, aptes à se combiner avec l'enduit qui est un mélange de chaux éteinte et de sable fin.

La fresque qu'on trouve dans l'art roman a été concurrencée en France aux époques suivantes par le vitrail* et la tapisserie*.

Ø *All.* Freskomalerei, *angl.* fresco-painting, *esp.* pintura al fresco, *ital.* affresco.

frette n.f. (*orig. obsc.*). *Archit.* Ornement* très fréquent dans l'art roman, qui ressemble aux grecques*, méandres*, chevrons*, bâtons* rompus.

Frette crénelée ou *rectangulaire* : celle qui, sur un plan horizontal, décrit des brisures à angle droit, rappelant des créneaux* de l'architecture militaire (*fig.*). La frette décrit souvent des triangles et se confond avec les bâtons rompus (*v. ce mot*).

Ø *All.* Zinnenfries, *angl.* fret pattern, *esp.* frete, *ital.* meandro.

frise n.f. (*lat.* phrygium, *étoffe brodée originaire de Phrygie*). *Archit.* 1) Dans l'art grec, partie de l'entablement* placée entre l'architrave* et la corniche* (*pl.* 89). ‖ 2) Par extension, on a pris l'habitude de désigner sous ce nom toute composition de peinture* ou de sculpture* dont la largeur est de beaucoup plus importante que la hauteur (*v. pl.* 7). Par exemple, dans le chapiteau dorique* on appelle *frise* (distincte de celle de l'entablement* dorique) la partie plane du chapiteau qui se trouve entre l'astragale* et les filets* inférieurs. Autre exemple : les bandeaux* ornés de sculptures sont aussi appelés frises (*v.* gorgerin, colarin).

Ø *All.* Fries, *angl.* frieze, *esp.* friso, *ital.* fregio.

frontal n.m. (*dér. de* front). 1) Bandeau de front ou chapel d'orfèvrerie. ‖ 2) *Archit. romane* Nom parfois donné aux rétables* primitifs placés en arrière de la table d'autel, en pierre, en bois, en ivoire, en orfèvrerie.

frontalité n.f. (**loi de**) (*dér. de* front). Les observations de l'archéologue français Lechat, reprenant celles du savant danois Lange, l'ont amené à formuler la loi suivante dite *loi de frontalité* : « Quelle que soit l'attitude donnée à la figure, qu'elle soit représentée marchant, arrêtée, droite ou inclinée en avant ou en arrière, assise, à cheval, agenouillée, couchée sur le ventre ou le dos, etc. ; dans tous les cas le plan médian qu'on peut concevoir passant par le sommet de la tête, le

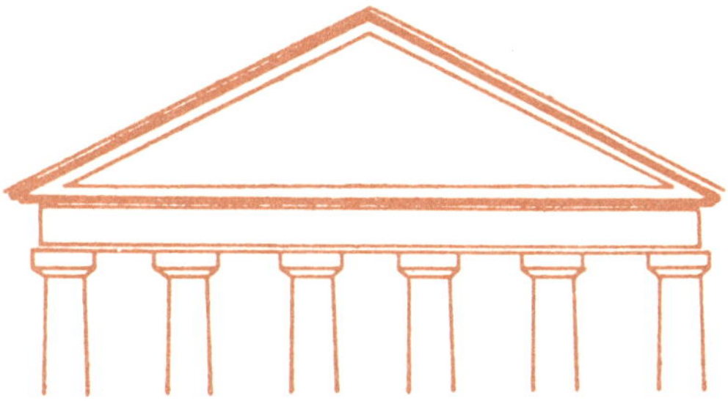

fronton antique

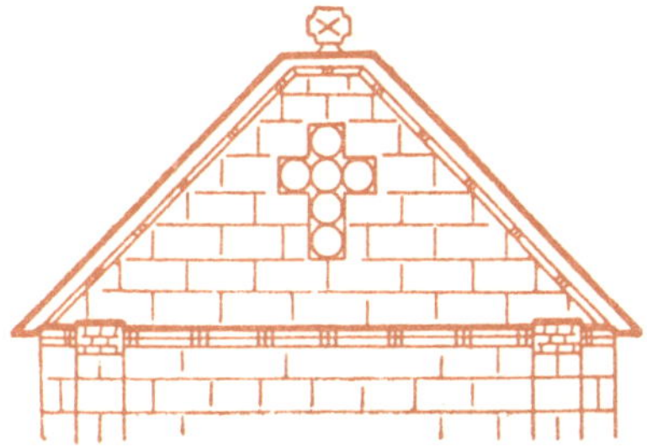

fronton médiéval

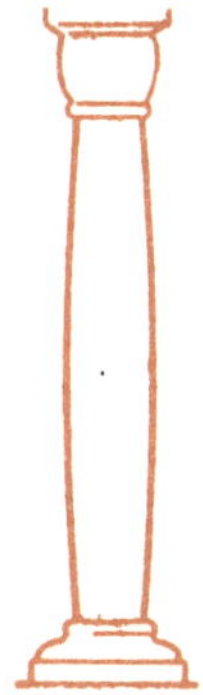

fuselé

nez, l'épine dorsale, le sternum, le nombril et les organes sexuels, plan qui partage le corps en deux moitiés symétriques, reste invariable, ne se courbant et ne se tournant d'aucun côté. Il ne se produit jamais ni flexion ni torsion latérale soit dans le cou soit dans l'abdomen. Cette loi s'est imposée chez tous les peuples de l'Antiquité (Égypte, Chaldée, Syrie, etc., jusqu'à l'empire d'Alexandre; Grecs et artistes italiques jusqu'au Vᵉ siècle av. J.C.) » *Voir* contrapposto, ou loi d'alternance, qui est venue remplacer la loi de frontalité chez les Grecs au Vᵉ siècle.

∅ *All.* Frontalitätsgesetz, Vorderansicht, Geradvorstelligkeit, *angl.* frontality, *esp.* frontalidad, *ital.* frontalita.

fronton n.m. (*de l'ital.* frontone, *augment. de* fronte). *Archit.* Membre* d'architecture ordinairement triangulaire, ou en forme de segment de cercle, qui couronne une ordonnance d'architecture comme le front couronne le visage humain. Il tire son origine des combles* à deux versants utilisés par les Grecs et les Romains. La couverture des temples à deux versants réclamait la présence de *frontons* (*fig.*). L'habitude en amena l'abus. Le Moyen Age a connu aussi le fronton (*fig.*). Mais tandis que le fronton dans les pays méditerranéens (Grèce et Rome) est un triangle surbaissé (*v.* bâtière), le fronton médiéval appelé pignon* ou gâble* est en général un triangle aigu.

∅ *All.* Giebelfeld, *angl.* pediment, *esp.* frontón, *ital.* frontone.

fruit n.m. (*lat.* fructus : revenu, production). *Archit.* Inclinaison donnée au côté extérieur des murs* d'une construction, la surface intérieure restant toujours rigoureusement verticale, si bien que le mur s'amincit en montant.

C'est le contraire du surplomb ou contre-fruit (*v. ce mot*). Celui-ci est un indice de malfaçon ou d'état périclitant de la bâtisse, le fruit, au contraire, est un gage de stabilité.

Les murs de soutènement et de revêtement peuvent avoir un fruit considérable (*v.* talus).

∅ *All.* Mauerschräge, Verjüngung, *angl.* batter, *esp.* talud, desplome, *ital.* assottigliamento.

fusarolle n.f. (*ital.* fiesaruolo, *de* fuso : fuseau). Décoration faite de grains alternativement ronds et ovales disposés en chapelet.

∅ *All.* Perlstab, *angl.* fusarole, *esp.* collarín de columna, *ital.* fusaiola.

fuseau n.m. (*lat.* fusus). Petit instrument en bois au renflement médian et aux extrémités effilées, qui servait aux fileuses à tordre et à enrouler le fil.

∅ *All.* Spindel, Klöppel, *angl.* spindle, *esp.* huso, *ital.* fuso.

fuselé adj. (*dér. de* fuseau). Se dit d'une colonne* ou d'un balustre* renflé en son milieu et aminci aux extrémités comme un fuseau (*fig.*).

∅ *All.* spindelförmig, *angl.* spindle-shaped, *esp.* ahusado, *ital.* affusolato.

fusterie n.f. (*dér. de* fût). Objet ou ouvrage exécuté en *fust*, c'est-à-dire en bois*. *Ex.* Travaux de charpente* ou de menuiserie*.

fustier n.m. (*v.* fût). Synonyme de *huchier* ou *sculpteur sur bois*. On appelle notamment *fustier d'orgues* celui qui fabrique les buffets d'orgues.

fût n.m. (*du lat.* fustis : bâton, bois de lance, tronc d'arbre). *Archit.* Partie principale de la colonne* comprise entre la base* et le chapiteau* (par analogie avec le tronc d'un arbre) (*v. pl.* 5).

Il est généralement cylindrique et fuselé légèrement au tiers de sa hauteur.

Le *fût* est soit d'un seul bloc (monolithe), soit composé de tambours superposés (appareillé). Il peut être droit ou en spirale (colonne torse), lisse ou cannelé, etc. Dans l'art grec, le demi-diamètre du fût à sa base s'appelle le *module* et sert d'échelle pour mesurer toutes les parties d'un ouvrage d'architecture (*v.* ornementation).

∅ *All.* Schaft, *angl.* shaft, *esp.* fuste, *ital.* fusto.

G

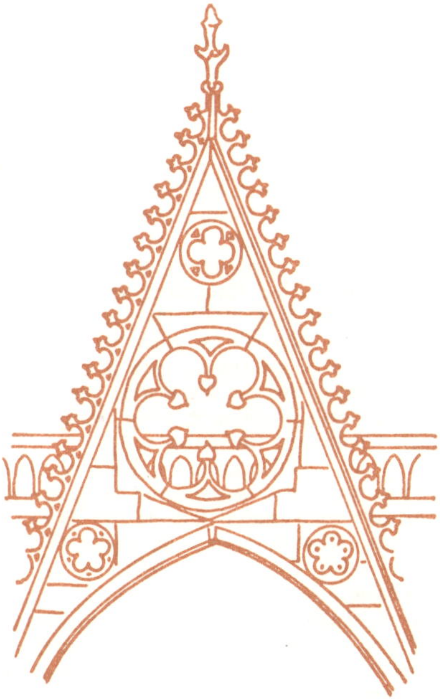

gâble

gabarit n.m. (*du provenç. mod.* gabarrit, *altér. du goth.* garwi : préparation). *Archit.* Modèle à la grandeur d'exécution, servant à vérifier les dimensions des parties d'un ouvrage (voûtes*, profils*, etc.).

∅ *All.* Modell, *angl.* model, *esp.* gálibo, *ital.* modello.

gâble n.m. (*mot normand emprunté à l'anglais* gable : pignon, fronton). *Archit.* Pignon* ornemental très pointu, souvent ajouré, couronné d'un fleuron*; on en surmontait au Moyen Age les lucarnes* et fenêtres*, les archivoltes* des portails ainsi que la base des clochers* (*fig., pl.* 90, *v. pl.* 1).

∅ *All.* Ziergiebel, Hochdreieck, *angl.* gable, *esp.* gablete, *ital.* colmatura.

gâche n.f. (*orig. inconnue*). *Archit.* Pièce de fer fixée sur le bâti d'une porte et destinée à recevoir le pène* de la serrure, le verrou*, la crémone* (*pl.* 91).

∅ *All.* Schließkappe, *angl.* staple, *esp.* armella, *ital.* bocchetta della stanghetta.

gâcheur n.m. (*dér. de* gâcher, *du francique* waskân : laver). *Archit. Proprement* Ouvrier qui mélange la chaux*, le plâtre*, avec l'eau, qui gâche le mortier*.

∅ *All.* Kalkeinrührer, *angl.* mason's labourer, *esp.* amasador, *ital.* calcinaio.

Au fig. et par extens. Celui qui abîme, qui fait bon marché de quelque chose.

∅ *All.* Pfuscher, *angl.* bungler, *esp.* chapucero, *ital.* abborracciatore.

gâchis n.m. (*dér. de* gâcher, *v.* gâcheur). *Archit.* Mortier* de chaux, sable, ciment et plâtre (*v.* bousillage).

Au fig. et par extens. Mauvais travail.

gaillard n.m. (*orig. obsc.*). Superstructure édifiée

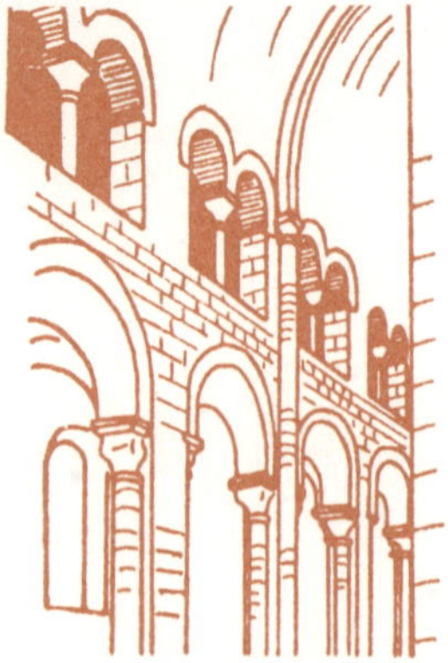
galerie

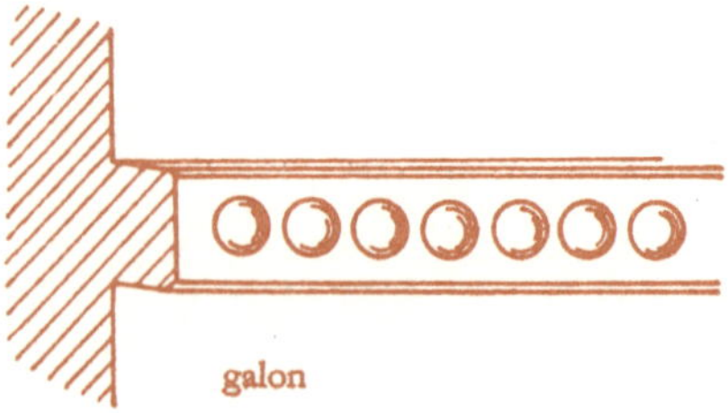
galon

sur les navires de guerre au Moyen Age, sorte de forteresse, appelée d'abord *château gaillard*. Les navires* avaient : – un *gaillard d'avant* :

ø *All.* Vorderkastell, *angl.* forecastle, *esp.* castillo de proa, *ital.* castello di prua.

– et un *gaillard d'arrière* :

ø *All.* Achterdeck, *angl.* quarter-deck, *esp.* alcazar, *ital.* cassero.

galandage n.m. (*orig. obsc.*). Construction en pan* de bois dont les vides sont remplis avec des briques* posées sur champ*. Elle est employée pour des séparations de pièces, ou la construction de bâtiments de peu d'importance.

galbe n.m. (*même rac. goth.* garwi *que* gabarit; *v. ce mot*). Ce terme sert à exprimer une inflexion, une courbure, le profil arrondi d'un objet quelconque, principalement du fût* d'une colonne, de la corbeille* d'un chapiteau, de la courbure d'un dôme, etc. (*pl.* 92) (*v.* renflement).

ø *All.* zierliche Rundung, *angl.* bulge, *esp.* garbo, *ital.* sàgoma.

galbé adj. Qui a du galbe. Une colonne* est dite *galbée* lorsqu'au lieu d'avoir un fût* cylindrique elle est renflée dans son milieu et que ses extrémités sont diminuées d'après des règles fixes (*v.* renflement).

ø *All.* gebaucht, geschweift, *angl.* bulged, *esp.* encorvado, garbado, *ital.* garbato.

galerie n.f. (*de l'ital.* galleria, *d'orig. obsc., venant peut-être d'une altération de* galilée; *v. ce mot*). *Archit.* 1) Salle beaucoup plus longue que large. ‖ 2) Au Moyen Age on appelait *galerie* un passage (souvent fort étroit) couvert, placé soit à l'intérieur, soit à l'extérieur d'un édifice et servant de passage d'un lieu à un autre (*fig., pl.* 93, *pl. coul. p.* 225).

Il existe dans certaines façades* de cathédrales des galeries superposées, qui concourent à la fois au service (pénétrer dans les combles*) et à la décoration (à Paris, galerie des Rois).

ø *All.* Galerie, *angl.* gallery, *esp.* galería, *ital.* galleria.

Galerie des Rois :

ø *All.* Königsgalerie, *angl.* arcade of Kings, *esp.* galería de los Reyes, *ital.* galleria dei Re.

Galerie de cloître :

ø *All.* Klostergang, *angl.* cloister-walk, *esp.* galería de claustro, *ital.* galleria di chiostro.

galilée n.m. *Archit.* On appelle ainsi le narthex* ou porche* spacieux qui se rencontre à l'entrée de certaines grandes églises (Vézelay, Saint-Benoît-sur-Loire, Tournus, Moissac) notamment en Angleterre (Ely, Lincoln...) où il s'agit plutôt d'une chapelle annexe. Parmi les diverses explications données à l'origine de cette acception du mot *galilée*, on peut retenir celle-ci : ces porches étaient la dernière station de la procession du dimanche de Pâques, symbole du retour du Christ en Galilée après sa Résurrection. L'ange avait dit aux Saintes Femmes devant le Tombeau vide : « Jésus vous précède en Galilée, c'est là que vous le verrez » (Mat. 28, 7).

On peut admettre aussi, par référence à la procession des Rameaux, que cette appellation symbolisait la Galilée, que le Christ quitta pour la Judée afin d'y souffrir sa Passion. C'est en mémoire de ce transit que la procession s'arrête un instant devant les portes fermées de l'église, avant que l'officiant n'en réclame l'ouverture en y frappant plusieurs coups.

ø *All.* Galiläa, *angl.* galilee, *esp. et ital.* galilea.

galon n.m. (*dér. de* galonner, *orig. inconnue*). *Archit.* Motif* ornemental fait de l'imitation d'une bandelette d'étoffe semée de perles (*fig.*).

ø *All.* Litze, *angl.* galloon, *esp.* galón, *ital.* gallone.

gants liturgiques (gant, *du francique* wand). L'origine de ces *gants* semble remonter au VIe siècle. Seuls les cardinaux et évêques, de droit, et les abbés, par privilège, portent des gants. Les ministres ont toujours les mains nues.

ø *All.* Pontifikal-, Bischofshandschuhe, *angl.* episcopal, pontifical gloves, *esp.* guantes episcopales, *ital.* guanti pontificali.

garde-corps *ou* **garde-fou** n.m. (*de* garder, *du francique* wardon). *Archit.* Balustrade* établie à hauteur d'appui* sur les bords d'un endroit dangereux pour empêcher les personnes qui

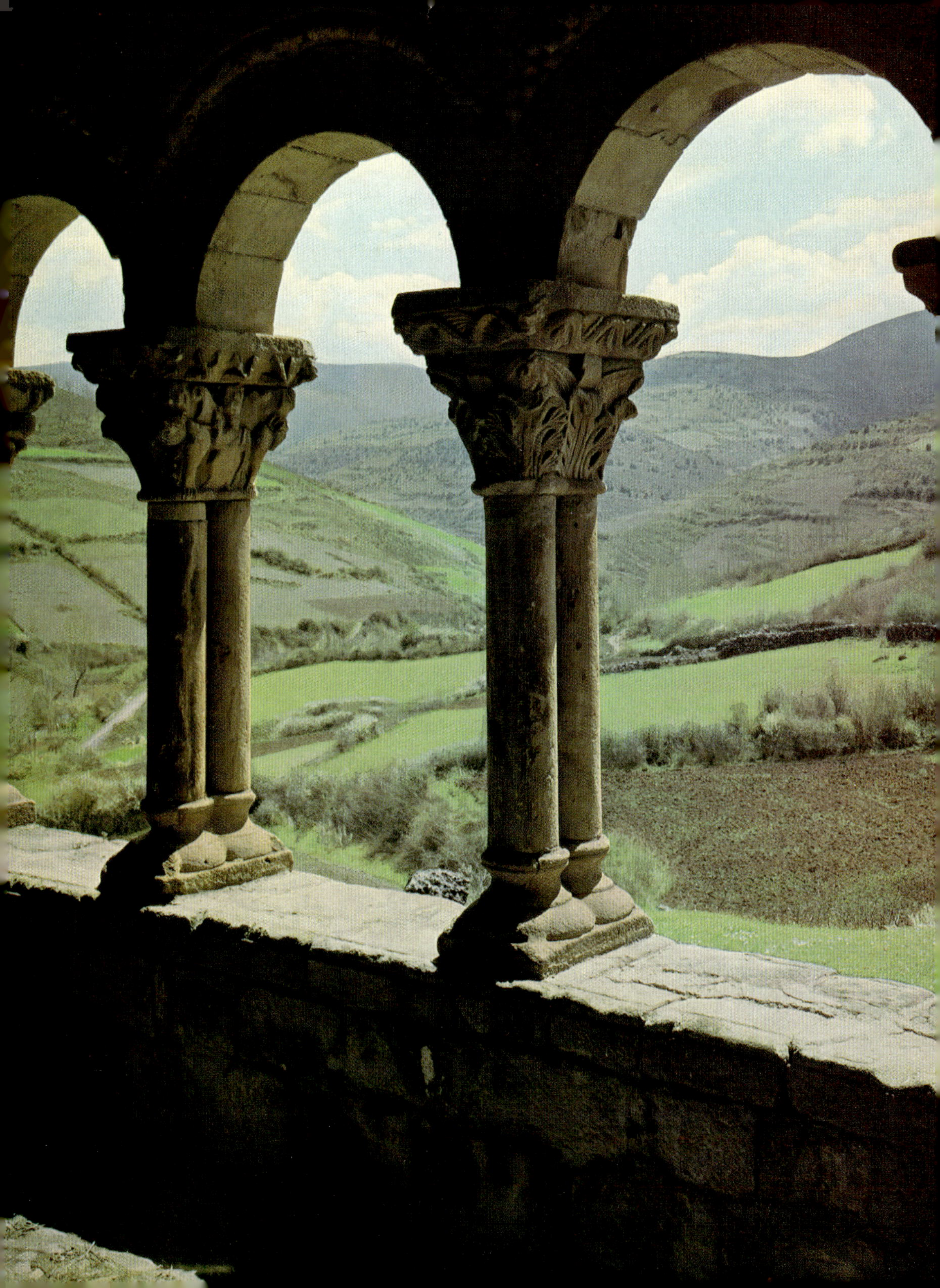

galerie

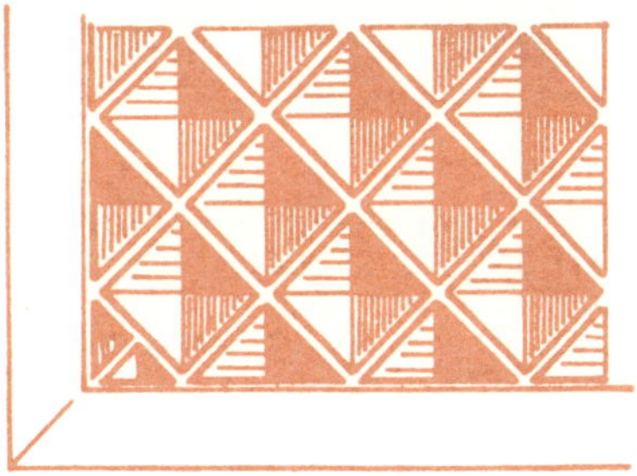

gaufré

passent de tomber. On établit des garde-corps le long des quais, des ponts, des terrasses, etc.

∅ *All.* Geländer, *angl.* handrail, *esp.* antepecho, *ital.* parapetto.

gargouille n.f. (*croisement du rad.* garg : gorge *et de* goule, *forme dialectale de* gueule). *Archit.* Pierre* creusée en forme de gouttière*, quelle que soit la place et la position qu'elle occupe dans les constructions. Ce terme s'applique surtout aux dégorgeoirs saillants* en pierre employés au Moyen Age pour rejeter loin des murs les eaux pluviales qu'on laissait dans l'Antiquité s'infiltrer le long des murs. On a souvent donné aux *gargouilles* la forme d'animaux fantastiques.

∅ *All.* Wasserspeier, *angl.* gargoyle, rainwater spout, *esp.* gárgola, *ital.* doccia di gronda.

garniture n.f. (*dér. de* garnir, *du francique* Warnjen : se protéger, prendre garde). Assortiment complet d'objets accompagnant ou complétant une chose plus importante. *Ex. Garniture d'autel* : ensemble de la croix et des candélabres.

∅ *All.* Satz, *angl.* fittings, *esp.* juego, *ital.* addobbo.

gâtine n.f. (*dér. de* gâter, *lat.* vastare : ravager; *mot régional*). Terre imperméable, marécageuse et infertile (Poitou, Vendée).

gauchir v.intr. (*anc. franç.* guenchir, *du francique* wankjan : vaciller). Perdre la forme plane notamment sous l'influence de la chaleur ou de l'humidité, phénomène fréquent dans les panneaux* exécutés avec du bois insuffisamment sec.

∅ *All.* verziehen, sich werfen, *angl.* to warp, *esp.* torcerse, ladearse, *ital.* piegarsi.

gauchissement n.m. (*dér. de* gauchir). *Archit.* Fait de gauchir*, par exemple pour un mur*.

∅ *All.* Biegen, Werfen, Krümmung, *angl.* warping, *esp.* torcimiento, *ital.* stortura.

gaufré n.m. (*rac. néerland.* wafel : rayon de miel *et dérivé de* gaufre, *gâteau à forme de rayon de miel*). *Archit.* Les *gaufrés* ou *ornements gaufrés* fréquents dans l'art roman reproduisent en creux la forme que les diamants* et têtes de clous* donnent en relief (*fig.*). Ils décorent des plinthes, des tailloirs, des bases, des bandeaux, des archivoltes et même des fûts de colonnes.

gaufrer v.tr. (*v.* gaufré). Imprimer des ornements* en creux ou en relief au moyen de fers chauffés sur des étoffes, des cuirs, etc.

∅ *All.* gaufrieren, pressen, *angl.* to goffer, to stamp, *esp.* estampar, *ital.* stampare.

gaufrier n.m. (*dér. de* gaufre). Fer servant à gaufrer*. C'est un instrument fait de deux longues tenailles terminées par deux plaques contenant l'ornement à imprimer et qui sont chauffées pour l'opération.

On appelle ainsi par analogie les moules servant à fabriquer hosties* et gaufres (*v.* fer à hosties).

∅ *All.* Waffeleisen, *angl.* waffle iron, *esp.* barquillero, *ital.* forma da far cialde.

gaufrure n.f. (*dér. de* gaufre). Empreinte faite par le gaufrage.

« **gazophylacium** » *Voir* oblatorium.

gélif adj. (*de* geler, *lat.* gelare). *Archit. Pierres gélives* : pierres* qui exposées à l'air absorbent l'humidité et se fendent ou se délitent* sous l'action de la gelée.

∅ *All.* eisklüftig, *angl.* frost-cleft, frost-split, *esp.* grietoso, *ital.* che si spacca dal gelo.

gélivure n.f. (*v.* gélif). Fentes, crevasses provoquées par les fortes gelées sur les arbres, les pierres, les terres. La *gélivure* rend bois* et pierre* impropres à la construction.

∅ *All.* Frostriß, *angl.* frost cleft, *esp.* grieta, *ital.* fessura.

Gémeaux n.m.pl. (*réfection savante de* jumeaux *d'après le lat.* gemelli). Signe du Zodiaque figurant les Dioscures : Castor et Pollux.

∅ *All.* Zwillinge, *angl.* the Twins, *esp.* Géminis, *ital.* Gemelli, Gemini.

gémellé adj. (*lat.* gemellus). *Voir* colonnes gémellées.

gémellions n.m.pl. (*dér. du lat.* gemellus : jumeau). Paire de bassins « jumeaux » superposés, servant aux ablutions liturgiques : le supérieur, réservoir muni d'un goulot, servant d'aiguière, et l'inférieur servant au prêtre à se laver les mains. Exécutés souvent en cuivre (dinanderie*).

∅ *All.* doppelte Waschbecken, *ital.* « gemelliones ».

géminé adj. (*dér. du lat.* gemellus). Se dit d'objets groupés deux par deux sans être en contact. *Ex.* Fenêtres, arcades, colonnes.

ø *All.* gekoppelt, *angl.* geminate, *esp.* geminado, *ital.* abbinato.

Fenêtres géminées :

ø *All.* gekoppeltes Fenster, *angl.* geminate windows, *esp.* ventanas geminadas, *ital.* finestre geminate.

gemme n.f. (*lat.* gemma : bourgeon, *au fig.* pierre précieuse). Pierre* précieuse. Les douze *gemmes* placées sur le rational (*v. ce mot*) du Grand Prêtre à Jérusalem, et représentant les douze tribus d'Israël, sont : la sardoine, l'escarboucle (ou rubis), le ligure, la chrysolithe, la topaze, le saphir, l'agathe, l'onyx, l'émeraude, le jaspe, l'améthiste et le béryl.

ø *All.* Edelstein, *angl.* gem, *esp.* gema, piedra preciosa, *ital.* gemma.

gemmé adj. (*de* gemme). Orné de pierres* précieuses. *Ex.* Casque gemmé.

Croix gemmée : croix* ornée de pierreries* dont l'empereur Constantin fit le premier un symbole de triomphe.

ø *All.* Gemmenkreuz, *angl.* jewelled cross, *esp.* cruz gemada, *ital.* croce gemmata.

généalogie n.f. (*gr.* γενος : race *et* λογος : traité). Science qui se rapporte à la recherche de la filiation et des origines des familles.

ø *All.* Ahnenforschung, *angl.* genealogy, *esp.* genealogía, *ital.* genealogia.

génie n.m. (*lat.* genius : génie tutélaire). Dans l'art antique, figure d'enfant ailé tenant en main un attribut et représentant l'amour, la mort.

ø *All.* Genius, *angl.* genius, *esp.* genio, *ital.* genio.

génovéfain n.m. (*du lat.* Genovefa : Geneviève). Chanoine* régulier de l'ordre de sainte Geneviève fondé par Clovis sur la Montagne Sainte-Geneviève à Paris.

génuflexion n.f. (*du lat.* genu-flectere : fléchir le genou). *Liturgie* Durant les premiers siècles les chrétiens priaient debout, comme les juifs et les païens. L'attitude droite évoque une idée de joie et un rappel de la Résurrection du Sauveur. Aussi est-elle ordonnée le dimanche et au temps pascal.

La *génuflexion* à un seul genou n'a pénétré dans la liturgie que tardivement (XIIIe s.).

géométral (dessin) (*rac. gr.* γη : terre, *et* μετρον : mesure). *Archit.* Dessin qui reproduit les dimensions exactes d'un édifice, à la différence d'un dessin en perspective qui tient compte des déformations apparentes dues à la distance.

géométrique (ornementation) (*v.* géométral). Décoration* obtenue uniquement avec des lignes droites ou courbes sans aucune introduction d'éléments végétaux et animaux. *Ex.* Grecques, damiers, dents de scie, etc.

ø *All.* geometrische Verzierung, *angl.* geometrical ornament, *esp.* adorno geométrico, *ital.* geometrico.

geste n.m. (*du lat.* gestus, *de* gerere : agir, faire). 1) Dans le sens d'agir : attitude du corps.

ø *All.* Gebärde, *angl.* gesture, *esp.* ademán, gesto, *ital.* atteggiamento.

2) Dans le sens de faire (*en latin, plur. n.* gesta) : histoire des « faits et gestes » d'un peuple.

girandole n.f. (*rac. lat.* gyrare : faire tourner en rond). Chandelier* à plusieurs branches. ‖ Se dit aussi de bijoux ou de pendeloques en forme de grappes enrichies de pierres* précieuses.

ø *All.* Standleuchter, *angl.* sconce, *esp.* girándula, *ital.* candelabro.

giratoire adj. (*v.* girandole). Qui est animé d'un mouvement circulaire ou qui le suggère.

ø *All.* kreiselnd, *angl.* rotary, *esp.* giratorio, *ital.* giratorio.

girelle n.f. (*même rac. que* girandole). Dessus horizontal du tour* à potier sur lequel on pose la masse d'argile à façonner.

giron n.m. (*du francique* gerô : pièce d'étoffe en pointe). 1) Pan* de vêtement allant de la ceinture aux genoux et par extension partie du corps entre la ceinture et les genoux chez une personne assise. ‖ 2) Portion d'une marche d'escalier* sur laquelle on pose le pied.

ø *All.* Stufenbreite, *angl.* tread board, *esp.* huella, *ital.* pedana.

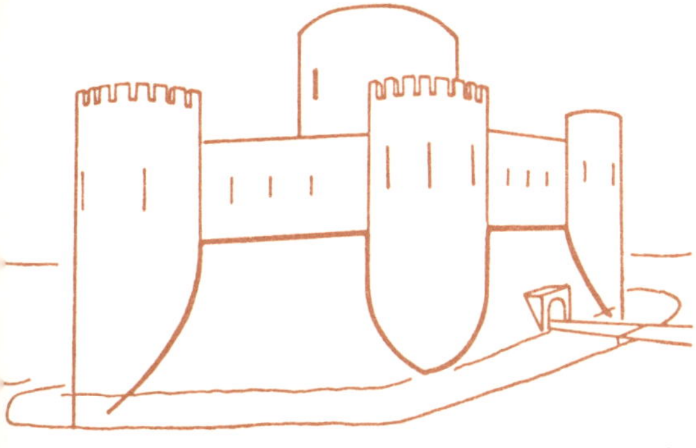

glacis

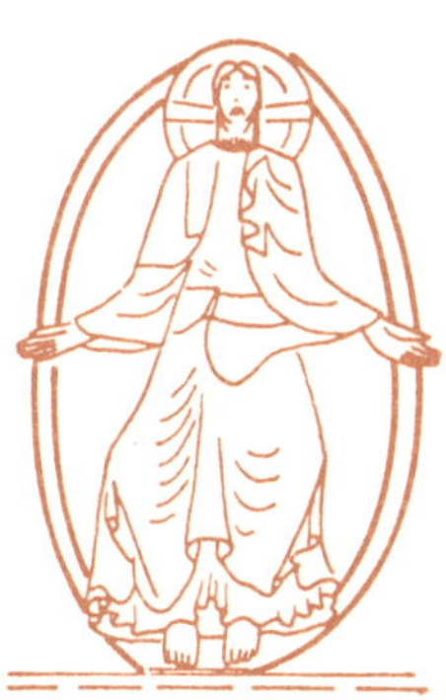

gloire

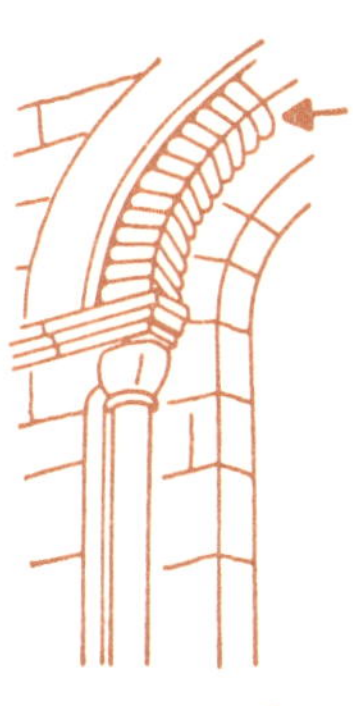

godron

3) Baldaquin en forme de cône d'une tente.

girouette n.f. (*croisement avec* girer : tourner, *de l'ancien normand* wirewite). *Archit.* Feuille de tôle de zinc ou de cuivre taillée en forme de banderole, d'animal fantastique ou autrement, posée sur une tige à pivot mobile et servant à indiquer la direction du vent (*pl.* 94). On les place sur les sommets les plus élevés des constructions (poinçons, faîtages, épis, etc.). Les *girouettes* anciennes étaient souvent découpées en coqs* de clocher*, ou décorées d'armoiries. D'après Viollet-le-Duc, les girouettes de château étaient un signe de noblesse, et leur forme n'était pas arbitraire.

ø *All.* Windfahne, *angl.* vane, weathercock, *esp.* giralda, *ital.* banderuola.

gisant n.m. (*du lat.* jacere : gésir, être couché). *Archit.* Statue* ou figure* funéraire couchée, par opposition à *orant,* statue funéraire à genoux.

ø *All.* Liegefigur, *angl.* recumbent effigy, *esp.* estatua yacente, *ital.* statua giacente.

glacis n.m. (*du lat.* glacies : glace). Terrain en pente lisse comme de la glace. ‖ *Fortif.* Espace en pente balayé par le tir des défenseurs (*v.* talus) (*fig., v. pl.* 8). ‖ *Archit.* Plan incliné surmontant une corniche* en saillie, afin de faciliter l'écoulement des eaux.

gland n.m. (*lat.* glandis). 1) Fruit du chêne ‖ 2) Sculpture ornementale ayant la forme du fruit du chêne. ‖ 3) Ornement de passementerie se composant de franges pendantes tombant d'un noyau de bois tourné; se rencontrait, notamment, sur le chapeau des dignitaires ecclésiastiques.

ø *All.* Troddeln, *angl.* tassel, *esp.* borla, *ital.* fiocco.

globe n.m. (*lat.* globus). 1) Corps sphérique.

ø *All.* Globus, *angl.* ball, *esp. et ital.* globo.

2) Attribut de souveraineté des empereurs et rois, symbole de la terre qui est sous leur empire. Adopté comme symbole de la souveraineté par les empereurs romains depuis Caracalla, et à leur imitation par les rois barbares. Les princes chrétiens le surmontèrent d'une croix.

ø *All.* Reichsapfel, Weltkugel, *angl.* orb of sovereignty, *esp.* bola del Universo, *ital.* globo.

globulaire adj. (*de* globulus, *dimin. de* globus). Qui a la forme d'un petit globe*.

gloire n.f. (*lat.* gloria). *Iconogr.* Auréole* le plus souvent ovale ou elliptique faite de lignes et de rayons lumineux, enveloppant le corps tout entier du Christ (*fig., v. pl.* 7). La *gloire* a souvent la forme d'une amande et est appelée dans ce cas *amande mystique* ou mandorle*.

L'auréole qui entoure seulement la tête prend le nom de *nimbe** (*v.* vesica piscis).

ø *All.* Glorie, Strahlenkranz, *angl.* glory, beams, *esp.* aureola, *ital.* gloria.

glyphe n.f. (*du gr.* γλυφειν : graver). *Archit.* Traits gravés en creux, rainures servant d'ornements dans des panneaux* de pierre ou de bois. Lorsqu'elles sont groupées par trois, exactement deux plus deux demies, comme dans les temples doriques* de l'Antiquité, on les nomme *triglyphes.*

ø *All.* Rinne, Hohlkehle, *angl.* glyph, *esp. et ital.* glifo.

glyptique n.f. (*gr.* γλυπτικη : art de graver). Art de graver* les pierres* précieuses et les pierres fines en relief (camées*) ou en creux (intailles*).

ø *All.* Steinschneidekunst, *angl.* glyptics, *esp.* glíptica, *ital.* glittica.

gnomon n.m. (*gr.* γνομων). Style ou longue aiguille de fer ou de bronze scellée dans un cadran* solaire, qui indique l'heure par la projection de son ombre sur le cadran.

ø *All.* Sonnenzeiger, *angl.* gnomon, *esp.* gnomon, *ital.* orologio.

godron n.m. (*orig. obsc.*). Ornement* consistant en une suite de renflements (*fig.*). C'est encore un ornement qui affecte la forme d'une goutte de suif courbe. On trouve les *godrons* fréquemment dans l'art roman sur la corbeille des chapiteaux*, sur des bénitiers*, des tailloirs*, des fûts de colonne*, etc.

ø *All.* Buckel, Rundfalte, *angl.* gadroon, *esp.* media caña, bollo, *ital.* cannoncino.

godronné adj. *Voir* chapiteau.

gond n.m. (*lat.* gomphus : cheville). *Archit.*

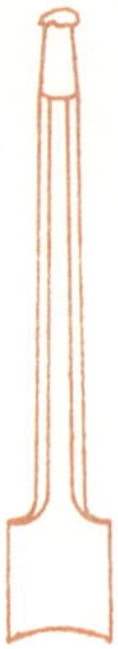

gouge

Pièce de fer coudée servant de pivot aux vantaux* de porte.

ø *All.* Türangel, *angl.* hinge, *esp.* gozne, pernio, *ital.* cardine.

gonfalon *ou* **gonfanon** n.m. (*du francique* gundfano : étendard de combat). Bannière, oriflamme ou écharpe se terminant par plusieurs pointes et suspendues à un fer de lance ou à un étendard.

ø *All.* Lanzenfähnchen, *angl.* gonfalon, *esp.* gonfalón, *ital.* gonfalone.

gorge n.f. (*peut-être du lat.* gurga : tourbillon, *par onomatopée*). *Archit.* Grande moulure* concave qui formait au Moyen Age la partie principale des corniches*.

ø *All.* Kehle, Rinne, *angl.* groove, concave moulding, *esp.* garganta, *ital.* scanalatura.

gorgerin n.m. (*dér. de* gorge). 1) Pièce de l'armure* couvrant la gorge et le cou. ‖ 2) *Archit.* Partie du chapiteau* dorique* comprise entre l'astragale* et les annelets* ou filets inférieurs. On la nomme aussi colarin (*v. ce mot*). Le *gorgerin* est ordinairement lisse, mais souvent décoré de rosettes isolées ou autres ornements.

ø *All.* Halsstück, *angl.* gorgerin, *esp.* gorguera, *ital.* gorgiera.

gorgone n.f. (*de* Gorgones, *montres fabuleux*). Dans l'art antique, motif* de décoration composé d'une tête de femme vue de face, la bouche ouverte, et coiffée de serpents emmêlés en guise de cheveux.

ø *All.* Gorgone, *angl.* gorgon, *esp.* gorgona, *ital.* gorgone.

gothique adj. (*emprunté au bas-latin* gothicus : relatif aux Goths). Ce terme qui signifie « barbare » a été introduit par les Italiens de la Renaissance pour qualifier avec un sens péjoratif l'art du Moyen Age, et en particulier le style qui vint après le style roman à la fin du XIIe siècle pour se prolonger jusqu'au XVIe. Depuis le retour en vogue du Moyen Age au début du XIXe siècle, on a proposé à différentes reprises des noms moins injurieux et moins impropres.

On a proposé d'abord le mot *ogival** qui n'a pas été retenu parce que l'ogive* n'est pas la caractéristique exclusive de l'architecture gothique comme on l'a souvent cru, et aussi parce que l'épithète ogivale ne peut s'appliquer aux arts autres que l'architecture. Le nom d'*art français* qui a été proposé soulève aussi des objections car, suivant la formule de M. Réau, « il n'y a pas d'art gothique que l'art français, et il n'y a pas d'art français que l'art gothique ».

Finalement le terme *gothique* devenu traditionnel est employé dans toutes les langues et peut être conservé comme le moins inadéquat, pourvu qu'on ne lui garde pas son accent péjoratif.

On distingue généralement trois périodes principales caractérisées par des décors* de plus en plus compliqués : le style primaire à lancettes (fin du XIIe s.), le style rayonnant (XIIIe s.) et le style flamboyant (XVe s.).

ø *All.* gotisch, *angl.* gothic, *esp.* gótico, *ital.* gotico.

Gothique primaire :

ø *All.* Frühgotik, *angl.* early gothic, *esp.* gótico primitivo, *ital.* gotico primitivo.

Gothique rayonnant :

ø *All.* Hochgotik, *angl.* rayonnant gothic, *esp.* gótico radiante, *ital.* gotico raggiante.

Gothique flamboyant ou *tardif* :

ø *All.* Flammenstil, Spätgotik, *angl.* flamboyant gothic, *esp.* gótico flamígero, *ital.* gotico flammegiante, tardo-gotico.

Gothique perpendiculaire (Angleterre, fin de l'art gothique, XVe s.) :

ø *All.* Perpendikularstil, *angl.* perpendicular style, *esp.* estilo perpendicular, *ital.* gotico perpendicolare.

gouge n.f. (*lat.* gubia : burin). Outil* pour évider. C'est un ciseau* dont la partie inférieure et le taillant sont demi-cylindriques (*fig.*). Divers corps d'état emploient diverses formes de *gouges* pour tailler dans le bois* ou la pierre* des gorges, des cannelures, des canaux, etc.

ø *All.* Hohleisen, Hohlmeißel, *angl.* gouge, scooper, *esp.* gubia, *ital.* sgorbia, sguscio.

goujon n.m. (*dér. de* gouge). *Archit.* Cheville* en fer ou en bronze servant à relier deux pièces de

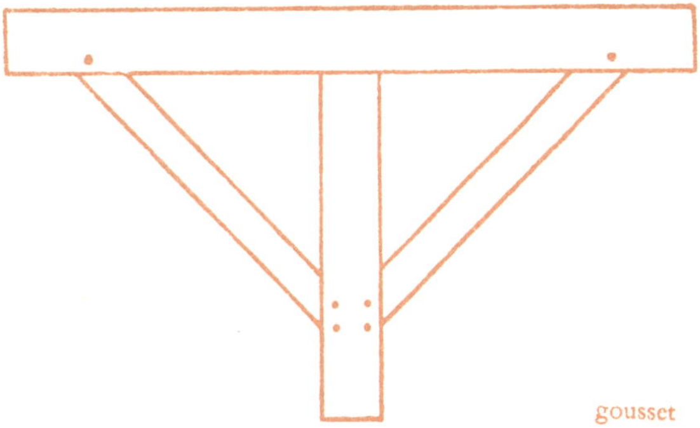

gousset

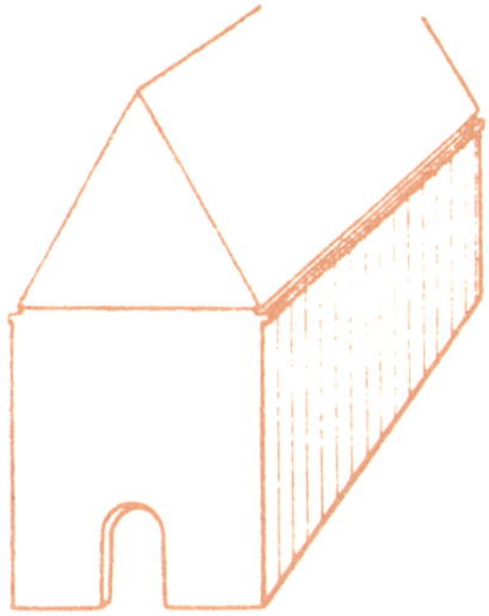

gouttereau (mur)

bois*, de pierre*, ou de métal, par exemple les tambours* d'une colonne.

∅ *All.* Pflock, *angl.* gudgeon, *esp.* clavija de hierro, *ital.* arpese, pernio.

goupille n.f. (*orig. obsc.*). En terme de serrurerie, petite cheville* servant à unir serrés des assemblages*.

∅ *All.* Pflock, *angl.* pin, *esp.* clavija, *ital.* copiglia.

goupillon n.m. (*peut-être dérivé de* goupil : renard). Objet rituel servant à asperger.

Les Hébreux se servaient d'hysope, plante médicinale symbolisant l'humilité et la pénitence. Dans les églises latines, l'aspersoir peut être d'hysope ou d'une autre plante (buis), mais l'usage de l'aspersoir en bois ou en métal a prévalu. Il peut avoir la forme d'un bâton se terminant par une touffe de longues soies de blaireau, on le nomme alors *goupillon*, probablement par analogie avec la queue de renard.

∅ *All.* Weihwedel, *angl.* sprinkler, *esp.* hisopo, *ital.* aspersorio.

gousset n.m. (*dér. de* gousse, *orig. obsc.*). *Archit.* Pièce de charpente* reliant en travers deux poutres* assemblées d'équerre* pour les renforcer et en maintenir l'écartement (*fig.*).

∅ *All.* Tragband, *angl.* bracket, *esp.* tornapunta, *ital.* assicciuola.

gouttes n.f.pl. *Voir* larmes.

gouttereau (mur) (*on écrit aussi* goutterot; *dér. de* goutte, *lat.* gutta). *Archit.* Mur* qui porte une gouttière*, par opposition au mur pignon* (*fig.*).

∅ *All.* Traufseitenmauer, *ital.* muro della grondaia.

gouttière n.f. (*dér. de* goutte, *lat.* gutta). *Archit.* Petit canal* ordinairement en métal (ou bois recouvert de plomb) placé sous l'égout* d'un toit en pente, afin de recevoir les eaux pluviales et les diriger dans les tuyaux* de descente, ou dans les gargouilles*.

Lorsqu'elles sont creusées dans la pierre on leur donne le nom de *chéneaux*.

∅ *All.* Dachrinne, Traufe, *angl.* gutter, rainwater pipe, *esp.* gotera, *ital.* gronda, grondaia.

Rel. Côté du livre opposé au dos*, dont il reproduit en creux l'arrondi (*v.* tranche).

Graal (Saint) On conserve à la cathédrale de Gênes le *Sacro Catino*, plat sacré, vase précieux apporté de Césarée de Palestine en 1101. On le dit avoir servi (?) à Notre Seigneur pendant la dernière Cène et avoir recueilli (??) le Précieux Sang de ses plaies. Il est en pâte de verre orientale ancienne. C'est le *Saint Graal*, si célèbre autrefois et si souvent chanté dans les romans du cycle de la Table ronde.

∅ *All.* der heilige Gral, *angl.* the holy Grail, *esp.* Santo Grial, *ital.* Sacro Catino.

grâce n.f. (*lat.* gracia; *divers sens lat.* : faveur, pardon, remerciement : *quelques-uns se sont conservés*).

1) *Dans le sens de* charme. Qualité de ce qui est agréable, aimable.

∅ *All.* Anmut, *angl.* grace, *esp.* gracia, *ital.* grazia.

2) *Dans le sens de* pardon. La grâce accordée à un condamné.

3) *Sens théologique.* Grâce divine par opposition à la Loi de Moïse.

∅ *All.* Gnade, *angl.* grace, *esp.* gracia de Dios, *ital.* grazia de Dio.

gradation n.f. (*du lat.* gradus : degré). *Archit.* Progression ascendante ou descendante, par exemple dans la richesse d'une ornementation*.

∅ *All.* Abstufung, Steigerung, *angl.* gradation, *esp.* gradación, *ital.* gradazione.

gradin n.m. (*lat.* gradus : degré, marche). *Archit.* *Gradins d'autel* : élévation placée sur l'autel*, à la manière des buffets ou étagères d'appartement. C'est au XIIe siècle seulement que l'on vit apparaître cette surcharge sur les autels qui furent longtemps de simples tables sans gradins. Ces gradins, appelés aussi « petit degré », devinrent souvent des monuments de grande taille (*v.* retable).

∅ *All.* Stufe, *angl.* step, *esp.* grada, *ital.* scalino.

gradine n.f. (*dér. de* gradus : degré). *Archit.* Ciseau* de sculpteur et de tailleur de pierres à coupant dentelé servant à faire disparaître les aspérités laissées par le travail du poinçon*.

ø *All.* Gradiereisen, *ital.* gradina.

graduel n.m. (*dér. de* gradus : marche). Chant de la messe qui se place entre les deux lectures de l'épître et de l'évangile.

Son nom vient, dit-on, de ce qu'on le chantait sur le *gradus* ou *ambon.*

ø *All.* Graduale, *angl.* gradual, *esp.* gradual, *ital.* graduale.

graffito n.m. (*mot ital., rac. lat.* graphium : poinçon). *Archit.* Ce qu'on trouve écrit ou dessiné sur les murs d'un monument antique. Employé surtout au pluriel (*graffiti*).

Les archéologues classent dans les graffiti les inscriptions ou dessins tracés à la main par les passants sur les édifices antiques.

Ne pas confondre avec *sgraffito* (*v. ce mot*).

graindorge n.m. (*lat.* granum : graine, *et provenç.* ordi : orge). *Archit.* 1) Mot signifiant une sorte de feuillure* pratiquée, en charpente*, sur des poutres et madriers afin d'y loger l'extrémité de lattis, de planchers ou de solives. En menuiserie*, il désigne une cannelure* triangulaire pratiquée dans les moulures des chambranles des portes, en vue de dégager le profil de ces moulures. || 2) Outil* servant à creuser ces cannelures.

ø *All.* Gerstenkornverband, *angl.* diamond point chisel, *esp.* grano de cebada, *ital.* grano d'orzo.

grandeur n.f. (*dér. de* grand, *lat.* grandis). Qualité de ce qui dépasse les dimensions habituelles.

ø *All.* Grösse, *angl.* greatness, *esp.* grandeza, *ital.* grandezza.

Grandeur naturelle : se dit de tout objet représenté par l'art dans ses dimensions réelles.

ø *All.* Originalgrösse, *angl.* lifesize, *esp.* tamaño natural.

Grandeur d'exécution : se dit des modèles en sculpture*, des plans et dessins en architecture*, qui représentent des objets dans la vraie dimension où ils doivent être exécutés.

ø *Angl.* full size, *ital.* grandezza di esecuzione.

grange n.f. (*lat.* granica, *dér. de* granum : grain). *Archit.* Bâtiment* rural propre à renfermer les fourrages et les grains.

Les moines, surtout à partir du XIe siècle, bâtirent un grand nombre de granges, soit dans l'enceinte des abbayes*, soit sur les terres leur appartenant. Souvent ces granges, qui étaient habitées par des frères convers ou des paysans, devinrent le noyau d'un hameau.

ø *All.* Scheune, *angl.* barn, *esp.* granja, *ital.* capanna.

granit n.m. (*de l'ital.* granito, *dér. de* granus, *proprement* grenu). Roche dure composée de quartz, de feldspath et de mica : suivant que l'une ou l'autre de ces substances domine, le *granit* possède telle ou telle teinte : rougeâtre, blanc-rose, gris, etc.

Malgré son extrême dureté le granit a été de tout temps employé en sculpture*.

ø *All.* Granit, *angl.* granite, *esp.* piedra berroqueña, granito, *ital.* granito.

gratter v.tr. (*du francique* krattôn). Racler une surface.

ø *All.* abkratzen, *angl.* to scrape, *esp.* rascar, *ital.* raschiare.

grattoir n.m. (*v.* gratter). Instrument aiguisé servant à rectifier une surface en ôtant des aspérités, ou à effacer une marque. Sa forme varie suivant les métiers.

graver v.tr. (*du francique* graban : creuser). Inscrire en creux avec un instrument tranchant, dans le bois, la pierre ou le métal, des lettres, des dessins ou des ornements.

ø *All.* gravieren, stechen, *angl.* to engrave, to etch, *esp.* grabar, *ital.* incidere.

gravier n.m. (*dér. de* grève, *du gaul.* grava : sable). Gros sable* mêlé à de petits cailloux.

ø *All.* Kies, *angl.* gravel, *esp.* cascajo, *ital.* ghiaia.

gravois *ou* **gravats** n.m.pl. (*dér. de* grève). *Archit.* Débris de plâtre, de mortier, de pierres, venant de démolitions*.

ø *All.* Schutt, *angl.* rubbish, *esp.* escombros, *ital.* rottami di gesso.

gravure n.f. (*de* graver, *de l'all.* graben : creuser). Reproduction sur papier d'une illustration dessi-

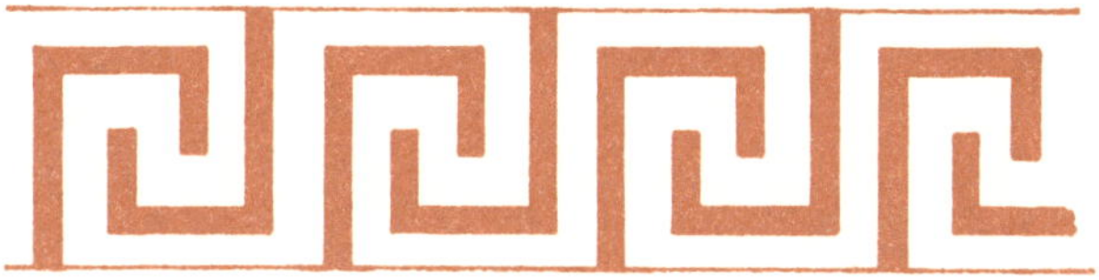

grecques

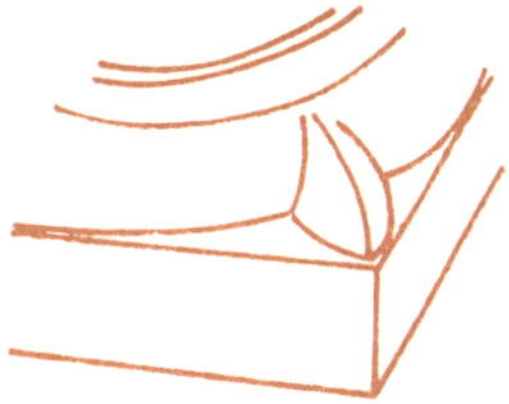

griffe

née en creux dans une plaque de bois ou de cuivre. Ce procédé fut inventé vers 1400, probablement aux Pays-Bas, et perfectionné dans l'Allemagne rhénane. Gutenberg ne fit d'abord, en fait d'imprimerie, que graver un texte à la place de l'illustration.

⌀ *All.* Stecherkunst, *angl.* engraving, *esp.* grabado, *ital.* incisione.

Gravure sur bois :

⌀ *All.* Holzschnitt.

grecques n.f.pl. *Archit.* Ornement* composé de lignes droites horizontales et verticales qui reviennent sur elles-mêmes mais restent toujours parallèles (*fig., pl.* 95).

⌀ *All.* gebrochener Stab, Mäanderstreifen, *angl.* greek frets, meander, *esp.* grecas, *ital.* greche.

grégorien (chant) Chant officiel de l'Église romaine, seul adopté dans les livres liturgiques.

Les origines incertaines de ce chant sont à rechercher d'une part dans l'art hébraïque, d'autre part dans l'art gréco-romain. Mais l'Église peut seule revendiquer la composition des mélodies liturgiques. Parmi les papes qui dirigèrent la formation et le développement du chant grégorien, saint Grégoire Ier (540-604), dit le Grand, émerge presque seul en donnant son nom même à ce chant. Avec lui le chant grégorien a atteint son apogée; à partir du XIIe siècle il connaît une certaine décadence jusqu'à sa renaissance au XIXe siècle (Solesmes).

⌀ *All.* gregorianisch, *angl.* gregorian, *esp. et ital.* gregoriano.

grêle adj. (*lat.* gracilis). Mince, mesquin, manquant de force ou de grandeur.

⌀ *All.* dünn, schlank, *angl.* slender, slim, *esp.* delgado, *ital.* gracile, sottile.

grémial n.m. (*du lat.* gremium : sein, giron). Voile précieux que l'on pose sur les genoux de l'évêque officiant à la messe, lorsqu'il est assis.

⌀ *All.* Schosstuch, *angl. et esp.* gremial, *ital.* grembiale.

grenat n.m. (*du lat.* (pomum) granatum : (pomme) grenue). 1) Pierre* précieuse d'un rouge foncé dont la couleur ressemble à celle des grains de la grenade (pomme grenue). ‖ 2) Cette même couleur rouge.

⌀ *All.* Granat, *angl.* garnet, *esp.* granate, *ital.* granato.

grès n.m. (*du francique* griot : gravier). Roche formée de grains agglomérés par un ciment* naturel. Suivant la nature des grains et celle de l'agglomérant, on a des variétés multiples de grès. Il est tantôt de couleur grise, tantôt rose comme le grès des Vosges, etc.

On le divise en grès siliceux, très dur; grès calcaire, présentant des degrés de dureté divers en raison de l'abondance ou du plus ou moins de fermeté de l'agglomérant qui en unit les grains; et grès argileux, moins dur et de couleur tirant sur le vert.

⌀ *All.* Sandstein, *angl.* sand-stone, *esp.* gres, *ital.* arenaria.

grésoir n.m. (*dér. de* gruger, *rac. néerland.* gruizen : écraser). Instrument en fer ou acier servant, avec le diamant*, à tailler le verre des vitraux*. On dit aussi *égrugeoir, grugeoir* ou *cavoir.*

⌀ *All.* Beschneidemesser, Kröseleisen, *angl.* glazier's iron, *esp.* grujidor, *ital.* grisatoio.

gresserie n.f. (*dér. de* grès). 1) Carrière* d'où l'on extrait le grès*. On dit aussi *grésière.* ‖ 2) *Archit.* Ouvrage en grès.

griffe n.f. (*du francique* gripan : saisir, *en allemand* greifen). *Archit.* Ornement*, très fréquent à l'époque romane, qui dans les bases de colonnes* sert à racheter les angles de la plinthe* (carrée) que les tores* (circulaires) laissent à découvert (*fig., v. pl.* 5). Son nom lui vient de ce qu'il semble accrocher solidement le fût des colonnes à la plinthe de leur soubassement. Il y a des griffes en forme de griffes, de pattes d'animaux ou de feuillages.

⌀ *All.* Eckblat, Ecksporn, *angl.* angle spur, base ornament, *esp.* zarpa, *ital.* sperone, unghia d'angolo.

griffon n.m. (*du lat.* gryphus, *animal fantastique*). *Archit.* Animal fabuleux moitié lion et moitié aigle.

⌀ *All.* Greif, *angl.* griffin, *esp.* grifo, *ital.*

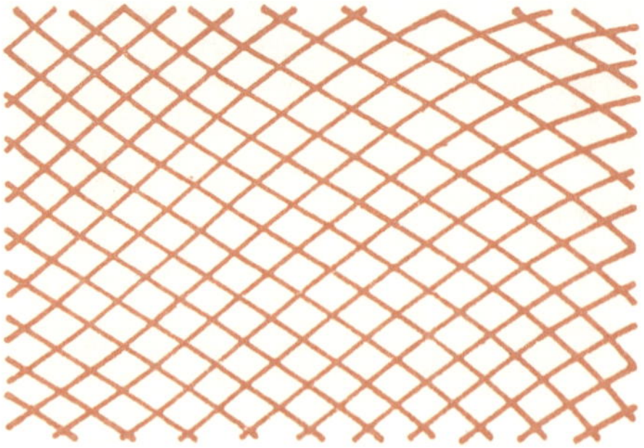

guillochis

grifone.

gril n.m. (*forme masculine de* grille). Grille, au sens d'instrument pour rôtir.

∅ *All.* Rost, *angl.* gridiron, *esp.* parrilla, *ital.* gratella.

grille n.f. (*lat.* craticula : gril). *Archit.* Clôture* formée de barreaux de bois ou de fer assemblés dans des traverses et en claire-voie (*pl.* 96, *v. pl.* 3).

∅ *All.* Gitter, *angl.* grating, railing, *esp.* reja, verja, *ital.* cancello, grata.

gris n.m. (*francique* gris). Couleur obtenue par un mélange de blanc et de noir.

∅ *All.* Grau, *angl.* grey, *esp.* gris, *ital.* grigio.

grisard n.m. (*dér. de* gris). 1) Grès* trop dur pour être travaillé. ‖ 2) Peuplier dont le bois est utilisé en parqueterie.

grossier adj. (*du lat. pop.* grossus). Sans apprêt, mal équarri, à l'état brut.

∅ *All.* grob, klotzig, *angl.* coarse, crude, *esp.* grosero, *ital.* grossolano, rozzo.

grotesques n.m.pl. (*ital.* grottesco, *de* grotte). *Archit.* Ce sont des motifs* d'ornementation peints, dessinés ou sculptés, figurant des sujets bizarres avec des sortes d'arabesques* où apparaissent des personnages étranges, des têtes bouffonnes, des animaux fantastiques. Les sculpteurs du Moyen Age ont réalisé des *grotesques* avec beaucoup de talent pour orner des culots, des abouts de poutres, des corbeaux, des retombées de nervures de voûtes, etc.

Ils se distinguent des arabesques en ce qu'on y trouve des figures, ce que n'admettent pas ces dernières. Il ne faut pas les assimiler aux grotesques de la Renaissance, décorations aux dessins capricieux qui imitent celles qu'on a trouvées dans les édifices anciens ensevelis sous terre, dans les grottes de la Rome antique, et n'excluent nullement la figure humaine.

groupe n.m. (*ital.* gruppo, *proprement* : nœud). Réunion, agencement d'objets formant un ensemble. Le *groupe* doit être équilibré et harmonieux.

∅ *All.* Gruppe, *angl.* group, *esp.* grupo, *ital.* gruppo.

grugeoir n.m. *Voir grésoir.*

∅ *All.* Kröseleisen, *angl.* glazier's iron, *esp.* grujidor, *ital.* grisatoio.

grume n.f. (*orig. obsc.*). *Archit.* Le bois* est dit en *grume* lorsqu'il se présente tel qu'il vient d'être abattu, ébranché, non équarri, et le plus souvent encore recouvert de son écorce.

∅ *All.* berindetes Stammholz, Langholz, *angl.* rough timber, *esp.* madera con su corteza, *ital.* legno colla scorza.

gueules (de) (*du persan* gul : rose). *Blason* Rouge héraldique. Cette couleur s'indique par des hachures verticales.

∅ *All.* Rot, *angl.* gules, *esp.* gules, *ital.* rosso.

guichet n.m. (*orig. obsc.*). *Archit.* 1) Petite porte* pratiquée dans un des vantaux* d'une porte cochère. ‖ 2) On nomme ainsi une ouverture pratiquée dans une porte à une hauteur convenable qui permet de communiquer au dehors sans ouvrir la porte, ou bien de voir le visiteur avant d'ouvrir la porte. Quand ces guichets sont très petits on les nomme *judas* (*v. ce mot*).

∅ *All.* Einlaßpförtchen, *angl.* peep-hole, *esp.* ventanillo, *ital.* sportello.

guilde *ou* **ghilde** n.f. (*du néerland.* gilde : troupe, *puis* corporation). Association de marchands ou d'artisans, corporation.

∅ *All.* Gilde, *angl.* guild, *esp.* corporación, *ital.* arte.

guillochis n.m. (*dér. de* guillocher, *dér. de* guilloche, *dim. de* Guillaume). Ornements* en sculpture et en peinture composés de traits et de lignes qui s'entrecroisent dans un certain ordre et qui se reproduisent avec symétrie (*fig.*).

∅ *All.* Guilloche, *angl.* chequered pattern, guilloche, *esp.* lineas entrecruzadas, *ital.* rabeschi.

guinder v.tr. (*du scandinave* winda : hausser). *Archit.* Lever un fardeau en haut par le moyen d'une machine; tirer les cordages d'une poulie mouflée pour élever un fardeau. *D'où* guindeau : cabestan.

guindé adj. (*de* guinder). *Archit.* affecté, prétentieux, sans grâce, en parlant du style.

∅ *All.* geschraubt, *angl.* stiff, formal, *esp.*

afectado, *ital.* stentato.

guirlande n.f. (*de l'ital.* ghirlanda). *Archit.* Ornement* en forme de feston* très employé en architecture. Il est fait de feuillages, fleurs, fruits liés ensemble par des rubans, et souvent renflé au centre.

∅ *All.* Blumengehänge, Blumenschnur, Girlande, *angl.* garland, *esp.* guirnalda, *ital.* ghirlanda.

guivre n.f. (*du lat.* vipera : serpent, *devenu* wipera *par influence germanique*). 1) Animal fabuleux au corps de dragon couvert d'écailles avec des ailes de chauve-souris. ‖ 2) *Blason* Serpent à queue tortillée.

∅ *All.* Schlange, *angl.* wyvern, *esp.* sierpe, *ital.* biscia.

gypse n.m. (*lat.* gypsum). *Archit.* Sulfate de chaux naturel appelé aussi *talc* ou *pierre à plâtre,* qui après calcination prend le nom de *plâtre*,* et devient un matériau très usité, en construction.

∅ *All.* Gips, *angl.* gypsum, *esp.* yeso, *ital.* gesso.

H

habillement n.m. (*dér. de* habiller : *proprement* préparer une bille de bois; *influencé par* habit, *a pris le sens de* vêtir). 1) Manière de se vêtir. ‖ 2) *Archit.* Cacher par un revêtement un élément d'architecture préexistant; par exemple pour transformer une mince colonne* en gros pilier*. L'expression vient des peintres qui, ayant dessiné le nu d'un personnage, l'habillent en dessinant ses vêtements.

∅ *All.* Bekleidung, *angl.* clothing, *esp.* revestir, *ital.* abbigliamento.

habitation n.f. (*lat.* habitatio, *de* habere *au sens de* : se tenir). *Archit.* Maison, logement.

∅ *All.* Wohnung, *angl.* dwelling, *esp.* habitación, *ital.* abitazione.

hache n.f. (*du francique* hapja). Outil* de fer tranchant à manche servant à abattre des arbres (hache de bûcheron) ou encore à les équarrir. Les haches étaient de silex aux temps préhistoriques.

∅ *All.* Axt, Beil, *angl.* axe, *esp.* hacha, *ital.* scure, ascia.

Hache d'armes : la hache servait d'arme offensive. Elle servait aussi au bourreau pour décapiter.

∅ *All.* Streitaxt, Henkerbeil, *angl.* battle-axe, *esp.* hacha de armas, *ital.* scure d'armi.

hachures n.f.pl. (*dér. de* hache). Traits tracés parallèlement ou en se croisant, sur du papier ou du métal, un peu comme s'ils étaient frappés à coups de hache* : ils servent soit à modeler les formes, soit à figurer des ombres portées.

Dans le dessin d'architecture, les *hachures* désignent les pièces coupées. En topographie, elles figurent les accidents du terrain. En héraldique, elles désignent conventionnellement les couleurs* des émaux par des combinaisons diverses (*v.* héraldique).

Ø *All.* Schraffe, *angl.* hatchings, *esp.* plumeados, *ital.* intagli.

Hachures croisées :

Ø *All.* Kreuzschraffierungen, *angl.* cross-hatchings, *esp.* rasgos cruzados, *ital.* contratagli.

hagiographie n.f. (*du gr.* αγιος : saint *et* γραφειν : écrire). Étude de la biographie des saints et leur culte. Il faut bien distinguer le travail des vrais hagiographes comme les bénédictins et les bollandistes, de ce qu'on appelle la littérature hagiographique, qui est mêlée : on y trouve souvent des miracles légendaires, des récits édifiants dénués de toute critique.

Depuis le XIIIe siècle seulement l'Église canonise ses saints après des enquêtes très serrées. Mais dès les premiers temps et jusqu'à cette époque, et depuis, l'Église possède des documents hagiographiques d'une valeur critique incontestable.

Ø *All.* Hagiographie, *angl.* hagiography, *esp.* hagiografía, *ital.* agiografia.

halle n.f. (*du francique* halla). *Archit.* Marché couvert; magasins publics de marchandises variées : halle aux blés, aux draps, etc.

Ø *All.* Kaufhaus, *angl.* market house, *esp.* mercado, lonja, *ital.* mercato.

Halle aux blés :

Ø *All.* Getreidehalle, *angl.* corn market, *esp.* alhóndiga, *ital.* mercato delle biade.

Halle aux draps :

Ø *All.* Tuchhalle, *angl.* drapers hall, *esp.* lonja de paños, *ital.* palazzo dei drappieri.

Église-halle : *v.* église.

hampe n.f. (*altération de l'ancienne forme de ce mot* : hante, *lat.* hasta : lance). Manche long d'une arme* de jet, d'une crosse* d'évêque...

Ø *All.* Schaft, *angl.* shaft, *esp.* asta, *ital.* asta.

hanap n.m. (*francique* hnap : écuelle). Vase à boire du Moyen Age se fermant par un couvercle et monté sur un pied. Souvent exécuté en métal précieux.

Ø *All.* Pokal, *angl.* beaker, hanap, *esp.* copa medieval, *ital.* bicchiere grande.

hanche n.f. (*du francique* hanka). Saillie* de l'os iliaque au-dessus de l'articulation du fémur.

Ø *All.* Hüfte, *angl.* hip, *esp.* cadera, *ital.* anca.

hanché adj. (*dér. de* hanche). Se dit d'une figure debout qui s'appuie sur une jambe plus que sur une autre, ce qui fait saillir une hanche*.

hanchement n.m. (*dér. de* hanche). Attitude d'une figure debout hanchée*. On peut donner comme origine à cette attitude qui a été souvent donnée (surtout à partir du XIVe siècle il est vrai) aux madones sculptées en pierre ou en bois, soit l'attitude hanchée des madones en ivoire s'expliquant par la cambrure des défenses d'éléphant dans lesquelles elles étaient taillées, soit le fait qu'une mère ne peut regarder son enfant qu'elle porte sur le bras sans reculer le haut du corps et cambrer la taille.

happe n.f. (*de* happer, *onomatopée d'orig. germ.*). *Archit.* Sorte de crampon* de métal reliant deux pierres ou deux pièces de bois juxtaposées.

harmonie n.f. (*gr.* αρμονια). Heureux accord entre les parties, les proportions d'une figure, d'une œuvre d'art.

Ø *All.* Harmonie, *angl.* harmony, *esp.* armonía, *ital.* armonia.

harnachement n.m. (*dér. de* harnois). Ensemble de ce qui sert à tenir, à conduire, à monter, à atteler un cheval.

Ø *All.* Geschirr, Rossharnisch, *angl.* harness, horse trappings, *esp.* enjaezamiento, *ital.* bardatura di cavallo.

harnois n.m. (*emprunté au scandinave* her-nest : provision d'armée). Ensemble des armes de l'homme de guerre et de son cheval.

Ø *All.* Rüstung, *angl.* armour, harness, *esp.* arnés de justa, *ital.* armatura.

harpe n.f. (*rac. germ.* harpan : tirer, *qui a donné* harpa : croc). 1) Instrument de musique à cordes que l'on pince. Connu et utilisé des Hébreux. La *harpe* est le symbole de la divine louange, de la joie éternelle des saints.

Ø *All.* Harfe, *angl.* harp, *esp. et ital.* arpa.

2) *Archit. Généralement au pluriel* Pierres* d'attente formant saillie* à l'extrémité d'un mur* en prévision de constructions futures.

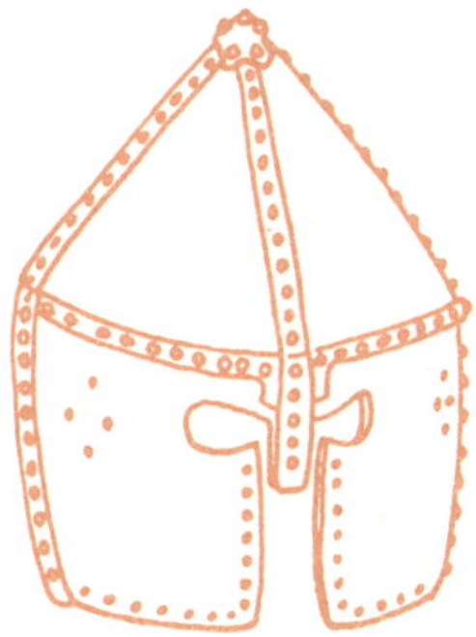

heaume

∅ *All.* Zahnsteine, *angl.* teeth, *esp.* adaraja, *ital.* addentellato.

3) On applique encore ce terme aux saillies des pierres de taille faisant chaîne* ou jambe* dans un mur, saillies tournées vers l'intérieur ou de côté dans le parement et destinées à donner plus de cohésion à l'ensemble de la maçonnerie* (*v.* jambe).

harpie n.f. (*gr.* αρπυια). Oiseau fabuleux des Grecs, à tête de femme et à serres d'aigle.

∅ *All.* Harpye, *angl.* harpy, *esp.* arpía, *ital.* arpia.

hast (arme d') (*lat.* hasta : lance). Nom désignant toutes les armes* composées d'un fer pointu fixé à l'extrémité d'une hampe*, telles que lance, épieu, hallebarde, javelot, etc.

∅ *All.* Stangenwaffe, *angl.* shafted weapon, *esp.* arma de asta, *ital.* arma in asta.

hâtier n.f. (*de* hâte : broche à rôtir, *croisement entre le latin* hasta (*ci-dessus*) *et le germ.* harsta : gril). Chenêt de grande taille employé dans les cuisines, muni de crochets de fer pour soutenir les broches à rôtir.

haubert n.m. (*francique* halsberg, *de* hals : cou *et* berg : qui protège). Sorte de cuirasse ou cotte de mailles utilisée au Moyen Age.

∅ *All.* Schuppenpanzer, *angl.* coat of mail, *esp.* cota de malla, *ital.* osbergo.

hausse-col n.m. (*germ.* halskot : cotte du cou). Pièce de l'armure* protégeant le cou à la jonction du casque et de la cuirasse.

∅ *All.* Gurgelplatte, *angl.* gorget, neck piece, *esp.* alzacuello, *ital.* gorgiera.

haut-relief n.m. (*de* relever, *lat.* relevare, *ital.* relievo). Sculpture* aux reliefs* très accusés sans pourtant qu'ils se détachent du fond. Forme de sculpture se situant entre la bosse et le bas-relief (*v.* bosse, relief, taille, bas-relief).

∅ *All.* Hochrelief, *angl.* high relief, *esp.* alto relieve, *ital.* alto relievo.

hauteur n.f. (*dér. de* haut, *lat.* altus, *avec influence du germ.* hoh). Qualité de ce qui est élevé. ‖ Dimension verticale.

∅ *All.* Höhe, *angl.* height, *esp.* altura, *ital.* altezza.

havet n.m. (*du francique* haf; *all.* heben : soulever). Outil* de couvreur servant à poser* les ardoises*.

∅ *All.* eiserner Haken, *angl.* hook-nail.

heaume n.m. (*du francique* helm : casque). Casque coiffant la tête et le cou complètement jusqu'aux épaules, muni d'une grille à coulisse sur le devant. La forme en a beaucoup varié du IXe au XVe siècle (*fig.*). C'est la première pièce* des armes qui orne les armoiries*.

∅ *All.* Helm, Topfhelm, *angl.* helmet, *esp.* yelmo, *ital.* elmo.

hélice n.f. (*gr.* ελιξ : spirale). *Archit.* 1) Tracé des escaliers* placés à l'intérieur de cages circulaires et présentant en leur centre un espace vide et cylindrique.

∅ *All.* Schraube, *angl.* screw, *esp.* hélice, *ital.* elice.

2) On appelle ainsi les volutes* des chapiteaux corinthiens*.

hémicycle n.m. (*du gr.* ημι : moitié *et* κυκλος : cercle). Partie d'un édifice* dont le plan* est un demi-cercle (par exemple abside*, chapelle*, etc.).

hémisphère n.m. (*gr.* ημι : moitié *et* σφαιριον : sphère). Moitié d'une sphère. ‖ Demi-globe terrestre. ‖ Certaines voûtes*, certaines coupoles* ont la forme d'un hémisphère.

∅ *All.* Halbkugel, Hemisphäre, *angl.* hemisphere, semidome, *esp.* hemisferio, *ital.* emisfero.

héraldique n.f. (*s.-e.* science) (*dér. de* heraldus : héraut). Science du blason*. Ensemble des usages et règles permettant de décrire et de représenter exactement armes* et armoiries* (*v.* blason).

∅ *All.* Wappenkunde, *angl.* heraldry, *esp.* blasón, heráldica, *ital.* araldica.

Héraldique ecclésiastique : c'est la science des armoiries des membres du clergé tant régulier que séculier; celles-ci ne sont plus qu'un vestige des usages du Moyen Age.

Ornements extérieurs. Pour les ecclésiastiques, les ornements extérieurs du blason sont beaucoup plus importants que l'écu lui-même, puisqu'ils ont pour but de faire connaître leur dignité. 1) Le chapeau prélatice ou simplement ecclésias-

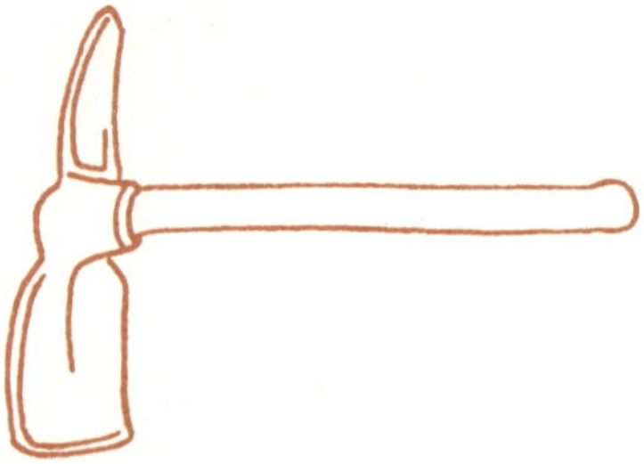

herminette

tique est le premier de ces ornements. Lorsque le pape Innocent IV en 1245 accorda aux cardinaux le droit de se coiffer du chapeau rouge, ceux-ci le firent bientôt dessiner au-dessus de leur écu à la place de la mitre. Il n'avait alors qu'un seul gland de chaque côté. Les évêques français adoptèrent aussi le chapeau, mais le prirent vert ainsi que les cordons et les glands. La couleur du chapeau et le nombre des houppes et des glands ne sont déterminés réglementairement que depuis le pape Pie X en 1905.

2) La mitre timbrant l'écu fut supprimée en Italie lorsque apparut le chapeau héraldique. En France le mitre fut longtemps conservée et se voit encore en double emploi placée de champ pour les évêques et tournée de trois quarts pour les abbés.

3) La crosse qui fut le plus ancien ornement extérieur a été remplacée par la croix, mais on la voit encore placée derrière l'écu. Elle est plutôt l'ornement propre des abbés et des abbesses.

4) La croix d'or à haute tige timbre en pal (c'est-à-dire verticalement) l'écu épiscopal. Les patriarches, primats et archevêques doublent le croisillon de cette croix, qui est uniquement héraldique. Parfois, mais à tort, les armoiries du pape ont été sommées d'un triple croisillon.

5) Le pallium ne se place pas normalement sur les blasons.

6) La couronne a été interdite aux cardinaux (1664) et aux évêques (1815).

7) La devise se place sous l'écu. Elle est formée en général de deux ou trois mots latins.

8) Le cry, ou cri de guerre, est un appel, un mot de ralliement qui ne se trouve que rarement dans les armoiries ecclésiastiques.

héraut n.m. (*du francique* hariwald, *de* wald : qui dirige *et* hari : l'armée; *latinisé en* heraldus). Le *héraut d'armes*, au Moyen Age, est un officier public inviolable; il peut être royal, princier, ou communal. A la guerre il annonce le jour des combats assignés, règle les échanges de prisonniers, etc. Dans les joutes et tournois il donne le signal; comme juge d'armes il vérifie les armoiries*.

En France ils étaient au nombre de trente. Le premier d'entre eux élu par les autres était dit *roi d'armes* et s'appelait Montjoie-Saint-Denis. Il habitait à la cour. Les autres étaient nominalement attachés aux provinces. Ils portaient une dalmatique ou plaque de velours violet et sur leurs manches les noms et armes de la province. Leur bâton revêtu de velours violet fleurdelysé d'or s'appelait *caducée*. Ils furent établis régulièrement au XIIe siècle et disparurent sous Louis XIII.

ø *All.* Wappenherold, *angl.* herald at arms, *esp.* heraldo, rey de armas, *ital.* araldo.

hermine n.f. (*lat.* armenius : arménien). Fourrure d'un petit carnassier ressemblant à une belette et habitant le Nord de l'Europe et l'Asie septentrionale. Elle était en hiver d'une blancheur éclatante; on la parsemait des queues ou pinceaux noirs de ces animaux. Cette opération se nommait *herminer* ou *moucheter* ces peaux.

La fourrure d'hermine était le symbole de la pureté. Elle était obligatoire pour les manteaux des rois et des magistrats. C'était une des deux fourrures entrant dans les armoiries*.

ø *All.* Hermelin, *angl.* ermine, *esp.* armiño, *ital.* armellino.

herminette n.f. (*dér. de* hermine). *Archit.* Hachette de charpentier* ainsi nommée parce que son tranchant rappelle le museau pointu et recourbé de l'hermine* (*fig.*).

ø *All.* Dachsbeil, *angl.* adze, *esp.* azuela, *ital.* ascia ricurva.

herse n.f. (*lat.* hirpe, hirpicem). 1) Instrument d'agriculture. Bâti muni de tiges de fer s'enfonçant dans la terre que l'on traîne après les labours pour aplanir et briser les mottes.

ø *All.* Egge, *angl.* harrow, *esp.* hachero, *ital.* erpice.

2) *Fortif.* Grille en fer (rappelant la forme d'une herse) coulissant dans les parois latérales de la porte principale d'un château-fort (*fig.*).

ø *All.* Fallgatter, *angl.* portcullis, *esp.* rastrillo, *ital.* saracinesca.

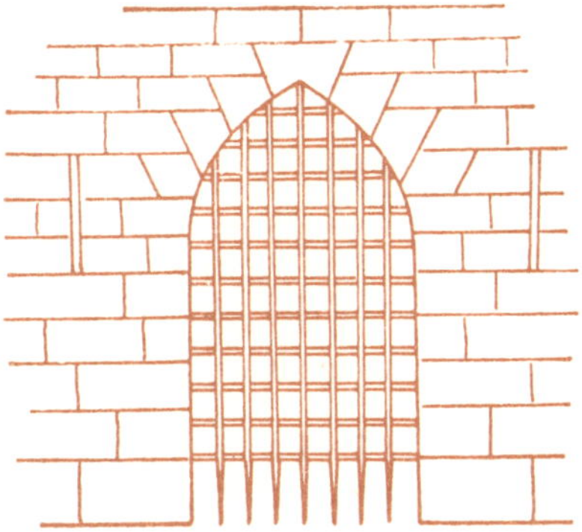

herse

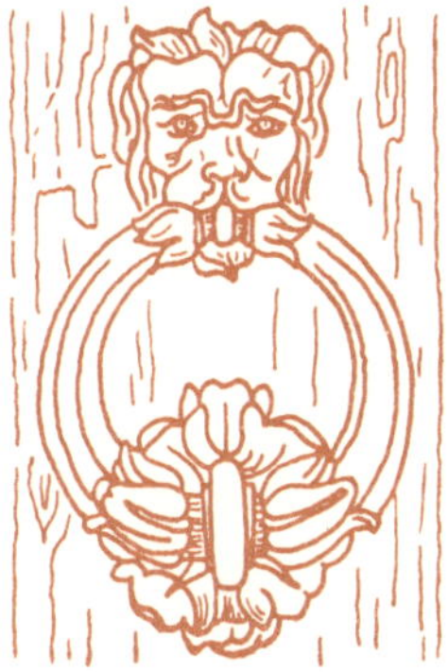

heurtoir

3) Meuble d'église : râtelier de fer hérissé de pointes (comme une herse) sur lesquelles on pique des cierges*. Il est souvent triangulaire ou en forme d'if.

∅ *All.* Lichterrechen, *angl.* hearse, *esp.* candelabro de muchos brazos, *ital.* erpice.

hétimasie *Voir* étimasie.

heures n.f.pl. (*lat.* horas). Les sept heures du jour où l'on doit réciter les sept parties diurnes de l'office* divin, savoir : laudes, puis prime, tierce, sexte, none (ces quatre appelées petites heures), enfin vêpres et complies. Les matines (office de nuit) se disent généralement, au chœur*, juste avant les laudes.

Livre d'heures : livre contenant les prières à réciter aux différentes heures conformément aux règles liturgiques. Ce livre, notamment lorsqu'il appartenait à de riches personnages laïques, était souvent orné d'enluminures*.

∅ *All.* Stundenbuch, *angl.* book of hours, *esp.* libro de horas, *ital.* libro d'ore, uffiziolo.

heurtoir n.m. (*dér. de* heurter, *du francique hurt* : bélier). Marteau* fixé à une porte pour frapper (*fig.*). Les premiers *heurtoirs* paraissent avoir été de petits maillets suspendus extérieurement aux portes. Les anneaux de fer attachés à des têtes de bronze en dehors des portes servaient également de heurtoirs, car ils sont souvent munis d'une boule ou partie renflée qui frappait sur une grosse tête de clou. Ces anneaux étaient à la porte de certaines églises un signe d'asile : pour requérir l'asile il suffisait de saisir l'anneau.

∅ *All.* Türklopfer, *angl.* door knocker, *esp.* aldabón, *ital.* battitoio.

heuse n.f. (*du francique* hosa : botte). 1) *Archit.* Les extrémités de la crête en plomb qui surmontait le faîte des édifices au Moyen Age (période ogivale) sont couronnées d'épis* ou *heuses*, comme on disait à l'époque. Les architectes de la période romane inaugurèrent ce genre d'ornements, mais dans les rares circonstances où ils s'en servirent ils employèrent la terre cuite ou la pierre. ‖ 2) Jambière de cuir, appelée *housseau.*

hiérarchie n.f. (*gr.* ιερος : sacré *et* αρχη : commandement). 1) Ordre et classification des différents degrés de l'état ecclésiastique : d'une part, selon le pouvoir d'ordre, en vertu de l'ordination*, c'est la hiérarchie d'ordre avec ses trois degrés de droit divin (diaconat, prêtrise, épiscopat) et d'autre part selon le pouvoir de juridiction d'après les degrés de subordination : c'est la hiérarchie de juridiction soit de droit divin (souverain pontife, évêques), soit de droit ecclésiastique (patriarches, primats, archevêques, vicaires forains, curés, vicaires).

∅ *All.* Rangordnung, Hierarchie, *angl.* hierarchy, *esp.* jerarquía, *ital.* gerarchia.

2) Ordre et subordination des chœurs des anges.

∅ *All.* die neunchörige Hierarchie, *angl.* the heavenly hierarchy, *esp.* las jerarquías angélicas, *ital.* le gerarchie angeliche.

hippogriffe n.m. (*gr.* ιππος : cheval *et ital.* grifo : griffon). Animal fabuleux ailé, moitié cheval, moitié griffon*.

∅ *All.* Hippogryph, *angl.* hippogriff, *esp.* hipogrifo, *ital.* ippogrifo.

historié adj. (*dér. de* histoire). Décoré au moyen de ce que le Moyen Age appelait des *hystoires,* c'est-à-dire des scènes animées de personnages et tirées des Saintes Écritures ou des Vies des Saints. Le terme s'applique surtout aux chapiteaux*, aux vitraux*, aux tapisseries*.

∅ *All.* bebildert, *angl.* storiated, *esp.* historiado, *ital.* istoriato.

Chapiteau historié : se rencontre surtout dans l'art roman, l'art gothique se servant de préférence de feuillages pour orner ses chapiteaux à cause de l'élévation des colonnes qui rendait difficile la vision claire des chapiteaux historiés.

historiographe n.m. On donnait jadis le nom d'*historiographes des bâtiments* à ceux dont la profession était de décrire et d'étudier les constructions, avec les procédés et modes de bâtir.

historiques (monuments) *Voir* monument.

hodigitria (Vierge) (*rac. gr.* οδος : chemin). Vierge qui montre le chemin. Très répandue dans l'art byzantin. Elle est debout, portant sur le bras gauche l'Enfant Jésus et bénissant en levant la main droite. C'était la reproduction d'une icône* qui passait pour avoir été peinte par saint Luc l'évangéliste, et qui avait été envoyée en 437 de Jérusalem à Constantinople par l'impératrice. Eudokia.

∅ *All.* Wegweiserin, *angl.* Pathfinder, *esp.* Odigitria, *ital.* Odegletria.

hom n.m. Arbre de vie qui sépare deux animaux qui s'affrontent (ou sont adossés) symétriquement Motif* de l'art assyrien et perse, qui a pénétré dans l'art roman par les étoffes orientales (*pl.* 98, *v. aussi pl.* 108).

∅ *All.* heiliger Baum, *angl.* sacred tree, *esp. et ital.* homa.

hôpital n.m. (*lat.* hospitale *de* hospes : hôte). *Archit.* Maison où l'on recevait gratuitement des hôtes, des pèlerins, des pauvres, des infirmes, etc. A la fois hôpitaux et hospices, on les appelait souvent *hôtels-Dieu*. Les premiers établissements hospitaliers apparaissent à la fin du IVᵉ siècle, sous l'influence du christianisme. Ils servaient de refuge aux voyageurs, aux étrangers; on y ajoutait parfois un bâtiment pour les malades.

L'obligation imposée par les conciles aux évêques de recueillir les malades indigents de leur diocèse multiplia les établissements hospitaliers. Des ordres* religieux (hospitaliers de Saint-Jean, ordre teutonique, ordre du Saint Esprit) contribuèrent au développement de l'institution. Pendant les XIᵉ, XIIᵉ et XIIIᵉ siècles, il est fondé une quantité prodigieuse d'hospices. Presque toutes les abbayes* avaient un hôpital dans leur enceinte. On fonda aussi un grand nombre de léproseries* hors des villes.

∅ *All.* Spital, Hospiz, *angl.* alms-house, hospital, *esp.* hospital, *ital.* ospedale.

horizontal adj. (*dér. de* horizon, *du gr.* οριζειν : borner). Se dit des lignes ou des plans parallèles à la ligne d'horizon et perpendiculaires au fil* à plomb.

∅ *All.* wagerecht, *angl.* horizontal, *esp.* horizontal, *ital.* orizzontale.

horloge n.f. (*gr.* ορολογιον : « qui dit l'heure »). Les plus anciennes *horloges*, ou instruments servant à mesurer le temps sont :

la clepsydre, ou horloge à eau;
le sablier ou horloge à sable;
le gnomon ou cadran solaire.

Les horloges mécaniques à roue dentée et à poids n'apparaissent qu'au Moyen Age, au Xᵉ siècle, et les sonneries au XIIᵉ s. seulement.

∅ *All.* Uhr, *angl.* clock, *esp.* reloj, *ital.* orologio.

hors-d'œuvre n.m. (*de* fors, *du lat.* foris : dehors, *avec un* h *inexpliqué*). *Archit.* Partie d'un édifice* qui ne correspond pas à l'ordonnance générale de l'ensemble.

∅ *All.* Beiwerk, Anbau, *angl.* outwork, *esp.* accesoria, *ital.* aggiunta.

hospice n.m. *Voir* hôpital.

∅ *All.* Hospiz, *angl.* alms-house, asylum, *esp.* hospicio, *ital.* ospizio.

hospitaliers (*dér. de* hôpital). Ordre* religieux et militaire voué au service des malades, des pèlerins. Les *hospitaliers de Saint-Jean de Jérusalem* étaient installés en Terre Sainte depuis le temps des croisades.

∅ *All.* Hospitaliter, *angl.* Knights Hospitallers, *esp.* hospitalarios, *ital.* ospedalieri.

hostie n.f. (*lat.* hostia : victime). Le mot signifie victime consacrée. Il désigne dans la liturgie ancienne soit des offrandes des fidèles, soit la victime eucharistique : Jésus s'offrant comme victime à la messe. Depuis le XIVᵉ siècle le sens s'est réduit à celui de pain consacré.

Ce pain est dans l'église latine du pain sans levain ou azyme, formé de pure farine de froment dans des moules dits « fers* à hosties », décorés de figures de croix, de symboles, etc.

∅ *All.* Hostie, geweihte Hostie, *angl.* host, wafer, *esp.* forma, hostia, *ital.* ostia, sacra particola.

hôtel n.m. (*du lat.* hospitale). Pendant tout le Moyen Age et jusqu'au XVIIᵉ siècle, désigne une habitation particulière quelconque.

∅ *All.* Privathaus, *angl.* private house, *esp.* casa, *ital.* palazzo, casa.

hôtel-Dieu *Voir* hôpital.

hotte n.f. (*du francique* hotta) 1) Panier en bois

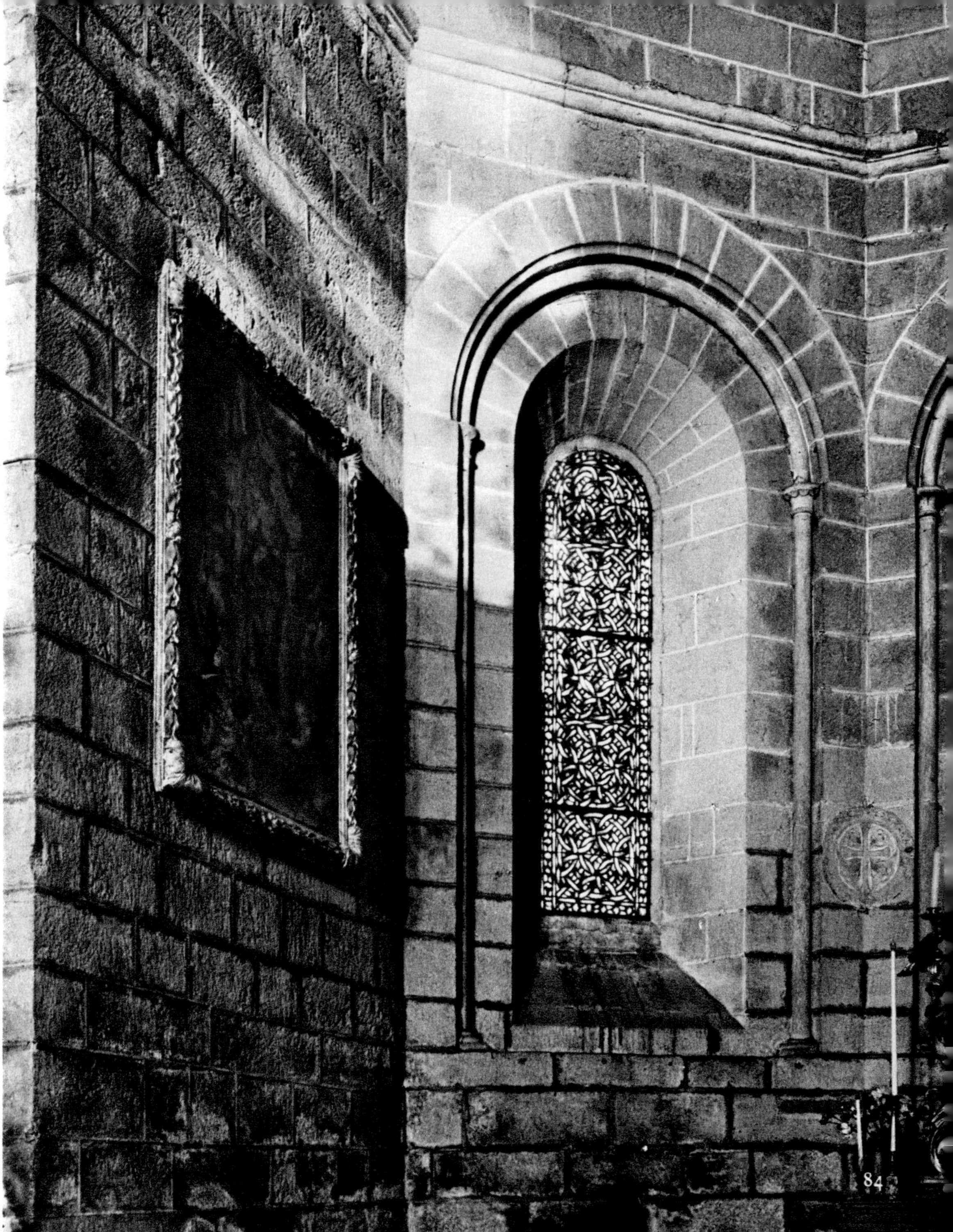

fenêtre limousine

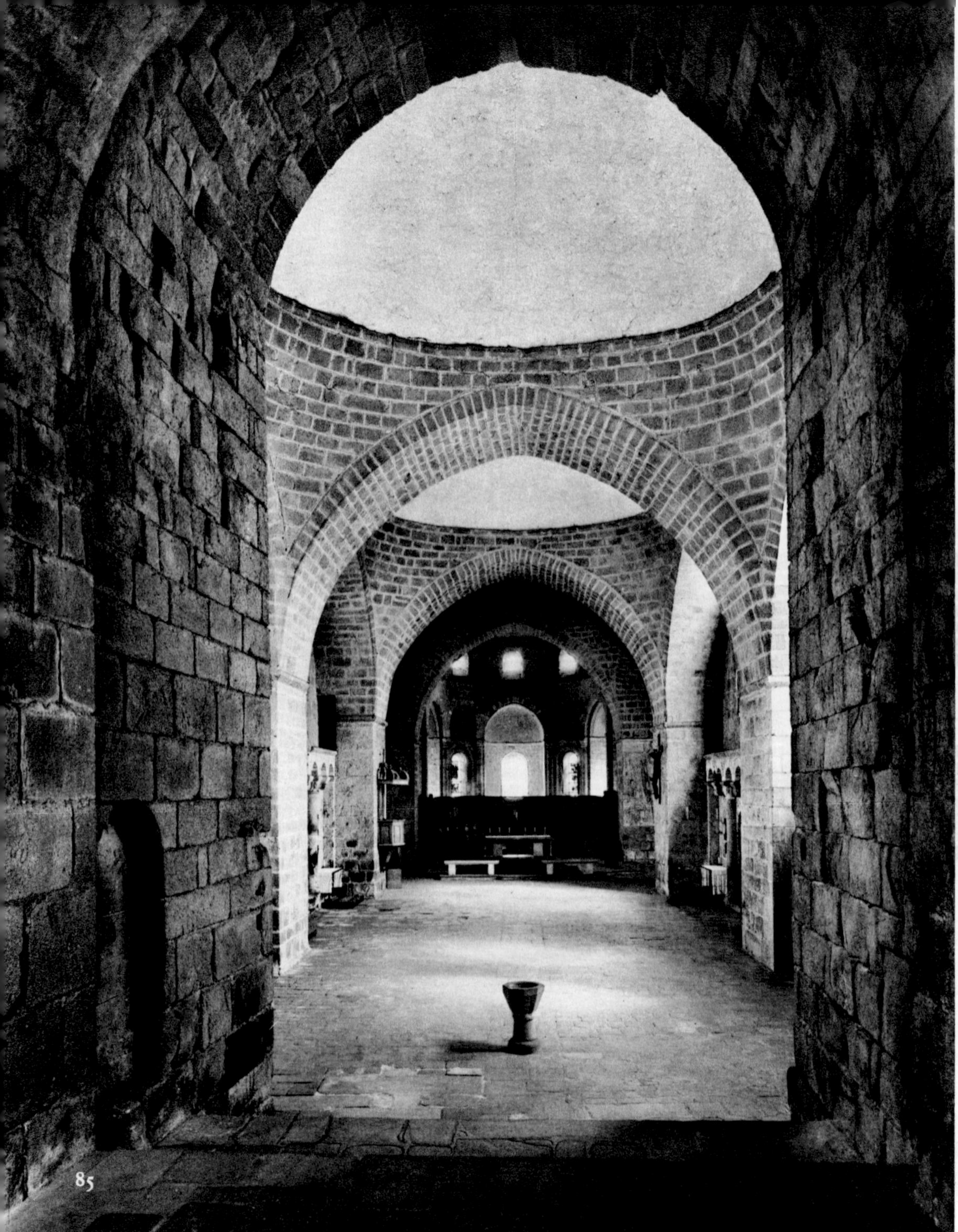

file de coupoles

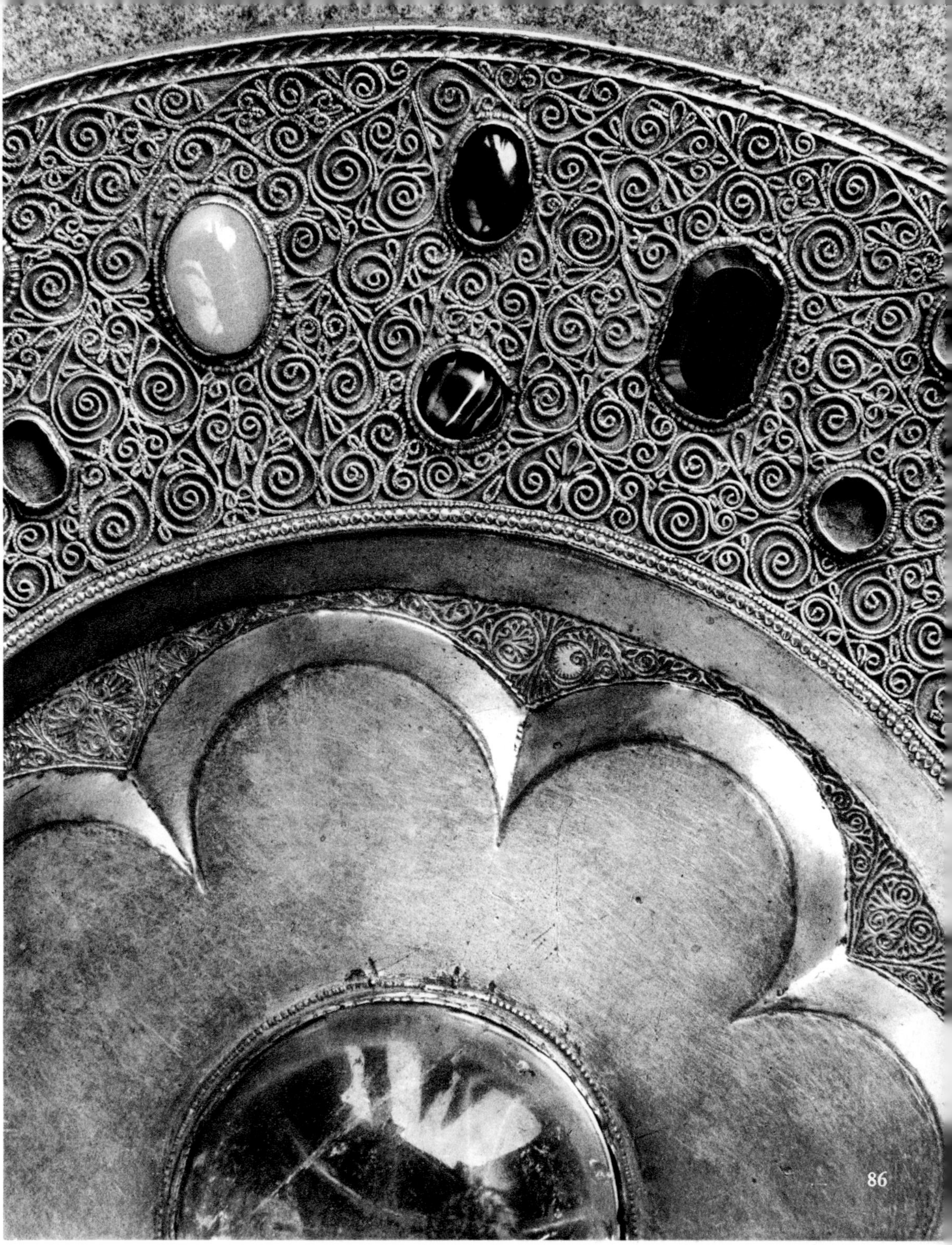

filigrane

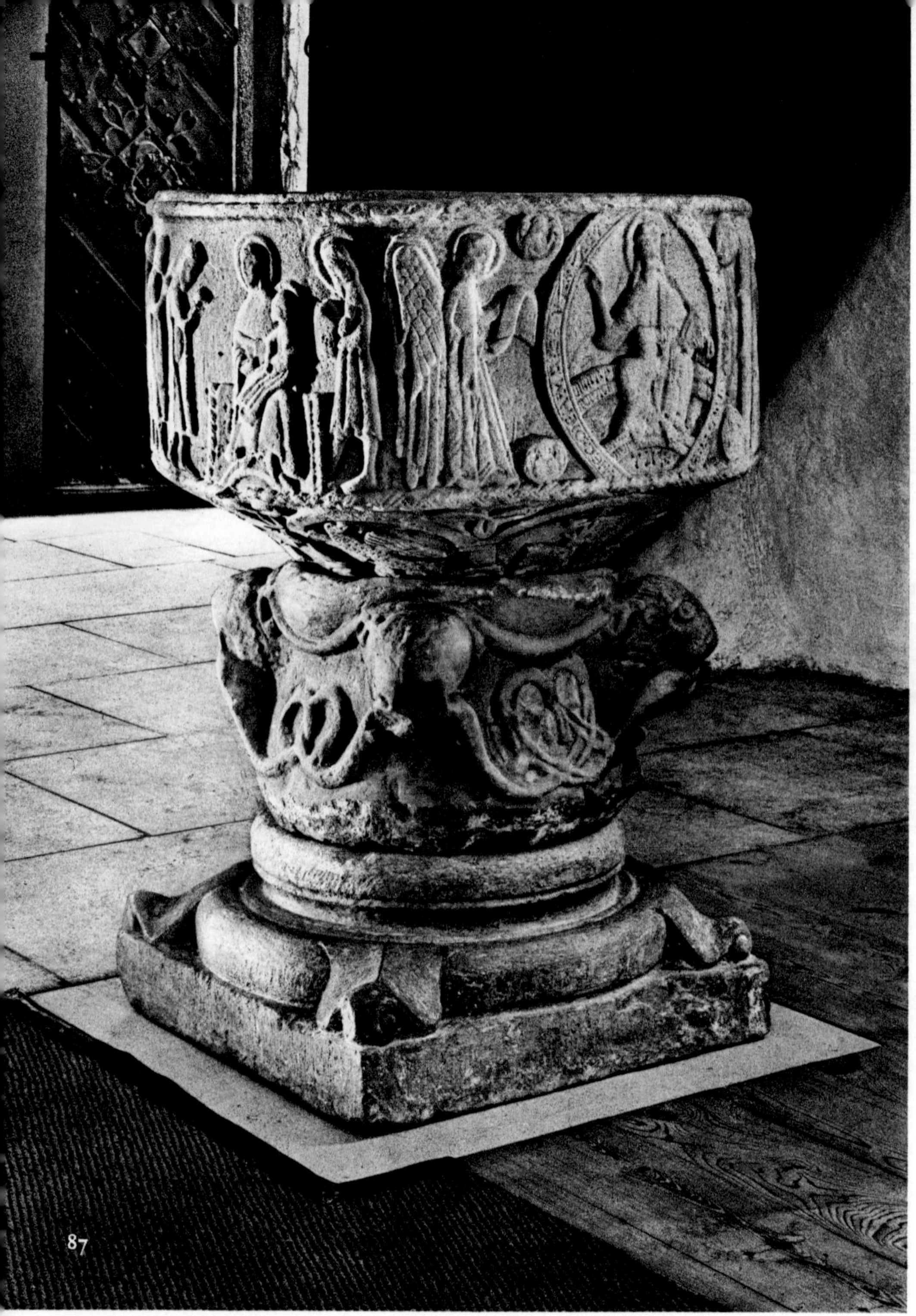

fonts baptismaux

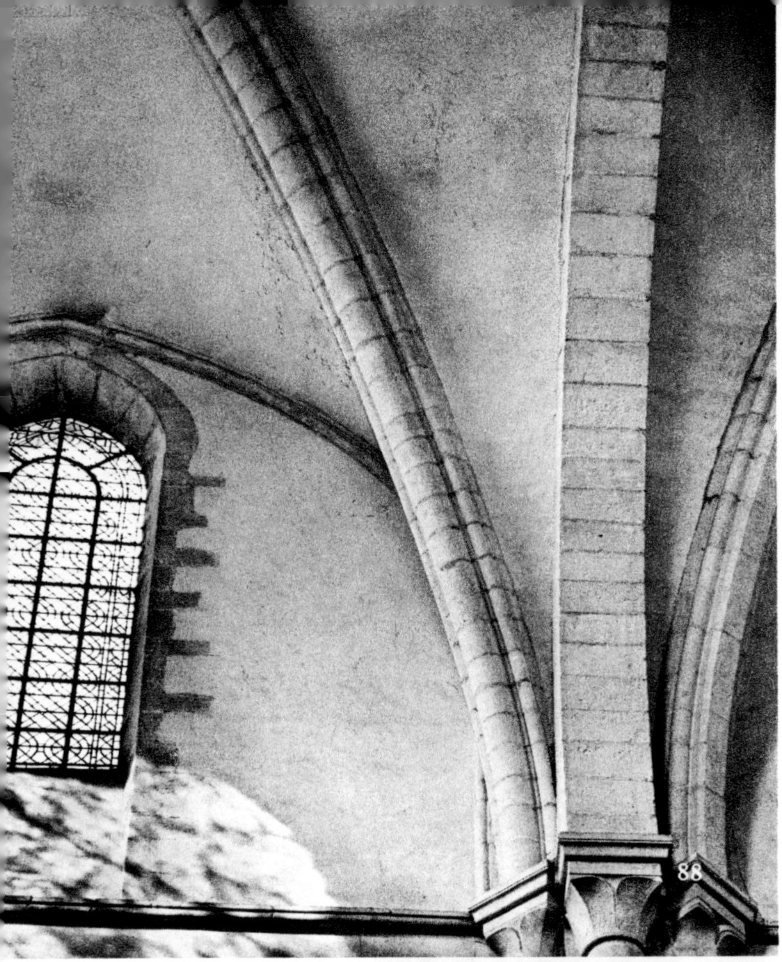

88

formeret

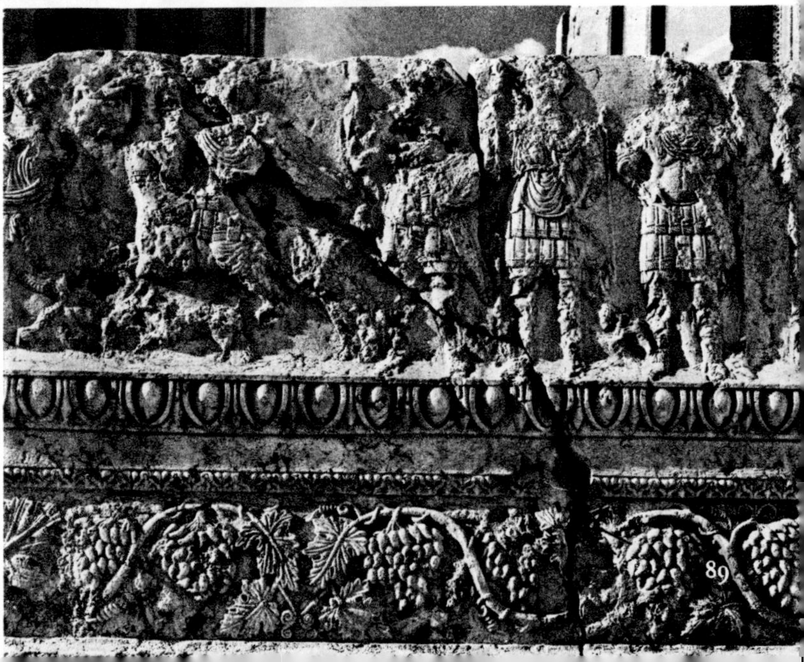

89

frise

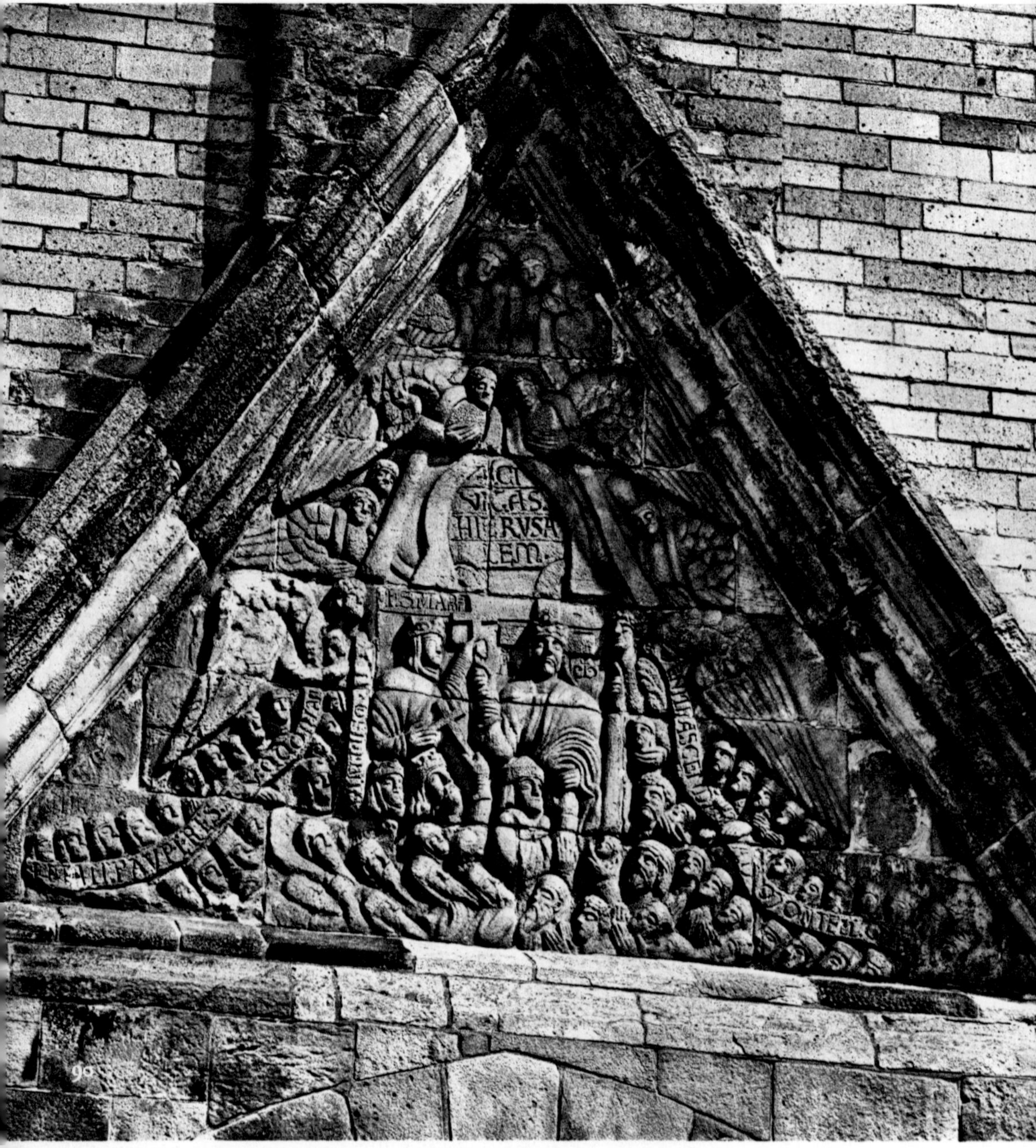

90

gable

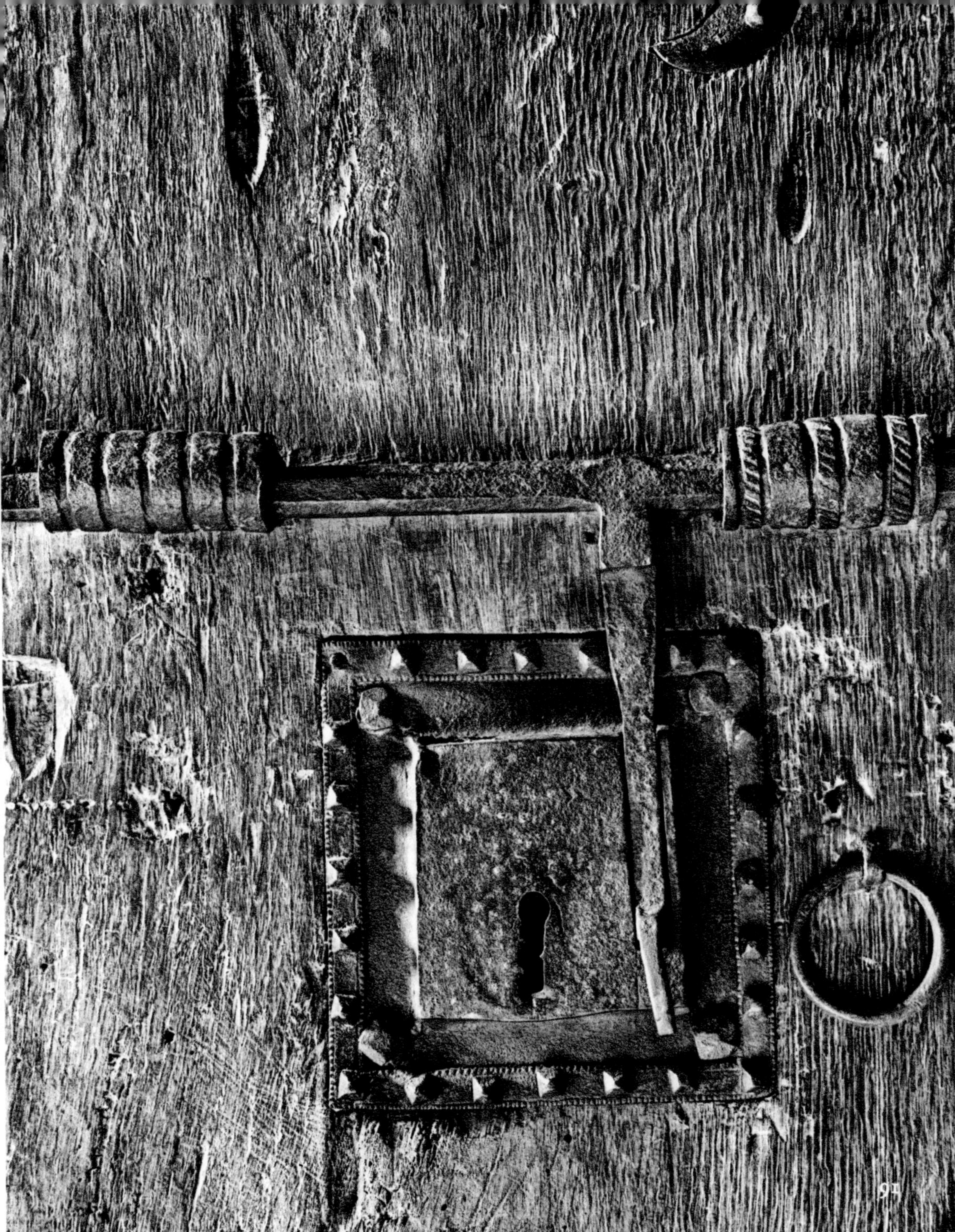

gâche

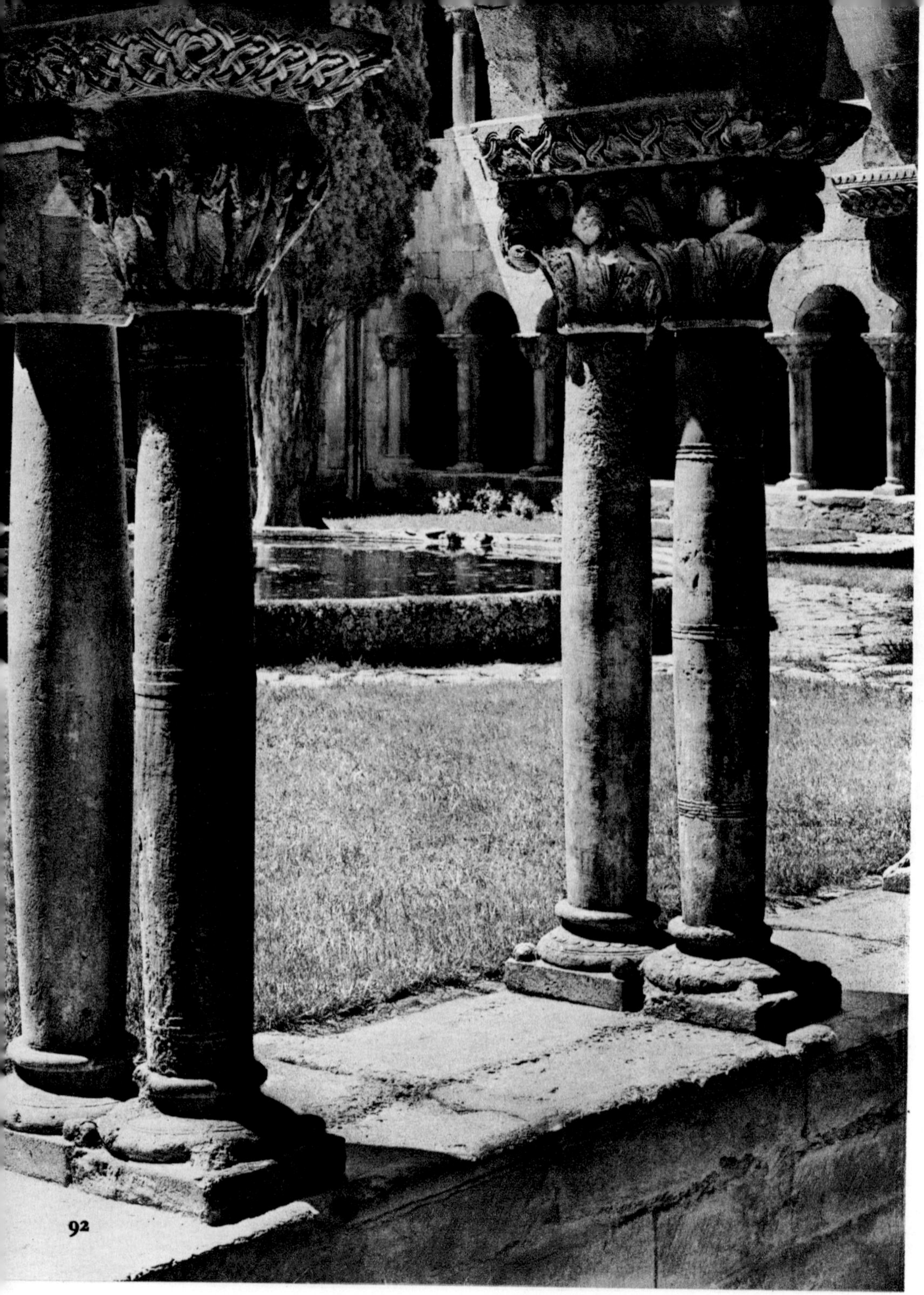

galbe

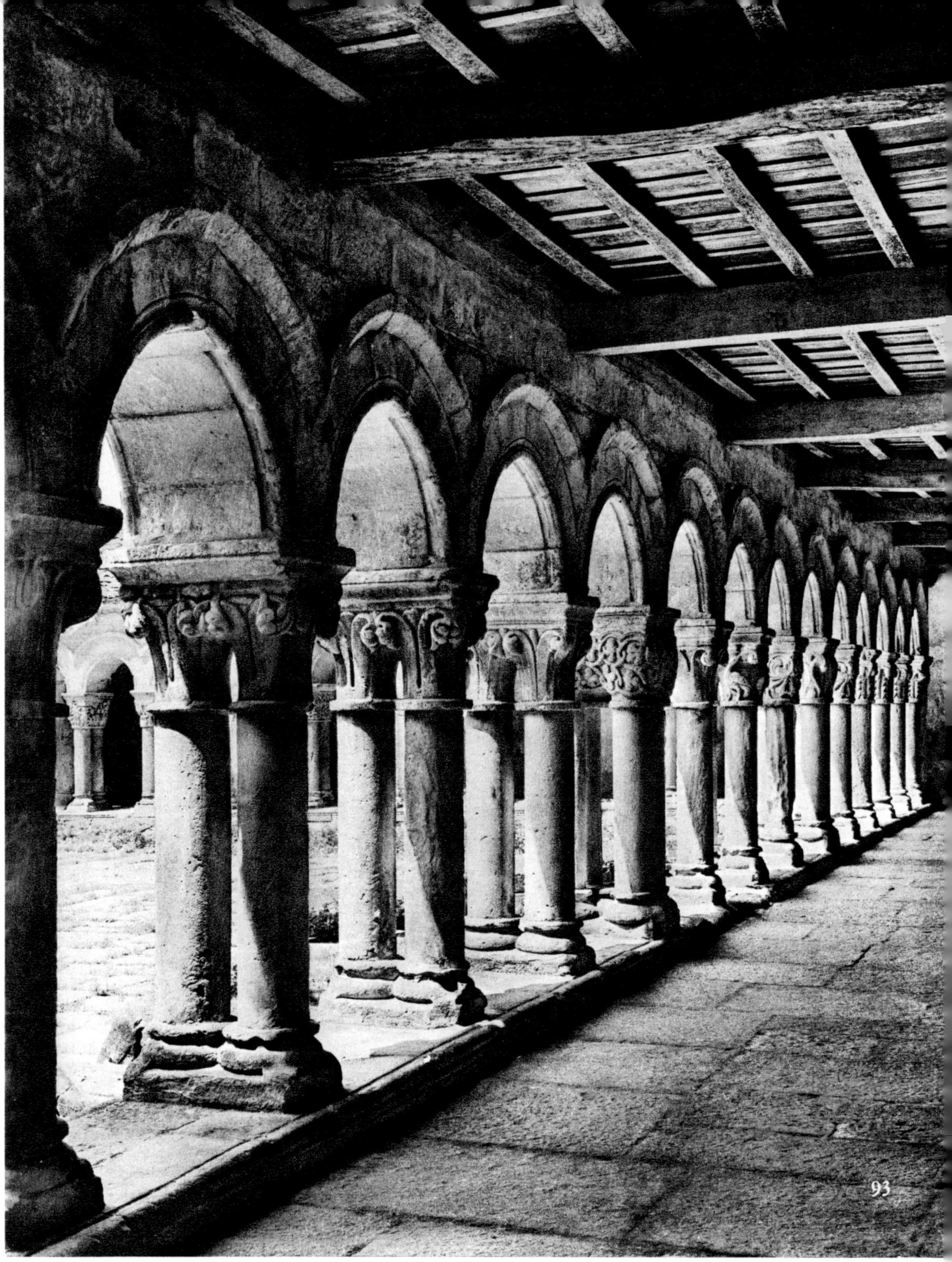

galerie de cloître

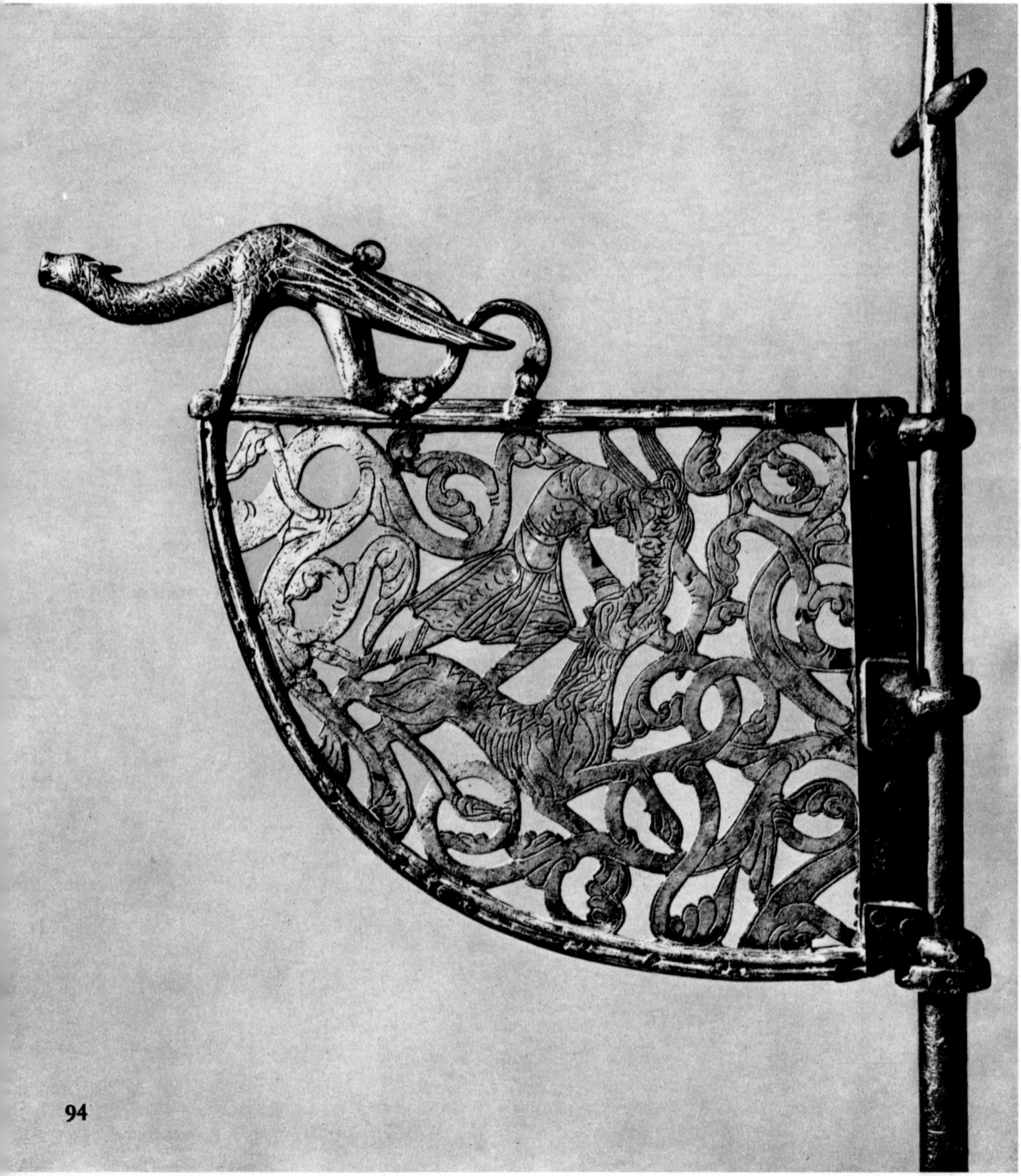

girouette

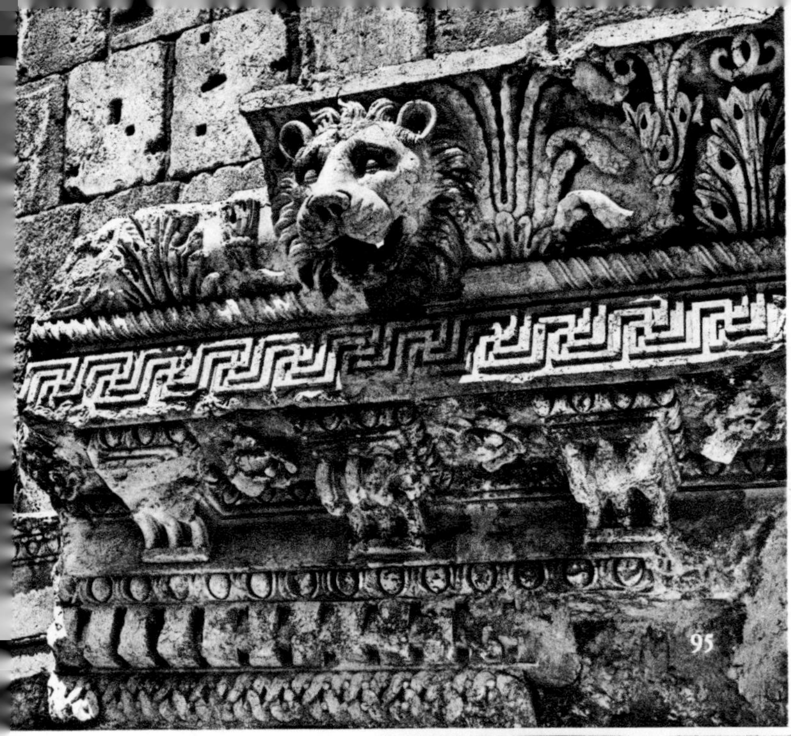

grecques

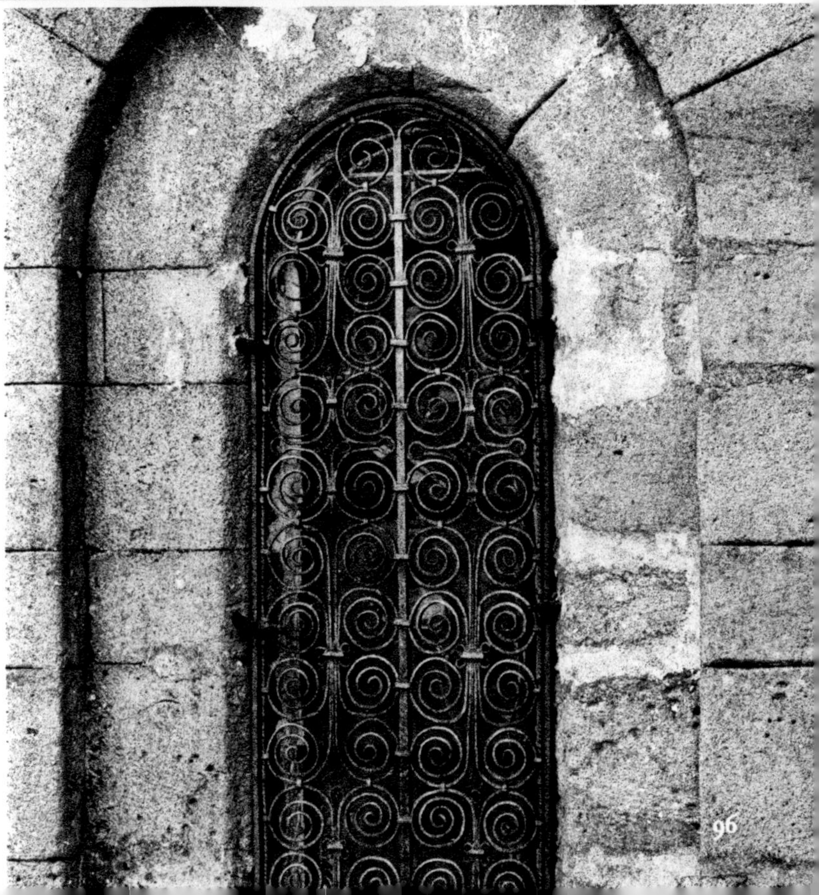

grille

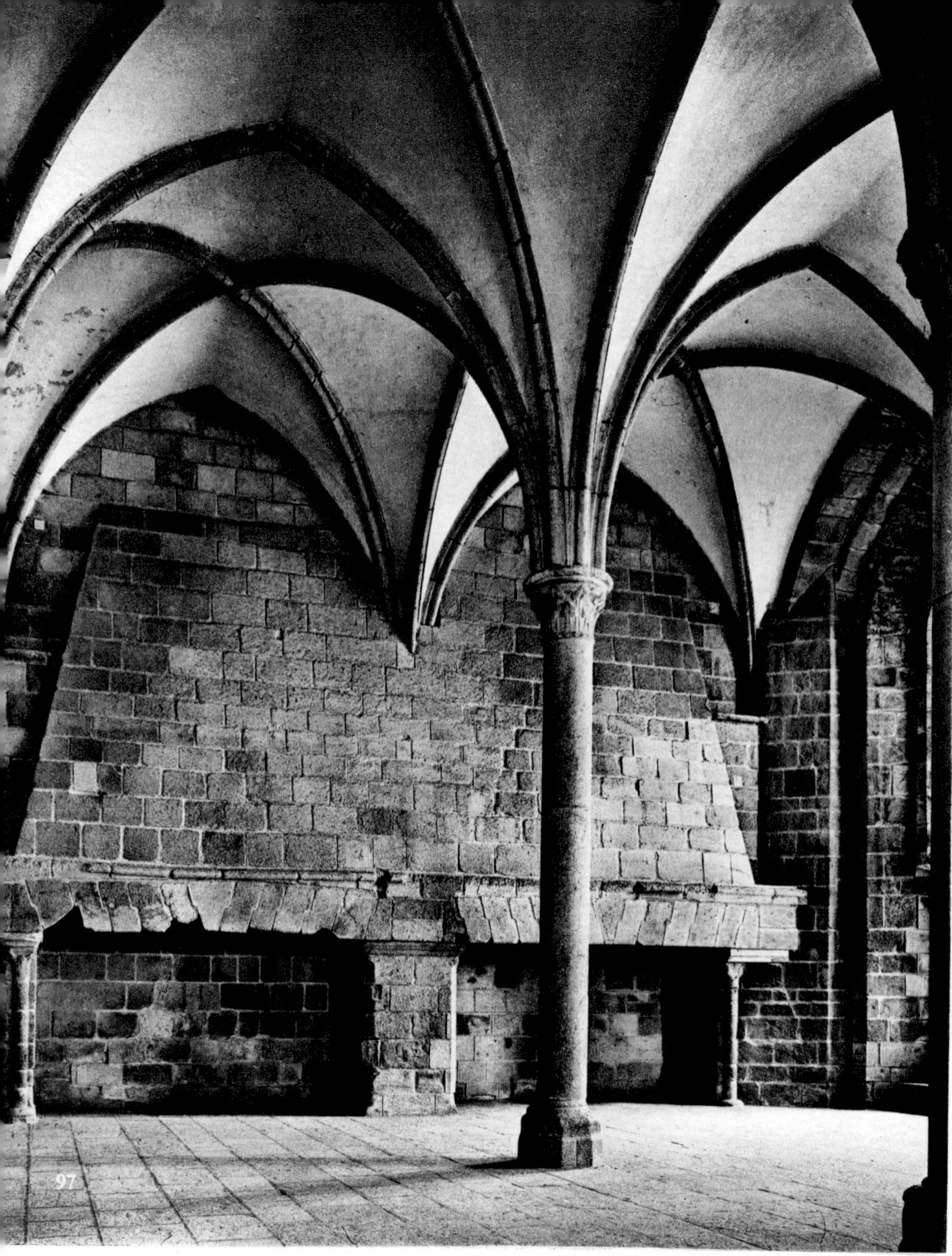

97

hotte

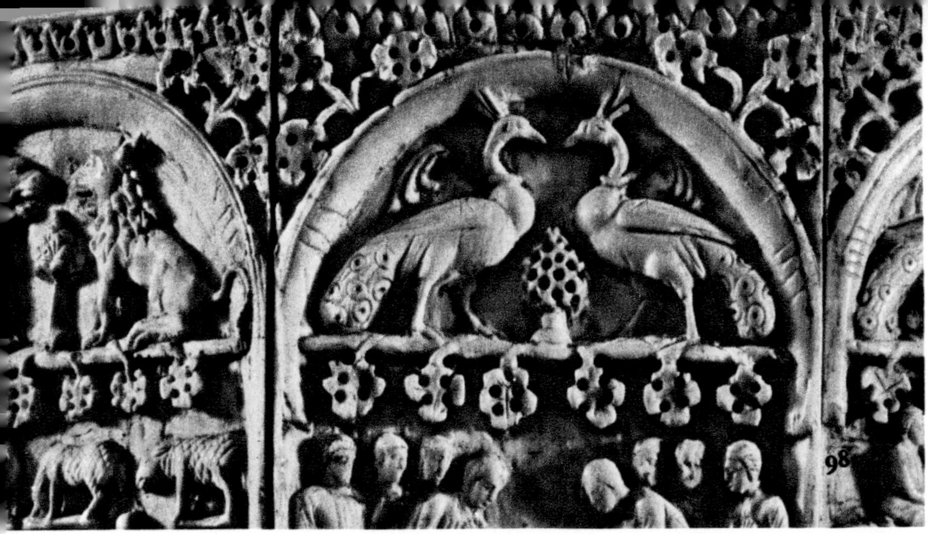

hom

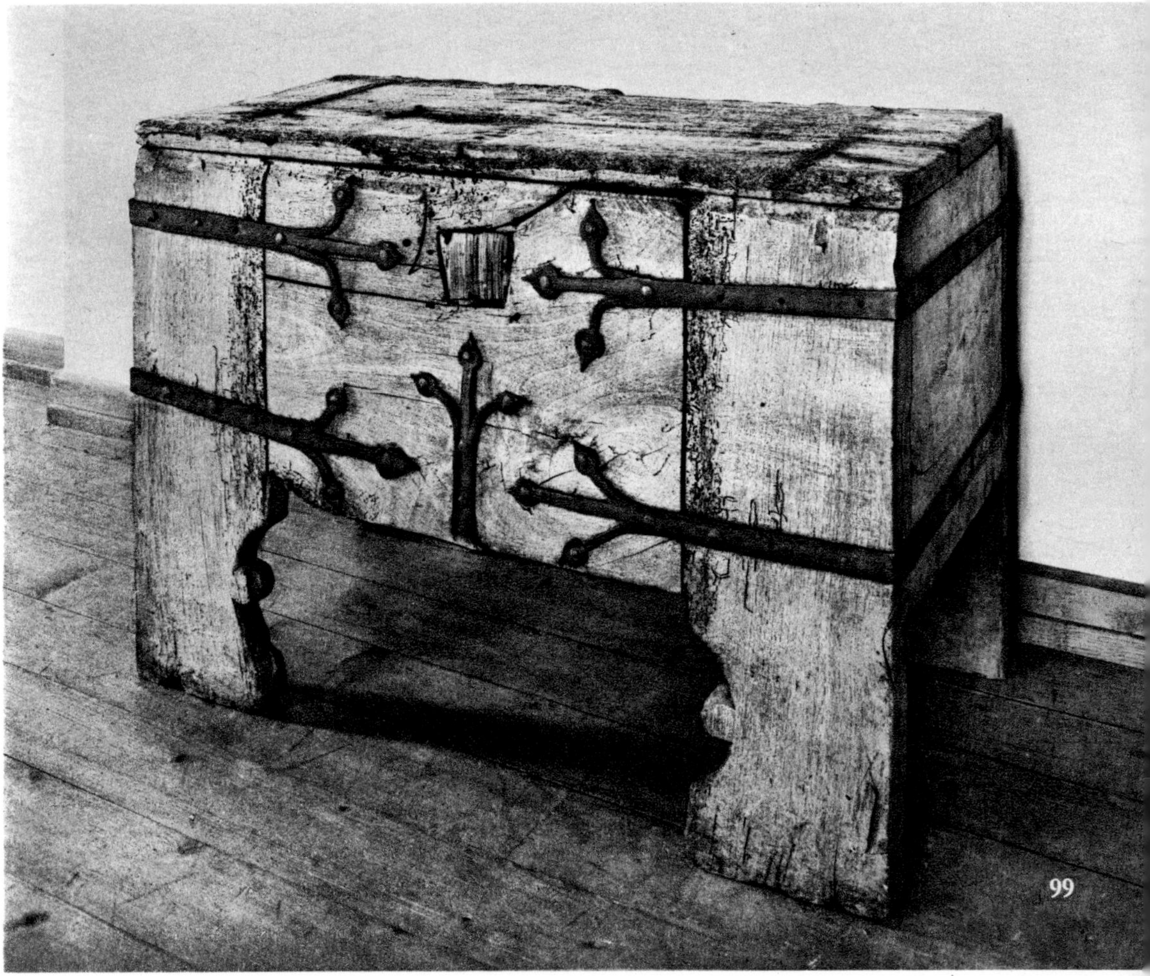

huche

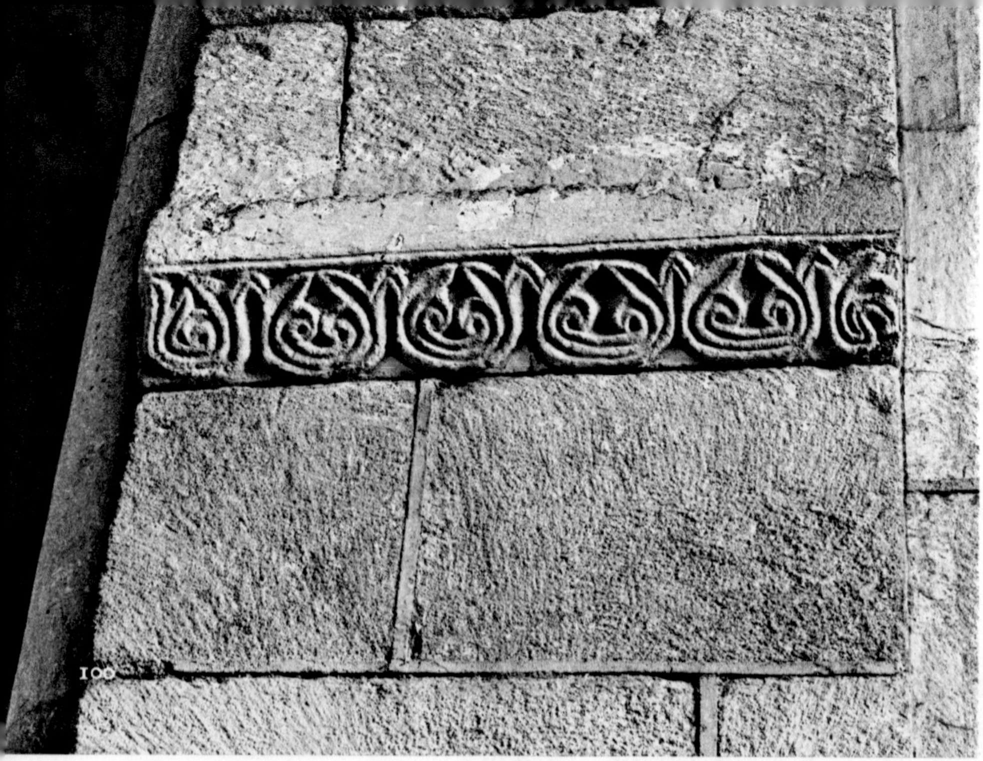

100

imposte

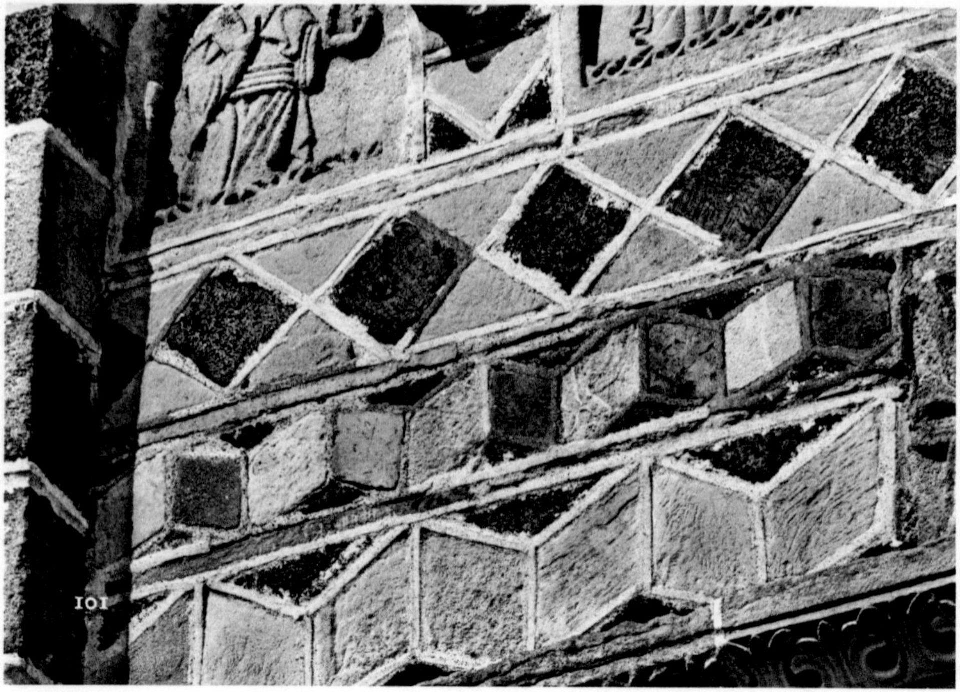

101

incrustation

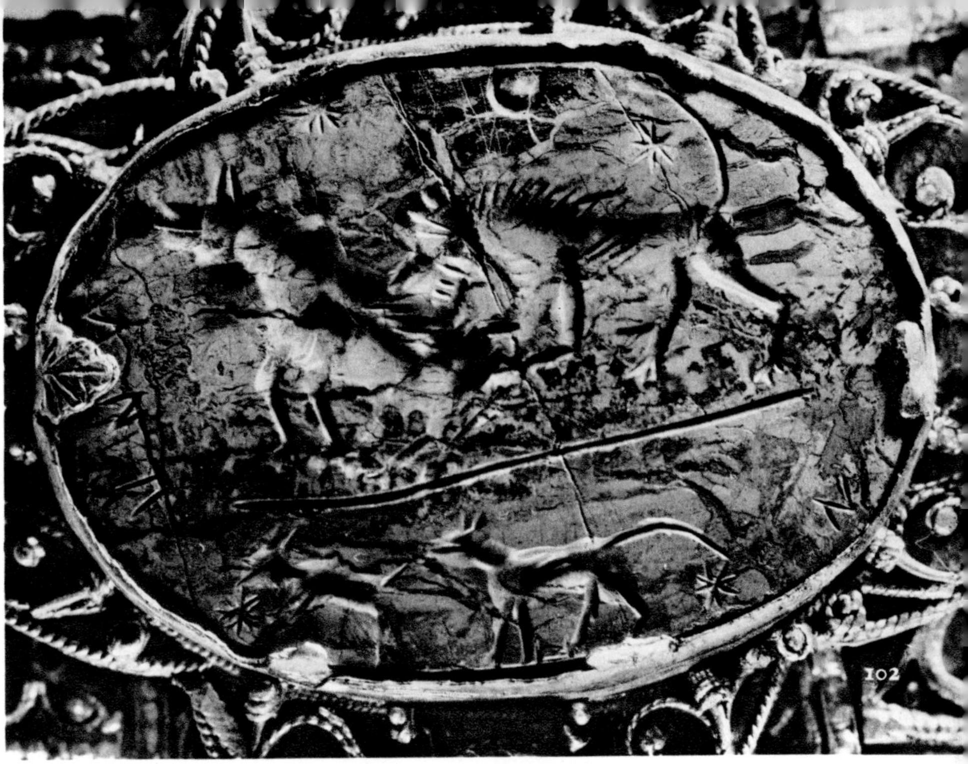

intaille

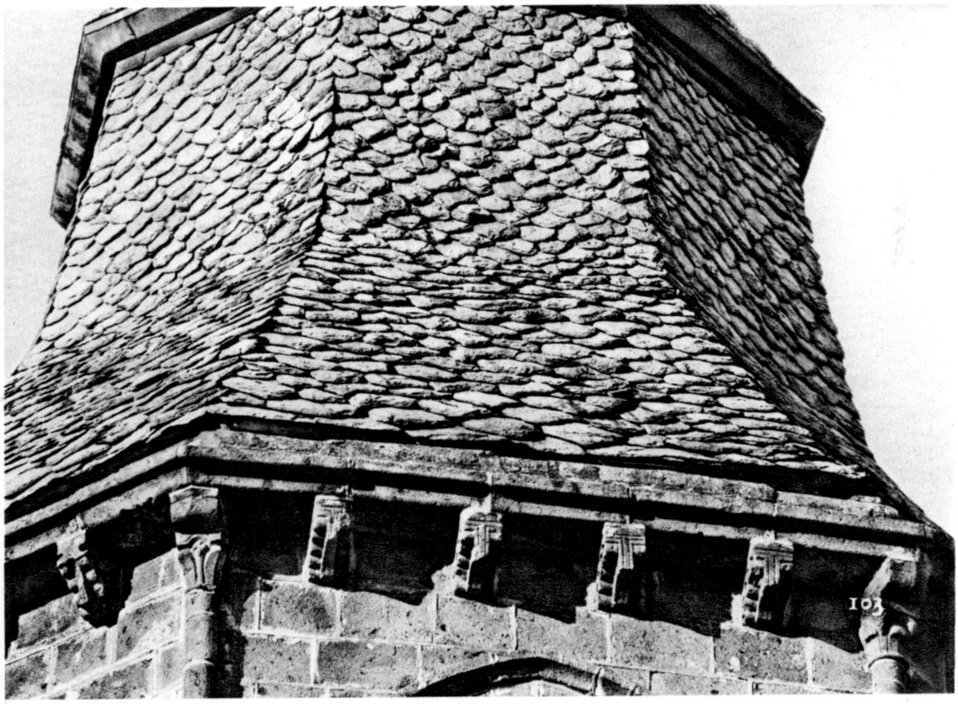

lause

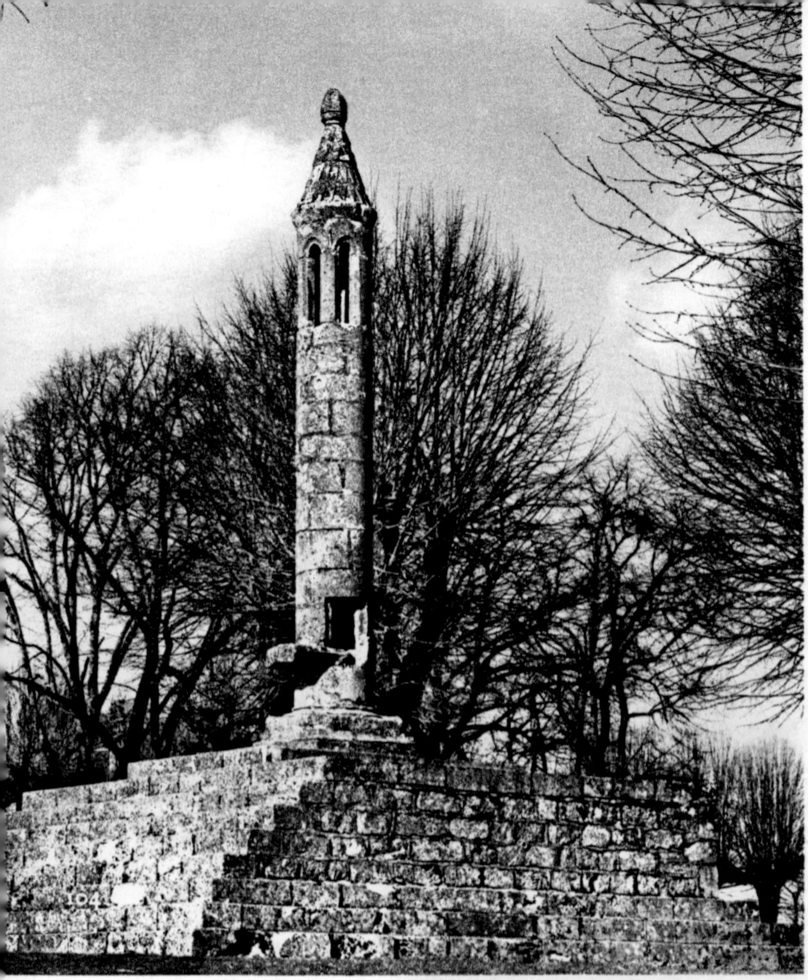

lanterne des morts

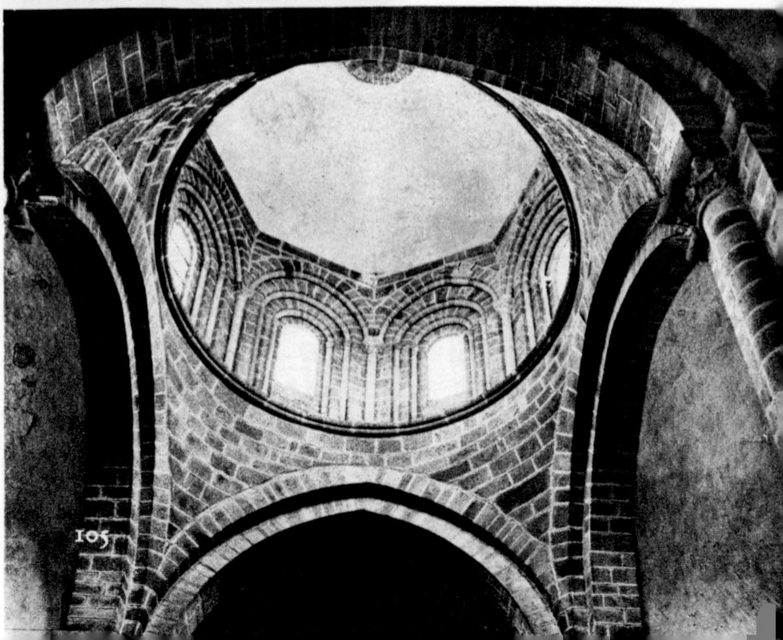

lanterne

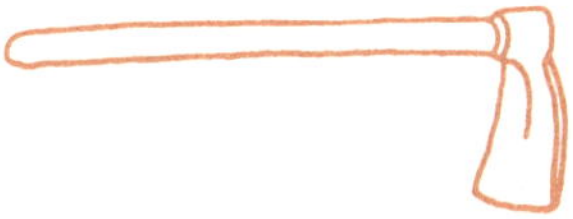

houe

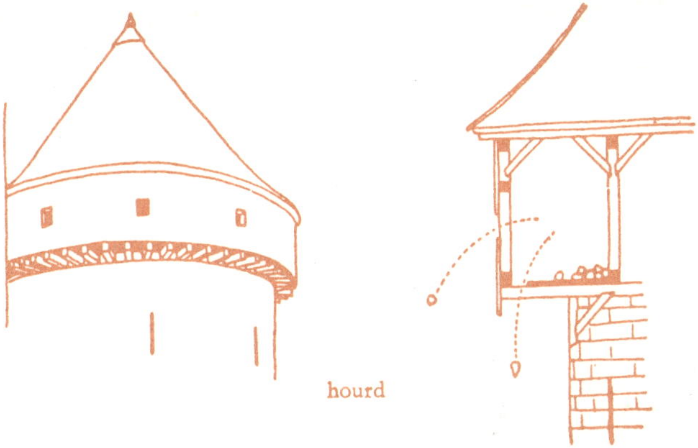

hourd

ou en osier qui est porté sur le dos à l'aide de bretelles.

∅ *All.* Tragbütte, Tragkorb, *angl.* back-basket, *esp.* canasta, *ital.* sporta.

2) *Archit.* Partie inférieure ou naissance d'un tuyau de cheminée* qui affecte la forme d'une pyramide tronquée. Au Moyen Age toutes les cheminées avaient des *hottes* (*pl.* 97).

∅ *All.* Kaminmantel, *angl.* hood, *esp.* campana de chimenea, *ital.* cappa del camino.

houe n.f. (*du francique* hauwa). Sorte de pelle de fer recourbée pourvue d'un manche qui sert à fouiller la terre (*fig.*).

∅ *All.* Breithacke, *angl.* hoe, *esp.* azada, *ital.* zappa larga.

houlette n.f. (*orig. obsc.*). Longue canne de berger terminée en forme de palette. Cette palette, qui peut être aussi une petite plaque de métal creusée en demi-cylindre, permet de lancer des mottes de terre pour faire revenir au troupeau les animaux qui s'en écartent.

Elle peut aussi être terminée par un crochet qui permet d'attraper un animal par une patte (*v.* crosse).

∅ *All.* Hirtenstab, *angl.* shepherd's crook, *esp.* cayado, *ital.* vincastro.

hourd n.m. (*du francique* hurd : claie). *Archit.* 1) Sorte de galerie* en charpente qu'on posait au Moyen Age comme ouvrage de défense au sommet des courtines et des tours (*fig.*). Les uns étaient mobiles, placés seulement en temps de guerre; les autres étaient à demeure, liés aux murs par de la maçonnerie* et couverts d'ardoise*. Les *hourds* sont en encorbellement* au sommet des murs* de défense pour permettre d'en battre le pied. ‖ 2) On appelle également ainsi une construction légère en bois, une estrade.

∅ *All.* Hürdengalerie, *angl.* hourdis, wooden gallery, *esp.* matacán.

hourdage *ou* **hourdis** n.m. (*de* hourd). *Archit.* Maçonnerie* légère de matériaux liaisonnés au moyen de plâtre* et remplissant les vides d'une armature en pans de bois (*v.* pans de bois).

∅ *All.* Lattenwerk, *angl.* pugging, *esp.* obra tosca de albañileria, *ital.* il murare alla rustica.

hourder v.tr. (*de* hourd). *Archit.* Remplir les vides d'une charpenterie* avec des hourdis*.

houseaux n.m.pl. (*v.* heuses). Jambières en cuir que portaient les paysans et les cavaliers.

∅ *All.* hohe Gamaschen *angl.* leggings, *esp.* polainas, *ital.* uose.

housse n.f. (*orig. dout.*). 1) Étoffe couvrant un meuble.

∅ *All.* Möbelüberzug, *angl.* slip cover, *esp.* funda, *ital.* fodera di mobili.

2) Étoffe couvrant en totalité un cheval; caparaçon d'ornement ou de protection du cheval.

∅ *All.* Pferdedecke, *angl.* horse cloth, *esp.* gualdrapa, *ital.* gualdrappa.

hoyau n.m. (*dér. de* houe). Diminutif de *houe* (*v. ce mot*).

∅ *All.* Flachhacke, *angl.* grubbinghoe, *esp.* azadilla, *ital.* zappa piatta.

huche n.f. (*dér. du berm.* hüten : garder). Coffre* rectangulaire fermé par un couvercle plat (il se distingue du bahut* dont le couvercle est arrondi) dans lequel on serrait les objets précieux, le linge, les vêtements. Ce meuble servait à la fois, au Moyen Age, d'armoire, de table, de siège, de malle (*pl.* 99).

∅ *All.* Lade, Trog, *angl.* hutch, *esp.* arca, *ital.* madia.

hucherie n.f. (*dér. de* huche). Ce mot désignait anciennement la sculpture sur bois*.

∅ *All.* Holzschnitzerei, *angl.* wood-carving, *esp.* escultura de madera, *ital.* intaglio.

huchier n.m. (*dér. de* huche). Nom de l'artisan en hucherie*, à la fois menuisier* et sculpteur* sur bois. Il fabriquait huches, portes, stalles de chœur, etc.

∅ *All.* Holzschnitzer, *angl.* wood-carver, *esp.* escultor de madera, *ital.* fabbricante di madie.

huchet n.m. (*du vx franç.* hucher : appeler en criant). Petit cor en métal dont le son portait très loin.

huis n.m. (*lat.* ostium : porte). *Archit.* Ce vocable aujourd'hui tombé en désuétude (n'existe plus que dans l'expression : *à huis clos*) s'appliquait au

Moyen Age aux portes tant intérieures qu'extérieures. Peu à peu, on le réserva pour désigner les portes intérieures de l'habitation. D'où le sens différent entre *portier* (celui qui ouvre la porte sur la rue) et *huissier* (celui qui introduit dans une salle).

∅ *All.* Tür, *angl.* door, *esp.* puerta, *ital.* uscio.

huisserie n.f. (*dér. de* huis). *Archit.* Cadre en menuiserie* de l'ouverture contenant une porte; il est formé de deux montants* ou poteaux soutenant le linteau* horizontal.

∅ *All.* Türeinfassung, *angl.* door-frame, *esp.* quicio de una puerta, *ital.* telaio d'uscio.

huissier n.m. *Voir* huis.

hune n.f. (*scandinave* hünn). 1) *Marine* Plate-forme fixée dans la mâture d'un navire*.

∅ *All.* Mastkorb, *angl.* top, *esp.* cofa, *ital.* gabbia.

2) Élément de la charpente d'un clocher* auquel est suspendue la cloche*.

hydrie n.f. (*du gr.* υδωρ : eau). Vase à eau en terre cuite ou en métal.

∅ *All.* Wasserkanne, *angl.* hydria, *esp.* hidria, *ital.* idria.

hypocauste n.m. (*gr.* υπο : dessous *et* καιειν : brûler). *Archit.* Fourneau et conduit d'air chaud souterrains destinés à chauffer des bains ou des appartements antiques.

∅ *All.* Bodenheizung, *angl.* hypocaust, *esp.* hipocausto, *ital.* ipocausto.

hypogée n.m. (*du gr.* υπο : dessous *et* γη : terre). Construction* souterraine de l'Antiquité, généralement destinée à recevoir les corps des défunts.

hysope n.f. (*lat.* hysopus). Plante aromatique dont les juifs se servaient dans les aspersions et purifications rituelles.

I

ichnographie n.f. (*du gr.* ιχνος : plante du pied *et* γραφειν : écrire). 1) Empreinte faite sur le sol par la plante du pied. ‖ 2) *Par anal.* Plan géométral* horizontal sur le sol d'une construction*; s'oppose à *orthographie* qui est le dessin en élévation* d'une façade*.

∅ *All.* Grundriß, *angl.* ichnography, *esp.* icnografía, *ital.* icnografia.

icône n.f. (*gr.* εικων : image). Dans les Églises d'Orient, on appelle ainsi toute image religieuse peinte sur bois – par opposition à la *fresque* qui est peinte sur l'enduit frais d'un mur.

∅ *All.* Ikone, *angl.* icon, *esp.* icono, *ital.* icona.

L'icône traditionnelle est faite à partir d'un bloc de bois tendre creusé aux dimensions de l'image. La partie creusée étant rendue rugueuse à l'aide d'une râpe, on dépose sur elle une couche de colle, puis un morceau de toile que l'on recouvre à son tour d'une couche de blanc qui constitue le support pictural proprement dit. Sur ce support, l'artiste peint le sujet avec des couleurs à la détrempe et jamais avec des couleurs à l'huile.

Chaque sujet est représenté selon des normes fixées par la tradition. Le peintre d'icônes remplit une fonction sacrée à laquelle il est introduit par une bénédiction particulière; il l'exerce selon un certain rite qui comporte le jeûne et la prière.

iconoclaste n.m. (*gr.* εικων : image *et* κλαειν : briser). Briseur d'images. Nom donné à l'empereur de Byzance Léon III l'Isaurien. Au VIIIe s., il interdit l' « iconolâtrie » et fit briser une multitude d'objets d'art religieux. Le culte des images fut rétabli dans l'Église d'Orient par le concile de Nicée de 787.

∅ *All.* Bilderstürmer, *angl.* iconoclast,

esp. et ital. iconoclasta.

iconographie n.f. (*du gr.* εικων : image *et* γραφειν : écrire). 1) Étude des représentations figurées dans l'art, soit d'un individu, soit d'une époque, soit des symboles d'une religion. ‖ 2) Collection de ces représentations figurées.

L'*iconographie* est une branche de l'histoire de l'art; elle doit être complétée par une étude des formes qui ont à faire l'objet d'une analyse stylistique. Pour les sources de l'iconographie du Moyen Age, voir les articles : speculum, bestiaires, type.

∅ *All.* Ikonographie, *angl.* iconography, *esp.* iconografía, *ital.* iconografia.

iconologie n.f. (*composé du gr.* εικων : image *et* λογος : traité). Science des attributs* des personnages mythologiques, connaissance des figures emblématiques; et aussi interprétation et description des œuvres d'art. Il y a également une iconologie sacrée concernant les personnages des Écritures, des Vies de Saints, etc.

∅ *All.* Sinnbilderkunde, *angl.* iconology, *esp.* iconología, *ital.* iconologia.

iconostase n.f. (*gr.* εικωνοστασιον : support pour les saintes images). Les icônes*, très nombreuses dans l'Église d'Orient, faisant l'objet d'une grande dévotion de la part des fidèles, on prit l'habitude de les exposer accrochées sur plusieurs rangs sur une sorte de cloison séparant le sanctuaire* réservé au clergé, de la nef* réservée aux fidèles (*v. pl.* 31).

Cette cloison de séparation devenue support d'icônes fut appelée *iconostase*. C'était à l'origine une cloison basse analogue au chancel* des basiliques* primitives de l'Église latine.

∅ *All.* Bilderwand, *angl.* iconostasis, *esp.* iconostasio, *ital.* iconostasi.

identification n.f. (*dér. du lat.* identitas, *rac.* idem : le même). Action de déterminer exactement le sujet d'un tableau, le modèle d'un portrait.

∅ *All.* Identifizierung, *angl.* identification, *esp.* identificación, *ital.* identificazione.

idéographie n.f. (*du gr.* ιδεα : idée *et* γραφειν : écrire). Procédé d'expression des idées par des signes qui en figurent l'objet. *Ex.* Les hiéroglyphes égyptiens sont des caractères idéographiques, des idéogrammes.

idole n.f. (*gr.* ειδωλον : image). Statue*, image* ou symbole* d'une fausse divinité.

∅ *All.* Abgott, Götzenbild, *angl.* idol, *esp.* ídolo, *ital.* idolo.

Iggdrasil *v.* **Yggdrasil.**

illustré (livre) (*lat.* illustris : lumineux). Livre orné d'images (gravures*, enluminures*, etc.).

∅ *All.* illustriert, *angl.* illustrated, *esp.* ilustrado, *ital.* illustrato.

image n.f. (*lat.* imago). Ce terme avait au Moyen Age un sens plus large qu'aujourd'hui. En même temps que les gravures* ou dessins* en noir ou en couleurs, il désignait aussi les figures sculptées*, notamment les statuettes peintes ou dorées placées sur des supports et couronnées d'un dais*.

Quelques-unes étaient groupées en diptyques* ou triptyques*. Parfois elles s'ouvraient par le milieu et servaient de reliquaires* : on les appelait alors *images ouvrantes*.

∅ *All.* Bild, *angl.* image, *esp.* imagen, *ital.* immagine.

Image miraculeuse :

∅ *All.* Gnadenbild, *angl.* miraculous image, *esp.* imagen milagrosa, *ital.* immagine miracolosa.

imagerie n.f. (*dér. d'*image). 1) Art des imagiers* du Moyen Age. ‖ 2) Fabrique ou magasin d'images*.

∅ *All.* Bilderbogenhandel, *angl.* coloured print trade, *esp.* estampería, *ital.* fabbrica d'immagine.

imagier *ou* **imager** (*dér. d'*image). Ce terme désignait au Moyen Age les artistes qui sculptaient (et enluminaient) les images*, c'est-à-dire les statues et statuettes sculptées. On les appelait aussi *tailleurs d'images*.

Jusqu'au XVIe s. les *imagiers* travaillaient en général librement suivant leur inspiration propre, ce qui explique la variété et l'originalité qui se rencontrent dans les motifs* décoratifs de l'époque (*v.* taille).

∅ *All.* Bildschnitzer, *angl.* sculptor, *esp.* ental-

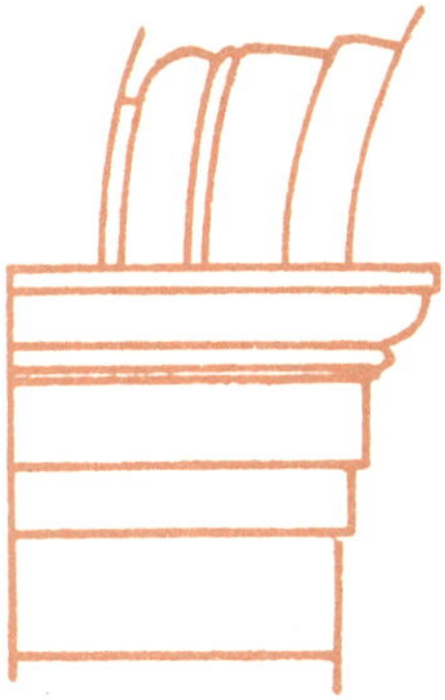

imposte

lador, imaginero, *ital.* intagliatore.

imbrication n.f. (*rac. lat.* imbrex : tuile creuse *protégeant contre la pluie*). *Archit.* Ornement* affectant la forme et la disposition des écailles de poisson, ou de tuiles plates arrondies et superposées pour former une toiture. A l'époque romane les imbrications se retrouvent dans les bases* et fûts* de colonnes, tailloirs* de chapiteaux, clochetons*, flèches, clochers*, corniches*.

ø *All.* Schuppenornament, *angl.* imbrication, *esp.* imbricación, *ital.* embriciatura.

imbriqué adj. (*du verbe* imbriquer, *rac. lat.* imbrex : tuile). *Archit.* Posé à la manière des imbrications* ou écailles. Décoré d'imbrications.

ø *All.* schuppenförmig, *angl.* imbricated, *esp.* escamado, imbricado, *ital.* embriciato.

imitation n.f. (*du lat.* imitari : imiter). Reproduction des objets naturels tels qu'ils existent. C'est ainsi qu'on oppose les *arts d'imitation* (peinture*, sculpture*) à l'architecture*.

ø *All.* Nachahmung, *angl.* imitation, *esp.* imitación, *ital.* imitazione.

immersion (*rac. lat.* mergere : plonger). *Liturgie Baptême par immersion* : cette forme de baptême qui se pratiqua en Occident jusqu'au XVᵉ s. consistait à plonger le baptisé en le faisant descendre dans l'eau d'une rivière, d'une fontaine ou d'un baptistère*, soit debout, soit couché.

ø *All.* Untertauchen, *angl.* baptism by immersion, *esp.* bautismo de inmersión, *ital.* battesimo per immersione.

implantation n.f. (*ital.* impiantare). *Archit.* Opération qui consiste à tracer sur le terrain les principaux murs* d'un bâtiment* pour « implanter » celui-ci.

imposte n.f. (*lat.* impositum : ce qui est posé sur). 1) *Archit.* Membre* d'architecture qui couronne le pied-droit* d'une arcade, qui reçoit la retombée* d'un arc* et de son archivolte*, au-dessous du claveau* inférieur ou sommier* de l'arc (*fig., v. pl.* 5, 6, 7). L'*imposte* est tantôt un simple bandeau*, parfois une corniche* simple, parfois une corniche richement moulurée et décorée (*pl.* 100).

ø *All.* Bogenkämpfer, Gewölbeanfang, *angl.* impost, *esp.* platabanda, *ital.* impostatura.

2) *Menuiserie* Partie supérieure d'une baie* de porte ou de fenêtre, mobile ou dormante*.

ø *All.* Oberlichtgitter, *angl.* transom, *esp.* imposta, *ital.* rosta di porta.

inanimé adj. (*rac.* anima : vie). *Numism.* On appelle *médaille inanimée* une médaille* qui ne comporte pas de légende. On dit aussi *muette* ou *anépigraphe*.

incarnat n.m. (*ital.* incarnato : couleur de chair). Couleur rose vif qui est celle de la chair. L'*incarnadin* est rose plus pâle.

ø *All.* Fleischton, *angl.* flesh-colour, *esp.* encarnado, *ital.* incarnato.

incarnation n.f. (*lat.* incarnatio, *de* caro, carnis : chair). C'est le Mystère du Christ, de Dieu fait homme.

ø *All.* Menschwerdung, *angl.* Incarnation, *esp.* Encarnación, *ital.* Incarnazione.

incrustation n.f. (*du lat.* incrustare, *rac.* crusta : croûte). *Archit.* Revêtement* de murs en maçonnerie* par des carreaux* minces (*pl.* 101). On incruste dans les murs des plaques de marbre, des dalles de pierre, des faïences. On nomme également *incrustation* l'introduction d'une matière riche à l'état de pâte, de lame mince, dans une surface faite avec une substance moins précieuse, par exemple des pâtes colorées ou des émaux* dans des pièces de bronze cloisonnées, et cela de telle sorte que la surface extérieure des incrustations soit au même niveau que les surfaces environnantes.

Les incrustations d'or et d'argent sur acier à la mode de Damas s'appellent des *damasquines*.

Il ne faut pas confondre *incrustation* et *marqueterie* (*v. ce mot*).

ø *All.* eingelegte Arbeit, *angl.* inlaying, *esp.* incrustación, *ital.* incrostatura.

indentation n.f. (*rac.* dent). Découpure en forme de dent*.

ø *All.* Verzahnung, *angl.* toothing, *ital.* indentatura.

indigo n.m. (*mot esp. signifiant* indien). Colorant d'un bleu violacé extrait d'un arbre que l'on trouve aux Indes et que l'on nomme *indigotier*.

ø *All.* Indigo, *angl.* indigo, *esp.* índigo, *ital.* indaco.

infidèle n.m. (*lat.* infidelis). Se dit strictement de celui qui n'est pas baptisé. *Par extens.* Celui qui n'a pas la vraie foi religieuse.

inhumation n.f. (*dér. du lat.* inhumare, *rac. humus* : terre). Action de déposer les cadavres dans la terre. Ce rite symbolise bien ce que la mort est pour le chrétien : dissolution et non pas anéantissement. Il s'accorde mieux avec la foi en la résurrection et le respect dû aux morts.

ø *All.* Beerdigung, Begräbnis, *angl.* burial, inhumation, *esp.* inhumación, *ital.* inumazione.

initiale n.f. (*lat.* initialis, *rac.* initium : commencement). Lettre commençant un mot. Les *initiales* surtout en tête des chapitres sont souvent ornées de miniatures* (dans les manuscrits) ou de gravures* (dans les imprimés).

ø *All.* Anfangsbuchstabe, *angl.* initial, *esp.* inicial, *ital.* iniziale.

Initiale historiée :

ø *All.* gebilderte Anfangsbuchstabe, *angl.* historiated initial, *esp.* inicial historiada, *ital.* iniziale miniata.

INRI Dans l'iconographie chrétienne, c'est l'abréviation de l'inscription qui figurait sur la Croix du Christ : « Iesus Nazarenus Rex Iudaeorum ».

inscription n.f. (*lat.* inscriptio, *rac.* scribere : écrire). *Archit.* Mots gravés, peints ou sculptés sur la pierre, le marbre, le métal, etc. La science des inscriptions se nomme l'*épigraphie*.

ø *All.* Inschrift, Inscription, *angl.* inscription, *esp.* inscripción, *ital.* iscrizione.

insigne n.m. (*lat.* insigne, *rac.* signum : signe). Marque distinctive désignant la dignité, la fonction. *Ex.* Les insignes épiscopaux : mitre, crosse, etc.

ø *All.* Ehrenzeichen, *angl.* badge, *esp.* atributo, insignia, *ital.* insegna.

instrument n.m. (*lat.* instrumentum, *dér. de* instruere : équiper). • Outil* utilisé pour un travail.

ø *All.* Werkzeug, *angl.* implement, tool, *esp.* instrumento, *ital.* istrumento.

• – **de musique** :

ø *All.* Musikinstrument, *angl.* musical instrument, *esp.* instrumento de música, *ital.* strumento di musica.

Instruments à cordes : le son est produit par des cordes pincées (harpe, etc.), frottées par un archet (violon) ou frappées (piano).

ø *All.* Streichinstrumente, *angl.* stringed musical instruments, *esp.* instrumentos de cuerda, *ital.* strumenti a corde.

Instruments à vent : le son y est produit par le souffle de la bouche (flûte), ou par un soufflet (orgue).

ø *All.* Blasinstrumente, *angl.* wind instruments, *esp.* instrumentos de viento, *ital.* strumenti a flato.

Instruments à percussion : on les frappe pour marquer le rythme (tambour, cymbales).

ø *All.* Schlaginstrumente, *angl.* percussion instruments, *esp.* instrumentos de percusión, *ital.* strumenti da percossa.

• – **de la Passion** : Ensemble des instruments qui ont servi dans la Passion de Notre Seigneur, comprenant notamment :
la bourse des trente deniers de Judas;
la colonne de la flagellation;
l'aiguière et le bassin où Pilate s'est lavé les mains;
la lance qui perça le flanc du Sauveur;
l'éponge imbibée de fiel;
la couronne d'épines;
la croix avec les clous.

Ces instruments sont représentés parfois portés par des Anges entourant le Christ dans la scène du Jugement dernier.

ø *All.* Leidensgeräte, *angl.* instruments of the Passion, *esp.* instrumentos de la Pasión, *ital.* strumenti della Passione.

intact adj (*lat.* intactus : non touché, *de* tangere : toucher). Qui s'est conservé sans être altéré, notamment dans sa forme extérieure.

ø *All.* unversehrt, *angl.* undamaged, unbroken, *esp.* intacto, *ital.* intatto.

intaille n.f. (*dér. de l'ital.* intagliare : graver).

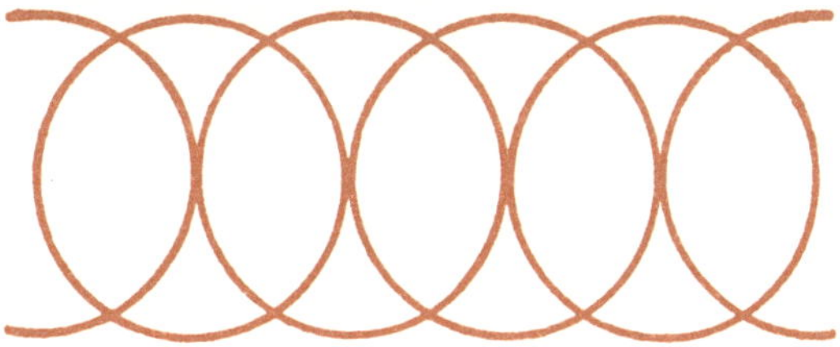

intersécant

Pierre* dure et fine gravée en creux pour servir de sceau ou de cachet (*pl.* 102). C'est le contraire du camée (*v. ce mot*) qui est une pierre gravée en relief*.

∅ *All.* Intaglio, *angl.* intaglio, *esp.* piedra grabada en hueco, *ital.* pietra lavorata ad incavo.

intercesseur n.m. (*lat.* intercessor, *rac.* cedere : aller). Celui qui intercède, qui prie pour nous à notre place.

∅ *All.* Fürbitter, *angl.* intercessor, *esp.* intercesor, *ital.* intercessore.

interpréter v.tr. (*lat.* interpretare). Reproduire un modèle ou la nature selon sa propre inspiration.

∅ *All.* interpretieren, wiedergeben, *angl.* to interpret, *esp.* interpretar, *ital.* interpretare.

intersécance n.f. (*rac. lat.* secare : couper). *Archit.* Composition décorative comportant la répétition d'un motif* ornemental parmi d'autres à intervalles réguliers, mais en les coupant, non en alternant avec eux. Se dit ainsi de tout entrelacement de membres* d'architecture qui pourraient figurer accolés ou isolément.

intersécant adj. (*dér. de* intersécance). *Archit.* Se dit d'un élément qui dans un ensemble produit une intersécance (*fig.*). *Par ex.* : Un pilastre* intersécant dans une colonnade*.

intersection n.f. (*lat.* intersection, *rac.* secare : couper). *Archit.* Point où se coupent deux lignes, deux plans ou deux volumes.

∅ *All.* Kreuzung, Schnittpunkt, *angl.* intersection, *esp.* intersección, *ital.* intersezione.

interstice n.m. (*rac. lat.* interstare : se tenir entre). Intervalle de peu de largeur entre deux masses ou objets solides.

∅ *All.* Zwischenraum, *angl.* interstice, *esp.* intersticio, *ital.* interstizio.

intrados n.m. (*dér. de* dos, *lat.* dorsum). *Archit.* Surface intérieure, par conséquent concave, d'une voûte*, d'un arc* (*v. pl.* 6). C'est le contraire de l'*extrados**. *Voir* douelle.

∅ *All.* innere Leibung, innere Gewölbefläche, *angl.* intrados, *esp.* intradós, *ital.* intradosso, sottarco.

inventaire n.m. (*rac. lat.* invenire : trouver). Liste détaillée et descriptive des objets figurant dans un lieu ou placés sous la responsabilité de quelqu'un.

∅ *All.* Inventar, *angl.* schedule, inventory, *esp. et ital.* inventario.

invention n.f. (*du lat.* invenire : trouver). Action de trouver, particulièrement en parlant d'une relique*. *Ex.* Invention de la Sainte Croix.

∅ *All.* Kreuzauffindung, *angl.* Finding of the Holy Cross, *esp.* Invención de la Cruz, *ital.* Invenzione della S. Croce.

inversé adj. (*du lat.* invertere : retourner, *rac.* vertere : tourner). Tourné en sens inverse.

∅ *All.* umgekehrt, *angl.* reversed, *esp.* invertido, *ital.* inverso.

ionique adj. *Voir* ordre.

iris n.m. (*lat.* iris : fleur, arc-en-ciel). 1) Arc-en-ciel.

∅ *All.* Regenbogen, *angl.* rainbow, *esp.* arco iris, *ital.* iride.

2) Fleur. ‖ 3) Partie colorée de l'œil.

∅ *All.* Regenbogenhaut, *angl.* iris, *esp.* iris, *ital.* iride.

irisation n.f. (*dér. de* iris). Propriété qu'ont certains corps comme le verre de reproduire sur leur surface des reflets teintés des couleurs de l'arc-en-ciel.

L'irisation des objets en verre de l'Antiquité est due à un long séjour dans la terre, et est accidentelle.

∅ *All.* Irisbildung, *angl.* irisation, *esp.* irisación, *ital.* iridescenza.

irradiation n.f. (*du lat.* irradiare, *rac.* radius : rayon). Émission de rayons lumineux.

« **isodomum (opus)** » *Voir* appareil régulier.

isocéphalie *ou* **isoképhalie** (*gr.* ισος : égal *et* κεφαλη : tête). Principe d'art primitif qui obligeait dans un tableau* ou un bas-relief*, à présenter les têtes des personnages au même niveau, quelle que soit la diversité des tailles ou des attitudes.

∅ *All.* Isokephalie, *angl.* isocephaly, *ital.* isocefalia.

isolé adj. (*ital.* isolato, *séparé comme une* île : isola). *Archit.* Un bâtiment* est *isolé* lorsqu'il ne joint pas une autre construction*.

ivoire n.m. (*dér. du lat.* ebur, eboris : ivoire). Matière osseuse et blanche tirée des défenses d'éléphant. Elle se prête bien à la sculpture* et se travaille comme le bois*, avec lequel elle présente des analogies. L'*ivoire* se prête surtout à la petite sculpture, aux statuettes. A l'état brut, l'ivoire était appelé en vieux français *marfil* ou *morfil.*

ø *All.* Elfenbein, *angl.* ivory, *esp.* marfil, *ital.* avorio.

ivoirerie n.f. (*dér. d'*ivoire). Objet en ivoire* sculpté.

ø *All.* Elfenbeinschnitzerei, *angl.* ivory work, *esp.* escultura en marfil.

ivoirier n.m. Artiste en travail d'ivoire*.

ø *All.* Elfenbeindrechsler, *angl.* ivory turner, *esp.* marfilero, *ital.* scultore in avorio.

ivoirin adj. Qui a la couleur de l'ivoire*.

ø *All.* elfenbeinartig, *angl.* ivory white, *esp.* marfileño, *ital.* eburneo.

J

Jacob (échelle de) Jacob vit en songe une *échelle* qui allait de la terre au ciel et sur laquelle montaient et descendaient des anges (Gen. 28, 10-22).
⌀ *All.* Jacobsleiter, *angl.* Jacob's ladder, *esp.* escala de Jacob, *ital.* scala di Giacobbe.

jacobins n.m. (*dér. de* Jacques). Frères de Saint-Jacques. Nom donné aux dominicains (ou frères prêcheurs) dont le premier couvent à Paris était situé rue Saint-Jacques, dans un ancien hospice construit pour l'usage des pèlerins se rendant à Saint-Jacques de Compostelle.
⌀ *All.* Jakobiner, *angl.* Jacobin monks, *esp.* Jacobinos, *ital.* Giacobini.

Jacques (saint) (*lat.* Jacobus). Saint Jacques le Majeur, frère de saint Jean l'Évangéliste, tué par Hérode Agrippa Ier vers 42. Il aurait prêché l'évangile en Espagne où ses restes auraient été transportés plus tard. Ses reliques vénérées à Compostelle en Galice depuis le Xe s. devinrent le but d'un pèlerinage célèbre. Grand patron des pèlerins, il est représenté tenant le bourdon* et la gourde ronde attachée au bâton de voyage. Au flanc, il a la panetière* sur laquelle se détache la coquille Saint-Jacques (*v.* coquille, pèlerinage).
⌀ *All.* der heilige Jakobus, *angl.* Saint James, *esp.* Santiago, *ital.* san Giacomo.

jade n.m. (*de l'espagnol* yaja : flanc). Pierre* précieuse qui passait pour guérir les coliques iliaques (du flanc) ou néphrétiques. C'est une matière froide, sonore, très dure, à ne pas confondre avec la *pierre de lard,* stéatite tendre et d'un poli onctueux.
⌀ *All.* Jade, *angl.* jade, *esp.* jade, *ital.* giada.

jais n.m. (*du lat.* gagates : pierre de Gagès, *en Lycie*). Lignite d'une belle couleur noire brillante, facile à travailler au tour et à polir comme l'ébène.

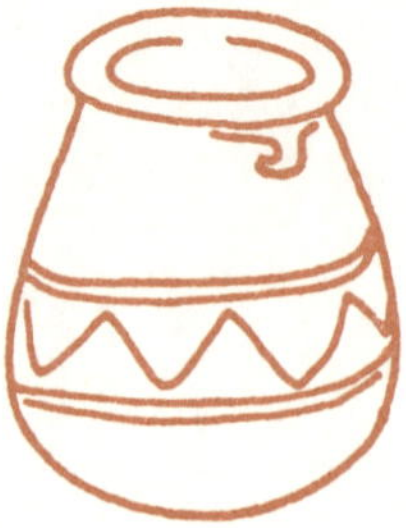

jarre

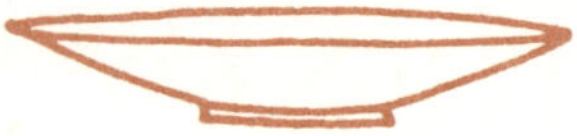

jatte

On en faisait en particulier des statuettes de saint Jacques* vendues à Compostelle comme insignes de pèlerinage*.

∅ *All.* Pechkohle, *angl.* jet, *esp.* azabache, *ital.* giavazzo.

jalon n.m. (*orig. inconnue*). *Archit.* Tige de bois ou de fer facile à enfoncer en terre servant de point de repère dans les travaux de terrassement, d'alignement, de nivellement*. Le jalon-mire est muni à son sommet d'une petite planche peinte de couleurs éclatantes appelée *voyant*.

∅ *All.* Absteckpfahl, *angl.* levelling rod, *esp.* piquete, jalón, *ital.* biffa, paletto.

jambage n.m. (*dér. de* jambe). *Archit.* Partie verticale d'une baie* de porte, de fenêtre, de cheminée. On dit aussi *pied-droit** (ou *piédroit*) ou *postes** (*v. pl.* 7).

∅ *All.* Gewände, *angl.* jamb, door-post, *esp.* jamba, *ital.* sperone, stipite.

jambe n.f. (*lat.* gamba : jarret). *Archit.* Chaîne, pied-droit*, pile* ou pilier, point d'appui* quelconque placé dans la maçonnerie* d'un mur soit pour le réconforter, soit pour porter poutre*, poitrail*, etc. Les pierres composant une jambe sont de grandeurs différentes et forment par leur superposition des harpes (*v. ce mot*).

Jambe de force : en charpente*, étai* oblique qui dans une ferme* soulage l'entrait*.

∅ *All.* Dachstuhlsäule, *angl.* brace, *esp.* tornapunta, *ital.* puntini vitti.

On appelle *jambette* une petite jambe de force.

jambières n.f.pl. (*de* jambe). Guêtres en cuir ou en étoffe couvrant les jambes. Ce mot désigne aussi des chausses (*v. ce mot*) en fer protégeant les jambes des hommes d'armes.

∅ *All.* Beinharnisch, *angl.* greaves, *esp.* grebas, *ital.* schiniere.

jardin n.m. (*du francique* gardo, *all.* Garten). A l'époque guerrière de la féodalité, le jardin n'existe pas, pour ainsi dire. On rencontre seulement des champs et des courtils (jardins utiles). Dans les monastères*, le préau*, qu'entoure le cloître*, est l'embryon des jardins futurs. Le jardin d'agrément primitif, appelé *verger*, ne date que du XIIe siècle. Depuis cette époque, on distingue le *jardin potager* attenant à la demeure, dont le terrain découpé en carreaux (ou carrés) bordés de briques* produit les légumes, plantes condimentaires et peut-être quelques fleurs, et le *verger*, souvent décrit dans les romans de chevalerie. C'est un enclos renfermant des arbres fruitiers et des fleurs au milieu d'arbres et arbustes de toute espèce.

L'architecture ne s'occupe dans le verger que de sa clôture* (murs) et de sa porte, souvent crénelée et flanquée de tourelles. Au XIIIe s. se développera l'art des jardins avec ses préaux, et leurs bancs, fontaines, pavillons, volières, etc.

∅ *All.* Garten, *angl.* garden, *esp.* jardín, *ital.* giardino.

Jardin potager :

∅ *All.* Küchengarten, *angl.* kitchen garden, *esp.* huerta, *ital.* verziere.

Jardin clos :

∅ *All.* verschlossener Garten, *angl.* enclosed garden, *esp.* huerto cerrado, *ital.* giardino chiuso.

Jardin suspendu :

∅ *All.* hängender Garten, *angl.* hanging garden, *esp.* jardín pensil, *ital.* giardino pensile.

jarre n.f. (*de l'arabe* djarra). Vase à large panse*, muni ou non d'anses*, exécuté en général en poterie* (*fig.*).

∅ *All.* Wasserkrug, *angl.* jar, *esp.* jarra, *ital.* giarra.

jaspe n.m. (*gr.* ιασπις). Pierre de quartz dur et opaque, ressemblant à de l'agate, dont on fait des vases, des colonnes et aussi des motifs* de bijouterie.

∅ *All.* Jaspis, *angl.* jasper, *esp.* jaspe, *ital.* diaspro.

jatte n.f. (*lat.* gabata : assiette creuse). Bol très évasé, ressemblant à un plat, sans rebord ni anse (*fig.*).

∅ *All.* Napf, *angl.* bowl, *esp.* barreño, *ital.* scodella.

jaune (*lat.* galbinus). Une des sept couleurs* de l'arc-en-ciel, du spectre solaire. Il comporte une grande variété de teintes, entre le *jaune d'or* et le *jaune citron*, en passant par le *jaune paille*. Il est produit par des substances tant végétales que minérales.

∅ *All.* Gelb, *angl.* yellow, *esp.* amarillo, *ital.* giallo.

Jaune d'or :

∅ *All.* Goldgelb, *angl.* golden, *esp.* amarillo dorado, *ital.* giallo d'oro.

Jaune citron :

∅ *All.* Zitronengelb, *angl.* lemon-yellow, *esp.* amarillo de limón, *ital.* citrino.

Jaune paille :

∅ *All.* Strohgelb, *angl.* straw-yellow, *esp.* amarillo paja, *ital.* giallo paglia.

javeline n.f. (*dimin. de* javelot). Sorte de grande flèche en métal, longue et mince.

∅ *All.* kleiner Wurfspiess, *angl.* javelin, *esp.* jabalina, *ital.* chiaverina.

javelot n.m. (*du gaulois* gabalaccos). Arme* de jet, ressemblant à une lance moins longue et munie en général d'une courroie qui permettait de lui donner un mouvement de rotation.

∅ *All.* Wurfspiess, *angl.* dart, *esp.* venablo, *ital.* giavellotto.

jayet n.m. *Synonyme de* jais (*v. ce mot*).

Jean-Baptiste (saint). Fils de Zacharie et d'Élisabeth, cousine de la Vierge Marie. Appelé le Précurseur de N.S. parce qu'il lui prépara les voies par sa prédication, ses disciples, son témoignage. Il baptisa N.S. dans le Jourdain et donnait à la foule un baptême de pénitence. Hérode Antipas le fit jeter en prison et plus tard lui fit trancher la tête au cours d'un banquet à la demande de Salomé, fille d'Hérodiade, épouse illégitime d'Hérode, qui haïssait *Jean-Baptiste*.

Les baptistères* sont habituellement érigés sous son vocable*.

∅ *All.* Johannes der Täufer, *angl.* John the Baptist, *esp.* S. Juan Bautista, *ital.* S. Giovanni Battista.

Jessé (arbre de). Arbre peint ou sculpté, ou tableau représentant la filiation humaine de N.S., descendant de David fils de Jessé. La prophétie du rejeton de Jessé dans Isaïe (ch. 11) désigne le Messie en qui reposera l'esprit de Iahvé.

Statuaires* et peintres verriers* en ont fait à partir de la fin du XIIe s. un de leurs sujets favoris (*v.* arbre généalogique).

∅ *All.* Jessebaum, *angl.* tree of Jesse, *esp.* arbol de Jesé, *ital.* albero di Jesse.

jet n.m. (*du lat.* jactare : jeter). 1) En termes de fondeur : canal pratiqué dans le moule* par lequel se verse le métal en fusion. Une statue*, par exemple, est dite coulée « du premier jet » lorsqu'elle a été fondue tout d'une pièce, en une fois, sans qu'on ait dû refondre certaines de ses parties mal réussies.

∅ *All.* auf den ersten Wurf, *angl.* at a single cast, *esp.* de una vez, *ital.* di primo lancio.

Au sens figuré, *d'un seul jet* se dit d'une œuvre quelconque exécutée sans hésitation ni repentirs, sans que l'auteur s'y soit repris à plusieurs fois.

∅ *All.* aus einem Guss, *angl.* at one go, *esp.* de un golpe, *ital.* in un sol getto.

2) *Jet de draperies* : arrangement des plis d'une draperie, de leur retombée.

∅ *All.* Faltenwurf, *angl.* folds of draperies, *esp.* trazo, *ital.* panneggiamento.

3) *Jet d'eau* : colonne d'eau projetée verticalement.

∅ *All.* Wasserstrahl, *angl.* fountain, *esp.* surtidor, *ital.* zampillo.

4) *Arme de jet* : *v.* arme.

jeux d'appareil Dessins géométriques formés par le simple appareillage* des pierres sans intervention d'éléments spécifiquement décoratifs (sculptures*, bandeaux*, etc.).

joaillerie n.f. (*dér. de* joyau). Art de composer des joyaux* au moyen de pierres* précieuses; de travailler ces pierres pour en faire des bijoux.

∅ *All.* Juwelierkunst, *angl.* jewellery, *esp.* joyería, *ital.* gioielleria.

joint n.m. (*du lat.* jungere : unir). *Archit.* Petit espace réservé entre les pierres* ou les briques* d'une construction pour être rempli de mortier* ou de ciment* afin de les lier plus étroitement. L'épaisseur des joints est donnée au moment de la pose par des cales en bois permettant d'introduire le ciment ou le mortier.

L'interstice entre les deux pierres* se nomme *joint vif* lorsque les pierres sont appareillées* sans mortier et *joint garni* quand l'intervalle est garni de mortier ou de ciment (*v. pl.* 6).

Les joints d'abord très épais jusqu'au XIe s. deviennent alors très minces, surtout dans le Midi et en Bourgogne, et sont presque dépourvus de mortier. Ils s'épaississent vers le milieu du XIIe siècle.

En principe, du moment qu'on ne peut poser les pierres absolument jointives comme le faisaient les Grecs et même les Romains lorsqu'ils employaient le grand appareil, mieux vaut un joint épais qu'un joint mince, le mortier ne se conservant qu'à la condition de former un volume assez considérable.

Ø *All.* Fuge, Lagerfuge, *angl.* joint, junction, *esp.* juntura, *ital.* giunto, giuntura.

Joint à anglet (ou *en angle* ou *angulaire*) : formé par des surfaces se rencontrant suivant un angle de 45°; usité seulement pour les incrustations de marbrerie* ou en menuiserie*.

Joint carré : unissant des matériaux* dont les surfaces sont taillées à angle droit.

Joint en coupe : incliné suivant la direction d'un rayon de cercle.

Joint de douelle : placé suivant la longueur d'une voûte*.

Joint de face : placé perpendiculairement à la longueur d'une voûte.

Joint feuillé : unissant deux pierres* entaillées et posées à recouvrement.

Joint gras : unissant des pierres dont les surfaces sont taillées suivant un angle inférieur à l'angle droit; se dit aussi d'un joint trop large.

Joint de lit : sépare deux pierres superposées.

Joint maigre : unit des pierres dont les surfaces sont taillées suivant un angle supérieur à l'angle droit; se dit aussi d'un joint trop étroit.

Joint montant : sépare deux pierres juxtaposées.

Joint ouvert : obtenu en posant les pierres de chaque assise* sur des cales épaisses.

Joint perdu : joint dissimulé.

Joint recouvert : dissimulé par une moulure* en saillie*.

Joint de recouvrement : joint que donne la saillie de marches* posées en retrait les unes sur les autres.

Joint serré : joint dont on a enlevé les cales pour que le tassement s'effectue par le propre poids de la pierre.

jointes (mains) (*dér. de* joint). Attitude de prière.

Ø *All.* mit gefalteten Händen, *angl.* with folded hands, *esp.* con las manos juntas, *ital.* mani giunte.

jointif adj. (*dér. de* joint). *Archit.* Se dit de deux surfaces qui se rejoignent par les bords.

Ø *All.* fugendicht, *angl.* joined, *esp.* juntado, *ital.* combaciante, giunto.

jointoyer v.tr. (*dér. de* joint). Action d'exécuter des joints*; les lisser avec la truelle* de manière qu'ils affleurent le parement*.

Ø *All.* die Fugen verstreichen, *angl.* to joint, *esp.* mampostear, *ital.* riempire i vani delle pietre.

joli adj. (*orig. obscure*). Gai, agréable à voir ou à entendre.

Ø *All.* hübsch, zierlich, *angl.* pretty, *esp.* bonito, lindo, *ital.* carino, vezzoso.

joue n.f. (*lat.* gauta). Partie latérale du visage. ‖ *Par anal.* Partie latérale d'une construction massive (tour*).

jouée n.f. (*dér. de* joue). *Archit.* 1) Parement* latéral d'une baie*. 2) Cloison* latérale d'une stalle* de chœur.

Ø *All.* Chorstuhlwange, *angl.* reveal, stall end, *esp.* pared de sillería, *ital.* parete di stallo.

3) Partie latérale triangulaire qui se trouve entre une lucarne* et le toit* sur lequel elle se détache.

jouer v.n. (*du lat.* jocare : badiner). En terme de menuiserie*, on dit d'une pièce de bois, d'un panneau*, qu'ils « jouent » lorsque sous l'effet de la dilatation ou de la contraction du bois, les assemblages* se disjoignent.

Ø *All.* sich werfen, *angl.* to warp, *esp.* alobearse, *ital.* muoversi.

joug n.m. (*lat.* jugum). Attelage pour bovins consistant en une pièce de bois attachée devant la tête de l'animal, qui joue pour lui le rôle de collier pour le cheval.

Le *joug* est simple ou double (pour une paire de bœufs).

Ø *All.* Joch, *angl.* yoke, *esp.* yugo, *ital.* giogo.

jour n.m. (*lat.* diurnum : diurne). 1) Lumière.

Ø *All.* Licht, *angl.* light, *esp.* día, *ital.* giorno.

2) *Archit.* Ouverture ménagée pour introduire la lumière dans un édifice. ‖ 3) *A jour* : se dit d'un motif* de décoration ou d'un membre* d'architecture percé de nombreux vides (*v.* ajouré).

Ø *All.* durchbrochene Stelle, *angl.* pierced, *esp.* calado, *ital.* traforo.

4) Manière dont les objets sont éclairés. On distingue :

le jour d'aplomb : les rayons lumineux frappent l'objet verticalement;

le jour d'en haut : les rayons arrivent obliquement;

le jour droit : la source lumineuse est à hauteur d'appui;

le faux jour : emprunté à une autre pièce et n'arrivant pas directement.

Ø *All.* falsches Licht, *angl.* wrong light, *esp.* luz engañosa, *ital.* controluce.

joute n.f. (*dér. de* jouter, *lat.* juxtare : être attenant, *rac.* juxta : près, à côté). Combat simulé en champ clos entre deux chevaliers armés de la lance*; c'est un combat de près et singulier – à la différence du tournoi (*v. ce mot*).

Ø *All.* Lanzenbrechen, *angl.* joust, tilt, *esp.* justa, *ital.* armeggio.

joyau n.m. (*du lat.* jocalis : qui réjouit, *rac.* jocus : jeu). Bijou. Tout objet précieux en métal rare, orné de gemmes*. ‖ Plus généralement tout objet d'art d'une grande beauté ou d'une grande valeur.

Ø *All.* Juwel, *angl.* jewel, *esp.* alhaja, *ital.* cimelio.

jubé n.m. *Archit.* Clôture analogue à l'iconostase* des églises grecques, séparant le chœur* de la nef*, et surmontée d'une galerie*.

Ce portique apparaît en France à la fin du XIIe s. Il procède à la fois du chancel*, des ambons*, ainsi que du tref* des anciennes basiliques chrétiennes, et du doxal* des églises antérieures au XIIe s. Le nom de *jubé* lui vient du premier mot de la formule par laquelle le lecteur placé dans la galerie demandait au célébrant la bénédiction avant de lire : *Jube, Domne, benedicere.*

Ø *All.* Doxale, Lettner, *angl.* choir screen, jube, *esp.* ambón romano, *ital.* pontile tramezzo.

judas (*nom emprunté au traître* Judas). *Archit.* Petite fenêtre* ménagée dans une porte* et permettant avant d'ouvrir, de voir qui a frappé.

Ø *All.* Guckloch, *angl.* peep-hole, *esp.* mirilla, ventanillo, *ital.* finestrino.

Jugement Dernier Le Christ Juge séparant, au jour du Jugement, les élus des réprouvés.

Ø *All.* Das Weltgericht, Das jüngste Gericht, *angl.* the Last Judgment, *esp.* Juicio final, *ital.* Giudizio finale.

justice n.f. Une des quatre vertus cardinales; attribut : tient une balance.

K

khmer (art) Art ancien du Cambodge. La construction des temples khmers les plus anciens ne remonte pas à une date indéterminée et très ancienne. Les monuments les plus anciens du groupe d'Angkor remontent au Xe s. et le temple d'Angkor-Vat, chef-d'œuvre de l'art khmer, appartient au XIIe siècle; c'est-à-dire qu'ils sont contemporains des églises romanes de l'Occident.

kyrielle n.f. (*du gr.* κυριος : seigneur). Litanie commençant par l'invocation *Kyrie eleison.*

Ø *All.* Litanei, *angl.* litany, *esp.* letanía, *ital. litania.*

L

« **labarum** » n.m. (*mot latin*). Étendard sur lequel figure le monogramme du Christ, et qui fut adopté par Constantin et ses successeurs ; l'ancien étendard des empereurs romains était orné d'un aigle.

∅ *All.* Kreuzfahne, *angl.* labarum, *esp.* lábaro, *ital.* labaro.

« **labrum** » (*mot latin*). Baignoire en marbre de grande dimension qui servait aux Romains pour les bains chauds. ‖ Ce mot désignait dans la suite une fontaine ronde ou octogonale située au centre de l'atrium des basiliques* chrétiennes anciennes, où les fidèles se lavaient les mains et le visage avant d'entrer dans le lieu saint. On désignait aussi cette fontaine sous le nom de *cantharus* ou de *nymphaeum* (*v.* canthare).

labyrinthe n.m. (*du gr.* λαβυρινθος, *mot égéen*). *Archit.* 1) Palais minoën où il était impossible à un étranger de s'orienter sans un « fil d'Ariane ». ‖ 2) Dallage, comportant des dessins géométriques compliqués, existant sur le pavement de certaines églises. On les appelait *dédales* ou *chemins de Jérusalem*. Leur origine est très incertaine. Peut-être étaient-ils seulement la continuation d'un ornement païen qui avait perdu toute signification ; peut-être servaient-ils de moyen de dévotion – les fidèles suivant les méandres à genoux en souvenir de la montée de Jésus au Calvaire. Quoi qu'il en soit, ils furent presque partout supprimés. De forme circulaire ou octogonale, ou inscrits dans un carré, les *labyrinthes* étaient souvent accompagnés d'inscriptions donnant des dates de construction, des noms des maîtres d'œuvre, etc., inscriptions dont la perte est regrettable.

∅ *All.* Labyrinth, *angl.* maze, *esp.* laberinto, *ital.* labirinto.

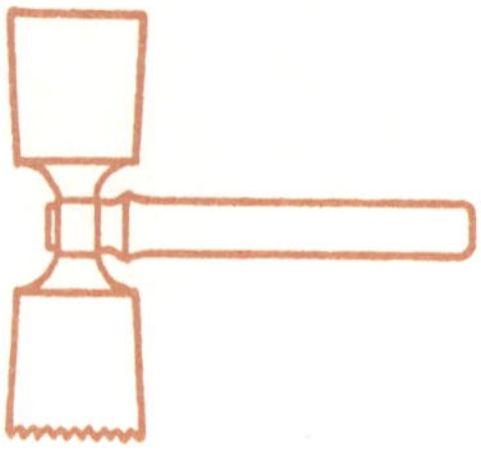

laie

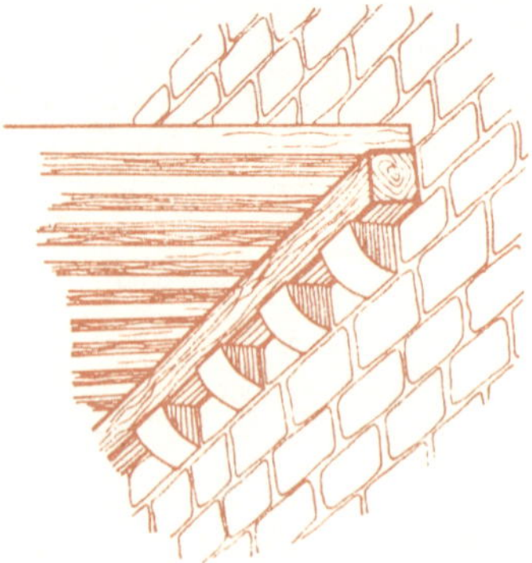

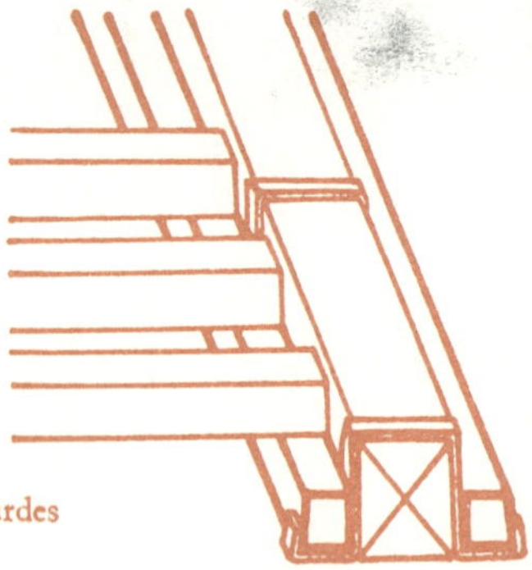

lambourdes

lacis n.m. (*dér. de* lacer, *rac.* lacs). Réseau fait de fils entrelacés de fil ou de soie.

∅ *All.* Netzgewebe, *angl.* net-work, *esp.* redecilla, *ital.* reticella.

lacs n.m. (*lat.* laqueus : lacet). Grand filet tendu pour capturer des bêtes sauvages. ‖ Cordon, composé généralement de brins de fil torsadés, reliant un sceau à la pièce de parchemin à laquelle celui-ci est appendu.

∅ *All.* Fallstrick, *angl.* snare, *esp.* lazo, *ital.* laccio.

lacune n.f. (*lat.* lacuna, *proprement* mare). Défaut, insuffisance, manque se faisant jour dans un ensemble.

∅ *All.* Fehlstelle, *angl.* gap, *esp.* laguna, *ital.* lacuna.

Ladre (saint) Nom populaire de saint Lazare, patron des « ladres » (lépreux) (*v.* lazaret, maladrerie).

lai (frère) (*lat.* laicus). Chez les mendiants*, religieux qui n'est pas destiné à recevoir les ordres*.

laïc n.m. (*lat.* laicus). Qui n'appartient pas au clergé*, tant séculier que régulier.

∅ *All.* Laie, *angl.* layman, *esp.* seglar, *ital.* laico. On a formé de ce mot l'adjectif *laïque*.

laid adj. (*francique* laid, *allem.* leid). Qui n'est pas beau.

∅ *All.* häßlich, *angl.* ugly, *esp.* feo, *ital.* brutto.

laie n.f. (*orig. obscure*). *Archit.* Marteau* bretté, c'est-à-dire garni de dents*, du tailleur de pierre, qui lui sert à égaliser le parement* d'une pierre*, ce qui se nomme *layer* (*v. ce mot*) (*fig.*).

∅ *All.* Zahnhammer, *angl.* toothed hammer, *esp.* escoda, *ital.* maglietto dentato.

lait de chaux *Archit.* Mélange de chaux* éteinte et d'eau servant à blanchir les murs.

∅ *All.* Kalkmilch, *angl.* whitewash, *esp.* leche de cal, *ital.* latte di calce.

laiteux adj. (*dér. de* lait, *lat.* lac, lactem). Ton ressemblant à la couleur du lait.

∅ *All.* milchweiß, *angl.* milk-like, *esp.* lechoso, *ital.* latticinoso.

laiton n.m. (*orig. obscure*). Alliage de cuivre et de zinc, de couleur jaune, très employé au Moyen Age dans les travaux de dinanderie* (fabrication d'aiguières, candélabres, etc.).

∅ *All.* Messing, *angl.* brass, *esp.* latón, *ital.* ottone, *pour* lattone.

lambourde n.f. (*orig. obscure*). *Archit.* Long madrier* de bois fixé horizontalement le long d'un mur sur une série de corbeaux*, afin de recevoir les abouts des solives* (*fig.*); la *lambourde* peut aussi être scellée sur l'aire* d'un plancher (*fig.*) pour supporter les frises* du parquet (*v. ce mot*).

∅ *All.* Stützbalken, *angl.* joist, sleeper, *esp.* carrera, *ital.* travicello.

lambris n.m. (*du lat.* lambrusca : vigne sauvage). *Archit.* Revêtement en bois* ou en marbre* servant à la fois d'ornement* et de protection contre l'humidité. Ce mot désigne uniquement les revêtements de murs verticaux, alors qu'autrefois il désignait toute espèce de revêtement de menuiserie*, y compris les planchers* et les plafonds* (*v.* panneau).

∅ *All.* Wandbekleidung, *angl.* wainscot, lining, *esp.* revestimiento, *ital.* rivestimento di legno o marmo.

lame n.f. (*lat.* lamina). 1) Plaque mince et longue de métal; *ex.* lame de couteau, d'épée.

∅ *All.* Klinge, *angl.* blade, *esp.* hoja, *ital.* lama. 2) *Archit.* Mince pièce de bois. *Ex.* Lame de parquet*. ‖ 3) *Archit.* Au Moyen Age, on désignait de ce nom une dalle funéraire sur laquelle figurait gravée l'effigie du mort.

∅ *All.* Grabplatte, *angl.* ledger, *esp.* laude, *ital.* lastra sepolcrale.

lampadaire n.m. (*lat.* lampadarium). Appareil d'éclairage servant à porter une ou plusieurs lampes. Par exemple, il peut prendre la forme d'un grand candélabre* en bronze ou d'une couronne de lumières suspendue à une voûte*, à un plafond*.

∅ *All.* Lampengestell, *angl.* candelabrum, lamp-stand, *esp.* soporte de lámpara, *ital.* lampadario.

lampe n.f. (*lat.* lampas, lampada *mot emprunté au grec*). Appareil servant à éclairer, en brûlant

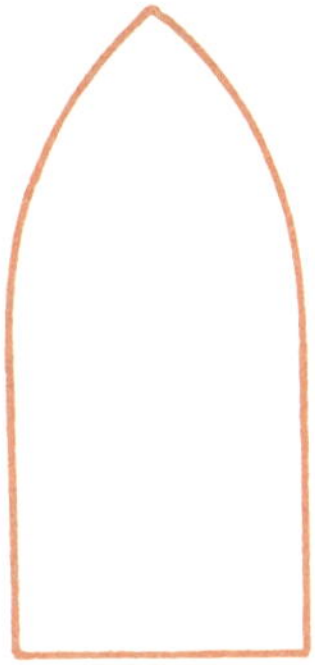

lancette

notamment de l'huile.

⌀ *All.* Lampe, *angl.* lamp, *esp.* lámpara, *ital.* lucerna.

Lampe d'argile :

⌀ *All.* Tonlampe, *angl.* clay-lamp, *esp.* candil de barro, *ital.* lucerna fittile.

lance n.f. (*lat.* lancea). Arme d'hast (*v. ce mot*) composée d'un long manche appelé hampe*, en bois de frêne, terminée par une pointe en fer appelée *fer de lance*. Elle servait aux gens à cheval, et était soutenue pour eux à hauteur de poitrine par un arrêt ou crochet de fer appelé *fautre*. La lance des hommes à pied était appelée *pique*.

⌀ *All.* Lanze, *angl.* spear, *esp.* lanza, *ital.* asta, lancia.

Lance en arrêt : position au repos.

⌀ *All.* eingelegte Lanze, *angl.* spear in rest, *esp.* lanza en ristre, *ital.* lancia in resta.

Sainte Lance : 1) Lance dont une tradition légendaire disait qu'elle avait servi au soldat pour percer le côté de Jésus crucifié. Elle était vénérée à Jérusalem aux VIe et VIIe siècles; elle le fut ensuite à Constantinople. ‖ 2) Lancette qui sert aux prêtres de l'Église grecque pour séparer du pain de l'hostie* la partie qui doit être consacrée.

lancéolé adj. (*dér. de* lance). *Archit.* Qui a la forme du fer de lance*.

⌀ *All.* lanzeneisenförmig, *angl.* lanceolate, spear-shaped, *esp.* lanceolado, *ital.* lanceolato.

lancette n.f. (*dér. de* lance). *Archit.* Baie étroite formée d'un arc* en tiers-point surhaussé qui la fait ressembler à un fer de lance* (*fig.*).

⌀ *All.* Lanzettbogen, *angl.* lancet window, *esp.* lanceta, *ital.* lancetta.

lancis n.m. (*dér. de* lancer, *lat.* lanceare : manier la lance). *Archit.* Opération qui consiste à substituer, à des pierres détériorées d'un parement*, des pierres* neuves, en enfonçant ces pierres neuves le plus avant possible dans les parties refouillées.

landier n.m. (*orig. obscure*). Gros chenêt de fer servant dans les cuisines à porter la broche à rôtir.

⌀ *All.* Kaminbock, *angl.* fire-dog, *esp.* morillo, *ital.* capifuoco.

lange n.m. (*lat.* laneus : de laine). Étoffe de laine dont on enveloppait les nouveaux-nés.

⌀ *All.* Windel, *angl.* swaddling clothes, *esp.* mantillas, *ital.* pannilini.

langue de serpent *Voir* languier.

languette n.f. (*dér. de* langue). *Archit.* 1) En menuiserie*, saillie d'assemblage analogue au tenon*, mais courant sur toute la longueur de la planche, pour s'adapter à la rainure* pratiquée dans l'épaisseur d'une autre planche sur toute sa longueur. ‖ 2) Cloison mince en plâtre* ou en brique* utilisée surtout pour former les coffres de cheminée*.

⌀ *All.* Zunge, *angl.* tongue, *esp.* lengüeta, *ital.* linguetta.

languier n.m. (*dér. de* langue). Pièce d'orfèvrerie* ressemblant à un candélabre* aux branches duquel étaient suspendues les *langues de serpent* ou pierres d'épreuve auxquelles on attribuait au Moyen Age la propriété de déceler le poison qui existerait dans les mets. Le *languier* se plaçait sur la table à côté de la salière.

⌀ *All.* Aufsatz mit Natterzungen, *angl.* adder's (serpent) tongue.

lanterneau n.m. *Voir* lanterne.

lanterne n.f. (*lat.* lanterna). 1) Appareil d'éclairage : petite cage vitrée servant à abriter une flamme des effets du vent. ‖ 2) *Archit.* Édicule en forme de tourelle qui surmonte un dôme*, une coupole*, une cage d'escalier*, à la fois pour servir d'amortissement* ornemental et pour éclairer la partie supérieure de la coupole* (*pl.* 105).

⌀ *All.* Laterne, *angl.* lantern, *esp.* linterna, *ital.* lanterna.

Lorsque la *lanterne* est de faible dimension elle prend le nom de *lanterneau* ou *lanternon*.

⌀ *All.* Dachaufsatz, *angl.* lantern turret, *esp.* linternón, *ital.* lanternino.

Lanterne des morts : tourelles* exhaussées sur un soubassement*, en général creuses; elles sont cylindriques, carrées ou de forme polygonale, percées à leur sommet de baies* qui laissent échapper les rayons lumineux de la lampe qu'elles renferment. La tourelle est coiffée d'un toit pyra-

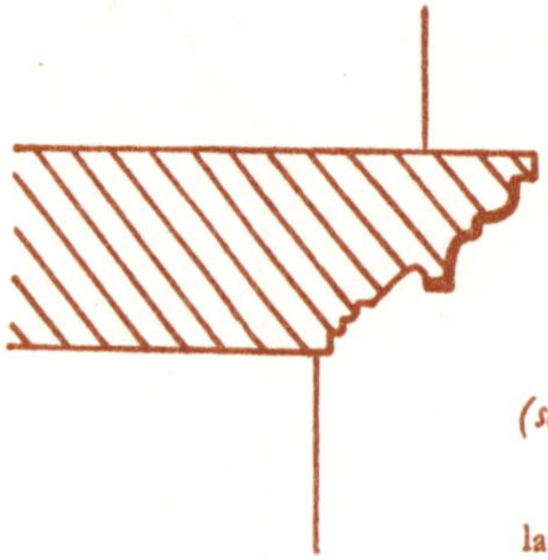

(section)

larmier

midal ou conique (*pl.* 104).

On élevait de ces *lanternes* dans les cimetières ou dans leur voisinage, sur les grands chemins; elles éclairaient pendant la nuit les voyageurs pouvant s'égarer; elles étaient censées éloigner des champs de repos les esprits des ténèbres qui hantent, croyait-on, les cimetières, mais leur objet principal était de constituer un hommage aux morts.

Il y en avait aussi à la porte des abbayes* et des monastères*.

Celles qui ont survécu à la destruction sont en petit nombre. Il n'en existe pas actuellement d'antérieures au XIIe s. Certaines régions en possédaient beaucoup (Limousin, Poitou, Auvergne, Anjou, Maine), d'autres point.

On les appelle aussi *fanal.*

ø *All.* Friedhofslampe, Totenleuchte, *angl.* lantern of the dead, light-column, *esp.* linterna funeraria, *ital.* lanterna funerale.

Tour lanterne : dans certaines églises* (églises romanes ou gothiques, de Normandie et d'Angleterre) il existe à la croisée* du transept* une tour terminée en forme de coupole* et dont les fenêtres servent à éclairer cette partie de l'église.

ø *All.* Turmkuppel, *angl.* lantern-tower, *esp.* torre linterna, *ital.* torre lanterna.

lanternon n.m. *Voir* lanterne.

lapicide n.m. (*lat.* lapis : pierre *et* caedo : je brise). Tailleur* de pierre*.

ø *All.* Steinmetz, *angl.* stone-cutter, *esp.* picapedrero, *ital.* tagliapietre.

lapidaire n.m. (*lat.* lapidarius, *de* lapis : pierre). 1) Artisan* qui taille, polit, grave, etc. les pierres* fines.

ø *All.* Steinschneider, *angl.* lapidary, *esp.* lapidario, *ital.* lapidario.

2) Marchand de pierres fines :

ø *All.* Steinhändler, *angl.* jeweller, *esp. et ital.* lapidario.

3) Ouvrage dans lequel on exposait les vertus et les propriétés des pierres. On y comprenait au Moyen Age et dans l'Antiquité toutes les catégories de pierres.

4) *Signes lapidaires* (*adj.*) : *v.* signes.

lapidation n.f. (*dér. de* lapis : pierre). Supplice réservé chez les Juifs aux blasphémateurs, aux adultères. Il consistait à être frappé par des pierres lancées jusqu'à ce que mort s'ensuive. Ce fut le supplice de saint Etienne (Actes 7, 58-60).

ø *All.* Steinigung, *angl.* stoning, *esp.* lapidación, *ital.* lapidazione.

lapis-lazuli n.m. (*lat.* lapis : pierre *et* lazuli, *de l'arabe* lazaward : azur). Pierre* de couleur bleue mêlée de blanc d'où était tiré au Moyen Age le bleu outremer très recherché des enlumineurs* et des peintres*.

ø *All.* Lasurstein, *angl.* lapislazuli, *esp.* lapislázuli, *ital.* lapislazzuli.

largeur n.f. Dimension d'un objet considéré d'un de ses côtés à l'autre, par opposition à la longueur.

ø *All.* Breite, *angl.* breadth, width, *esp.* anchura, *ital.* larghezza.

larmes n.f.pl. (*lat.* lacrimae). *Archit.* Petits disques, cônes ou troncs de pyramide ornant le plafond des larmiers* dans l'ordre dorique*. On les appelle aussi *gouttes.*

ø *All.* Tränen, Tropfen, *angl.* tears, waterdrops, *esp.* gotas, *ital.* lagrime.

larmier n.m. (*dér. de* larme). *Archit.* Ressaut de corniche* creusé en dessous de manière à forcer l'eau de pluie à tomber en gouttes (ou *larmes*) loin du parement*, au lieu de couler le long de la surface de ce parement (*fig.*).

ø *All.* Kranzgesims, Traufrinne, *angl.* dripstone, *esp.* goterón, *ital.* grondatoio.

larron n.m. (*lat.* latro). Voleur qui prend furtivement. Jésus fut crucifié entre deux larrons.

L'un, le *mauvais larron,* fut blasphémateur et impénitent.

ø *All.* der böse Schächer, *angl.* the impenitent Thief, *esp.* el mal Ladrón, *ital.* il cattivo Ladrone.

L'autre, le *bon larron,* mourut plein de foi et de repentir; c'est le premier saint canonisé et il le fut par Jésus lui-même.

ø *All.* der bußfertige Schächer, *angl.* the good Robber, the penitent Thief, *esp.* el buen Ladrón, *ital.* il buon Ladrone.

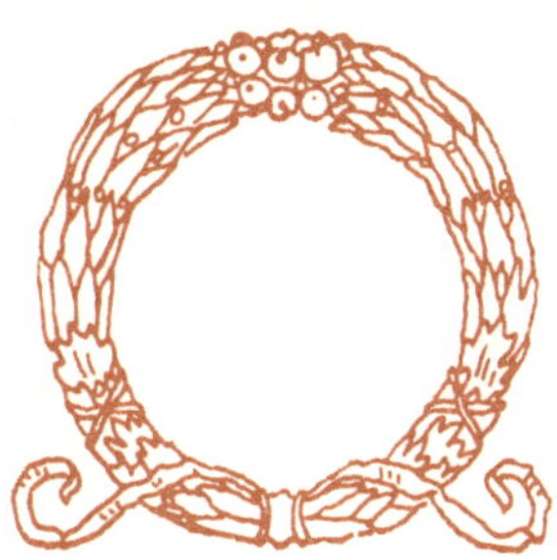

laurier (couronne de)

latéral adj. (*du lat.* latus : côté). Situé sur le côté : nef* latérale, poussée* latérale...

⌀ *All.* seiten-, *angl.* side, *esp.* lateral, *ital.* laterale.

laticlave n.f. (*lat.* laticlava : à large bande). Tunique bordée d'une bande de pourpre large, insigne des sénateurs romains (*v.* clave).

Latran ● – (**palais du**) Résidence des papes à Rome du IVe au XIVe siècle. Puis les papes résidèrent au Château des papes d'Avignon, de 1309 à 1377, date de leur retour à Rome.

⌀ *All. et angl.* Lateran, *esp.* Letrán, *ital.* Laterano.

● – (**archibasilique de Saint-Jean de**). A côté du palais s'élève l'archibasilique dédiée par Constantin au Saint-Sauveur. C'est la cathédrale du pape, « mère et tête de toutes les églises de Rome et de l'univers ».

latrie n.f. Adoration réservée à Dieu. *Voir* dulie.

latrines n.f. (*du lat.* lavatrina : lavabo). *Archit.* « Les châteaux* du Moyen Age possédaient des *latrines* pour les seigneurs comme pour la garnison, s'épandant soit dans les fossés*, faciles à vidanger, soit au dehors sur l'escarpement boisé entourant le château. Dix-neuf fois sur vingt les fameuses « oubliettes* » sont de vulgaires latrines. » (Viollet-le-Duc).

latte n.f. (*lat.* latta). Bois de chêne (ou de peuplier, ou de sapin) refendu, employé à différents usages dans les travaux de charpenterie qu'on enduit de plâtre* (plafonds*, cloisons*, pans* de bois, etc.).

En couverture*, on emploie pour accrocher la tuile* des lattes carrées clouées sur les chevrons*; les lattes à ardoises*, plus larges que les précédentes, se nomment aussi *lattes-voliges* ou *volisses**.

⌀ *All.* Latten, *angl.* laths, *esp.* latas, *ital.* panconcelli.

lattis n.m. (*dér. de* latte). *Archit.* Ouvrage de lattes*. Il est dit *jointif* lorsque les lattes se touchent; *écarté*, dans le cas opposé.

⌀ *All.* Lattenwerk, *angl.* lathing, lath-work, *esp.* obra de latas, *ital.* impalcatura.

laure n.f. (*ou* lavra) (*gr.* λαυρα). Monastère de l'Église d'Orient, agglomération de cellules* individuelles.

lauré adj. (*du lat.* laurus : laurier). Se dit du portrait en médaillon ou en buste d'un personnage dont la tête porte une couronne* de laurier*.

⌀ *All.* lorbeerbekränzt, *angl.* laureate, *esp.* laureado, *ital.* laureato.

laurier n.m. (*lat.* laurus). Arbuste aux luisantes feuilles, souvent persistantes. Attribut de victoire dans l'Antiquité. Motif* d'ornementation très fréquent, en feuilles ou en couronnes (*fig.*).

⌀ *All.* Lorbeer, *angl.* laurel, *esp.* laurel, *ital.* lauro.

lause n.f. (*on écrit aussi* lauze). *Archit.* On appelle ainsi dans certaines parties de la France (Auvergne, Midi) les plaques schisteuses (micaschiste) servant à divers usages, notamment à recouvrir des toitures* (*pl.* 103). Ailleurs, il ne s'agit pas de schiste, mais de calcaire; ces plaques sont improprement désignées en Bourgogne sous le nom de *laves*.

lavabo n.m. (*mot latin tiré du futur du verbe* lavare : je laverai). *Archit.* Fontaine d'ablutions au milieu ou dans un angle du cloître*. C'est souvent une vasque à plusieurs jets où de nombreux moines pouvaient se laver en même temps. Ils consistaient parfois seulement en une grande auge* en marbre, en pierre, ou en bronze placée à l'entrée du réfectoire.

⌀ *All.* Brunnenhaus, *angl.* lavabo, *esp.* lavabo, *ital.* lavamini.

lavatorium n.m. (*rac. lat.* lavare : laver). *Archit.* Grande vasque destinée à laver les corps des religieux défunts. Elle était souvent jointe au lavabo* des moines.

layer v.tr. (*dér. de* laie : marteau). *Archit.* Dresser les parements* d'une pierre* à l'aide de la laie (*v. ce mot*).

⌀ *All.* zähneln, *angl.* to tool, *esp.* escodar, *ital.* eguagliare colla martellina dentata.

layetier n.m. (*dér. de* layette). Fabricant de layettes*, c'est-à-dire de coffres ou malles en bois blanc.

⌀ *All.* Kistchenmacher, *angl.* trunkmaker, *esp.*

cofrero, *ital.* bossolaio.

layette n.f. (*du néerl.* laeye : coffre). 1) Coffre* léger en bois blanc où l'on serrait des effets d'habillement peu volumineux, tels que gants, rubans, mouchoirs, etc.

∅ *All.* Kistchen, *angl.* box, *esp.* cajeta, *ital.* cassetta.

2) Comme on y serrait aussi les vêtements des enfants, le mot a pris le sens de trousseau de nouveau-né, s'appliquant au contenu au lieu du contenant.

lazaret n.m. (*du vénitien* Nazareto, *d'après l'hôpital de* Nazareth; *la présence de* l *est due à une attraction de* lazaro, *en italien* : lépreux). *Archit.* Léproserie (*v. ce mot*).

lazulite n.f. *Synon. de* lapis-lazuli (*v. ce mot*).

∅ *All.* Lasurstein, *angl.* lapis lazuli, *esp.* lazulita, *ital.* lapislazzuli.

leçon n.f. (*lat.* lectio, *de* legere : lire). *Liturgie* Court passage détaché de l'Écriture* Sainte ou des écrits des Pères* de l'Église qu'un « lecteur » vient lire ou chanter au milieu du chœur* au cours d'un office.

lectionnaire n.m. (*rac. lat.* legere : lire). Livre liturgique contenant les leçons* de l'Écriture qui doivent être lues ou chantées au chœur*.

∅ *All.* Lectionarium, *angl.* lectionary, *esp.* leccionario, *ital.* lezionario.

lectrois n.m. (*du lat.* lectrum : pupitre, *rac.* legere : lire). Lutrin en ancien français. On disait aussi *letrin*.

légendaire *ou* **légendier** n.m. (*de* légende). Livre liturgique contenant les légendes des saints (*v.* légende).

∅ *All.* Legendarium, *angl.* legendary, *esp.* legendario, *ital.* leggendario.

légende n.f. (*lat.* legenda : ce qui doit être lu). 1) Inscription explicative que l'on place au pied d'un dessin, d'une carte ou autour d'une pièce de monnaie. Souvent les légendes, dans les tableaux des primitifs, sont inscrites sur des bandes ou phylactères* que tiennent à la main les personnages.

∅ *All.* Bildlegende, Münzaufschrift, *angl.* legend, *esp.* leyenda, *ital.* leggenda.

2) Récit abrégé de la vie d'un saint. Leçons de matines contenant la vie du saint dont on célèbre la fête. ‖ 3) Récit populaire transmis par la tradition. Ici la légende s'oppose toujours à l'histoire.

∅ *All.* Legende, *angl.* legend, *esp.* leyenda, *ital.* leggenda.

Légende dorée : recueil de vies de saints souvent fort anciennes réuni vers 1260 par Jacques de Voragine, archevêque de Gênes, et écrit en latin. Une partie ne repose sur aucun fondement sérieux. Livre très agréable à lire, traversé d'un esprit de foi et de charité, dont l'influence a été considérable sur la liturgie et les arts.

∅ *All.* goldene Legende der Heiligen, *angl.* golden Legend, *esp.* Leyenda áurea, *ital.* Leggenda dorata.

légendier n.m. *Voir* légendaire.

lenticulaire adj. (*dér. de* lentille). Qui ressemble à une lentille, par sa forme.

∅ *All.* linsenförmig, *angl.* lenticular, *esp.* lenticular, *ital.* lenticolare.

lentille n.f. (*lat.* lenticula, *dim. de* lens : lentille). *Optique* Disque de verre qui a la propriété de faire converger (ou diverger) les rayons lumineux.

∅ *All.* Linse, *angl.* lens, *esp. et ital.* lente.

léproserie n.f. (*rac. lat.* lepra : lèpre). Hospice pour lépreux. On estime qu'il existait en Europe au XIIIe siècle près de vingt mille *léproseries* (*v.* lazaret, maladrerie).

∅ *All.* Leprosenhaus, *angl.* leper hospital, *esp.* leprosería, *ital.* spedale per i lebbrosi.

lésène n.f. Bandeau*, pilastre* méplat, synonyme de *bande lombarde* (*v. ce mot*).

∅ *All.* Lisene, *angl.* pilaster strip, *esp.* banda lombarda, *ital.* lisena.

lettre n.f. (*lat.* littera). Un des vingt-cinq signes de l'alphabet.

Lettre ornée, appelée aussi *lettrine* : initiale majuscule placée en tête d'un ouvrage, d'un chapitre, d'une inscription et décorée d'ornements peints, enluminés, sculptés (*v.* miniature).

∅ *All.* verzierter Anfangsbuchstabe, *angl.* head

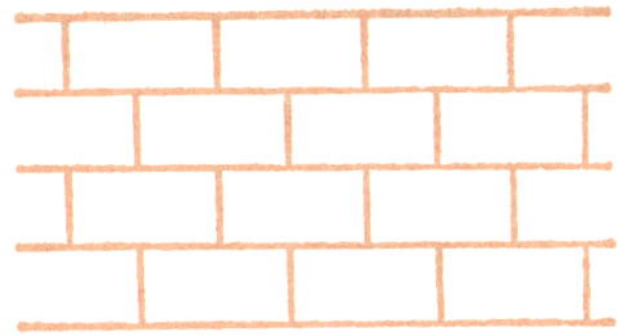

liaison

letter, ornamented letter, *esp.* mayúscula miniada, *ital.* capilettera.

lever v.tr. (*lat.* levare : dresser). *Archit. Lever un plan.* Après mesure du terrain et relevé des dimensions exactes d'un édifice, c'est faire le plan* de cet édifice et du terrain à une certaine échelle.

∅ *All.* aufmessen, *angl.* to survey, *esp.* levantar un plano, *ital.* levare un piano.

Léviathan n.m. Animal monstrueux, crocodile (?) d'après le livre de Job; baleine (?) qui engloutit Jonas. Symbole de l'Enfer.

∅ *All.* Leviathan, *angl.* Leviathan, *esp.* Leviatán, *ital.* Leviatan.

levier n.m. (*dér. de* lever, *lat.* levare). 1) Tige rigide mobile autour d'un point et sollicitée par une force située dans un même plan qu'une résistance à vaincre. ‖ 2) Pièce de bois ou de fer servant à soulever de lourds fardeaux.

∅ *All.* Hebel, *angl.* lever, *esp.* palanca, *ital.* leva.

Lévitique n.m. (*lat.* leviticus *s.-e.* liber : livre de Lévi). Troisième livre du Pentateuque contenant les lois cérémonielles des Hébreux, dont l'exercice est confié aux fils de Lévi (lévites).

∅ *All.* Levitikus, *angl.* Leviticus, *esp.* Levítico, *ital.* Levitico.

lézarde n.f. (*du lat.* lacertus : lézard). *Archit.* Fissure mince et irrégulière qui n'existe pas seulement à la surface des maçonneries*, mais qui pénètre au cœur de celles-ci et les traverse.

Les *lézardes* proviennent soit de tassements irréguliers, soit d'un mouvement de la construction, soit de la mauvaise liaison des matériaux.

∅ *All.* Mauerriss, *angl.* crack, *esp.* grieta *ital.* crepatura.

liaison n.f. (*dér. de* lier, *lat.* ligare). *Archit.* 1) Disposition particulière employée pour arranger et lier entre eux les moellons*, les pierres*, les briques*, de façon que ces matériaux s'enchaînent les uns aux autres (*fig.*). On appelle *maçonnerie en liaison* celle dans laquelle les joints* de chaque pierre ou brique posent sur le milieu des pierres ou briques du lit inférieur. ‖ 2) Mortiers* et ciments* destinés à relier les pierres formant une assise*.

∅ *All.* Bindemittel, Verknüpfung, *angl.* mortar, bond, *esp.* mortero, *ital.* commessura.

liaisonner v.tr. (*dér. de* liaison). 1) Disposer des pierres* en liaison*. ‖ 2) Garnir de mortier* les joints d'une maçonnerie*.

libage n.m. (*anc. franç.* libe : bloc de pierre, *orig. inconnue*). *Archit.* Pierre* de bonne qualité quoique grossière qu'on emploie dans les fondations* des édifices, ou qu'on noie dans l'épaisseur des murs*; elle n'est que grossièrement taillée, puisque la place qu'elle occupe hors des vues ne réclame pas de parement*.

∅ *All.* rauher Quaderstein, *angl.* rubble, *esp.* mampuesto, *ital.* sasso grosso.

librairie n.f. (*du lat.* librarius : libraire *de* liber : livre). Vieux nom français de *bibliothèque.*

∅ *All.* Bücherei, *angl.* library, *esp.* librería, *ital.* libreria.

lice n.f. (*du francique* listia). 1) Enceinte extérieure faite de palissades défendant l'accès des châteaux-forts* (*v. pl.* 8). ‖ 2) Emplacement entouré de barrières où avaient lieu les tournois*.

∅ *All.* Stechbahn, *angl.* tiltyard, *esp.* liza, *ital.* lizza.

3) En terme de tapisserie : *v.* lisse.

licorne n.f. (*forme altérée du lat.* unicornis : qui a une seule corne). Espèce d'antilope munie d'une corne unique sur le front, qui existerait réellement au Thibet. Au Moyen Age, on considérait la licorne comme un animal fabuleux, symbole de la virginité : on croyait que cet animal ne pouvait être approché et capturé que par une vierge. On attribuait à sa corne (comme à celle du narval) la propriété de déceler le poison. Il existe des variétés de licorne (*v.* oryx).

La *licorne* figure dans beaucoup d'armoiries*.

∅ *All.* Einhorn, *angl.* unicorn, *esp.* unicornio, *ital.* liocorno.

lien n.m. (*lat.* ligamen). *Archit.* En charpenterie*, le lien est une pièce de bois ou de fer, qui sert à maintenir et à rendre solidaires deux autres pièces plus longues, en formant avec elles un triangle. Le lien forme le troisième côté, par exemple il relie le poinçon* avec le faîte*, ou le poinçon à l'arbalétrier*, etc.

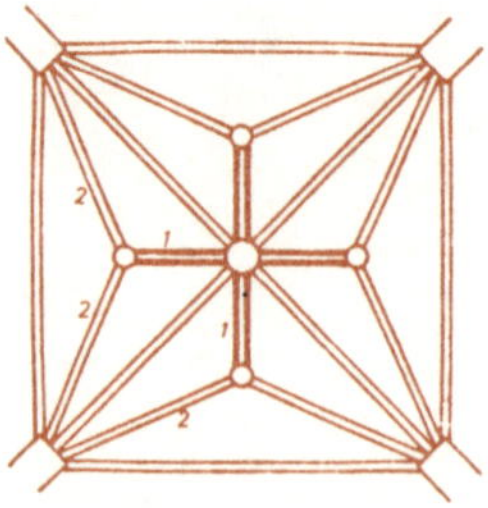

1. *liernes*
2. *tiercerons*

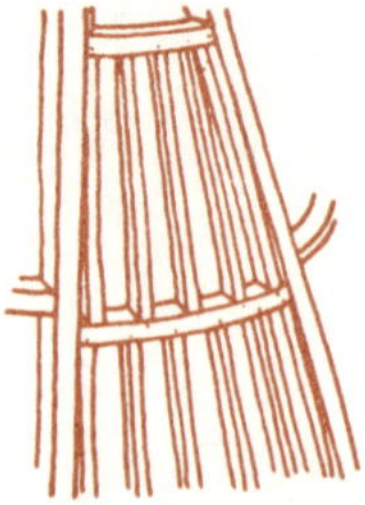

liernes

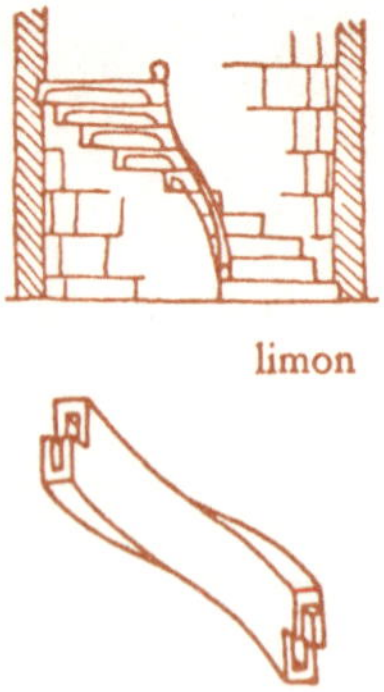

limon

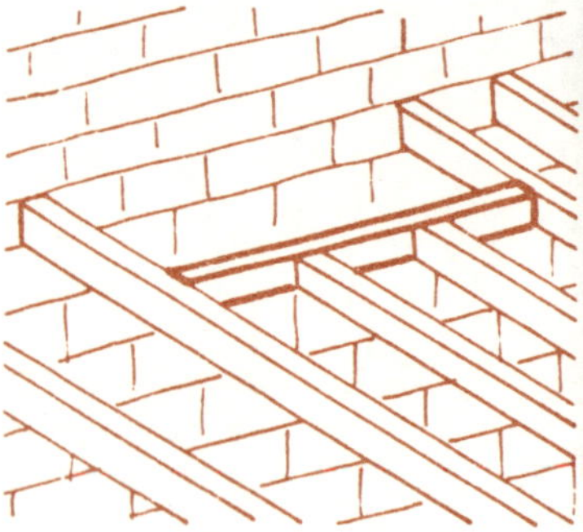

linçoir

ø *All.* Tragband, *angl.* bond, tie, *esp.* ligadura, atadura, *ital.* vincolo.

lierne n.f. (*dér. de* lier, *lat.* ligare). *Archit.* 1) On appelle ainsi des nervures* auxiliaires qui lient la clef* de voûte à la tête des doubleaux* et des formerets* et divisent en voûtains* plus petits les quatre portions d'une croisée* d'ogives* (*fig.*). Ces *liernes* se subdivisent souvent elles-mêmes en tiercerons* rejoignant les sommiers* de ces arcs doubleaux. C'est une complication du style flamboyant.

ø *All.* Scheitelrippe, *angl.* lierne, *esp.* nervadura, *ital.* ligadura.

2) En charpenterie*, pièce de bois entaillée à mi-bois servant à relier les solives* d'un plancher, les chevrons* courbes d'un dôme, d'un comble* cintré... (*fig.*).

ligne n.f. (*du lat.* linea : fil de lin). 1) Tracé qui unit deux points.

ø *All.* Linie, *angl.* line, *esp.* línea, *ital.* linea.

2) Mesure ancienne de longueur (*v.* pied).

limaçon n.m. (*lat.* limax). *Archit.* On applique ce terme à un genre particulier de voûte* d'escalier*, qui tourne en spirale et ressemble à un colimaçon.

ø *All.* Schneckentreppe, *angl.* winding staircase, *esp.* caracol, *ital.* chiocciola.

Limbes n.f.pl. (*lat.* limbus : frange, bord). Lieu ou plutôt état en dehors de l'Enfer que l'Église nous permet d'envisager dans l'autre vie, où les âmes des justes de l'Ancienne Loi attendaient la venue du Rédempteur et où vont les âmes des petits enfants morts sans baptême.

ø *All.* Vorhölle, *angl., esp. et ital.* Limbo.

limon n.m. (*lat.* limus : oblique). 1) Brancard. On place le cheval de trait unique pour une voiture entre deux *limons*.

ø *All.* Gabeldeichsel, *angl.* shaft, *esp.* vara, *ital.* stanga.

2) *Archit.* Partie, en bois ou en assises de pierre, d'un escalier*, qui lui sert d'appui* du côté du vide (opposé au mur) et dans lequel viennent se loger les abouts* des marches* (*fig.*). C'est sur le *limon* que se pose la rampe*. Les limons de pierre n'étaient pas employés au Moyen Age, les révolutions des marches dans les escaliers à plan carré ou barlong* étant alors portés sur des arcs*, ce qui était beaucoup plus solide que le système des limons appareillés.

ø *All.* Treppenwange, *angl.* string-board, *esp.* limón, *ital.* muro da scala.

limousin adj. (*appartenant à la province du* Limousin). 1) Limousins (*sous-entendu* maçons). De nombreux Limousins venant travailler à Paris comme maçons, on prit l'habitude de désigner les ouvriers maçons du nom de *limousins*. ‖ 2) L'architecture et spécialement l'architecture romane ayant en Limousin des caractères particuliers, on accole le mot *limousin* à des membres* d'architecture propres à cette province. Exemples :
fenêtres limousines* : *v.* Limousin Roman, p. 27.
mouluration limousine* : *v.* Limousin Roman, p. 32.
voussures limousines* : *v.* Limousin Roman, p. 32.

linceul n.m. (*dér. de* linteum : linge). Drap de toile dans lequel était enveloppé le mort avant d'être descendu dans la tombe. Il tenait lieu de cercueil*.

ø *All.* Leichentuch, *angl.* winding sheet, *esp.* sudario, *ital.* sindone.

linçoir n.m. (*orig. obscure*). *Archit.* Pièce de charpente* supportant les abouts des solives* ou chevrons* interrompus pour le passage d'une baie*, d'une cheminée*, d'une toiture de lucarne (*fig.*). Même sens que *chevêtre**.

linge n.m. (*du lat.* lineus : lin). Étoffe de lin. S'oppose à *lange*, étoffe de laine (*v. ce mot*).

ø *All.* Leinentuch, *angl.* linen, *esp.* lienzo, *ital.* pannolino.

linteau n.m. (*du lat.* limitale, *dér. de* limes : limite). *Archit.* Bloc de pierre, pièce de bois ou de fer qui ferme par en haut une baie rectangulaire ou en plate-bande* (*fig., pl.* 106). Le *linteau* porte sur les jambages* ou pieds-droits* des baies (*v. pl.* 7). Ils ont souvent au-dessus d'eux des arcs* de décharge. Lorsqu'ils sont en pierre, s'ils sont monolithes, ils sont d'une faible longueur. Aussi le plus souvent sont-ils formés de claveaux* appareillés en plate-bande.

ø *All.* Sturz, Oberschwelle, *angl.* lintel, *esp.*

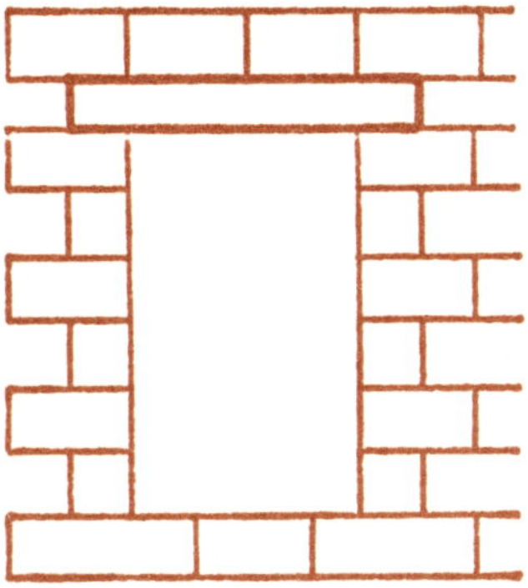

linteau

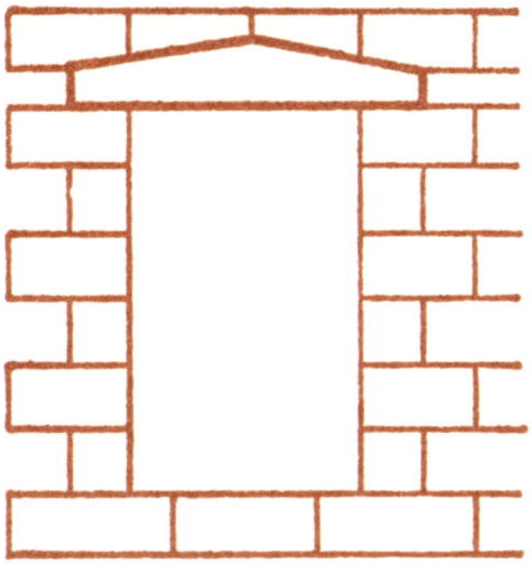

linteau en bâtière

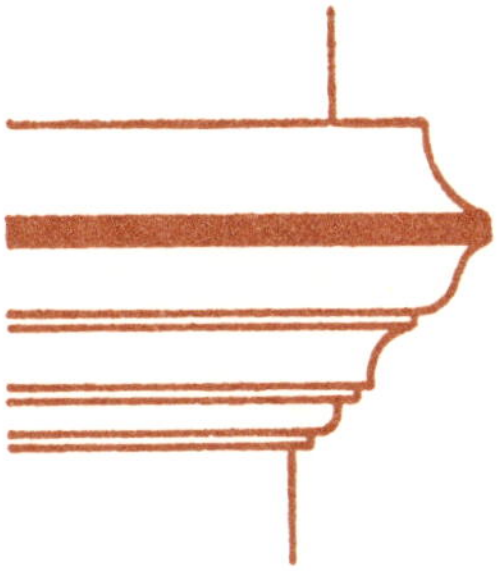

listel

dintel, *ital.* architrave d'una porta.

Linteau en bâtière (ou *en fronton*) : linteau monolithe en forme de triangle, qui par sa forme supporte mieux le poids du mur* qui s'élève au-dessus de lui (*fig., pl.* 108).

ø *All.* dachförmiger Sturz, *angl.* gable shaped lintel.

Linteau à crossettes : linteau en plate-bande dont les claveaux sont réunis par des joints à crossettes ou à double crossette (*v.* crossette).

ø *All.* Hakensturz, *angl.* joggled lintel.

Il existe aussi un appareil* dit *enchaîné* où les pierres sont liées entre elles par des angles rentrants et sortants.

lion n.m. (*lat.* leo). *Icon.* Attribut de saint Marc. Il est représenté avec des ailes.

ø *All.* geflügelter Löwe, *angl.* winged lion, *esp.* león de san Marcos, *ital.* leone alato di San Marco.

lipsanothèque n.f. (*du gr.* λειπειν : laisser, *et* θειναι : placer). Reliquaire*.

ø *All.* Reliquienkassette, *angl.* reliquary, *esp. et ital.* lipsanoteca.

lis n.m. *Voir* lys.

lisse *ou* **lice** n.f. (*lat.* licium : trame, fil). Œillet qui dans un métier de tapissier sert à élever ou abaisser le fil de chaîne.

ø *All.* Litze, *angl.* warp, *esp.* lizo, *ital.* liccio.

Haute et *basse lisse* (ou *lice*) : chaîne d'une tapisserie*, c'est-à-dire ensemble des fils tendus sur le métier, au travers desquels on fait passer les fils qui forment la trame. *Tapisserie de haute lisse* : celle dont la chaîne est verticale; *tapisserie de basse lice* : celle dont la chaîne est tendue sur un plan horizontal. Le procédé de haute lisse est plus lent et plus difficile, car l'ouvrier doit avoir le modèle derrière lui. Dans le second procédé, la chaîne est superposée au carton qui sert de modèle à l'ouvrier.

Haute lisse :

ø *All.* hochlitzige Wirkerei, *angl.* high-warp tapestry, *esp.* tapiz de alto lizo, *ital.* arazzo d'alto liccio.

Basse lice :

ø *All.* tiefschaftige Tapete, *angl.* low-warp tapestry, *esp.* tapiz de bajo lizo, *ital.* arazzo di basso liccio.

lisse adj. (*de l'ital.* liscio). Uni, poli.

ø *All.* glatt, *angl.* smooth, *esp.* liso, *ital.* liscio.

listel n.m. (*dér. de l'anc. franç.* liste : bord). *Archit.* Petite moulure* plate et rectangulaire qui couronne ou accompagne une plus grande (*fig.*). On la nomme aussi *filet.*

On donne encore ce nom au filet qui surmonte le tailloir* d'un chapiteau ou une base* de colonne.

ø *All.* Leiste, *angl.* listel, fillet, *esp.* filete, *ital.* listello.

lit n.m. (*lat.* lectus). • *Archit.* 1) Surface inférieure d'une pierre* taillée et posée suivant la situation naturelle qu'elle occupait dans la carrière*. En réalité une pierre taillée possède deux *lits* : l'un de dessous, ou lit dur, l'autre de dessus ou lit tendre. Si les pierres calcaires ne sont pas posées dans la construction sur leur lit, la disjonction des couches partielles pourrait produire ce qu'on nomme le délitement*.

ø *All.* Lage, Schicht, *angl.* cleaving grain, *esp.* lecho, *ital.* letto.

2) Ce mot sert aussi à désigner une couche* de matériaux dans la construction : on dit ainsi un *lit* de briques*, de moellons*, de sable*, etc.

• – **de justice** Estrade tapissée et surmontée d'un dais* sur laquelle était posé un trône où s'asseyait le souverain pour présider une cour de justice.

ø *All.* Gerichtsthron, *angl.* bed of justice, *esp.* lecho de justicia, *ital.* letto di giustizia.

liteau n.m. (*dér. de l'anc. franç.* liste : bord). 1) Petite bande laissée tout le long sur le bord d'une pièce de drap dans la teinte naturelle du tissu pour faire voir la qualité de ce tissu.

ø *All.* bunter Tuchstreifen, *angl.* stripe, *esp.* lista colorada, *ital.* lista colorata.

2) Tringle de bois semblable à une petite latte*.

litière n.f. (*dér. de* lit). Couche mobile utilisée au Moyen Age pour voyager; posée sur deux doubles brancards, un par devant, l'autre par

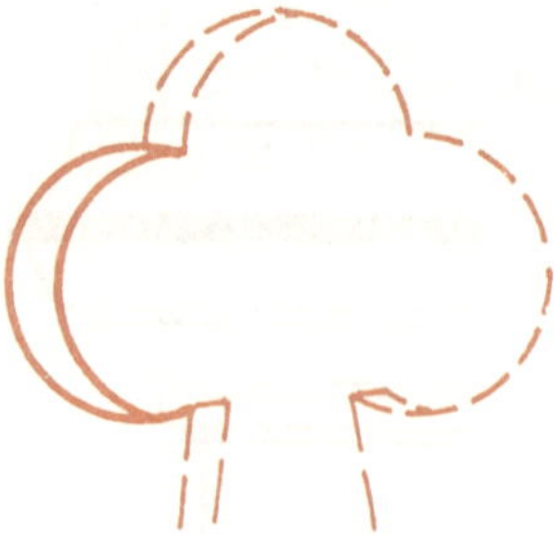

lobe

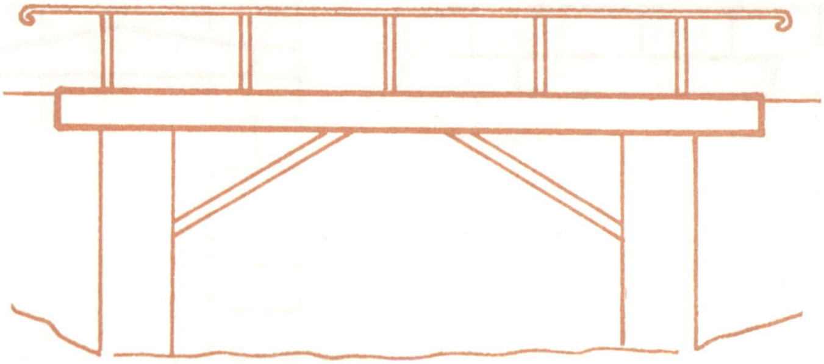

longeron

derrière, elle est portée par deux chevaux ou mulets.

ø *All.* Sänfte, *angl.* litter, *esp.* litera, *ital.* lettiga.

litre n.f. (*dér. de* liste, *v.* listel). 1) Lors des funérailles d'un seigneur au Moyen Age, on peignait ou on tendait sur le pourtour des murs intérieurs ou extérieurs de l'église une bande d'étoffe de couleur noire appelée *litre* sur laquelle se détachaient les armoiries* du seigneur. Le *droit de litre* était un droit seigneurial. ‖ 2) Le mot désigne également des bandes armoriées appliquées sur les murs de l'église pour les funérailles d'un grand personnage ou du patron* de l'église.

ø *All.* Trauerbinde, *angl.* litre, *esp.* colgadura de luto, *ital.* fascia funebre.

liturgie n.f. (*du gr.* ληιτος : public *et* εργον : œuvre). Le mot grec signifie d'abord tout service public entrepris au profit de l'État.

Les Septante* et quelques écrivains du Nouveau Testament* l'employèrent ensuite pour désigner le culte divin, celui de la Synagogue*, puis le culte chrétien. Dans les églises orientales, le terme s'applique uniquement au Saint Sacrifice. En Occident, depuis le XVIe s., il désigne le culte officiel et public institué par l'Église pour rendre son hommage à Dieu en opérant la sanctification des fidèles, sous la direction de ses ministres. La liturgie est réglée dans les livres officiels (livres liturgiques) approuvés par l'Église. Elle consiste non seulement dans les paroles mais encore dans les gestes, les actes, les choses symboliques. L'ensemble des règles à observer prend le nom de *rit**. Il peut varier suivant les régions : il y a de multiples liturgies. On appelle rit chacune de ces liturgies (grec, gallican, romain, etc.). La pratique des cérémonies chrétiennes est un art, qui traduit la vérité révélée : à voir le prêtre élever le calice pour l'offrande, l'ignorant soupçonnera que c'est à l'adresse de quelqu'un qui est vivant et mystérieusement présent. Tous les autres arts sont appelés à servir cet art suprême : l'architecture, la sculpture, la peinture, la musique, lui préparent et ornent son cadre. Surtout la foi et l'amour de Dieu l'inspirent et lui donnent une âme.

ø *All.* Liturgie, *angl.* liturgy, *esp.* liturgia, *ital.* liturgia.

liturgiques (livres) Aux origines ils étaient proprement des rôles au sens théâtral du terme. Ils renfermaient uniquement la part revenant à chaque acteur du drame sacré, sous le contrôle du cérémoniaire dont le livret personnel, qui ne contient le texte d'aucune formule, mais le commencement de toutes et la rubrique* ou programme de leur enchaînement, s'appelle l'*ordo* (au pluriel *ordines**). On a donc, outre l'ordo : 1) Le collectaire ou sacramentaire pour le célébrant. 2) Des livrets pour le diacre, principalement l'Évangéliaire. 3) L'épistolier ou Apostolus pour le sous-diacre. 4) Un autre livre pour les lecteurs de l'office, le lectionnaire ou capitulaire. 5) Le graduel, l'antiphonaire et le versiculaire pour les chantres de la schola. 6) Des recueils, pour le chœur ecclésiastique : kyriale, psautier, hymnaire ou tropaire, prosier.

Telle se présente la bibliothèque liturgique au IXe s. commençant. Peu à peu il se fait des blocages de ces recueils divers. Il faut des livres pléniers, c'est-à-dire un ordo avec les formules in extenso; ce sera le *missel* pour la messe, le *bréviaire* pour l'office, le *rituel* pour les autres fonctions. Il faut mentionner aussi le cérémonial des évêques, code des cérémonies célébrées ou présidées par l'évêque diocésain. Ce sont les cérémonies de la cour pontificale décrites dans les *Ordines romani* qui constituent la source essentielle du cérémonial des évêques; ils s'échelonnent du VIIIe au XVe siècle.

ø *All.* Choralbücher, Ritualbücher, *angl.* choir books, ritual books, *esp.* libros corales, *ital.* libri di coro.

« **lituus** » n.m. (*mot lat.*). Bâton* à extrémité recourbée porté par les augures romains et devenu peut-être la crosse* des évêques.

lobe n.m. (*gr.* λοβος : lobe). *Archit.* Segment de cercle découpé dans un arc* (*fig.*). Trois *lobes* accolés figurent un trèfle et forment un arc trilobé; quatre lobes figurent un quatre-feuilles. L'arc

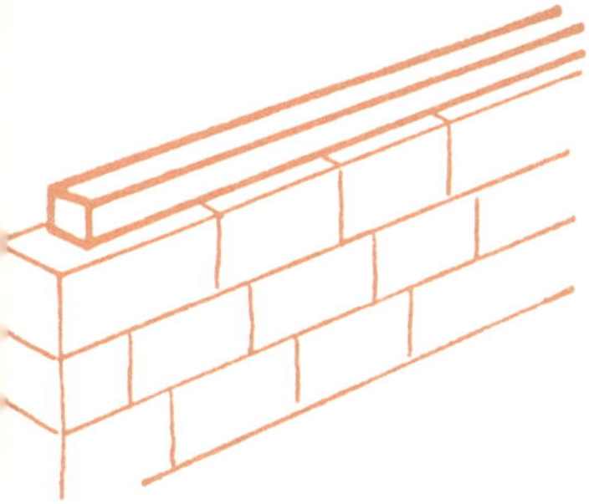

longrine

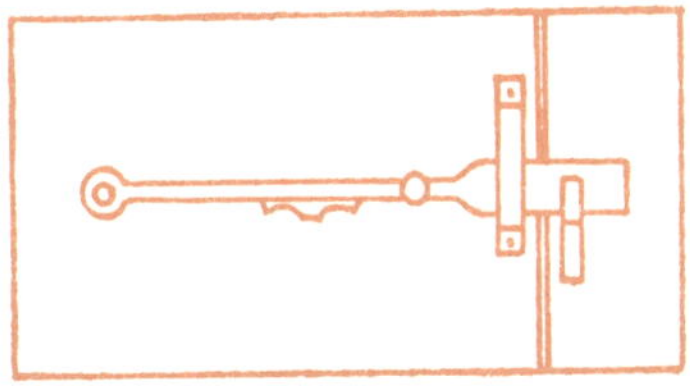

loquet

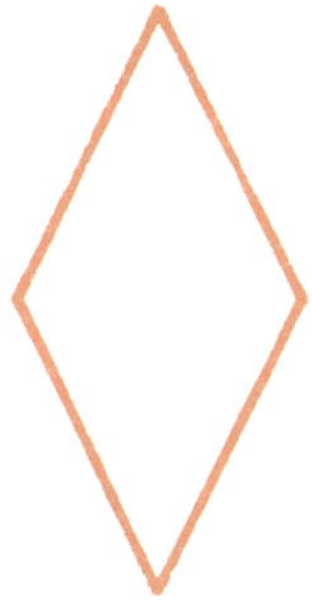

losange

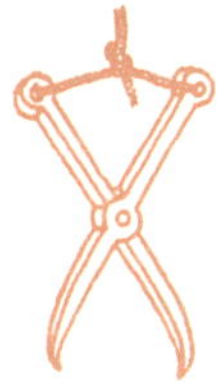

louve

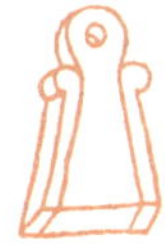

découpé par plus de quatre feuilles est dit *polylobé*.
∅ *All.* Lappen, *angl.* foil, *esp.* lóbulo, *ital.* lobo.

lobé adj. (*de* lobe). *Archit.* Partagé en lobes*.
∅ *All.* gelappt, *angl.* lobate, *esp.* lobulado, *ital.* lobato.

logis n.m. (*dér. du francique* laubja : loge). *Archit.* Partie d'une construction réservée à l'habitation.
∅ *All.* Wohnung, *angl.* house, *esp.* vivienda, *ital.* casa.

lombardes (bandes) *Voir* bande, lésène.

longeron n.m. (*rac. lat.* longus : long). *Archit.* Pièce longue et forte tendue sur deux culées* d'un pont en charpente* : les *longerons* forment les supports longitudinaux du pont (*fig.*).
∅ *All.* Streckbalken, *angl.* longitudinal girder, *esp.* travesaño, *ital.* travicella.

longrine n.f. (*v.* longeron). *Archit.* Pièce de charpente* longue et continue posée horizontalement sur le haut d'un mur qui sert de base à un comble* (*fig.*).
∅ *All.* Wandrute, *angl.* sleeper, *ital.* longarina.

longueur n.f. (*dér. de* longus : long). Dimension la plus grande d'un objet, par opposition à sa largeur et à sa hauteur.
∅ *All.* Länge, *angl.* length, *esp.* longitud, *ital.* lunghezza.

loquet n.m. (*dér. de l'anc. franç.* loc : serrure, *mot germ.*). Fermeture mécanique de portes*, volets*, etc. Il en existe de diverses sortes, mais elles ont toutes deux éléments communs : le battant-tige ou *tige*, et le *mentonnet* ou arrêt (*fig.*).
∅ *All.* Klinke, *angl.* latch, *esp.* picaporte, *ital.* rampino.

losange n.m. (*dér. du gaul.* lausinc, *de* lausa : pierre plate). Figure géométrique en forme de parallélogramme avec quatre côtés égaux et ayant deux angles aigus et deux angles obtus (*fig.*). Se rencontre souvent en décoration*.
∅ *All.* Raute, Rhombus, *angl.* lozenge, *esp.* rombo, *ital.* rombo.

lourd adj. (*lat.* lurdus, *orig. obsc.*). Qui pèse, difficile à remuer. ‖ *Bx-arts* D'un dessin sans élan.
∅ *All.* schwerfällig, *angl.* clumsy, heavy, *esp.* pesado, *ital.* pesante.

louve n.f. (*fém. de* loup, *lat.* lupus). *Archit.* 1) Outil* de levage à deux branches servant aux maçons à monter des matériaux* (*fig.*).
∅ *All.* Kropfeisen, *angl.* lewis, *esp.* palanca, *ital.* ulivella.
2) On donne le même nom à la cavité pratiquée dans la pierre* pour y introduire la branche de la *louve*.

lucarne n.f. *Archit.* Ouverture pratiquée dans un comble* pour aérer les charpentes*; pour livrer passage aux ouvriers qui montent sur le toit afin de réparer et de nettoyer; pour donner du jour aux locaux situés dans les combles etc. Les *lucarnes* ont des formes et des dimensions très variables.
Les lucarnes n'ont été adoptées que lorsque les combles ont pris une grande importance. Pendant la période romane, les charpentes des combles étant généralement plates, il n'y avait pas lieu de les éclairer par des lucarnes puisqu'on ne pouvait y ménager de logements. Mais à dater du XIIIe s., les bâtiments d'habitation furent couronnés par des combles formant en coupe un triangle au moins équilatéral.
∅ *All.* Dachfenster, Giebelfenster, *angl.* dormer-window, *esp.* buhardilla, *ital.* abbaino.

lumière n.f. (*du lat.* luminaria, *plur. de* luminar : astre, *dér. de* lumen *qu'il a supplanté*). Émise par les corps sous l'action de la chaleur, la lumière rend visibles sous leurs couleurs propres les corps qu'atteignent ses rayons.
∅ *All.* Licht, *angl.* light, *esp.* luz, *ital.* luce.
Lumière rasante : dont la direction est presque parallèle au plan qu'elle éclaire.
∅ *All.* Streiflicht, *angl.* level light, *esp.* luz rasante, *ital.* luce radente.

luminaire n.m. (*dér. du lat.* luminaria). Ensemble des appareils portant dans les églises* des flambeaux*, cierges* ou autres moyens d'éclairage.
∅ *All.* Beleuchtungskörper, *angl.* luminary, *esp.* luminaria, *ital.* luminare.

lunette n.f. (*dér. de* lune, *lat.* luna). *Archit.* 1) Ouverture formée par la pénétration* d'une voûte* en berceau* dans une autre voûte ordinairement d'un plus grand rayon (*pl.* 109).

∅ *All.* Stichkappe, *angl.* lunette, *esp.* luneto, *ital.* mezza luna.

2) On donne aussi ce nom aux quatre portions de courbes formant par leur réunion une voûte* d'arêtes*. ‖ 3) Viollet-le-Duc nomme ainsi un œil circulaire ménagé au centre d'une voûte d'arêtes en guise de grande clef*, pour le passage des cloches*.

lustration n.f. (*du lat.* lustrare : purifier). Purification. Dans l'Antiquité, on aspergeait le peuple d'eau lustrale pour le purifier.

∅ *All.* Besprengung, *angl.* lustration, *esp.* lustración, *ital.* lustrazione.

lustre n.m. (*du lat.* lustrare : éclairer). Appareil d'éclairage suspendu pour éclairer une grande salle. Dans les églises les *lustres* ont souvent la forme de grandes couronnes.

∅ *All.* Lichtkrone, *angl.* corona, rise and fall pendant, *esp.* araña de cristal. *ital.* lampadario.

lut n.m. (*du lat.* lutum : limon). *Archit.* Ciment; mastic.

∅ *All.* Kitt, *angl.* lute, *esp.* zulaque, *ital.* luto.

lutrin n.m. (*lat.* lectrinum, *dér. de* lectrum : pupitre). 1) Sorte de pupitre qui dans les églises sert à porter les gros livres du plain-chant. Le *lutrin* est en bois, en fer forgé, en métal : il est souvent monté sur un pivot pour pouvoir tourner; il est simple ou double et a souvent la forme d'un aigle aux ailes déployées, en souvenir de saint Jean l'Évangéliste. Outre les grands lutrins fixes placés au milieu du chœur*, il y avait au Moyen Age de petits lutrins facilement transportables que l'on montait sur le jubé* pour les lecteurs* (*v.* lectrois).

∅ *All.* Chorpult, *angl.* lectern, *esp.* facistol, *ital.* leggio di coro.

2) *Collectivement* Ceux qui chantent au pupitre : chantres, schola, etc., et *par extens.* l'ensemble de ce qui concerne le chant dans l'église : chanteurs, mobilier, vêtements, etc.

luxuriant adj. (*du lat.* luxuriari : surabonder). Qui déborde de vie et d'éclat.

∅ *All.* üppig, *angl.* lavish, *esp.* lujuriante, *ital.* lussureggiante.

lys *ou* **lis** n.m. (*du lat.* lilium). Fleur blanche et odorante. ‖ *Blas.* Emblème des rois de France depuis saint Louis. L'écu* de France était primitivement semé de fleurs de lys sans nombre sur champ d'azur. C'est Charles VI qui en 1380 ordonna qu'il n'y en aurait plus que trois (pour honorer la Sainte Trinité).

∅ *All.* Wappenlilie, *angl.* flower de luce, fleur-de-lis, *esp.* flor de lis, *ital.* fiordaliso.

LUNETTE

M

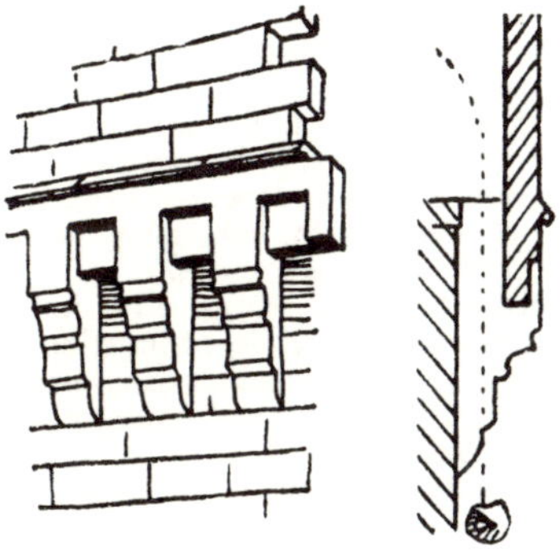

mâchicoulis

mâchicoulis n.m. (*orig. inconnue*). *Archit.* Ouvertures carrées ou larges rainures* pratiquées sur le sol du chemin de ronde d'un château-fort*. Ce chemin de ronde était construit en porte-à-faux ou en encorbellement* et supporté par de grandes consoles*. C'est entre celles-ci que sont pratiqués les *mâchicoulis* par lesquels on faisait tomber des pierres, de la poix ou de l'eau bouillante, sur les assaillants parvenus au pied de la muraille (*fig., pl.* 107, *v. pl.* 8).

Quand les mâchicoulis étaient pratiqués dans une voûte* ou un plafond* on les nommait *assommoirs**.

Le nom de *mâchicoulis*, bien que désignant d'abord seulement l'ouverture par laquelle étaient lancés les projectiles, a été donné par extension à tout le système de construction, c'est-à-dire aux parapets* et aux consoles*.

Beaucoup d'églises fortifiées possédaient également des mâchicoulis et cela dès le XIIe siècle.

⌀ *All.* Maschikulis, *angl.* machicolation, *esp.* matacán, *ital.* caditoia, feritoia.

macles n.f. (*du lat.* macula : maille). *Blas.* Losanges ajourés de losanges plus petits laissant apercevoir le champ de l'écu*.

⌀ *All.* durchbrochene Rauten, *angl.* mascles, *esp.* maclas, *ital.* losange vuote.

maçon n.m. (*du germ.* makjo, *latinisé en* machio). *Archit.* Ouvrier dont le métier est la construction en pierre*. Au Moyen Age, *maître-maçon* était synonyme d'*architecte**.

⌀ *All.* Maurer, *angl.* mason, *esp.* albañil, *ital.* muratore.

maçonnerie n.f. (*dér. de* maçon). *Archit.* Ouvrage quelconque composé de pierres* naturelles ou artificielles de dimensions variables reliées entre elles au moyen de mortier*, de chaux*, de plâtre* ou de ciment*, ou simplement posées « à sec » les unes sur les autres.

Les diverses sortes de *maçonnerie* se distinguent par la nature de la matière principale qui est la base de leur composition : il y a les maçonneries de béton*, de briques*, de libages*, de meulières*, de moellons*, de blocage*, les appareils* mixtes en pierre* de taille et petits matériaux, les appareils en pierre de taille ou grand appareil.

ø *All.* Mauerwerk, *angl.* masonry, *esp.* albañilería, *ital.* muratura.

madre n.m. (*de l'anc. haut-all.* masar : bois veiné). Mot du vieux français signifiant bois de hêtre ou d'érable veiné ou moucheté. On appelait ainsi au Moyen Age des loupes, des cœurs de bois veiné, dont on fabriquait des coupes à boire.

ø *All.* Maser, *angl.* speckled mazer, *esp.* madera manchada, *ital.* legno macchiato.

Les *madrures* sont les veines du bois, d'où l'adjectif *madré*, dans le sens de tacheté.

madrier n.m. (*dér. de lat.* materia : bois de construction). *Archit.* Pièce de bois épaisse de longueur variable (jusqu'à 4 mètres), servant dans les planchers*, tabliers* de pont, plateformes solides etc.

ø *All.* Bohle, *angl.* thick plank, *esp.* madero, *ital.* tavolone.

magasin n.m. (*de l'arabe* makhâsin, *pluriel de* makzin : dépôt). Bâtiment servant à abriter des objets ou des denrées et notamment des œuvres d'art non exposées dans un musée.

ø *All.* Lager, *angl.* storehouse, *esp.* almacén, reserva, *ital.* magazzino.

mage n.m. (*gr.* μαγος). Prêtre dans la religion des anciens Perses.

Les Trois Mages ou Rois sont des personnages venus d'Orient à Bethléem en suivant une étoile, pour adorer l'Enfant-Jésus, le Roi des Juifs, et lui offrir de l'or comme à un roi, de l'encens comme à un Dieu, de la myrrhe comme à un homme mortel (Matt. 2, 1-12). D'après l'usage on les nomme Melchior, Gaspard, Balthasar. Dans les plus anciens monuments ils sont habillés suivant l'usage persan et coiffés de bonnets phrygiens ou du camelaucium (*v. ce mot*). Plus tard on les différencie et ils représentent généralement les trois âges de la vie, ou les trois parties du monde alors connu. C'est pourquoi l'un des trois, qui est censé apporter l'hommage de l'Afrique, est un Africain de couleur noire.

Comme les reliques (?) des Rois Mages avaient été transportées de Milan à la cathédrale de Cologne, on les appelait parfois au Moyen Age les Trois Rois de Coulongne.

ø *All.* die drei Könige, die drei Weisen aus dem Morgenlande, *angl.* Magi, the Wise men of the East, *esp.* Magos, los Reyes de Oriente, *ital.* Magi.

magnificence n.f. (*du lat.* magnificus : qui fait de grandes choses). Disposition à faire de grandes œuvres, fallût-il dépenser beaucoup.

ø *All.* Pracht, *angl.* magnificence, *esp.* magnificencia, *ital.* magnificenza.

maigre adj. (*lat.* macer, *accus.* macrum). *Arts* Se dit d'un contour de proportion étriquée, d'une exécution trop sèche et sans ampleur.

ø *All.* dünn, *angl.* meagre, dry, *esp.* flaco, seco, *ital.* esile.

mail n.m. (*lat.* malleus : marteau, maillet). Maillet* en bois servant à frapper une boule au jeu de *mail*. *Par extens.* Emplacement où l'on pratique ce jeu.

ø *All.* Ballspielallee, Mailbahn, *angl.* pall mall, *esp.* mallo, *ital.* pallamaglio.

maille n.f. ● (*orig. inconnue*). Menue monnaie*. Utilisé dans les locutions *ni sou ni maille*; et *avoir maille à partir avec* (partir = partager).

● (*du lat.* macula : tache *puis* maille). 1) Boucle de fil.

ø *All.* Masche, *angl.* stitch, *esp.* malla, *ital.* maglia.

2) Annelet de fer formant le tissu d'une *cotte de mailles*.

ø *All.* Panzerring, *angl.* link of mail, *esp.* malla, *ital.* maglia.

maillet n.m. (*dim. de* mail). Marteau à deux têtes, utilisé comme arme au Moyen Age. ‖ Masse*

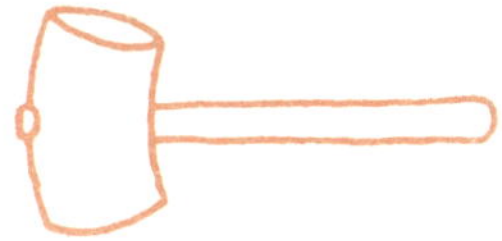

maillet

de tailleur de pierres ou de sculpteur (*fig.*).
∅ *All.* Schlegel, *angl.* wooden mallet, *esp.* mazo, *ital.* mazzuolo di legno.

mailloche n.f. (*dér. de* mail). Fort maillet*.
∅ *All.* Holzschlegel, *angl.* heavy mallet, *esp.* mazo, *ital.* mazzapicchio.

main n.f. (*lat.* manus). ● Organe de l'homme pour le travail, souvent fort expressif.
∅ *All.* Hand, *angl.* hand, *esp. et ital.* mano.
Main droite :
∅ *All.* Rechte, *angl.* right hand, *esp.* mano derecha, *ital.* destra.
Main gauche :
∅ *All.* linke Hand, *angl.* left hand, *esp.* mano izquierda, *ital.* sinistra.
Main de Dieu : symbole de Dieu le Père.
∅ *All.* die Hand Gottes, die Rechte des Herrn, *angl.* the Hand of the Almighty, of God, *esp.* la Mano de Dios, *ital.* la Mano di Dio.
Main de justice : sceptre terminé par une main en ivoire ou en métal précieux; cette main, qui bénit, est le symbole de la Main divine qui donne au monarque son autorité de justicier de droit divin.
∅ *All.* Gerechtigkeitshand, *angl.* hand of justice, *esp.* mano de justicia, *ital.* mano di justizia.
● – **-d'œuvre** : main de l'ouvrier, son travail.
∅ *All.* Arbeitskräfte, *angl.* hands, workmanship, labour, *esp.* mano de obra, *ital.* mano d'opera.
● – **(tour de)** : *v.* tour.

maison n.f. (*lat.* mansio : demeure). *Archit.* Construction destinée à l'habitation. A supplanté le mot *chaise* (*casa*) que l'on retrouve dans La Chaise-Dieu (Casa Dei). La *Maison de Dieu* ou *maison-dieu* était au Moyen Age synonyme d'Hôtel-Dieu, de maison des pauvres, d'hôpital. On appelait aussi de ce nom au Moyen Age en vieux français l'ostensoir (*v. ce mot*) appelé également *porte-Dieu.* Le mot *Maison-Dieu* désignait aussi bien au Moyen Age le nouveau peuple d'Israël, l'Église.

maître n.m. (*lat.* magister). Celui qui commande : qui a des serviteurs, des ouvriers, qui possède des biens propres, qui règle comme il veut le travail des hommes et l'usage des choses; celui qui enseigne un métier, qui est un modèle, un exemple pour les autres.
∅ *All.* Meister, *angl.* master, *esp. et ital.* maestro.
Archit. Maître d'œuvre : plus spécialement, celui qui conçoit et dirige la construction d'un édifice, un chantier. *Voir* architecte.
∅ *All.* Werkmeister, *angl.* master of works, *esp.* maestro de obras, *ital.* maestro dell'opera.
Maître-autel : *v.* autel.

maîtresse poutre *Voir* poutre.

majesté n.f. (*lat.* majestas, *rac.* magnus : grand). Les mots « en majesté » s'appliquent en iconographie aux figures assises sur un trône, de face, dans une attitude faisant ressortir leur caractère sacré. Ils s'appliquent au Christ apparaissant dans une gloire* entre les symboles des quatre évangélistes*; à la Sainte Vierge assise sur un trône exposant le Verbe incarné à l'adoration des fidèles; et même aux statues de saints ou de saintes, notamment aux statues-reliquaires.
Christ en majesté :
∅ *All.* der thronende Christus, *angl.* Christ in majesty, *esp.* Cristo en Majestad, *ital.* Cristo in maesta.
Vierge en majesté :
∅ *All.* Majestas, *angl.* Virgin enthroned, *esp.* Nuestra Señora de la Majestad, *ital.* Maesta.

majorquin adj. (*dér. de* Majorque, *nom d'une île de l'archipel des Baléares en Méditerranée*). Qui se rapporte à l'île de Majorque, à ses habitants, à son art.

maladrerie n.f. (*altération de* maladerie, *dér. de* malade, *par attraction de* ladre : lépreux). Hospice ou hôpital pour lépreux, consacré à saint Lazare (ou saint Ladre) (*v.* léproserie, lazaret).
∅ *All.* Leprosenhaus, *angl.* leper hospital, *esp.* leprosería, *ital.* ospedale pei lebbrosi.

malfaçon n.f. *Voir* vice de construction.

malléable adj. (*rac. lat.* malleare : battre au marteau). Se dit d'un métal susceptible d'être façonné, aplati, doué d'une forme, au moyen d'un marteau*.

Malte (croix de)

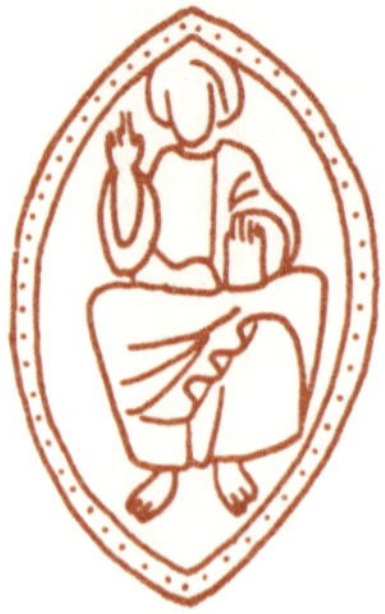

mandorle

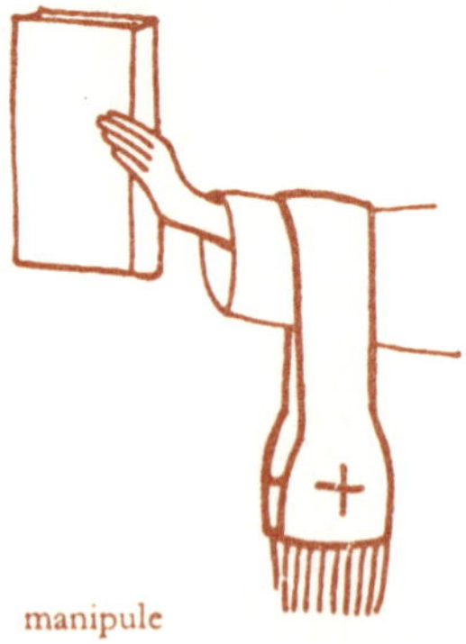

manipule

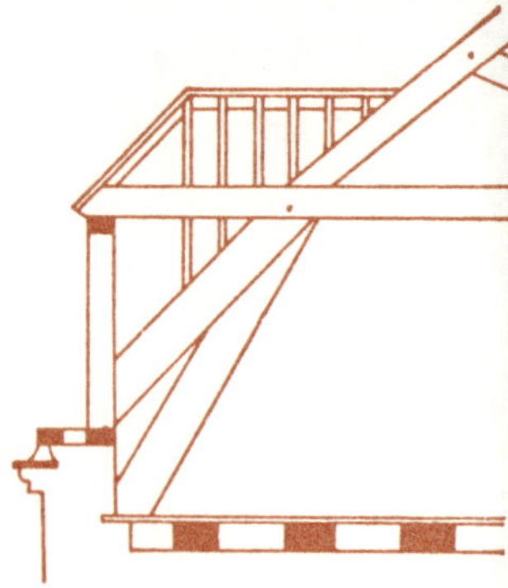

mansarde *(coupe)*

⌀ *All.* schmiedbar, *angl.* malleable, *esp.* maleable, *ital.* malleabile.

Malte (ordre de) Ordre religieux militaire fondé à Jérusalem à l'époque des croisades, et portant primitivement le nom d'Hospitaliers de Saint-Jean de Jérusalem, puis transféré dans l'île de Rhodes et enfin dans l'île de Malte. L'ordre subsiste encore, occupé surtout d'œuvres hospitalières. Le Grand-Maître a rang de souverain.

⌀ *All.* Malteserorden, *angl.* Order of Malta, *esp.* Orden de Malta, *ital.* ordine di Malta.

Malte (croix de) L'insigne des chevaliers de Malte est une croix blanche brodée sur leur manteau : elle est à branches égales très évasées au sommet, limitées par des lignes droites et pouvant s'inscrire dans un carré (*fig.*).

⌀ *All.* Malteserkreuz, *angl.* Maltese cross, *esp.* cruz de Malta, *ital.* croce di Malta.

manche n.m. (*du lat.* manicum : ce qu'on tient avec la main). Partie d'un outil* à main par laquelle on le tient.

⌀ *All.* Griff, Heft, *angl.* handle, *esp.* mango, *ital.* manico.

mancus n.m. Monnaie du haut Moyen Age.

mandorle n.f. (*ital.* mandorla : amande). Gloire ovale en forme d'amande entourant le Christ triomphant (*fig.*).

⌀ *All.* Mandelglorie, *angl.* almond-shaped glory, *esp.* nimbo almendrado, *ital.* mandorla.

mandrin n.m. (*orig. obscure*). Pièce de métal acéré très dur servant à percer le fer à chaud, à agrandir le trou foré dans une pièce de métal. On l'appelle aussi *poinçon*.

⌀ *All.* Formeisen, *angl.* punch, *esp.* taladro, *ital.* punterolo.

mangonneau n.m. (*lat.* mangannum). Machine de guerre employée au Moyen Age pour lancer pierres et dards.

⌀ *All.* Wurfmaschine, *angl.* mangonel, *esp.* manganel, *ital.* mangano.

manicora n.f. Monstre de l'art roman. Animal à quatre pattes à figure humaine coiffée d'une sorte de bonnet phrygien (*v.* monstre).

maniérisme n.m. (*dér. du subst. vx franç.* manier, *dér. de* main, *proprement* : qui se fait avec la main, *par extens.* souple, habile). Défaut de ce qui est maniéré, c'est-à-dire qui manque de simplicité, qui est affecté.

⌀ *All.* Manierismus, *angl.* mannerism, *esp.* amaneramiento, *ital.* manierismo.

manipule n.m. (*lat.* manipulus : poignée, *rac.* manus : main). *Liturgie* Insigne honorifique porté à l'avant-bras gauche par l'évêque, le prêtre, le diacre et le sous-diacre pour la célébration de la messe (*fig.*). Il représente la douleur et les larmes (autrefois il servait dans le repas eucharistique à s'essuyer les mains ou le visage), ainsi que la récompense des bonnes œuvres, du travail.

⌀ *All.* Manipel, *angl.* maniple, *esp.* manípulo, *ital.* manipolo.

manoir n.m. (*rac. lat.* manere : demeurer). *Archit.* Ce mot ancien désignait l'habitation d'un propriétaire de fief du Moyen Age, à la ville et plus souvent à la campagne. Ce propriétaire ne possédait pas les droits seigneuriaux et son château* ne pouvait avoir ni tours* ni donjon*. Dans la suite le nom de *manoir* fut étendu à toute habitation rurale de quelque importance.

⌀ *All.* Landsitz, *angl.* manor-house, mansion, *esp.* mansión señorial, *ital.* dimora signorile.

mansarde n.f. (*dér. de* Mansard, *architecte de Louis XIV,* 1598-1666). *Archit.* Comble* brisé dont l'invention était attribuée à Mansard, architecte de Louis XIV, ce qui est faux puisqu'il existait des mansardes dès le XIIIᵉ siècle (*fig.*). ‖ *Par extens.* Chambre ménagée dans un comble brisé et fenêtre percée dans ce comble (cette fenêtre est en réalité une *lucarne*).

⌀ *All.* Dachzimmer, Mansarde, *angl.* broken roof, *esp.* buhardilla, *ital.* soffitta.

manse n.f. (*même rac. que* manoir). *Archit.* Habitation rurale.

mante n.f. (*v.* manteau). Cape très large drapée et sans manches (avec généralement un capuchon) que les femmes mettaient par-dessus les autres vêtements.

⌀ *All.* Damenmantel, *angl.* ladies' cloak, *esp.* manta, *ital.* sopravveste.

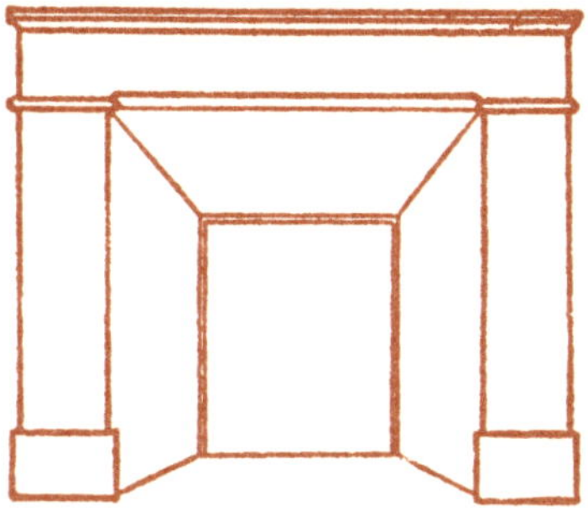

manteau

manteau n.m. (*lat.* mantellum, *dim. de* mantum *mot espagnol*). ● Vêtement que l'on met par-dessus les autres.

∅ *All.* Mantel, *angl.* cloak, *esp.* capa, *ital.* mantello.

● – **de cheminée** *Archit.* Partie d'une cheminée* qui, au-dessus du foyer, faisait saillie* dans la pièce (*fig.*).

∅ *All.* Kaminmantel, *angl.* mantel piece, *esp.* campana de chimenea, *ital.* cappa del camino.

mantelet n.m. (*dér. de* manteau). Petit manteau* sans manches tombant jusqu'au genou. Il est porté par les cardinaux, les évêques, les abbés réguliers et d'autres dignitaires et chanoines auxquels il a été concédé (*v.* mozette).

∅ *All.* Mäntelchen, *angl.* short cloak, *esp.* mantelete, *ital.* mantellina.

Ce terme désigne aussi un petit ouvrage de bois dont on habille (d'où le nom) le haut d'une tour* ou d'un clocher*.

mantellone n.m. (*v.* mantelet). Manteau* sans manches tombant jusqu'aux pieds; il est l'insigne de prélats d'un rang inférieur (*v.* mantelet, mozette).

manuscrit n.m. (*lat.* manus : main; scriptum : écrit). Livre écrit à la main par l'auteur lui-même ou par un copiste.

∅ *All.* Handschrift, *angl.* manuscript, *esp.* manuscrito, *ital.* manoscritto.

Au moyen Age les manuscrits sont souvent enrichis de peintures* ou de miniatures*.

∅ *All.* Bilderhandschrift, *angl.* manuscript with illuminations, *esp.* manuscrito miniado, *ital.* manoscritto miniato.

mappemonde n.f. (*lat.* mappa mundi, *proprement* nappe du monde). Carte plane du globe terrestre divisé en deux hémisphères.

∅ *All.* Weltkarte, *angl.* map of the world, *esp.* mapamundi, *ital.* mappamondo.

marbre n.m. (*lat.* marmor, *du gr.* μαρμαιρειν : briller). Variété de calcaire possédant une dureté et une finesse de grain suffisantes pour permettre son polissage. Il existe des *marbres* de couleur et de qualité très diverses.

Les marbres gaulois étaient très prisés des Romains qui en ont employé une grande quantité à Rome même. A partir du Moyen Age on n'a guère utilisé cette brillante matière qu'en petits échantillons. Les architectes romans pour décorer leurs églises ont fréquemment utilisé les marbres des bains, des temples et des villes élevés en Gaule pendant la période gallo-romaine : colonnes et revêtements de marbres antiques se voient ainsi dans des églises des XIe et XIIe siècles. Dans le midi de la France le marbre fut employé jusqu'au XIVe s. (colonnes et chapiteaux de marbre). On employa aussi le marbre comme pavement* et en incrustation*, ainsi que pour des tombeaux, statues, rétables et autels.

Les sculpteurs emploient presque exclusivement le marbre blanc, uni, non veiné appelé *marbre statuaire*. Les marbres de couleur sont très employés en architecture pour la décoration des façades ou les pavages.

∅ *All.* Marmor, *angl.* marble, *esp.* mármol, *ital.* marmo.

Marbre statuaire :

∅ *All.* weisser Marmor, *angl.* white marble, *esp.* mármol blanco, *ital.* marmo statuario.

marbrier n.m. (*dér. de* marbre). Artisan qui travaille le marbre*.

∅ *All.* Marmorhauer, *angl.* marble cutter, *esp.* marmolista, *ital.* marmorario.

Marc (saint) Un des quatre évangélistes. Son emblème est un lion. Ses reliques sont honorées à Venise dont il est le patron.

marche n.f. (*dér. de* marcher, *lat.* marcare, *rad. germ.* markôn). *Archit.* Degré d'escalier*, c'est-à-dire partie sur laquelle on pose le pied, on « marche ». La partie verticale qui sépare deux *marches* successives s'appelle *contremarche* et la partie horizontale sur laquelle on pose le pied, *giron.* On appelle pleines ou massives les marches dont le giron et la contremarche sont d'un seul morceau. La marche droite ou carrée est celle qui présente partout une largeur égale; la marche dansante est celle dont le giron est en angle et se rétrécit du côté du limon* (escaliers tournants);

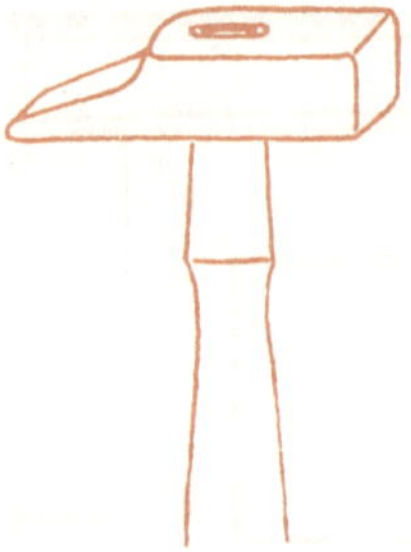

marteau

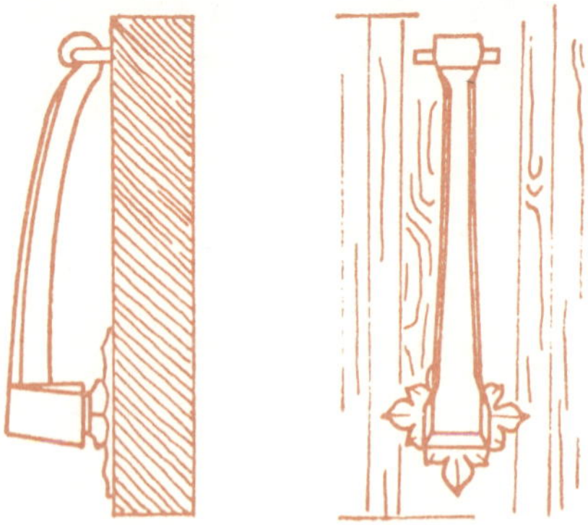

marteau de porte

ou encore chez qui la surface inférieure du giron (dessous) n'est pas parallèle à sa face extérieure (dessus).

ø *All.* Treppenstufe, *angl.* step, tread, *esp.* peldaño, *ital.* gradino.

Marche d'autel : l'autel* comporte une ou des marches qui le font reposer au-dessus du pavement.

marfil n.m. *Voir* morfil.

margelle n.f. (*lat.* margella, *dim. de* margo : rebord). *Archit.* Sorte de bahut* entourant l'orifice d'un puits. Il est circulaire, carré ou polygonal.

ø *All.* Mauerkranz des Brunnenbeckens, *angl.* curb, *esp.* brocal de pozo, *ital.* sponda da pozzo.

marmoréen adj. (*lat.* marmoreus, *dér. de* marmor : marbre). Qui a l'éclat, le froid, les qualités du marbre*.

marmouset n.m. (*dér. de* marmonner, *onomatopée*). *Archit.* Petites figures grotesques, accroupies ou couchées, formant la décoration d'un culot*, d'un support, etc. On en trouve notamment sur les abouts de poutres* et dans le vide des caissons*, souvent tenant un phylactère*.

ø *All.* Fratzenbild, *angl.* grotesque figure, *esp.* mamarracho, *ital.* fantoccio.

maroufler v.tr. (*orig. obscure*). *Menuis.* C'est coller avec une colle très forte une toile solide derrière des planches assemblées. ‖ *Peinture* C'est coller un tableau peint sur toile avec de la *maroufle* (colle très forte et très résistante) en l'appliquant soit sur une toile de renfort, soit sur un enduit, soit sur un mur. Ce procédé a remplacé la peinture à fresque*.

ø *All.* aufleimen, *angl.* to glue a canvass, *esp.* engrudar, *ital.* incollare une tela.

marque n.f. (*rac. francique* merkjan : marquer, remarquer). *Archit.* Au Moyen Age certains ouvriers ou groupes d'ouvriers inscrivaient sur les blocs qu'ils taillaient en œuvre un signe nommé *signe lapidaire*, ou *marque de tâcheron* (*pl.* 110). Ces signes restaient apparents et servaient au règlement des travaux. L'usage des marques paraît remonter à l'Antiquité romaine. Il existe également en charpente* des marques sur bois. Certains estiment que les marques étaient des signes destinés à faciliter la pose des matériaux. Les marques d'orfèvres, de potiers, de dinandiers* s'appellent *poinçons*.

ø *All.* Steinmetzzeichen, *angl.* mason's marks, *esp.* marcas de cantero, *ital.* segni lapidari.

marqueterie n.f. (*dér. de* marquer, *v.* marque). Assemblage* de bois, de marbre, de métaux, de pierres, rares et précieux, d'une seule couleur ou de plusieurs, qui sont appliqués par feuillets minces sur un fond de menuiserie* ou de maçonnerie*.

On en rencontre dans la fabrication de meubles et dans la décoration d'églises* notamment en Auvergne romane (*v.* incrustations).

Le mot *marqueterie* qui primitivement ne s'appliquait qu'au bois a fini par devenir synonyme d'*incrustations* et par s'appliquer à la pierre et aux métaux.

ø *All.* Marketerie, eingelegte Arbeit, *angl.* inlaid work, marquetry, *esp.* taracea, *ital.* intarsiatura.

marteau n.m. (*anc. franç.* martel, *lat.* martellus). Instrument de percussion composé d'une pièce cubique ou arrondie de métal, percée d'un œil où vient se loger l'extrémité d'un manche* (*fig.*). Le fer du marteau se compose d'une partie effilée, la *panne*, et d'une partie massive coupée à angle droit, la *tête*, avec laquelle on frappe.

ø *All.* Hammer, *angl.* hammer, *esp.* martillo, *ital.* martello.

Marteau d'armes : sorte de masse* d'armes.

ø *All.* Streithammer, *angl.* pole hammer, *esp.* maza, *ital.* martello d'arme.

Marteau de porte : battant de fer ou de bronze fixé sur le vantail* de la porte avec lequel on frappait le bois de la porte pour se faire ouvrir (*fig.*). *Syn.* heurtoir*.

ø *All.* Türklopfer, *angl.* knocker, *esp.* aldaba, picaporte, *ital.* battitoio.

marteler v.tr. (*dér. de* marteau). Frapper, abîmer à coups de marteau*.

ø *All.* hämmern, verstümmeln, *angl.* to hammer, to knock off, *esp.* martillar, *ital.* mar-

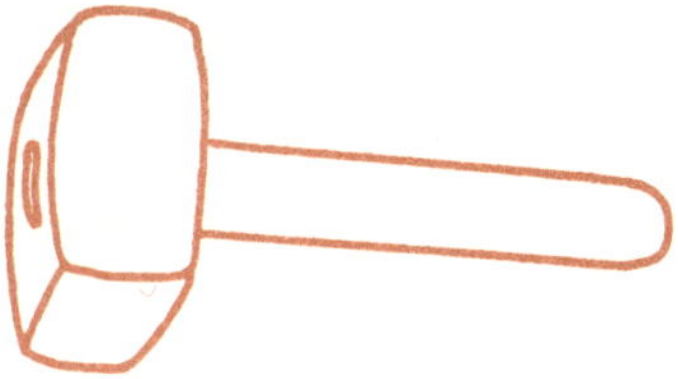

masse

tellare.

martyr n.m. (*gr.* μαρτυς : témoin). Ce mot désigne en général ceux qui ont souffert des tourments ou la mort pour leur foi religieuse. Mais il désigne proprement les chrétiens qui ont souffert la mort plutôt que de renier leur foi dans le Christ et sa divinité.

∅ *All.* Blutzeuge, Märtyrer, *angl.* martyr, *esp.* mártir, *ital.* martire.

martyrium n.m. (*plur.* martyria). Tombeau d'un martyr* ou d'un saint, généralement disposé dans une chapelle* ou une crypte*.

martyrologe n.m. (*lat.* martyrologium, *dér. du gr.* μαρτυρος). *Liturgie* Livre qui est un catalogue des martyrs* et des autres saints, d'après le jour de leur fête. Les détails qu'il contient sont à apprécier d'après les témoignages qui les garantissent et non d'après l'autorité de l'Église qui n'y est pas engagée. L'inscription d'un martyr au martyrologe, qui est souvent très ancienne, diffère du jugement porté par le pape dans les canonisations modernes.

∅ *All.* Martyrologium, *angl.* martyrology, *esp. et ital.* martirologio.

mascaron n.m. (*ital.* mascherone, *augmentatif de* maschera : masque). *Archit.* Tête fantastique ou grotesque d'homme ou d'animal, sculptée pour orner un chapiteau*, un culot*, une clef* ou agrafe d'arc, etc. (*v.* ornementation).

∅ *All.* Fratzengesicht, *angl.* mascaron, *esp.* mascarón, *ital.* mascherone.

masque n.m. (*ital.* maschera : masque). 1) Ensemble des traits du visage. ‖ 2) Moulage de la figure pris sur le vif ou sur le mort. Le masque funéraire était pris en plâtre* ou en cire.

∅ *All.* Maske, *angl.* mask, *esp.* máscara, *ital.* maschera.

Masque mortuaire :

∅ *All.* Totenmaske, *angl.* death mask, *esp.* máscara funeraria, *ital.* maschera funebre.

masse n.f. • (*lat.* massa, *proprement* : masse de pâte). 1) Amas de choses. ‖ 2) Ensemble, par opposition au détail. On dit d'un ornement* qu'il est « pris dans la masse » lorsqu'il fait bloc avec le fond.

∅ *All.* Masse, *angl.* bulk, *esp.* balumba, *ital.* massa.

• (*du lat.* mattea : manche). *Masse d'armes* : massue comportant à l'extrémité d'un manche une boule de fer garnie de pointes (*v.* marteau d'armes).

∅ *All.* Streitkolben *angl.* mace, *esp.* maza, *ital.* mazza d'arme.

Masse d'huissier : bâtons décoratifs ou sceptres portés dans les cortèges devant les personnes importantes par des huissiers ou massiers.

∅ *All.* Weibelstab, *angl.* mace, *esp.* maza, *ital.* mazza.

Masse de sculpteur : marteau* à manche court dont les sculpteurs* frappent le ciseau* à froid (*fig.*).

∅ *All.* Schlegel, *angl.* sledge, *esp.* macho, *ital.* mazzuolo.

massif adj. (*dér. de* masse : amas de choses). Se dit d'une matière homogène employée telle quelle sans alliage ni placage. Se dit aussi de tout ornement* sans élégance, lourd de forme.

∅ *All.* massiv, schwerfällig, *angl.* bulky, *esp.* macizo, *ital.* massiccio.

Substant. En architecture, ouvrage de maçonnerie* compacte et très solide ayant fonction de soutien.

mastic n.m. (*lat.* masticum : gomme). *Archit.* Mélange de diverses substances formant une pâte plus ou moins consistante, que l'on emploie dans les constructions concurremment avec les mortiers*. Il en existe un très grand nombre. Ces compositions servent à boucher les trous, les joints des dalles, à enduire des surfaces exposées à l'humidité, à réparer les marbres, à fixer les vitres, etc.

∅ *All.* Kitt, *angl.* putty, *esp.* masilla, *ital.* mastice.

matériau n.m. (*du lat.* materialis, *anc. franç.* material, *dont le pluriel est* matériaux). *Archit.* Au pluriel, ce mot désigne les matières qui servent à la construction*.

∅ *All.* Baustoffe, *angl.* building materials,

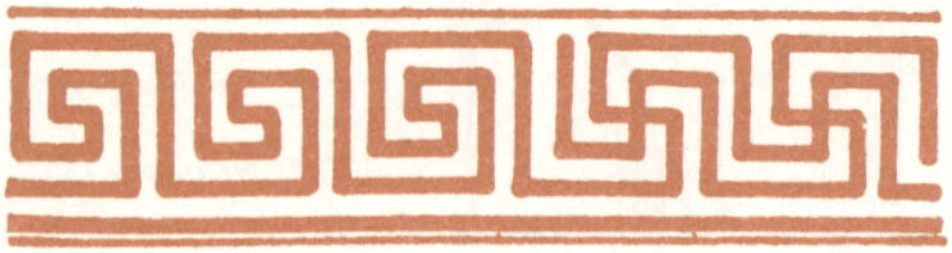

méandres

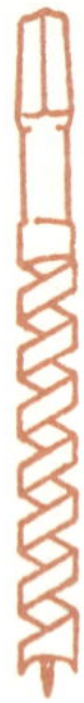

mèche

esp. materiales, *ital.* materiali edilizi.

Le mot est employé de plus en plus habituellement au singulier. *Ex.* L'ardoise est un bon *matériau.*

L'architecte roman travaillait avec un matériau individué et non pas avec des conglomérats de matériaux pilés. Chaque matériau devait être traité comme tel, granit ou pierre tendre, lave ou tuffeau, car chaque matériau possède ses qualités et ses lois propres.

Les sculpteurs n'avaient pas, de leur matériau, une connaissance moindre que les tailleurs de pierre et les maçons; ils en tiraient des effets souvent saisissants.

ø *All.* Werkstoff, *angl.* building material, *esp.* material, *ital.* materiale.

matutinal adj. *Liturgie* Qui se rapporte à l'office de matines. *Autel matutinal* : *v.* autel.

mauresque (*ou* **moresque**) adj. (*dér. de* maure). *Archit.* 1) Style qui a fleuri en Espagne après l'invasion arabe. ‖ 2) *Substantivé au pluriel* Motifs* de décoration formés de rinceaux*.

ø *All.* Moresken, *angl.* moresque, *esp.* arabescos, *ital.* rabeschi.

mausolée n.m. *Archit.* Tombeau monumental élevé en l'honneur de Mausole, roi de Carie, par sa femme Artémise.

Par anal. Tout tombeau d'un faste exceptionnel.

ø *All.* Mausoleum, *angl.* mausoleum, *esp.* mausoleo, *ital.* mausoleo.

méandres n.m. (*du gr.* Μαιανδρος, *fleuve d'Asie mineure*). *Archit.* Ornement composé de lignes brisées ou entrecroisées comme les grecques*, les bâtons* rompus (*fig*). Appelées ainsi en raison des sinuosités du fleuve Méandre, en Phrygie (*v.* grecques).

ø *All.* Mäander, *angl.* meanders, *esp.* meandros, *ital.* meandri.

Mécène Ministre et ami de l'empereur Auguste, qui fut le protecteur d'artistes et d'écrivains. *Par extension* On nomme ainsi un protecteur éclairé et généreux des artistes.

ø *All.* Mäzen, Kunstförderer, *angl.* mæcenas, *esp.* Mecenas, *ital.* Mecenate, fautore d'arte.

mèche n.f. (*orig. douteuse*). 1) Fils assemblés qu'on entoure de suif, de cire, pour en faire une chandelle, un cierge; ou qu'on imbibe d'huile pour la faire brûler dans une lampe.

ø *All.* Docht, *angl.* wick of candle, *esp.* pabilo *ital.* lucignolo.

2) Outil perforant en acier (*fig.*).

ø *All.* Bohrspitze, Bohreisen, *angl.* drill, *esp.* barrena, *ital.* accecatoio.

médaille n.f. (*même mot que* maille. *Vient peut-être de l'ital.* medaglia). Petit disque de métal tenant facilement dans la main, frappé à l'effigie d'un personnage, ou représentant une scène historique ou allégorique, ou un sujet de dévotion. Le sujet principal se trouve sur l'*avers* ou *droit*, tandis que le *revers* peut être réservé à une inscription. L'*exergue* est une plage en bordure de la médaille, où un texte est gravé.

La médaille n'est pas comme la monnaie (*v. ce mot*) un moyen d'échange.

L'usage de porter au cou des médailles religieuses est fort ancien. On le trouve dès le IIIe siècle chez les chrétiens.

ø *All.* Schaumünze, *angl.* medal, *esp.* medalla, *ital.* medaglia.

médaillon n.m. (*ital.* madeglione, *augment. de* medaglia). *Archit.* Portraits ou sujets peints ou sculptés dans un entourage décoratif circulaire ou elliptique.

ø *All.* rundes Flachbild, Medaillon, *angl.* medallion, *esp.* medallón, *ital.* clipeo.

médiéval adj. (*dér. du lat.* medium aevum : Moyen Age). Qui appartient au Moyen Age.

ø *All.* mittelalterlich, *angl.* mediæval, *esp.* medieval, *ital.* medioevale.

mélote n.f. (*du gr.* μηλον : brebis). Peau de mouton ou de chèvre ayant conservé sa toison, et servant de manteau aux bergers, aux moines, à saint Jean-Baptiste, etc.

ø *All.* Schaf-Fell, Ziegenhaut, *angl.* sheepskin, *esp.* zalea, *ital.* pelle caprina.

membre n.m. (*lat.* membrum). *Archit.* 1) Partie essentielle d'un bâtiment*, par analogie avec les divisions du corps humain. Chaque partie d'archi-

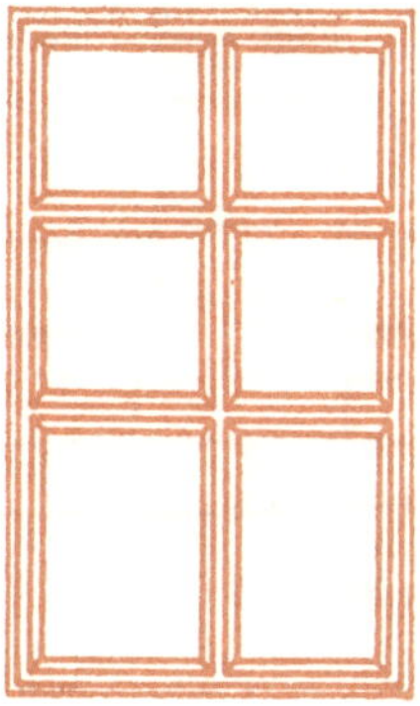

meneaux (fenêtre à)

tecture prise séparément.

∅ *All.* Bauglied, *angl.* limb, *esp.* miembro, *ital.* membro.

2) Ensemble de moulures*.

membrure n.f. (*dér. de* membre). *Archit.* Ensemble de charpente*, armature*.

∅ *All.* Gliederbau, *angl.* panel-frame, *esp.* armazón, *ital.* cornice.

mémoire n.m. (*lat.* memoria, « *pour que* mémoire *en soit gardée* »). *Archit.* Au sens d'écrit : note d'entrepreneur ou d'architecte avec le détail des frais de construction dépensés.

∅ *All.* Baurechnung, *angl.* bill, *esp.* memoria, *ital.* lista di spese.

mendiants (ordres). Les quatre ordres mendiants dont les constitutions les obligent à ne vivre que de la charité sont les franciscains, les dominicains, les carmes et les augustins (*v. ces mots*).

∅ *All.* Bettelorden, *angl.* mendicant orders, *esp.* órdenes mendicantes, *ital.* mendicanti.

meneau n.m. (*orig. douteuse*). *Archit.* Montant et traverse en pierre séparant par le milieu la surface d'une fenêtre* dans l'architecture du Moyen Age et de la Renaissance (*fig.*).

L'espace compris entre le *meneau* et le pied-droit* d'une fenêtre, ou entre deux meneaux, s'appelle *forme* (*v. ce mot et v.* croisée).

∅ *All.* Fensterkreuz, *angl.* mullion (*vertical*), transom (*horizontal*), *esp.* mainel, *ital.* tramezzo.

ménologe n.m. *ou* **ménées** n.f.pl. (*gr.* μηνολογιον, de μην : mois *et de* λεγειν : assembler). Liste par mois. ‖ *Liturgie* 1) Calendrier ecclésiastique de l'église grecque. ‖ 2) Résumé des vies des saints fêtés dans l'église grecque. Dans ce sens, il est synonyme de *synaxaire*.

∅ *All.* Heiligenkalender, *angl.* menology, *esp.* menologio, *ital.* menologio.

mense n.f. (*lat.* mensa : table). Revenu ecclésiastique.

Lorsque vers la fin du IXe s. les chanoines* renoncèrent à la vie en commun avec l'évêque, les biens servant à leur subsistance commune furent partagés entre l'évêque et le chapitre*, dont la part fut du tiers ou du quart de l'ensemble. C'est là ce qu'on appelle la *mense* : mense épiscopale, mense capitulaire. Il y eut aussi une part réservée pour les pauvres (*mensa pauperum*).

Quand les abbayes tombèrent en commende*, il se fit un partage analogue : mense abbatiale (de commende) et mense conventuelle.

∅ *All.* Tafelgeld, *angl.* revenue, *esp.* mesa, *ital.* mensa (*episcopale*).

menuiserie n.f. (*dér. du lat.* minutiare, *de* minuere : diminuer). 1) Ouvrages de petites dimensions exécutés en bois et aussi en métal. Au Moyen Age chaque métier avait ses « menuisiers ». *Ex.* Il existait des orfèvres-menuisiers. Dans ce sens tombé en désuétude, *menuiserie* s'opposait à *grosserie*. ‖ 2) Aujourd'hui le mot ne s'applique qu'au travail du bois. Jadis on nommait les menuisiers « charpentiers en menues œuvres » ou « charpentiers de la petite cognée ». Ils se distinguaient à la fois des charpentiers (grosses pièces) et des ébénistes (ébène et bois de placage pour la marqueterie*). ‖ 3) Il ne reste qu'un très petit nombre d'objets de menuiserie antérieurs au XIIIe s. et ces fragments ressemblent beaucoup pour la combinaison des assemblages à des œuvres de charpenterie* exécutées sur une petite échelle. A dater du XIIIe s. la menuiserie prend un grand essor.

∅ *All.* Tischlerarbeit, *angl.* joiner's work, *esp.* carpintería, *ital.* lavoro da falegname.

méplat adj. (*adj. composé de l'adj.* plat *et du préf. péjor.* mé). Qui est à demi plat; se dit d'une pièce de bois qui est plus large qu'épaisse. ‖ *Substantivement* En sculpture*, on nomme *méplat* une partie qui n'est ni creuse ni plane, mais d'un relief uni.

Chacun des plans dont l'ensemble forme la surface d'un corps. Suivant que les méplats intermédiaires entre des plans successifs sont plus ou moins accentués, le modelé s'accentue ou s'amollit.

∅ *All.* halbflach, *angl.* flat part, *esp.* semiplano, *ital.* schiacciato.

méreau n.m. (*forme masc. du vx franç.* mérelle *ou* marelle : jeton). On donna ce nom à partir du

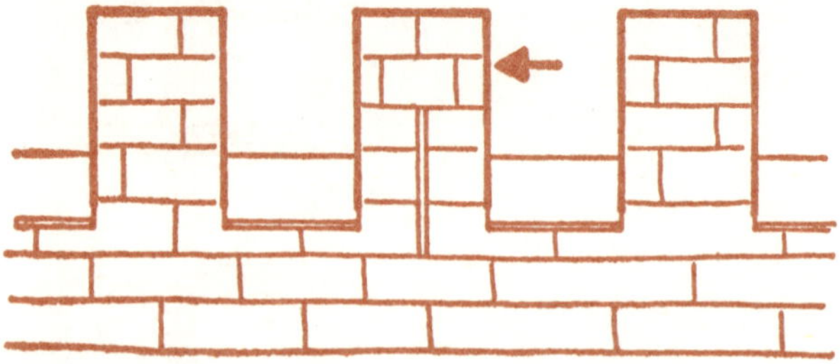

merlon

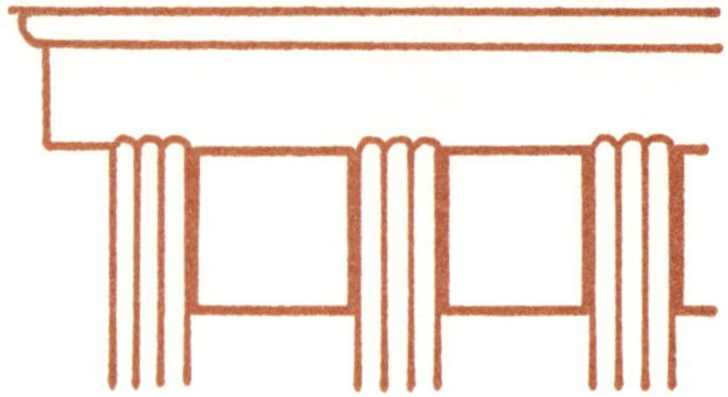

métope

XIIe s. aux médailles* et à la monnaie* de convention de plomb, de cuivre, quelquefois d'argent, dont chacun avait le droit de faire usage : à l'église pour constater la présence des clercs ou des chanoines* à l'office; au marché pour prouver l'acquittement d'un droit; dans les travaux et ateliers pour représenter le prix des journées et d'autres usages. Il y avait des jetons de corporations ou de chapitre servant de jetons de présence et en même temps de pièces comptables. Ils servaient aussi d'enseignes ou de souvenirs de pèlerinage : ceux-ci se multipliaient, les objets de pèlerinage aussi, et leur peu de valeur les a sauvés. On en a trouvé des quantités dans le lit de la Seine.

merlon n.m. *Archit. milit.* Partie pleine d'un parapet* se plaçant entre deux créneaux*. Les *merlons* séparent et déterminent les créneaux qui sont un « cran », c'est-à-dire une échancrure. Ils sont parfois percés de longues meurtrières* verticales (*v.* créneau) (*fig.*).

ø *All.* Mauerzacke, *angl.* merlon, *esp.* almena, *ital.* merlone.

métal n.m. (*lat.* metallum : mine, *et par extens.* minerai, métal). *Blason* En héraldique (on dit généralement *les métaux*), il n'y a que deux métaux : l'or et l'argent, qui sont la couleur jaune et la couleur blanche. L'or est indiqué en gravure par un pointillé et l'argent par un fond réservé en blanc.

ø *All.* Gold und Silber, *angl.* metal, *esp.* metal, *ital.* metallo.

métatome n.m. *Voir* métoche.

métier n.m. (*du lat.* ministerium : service, fonction). 1) Exercice d'un art mécanique, ou d'une profession manuelle; les artisans se divisent en corps de métiers.

ø *All.* Handwerk, *angl.* trade, handicraft, *esp.* oficio, *ital.* arte, mestiere.

2) Machine servant à tisser les étoffes.

ø *All.* Webstuhl, *angl.* loom, *esp.* telar, *ital.* telaio da tessitore.

métoche n.f. (*orig. obscure*). *Archit.* Espace creux compris entre deux denticules* saillants (*v. ce mot*). S'appelle aussi *métatome* ou *métope**.

métope n.f. (*gr.* μετοπη, *de* μετα : entre, *et* οπη : ouverture). *Archit.* 1) Intervalle (creux) qui existe entre deux triglyphes (saillants) dans une frise* dorique. Se trouve également dans l'art roman et est souvent orné (*fig.*). ‖ 2) Synonyme de *métoche*.

ø *All.* Zwischenfeld, *angl.* metope, *esp. et ital.* metopa.

meuble n.m. (*doublet de* mobile : qui peut se remuer, *par opposition à* immeuble). 1) Objet de mobilier de maison : table, chaise, etc.

Les *meubles* sont exécutés au Moyen Age en bois enrichi de moulures* et sculptures*.

Jusqu'à la fin du XIIIe s. le coffre ou bahut était le meuble unique. Il servait de malle, de meuble à ranger les effets, de table pour manger, de banc pour s'asseoir, parfois de lit pour se coucher. De là sont sortis peu à peu les meubles spécialisés (armoire*, crédence*, etc.) qui ne sont que des coffres verticaux s'ouvrant par devant et non plus par en haut.

ø *All.* Möbel, *angl.* piece of furniture, *esp.* mueble, *ital.* mobile.

2) *Blason* On appelle *meuble* la pièce figurée sur l'écu*.

ø *All.* Figur.

meule n.f. (*lat.* mola). Grosse pierre* de grès* taillée comme une roue qui sert à écraser le grain pour en extraire la farine ou l'huile.

ø *All.* Mühlstein, *angl.* grindstone, millstone, *esp.* muela, *ital.* macina da molino.

meulière n.f. (*dér. de* meule). Pierre* à surface rugueuse dont on fait des meules* de moulin; employée aussi dans la construction (*v.* maçonnerie).

ø *All.* Mühlenkalkstein, *angl.* millstone, *esp.* molar, *ital.* pietra molare.

meurtrière n.f. (*dér. de* meurtre, *francique* morthor). *Archit.* Fente verticale pratiquée dans la muraille* d'une fortification pour lancer des projectiles sur les assaillants. Une *meurtrière* ménagée pour le tir à l'arc s'appelle une *archère**. La meurtrière apparaît au XIIe s.

∅ *All.* Mauerschlitz, Schlitzfenster, *angl.* loophole, *esp.* aspillera, *ital.* balestriera.

mica n.m. (*mot lat.* : parcelle de mie *dans le sens de* parcelle de pain). Substance minérale transparente qui se présente en feuillets minces, lesquels peuvent atteindre une dimension suffisante pour être utilisés à la place de vitres.

∅ *All.* Glimmer, *angl.* mica, muscovy glass, *esp. et ital.* mica.

mièvre adj. (*orig. obscure*). Se dit d'une ornementation* à la fois prétentieuse et insuffisante (*v.* mince).

∅ *All.* geziert, *angl.* dainty, *esp.* melindroso, *ital.* lezioso.

millésime n.m. (*lat.* millesimus : millième). Chiffre qui désigne la date sur une pièce de monnaie* ou une médaille*.

∅ *All.* Jahreszahl, *angl.* date of coins, *esp.* milésimo, *ital.* millesimo.

mince adj. (*orig. obscure*). Sans épaisseur; sans consistance, manquant de solidité.

∅ *All.* dünn, *angl.* thin, *esp.* delgado, *ital.* esile, sottile.

mineur adj. (*lat.* minor, *compar. de* parvus : petit). Petit, insignifiant.

• – **(ordre)** Chacun des quatre ordres* inférieurs de la cléricature : portier, lecteur, exorciste, acolyte (*v.* majeur).

• – **(frère)** Franciscain, ou minorite, ou cordelier, etc., tous religieux mendiants* qui suivent la Règle de saint François.

∅ *All.* Minoriten, Minderbrüder, *angl.* Grey Friars, *esp.* Hermanos Menores, *ital.* Frati Minori.

miniature n.f. (*lat.* miniare : écrire au minium). Au Moyen Age, on nomme *miniator* le calligraphe se servant de minium ou le préparant. Lorsque avec l'embellissement des initiales, avec l'usage des couleurs et notamment de l'or et de l'argent, apparaît une nouvelle « ars illuminandi », le mot propre pour désigner les illustrations* peintes devient *enluminure* et le miniateur devient *enlumineur*. Ce n'est qu'au XVIe s. qu'apparaît le mot *miniature* qui peu à peu supplante le mot propre *enluminure*.

C'est en Égypte que l'on trouve les plus anciennes miniatures.

En Orient, c'est à Byzance que la miniature se développe le plus parfaitement. Des Ve et VIe s. on rencontre surtout des manuscrits religieux. Du VIIe au IXe apparaissent les manuscrits scientifiques (le Ptolémée de Vatican, l'Évangéliaire du IXe siècle à la Bibliothèque Nationale); du IXe au XIIIe s., c'est la renaissance macédonienne (Psautier de Paris du Xe s., à la Bibliothèque Nationale).

En Occident, la miniature commença par l'ornementation de plus en plus poussée des initiales, dans lesquelles apparaissent bientôt de nouveaux éléments décoratifs venant du Nord et importés d'Orient par les barbares : poissons, oiseaux, reptiles, animaux imaginaires. L'initiale devient un petit tableau, qu'on appelait alors « histoire », et l'enluminure « à histoires » se distingue de l'enluminure qui n'était qu'ornementation.

L'histoire de la miniature montre deux phases successives : 1) Du VIe au XIIIe s. elle reste l'apanage exclusif de l'Église et les exécutants sont tous des moines : c'est ce qu'on appelle la phase « hiératique » dont le début est essentiellement religieux. Après la dissolution de l'empire romain se crée un style nouveau, mélange d'art antique dégénéré et d'art septentrional, celtique puis germanique par ses origines. La fusion s'opère d'abord en Irlande, d'où l'art nouveau passe en Angleterre aux environs du VIIe siècle. De là les missionnaires le répandent en Burgondie, en Suisse orientale et en Germanie occidentale. De véritables écoles d'art se fondent dans les monastères. Jusqu'au XIIIe siècle les plus beaux manuscrits viennent d'Angleterre, des contrées rhénanes, et du Nord de la Loire. L'école rhénane l'emporte surtout sous le règne d'Otton Ier dit le Grand (936) et détrône les écoles françaises de Tours, Reims, Metz, Saint-Denis, etc. : c'est l'époque des miniatures ottoniennes.

2) On atteint la phase « réaliste » ou « naturaliste » au milieu du XIIIe siècle; c'est l'époque où apparaissent le portrait, le paysage et les repré-

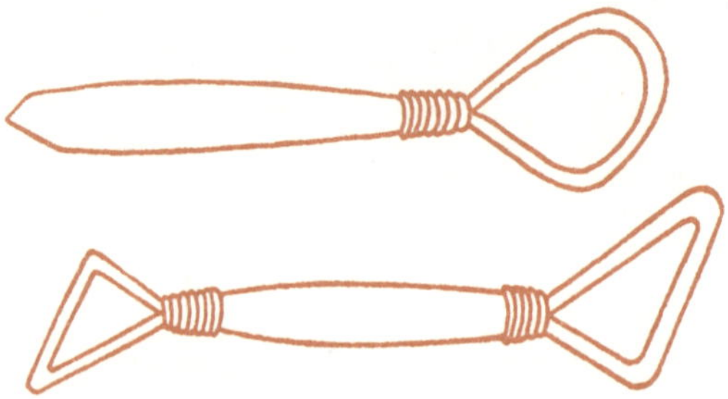

mirettes de modeleur

sentations artistiques ou satiriques de la vie contemporaine, fantaisies qui pénètrent même les livres d'Église.

En France, les manuscrits restent jusqu'à Charlemagne des œuvres de calligraphie pure. Charlemagne favorise la pénétration de l'influence anglaise par les missionnaires anglais. De la rencontre de l'art anglais avec un art gallo-romain déjà constitué naît le style dit « carolingien » dont le rayonnement et la croissance furent rapides. Dans l'art carolingien l'influence de l'art antique reste considérable. Le plus bel exemple de cet art est l'Évangéliaire de Charlemagne de 781 (Bibliothèque Nationale). L'une des six peintures de ce manuscrit paraît bien être une imitation d'un prototype byzantin. Au IXe s. on trouve en France plusieurs écoles de calligraphie. Les trois principales appartenant à l'ordre bénédictin sont :
- l'école franco-saxonne du Nord dont l'influence s'étend de Paris au Rhin (Évangéliaire de Saint-Vaast, Arras);
- l'école de Tours, fondée par Alcuin (Bible d'Alcuin, British Museum).
- l'école d'Orléans, imitée à l'abbaye de Fleury (Bibles de la Bibliothèque Nationale et de la cathédrale du Puy). Des écoles secondaires se rattachent à l'une ou l'autre des trois écoles précédentes. Ces écoles sont bientôt détrônées à la fin du Xe s. par l'école rhénane (*v. plus haut*). Du Xe au XIIe, s'exerce le règne absolu des écoles monastiques, et en particulier des trois écoles bénédictines. L'art carolingien devient l'art roman. C'est l'époque d'imagination exubérante dans l'ornement linéaire, dans les représentations du règne animal et végétal et dans la figuration d'êtres chimériques dénommés plus tard « grotesques ». L'art national se dégage dans l'Ile-de-France, et Limoges conserve le plus fidèlement la tradition carolingienne. Il serait impossible de citer tous les manuscrits, même de luxe, d'une époque aussi fertile. En Aquitaine et dans le Midi de la France occidentale, l'art demeure plus rudimentaire. Pendant toute cette période l'influence byzantine reste très active. Au XIIIe s. apparaît la phase « réaliste » et la période dite gothique.

Dans les autres pays, l'histoire de la miniature présente des caractères analogues à ceux qui ont été constatés ci-dessus en France. A signaler cependant les périodes caractéristiques : du VIe et VIIe s. en Irlande et en Angleterre où la miniature s'introduit pour la première fois en Occident (jusqu'au XIIIe s. l'originalité propre de l'art anglo-saxon subsiste avec les écoles d'art de ses monastères); du IXe s. en Allemagne, avec ses grandes écoles dont les plus notables sont le chapitre de Metz et l'abbaye de Saint-Gall fondée par des moines irlandais; du Xe s. en Rhénanie où l'art carolingien atteint son apogée.

ø *All.* Miniaturmalerei, Buchmalerei, *angl.* illumination, miniature-painting, *esp.* miniatura, miniado, pintura de códices, *ital.* miniatura, arte del minio, fondello.

Miniature de pleine page :

ø *All.* Vollbild, *angl.* whole page illumination, *esp.* maniatura a página entera, *ital.* miniatura a piena pagina.

minime n.m. (*lat.* minimus, *superl. de* parvus : petit). Religieux de la famille la plus humble des frères mineurs*, dont la Règle est plus dure que celle des autres franciscains. Elle fut fondée par saint François de Paule en Calabre.

ø *All.* mindeste Brüder, Paulaner, *àngl.* minim, *esp.* mínimo, *ital.* minimi.

minium n.m. (*mot lat.*). Oxyde naturel de plomb, d'un rouge vif, qui servait au Moyen Age à peindre les rubriques des manuscrits* (*v.* cinabre). On l'emploie en architecture* pour protéger contre l'humidité les pièces de bois et de fer.

ø *All.* Mennig, *angl.* red lead, *esp. et ital.* minio.

minnesinger n.m.pl. (*mot allem., littéral.* chanteurs d'amour). Poètes allemands des XIIe et XIIIe s. qui dans la poésie épique et dans la poésie lyrique cultivèrent les traditions de la poésie courtoise.

Minotaure Monstre mythologique du labyrinthe de Crète qui dévorait les humains.

mirette n.f. (*orig. douteuse*). *Archit.* Outil servant aux maçons* pour rejointoyer; aux sculpteurs*

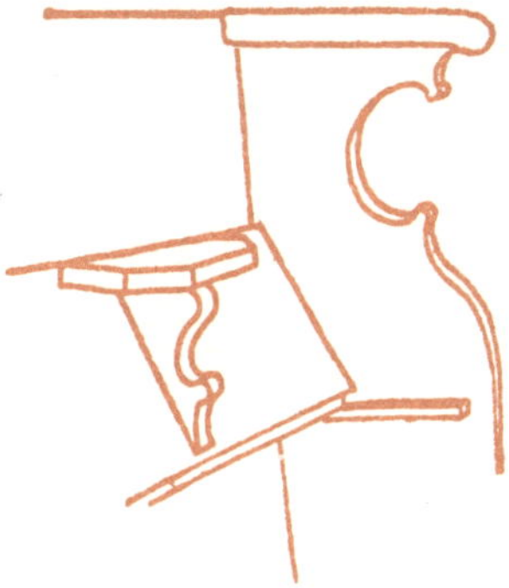

miséricorde

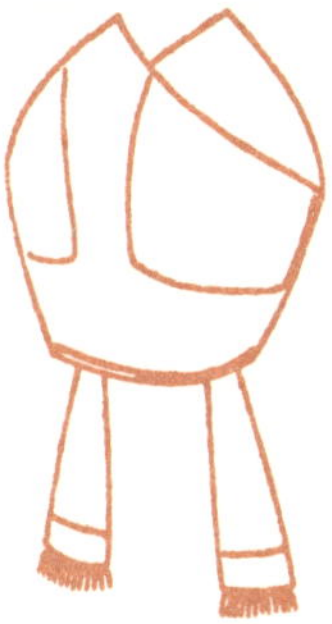

mitre

pour enlever, en exécutant un modelage*, la terre glaise* en excédent (*fig.*).

∅ *All.* Bohrstab, *angl.* boring rod, *esp.* raspador.

miroir n.m. (*dér. de* mirer, *du lat.* mirari : s'étonner, admirer). Surface polie réfléchissant les images. Au Moyen Age les *miroirs* étaient principalement en métal, comme dans l'Antiquité.

∅ *All.* Spiegel, *angl.* mirror, *esp.* espejo, *ital.* specchio.

Mise au tombeau Scène de la Passion : le corps du Christ mort est placé dans un tombeau après avoir été descendu de la Croix.

∅ *All.* die Grablegung Christi, *angl.* the Entombment, *esp.* Sepelio de Cristo, *ital.* Seppelimento di Cristo.

mise en plombs Dans la pose d'un vitrail*, opération qui consiste à placer les morceaux de verre dans leurs logements de plomb formant l'armature* du vitrail.

∅ *All.* Verbleiung, *angl.* leading.

miséricorde n.f. (*lat.* misericordia). Petit appui ayant la forme d'un cul-de-lampe* qui se trouve sous la sellette mobile d'une stalle* de chœur* (*fig.*); elle permet « *per misericordiam* » aux moines et aux chanoines de s'appuyer ou de s'asseoir pendant l'office tout en ayant l'air d'être debout, le siège de la stalle étant relevé. Les *miséricordes* sont souvent ornées de sculptures variées.

∅ *All.* Miserikordie, Klappstuhl, *angl.* miserere seat, *esp.* misericordia, *ital.* manganella, pazienzia.

missel n.m. (*dér. du lat.* missa : messe). *Liturgie* Livre où sont réunies toutes les prières et les lectures nécessaires à la célébration de la messe, avec l'indication des rites et des cérémonies qui les accompagnent.

Ce livre remplace plusieurs volumes anciens : le *sacramentaire** du célébrant, le *lectionnaire** du lecteur, l'*évangéliaire** du diacre et l'*antiphonaire** de la messe (appelé aujourd'hui *graduel*) qui contenait les parties chantées par le chœur*. Les premiers *missels* apparaissent au VIIIe s. A partir du XIIIe s., le missel devenu complet supplante progressivement les autres livres.

∅ *All.* Meßbuch, *angl.* missal, mass-book, *esp.* misal, *ital.* messale.

mitre n.f. (*emprunté au lat.* mitra, *mot gr.* μιτρα bandeau). 1) Coiffure prélatice de cérémonie que portent avec la chasuble* ou la chape* l'évêque, l'abbé mitré et certains prélats (*fig., pl.* 112). Le mot désigne une coiffure en bandeau que portaient à Rome les prêtres et les vestales. On la trouve aussi chez les Grecs et les peuples d'Orient.

D'après l'Écriture, le Grand Prêtre devait porter sur le front une lame d'or. L'apôtre saint Jacques portait, dit-on, une lame de métal sur le front. Apôtres, évangélistes et évêques sont appelés, dès le Ve s., *coronati* et sont coiffés d'une *corona sacerdotalis*.

Il semble que la mitre du XIe s. vienne d'une transformation de la *corona* sous laquelle on met un ample voile. Dans la suite, la lame de métal aurait été remplacée par un galon doré. La tiare* n'a pas d'autres origines.

La mitre se compose de deux parties triangulaires cousues ensemble à la bordure inférieure, celle qui enserre la tête, et reliées entre elles par une doublure. Sur la face postérieure sont fixés deux fanons du même tissu que la mitre et terminés par des franges.

La mitre est « un casque de protection et de salut pour l'évêque afin que sa tête qui en sera armée comme des cornes des deux Testaments apparaisse terrible aux ennemis de la vérité ». Elle rappelle également les cornes qui ont resplendi sur le visage de Moïse et la tiare imposée sur la tête d'Aaron.

∅ *All.* Mitra, Bischofsmütze, *angl.* mitre, *esp. et ital.* mitra.

2) *Archit. Arc en mitre* : *v.* arc. ‖ 3) *Archit.* Appareil en terre cuite ou en pierre disposé au Moyen Age au sommet d'une cheminée* pour empêcher l'introduction de la pluie et du vent.

∅ *All.* Schornsteinhaube, *angl.* chimney pot, *esp.* tejadillo de chimenea, *ital.* cappello di camino.

mobilier n.m. (*dér. de* meuble). Ensemble des meubles* garnissant une maison, un logement, une église, un autel.

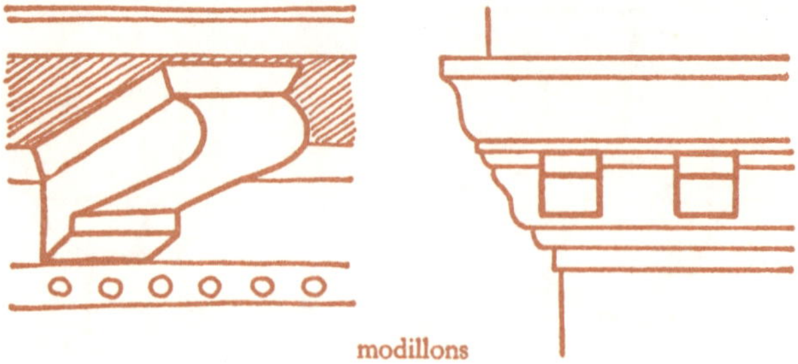

modillons

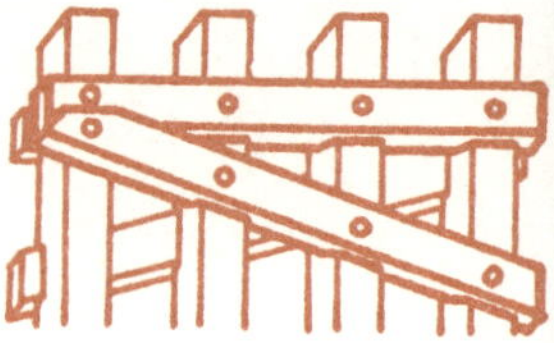

moise

⌀ *All.* Hausgerät, *angl.* furniture, *esp.* mobiliario, *ital.* arredi, mobili.

modèle n.m. (*du lat.* modulus, *dim. de* modus : mesure). *Archit.* Maquette à échelle réduite d'une construction.

⌀ *All.* Modell, *angl.* pattern, *esp.* modelo, *ital.* modello.

modénature n.f. (*ital.* modenatura, *de* modena : moule, *du lat. modus* : mesure). *Archit.* Proportion* et galbe* des moulures* déterminant, par la combinaison des saillants et des retraits, des jeux d'ombre et de lumière.

En archéologie, c'est un élément utile pour la datation des monuments.

⌀ *All.* Simswerk, *angl.* mouldings, *ital.* modanatura.

modillon n.m. (*lat.* mutulio, *de* mutulus : tête de chevron). *Archit.* On place très souvent au XIe s. sous les corniches* des murs, comme pour les soutenir, des *modillons* ou *corbeaux* de toutes les formes représentant soit des têtes grimaçantes ou des têtes d'animaux, soit des objets d'un usage habituel aux ouvriers tels que bouteille, baril, verre à boire, etc. (*fig., pl.* III, *v. pl.* I, 2, 7) (*v.* volute, corbeau, tête de clou, culot).

⌀ *All.* Kragstein, *angl.* bracket, corbel, *esp.* canecillo, *ital.* modiglione.

Modillons à copeaux : *v.* copeau.

module n.m. (*lat.* modulus, *dér. de* modus : mesure). *Archit.* Unité de mesure adoptée pour déterminer les proportions des différents membres* d'architecture. De même qu'on calcule les proportions du corps humain par rapport à la tête, ou celles des temples grecs par rapport au demi-diamètre du fût* des colonnes, dans l'art médiéval l'échelle de l'homme est mesure de l'espace architectural.

Le module grec, variable dans ses dimensions, établissait des proportions invariables. Au Moyen Age on se sert des mesures d'artisan, mesures qui sont constituées sur l'expérience des gestes et de la taille des hommes : toise, pied, pouce, coudée. Les mesures sont rappelées à toutes les hauteurs de l'église, déterminant la hauteur d'une porte*, la base d'une pile*, la répartition des meneaux* qui, si l'ouverture est grande, la ramènera à l'échelle humaine (*v.* échelle).

⌀ *All.* Grundmaß, Modul, *angl.* module, *esp.* módulo, *ital.* modulo.

moellon n.m. (*orig. incert.*). *Archit.* Pierre* tendre utilisée sans être entièrement dégrossie, qui par sa petitesse et son caractère de pierre brute non taillée s'oppose à la pierre de taille. Les moellons sont généralement recouverts d'un crépi de mortier*.

⌀ *All.* Bruchstein, *angl.* rag-stone, *esp.* mampuesto, *ital.* breccia.

moie n.f. (*lat.* mata : meule, tas). Partie tendre qui se trouve dans une pierre* dure. Les *moies* se présentent tantôt sous la forme de poches, mais plus souvent en couche mince et ondulée suivant la direction du lit* de carrière. On appelle également ainsi un tas, une meule; on écrit aussi *moye*.

moine n.m. (*gr.* μοναχος, *de* μονος : seul). Au début ne se disait que de solitaires ou anachorètes. Dans la suite le mot s'applique aux cénobites, c'est-à-dire aux religieux qui vivent en communauté la vie contemplative sous une règle, par exemple celle de saint Benoît*, et sous l'autorité d'un abbé*. On étend ce nom abusivement aux religieux mendiants* : franciscains, dominicains, carmes, augustins, etc.

⌀ *All.* Mönch, *angl.* monk, friar, *esp.* monje, *ital.* monaco.

mois (travaux des) (*lat.* mensis : mois). Description des travaux agricoles qui se succèdent de mois en mois.

⌀ *All.* Monatsbeschäftigung, *angl.* labours of the months, *esp.* trabajos de los meses, *ital.* lavori di mesi.

moise n.f. (*du lat.* mensa : table). *Archit.* Pièces de bois* jumelles assemblées parallèlement deux par deux au moyen de boulons de fer, pour relier, maintenir, ou renforcer d'autres pièces de charpente* (*fig.*).

⌀ *All.* Bandbalken, *angl.* brace, tie-beam, *esp.* crucero, *ital.* rinforzo dell'armatura.

moisir v.intr. (*lat.* macere, *de* mucus : morve).

Se couvrir de moisissure par l'effet de l'humidité. On disait aussi *chancir*.
Moisissure :
∅ *All.* Schimmel, *angl.* mould, *esp.* moho, *ital.* muffa.

monachisme n.m. (*dér. de* moine). État de moine*; institution monastique.
∅ *All.* Mönchtum, *angl.* monasticism, *esp.* monaquismo, *ital.* monachismo.

monastère n.m. (*dér. de* moine). 1) *Archit.* Ensemble des bâtiments où habitent et vivent les communautés de moines* (*v.* abbaye). ‖ 2) *Dr. canon* Personne morale qui comprend non seulement les bâtiments et le sol, mais surtout les moines qui s'y sont fixés en se mettant sous la direction d'un abbé* ou d'un prieur*, et aussi leur patrimoine moral, la tradition d'un mode local de vie solitaire pour Dieu seul.
∅ *All.* Münster, Kloster, *angl.* monastery, *esp.* monasterio, *ital.* monastero.

moniale n.f. (*dér. de* moine). Religieuse cloîtrée menant la vie monastique.

monnaie n.f. (*lat.* moneta, *rac.* monere : avertir, *surnom de Junon* « l'avertisseuse », *puis nom du temple où l'on frappait sa monnaie, puis* monnaie). Pièce de métal (or, argent, cuivre) frappée à l'effigie (côté face) d'un souverain ou du symbole d'un État, ayant force libératoire, dans un pays, et valeur nominale (inscrite côté pile, avec le millésime*) fixée par la loi, avec une valeur réelle, c'est-à-dire un pouvoir d'achat, essentiellement variable.

La monnaie s'est distinguée très vite de la médaille*; celle-ci étant purement décorative et ne servant pas au commerce pouvait supporter sans inconvénient des reliefs plus accusés et des variations de type à l'infini.
∅ *All.* Münze, *angl.* coin, *esp.* moneda, *ital.* moneta.

monogramme n.m. (*gr.* μονος : seul, *et* γραμμα : caractère, *de* γραφειν : écrire). 1) Caractère formé d'une lettre unique prise à l'initiale d'un nom – ou de la réunion de plusieurs lettres juxtaposées ou entrelacées (*pl.* 113). *Ex.* Le *monogramme* du Christ formé de lettres grecques commençant le nom du Christ : X et P. ‖ 2) Marque ou signe valant signature abrégée. Les peintres primitifs qui ont usé de ce seul moyen pour signer leurs œuvres sont appelés *monogrammistes*.
∅ *All.* Monogramm, *angl.* monogram, *esp.* monograma, *ital.* sigla.

monographie n.f. (*v.* monogramme). *Hist. de l'art* 1) Étude consacrée à la vie et aux œuvres d'un seul artiste. ‖ 2) *Par extens.* Étude particulière consacrée à un seul édifice, ou à une seule œuvre d'art, ou un seul genre d'œuvre d'art.
∅ *All.* Monographie, *angl.* monography, *esp.* monografía, *ital.* monografia.

monolithe n.m. (*gr.* μονος : seul, *et* λιθος : pierre). Se dit d'un objet taillé, quelle que soit sa dimension, dans un seul bloc de pierre* (*v. pl.* 5).
∅ *All.* Monolith, *angl.* monolith, *esp.* monolito, *ital.* monolito.

monopédiculé adj. *Voir le mot suivant.*

monopode (*gr.* μονος : un seul, *et* πους, ποδος : pied). Qui n'a qu'un seul pied. Mot employé pour désigner les cuves baptismales reposant sur un seul support.

L'emploi de ce mot est préférable à celui de son synonyme *monopédiculé*.

monostyle n.m. (*gr.* μονος : un seul, *et* στυλος : fût de colonne). *Archit.* Colonne à fût* simple et lisse, contraire de colonne fasciculée (*v. ce mot*). ‖ *Adject.* Se dit aussi d'un monument fait d'une seule colonne. La colonne Trajane, par ex., est un édifice monostyle.

monotone adj. (*gr.* μονος : seul, *et* τονος : ton). Qui se développe sur un seul thème; sans variété.
∅ *All.* einförmig, *angl.* monotonous, *esp.* monótono, *ital.* monotono.

monstrance n.f. (*du lat.* monstrare : montrer). *Voir* ostensoir.
∅ *All.* Monstranz, *angl.* monstrance, *esp.* custodia, *ital.* ostensorio.

monstre n.m. (*lat.* monstrum). *Archit.* Les *monstres* se rencontrent rarement dans l'ornementation et presque uniquement à l'époque romane : sirène*, manicora*, griffon*, licorne*.

Il y a également des monstres humains tels que le soni à la jambe de bois, l'éthiopien à deux paires d'yeux superposés, le satyre à cornes et à pieds de chèvre, le cinipes qui debout ou couché sur le dos, la jambe levée, s'abrite sous son pied.

montant n.m. (*dér. de* monter). *Archit.* Pièce de charpente* verticale qui est l'opposée de la traverse*, laquelle est horizontale.

ø *All.* Ständer, *angl.* post, uprightbeam, *esp.* montante, *ital.* stipite.

Les *montants* d'une porte*, d'une fenêtre*, sont les jambages* placés sur les bords verticaux de la baie*.

ø *All.* Pfosten, *angl.* gatepost, *esp.* montante, *ital.* stipite.

montée de voûte n.f. (*dér. de* monter). *Archit.* Hauteur d'une voûte* mesurée perpendiculairement depuis sa naissance ou première retombée* jusqu'au-dessus du claveau* voussoir* de fermeture.

monter v.tr. et intr. (*rac. lat.* mons, montis : montagne). 1) *Archit.* Synonyme d'ériger : *monter* un mur*. ‖ 2) *Archit.* Assembler : monter une charpente*. ‖ 3) *Orfèvr.* Sertir une pierre* précieuse; parer un objet d'art : *monter* un vase.

montjoie n.f. (*altération par attraction de* mont *et de* joie, *du composé francique* mund-gavi : protection du pays). 1) Monticules servant probablement aux Francs d'observatoires pour la protection du pays. ‖ 2) Monticules, tas de pierres, marquant les routes de pèlerinage ou le point de réunion d'un ban dont la bannière était plantée sur la *montjoie*. ‖ 3) *Par extens.* Bannière.

ø *All.* Malhügel, *angl.* montjoy, cairn, *esp.* montón de piedras, *ital.* mucchio di pietre.

Montjoie ! (*probablement de* Mons Jovis, *nom de l'emplacement consacré à Jupiter, du lieu de supplice de saint Denis*). Cri de ralliement des troupes, apparaissant au début du XIIe s. En France on ajoutait : Montjoie *Saint-Denis* ! car l'oriflamme des rois de France était déposé entre les guerres dans l'abbaye de Saint-Denis.

montoir n.m. Borne ou piédestal dont on approchait les montures et permettant au cavalier de se mettre en selle sans se servir de l'étrier.

ø *All.* Auftritt, Prellstein, *angl.* mounting-stone, *esp.* apeadero, *ital.* montatoio.

monture n.f. (*dér. de* monter). Bête de somme ou animal sur lequel est monté le cavalier.

ø *All.* Reittier, *angl.* saddle-horse, *esp.* cabalgadura, *ital.* cavalcatura.

monument n.m. (*lat.* monumentum). 1) *Archit.* Édifice de grandes dimensions.

ø *All.* Monument, *angl.* monument, *esp. et ital.* monumento.

2) Statue commémorative, rappelant un homme ou un événement.

ø *All.* Ehrenmal, *angl.* memorial, *esp.* monumento conmemorativo, *ital.* monumento commemorativo.

3) Monument funéraire.

ø *All.* Grabdenkmal, *angl.* tomb, *esp.* tumba, *ital.* mausoleo.

Monuments historiques : On appelle ainsi tous les monuments anciens appartenant à l'État, aux établissements publics ou aux particuliers, qui en raison de leur valeur artistique ou des souvenirs qui s'y rattachent sont « classés » par la Commission des Monuments Historiques, organe du Ministère des Beaux-Arts. Ils ne peuvent être détruits; leur réparation ou restauration ne peut avoir lieu qu'après avis conforme des inspecteurs officiels et décision de la Commission; leur vente doit être signalée à la Commission.

Le classement (*v. ce mot*) porte également sur des objets mobiliers appartenant à l'État, aux établissements publics ou aux particuliers, qu'on ne peut aliéner sans l'observation de certaines règles légales.

moraillon n.m. (*du provençal* moralha : pièce de fer). Languette mobile fixée au couvercle d'un coffre* (ou autre meuble*) par une charnière et se rabattant sur la serrure*; celle-ci, en se fermant, retient l'auberon (*v. ce mot*).

ø *All.* Schließhaken, *angl.* hasp. *esp.* pestillo de cerradura, *ital.* lucchetto.

morfil n.m. (*esp.* marfil, *de l'arabe* azm-el-fîl : défense d'éléphant). Ivoire brut. On dit aussi

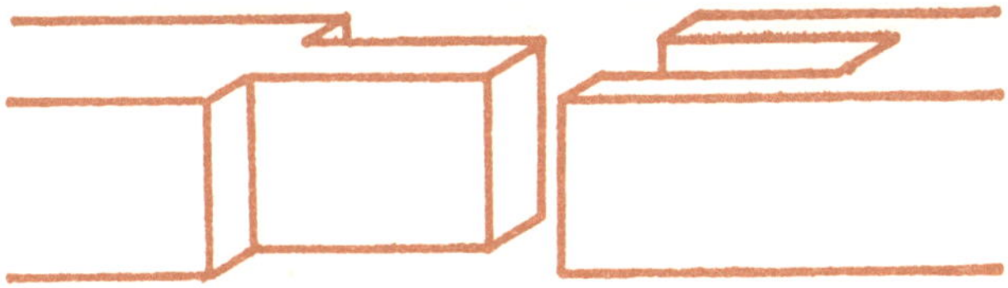

mortaise (assemblage à tenon et)

marfil (*v.* ivoire).

mors n.m. (*du lat.* morsus : morsure). • Levier que l'on place en travers de la bouche du cheval pour le gouverner.

ø *All.* Gebiß, *angl.* horse-bit, *esp.* bocado, *ital.* morso.

• – **de chape** Agrafe composée de deux plaques fixées sur les bords de la chape, en les « mordant » et ainsi les retenant.

ø *All.* Chormantelschliesse, *angl.* clasp, *esp.* broche de capa, *ital.* fermaglio di cappa.

• – **d'outil** Partie d'un outil* (tenaille) qui serre un objet que l'on veut saisir.

mortaise n.f. (*orig. obscure*). *Archit.* Entaille pratiquée dans une pièce de bois* dans laquelle vient se loger une autre pièce, celle-ci étant élégie (*v.* élégir) en un tenon* de même dimension (*fig.*). En menuiserie* on nomme ce mode d'assemblage* *à tenon et mortaise* (*v.* tenon).

ø *All.* Zapfenloch, *angl.* mortise, *esp.* mortaja, *ital.* incavo.

mortier n.m. (*lat.* mortarium : auge de maçon *et* mortier). *Archit.* Mélange humide de diverses matières amenées à l'état pâteux et qui a la propriété de durcir et d'adhérer fortement aux matériaux* de construction avec lesquels on le met en contact. Les *mortiers* servent à lier entre eux ces matériaux. Leur nature est très variable. Anciennement, ils se composent en général de sable pilé et de chaux délayés dans de l'eau.

Pour faire du bon mortier, le sable de rivière, le gravier, a été reconnu comme le meilleur : le sable de plaine ou de carrière est toujours mêlé d'une certaine quantité d'argile, ce qui lui enlève de sa qualité.

Pendant le Moyen Age la qualité des mortiers a beaucoup varié. Alors qu'ils sont durs et compacts dans les constructions romaines, ils sont médiocres pendant les IXe, Xe et XIe siècles. Au XIIe siècle ils commencent à prendre de la force, et à la fin de ce siècle ils deviennent généralement très bons. La qualité des mortiers est donc un des moyens de reconnaître la date d'un édifice.

ø *All.* Mörtel, *angl.* mortar, *esp.* argamasa, *ital.* calcina.

mosaïque n.f. (*lat.* musaicum, *rac.* muscum : temple des Muses). *Archit.* Assemblage* de petits cubes (abacules*) de couleurs variées en pierre*, marbre*, pâte de verre*, smalte*, etc. Ils sont juxtaposés pour figurer un dessin et sont cimentés entre eux.

Cette « peinture pour l'éternité » connue des Romains a été en usage surtout chez les Byzantins (Constantinople, Ravenne, Palerme). Les mosaïques dites byzantines se composent de fonds d'or (obtenus par de petits cubes de verre dorés et émaillés) sur lesquels se détachent des sujets ou des ornements. Elles sont très rares en France, et antérieures au XIIe siècle.

ø *All.* Mosaik, *angl.* mosaic, *esp.* mosaico, *ital.* musaico.

Mosaïque de pavement (*pl.* 116) :

ø *All.* Fußbodenmosaik, *angl.* floor mosaic, *esp.* mosaico de pavimento, *ital.* pavimento musivo.

Mosaïque de revêtement (*pl.* 115).

motif n.m. (*lat.* motivus, *de* movere : mouvoir). *Bx-Arts* Sujet, élément d'un décor*, qui forme en lui-même un tout de dimensions réduites. Il peut se répéter, par exemple, en architecture, sur une horizontale. Il peut être purement ornemental* ou, au contraire, figuratif*.

ø *All.* Motiv, *angl.* motif, *esp. et ital.* motivo.

moulage n.m. (*dér. de* moule). Empreinte en plâtre* prise sur une sculpture*. Il existe deux procédés de *moulage* : le moule à creux perdu qui ne donne qu'une épreuve unique; le moule* à bon creux fait de pièces détachées, qui peut fournir un nombre illimité d'épreuves.

ø *All.* Abguß, *angl.* plaster cast, *esp.* vaciado de escultura.

moule n.m. (*lat.* modulus, *dim. de* modus : mesure). *Bx-Arts* Empreinte en plâtre* d'un objet en relief*, au moyen de laquelle on peut reproduire cet objet.

ø *All.* Gießform, *angl.* mould, *esp.* molde, *ital.* forma, matrice.

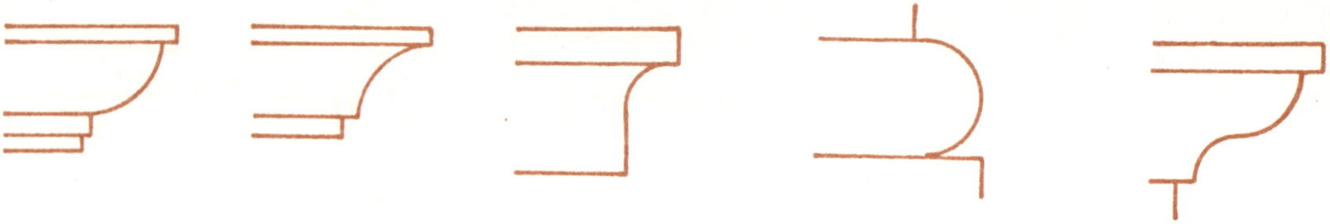

filet et quart de rond *filet et cavet* *congé et bandeau* *tore* *talon renversé et bande*

moulures

Moule à bon creux (*v.* moulage) :

∅ *All.* fest bleibende Gießform, *angl.* strong lasting mould.

mouler v.tr. (*dér. de* moule). 1) *Sculpt.* Faire la reproduction d'une figure, d'un ornement, au moyen d'un moulage* en plâtre* pris sur l'original. ‖ 2) *Archit.* Presser une matière ductile dans un moule*. *Ex. Mouler* l'argile pour en faire des briques*.

∅ *All.* abgießen, *angl.* to mould, *esp.* amoldar, *ital.* modellare.

mouluration n.f. (*dér. de* mouler). *Archit.* Mot nouveau voulant signifier la particularité de certaines espèces de moulures* dans certaines régions.

∅ *All.* Simsprofilierung, *angl.* moulding, *esp.* molduración, *ital.* modanatura.

Mouluration limousine : colonnettes logées dans les piédroits* des ouvertures, répondant à un ou plusieurs tores* sous les cintres* par l'intermédiaire de petits chapiteaux* soit sculptés, soit lisses et comme faits au tour*.

moulure n.f. (*dér. de* moule). *Archit.* Ornements* se développant en longueur selon un profil* qui ne change pas, et paraissant « moulés » les uns sur les autres. Ils se profilent en creux ou en relief sur les membres* d'architecture dont ils permettent de déterminer le style et l'époque (*fig., pl.* 114, *v. pl.* 1 *et* 2). Il en existe deux variétés : les moulures plates : filet*, listel*, bandeau*; les moulures curvilignes, dont les unes sont à profil convexe : quart* de rond, baguette*, tore* ou boudin*; les autres à profil concave : gorge*, cavet*, congé*, scotie*. Certaines moulures comme le talon* et la doucine* sont mi-partie convexes et concaves. Les moulures sont unies ou garnies de feuillage ou d'un ornement géométrique.

Ne pas confondre les moulures avec les ornements tels que palmettes*, oves*, rais* de cœur.

∅ *All.* Sims, *angl.* moulding, *esp.* moldura, *ital.* membretto.

mousse adj. *Voir* arête.

moutier n.m. (*lat.* monisterium, *var. de* monasterium). *Archit.* Synonyme de *monastère.*

∅ *All.* Kloster, *angl.* monastery, *esp.* monasterio, *ital.* monastero.

mouvement n.m. (*dér. de* mouvoir, *lat.* movere). Action de remuer.

∅ *All.* Bewegung, *angl.* movement, *esp.* movimiento, *ital.* movimento.

Moyen Age (*lat.* medianus, *dér. de* medius : qui est au milieu, *et* aetaticum, *de* aetas : âge). Dans le sens historique, le Moyen Age s'étend traditionnellement de la chute de l'Empire Romain (476) jusqu'à la prise de Constantinople par Mahomet II (1453).

∅ *All.* Mittelalter, *angl.* Middle Ages, *esp.* Edad Media, *ital.* Medio Evo.

mozarabes (*de l'arabe* most'arb : arabisé). Chrétiens d'Espagne qui, soumis à la domination arabe, gardèrent leur religion, leur liturgie, et un art original appelé *art mozarabe.*

∅ *All.* Mozaraber, *angl.* mozarab, muzarab, *esp.* mozárabe, *ital.* mozzarabo.

mozette n.f. (*ital.* mozzetta). Manteau* ecclésiastique tombant jusqu'à la ceinture. Il est porté par les cardinaux*, les évêques*, les abbés* réguliers et ceux auxquels il a été concédé (*v.* mantelet, mantellone).

∅ *Angl.* mozetta, *esp.* muceta, *ital.* mozzetta.

mur n.m. (*lat.* murus). Ouvrage de maçonnerie* d'une épaisseur donnée formé de matériaux* superposés et généralement liés avec du mortier* de chaux*, de plâtre*, de ciment*, quelquefois de terre : mur de moellons*, mur de briques*, mur en pisé*.

∅ *All.* Mauer, *angl.* wall, *esp.* pared, *ital.* muro.

– *gros murs* : ceux qui forment l'enceinte d'un bâtiment, qui portent le comble* ou la voûte*.
– *mur droit* : dont les deux parements* sont des plans verticaux.
– *mur biais* : dont les deux parements ne sont pas parallèles.
– *mur latéral* : qui forme un des deux côtés d'un bâtiment.
– *mur orbe* : sans porte ni fenêtre.
– *mur planté* : établi sur un pilotage* ou une

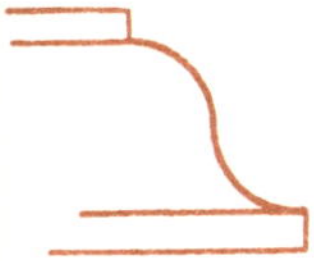

doucine renversée

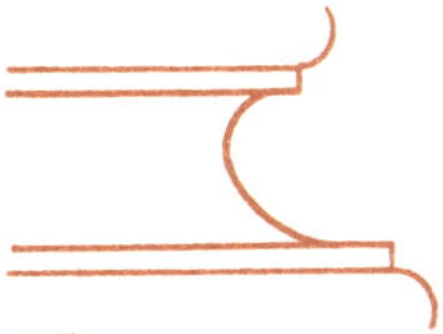

scotie

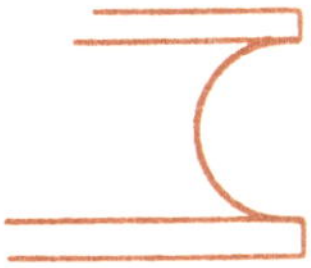

gorge

grille* de charpente.
– *mur bouclé* : qui a perdu son aplomb et fait ventre*.
– *mur soufflé* : dont le parement ne tient plus à la masse intérieure de la maçonnerie.
– *mur de face* : gros mur qui forme une des principales faces d'un bâtiment.
– *mur de refend* : celui qu'on élève entre les gros murs pour diviser l'intérieur d'un bâtiment.

∅ *All.* Innenmauer, *angl.* inside wall, *esp.* tabique, *ital.* muro di tramezzo.

– *mur de pignon* : qui s'élève jusqu'au-dessous du toit*, le supporte et en a le profil.
– *mur dosseret* : qui s'élève au-dessus d'un toit et auquel sont adossés les tuyaux de cheminée*.
– *mur d'appui* ou *de parapet* : qui ne s'élève qu'à hauteur d'appui.

∅ *All.* Brüstungsmauer, *angl.* low wall, *ital.* muro d'appoggio.

– *mur de soubassement* : celui qui se superpose immédiatement au mur de fondation.
– *mur de clôture* : qui enferme extérieurement un espace découvert comme cour, jardin*, etc.
– *mur de parpaings* : formé de pierres qui occupent toute l'épaisseur de la construction.
– *mur de revêtement* : mur destiné à soutenir des terres ou à orner la face extérieure d'un mur.

∅ *All.* Verkleidungsmauer, *angl.* lining wall, *esp.* muro de revestimiento, *ital.* muro di rivestimento.

– *mur en surplomb* ou *déversé* ou *forjeté* : qui penche en dehors.
– *mur de fondation* : qui supporte le poids entier de la construction.
– *mur extérieur* (ou *de pourtour*) : mur formant enceinte au-dessus du sol de la construction.
– *mur gouttereau* : qui porte les gouttières*.
– *mur d'allège* : le mur formant appui d'une croisée*.
– *mur en décharge* : mur dont le poids se trouve soulagé par des arcs en maçonnerie appelés arcs* de décharge.
– *mur de cloison* : murs de faible épaisseur dans l'intérieur d'un appartement, qui le divisent en chambres.
– *mur d'échiffre* (*v. ce mot*) : celui qui porte la rampe d'escalier*.
– *mur de soutènement* : destiné à soutenir des terres ou un autre mur.

∅ *All.* Stützmauer, *angl.* sustaining wall, *esp.* muro de sostenimiento, *ital.* muro di sostegno.

muraille n.f. (*dér. de* mur). *Archit.* Employé souvent comme synonyme de mur*, ce mot s'applique plus particulièrement à de très gros murs élevés, comme les murs d'une enceinte de ville fortifiée. On dira les *murs* d'une maison*, les *murailles* d'un château-fort*.

∅ *All.* Ringmauer, *angl.* walls, *esp.* muralla, *ital.* muraglia.

mural adj. (*dér. de* mur). *Archit.* Qui est appliqué contre un mur. *Ex.* Mosaïque *murale.*

∅ *All.* Wandmosaik, *angl.* wall mosaic, *esp.* mosaico mural, *ital.* musaico parietale.

murer v.tr. *ou* intr. (*dér. de* mur). *Archit.* Enfermer dans un mur* ou dans des murs. ‖ Fermer au moyen d'un mur une fenêtre*, une baie*, etc.

∅ *All.* vermauern, *angl.* to wall up, *esp.* tapiar, *ital.* murare.

museau n.m. (*lat.* musum, *d'orig. inconnue*). 1) En terme de hucherie, de menuiserie : accotoir d'une stalle* de chœur*. ‖ 2) *Serrurerie* Partie antérieure du panneton* d'une clef*.

musulman adj. (*arabe* mouslim : qui se confie à Dieu, *c'est le nom que Mahomet donna à ses premiers adeptes*). *Art musulman* : les caractéristiques de l'art musulman, dont la religion musulmane a été la principale inspiratrice, sont l'absence complète de représentation d'êtres vivants (hommes, animaux, plantes) et la richesse d'une décoration faite uniquement de lignes géométriques.

Le domaine de l'art musulman s'étend de l'Inde à l'Espagne, par la Syrie, la Turquie, l'Égypte, l'Afrique du Nord et la Sicile. Il convient donc de ne pas appliquer à ce terme comme synonymes les mots *art arabe* ou *art mauresque* : les Arabes en effet sont une population essentiellement nomade et sans passé artistique; quant aux Maures qui sont des Berbères d'Afrique du Nord, leur activité est restée confinée au Maroc et à l'Espagne.

Ø *All.* mohammedanische Kunst, *angl.* moslem art, *esp.* arte musulmán, *ital.* maomettano.

mutule n.f. (*lat.* mutulus : moule). *Archit.* 1) Pièce de bois* formant saillie*; extrémité d'un chevron* dépassant l'alignement du mur*. ‖ 2) Se dit d'une sorte de modillon* sans ornementation, particulier à l'ordre dorique*.

Ø *All.* Dielenkopf, *angl.* mutule, *esp.* mútulo, *ital.* mutulo.

myrrhe n.f. (*gr.* μυρρα). Suc parfumé produit par un arbuste d'Arabie.

Ø *All.* Myrrhe, *angl.* myrrh, *esp.* mirra, *ital.* mirra.

N

naissance n.f. (*dér. du lat.* nasci : naître). *Archit.* Point de départ de la montée d'un arc*, d'une voûte*, d'un fût de colonne*.
Naissance d'une voûte :
ø *All.* Gewölbeanfang, *angl.* springing of a vault, *esp.* arranque, *ital.* origine, peduccio di una volta.
naos n.m. Nef (*v. ce mot*) dans une église* grecque.
nappe (*du lat.* mappa, *par dissimilation de* m *par* p). *Liturgie Nappe d'autel* : toile blanche dont l'Église prescrit de couvrir l'autel* pour célébrer le Saint Sacrifice.
ø *All.* Altartuch, *angl.* altar-cloth, *esp.* mantel de altar, *ital.* tovaglia di altare.
naquaire *ou* **nacaire** n.f. (*arabe* naqqara : timbale). Instrument de musique du Moyen Age, timbale (*v.* timbale).
narthex n.m. (*mot gr.* ναρθηξ : portique). *Archit.* Galerie* ou portique intérieur placé à l'entrée d'une église*. Cette disposition date des premiers temps chrétiens, alors que les catéchumènes ne pouvaient entrer dans l'église avec les fidèles et qu'il fallait leur réserver un emplacement abrité.
ø *All.* Narthex, Kirchenvorraum, *angl.* narthex, *esp.* nartex, *ital.* nartece, pronao.
Il y avait parfois deux narthex, l'un extérieur, l'*exonarthex* :
ø *All.* Außennarthex, *angl.* outer narthex, *ital.* exonartece.
l'autre intérieur, l'*ésonarthex* :
ø *All.* innere Vorhalle, *angl.* inner narthex, *ital.* esonartece.
Nativité n.f. (*lat.* nativitas, *rac.* nascere : naître). *Bx-Arts* Œuvre représentant la naissance de l'Enfant Jésus, de la Vierge Marie, de saint Jean-Baptiste.

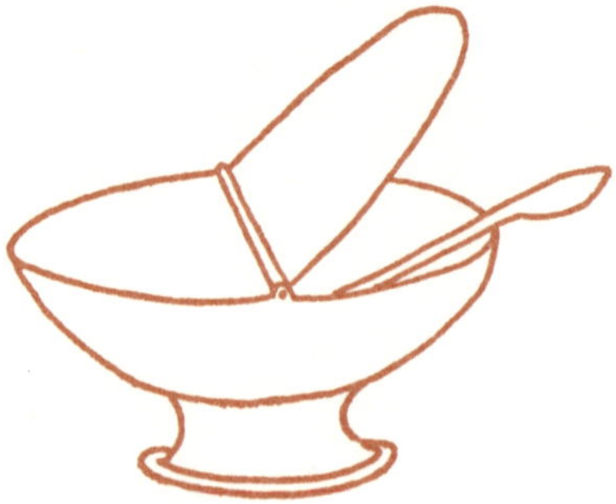

navette

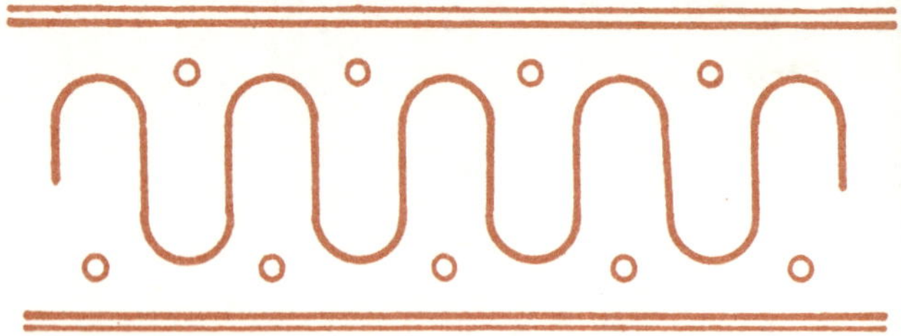

nébules

∅ *All.* Geburt Christi, Mariä Geburt, *angl.* Nativity, *esp.* Nacimiento, Navidad, Nativitad, *ital.* Nascita.

natte n.f. (*lat.* natta, *orig. obsc.*). 1) Tissu de jonc, paillasson de sparterie en usage notamment dans les abbayes* dès le XIIe s.

∅ *All.* Flechtwerk, *angl.* matwork, *esp.* estera, *ital.* stuoia.

2) Motif* d'ornementation* imitant la natte de cheveux, utilisée par les sculpteurs romans pour décorer voussures* d'archivoltes, chapiteaux*, etc.

∅ *All.* Flechte, *angl.* braidpattern, *esp.* trenza, *ital.* treccia.

nature (grandeur) *Voir* portrait *et* figure.

naucelle n.f. (*écrit à tort* nacelle). Partie concave* d'une moulure* entre deux tores*. Son profil peut être une scotie* ou de quelque autre forme.

navette n.f. (*dim. du lat.* navis : navire). *Liturgie* Vase en forme de petit navire contenant l'encens qui sera versé dans l'encensoir* (*fig.*).

∅ *All.* Weihrauchschiffchen, *angl.* incense boat, *esp.* naveta de incienso, *ital.* navicella.

navire n.m. (*lat.* navilium, *altération de* navigium : embarcation). Bâtiment (construit en bois au Moyen Age) fait pour naviguer en haute mer (*fig.*). Les principaux éléments d'un *navire* sont :
la *quille* qui est l'épine dorsale du navire, la première pièce de la construction;
les *bordages* qui sont les parois extérieures;
la *proue* qui est la partie avant du navire terminée par l'*étrave*, pièce de bois effilée qui fend le flot;
la *poupe* est la partie arrière du navire, assez large pour faciliter la manœuvre du gouvernail et terminée par l'*étambot*;
tribord est le côté droit en partant de l'arrière; *bâbord* le côté gauche;
les *ponts* sont les planchers des différents étages;
les *gaillards* d'avant et d'arrière sont des ponts qui ne couvrent pas toute la longueur du vaisseau;
les *sabords* sont des ouvertures, des embrasures, ménagées dans les bordages pour aérer les ponts et pointer les canons;
le *gréement* se compose de la mâture et de la voilure;
le *grand mât* est au milieu, le *mât de misaine* est à l'avant, le *mât d'artimon* à l'arrière; les *haubans* sont les cordages qui soutiennent les mâts et permettent l'accès aux *hunes*.

∅ *All.* Schiff, *angl.* ship, *esp.* navío, buque, *ital.* nave.

Navire de haute mer :

∅ *All.* Meerschiff, *angl.* sea-going ship, *esp.* navío de alta mar, *ital.* nave di alto mare.

nébules n.f.pl. (*rac. lat.* nebula : nuée, brouillard). *Archit.* Ornement* de style roman fait de lignes qui ondulent, ressemblant à des zigzags arrondis, à des nuages stylisés (*fig.*) (*v.* ondes).

∅ *All.* Wolkenverzierung, rundlicher Zickzack, *angl.* nebula moulding, curled clouds, *esp.* nubes, *ital.* fregi a festoni.

nef n.f. (*du lat.* navis : navire). *Archit.* Vaisseau d'une église*; c'est la partie antérieure comprise entre la façade* principale et le sanctuaire*. Les églises sont à une ou plusieurs *nefs*. A côté de la nef centrale (*v. pl.* 2 *et* 5), les nefs latérales se nomment *collatéraux* ou *bas-côtés*. La nef transversale est appelée *transept*.

Les premières basiliques* chrétiennes comprenaient jusqu'à cinq nefs. Aux XIIe s. et XIIIe s. on construisit généralement les cathédrales* à trois nefs, quelquefois cinq.

Il a existé en certains pays, notamment en Catalogne, ce qu'on a appelé le système de la triple nef aveugle. Ce sont trois berceaux en plein cintre à peu près de même hauteur et s'épaulant mutuellement qui sont superposés à une structure destinée à une charpente*. Le système, emprunté à l'Anatolie, apparaît au même moment en Grèce et en Catalogne. Cette formule de la triple nef aveugle s'implantera par la suite en diverses provinces de la France romane, et particulièrement en Poitou, où elle prendra la valeur d'un caractère régional.

Nef centrale :

∅ *All.* Hauptschiff, *angl.* chief nave, *esp.* nave central, *ital.* navata mediana.

Nef latérale :

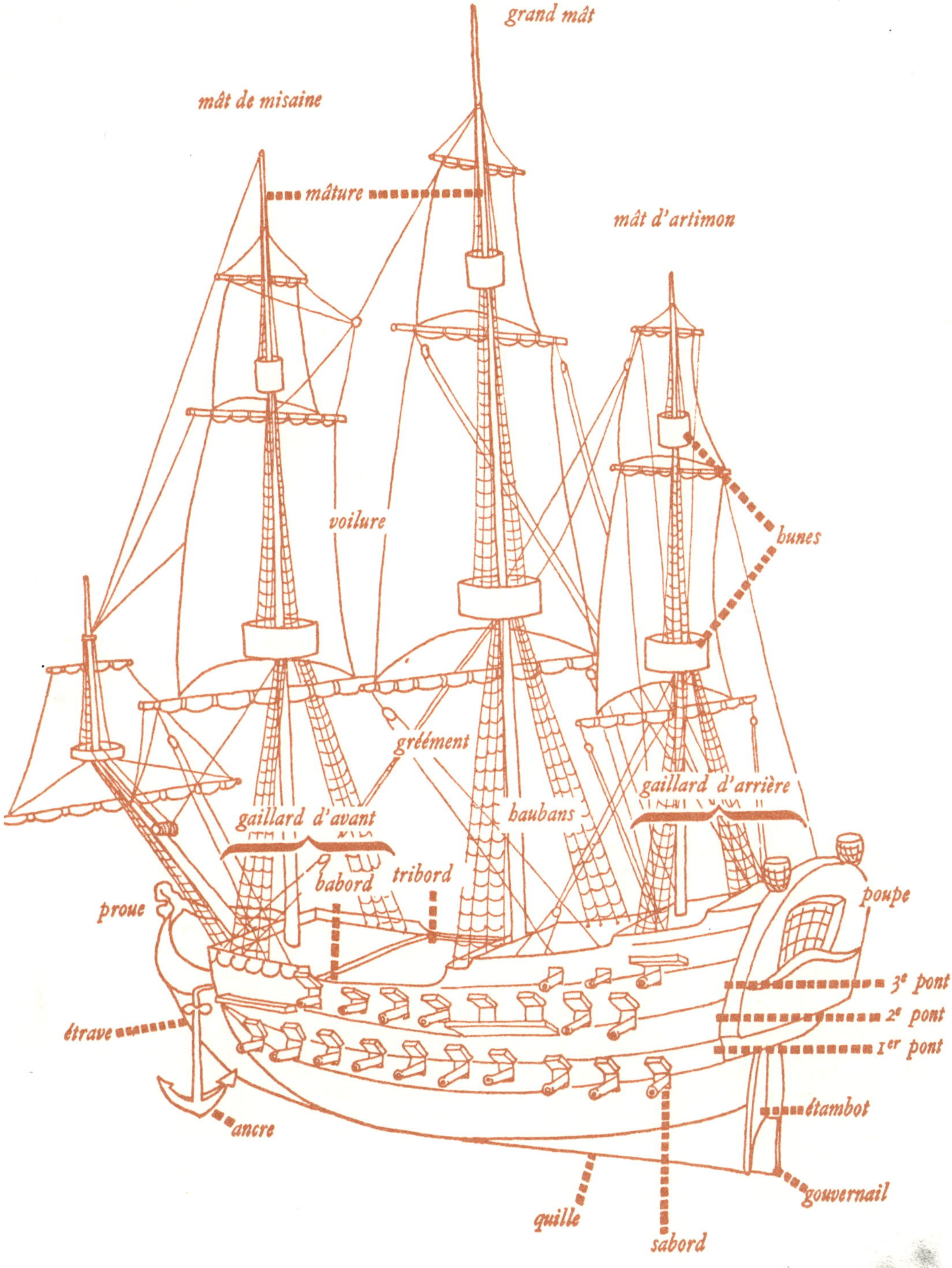
grand mât
mât de misaine
mâture
mât d'artimon
voilure
bunes
grément
gaillard d'arrière
gaillard d'avant
haubans
babord
tribord
proue
poupe
3e pont
2e pont
1er pont
étrave
étambot
ancre
gouvernail
quille
sabord

navire

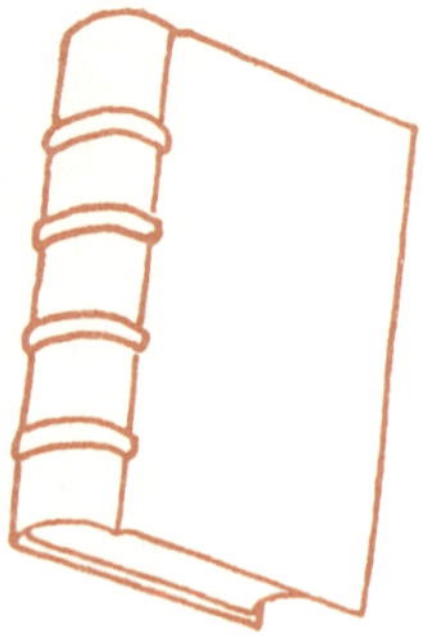
nerf

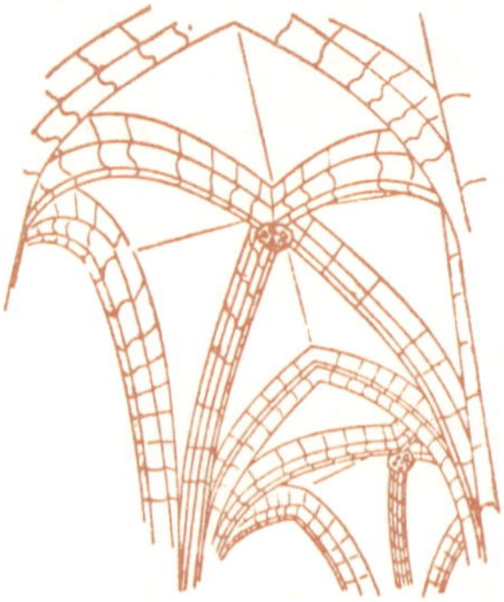
nervure

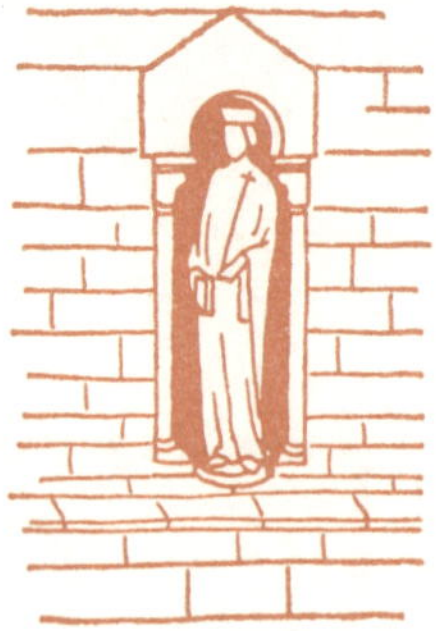
niche

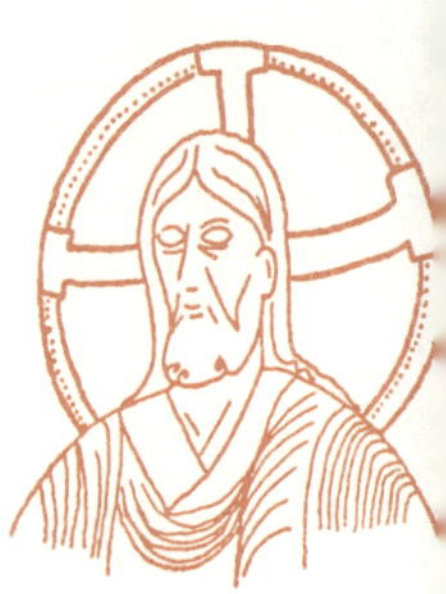
nimbe

∅ *All.* Seitenschiff, *angl.* side-aisle, *esp.* nave colateral, *ital.* navata laterale.

● – **de table.** Vaisseau d'orfèvrerie* servant à orner la table du roi et contenant les épices, les assaisonnements et aussi les épreuves, c'est-à-dire des fragments de corne de licorne* ou de langue de serpents, qui passaient pour avoir la propriété de détecter le poison, et au moyen desquels on essayait les mets avant de les servir.

La nef était un attribut de la puissance souveraine.

nerf n.m. (*lat.* nervus). 1) *Archit.* Employé parfois comme synonyme de *nervure.* ‖ 2) *Reliure* Saillies*, en général au nombre de cinq, au dos d'un livre relié (*fig.*). Au Moyen Age, c'était des *nerfs* de bœuf auxquels on cousait les cahiers de parchemin. On les appelle aussi *nervures* ou *côtes.*

∅ *All.* Rippen, *angl.* bands, *esp.* nervios, *ital.* coreggioli.

nervé adj. (*dér. de* nerf). *Archit.* Muni, agrémenté de nervures*.

nervure n.f. (*dér. de* nerf). 1) Côte formant la structure des feuilles d'arbre. ‖ 2) *Par anal. Archit.* Moulure* arrondie à la manière d'une côte et formant arête* saillante dans la croisée* d'ogives d'une voûte* (*fig., v. pl.* 4). Voir voûte d'arêtes.

∅ *All.* Rippe, *angl.* rib, *esp.* nervio, *ital.* costolone.

niche n.f. (*dér. de* nicher, *lat.* nidificare). *Archit.* Enfoncement pratiqué dans l'épaisseur d'un mur* afin de pouvoir y placer un groupe, une statue, un buste, un vase ou tout autre objet, dans une intention décorative (*fig.*).

Les *niches* sont principalement carrées ou demi-circulaires. Les architectes du Moyen Age n'usèrent que peu de la niche, et seulement à partir du XIIIe s.

∅ *All.* Nische, *angl.* recess, *esp.* hornacina, nicho, *ital.* nicchia.

nille n.f. *Voir* vitrail.

nimbe n.m. (*lat.* nimbus : nuage, *au sens figuré d'*auréole). Zone lumineuse qui entoure la tête de Dieu ou des saints représentés en peinture, en vitrail, en sculpture (*fig.*). *Synon.* Auréole. Au Moyen Age, on disait parfois *diadème.*

Les Égyptiens et les Grecs en décoraient le front de leurs dieux. Les Latins les imitèrent et vers le IIe s. commencèrent à nimber les effigies de leurs empereurs.

Il semble que les artistes chrétiens n'aient utilisé le *nimbe* dans les images religieuses qu'à partir du IIIe s. Primitivement le corps du Christ était enveloppé d'une auréole appelée *gloire.* Lorsque la gloire était à la tête du Christ, elle s'appelait nimbe et était généralement cruciforme (ou crucifère).

Nimbe crucifère :

∅ *All.* Kreuznimbus, *angl.* cross-nimbus, *esp.* aureola crucifera, *ital.* nimbo crocifero.

C'est par participation à la gloire de Dieu que les créatures reçoivent le nimbe et qu'il orne la tête des anges et des saints, sans être en forme de croix, le plus souvent circulaire. Il peut prendre d'autres formes : en amande, triangulaire, losangé; il est diaphane ou opaque, simple ou orné (*v.* vesica piscis). Depuis le VIIe s. il est donné à tous les saints.

∅ *All.* Heiligenschein, *angl.* nimbus, *esp.* aureola, *ital.* nimbo.

Dans le haut Moyen Age, notamment en Italie, les personnes élevées en dignité bien qu'encore vivantes (certains papes, empereurs, ou rois) eurent pour attribut un nimbe carré.

∅ *All.* rechteckiger Nimbus, *angl.* square nimbus, *esp.* nimbo cuadrado, *ital.* nimbo quadrato.

niveau n.m. (*du lat.* libellus *qui a donné* livel *et* nivel *par dissimilation de l'initiale devant l'*l *final*). *Archit.* Instrument servant à vérifier si un plan est rigoureusement horizontal. Il a la forme d'un triangle rectangle au sommet duquel est suspendu un fil* à plomb (*fig.*). Il en existe aussi à bulle d'air ou d'eau.

∅ *All.* Bleiwaage, *angl.* plumb-level, *esp.* nivel de albañil, *ital.* archipenzolo.

nivellement n.m. (*dér. de* niveau). *Archit.* Action de mettre un terrain au même niveau, de l'égaliser.

∅ *All.* Nivellierung, Einebnen, *angl.* levelling,

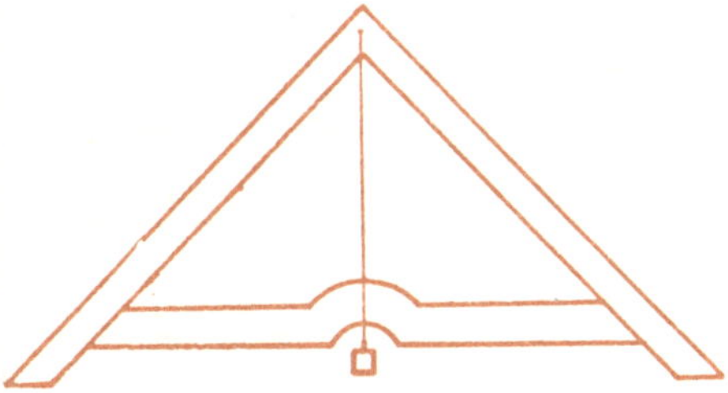

niveau

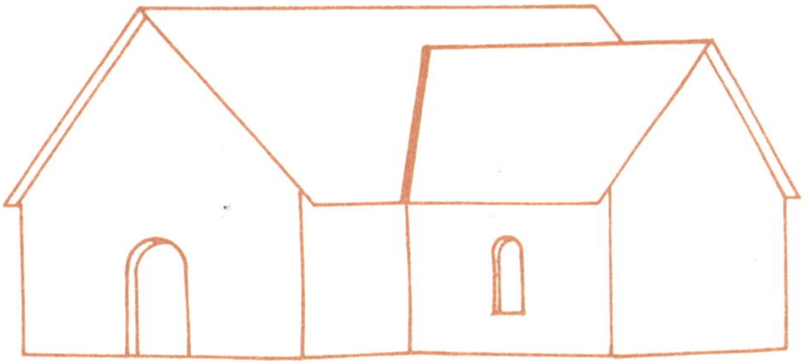

noue

esp. nivelación, *ital.* livellamento.

nœud n.m. (*lat.* nodus). 1) D'une corde, d'un ruban, d'un fil.

ø *All.* Knoten, *angl.* knot, *esp.* nudo, *ital.* nodo.

2) Renflement d'une hampe* de crosse, du support de la coupe dans un calice, d'un flambeau, etc. ayant pour objet d'en faciliter la prise par la main.

ø *All.* Knauf, Nodus, *angl.* knob, *esp.* nudo, *ital.* nodo (di pastorale).

« **noli me tangere** » Paroles du Christ ressuscité apparu à Marie-Madeleine.

ø *All.* Rühre mich nicht an, *angl.* touch me not, *esp.* no me toques, *ital.* non toccarmi.

nombres (hiérarchie des). L'art chrétien a hérité de l'école d'Alexandrie la notion des *nombres sacrés.*

Le nombre 3 est le chiffre de la Trinité et le nombre du corps; 4 serait celui de l'âme, 7 le chiffre humain parfait, étant la somme de 4 (l'âme) et de 3 (le corps). Donc tout ce qui se rapporte à l'homme sera fonction du chiffre 7; les sept âges de la vie, les sept sacrements, sept péchés capitaux; les sept arts libéraux divisés en trivium (grammaire, rhétorique, dialectique) et en quadrivium (arithmétique, géométrie, musique, astrologie).

Le nombre 12 (Apôtres, Prophètes, tribus d'Israël) est le produit de 4 (âme) par 3 (corps).

ø *All.* heilige Zahlen, *angl.* sacred numbers, *esp.* números sagrados, *ital.* numeri sacri.

nonne n.f. (*lat.* nonna, *mot enfantin respectueux adressé à une mère*; *cf. Règle de saint Benoît* : nonni, *nom donné aux* anciens). Signifie grand'mère; nom donné jadis par respect aux religieuses.

ø *All.* Nonne, *angl.* nun, *esp.* monja, *ital.* monaca.

norbertin n.m. Membre de l'ordre de Prémontré, fondé en ce lieu par saint Norbert (1120). Les *norbertins* ou *prémontrés* suivent la Règle de saint Augustin comme les chanoines* réguliers.

noue n.f. (*du lat.* nauca, *contraction de* navica, *dimin. de* navis : bateau). *Archit.* Angle* rentrant par lequel deux combles* se coupent (*fig.*). ‖ Bande de plomb ou de zinc appliquée sur cet angle pour l'écoulement des eaux. *Anton.* arête*.

ø *All.* Kehlrinne, Überschneidung, *angl.* gutter lead, *esp.* canal, cobija, *ital.* embrico.

noyau n.m. (*lat.* nucalis : qui ressemble à une noix). *Archit.* Gros pilier* central sur lequel s'appuient les marches tournantes d'un escalier* en colimaçon.

ø *All.* Treppenspindel, *angl.* stairnewel, *esp.* bolo, *ital.* albero di scala a chiocciola.

noyer v.tr. (*du lat.* necare : tuer, *spécialement* tuer par noyade). *Archit.* Recouvrir entièrement un support* en l'enveloppant dans la maçonnerie*.

ø *All.* versenken, *angl.* to drown, *esp.* anegar, ahogar, *ital.* avvoltare.

nu n.m. (*lat.* nudus). *Archit.* Le *nu* d'une façade*, d'un mur*, est la surface unie sur laquelle se détachent des ornements* faisant saillie*, et qui forme champ pour l'ornementation.

ø *All.* Glatt, *angl.* naked facing, *esp.* desnudo, *ital.* nudo.

nuance n.f. (*dér. de* nue, *d'après les teintes variées des* nuages). *Peinture* Ton dégradé rappelant les colorations des nuages.

ø *All.* Abtönung, Farbenabstufung, *angl.* shade, *esp.* matiz, *ital.* gradazione.

numismatique n.f. (*dér. du lat.* numisma, *variante du gr.* νομισμα : monnaie, médaille). Science des monnaies* et des médailles*.

ø *All.* Münzkunde, *angl.* numismatics, *esp.* numismática, *ital.* numismatica.

« **nymphaeum** » *Voir* « labrum ».

ORDRES GRECS

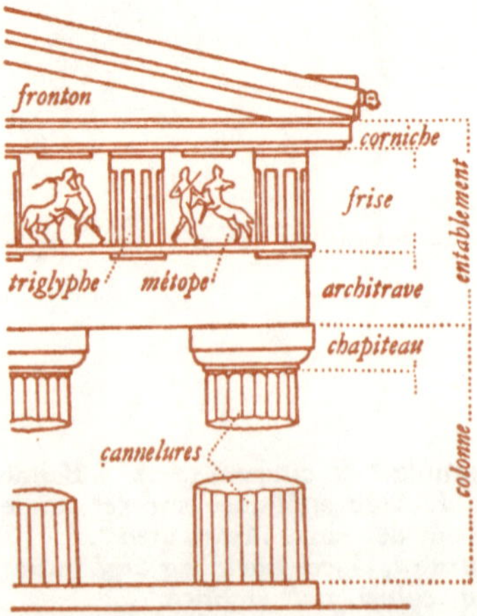

dorique

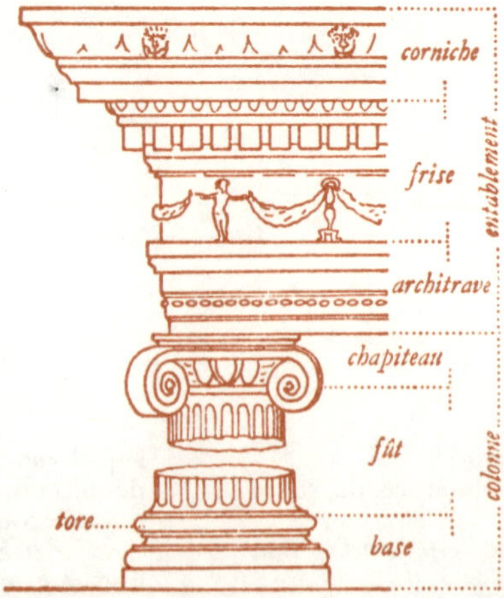

ionique

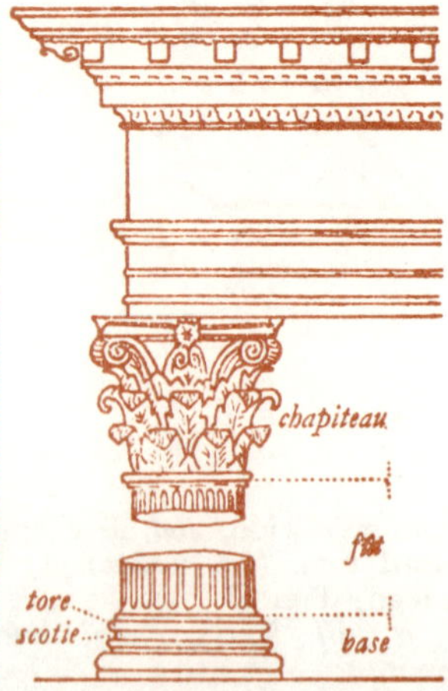

corinthien

ORDRES ROMAINS

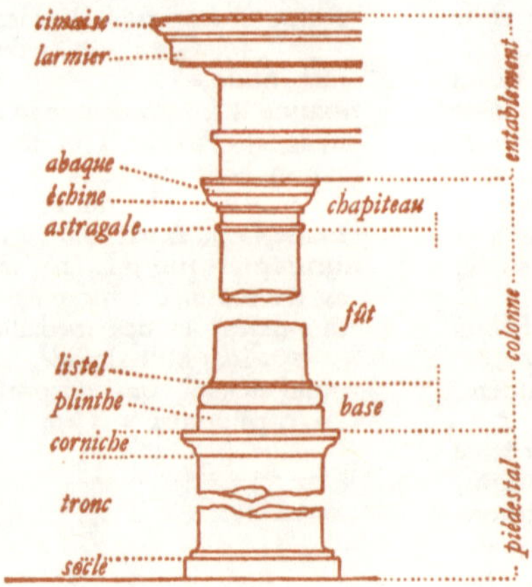

toscan

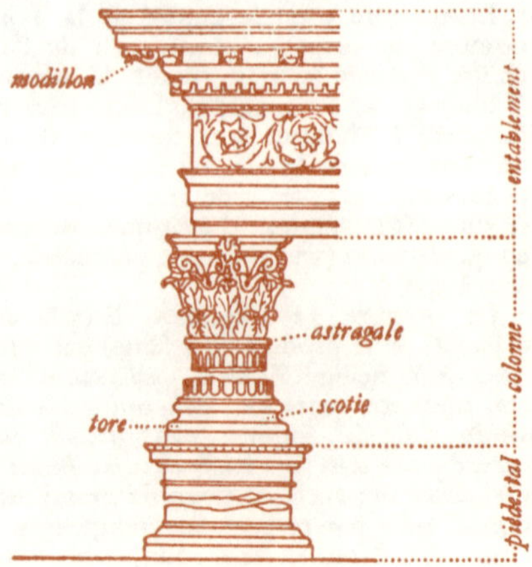

composite

ORDRES D'ARCHITECTURE

O

obconique adj. (*dér. de* cône, *avec préf.* ob). En forme de cône renversé la pointe en bas.

obit n.m. (*lat.* obitus : décès). Service fondé pour le repos de l'âme d'un défunt.

obituaire n.m. (*dér. de* obit). Registre des obits* tenu dans une église.

∅ *All.* Totenbuch, *angl.* obituary, *esp.* obituario, *ital.* obituario.

oblat n.m. (*lat.* oblatus : offert). 1) Personne consacrée à Dieu ou liée à une communauté* religieuse dans certaines conditions. ‖ 2) Nom des membres de certains instituts religieux modernes. ‖ 3) *Liturgie* Au sens strict, les oblats sont la matière prochaine du sacrifice eucharistique, pain et vin.

oblatorium n.m. (*dér. de* oblat). *Archit.* Une des absides* latérales des basiliques* chrétiennes qui était destinée à la bénédiction du pain et du vin. On l'appelait aussi *prothèse* ou *gazophylacium.*

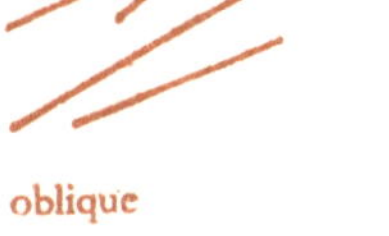

oblique

oblique adj. (*lat.* obliquus). Se dit de toute direction qui n'est ni verticale ni horizontale (*fig.*).

∅ *All.* schief, *angl.* oblique, slanting, *esp.* oblicuo, *ital.* obliquo.

ocre n.m. (*gr.* ωχρος : jaune). Colorant minéral naturel donnant aux terres des nuances variées, mais le nom de *terre d'ocre* est réservé aux terres dont la teinte est jaune ou rouge.

∅ *All.* Ocker, *angl.* ochre, *esp.* ocre, *ital.* ocra (bruna o gialla).

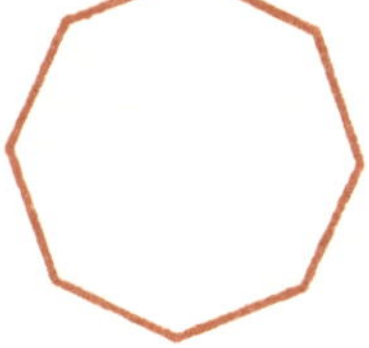

octogone

octogone n.m. (*gr.* οκτω : huit *et* γωνια : angle). Qui a huit côtés. Polygone à huit pans (*fig.*).

∅ *All.* Achteck, *angl.* octagon, *esp.* octógono, *ital.* ottagono.

oculus n.m. (*mot lat. signif.* œil). *Archit.* Petite ouverture ou lucarne* ronde faite pour donner du jour et de l'air (*pl.* 117). Se rencontre dans les basiliques* latines (au sommet des tympans*) et dans l'art roman. Lorsqu'il eut pris un grand développement dans la décoration des façades, on lui donna le nom de *rose**.

⌀ *All.* Rundfenster, *angl.* round-window, *esp.* ventana redonda, *ital.* occhio.

œil n.m. (*du lat.* oculus). 1) *Archit.* On désigne par ce mot le petit cercle qui fait le centre d'une volute* ou d'une rose* de cathédrale.

⌀ *All.* Auge in einer Schneckenlinie, *angl.* eye of a volute, *esp.* ojo, *ital.* oochio.

2) *Serrurerie* Ouverture pratiquée dans un outil* ou une tringle de fer. *Ex.* L'*œil* d'un marteau* est le trou par lequel passe le manche; l'*œil* d'une penture*, c'est l'ouverture où pénètre le gond* de la porte.

œil-de-bœuf n.m. *Archit.* Ouverture ronde ou ovale formant fenêtre, ménagée dans un mur*, un comble*, un tympan*. Terme autrefois employé au pluriel : on parlait des « yeux-de-bœuf » éclairant la bibliothèque des couvents des augustins (Piganiol de la Force).

⌀ *All.* Ochsenauge, Rundfenster, *angl.* bull's eye, *esp.* ojo de buey, *ital.* occhio di bove.

œillet n.m. (*dim. d'*œil). *Serrurerie* Petit trou, petit œil*.

⌀ *All.* Schnürloch, *angl.* eyelet, *esp.* ojete, *ital.* occhiello.

œuvre n.f. (*lat.* opera). 1) Ce mot a le sens général d'ouvrage, non seulement en architecture, mais en art, en sculpture, en peinture, etc.

⌀ *All.* Werk, *angl.* achievement, work, *esp.* obra, *ital.* opera.

Un *chef-d'œuvre* (*v. ce mot*) est l'ouvrage capital d'un artiste.

Œuvre d'art :

⌀ *All.* Kunstwerk, *angl.* work of art, *esp.* obra de arte, *ital.* opera d'arte.

2) *Archit.* Construction, bâtiment.

Le *maître d'œuvre* (*v. ce mot*) est l'architecte en chef, celui qui dirige les travaux. La *main d'œuvre* (*v. ce mot*) est l'ensemble des corps de métiers et ouvriers utilisés pour l'exécution des plans.

Gros œuvre : l'ensemble de maçonnerie* formant le squelette de l'édifice.

⌀ *All.* Rohbau, *angl.* main walls, *ital.* muri maestri.

Dans œuvre et *hors œuvre* (ou *hors d'œuvre*) désigne ce qui est en dehors des murs, par opposition à *dans œuvre*, signifiant : qui se trouve à l'intérieur des murs. Un escalier qui fait saillie à l'extérieur des murs est dit *hors œuvre*; lorsque sa cage est à l'intérieur des murs d'une maison, on dit : *dans œuvre*. Les clochers* d'églises sont dits *dans* ou *hors œuvre* selon qu'ils sont construits au-dessus du portail dans le prolongement vertical de celui-ci (*dans*) ou qu'ils débordent la façade (*hors*). La largeur d'une nef* *dans œuvre* se mesure par ses dimensions intérieures prises d'un mur à l'autre.

Dans œuvre :

⌀ *All.* im Innern des Gebäudes, *angl.* within the building, *esp.* en la obra, *ital.* interno dell'opera.

Hors d'œuvre :

⌀ *All.* Anbau, *angl.* outwork, *esp.* fuera de obra, *ital.* esterno dell'opera.

A pied d'œuvre : amener les matériaux* *à pied d'œuvre*, c'est après les avoir transportés de leur lieu d'origine (carrière, etc.), les rassembler au pied de la construction.

⌀ *All.* unmittelbar am Bauplatz, *angl.* on site, *esp.* a pie de obra, *ital.* sul cantiere.

Mise en œuvre : action d'employer les matériaux à constituer une forme déterminée.

⌀ *All.* Betätigung, *angl.* working up, *esp.* puesta en obra, *ital.* il mettere in opera.

Reprendre en sous-œuvre, c'est effectuer des travaux de consolidation dans les parties basses d'une construction en soutenant les parties hautes avec des étais*.

⌀ *All.* frisch untermauern, *angl.* to underpin, *esp.* subsanar, *ital.* riprendere sottobase.

3) Administration temporelle ou fabrique d'une paroisse. Revenu affecté à l'entretien des bâtiments du culte. On parle dans ce sens du *banc d'œuvre* de l'église réservé aux fabriciens.

office n.m. (*lat.* officium). *Liturgie* Ce mot désigne le service du culte divin; on dit un *officier* en parlant d'un prêtre ou ministre officiant.

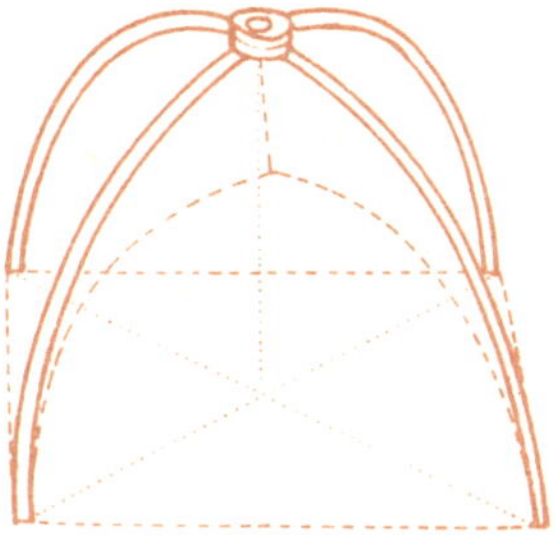

ogives (croisée d')

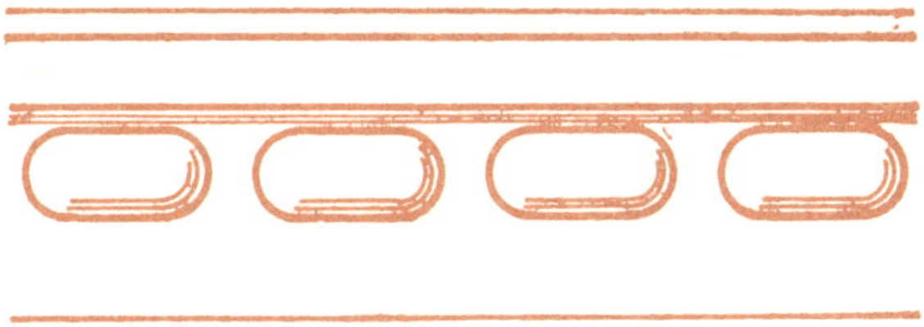

olives

∅ *All.* Gottesdienst, *angl.* divine service, *esp.* oficio, *ital.* funzione.

Office pontifical : office présidé par un évêque, un abbé, ou un prince de l'Église dans l'éclat de sa dignité et des ornements de son ordre.

officiant n.m. (*de* office). Prêtre qui célèbre l'office*.

∅ *All.* Zelebrant, *angl.* officiating priest, *esp.* oficiante, *ital.* celebrante.

ogival (style) (*de* ogive). *Archit.* Ce terme qui était usité comme synonyme de *style gothique* doit être rejeté du vocabulaire archéologique. En effet ogive* ne signifie pas arc* brisé, et l'arc brisé n'est pas toute la caractéristique principale du style gothique.

∅ *All.* Spitzbogenstil, *angl.* pointed style, *esp.* estilo ogival, *ital.* stilo ogivale.

ogive (arc) (*orig. obsc., certains proposent* arcus augivus *du lat.* augere : augmenter, renforcer; *vx franç.* augive). Ce terme ne signifie pas arc* brisé ou arc* en tiers point. L'ogive est un arc tendu diagonalement pour renforcer ou souligner les arêtes de voûte d'une travée carrée, barlongue* ou, plus rarement, polygonale.

L'armature formée de deux arcs d'ogive se croisant s'appelle *croisée d'ogives* (*fig.*) : elle constitue l'un des traits caractéristiques essentiels de l'architecture gothique. Conjuguée avec les arcs-boutants, elle a permis en neutralisant les poussées d'élever les voûtes* à de grandes hauteurs et d'augmenter la largeur des baies*.

∅ *All.* Kreuzrippe, *angl.* diagonal rib, cross-arch, *esp.* arco diagonal, arco de ogiva, *ital.* arco d'ogiva.

oiseau n.m. (*du lat.* avicellus, *dim. de* avis : oiseau). 1) *A vol d'oiseau* (ou *à vue d'oiseau*) : vue prise d'en haut. Genre de perspective rendu usuel par les progrès de la photographie aérienne.

∅ *All.* Vogelperspektive, *angl.* bird's eye view, *esp.* a vista de pájaro, *ital.* a volo d'uccello.

2) Instrument servant aux couvreurs*; c'est un chevalet s'appliquant sur la couverture et recevant une planche, afin de former un petit échafaud* sur le toit. ‖ 3) Jadis les maçons portaient le mortier* sur une sorte d'auge* appelée *oiseau*, formée de deux planchettes assemblées à angle droit, elle était munie d'un manche double qui s'appliquait sur les épaules.

olifant n.m. (*forme altérée d'*éléphant). Cor fait d'une défense d'éléphant évidée (*pl.* 118). Il servait à la guerre et à la chasse.

∅ *All.* Elfenbeinhorn, *angl.* ivory horn, *esp.* cuerno de marfil, *ital.* cornetto.

olives n.f.pl. (*lat.* oliva : olive). *Archit.* Motif* de décoration* formé d'*olives* enfilées en chapelet, et utilisé pour orner des baguettes*, des astragales*, des chambranles* de portes, etc. (*fig.*) (*v.* chapelet).

∅ *All.* Perlstab, *angl.* olive moulding, *esp.* aceitunas, olivas, *ital.* olive.

ombilic n.m. *Archéol.* Bosse arrondie située au centre d'un plat de céramique*, d'un bouclier*, d'un plat* de reliure (*v.* cabochon).

ombre n.f. (*lat.* umbra). Absence de lumière. On distingue les *ombres réelles* ou *ombres propres* qui recouvrent les faces d'un objet ou d'un monument qui ne reçoivent pas les rayons lumineux, et les *ombres portées* qui sont produites par un objet qui intercepte la lumière. Les ombres portées sont toujours plus foncées que les ombres réelles.

Ombre réelle :

∅ *All.* Schatten, *angl.* shade, *esp.* sombra, *ital.* ombra.

Ombre portée :

∅ *All.* Schlagschatten, *angl.* shadow, *esp.* sombra proyectada, *ital.* ombra portata.

oméga n.m. L'*alpha* et l'*oméga* sont la première et la dernière lettre de l'alphabet grec. L'iconographie chrétienne (*pl.* 24) les a souvent utilisés comme attributs du Christ, d'après la parole de l'Apocalypse* : « Je suis l'alpha et l'oméga, le premier et le dernier, le principe et la fin » (22, 13).

ommeyade *ou* **omeyade** Nom d'une dynastie arabe illustre qui est issue du calife Ommayyah, et qui régna à Damas de 661 à 744. Après avoir un moment réuni sous son sceptre la totalité du monde musulman, elle fut détrônée par les Abbassides, et fonda en Espagne une seconde

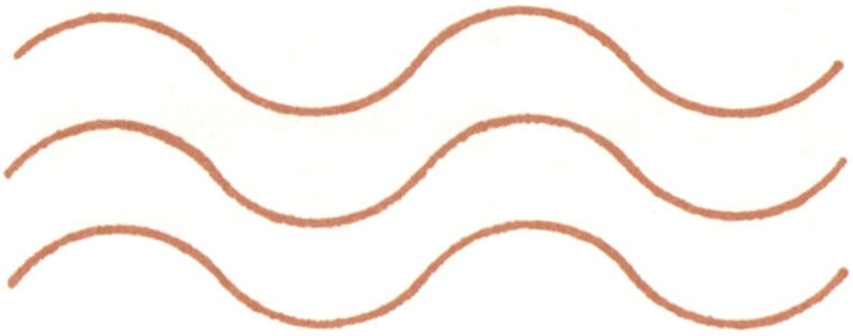

ondes

dynastie, à Cordoue, qui joua un rôle important dans l'art cordouan de 756 à 1031.

L'art roman catalan emprunta à l'art ommeyade de Cordoue certains de ses traits caractéristiques (*v.* Roussillon Roman p. 44).

once n.f. (*lat.* uncia, *mesure diverse représentant le douzième d'une autre mesure*). 1) Mesure de longueur : douzième du pied; équivalent du pouce (env. 3 cm). ‖ 2) Poids égal au douzième de la livre romaine; équivalent au seizième de l'ancienne livre de Paris, soit env. 30 gr.

⌀ *All.* Unze, *angl.* ounce, *esp.* onza, *ital.* oncia.

oncial adj. (*dér. de* once). *Lettres onciales* : lettres majuscules d'une hauteur d'un pouce (1 once*) (*pl.* 119).

Jusqu'au XIIe s. l'écriture onciale fut seule employée dans les manuscrits liturgiques. Ensuite, on utilisa des demi-onciales ou des minuscules et les onciales furent réservées aux titres et aux têtes de chapitres.

⌀ *All.* Unzialschrift, *angl.* uncial letters, *esp.* letras unciales, *ital.* onciali.

onction n.f. (*lat.* unctio, *de* ungere : oindre). Action d'oindre.

Les *onctions* figurent dans un grand nombre de cérémonies religieuses des peuples orientaux. La Bible les montre en usage chez les Hébreux pour la consécration des autels, des prêtres, des rois. Le sauveur promis à Israël est présenté comme l'Oint par excellence, le Messie.

L'Église fit dans sa liturgie une grande place aux onctions qui sont parties essentielles du sacrement des malades, de la confirmation, de l'ordre. Elles figurent aussi dans le sacrement du baptême solennel et dans la consécration des églises et des autels.

L'Église utilise pour ces diverses onctions des huiles spécialement consacrées : saint chrême, huile des infirmes, huile des catéchumènes.

⌀ *All.* Ölung, *angl.* anointing, *esp.* unción, *ital.* unzione.

ondes n.f.pl.(*lat.* unda : eau). *Archit.* Ornements* pratiqués sur la surface et le champ des moulures* et décrivant des sinuosités régulières analogues à la marche du serpent ou au mouvement de l'eau agitée par le vent (*fig.*). Au Moyen Age, on nommait *nébules* (*v. ce mot*) un ornement analogue.

⌀ *All.* Wellenlinie, *angl.* waves, *esp.* ondulaciones, *ital.* onde.

onyx n.m. (*gr.* ονυξ : ongle). Pierre à zones concentriques de couleurs variées qui est une variété d'agate. Son nom vient de sa transparence qui rappelle celle de l'ongle. Sert à faire des camées, des vases, des coupes, qui reçoivent de riches montures d'orfèvrerie*.

On lui attribuait des vertus quasi magiques : propriété de calmer les sens, d'éviter les crises d'épilepsie.

⌀ *All.* Nagelstein, *angl.* onyxstone, *esp.* onix, *ital.* onice.

opale n.f. (*lat.* opalus). Variété de quartz de couleur blanc laiteux et irisée. Passait jadis pour préserver du poison.

⌀ *All.* Opal, *angl.* opal, *esp.* ópalo, *ital.* opale.

ophicléide n.m. (*du gr.* οφις : serpent, *et* κλεις : clef). Instrument de musique à vent, à clefs, inventé au début du XIXe siècle et qui remplaça dans les églises le *serpent*. Il servait de soutien aux chantres (*v.* serpent).

⌀ *All.* Ophikleid, Klapphorn, *angl.* ophicleide, *esp.* figle, *ital.* oficleide.

« **opus** » *Voir* appareil.

or n.m. (*lat.* aurum). Métal précieux. ‖ L'un des deux métaux employés dans les armoiries*, représenté en gravure par un pointillé. L'or signifie la foi, la force, la constance et la richesse.

En raison de la cherté de ce métal, il est surtout employé en placage. Quand il est appliqué sur de l'argent il prend le nom de vermeil (argent doré). Pour dorer le bronze on se sert d'or en feuille ou d'or moulu. L'or en feuille ou *or battu* est de l'or réduit en plaques minces ou en feuilles par les batteurs d'or. L'*or moulu* est de la poudre d'or épuré au creuset, amalgamée avec du mercure. L'or servait également au Moyen Age à rehausser les fonds de miniatures* ou de tableaux d'autel : on employait à cet effet un or fin de même aloi que les ducats, appelé *or de ducats*.

Les vases sacrés destinés à contenir les Saintes Espèces (calice, patène, ciboire, et lunule) doivent être en or ou en argent. S'ils sont en argent il faut au moins que la coupe du calice, celle du ciboire, et la patène soient dorées à l'intérieur. Si elle n'est pas en or la lunule sera en argent ou en cuivre dorés, ou même de tout autre métal convenablement doré. On se servira avantageusement de l'or comme décoration et garniture des ornements de toute couleur, même les ornements violets et noirs.

Le drap d'or (et non de soie jaune) peut prendre rang parmi les tissus des ornements de la messe, mais non cependant d'après l'usage romain. Il peut remplacer le blanc, le rouge ou le vert, jamais le rose et le violet.

ø *All.* Gold, *angl.* gold, *esp. et ital.* oro.

Or en barre :

ø *All.* Stangengold, *angl.* ingot gold, *esp.* oro en barra, *ital.* oro in verga.

Or battu :

ø *Angl.* beaten gold, *esp.* oro batido, *ital.* oro battuto.

Or en feuilles :

ø *All.* Blattgold, *angl.* leaf-gold, *esp.* oro en laminas, *ital.* oro in foglie.

Or massif :

ø *All.* gediegenes Gold, *angl.* solid gold, *esp.* oro macizo, *ital.* oro massiccio.

Or moulu :

ø *All.* Malergold, *angl.* ormolu, *esp.* oro molido, *ital.* oro macinato.

orant n.m. (*lat.* orans : priant). 1) Figure symbolique fréquente dans l'art chrétien primitif. On rencontre plus souvent des *orantes* que des *orants* dans les peintures des catacombes. L'orante est généralement une femme debout les deux bras étendus dans le geste de la prière. La vierge orante représente tantôt l'âme du défunt, tantôt, lorsqu'elle figure à côté du Bon Pasteur, une image de la prière.

ø *All.* Orantin, *angl.* Orant, *esp.* Orante, *ital.* Donna Orante.

2) Dans la sculpture du bas Moyen Age ce mot *orant* ou *priant* désigne une statue tombale à genoux et les mains jointes (*v.* gisant).

ø *All.* Beterstandbild, *angl.* kneeling figure, *esp.* estatua orante, *ital.* statua inginocchiata.

oratoire n.m. (*lat.* oratorium, *de* orare : prier). *Archit.* Petite chapelle particulière où l'on va prier, aménagée dans les maisons, dans les forteresses, etc. On appelle ainsi également de petites chapelles élevées sur le lieu témoin d'un événement considéré comme miraculeux, ou pour conserver un souvenir religieux. Les anciennes abbayes possédaient outre leur église principale des oratoires élevés en plusieurs endroits de l'enclos.

ø *All.* Betkapelle, *angl.* oratory, *esp. et ital.* oratorio.

orbevoie n.f. (*de* orbe, *lat.* orbus : privé de, *et de* voie, *lat.* via : chemin). *Archit.* Arcature* ou fenêtre* fausse, à fond plat, dite aussi aveugle par opposition à *claire-voie* ou arcature ajourée. *Peu usité.*

ø *All.* Blendbogen, *angl.* blind arcades, *esp.* arquería ciega, *ital.* orcatelle cieche.

ordinaire n.m. (*lat.* ordinarius, *de* ordo : ordre). *Dr. canon* On appelle l'*ordinaire* d'un lieu, des lieux, celui qui exerce la juridiction ordinaire, c'est-à-dire en vertu de son office, sur un territoire déterminé. Il désigne sauf exception expresse, le pape dans toute l'Église, et dans l'étendue de leur territoire l'évêque résidentiel, l'abbé ou le prélat nullius, leurs vicaires généraux, le vicaire capitulaire. Les supérieurs majeurs, dans les ordres religieux masculins exempts, sont ordinaires de personnes à l'égard de leurs propres sujets.

ordination n.f. (*lat.* ordinatio : mise en ordre). *Liturgie* Cérémonie au cours de laquelle un sujet appelé par son évêque reçoit le sacrement de l'ordre* en l'un de ses degrés* successifs.

C'est l'évêque, qui a reçu lui-même l'ordre le plus élevé, qui est ministre de ce sacrement (*v.* ordre).

ø *All.* Priesterweihe, *angl.* ordination, *esp.* ordenación, *ital.* ordinazione.

« **Ordines Romani** » Ce sont de précieux témoins

liturgiques, remontant jusqu'au VIIe s., qui contiennent l'ordonnance ancienne des cérémonies. Ils ont donné naissance au Cérémonial romain, au Pontifical et aux diverses rubriques des autres livres officiels de la liturgie latine. Leur utilité était générale, s'étendant non seulement à la messe et au baptême des catéchumènes*, mais aux ordinations, offices de la semaine sainte et des fêtes principales de l'année. Ils se bornaient à retracer la suite des cérémonies. Vers le XIe s. on s'avisa de fondre en un recueil unique les règles à suivre (rubriques*) et les prières à réciter, (qui se trouvaient dans des livres spéciaux tels que psautier, sacramentaire, etc.) et cela conduisit au Pontifical, puis au Missel et au Bréviaire.

« **ordo** » (*mot lat.* : ordre). *Liturgie* L'*ordo*, dont le titre rappelle les *Ordines Romani* (*v. ce mot*), indique pour une année déterminée la date à laquelle chaque fête doit être célébrée.

ordonnance n.f. (*dér. de* ordonner, *lat.* ordinare). *Archit.* Disposition d'ensemble d'un édifice* et plus particulièrement mise en place des colonnes* selon leur ordre, leur nombre, les espacements voulus, etc.

ø *All.* Anordnung, *angl.* ordering, *esp.* ordenamiento, *ital.* ordinanza.

ordre n.m. (*lat.* ordo, ordinem). ● – **d'architecture** (*v. fig., p.* 310). 1) L'Antiquité grecque a connu trois *ordres d'architecture* : l'ordre dorique, l'ordre ionique et l'ordre corinthien.

Ordre dorique, caractérisé par sa simplicité : colonnes* robustes sans base, chapiteau* nu; le plus ancien en date.

ø *All.* dorische Ordnung, *angl.* doric order, *esp.* orden dórico, *ital.* ordine dorico.

Ordre ionique, originaire d'Asie Mineure; caractérisé par un chapiteau orné de deux volutes* latérales.

ø *All.* ionische Ordnung, *angl.* ionic order, *esp.* orden jónico, *ital.* ordine ionico.

Ordre corinthien, postérieur aux deux précédents; il représenterait une corbeille* d'offrandes entourée de feuilles d'acanthe*; il se compose de deux rangées de feuilles d'acanthe interposées et de huit petites tiges (caulicoles) d'où sortent les petites volutes d'angle. C'est le plus riche des trois ordres classiques*. Il a été très employé par les Romains.

ø *All.* korinthische Ordnung, *angl.* corinthian order, *esp.* orden corintio, *ital.* ordine corinzio.

2) Ils ont été utilisés et mélangés par les Romains et par les styles successifs jusqu'à nos jours. Les Romains ont ajouté le toscan et le composite.

Ordre toscan : inventé par les Romains qui l'auraient imité des Étrusques de Toscane. Il n'est qu'une forme abâtardie du dorique grec.

ø *All.* toskanische Säulenordnung, *angl.* toscan order, *esp.* orden toscano, *ital.* ordine toscano.

Ordre composite : ordre imaginé par les Romains. Hybride, le chapiteau comprend à la fois les feuilles d'acanthe du corinthien et les grosses volutes de l'ionique.

ø *All.* römische Säulenordnung, *angl.* composite order, *esp.* orden compuesto, *ital.* ordine comosito.

● – **ecclésiastiques** : 1) Dans le sacrement de l'*ordre* il faut distinguer, au-dessous de l'épiscopat, les ordres majeurs : la prêtrise, le diaconat et le sous-diaconat; et les ordres mineurs (moindres) : qui sont par ordre d'importance décroissante d'abord l'acolytat, puis l'exorcistat, le lectorat, et enfin l'ostiariat. Il faut y ajouter la tonsure, cérémonie qui donne à un laïc l'accès dans la cléricature.

2) On appelle *ordre religieux* un institut dont les membres émettent des vœux solennels.

Ordres mendiants : ordres religieux ainsi appelés au XIIe s. parce que leurs membres et leurs monastères ne vivaient que de la charité des fidèles : carmes, franciscains, dominicains, augustins, etc.

ø *All.* Bettelorden, *angl.* mendicant orders, *esp.* órdenes mendicantes, *ital.* ordini mendicanti.

Tiers-ordres : associations religieuses rattachées à l'un des ordres mendiants :

ø *All.* dritter Orden, *angl.* third order, *esp.* tercera orden, *ital.* terz'ordini.

Ordres religieux militaires : milice internationale

de la chevalerie chrétienne constituée au Moyen Age soit pour soigner les pèlerins de Terre Sainte, soit pour aider à conquérir et à garder le Saint Sépulcre contre les Infidèles, tel l'ordre de Malte (*v.*Malte), tel aussi l'ordre des templiers (*v.* templiers).
Ordres de chevalerie : les plus anciens datent du XIVe s. seulement.

∅ *All.* Ritterorden, *angl.* order of knighthood, *esp.* orden de caballería, *ital.* ordini cavallereschi.

oreiller n.m. *Archit. Syn. de* coussinet (*v. ce mot*).

orfèvre n.m. (*lat.* aurifaber : ouvrier travaillant l'or). 1) Artisan dont le métier est le travail de l'or* ou des métaux précieux.

∅ *All.* Goldschmied, *angl.* goldsmith, *esp.* platero, orfebre, *ital.* orefice.

2) Marchand qui fait le commerce de pièces d'orfèvrerie.

orfèvrerie n.f. (*dér. d'*orfèvre). 1) Art de l'orfèvre* : dès l'époque préromane, plusieurs monastères en avaient fait leur spécialité.

L'*orfèvrerie de Paris* encouragée par Suger, abbé de Saint-Denis, est dès cette époque considérée comme la meilleure. Dès le XIIe s. cette orfèvrerie est en possession de tous ses moyens.

∅ *All.* Goldschmiedekunst, *angl.* goldsmith's art, *esp.* platería, *ital.* oreficeria.

2) Objets, ouvrages d'or et d'argent enrichis ou non de pierres précieuses (calices, ostensoirs, reliquaires, etc.). De l'ordre ascétique de Grandmont, en Limousin, sont sortis d'admirables émaux orfévrés au XIe et au XIIIe siècle.

∅ *All.* Goldarbeit, *angl.* gold plate, *esp.* plata labrada, *ital.* oreficeria.

Orfèvrerie cloisonnée : *v.* émail.

orfroi n.m. (*orig. obsc.*; *peut-être du lat.* aurum phrygium : or de Phrygie). *Liturgie* Bande faite de broderie d'or et cousue sur les chapes, chasubles* et autres ornements liturgiques, sauf ceux qui sont de couleur noire. Les *orfrois* sont souvent rehaussés de perles, de paillettes, de cabochons.

∅ *All.* Goldborte, Zierstreifen, *angl.* orphrey, *esp.* orifrés, *ital.* fascio d'oro tessuto, ricamo d'oro.

orgue n.m. au sing., n.f. au plur. (*du lat.* organum : instrument). Instrument de musique à vent fait de tuyaux qui reçoivent de l'air envoyé par une soufflerie et dont l'introduction est réglée par un ou plusieurs claviers (*pl.* 120).

∅ *All.* Orgel, *angl.* organ, *esp.* órgano, *ital.* organo.

Les *orgues*, dont l'usage paraît remonter à une époque très lointaine (peut-être les Hébreux connaissaient-ils un instrument analogue), étaient *portatives* encore au XIIe s. C'était une petite boîte carrée comportant un clavier et un soufflet, qui se portait suspendu au cou comme une vielle. Pour jouer, l'exécutant posait la boîte sur ses genoux et de la main gauche actionnait le soufflet pendant qu'il frappait les touches de la main droite.

∅ *All.* Tragorgel, *angl.* portable organ, *esp.* órgano portátil, *ital.* organo portativo.

Il y avait aussi des *positifs* (*v. ce mot*).

Buffet d'orgue : meuble où sont renfermés les tuyaux d'orgue. Au Moyen Age le corps du meuble est parfois encadré de deux volets qui se rabattent comme ceux d'un tryptique*.
L'emplacement du buffet d'orgue dans l'église* est variable.

∅ *All.* Orgelgehäuse, *angl.* organ case, *esp.* caja de órgano, *ital.* cassa degli organi.

oriel n.m. (*mot angl., du vx franç.* oriole *et bas-latin* oriolum). *Archit.* Fenêtre ou logette formant réduit en encorbellement*.

L'*oriole* désignait en vieux français un petit oratoire construit en encorbellement de manière que l'autel* qui s'y trouvait ne soit ainsi ni au-dessus ni au-dessous d'une pièce habitée.

∅ *All.* Erker, Chörlein, *angl.* oriel, projecting window, *esp.* salidizo.

orientation n.f. (*dér. de* orient). *Archit.* Action d'orienter une église*. État d'une église orientée.

∅ *All.* Orientierung, Ostrichtung, *angl.* orientation, *esp.* orientación, *ital.* orientamento, orientazione delle chiese.

orienter v.tr. (*dér. de* orient, *lat.* oriens : levant *s.-e.* le soleil; *de* oriri : naître, surgir). *Archit.* Une église* est dite *orientée* lorsque le chœur* et

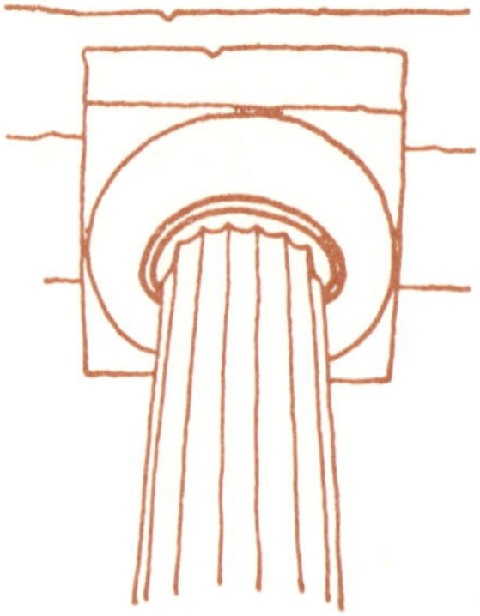

orle

l'abside* sont dirigés dans la direction de l'Orient. On donne comme raison de l'orientation des églises : 1) le symbole du soleil levant qui représente le Christ; 2) le désir d'attirer l'attention des fidèles sur Jérusalem.

Sauf exceptions dues à la configuration du terrain ou des fondations d'une église plus ancienne, presque toutes les églises du Moyen Age sont orientées.

Les païens avaient l'habitude d'orner plus particulièrement la façade de leurs temples qui regardait l'Orient. C'est peut-être un vestige du culte du soleil.

∅ *All.* orientieren, *angl.* to orient, *esp.* orientar, *ital.* orientare.

oriflamme n.f. (*lat.* auri-flamma : flamme d'or). Bannière* à trois pointes des abbés de Saint-Denis (qui devint à partir du XIIe s. l'étendard du roi de France) dont les couleurs étaient : rouge semé de flammes d'or.

∅ *All.* Fahne, *angl.* oriflamme, *esp.* oriflama, *ital.* orifiamma.

original adj. (*dér. du lat.* origo, originem : origine). Se dit d'une création artistique qui ne ressemble à aucune autre. Dans le sens d'*authentique*, s'oppose à ce qui est imitation ou copie, ou contrefaçon.

∅ *All.* echt, original, *angl.* genuine, *esp.* original, *ital.* originale, genuino.

orle n.m. (*anc. franç.* ôrle *ou* ourle, *du lat.* orulus : bord, *dim. de* ora : bord). *Archit.* Rebord en filet* placé sous l'ove* d'un chapiteau dorique*. Il correspond à l'astragale (*v. ce mot*) du chapiteau corinthien* (*fig.*). ‖ 2) *Blas.* Bordure étroite de l'écu* (c'est une *pièce** honorable) n'en touchant pas le bord.

∅ *All.* Leiste, Saum, *angl.* orle, *esp.* orla, *ital.* orlo.

ornement n.m. (*lat.* ornamentum, *de* ornare : orner). 1) *Archit.* On appelle ainsi tous les motifs* qui concourent à former une décoration*. Il y a donc des *ornements* peints, sculptés, moulés, moulurés, etc.

∅ *All.* Verzierung, *angl.* ornament, *esp.* adorno, ornato, *ital.* adornamento.

Ils peuvent être soit *géométriques* :

∅ *All.* geometrische Verzierung, *angl.* geometrical ornament, *esp.* adorno geométrico, *ital.* ornamento geomètrico.

soit composés de formes naturelles (feuillages*, animaux, etc.).

On appelle *ornements courants* ceux qui se répètent régulièrement et se reproduisent, seuls ou alternativement avec d'autres, dans une gorge*, une frise*, une moulure*, etc. tels que entrelacs*, rinceaux*, oves*, etc.

∅ *All.* fortlaufende Verzierung, *angl.* running ornament, *esp.* ornamento corriente, *ital.* ornamento corrènte.

Les *ornements de coins* ou *de voussures* sont ceux qui décorent les angles*.

2) *Liturgie* Vêtements sacrés pour la célébration du culte divin. Ce sont pour le sous-diacre la tunique et le manipule; pour le diacre la dalmatique, l'étole et le manipule; pour le prêtre le manipule, l'étole et la chasuble. L'évêque porte sandales et bas, croix* pectorale, tunicelle, anneau*, mitre* et crosse*.

∅ *All.* liturgische Gewänder, *angl.* sacred ornaments, *esp.* vestiduras, ornamentos sacerdotales, *ital.* arredi sacri.

3) *Blason* Pièces accessoires se trouvant en dehors de l'écu* (cimiers, supports, colliers, etc.).

On distingue les *ornements d'hérédité* transmis dans les familles par héritage (cimiers, supports, devises...), les *ornements de charge* qui désignent un haut dignitaire ou un officier de la couronne (épée nue pour le connétable, manteau de pair, etc.), enfin les *ornements de dignité* (couronnes, casques) constatant le droit de porter un titre de noblesse.

∅ *All.* Wappenzubehör.

ornementation n.f. (*dér. d'*ornement). *Art roman* (*v.* détail ornemental). C'est seulement vers le IXe s. jusqu'au XIIe s. qu'un art réellement populaire naît ou renaît en France grâce, en particulier, à l'effort produit par les monastères*, abris sûrs où tout ce qui est savant ou artiste s'est réfugié.

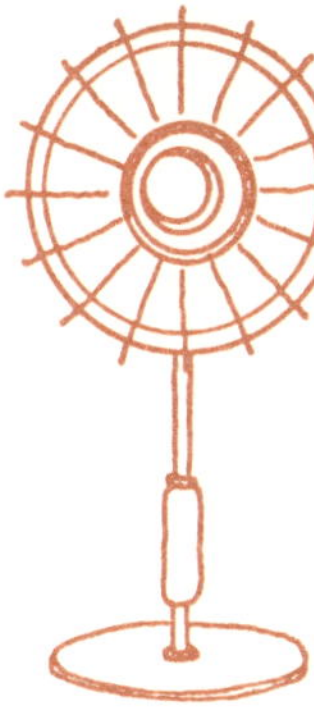

ostensoir

Il s'agit seulement d'abord de copies plus ou moins habiles de modèles byzantins ou romains, d'où se dégage petit à petit un art nouveau, mais dans lequel on retrouve selon les provinces des influences et même des éléments de l'Orient, de Rome, de Byzance et du Nord.

L'arc en plein cintre en marque l'un des caractères et les combinaisons géométriques y jouent au début un rôle important. Ce sont : lacs, entrelacs, nattes, imbrications, zigzags, dents de scie, pointillages, cercles concentriques, damiers, bâtons rompus, frettes cannelées, gaufrages, étoiles, têtes de clous à facettes, méandres, chevrons, vanneries, câbles, lanières de perles, suites de rosaces, etc. (*v. ces mots*).

Insensiblement se produit un rapprochement de la nature, avec des formes plus savantes, plus habiles d'exécution.

On observe cependant dans le Midi de la France et une partie de la Bourgogne une influence antique : emploi de grecques, oves, perles, palmettes, cannelures, feuillages, rinceaux, têtes de lion, etc., tandis que dans le reste du pays un sentiment byzantin (ou oriental) se fait sentir avec une ornementation riche, puissante, variée et savamment distribuée. Quelquefois les *fûts* de colonnes* sont enveloppés complètement par des éléments décoratifs à la manière d'un tissu. Ces fûts eux-mêmes, quelquefois torses, ornés aussi de cannelures droites ou de spirales, se trouvent aussi faits entièrement d'entrelacs, de branchages, etc.

Les *chapiteaux*, solides et trapus, sont surmontés d'abaques* carrés. Leurs formes cubiques en tronc de cône renversé, ou dans le Midi en corbeille*, sont couvertes d'une sculpture abondante se composant de lignes, d'enroulements, de feuillages dans lesquels se jouent des oiseaux, des griffons, des animaux. Certains chapiteaux sont ornés de larges feuilles terminées en fleurons ou même entièrement couverts de personnages.

L'*acanthe* que l'on rencontre dans ces chapiteaux, dans les frises et les rinceaux, est toujours celle des Byzantins, mais plus simple, moins découpée et moins en relief.

Les *mascarons* grimaçants ont été d'un emploi fréquent dans les culs-de-lampe, corbeaux, retombées d'arc, culots, etc.

A noter enfin les suites d'*arcatures* soutenues par de petites colonnettes.

⌀ *All.* Verzierung, *angl.* adornment, *esp.* adorno, *ital.* adornamento.

oryx n.m. Animal fabuleux distinct de la licorne*. C'est une sorte de cabri muni d'une corne frontale dirigée vers l'arrière. Considéré dans l'Antiquité et, sauf exception, dans la symbolique chrétienne comme un animal très redoutable et malfaisant.

ossature n.f. (*du lat.* os, ossis : os). Ensemble des pièces principales qui soutiennent la structure d'un visage, d'une construction, d'un édifice, comme les os d'un squelette forment l'armature du corps.

⌀ *All.* Knochengerüst, *angl.* skeleton, *esp.* armazón, *ital.* ossatura.

ossuaire n.m. (*lat.* ossuarium). Édifice* qui, placé à l'intérieur d'un cimetière, reçoit les ossements entassés. L'*ossuaire* se composait souvent de niches percées dans les murs de l'église*.

⌀ *All.* Beinhaus, *angl.* bonehouse, ossuary, *esp.* osario, *ital.* ossario.

ostensoir n.m. (*du lat.* ostendere : montrer). Pièce d'orfèvrerie* religieuse apparue vers le XVIe s. et destinée à exposer le Saint Sacrement* aux yeux des fidèles (ostension) (*fig.*). Jusqu'au XIIIe s. l'Eucharistie ne fut jamais exposée. A cette époque on la porte parfois en procession mais toujours dans un vase fermé : custode*, ciboire, reliquaire, joyau, etc.

L'*ostensoir* se compose d'une lunule en cristal, placée au centre d'un cercle doré et plus ou moins orné de rayons.

La *monstrance* est analogue à l'*ostensoir*. Elle apparut après l'institution de la fête du Saint Sacrement par le pape Urbain IV en 1264, et était au début un simple cylindre en cristal adapté horizontalement sur un support métallique.

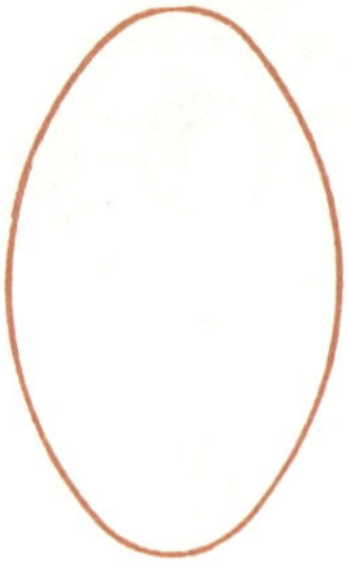

ovale

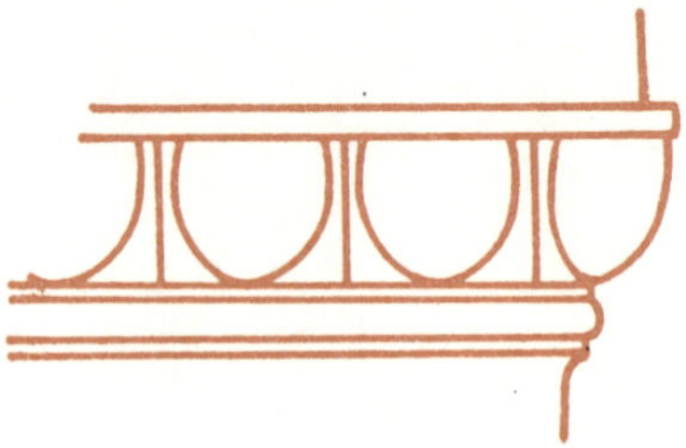

oves

∅ *All.* Hostienmonstranz, *angl.* monstrance, *esp.* custodia, *ital.* ostensorio.

oubliettes n.f.pl. (*de* oublier). Fosse profonde à orifice unique parfois dissimulé où étaient, dit-on, précipités les condamnés ou les victimes d'un guet-apens.

Les véritables *oubliettes* sont fort rares dans les constructions du Moyen Age. Les fosses ainsi baptisées par la légende sont le plus souvent des citernes ou des fosses d'aisance.

∅ *All.* Burgverließ, *angl.* oubliettes, *esp.* calabozos, *ital.* trabocchetto.

ouïes n.f.pl. (*de* ouïr, *lat.* audire). Abats-son* ou abats-vent* placés dans le haut des clochers* et munis de lames obliques analogues aux *ouïes* des poissons.

∅ *All.* Schall-Löcher, *angl.* louvre boarding, *ital.* apertura.

ourlé adj. (*v.* orle). *Bx-Arts* Se dit d'un profil* souligné par une surépaisseur ou détaillé d'une façon ornementale*.

outil n.m. (*lat.* ustensile). Instrument généralement adapté à la main de l'homme servant à exécuter un travail matériel.

∅ *All.* Werkzeug, *angl.* tool, *esp.* herramienta, *ital.* strumento.

outrepassé adj. (*de* outre : au delà, *et de* passer). *Archit.* Se dit de l'arc en fer à cheval caractéristique de l'art arabe (*v.* arc).

ouverture n.f. (*lat.* opertura, *de* operire : ouvrir). *Archit.* Vide permettant une communication, baie ménagée dans un mur* ou percée dans une voûte*.

∅ *All.* Öffnung, *angl.* opening, *esp.* abertura, *ital.* apertura.

ouvragé adj. (*v.* ouvré). Qui exige un travail ou un ouvrage considérable. Par exemple un morceau de sculpture est dit *ouvragé* s'il est très fouillé, très orné, ou découpé comme une dentelle.

∅ *All.* verziert, *angl.* finely wrought, *esp.* labrado, *ital.* finamenta lavorato.

ouvré adj. (*de* ouvrer, *lat.* operari *de* opus : œuvre). Qui a été façonné par un travail. Le fer brut s'oppose au fer *ouvré.*

∅ *All.* verarbeitet, *angl.* wrought, *esp.* trabajado, *ital.* lavorato.

ovale adj. (*du lat.* ovum : œuf). Ayant la forme d'un œuf.

∅ *All.* eiförmig, *angl.* egg-shaped, *esp.* oval, *ital.* ovale, ovato.

ovale n.m. (*v.* oval) Courbe allongée ressemblant à un œuf (*v.* ellipse) (*fig.*).

oves n.m.pl. (*lat.* ovum : œuf). *Archit.* 1) Ornement* fait d'œufs tronqués se suivant en série, et séparés par des dards* ou des feuilles* d'eau (*fig.*). On les dit *fleuronnés* lorsqu'ils sont entourés de feuillages.

∅ *All.* Eierstab, *angl.* eggs and darts pattern, *esp.* óvalo, *ital.* modenatura ad ovoli.

2) *Au sing.* Partie arrondie du chapiteau dorique*, appelée plus proprement *échine* (*v. ce mot*).

ovoïde adj. (*du lat.* ovum : œuf). Qui a la forme d'un œuf.

∅ *All.* eiförmig, *angl.* ovoid, *esp. et ital.* ovoide.

OUBLIETTES

P

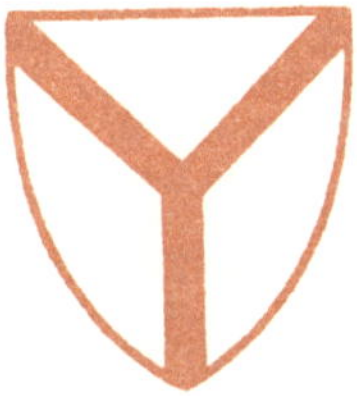
pairle

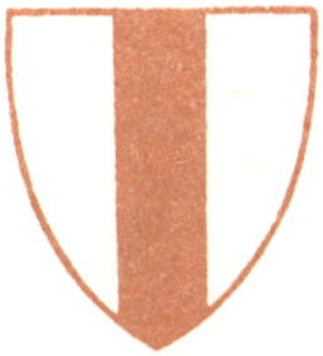
pal

paillon n.m. (*du lat.* palea : paille). 1) Petite lamelle de métal, cuivre ou argent, qui est fixée par le bijoutier par-dessous une pierre* précieuse pour lui donner du brillant.

∅ *All.* Metallblättlein, *angl.* foil, *esp.* lámina, *ital.* laminetta.

2) Petite plaque de métal brillant soudée par les peintres émailleurs* à certains endroits de la plaque à émailler de manière à donner à l'émail* transparent qui la recouvrira des reflets chatoyants.

pairle n.m. *Blason* Figure composée de trois bandes (cotices) mouvantes des deux coins du chef et de la pointe et se joignant au cœur de l'écu* en forme d'Y (*fig.*).

Certains auteurs font dériver le *pairle* du pallium* des archevêques.

pal n.m. (*lat.* palus : pieu). Pieu aiguisé par une extrémité.

∅ *All.* Pfahl, *angl.* pale, *esp.* estaca, *ital.* palo.

Blason. Large bande, parfois aiguisée en son extrémité inférieure, debout au milieu de l'écu* et de toute la hauteur depuis le dessus du chef jusqu'à la pointe. Sa largeur doit être égale au tiers de l'écu (*fig.*).

« **pala** » Mot italien qui signifie *parement* d'autel. La *pala d'oro* de Saint-Marc de Venise est une œuvre magistrale de l'émaillerie* de Byzance.

palais n.m. (*lat.* palatium, *dér. de* Palatinus mons). 1) Résidence de l'empereur Auguste à Rome sur le mont Palatin*. ‖ 2) *Par extens., archit.* Toute construction riche et vaste servant à l'habitation d'un roi, d'un prince, d'un personnage important.

∅ *All.* Palast, Pfalz, *angl.* palace, *esp.* palacio, *ital.* palazzo.

Palais des papes (*à Avignon*) :

∅ *All.* Schloß der Päpste, *angl.* Palace of

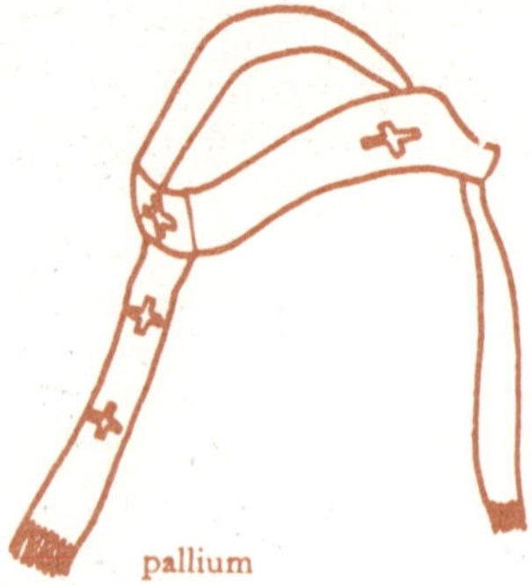

pallium

the popes, *esp.* palacio papal, *ital.* Palazzo papale. *Palais épiscopal* :

ø *All.* bischöfliche Residenz, *angl.* episcopal palace, *esp.* palacio episcopal, *ital.* palazzo vescovile.

palanche n.f. (*du lat.* palanca : bâton de portefaix). Pièce de bois courbée permettant de porter en équilibre sur une épaule deux charges à la fois.

ø *All.* Schulterjoch, *angl.* yoke, *esp.* palanca, *ital.* bilico.

palanque n.f. (*v.* palanche). En termes de fortification : palissade formée de pieux* jointifs.

ø *All.* Pfahlwerk, *angl.* timber stockade, *esp.* estacada, *ital.* palanca.

palastre *ou* **palâtre** n.f. (*du lat.* palus : pieu *ou* pala : pelle). Boîte métallique formant l'extérieur d'une serrure* dont elle renferme le mécanisme.

ø *All.* Schloßkasten, *angl.* case, *esp.* palastro, *ital.* piatra.

Palatin (mont) (*lat.* Collis Palatinus). Une des sept collines de Rome où se trouvait la résidence des rois puis des empereurs.

palatin adj. (*dér. de* palatium : palais). 1) Seigneur ou prince possédant un palais* où était rendue la justice. L'électeur palatin du Rhin a transmis à ses possessions le nom de Palatinat. ‖ 2) Tout ce qui dépend du palais*. *Officier palatin* : officier du palais. *Chapelle palatine* : *v.* chapelle.

palefroi n.m. (*lat.* paraveredus : cheval de poste, de renfort). Cheval de marche ou de promenade opposé au *destrier*, cheval de combat, de joute (*du lat.* dextera : droite, *peut-être parce qu'il galopait sur le pied* droit *ou parce qu'un écuyer le conduisait à sa* droite *jusqu'au terrain*).

ø *All.* Zelter, *angl.* palfrey, *esp.* palafrén, *ital.* palafreno.

paléographie n.f. (*du gr.* παλαιος : ancien *et* γραφειν : écrire). Science des anciens manuscrits*. Art de déchiffrer les écritures anciennes, et en particulier les chartes, les diplômes et les pièces du Moyen Age. L'École nationale des Chartes décerne après examen le diplôme d'archiviste paléographe aux élèves qui ont reçu sa formation.

ø *All.* Paläographie, *angl.* paleography, *esp.* paleografía, *ital.* paleografia.

palermitain adj. Mot peu usuel indiquant l'origine sicilienne (Palerme) de certains motifs* décoratifs utilisés au XIIe s., notamment en céramique*.

palier n.m. (*orig. obscure*). Dans une montée ou un escalier*, on ménage à certains intervalles un espace uni et horizontal pour servir de repos. Le plus souvent dans les escaliers le *palier* est placé au niveau de chaque étage de la maison.

ø *All.* Treppenpodest, *angl.* landing, *esp.* descanso, *ital.* pianerottolo.

palimpseste n.m. (*gr.* παλιν : de nouveau *et* ψεστος : râclé). Manuscrit* dont, par économie, on a gratté le texte pour en écrire un autre. Les traces de l'ancienne écriture sont ainsi recouvertes par la nouvelle. Ce procédé a été surtout utilisé du VIIe au XIIe s. de notre ère (*v.* parchemin).

ø *All.* wieder beschriebenes Pergament, *angl.* palimpsest, *esp.* palimpsesto, *ital.* palinsesto.

palis n.m. *ou* **palissade** n.f. (*dér. de* pal, *lat.* palus : pieu). Protection faite de pieux* jointifs fichés en terre, destinée à la clôture* ou à la défense d'un terrain.

ø *All.* Pfahlwerk, *angl.* paling, row of pales, *esp.* empalizada, *ital.* steccato.

pale *ou* **palle** n.f. (*du lat.* pallium : manteau). *Liturgie* 1) *Palle de calice.* Petit linge carré et empesé dont l'objet est de préserver le calice des poussières. Avant le XIIIe siècle la *palle* n'existait pas. Le calice était protégé par un bord du corporal. ‖ 2) *Palle d'étole* : c'est l'extrémité élargie des branches de l'étole.

pallium n.m. (*mot lat.* manteau). Bandelette tissée de laine blanche portée comme un collier par dessus la chasuble* par le pape, les patriarches, les primats et les archevêques (*fig.*). Le *pallium* est orné de six croix en taffetas noir, quatre sur le cercle qui fait le tour du cou (rouges jusqu'au XIIIe s.) et deux sur les deux courtes bandes qui pendent l'une sur la poitrine, l'autre sur le dos.

La forme actuelle date du Xe siècle.

Ces insignes sont confectionnés avec la laine d'agneaux blancs bénits par le Saint Père en la

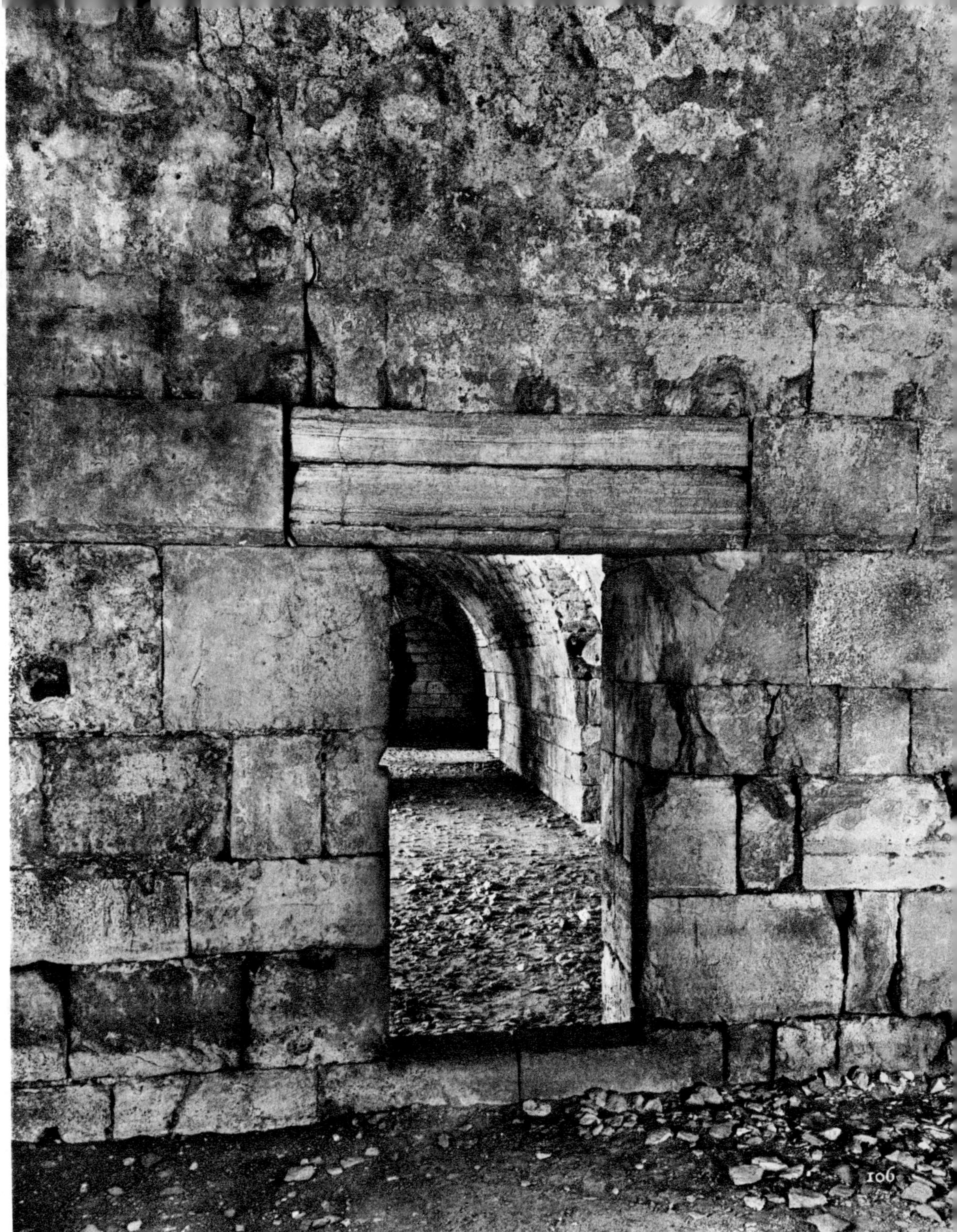

linteau

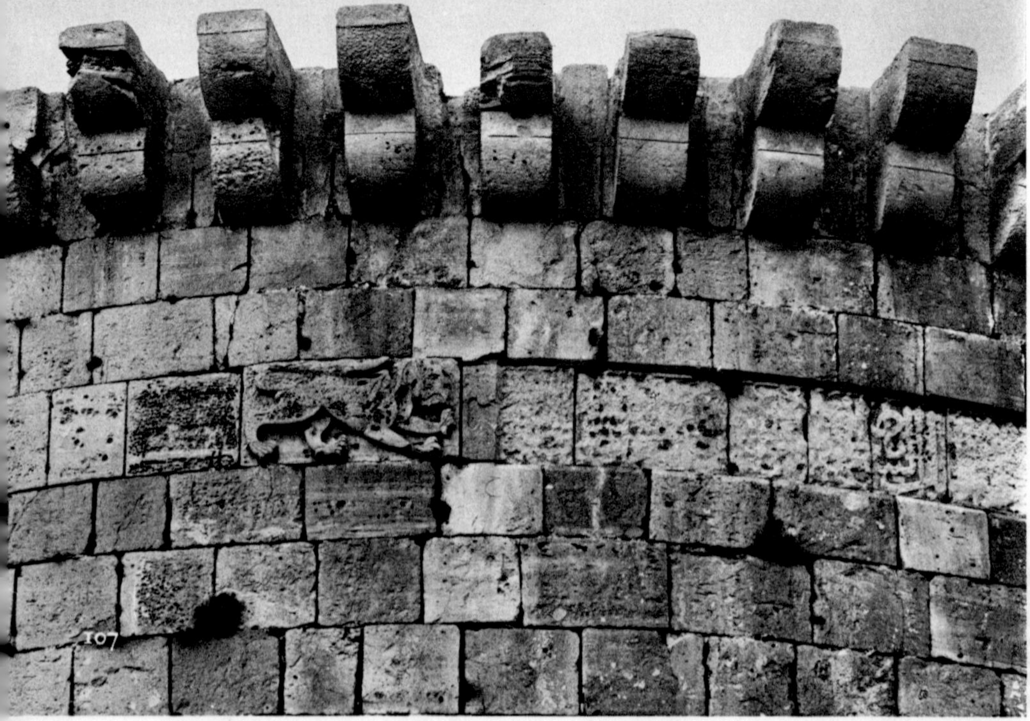

mâchicoulis

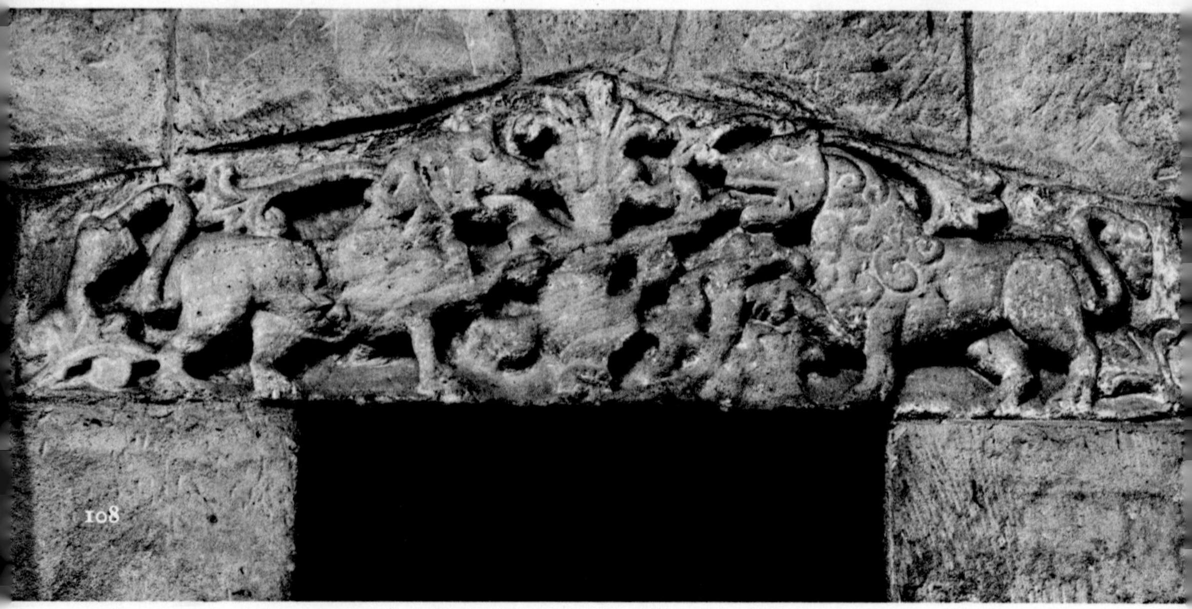

linteau en bâtière

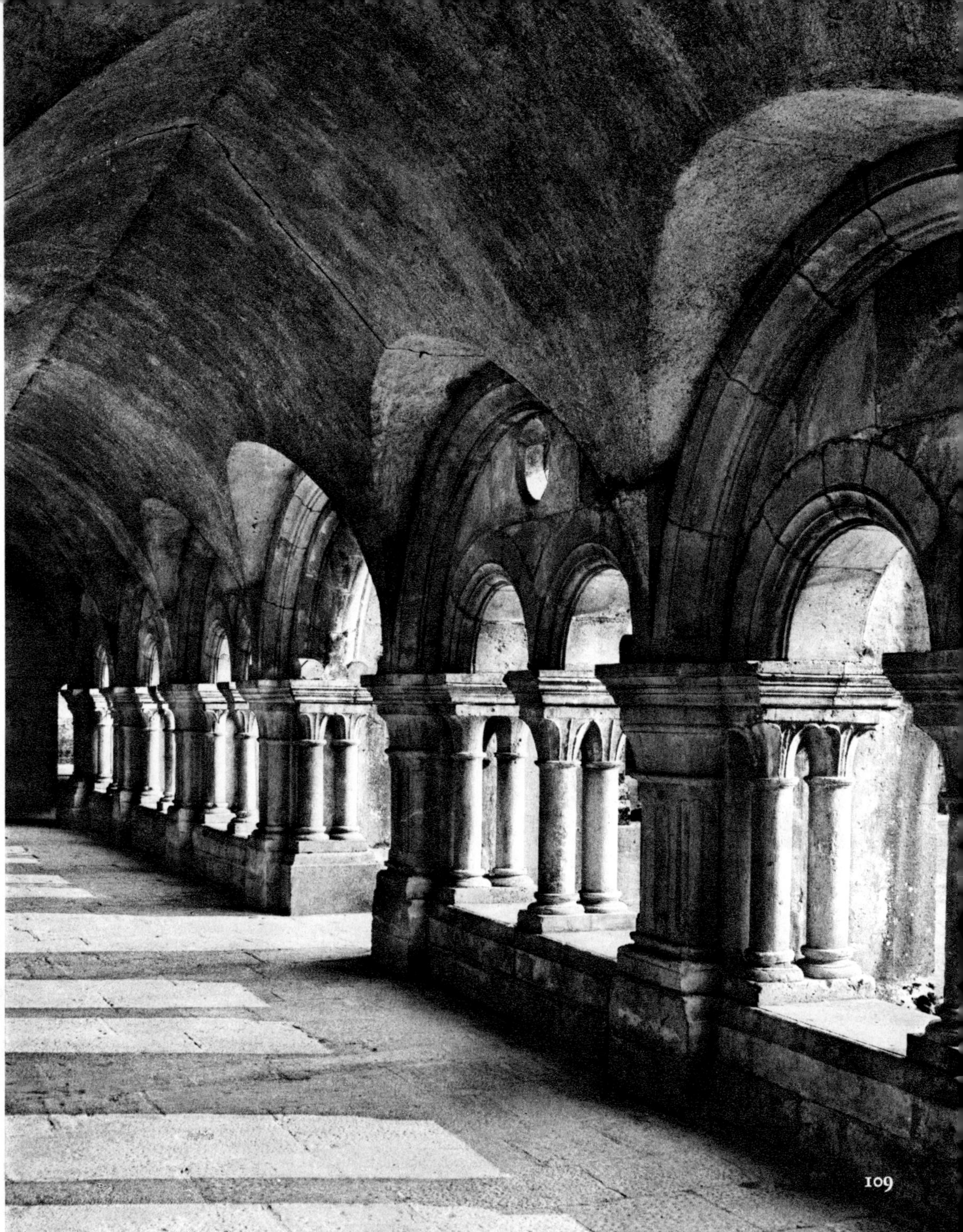

lunette

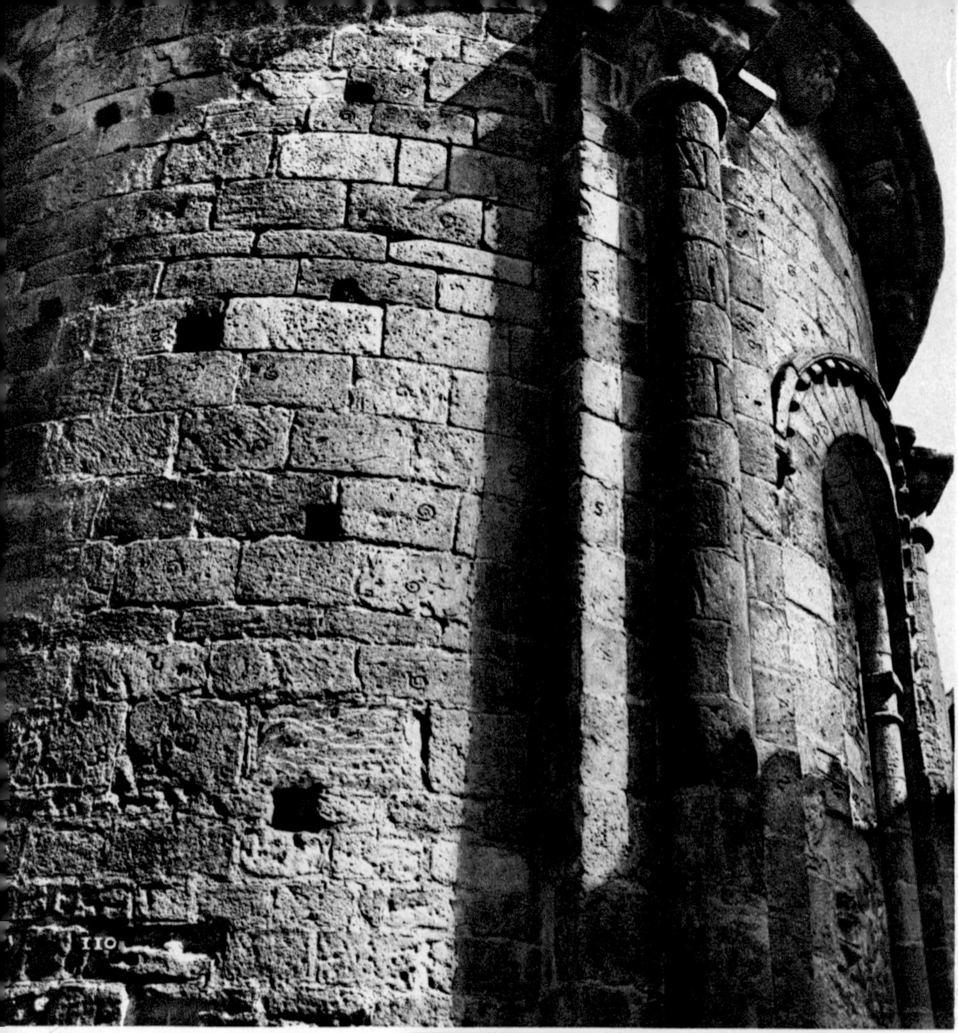

110

marques de tâcherons

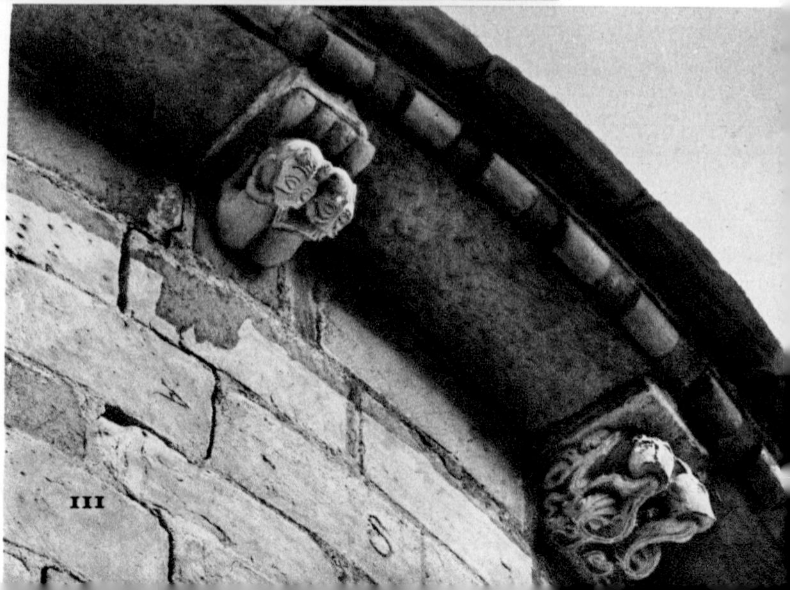

modillons

111

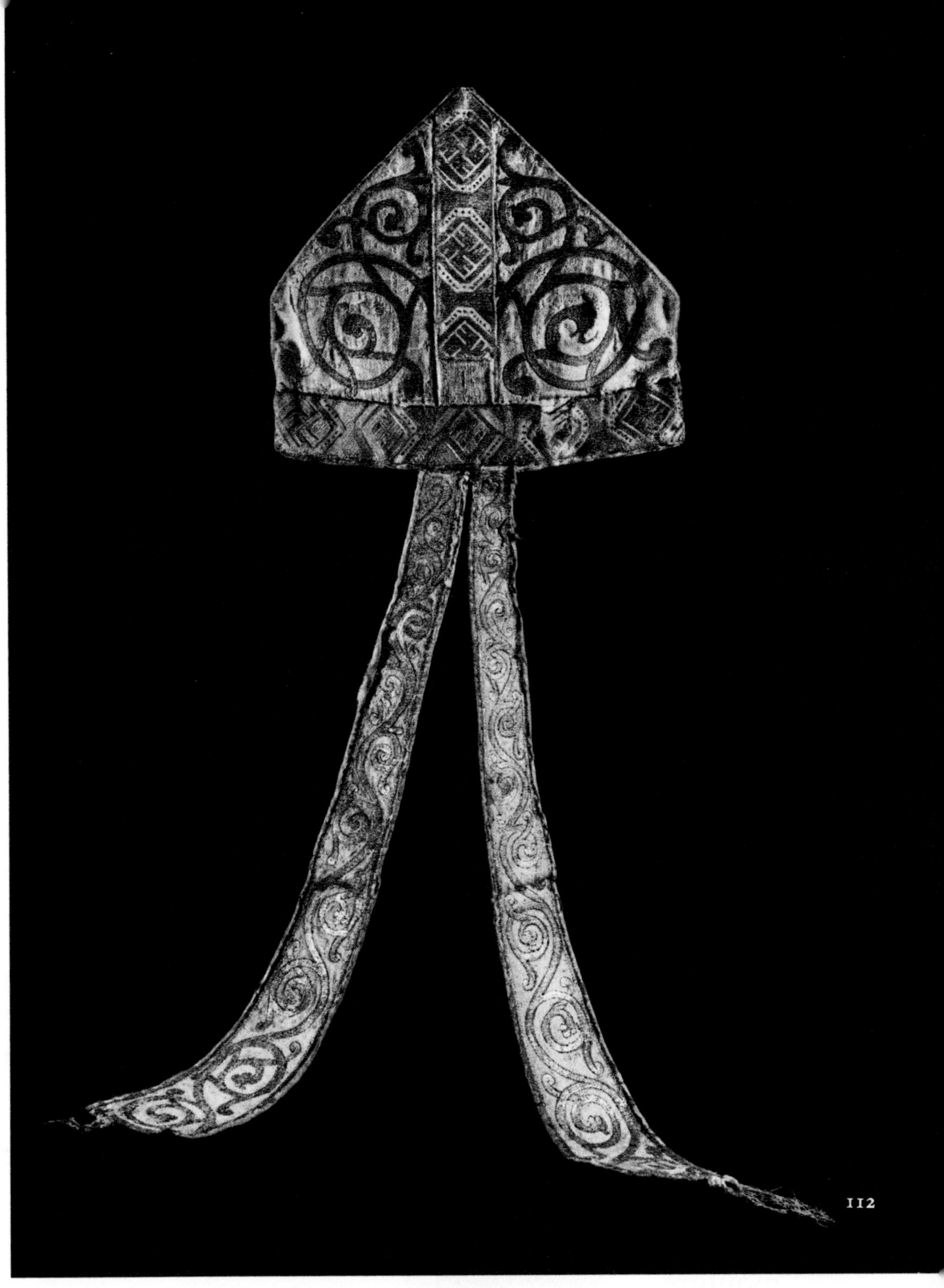

112

mitre

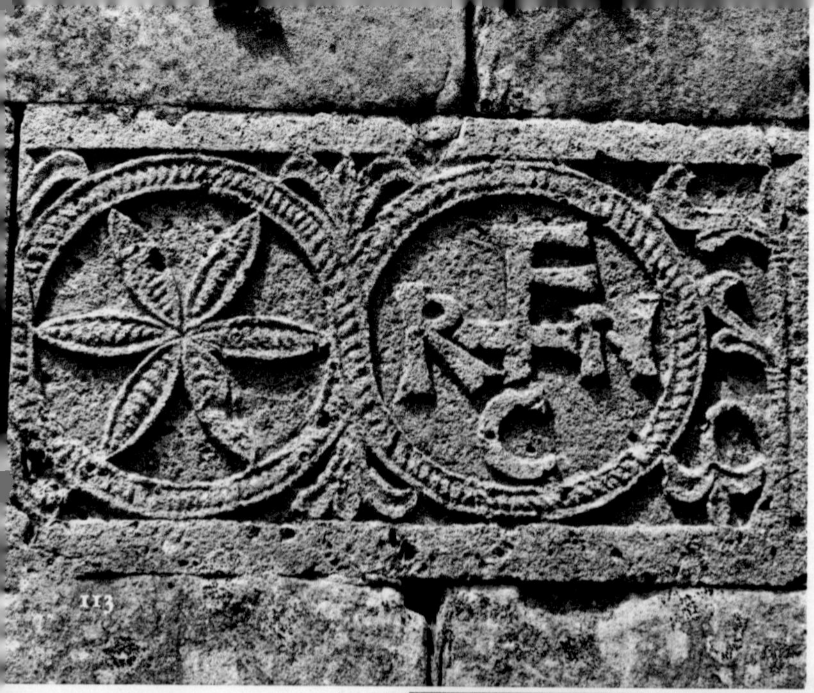

monogramme

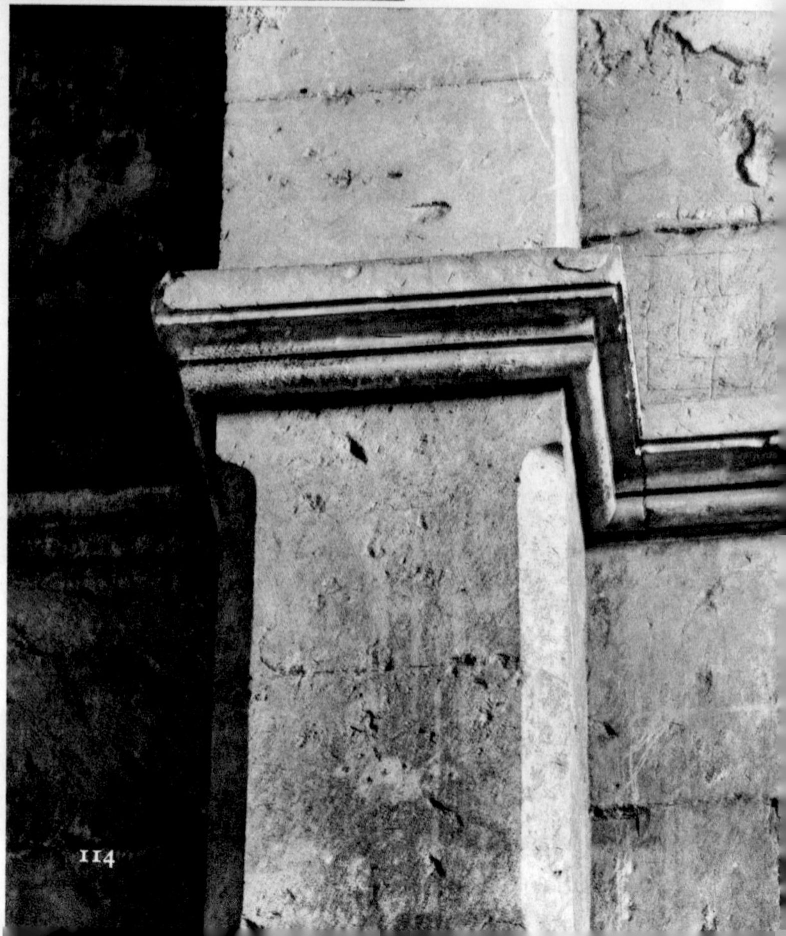

moulure

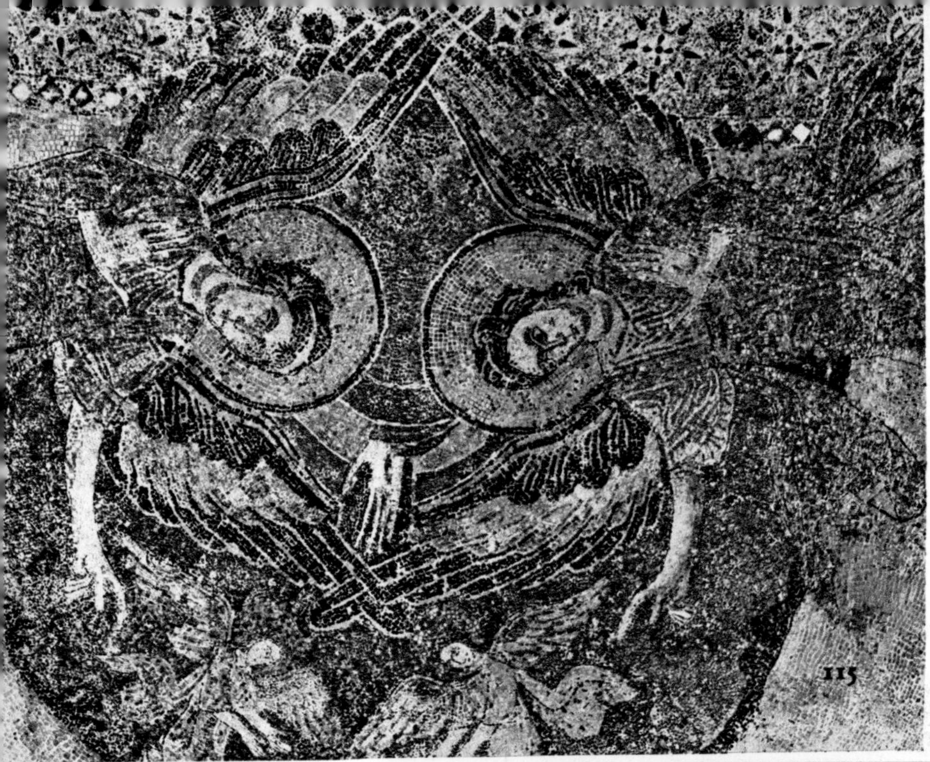

115

mosaïque de revêtement

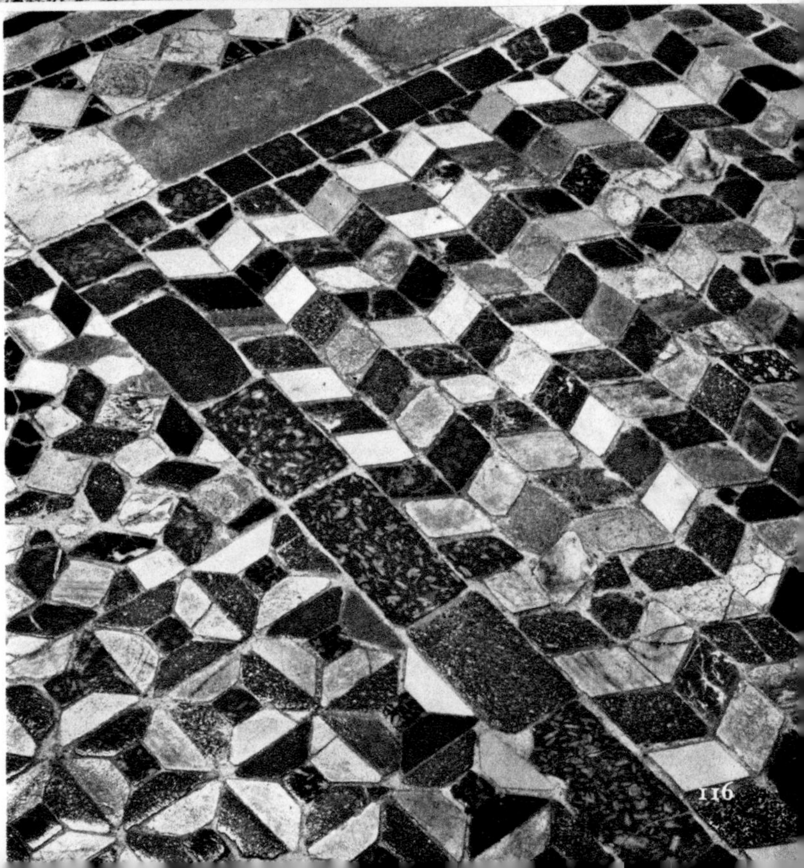

116

mosaïque de pavement

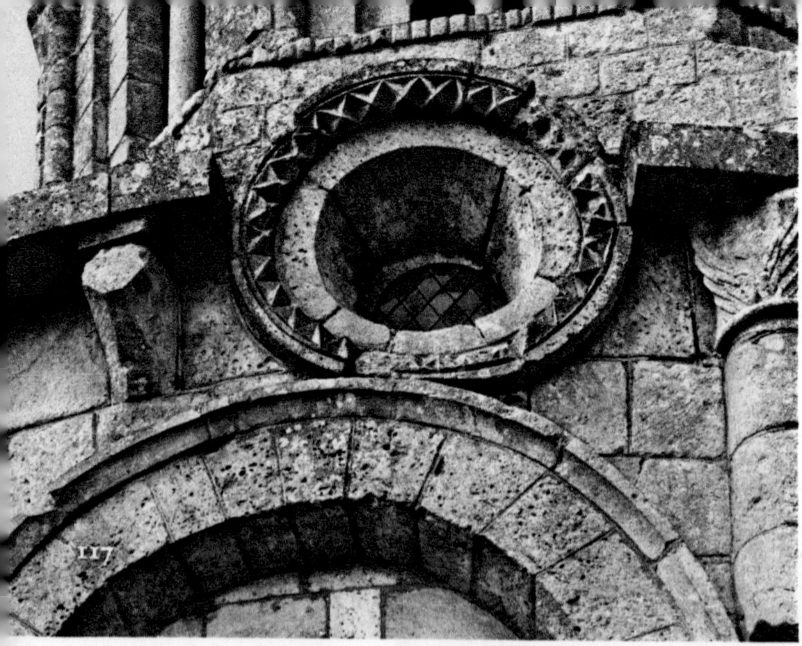

117

oculus

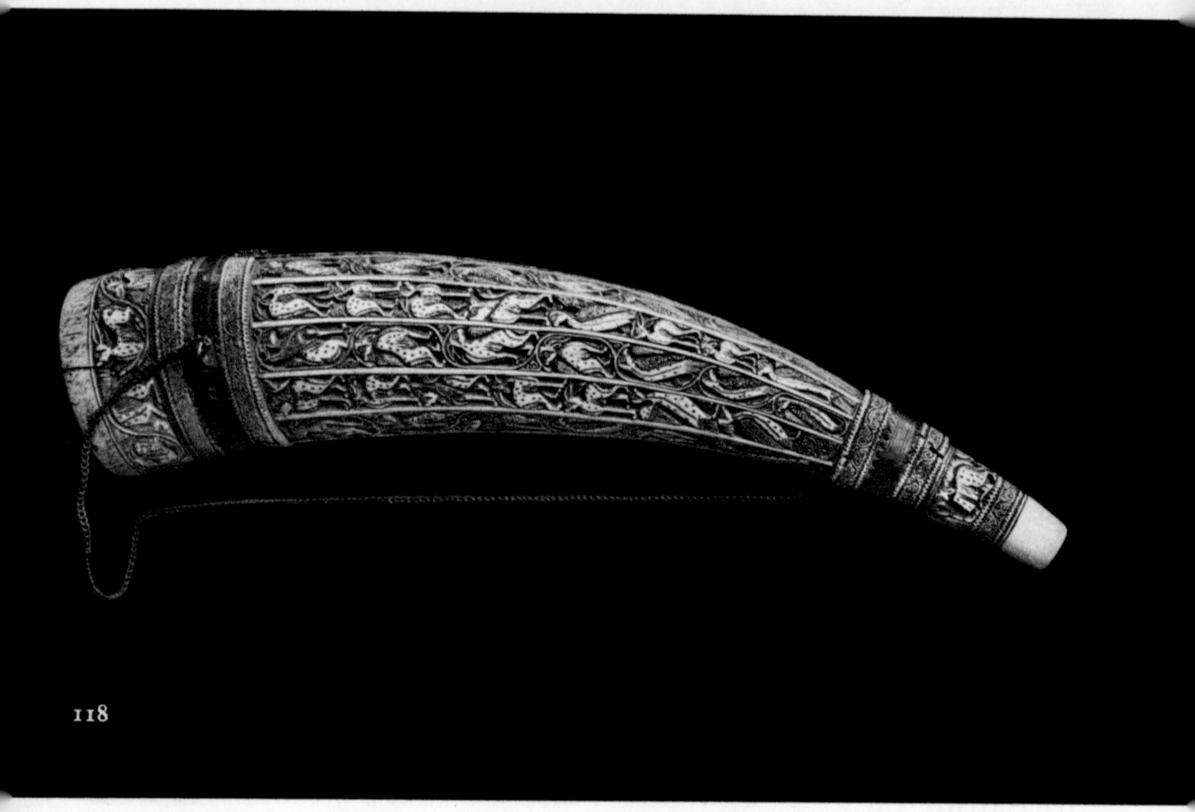

118

olifant

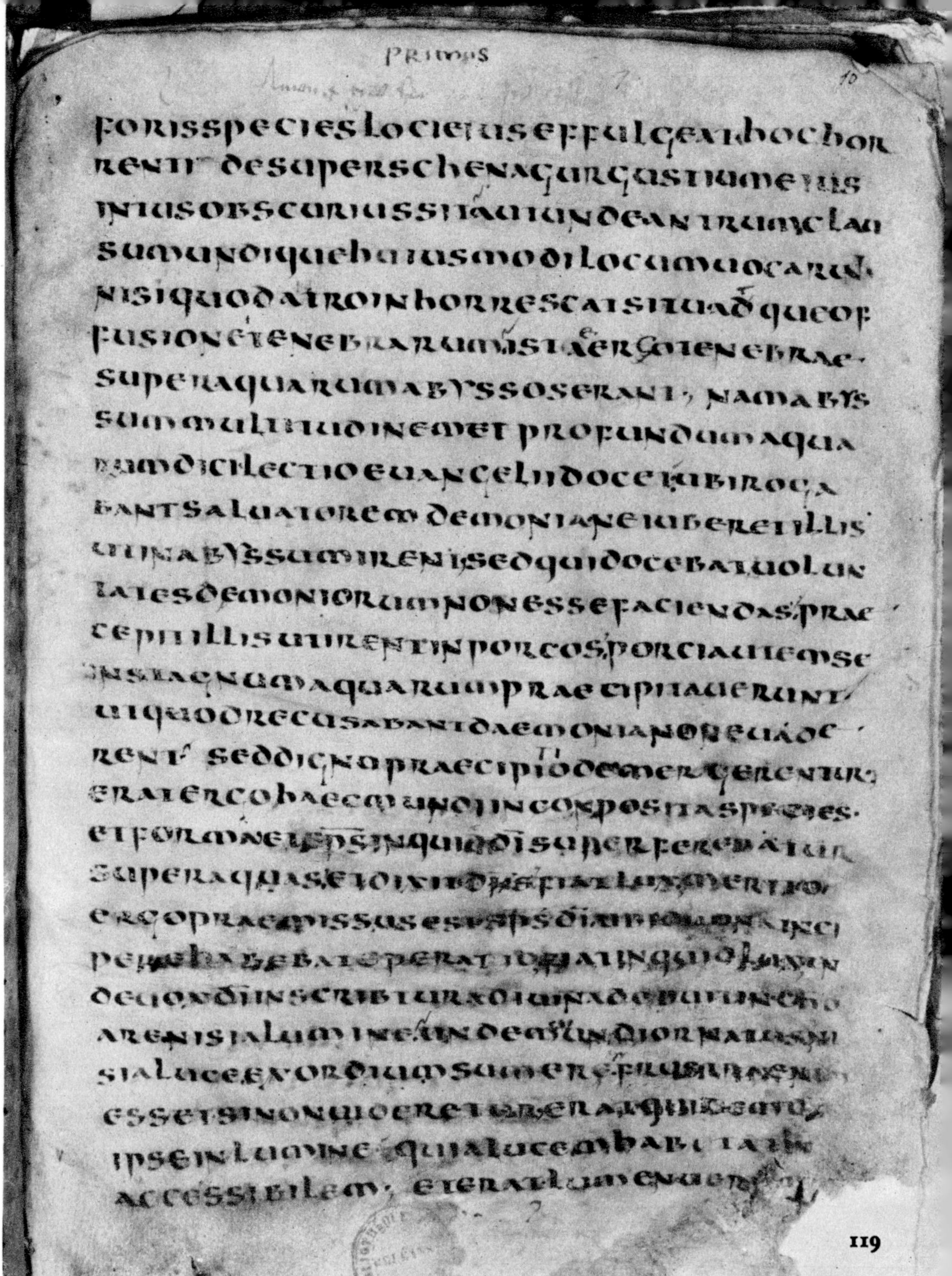

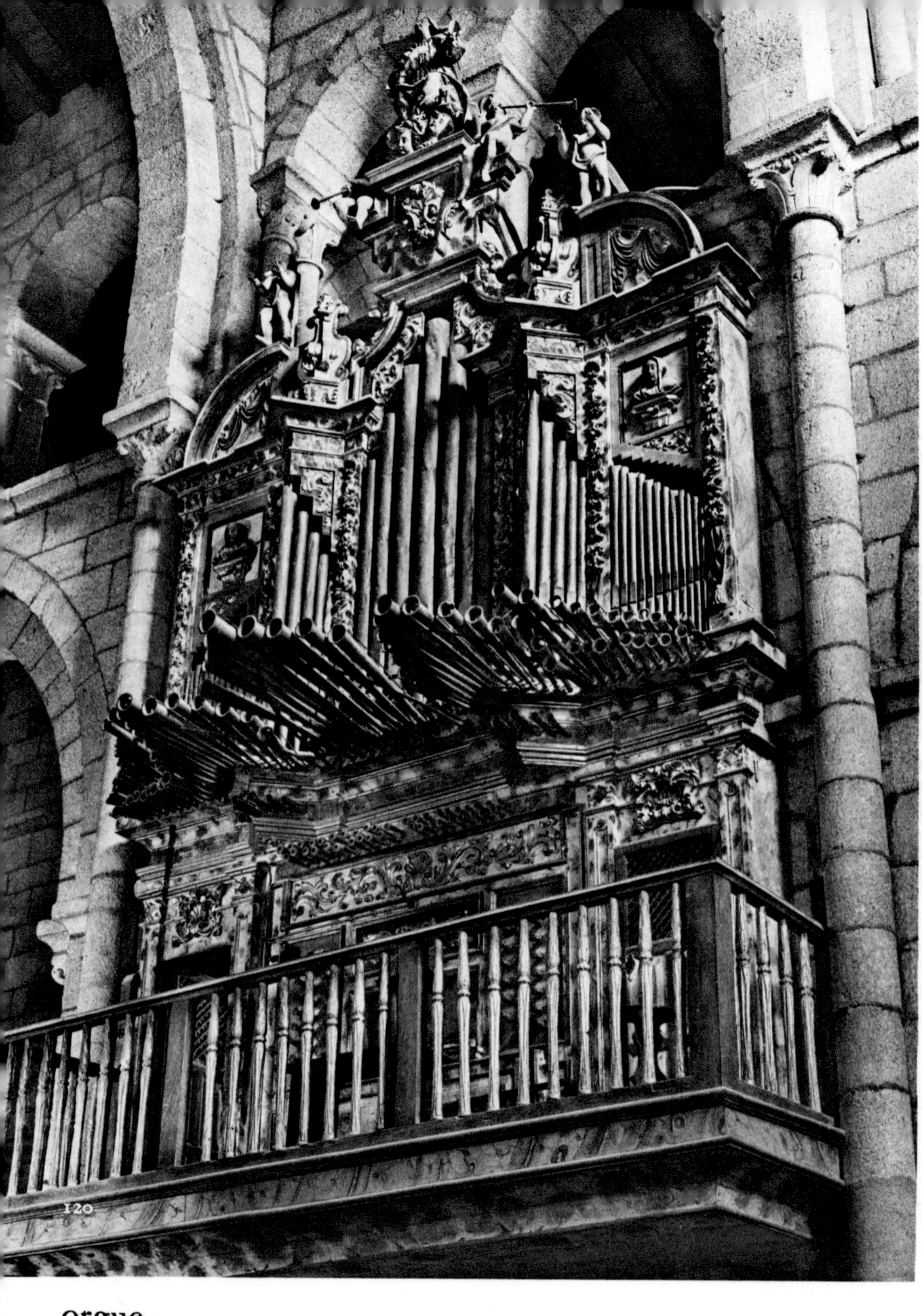

orgue

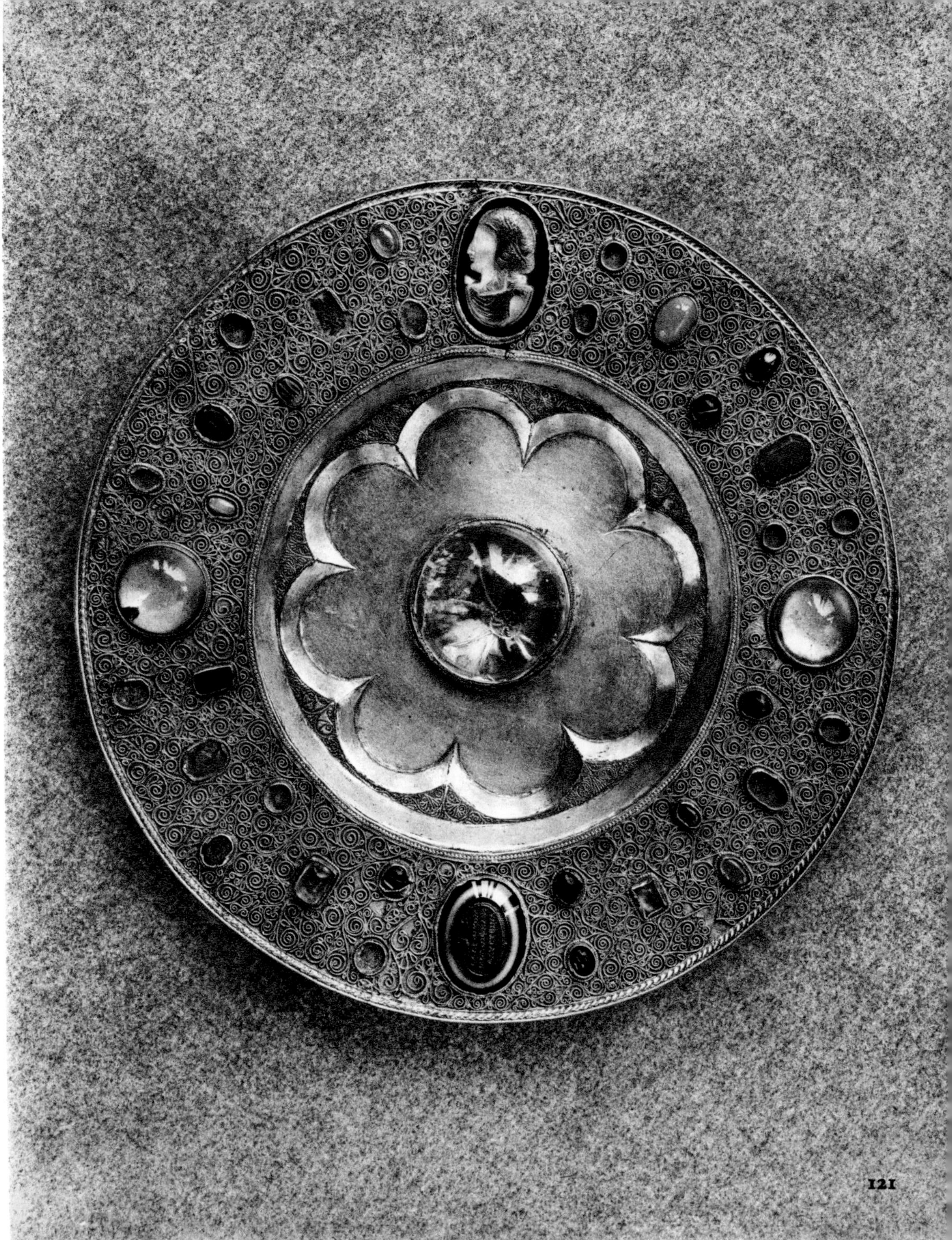

121

patène

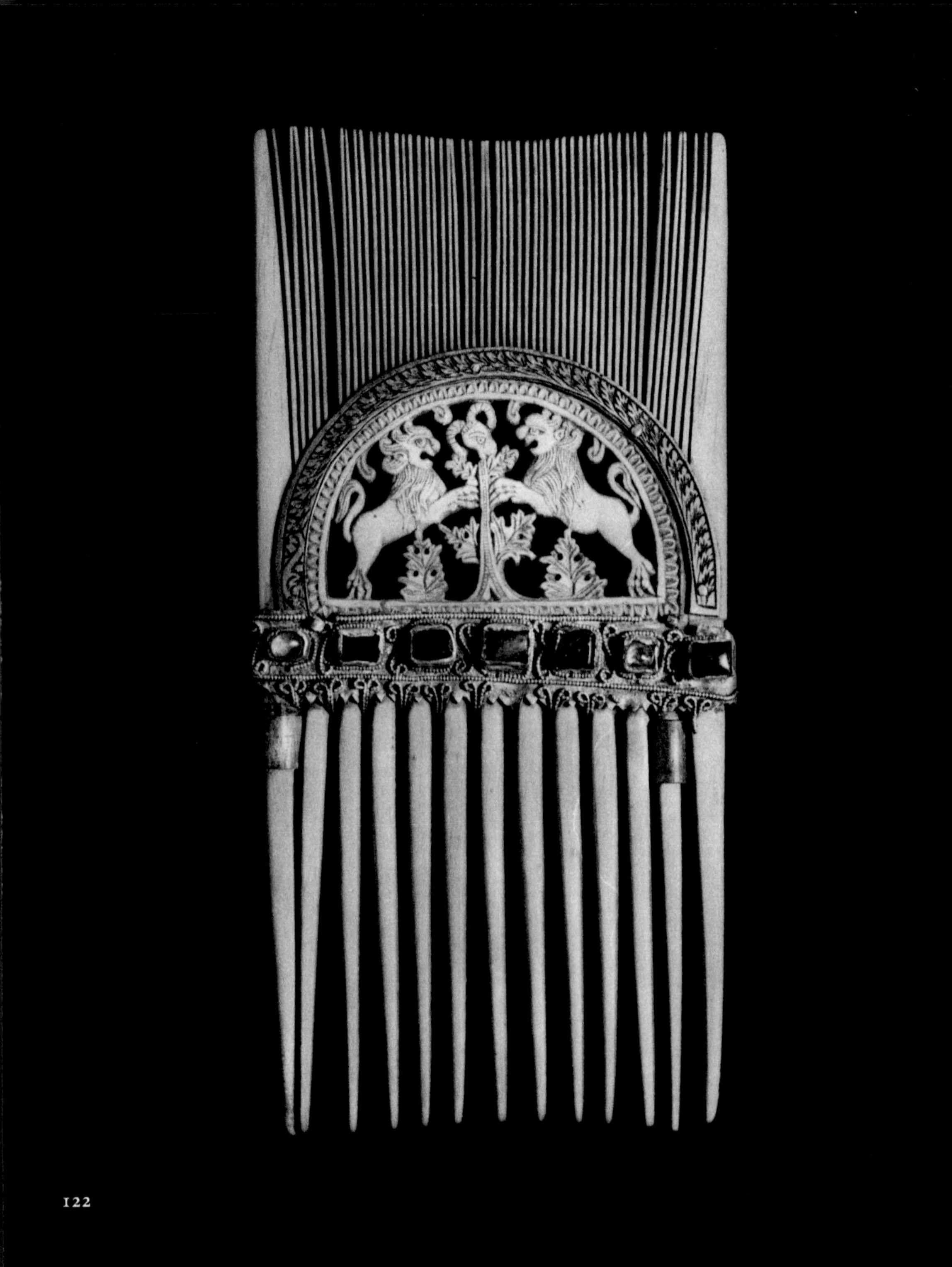

122

peigne liturgique

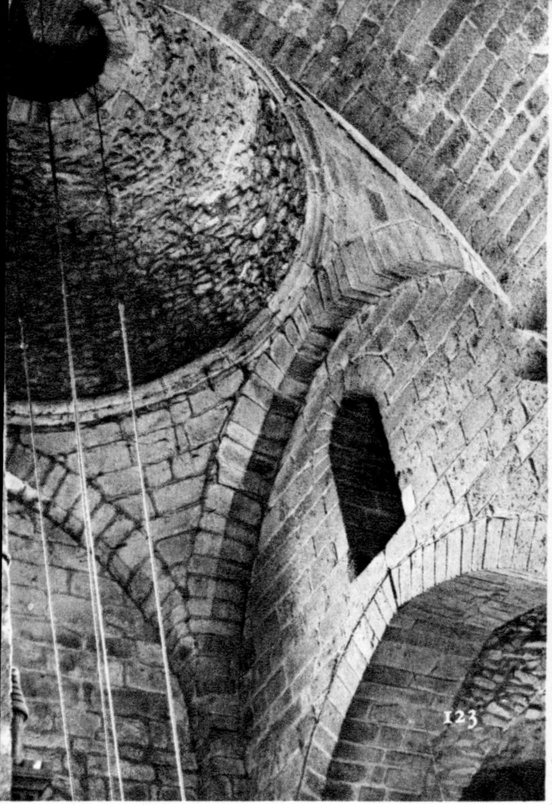

123

pendentifs

pentures

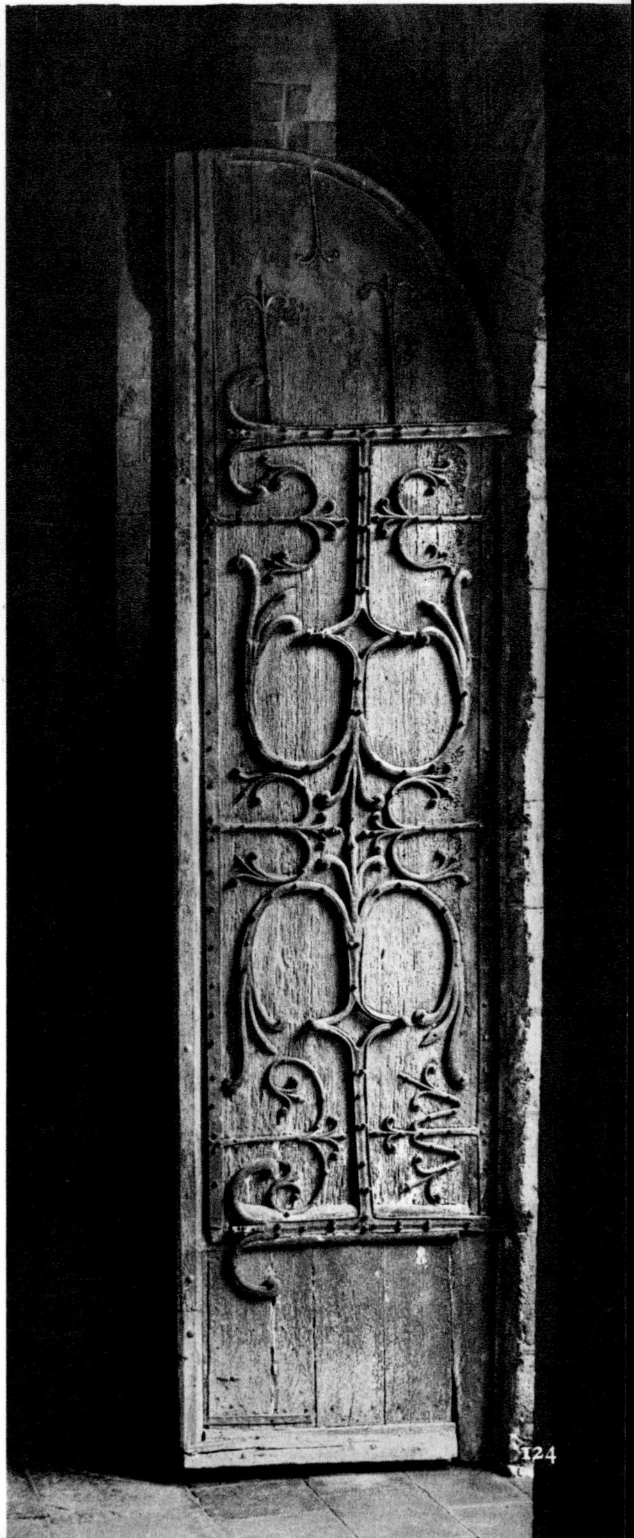

124

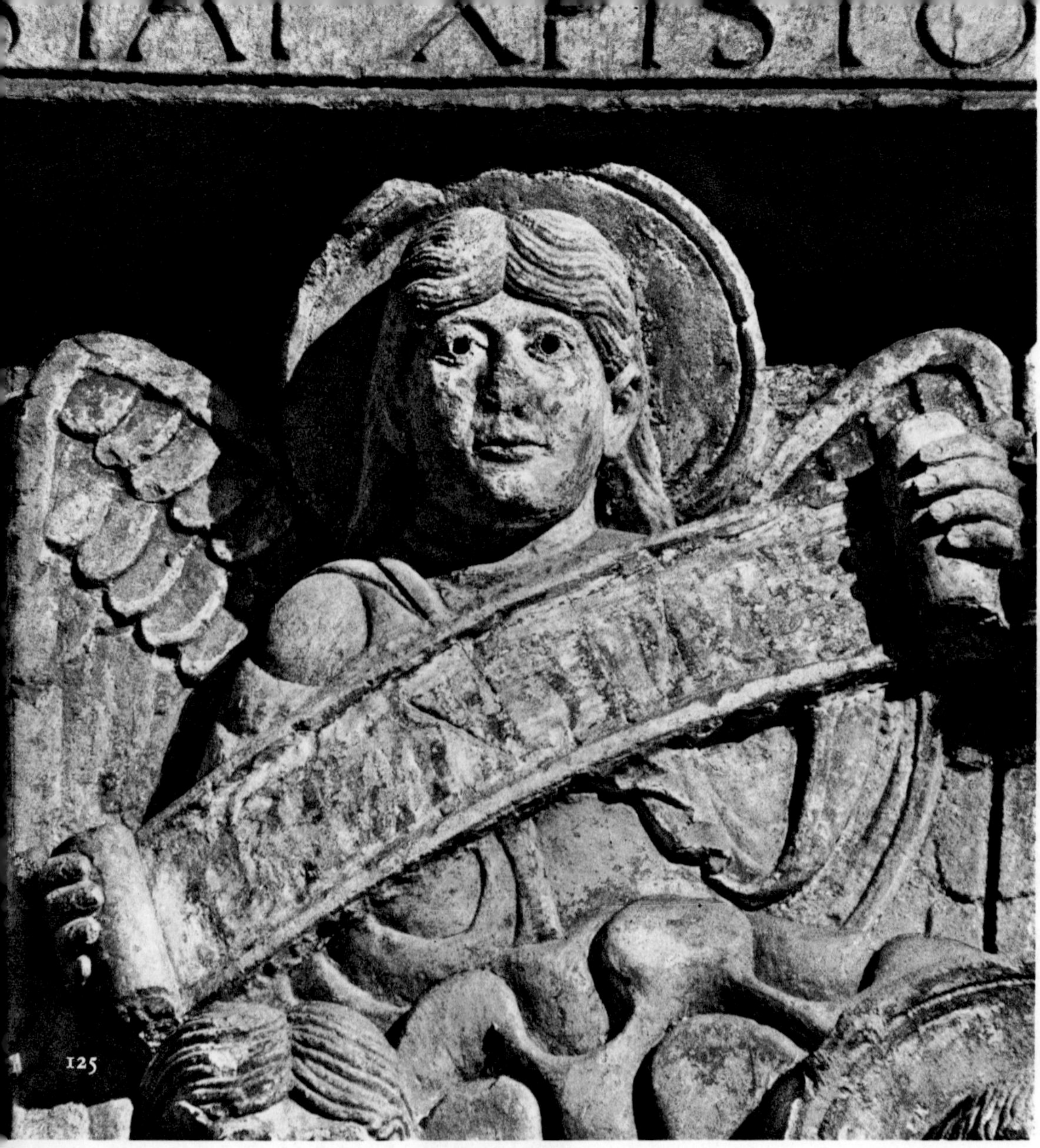

125

phylactère

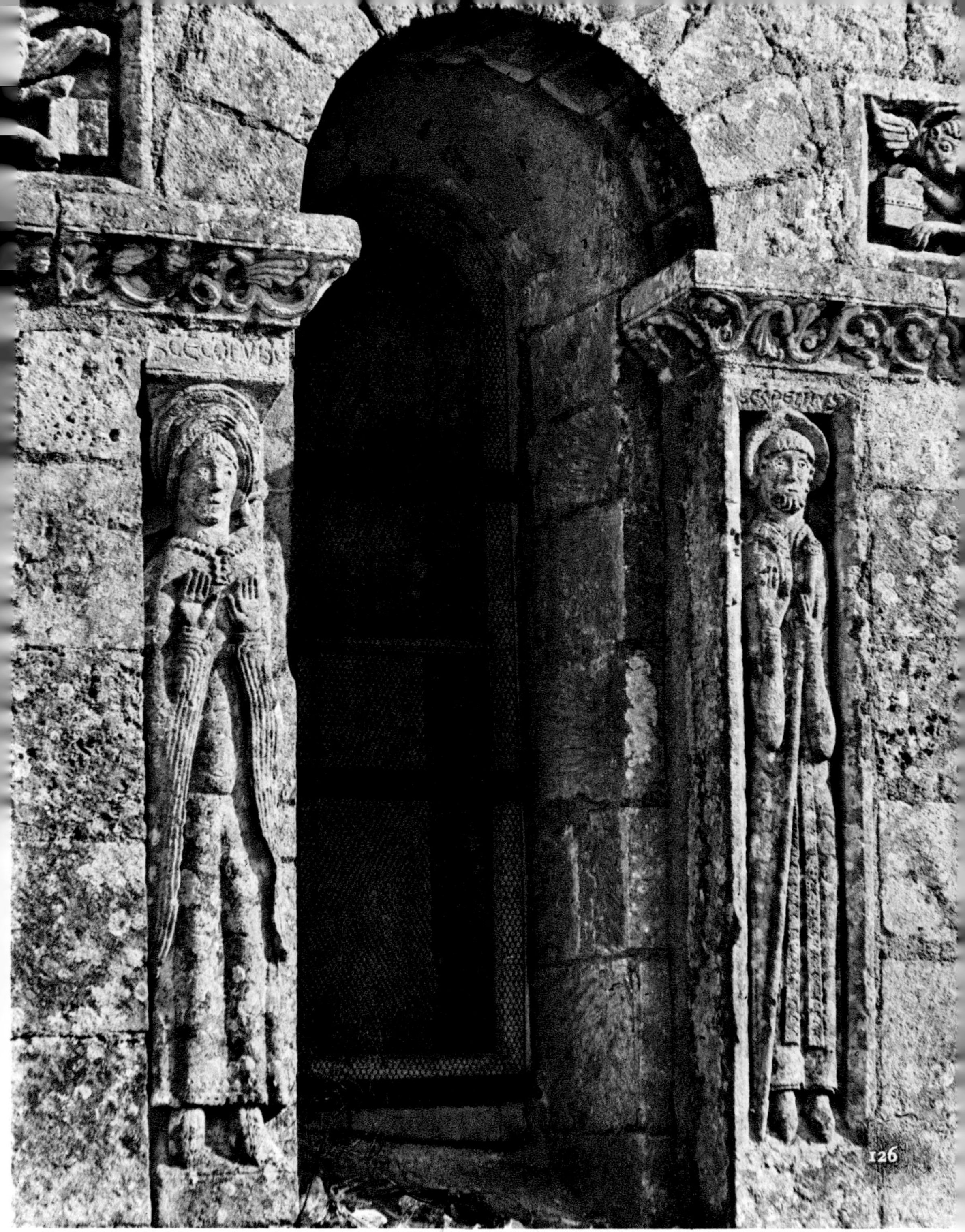

piédroits

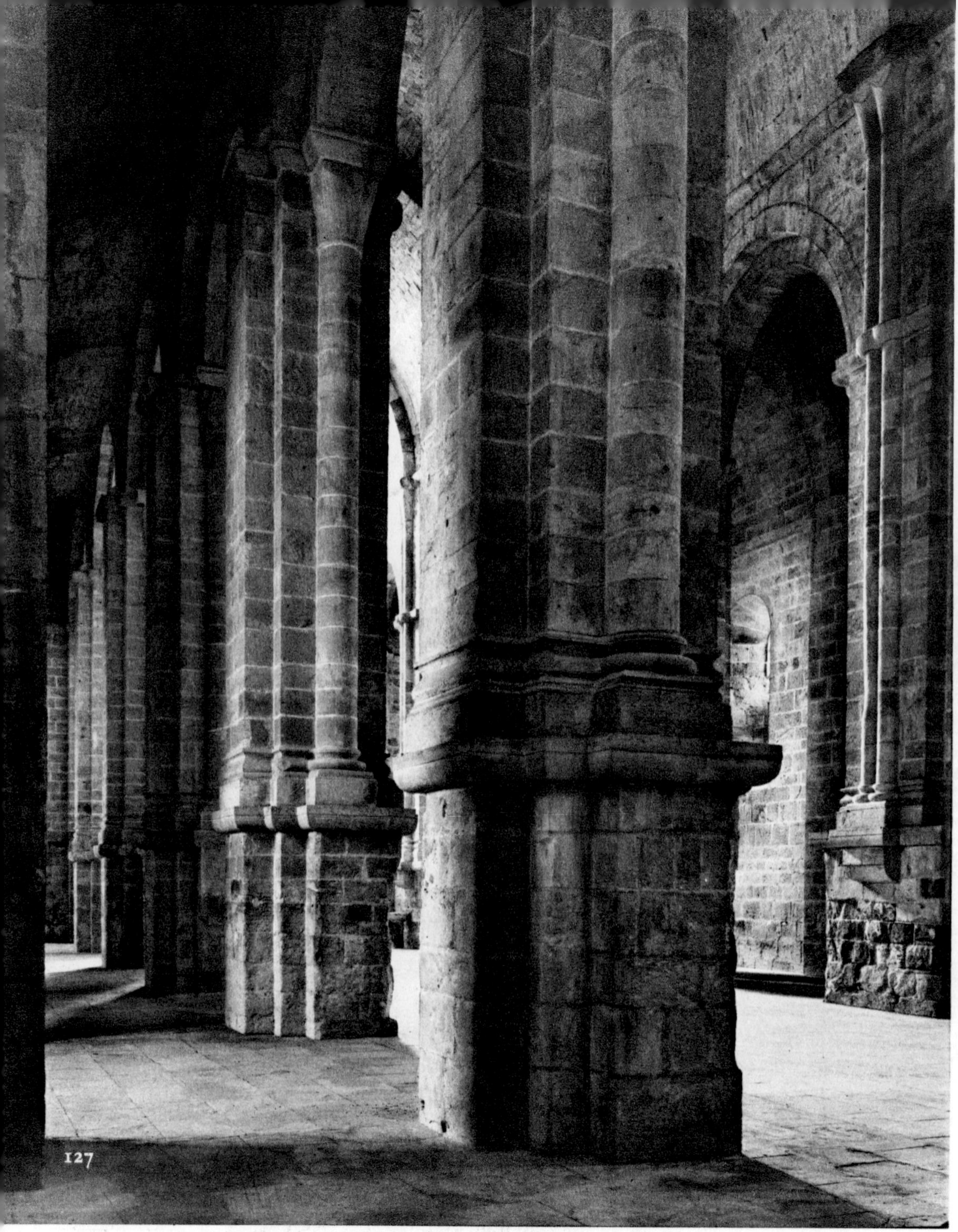

127

piédestal

palmettes

fête de sainte Agnès.

∅ *All.* Pallium, *angl.* pallium, *esp.* palio, *ital.* pallio.

palme n.f. (*lat.* palma : paume). 1) Largeur de la main, mesure de longueur chez les anciens (7 centimètres).

∅ *All.* Handbreite, *angl.* palm, *esp. et ital.* palmo.

2) Branche de palmier, symbole de martyre ou de victoire. ‖ 3) Élément ornemental en forme de branche de palmier.

∅ *All.* Palmzweig, *angl.* palm-branch, *esp. et ital.* palma.

palmette n.f. (*de* palme). Ornement* qui affecte diverses formes, mais surtout celle de deux feuilles de palmier placées en regard l'une de l'autre et réunies par leur pied. Les feuilles sont symétriques des deux côtés d'une tigette centrale. Cet ornement a été très utilisé aux XIe et XIIe siècles (*fig., v. pl.* 7).

∅ *All.* Palmblattornament, *angl.* palmette, *esp.* palmita, *ital.* palmetta.

Frise de palmettes :

∅ *All.* Palmettenreihe, *angl.* row of palmettes, *esp.* friso de palmitas, *ital.* fregio di palmette

pampre n.m. (*du lat.* pampinus : rameau de vigne). Branche de vigne* ayant conservé ses feuilles et ses grappes de raisin. Motif de décoration*.

∅ *All.* Weinranke, *angl.* vine branch, *esp.* pámpano, *ital.* pampino.

pan n.m. (*lat.* pannus : morceau d'étoffe). 1) Morceau d'étoffe.

∅ *All.* Zipfel, *angl.* skirt, *esp.* paño, *ital.* falda.

2) *Par extens., archit.* Morceau d'un mur* depuis le sol jusqu'au sommet; face quelconque d'un ouvrage de maçonnerie* ou de charpente*. On dit d'une pyramide de clocher* qu'elle est à six ou à huit pans; d'une abside* qu'elle est à cinq pans...

∅ *All.* Mauerstück, *angl.* bit of a wall, *esp.* lienzo de muro, *ital.* ala di muro.

On appelle *pan coupé* la surface plane produite par l'abattage d'un angle* de mur.

∅ *All.* abgeschnittene Ecke, *angl.* cant, *esp.* ángulo cortado, *ital.* angolo smussato.

Pans de bois (*construction en*) : construction comportant un cadre en charpente* dont les vides sont remplis par une maçonnerie* faite de briques* ou de plâtras* et appelée *hourdis*.

∅ *All.* Fachwerkbau, *angl.* timber framed house, *esp.* entramados, *ital.* struttura in legnami.

panache n.m. (*de l'ital.* pennachio, *dér. du lat.* penna : plume). 1) Bouquet de plumes ornant le sommet d'une coiffure, d'un casque, de la tête d'un cheval harnaché, des colonnes d'un lit, etc.

∅ *All.* Federbusch, *angl.* crest of feathers, *esp.* plumero, *ital.* pennacchio.

2) *Archit.* Surface triangulaire particulière aux pendentifs* de coupole*. On l'appelle aussi *fourche* (*v.* pendentif).

∅ *All.* Zwickelfeld, *angl.* triangular pendentive, *esp.* penacho, *ital.* pennacchio.

« **Panagia hodigitria** » (*gr.* παν : toute; αγια : sainte; οδος : chemin; ηγεισθαι : guider). Titre donné dans l'Église grecque à la T. S. Vierge Marie, « la Vierge qui montre la route » comme pour désigner son divin Fils. Elle tient l'Enfant-Jésus sur son bras gauche et levant la main.

panetière n.f. (*dér. de* pain, *lat.* panis). 1) Musette mise en bandoulière par les bergers ou les pèlerins pour porter leur provision de pain. ‖ 2) Petite armoire* en bois ajouré qui est pendue à la muraille et dans laquelle on serre le pain à la campagne.

∅ *All.* Pilgertasche, Brotkammer, *angl.* shepherd's scrip, *esp.* zurrón, *ital.* panettiera.

panier n.m. *Archit.* Corbeille sculptée remplie de fleurs et fruits employée comme décoration* ou comme amortissement*.

On appelle *canéphores* (*v. ce mot*) des statues* portant sur leur tête des paniers de fleurs ou de fruits dont le récipient imite des corbeilles d'osier.

∅ *All.* Korb, *angl.* basket, *esp.* cesta, canasta, *ital.* canestro.

panne n.f. (*du lat.* patina : lambris). 1) *Archit.* Pièce de charpente* en bois ou fer posée horizontalement sur les fermes* d'un comble* pour

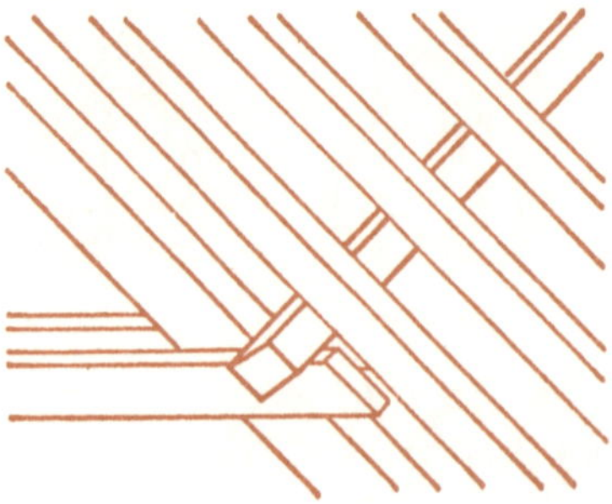

panne

recevoir les chevrons* (*fig.*). Pour les empêcher de glisser on les cale sur les arbalétriers* au moyen de chantignolles (*v. ce mot*).

⌀ *All.* Dachfette, *angl.* purlin, *esp.* correa, *ital.* corrente.

On appelle *panne faîtière* la pièce de bois qui unit les sommets de toutes les fermes d'un comble. 2) *Blas.* Les *pannes* sont synonymes de *fourrures* (*v.* blason). ‖ 3) On appelle *panne* dans un marteau* la partie évidée opposée à la partie plane.

panneau n.m. (*dér. de* pan). *Archit.* D'une manière générale, surface plane encadrée de moulures*. Mais ce terme a de nombreuses acceptions.

1. – Un *panneau* de menuiserie* est formé par un assemblage* de plusieurs planches réunies au moyen de languettes* et rainures*, lequel assemblage est pris dans les bâtis ou cadres d'un ouvrage nommé lambris (*v. ce mot*) ou dans un vantail* de porte, etc.

⌀ *All.* Füllung, *angl.* panel, *esp.* tablero, *ital.* scompartimento.

Panneau en hauteur : toujours plus haut que large; dessus de porte.

⌀ *All.* Hochfüllung, *angl.* high panel, *esp.* tablero alto, *ital.* riquadro alto.

Panneau de douelle : face courbe d'un voussoir*. La face plane et visible porte le nom de *panneau de tête*, et la face d'un voussoir touchant l'autre voussoir porte le nom de *panneau de lit* (*v.* claveau, voussoir).

2. – Meuble à *panneaux* : on appelle ainsi les armoires*, les commodes, les bahuts par opposition aux sièges, aux tables.

3. – Planche en bois de chêne, tilleul ou sapin servant de support à une peinture*. La peinture sur *panneau*, dite encore sur bois, précède et prépare la peinture sur toile qui n'apparaît qu'au XVIe s.

⌀ *All.* Tafelmalerei, *angl.* panel painting, *esp.* pintura sobre tabla, *ital.* tavola.

4. – En maçonnerie*, on donne ce nom à un morceau de zinc ou de carton, ou à un assemblage de tringles en bois, qui sont employés comme patrons* pour tracer sur les pierres* les coupes ou contours dont on doit les tailler.

5. – *Panneau* de vitrail* : assemblage de plusieurs morceaux de verre, blanc ou de couleur, de diverses formes, engagés dans les languettes de plomb.

⌀ *All.* Glasmalereifüllung, *angl.* stained glass panel, *esp.* vidriera, *ital.* scompartimento di vetrata.

panneton n.m. (*variante de* penneton, *dim. de* pennon, *lat.* penna : plume). Partie inférieure d'une clef*; elle pénètre dans la serrure et, à l'aide d'un mouvement de rotation qu'on lui imprime, fait mouvoir le pène*.

panonceau n.m. (*var. de* penneton, *dim. de* pennon : plume large). Carré en étoffe ou en métal sur lequel figuraient des armoiries*.

⌀ *All.* Wappenschild, *angl.* scutcheon, *esp.* banderola, *ital.* pennoncello.

panoplie n.f. (*gr.* παν : tout *et* οπλα : armes). Ensemble des pièces d'une armure* complète, des armes* défensives et offensives d'un combattant (Antiquité et Moyen Age).

⌀ *All.* vollständige Rüstung, *angl.* panoply, *esp. et ital.* panoplia.

panse n.f. (*lat.* pantex, *accus.* panticem). Se dit de la partie renflée d'un vase; la *panse* se divise elle-même en trois parties : l'épaulement, la panse proprement dite, et le culot.

On dit aussi la panse d'un balustre*, d'une cloche*.

⌀ *All.* Leibung, *angl.* paunch, *esp.* panza, *ital.* pancia.

Pantocrator (Christ) adj. (*gr.* παν : tout *et* κρατος : puissance). Qualificatif de Dieu omnipotent, maître de tout. Nom donné à Zeus par les Grecs païens, puis au Christ ressuscité et triomphant par les Grecs chrétiens.

Le Christ maître du monde est figuré souvent au sommet intérieur des coupoles* des églises byzantines par une effigie de proportions gigantesques. Il figure souvent sur les émaux* de Limoges.

⌀ *All.* Allherrscher, *angl.* Almighty, *esp.* Cristo todopoderoso, Pantocrátor, *ital.* Pantocratore.

pape n.m. (*gr.* παππας, *lat.* pappa : papa). Le

Souverain Pontife, évêque de Rome. Aux Ve et VIe s., ce titre était couramment donné à tous les évêques.

∅ *All.* Papst, *angl.* pope, *esp. et ital.* papa.

Pâques (*du lat.* pascha, *venu de l'hébreu par le grec, en hébreu* pascha *veut dire* passage). La fête de la Résurrection du Christ qui a succédé à la Pâque juive, où était commémorée la sortie d'Égypte du peuple d'Israël.

∅ *All.* Ostern, *angl.* Easter, *esp.* Pascua, *ital.* Pasqua.

parabole n.f. (*gr.* παραβολη : comparaison). Récits familiers, fictifs mais vraisemblables, qui sont une comparaison développée, dont se servait N. S. pour rendre plus vivant son enseignement.

∅ *All.* Parabel, *angl.* parable, *esp.* parábola, *ital.* parabola.

paradis terrestre Séjour délicieux appelé aussi Éden où Dieu avait placé Adam et Ève et d'où ils furent chassés après leur faute (Genèse 2 et 3).

∅ *All.* das irdische Paradies, *angl.* earthly Paradise, *esp.* el Paraíso terrenal, *ital.* Paradiso terrestre.

parangon n.m. (*de l'ital.* paragone : pierre de touche, *du gr.* παραχονη : pierre à aiguiser). 1) Modèle exemplaire parfait. Diamant sans défaut. ‖ 2) Marbre d'Égypte ou de Grèce de couleur noire.

∅ *All.* fleckenloser Diamant, *angl.* parangon, *esp.* parangón, *ital.* parangone.

parapet n.m. (*de l'ital.* parapetto : protège poitrine). *Archit.* Barrière ou protection à hauteur d'appui* élevée au bord d'une plateforme*, d'un balcon*, d'un pont*, pour éviter des chutes dans le vide.

∅ *All.* Brüstung, Schutzgeländer, *angl.* breastwork, *esp.* parapeto, *ital.* parapetto.

Parapet de pont :

∅ *All.* Brückengeländer, *angl.* bridge railing, *esp.* pretil, *ital.* parapetto di ponte.

parastates n.m. (*du gr.* παρα : auprès, *et du lat.* stare : se tenir). Ce terme signifie « qui se tient devant ». Il est synonyme d'antes* (*v. ce mot*). Se dit indifféremment des pilastres*, piliers* et pieds-droits*.

parchemin n.m. (*lat.* pergamina (charta) : charte *faite en matière préparée à* Pergame). Peau de mouton ou de chèvre raclée et polie à la pierre ponce qui était préparée à Pergame (Asie Mineure). On s'en est servi jusqu'au milieu du Moyen Age pour y écrire les manuscrits*. Les feuilles reliées formaient le codex*. Le *parchemin*, plus solide que le papyrus, se prêtait mieux au grattage (*v.* palimpseste).

∅ *All.* Pergament, *angl.* parchment, *esp.* pergamino, *ital.* pergamena.

Parchemin plié : motif* décoratif (*v.* serviette repliée).

parclose n.f. 1) Panneau* de boiserie étroit et élevé.

∅ *All.* Hochfüllung, *angl.* high panel, *esp.* tablero alto, *ital.* riquadro alto.

2) Séparation en boiserie entre deux stalles* de chœur.

∅ *All.* Zwischenwange, *angl.* partition, *ital.* parete tra due stalli.

parement n.m. (*dér. du lat.* parare : préparer). Ce qui pare, ce qui orne.

1) *Maçonn.* Surface apparente, visible, c'est-à-dire extérieure, de toutes les matières employées dans la construction*. La brique*, la pierre, le bois* ouvré ont pour *parement* la face formant revêtement*. Le parement d'une pierre peut être *brut* lorsque la face de la pierre est restée telle qu'elle est sortie de la carrière; *uni* quand il a été entaillé; *layé* quand la face de la pierre a été taillée avec la laye* (*ou* laie).

2) *Archit.* Le *parement* d'un mur* est sa surface extérieure revêtue de pierres* de taille bien dressées et unies, et mises en lignes.

∅ *All.* Vorderfläche, *angl.* facing of a wall, *esp.* paramento, *ital.* faccia.

3) *Par extens.* Ce mot a servi à désigner au Moyen Age tant les ornements* des personnes que ceux du logis. Les meubles, épées, etc., de « parement » étaient des objets de cérémonie.

4) *Liturgie* Primitivement ce mot désignait les ornements* d'or, d'argent ou de bronze, destinés

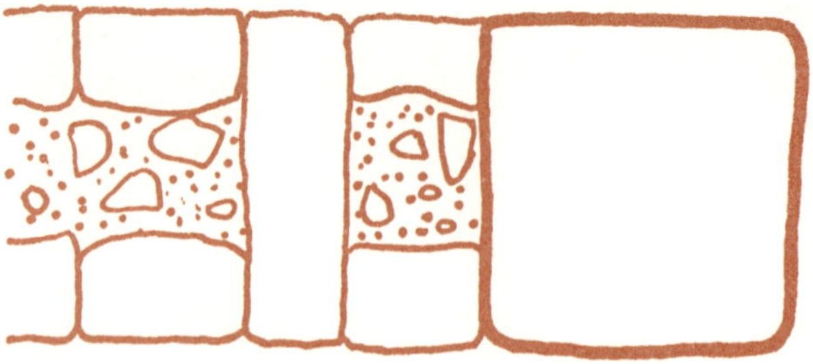

parpaing

à orner le devant et la table des autels* (*v.* antependium). Il servit aussi, dans la suite, à désigner les ornements* sacerdotaux.

ø *All.* Altarumhang, *angl.* altar-ornament, *esp.* frontal de altar, *ital.* paliotto.

Parenté (la Sainte). Il ne faut pas confondre avec la Sainte Famille. Le thème de la Sainte Parenté qu'on appelait aussi au Moyen Age la lignée Madame Sainte Anne, est très fréquent au XVe siècle.

La Sainte Parenté groupe dans une même composition toute la descendance de sainte Anne, ses trois filles, les trois Marie avec leurs époux et ses sept petits-fils, soit au total quatorze personnages. D'après une tradition, qui ne repose que sur les apocryphes*, sainte Anne devenue veuve de saint Joachim après la naissance de la Vierge Marie, aurait épousé ensuite Cléophas, dont elle eut une fille Marie-Cléophas; elle aurait épousé ensuite Salomé (ou Salomon) dont elle eut Marie-Salomé.

La Vierge Marie enfanta Jésus. Marie-Cléophas, femme d'Alphée, fut la mère de saint Jacques le Mineur, saint Simon, saint Jude et Joseph le Juste; Marie-Salomé aurait eu de Zébédée deux fils : saint Jacques le Majeur et saint Jean l'Évangéliste.

ø *All.* Heilige Sippe, *angl.* Holy Fellowship, *esp.* la Santa Parentela, *ital.* la Santa Parentela.

Parents (les Premiers). Adam et Ève (*cf.* Gen. 2 et 3).

ø *All.* die Stammeltern, *angl.* our first Parents, *esp.* los primeros Padres, *ital.* i Protoparenti.

parer v.tr. (*lat.* parare : préparer). Orner, préparer. On dit *parer* une peau, une pièce de bois.

paroi n.f. (*du lat.* paries : mur). Surface intérieure d'un mur* de maison, d'un bassin, d'un récipient.

ø *All.* Wand, *angl.* partition, *esp.* pared, *ital.* parete.

paroisse n.f. (*du gr.* παρα : à côté *et* οικια : maison). Groupe de maisons voisines formant une circonscription ecclésiastique dans le diocèse. Elle est gouvernée par le curé représentant l'évêque (et désigné par lui). C'est une famille spirituelle dont l'église* est la maison, le curé le père, comme représentant de Dieu, les paroissiens les membres.

Les *paroisses* ont pris naissance dans les campagnes à partir du IVe s.

ø *All.* Pfarrei, *angl.* parish, *esp.* parroquia, *ital.* pieve.

paroissiale (église) *Voir* église.

parpaing n.m. (*orig. obsc.*). *Archit.* Pierre équarrie* à la largeur d'un mur* et qui fait parement* sur les deux faces opposées (*fig.*). Elle traverse ainsi le mur de part en part en lui donnant de la stabilité. Si le mur est trop épais, le poids de la pierre oblige à se contenter d'employer des boutisses (*v. ce mot*), qui ont une forme allongée.

ø *All.* Bindestein, *angl.* through stone, *esp.* perpiaño, *ital.* pietra di legamento.

parquet n.m. (*dim. de* parc : enclos). 1) Clôture* faite de claies, où sont parqués les moutons. ‖ 2) Lieu clos de barrières. ‖ 3) Les *parquets* des tribunaux étaient jadis surélevés sur des planches assemblées. Peu à peu le mot *parquet* a fini par désigner ces planches, et par prendre le sens de plancher d'appartement.

Dans ce sens particulier, le parquet est formé de lames de bois posées sur des lambourdes* et présentant des dessins divers; le parquet a remplacé à partir du XVIIe s. les dallages* et carrelages*.

ø *All.* Fußboden, *angl.* floor, *esp.* entarimado, *ital.* pavimento di legno.

parti n.m. (*de* partir, *au sens propre de partager*). *Archit.* Se dit du mode de répartition des pleins et des vides, de la disposition de la lumière, du choix des proportions, en un mot de la conception qui a présidé à la construction d'un édifice.

Parti pris : intention nettement visible dans une exécution suivie et sans mollesse.

parti adj. (*lat.* partitus : partagé). *Blas. Parti* se dit d'un écu* divisé en deux parties égales par une verticale.

ø *All.* gespalten, *esp.* partido.

parties n.f. (*de* partir *au sens de partager*). • *Blas.* Les *parties de l'écu** sont le chef et la pointe, ayant chacun un canton dextre et un canton senestre, et le centre ayant un flanc dextre et un flanc senestre.

• – **poufes** (*de* pouf, *onomatopée exprimant la chute*). Lors de la taille d'un bloc de marbre*, certaines parties se réduisent en poudre, ce sont les *parties poufes*, celles dont le grain* ne présente pas une cohésion suffisante. Au contraire les *parties fières* sont celles qui sont entamées difficilement par l'outil.

∅ *All.* bröckeliger Stein, *angl.* crumbling stone, *esp.* piedra blanda, *ital.* marmo fragile.

parvis n.m. (*doublet de* paradisus : paradis). *Archit.* Espace s'étendant devant les basiliques* chrétiennes où stationnaient les catéchumènes* qui n'avaient pas le droit de pénétrer dans l'église*. Au Moyen Age on ménageait souvent, en avant du portail* principal de la cathédrale et des églises, un emplacement entouré de murs bas qu'on appelait *parvis* (d'après le nom de « paradis » que portait cet emplacement devant la basilique Saint-Pierre de Rome), et dans lequel les juges ecclésiastiques rendaient la justice.

Le terme désigne parfois un simple porche* ou un narthex*.

∅ *All.* Paradies, Vorhof, *angl.* parvis, *esp.* atrio, *ital.* atrio.

pas n.m. (*lat.* passus). Longueur d'une enjambée, élément de la marche à pied.

∅ *All.* Schritt, *angl.* step, *esp.* paso, *ital.* passo.

Pas de porte : seuil* d'une porte formant une marche au-dessus du sol*, ne dépassant pas l'alignement du mur*.

∅ *All.* Türschwelle, *angl.* doorstep, *esp.* umbral, *ital.* soglia.

passage n.m. (*dér. de* passer, *du lat.* passus : pas). *Archit.* Galerie* couverte ou corridor servant à joindre deux corps de bâtiment (ou deux pièces) éloignés l'un de l'autre.

∅ *All.* Durchgang, *angl.* passage, *esp.* pasadizo, *ital.* passaggio.

Passion n.f. (*du lat.* pati : souffrir). Souffrances endurées par le Christ qui précédèrent et accompagnèrent sa mort.

∅ *All.* Leiden, *angl.* Passion, *esp.* Pasión, *ital.* Passione.

Instruments de la Passion : *v.* instruments.

passionnaire n.m. (*dér. de* passion). Livre liturgique qui renfermait le récit de la Passion* du Christ. On y trouve aussi le récit du martyre des saints.

∅ *All.* Passionale, *angl.* passional, *esp.* pasionario, *ital.* passionario.

Pasteur (Bon) (*lat.* pastor : berger). Symbole du Christ dans le premier art chrétien. Le Christ y est très souvent représenté comme un berger qui porte sur son épaule un agneau, ou qui prend soin de ses brebis (*cf.* Évang. de saint Jean, ch. 10).

∅ *All.* der Gute Hirt, *angl.* the Good Shepherd, *esp.* el Buen Pastor, *ital.* il Buon Pastore.

pastillage n.m. *Céramique* Procédé de décoration* qui consiste à modeler des ornements* séparés qui sont ensuite appliqués sur la surface d'un vase sur laquelle ils se détachent en relief*.

∅ *All.* Auftragung von Reliefs auf Porzellan, *angl.* laying on.

pâte de verre (*du gr.* παστη : sauce mêlée de farine). Cubes de verre de très petite taille, de coloration très diverse, au moyen desquels on fait des mosaïques (*v.* abacule *et* mosaïque).

∅ *All.* Glaspaste, *angl.* glass paste, *esp. et ital.* pasta vitrea.

patène n.f. (*lat.* patena, *var. de* patina : bassin, vase). *Liturgie* Petit plat de forme ronde et aplatie (patere : être ouvert) qui sert à l'oblation de l'hostie à l'offertoire de la messe, et à recueillir les parcelles eucharistiques (*pl.* 121). Il est vraisemblable que la *patène* fut employée en même temps que le calice* dès l'origine du christianisme.

∅ *All.* Hostienschale, *angl.* paten, *esp. et ital.* patena.

Genres particuliers :

1) Les *patènes ministérielles*, avec lesquelles les diacres distribuaient la communion aux fidèles, étaient grandes et munies d'anses. A l'époque carolingienne, les hosties ayant diminué d'épaisseur par suite de leur fabrication au moyen des fers* à hosties, les patènes devinrent moins volumineuses.

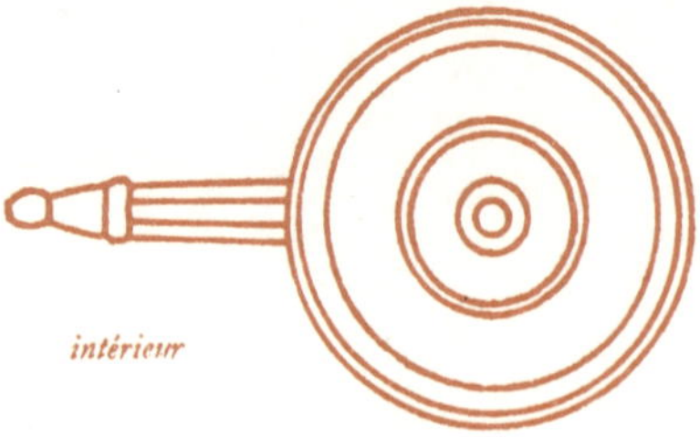

intérieur

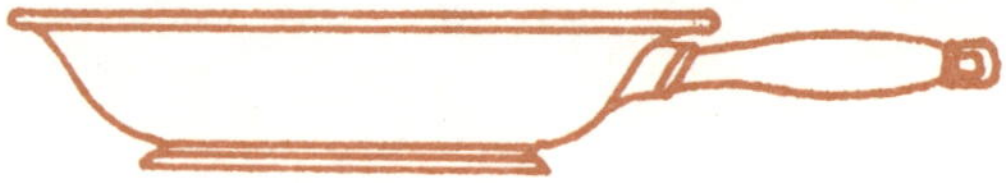

patères

2) Les *patènes chrismales,* servant à contenir le saint chrême pour le baptême et la confirmation. 3) Les *patènes d'ornement* (*patenae pendentiles*) suspendues dans l'église pour la décorer.

patenôtre n.m. (*lat.* pater : père; noster : nôtre). 1) Chapelet. A la fin du Moyen Age, les fabricants de chapelets se nommaient *patenostriers.* ‖ 2) *Par anal.* Motif* de décoration fait de files de petites boules ou de guirlandes de petites graines rondes ou ovales.

∅ *All.* Rosenkranz, *angl.* paternoster, *esp.* rosario, *ital.* paternostro.

patère n.f. (*lat.* patera : vase sacré). *Archit.* Motif* d'ornementation de forme circulaire imitant une *patère* antique; la patère antique était un vase sacré en forme de coupe très plate employé dans les sacrifices païens (*fig.*).

∅ *All.* Opferschale, *angl., et esp.* patera, *ital.* patera.

patriarche n.m. (*gr.* πατηρ : père; αρχειν : commander). Signifie : le père qui commande. 1) Nom donné aux premiers ancêtres de l'humanité, et à d'illustres chefs de famille en Israël avant Moïse (tel Abraham). ‖ 2) Titre donné au début aux évêques des trois grandes Églises, Rome, Antioche, Alexandrie, puis à ceux de Constantinople et de Jérusalem, puis à d'autres et encore aujourd'hui à quelques évêques.

∅ *All.* Urvater (1), Erzvater (2), *angl.* patriarch, *esp. et ital.* patriarca.

patrologie n.f. (*gr.* πατηρ : père; λογος : science). 1) Science de la vie et des ouvrages des Pères* de l'Église. ‖ 2) Collection complète des écrits des Pères : la *Patrologie* de Migne.

patron n.m. (*dér. du lat.* pater : père). 1) *Droit canon* Personne possédant le droit de patronage* sur une église. 2) Saint protecteur d'un chrétien ou d'une communauté (paroisse, diocèse, congrégation, corporation, royaume, gouvernement, ville, province, etc.) ou d'un territoire. Il y a des patrons principaux et des patrons secondaires (*v.* titulaire).

∅ *All.* Schutzpatron, *angl.* patron, *esp.* patrón, *ital.* patrono.

3) Modèle d'après lequel travaillent les artisans des différents corps de métier.

∅ *All.* Muster, Vorlage, *angl.* pattern, *esp.* patrón, *ital.* modello.

patronage n.m.(*de* patron). *Dr. canon* Le *patronage* d'une église fut souvent reconnu à la personne qui la fondait et à ses ayants-droit successifs. A ce titre appartenait un privilège, le *droit de patronage*, qui ne consiste plus maintenant, là où il existe encore, qu'à présenter un candidat pour le service de cette église (*v.* bénéfice).

paumelle n.f. (*dér. de* paume, *lat.* palma : main). Gond* ou penture* de porte formant T.

∅ *All.* Hakenband, *angl.* door-hinge, *esp.* gozne *ital.* orzuola.

paumier n.m. (*lat.* palmarius). On appelait ainsi au Moyen Age les pèlerins* qui portaient une palme à la main, primitivement celle qu'on rapportait de Jéricho.

∅ *All.* Palmenträger.

pavage n.m. (*dér. du v.* paver, *lat.* pavire). *Archit.* Revêtement du sol d'une rue ou route, place, cour, étable, etc., fait de pavés (ou dalles) en pierre.

pavement n.m. (*dér. de* paver). *Archit.* On appelle ainsi un pavage* très soigné et luxueux, en général à l'intérieur d'une construction, et fait de matériaux coûteux : marbre*, mosaïque*, dallage*, émaillé, etc.

∅ *All.* Bodenbelag, *angl.* pavement, *esp.* empedrado, *ital.* lastricato.

pavillon n.m. (*du lat.* papilio, papilionem : papillon). 1) Tente de forme grande et carrée se distinguant des petites tentes rondes, qu'on montait en plein air, ou souvent dans les grandes pièces des châteaux (couvrant les lits, les baignoires).

∅ *All.* Prachtzelt, *angl.* tent, *esp.* toldo, *ital.* tenda.

2) Oriflamme : les grandes tentes étant généralement surmontées d'une flamme ou d'un fanion aux armes de l'occupant, le nom passa de la tente à l'oriflamme.

∅ *All.* Flagge, *angl.* flag, *esp.* pabellón,

bandera, *ital.* bandiera.

3) *Archit.* Bâtiment en général petit, accompagnant un bâtiment principal dont il forme une aile*, à moins d'être complètement isolé.

Ø *All.* Pavillon, *angl.* lodge, *esp.* pabellón, *ital.* padiglione.

pavois n.m. (*ital.* pavese : *de* Pavie *où ces boucliers auraient été d'abord fabriqués*). Grand bouclier* ovale ou quadrangulaire couvrant entièrement le combattant. Les Francs s'en servaient pour porter leurs chefs en triomphe : « élever sur le pavois ».

Ø *All.* Schild, *angl.* pavise, *esp.* pavés, *ital.* pavese.

pectoral n.m. (*dér. de* pectus : poitrine). 1) Insigne hébraïque du Grand-Prêtre (*v.* rational).

Ø *All.* Brustplatte, *angl.* pectoral, *esp.* pectoral, *ital.* pettorale.

2) *Adj.* Qui se porte sur la poitrine. *Ex.* Croix pectorale (*v.* formal *et* croix), qui est un insigne épiscopal.

Ø *All.* Brustkreuz, *angl.* pectoral cross, *esp.* cruz pectoral, *ital.* pettorale.

pédicule n.m. (*dim. de* pied). Petit pilier* isolé servant de support, par ex. à un bénitier*.

Se dit aussi du petit couronnement d'une arcade* au-dessus duquel se place un bourgeon* ou une statuette, ou encore mode de terminaison d'une arcade* placée au-dessus d'un cul-de-lampe*.

Ø *All.* Stützpfeiler, *angl.* stalk, *esp.* pedículo, *ital.* pedicello.

pédiculé adj. Se dit de tout objet qui est porté par un petit pilier* isolé. La cuve baptismale reposant sur un seul support en forme de tige est dite monopédiculée.

Ø *All.* gestielt, *angl.* supported by a stalk, *esp.* pediculado, *ital.* pedicellato.

peigne n.m. (*lat.* pecten, pectinem). 1) Instrument de toilette pour la propreté des cheveux, ou ornement pour la tête.

Ø *All.* Kamm, *angl.* comb, *esp.* peine, *ital.* pettine.

2) *Peigne liturgique* : dans l'Église primitive – et l'usage s'en est conservé dans l'Église orientale – avant de célébrer le prêtre non seulement se lavait les mains, mais se peignait les cheveux et la barbe. Des peignes liturgiques en ivoire sont conservés dans le trésor de certaines églises (*pl.* 122).

Ø *All.* Bischofskamm, *angl.* liturgical comb, *esp.* peine litúrgico, *ital.* pettine liturgico.

3) Dans la période romane, le clocher* était souvent fait d'un mur monté sur la façade*, dans lequel on pratiquait des baies où étaient suspendues les cloches*. L'ensemble rappelant la forme d'un peigne, on appelle ces clochers *clochers-peignes (v. ce mot)*.

peinture n.f. (*lat.* pictura, *de* pingere : peindre). Au point de vue technique les procédés les plus usuels sont :

peinture à la détrempe : couleurs appliquées avec de la colle sur un mur détrempé.

Ø *All.* Temperamalerei, *angl.* distemper, *esp.* pintura al temple, *ital.* pittura a tempera.

peinture à l'encaustique ou *à la cire,* pratiquée dans l'Antiquité.

Ø *All.* Wachsmalerei, *angl.* encaustic painting, *esp.* pintura al encausto, *ital.* pittura al encausto.

peinture à l'eau.

peinture à fresque (*v.* fresque).

peinture à l'huile :

Ø *All.* Ölmalerei, *angl.* oil painting, *esp.* pintura al óleo, *ital.* pittura ad olio.

peinture à l'œuf : le jaune sert à lier la couleur et le blanc joue le rôle de vernis.

La peinture n'est pas seulement un art, mais aussi un métier. La préparation des couleurs, des toiles, des fonds de bois, exige des soins compliqués. A côté des artistes *peintres*, il y a des *peintres* artisans.

Ø *All.* Maler, *angl.* painter, *esp.* pintor, *ital.* pittore.

On distingue (sans parler de la *peinture en bâtiment*) :

– la *plate peinture* et la *peinture sur relief* (qui se nommait au Moyen Age *étoffage* des statues*).

– la *peinture murale* :

Ø *All.* Wandmalerei, *angl.* wall-painting, *esp.*

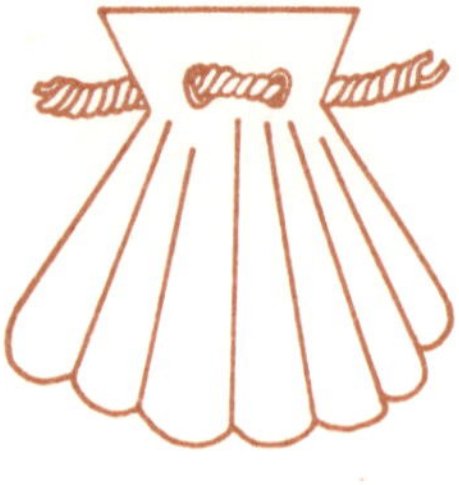
pèlerinage (enseigne de)

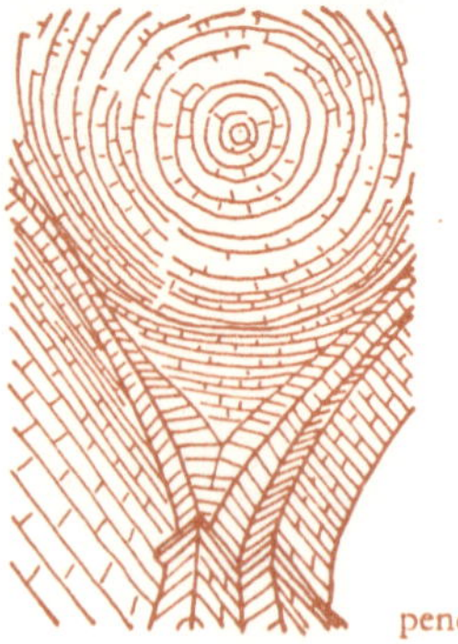
pendentif

pintura mural, *ital.* pittura parietale.
– la *peinture sur bois* (sur panneau) :
∅ *All.* Tafelmalerei, *angl.* panel painting, *esp.* pintura sobre tabla, *ital.* pittura su tavola.
– la *peinture sur porcelaine* :
∅ *All.* Porzellanmalerei, *angl.* china painting, *ital.* pittura sopra porcellana.
– la *peinture sur toile* :
∅ *All.* Leinwandmalerei, *angl.* canvas painting, *esp.* pintura en lienzo, *ital.* pittura su tela.
– la *peinture sur verre* :
∅ *All.* Glasmalerei, *angl.* glass-painting, *esp.* pintura sobre vidrio, *ital.* pittura su vetro.
On distinguera aussi :
– la *peinture religieuse* :
∅ *All.* Andachtsmalerei, *angl.* religious painting, *esp.* pintura religiosa, *ital.* pittura sacra.
– la *peinture sans sujet* :
∅ *All.* gegenstandslose Malerei, *ital.* pittura senza soggetto.
– la *peinture sur vases* :
∅ *All.* Vasenmalerei, *angl.* vase painting, *ital.* pittura sopra vasi.

pèlerin n.m. (*lat.* peregrinus : étranger, *par extens.* voyageur). Chrétien partant « en pèlerinage* » désireux de faire pénitence et de se rapprocher de Dieu. *Voir aussi* paumier, romée.
∅ *All.* Pilger, *angl.* pilgrim, *esp.* peregrino, *ital.* pellegrino.

pèlerinage n.m. (*de* pèlerin). 1) Voyage fait par piété à un lieu de dévotion.
∅ *All.* Pilgerfahrt, *angl.* pilgrimage, *esp.* peregrinación, *ital.* pellegrinaggio.
2) Lieu qui est le but du pèlerinage.
Dans l'estuaire du fleuve Ulla, qui arrose la ville de Padrón, lieu présumé du débarquement de l'esquif qui contenait le corps de saint Jacques le Majeur, la mer rejette sur le rivage, plus que partout ailleurs, des coquilles creuses de forme caractéristique; on les dénomme pour cette raison « coquilles Saint-Jacques ». Les pèlerins prirent l'habitude d'en recueillir et rapporter chez eux comme attestation qu'ils avaient bien atteint, à l'autre bout des terres, l'objet et le sanctuaire de leur vœu. D'abord insigne particulier du pèlerinage de Saint-Jacques de Compostelle, la coquille devint vite l'emblème général de toutes catégories de pèlerins, ceux du Mont-Saint-Michel par exemple. Dès le XIIe siècle, des commerçants avisés en faisaient le trafic. Puis on en fabriqua même d'artificielles en métal, que les pèlerins accrochaient à leur costume de route et à leur chapeau (*fig.*; *v.* coquille; *v. aussi* paumier, romée).
Église de pèlerinage :
∅ *All.* Wallfahrtsort, *angl.* pilgrimage church, *esp.* iglesia de peregrinación, *ital.* chiesa di pellegrinaggio.

pèlerine n.f. (*de* pèlerin). Manteau* de pèlerin*, court, sans manches, avec parfois un capuchon.
∅ *All.* Überwurf, Pilgermantel, *angl.* tippet, *esp.* esclavina, *ital.* pellegrina.

pelle n.f. (*lat.* pala). Plaque large, mince et légèrement concave, de bois ou de fer, fixée au bout d'un manche, servant à ramasser la terre.
∅ *All.* Schaufel, *angl.* shovel, spade, *esp.* pala, *ital.* pala,

pelte *ou* **pelta** n.f. (*lat.* pelta). Bouclier* fortement échancré, à forme de croissant, modèle d'un motif* d'ornementation.
∅ *All.* Tartsche, *angl.*, *esp.* *et ital.* pelta.

penannulaire adj. (*du lat.* pene : presque *et* annulum : anneau). Qui a la forme d'un anneau non fermé.
∅ *All.* halbkreisförmig, *angl.* penannular, *esp.* penanular, *ital.* penanulare.

pendentif n.m. (*du lat.* pendere : pendre). 1) *Archit.* On appelle ainsi des espaces triangulaires ou triangles concaves, placés dans les angles d'une tour* carrée couronnée par une coupole* (*fig.*, *pl.* 123). Ces espaces triangulaires concaves prolongent la surface de la coupole et viennent se raccorder aux murs*; ainsi, ils sont destinés à soutenir une partie de cette coupole en rachetant la forme circulaire, c'est-à-dire en permettant de passer du plan carré au plan circulaire (*v.* coupole, trompe, panache, voûte, fourche).
∅ *All.* Kuppelzwickel, *angl.* pendentive, *esp.* pechina, *ital.* pennacchio sferico.

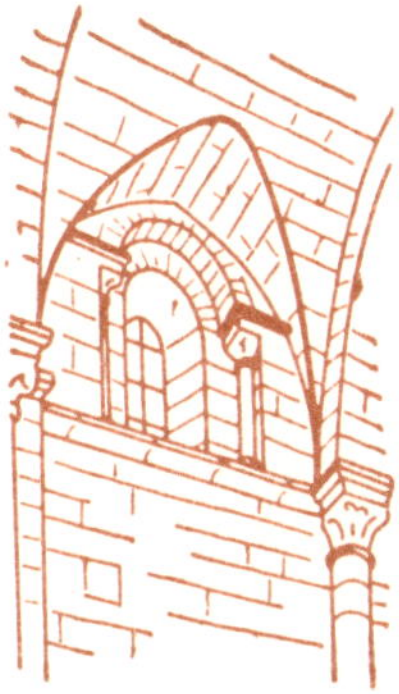

pénétration

L'emploi de ce mot dans le sens de *clef de voûte pendante* doit être rejeté.
2) *Joaillerie* Bijou suspendu au cou.
∅ *All.* Juwelengehänge, *angl.* pendant jewel, *esp.* pendiente, *ital.* pendente.

pène n.m. (*altération, au XVII*e *s., de* pesle, *XII*e *s.*), *lat.* pessulus : verrou). *Serrurerie* Pièce maîtresse de la serrure* : languette de fer mise en mouvement par la clef* et dont l'extrémité s'arrêtant dans la gâche* tient la porte fermée.
∅ *All.* Schloßriegel, *angl.* bolt, *esp.* pestillo, *ital.* stanghetta.

pénétration n.f. (*lat.* penetratio). *Archit.* Intersection de deux surfaces courbes qui se rencontrent, qui se pénètrent : l'intersection de deux berceaux* fournit une *pénétration* (*v.* berceau).
∅ *All.* Stichkappe, *angl.* penetration, *esp.* penetración, *ital.* penetrazione.

penne n.f. (*lat.* penna : plume). *Archit.* Solive* d'une certaine épaisseur.

pennon n.m. (*dér. de* penne *au sens de* plume). Fanion triangulaire flottant à l'extrémité de la lance*.
∅ *All.* Panier, *angl.* pennant, *esp.* pendón, *ital.* pennone.

pénombre n.f. (*lat.* pene : presque *et* umbra : ombre). Ombre* recevant des rayons de lumière et formant transition entre l'ombre totale et la lumière.
∅ *All.* Zwielicht, Halbschatten, *angl. et esp.* penumbra, *ital.* penombra.

pentaptyque n.m. (*du gr.* πεντε : cinq *et* πτυχη : tablette). Tableau, retable* à cinq volets.

Pentateuque n.m. (*du gr.* πεντε : cinq *et* τευχος : volume). Recueil des cinq livres de Moïse, appelés par les Juifs la *Thora* et par les traducteurs Grecs de la Bible (Ancien Testament) le *Pentateuque*. Il comprend la Genèse, l'Exode, le Lévitique, les Nombres et le Deutéronome (*v.* Testament).
∅ *All. et angl.* Pentateuch, *esp. et ital.* Pentateuco.

pente n.f. (*du lat.* pendere : pendre). Inclinaison d'une ligne ou d'une surface.
∅ *All.* Abhang, *angl.* slope, *esp.* pendiente, *ital.* declivio.
Pente (*d'un toit*) :
∅ *All.* Abdachung, *angl.* pitch, *esp.* pendiente de un tejado, *ital.* spiovente.

Pentecôte n.f. (*gr.* πεντηκοστη : cinquantième *jour après Pâques*). Fête où l'Église célèbre la descente du Saint Esprit sur les Apôtres. La plus grande fête de l'année après Pâques.
∅ *All.* Pfingsten, *angl.* Whitsuntide, *esp.* Pentecostés, *ital.* Pentecoste.

penture n.f. (*dér. du lat.* pendere : pendre). Ferrure fixée sur les vantaux* de porte pour les consolider et les faire mouvoir; à cet effet la *penture*, par une de ses extrémités, pivote sur un gond*. Il y a de *fausses pentures*, qui ne servent qu'à l'ornementation* des vantaux. Les pentures sont souvent des chefs-d'œuvre de ferronnerie*. Elles s'étendent soit en largeur, soit en hauteur, sur les vantaux (*pl.* 124).
∅ *All.* Türbänder, *angl.* wrought iron hinges, *esp.* pernio, *ital.* bandella.

percement n.m. (*dér. de* percer, *lat.* pertusiare, *de* pertundere : trouer). *Archit.* Toute ouverture faite après coup dans un mur* pour y pratiquer une baie*, porte ou fenêtre.
∅ *All.* Öffnung, *angl.* opening, *esp.* abertura, *ital.* perforamento.

perche n.f. (*lat.* pertica). Longue pièce de bois mince et élancée.
∅ *All.* Stange, *angl.* pole, *esp.* pértiga, *ital.* pertica.

Pères de l'Église Écrivains ecclésiastiques, témoins de la Tradition catholique, pour la plupart honorés comme saints, qui ont vécu depuis les débuts du christianisme jusqu'au début du XIIe siècle (saint Bernard est souvent considéré comme le dernier en date) tant dans l'Église latine que dans les Églises de langue grecque ou syriaque. Certains ont reçu le titre de docteurs de l'Église (*v. ce mot*).

péridrome n.m. (*gr.* περι : autour *et* δρομος : course). *Archit.* Galerie* couverte d'un édifice.

péristyle n.m. (*gr.* περι : autour *et* στυλος : colonne).

Archit. Galerie* formée d'un côté par des colonnes* isolées, de l'autre par le mur* d'un édifice.

On désigne aussi par ce mot des colonnes placées devant un monument, appelées aussi *portique* (*v. ce mot*).

ø *All.* Säulengang, *angl.* peristyle, *esp.* peristilo, *ital.* peristilio.

perizonium n.m. (*gr.* περι : autour *et* ζωνη : ceinture). Pagne ceignant les reins du Christ en croix.

ø *All.* Lendentuch, *angl.* loin-cloth, *esp.* paño lumbar, *ital.* perizoma.

perle n.f. (*lat.* pirula : petite poire, *orig. obscure*). 1) Matière précieuse que l'on trouve dans certains coquillages, notamment dans les huîtres perlières.

ø *All.* Perle, *angl.* pearl, *esp. et ital.* perla.

2) *Archit.* Motif* d'ornementation* formé d'une série de petits grains sphériques se suivant comme sur un chapelet et appliqués sur une moulure* (*v.* cordon).

ø *All.* Perlenschnur, *angl.* string of beads, *esp.* sarta de perlas, *ital.* fila di perle.

perpendiculaire adj. (*du lat.* perpendicularis, *rac.* pendere : pendre). Ligne droite coupant une autre ligne à angle droit, ou tombant sur un plan à angle droit.

ø *All.* senkrecht, *angl.* perpendicular, *esp.* perpendicular, *ital.* perpendicolare.

Le « style perpendiculaire » désigne un type particulier de l'architecture gothique en Angleterre.

perron n.m. (*dér. de* pierre). Plateforme couronnant un massif* de maçonnerie*, et comportant un escalier extérieur, qui donne accès à l'entrée principale d'une habitation.

Au Moyen Age c'était une marque de noblesse, signe de puissance et de juridiction.

ø *All.* Freitreppe, *angl.* perron, *esp.* gradería exterior, *ital.* scalinata.

persienne n.f. (*fém. substantivé de* persien : persan). Contrevents* extérieurs construits de manière à laisser passer le jour et l'air dans l'intérieur des locaux fermés avec des fenêtres ou des contrevents. Elles se composent de lames de bois disposées en abat-jour les unes au-dessus des autres dans un bâti.

La *persienne* est un contrevent à la mode de la Perse, d'où son nom.

ø *All.* Sommerladen, Persienne, *angl.* outer window blind, *esp. et ital.* persiana.

personnage n.m. (*dér. de* personne, *lat.* persona : masque). Figure ornant une tapisserie* dite *à personnages* par opposition aux verdures qui ne comportent que des ornements végétaux.

ø *All.* Figur, *angl.* personage, *esp.* personaje, *ital.* figura.

perspective n.f. En peinture* les lois de la *perspective* mathématique ne furent appliquées qu'à la Renaissance.

ø *All.* Perspektive, *angl.* perspective, *esp.* perspectiva, *ital.* prospettiva.

pèsement des âmes (*dér. de* peser, *lat.* pensare, *dér. de* pendere : peser). *Iconogr.* Dans les scènes du Jugement dernier, les âmes sont pesées dans la balance de justice par l'archange saint Michel qui met dans les plateaux de la balance les vertus et les vices de l'âme, symbolisée par un enfant nu. Il surveille aussi les ruses du démon qui cherche à faire pencher la balance de son côté.

ø *All.* Seelenwägung, *angl.* weighing of souls, *esp.* el peso de las almas, *ital.* pesamento delle anime.

peson n.m. (*comme* pèsement). 1) Contrepoids de balance.

ø *All.* Gegengewicht, *angl.* sliding counterpoise, *esp.* contrapeso.

2) Petite masse de plomb ou de pierre placée à l'extrémité du fuseau par les fileuses pour qu'il tourne mieux ainsi chargé.

ø *All.* Spindelstein, *angl.* spindlewhorl.

phylactère n.m. (*gr.* φυλακτηριον : antidote, préservatif). Amulette servant à garantir contre les accidents ou les maladies. Ce pouvait être une relique* ou encore un texte de l'Écriture*; d'où les deux sens de : 1) Sachet de cuir contenant une relique, un talisman. 2) Sorte de ruban de parchemin sur lequel les Hébreux transcrivaient des versets de l'Écriture Sainte, et que les Pharisiens portaient au front ou au bras avec ostentation.

Par anal. Banderole ondulée que les imagiers gothiques mettaient dans les mains des Anges, des Prophètes, des Apôtres, etc., et sur laquelle étaient inscrites des légendes indiquant le sujet représenté (*pl.* 125) (*v.* banderole).

⌀ *All.* Spruchband, *angl.* phylactery, *esp.* filacteria, *ital.* filattério.

pic n.m. (*dér. de* piquer, *lat.* piccare, *de* piccus : pic). *Archit.* Outil* de fer massif à une ou deux pointes servant à fouiller la terre, à détacher et remuer des blocs de pierre, à dresser* des parements* de maçonnerie, etc.

⌀ *All.* Hacke, *angl.* pick-axe, *esp.* pico, *ital.* piccone.

pièce n.f. *Blas. Voir* épée, éperon.

piécettes n.f.pl. (*dér. de* pièce, *orig. probabl. celtique*). *Archit.* Petits disques en chapelet rappelant la forme de pièces de monnaie enfilées. On les appelle *pirouettes*.

⌀ *All.* Scheibenstab, *esp.* piececitas, *ital.* pezzette.

pied n.m. (*lat.* pes, pedis). ● 1) Ancienne mesure de longueur, avant l'adoption du système décimal.

Le *pied* valait environ 1/3 du mètre, soit 33 centimètres. Toutefois, le pied dit romain n'était que de 0 m. 295.

Le pied de roi se divisait en 12 pouces, le pouce en 12 lignes, la ligne en six points.

⌀ *All.* Fuß, *angl.* foot, *esp.* pie, *ital.* piede.

2) Appui*, base d'un objet tel que vase, table, etc.

⌀ *All.* Schaft, *angl.* leg, *esp.* pie, *ital.* gamba.

● – **de biche** *Menuiserie* Ciseau* à tranchant entaillé servant à arracher les clous restés dans le bois.

● – **de chèvre** *Archit.* Pièce servant de support aux deux montants de l'appareil servant à monter des fardeaux appelé *chèvre*. Cette pièce s'appelle aussi *semelle*, si elle est plate.

● – **droit** (on écrit aussi *piédroit*). *Archit.* Partie verticale, jambage* d'une baie* (porte, fenêtre, etc.). Montant vertical soutenant une des voussures* de l'archivolte* d'un portail* (*pl.* 126, *v. pl.* 7) On les appelle également *postes* (*v. ce mot*).

⌀ *All.* Türgewände, *angl.* jamb, jambshaft, *esp.* jamba, *ital.* piedritto.

piédestal n.m. (*ital.* piede : pied *et* stallo : reposoir). *Archit.* « Pied de l'estal » ou plateforme formant le soubassement d'une colonne*, d'une statue*, d'un vase (*pl.* 127). Fait d'un cube en pierre porté par une base*, et orné d'une corniche*, le *piédestal* est généralement carré, mais souvent aussi cylindrique, ou à pans* coupés. Le piédestal est d'origine romaine. Lorsqu'il est continu, portant une série de colonnes*, on l'appelle soubassement* ou stylobate*.

⌀ *All.* Fußgestell, *angl.* pedestal, *esp.* pedestal, *ital.* piedistallo.

piédouche n.m. (*ital.* pieduccio, *dim. de* piede : pied). Petit support généralement rond, formant un piédestal* orné de moulures*; il sert à soutenir un buste, à former la base d'un balustre, etc. (*v.* balustre).

⌀ *All.* Ständer, *angl.* small pedestal, *esp.* basa pequeña, *ital.* peduccio.

piédroit n.m. *Voir* pied-droit.

pierre n.f. (*lat.* petra, *du gr.* πετρα : rocher). 1) Corps solide et dur servant à la construction : *pierre* tendre, *pierre* dure, etc. ‖ 2) Fragment détaché de la même substance : tailler une *pierre*.

⌀ *All.* Stein, *angl.* stone, *esp.* piedra, *ital.* pietra.

3) *Pierre précieuse* (ou simplement : *pierre*) : pierre dure présentant des couleurs et des qualités rares, capable de recevoir un beau poli, dont on fait des bijoux, des objets d'art, etc.

On attribuait au Moyen Age à certaines pierres des vertus mystérieuses. Le diamant était un talisman contre les charmes, l'émeraude protégeait la vertu...

⌀ *All.* Edelstein, *angl.* precious stone, *esp.* piedra fina, *ital.* gemma.

4) *Archit. et constr.* Les pierres se divisent en deux catégories :

a) *Pierres siliceuses* (grès, silex, meulières, granits, etc.) non effervescentes sous l'acide, et donnant

des étincelles sous le choc de l'acier. Généralement très dures, utilisées en éclats pour faire des pavés, des routes (quartz, grès, basaltes), des murs (meulières), rarement des édifices.
b) Les *pierres calcaires*, effervescentes sous l'acide, sans étincelles au choc de l'acier, sont le plus employées en construction. Elles se divisent en deux classes :
– les pierres dures : liais, cliquart, marbre, etc.
– les pierres tendres : conflans, parmin, etc., qui résistent bien à la gelée lorsqu'elles ont perdu leur eau* de carrière, se taillent facilement et dont le parement* durcit à l'air.

Sans donner une nomenclature complète des pierres nous donnerons ici les noms de certaines pierres, selon leurs qualités ou défauts, ou selon leur destination dans la construction.
Pierre angulaire : pierre fondamentale de qui dépend la solidité de l'édifice.

∅ *All.* Eckstein, *angl.* corner stone, *esp.* piedra angular, *ital.* pietra angolare.
Pierre d'attente qu'on laisse en saillie* pour faire liaison éventuelle avec une autre construction.

∅ *All.* Zahnstein, *angl.* toothing stone, *esp.* adaraja, *ital.* addentellato.
Pierre coquillère : renfermant de petites coquilles fossiles.
Pierre en délit : qui n'est pas posée selon la situation où elle se trouvait dans son lit* de carrière.
Pierre délitée : présentant un délit (ou défaut) provenant d'une fente à l'endroit d'un fil de lit.
Pierre ferrée : présentant des bandes très dures dans la hauteur du banc (ou du lit).
Pierre fichée : dont les joints sont remplis de ciment.
Pierre fière : pierre qui est très dure.
Pierre feuilletée : qui se sépare en feuilles ou écailles.
Pierre gélive : qui éclate à la gelée.
Pierre noyée : dont le grain n'est pas partout uniformément dur.
Pierre moulinée : qui s'égrène à l'humidité.
Pierre nette : qui est équarrie jusqu'au vif*.
Pierre poreuse : qui a des trous (la meulière).
Pierre rustiquée : piquée* grossièrement à la pointe du marteau.
Pierres sèches : posées l'une sur l'autre sans chaux, plâtre, ni mortier.
Pierre de taille : qui est ou doit être taillée régulièrement sur toutes ses faces pour entrer dans une construction.

∅ *All.* Haustein, *angl.* ashlar, *esp.* sillar, *ital.* pietra da taglio.
Pierre verte : pierre brute, sortant de son lit de carrière et contenant encore son eau* de carrière.
5) *Liturgie. Pierre d'autel* : pierre sur laquelle se célèbre le Saint Sacrifice de la messe (*v.* autel).
6) *Première pierre* : pierre de fondation, généralement pierre d'angle, posée solennellement. On y place (dans une entaille) une médaille commémorative quand il s'agit d'un édifice important.

La première pierre d'une église*, de forme cubique (de dimension quelconque), porte une croix gravée sur chacune de ses six faces. Sa place est à la base des fondations au coin de l'Évangile de l'autel majeur. On la descend et la scelle pendant la cérémonie « de la bénédiction et de la pose de la première pierre » de l'église.

Il est d'usage (facultatif) de placer un procès-verbal dans une cavité de la pierre (*v.* pose de la première pierre).

∅ *All.* Grundstein, *angl.* foundation stone, *esp.* primera piedra, *ital.* prima pietra.
7) *Pierre de touche* : pierre siliceuse d'un noir uni inattaquable par les acides. On s'en sert pour l'essai de l'or. Un objet d'or faux laisse sur la pierre de touche un trait rouge.

∅ *All.* Prüfstein, *angl.* touch stone, *esp.* piedra de toque, *ital.* pietra di paragone.
8) *Pierre tombale* : dalle* funéraire.

∅ *All.* Grabstein, *angl.* gravestone, *esp.* lápida funeraria, *ital.* pietra sepolcrale.

pierrée n.f. (*de* pierre). *Archit.* Canalisation en pierres* sèches pour évacuer des eaux.

Pietà *Voir* Vierge de pitié.

pieu n.m. (*lat.* palus). Pièce de bois pointue à une de ses extrémités pour être enfoncée dans le sol.

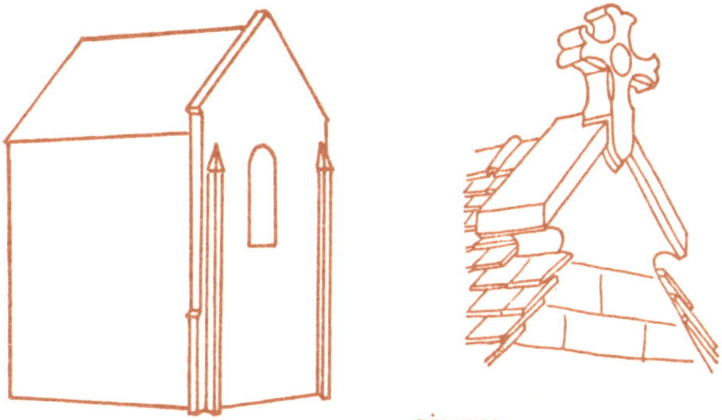

pignons

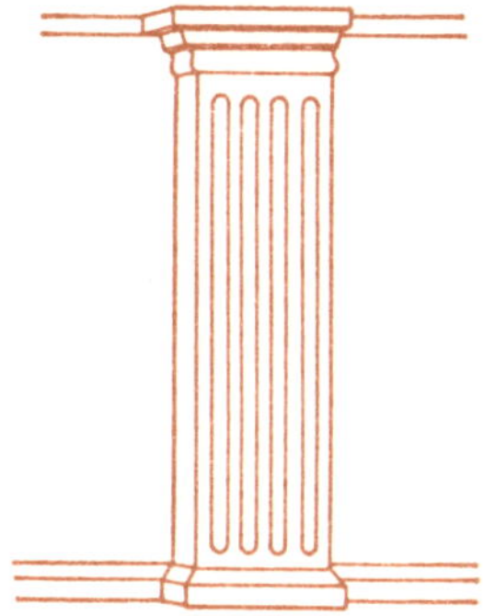

pilastre

∅ *All.* Pfahl, *angl.* stake, *esp.* estaca, *ital.* palo.

pigeon n.m. (*lat.* pipio, *de* pipire : piauler). *Archit.* Poignée de plâtre*.

Lever le plâtre par *pigeons*, ou *pigeonner*, c'est mettre le plâtre en place à la main et à la truelle* sans le jeter ou le plaquer.

Pigeonner :

∅ *All.* Gips mit Hand und Kelle auftragen, *angl.* to plaster by hand, *esp.* enyesar.

pigeonnier n.m. (*de* pigeon). *Archit.* Bâtiment pour loger des pigeons domestiques. Au Moyen Age le *colombier* était en maçonnerie* et était réservé au seigneur, par privilège seigneurial. Le *pigeonnier*, en bois*, pouvait appartenir à un manant. Le colombier est généralement une tour cylindrique, couronnée d'un toit conique.

∅ *All.* Taubenhaus, *angl.* dove-cot, *esp.* palomar, *ital.* colombaia.

« **pigna** » (*mot ital., du lat.* pinea : pomme de pin, *dér. de* pineus). Pomme de pin. Motif* décoratif que l'on trouve sous une forme gigantesque au Vatican.

pignier n.m. (*de* pigne, *ancienne forme du mot* peigne). Artisan qui fabriquait des peignes. Ils formaient au Moyen Age avec les tabletiers, les tourneurs et les ivoiriers* une importante corporation.

pignon n.m. (*lat.* pinnio, *acc.* pinnionem, *de* pinna : faîte). *Archit.* Viollet-le-Duc en parle ainsi (*v. fig.*) :

« Mur* terminé en triangle suivant la pente d'un comble* à deux égouts et formant clôture devant les fermes* de la charpente. Un bâtiment simple se compose de deux murs goutterots* et de deux pignons. Les maisons élevées pendant l'époque romane en France présentaient habituellement un des murs goutterots sur la rue, les murs pignons étaient alors mitoyens; mais plus tard, vers le milieu du XIIIe s., les habitations montraient quelquefois l'un des pignons sur rue. Cette méthode devint habituelle pendant les XIVe et XVe s. et alors ces pignons étaient fréquemment élevés en pans* de bois.

« La forme et la structure convenant aux pignons en maçonnerie* ont fort préoccupé les architectes du Moyen Age. Lorsqu'on en vint à donner aux charpentes des combles une inclinaison de plus de 45° et que ces charpentes eurent jusqu'à 12 et 15 mètres d'ouverture, il fallut bien adopter des moyens extraordinaires pour maintenir dans un plan vertical ces énormes maçonneries triangulaires abandonnées, au sommet des édifices, aux coups de vent et aux mouvements inévitables des bois. On crut ainsi devoir assurer la stabilité des pignons au moyen d'arcs qui reportaient les charges sur quelques points, cela à partir du milieu du XIIe s. Avant cette époque les pignons ne sont que des murs triangulaires pleins, décorés de membres peu saillants d'arcatures*, d'imbrications*, de compartiments*, qui ne contribuent en rien à la solidité. On éleva en Bourgogne (province des hardis constructeurs), pendant la première moitié du XIIIe s., des pignons singulièrement audacieux comme structure et d'un effet décoratif tout à fait remarquable : les édifices étant bâtis sur une plus grande échelle, il fallut pour donner une assiette convenable à ces ouvrages de maçonnerie, les combiner avec plus d'art. Les pignons présentant une plus grande surface, il faut à la fois les alléger et les décorer. »

Le mot désigne aussi bien le mur tout entier depuis la base* que sa portée supérieure triangulaire.

∅ *All.* Giebel, *angl.* gable, *esp.* gablete, *ital.* comignolo.

pilastre n.m. (*dér. du lat.* pila : colonne). *Archit.* Chez les Romains on appelle *pilastre* « la projection d'une colonne* sur le nu* d'un mur par une faible saillie*. Quelquefois la colonne isolée ou engagée disparaît et le pilastre reste seul. Au Moyen Age les architectes ne prennent pas la peine de projeter la colonne adossée* sur le mur d'adossement, mais ils placent parfois des pilastres comme décoration ou renfort d'un mur. » (Viollet-le-Duc) (*fig.*, *v. pl.* 1, 2, 5, 6).

Dans l'architecture française du Moyen Age, le pilastre est relativement rare, sa présence est due le plus souvent à la présence de monuments romains voisins.

∅ *All.* Pilaster, *angl.* pilaster, *esp.* pilastra, *ital.* pilastro.

Pilastre à frise-chapiteau. Pilastre orné d'une frise* à l'emplacement du chapiteau*.

pile n.f. (*du lat.* pila : colonne). *Archit.* Massif* de maçonnerie, piliers supportant les arches* d'un pont.

∅ *All.* Brückenpfeiler, *angl.* bridge pier, *esp.* pila de puente, *ital.* pila di ponte.

Il peut être employé comme synonyme de *pilier** (*v. pl.* 4). Ainsi :

Pile fasciculée : pilier fait de plusieurs colonnes réunies en faisceau.

Pile à cordons en quart de rond : piliers contonnés* de moulures* convexes dont le profil* s'inscrit dans un quart de cercle.

Pile cruciforme : pilier dont le plan est en forme de croix.

pilier n.m. (*rac. lat.* pila : colonne). *Archit.* Ayant même objet que la colonne* ronde, c'est-à-dire d'être un support vertical, il s'en distingue par sa section qui est généralement carrée, et par une plus grande puissance (*v. pl.* 3).

Il est souvent fait de colonnes accolées en faisceau (pilier fasciculé).

Tant que les églises* furent couvertes de toitures en charpente*, les piliers purent être très légers. Vers les VIIe et VIIIe siècles, lorsque les voûtes* apparurent dans les églises, on dut augmenter la force des piliers, puis joindre ensemble des piliers de diamètre différent. Du IXe au XIIe s. le système de construction fut entièrement modifié, car le problème du support se posa d'une manière absolument nouvelle (*v.* voûte).

∅ *All.* Pfeiler, *angl.* pillar, *esp.* pilar, *ital.* pilone.

Pilier butant : destiné à soutenir une voûte menacée par la poussée* au vide*.

Pilier fasciculé :

∅ *All.* Bündelpfeiler, *angl.* clustered pillar, *esp.* pilar fasciculado, *ital.* pilone a fascio.

pilot n.m. (*de* pile). Pieu* de pilotis dont une extrémité est pointue et ferrée, pour être enfoncée dans le sol. L'autre extrémité, qui reçoit les coups de l'instrument frappeur, est protégée pendant le battage par une frette de fer qui empêche le bois d'éclater. Cette frette est enlevée une fois le pilot enfoncé et placée sur un autre.

∅ *All.* Pfahl, *angl.* pile, *esp.* estaca, *ital.* palo.

pilotis n.m. (*de* pile). Alignement de pieux (pilots*) enfoncés dans un sol humide et spongieux jusqu'à ce qu'ils trouvent un point d'appui. Les têtes des pilots sont réunies entre elles par une grille en charpente* formant une surface solide sur laquelle on peut asseoir les fondations*.

Les constructions faites dans l'eau sont assises sur *pilotis*.

∅ *All.* Pfahlrost, *angl.* piles, *esp.* zampeado, *ital.* palafitta.

pinacle n.m. (*dér. du lat.* pinna : pinacle, faîte). Couronnement, « finoison » comme on disait au XIVe s., d'un contrefort*, d'un point d'appui* vertical plus ou moins orné, se terminant en cône ou en pyramide (*pl.* 128).

« Comme tous les membres* de l'architecture de ce temps les *pinacles* remplissent une fonction : ils sont destinés à assurer la stabilité des points d'appui verticaux par leur poids : ils maintiennent la bascule des gargouilles et corniches* supérieures; ils arrêtent le glissement des tablettes des pignons*; ils servent d'attache aux balustrades*; mais aussi leur silhouette contribue à donner aux édifices une élégance particulière » (Viollet-le-Duc).

Dans le style roman, les pinacles sont remplacés souvent par des amortissements* très simples. Au XIe et au XIIe siècle les pinacles se terminent parfois par une sorte de cône. Au XIIIe s. ils deviennent très riches et cette tendance n'ira qu'en s'accentuant.

∅ *All.* Fiale, *angl.* pinnacle, *esp.* pináculo, *ital.* pinacolo.

pince n.f. (*dér. de* pincer, *orig. obscure*). *Constr.* Forte barre de fer formant levier utilisée pour soulever des pierres, arracher des pavés, etc.

pinte n.f. (*anglo-saxon* pint). Ancienne mesure de volume qui contenait (pinte de Paris) 93 centilitres. Encore usitée en Angleterre où elle vaut

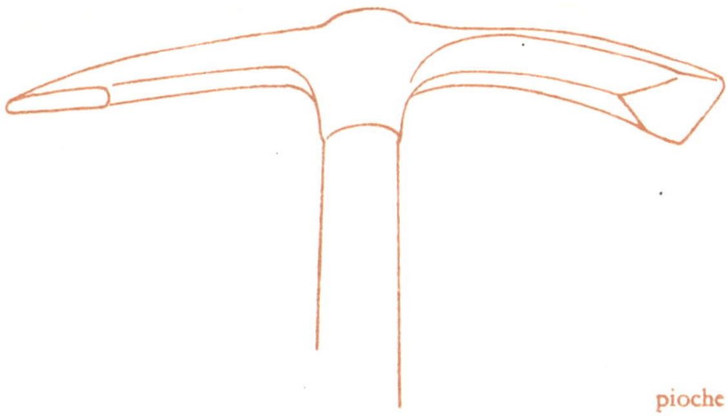

pioche

56 centilitres env.

∅ *All.* Schnelle, Pinte, *angl.* pint, *esp. et ital.* pinta.

pioche n.f. (*dér. de* pic). Outil de terrassier dont le fer, courbe et pourvu d'un œil où se fixe le manche*, est formé d'une pointe d'un côté et d'une sorte de houe de l'autre (*fig.*).

∅ *All.* Spitzhacke, *angl.* mattock, *esp.* pica, *ital.* piccone.

pique n.f. (*de* pic). Arme* d'hast (*v. ce mot*) formée d'un fer emmanché au bout d'une hampe et servant aux fantassins.

∅ *All.* Spieß, *angl.* pike, *esp.* zapapico, *ital.* picca.

piquer v.tr. (*du lat.* piccare, *de* picus : pic, *nom d'un oiseau*). *Archit.* Tailler proprement au marteau des pierres* de petites dimensions dont on laissera apparaître le parement*. On pique ainsi les moellons*, les pavés, la meulière*. Le parement ainsi obtenu s'appelle *parement piqué*.

Faire le *piqué du bois*, c'est indiquer sur des pièces de charpente* la place des joints* d'assemblage*.

piquet n.m. (*dér. de* piquer). Petit pieu servant à jalonner.

∅ *All.* Pfahl, *angl.* peg, *esp.* piquete, *ital.* palliciuolo.

piquettage n.m. (*dér. de* piquet). 1) Tracé d'un plan* en jalonnant les alignements au moyen de piquets*. ‖ 2) *Piquetage d'un mur**. Se dit de la préparation que subit un mur pour y faire adhérer du plâtre* ou du stuc* de revêtement.

piriforme adj. (*composé savant du lat.* pirum : poire *et du français* forme). En forme de poire.

∅ *All.* birnenförmig, *angl.* pear shaped, *esp. et ital.* piriforme.

pirouettes n.f.pl. (*orig. obscure*). *Archit.* Motif* d'ornementation fait de petits disques convexes placés en rangs entre des chapelets de perles* ou d'olives*. On les appelle aussi *piécettes*.

∅ *All.* scheibenförmige Perlen, *ital.* pirolette.

piscine n.f. (*lat.* piscina, *de* piscis : poisson). Dans les églises*, petite cuve avec écoulement en puits perdu, où l'on verse les eaux de purification ayant servi au célébrant ainsi que les résidus des objets bénits après qu'ils ont été réduits en cendre.

Les *piscines* perdirent de leur importance à partir du XIIIe s., le pape Innocent III ayant ordonné que l'eau et le vin ayant servi à purifier le calice après la communion du célébrant soient absorbés par celui-ci.

∅ *All.* Piscina, *angl., esp. et ital.* piscina.

pisé n.m. (*dér. du lat.* pisare : piler). Maçonnerie* grossièrement faite d'un mélange de terre argileuse, de cailloux, de paille hachée, de poils de vache, comprimé ou battu entre deux planches. Synonyme de *torchis** ou *bauge**.

∅ *All.* Stampferde, *angl.* puddled clay, pisé, *esp.* tierra apisonada, *ital.* terra mazzerangata.

piton n.m. (*orig. dout.*). Clou dont la tête est formée d'un anneau servant soit à supporter planches ou tringles, soit à recevoir des crochets. La tige peut être terminée soit par une vis, soit par une pointe.

∅ *All.* Ringnagel, *angl.* ring bolt, *esp.* armella, *ital.* chiodo ad occhiello.

pivot n.m. (*orig. obscure*). Pièce de métal conique ou cylindrique supportant un poids (porte*, fenêtre*, volet*), sur l'axe de laquelle tourne l'objet auquel elle est attachée. Le *pivot* se loge dans le sol où il est reçu par une crapaudine* percée d'un trou dans lequel il tourne.

∅ *All.* Angel, *angl.* hinge, pivot, *esp.* espiga, pivote, *ital.* perno.

placage n.m. (*dér. de* plaquer, *du néerl.* placken : rapiécer, enduire). *Archit.* Procédé consistant à recouvrir une matière vulgaire par une plus noble, qu'on applique par dessus. Par exemple, on revêtira des murs en brique* d'un placage de pierre* de taille ou de marbre*. Le placage est fréquent en Italie, plus rare en France.

Ce procédé se rencontre souvent en ébénisterie, où le meuble en marqueterie* remplacera les meubles du Moyen Age sculptés en plein bois.

∅ *All.* Furnier, *angl.* veneering, *esp.* enchapado, *ital.* impiallacciatura.

placard n.m. (*dér. de* plaquer). *Archit.* Armoire*

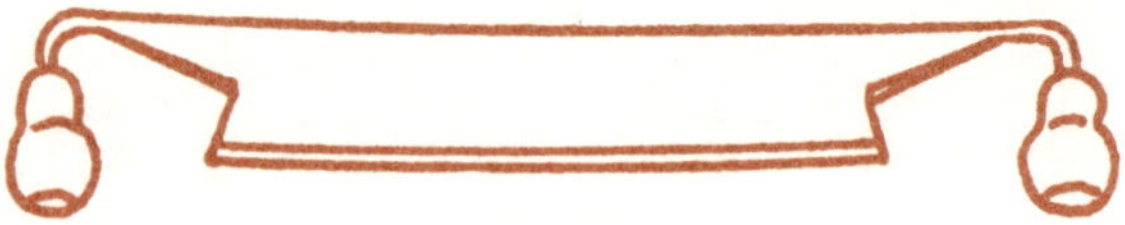

plane

ménagée dans l'épaisseur du mur.

Ø *All.* Wandschrank, *angl.* wall cupboard, *esp.* alacena, *ital.* armadio a muro.

plafond n.m. (*contraction de* plat-fond). *Archit.* Surface inférieure du plancher* placé entre deux étages. Au Moyen Age la séparation se fait au moyen de voûtes*, ou de rangées de solives* apparentes, ou de caissons*. Les *plats-fonds* à proprement parler, faits d'un lattis* avec enduit de plâtre*, ne paraissent qu'à partir du XVIIe siècle.

Ø *All.* flache Decke, *angl.* ceiling, *esp.* cielo raso, *ital.* soffitto.

Plafond à poutres apparentes :

Ø *All.* Balkendecke, *angl.* timber ceiling with open beams, *ital.* tetto a capriate scoperte.

plain pied (de) (*du lat.* planus : plan). *Archit.* Se dit, dans une habitation, des pièces dont le sol est sur le même niveau.

Ø *All.* auf gleichem Boden, *angl.* on a level, *esp.* al mismo piso, *ital.* sullo stesso piano.

plan n.m. (*du lat.* planus; *forme savante de* plain). 1) *Archit.* Projection sur une surface horizontale d'un édifice quelconque, abstraction faite de l'élévation du bâtiment, c'est-à-dire qu'on le représente en le supposant rasé au niveau du sol.

Par extension, on a donné le nom de *plan* à tout dessin qui représente à une échelle quelconque les élévations* et les coupes* horizontales et verticales d'un édifice.

Ø *All.* Riß, Grundriß, *angl.* design, plan, *esp.* plano, *ital.* pianta.

2) Toute surface unie. ‖ 3) Différentes surfaces verticales parallèles qui dans un tableau* ou un bas-relief* s'échelonnent ou semblent s'échelonner en profondeur. On distingue :

le premier plan :

Ø *All.* Vordergrund, *angl.* foreground, *esp.* primer plano, *ital.* primo linea.

l'arrière-plan :

Ø *All.* Hintergrund, *angl.* background, *esp.* último plano, *ital.* sfondo.

planche n.f. (*lat.* planca, *fém. de* plancus : qui a les pieds plats). *Archit.* Pièce de bois peu épaisse et plus longue que large servant en menuiserie* à faire des meubles*, des planchers*, etc.

Ø *All.* Brett, *angl.* board, *esp.* tabla, *ital.* tavola.

plancher n.m. (*dér. de* planche). *Archit.* Solives* disposées horizontalement sur lesquelles on pose des planches* formant le sol d'un étage.

Le *plancher* se distingue du parquet* en ce que ce dernier est exécuté en bois plus luxueux et formé d'éléments mieux ajustés.

Ø *All.* Fußboden, *angl.* floor, *esp.* piso, suelo, *ital.* solaio, tavolato.

plane n.f. (*dér. de* planus). *Archit.* Outil* d'acier tranchant à deux poignées employé par les charrons et tonneliers pour aplanir le bois, comme avec un rabot* (*fig.*).

Ø *All.* Schnitzmesser, *angl.* plane, drawing knife, *esp.* cepillo de tonelero, *ital.* pialla.

planer v.tr. (*dér. de* plan). *Archit.* Égaliser, polir le bois* avec une plane*, ou le métal avec un marteau* à planer.

Ø *All.* ausebnen, planieren, *angl.* to plane, to planish, *esp.* alisar, *ital.* spianare.

Plantagenêt *Voir* voûte.

plaque n.f. (*v.* placage). On désigne ainsi divers objets en général plats et de peu de surface, faits en matières très variées (marbre*, pierre*, bois*, etc.).

Ø *All.* Platte, *angl.* plate, *esp.* lámina, *ital.* lastra.

Plaque tombale : dalle* funéraire sculptée ou gravée.

Ø *All.* Grabplatte, *angl.* funeral slab, *esp.* losa sepulcral, *ital.* lastra sepolcrale.

Plaque de chancel : *v.* chancel.

plastiques (arts) Ensemble des arts du dessin : architecture, sculpture, peinture, gravure, et plus particulièrement ceux qui s'expriment par le relief*.

Ø *All.* bildende Künste, *angl.* plastic arts, *esp.* artes plásticas, *ital.* arti plastiche.

plat adj. (*du gr.* πλατυς : large). Sans relief*, au propre et au figuré.

Ø *All.* flach, *angl.* flat, *esp.* llano, plano, *ital.* piatto.

Vaisselle plate. Dans les inventaires du Moyen Age, la vaisselle plate, c'est-à-dire d'un seul morceau (plats, assiettes), s'oppose à la vaisselle montée (aiguières, salières, flambeaux) qui se compose de plusieurs pièces soudées.

plate-bande n.f. (*dér. de* plat). *Archit.* Linteau* à un seul bloc ou architrave* appareillée, formant une bande horizontale. L'architecture en *plate-bande* des temples grecs s'oppose à l'architecture orientale, romaine ou gothique qui a recours à l'arc* et à la voûte*.

D'après Viollet-le-Duc, les architectes du Moyen Age, sauf de très rares exceptions, ont toujours repoussé le linteau composé de claveaux*. S'ils craignaient une rupture, ils bandaient au-dessus un arc* de décharge.

∅ *All.* Band, *angl.* lintel, *esp.* dintel, *ital.* architrave.

plate-forme n.f. Surface plane et bien unie, telle que terrasse* en maçonnerie*, au sommet d'un édifice, ou estrade en charpente* posée sur des tréteaux, etc.

∅ *All.* Plattform, *angl.* platform, *esp.* plataforma, *ital.* piattaforma.

plate-tombe n.f. *Voir* pierre tombale.

plâtre n.m. (*dér. d'*emplâtre, *du gr.* εμπλαττειν : façonner). *Archit.* Matériau* tiré du gypse (*v. ce mot*) ou pierre à plâtre. On le délaye et « gâche » avec de l'eau pour lier les matériaux de construction, ou pour enduire les plafonds* ou les murs*.

Le plâtre ne se déforme pas en séchant, aussi est-il utilisé pour faire des moulages*.

∅ *All.* Gips, *angl.* plaster, *esp.* yeso, *ital.* gesso.

Plâtre, synonyme de *moulage* :

∅ *All.* Gipsabguß, *angl.* plaster cast, *esp.* vaciado en yeso, *ital.* calco.

plâtreux adj. (*dér. de* plâtre). D'une couleur de plâtre*, blanchâtre.

∅ *All.* gipsartig, *angl.* chalky, *esp.* yesoso, *ital.* gessoso.

plein adj. (*lat.* plenus). • Qui ne présente pas de vides ou d'ouvertures; massif*. Les différents styles se différencient notamment par l'emploi des deux éléments : plein et vide, dont le dosage est très variable.

∅ *All.* voll, *angl.* full, *esp.* lleno, *ital.* pieno.

• – **cintre** *Voir* arc.

• – **sur joint** Se dit d'une pierre* ou brique* posée, par le milieu de son grand côté, à cheval sur le joint* des deux pierres ou briques placées en dessous. On dit ainsi : poser des briques « plein sur joint ».

• – **relief** *Voir* ronde bosse.

• – **(terre)** *Voir* remblai.

pleurants n.m.pl. (*du lat.* plorare : pleurer). Statues* ou statuettes de personnages en deuil, moines ou laïcs, placés sur ou autour d'un tombeau; motif fréquent surtout au XVe s.

∅ *All.* Klageleute, *angl.* mourners, *esp.* plañideros, *ital.* piagnoni.

pli n.m. (*dér. du lat.* plicare : plier). 1) Sillon plus ou moins prononcé qui se forme dans une draperie qui retombe. ‖ 2) *Archit.* Angle* rentrant d'un mur (peu usité); contraire de *coude*, angle* saillant du mur*.

∅ *All.* Falte, *angl.* fold, *esp.* pliegue, *ital.* piega.

3) Dans la sculpture* romane du Roussillon, les plis sont représentés au début du XIe siècle par des lignes dessinées, à l'imitation des manuscrits ou des pièces d'orfèvrerie; ce n'est que dans la suite de l'art roman qu'à ces graphismes se juxtapose une technique appelée *des plis repassés* où le pli existe sur un plan distinct, chaque pli étant un peu plus en relief* sur le suivant.

plinthe n.f. (*gr.* πλινθος : brique). *Archit.* Moulure* plate, rectangulaire, qui sert de base aux colonnes*, aux piliers*, même aux murailles* (*v. pl.* 1).

∅ *All.* Säulenplatte, *angl.* plinth, *esp. et ital.* plinto.

plique n.f. *Émaill.* Se dit pour *applique* (*v. ce mot et* émail).

plomb n.m. (*lat.* plumbus). *Archit.* Métal lourd et mou très employé jadis pour couvrir les toits*, confectionner chéneaux* et gouttières*, canalisations, etc. Le plomb remplit un rôle important dans l'architecture du Moyen Age. Il est parfois employé comme joint* entre deux pierres.

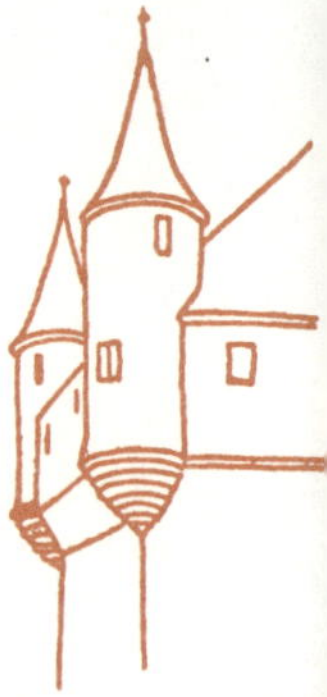

poivrières

∅ *All.* Blei, *angl.* lead, *esp.* plomo, *ital.* piombo.
Fil à plomb (ou *plomb*) : *v.* fil.
Plomb de vitrail : plomb étiré en verges portant deux rainures* destinées à recevoir les morceaux de verre dont l'ensemble constitue un vitrail*.
∅ *All.* Bleiruten, *angl.* leads, *esp.* canales de plomo, *ital.* legature in piombo.

plommet n.m. (*dér. de* plomb). Synonyme de *méreau* (*v. ce mot*). ‖ Signifie également : carreau vernissé en plomb*; sceau de plomb pour les étoffes; fil à plomb.

pluvial n.m. (*dér. du lat.* pluvia : pluie). Manteau* de pluie des Romains devenu : 1) Manteau ecclésiastique avec capuchon, qui était porté seulement en dehors de l'église* pour garantir de la pluie. ‖ 2) Vêtement liturgique : chape (*v. ce mot*).
∅ *All.* Chorkappe, *angl.* pluvial, *esp.* pluvial, *ital.* piviale.

pochoir n.m. (*dér. de* pocher, *en terme de peinture* croquer). *Archit.* Lame de métal ou de carton découpée servant à colorier au moyen d'une brosse un dessin qui aura exactement le contour de la découpure.

Par extension, pinceau dur et court servant à étendre la couleur à travers la lame de carton ou de métal.
∅ *All.* Schablone, *angl.* stencil.

poêle n.m. ● (*du lat.* pallium : manteau, *vx. franç.* palie, paille). Ce mot désignait autrefois toute sorte d'étoffe de prix, en particulier : 1) Étoffe armoriée, bannière. ‖ 2) Dais porté au-dessus du T.S. Sacrement* dans les processions, au-dessus des princes dans les entrées solennelles.
∅ *All.* Traghimmel, *angl.* canopy, *esp.* palio, *ital.* baldacchino.
3) Voile nuptial qui était tendu sur les époux prosternés au pied de l'autel, par deux ou quatre personnes. Usage conservé dans certains diocèses. ‖ 4) Drap funèbre recouvrant un cercueil.
∅ *All.* Sargbehang, *angl.* hearse cloth, *esp.* paño mortuorio, *ital.* panno mortuario.
● (*du lat.* pensilis : suspendu; *ellipse du sous-entendu* balneae : pensiles balneae : étuves suspendues). *Par extens.* Chambre chauffée, puis *poêle* qui la chauffe.
∅ *All.* Ofen, *angl.* stove, *esp.* estufa, *ital.* stufa.
Poêle en faïence :
∅ *All.* Kachelofen, *angl.* tile stove, *ital.* stufa di majolica.

poids n.m. (*du lat.* pensum : ce qui est pesé, *de* pendere : peser). Qualité de ce qui est lourd.
∅ *All.* Gewicht, *angl.* weight, *esp. et ital.* peso.

poinçon n.m. *Voir* aiguille.

point n.m. (*lat.* punctum, *de* pungere : piquer). 1) Piqûre de l'aiguille pénétrant dans l'étoffe.
∅ *All.* Stich, *angl.* stitch, *esp. et ital.* punto.
2) Intersection de deux lignes.
∅ *All.* Punkt, *angl.* point, *esp. et ital.* punto.
Point de départ :
∅ *All.* Ausgangspunkt, *angl.* starting point, *esp.* punto de partida, *ital.* punto di partenza.
Point de vue :
∅ *All.* Gesichtspunkt, *angl.* point of view, *esp.* punto de vista, *ital.* punto de vista.
Point d'appui :
∅ *All.* Stützpunkt, *angl.* prop, *esp.* punto de apoyo, *ital.* punto d'appoggio.

pointe n.f. (*lat.* puncta, *de* pungere : poindre). 1) Extrémité aiguë et piquante d'une tige.
∅ *All.* Spitze, *angl.* cusp, *esp. et ital.* punta.
2) *Pointe de diamant* : taille des bossages* des pierres* d'un mur rappelant les facettes de la taille du diamant*.
∅ *All.* Diamantboße, *angl.* diamond moulding, *esp.* punta de diamante, *ital.* punta di diamante.
3) *Pointe de flèche* :
∅ *All.* Pfeilspitze, *angl.* arrowhead, *esp.* punta de flecha.
4) *Pointe de lance* :
∅ *All.* Lanzenspitze, *angl.* spearhead, *esp.* punta de lanza, *ital.* puntale di lancia.

pointerolle n.f. (*dim. de* pointe). Petit marteau* de carrier pointu d'un côté et plat de l'autre.
∅ *All.* Bergeisen.

pointillé n.m. (*de* point). *Archit.* Ligne faite d'une

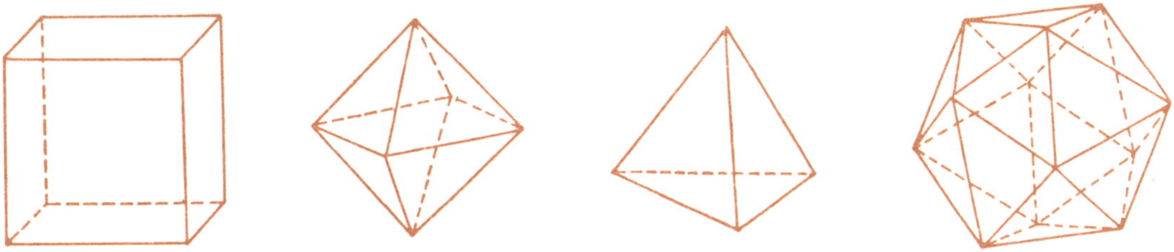

hexaèdre *octaèdre* *tétraèdre* *icosaèdre*

polyèdres

succession de points*, indiquant, sur les plans*, des directions, des axes.

∅ *All.* gestrichelte Linie, *angl.* dotted line, *esp.* punteado, *ital.* punteggiato.

poitrail n.m. (*du lat.* pectorale, *de* pectus : poitrine). Pièces de bois ou de fer accouplées solidement et servant de linteaux* à de larges baies*, par exemple à des ouvertures de boutiques.

. ∅ *All.* Rähmstück, *angl.* breast-summer, *esp.* puntal, *ital.* spranga.

poivrière n.f. (*dér. de* poivre, *lat.* piper). *Archit.* Toiture en poivrière : toiture pointue de forme conique placée sur des pavillons ou tourelles, accolés ou non à un bâtiment principal, et nommée ainsi à partir du XVIIᵉ s., par analogie avec les boîtes munies d'un couvercle conique où il était d'usage à l'époque de conserver le poivre (*fig.*). Au Moyen Âge le poivre était présenté dans la nef* ou boîte à épices.

∅ *All.* Pfefferbüchse, *angl.* pepperbox, *esp.* chapitel, *ital.* pimentero.

poli adj. (*de* polir, *lat.* polire). Lisse, uni.

∅ *All.* glatt, *angl.* polished, *esp.* pulido, *ital.* liscio.

polissoir n.m. (*dér. de* polir). *Archit.* Outil* servant à aplanir, à rendre lisse une pierre, un métal, en enlevant par frottement leurs aspérités.

∅ *All.* Glätter, *angl.* polisher, *esp.* pulidor, *ital.* lisciatoio.

polychromie n.f. (*gr.* πολυς : plusieurs, *et* γρωμα : couleur). Pluralité de couleurs, s'opposant à *monochromie* (d'une seule couleur). Dans l'Antiquité et au Moyen Age, les édifices et les statues de pierre ou de bois étaient fréquemment *polychromes*. La peinture architectonique connut son apogée en France au XIIᵉ s. On appelait *estoffage* la peinture des statues* et des bas-reliefs*.

∅ *All.* Vielfarbigkeit, *angl.* polychromy, *esp.* policromía, *ital.* policromia.

polyèdre n.m. (*gr.* πολυς : plusieurs, *et* εδρα : base). C'est un solide terminé de tous les côtés par des portions de plan (*fig.*). Ces plans en se limitant les uns les autres deviennent des faces dont les intersections forment les arêtes*, et les points de rencontre de ces intersections les sommets.

Un polyèdre à quatre faces est un tétraèdre, à six faces un hexaèdre, etc.

polygonal adj. (*gr.* πολυς : plusieurs, *et* γωνια : angle). Qui présente plusieurs angles* dans sa surface.

∅ *All.* vieleckig, *angl.* polygonal, *esp.* poligonal, *ital.* poligonale.

polylobé adj. *Voir* arc *et* lobe.

polyptique *ou* **polyptyque** n.m. (*gr.* πολυς : plusieurs *et* πτυξ : feuillet, feuille d'un livre). Rétable* à plusieurs volets* se rabattant les uns sur les autres. Les volets sont mobiles ou fixes.

∅ *All.* Wandelaltar, *angl.* polyptich, *esp.* políptico, *ital.* polittico.

pomme n.f. (*lat.* pomum : fruit). *Archit.* Ornement* de bois ou de métal en forme de pomme.

∅ *All.* Apfel, *angl.* apple.

Pomme à chauffer les mains : récipient en forme de pomme en métal ajouré renfermant une boîte qui contient de la braise ou de l'eau chaude et sert à réchauffer les mains.

∅ *All.* Wärmapfel, *angl.* hand-warmer, *ital.* palla per riscaldare le mani.

Pomme de pin : ornement* formé d'un cône recouvert d'écailles, imitant le fruit du pin.

∅ *All.* Pinienzapfen, *angl.* fir-cone, *esp.* piña, *ital.* pigna (en anglais *pine-apple* qui a exactement le sens de *pomme de pin* a été pris pour signifier *ananas*).

pommeau n.m. (*de* pomme). 1) Extrémité ronde de la poignée d'une canne, d'une épée, etc.

∅ *All.* Knopf, Degenknopf, *angl.* pommel, *esp.* pomo, *ital.* pomo di canna.

2) Partie arrondie de l'arçon* servant à dégager le garrot du cheval.

∅ *All.* Sattelknopf, *angl.* pummel, *esp.* poma del arzón, *ital.* pomo.

3) Partie arrondie en forme de nœud au milieu de la tige d'un calice*, d'un flambeau*.

∅ *All.* Knopf, *angl.* knob, *esp.* puño, nudo, *ital.* pomo.

pommelle n.f. (*de* pomme). Penture* placée en

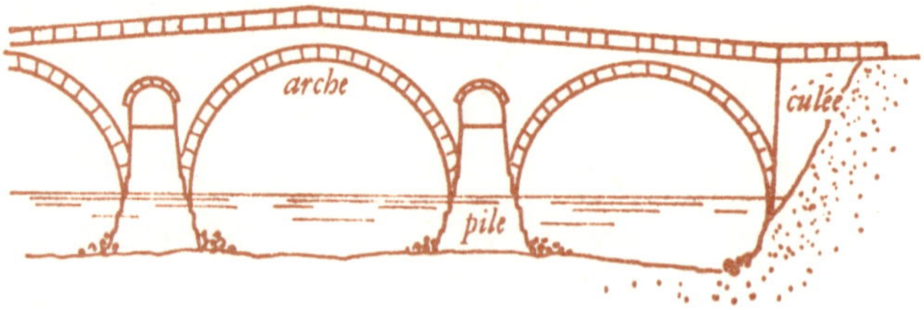

pont

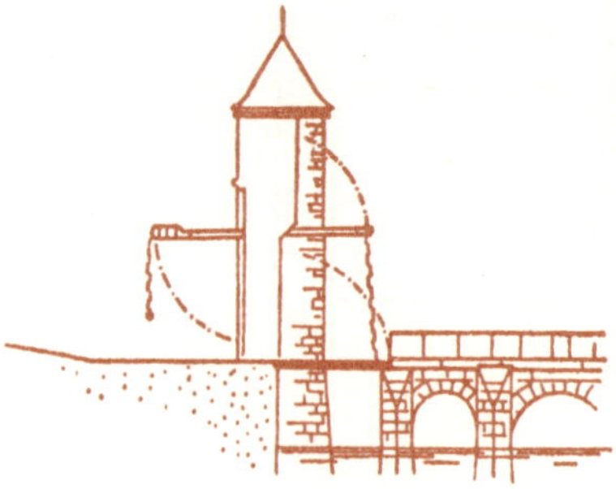

pont-levis (élévation)

hauteur (peu usité). *Voir* penture *et* paumelle.

ponceau n.m. (*dim. de* pont, *lat.* pons). Petit pont*.
Ø *All.* kleine Brücke, *angl.* small bridge, *esp.* puentecillo, *ital.* ponticello.

ponceau adj. (*dér. de* poncel : coquelicot, *dim. probable de* paon). Couleur rouge, par analogie avec le nom du coquelicot.
Ø *All.* hochrot, *angl.* poppy red, *esp.* punzó, *ital.* ponso.

poncif n.m. (*lat.* pomex, *acc.* pomicem : pierre ponce). 1) Dessin dont les lignes principales sont percées de trous d'aiguille rapprochés et tamponnées au moyen d'une étoffe imbibée d'un liquide de couleur noire appelé *poncette*, de manière à être reproduites en décalque. Procédé utilisé par les peintres* pour reproduire un dessin sur la toile d'un tableau, pour répéter un motif* d'ornementation, etc. On écrit aussi *poncis*.
Ø *All.* durchstochene Zeichnung, *angl.* pricked drawing, *esp.* estarcido, *ital.* spolvero.
2) *Par anal.* Ouvrage sans originalité qui reproduit trop facilement un modèle.
Ø *All.* Schablone, *angl.* conventional work, *esp.* obra trivial, *ital.* lavoro banale.

pondération n.f. (*lal.* ponderare : peser, *de* pondus : poids). Équilibre. Harmonie des composants.
Ø *All.* Gleichgewicht, *angl.* poise, *esp.* equilibrio, *ital.* equilibrio.

pont n.m. (*lat.* pons). Ouvrage d'art servant à traverser un cours d'eau, un ravin, un espace quelconque (*fig.*). Se compose soit d'un simple tablier*, soit d'une ou plusieurs arches*. Ces arches, tendues entre des piles*, s'appuient aux deux extrémités du pont à des culées*.
Ø *All.* Brücke, *angl.* bridge, *esp.* puente, *ital.* ponte.
Les *ponts-levis* sont faits au moyen d'un tablier mobile que l'on peut lever ou abaisser avec des chaînes, selon qu'on veut permettre ou interdire l'entrée d'une forteresse (*fig.*).
Ø *All.* Fallbrücke, *angl.* draw bridge, *esp.* puente levadizo, *ital.* ponte levatoio.

pontife n.m. (*lat.* pontifex, *littéralement* faiseur de pont). Titre porté par le pape et les évêques depuis le VIe siècle. Dans la Rome antique, le collège des pontifes était le premier de tous, par ordre de dignité. Leur chef portait le titre de *Pontifex maximus*. Les empereurs portaient le titre de Grand Pontife. La fonction des pontifes était principalement la garde des traditions religieuses et la surveillance du culte.
A partir du VIe siècle les papes joignirent à leur titre celui de *Pontifex maximus* et on les appela Souverain Pontife, et le titre de Pontife fut donné aux évêques.
Ø *All.* Pontifex, *angl.* pontiff, *esp.* pontífice, *ital.* pontifice.

pope n.m. (*doublet de* pape). Prêtre marié du rit grec orthodoxe.

porcelaine n.f. *Voir* faïence.

porche n.m. (*lat.* porticus; *doublet populaire de* portique). *Archit.* Construction élevée devant le portail* d'une église. Simple auvent de bois, ou monument de pierre, qui sert à protéger fidèles et sculptures contre les intempéries (*pl.* 129). Les porches sont tantôt ouverts (cathédrale d'Autun) tantôt fermés (Vézelay).
Le porche des anciennes basiliques* se nomme *narthex*. Il servait à abriter les catéchumènes avant leur baptême (*v.* narthex).
Ø *All.* Vorhalle, *angl.* porch, *esp.* pórtico, *ital.* portico.
Clocher-porche : porche formé de la base d'un clocher* placé devant un portail* (*v.* clocher).

porphyre n.m. (*gr.* πορφυρα, *lat.* purpura, *qui a donné* pourpre). Basalte très dur d'un beau rouge tacheté de blanc qui supporte bien le polissage. Les anciens en faisaient des vases, des colonnes, des statues.
Ø *All.* Porphyr, *angl.* porphyry, *esp.* pórfido, *ital.* porfido.

portail n.m. (*dér. de* porte, *lat.* porta). *Archit.* Porte monumentale qu'il ne faut pas confondre avec porche*. Le *portail* fait partie intégrante de la façade* d'une église*, alors que le *porche* est toujours construit hors d'œuvre*.
Ø *All.* Portal, *angl.* doorway, *esp.* portada, *ital.* porta maestra.

Portail ébrasé : *v.* ébrasement.

porte n.f. (*lat.* porta). *Archit.* Ce terme sert à désigner à la fois une ouverture pratiquée dans un mur* et servant à donner passage, et en même temps l'ouvrage mobile (appelé aussi vantail*) qui sert à clore cette ouverture.

L'encadrement est fait de deux jambages* ou pieds-droits* verticaux, surmontés et joints par un linteau* ou cintre*. L'ouverture descend jusqu'au sol, de manière à permettre l'accès dans une maison ou une pièce. La porte comporte un ou deux battants*. Si l'un des deux est fixe, on le dit dormant.

∅ *All.* Tür, Tor, Pforte, *angl.* door, *esp.* puerta, *ital.* porta.

Les portes sont de dimensions très diverses :

– *portes cochères*, pour laisser pénétrer un « coche » attelé et conduit par un cocher juché sur un siège élevé.

∅ *All.* Einfahrtstor, *angl.* carriage gate, *esp.* puerta cochera, *ital.* porta da carrozze.

– *portes charretières*, dans les exploitations agricoles, pouvant être franchies par des charrettes chargées notamment de foin ou de paille.

Une porte intermédiaire entre la porte cochère et la porte normale est dite *bâtarde*.

Dans un appartement la porte *dérobée* est une porte secrète dissimulée par une boiserie ou une tapisserie.

∅ *All.* Geheimtür, *angl.* jib door, *esp.* puerta secreta, *ital.* porta segreta.

porte-à-faux n.m. *Archit.* Construction ou partie de construction qui pour un motif quelconque se trouve hors d'aplomb*. Un *porte-à-faux* célèbre est celui de la Tour penchée de Pise.

∅ *All.* vorspringender Bauteil, *angl.* overhang, *esp.* carencia de base, *ital.* posare in falso.

portée n.f. (*dér. du lat.* portare : porter). *Archit.* 1) Distance qui sépare deux points d'appui*. Dans ce sens il est synonyme d'ouverture : on dit ainsi la portée d'un arc*, d'une travée*, d'un pont*. ‖ 2) C'est aussi la partie d'une plate-bande* comprise entre deux colonnes*, ou d'un linteau* entre deux jambages*. Lorsque cette portée est trop grande, on doit la soulager par un arc* de décharge.

∅ *All.* Tragweite, *angl.* span, *esp.* alcance, *ital.* lunghezza.

portée (ombre) *Voir* ombre.

porterie n.f. (*de* porte). *Archit.* Logement destiné au gardien de la porte. Signifie également, dans un grand bâtiment*, l'ensemble de la porte d'entrée et de la construction qui la renferme.

∅ *All.* Pförtnerhaus, Portalbau, *angl.* gatehouse, gateway, *esp.* portería, *ital.* portineria.

portique n.m. (*lat.* porticus : porche). *Archit.* Galerie* couverte servant d'abri en cas de pluie, ou de promenoir. La couverture en est soutenue par des colonnes*, des arcades*, ou des piliers* (*v.* péristyle).

∅ *All.* Säulenhalle, *angl.* portico, *esp.* pórtico, *ital.* portico.

portrait n.m. (*du verbe* portraire : dessiner, représenter). Figuration trait pour trait : on disait en ancien français *pourtraict* d'une personne vivante par un peintre, sculpteur ou dessinateur, lequel s'attache à la ressemblance.

∅ *All.* Bildnis, *angl.* portrait, *esp.* retrato, *ital.* ritratto.

Portrait d'homme :

∅ *All.* männliches Bildnis, *angl.* portrait of a man, *esp.* retrato de hombre, *ital.* ritratto virile.

Portrait de femme :

∅ *All.* weibliches Bildnis, *angl.* portrait of a woman, *esp.* retrato de mujer, *ital.* ritratto femminile.

Portrait à mi-corps :

∅ *All.* Bildnis in halber Figur, *angl.* half length portrait, *esp.* retrato de medio cuerpo, *ital.* ritratto a mezza figura.

Portrait en pied :

∅ *All.* Ganzfigur, Standbild, *angl.* full length portrait, *esp.* retrato de cuerpo entero, *ital.* ritratto a tutta figura.

Portrait équestre (*à cheval*) :

∅ *All.* Reiterbildnis, *angl.* equestrian portrait, *esp.* retrato ecuestre, *ital.* ritratto equestre.

Portrait grandeur nature : portrait exécuté dans

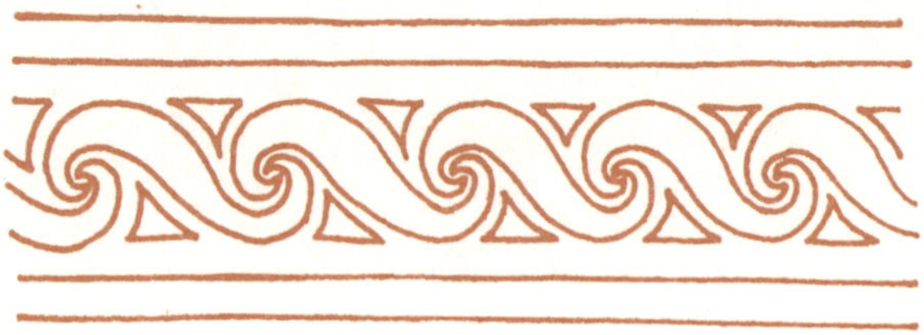

postes

les dimensions réelles du modèle (*v.* grandeur).

∅ *All.* Figur in Lebensgrösse, *angl.* life size figure, *esp.* retrato de tamaño natural, *ital.* ritratto in grandezza originale.

Portrait demi-nature :

∅ *All.* Halbfigur, *angl.* half life size, *esp.* retrato de medio cuerpo, *ital.* ritratto a mezza figura.

pose n.f. (*du lat.* ponere : poser). *Archit.* Action de mettre en place des matériaux*. L'opération inverse est la *dépose*.

∅ *All.* Legung, *angl.* laying, *esp.* colocación, *ital.* posa.

Pose de la première pierre (*v.* pierre) :

∅ *All.* Grundsteinlegung, *angl.* corner-stone laying, *esp.* colocación de la primera piedra, *ital.* posa della prima pietra.

positif n.m. (*dér. du lat.* ponere : poser). *Liturgie* 1) Orgue* que l'on pose sur le sol ou sur une table, par opposition à orgue *portatif* (*v.* orgue).

∅ *All.* Positiv, *angl.* chamber-organ, *ital.* controrgano.

2) Petit clavier des grandes orgues, qui n'apparut qu'au XVIe s.

postes n.f.pl. (*dér. du lat.* ponere : poser). *Archit.* 1) Ornement* courant qui consiste en une sorte d'enroulement fait de volutes* qui ont l'air de se courir après, de « courir la poste » (*fig.*). Ces volutes se nomment aussi des flots (*v. ce mot*). ‖ 2) Synonyme de pied-droit* et de jambage* (*v. ces mots*). Il semblerait qu'on appelle généralement pied-droit (*postes*) les montants verticaux en pierre appareillée d'une ouverture, porte ou fenêtre, quand cette ouverture est terminée par un arc*. Si l'ouverture est terminée horizontalement on donne de préférence aux montants le nom de *jambage*.

poteau n.m. (*dér. de l'anc. franç.* post, *du lat.* postis : jambage). *Archit.* Pièce de bois* verticale.

∅ *All.* Pfosten, *angl.* post, *esp.* poste, *ital.* palo.

Poteau cornier : *v.* cornier.

potence n.f. (*lat.* potentia : puissance, appui). *Archit.* Ce mot désigne généralement tout support en forme d'équerre*. En particulier : 1) Assemblage de trois pièces de bois ou de fer dressé pour y suspendre quelque chose. *Ex.* Gibet, instrument de supplice servant à la pendaison.

∅ *All.* Galgen, *angl.* gallows, *esp.* horca, *ital.* forca.

2) Par analogie avec la forme d'une béquille, tout support en bois ou métal composé d'une équerre renforcée par une jambe de force, servant à soutenir une construction en saillie, une poutre, une enseigne, une lanterne, etc.

∅ *All.* Krückstab, *angl.* bracket, *esp.* muleta, *ital.* stampella.

poterie n.f. (*de* pot, *orig. incertaine*). Désigne des ouvrages faits de terre cuite, tels que récipients, tuyaux, vases, etc. (*v.* céramique). ‖ *Par extens.* Désigne également des récipients en étain, cuivre. On dit : *poterie d'étain, de cuivre* (*v.* dinanderie).

∅ *All.* Töpferei, *angl.* pottery, *esp.* alfarería, *ital.* stoviglie.

poterne n.f. (*lat.* posterula : porte de derrière). *Archit.* Petite porte de sortie cachée dans la muraille d'un château-fort*, d'une forteresse, servant à assurer en les dissimulant les évasions, les sorties secrètes, les communications avec l'extérieur, en temps de siège, etc. ‖ *Par anal.* Petite porte réservée aux gens à pied, à côté d'une porte monumentale.

∅ *All.* Poterne, Schlupftor, *angl.* postern, *esp.* poterna, *ital.* postierla.

pouce n.m. (*lat.* pollex, *accusat.* pollicem). Ancienne mesure de longueur. Elle était le douzième du pied de roi, soit 27 millimètres.

∅ *All.* Zoll, *angl.* inch, *esp.* pulgada, *ital.* pollice.

poudingue n.m. (*de l'angl.* pudding, *gâteau anglais*). *Archit.* Espèce de pierre* formée de cailloux agglutinés par un ciment* naturel siliceux.

∅ *All.* Puddingstein, *angl.* pudding-stone, *esp.* almendrilla, *ital.* puddinga.

pouf adj. *Voir* parties poufes.

poulie n.f. (*orig. douteuse*). *Archit.* Roue généralement évidée et creusée en gorge qui peut tourner sur un axe soutenu par une garniture ou chape. La poulie reçoit une corde dont les extrémités sont appliquées l'une à la force, l'autre à la résistance.

∅ *All.* Blockrolle, *angl.* pulley, *esp.* carrillo, polea, *ital.* carrucola.

pourpre n.f. (*lat.* purpura, *doublet de* porphyre). 1) Couleur rouge. ‖ 2) Dignité des cardinaux*, par référence à leur robe de *pourpre*.

∅ *All.* Purpur, *angl.* purple, *esp.* púrpura, *ital.* porpora.

pourtour n.m. (*composé de* pour, *du lat.* pro, *et de* tornus : tour du potier). *Archit.* Circuit d'un objet, d'un édifice.

∅ *All.* Umgang, *angl.* periphery, *esp.* circuito, *ital.* giro.

Le pourtour d'un chœur*, dans une église, est le circuit des collatéraux* se prolongeant autour du chœur et se rejoignant derrière lui.

∅ *All.* Chorumgang, *angl.* ambulatory, *esp.* girola, *ital.* tornacoro.

poussée n.f. (*du lat.* pulsare : frapper). *Archit.* Effort horizontal et oblique que les voûtes* exercent de dedans en dehors sur les pieds-droits* ou les murs* qui les soutiennent.

∅ *All.* Seitenschub, *angl.* lateral pressure, *esp.* empuje lateral, *ital.* spina laterale.

Dans les églises*, les voûtes des nefs* *poussent au vide**; pour y parer, on épaule* ou, mieux, contre-bute* ces voûtes en certains points faibles au moyen de contreforts* et d'arcs-boutants*.

∅ *All.* aus dem Lot weichen *angl.* to push out of the upright, *esp.* inclinarse, *ital.* spingere al vuoto.

poutre n.f. (*lat.* pullitra). *Archit.* Pièce de charpente* de fort équarrissage servant par exemple à soulager la portée des solives* d'un plancher*. La *poutre* est faite de bois ou de fer.

∅ *All.* Balken, *angl.* beam, rafter, *esp.* viga, *ital.* trave.

poutrelle n.f. (*dim. de* poutre). *Archit.* Petite poutre*; pièce de charpente* de petit calibre.

∅ *All.* kleiner Balken, *angl.* small beam, *esp.* vigueta, *ital.* travetta.

pouzzolane n.f. (*de* Pouzzolles, *nom d'une ville de la région de Naples*). Terre rougeâtre, volcanique, des environs de Pouzzolles, qui, mélangée à la chaux, forme une sorte de ciment*. On en trouve aussi dans le Massif Central.

praticien n.m. (*dér. de* pratique). Aide ouvrier chargé par un sculpteur* de dégrossir un bloc de marbre* pour préparer une sculpture*.

∅ *All.* Gehilfe, *angl.* sculptor's assistant, *esp.* desbastador, *ital.* abbozzatore.

pratique n.f. (*gr.* πρακτικη : science pratique). Connaissance et emploi des moyens matériels, des procédés, instruments, outils, qu'un homme, qu'il soit artiste ou ouvrier, met en œuvre pour exécuter les travaux de son art, de son métier; c'est l'opposé de la théorie.

∅ *All.* Praxis, *angl.* craftmanship, *esp.* práctica, *ital.* pratica.

préau n.m. (*dér. de* pré, *lat.* pratum). 1) Petit pré. ‖ 2) Carré de gazon, entouré de murs. ‖ 3) Espace découvert, dans la clôture d'un monastère*, où vont se promener les moines. *Par extens.* Tout espace couvert à moitié clos où peuvent se promener ou s'abriter les habitants d'une prison, d'un hôpital, d'une école, etc.

prébende n.f. (*lat.* praebenda : ce qui doit être fourni, *de* praebere : fournir). Revenu attaché à un siège de chanoine* : *prébende canoniale*.

∅ *All.* Pfründe, *angl.* prebend, *esp. et ital.* prebenda.

préchantre n.m. (*lat.* prae : en avant *et* cantor : chantre). Premier chantre, chargé de diriger et d'enseigner le chant.

∅ *All.* Vorsänger, *angl.* precentor, *esp.* primer cantor, *ital.* arcicantore.

prêcheurs (frères) (*dér. de* prêcher, *lat.* praedicare). Nom désignant les dominicains*, qui sont consacrés principalement à la prédication.

∅ *All.* Prediger, *angl.* friars preachers, *esp.* hermanos predicadores, *ital.* frati predicatori.

Précurseur (*lat.* prae : en avant *et* cursus : course). Nom donné à saint Jean-Baptiste qui eut mission d'annoncer la venue du Christ.

∅ *All.* Wegbereiter, *angl.* Precursor, *esp.* Precursor, *ital.* Precursore.

prédelle n.f. (*de l'ital.* predella, *rac. lombarde* pretil : banc, planche). Partie inférieure d'un triptyque* ou d'un retable* à plusieurs compartiments. Elle comporte généralement plusieurs petits panneaux* peints (*v.* triptyque, rétable).

ø *All.* Untersatz eines Altarbildes, *angl.* predella, *esp.* predela, *ital.* predella.

préfigure n.f. (*dér. du lat.* figura : forme, figure *avec le préfixe* pré : avant). Événement ou personnage de l'Ancien Testament* qui annonce un événement ou un personnage du Nouveau Testament.

ø *All.* Vorbild, *angl.* type, *esp.* prefiguración, *ital.* prefigurazione.

prélat n.m. (*du verbe lat.* praeferre : porter en avant, préférer). Dignitaire ecclésiastique.

ø *All.* Prälat, *angl.* prelate, *esp.* prelado, *ital.* prelato.

première pierre *Voir* pierre, pose.

Prémontré (ordre de) Ordre religieux fondé au XIIe s. par saint Norbert qui donna ce nom à la première maison de l'ordre, située non loin de Laon, parce qu'il pensait que Dieu lui avait « pré-montré » (indiqué à l'avance) l'emplacement de l'abbaye qu'il voulait fonder. La règle que suit l'ordre des *prémontrés*, appelés aussi norbertins*, est celle de saint Augustin.

ø *All.* Praemonstratenser, *angl.* Premonstratensians, White canons, *esp.* Premonstratenses, *ital.* Premonstratensi.

préroman (art) *Voir* roman, architecture.

ø *All.* vorromanisch, *angl.* preromanesque *esp.* prerrománico, *ital.* preromanico.

presbytère n.m. (*du lat.* presbyter : prêtre). *Archit.* 1) Partie de l'ancienne basilique* qui était réservée au clergé*. On l'appelait *presbyterium*, elle était dessinée en forme d'abside* et voûtée en cul-de-four*. ‖ 2) Habitation du curé de la paroisse.

ø *All.* Pfarrhaus, *angl.* parsonage, presbytery, *esp. et ital.* presbiterio.

pressoir n.m. (*lat.* pressorium, *de* pressare : presser). Appareil servant à extraire et à recueillir le jus des raisins au moyen d'un système à pression et d'une cuve placée au-dessous ou en avant. La Bible en parle souvent. Le pressoir est la figure de l'épreuve et du châtiment.

ø *All.* Kelter, *angl.* wine press, *esp.* lagar, *ital.* torchio.

prétoire n.m. (*dér. du lat.* praetor : magistrat judiciaire). Chez les Romains : 1) Résidence du préteur ou du gouverneur de province faisant fonction de juge. ‖ 2) Local où se rendait la justice.

ø *All.* Gerichtssaal, *angl.* praetorium, *esp. et ital.* pretorio.

prêtre n.m. (*lat.* presbyter). Celui qui a reçu, par son ordination, le pouvoir d'offrir efficacement à Dieu le sacrifice liturgique. Au sens large, tout chrétien est *prêtre*, dans la mesure où il s'associe à l'offrande de celui qui a reçu le sacerdoce sacramentel.

ø *All.* Priester, *angl.* priest, *esp.* sacerdote, *ital.* sacerdote.

priant n.m. (*de* prier, *lat.* precare). Statue funéraire agenouillée, par opposition à *gisant**.

prieur n.m. (*lat.* prior : premier). 1) Supérieur(e) de certains couvents (ou *prieurés*) d'hommes ou de femmes. ‖ 2) Celui qui dans une abbaye vient immédiatement après l'abbé*, et à qui celui-ci délègue son autorité en son absence (*prieur claustral**).

ø *All.* Propst, *angl.* prior, *esp.* prior, *ital.* priore.

prieuré n.m. (*de* prieur). Monastère* normalement moins important qu'une abbaye*, administré par un *prieur conventuel*.

ø *All.* Priorei, *angl.* priory, *esp. et ital.* priorato.

primat n.m. (*dér. du lat.* primus : premier). Archevêque jouissant autrefois d'une certaine prééminence sur plusieurs archevêchés ou évêchés; sa cathédrale* porte le nom de *primatiale*.

ø *All.* Primas, *angl.* primate, *esp.* primado, *ital.* primate.

primitif adj. (*lat.* primitivus : qui naît le premier; *de* primus). 1) Art primitif : l'art des peuples non encore évolués.

ø *All.* Kunst der Naturvölker, *angl.* primitive art, *esp.* arte primitivo, *ital.* arte primitiva.

2) *Substantivement* Artistes qui ont précédé les maîtres des grandes époques.

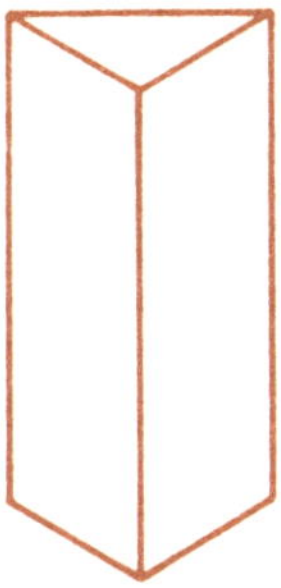

prisme triangulaire droit

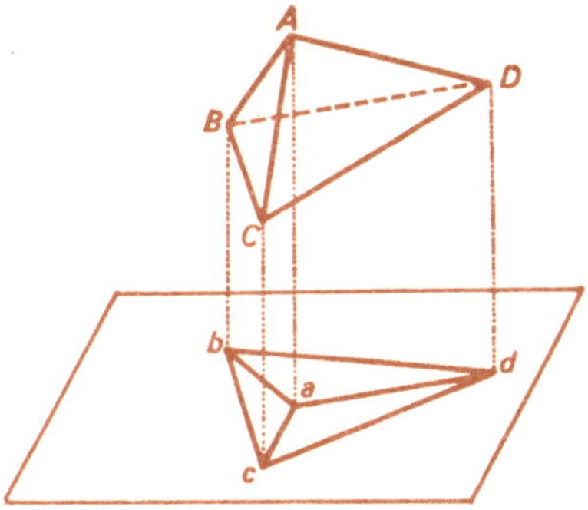

projection

∅ *All.* Primitiven, *angl.* primitive masters, *esp.* primitivos, *ital.* maestri primitivi.

primitivisme n.m. (*de* primitif 2). École artistique qui vante l'imitation des artistes primitifs, et prétend revenir à la spontanéité brute et libre des premiers âges.

prioral adj. (*de* prieur). *Archit.* Se dit notamment d'une église dépendant d'un prieuré*.

prise n.f. (*dér. de* prendre). *Archit.* Action d'un matériau* qui devient solide en séchant : le plâtre* fait *prise.*

prismatique adj. (*dér. de* prisme). Qui a la forme d'un prisme*. Se dit de certaines moulures* à arêtes vives* et à forme de prisme.

∅ *All.* prismatische Glieder, *angl.* prismatic mouldings, *esp.* molduras prismáticas, *ital.* modanature prismatiche.

prisme n.m. (*gr.* πρισμα, *de* πριζειν : scier). Solide formé par plusieurs plans parallèles et terminé de tous côtés par des plans polygonaux égaux et parallèles (*fig.*). Les *prismes* affectent de nombreuses formes : ils sont triangulaires, quadrangulaires, à base pentagonale, hexagonale, etc. Ils sont droits si leurs arêtes* sont perpendiculaires au plan de base, ils sont obliques dans le cas contraire.

∅ *All.* Prisma, *angl.* prism, *esp. et ital.* prisma.

procédé n.m. (*dér. de* procéder, *lat.* procedere : intenter une action, s'avancer). Moyen d'exécution.

∅ *All.* Verfahren, *angl.* process, *esp.* procedimiento, *ital.* modo di procedere.

procession n.f. (*lat.* processio, *de* procedere : s'avancer). Cortège religieux qui s'avance en chantant.

∅ *All.* Prozession, *angl.* procession, *esp.* procesión, *ital.* processione.

Croix processionnelle : *v.* croix.

profane adj. (*du lat.* profanus : hors du temple). Un sujet *profane* est en art la description d'une action non religieuse.

∅ *All.* weltlich, *angl.* worldly, *esp. et ital.* profano.

profanée (église) adj. (*v.* profane). Église souillée par un abus des choses saintes, ou par une action coupable (comme un meurtre). Elle doit être fermée puis « réconciliée ». La profanation est un sacrilège lorsqu'elle s'attaque directement à ce qui est sacré.

∅ *All.* profanierte Kirche, *angl.* desecrated church, *esp.* iglesia profanada, *ital.* chiesa profanata.

profil n.m. (*même mot que le vx franç.* profil : bordure; *rac.* fil). Ligne dessinée figurant un objet ou une personne vus d'un seul côté. En particulier : 1) Aspect du visage vu de côté, par opposition à la face. ‖ 2) *Archit.* Contour d'un membre* d'architecture; coupe* verticale d'un bâtiment, d'un fossé, etc.; section d'une moulure*.

∅ *All.* Profil, *angl.* side view, profile, *esp.* perfil, *ital.* profilo.

profiler v.tr. (*dér. de* profil). *Archit.* Tracer les profils* des moulures*.

∅ *All.* Sims-Stab- und Rippenprofile zeichnen, profilieren, *angl.* to profile, *esp.* perfilar, *ital.* profilare.

projection n.f. (*lat.* projectio : action de lancer en avant; *de* projicere). Représentation sur un plan* d'un objet de l'espace, obtenue en joignant le pied des perpendiculaires abaissées de tous les points caractéristiques de l'objet sur le plan (*fig.*).

∅ *All.* Projektion, *angl.* projection, *esp.* proyección, *ital.* proiezione.

projet n.m. (*dér. de* projeter, *rac. lat.* projicere : jeter en avant). *Archit.* Document établi par un architecte, contenant le plan* détaillé en coupe* et en élévation*, ainsi que l'estimation des dépenses d'un ouvrage à entreprendre.

∅ *All.* Projekt, Entwurf, *angl.* project, *esp.* proyecto, *ital.* progetto.

prophète n.m. (*du gr.* προ-φητης : qui dit, φαναι, pour, προ). Qui parle au nom d'un autre, c'est-à-dire spécialement porte-parole de Dieu; ou dans certains cas celui qui dit à l'avance, voyant. Les *prophètes* étaient dans l'Ancien Testament* des « hommes de Dieu », les « représentants de Dieu ».

∅ *All.* Prophet, *angl.* prophet, *esp. et ital.*

profeta.

prophylactique adj. (*du gr.* προφυλασσειν : préserver, veiller sur). Synonyme de *protecteur.*

proportion n.f. *Archit.* Rapport qui existe entre les différentes parties d'un tout. Quand un monument est bien équilibré, dans ses diverses parties, on dit qu'il a de belles *proportions.*

Les ordres* d'architecture classique ont leurs proportions fondées sur le module (*v. ce mot*).

∅ *All.* Maßverhältniße, *angl.* proportions, *esp.* proporciones, dimensiones, *ital.* proporzioni.

prose n.f. *Voir* séquence.

prosier n.m. (*de* prose). Livre liturgique contenant des proses*. Il est souvent joint à un tropaire (*v.* liturgique).

prosternation n.f. (*du lat.* prosternere : jeter en avant). Action d'adoration consistant, étant à genoux à terre, à incliner la tête et le corps.

prostration n.f. (*du lat.* prostratio, *de* prosternere : jeter en avant). Action de s'étendre à terre de tout son long en signe d'adoration. Attitude liturgique assez rarement prescrite. Elle est pratiquée notamment à l'ordination aux ordres majeurs*, au sacre* des évêques.

prothèse n.f. (*gr.* προσθεσις : action de placer devant). *Archit.* Petite abside* latérale du sanctuaire des églises* grecques; un petit autel* portatif y sert à préparer les saintes espèces nécessaires à la célébration de la messe. La *prothèse* est le pendant du diaconicon (*v. ce mot*).

protomartyr n.m. (*gr.* πρωτος : premier *et* μαρτυρ : témoin). Nom donné à saint Étienne, le premier martyr* chrétien.

∅ *All.* Erstmärtyrer, *angl.* protomartyr, *esp.* protomártir, *ital.* protomartire.

protomé n.m. (*gr.* προ : devant *et* τομη : coupe). Partie antérieure séparée du tout. Ainsi : 1) Buste* d'homme ou de femme. On appelle protométhèque une collection de bustes. ‖ 2) Tête d'animal, notamment de cerf, servant de motif* décoratif.

∅ *All.* Vorderabschnitt, *ital.* protomo.

prototype n.m. (*gr.* πρωτος : premier *et* τυπος : modèle). Modèle original qui sert à en créer d'autres.

∅ *All.* Urbild, *angl.* prototype, *esp. et ital.* prototipo.

provincialisme n.m. (*dér. de* province). Modes d'expression propres à une région, à une province; qui subsistent souvent mêlés à des modes d'expression venant de régions voisines ou de grands centres contemporains.

prudence n.f. (*lat.* prudentia). Une des quatre vertus cardinales. Attribut : le serpent.

prunelle n.f. 1) Fruit de prunellier. ‖ 2) Pupille de l'œil. Sa représentation par les sculpteurs est très variée; les experts en font un critère d'authenticité.

∅ *All.* Augapfel, *angl.* apple, *esp.* pupila, *ital.* pupilla.

psallette n.f. (*du gr.* ψαλλειν : faire vibrer les cordes d'un instrument). École de chant où le maître de chapelle d'une église instruit les choristes de la maîtrise.

∅ *All.* Singschule, *angl.* singing school, *esp.* escuela de canto, *ital.* scuola di musica.

psalmiste n.m. (*dér. de psaume*). 1) Auteur de psaumes. « Le psalmiste » : David. ‖ 2) *Psalmistes* et *chantres* désignent les mêmes personnes.

psalmodie n.f. (*dér. de* psaume). Art de chanter ou réciter les psaumes de l'office.

∅ *All.* Absingen der Psalmen, *angl.* psalmody, *esp. et ital.* salmodia.

psaltérion n.m. (*v.* psallette). Instrument de musique composé d'une caisse de résonance sur laquelle sont placées des cordes tendues vibrant sous l'action des doigts ou d'un plectre.

∅ *All.* Psalter, *angl.* psaltery, *esp. et ital.* salterio.

psaume n.m. (*du gr.* ψαλλειν : toucher les cordes d'un instrument). *Bible* Poèmes sacrés des Hébreux composés en vers hébraïques et recueillis au nombre de cent cinquante dans le psautier de David, appelé ainsi du nom du principal auteur des *psaumes.*

∅ *All.* Psalm, *angl.* psalm, *esp. et ital.* salmo.

psautier n.m. (*dér. de* psaume). Livre liturgique* contenant les psaumes*.

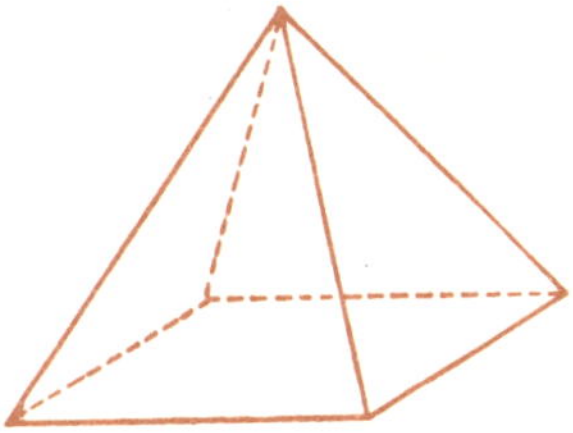

pyramide

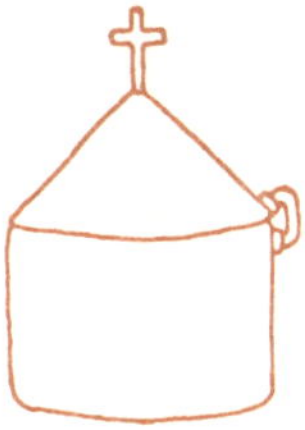

pyxide

∅ *All.* Psalmbuch, *angl.* psalter, *esp. et ital.* salterio.

Psychomachie n.f. (*gr.* ψυχη : âme *et* μαχη : combat). Ouvrage poétique de Prudence, poète latin du début du Ve s., qui chante les combats des vertus et des vices. Source importante de l'iconographie au Moyen Age.

∅ *All.* Psychomachie, *angl.* psychomachy, *esp.* psicomaquia, *ital.* psicomachia.

psychophore (ange) adj. (*gr.* ψυχη : âme *et* φορειν : porter). Ange accueillant dans un voile l'âme venant de quitter le corps d'un mort, âme qui est représentée sous les traits d'un enfant nu.

psychostasie n.f. (*gr.* ψυχη : âme *et* στασις : pèsement). Pèsement des âmes au Jugement dernier. *Voir* pèsement.

∅ *All.* die Seelenwägung, *angl.* psychostasia, *esp. et ital.* psicostasia.

puisard n.m. (*dér. de* puits). *Archit.* Sorte de puits* creusé pour absorber des eaux usées.

∅ *All.* Senkgrube, *angl.* draining well, *esp.* sumidero, *ital.* smaltitoio.

puits n.m. (*lat.* puteus). *Archit.* Trou plus ou moins profond creusé de main d'homme afin de pouvoir puiser l'eau qui se trouve dans les nappes souterraines.

∅ *All.* Brunnen, *angl.* well, *esp.* pozo, *ital.* pozzo.

pupitre n.m. (*lat.* pulpitum). Meuble* comportant un plan incliné sur le rebord inférieur duquel on peut poser un livre ouvert. Le lutrin* d'église est un grand *pupitre*. Les pupitres ont disparu depuis que les livres sont devenus moins volumineux, moins rares et plus maniables.

∅ *All.* Pult, *angl.* reading desk, *esp.* atril, *ital.* leggio.

pyramide n.f. (*gr.* πυραμις, *monument égyptien, solide à faces triangulaires*). *Archit.* Construction* à base polygonale dont la largeur va diminuant de bas en haut pour se terminer par un sommet en pointe (*fig.*). Plusieurs de ces constructions ont atteint en Egypte des dimensions gigantesques.

∅ *All.* Pyramide, *angl.* pyramid, *esp.* pirámide, *ital.* piramide.

pyramidal (*dér. de* pyramide). Qui a la forme d'une pyramide*.

pyxide n.f. (*gr.* πυξις : boîte en buis). Boîte cylindrique généralement en ivoire* servant de coffret à bijoux*. En particulier, dans les églises, boîte servant à contenir le Saint Sacrement* (*fig.*). Beaucoup de ces boîtes, au Moyen Age, furent faites en cuivre émaillé* de Limoges. La *pyxide* est l'origine du ciboire (*v. ce mot*).

∅ *All.* Hostienbüchse, *angl.* pyx, *esp.* píxide, *ital.* pisside.

carré

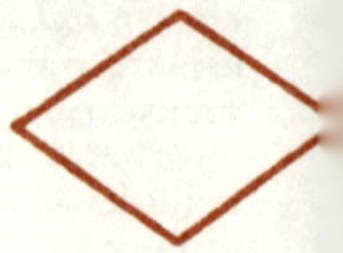

losange

Q

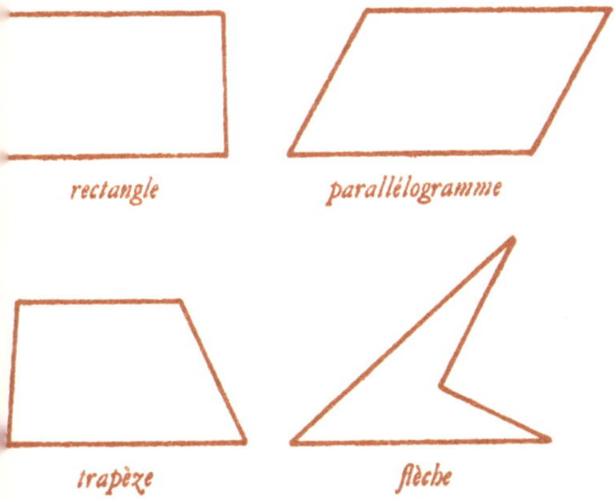

quadrilatères

quadrilobe

quadrangulaire adj. (*lat.* quadrangularis, *de* angulus : angle). Qui a quatre angles*.
∅ *All.* vierkantig, *angl.* quadrangular, *esp.* cuadrangular, *ital.* quadrangolare.

quadrilatère n.m. (*lat.* quadrilaterus, *de* latus : côté). Polygone à quatre côtés (*fig.*).
∅ *All.* Viereck, *angl.* quadrilateral, *esp.* cuadrilátero, *ital.* quadrilatero.

quadrillage n.m. (*dér. de* quadrille). Assemblage de carreaux; par exemple, dessinés sur un papier servant aux croquis d'architecture.
∅ *All.* Gitterwerk, *angl.* chequer work, *esp.* cuadriculado, *ital.* dispozione in quadretti.

quadrille n.m. (*esp.* cuadrilla : groupe de quatre). 1) Figure de carrousel et de danse (à quatre). ‖ 2) Carré; d'où *quadriller*, *quadrillage*.
∅ *All.* Quadrille, *angl.* quadrille, *esp.* cuadrilla, *ital.* quadriglia.

quadrillé n.m. (*de* quadrille). Décor*, dessin de forme géométrique, fait de faisceaux de lignes parallèles se coupant entre eux.
∅ *All.* Karriert, *angl.* chequered, *esp.* cuadriculado, *ital.* quadrettato.

quadrilobe n.m. (*syn. de* quatrefeuilles). Motif* ornemental constitué par quatre arcs* de cercle égaux, tangents ou sécants (*fig.*).
∅ *All.* Vierblatt, Vierpaß, *angl.* quatrefoil, *esp.* cuadrilobo, *ital.* quadrilobo.

quadripartite adj. (*lat.* quatuor : quatre, *et* pars : partie). *Archit.* Voûte* d'ogives formant quatre compartiments ou quartiers.

quadrivium n.m. (*mot lat.* : les quatre voies). Au Moyen Age, dans le monde des études, on désignait de ce mot le groupe des quatre arts libéraux suivants : arithmétique, géométrie, astronomie et musique (*v.* arts).

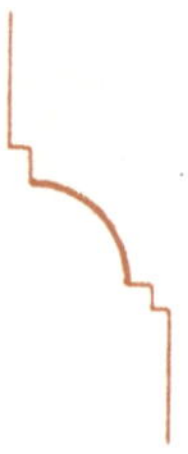

quart de rond

quatre-feuilles

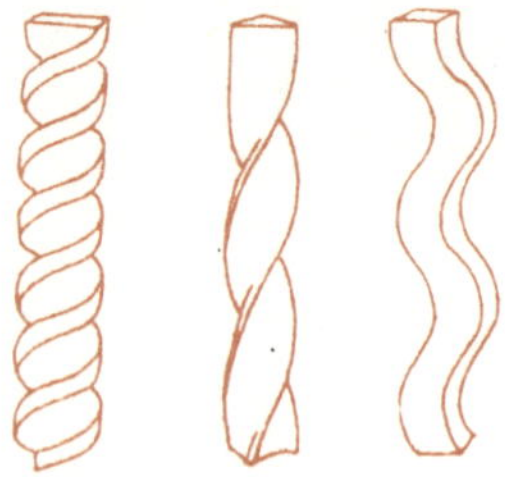

queues de cochon

quintefeuille

On appelait *trivium* le groupe des trois autres arts libéraux : grammaire, rhétorique et dialectique.

En iconographie, les arts libéraux sont facilement reconnaissables à leurs attributs :
pour la géométrie, un compas,
pour l'astronomie, une boule, symbole du monde,
pour la musique, elle sonne les cloches,
pour la grammaire, elle instruit un enfant.

quai n.m. (*gaulois* caio). *Archit.* Berge rectifiée, d'un cours d'eau ou d'un canal, maçonnée pour retenir les terres ou contenir le flot.

Ø *All.* Kai, Ufer, *angl.* embankment, *esp.* muelle, *ital.* riva.

quart-de-rond (*lat.* quartus : quatrième *et* rotondus : rond). *Archit.* 1) Moulure* dont la saillie est déterminée par un quart de cercle (*fig., v. pl.* 5). ‖ 2) Instrument dont se sert le menuisier* pour tailler la moulure de ce nom.

Ø *All.* Viertelstab, *angl.* quarter round, *esp.* cuarto de círculo, *ital.* mezzovolo.

quartier n.m. (*lat.* quartus : quatrième). Quatrième partie d'un tout. ‖ *Archit. Voir* quadripartite. ‖ *Blason* Chacune des parties d'un écu* écartelé en croix et par suite chaque degré de descendance noble (quartiers de noblesse).

Ø *All.* Wappenfeld, *angl.* quartering, *esp.* cuartel, *ital.* quarto.

quatre-feuilles n.m. Le même ornement* que le quadrilobe*, mais formé d'arcs brisés (*fig.*).

Ø *All.* Vierblatt, *angl.* quatrefoil, *esp.* cuadrifolios, *ital.* quattrofoglie.

quenouille n.f. (*lat.* conucula, *de* colocula, *de* colus : quenouille). Baguette en haut de laquelle est fixé le chanvre ou le lin qui sera filé au fuseau ou au rouet.

Ø *All.* Kunkel, *angl.* distaff, *esp.* rueca, *ital.* conocchia.

queue n.f. (*lat.* cauda). 1) *Archit.* On appelle *queue* d'une pierre*, en maçonnerie*, la partie de la pierre qui disparaît dans la maçonnerie sans la traverser de part en part (*v.* contrefort. ‖ 2) En menuiserie*, on trouve l'assemblage* en *queue d'aronde* (*v.* aronde). 3) En ferronnerie*, on appelle *queue de cochon* un ornement* en fer forgé tordu en vrille, très employé dans la décoration des grilles (*fig.*).‖ 4) *Rel.* L'extrémité du livre qui correspond au bas des pages (*v.* tranche). *Syn. de* pied.

quinconce n.m. (*lat.* quincunx, *par anal. avec la pièce de monnaie romaine de* cinq onces, *portant cinq points disposés de cette façon*). Groupe de cinq arbres dont quatre sont placés en carré et le cinquième au milieu, grâce à quoi on a toujours devant soi, de tous côtés, des allées égales et parallèles. On applique parfois ce terme aux colonnes*.

Ø *All.* Quinkunxstellung, *angl.* quincunx, *esp.* tresbolillo, *ital.* quinconce.

En quinconce :

Ø *All.* schachbrettförmig, *angl.* quincuncial, *esp.* al tresbolillo, *ital.* quinconciale.

quintefeuille n.f. (*lat.* quinquefolium). *Archit.* Motif* d'ornementation fait de cinq lobes* (*fig.*). Ils sont généralement circulaires avant le XIVe s. Après cette époque leurs contours sont souvent en arc* brisé.

Ø *All.* Fünfblatt, *angl.* cinquefoil, *esp.* quinquefolio, *ital.* conquefoglie.

R

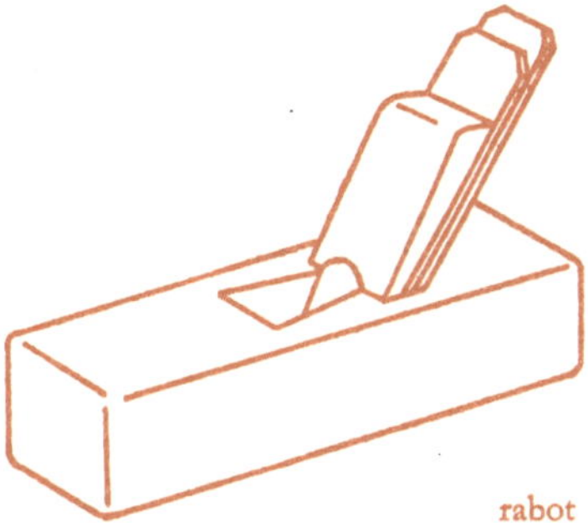

rabot

rabot n.m. (*orig. inconnue*). Outil* à fût dont la lame en acier, en forme de ciseau, est ajustée dans le fût de bois (*fig.*). Il sert à dresser* et à râper pour les blanchir les bois de menuiserie*. Les *rabots* sont de forme et de dimensions très diverses. Les plus grands se nomment *varlopes* (*v. ce mot*).

ø *All.* Hobel, *angl.* plane, *esp.* cepillo, *ital.* pialla.

raboteux adj. (*dér. de* rabot). Se dit du bois* qui présente des rugosités, des nœuds que le rabot* fera disparaître.

ø *All.* knotig, *angl.* knotty, *esp.* áspero, *ital.* nodoso.

raccommoder v.tr. (*dér. de* accommoder, *lat.* accommodare). Réparer, refaire, réajuster, réadapter, etc.

ø *All.* ausbessern, *angl.* to mend, *esp.* remendar, *ital.* raccomodare.

raccord n.m. (*dér. du lat.* accordare : mettre d'accord; *préf.* re *et rac.* cor : cœur). *Archit.* Travail neuf exécuté auprès d'un travail ancien ou au milieu de celui-ci et de manière qu'une fois terminé on ne distingue pas une solution de continuité entre ces deux travaux. Il existe des *raccords* en tous genres : plâtrerie, peinture, maçonnerie, construction de bâtiments, etc.

ø *All.* Zusammenfügung, *angl.* joining, *esp.* empalme, *ital.* legatura.

racheter v.tr. (*dér. du lat.* accapitare : ajouter à un capital; *rac.* ad *et* caput : tête). *Archit.* Corriger ou dissimuler une différence de niveau, compenser, rendre moins sensible une irrégularité, un défaut, par une pente*, un biais*, un adoucissement* ou de toute autre manière. Notamment raccorder deux plans différents. *Ex.* Racheter le carré, c'est

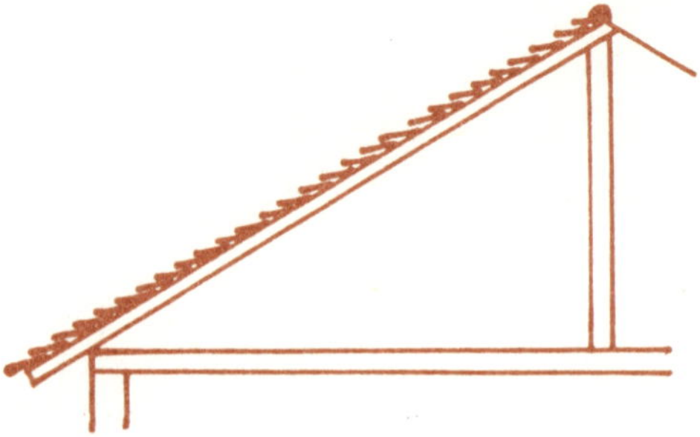

rampant

au moyen de trompes* ou de pendentifs*, passer du plan carré de la base au plan octogonal ou circulaire sur lequel reposera la demi-sphère d'une coupole*.

Ø *All.* ausgleichen, *angl.* to compensate, *esp.* compensar, *ital.* correggere.

racine n.f. *Voir* contrefort.

radier n.m. (*orig. douteuse*). *Archit.* Plate-forme* en bois ou en maçonnerie sur laquelle, en sol* mouvant, sont assises les fondations*. Les *radiers* formant le fond des canaux et des écluses ont pour objet d'empêcher l'eau de faire des affouillements.

Ø *All.* Rost, *angl.* apron, foundation raft, *esp.* pilar, zampeado, *ital.* graticcio.

rafraîchir v.tr. (*préf.* re *et* frais, *adj., du francique* frisk, *all.* frisch). *Archit.* En maçonnerie*, *rafraîchir*, c'est retailler d'anciens joints* et d'anciens lits* de pierres. En menuiserie*, c'est retailler les joints ou assemblages d'une vieille menuiserie*. En peinture*, c'est raviver les couleurs.

Ø *All.* auffrischen, *angl.* to renovate, to freshen up, *esp.* refocar, refrescar, *ital.* rinfrescare.

ragréer v.tr. (*préf.* re *et* agréer, *de* agrès : équipement). *Archit.* Gratter une façade* en pierre* pour la remettre à neuf (*v.* ravalement).

raidir v.tr. (*rac. lat.* rigidus : roide). *Archit.* « Donner du raide », c'est consolider une pièce de charpente* en la calant; une façade*, une charpente, en les soutenant au moyen d'étais*.

Ø *All.* straff machen, *angl.* to tighten, *esp.* tender, atiesar, *ital.* rendere rigido.

rainure n.f. (*dér. du vx franç.* rouanne : tarière; *du lat.* rucina). Roisner, c'est, en vieux français, faire une « rainure » avec la rouanne. La *rainure* est une entaille* rectangulaire dans une pièce de bois ou de métal et destinée à servir de logement à une languette* ménagée sur une autre pièce qui doit être réunie à la première.

Ø *All.* Streifen, *angl.* rabbet, *esp.* ranura, muesca, *ital.* scanalatura.

rais-de-cœur n.m.pl. (*du lat.* radius : rayon). *Archit.* Ornement* peint ou sculpté fait de fleurons* ou de fers* de lance, ou de feuilles* d'eau, dont la succession rappelle la forme d'un cœur. Cet ornement est placé le plus souvent sur une moulure* se trouvant entre un listel* et un rang de perles* ou de pirouettes*.

Ø *All.* Herzlaub, *angl.* heart-leaves, *esp.* rayos de corazón, *ital.* raggi a cuori.

ramages n.m.pl. (*dér. de* rameau, *vx franç.* raim). Motif* décoratif fait de rameaux et de feuilles d'arbres. ‖ *Par extens.* Dessin de broderies fait de feuillages; fleurs; chant des oiseaux (dans le *ramage*).

Ø *All.* Ranken, *angl.* floral pattern, *esp.* ramaje, *ital.* fogliame.

rameau n.m. (*du lat.* ramellus, *dér. de* ramus : branche, *vx franç.* : raim). Petite branche d'arbre garnie de feuilles.

Dimanche des Rameaux. Dernier dimanche avant Pâques où l'on commémore l'entrée du Seigneur à Jérusalem, accueilli par la foule brandissant des palmes en son honneur.

Ø *All.* Palmsonntag, *angl.* Palm Sunday, *esp.* Domingo de ramos, *ital.* Domenica delle palme.

rampant n.m. (*orig. obscure*). *Archit.* On donne ce nom dans un édifice* à tout ce qui est incliné. Par exemple, les deux côtés obliques d'un fronton*, d'un pignon*, d'un gâble*, sont des *rampants*.

Ø *All.* Giebelschenkel, *angl.* slope, *esp.* declive, *ital.* declivio.

Rampant de toit, c'est-à-dire versant* ou égout* d'un toit* (*fig.*).

Ø *All.* Dachschräge, *angl.* pitch of a roof, *esp.* declive del techo, *ital.* pendenza di tetto.

Arc rampant : *v.* arc.

Berceau rampant : berceau dont les sommiers* sont situés à des hauteurs différentes selon le côté.

rampe n.f. (*dér. de* rampant, *orig. obscure*). *Archit.* 1) Pente* d'un terrain, inclinaison d'une route, d'une voie d'accès, etc.

Ø *All.* Steigung, *angl.* slope, *esp.* talud, *ital.* clivo.

2) Suite de marches* très basses et larges qui permettaient aux cavaliers de monter aux divers étages d'un monument, d'un jardin, etc.

∅ *All.* Flachrampe, *angl.* ramp, *esp.* rampa, *ital.* salita dolce.

3) Balustrade* à hauteur d'appui* posée sur le limon* d'un escalier. Elles sont en pierre, en bois, mais généralement en fer forgé.

∅ *All.* Treppengeländer, *angl.* banister, *esp.* pasamanos, *ital.* branca.

rangée n.f. (*du francique* hring : cercle; *cf. all.* ring). Objets juxtaposés sur une ligne (pavés, pierres, etc).

∅ *All.* Reihe, Schicht, *angl.* tier, row, *esp.* hilera, *ital.* riga.

rapetisser v.tr. (*dér. du lat. vulg.* pittitus : petit, *de formation obscure*). Rendre plus petit.

∅ *All.* verkleinern, *angl.* to shorten, *esp.* achicar, *ital.* impiccolire.

raser v.tr. (*lat.* rasare, *de* radere : racler). *Archit.* Démolir* une construction jusqu'à « ras » de terre.

∅ *All.* dem Erdboden gleichmachen, *angl.* to pull down, *esp.* demoler, *ital.* atterrare.

rational n.m. (*dér. du lat.* ratio : raison). Ornement liturgique du Grand Prêtre israélite formé d'une plaque pectorale sur laquelle étaient enchâssées douze pierres* précieuses, signifiant les douze tribus d'Israël.

L'Église l'adopta par endroits au XIIIe s. avec une signification chrétienne. Les archevêques de Reims avaient le privilège de le porter.

∅ *All.* Brustschild des Hohenpriesters, *angl.* Breastplate, *esp.* racional, *ital.* pettorale gemmaio.

ravalement n.m. (*dér. de* ravaler). *Archit.* Opération de nettoyage des murs* qui consiste à mettre ou à remettre en état une façade* au moyen de la ripe ou de la vapeur si elle est en pierre de taille, ou au moyen d'enduits* si elle est en moellons ou en briques.

∅ *All.* Überholen, Neuverputzen, *angl.* scrapping, *esp.* revoque, *ital.* arricciatura.

ravaler v.tr. (*composé du préf.* re *et du verbe* avaler *dans le sens ancien de* descendre). Effectuer un ravalement*, par grattage ou par enduit.

∅ *All.* abputzen, *angl.* to resurface, *esp.* revocar, *ital.* intonicare, arricciare.

rayère n.f. (*dér. de* raie, *du gaulois* rica : sillon). *Archit.* Ouverture longue et étroite, semblable à une meurtrière*, pratiquée dans une muraille* au Moyen Age pour donner du jour.

rayon n.m. (*dér. de* rai, *du lat.* radius : rayon).
1) Rai de lumière.

∅ *All.* Lichtstrahl, *angl.* ray of light, *esp.* rayo, *ital.* raggio.

2) *Par analog.* Droites partant d'un centre commun. En géométrie, le rayon du cercle est le demi-diamètre qui unit le centre à la circonférence.

∅ *All. et angl.* Radius, *esp.* radio, *ital.* raggio.

Rayon de roue :

∅ *All.* Radspeiche, *angl.* spoke, *esp.* radio, *ital.* razza d'una ruota.

rayonnantes (chapelles) *Voir* abside.

rayonnement n.m. (*dér. de* rayon). *Figuré* Éclat, influence d'une théorie, d'un artiste, d'une école, d'un style, etc.

∅ *All.* Ausstrahlung, *angl.* spreading-abroad, *esp.* proyección, *ital.* diffusione.

réalisme n.m. (*dér. de* réel, *rac. lat.* res : chose). Théorie artistique et littéraire qui tend à représenter la réalité absolument telle qu'elle est, sans la déformer ou l'interpréter.

∅ *All.* Realismus, *angl.* realism, *esp. et ital.* realismo.

rebec n.m. (*de l'arabe* rabeb). Instrument de musique du Moyen Age à trois cordes ressemblant beaucoup à une viole, que l'on jouait avec un archet.

∅ *All.* dreisaitige Geige, *angl.* rebeck, *esp.* rabel, *ital.* ribeca.

rebord n.m. (*composé de* bord, *germ.* bord : bord de vaisseau). Côté en saillie* d'une surface plane ou d'un objet.

∅ *All.* vorspringender Rand, *angl.* brim, *esp.* borde saliente, *ital.* orlo.

rechampir v.tr. (*dér. de* champ, *lat.* campus : plaine). Faire ressortir des ornements* et des moulures* sur le fond, en les en détachant par une couleur différente plus pâle ou plus foncée que celle du fond.

∅ *All.* hervorheben, *angl.* to pick out, to set

rectangle

off, *esp.* destacar, *ital.* capmire.

rechausser v.tr. (*dér. de* chausser, *lat.* calceare, *de* calceus : soulier). *Archit.* Un mur* peut avoir son pied abîmé par l'humidité. On le dit alors « déchaussé » et on le « rechausse » en y remplaçant les moellons* ou pierres* pourries* par de nouveaux moellons ou de nouvelles pierres.

reclus n.m. (*du lat.* recludere : fermer). Fidèle (homme, ou femme appelée *recluse*) menant dans une cellule* close, souvent murée, la vie d'ermite*.

Ø *All.* Klausner, Klausnerin, *angl.* recluse, *esp.* recluso, reclusa, *ital.* recluso.

reclusoir n.m. *ou* **recluserie** n.f. (*dér. de* reclus). *Archit.* On pratiquait auprès de certaines églises*, au Moyen Age, des cellules* où s'enfermaient des recluses* qui renonçaient pour jamais au monde. Ces cellules avaient souvent une petite ouverture grillée s'ouvrant sur l'intérieur de l'église.

Ø *All.* Einsiedelei, *angl.* anchorage, *esp.* eremitorio, *ital.* romitaggio.

recoupe n.f. (*dér. de* coup, *au sens présumé de* diviser d'un coup). *Archit.* Éclat de pierre*, provenant de la taille*, de la coupe des pierres.

Ø *All.* Steinbrocken, *angl.* splinter, *esp.* cascajo, *ital.* scheggia di pietra.

recouvrement n.m. (*dér. de* couvrir, *lat.* cooperire). *Archit.* Poser *en recouvrement* une pierre, une ardoise, une plaque de métal, c'est la poser de manière qu'elle recouvre le joint des pierres, ardoises, ou plaques contiguës. ‖ *Par analog.* Toute pièce de charpente* ou de menuiserie* formant saillie sur un tenon, sur un joint des pièces contiguës, etc.

Ø *All.* Überdeckung, *angl.* overlapping, *esp.* recobro, *ital.* pietra sporgente.

rectangle adj. (*lat.* rectus : droit, *et* angulus : angle). Se dit des figures à angle* droit (un triangle *rectangle*). ‖ Se dit (*substantivé*) d'un quadrilatère* dont les quatre angles sont droits et les côtés égaux deux à deux (*fig.*).

recuit n.m. (*du lat.* recoquere : recuire). Action de remettre au feu le fer*, l'émail*, le verre*.

Ø *All.* Einbrennen, *angl.* refiring, *esp.* recocido, *ital.* ricottura.

redan n.m. *Voir* redent.

Rédempteur (*du lat.* redimere : racheter). Titre donné au Christ, Notre Seigneur, dont le sacrifice a racheté le genre humain.

Ø *All.* Heiland, Erlöser, *angl.* Redeemer, *esp.* Redentor, *ital.* Redentore.

redent n.m. (*préf.* re *et* dent). *Archit.* Découpures en forme de dents servant d'ornement* aux intrados* d'arcs, gâbles*, pignons*, etc. (*v. pl.* 7). On écrit *redan* lorsqu'il s'agit des ressauts* d'un mur construit sur un terrain en pente, formant comme des marches* d'escalier.

Ø *All.* Absatz, Abstufung, *angl.* cusp, recess, *esp.* resalto, *ital.* dente, scarpa.

réduction n.f. (*du lat.* reducere : ramener). Représentation à petite échelle d'une œuvre d'art, tableau, sculpture, etc., au moyen d'un instrument appelé *compas de réduction*.

Ø *All.* Verkleinerung, *angl.* reduction, *esp.* reducción, *ital.* riduzione.

réfection n.f. (*lat.* reficere : refaire). *Archit.* On désigne ainsi un travail effectué pour réparer une construction, un bâtiment.

Ø *All.* Wiederherstellung, *angl.* rebuilding, repairing, *esp.* reparación, *ital.* rifacimento.

réfectoire n.m. (*du lat.* reficere : refaire). *Archit.* Salle à manger généralement monumentale d'un couvent. Les tables des moines sont le plus souvent adossées aux côtés du rectangle que dessine la salle; sur un des côtés est installée la chaire du lecteur; une fontaine ou lavabo se trouve à l'entrée.

Ø *All.* Refektorium, *angl.* refectory, *esp.* refectorio, *ital.* refettorio.

refend n.m. (*du lat.* findere : fendre). *Archit.* Mot signifiant division.

1) *Mur de refend* : mur* ou cloison* en matériaux* légers formant séparation à l'intérieur d'un édifice.

Ø *All.* Scheidewand, *angl.* partition wall, *esp.* tabique, *ital.* muro di spartimento.

2) *Refends* : canaux tracés verticalement ou horizontalement sur la paroi des murs pour simu-

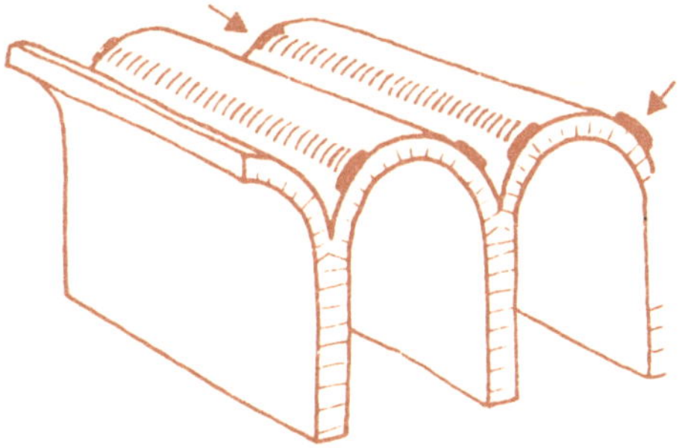

reins de voûte

ler les joints d'assises* de pierre et former une décoration de bossages*.

∅ *All.* Fugenschnitt, *angl.* groovings, *esp.* divisiones, *ital.* riquadratura.

reflet n.m. (*du lat.* reflectere : réfléchir). *Archit.* Effet de lumière réfléchie et renvoyée par les surfaces qui sont frappées par le grand jour, sur d'autres objets privés de lumière. Les *reflets* seuls éclairent les parties des édifices qui sont dans l'ombre*.

∅ *All.* Abglanz, *angl.* reflex, *esp.* reflejo, *ital.* riflesso.

refouiller v.tr. (*préf.* re *et rac. lat.* fodere : creuser). *Archit.* Pratiquer sur une pierre un refouillement, c'est, au moyen de la masse* ou du poinçon*, y creuser un évidement sur trois, quatre ou cinq côtés conservés. ‖ Signifie également : détacher un morceau de sculpture* en creusant les parties d'alentour.

∅ *All.* aushöhlen, *angl.* to undercut, *esp.* ahondar, *ital.* incavare, affondare.

réfractaire (terre) (*lat.* refractarius : indocile, *de* refringere : briser). *Céram.* Terre qui résiste au feu, qui ne fond pas, ou qui fond difficilement au milieu d'un feu même violent. On utilise des briques* réfractaires dans la construction de fours*.

∅ *All.* feuerfeste Erde, *angl.* fire clay, *esp.* arcilla refractaria, *ital.* refrattario.

regard n.m. (*préf.* re *et* garder, *francique* wardon : veiller). *Archit.* Ouverture en maçonnerie* pratiquée pour faciliter la visite d'un conduit souterrain et y accéder.

∅ *All.* Schauloch, *angl.* draft-hole, *esp. et ital.* apertura.

registre n.m. (*lat.* regesta : choses rapportées). 1) Recueil où sont rapportés les événements ou les dépenses de chaque jour.

∅ *All.* Register, *angl.* register, *esp.* registro, *ital.* registro.

2) *Archit.* Bande décorative en peinture* ou en sculpture*. Les scènes se déroulent souvent sur les tympans* des portails* en plusieurs parties, appelées *registres* (*v. pl.* 7).

∅ *All.* Bildstreifen, *angl.* tier, *esp.* faja, *ital.* schiera.

règle n.f. (*lat.* regula). Principe, loi, règle de conduite pour arriver à un but.

Règle religieuse : exposé des normes de vie des membres d'un ordre religieux. *Ex.* La Règle de saint Benoît, de saint Basile, etc. (*v.* Benoît de Nursie).

∅ *All.* Ordensregel, *angl.* rule, *esp.* regla, *ital.* regola.

réglet n.m. (*dér. de* règle). *Archit.* Moulure* étroite et plate formant séparation entre deux panneaux* ou compartiments de panneaux. Même sens que *listel* et *filet* (*v. ces mots*).

∅ *All.* Plättchen, *angl.* reglet, *esp.* moldura pequeña, *ital.* listello.

régner v.intr. (*lat.* regnare). *Archit.* S'agissant d'un ordre*, d'un membre* d'architecture, d'un ornement*, d'une décoration*, de tout autre objet : se développer sans discontinuité sur une façade* ou sur le pourtour intérieur ou extérieur d'un édifice*.

∅ *All.* sich erstrecken, *angl.* to run along, *esp.* reinar, *ital.* regnare.

régulier (clergé) (*dér. de* règle). Religieux soumis à une règle (moines, chanoines réguliers, etc.) par opposition au clergé séculier (vivant dans le siècle).

∅ *All.* Ordensgeistliche, *angl.* regular clergy, *esp.* regular, *ital.* regolare.

reins d'une voûte *Archit.* Dans une voûte*, on nomme *reins* les parties triangulaires comprises entre le prolongement des pieds-droits* et la tangente menée au sommet de l'extrados* de la voûte. Les reins peuvent être remplis de maçonnerie, ou laissés vides. ‖ Plus souvent, ce terme sert à désigner l'extrados* de la voûte, surtout dans la partie inclinée à environ 45° (*fig.*).

∅ *All.* Gewölbewinkel, *angl.* haunches of a vault, *esp.* lomos, *ital.* fianchi d'una volta.

rejointoyer v.tr. (*dér. de* joindre, *lat.* jungere). *Archit.* Refaire les joints* d'une maçonnerie qui a été dégradée par le temps. On les refait en plâtre*, en mortier*, en ciment*, selon le genre de la construction.

Ø *All.* neu ausfugen, *angl.* to refill with mortar, *esp.* rellenar con argamasa, *ital.* riempire di calce o cemento.

relancer v.tr. (*dér. de* lancer, *lat.* lanceare : manier la lance). *Archit.* Remplacer dans un mur* les mauvais matériaux par de bons. On relance la pierre* de taille, la brique*, etc. On dit aussi : effectuer un relancis.

relever v.tr. (*lat.* relevare). Établir, en allant sur place, un plan*, un état des lieux, un mémoire.

relief n.m. (*substantif de* relever). *Archit.* Saillie* d'un ouvrage quelconque qui se détache sur un fond uni. Ce terme est usité surtout en sculpture*, s'agissant de figures*, de motifs*, de moulures*, se détachant sur un fond* (*v. pl.* 7).

Ø *All.* Relief, *angl.* relief, *esp.* relieve, *ital.* risalto.

Il en est de plusieurs sortes : le *bas-relief* (*v. ce mot*) dont les figures se détachent peu sur le fond (*pl.* 131). Le *demi-relief* (*v.* demi-bosse) fait saillir environ la moitié en épaisseur du motif; le *haut-relief* (*v. ce mot*) dont les figures ou motifs se détachent presque complètement du fond, certaines parties en étant même complètement dégagées (*pl.* 132). Le *plein-relief*, ou ronde bosse (*v. ce mot*) montre la figure isolée de la matière, et visible sous toutes ses faces (*pl.* 133).

On dit aussi *haute* et *basse taille* (*v.* taille), pour haut et bas relief.

religieux n.m. (*du lat.* religio : religion). Pris substantivement, désigne une personne engagée par des vœux dans une « religion » (voir ci-après). Si c'est une congrégation, ce sont des *religieux* à vœux simples ou des sœurs; si c'est un ordre, ce sont des religieux *réguliers*, par exemple moines ou moniales.

religion n.f. *Dr. canon* Société de religieux* approuvée par l'Église.

reliquaire n.m. (*dér. de* relique). Sorte de boîte, de coffret, le plus souvent en métal et enrichi de pierreries, souvent aussi vitré, contenant des fragments du corps ou des ossements d'un saint ou des objets sanctifiés par le contact de son corps. Les *reliquaires* sont de formes très variées, épousant parfois celle des objets qu'ils renferment (chefs-reliquaires*, bras-reliquaires); on les dit alors reliquaires topiques (*du gr.* τοπος : lieu).

Il existait au Moyen Age des reliquaires portatifs, eux aussi d'une grande variété de formes.

Ø *All.* Reliquiar, *angl.* reliquary, *esp.* relicario, *ital.* reliquiario.

reliques n.f.pl. (*lat.* reliquiae : restes, *de* relinquere : laisser). Ce qui reste du corps d'un saint, d'un objet lui ayant appartenu, d'un instrument de son supplice; le culte doit en être autorisé par l'Église.

Ø *All.* Reliquien, *angl.* relics, *esp.* reliquia, *ital.* reliquie.

reliure n.f. (*de* relier, *lat.* religare). Les rouleaux de papyrus puis de parchemin* qui constituaient les « volumes* » de l'Antiquité se conservaient dans des étuis.

Cependant on utilisait encore le papyrus quand on commença à couper les feuilles en rectangles que l'on empilait lorsqu'elles étaient écrites, pour les coudre à un dos : c'est le « codex ».

Au Moyen Age, les feuilles de parchemin sont réunies en cahiers munis d'une signature pour indiquer leur numéro d'ordre et cousus à des nerfs* qui constituent l'essentiel de la reliure, avec les ais, planchettes qui forment les plats. Le cuir recouvre le tout, pour consolider et protéger.

Le cuir était aussi susceptible d'ornementation*. Parallèlement à l'enluminure* des initiales dans les pages du livre, se développe la décoration extérieure des *reliures*, où l'on emploie les métaux précieux et les pierres fines.

L'art de la reliure a déjà atteint son plein épanouissement à l'âge carolingien. On met en œuvre alors particulièrement l'incrustation d'ivoire, à l'imitation de Byzance. A l'époque romane, l'émaillerie* trouvera à son tour son application à la reliure.

Une ornementation plus simple et plus courante se contente de fers : empreintes produites à froid en creux par des fers gravés, et ensuite souvent relevées de dorure.

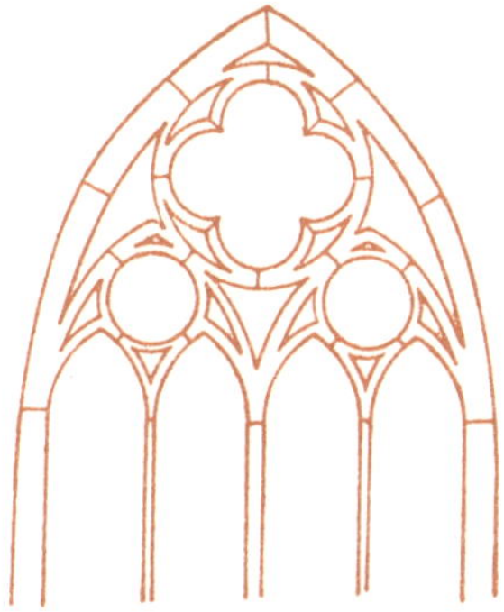

remplage

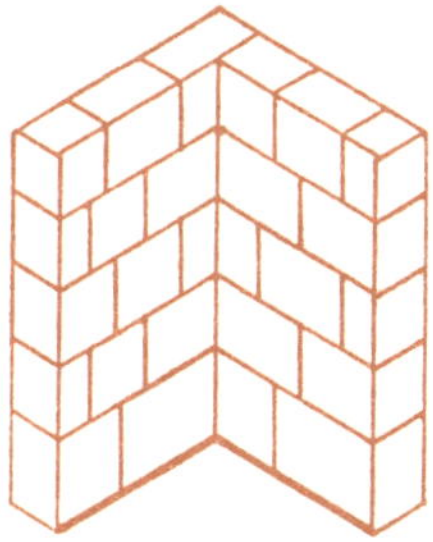

rentrant

ø *All.* Einband, *angl.* binding, *esp.* encuadernación, *ital.* legatura.

remanier v.tr. (*dér. de* main). Refaire partiellement ou complètement un ouvrage, un édifice, en utilisant des matériaux* de même nature.

ø *All.* umarbeiten, *angl.* to alter, to rework, *esp.* retocar, *ital.* rimaneggiare.

remblai n.m. (*avec les préf.* re *et* en, *mot imité de* déblayer, *dit pour* déblaver : ôter les blés coupés, *du bas-lat.* bladum : blé). Masse de terre* ou de pierrailles que l'on rapporte soit pour niveler un sol en comblant un creux (le remblai constitue alors un *terre-plein*), soit pour protéger une construction (archit. militaire), soit pour aménager une digue ou un talus (chemin de fer...), etc.

ø *All.* Aufschüttung, *angl.* filling up, remblai, bank, *esp.* terraplén, *ital.* ghiaiata.

réminiscence n.f (*du lat.* reminisci : se souvenir). Rappel d'une autre œuvre dans un ouvrage, venant d'un souvenir indéterminé chez l'auteur; influence indécise d'une autre école, d'une autre technique reconnue dans un ouvrage.

ø *All.* Erinnerung, *angl.* reminiscence, *esp.* reminiscencia, *ital.* ricordo.

rempiéter v.tr. *Archit.* Effectuer un rempiètement*.

rempiètement n.m. (*dér. de* pied, *lat.* pes, pedis). *Archit.* Reprise en sous-œuvre* de la partie inférieure ou pied d'un mur*.

ø *All.* Ausbesserung des Fußes einer Mauer, *angl.* repair of the foot of a wall, *esp.* reconstrucción de cimientos, *ital.* riparazione per di sotto.

remplage n.m. (*rac.* emplir, *lat.* implere). *Archit.* Pierres* ajourées garnissant des fenêtres* à meneaux* en leur partie supérieure, ou la partie intérieure d'une rose* ou rosace* (*fig., v. pl.* 4).

ø *All.* Maßwerk, *angl.* window tracery, *esp.* tracería de ventanal, *ital.* traforo.

remplissage n.m. Maçonnerie* grossière de blocage* garnissant les reins* d'une voûte*.

ø *All.* Ausfüllung, *angl.* fillings, *esp.* ripio, relleno, *ital.* riempimento.

remploi n.m. (*dér. de* employer, *du lat.* implicare : enlacer). *Archit.* Utilisation dans une construction* d'éléments pris dans une construction plus ancienne (colonnes*, bas-reliefs*, etc.).

ø *All.* Wiederbenutzung, *angl.* reuse, *esp.* reempleo, *ital.* l'utilizzare di nuovo.

rendu n.m. (*du lat.* reddere : rendre). 1) Manière dont une œuvre peinte, dessinée ou sculptée est fidèlement exécutée. On parle du *rendu* insuffisant d'une scène peinte ou sculptée, ou de son admirable *rendu.* ‖ 2) *Archit.* Dessin étudié représentant les détails qu'un projet* n'avait fait qu'esquisser ou suggérer.

ø *All.* Ausführung, *angl.* rendering, *esp.* logrado, *ital.* reso.

renflement n.m. (*dér. de* enfler, *lat.* inflare : souffler dans). *Archit.* Ne s'applique qu'à la colonne* et signifie une petite augmentation du diamètre de la colonne qui va en s'accentuant de l'extrémité supérieure du fût* jusqu'au tiers de la hauteur totale de la colonne. On appelle aussi ce renflement le *galbe**.

ø *All.* Schwellung, *angl.* swelling, entasis, *esp.* éntasis, *ital.* gonfiamento.

renforcer v.tr. (*de l'anc. franç.* enforcier). *Archit.* Donner plus de solidité à un ouvrage quelconque.

ø *All.* verstärken, *angl.* to strengthen, *esp.* reforzar, *ital.* rinforzare.

renfort n.m. (*dér. de* renforcer). Sorte d'épaulement pratiqué par les charpentiers au collet d'un tenon* pour consolider un assemblage* de tenon à mortaise*.

ø *All.* Verstärkung, *angl.* strengthening, *esp.* refuerzo, *ital.* rinforzo.

rentrant adj. (*dér. de* entrer, *lat.* intrare, *de* inter : entre). *Archit.* Se dit d'un angle* formé par deux murs* dont la rencontre donne un creux (*fig.*). C'est l'opposé de l'angle *saillant* qui fait un coin*.

ø *All.* einspringend, *angl.* reentrant, *esp.* entrante, *ital.* rientrante.

réparation n.f. (*lat.* reparatio, *rac.* parare : préparer). *Archit.* Restauration ou remise en bon état des parties dégradées d'une construction, d'un ouvrage quelconque.

ø *All.* Ausbesserung, *angl.* repair, *esp.* reparo, *ital.* riparazione.

repassés (plis) *Voir* pli.

repentir n.m. (*du vx franç.* pentir, *lat.* poenitere : se repentir). Modification faite pendant l'exécution d'une construction*, d'une peinture*, et devenant souvent de plus en plus visible, avec le temps (surtout en peinture).

Ø *All.* Abänderung, *angl.* alteration, *esp.* arrepentimiento, *ital.* pentimento.

repère n.m. (*du vx franç.* repairier, *lat.* rapatriare : rentrer chez soi : *orthographié* repère *par faux apparentement avec* reperire : retrouver). Marque faite sur un ouvrage en cours d'exécution pour ne pas commettre d'erreur en le reprenant. Les tailleurs* de pierre, les charpentiers*, mettent des points de repère ou signes conventionnels sur les pierres ou les pièces qui doivent ensuite être jointes ou assemblées, ceci afin de les reconnaître plus facilement.

Ø *All.* Merkzeichen, *angl.* guiding mark, *esp.* señal, *ital.* signo.

répertoire n.m. (*du lat.* reperire : trouver). Inventaire, nomenclature d'objets, et en particulier de formes ou de sujets, dans lequel peuvent puiser les artistes.

Ø *All.* Formenschatz, *angl.* art treasure, *esp.* repertorio de motivos, *ital.* repertorio di forme.

répétition n.f. (*rac. lat.* petere : demander). *Archit.* Reproduction courante et continue d'un même objet. Terme employé surtout en ornementation* pour désigner une suite des mêmes motifs* dans la décoration d'une frise*, d'un bandeau*, etc.

Ø *All.* Wiederholung, *angl.* repetition, *esp.* repetición, *ital.* ripetizione.

réplique n.f. (*du lat.* replicare : *proprement* replier, rappeler). Reproduction d'une œuvre d'art exécutée dans des dimensions autres que celles de l'original.

Ø *All.* Replik, Wiederholung, *angl.* replica, *esp.* réplica, *ital.* replica.

repos n.m. (*du lat.* repausare, *de* pausa : repos). *Archit.* Surfaces lisses placées à côté de parties très ouvragées : elles ont pour objet de « reposer » l'œil.

Ø *All.* Ruhepunkt, *angl.* repose, *esp.* descanso, reposo, *ital.* riposo.

reposoir n.m. (*lat.* repositorium : endroit où l'on pose quelque chose). 1) Tout emplacement où le repos est possible. ‖ 2) Autel* temporaire sur lequel au cours d'une procession est déposé le Saint Sacrement*.

Ø *All.* Ruhealtar, *angl.* resting-altar, *esp.* altar provisional, *ital.* altare provvisorio.

3) *Archit.* Petites constructions* élevées jadis sur le bord des grandes routes pour les voyageurs. Disparus de France, ils existent encore en Italie. Ils servaient aux voyageurs à faire leur prière dans un lieu consacré, et à s'abriter momentanément.

repoussé n.m. (*de* repousser, *rac. lat.* pulsare : pousser). 1) Art de faire ressortir une image en relief* sur du cuir ou du métal au moyen d'un marteau*. Procédé qui diffère de l'estampage (*v. ce mot*) qui n'est qu'un repoussé mécanique. ‖ 2) *Par extens.* Feuille de métal travaillée au marteau. On dit ainsi : des pièces de *repoussé* du Moyen Age.

Ø *All.* getriebene Arbeit, Treibarbeit, *angl.* repoussé work, *esp.* repujado, *ital.* sbalzato.

repoussoir n.m. (*de* repousser) Outil* servant à repousser*.

Ø *All.* Punze, Raumenschieber, *angl.* embossing punch, *ital.* cacciatoia.

représentation n.f. (*lat.* repraesentare : rendre présent). Reproduction d'un objet, d'une scène, au moyen des procédés de l'art : peinture, dessin, sculpture, etc.

Ø *All.* Darstellung, *angl.* representation, *esp.* representación, *ital.* rappresentazione.

reprise n.f. (*de* reprendre, *lat.* reprehendere). *Archit.* Réfection d'un mur* en sous-œuvre, en prenant des précautions pour ne pas ébranler la construction que l'on « reprend ». On a soin pour faire une reprise d'étrésillonner* les baies* des parties du mur en question (*v.* œuvre, sous-œuvre).

Ø *All.* Untermauern, *angl.* underpinning, *esp.* subsanamiento, *ital.* ripresa.

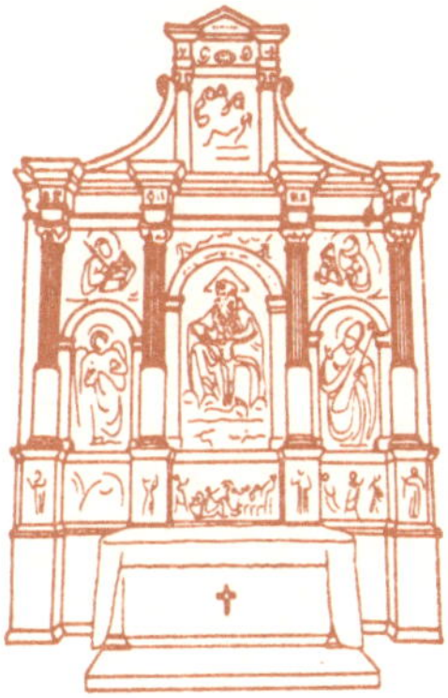
rétable

réserve n.f. (*de* réserver, *lat.* reservare). 1) Dans un objet d'art quelconque, surface laissée sans ornement*. Dans un travail d'orfèvrerie* ou d'émaillerie*, partie du fond « épargnée », qui n'a pas reçu de dorure ou d'émail (*v.* taille).

∅ *All.* ausgespartes Feld, *angl.* spare part, *esp.* reserva, *ital.* riserva.

2) *Liturgie. Réserve eucharistique* : hosties* consacrées, conservées en faveur des malades après le Saint Sacrifice de la messe (*v.* tabernacle).

résille n.f. (*de l'espagnol* redecilla : réseau, *rac. lat.* retis : filet). *Archit.* Lamelles de plomb servant à réunir et maintenir les fragments de verre qui forment un vitrail*. Se dit par analogie avec le filet du même nom qui enserre une chevelure.

∅ *All.* Haarnetz, Verbleiung, *angl.* net-work, *esp.* redecilla, *ital.* reticella.

résistance n.f. (*rac. lat.* sistere : arrêter). *Archit.* Propriété qu'ont les différents matériaux* de pouvoir supporter sans se rompre les divers efforts auxquels on les soumet.

∅ *All.* Widerstandsfähigkeit, *angl.* resistance, *esp.* resistencia, *ital.* resistenza.

ressaut n.m. (*dér. de* saillir, *lat.* salire : sauter). *Archit.* Tout membre* ou partie de membre qui fait saillie* sur la ligne générale d'une maçonnerie*. Se dit aussi de la saillie d'un avant-corps* de peu d'importance dans un bâtiment.

∅ *All.* Vorsprung, *angl.* projection, *esp.* resalte, resalto, *ital.* risalto.

ressortir v.intr. (*dér. de* sortir; *orig. obscure*). *Bx-arts* En parlant d'un ornement* peint ou sculpté : se détacher nettement sur un fond.

∅ *All.* hervortreten *angl.* to stand out, *esp.* destacarse, *ital.* campeggiare.

restaurateur n.m. (*de* restaurer). *Bx-arts* Artiste ou artisan dont le métier est de remettre dans son état ancien une œuvre d'art endommagée.

∅ *All.* Restaurator, *angl.* restorer, *esp.* restaurador, *ital.* ristoratore.

restauration n.f. (*de* restaurer). *Bx-arts* Remise dans son état primitif d'un monument, d'une statue*, d'un membre* d'architecture, d'un tableau, etc., endommagé, ruiné ou dégradé en tout ou en partie. Ne pas confondre avec les restitutions* : « Celles-ci sont toujours inoffensives, dit M. Réau, car ce sont des restaurations sur le papier ».

∅ *All.* Restaurierung, *angl.* restoration, *esp.* restauración, *ital.* ripristino.

restaurer v.tr. (*lat.* restaurare). *Bx-arts* Effectuer une restauration.

∅ *All.* restaurieren, *angl.* to restore, *esp.* restaurar, *ital.* racconciare.

Restauré :

∅ *All.* renoviert, *angl.* restored, *esp.* restaurado, *ital.* ristaurato.

restitution n.f. (*du lat.* restituere : replacer, *rac. lat.* stare : être debout). Action de refaire, de reconstituer sur le papier à l'aide de dessins un édifice tel qu'il était après son achèvement, en se fondant sur les ruines subsistantes ou sur les descriptions d'auteurs anciens (*v.* restauration).

résurrection n.f. (*lat.* resurrectio, *rac.* surgere : se lever). Retour miraculeux d'un mort à la vie. Employé seul, ce terme concerne le Christ ressuscité.

∅ *All.* Auferstehung, *angl.* Resurrection, *esp.* Resurrección, *ital.* Risurrezione.

Résurrection de Lazare :

∅ *All.* Auferweckung des Lazarus, *angl.* Raising of Lazarus, *esp.* Resurrección de Lázaro, *ital.* Risurrezione di Lazzaro.

rétable *ou* **retable** n.m. (*francisation du provençal* reiretaulo : arrière-table d'autel). Sorte de gradin posé sur l'autel*, souvent placé derrière et au-dessus de la table d'autel, comme un dossier auquel celle-ci s'appuie (*fig., v. pl.* 3). Il est souvent posé sur une prédelle*.

On a beaucoup fait au Moyen Age de *rétables* mobiles en orfèvrerie ou en bois sculpté. Les rétables fixes n'apparaissent qu'au XIIIe siècle. Avant cette époque, ils auraient caché le siège de l'évêque qui était placé jusque-là au fond de l'abside* (*v.* triptyque).

∅ *All.* Altarrückwand, *angl.* reredos, *esp.* retablo, *ital.* postergale.

Rétable sculpté :

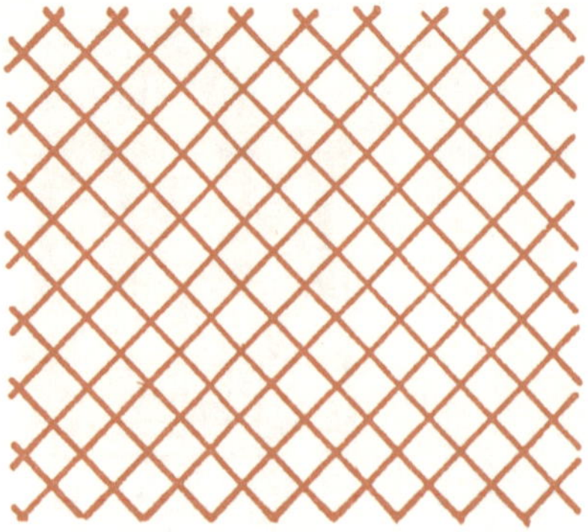

réticulé

∅ *All.* Schnitzaltar, *angl.* carved altar-piece, *esp.* retablo entallado, *ital.* postergale intagliato.

Rétable à volets :

∅ *All.* Flügelaltar, *angl.* folding triptych, *esp.* retablo con alas, *ital.* postergale a parecchi riquadri.

retardataire adj. (*du lat.* retardare, *rac.* tardus : tardif). *Bx-arts* Appartenant à une forme d'art dépassée.

∅ *All.* überholt, *angl.* backward, *esp.* atrasado, *ital.* ritardatario.

réticulé adj. (*du lat.* reticulum : petit filet). En forme de filet (*fig.*).

∅ *All.* netzartig, *angl.* reticulated, *esp.* reticulado, *ital.* reticolato.

Appareil réticulé : *v.* appareil (« opus reticulatum »).

retombée n.f. (*du lat.* tumbare : culbuter). *Archit.* On appelle ainsi dans un arc* ou une voûte* les assises* de pierre (voussoirs) les plus proches des coussinets* de l'arc ou des naissances* de la voûte. L'inclinaison en est faible et permet de les placer sans cintrage. On disait jadis *abattue**, mot tombé en désuétude.

∅ *All.* Anfänger eines Gewölbes, *angl.* springer, *esp.* arranque de arco, *ital.* spigole di volta.

retoucher v.tr. (*rac. lat.* toccare : heurter). Repeindre, refaire certaines parties d'un ouvrage, d'une œuvre d'art.

∅ *All.* retuschieren, *angl.* to touch up, *esp.* retocar, *ital.* ritoccare.

retour n.m. (*rac. lat.* tornare : façonner autour). *Archit.* Angle* formé par une construction ou un membre* d'architecture (corniches*, moulures*, cordons*, etc.).

Retour à l'antique :

∅ *All.* Rückkehr zur Antike, *angl.* revival of classical art, *esp.* vuelta a lo antiguo, *ital.* ritorno all'antiquo.

Retour d'équerre : *v.* équerre.

retrait n.m. (*du lat.* retrahere : retirer). 1) Contraction que subissent certains matériaux* sous l'action de la température. Particulièrement important dans les argiles* et pâtes céramiques*.

∅ *All.* Einziehen, *angl.* shrinkage, *esp.* retracción, *ital.* diminuzione.

2) *Archit.* Au Moyen Age, petites salles souvent voûtées dépendant de pièces plus grandes.

∅ *All.* Geheimzimmer, *angl.* retreat, *esp.* retiro, *ital.* ritirata.

retraite n.f. (*v.* retrait). *Archit.* État de ce qui se trouve en arrière de la façade* principale. C'est le contraire d'une saillie*, d'un avant-corps*, d'un ressaut*.

∅ *All.* Rücksprung, *angl.* set back, *esp.* esconce, *ital.* rientramento.

2) Quantité dont l'épaisseur d'un mur* peut être réduite à mesure que la hauteur s'élève. On dira par exemple que la retraite d'un mur est de 20 cm. par étage. ‖ 3) Se dit aussi dans le même sens que *ressaut**.

retreindre v.tr. (*autre forme de* restreindre, *lat.* restringere). Modeler une plaque de cuivre au marteau*. Une *retreinte* est un modelé au marteau. Terme technique peu usité.

retrousser v.tr. (*de* trousser, *orig. douteuse*). Ramener vers le haut.

∅ *All.* aufstülpen, *angl.* to tuck up, *esp.* remangar, *ital.* rialzare.

retroussé adj. *Voir* entrait.

revers n.m. *Voir* médaille.

revêtement n.m. (*rac. lat.* vestire : vêtir). *Archit.* Tout placage* quel qu'il soit ayant pour objet l'utilité ou la décoration.

∅ *All.* Bekleidung, *angl.* coating, *esp.* revestimiento, *ital.* rivestimento.

rez-de-chaussée n.m. (*composé de lat.* rasus : ras *et* calceata : chemin, chaussée). *Archit.* Étage placé au ras du sol ou élevé seulement de quelques marches*.

∅ *All.* Erdgeschoß, *angl.* ground floor, *esp.* planta baja, *ital.* piano terreno.

rhabiller v.tr. (*rac.* bille de bois : préparer une bille de bois). *Archit.* Modifier l'extérieur d'une construction* en en conservant la structure primitive (*v.* habiller).

∅ *All.* verkleiden, *angl.* to coat, *esp.* revestir, *ital.* rivestire.

rhombe n.m. (*gr.* ρομβος : toupie). Losange*.

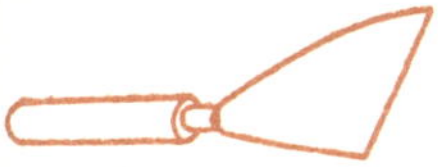

riflard

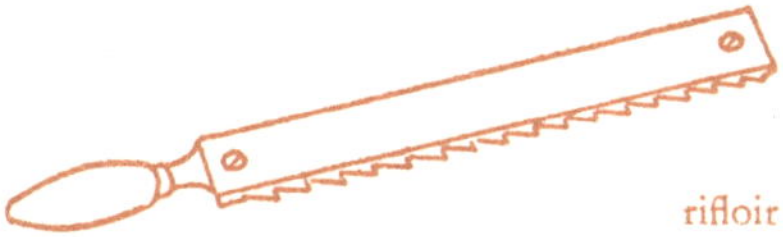

rifloir

rinceaux

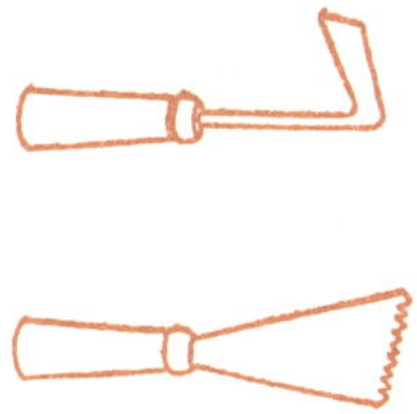

ripes

Ø *All.* Raute, *angl.* rhomb, *esp. et ital.* rombo.

rhomboïdal adj. Qui a la forme d'un losange*.

riflard n.m. (*dér. de* rifler : égratigner, rafler; *orig. francique*). 1) Outil* de maçon. Lame métallique fixée en biais au bout d'un petit manche, servant à étendre et à égaliser le plâtre* (*fig.*). ‖ 2) Ciseau* de sculpteur large et dentelé servant pour le travail de la pierre*. ‖ 3) Gros rabot* de charpentier à poignée pour dresser* et dégrossir le bois*.

Ø *All.* Schrothobel, *angl.* jack-plane, *esp.* garlopa, *ital.* barlotta.

rifloir n.m. Lime servant à dresser les métaux, surtout le cuivre (*fig.*).

Ø *All.* Raspelfeile, *angl.* rasp, *esp.* escofina, *ital.* lima tonda a canale.

rigide adj. (*lat.* rigidus : raide). Qui ne plie pas; raide.

Ø *All.* starr, *angl.* stiff, *esp.* rígido, *ital.* rigido.

rigole n.f. (*dér. de* rigoler, *du néerl.* rigelen : faire des rigoles). Petit canal pratiqué dans la terre ou la pierre et servant à écouler les eaux.

Ø *All.* Rinne, *angl.* drain, ditch, *esp.* reguera, *ital.* canaletto.

rinceaux n.m.pl. (*lat.* remuscellus, *dim. de* ramus : rameau). Motif* ornemental fait d'une tige végétale décrivant des méandres* et de laquelle se détachent des rameaux à gauche et à droite (*fig., pl.* 130). Les *rinceaux* sont différents de forme, de dessin, de volume, selon les époques et les styles. Ils sont souvent entremêlés de figures, rubans, perles, etc.

Ø *All.* Laubwerk, *angl.* foliage scrolls, *esp.* follaje, *ital.* fogliame.

ripe n.f. (*de* riper, *all.* reiben : frotter). Outil* servant aux tailleurs de pierre et aux sculpteurs à racler la pierre (faire le *ripage*) (*fig.*). Il se compose d'une partie métallique recourbée et aplatie munie de dents très serrées.

Ø *All.* Schabeisen, *angl.* scraper, *esp.* escoplo, *ital.* rastiatoio.

rit *ou* **rite** n.m. (*lat.* ritus) Le *rit* ou *rite* signifie une manière de faire qui a été adoptée. Au plur., on écrit toujours *rites*. *Liturgie* 1) Ensemble des cérémonies cultuelles d'une partie plus ou moins importante de la chrétienté. On distingue les *rites orientaux* (grec, syrien, maronite, etc.) et les *rites occidentaux* (romain, mozarabe, lyonnais...). ‖ 2) Gestes ou cérémonies particulières prescrites par la liturgie, comme l'encensement, le baiser de paix... ‖ 3) Degré de solennité des fêtes.

Ø *All.* Ritus, *angl.* rite, *esp. et ital.* rito.

rituel n.m. (*de* rite). *Liturgie* Livre contenant le détail des rites* (sacrements, exorcismes, etc...) d'une Église. La première édition du rituel romain officiel, qui a codifié tous les livres antérieurs, ne date que de 1614 (*v.* livre).

Ø *All.* Ritualbuch, *angl.* ritual, *esp.* ritual, *ital.* rituale.

rive n.f. (*lat.* ripa). Bord, arête, d'un objet. *Archit.* 1) Le *mur de rive* est un mur* de côté, opposé au *mur de tête*. ‖ 2) Bord d'une toiture*. Particulièrement bordure en terre cuite d'une toiture en tuiles*.

Ø *All.* Kante, *angl.* edge, *esp.* alero, *ital.* orlo del tetto.

3) Côté d'un pavé*.

river v.tr. (*orig. incertaine*). Abattre la pointe d'un clou sur l'autre côté de l'objet qu'il transperce et aplatir cette pointe pour l'empêcher de sortir. On la frappe d'abord avec la panne* puis avec la tête du marteau*.

Ø *All.* nieten, *angl.* to clinch, *esp.* remachar, *ital.* ribadire.

rochet n.m. (*francique* hrok, *prototype de* froc). Vêtement liturgique. Aube courte ornée de dentelles, aux manches étroites, ce qui le distingue du surplis. Marque de la juridiction de l'évêque.

Ø *All.* Chorrock, *angl.* rochet, *esp.* roquete, *ital.* rocchetto.

rogne n.f. *Rel.* Action de couper les tranches* d'un livre, pour obtenir une surface unie.

romain adj. (*lat.* romanus). Concerne Rome.

Ø *All.* römisch, *angl.* roman, *esp. et ital.* romano.

roman (art) (*lat.* romanus, *adaptation du XIXe s.*). Celui des XIe et XIIe siècles.

Ø *All.* romanisch, *ang.* romanesque, norman,

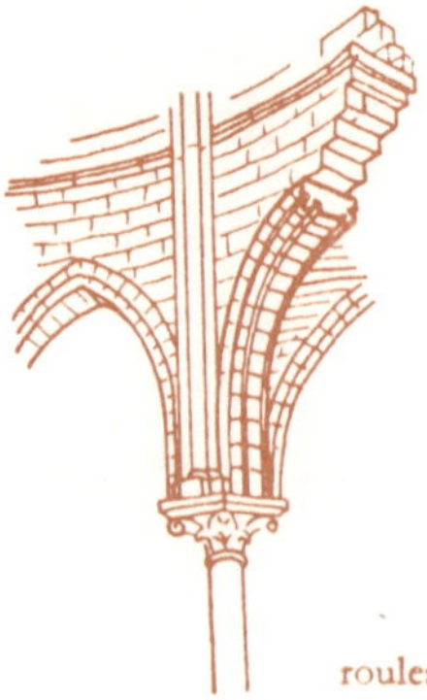
rouleau (arc à double)

esp. románico, *ital.* arte romanica.
romée n.m. Pèlerin des églises des Apôtres, à Rome, notamment de Saint-Pierre.
rondache n.f. (*ital.* rondaccio). Bouclier de forme ronde.
ø *All.* Rundschild, *angl.* round shield, *esp.* rodela, *ital.* rotella.
ronde-bosse *ou* **ronde bosse** n.f. (*v.* bosse). Sculpture* que l'on peut voir de tous côtés, ne s'appuyant pas à une surface (*pl.* 133) (*v.* relief, bosse).
ø *All.* Rundbildnerei, *angl.* detached statuary, *esp.* bulto entero, *ital.* tondo.
rondin n.m. (*dér. de* rond). Pièce de bois* dans sa forme naturelle (ronde), ni fendue, ni taillée.
ø *All.* Knüppel, *angl.* log, *esp.* rollo, *ital.* randello.
rond-point n.m. *Archit.* Se dit parfois de l'hémicycle* ou abside* terminant une église*, à l'extrémité du vaisseau opposée à l'entrée principale (*v. pl.* 3).
ø *All.* Chorhaupt, *angl.* round end of the choir, *esp.* ábside, *ital.* semicircolo del coro.
rosace n.f. (*dér. de* rose). *Archit.* 1) Ornement* d'architecture composé d'un centre ou bouton autour duquel sont groupées des feuilles, de façon à former une figure circulaire, rappelant une rose épanouie (*v. pl.* 7). La *rosace* est utilisée surtout dans la décoration des caissons de plafond, de voûte... (*v.* corniche).
ø *All.* Rosette, *angl.* rosette, *esp.* rosetón, *ital.* rosone.
2) *Art gothique* Grande rose (*v. ce mot*) garnie d'un vitrail* (*pl.* 134).
rose n.f. (*lat.* rosa). *Archit.* 1) Grande baie* circulaire servant à décorer les façades* d'églises et à éclairer l'intérieur (*pl.* 135). L'origine en remonte à l'oculus* ou œil-de-bœuf agrandi et renforcé par des arcatures en pierre. Les *roses* sont percées au-dessus des portails d'église, sur la façade principale et aux extrémités du transept*. On les appelait au Moyen Age *roues*, à cause des rayons divergents (*v.* vitrail). ‖ 2) Lorsqu'une rosace* est petite, on la nomme souvent *rose*.
ø *All.* Fensterrose, *angl.* rose-window, wheel window, *esp.* rosetón, *ital.* rosone.
rotonde n.f. (*ital.* rotondo : rond). Construction édifiée sur un plan circulaire et le plus souvent recouverte d'un dôme* (*pl.* 136).
ø *All.* Rundbau, Rotunde, *angl.* rotunda, *esp.* rotonda, *ital.* rotonda.
roue n.f. (*lat.* rota). 1) Pièce rigide circulaire montée sur un axe passant par son centre.
ø *All.* Rad, *angl.* wheel, *esp.* rueda, *ital.* ruota.
2) Pupitre circulaire monté sur un axe central. C'est la *roue* du potier servant à tourner* les vases.
ø *All.* Drehscheibe, *angl.* potter's wheel, *esp.* torno de alfarero, *ital.* ruota da vasaio.
3) *Roue de clochettes* : roue garnie de clochettes suspendue dans le chœur* des églises, que l'on faisait carillonner au moyen d'une corde pendant la messe.
ø *All.* tönendes Rad, *angl.* wheel of bells, *esp.* rueda harmónica, *ital.* rota harmonica.
rouleau n.m. (*lat.* rotulus, *de* rota : roue). *Archit.* Synonyme de *voussure** d'un arc*; c'est une rangée de claveaux* (ou *voussoirs*); un arc est dit à un ou plusieurs rouleaux (*v.* arc) selon le nombre de rangs de claveaux qui le constituent (*fig., v. pl.* 5 *et* 6). De même une imposte peut être composée de plusieurs *rouleaux* (*v.* imposte).
ø *All.* Rolle, *angl.* roll, *esp.* rollo, *ital.* ghiera.
routine n.f. (*dim. de* route, *lat.* (via) rupta : frayée, rompue). 1) Petite route, qu'on a l'habitude de prendre. ‖ 2) *D'où au fig.* Habitudes, procédés mécaniques; conservatisme ennemi de toute innovation.
ø *All.* Routine, *angl.* routine, *esp.* rutina, *ital.* abitudine.
ruban n.m. (*orig. douteuse*). *Archit.* Ornement* peint ou sculpté ressemblant à un ruban qui s'enroule autour d'une tige.
ø *All.* Bandstreifen, *angl.* ribbon, *esp.* cinta, *ital.* fettucia.
rubis n.m. (*lat.* rubinus, *de* ruber : rouge). Pierre* rare d'une belle couleur rouge grenat. Jadis nommée *escarboucle*.
ø *All.* Rubin, *angl.* ruby, *esp.* rubí, *ital.* rubino.

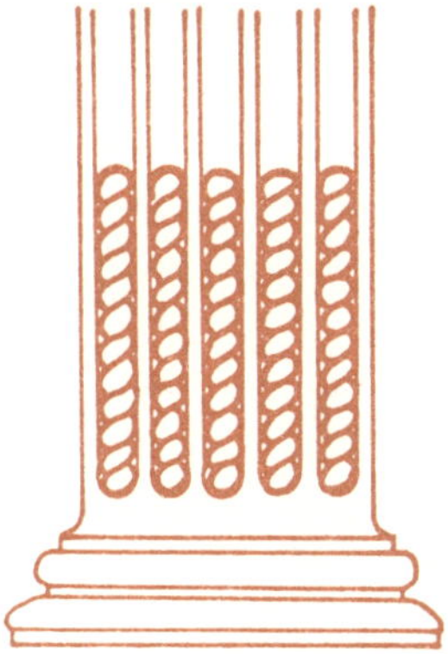

rudenture

rubrique n.f. (*lat.* rubrica : terre rouge). 1) Craie rouge. ‖ 2) Titre écrit en couleur rouge. ‖ 3) Remarques en lettres rouges qui indiquent dans les livres liturgiques les règles des offices et des cérémonies (*v.* Ordines).

∅ *All.* Rotstein, *angl.* red chalk, heading, rubric, *esp.* rúbrica, *ital.* rubrica.

rudenté adj. *Voir* câblé, rudenture.

rudenture n.f. (*du lat.* rudens : câble). *Archit.* Torsade* garnissant la partie inférieure des cannelures* d'une colonne* (*fig.*); elles montent parfois jusqu'au tiers de la hauteur de cette colonne pour fortifier les arêtes* et les protéger contre les déprédations dont elles sont menacées près du sol. Ces colonnes sont nommées *colonnes rudentées*.

∅ *All.* Verstäbung, *angl.* rudenture, cabling, *esp.* junquillo, *ital.* rudentura.

ruine n.f. (*lat.* ruina, *de* ruere : tomber). *Archit.* Une ruine est ce qui reste d'un édifice* dont une partie importante a péri et qui, de ce fait, ne peut plus remplir l'office auquel il était destiné (le mot s'emploie au pluriel dans le même sens).

Lorsque l'édifice est presque complètement détruit et qu'il ne subsiste guère que les fondations, on emploie plutôt le terme de *vestige**.

Le mot s'emploie souvent au pluriel.

∅ *All.* Ruinen, *angl.* ruins, *esp.* ruinas, *ital.* rovine.

rupestre adj. (*lat.* rupestris *dér. de* rupes : roche). Se dit de monuments taillés ou creusés dans le roc, de peintures ou sculptures figurant sur les parois des grottes.

∅ *All.* Fels..., *angl.* rock, *esp. et ital.* rupestre.

rural adj. (*du lat.* rus, ruris : campagne). De la campagne, par opposition à *urbain* (de la ville).

∅ *All.* ländlich, *angl.* rustic, *esp.* rústico, rural, *ital.* campestre.

rustique (ordre) (*lat.* rusticus : de la campagne). *Archit.* Ouvrage exécuté avec des pierres brutes naturelles.

∅ *All.* Rustika, *angl.* rustic work, *esp.* orden rústico, *ital.* ordine rustica.

rythme n.m. (*gr.* ρυθμος : nombre). *Bx-Arts* Ordonnance d'une succession d'éléments, dans l'espace ou dans le temps. C'est là que s'exerce la prise de possession de la matière par l'esprit. Sa perfection fait la valeur de l'œuvre d'art, qu'il s'agisse de proportions architecturales, de rapports plastiques* ou d'harmonie dans les gestes ou dans les sons qui se suivent.

∅ *All.* Rhythmus, *angl.* rhythm, *esp. et ital.* ritmo.

S

sable n.m. ● (*du polonais* sabol : martre). *Blason* Couleur noire, ainsi qualifiée du nom de la martre zibeline ou martre noire. La couleur noire est représentée dans la gravure d'armoiries* par des traits croisés.

ø *All.* Schwarz, *angl.* sable, *esp.* sable, *ital.* nero.

● – (*lat.* sabulo, sabulem : gravier). Substance minérale en poudre provenant de la désagrégation des roches granitiques, calcaires, quartzeuses et siliceuses. Cette désagrégation se produit soit sous l'effet mécanique des eaux, soit spontanément.

ø *All.* Sand, *angl.* sand, *esp.* arena, *ital.* sabbia.

sablier n.m. (*dér. de* sable). Petit instrument servant à mesurer le temps écoulé. Il se compose de deux globes de verre ovoïdes communiquant entre eux verticalement. Le globe supérieur contient autant de sable qu'il en faut pour s'écouler en une heure (ou 1/2 heure, ou 1/4 d'heure...) dans le globe inférieur. Ensuite on retourne l'appareil (*fig.*).

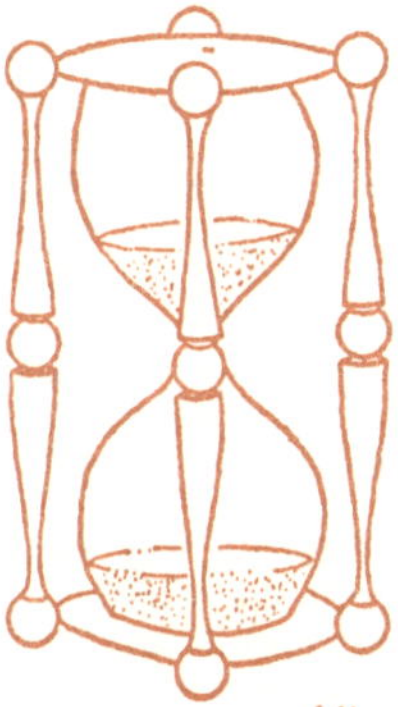

sablier

ø *All.* Sandhur, *angl.* sand-glass, *esp.* reloj de arena, *ital.* clessidra a polvere.

sablière n.f. (*orig. inconnue*; *rien de commun avec* sable). *Archit.* Pièce de charpente* horizontale posée longitudinalement à la base ou au sommet d'un mur*, et dont l'objet est de supporter les extrémités d'autres pièces venant s'y appuyer, telles que entraits* ou blochets* d'un comble*, about* des solives d'un plancher*, etc.

ø *All.* Setzschwelle, *angl.* raising piece, *esp.* viga maestra, *ital.* renaio.

sabot n.m. 1) Chaussure faite d'un morceau de bois évidé.

ø *All.* Holzschuh, *angl.* wooden shoe, clog,

esp. zueco, *ital.* zoccolo.

2) Armature en fer protégeant l'extrémité inférieure d'une pièce de charpente* en bois, d'un pieu*, d'un pilot*, etc.

∅ *All.* Fußbeschlag, *angl.* shoe, *esp.* contera, *ital.* zoccolo.

sacraire *ou* **sacrarium** n.m. (*lat.* sacrarium). *Archit.* 1) Oratoire dans une maison particulière. ‖ 2) Sacristie dans laquelle on abritait au Moyen Age les vases sacrés; c'était généralement une petite pièce voûtée placée près du chœur* des églises*.

sacramentaire n.m. (*lat.* sacramentarium, *de* sacramentum : mystère sacré). Livre contenant les textes liturgiques de la messe à dire par le célébrant. Depuis le XIIIe s., ces textes sont intégrés dans le *missel.*

sacramentaux n.m.pl. (*dér. de* sacrement). *Liturgie* Cérémonies d'origine purement ecclésiastique (non divine comme les *sacrements*) telles que : prières publiques, bénédiction de l'eau* ou du pain, exorcisme, etc. On dit au singulier *sacramental.* Ce mot désigne aussi la chose bénite, dont l'usage fait avec foi dispose le chrétien à recevoir la grâce de Dieu.

sacre n.m. (*du lat.* sacrare, *de* sacer : sacré). Solennité religieuse au cours de laquelle est conféré un caractère de consécration à un évêque, à un roi. 1) L'évêque est consacré par trois évêques agissant au nom du collège épiscopal. L'un est consécrateur, les deux autres sont assistants (*v.* consécration).

∅ *All.* Bischofsweihe, *angl.* consecration, *esp.* consagración, *ital.* consacrazione.

2) Le roi de France était sacré à Reims en souvenir du baptême solennel de Clovis par saint Remi.

∅ *All.* Krönung, *angl.* coronation, *esp.* coronación, *ital.* incoronazione.

sacrement n.m. (*lat.* sacramentum, *de* sacer : sacré). Veut dire chose secrète, mystérieuse. Rite* qui a une signification symbolique et sacrée (*ex.* le baptême). Les sacrements sont les canaux spirituels de la grâce, qu'ils signifient et produisent tout à la fois, dans le chrétien bien disposé.

∅ *All.* Sakrament, *angl.* sacrament, *esp. et ital.* sacramento.

Sacrement (Très Saint) *Liturgie* La partie sacrificielle de la messe, l'eucharistie (= action de grâces), est un rite* qui consiste dans la confection du « sacrement de l'Eucharistie », par la consécration du pain et du vin. Le sacrement est, à proprement parler, la réception par le chrétien de cette nourriture sacrée; mais dans ce cas particulier, le mot désigne aussi la chose elle-même, dite très sainte parce qu'elle est devenue le corps et le sang du Christ, par la vertu de sa Parole reprise par le prêtre*.

Outre la sainte messe, les principales manifestations du culte rendu au Très Saint Sacrement sont la Fête-Dieu (*Corpus Christi*) instituée en 1264, la procession de la Fête-Dieu qui prit naissance au XIVe s., et d'autres nées postérieurement.

La Sainte Réserve* contenue dans le tabernacle* de nos églises appelle le respect et, pour les catholiques, l'adoration.

∅ *All.* das Allerheiligste Altarsakrament, *angl.* the Blessed Sacrament, *esp.* el Santísimo, *ital.* Il Santissimo.

Sacrifice d'Abraham Dieu, pour éprouver sa foi et son obéissance, ordonna à Abraham de lui offrir son fils Isaac en sacrifice. Abraham allait l'immoler lorsqu'un ange arrêta son bras (Genèse 22).

∅ *All.* Opfer Abrahams, *angl.* sacrifice of Abraham, *esp.* sacrificio de Abraham, *ital.* sacrificio di Abramo.

sacrilège n.m. (*lat.* sacrilegus, *proprement* : qui vole des objets sacrés). Action impie par laquelle on viole, on profane une personne ou une chose sacrée, c'est-à-dire vouée au culte divin par l'autorité de Dieu ou de l'Église. Le même mot désigne également celui qui est coupable du *sacrilège.*

sacristie n.f. (*rac. lat.* sacer : sacré). Annexe d'une église* où sont déposés les vases sacrés et aussi les vêtements sacerdotaux ainsi que les ornements* liturgiques. Au début et pendant tout le

Moyen Age le sacraire (*v. ce mot*) remplissait cet office. La *sacristie* telle que la connaissent les temps actuels ne remonte qu'à la fin du XVIe s.

∅ *All.* Sakristei, *angl.* vestry, *esp.* sacristía, *ital.* sagrestia.

Sagittaire n.m. (*lat.* sagittarius : archer, *de* sagitta : flèche). Signe du zodiaque* : centaure qui tient un arc bandé et tire une flèche.

∅ *All.* Bogenschütze, *angl.* sagittarius, *esp.* sagitario, *ital.* sagittario.

saillant adj. (*rac. lat.* salire : sauter). Qui se détache en avant d'une surface, d'un fond; qui s'avance, qui sort en dehors.

∅ *All.* vorspringend, *angl.* protruding, *esp.* saliente, *ital.* sporgente.

saillie n.f. (*rac.* lat. *salire* : sauter). *Archit.* Relief* qui se détache en avant d'une surface, d'un alignement.

∅ *All.* Vorsprung, *angl.* bearing out, projection, *esp.* voladizo, *ital.* sporgenza.

saint adj. (*lat.* sanctus, *de* sancire : consacrer). Qui appartient à la religion; qui est sacré, c'est-à-dire en rapport particulier avec Dieu en vertu d'un rite*.

∅ *All.* heilig, *angl.* holy, *gr.* αγιος, *esp. et ital.* santo.

Pris substantivement Désigne un serviteur (ou une servante) de Dieu à qui l'Église après sa mort a décerné ce titre en permettant de l'honorer d'un culte public.

Saint Siège La papauté. Lieu où réside le Souverain Pontife.

∅ *All.* der heilige Stuhl, *angl.* Holy See, *esp. et ital.* Santa Sede.

Saints (**Lieux**) Jérusalem et la Palestine, qui furent le cadre de la vie du Christ.

∅ *All.* das heilige Land, *angl.* the Holy Places, *esp.* Los Santos Lugares, *ital.* Luoghi Santi.

salle n.f. (*francique* sal, *all.* Saal). *Archit.* Pièce à usage collectif, en général vaste, facilement accessible du dehors.

∅ *All.* Saal, *angl.* hall, *esp. et ital.* sala.

Salle capitulaire : salle réservée dans les bâtiments monastiques ou épiscopaux aux réunions du chapitre* (*pl.* 137).

∅ *All.* Kapitelsaal, *angl.* chapter room, *esp.* sala capitular, *ital.* sala capitolare.

Salle des pas perdus : grande salle d'attente publique, notamment dans un palais de justice où avocats et clients se promènent entre les audiences.

∅ *All.* Wartesaal, *angl.* waiting hall, *esp.* sala de espera, *ital.* sala.

salpêtre n.m. (*lat.* sal : sel *et* petra : pierre). *Archit.* Matière à l'aspect d'un sel blanchâtre qui se produit sur la surface de vieux murs* surtout lorsqu'ils sont imprégnés d'humidité. Les murs ainsi *salpêtrés* ne peuvent plus recevoir de couche de peinture, qui s'effriterait.

∅ *All.* Salpeter, *angl.* saltpetre, *esp.* salitre, *ital.* salnitro.

sanctuaire n.m. (*lat.* sanctuarium, *de* sanctus : saint). *Archit.* Partie de l'église* située autour de l'autel* principal, où s'accomplissent les cérémonies liturgiques.

Ne pas confondre avec le chœur*, meublé de stalles*, enceinte réservée au clergé qui assiste aux fonctions sacrées en y prenant part par le chant (*v.* chœur). Souvent le *sanctuaire* est plus élevé que le chœur d'un ou plusieurs degrés*.

Cependant dans beaucoup de petites églises, le chœur ne fait qu'un avec le sanctuaire.

∅ *All.* Altarraum, *angl.* sanctuary, chancel, *esp. et ital.* santuario.

saper v.tr. (*dér. de* sape, *du lat.* sappa : hoyau). *Archit.* Abattre, au moyen de tranchées pratiquées en sous-œuvre*, des murs* ou des pans* de mur.

∅ *All.* untergraben, *angl.* to undermine, *esp.* zapar, *ital.* zappare.

saphir n.m. (*gr.* σαπφειρος). Pierre précieuse d'un beau bleu transparent.

∅ *All.* Saphir, *angl.* sapphire, *esp.* zafiro, *ital.* zaffiro.

sarcophage n.m. (*du gr.* σαρκος : chair *et* φαγειν : manger). Nom donné aux récipients en pierre* ou en marbre* destinés à renfermer les restes mortels de grands personnages dont les corps n'avaient pas été incinérés. La pierre avait, croyait-on, la propriété de ronger les chairs.

Les *sarcophages* païens et chrétiens étaient ornés de sculptures* et de strigiles (*v. ce mot*). La sculpture en avait disparu durant le haut Moyen Age.

A l'époque romane, on recommence à faire de riches tombeaux. Ce ne sont plus des sarcophages puisqu'ils contiennent non plus le corps nu mais le corps enfermé dans un cercueil; ils sont ornés souvent de belles sculptures (*pl.* 139).

∅ *All.* Steinsarg, *angl.* sarcophagus, *esp.* sarcófago, *ital.* sarcofago.

sardoine n.f. (*synon.* sardonix, *ou* onyx de Sardaigne). Pierre* précieuse ressemblant à l'agate, elle est rubanée de brun, et présente des zones de couleurs différentes. Recherchée pour graver des camées, des vases, des coupes...

∅ *All.* Sardonyx, *angl.* sardonyx, *esp.* sardónice, *ital.* sardonico.

sassanide (art) Art de la Perse ancienne qui a fleuri surtout au VIe s. après J.-C. L'empire sassanide, capitale Ctésiphon, a duré de 226 à 642.

Satan (*mot hébr. signif.* : l'ennemi). Nom donné dans la Bible* au chef des anges déchus, les démons. Satan est le tentateur. *Synon.* Diable (*v. ce mot*).

satyre n.m. (*lat.* satyrus). *Mythol.* Monstre humain à cornes et à pieds de chèvre. Se voit parfois dans l'art roman.

sautoir n.m. (*du lat.* saltare : sauter). 1) Partie du harnais servant d'étrier* au chevalier pour sauter à cheval. ‖ 2) Objets placés en forme d'X ou de croix* de saint André. ‖ 3) *Blason* Pièce honorable faite d'une croix de saint André.

sauveur adj. (*lat.* salvator). Libérateur. ‖ *Substantiv. et par excell.* Désigne le Christ envoyé sur la terre pour sauver les hommes de l'esclavage du démon, du péché et de la mort.

∅ *All.* Retter, *angl.* Saviour, *esp.* Salvador, *ital.* Salvatore.

sayon n.m. (*dér. de* saie, *lat.* saga : manteau). Tunique* gauloise, adoptée par les Romains, puis par les chevaliers du Moyen Age qui la portaient sous l'armure*.

scapulaire n.m. (*dér. du lat.* scapula : épaule). Longue pièce d'étoffe recouvrant les épaules, tombant devant et derrière en dégageant les bras. A l'origine, vêtement de travail que l'on mettait par-dessus les vêtements ordinaires. Partie caractéristique du vêtement des ordres monastiques; la première mention s'en trouve chez saint Benoît*.

∅ *All.* Skapulier, *angl.* scapular, *esp.* escapulario, *ital.* scapolare.

sceau n.m. (*lat.* sigillum, *anc. fr.* seal, *puis* sceaul). 1) Figurine ou signe imprimé dans la cire par un cachet et servant à authentifier un acte. ‖ 2) Cachet qui imprime ce sceau.

Au Moyen Age le *sceau* différait du *cachet*, plus petit, en ce sens qu'il était réservé aux personnes importantes ou aux collectivités. Il était transmis à l'aîné de la famille, ou sinon enfermé dans le cercueil du défunt. L'art de déchiffrer les sceaux s'appelle *sigillographie** ou *sphragistique**.

∅ *All.* Siegel, *angl.* seal, *esp.* sello, *ital.* bollo.

scellement n.m. (*de* sceller). *Archit.* Opération qui consiste à fixer solidement dans la pierre* ou la maçonnerie*, par divers moyens, une pièce de bois, de métal, etc. Un *scellement* s'exécute en creusant dans la pierre un logement pour la pièce, les interstices étant remplis de substances liquides ou semi-liquides qui se solidifient en séchant : plâtre, soufre, plomb, mortier, etc. Le soufre a l'avantage d'augmenter de volume en se solidifiant, garnissant mieux ainsi les cavités où il est versé. Mais son défaut est de s'émietter par la percussion. Le plomb a plus de solidité.

∅ *All.* Einlassen, *angl.* fastening, *esp.* empotramiento, *ital.* ingessamento.

sceller v.tr. (*dér. de* sceau). 1) Apposer un sceau* sur un objet.

∅ *All.* besiegeln, *angl.* to seal, *esp.* sellar, *ital.* sigillare.

2) Effectuer un scellement dans la pierre* ou la maçonnerie*.

∅ *All.* vergießen, *angl.* to fasten, *esp.* empotrar, *ital.* ingessare.

sceptre n.m. (*gr.* σκηπτρον : bâton). Bâton court, terminé par un emblème : globe, aigle, fleur, etc.,

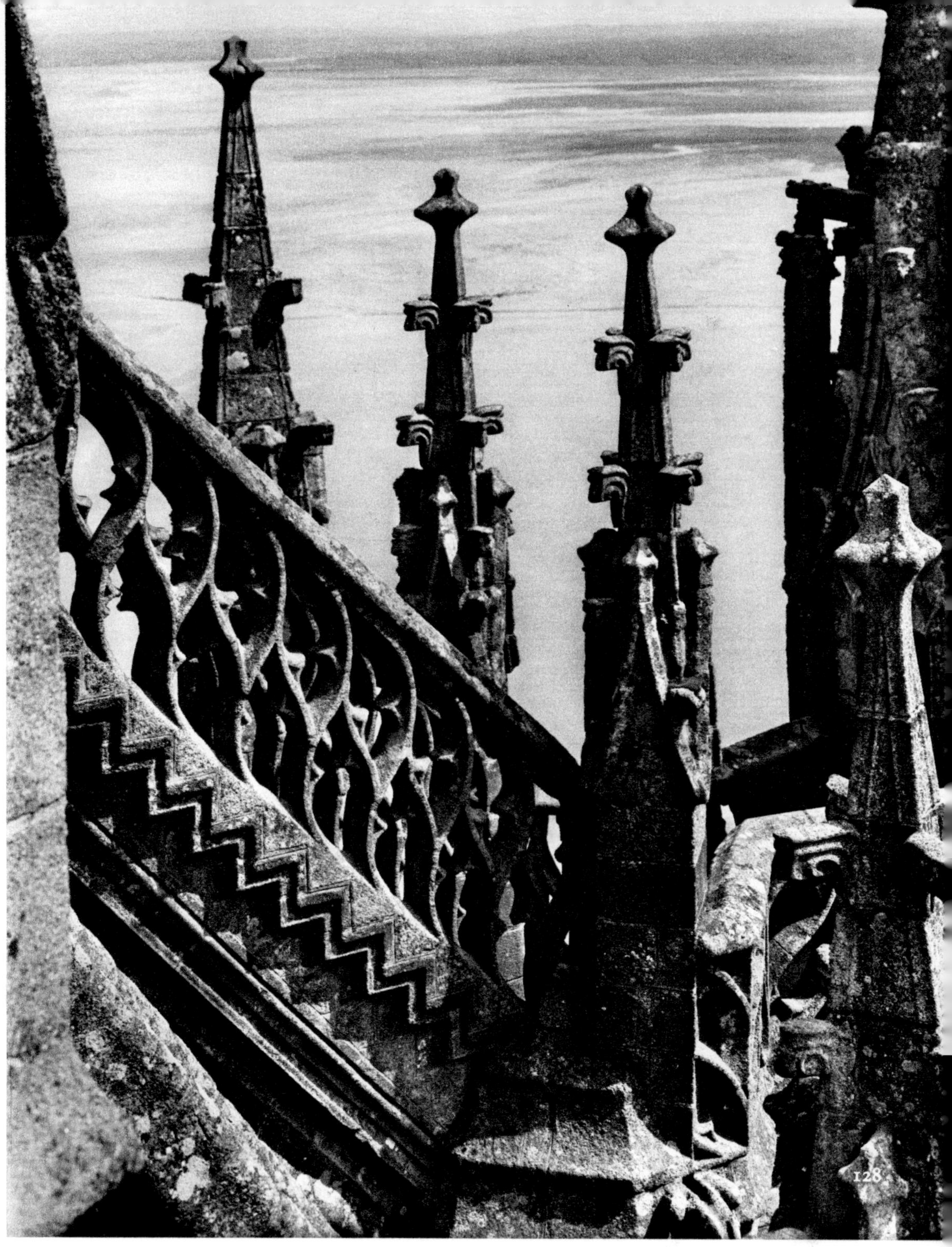

pinacles

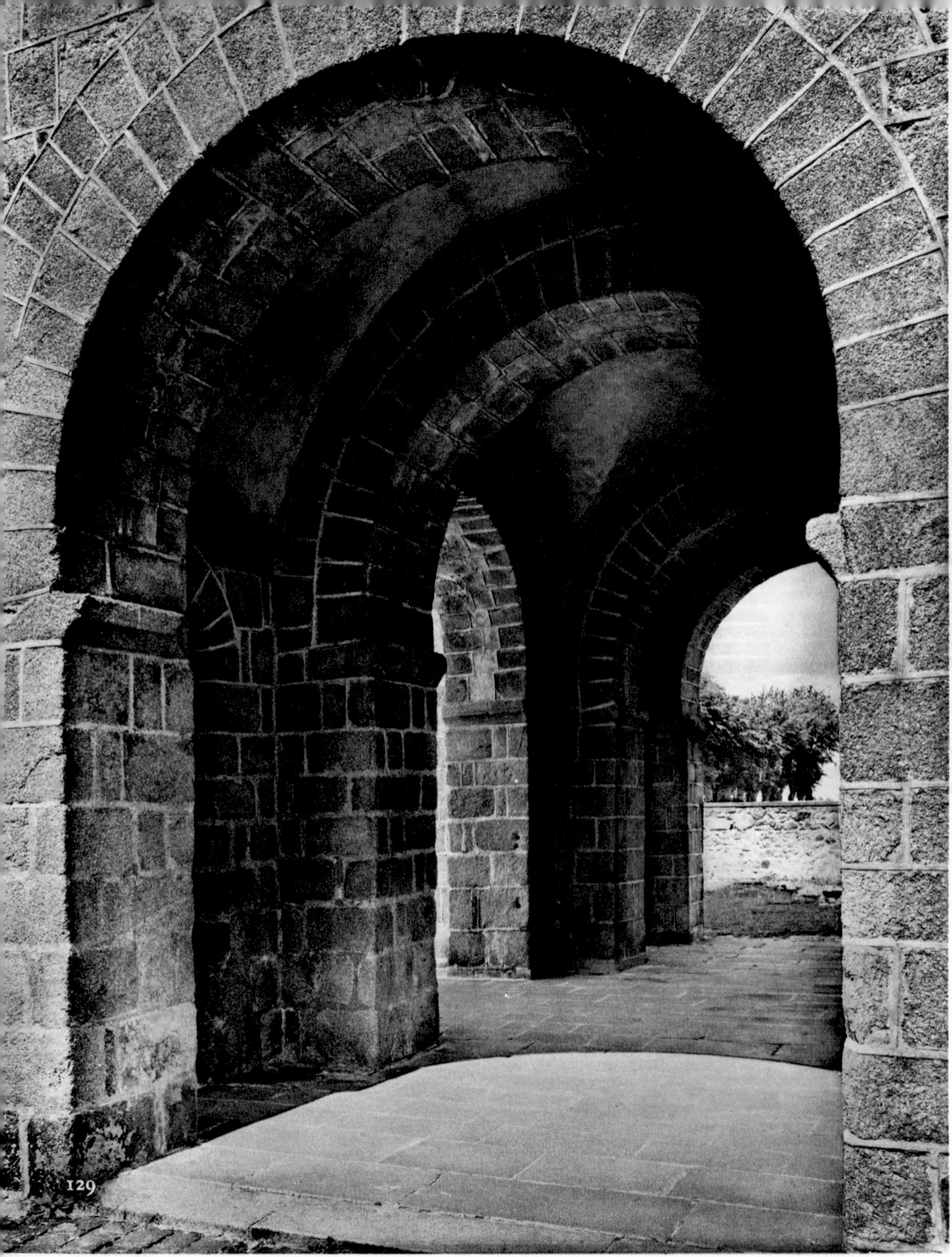

porche

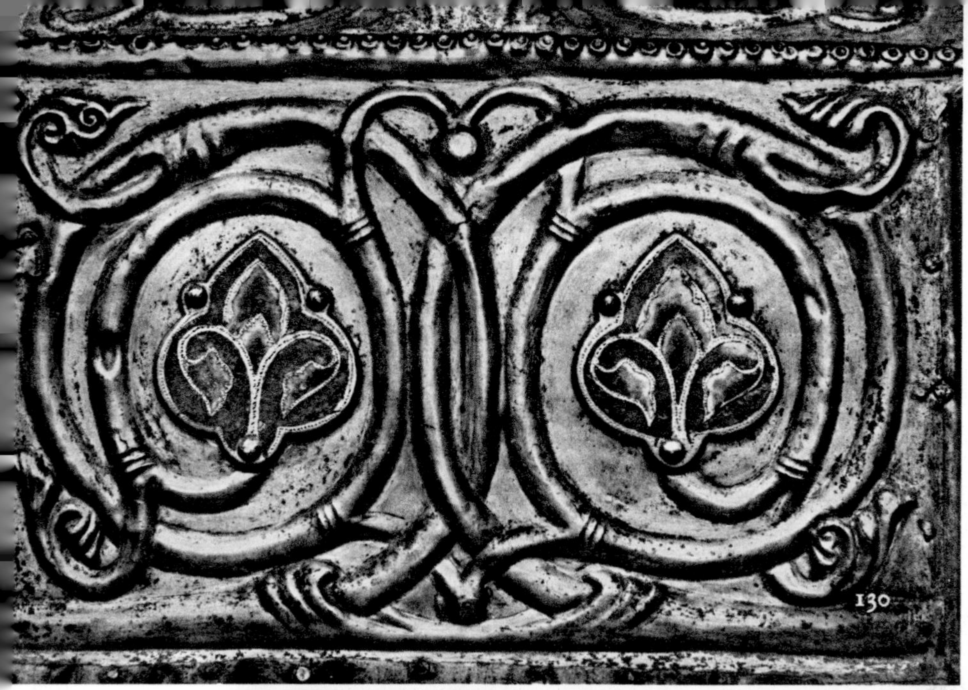

rinceaux

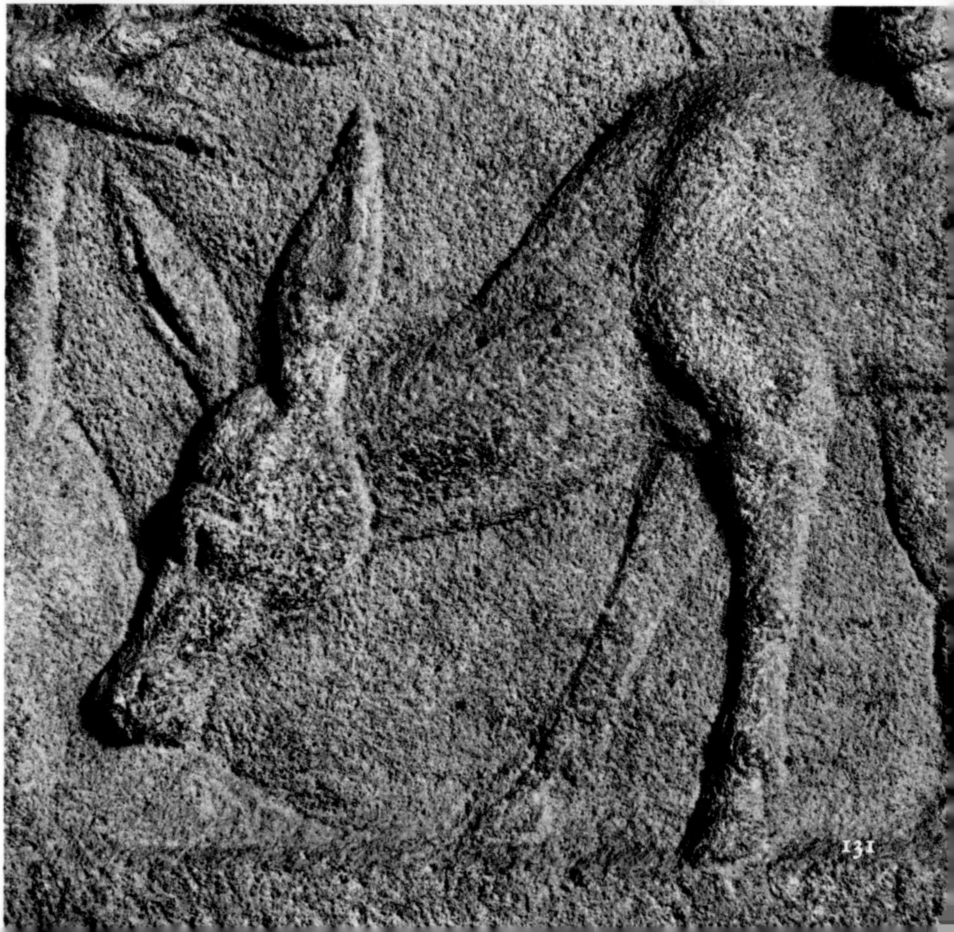

bas-relief

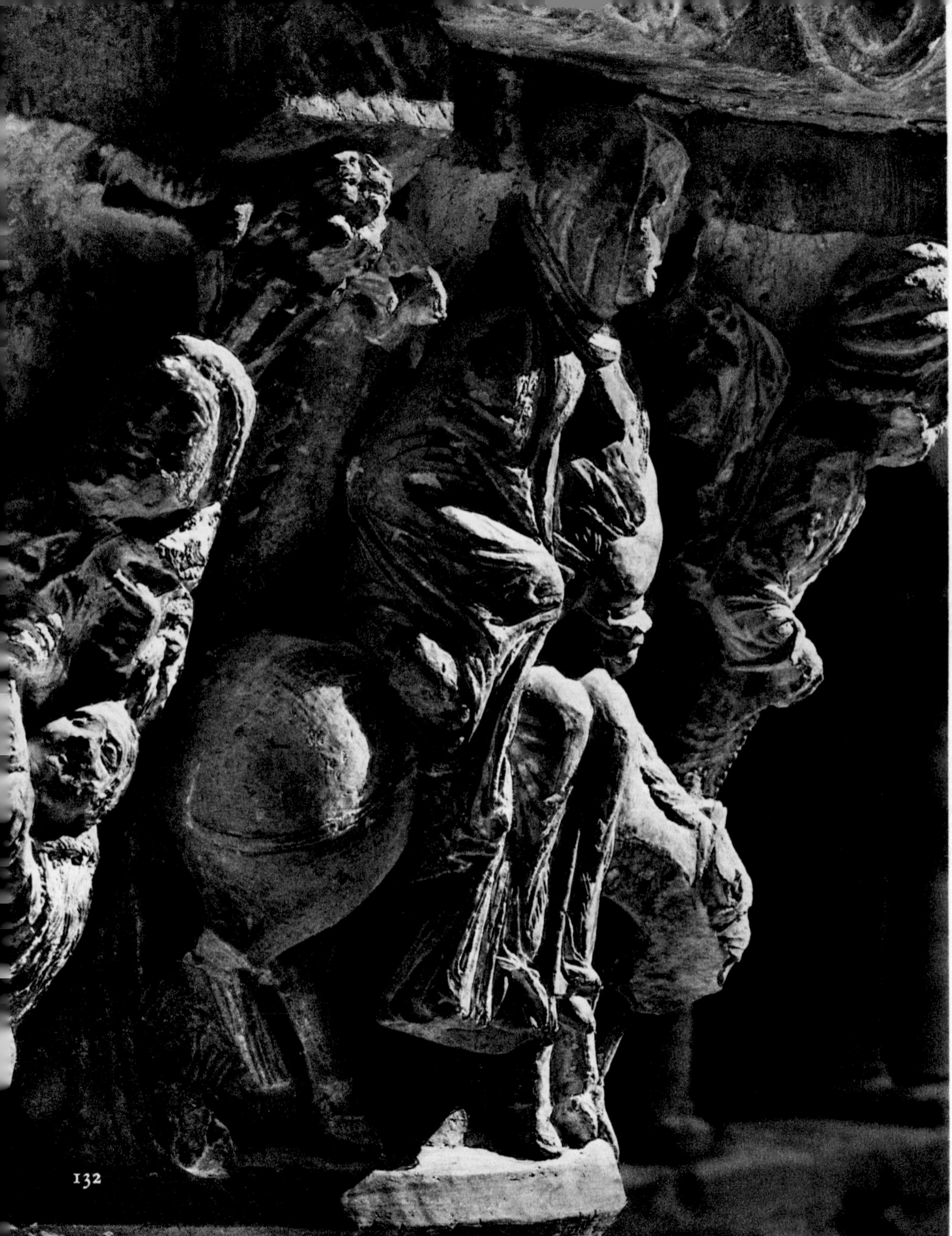

132

haut-relief

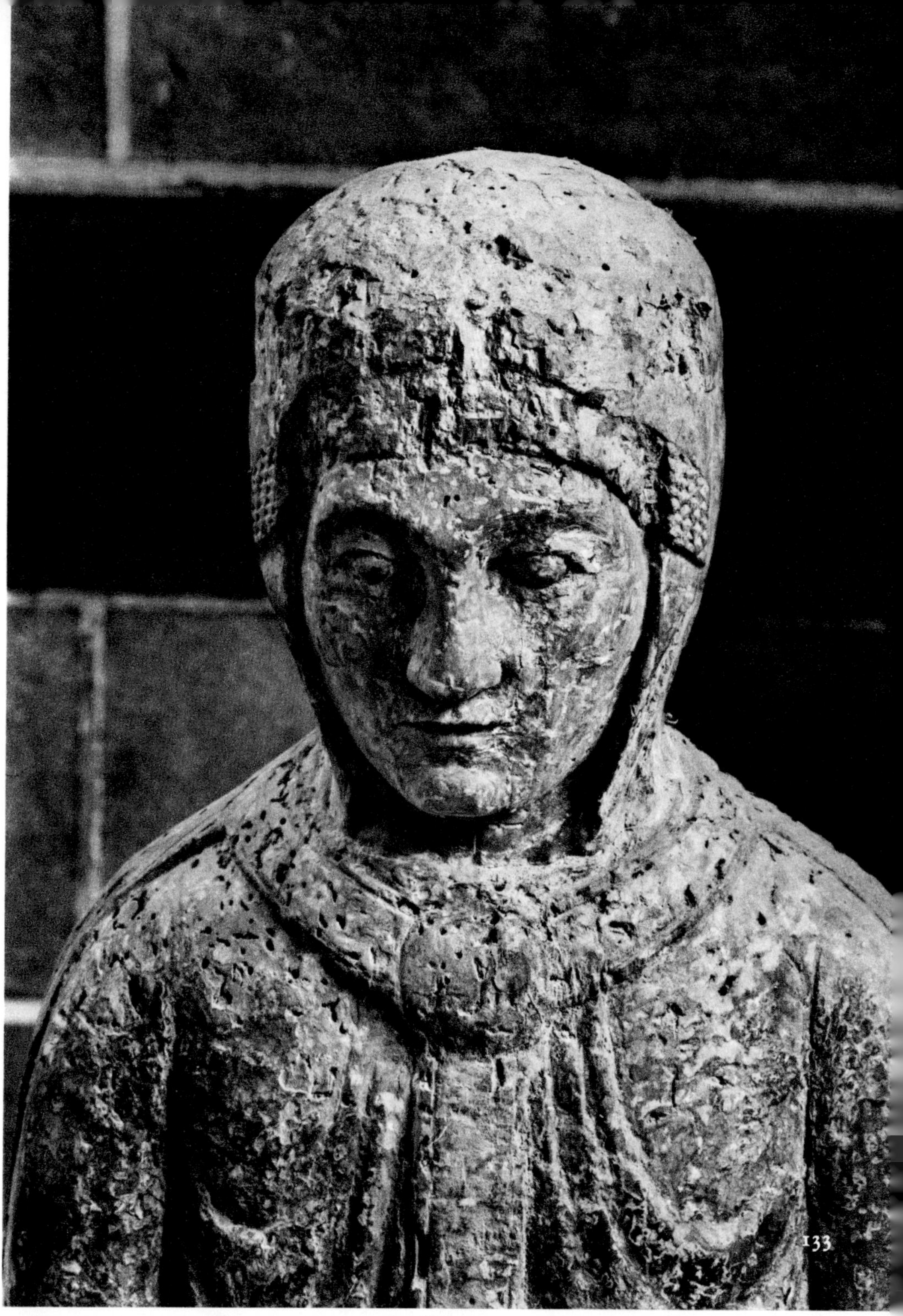

133

ronde-bosse

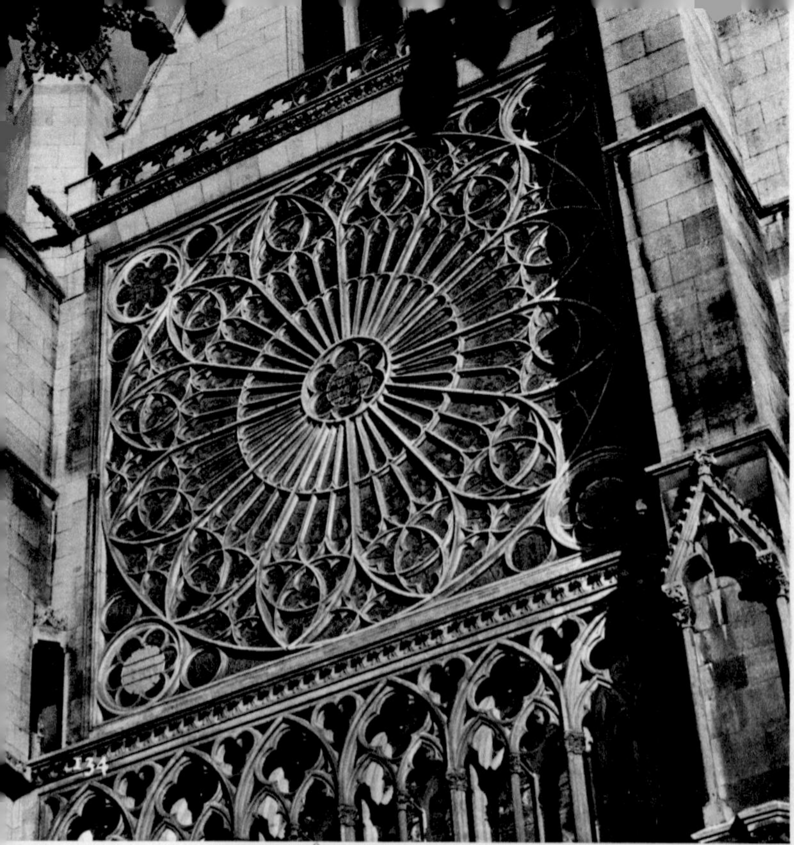

rosace

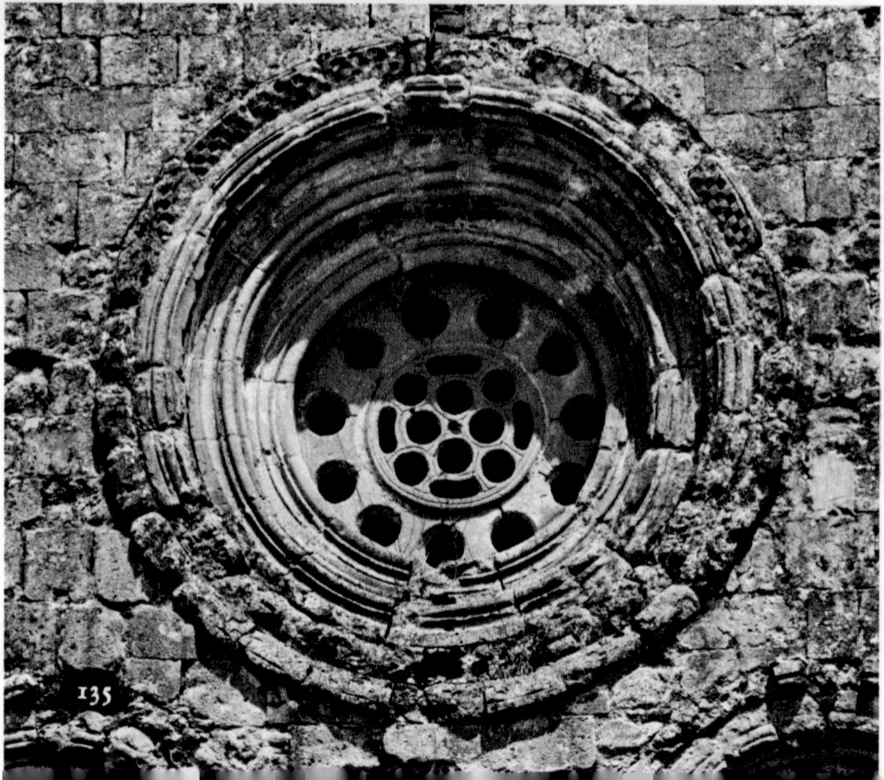

rose

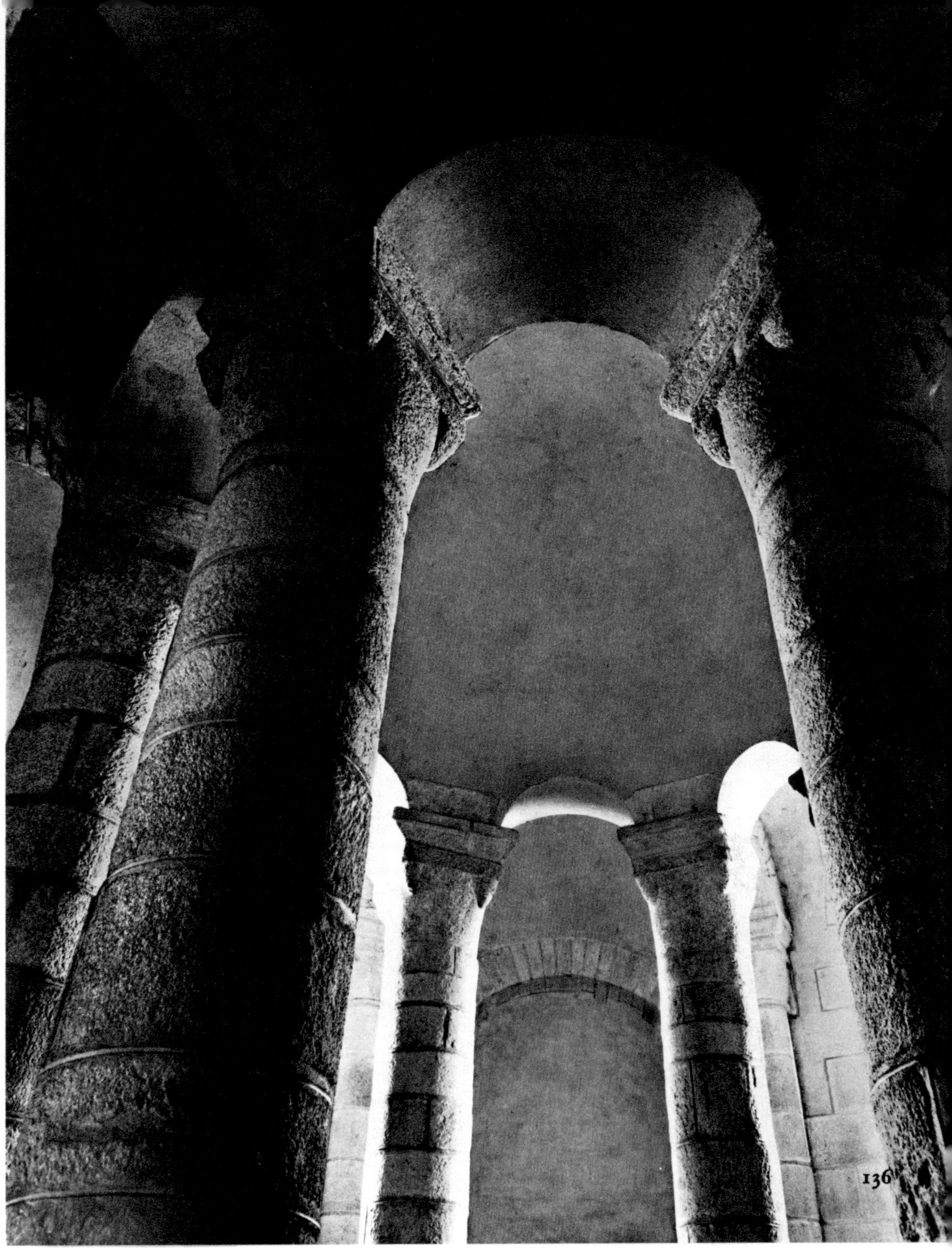

rotonde

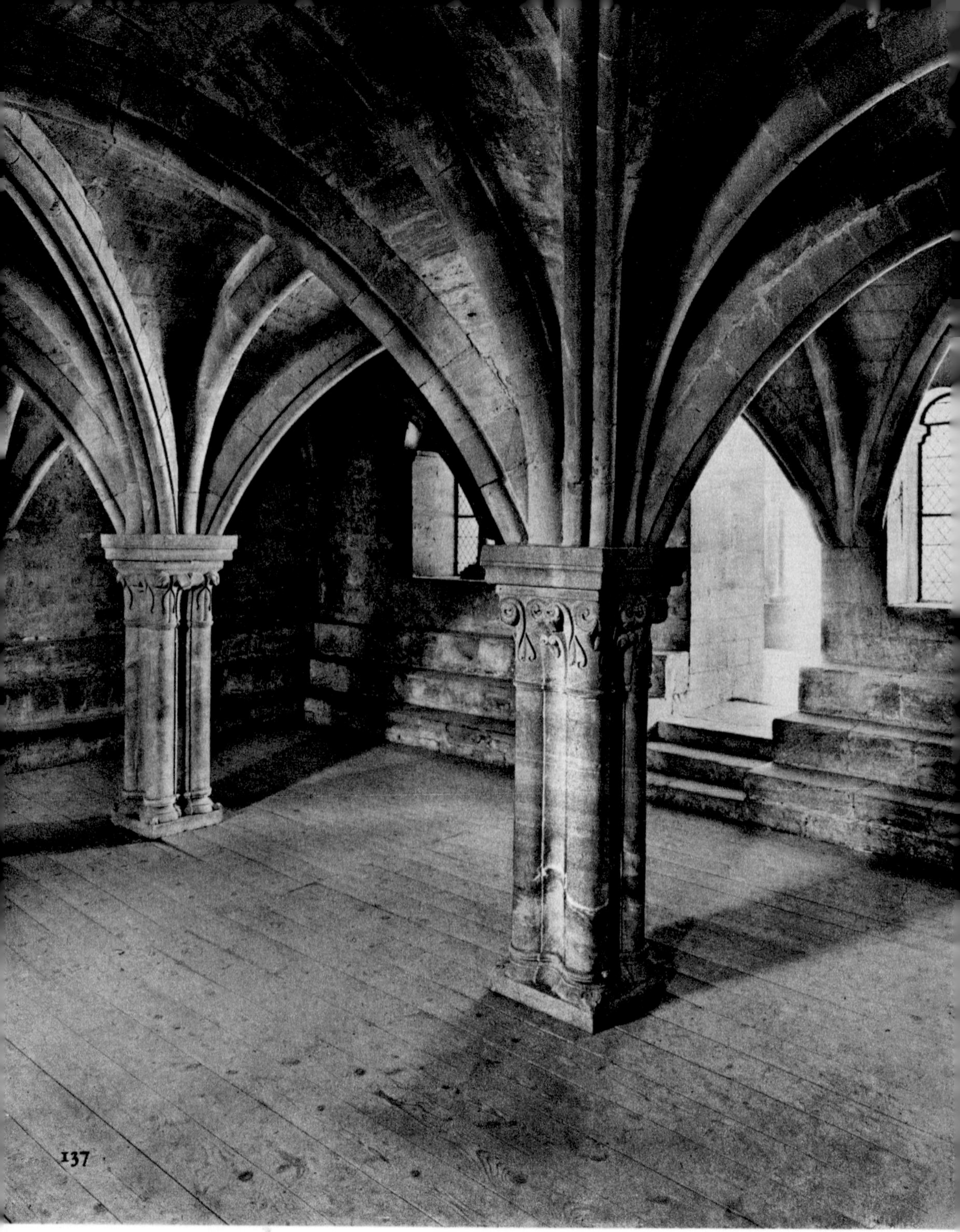

137

salle capitulaire

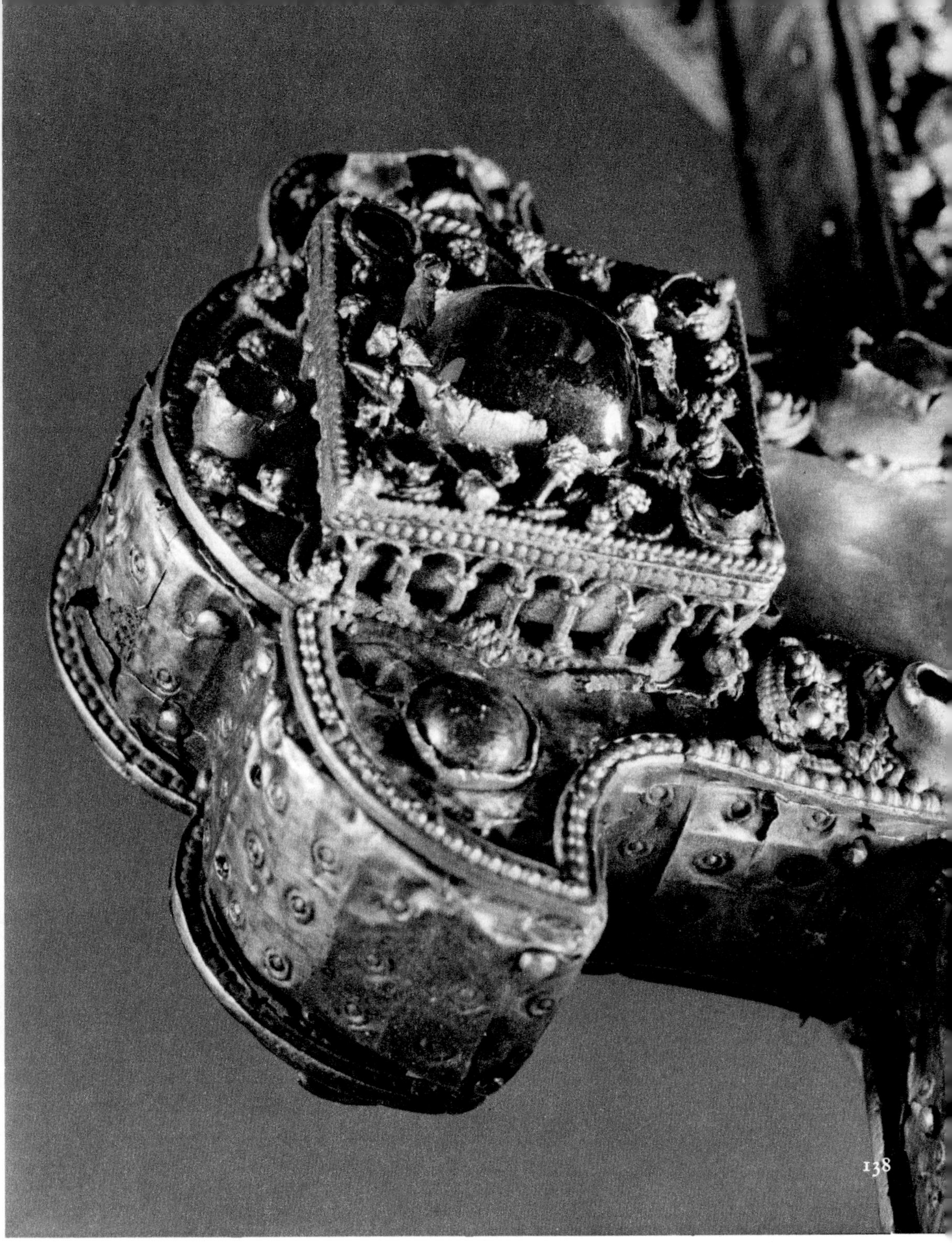

138

(gemme) sertie

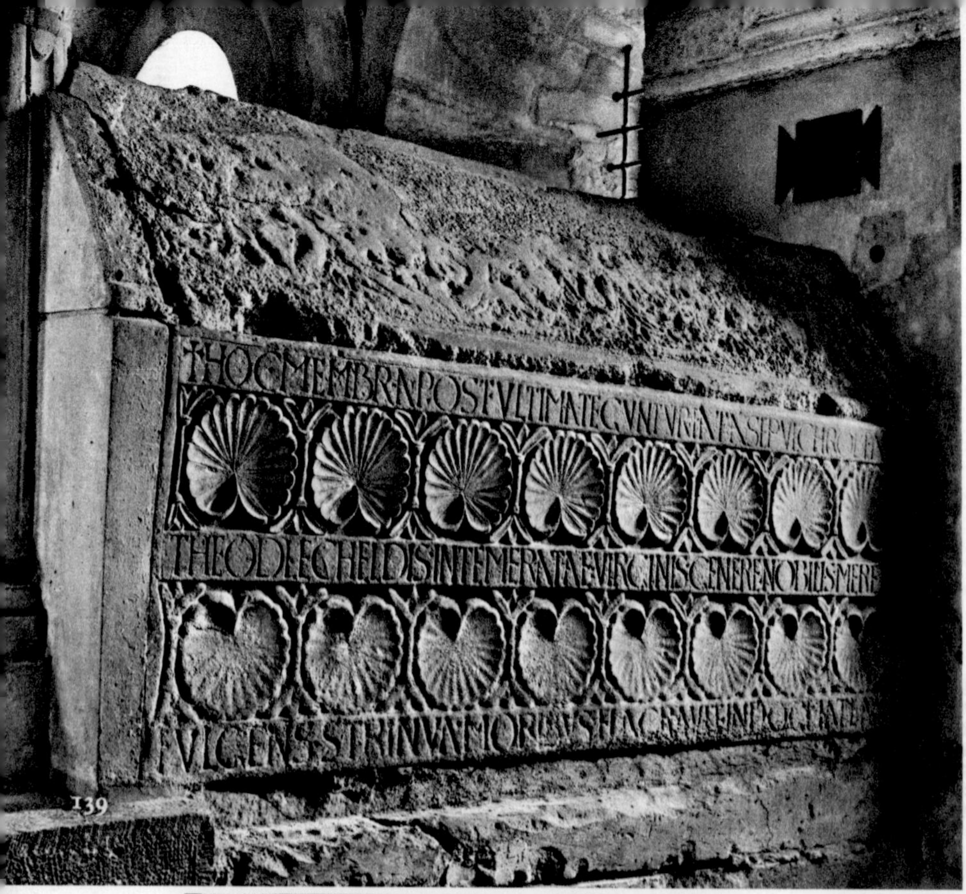

139 sarcophage

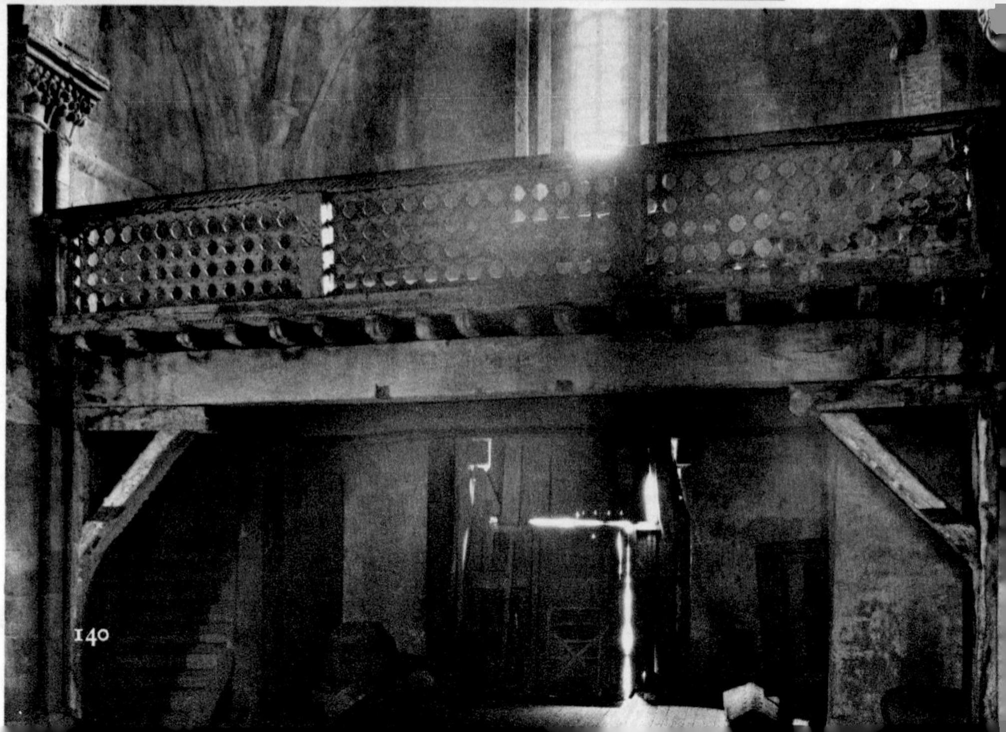

140 solive

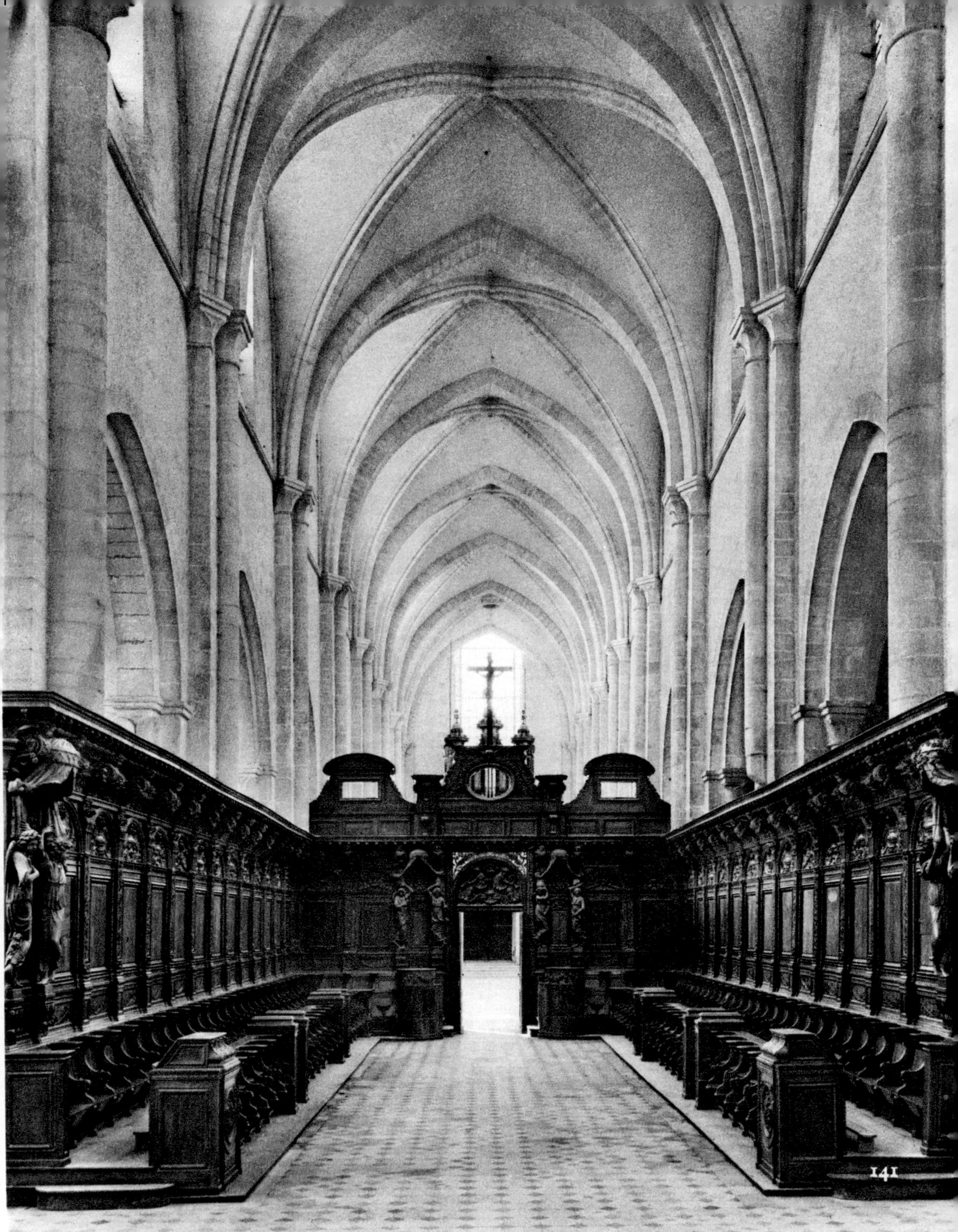

stalles

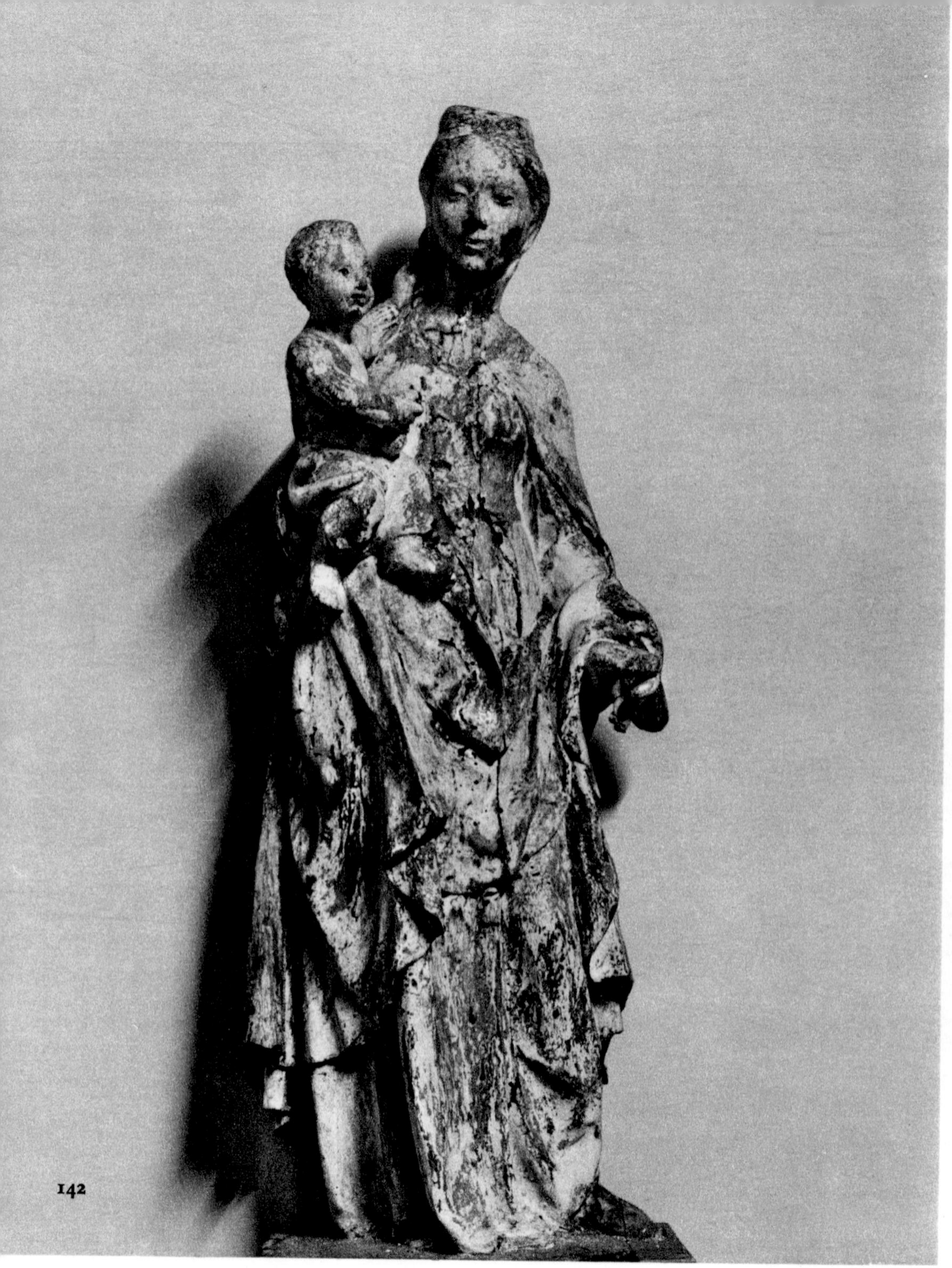

statue

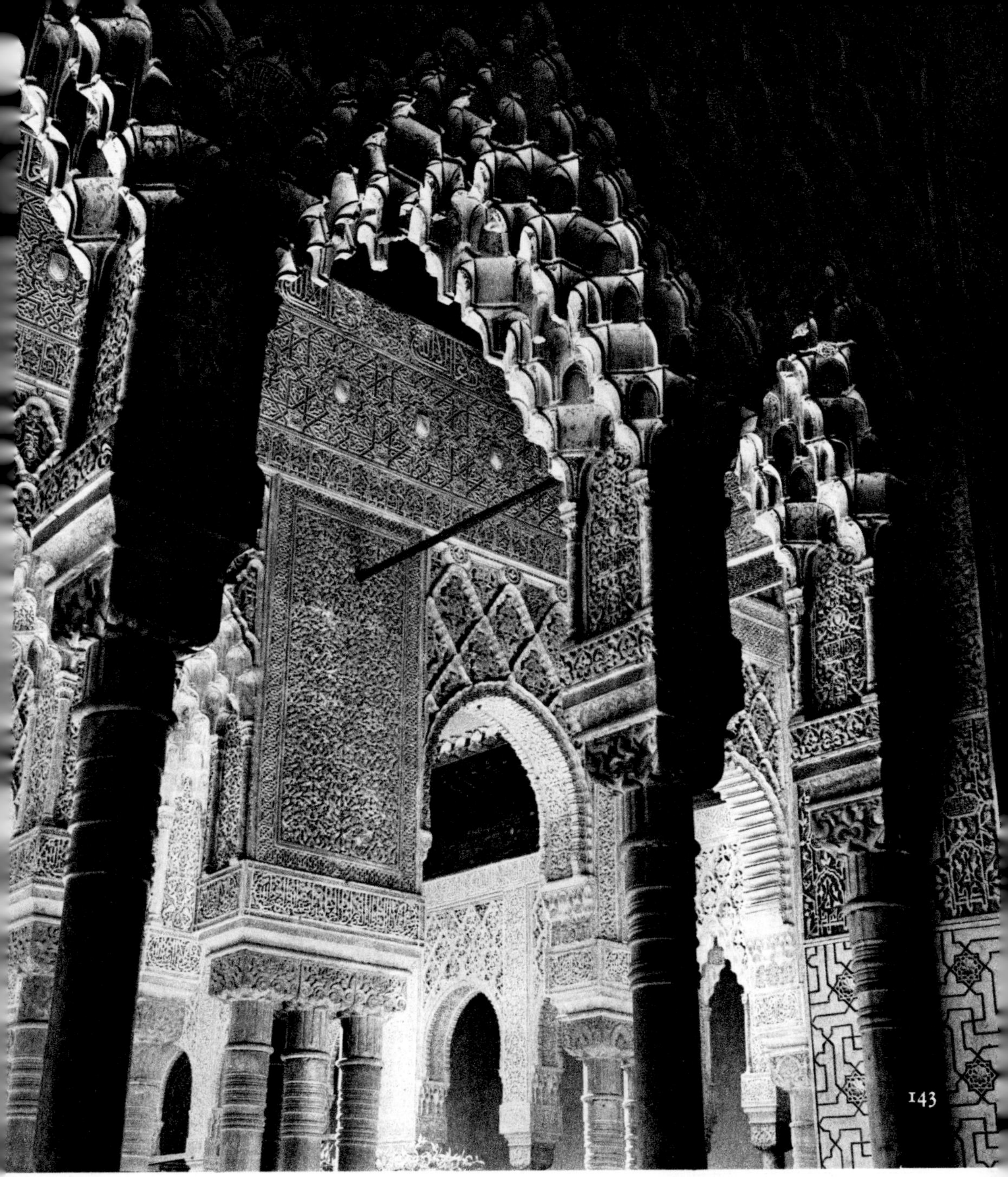

stuc

144

tore et scotie

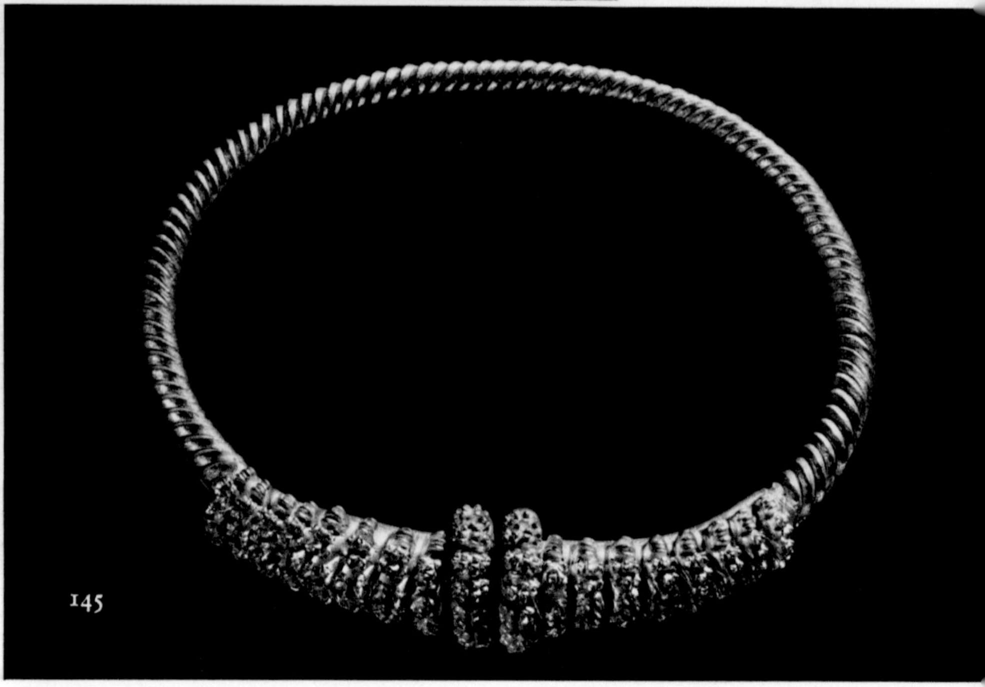

145

torque

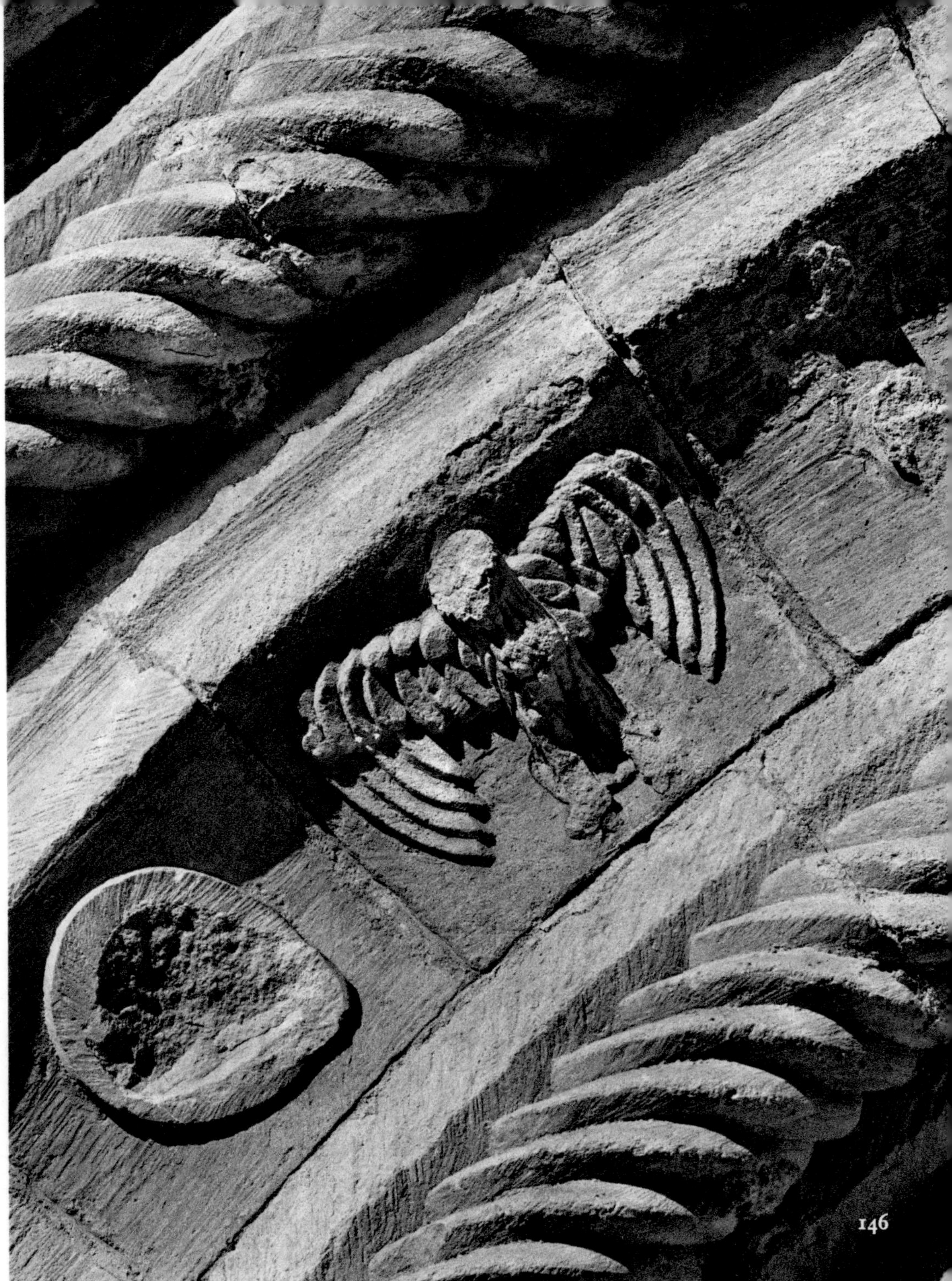

torsade

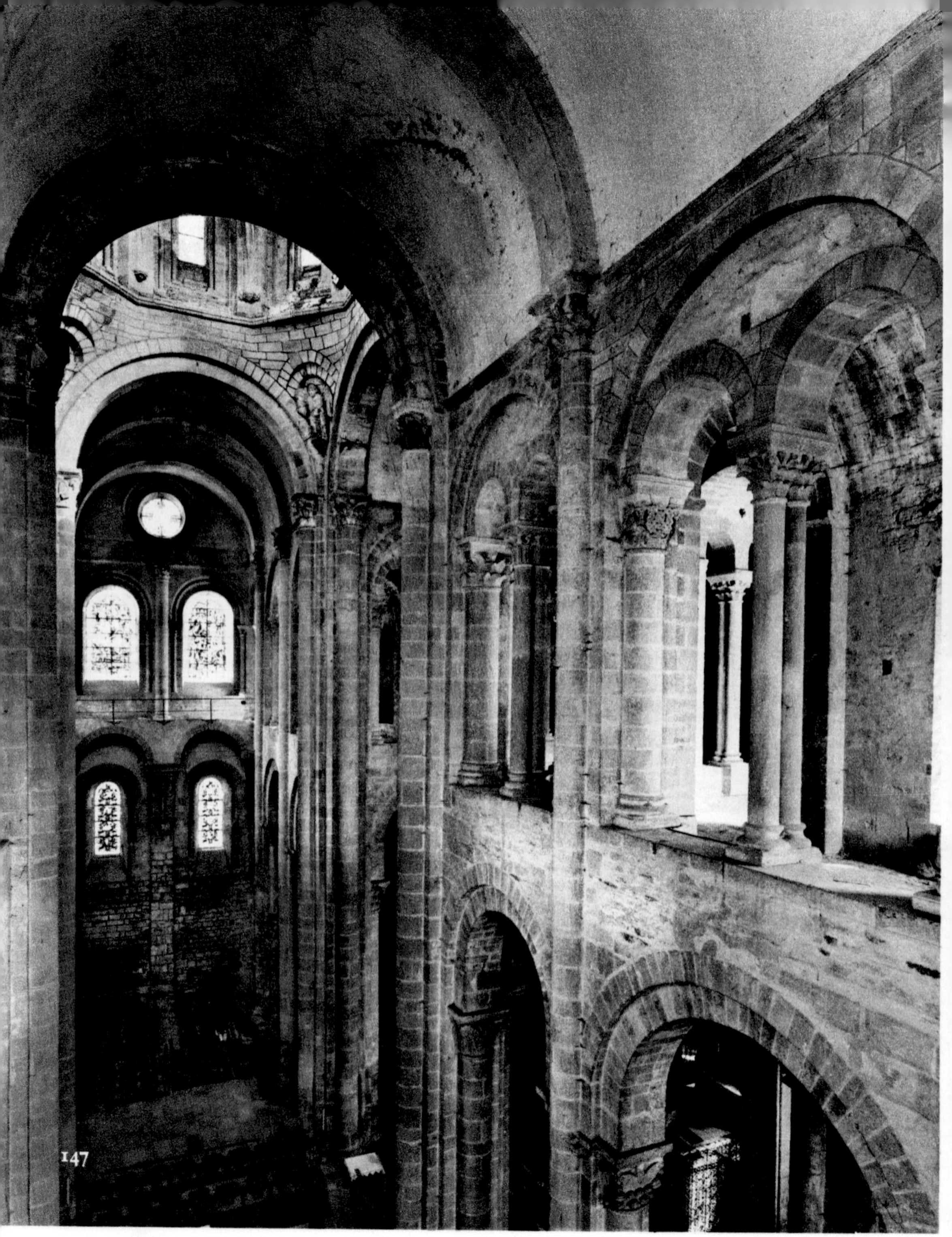

transept et tribune

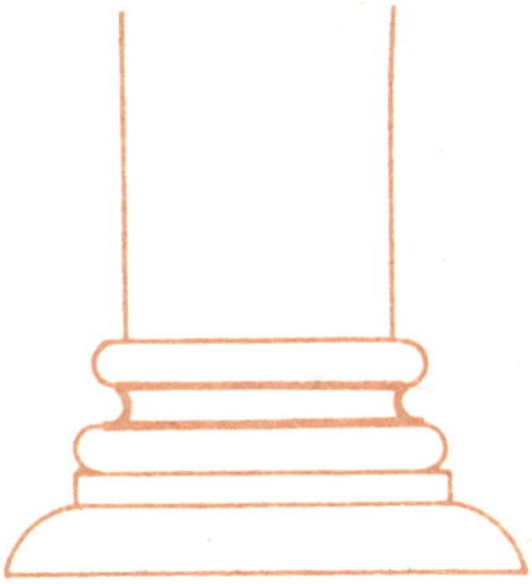

scotie

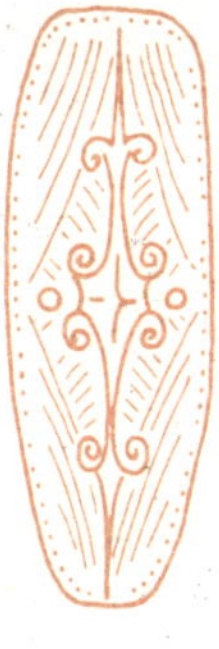

scutum

que portaient les empereurs romains puis les empereurs byzantins et qui était l'insigne de leur pouvoir suprême.

∅ *All.* Zepter, *angl.* wand of power, sceptre, *esp.* cetro, *ital.* scettro.

sciage n.m. (*dér. de* scie). Opération consistant à débiter à la scie* des blocs de pierre*, de marbre*, des pièces de bois*, etc.

∅ *All.* Sägen, *angl.* sawing, *esp.* aserradura, *ital.* segamento.

On appelle *bois de sciage* des pièces de bois provenant de pièces plus fortes recoupées sur leur longueur. Le *déchet de sciage* est la partie superficielle du bloc de pierre que le sciage fait disparaître.

sciapode n.m. (*gr.* σκια : ombre *et* πους, ποδος : pied). Monstre figurant dans les Bestiaires*. Homme nu s'abritant comme sous un parasol de son pied unique étendu au-dessus de sa tête. Figure dans la décoration romane.

On l'appelle aussi cinipes (*v. ce mot*).

∅ *All.* Skiapode, *angl.* skiapod, *esp.* esciápodo, *ital.* ciapodo.

scie n.f. (*dér. de* scier, *lat.* secare). Instrument servant à couper et à débiter les pierres* et le bois* et composé d'une lame en acier dentelée tendue dans une armature de bois. On lui imprime un mouvement de va-et-vient. Chaque métier a ses préférences pour la forme des *scies* qui est très variée.

∅ *All.* Säge, *angl.* saw, *esp.* sierra, *ital.* sega.

sciographie n.f. (*gr.* σκια : ombre *et* γραφειν : écrire). Se disait dans l'Antiquité de l'art de reproduire les ombres. Se dit actuellement en architecture* du dessin géométrique représentant la vue intérieure d'un édifice*.

scotie n.f. (*du gr.* σκοτιος : obscur, qui reçoit une ombre). *Archit.* C'est une moulure* concave placée entre les deux tores* de la base* d'une colonne* (*fig., pl.* 144, *v. pl.* 2 *et* 5).

Le trochyle est une *scotie* d'un profil spécial.

∅ *All.* Hohlkehle, *angl.* scotia, *esp.* escocia, *ital.* scozia.

scriptorium n.m. (*mot lat., rac.* scribere : écrire). Dans les monastères*, atelier où travaillaient les copistes, les calligraphes, les enlumineurs.

∅ *All.* Schreibstube, *angl.* scriptorium, *esp.* escritorio, *ital.* scrittorio.

sculpteur n.m. (*lat.* sculptor). S'appelait au Moyen Age entailleur ou tailleur d'images, ou imagier (*v.* taille).

Le mot s'applique au sculpteur en marbre*, en pierre* :

∅ *All.* Bildhauer, *angl.* sculptor, *esp.* escultor, *ital.* scultore.

et au sculpteur en bois* :

∅ *All.* Holzschnitzer, *angl.* wood carver, *esp.* entallador, *ital.* intagliatore in legno.

sculpture n.f. (*dér. de* sculpter, *lat.* sculpere). *Archit.* Art de traduire des sujets en relief* dans des matières dures : bois*, pierre*, marbre*, bronze*. Intimement lié dans l'art roman à l'architecture*. La *sculpture* se distingue ainsi de la plastique qui modèle sur des matières molles, et de la glyptique ou sculpture en pierres* fines (*v.* relief).

Sculpture en pierre :

∅ *All.* Bildhauerkunst, *angl.* sculpture, *esp.* escultura, *ital.* scultura.

Sculpture en bois :

∅ *All.* Holzschnitzerei, *angl.* wood carving, *esp.* talla, *ital.* intaglio.

Petite sculpture :

∅ *All.* Kleinplastik, *angl.* small sculpture, *esp.* escultura pequeña, *ital.* scultura piccola.

scutiforme adj. (*du lat.* scutum : écu). Qui ressemble à un bouclier*, à un écu.

∅ *All.* schildförmig, *angl.* shieldlike, *esp.* en forma de escudo, *ital.* in forma di scudo.

scutum (*mot lat.* : écu). Bouclier* long, rectangulaire et convexe, des soldats romains (*fig.*).

∅ *All.* Schild, *angl.* shield, *esp.* escudo, *ital.* scudo.

sébile n.f. (*orig. obsc.*). Petit vase en bois, qui sert aux marbriers pour gâcher le plâtre* destiné aux scellements* qu'ils ont à faire.

∅ *All.* Holzschale, *angl.* wooden bowl, *esp.* dornajo, *ital.* scodella.

sec adj. (*lat.* siccus). *Fig. Bx-Arts* Sans douceur, sans expression, raide, en parlant de l'exécution d'une œuvre d'art.

∅ *All.* trocken, *angl.* dry, *esp.* seco, *ital.* secco.

séculier adj. (*rac. lat.* saeculum : siècle). S'applique au clergé* qui reste dans le siècle, par opposition au clergé régulier. ‖ *Substantivement* Un membre du clergé séculier.

∅ *All.* Weltgeistlicher, *angl.* secular, *esp.* seglar, *ital.* secolare.

segment n.m. (*rac. lat.* secare : couper). *Géom.* Portion de cercle comprise entre un arc et la corde qui la sous-tend. ‖ *Archit.* Portion de voûte*, de coupole*.

∅ *All.* Segment, Kreisabschnitt, *angl.* segment, *esp.* segmento, *ital.* segmento.

seing n.m. (*lat.* signum : signe). Marque garantissant qu'un acte est authentique.

∅ *All.* Unterschrift, *angl.* signature, *esp. et ital.* firma.

selle n.f. (*lat.* sella, *de* sedere : s'asseoir). 1) Siège d'appartement.

∅ *All.* Schemel, *angl.* stool, *esp.* silla, *ital.* sella.

2) Siège de cavalier. Pièce de harnachement en cuir posée sur le dos de la monture et comportant des étriers*. La *selle* se compose d'une armature de deux *arçons** à l'avant et à l'arrière. Le *pommeau* est l'élévation de l'arçon avant, au-dessus du garrot, et le *troussequin* forme dossier à l'arrière. Sur les côtés descendent les *quartiers*.

∅ *All.* Sattel, *angl.* saddle, *esp.* silla de montar, *ital.* sella.

sellette n.f. (*dim. de* selle). 1) Siège de stalle se rabattant.

∅ *All.* Sitzbrett eines Chorstuhls, *angl.* small seat.

2) Siège fait d'une planchette et de courroies à ses angles, qui sert à porter des ouvriers qui travaillent à la corde à nœuds sur des surfaces verticales ou très inclinées (peintres, ravaleurs, etc.). ‖ 3) Petit siège en bois sur lequel on faisait asseoir les accusés pour les interrogatoires (« mettre sur la sellette »).

∅ *All.* Armesünderstühlchen, *angl.* stool, *esp.* banquillo, *ital.* banco.

semelle n.f. (*orig. inconnue*). 1) Pièce de cuir formant la partie de la chaussure en contact avec le sol.

∅ *All.* Sohle, *angl.* sole, *esp.* suela, *ital.* suola.

2) *Charpenterie Par anal.* Pièce de bois* de faible épaisseur que l'on rapporte sous une autre pour la renforcer. Des *semelles* se placent ainsi sous des poutres*, des tables*, des sablières*, etc.

∅ *All.* Schwelle, *angl.* sole, *esp.* refuerzo, *ital.* suolo.

Semelle pied de chèvre : *v.* pied de chèvre.

semis n.m. (*dér. de* semer, *lat.* seminare). *Bx-Arts* Ornements* répétés ou parsemés avec régularité sur une surface.

∅ *All.* Streumuster, *angl.* strewing, *esp.* diseminado, *ital.* seminato.

senestre adj. (*lat.* sinistrum : gauche). *Blason* Côté gauche de l'écu* tel qu'il est posé sur le bras gauche (donc situé pour le spectateur à sa droite). C'est le contraire de dextre (*v.* blason).

∅ *All.* links, *angl.* left, sinister, *esp.* siniestro, *ital.* sinistro.

séparation n.f. (*lat.* separatio). *Archit.* Division obtenue d'une manière quelconque (mur*, cloison*, etc.) afin de séparer des pièces entre elles.

∅ *All.* Scheidewand, *angl.* partition, *esp.* separación, *ital.* separazione.

Septante (les) n.m.pl. (*lat.* septuaginta : soixante-dix). Les soixante-dix interprètes qui sous Ptolémée Philadelphe (284-274 av. J.C.) traduisirent de l'hébreu en grec les livres de l'Ancien Testament*, selon la légende. ‖ La version des *Septante*

∅ *All.* Septuaginta, *angl.* the Septuagint, *esp.* los Setenta, *ital.* i Settanta.

sépulcre n.m. (*lat.* sepulcrum, *de* sepelire : ensevelir). Tombeau.

∅ *All.* Grab, *angl.* grave, *esp.* sepulcro, *ital.* sepolcro.

Saint-Sépulcre : tombeau du Christ à Jérusalem.

∅ *All.* das heilige Grab, *angl.* the Holy

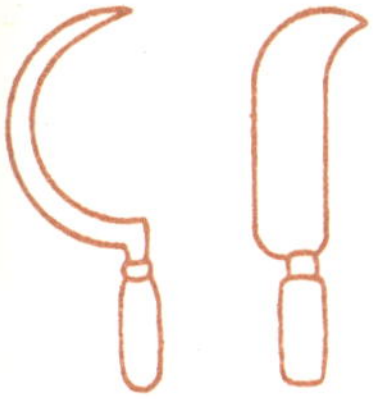

serpes

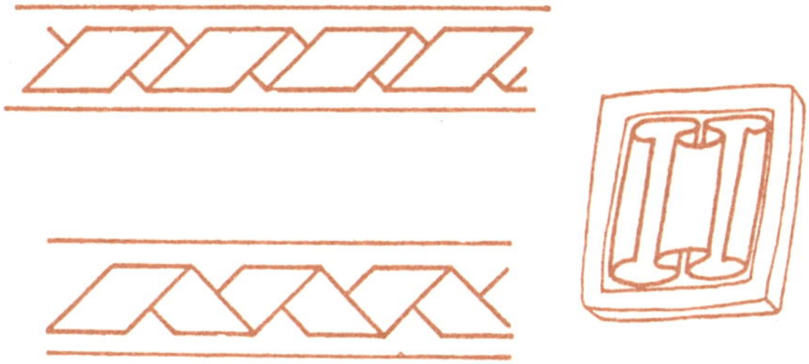

serviettes repliées

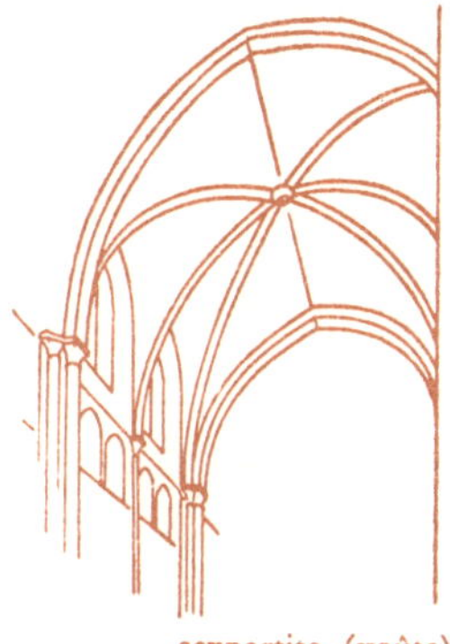

sexpartite (voûte)

Sepulchre, *esp.* Santo Sepulcro, *ital.* Santo Sepolcro.

sépulture n.f. (*du lat.* sepelire : ensevelir). 1) Ensevelissement. ‖ 2) Lieu où un corps est déposé.

Au Moyen Age l'usage était de donner aux rois et aux princes trois sépultures différentes : la sépulture du corps, celle du cœur, et celle des entrailles où le défunt est volontiers représenté tenant un sachet les contenant.

ø *All.* Grabstätte, *angl.* burial place, *esp.* sepultura, *ital.* sepoltura.

séquence n.f. (*lat.* sequentia, *de* sequere : suivre). Prose qui, les jours de fête, se chante à la suite (*sequentia*) du graduel et de l'alleluia.

séraphin n.m. (*hébr.* seraphim : anges de feu). Chacun des esprits célestes formant le premier chœur des anges*. Ils sont représentés (d'après Isaïe 6) avec trois paires d'ailes.

ø *All.* Seraph, *angl.* seraph, *esp.* serafín, *ital.* serafino.

serpe n.f. (*gr.* αρπη : faux). Outil* de bûcheron et de cultivateur fait d'une lame de fer tranchante et courbe d'un côté, monté sur un manche court, et servant à émonder (*fig.*).

ø *All.* Hippe, *angl.* bill hook, *esp.* podadera, *ital.* ronca.

serpent n.m. (*lat.* serpens, *de* serpere : ramper). *Liturgie* Trompe en cuir bouilli de forme ondulée employée jadis dans les églises pour accompagner le plain chant (*v.* ophicléïde).

ø *All.* Blashorn, *angl.* serpent, *esp.* serpentón, *ital.* serpentone.

serrure n.f. (*du lat.* serare : clore). Appareil qui sert à ouvrir et à fermer à volonté des vantaux* de porte, des couvercles de caisse. Cet appareil se compose d'une boîte de fer dont le fond se nomme *palastre* et les côtés *cloisons.* Cette boîte loge une pièce solide et massive, le *pène*, qui entre et sort de la boîte, au moyen d'un mécanisme monté sur le palastre. Le pène est mû par l'action d'une *clef** et sa tête vient s'engager dans une *gâche**.

ø *All.* Schloß, *angl.* lock, *esp.* cerradura, *ital.* serratura.

serrurerie n.f. (*dér. de* serrure). 1) Art du serrurier, fabricant de serrures. ‖ 2) Dans une acception plus générale, art de travailler le fer. On distinguera la serrurerie fine et la grosse serrurerie, appelée plutôt ferronnerie*.

ø *All.* Schloßerarbeit, *angl.* locksmith's work, *esp.* cerrajería, *ital.* arte del magnano.

sertir v.tr. (*du lat.* sartus, *part. passé de* sarcire : raccommoder). Enchâsser une pierre* précieuse dans un chaton* au moyen de griffes de métal (*pl.* 138). Le chaton est un entourage métallique en forme de disque, plein ou ajouré, sur lequel on fixe les pierres précieuses que l'on veut monter sur des bagues ou des anneaux.

ø *All.* fassen, *angl.* to set, *esp.* engastar, *ital.* incastonare.

serviette repliée (*dér. de* servir, *lat.* servire, *de* servus : esclave). *Archit.* Motif* décoratif utilisé dès le Moyen Age sur les panneaux* de menuiserie (*fig.*). On le nomme aussi parchemin plié ou roulé.

ø *All.* Faltwerkfüllung, *angl.* linenfold panel, *esp.* pergamino plegado, *ital.* pergamena ripiegata.

servitude n.f. (*dér. de* servir; *v. ci-dessus*). *Droit* Obligation imposée à une propriété, à un immeuble, de souffrir une vue, un passage, une charge quelconque dans l'intérêt d'autrui. La servitude *non aedificandi* comporte interdiction de construire sur certains emplacements.

ø *All.* Servitut, Dienstbarkeit, *angl.* easement, *esp.* servidumbre, *ital.* servitù.

seuil n.m. (*lat.* solium : sol, *avec influence possible de* solea : plante du pied). *Archit.* Pierre longue et peu large placée dans l'ébrasement* d'une porte à fleur* du sol (*v. pl.* 7); il se distingue de la marche* qui est plus élevée que le sol et fait saillie* sur le mur.

ø *All.* Schwelle, *angl.* threshold, *esp.* umbral, *ital.* soglia.

sexpartite (voûte) adj. *Archit.* Voûte* sur croisée* d'ogive divisée en six voûtains au moyen d'une nervure supplémentaire qui passe par la clef* (*fig.*) (*v.* voûte).

« **sgraffito** » *ou* **sgraffite** n.m. (*mot ital.* : égra-

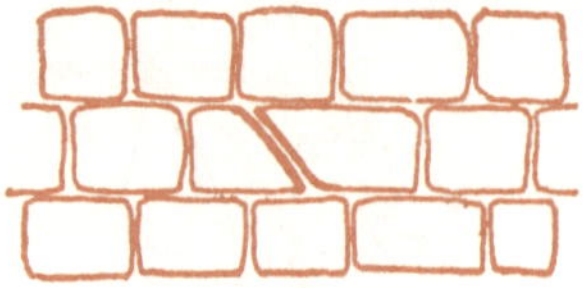

sifflet (joint en)

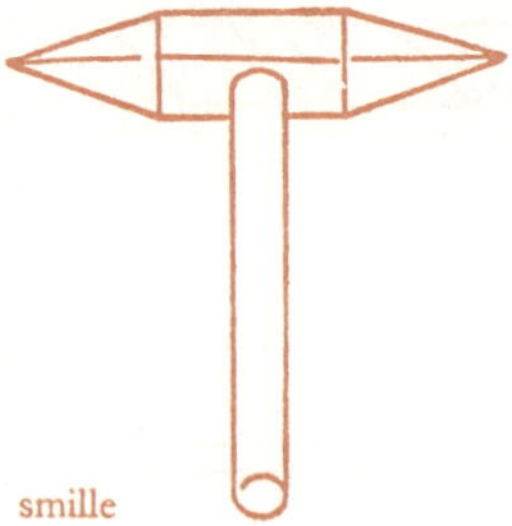

smille

tignure). *Archit.* Procédé de décoration murale d'origine italienne, simulant un bas-relief*. Ne pas confondre avec *graffitto** qui est une inscription griffonnée sur le mur.

Ø *All.* Ritztechnik, *angl.* sgraffito, *esp.* esgrafiado.

siège n.m. (*rac. lat.* sedere : être assis). Lieu, meuble où l'on s'assied.

Ø *All.* Sitz, Sessel, *angl.* seat, *esp.* asiento, silla, *ital.* sedia.

Saint-Siège : *v.* Saint.

sifflet (en) (*dér. de* siffler, *lat.* sifilare, *var. de* sibilare). En biseau, en biais; le joint *en sifflet* est fait de deux coupes obliques réunissant les extrémités de deux morceaux placés bout à bout (*fig.*).

sigillée (poterie). Type de poterie romaine décorée au moyen d'impressions effectuées dans la pâte par une matrice. Les gisements les plus importants de France sont à La Graufesenque, à Lezoux, à Gueugnon.

sigillographie n.f. (*lat.* sigillum : sceau, *et gr.* γραφειν : écrire). Étude des sceaux*.

Ø *All.* Siegelkunde, *angl.* sigillography, *esp.* sigilofrafía, *ital.* sigillografia.

sigle n.m. (*lat.* singula : caractères isolés). Signe exprimant un sens. *Par ex.* Lettres initiales employées par abréviation, comme INRI : Iesus Nazarenus Rex Iudaeorum.

Ø *All.* Sigle, Sigel, *angl.* sigla, *esp.* sigla, *ital.* sigla.

signature n.f. (*dér. de* signer, *lat.* signare : mettre un signe). 1) Nom d'une personne écrit de sa main à la fin d'un acte. ‖ 2) Marque par laquelle se fait connaître celui qui est l'auteur d'une œuvre d'art : nom en toutes lettres, initiales, armoiries, monogramme, emblème.

Ø *All.* Unterschrift, *angl.* signature, *esp.* firma, *ital.* segnatura, firma.

signes lapidaires n.m. (*du lat.* signum : signe, *et* lapis : pierre). *Archit.* Signes figurant sur les pierres d'un mur, soit pour faciliter leur pose, soit pour indiquer la portion du travail effectuée par tel ouvrier maçon, soit pour toute autre raison (*v.* marque).

Ø *All.* Steinmetzzeichen, *angl.* mason's marks, *esp.* signos lapidarios, *ital.* segni lapidari.

simarre n.f. (*esp.* zamarra : vêtement de berger). 1) Longue robe de magistrat. ‖ 2) Soutane d'intérieur, longue à manches courtes et camail adhérent.

Ø *All.* Schleppkleid, *angl.* simar, *esp.* chamarra, *ital.* zimarra.

simbleau n.m. *Charpent.* Cordeau servant à tracer des cercles dont le diamètre dépasse la portée du compas.

Ø *All.* Zirkelschnur, *angl.* carpenter's line, *esp.* compas de cuerda, *ital.* cordicella.

simulée (arcade) *Voir* arcade.

sindon n.m. (*gr.* σινδων : suaire). Le Saint Suaire du Christ.

Ø *All.* Grabtuch Christi, *angl.* Sindon of Christ, *esp.* Santo Sudario, *ital.* Sindone.

sinople n.m. (*gr.* σινοπις : terre de Sinope *qui est rouge ou verte*). *Blason* Couleur verte héraldique, indiquée en gravure par des hachures inclinées de gauche à droite pour celui qui regarde l'écu*.

Ø *All.* Grün, *angl.* vert, *esp.* sínople, *ital.* verde.

sinueux adj. (*rac. lat.* sinus : pli). Qui ondule.

Ø *All.* schlängelnd, *angl.* winding, *esp. et ital.* sinuoso.

sirène n.f. (*lat.* sirena, *gr.* σειρην). *Mythol.* Monstre marin à demi femme et à demi poisson qui par ses chants attirait les navigateurs sur les récifs.

Ø *All.* Sirene, *angl.* Mermaid, *esp. et ital.* sirena.

smalt n.m. (*ital.* smalto : émail). Couleur bleue très brillante, dont il existe des teintes extrêmement variées, appelée par les Romains *fritte d'Alexandrie*. C'est le bleu des blanchisseuses.

smalte n.m. (*ital.* smalto : émail). Petit cube de verre servant à faire une mosaïque*.

Ø *All.* Mosaïksteinchen, *angl.* mosaic piece, *esp.* esmalte, *ital.* smalto.

smille n.f. (*orig. obsc.*). Marteau* à deux pointes servant aux tailleurs* de pierres pour régulariser la forme des moellons* (*fig.*). Les pierres travaillées par le smillage sont appelées *smillées*.

Ø *All.* Zweispitz, *angl.* scappling hammer, *esp.* escoda, *ital.* martellina.

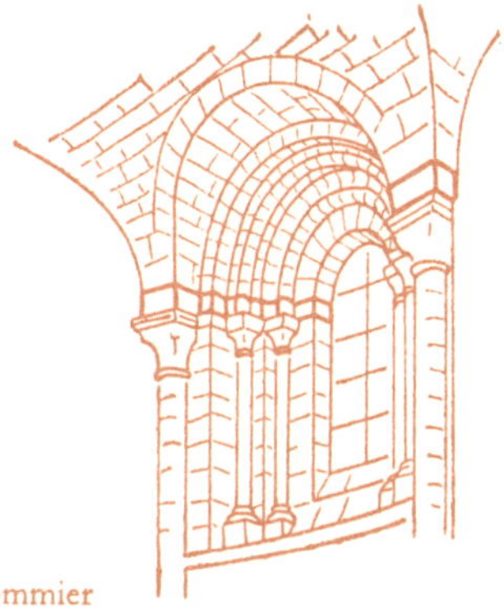
sommier

sobre adj. (*lat.* sobrius). *Bx-Arts* Sans exubérance ni exagération, en parlant de l'ornementation*, de l'art en général.

∅ *All.* nüchtern, *angl.* sober, *esp.* sobrio, *ital.* sobrio.

socle n.m. (*du lat.* socculus : brodequin). *Archit.* Corps carré, moins haut que large, qui sert de base, de support à un élément* d'architecture (colonne*) ou à une statue, à un vase, à un buste, etc. Un *socle* continu prend le nom de *soubassement**. On l'emploie souvent comme synonyme de *piédestal**, bien qu'il désigne à proprement parler la saillie* de la base du piédestal, appelée aussi *plinthe**.

∅ *All.* Sockel, Fußgestell, *angl.* plinth, *esp.* zócalo, *ital.* zoccolo.

soffite n.m. (*rac. lat.* suffigere : suspendre). Dessous d'un ouvrage suspendu tel que plafond*; dessous d'une architrave*, du larmier d'une corniche*, etc. Mais le dessous d'une archivolte* s'appelle *intrados**.

∅ *All.* Felderdecke, *angl.* soffit, *esp.* sofita, *ital.* soffito.

soigné adj. (*dér. de* soin, *lat.* sonium, *du francique* sunnja). *Bx-Arts* Fait avec soin, sans négliger les détails.

∅ *All.* gepflegt, *angl.* elaborate, *esp.* cuidado, *ital.* accurato.

sole n.f. (*lat.* solea : sandale, *d'après* solum : sol). *Charpent.* Pièce de charpente* posée à plat. Pièce de bois posée horizontalement pour soutenir des étais* de mine ou de machine. On l'appelle aussi *semelle**.

∅ *All.* Sohle, *angl.* bed-plate, *esp.* solera, *ital.* solo.

soleret n.m. (*dim. de l'anc. franç.* soler : soulier). Chaussure d'homme d'armes faite de lames d'acier emboîtées et articulées.

∅ *All.* Rüstschuh, *angl.* armed shoe, *esp.* escarpe, *ital.* scarpa.

solin n.m. (*dér. de* sole). *Archit.* 1) *Maçonn.* Petite bande d'enduit en plâtre* destinée à raccorder des surfaces situées sur des plans différents. *Ex.* Le bourrelet de plâtre ou de mortier qui unit un toit à un mur qu'il rencontre, pour retenir les premières tuiles* ou ardoises* et empêcher les infiltrations. ‖ 2) *Charpente* Espace entre deux solives*.

∅ *All.* Zwischenraum der Balkenenden, *esp.* bovedilla, *ital.* intervallo tra i correnti.

solive n.f. (*dér. de* sole). *Archit.* Dans une charpente*, pièce de bois* horizontale portant sur deux murs* opposés (ou sur un mur et une poutre*) et soutenant le plancher*. Les solives constituent le sol de l'étage sur lequel elles sont placées (*pl.* 140). Au Moyen Age l'usage était de laisser les solives* apparentes par-dessous; elles étaient souvent ornées de décorations peintes ou sculptées.

∅ *All.* Querbalken, *angl.* joist, *esp.* viga, *ital.* travicello.

On appelle *solives passantes* celles qui règnent dans toute la longueur d'un plancher, et *solives boiteuses* celles qui portent d'un côté sur un mur* et de l'autre sur une solive d'enchevêtrure*. Les solives d'enchevêtrure ménagent entre elles un espace vide destiné au passage d'une cheminée*. Elles sont généralement d'une section beaucoup plus forte que les autres solives.

sommet n.m. (*dér. de l'anc. franç.* som : sommet, *lat.* summum). Partie supérieure d'un arc*, rencontre des côtés d'un angle* (sommet d'un triangle).

∅ *All.* Scheitelpunkt, *angl.* top, apex, *esp.* vértice, *ital.* vertice.

sommier n.m. (*du lat.* sagmarius : bête de somme). *Archit.* 1) C'est la dernière pierre d'un pilier*, du pied-droit d'un arc*, ou la dernière assise d'un pied-droit de voûte*, et dont le lit* supérieur est incliné de façon à recevoir la retombée* de l'arc, ou de la voûte. On les appelle aussi *coussinets** (*fig.*).

∅ *All.* Bogenansatz, *angl.* springer, *esp.* salmer, *ital.* cuscino d'un arco.

2) Forte pièce de charpente* supportant des solives*, ou constituant le linteau* de larges baies. ‖ 3) Partie de la charpente d'un clocher* à laquelle est suspendue la cloche.

sondage n.m. (*orig. obsc.*) *Archit.* Opération par laquelle on étudie en profondeur la nature et la qualité du sol* sur lequel on a l'intention de construire.

ø *All.* Sondierung, Bodenuntersuchung, *angl.* trial boring, *esp.* sondeo, *ital.* scandaglio.

soni n.m. Monstre humain à la jambe de bois (*v.* monstres).

sou (*lat.* solidus, *sous-entendu* numerus : solide, à valeur fixe). Anciennement monnaie* d'or ou d'argent.

ø *All.* Pfennig, *angl.* penny, *esp.* sueldo, *ital.* soldo.

soubassement n.m. (*rac. lat.* bassus : bas). *Archit.* Sorte de grand socle* long et continu qui sert de base à une construction*.

Lorsqu'il soutient des colonnes* on l'appelle *stylobate**.

ø *All.* Unterbau, *angl.* basement, *esp.* basamento, *ital.* basamento.

souche n.f. (*orig. obsc.*). *Archit.* 1) Massif* de maçonnerie* pratiqué au-dessus d'un comble* et renfermant un ou plusieurs tuyaux de cheminée*. C'est la *souche de cheminée*.

ø *All.* Schornsteinmündung, *angl.* chimney-stack, *esp.* cañón de chimenea, *ital.* fumaiuolo.
2) Massif de maçonnerie servant de base à un clocher*.

ø *All.* Turmansatz, *angl.* stump, *esp.* tronco, *ital.* stipite.

souchet n.m. (*altér. de* souchef, *substantif du verbe suivant*). *Archit.* Pierre* tendre de mauvaise qualité qui se trouve à la partie inférieure du dernier banc* d'une carrière.

ø *All.* bröckeliger Bruchstein, *angl.* ragstone, *esp.* piedra solera, *ital.* pietra di cava.

souchever v.tr. (*lat.* subcavare : creuser en dessous). Dans une carrière cela consiste à enlever par en dessous la pierre souchet* pour faire tomber les bancs de pierre* qui sont dessus.

souder v.tr. (*lat.* solidare : rendre solide). Action de réunir à chaud ou à froid deux pièces de métal. ‖ *Par anal.* Joindre deux éléments de construction*, de décoration*, etc.

ø *All.* löten, schweissen, *angl.* to solder, *esp.* soldar, *ital.* saldare.

soufflet n.m. (*dér. du lat.* sufflare; *de* sub : sous, *et* flare : souffler). Instrument servant à produire un courant d'air sur un point donné, soit pour activer la combustion (foyer de forge, de cheminée), soit pour produire des sons (soufflet d'orgue).

ø *All.* Blasbalg, *angl.* bellows, *esp.* fuelle, *ital.* soffietto.

soulager v.tr. (*du lat.* sublevare : soulever). *Archit.* Synonyme de décharger, répartir la charge. Un arc de décharge* soulage le linteau*; un contrefort*, un arc-boutant* soulagent un mur qui reçoit la retombée* d'une voûte.

ø *All.* entlasten, *angl.* to lighten, *esp.* descargar, *ital.* sgravare.

souligner v.tr. (*rac. lat.* linea : ligne, *proprement* : fil de lin). *Au fig.* Attirer l'attention sur.

ø *All.* unterstreichen, *angl.* to emphasize, *esp.* subrayar, *ital.* sottolineare.

soupente n.f. (*du lat.* suspendere : suspendre). *Archit.* Pièce située sous la pente d'un comble* rampant*.

ø *All.* Hängeboden, *angl.* loft, *esp.* sobrado, *ital.* soppalco.

soupirail n.m. (*dér. de* soupirer : exhaler, *rac. lat.* spirare : respirer). *Archit.* Baie* en glacis pratiquée entre deux joues rampantes*, qui sert à donner de l'air et du jour à des locaux placés en sous-sol (caves, celliers, etc.).

ø *All.* Kellerloch, *angl.* air hole, *esp.* lumbrera, *ital.* spiraglio.

sourcil n.m. (*orig. obsc.*). *Archit.* Arcade* formée avec des briques* posées de champ au-dessus d'une baie dont le linteau* de bois porte sur des pieds-droits*. Sorte de décharge* économique.

sous-œuvre (**travail en**) (*lat.* subtus : sous *et* opera : œuvre). *Archit.* Travail de réparation ou de reconstruction entrepris dans les parties inférieures d'une construction*, d'une maçonnerie* existante (*v.* reprise, œuvre).

ø *All.* Grundbau, *angl.* underpinning, *esp.* bajo obra, *ital.* sottobase.

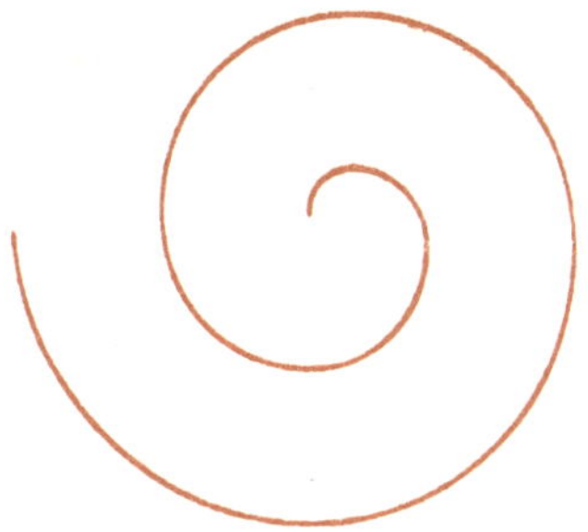

spirale

sous-sol n.m. (*lat.* subtus : sous *et* solum : sol). *Archit.* Étage souterrain, placé en dessous du rez-de-chaussée.

Ø *All.* Untergeschoss, *angl.* basement, *esp.* sótano, *ital.* sottosuolo.

soutènement n.m. (*du lat.* sustinere : soutenir). *Archit.* On appelle ainsi un mur* destiné à soutenir les pressions exercées par des masses de terre, à épauler un remblai* ou une terrasse* (*v. mur*).

souterrain adj. (*lat.* sub-terraneus). Qui est sous la surface du sol. ‖ Pris substantivement, désigne un lieu se trouvant sous terre, naturel ou creusé de la main de l'homme.

Ø *All.* unterirdisches Stelle, *angl.* underground, *esp.* subterráneo, *ital.* sotterraneo.

sparterie n.f. (*du lat.* spartum : graminée servant à faire des nattes). Tissu fait avec la plante appelée *sparte*. C'est aussi une natte en jonc tressé souvent utilisée comme motif* décoratif dans l'art roman pour la corbeille* des chapiteaux.

Ø *All.* Matte, *angl.* mat-work, *esp.* espartería, *ital.* tessuto di sparto.

spectre n.m. (*lat.* spectrum, *de* spectare : regarder). *Phys.* Image que donne un rayon lumineux qui se décompose en passant à travers un prisme de cristal. Les sept couleurs du *spectre* sont : rouge, orangé, jaune, vert, bleu, indigo, violet.

Ø *All.* Spektrum, *angl.* spectrum, *esp.* espectro, *ital.* spettro.

spéculaire (pierre) adj. (*du lat.* speculum : miroir; *dér. de* spectare). Pierre* transparente et très tendre, qui, découpée en lames minces, faisait office de vitres dans l'Antiquité.

« **speculum** » (*mot lat.* : miroir). • – **Ecclesiae** Œuvre d'Honorius d'Autun (XIIe s.) qui montre par des rapprochements que tout dans le monde s'éclaire à la lueur de la foi. Importante source de l'iconographie du Moyen Age.

• – **Majus** Œuvre de Vincent de Beauvais (milieu du XIIIe s.). Divisée en quatre livres, la plus vaste compilation de l'époque et source capitale de l'iconographie religieuse du Moyen Age. Les quatre livres sont : A) Miroir de la nature : le monde créé pour l'homme est passé en revue. B) Miroir de la science : moyen donné à la créature pour se relever de la faute originelle. C) Miroir moral : vertus et vices d'après saint Thomas. D) Miroir historique : tâtonnements de ceux qui n'ont pas cru aux Prophètes; marche assurée de ceux qui ont écouté la Parole de Dieu.

sphérique adj. (*du gr.* σφαιρα : balle à jouer). Qui a la forme d'une sphère.

Ø *All.* kugelförmig, *angl.* spherical, *esp.* esférico, *ital.* sferico.

sphragistique n.f. (*du gr.* σφραγις : sceau). *Synon.* de sigillographie* (*v.* sceau).

Ø *All.* Siegelkunde, *angl.* sphragistics, *esp.* esfragística, *ital.* sfragistica.

« **spicatum (opus)** » *Voir* appareil.

spirale n.f. (*du gr.* σπειρα : enroulement). Ligne plane qui s'enroule régulièrement sur elle-même (*fig.*). ‖ Ligne courbe qui s'élève en tournant sur soi; c'est ce qu'en géométrie on appelle une *hélice*.

Ø *All.* Schneckenlinie, *angl.* spiral, *esp.* espiral, *ital.* spirale.

spiritualisation n.f. (*rac. lat.* spiritus : esprit). Action de faire ressortir le sens spirituel caché dans la matière.

Ø *All.* Vergeistigung, *angl.* spiritualisation, *esp.* espiritualización, *ital.* spiritualizzamento.

squameux adj. (*du lat.* squama : écaille). Recouvert d'écailles.

stabilité n.f. (*rac. lat.* stare : se tenir debout). *Archit.* État d'une construction* qui demeure en bon état d'équilibre, sans rupture ni tassement des matériaux* qui la composent.

Ø *All.* Standfähigkeit, *angl.* stability, *esp.* estabilidad, *ital.* stabilità.

staff n.m. (*mot angl.*). Le *staff* est un mélange léger à base de plâtre*, appliqué avec de l'étoupe, pour faire des ornements* d'architecture à l'intérieur des bâtiments.

stalle n.f. (*du germ.* stal : lieu, place). Siège de chœur* réservé aux membres du clergé. Généralement de bois, à dossier élevé, les *stalles* garnissent les deux côtés du chœur* d'une église

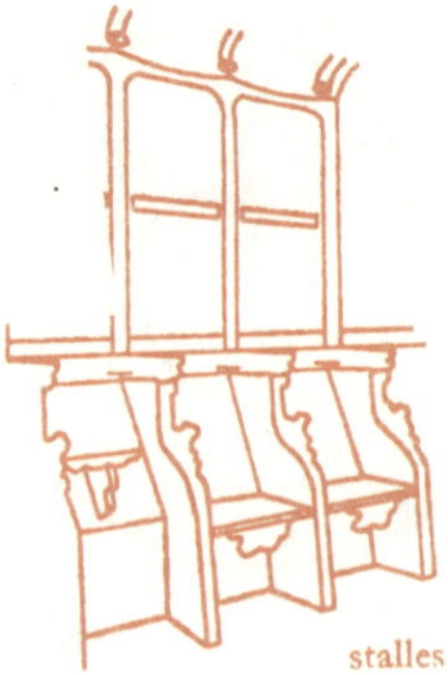

stalles

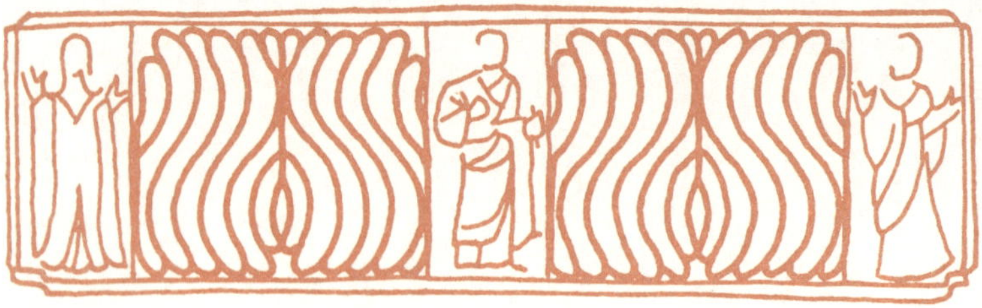

strigiles

cathédrale ou abbatiale (*fig., pl.* 141). Deux stalles consécutives sont séparées par une paroi de bois (jouée*) surmontée d'un accoudoir*. Depuis Charlemagne, la disposition de ces sièges n'a pas changé. Les plus anciennes conservées datent du XIIᵉ s. (*v.* parclose).

∅ *All.* Chorgestühl, *angl.* stall, *esp.* silla de coro, *ital.* sedia corale.

statuaire n.m. (*du lat.* statua : statue, *rac.* stare : être debout). Artiste qui sculpte des statues*.

∅ *All.* Bildhauer, *angl.* statuary, *esp.* estatuario, *ital.* statuario.

statuaire n.f. (*rac. lat.* stare : être debout). Art de faire des statues*, de représenter en ronde-bosse* le corps humain.

∅ *All.* Bildhauerkunst, *angl.* statuary, *esp.* estatuaria, *ital.* statuaria.

statue n.f. (*lat.* statua, *rac.* stare : se tenir debout). Ouvrage de sculpture* qui représente en ronde-bosse*, c'est-à-dire en plein relief* et isolée, la figure des êtres animés et plus particulièrement la forme humaine (*pl.* 142). C'est l'ouvrage le plus important de la sculpture. La *statue* était appelée au Moyen Age une *image**.

∅ *All.* Standbild, *angl.* statue, *esp.* estatua, *ital.* statua.

Statue équestre : statue d'un personnage à cheval.

∅ *All.* Reiterstandbild, *angl.* equestrian statue, *esp.* estatua ecuestre, *ital.* statua equestre.

stature n.f. (*lat.* statura, *même rac. que* statue). Hauteur de l'homme debout.

∅ *All.* Körpergrösse, Gestalt, *angl.* height, *esp.* estatura, *ital.* statura.

staurothèque n.f. (*gr.* σταυρος : croix *et* θηκη : coffret). Dans l'Église grecque, reliquaire de la Vraie Croix.

∅ *All.* Staurothek, *esp.* estauroteca, *ital.* stauroteca.

stavkirke n.f. (*du norvég.* : église en bois debout). *Archit.* Église* scandinave entièrement en bois*, et dont les piliers sont des troncs dressés.

∅ *All.* Stabkirche, *angl.* stave church.

stéréobate n.m. (*gr.* στερεος : solide *et* βαινειν : marcher). Piédestal* continu sans moulure*, ni base*, ni corniche*.

stéréotomie n.f. (*gr.* στερεος : solide *et* τομη : coupe). *Archit.* Science de la taille* des pierres*. Autrefois, les maîtres ouvriers usaient de procédés empiriques en vue de tailler les pierres suivant la place qu'elles devaient occuper. Ces procédés se transmettaient d'âge en âge comme de simples tours de main de métier.

∅ *All.* Steinschnitt, *angl.* stereotomy, *esp.* estereotomia, *ital.* stereotomia.

stigmates n.m.pl. (*lat.* stigmata, *de* stigma : marque au fer chaud). Marque des cinq plaies du Christ dont l'impression s'est retrouvée sur le corps de certains saints.

∅ *All.* Passionswundmale, *angl.* stigmata of the Passion, *esp.* estigmas, *ital.* segni della Passione.

stratelates n.m.pl. (*gr.* στρατηλατης : chef d'armée) Saints guerriers de l'Église grecque (saint Georges, saint Démétrios, etc.).

∅ *All.* heilige Krieger, *angl.* warrior saints, *esp.* santos guerreros, *ital.* santi guerrieri.

strie n.f. (*lat.* stria). Hachure, rayure. ‖ *Archit.* Filet* mince qui sépare deux cannelures sur le fût* d'une colonne* (*v.* cannelure).

∅ *All.* Streifen, *angl.* stria, *esp.* estría, *ital.* stria.

strigile n.m. (*lat.* strigilis : étrille). 1) Instrument servant aux athlètes antiques à racler, en sortant de la lutte, l'huile dont ils étaient oints. 2) *Archit.* Par analogie avec la forme de cet instrument, cannelure* en S usitée pour la décoration de certains membres* d'architecture (*fig.*). Les sarcophages* païens et chrétiens présentent souvent sur leurs surfaces un décor strigilé.

∅ *All.* Wellenlinien, *angl.* shaped flutings, *esp.* curvas paralelas, *ital.* scanalature sinuose.

Strigilé (*décor*) :

∅ *All.* strigiliert, *angl.* fluted, *esp.* estrigilado, *ital.* strigilato.

structure n.f. (*lat.* structura, *de* struere : construire). *Bx-Arts* Grandes lignes, ossature d'une construction*, d'une figure humaine reproduite dans l'art.

∅ *All.* Gefüge, *angl.* structure, *esp.* estructura,

ital. struttura.

stuc n.m. (*ital.* stucco : enduit). *Archit.* Composition imitant le marbre*, faite de chaux* éteinte et de poudre de marbre* blanc (*pl.* 143). On en fait aujourd'hui avec du plâtre*, de la colle forte... Modelé et décoré, il sert à faire des motifs* ornementaux.

ø *All.* Stuck, *angl.* stucco, *esp.* estuco, *ital.* stucco.

style n.m. (*lat.* stylum : poinçon). 1) Poinçon servant dans l'Antiquité à écrire sur des tablettes recouvertes de cire.

ø *All.* Schreibgriffel, *angl.* stylus, *esp.* estilete, *ital.* stiletto.

2) *Par extens.* Manière d'écrire d'un écrivain. ‖ 3) *Sens très large* Traits caractéristiques du goût propre à un artiste, à une époque, à un peuple, en même temps que des moyens techniques employés dans les différents arts.

ø *All.* Stil, *angl.* style, *esp.* estilo, *ital.* stile.

stylisation n.f. (*dér. de* style). Réduction des formes naturelles à leurs lignes essentielles.

ø *All.* Stilisierung, *angl.* stylisation, *esp.* estilización, *ital.* stilizzazione.

stylite adj. (*du gr.* στυλος : colonne). Surnom donné à certains solitaires vivant au sommet d'une colonne*, comme saint Siméon stylite.

ø *All.* Säulenheiliger, *angl.* stylite, *esp.* estilita, *ital.* stilita.

stylobate n.m. (*gr.* στυλος : colonne *et* βαινειν : marcher). *Archit.* Soubassement continu ornementé de moulures*, corniches*, etc., servant de support à une rangée de colonnes*. Ne pas confondre avec *stéréobate* (*v. ce mot*).

ø *All.* Säulenstuhl, *angl.* stylobate, *esp.* estilobato, *ital.* stilobate.

suaire n.m. (*rac. lat.* sudor : sueur). 1) Linge pour essuyer la sueur. ‖ 2) Linge pour envelopper les morts.

ø *All.* Leichentuch, *angl.* winding sheet, *esp.* sudario, *ital.* sindone.

Saint Suaire :

ø *All.* Schweißtuch, *angl.* Holy Shroud, Sindon, *esp.* la sábana santa, *ital.* Santa Sindone.

subjectile n.m. (*du lat.* subjicere : mettre sous). Ce qui sert de support à une peinture*, à des émaux*. Le *subjectile* de la fresque* est un mur enduit de mortier*; celui d'un tableau* est un panneau* ou une toile*, etc.

ø *All.* Malgrund, *angl.* support, *esp. et ital.* fonde.

substruction n.f. (*lat.* substructio, *de* struere : construire, *et* sub : sous). Fondation d'une construction*.

ø *All.* Unterbau, *angl.* substruction, *esp.* cimiento, *ital.* sostruzione .

sudarium n.m. (*dér. du lat.* sudare : suer). 1) Linge pour essuyer la sueur (*v.* suaire). 2) Étoffe parfois fixée sur la crosse, dont les évêques ou abbés s'enveloppent la main.

sujet n.f. (*lat.* subjectus : soumis à). *Bx-Arts* Ce qui est représenté par une peinture*, une sculpture*.

ø *All.* Thema, Motiv, Sujet, *angl.* subject, *esp.* asunto, *ital.* argomento.

superstructure n.f. (*du lat.* super : au-dessus *et* struere : construire). *Archit.* Parties hautes d'une construction*, par opposition aux parties souterraines, à l'infrastructure.

ø *All.* Oberbau, *angl.* superstructure, *esp.* superestructura, *ital.* soprastruttura.

« **suppedaneum** » (*mot lat., de* sub : sous *et* pes : pied). Planchette sur laquelle sont posés les pieds du Christ en croix, dans certaines représentations.

ø *All.* Trittholz, *angl.* footrest, suppedaneum, *esp.* supedaneo, *ital.* suppedaneo.

support n.m. (*du lat.* supportare). Tout ce qui soutient, supporte une charge : pilier*, socle*, colonne*, etc.

ø *All.* Ständer, *angl.* stay, *esp.* apoyo, soporte, *ital.* sostegno.

surbaissé (arc) *Voir* arc, cintre, voûte.

surcharge n.f. (*rac. lat.* carrus : char). *Bx-Arts. Au fig.* Exagération d'ornements*.

ø *All.* Ueberladenheit, *angl.* overdecorating, *esp.* sobrecarga, *ital.* sopraccarico.

surélévation n.f. (*dér. de* lever, *lat.* levare). Construction* faite après coup sur un bâtiment* déjà

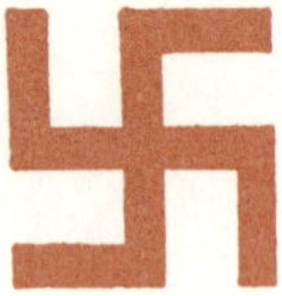

svastika

construit, soit pour l'agrandir, soit pour toute autre cause.

ø *All.* Überbau, *angl.* superstructure, *esp.* alzada, *ital.* rialzo.

surface n.f. (*lat.* super : dessus *et* facies : face). Étendue de l'extérieur d'un objet, quelle que soit sa forme, d'un terrain, d'un membre* d'architecture.

ø *All.* Fläche, *angl.* surface, *esp.* superficie, *ital.* superficie.

surhaussé (arc) *Voir* arc, cintre, voûte.

surmoulage n.m. (*rac. lat.* modulus, *dim. de* modus : mesure). Moulage* pris sur un autre moulage et non sur l'original.

ø *All.* Überform, *ital.* soprastampo.

surplis n.m. (*rac. lat.* pellicia : pelisse). Vêtement liturgique de lin blanc qu'on mettait autrefois « sur une pelisse » ou sur une soutane fourrée pour l'hiver.

ø *All.* Chorhemd, *angl.* surplice, *esp.* sobrepelliz, *ital.* cotta.

surplomb n.m. (*de* sur *et* plomb *dans le sens de* fil à plomb). *Archit.* 1) On dit d'un mur qu'il est en surplomb quand il déverse, c'est-à-dire quand les parties les plus élevées font saillie* sur les plus basses, cela en particulier à cause d'un vice de construction ou d'un accident.

ø *All.* überhängend, *angl.* overhanging, *ital.* fuori di piombo.

2) Encorbellement* qui fait saillie* sur le nu* d'un mur.

ø *All.* Ausladung, *angl.* corbelling, *esp.* desplomo, *ital.* accollo.

svastika (*mot sanscrit signifiant* de bon augure). Croix gammée, c'est-à-dire dont chacune des quatre branches égales est coudée comme la lettre grecque gamma majuscule (*fig.*).

ø *All.* Hakenkreuz, *angl.* svastika, *esp.* svástica, *ital.* croce uncinata.

symbole n.m. (*du gr.* συν : avec *et* βαλειν : mettre).
• Expression figurée d'un objet qui ne tombe pas sous le sens. On emploie, pour symboliser les idées abstraites, des images qui en sont la personnification.

ø *All.* Sinnbild, *angl.* symbol, *esp.* símbolo, *ital.* simbolo.

• – **des Apôtres** Formulaire des principales vérités de la foi; profession de foi que l'on croyait composée par les Apôtres.

ø *All.* apostolisches Glaubensbekenntnis, *angl.* The Apostles'creed, *esp.* símbolo de los Apóstoles, *ital.* simbolo degli Apostoli.

symbolisme n.m. Sens allégorique et caché d'une œuvre d'art, et en particulier de l'art religieux et de la liturgie. Il y a le symbolisme des couleurs, des nombres, etc.

ø *All.* Symbolik, *angl.* symbolism, *esp. et ital.* simbolismo.

symétrie n.f. (*gr.* συν : avec *et* μετρον : mesure). *Bx-Arts* Il doit y avoir, si la symétrie est respectée, des parties exactement semblables de chaque côté d'un axe (réel ou fictif) passant par le centre de la composition. Cet axe divise la composition en deux parties égales qui se répètent en sens inversé. L'asymétrie est très fréquente dans l'architecture du Moyen Age. C'est la Renaissance qui a introduit dans l'art français le besoin de *symétrie* qui n'est pas sans artifice.

ø *All.* Ebenmaß, Symmetrie, *angl.* symmetry, *esp.* simetría, *ital.* simmetria.

synagogue n.f. (*gr.* συν-αγειν : rassembler). 1) Assemblée de fidèles. ‖ 2) Lieu où se rassemblent les juifs pour le culte. ‖ 3) La religion juive, par opposition à l'Église chrétienne.

ø *All.* Synagoge, *angl.* synagogue, *esp. et ital.* sinagoga.

synode n.m. (*gr.* συνοδος : réunion). Assemblée des ecclésiastiques d'un diocèse.

ø *All.* Synode, *angl.* synod, *esp.* sínodo, *ital.* sinodo.

synoptiques (évangiles) (*gr.* συν : avec *et* οψις : coup d'œil). Évangiles de saint Matthieu, saint Marc et saint Luc, dont le récit est parallèle. L'Évangile de saint Jean est à part.

ø *All.* Synoptiker, *angl.* Synoptic Gospels, *esp.* Evangelios Sinópticos, *ital.* Vangeli sinottici.

syrinx n.f. (*gr.* συριγξ : roseau, flûte à plusieurs tuyaux). C'est la flûte de Pan.

ø *All.* Panspfeife, *angl.* Pan's pipes, syrinx, *esp.* siringa, flauta de Pan, *ital.* flauto di Pane.

T

tabernacle n.m. (*lat.* tabernaculum : tente). *Liturgie* Sorte de petite armoire placée au milieu, en arrière d'un autel*. L'usage du *tabernacle* pour renfermer le Saint Sacrement* ne remonte pas au-delà du XVIe s. Auparavant, les Saintes Espèces étaient conservées en faveur des malades et des prisonniers soit dans de modestes niches creusées dans le mur de l'abside* ou du sanctuaire* (*armarium*), soit dans une tour eucharistique isolée, soit dans une colombe* suspendue au centre du ciborium* ou accrochée à une potence*.

⌀ *All.* Tabernakel, *angl.* tabernacle, *esp.* sagrario, tabernáculo, *ital.* tabernacolo.

table n.f. (*lat.* tabula : planche). Panneau* uni horizontal porté sur un soubassement* massif ou monté sur un ou plusieurs pieds.

⌀ *All.* Tisch, Tafel, *angl.* table, *esp.* mesa, *ital.* tavola.

1) *Liturgie. Table d'autel* : c'est la pierre* qui constitue l'autel*, la table du Seigneur.

⌀ *All.* Altartafel, *angl.* slab of the altar, *esp.* mesa del altar, *ital.* mensa dell'altare.

2) *Liturgie. Table de communion* (expression impropre pour signifier l'appui* de communion) : les laïques ne pouvant pénétrer dans le chœur* réservé au clergé doivent pour communier se présenter à la clôture qui sépare la nef* du sanctuaire* ou du chœur et que l'on nomme *balustrade* ou *barrière*, autrefois *chancel* (*v. ces mots*).

⌀ *All.* Tisch des Herrn, *angl.* communion table, *esp.* comulgatorio, *ital.* sacra mensa.

3) *Archit.* Panneau* carré ou rectangulaire placé verticalement sur le revêtement* d'un mur.

On la dit :

– *couronnée*, lorsqu'elle est placée sous une corniche*, un fronton*, une forte moulure*.

– *d'attente*, lorsqu'elle est laissée, sans être taillée* ni parée*, pour recevoir sculpture ou inscription.
– *en crossettes*, lorsque la surface est entourée de crossettes*.

tableau n.m. (*de* table). 1) Œuvre picturale tendue sur un cadre portatif. ‖ 2) *Syn. d'*ébrasement (*v. ce mot*).

tabouret n.m. (*orig. douteuse*). Siège sans dossier.
∅ *All.* Hocker, *angl.* stool, *esp.* taburete, *ital.* sgabello.

taillanderie n.f. (*dér. de* tailler, *du lat.* taliare, *rac. probable* talea : bouture). Art de fabriquer des instruments tranchants.
∅ *All.* Zeugschmiedwerk, *angl.* edgetool trade, *esp.* herrería de corte, *ital.* arte di fabbroferraio.

taillant n.m. (*dér. de* tailler, *v. ci-dessus*). Partie tranchante d'un outil* ou d'une arme*. On dit : le *taillant* d'une épée.
∅ *All.* Schneide, *angl.* edge, *esp.* corte, filo, *ital.* taglio.

taille n.f. (*dér. de* tailler, *v. ci-dessus*). 1) Action de couper des pierres*, ou du métal, ou du bois*.
∅ *All.* Schnitt, *angl.* cutting, *esp.* corte, *ital.* taglio.
Au Moyen Age ce mot désignait toute espèce de sculpture*. On appelait les sculpteurs *tailleurs d'images*. Haute-taille et basse-taille signifiaient haut et bas-relief (*v. ces mots*).
2) Manière dont on coupe les pierres* précieuses, en particulier le diamant.
∅ *All.* Diamantschleiferei, *angl.* cutting of diamonds, *esp.* tallado, *ital.* sfacettazione.
3) Dans l'émaillerie et l'orfèvrerie, la *taille* est l'action de façonner le métal en creux ou en relief. Le mot taille désigne, par extension, la surface travaillée elle-même. Les parties de métal « épargnées », c'est-à-dire les surfaces laissées sans être destinées à un travail quelconque (cloisonnement, repoussis, sculpture en creux ou en relief, etc.), sont appelées *tailles de réserve* ou *réserves*. Le travail lui-même est la *taille d'épargne*.

tailleur d'images *Voir* sculpteur.

tailloir n.m. (*vieil allem.* Teller : assiette). 1) Tablette qui servait de plat à découper les viandes. ‖ 2) *Archit.* Petit plateau carré ou polygonal qui couronne le chapiteau* d'une colonne (*v. pl.* 2, 5, 6). *Synonyme d'*abaque (*v. ce mot*). Mais il est préférable de conserver *abaque* pour les ordres antiques, le mot français *tailloir* s'appliquant mieux à l'architecture du Moyen Age (*v.* abaque *et* chapiteau).

talon n.m. (*dér. du lat.* talus : cheville du pied). 1) Partie postérieure du pied. ‖ 2) *Archit.* Moulure* à la fois et alternativement concave et convexe. Lorsque la partie concave est en haut, la moulure prend le nom de doucine (*v. ce mot*).
∅ *All.* Kehlleiste, *angl.* ogee, *esp. et ital.* gola.

talus n.m. (*peut-être du lat.* talutium, *terme de mineur, du gaulois* tal : front). *Archit.* Terrain ou maçonnerie à forte inclinaison, rendus ainsi plus solides, plus stables. Le *talus* a moins de pente que le fruit*, plus que le glacis*.
∅ *All.* Böschung, Schräge, *angl.* slope, *esp.* talud, *ital.* scarpa.

taluter v.tr. (*dér. de* talus). Mettre en forme de talus. On dit d'un contrefort* qu'il est *taluté* lorsqu'il s'élargit par échelons vers le bas, chaque échelon étant raccordé à l'échelon supérieur par un talus.

tambour n.m. (*emprunté à l'arabe* tabul : tambour, *jadis* tabour). 1) Cylindre fermé à ses deux extrémités par une peau tendue (dite peau d'âne) sur laquelle on frappe au moyen de baguettes pour en tirer un son.
∅ *All.* Trommel, *angl.* drum, *esp.* tambor, *ital.* tamburo.
2) *Par anal. Archit.* Assise* ronde de pierre qu'on pose suivant le lit* de carrière et qui entre dans la composition du fût* d'une colonne.
∅ *All.* Trommel, *angl.* barrel, *esp.* tambor de piedra, *ital.* rocco.

tamis n.m. (*orig. inconnue*). Tissu clair et résistant fixé sur un cadre, dont on se sert pour « passer » des matières en poudre (plâtre*, ciment*, etc.).
∅ *All.* Sieb, *angl.* sieve, *esp.* tamiz, *ital.* staccio.

tapis n.m. (*du byzantin* ταπιζιον). Tissu fait pour être placé sur une surface horizontale. Se distingue ainsi de la tapisserie* faite pour être pendue

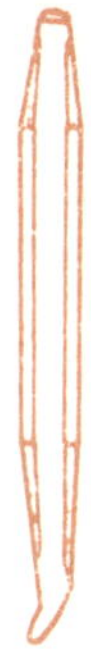

tarabiscot

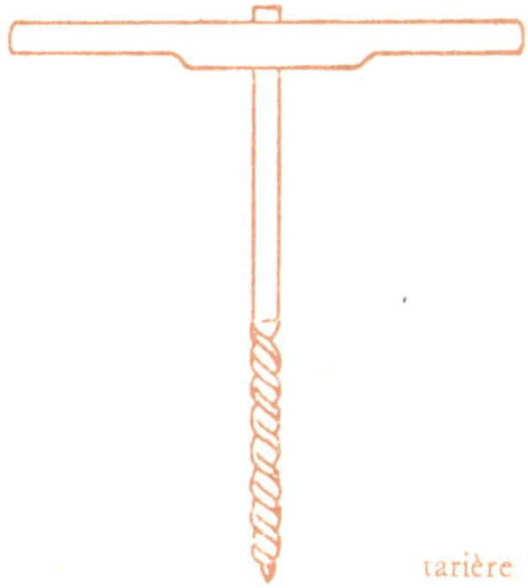

tarière

verticalement à un mur.

∅ *All.* Teppich, *angl.* carpet, *esp.* alfombra, *ital.* tappeto.

tapisserie n.f. (*dér. de* tapis). Tenture servant à être pendue au mur pour le tapisser (*pl. coul. p.* 419). Elle sert aussi à couvrir les meubles. On distingue la haute lice et la basse lice (*v.* lice). Dans la *tapisserie* les personnages ou ornements sont partie intégrante de la trame; au lieu que dans les étoffes brodées (comme la célèbre pièce appelée « tapisserie de Bayeux »), ces ornements et personnages sont superposés à une surface déjà existante.

Historique Quelques ateliers apparaissent à Poitiers et à Limoges aux XIe et XIIe s. Quelques tapisseries sont rapportées de la 1e croisade (1099). Au début du XIIIe s. l'usage de la tapisserie se généralise, et la haute lice se répand. Principal centre de fabrication : Arras (d'où le nom d'*arazzi* donné en italien aux tapisseries).

∅ *All.* Wandteppich, *angl.* hanging, tapestry, *esp.* paño de Ras (Arras), tapiz, *ital.* arazzo, tapezzeria.

tarabiscot n.m. (*orig. obsc.*). 1) Petit outil* servant au menuisier à dégager les moulures* (*fig.*). Appelé aussi *grain d'orge*. ‖ 2) Petites cavités entre les moulures saillantes.

tarabiscoté adj. Orné de tarabiscots* (au sens 2). *Par extens.* Surchargé de détails contournés.

∅ *All.* verschnörkelt, *angl.* overelaborate, *esp.* recargado de adornos, *ital.* sovraccaricato di ornamenti.

tarasque n.f. (*orig. obsc.*; *dérivation régressive de* Tarascon ?). Dragon monstrueux qui aurait été dompté par sainte Marthe, patronne de Tarascon.

tarauder v.tr. (*dér. de l'anc. franç.* tarère : taraud, tarière). Creuser dans une pièce de métal un trou en pas de vis*.

∅ *All.* bohren, *angl.* to tap, *esp.* taladrar, *ital.* trapanare.

targe n.m. (*du francique* targa). Bouclier* à forme demi-cylindrique, parfois de grandes dimensions (1 m. 60 × 0 m. 70), que portaient au siège d'une ville fortifiée les archers pour se protéger. Ce bouclier était de bois, recouvert de cuir et garni de fer.

∅ *All.* Tartsche, *angl.* targe, *esp.* tarja, *ital.* targa.

tarière n.f. (*v.* tarauder). Forte vrille* servant à creuser le fer ou le bois (*fig.*).

∅ *All.* Drehbohrer, *angl.* drill, *esp.* taladro, *ital.* trapano.

tas n.m. (*du francique* tass). *Archit.* Construction en cours; chantier à pied d'œuvre; d'où l'expression : *sculpter sur le tas*, c'est-à-dire « in situ », sur le monument même.

∅ *All.* auf der Baustelle, *angl.* on the yard, *ital.* sul cantiere.

Tas de charge : *v.* charge.

tasseau n.m. (*orig. obsc.*). *Menuiserie* 1) Petite cale. ‖ 2) Morceau de bois fixé entre les pannes* et les arbalétriers* pour mieux les lier.

∅ *All.* Bindlatte, *angl.* brace, *esp.* cuña de madera, *ital.* tassello.

tassement n.m. (*dér. de* tas). Résultat produit par la pression verticale et la compressibilité des matériaux* dans un bâtiment. Le *tassement*, dans les constructions soignées, se fait normalement, surtout si le sol* sur lequel elles reposent est homogène et solide. Dans le cas contraire (sols à compressibilités diverses), de grandes précautions sont à prendre pour éviter des tassements irréguliers qui amèneraient des ruptures ou des désunions dans la maçonnerie, pouvant causer la ruine des édifices.

∅ *All.* Senkung, *angl.* settlement, *esp.* asiento, *ital.* abbassamento.

tau n.m. Lettre grecque, qui, en majuscule, est le T français. Le *taw* hébreu avait la même forme, dans l'écriture archaïque.

témoin n.m. (*lat.* testimonium, *de* testis : témoin). *Archit.* Dans les travaux de restauration, on laisse des *témoins*, c'est-à-dire des pierres qui « témoignent » de l'état de la construction avant la restauration. Dans les fouilles*, on laisse également des petits monticules de terre témoins permettant de mesurer le niveau primitif et le déblaiement effectués.

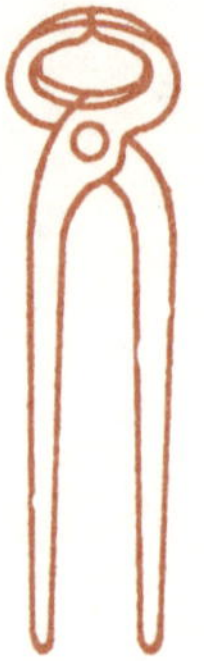

tenailles

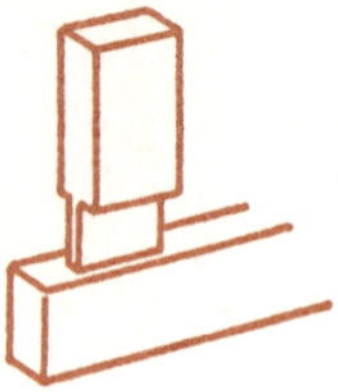

tenon

« **tempera** » (*mot ital.*). *Voir* détrempe.

tempérance n.f. (*dér. du lat.* temperare : mélanger, adoucir). Une des quatre vertus cardinales. Attribut : une colombe.
 ø *All.* Mäßigkeit, *angl.* temperance, *esp.* templanza, *ital.* temperanza.

templiers n.m.pl. (*dér. de* temple, le Temple de Jérusalem). Ordre* religieux et militaire fondé en 1119. Les chevaliers portaient un habit blanc avec une croix rouge. Supprimé en 1312.
 ø *All.* Tempelherren, Templer, *angl.* Templars, *esp.* Templarios, *ital.* Templari.

tenailles n.f.pl. (*lat.* tenacula, *de* tenere : tenir). Outil* de fer composé de deux branches mobiles, réunies par un fort clou à tête rivé du côté opposé, chacune portant à son extrémité un mors permettant de retenir et de saisir les objets (*fig.*).
 ø *All.* Zange, *angl.* tongs, *esp.* tenazas, *ital.* tanaglie.

tendance n.f. (*dér. de* tendre, *lat.* tendere). *Bx-Arts* Dans une œuvre d'un style* donné, présences d'indices décelant l'influence probable d'un style différent.
 ø *All.* Richtung, *angl.* tendency, *esp.* tendencia, *ital.* tendenza.

tenon n.m. (*dér. de* tenir, *lat.* tenere). 1) Extrémité élégie (*v. ce mot*) d'une pièce de bois qui doit s'emboîter dans une cavité correspondante appelée *mortaise*, creusée dans une autre pièce de bois (*fig.*) : c'est ce qu'on appelle un *assemblage à tenon et mortaise* (*v.* assemblage).
 ø *All.* Zapfen, *angl.* tenon, *esp.* espiga, *ital.* maschio.
2) *Archit.* Crampon* en fer liant les assises* de pierres d'une construction.

tente n.f. (*dér. de* tendita, *du verbe lat.* tendere). Étoffe tendue servant d'abri. ‖ Pavillon de toile en plein air.
 ø *All.* Zelt, *angl.* tent, *esp.* toldo, *ital.* tenda.

tenture n.f. (*du lat.* tentus : tendu). Revêtement des surfaces intérieures des habitations avec des étoffes d'ameublement, tapisseries*, cuirs*, papiers peints...
 ø *All.* Wandbehang, Tapetenbehang, *angl.* hangings, *esp.* colgadura, *ital.* tappezzeria.
 Tenture de carême : *v.* carême.

terrain n.m. (*lat.* terrenum, *dér. de* terra : terre). *Archit.* Fonds sur lequel on peut bâtir*.
 ø *All.* Baugrund, *angl.* building-plot, *esp.* terreno de construcción, *ital.* terreno da costruzione.

terrasse n.f. (*dér. de* terre). *Archit.* 1) Amas de terre* soutenu par un mur* de soutènement. ‖ 2) Plate-forme au-dessus d'une construction, remplaçant la toiture* ordinaire. Fréquemment usitée dans les pays chauds.
 ø *All.* Terrasse, *angl.* terrace, *esp.* azotea, terraza, *ital.* terrazza.

terre n.f. (*lat.* terra). Substance minérale provenant de la décomposition de roches, végétaux, animaux, etc., formant le sol ferme de la planète.
 ø *All.* Erde, *angl.* earth, *esp.* tierra, *ital.* terra.
Terre argileuse (ou *terre glaise*) :
 ø *All.* Ton, *angl.* clay, *esp.* arcilla, *ital.* argilla creta.
Terre cuite :
 ø *All.* Terrakotta, *angl.* baked clay, *esp.* barro cocido, *ital.* terra cotta.
Terre à potier :
 ø *All.* Töpferton, *angl.* potter's clay, *esp.* arcilla, *ital.* creta.
Terre d'Ombrie (ou *d'Ombre*) et *terre de Sienne* :
 ø *All.* Umbraerde, Siennaerde, *angl.* umber, sienna, *esp.* tierra de Umbría, de Siena, *ital.* terra di Umbria, di Siena.
Terre Sainte :
 ø *All.* Heiliges Land, *angl.* Holy Land, *esp.* Tierra Santa, *ital.* Terra Santa.

tertiaire n.m. (*dér. du lat.* tertius : troisième). Membre masculin (ou féminin) d'un tiers-ordre* (franciscain ou dominicain, par exemple). On dit : *tertiaire de saint François...*
 ø *All.* Tertiarier, *angl.* tertiary, *esp.* terciario, *ital.* terziario.

testament n.m. (*lat.* testamentum, *de* testare : témoigner). Acte contenant les dernières dispositions prises par quelqu'un avant sa mort. Cet acte se faisait autrefois devant témoin, de là

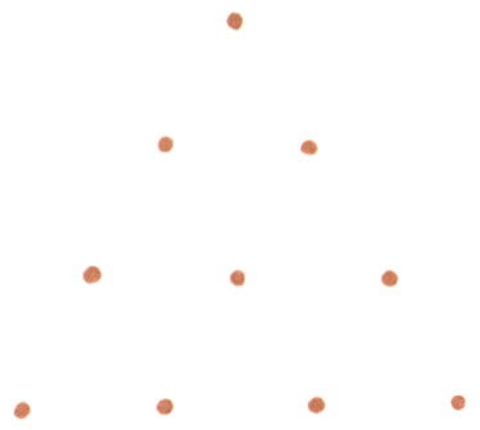

tétractys

son nom.

∅ *All.* Testament, *angl.* testament, *esp. et ital.* testamento.

Ancien Testament : alliance temporaire de Dieu avec son peuple. Livres saints contenant le récit de cette alliance entre Dieu et le peuple hébreu jusqu'à la naissance du Christ.

∅ *All.* das Alte Testament, *angl.* the Old Testament, *esp.* Antiguo Testamento, *ital.* Vecchio Testamento.

Nouveau Testament : alliance perpétuelle de Dieu avec l'Église fondée par Jésus-Christ. Livres saints relatant cette alliance depuis la naissance de Notre Seigneur.

∅ *All.* das Neue Testament, *angl.* the New Testament, *esp.* Nuevo Testamento, *ital.* Nuovo Testamento.

Ces deux livres saints forment *la Bible.*

∅ *All.* die Bibel, *angl.* Bible, *esp.* Biblia, *ital.* Bibbia.

ou *Écriture Sainte* :

∅ *All.* die Heilige Schrift, *angl.* Holy Scripture, *esp.* La Sagrada Escritura, *ital.* Sacra Scrittura.

tête n.f. (*lat.* testa : pot de terre; *le mot* teste, *du lat.* testa, *au sens* pot de terre (*proprement* terre cuite), *d'où* tête *par métaphore, a éliminé* chef (caput) *au sens propre*). *Rel.* L'extrémité du livre qui correspond au haut des pages (*v.* tranche, queue). || *Archit.* On appelle ainsi tout ce qui forme la partie principale, et placée en avant, d'un objet. *Ex.* La tête d'une pierre* est la partie qui affleure sur le parement*, par opposition à la queue*, prise dans la maçonnerie à l'intérieur du mur*.

∅ *All.* Haupt, Kopf, *angl.* head, *esp.* cabeza, *ital.* capo, testa.

Tête de clou : motif* décoratif. Petite pyramide* à base carrée taillée en pointe* de diamant. Les voussures d'archivoltes* dans les portails romans sont souvent décorées de têtes de clou placées côte à côte, décorées de facettes* ou de saillies*.

∅ *All.* Nagelkopfverzierung, *angl.* nail-head, *esp.* cabeza de clavo, *ital.* capo di chiodo.

Tête de feuilles : ornement*.

∅ *All.* Blätterkopf, *angl.* foliated head, *ital.* fiore testa di foglie.

Tête plate : ornement, têtes d'hommes ou d'animaux de faible relief* ornant les portails* romans, très particulièrement en Normandie.

∅ *All.* Menschenkopf in Flachrelief, *angl.* beak-head, *ital.* testa di bassorelievo.

Tête de voûte : *v.* voûte*.

tétractys n.f. (*mot gr.*) Série des quatre premiers nombres, y compris l'unité. La somme en est égale au nombre dix, nombre parfait, norme de l'univers. La *tétractys* est ainsi le fondement de toutes choses. Sa représentation par des points donne un triangle équilatéral, qui peut être lu de même à partir de chacun de ses sommets (*fig.*).

L'importance attachée à la tétractys par les Pythagoriciens apparaît dans leur formule de serment : « Je le jure par Celui qui a révélé à notre âme la tétractys, qui a en elle la source et la racine de l'éternelle nature... »

tétragramme n.m. (*gr.* τετρας : quatre *et* γραμμα : écrit). Lettres mystiques hébraïques inscrites dans un triangle et signifiant le nom de Iahvé.

tétramorphe n.m. (*gr.* τετρας : quatre *et* μορφη : forme). Symboles groupés des quatre évangélistes cantonnant* le Christ en majesté (*v. pl.* 7).

∅ *All.* die vier Evangelistensymbole, *angl.* tetramorph, *esp. et ital.* tetramorfo.

têtu n.m. (*dér. de* tête). Fort marteau* à tête carrée servant à abattre la pierre*.

∅ *All.* Brechhammer, *angl.* sledge hammer, *esp.* maceta, *ital.* mazzuolo.

teutonique (ordre) Ordre hospitalier et militaire fondé vers 1128 à Jérusalem par les croisés allemands. Après les croisades, l'ordre se fixa en Prusse.

∅ *All.* Deutschritterorden.

thaumaturge n.m. (*gr.* θαυμα : merveille *et* εργον : œuvre). Qui fait des miracles.

∅ *All.* Wundertäter, *angl.* wonderworker, *esp. et ital.* taumaturgo.

Thébaïde n.f. 1) Lieu désert non loin de Thèbes, ville de Haute-Égypte où se retirèrent des soli-

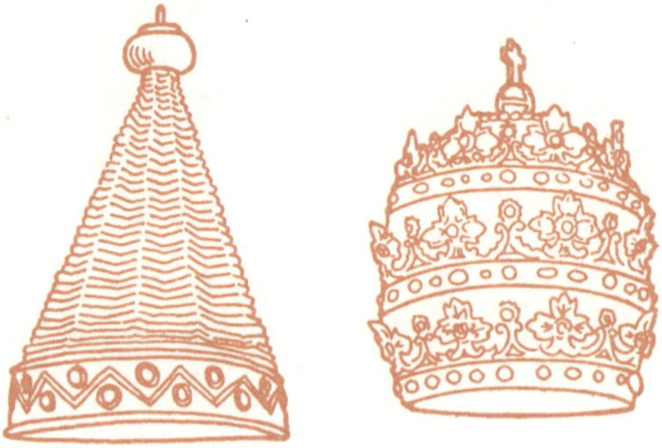

tiares

taires chrétiens; parmi eux les Pères du Désert : saint Antoine, saint Paul ermite, etc. ‖ 2) *Par extens.* Retraite jouissant d'une solitude complète.

ø *All.* Thebais, *angl.* Thebaid, *esp.* Tebaida, *ital.* Tebaide.

thébaine (légion) (*dér. de* Thèbes). Légion chrétienne sous les ordres de saint Maurice, qui fut martyrisée tout entière sous Maximien, à Agaune (Suisse).

thème n.m. (*gr.* θημα, *de* θειναι : poser). Motif*, souvent traditionnel, propre à servir de sujet à développement artistique : en musique, en peinture, en sculpture, etc. Le sujet traditionnel peut comporter des variantes.

ø *All.* Thema, *angl.* topic, *esp. et ital.* tema.

théophanie n.f. (*gr.* θεος : dieu *et* φαινειν : paraître). Manifestation visible de Dieu. Nom ancien de l'Épiphanie.

ø *All.* Gotteserscheinung, *angl.* Theophany, *esp.* Teofanía, *ital.* Teofania.

thrène n.m. (*gr.* θρηνος : lamentation). Lamentation sur le Christ mort. Ce mot désigne chez les Byzantins la mise au tombeau du Christ. Le thrène a été repris dans l'art d'Occident sous le nom de Pietà, ou Vierge de piété.

ø *All.* Beweinung Christi, *angl.* Threne, *esp.* Treno, *ital.* Pianto sul Cristo morto.

thuriféraire n.m. (*lat.* thus : encens *et* fero : porter). Clerc* chargé de l'encensoir.

On donne aussi ce nom aux anges qui encensent le trône de Dieu.

ø *All.* Rauchfaßengel, *angl.* thurifer, incense-bearer, *esp.* turiferario, *ital.* angiolo turiferario.

tiare n.f. (*lat.* tiara, *mot d'origine persane*). Coiffure orientale en forme de cône en usage autrefois chez les Perses et les Juifs. Des grands prêtres juifs, elle est passée comme attribut au pape (*fig.*). La tiare ornée de trois couronnes est l'insigne de la papauté.

ø *All.* Tiara, Papstkrone, *angl.* tiara, *esp.* tiara, *ital.* triregno.

tierceron n.m. *Voir* lierne.

tiers-point (arc en) *Voir* arc en tiers-point.

tige n.f. (*lat.* tibia). Pied, support, d'une coupe, d'un flambeau, etc. Il porte souvent en son milieu un renflement, appelé nœud ou pommeau, qui facilite la saisie.

ø *All.* Stiel, *angl.* stalk, *esp.* caña, *ital.* fusto.

timbales n.f.pl. (*altération d'après* cymbale *de* tambale : tambour, *mot arabe persan, emprunté à l'espagnol au XV*e *s.*). Gros tambour*, généralement double, utilisé dans la cavalerie (*v.* naquaire).

ø *All.* Kesselpauke, *angl.* kettle drum, *esp.* timbal, *ital.* timballo.

timbre n.m. (*du gr.* τυμπανον : tambourin). *Blason* Ornement* couronnant un écu*. Timbrer, c'est placer au-dessus de l'écu un couvre-chef (casque, couronne, etc.) et pour les ecclésiastiques une crosse, un bâton pastoral, etc.

ø *All.* Helm, Helmzier, Helmdecken z B.

tirant n.m. (*de* tirer, *mot d'orig. dout.*). Toute pièce de bois ou de fer qui dans une construction est soumise à un effort de traction. Dans une ferme*, le *tirant* (ou *entrait*) résiste à la poussée* des arbalétriers*.

Sous une arcade* ou une voûte*, les tirants servent à empêcher l'écartement des murs ou pied-droits*. Les constructeurs français du Moyen Age ont su habilement ne pas avoir besoin de ces étrésillons* qui sont d'un emploi fréquent en Italie.

ø *All.* Verbindungsstange, *angl.* tie-beam, *esp.* tirante, *ital.* tirante.

titulaire n.m. (*lat.* titulus : inscription, titre). 1) *D'une église* : c'est la personne divine, le mystère ou le saint dont l'église porte le nom. On lit souvent au frontispice des églises la formule romaine : *D.O.M.* (*Deo Optimo Maximo*) *sub invocatione beati N.*. L'église est édifiée avant tout pour la gloire de Dieu, elle le fut aussi en l'honneur d'un saint (ou d'un mystère divin) choisi par le fondateur de l'église et par l'évêque du lieu. Ne pas confondre titulaire et patron. Le patron est le saint protecteur du lieu; le titulaire est le saint ou le mystère auquel l'église a été consacrée et qui est principalement honoré dans ce sanctuaire (*v.* vocable). ‖ 2) *D'un autel* :

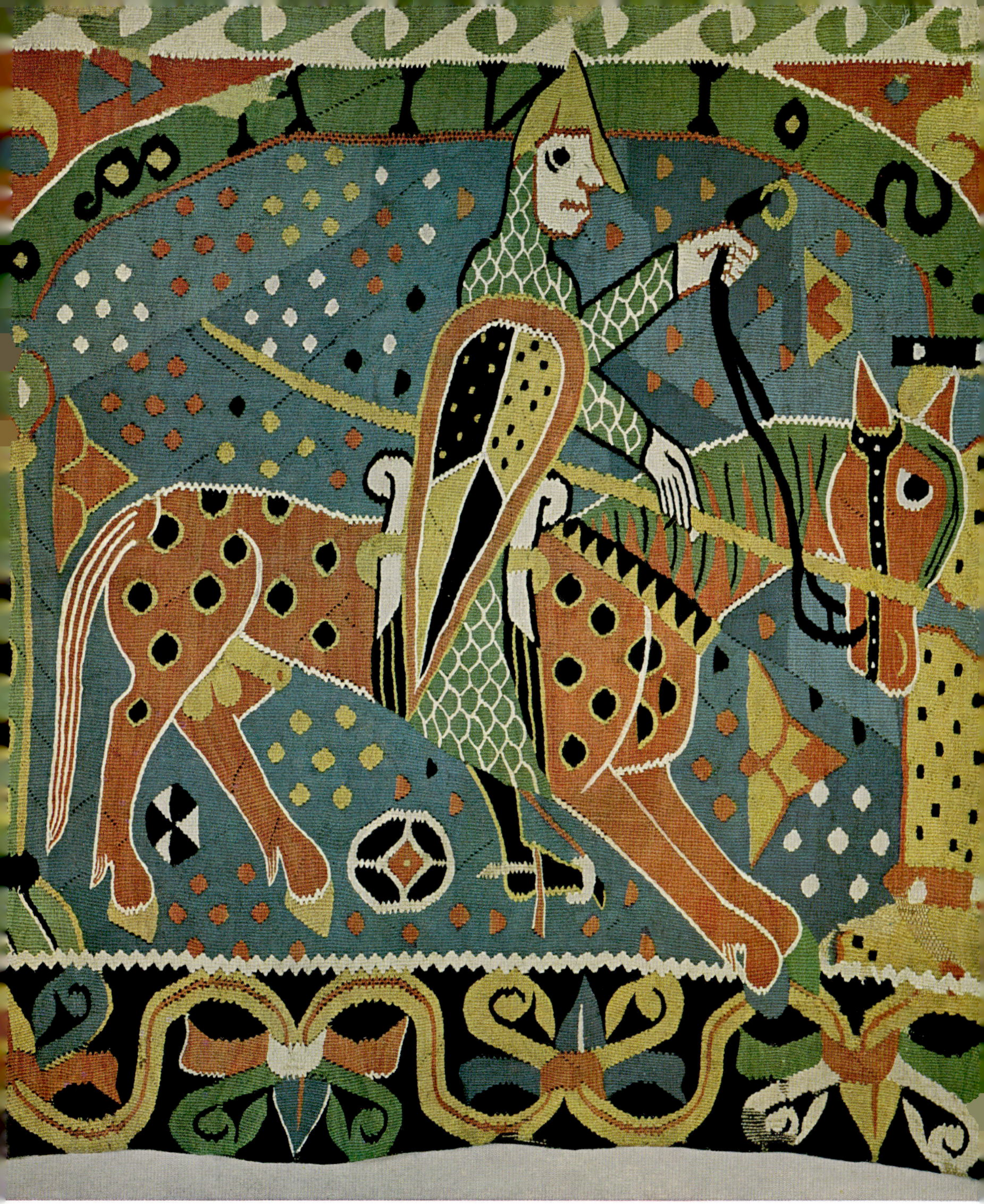

tapisserie

tout autel fixe doit avoir un titulaire qui ne peut jamais être changé. Celui du maître-autel* est celui de l'église elle-même.

∅ *All.* Titelheiliger, *angl.* titular, *esp.* titular, *ital.* titolare.

titulus n.m. (*mot lat.* : titre, inscription). 1) Écriteau suspendu au cou des esclaves à vendre. ‖ 2) Inscription trilingue placée sur la Croix du Christ. Le *titulus* se réduit souvent en iconographie aux quatre lettres INRI, initiales de *Iesus Nazarenus Rex Iudaeorum.*

∅ *All.* Kreuzestitel, *angl.* board, *esp.* título, *ital.* titolo.

toise n.f. (*du lat.* tensa : étendue, *de* tendere : tendre). Unité de longueur en usage avant la Révolution française. La *toise de Paris* comptait six pieds de roi, soit environ 1 m 95.

∅ *All.* Klafter, *angl.* fathom, *esp.* toesa, *ital.* tesa.

toisé n.m. (*de* toiser : mesurer à la toise). Mesure, au moyen de la toise, de bâtiments*, de travaux effectués; on dit aujourd'hui *métré.* Ouvrage fait par le toiseur ou métreur.

∅ *All.* Abklafterung, *angl.* measuring, *esp.* medición, *ital.* misura.

toit n.m. (*lat.* tectum, *de* tegere : couvrir). *Archit.* Partie supérieure d'un édifice qui sert à l'abriter contre les intempéries de l'air et à le couvrir. La forme en est très variée, mais on peut les diviser en deux grandes catégories :
- les *toits plats* ou *en terrasse* (pays de soleil) :

∅ *All.* Terrassendach, *angl.* flat roof, *esp.* azotea, *ital.* copertura a terrazza.
- les *toits inclinés* (climats pluvieux) :

∅ *All.* Dach, *angl.* roof, *esp.* tejado, *ital.* tetto. Ceux-ci se composent de parties en pente, les rampants*, à l'intersection desquels figure une crête* en plomb découpé, comportant souvent des épis de faîtage (*v. ce mot*). On distingue notamment les toits en auvent, les toits en bâtière, en poivrière (*v. ces mots*).

toiture n.f. (*dér. de* toit). Ensemble des matériaux* composant le toit (*v. pl.* 2). Ils comprennent notamment la charpente* des combles* et la couverture* faite d'un lattis* recouvert de tuiles, ardoises, feuilles de zinc, pierres ou lames de plomb, etc.

∅ *All.* Bedachung, *angl.* roofing, *esp.* techado, *ital.* tetto.

tombale (pierre) (*de* tombe). Dalle de pierre* qui recouvre une tombe, une fosse renfermant un mort.

Les *pierres tombales* étaient placées au milieu du pavé des églises*; elles n'ont apparu qu'à la fin du XIe s. Elles sont parfois incrustées de cuivre ou même entièrement en cuivre repoussé (*v. ci-après* plate tombe).

∅ *All.* Grabstein, *angl.* gravestone, *esp.* laude *ital.* lastra tombale.

tombe n.f. (*du gr.* τυμβος, *lat.* tumulus : tombeau). Lieu où repose un mort.

∅ *All.* Grab, *angl.* tomb, *esp.* tumba, *ital.* tomba.

Plate tombe ou *plaque tombale* : dalle de pierre ou de bronze recouvrant une sépulture.

∅ *All.* Grabplatte, *angl.* tomb-slab, *esp.* lámina sepulcral, *ital.* lastra tombale.

tombeau n.m. (*dér. de* tombe). Monument renfermant le corps d'un défunt et élevé à sa mémoire. Sous le terme générique de *tombeau,* on comprend les tombes, pierres tombales, dalles funéraires, ainsi que les tombeaux proprement dits (mausolées*, sépulcres*, hypogées*, etc.).

∅ *All.* Grabmal, *angl.* tomb, *esp.* sepulcro, *ital.* arca.

ton n.m. (*lat.* tonus : ton musical, son d'un instrument). *Peinture* Synonyme de *nuance,* de *couleur.*

∅ *All.* Ton, *angl.* tone, *esp.* tono, *ital.* tono.

Les peintres distinguent :
- le *ton local,* couleur propre à chaque objet.

∅ *All.* Lokalton, *angl.* local colour, *esp.* tono local, *ital.* tono locale.
- le *ton neutre,* ou *effacé,* qui a pour rôle de faire valoir des colorations plus franches, etc.

Les relations entre différents tons se nomment *valeurs.*

tonsure n.f. (*du lat.* tondere : tondre). 1) Couronne

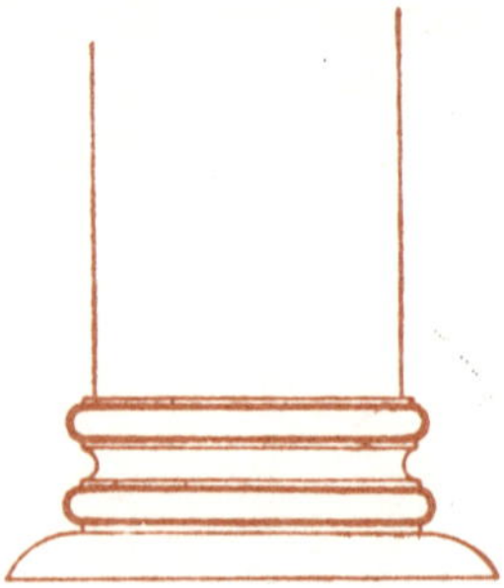

tore

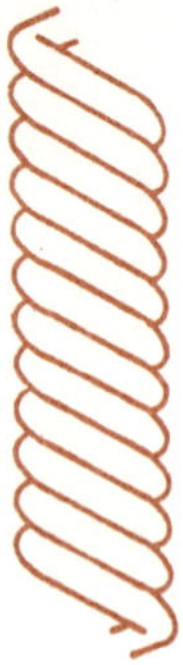

torsade

que l'on fait au sommet de la tête en rasant les cheveux.

On distingue la *tonsure romaine* : partielle et circulaire; la *tonsure celtique* (Irlande), qui dégageait le devant de la tête; la *tonsure grecque* : toute la tête est rasée; la grande *tonsure en couronne* : toute la tête rasée sauf une couronne de cheveux tout autour (en usage dans différents ordres monastiques).

ø *All.* Tonsur, *angl.* tonsure, *esp.* tonsura, *ital.* tonsura.

2) Cérémonie par laquelle un évêque admet un laïc dans la cléricature en lui coupant rituellement les cheveux au sommet de la tête. Ce n'est pas un ordre, mais elle y prépare.

topaze n.f. Pierre* précieuse d'un beau jaune provenant, dès l'Antiquité, de l'île de Topazos dans la Mer Rouge.

Cette pierre appelée aussi *chrysolithe* était censée faire disparaître la mélancolie, la soif et les ardeurs de Vénus.

ø *All.* Topas, *angl.* topaz, *esp.* topacio, *ital.* topazio.

topique *Voir* reliquaire.

torche n.f. (*dér. du lat.* torquere : tordre). Sorte de flambeau* fait de grosses cordes de chanvre tordues et enduites de résine, de suif ou de cire.

ø *All.* Fackel, *angl.* torch, *esp.* antorcha, *ital.* torcia.

torchère n.f. (*dér. de* torche). 1) Vase métallique ajouré fixé à l'extrémité d'un long manche dans lequel on place des matières combustibles susceptibles d'éclairer. ‖ 2) Grand candélabre* reposant sur le sol où brûlaient des flambeaux de cire comme des torches.

ø *All.* Leuchter, *angl.* candelabrum, *esp.* candelabro, *ital.* torciere.

torchier *ou* **torsier** n.m. (*dér. de* torche). Chandelier* antique dans lequel on brûlait des torches*. Le Moyen Age en a usé également.

torchis n.m. (*du lat.* torquere : tordre). *Archit.* Mortier* fait à l'aide de la terre* franche corroyée (*v. ce mot*) avec de la paille tordue (ou du foin haché) qui donne plus de cohésion à la masse. Matériau utilisé surtout pour hourder (*v. ce mot*) des murs* et pour édifier des constructions rurales.

ø *All.* Strohlehm, *angl.* cob, *esp.* tapia, *ital.* loto e peglia.

tore n.m. (*lat.* torus : corde). *Archit.* Moulure* ronde et épaisse qu'on appelle aussi boudin* (*fig., v. pl.* 1, 2, 5, 6 *et* 7).

La base* d'une colonne est généralement faite d'une scotie* entre deux *tores* (*pl.* 144).

ø *All.* Rundstab, *angl.* torus, *esp.* bocel, *ital.* toro.

torque n.m. (*du lat.* torquere : tordre). Collier fait d'une torsade métallique comprenant plusieurs tiges tordues à la façon d'une corde. C'était la parure distinctive des Gaulois (*pl.* 145).

ø *All.* gewundener Halsring, *angl.* torque, *esp.* torques, *ital.* collare, rotolo di laniere.

tors adj. (*dér. de* tordre, *lat.* torquere). *Synon. de* tordu. Une colonne* *torse* est une colonne dont le fût* est tourné en hélice (*v.* colonne).

ø *All.* gewunden, *angl.* twisted, *esp.* torcido, *ital.* torto.

torsade n.f. (*dér. de* tordre). *Archit.* Motif* ornemental ayant la forme d'un câble tordu (*fig., pl.* 146).

ø *All.* Flechtband, *angl.* twisted fringe, *esp.* torzal, *ital.* passamano a spirale.

torse n.m. (*emprunté à l'ital.* torso : tige, bâton *lat.* thyrsus). Partie d'une statue*, d'une figure humaine, comprenant les épaules, les reins, et la poitrine, sans la tête ni les bras. Équivalent du *tronc*.

ø *All.* Rumpf, *angl.* torso, *esp. et ital.* torso.

touche (pierre de) *Voir* pierre.

tour ● n.m. (*lat.* tornus, *gr.* τορνος : tour de potier). Machine servant aux potiers et aux tourneurs sur bois ou métal à tourner des objets.

Le *tour du potier* est vertical : fait d'un axe vertical sur pivot qui communique un mouvement giratoire à une planchette appelée *girelle* sur laquelle on pose le bloc de terre* glaise à façonner. Le *tour du tourneur* est horizontal.

Ce mot a pris au sens figuré des acceptions

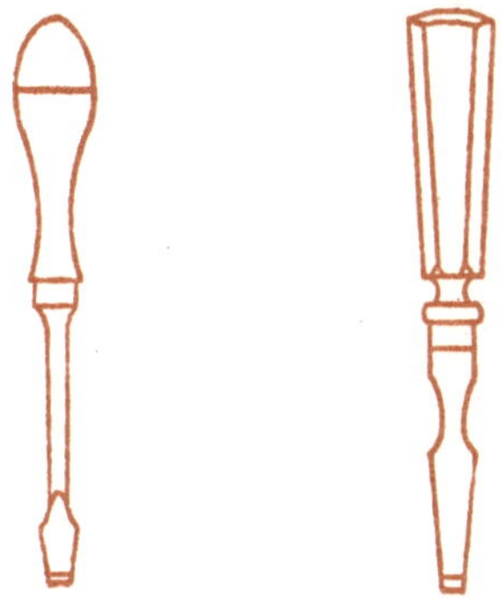

tournevis

diverses : action habile, etc. (*v. ci-après* tour de main).

∅ *All.* Drehscheibe, Töpferscheibe, *angl.* wheel, *esp.* torno, *ital.* rota.

• n.f. (*lat.* turris). *Archit.* Construction très élevée, bien plus haute que large, dont le plan affecte toutes sortes de formes : ronde, triangulaire, carrée, semi-ronde, ovale, etc. On l'emploie à divers usages, notamment aux clochers* d'église, mais surtout aux constructions civiles isolées ou flanquant des murailles* de défense (*v. pl.* 8).

∅ *All.* Turm, *angl.* tower, *esp. et ital.* torre.

Tour de défense :

∅ *All.* Verteidigungsturm, *angl.* watch-tower, *esp.* torre de defensa, *ital.* torre di difesa.

Tour de guet :

∅ *All.* Wartturm, *angl.* watch-tower, defensive tower, *esp.* atalaya, *ital.* torre di scolta.

Tour lanterne :

∅ *Angl.* Lantern, *esp.* torre linterna, *ital.* torre lanterna.

Tour de siège : tour en bois portée sur des roues dont on se servait dans l'Antiquité et au Moyen Age pour assiéger les places fortes.

• – **de main** (*sens fig. de* tour 1). Habileté d'exécution; se dit en particulier de la manière adroite dont un artiste ou un ouvrier a réussi à surmonter les difficultés d'un procédé, d'une opération mécanique. On dit : attraper le tour de main, connaître le tour de main.

∅ *All.* Kunstgriff, *angl.* knack, *esp.* juego de manos, *ital.* pratica.

tourelle n.f. (*dim. de* tour 2). *Archit.* Petite tour, souvent construite en encorbellement* sur une muraille*. Souvent couverte en poivrière (*v. ce mot*).

∅ *All.* Türmchen, *angl.* turret, *esp.* torrecilla, *ital.* torretta.

tournelle n.f. *Synonyme de* tourelle*.

tourner v.tr. (*dér. de* tour). Façonner au tour*.

∅ *All.* drechseln, *angl.* to turn, *esp.* tornear, *ital.* tornire.

tournevis n.m. (*de* tour 1 *et* vis, *lat.* vitis : vigne, *plante qui pousse des vrilles pour s'accrocher*). Instrument d'acier servant à serrer et à desserrer les vis* (*fig.*).

∅ *All.* Schraubenzieher, *angl.* screw driver, *esp.* destornillador, *ital.* cacciavite.

tournoi n.m. (*subst. verbal de* tournoyer : tourner, *dér. de* tour 2) Engagement simulé, en champ clos, entre deux troupes de cavaliers égales en nombre. Ne pas confondre avec *joute* qui est un combat singulier entre deux chevaliers armés d'une lance*.

∅ *All.* Turnier, *angl.* tournament, *esp.* torneo, *ital.* giostra.

tracé n.m. (*de* tracer, *rac. lat.* trahere : tirer). *Archit.* Contour, dessin, d'un bâtiment*, d'un jardin*, marqué sur une surface (papier, sol, mur, etc.).

∅ *All.* Riß, *angl.* laying out, *esp.* trazado, *ital.* traccia.

trachyte n.m. (*gr.* τραχυς : âpre à toucher). Roche éruptive, très dure, que l'on trouve en Auvergne et qui a servi à la décoration des églises romanes.

tradition n.f. (*lat.* traditio : action de transmettre, de livrer; *du lat.* tradere). *Théologie* Transmission orale de l'enseignement du Christ par les Apôtres et leurs successeurs, qui forme avec l'Écriture le canal par lequel la Révélation est transmise dans l'Église.

∅ *All.* Überlieferung, *angl.* tradition, *esp.* tradición, *ital.* tradizione.

Tradition des clefs à saint Pierre par le Christ.

∅ *All.* Schlüsselverleihung, *angl.* Delivery of the keys, *esp.* la Entrega de las llaves, *ital.* la Consegna delle chiavi.

trait n.m. (*lat.* tractus, *dér. de* trahere : tirer). *Synonyme de* ligne. Marque*, ligne servant de point de repère à un ouvrier pour exécuter un travail.

Dessin au trait : dessin fait de simples lignes.

∅ *All.* Strichzeichnung, *angl.* outline drawing, *esp.* delineamiento, *ital.* tratto.

Traits de visage :

∅ *All.* Gesichtszüge, *angl.* features, *esp.* rasgos, *ital.* lineamenti.

tranchant n.m. (*de* trancher : couper; *lat.* truncare).

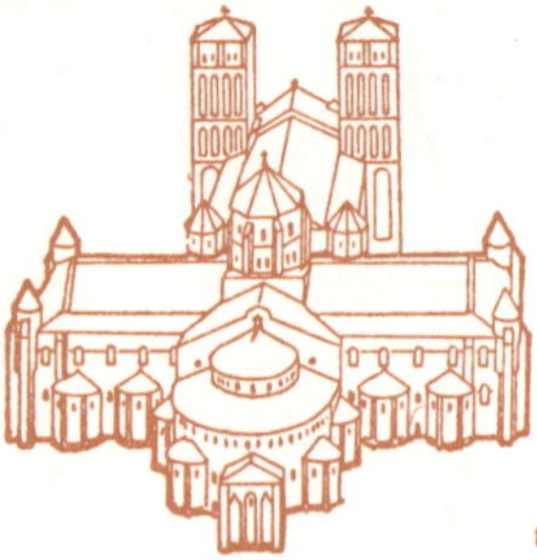

transepts

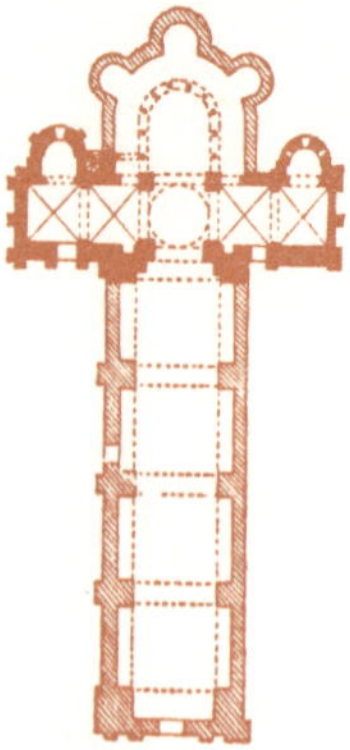

Partie coupante de la lame d'une épée, d'un sabre, d'un couteau, d'une hache, etc.

ø *All.* Schneide, *angl.* edge, *esp.* corte, *ital.* taglio.

tranche n.f. *Rel.* Surface correspondant à l'épaisseur du livre relié. On distingue la tranche de tête*, de gouttière*, de queue*.

trancher v.tr. (*lat.* truncare) *Bx-Arts* Se détacher franchement sur un fond.

ø *All.* abheben, *angl.* to contrast, *esp.* resaltar, *ital.* spiccare.

« **transenna** » n.f. (*mot lat.* : corde tendue). Clôture de marbre* ou de stuc* ajouré fermant le chœur* des anciennes basiliques* chrétiennes; grille fermant la confession* qui contient les reliques* d'un saint.

transept n.m. (*mot savant composé au XVI*e *s., de* trans : au delà *et* septum : clôture). *Archit.* Nef* transversale coupant la nef principale et donnant à l'église* la forme d'une croix (*fig., pl.* 147). Lorsque le *transept* a une longueur supérieure à la largeur de l'édifice, il est dit « saillant ».

La travée* d'intersection de la nef principale et du transept se nomme *croisée du transept*. Les parties du transept situées de part et d'autre de la croisée s'appellent *croisillons* (*v. plan p.* 26).

ø *All.* Querschiff, *angl.* transept, *esp.* transepto, *ital.* transetto.

Transept à croisée régulière : l'intersection de la nef principale et du transept est une croisée délimitée par quatre arcades semblables. En général, les voûtes* du transept et de la nef principale sont à la même hauteur.

Transept continu : transept interposé entre le sanctuaire et la nef principale et qui n'est interrompu par aucun arc-diaphragme* (style préroman).

Transept bas ou *faux-transept* : les croisillons sont élevés à une moindre hauteur que le vaisseau principal. Ils ont, en général, des voûtes à la même hauteur que celles des bas-côtés*.

Les églises à deux transepts sont fréquentes en Rhénanie, rares en France.

Double transept :

ø *All.* Doppelquerschiff, *angl.* double transept, *esp.* doble transepto, *ital.* transetto doppio.

Bras de transept : *synon. de* croisillon.

transférer v.tr. (*lat.* transferre : porter au delà). *Bx-Arts* En parlant d'une fresque*, la détacher du mur et la reporter sur un panneau*, sur une toile.

ø *All.* übertragen, *angl.* to transfer to canvas, *esp.* trasladar del muro al lienzo, *ital.* trasportare su tela.

transition n.f. (**style de**) (*lat.* transitio : passage). Période qui se place entre l'épanouissement de deux styles*. Il existe dans l'histoire de l'art français de nombreux styles intermédiaires : par ex. le style intermédiaire entre le roman et le gothique. L'expression est aujourd'hui vieillie.

ø *All.* Übergangsstil, *angl.* transition style, *esp.* estilo de transición, *ital.* stile di transizione.

translation n.f. (*lat.* translatio, *de* transferre : transporter). *Liturgie* Déplacement des reliques* d'un saint d'un lieu à un autre; fête en souvenir de cet événement.

ø *All.* Reliquienübertragung, *angl.* translation of relics, *esp.* traslado de reliquias, *ital.* trasporto di reliquie.

trappe n.f. (*lat.* trappa, *du germ.* trap, tramp : marcher dessus). Ouverture à couvercle s'abattant, percée dans un plancher* ou un plafond*, et donnant accès à la cave ou au grenier.

ø *All.* Falltüre, *angl.* trapdoor, *esp.* trampa, *ital.* trappola.

Cest aussi un dispositif pour capturer des bêtes sauvages.

trappiste n.m. (*de* Trappe). Religieux appartenant au monastère cistercien de la Trappe fondé dans le Perche, en 1140 (nom de lieu désignant à l'origine un endroit où l'on chassait à la *trappe**). On donne couramment ce nom aux membres de l' « ordre cistercien de la stricte observance », issu de la réforme de l'abbaye de la Trappe par l'abbé de Rancé au XVIIe s.

trapu adj. (*orig. inconnue*). Court, large, épais, ramassé.

ø *All.* gedrungen, stämmig, *angl.* squat, *esp.*

trèfle

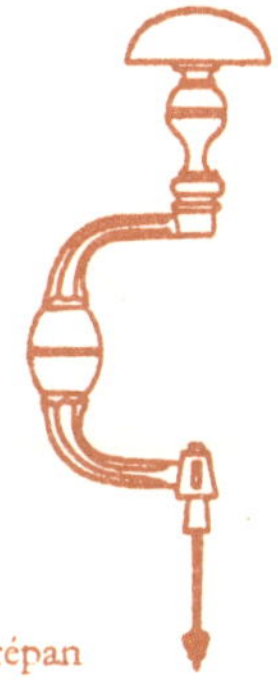

trépan

rechoncho, *ital.* tozzo.

travail n.m. (*lat.* tripalium : machine à trois pieux *pour ferrer les chevaux*). Ouvrage plus ou moins pénible, fait ou à faire. Action d'exécuter cet ouvrage.

ø *All.* Arbeit, Werk, *angl.* labour, work, *esp.* trabajo, *ital.* lavoro.

travailler v.tr. (*dér. de* travail). *Archit.* 1) On dit d'une maçonnerie* ou d'une charpente* qu'elle *travaille* lorsqu'elle subit un affaissement dangereux pour sa solidité. *Par ex.* Un mur qui boucle*, un plancher qui s'affaisse.

ø *All.* sich senken, *angl.* to sink, *esp.* alabearse, *ital.* sbonzolare.

2) On dit d'un assemblage de menuiserie* qu'il *travaille* lorsqu'il se disjoint pour une cause quelconque, notamment par l'effet de la température.

ø *All.* sich werfen, *angl.* to shrink, *esp.* alabearse, *ital.* disfarsi.

travaux des mois. Description des travaux agricoles qui s'exécutent chaque mois de l'année; scène du calendrier.

ø *All.* Monatsbeschäftigungen, Monatsbilder, *angl.* the labours of the months, *esp.* los trabajos de los meses, *ital.* lavori dei mesi.

travée n.f. (*dér. de l'anc. franç.* tref : poutre, *lat.* trabs, trabis). *Archit.* 1) Portée d'une poutre. ‖ 2) *Par extens.* Portion de voûte* s'étendant entre deux points d'appui*.

Travée de pont : portion allant d'une pile* à l'autre, ou d'une pile à la culée*.

ø *All.* Jochweite, *angl.* span, *esp.* arcada, *ital.* arcata d'un ponte.

Travée d'église : espace compris entre deux arcs* doubleaux ou supports nettement définis (*v. pl.* 5).

ø *All.* Joch, *angl.* bay, *esp.* tramo, *ital.* campata.

travers (de) adv. (*du lat.* transversus : placé en travers, *de* vertere : tourner). Qui n'est pas d'aplomb*.

ø *All.* querüber, *angl.* awry, *esp.* de través, *ital.* a sghembo.

traverse n.f. (*v.* travers). Toute pièce de bois ou de fer ou de pierre, qui, posée horizontalement, porte sur des appuis* et supporte elle-même d'autres pièces.

ø *All.* Querbalken, *angl.* cross-bar, *esp.* travesaño, *ital.* traversina.

tref n.m. (*lat.* trabes doxalis : poutre de gloire). Forte poutre* reliant les bases* de l'arc* triomphal figurant à l'entrée du chœur* des basiliques. Elle était en général surmontée d'un très grand crucifix*. Pour empêcher le *tref* de fléchir sous le poids, on fut amené à le soutenir de poteaux* ou de colonnes* qui furent à l'origine du jubé*, qui remplaça l'arc triomphal à partir du XIIe siècle (*v.* jubé, arc triomphal).

ø *All.* Triumphbalken, *angl.* roodbeam, *ital.* trave triunfale.

trèfle n.m. (*lat.* trifolium : à trois feuilles). *Archit.* Décor* en forme de feuille à trois lobes* (*fig.*); synonyme de *trilobe*.

ø *All.* Kleeblatt, *angl.* trefoil, *esp.* trébol, *ital.* trifoglio.

tréflé adj. *Archit.* Les églises* dont le chevet* est composé de trois absides*, dont le plan dessine une feuille de trèfle*, sont dites *à plan tréflé* (*synon.* triconque).

ø *All.* kleeblattförmig, *angl.* trefoiled, *esp.* trebolado, *ital.* a trifoglio.

trépan n.m. (*gr.* τρυπανον). Outil de sculpteur* muni d'une mèche de vilebrequin* servant à percer des trous dans la pierre (*fig.*).

ø *All.* Steinbohrer, *angl.* drill, *esp.* trépano, *ital.* trapano.

trésor n.m. (*lat.* thesaurus). *Archit.* Dans les églises*, le *trésor*, qui abrite les vases sacrés, les reliques* et les objets précieux est une petite construction isolée, ou une pièce au-dessus de la sacristie*.

ø *All.* Kirchenschatz, *angl.* treasure room, *esp.* tesoro, *ital.* sala del tresoro.

tresse n.f. (*orig. inconnue*). Motif* décoratif fait d'un entrelacs* de petites bandes; ces petites bandes sont disposées parfois en ondes*.

ø *All.* Flechtwerk, *angl.* braid, *esp.* trenza, *ital.* treccia.

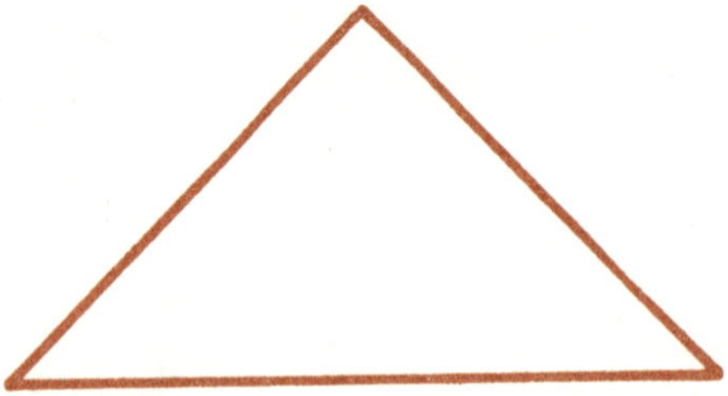

triangle

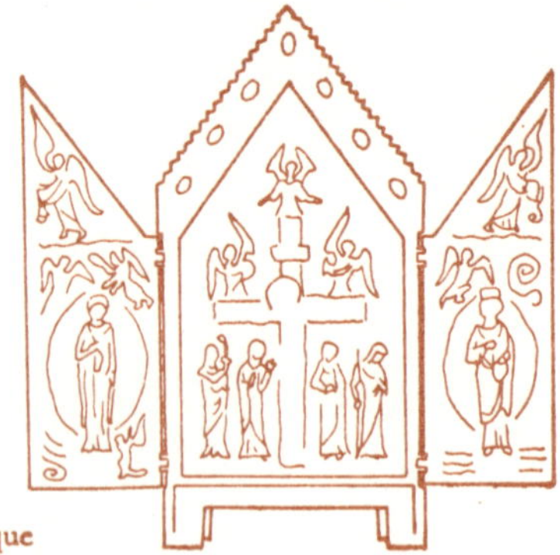

triptyque

Tressée (corde) :

ø *All.* geflochtenes Seil, *angl.* braided rope, *esp.* cuerda trenzada, *ital.* corda intrecciata.

treuil n.m. (*orig. inconnue*). Machine servant à élever des fardeaux. C'est un cylindre reposant sur deux appuis verticaux; sur le cylindre, que font tourner deux manivelles fixées à chacune de ses extrémités, s'enroule une corde supportant le fardeau.

ø *All.* Seilwinde, *angl.* windlass, *esp.* cabria, *ital.* verricello.

triangle n.m. (*lat.* triangulus : qui a trois angles). Polygone à trois côtés, et trois angles (*fig.*).

ø *All.* Dreieck, *angl.* triangle, *esp.* triángulo, *ital.* triangolo.

tribune n.f. (*dér. du lat.* tribunal, *plate-forme sur laquelle se tenait le tribun*). *Archit.* Dans les églises* : 1) Galerie* haute courant au-dessus des bas-côtés* (*pl.* 147, *v. pl.* 3) (*v.* triforium, basilique).

ø *All.* Empore, *angl.* loft, *esp.* tribuna, *ital.* galleria superiore.

2) Balcon* où se trouve le buffet* d'orgue (*pl.* 6).

ø *All.* Orgelbühne, *angl.* organ-loft, *esp.* tribuna del organo, *ital.* tribuna d'organo.

triconque adj. (*du lat.* tres : trois, *et* concha : coquillage). *Archit.* Se dit du plan du chevet d'une église* comportant trois absides* groupées en forme de trèfle* (*synon.* tréflé). Fréquent dans les églises grecques.

triforium n.m. (*de l'anc. franç.* trifoire, *dér. de* transforatum : claire-voie percée à jour). *Archit.* Dans les églises*, ensemble des ouvertures par lesquelles la galerie* haute au-dessus des bas-côtés (la tribune) donne sur l'intérieur de la nef* (*pl.* 148). ‖ Par extension, le mot est appliqué à la galerie elle-même (*v.* tribune).

ø *All.* Triforium, *angl.* triforium, *esp. et ital.* triforio.

Parfois les ouvertures sont simulées, en l'absence d'une tribune. On a alors un *triforium aveugle*.

ø *All.* Blendtriforium, *angl.* blind triforium, *esp.* triforio ciego, *ital.* triforio cieco.

trigone n.m. Instrument de musique, sorte de harpe triangulaire.

trilobe n.m. Ornement* composé de trois lobes* (*v.* trèfle).

triomphal (arc). *Voir* arc, tref, jubé.

triplet n.m. (*de* triple, *rac. lat.* tres). *Archit.* Groupe de trois fenêtres* (ou de trois arcs* réunis sous un arc de décharge) où l'on voyait au Moyen Age un symbole de la Trinité (« *trinus et unus* »). Les fenêtres figurent souvent sur la façade* des églises* au XIIIe s.

ø *All.* Dreieinigkeitsfenster, *angl.* triplet, *esp.* triple ventanal, *ital.* trifora.

triptyque n.m. (*gr.* τριπτυχος : plié en trois). 1) Tablette d'ivoire* à trois feuillets réunis par des charnières et se fermant. ‖ 2) Panneau* de peinture ou de sculpture fait de trois pièces : un panneau central, et deux volets se rabattant sur la partie du milieu qu'ils recouvrent.

Les rétables* du Moyen Age ont souvent la forme de triptyques (*fig.*).

En bas du triptyque, il y a généralement une prédelle* servant de soubassement et divisée en petits tableaux peints*; il est surmonté le plus souvent d'un couronnement*.

Les ateliers de Limoges ont produit de nombreux triptyques en émail* champlevé ou peint.

ø *All.* dreiteiliger Klappaltar, *angl.* triptych, *esp.* tríptico, *ital.* trittico.

triquêtre n.m. (*lat.* triquetrus : à trois angles). Trois jambes réunies par le haut (*v.* tricèle). Motif* de décoration.

trirègne n.m. (*ital.* triregno). Tiare*, ornée de trois couronnes, des papes.

ø *All.* dreifache Krone, *angl.* pope's triple crown, *esp.* tiara, *ital.* triregno.

triscèle n.m. (*du gr.* σκελος : jambe). Groupe de trois jambes réunies par le haut; signe graphique à trois directions.

ø *All.* Dreibein, *angl.* triskele, *esp. et ital.* triquetro.

trivium *Voir* quadrivium.

trochyle *Voir* scotie.

trombone *Voir* trompe 2.

trompe n.f. (*allem.* trumpa). ● *Archit.* Membre*

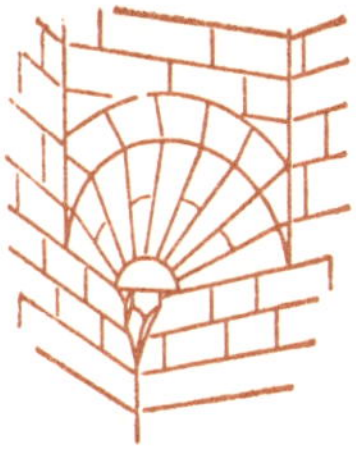

trompe

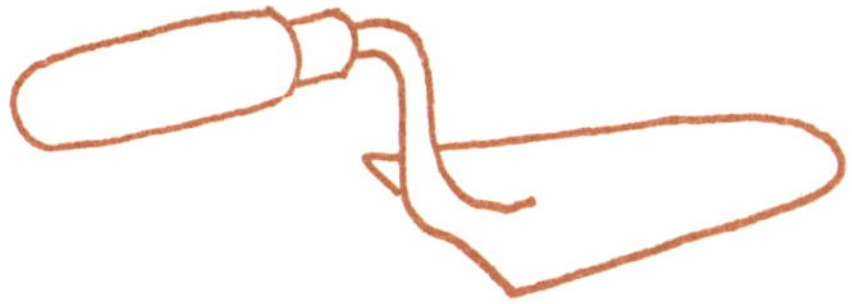

truelle

d'architecture utilisé dans la construction des coupoles* dans les églises*. C'est un arc* diagonal tendu en biais dans chacun des quatre angles* d'une tour carrée. Les quatre arcs portent de petits murs qui transforment le carré en octogone. Les quatre trompes servent ainsi à « racheter » le carré, c'est-à-dire qu'ils permettent de passer du plan carré au plan octogonal sur lequel on peut facilement asseoir une coupole. Les mots *trompes* ou *trompillon** désignent en même temps la petite voûte* en forme de coquille retournée faisant saillie sur l'angle des murs auxquels elle adhère (*fig., pl.* 149, *v. pl.* 160).

Le système de rachat du plan carré par trompes est différent du système du pendentif, où l'on passe directement du plan carré au plan circulaire, sans encorbellement* et sans niches aux angles (*v.* pendentif).

∅ *All.* Ecknische, *angl.* squinch, *esp.* trompa, *ital.* tromba.

● Instrument de musique à vent. Le diminutif en est *trompette* :

∅ *All.* Trompete, *angl.* trumpet, *esp.* trompeta, *ital.* trombetta.

– et l'augmentatif, *trombone* :

∅ *All.* Posaune, *angl.* trombone, *esp.* trombón, *ital.* trombone.

trompillon n.m. (*dim. de* trompe). Trompe* réduite; voussoir* qui occupe l'angle* d'une voûte*.

∅ *All.* Ecktrichter, *angl.* slight overhanging, *esp.* trompillón, *ital.* mensolino di volta.

tronc n.m. (*lat.* truncus). 1) *Archit.* Fût* de colonne, par analogie avec *tronc d'arbre*.

∅ *All.* Stamm, *angl.* trunk, *esp. et ital.* tronco.

2) Boîte percée d'une fente destinée à recevoir des aumônes (taillée primitivement dans un *tronc d'arbre* évidé).

∅ *All.* Opferstock, *angl.* alms-box, *esp.* cepillo, *ital.* bossolo.

3) *Géom.* Tronc de cône :

∅ *All.* Kegelstumpf, *angl.* frustum of a cone, *esp.* tronco de cono, *ital.* tronco di cono.

trône n.m. (*lat.* thronus). Siège isolé large ou monumental réservé au souverain :

∅ *All.* Thron, *angl.* throne, *esp. et ital.* trono.

– ou à l'évêque :

∅ *All.* Bischofsstuhl, *angl.* bishop's throne, *esp.* silla episcopal, *ital.* cattedra vescovile.

La cathédrale (*du lat.* cathedra : siège) est l'église où l'évêque a son trône pour y présider les offices liturgiques.

tronqué adj. (*dér. de* tronc). Brisé, coupé; par ex. se dit d'un fût* de colonne coupé.

∅ *All.* abgestumpft, *angl.* truncated, *esp.* truncado, *ital.* troncato.

tropaire n.m. *Voir* liturgique (livre).

trouvaille n.f. (*rac. lat.* tropare : inventer, trouver). Découverte intéressante, notamment du point de vue archéologique.

∅ *All.* Fund, *angl.* find, *esp.* hallazgo, *ital.* scoperta.

truelle n.f. (*lat.* trulla). Sorte de petite pelle* plate servant aux maçons par exemple à étendre le plâtre* et à rejointoyer les parements* (*fig.*).

∅ *All.* Maurerkelle, *angl.* trowel, *esp.* llana de albañil, *ital.* cazzuola.

trumeau n.m. (*orig. incertaine*). *Archit.* 1) Pilier* divisant en deux le portail* d'une église pour soulager le linteau* (*pl.* 150, *v. pl.* 7).

∅ *All.* Mittelpfeiler, *angl.* central pier, *esp.* parteluz, *ital.* specchiera.

2) On appelle aussi de ce nom la face interne ou externe d'un mur entre deux fenêtres*.

tuile n.f. (*lat.* tegula, *de* tegere : couvrir). *Archit.* Feuille de terre cuite plate ou creuse employée dans la couverture d'un bâtiment. Elles sont parfois vernissées.

∅ *All.* Dachziegel, *angl.* tile, *esp.* teja, *ital.* tegola.

Tuile faîtière : se dit de celles qui surmontent l'arête* d'un toit.

∅ *All.* Firstziegel, *angl.* ridge-tile, *esp.* teja de cobija, *ital.* tegolone del comignolo.

tunique n.f. (*lat.* tunica). *Liturgie* Ornement propre au sous-diacre depuis le XIe s., à Rome et en France. C'était le vêtement de dessous des anciens.

Plus courte et moins ample que la dalmatique

du diacre, ses manches sont plus étroites et plus longues. Sa décoration doit être plus simple (*v.* dalmatique).

ø *All.* Tunika, *angl.* tunic, *esp.* túnica, *ital.* tunica.

turquoise n.f. (*fém. de l'anc. franç.* turquois : de Turquie). Pierre* précieuse venant de Turquie, de couleur bleue verdâtre. Passait pour empêcher les chutes d'être dangereuses.

ø *All.* Türkis, *angl.* turquoise, *esp.* turquesa, *ital.* turchese.

tuyau n.m. (*orig. germanique*). Tige creuse.

ø *All.* Rohr, *angl.* pipe, *esp.* tubo, *ital.* canna. Les *tuyaux de cheminée* au Moyen Age (en briques* ou en pierre) avaient un aspect ornemental.

ø *All.* Schornsteinrohr, *angl.* chimney pipe, *esp.* cañón de chimenea, *ital.* canna.

tympan n.m. (*lat.* tympanum : tambour). *Archit.* Espace compris entre le linteau* et l'archivolte* d'un portail (*pl.* 152, *v. pl.* 7). Le *tympan* dans l'art roman est le lieu de prédilection de la sculpture, dans beaucoup de régions.

ø *All.* Türbogenfeld, *angl.* tympanum, *esp.* tímpano, *ital.* lunetta di portale.

Faux-tympan : il est construit et orné comme un tympan, mais il est aveugle, c'est-à-dire que le portail est remplacé par un pan* de mur en retrait (*pl.* 151).

type n.m. (*gr.* τυπος : empreinte). *Théol.* Se dit d'un fait ou d'un symbole de l'Ancien Testament* considéré comme figure d'un fait ou symbole du Nouveau.

ø *All.* Vorbild, *angl.* type, *esp. et ital.* tipo.

typologie n.f. (*dér. de* type). *Théol.* Parallélisme de l'Ancien et du Nouveau Testament* qui est un élément de base de l'iconographie du Moyen Age chrétien.

ø *All.* Typologie, *angl.* typology, *esp.* tipología, *ital.* tipologia.

U

uni adj. (*rac. lat.* unus : un). Sans relief, sans dessin.
∅ *All.* glatt, *angl.* even, plain, *esp.* llano, *ital.* liscio.

unicorne n.f. *Synon. de* licorne (*v. ce mot*).

urcéolé adj. (*dér. du lat.* urceus : cruche). *Archit.* Se dit de la forme renflée au milieu, rétrécie à la base et large au sommet, de certaines corbeilles* de chapiteau*.

V

vagues n.f.pl. (*du germ.* Wâge). Ornement* formé de petits flots*.
∅ *All.* Wellenmuster, *angl.* waves, *esp.* olas, *ital.* onde.

vair n.m. (*lat.* varius : de plusieurs couleurs). 1) Fourrure d'une certaine espèce d'écureuils, grise sur le dos, et blanche sur le ventre. On distingue le *gros vair* et le *menu vair*. ‖ 2) *Blason* Une des deux fourrures* (ou pannes) usitées dans les armoiries*, avec l'hermine*. Le *vair* est d'argent et d'azur (métal opposé à couleur*, c'est-à-dire pointe de métal contre pointe de couleur). Dans le *contrevair*, le métal est opposé

varlope

au métal.

ø *All.* Feh, *angl.* vair, *esp.* vero, *ital.* vaio.

vaisseau n.m. (*lat.* vascellum, *dim. de* vas : récipient). 1) Vase, récipient.

ø *All.* Gefäß, *angl.* vessel, *esp.* vaso, *ital.* vascello.

2) Navire (*v. ce mot*).

ø *All.* Schiff, *angl.* ship, *esp.* buque, *ital.* nave.

3) *Archit.* Nef d'église (*v. ce mot*).

ø *All.* Schiff, *angl.* nave, *esp.* nave, *ital.* navata.

valeurs n.f.pl. (*lat.* valor, valorem, *de* valere, *proprement* : se bien porter). En peinture, au sens classique : proportion de clair et de sombre dans un ton*. La *valeur* s'oppose à la *couleur*. ‖ Au sens moderne, rapport d'intensité à l'intérieur d'un ton ou rapport de pure couleur entre deux tons d'intensité égale (*valeur-couleur*) : primauté de la couleur. Cette notion rejoint la peinture primitive et notamment romane (*v.* ton).

ø *All.* Helligkeitsgrade, Tonwerte, *angl.* tone values, *esp.* valores, *ital.* valori.

vannerie n.f. (*dér. de* van, *lat.* vannus). 1) Travail exécuté en fibres végétales tressées. Ouvrage en osier.

ø *All.* Korbflechterei, *angl.* basket-work, *esp.* cestería, *ital.* merce del panieraio.

2) *Archit.* Ornementation* rappelant un travail de vannerie.

vantail n.m. (*dér. de* vent, *lat.* ventus, *anc. franç.* ventail). *Archit.* 1) Châssis* ouvrant d'une porte (*v.* ventaille).

ø *All.* Türflügel, *angl.* leaf, *esp.* ala de puerta, *ital.* banda.

2) *Sens large* Panneau* pouvant pivoter sur des gonds*.

variante n.f. (*rac. lat.* varius : varié). *Bx-Arts* Manière différente de traiter le même sujet.

ø *All.* veränderte Fassung, *angl.* variant, *esp. et ital.* variante.

varlope n.f. (*du néerl.* voorlooper : qui court (looper) devant (voor). *Menuis.* Grand rabot* servant à dresser* et planer le bois* (*fig.*). Il se compose d'un long fût muni d'une poignée pour la main droite et d'une corne placée en avant pour la main gauche. Le bois à travailler est mordu par un fer fixé au moyen d'un coin dans un trou appelé *lumière* ou *mortaise*.

ø *All.* Schlichthobel, *angl.* jointing-plane, *esp.* garlopa, *ital.* barlotta.

vase n.m. (*lat.* vas). Récipient pouvant contenir un liquide. Ce vaisseau fut à l'origine imité du corps humain, d'où la dénomination de ses parties : col, gorge, épaulement, panse, etc.

ø *All.* Gefäß, Vase, *angl.* vessel, *esp.* jarrón, *ital.* vaso.

Vases acoustiques : *v.* acoustique.

Vases sacrés : ce sont les pièces d'orfèvrerie religieuse servant à la célébration du Saint Sacrifice (calice et patène) ou à la conservation du Saint Sacrement* (ciboire, custode, lunule).

ø *All.* heilige Gefäße, *angl.* consecrated vessels, *esp.* vasos sagrados, *ital.* vasi sacri.

vaste adj. (*lat.* vastus). Contraire de restreint, en étendue.

ø *All.* ausgedehnt, *angl.* huge, *esp.* vasto, *ital.* spazioso.

vélin n.m. (*dér. de* vel, *ancienne forme de* veau, *lat.* vitulus). Parchemin* fait de la peau d'un veau. ‖ Papier imitant la finesse de ce parchemin.

ø *All.* Kalbfellpergament, *angl.* vellum, *esp.* vitela, *ital.* velino.

ventaille n.f. (*dér. de* vent). Dispositif de mailles* adapté au haubert* pour faciliter la respiration (*v.* vantail).

ø *All.* Schembart, *angl.* ventail of helmet, *esp.* ventalla, *ital.* ventaglia.

ventre (faire) *Voir* boucler.

verge n.f. (*lat.* virga). *Art du vitrail* Filet de plomb dans lequel viennent se fixer les morceaux de verre d'un vitrail*. Des pitons carrés appelés *nilles* les fixent aux tiges de fer supportant le vitrail, appelées *barlotières*. On dit aussi *vergette* (*v.* vitrail).

ø *All.* Rute, *angl.* rod, *esp.* vara, *ital.* verga.

vérin n.m. (*orig. incertaine*). *Archit.* Machine utilisée pour soulever des fardeaux à une faible hauteur, surtout pour le décintrement* des voûtes* et arches* de pont. Elle se compose de deux vis*

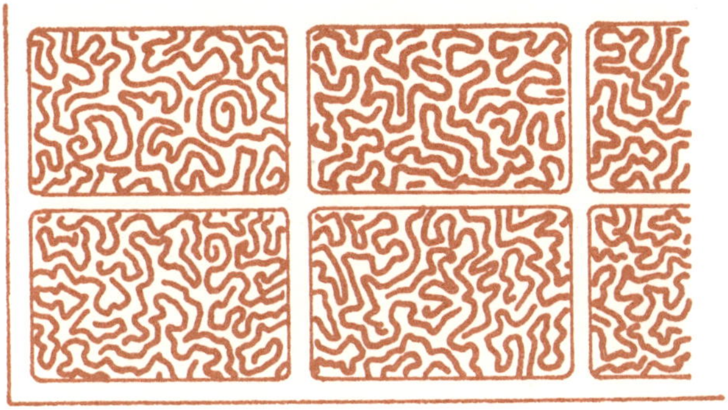

vermiculé

de grande dimension.
∅ *All.* Schraubenwinde, *angl.* screw-jack, *esp.* gato, *ital.* verricello.

vermiculé adj. (*lat.* vermiculatus, *de* vermis : ver de terre). *Archit.* Rayé de lignes creuses et sinueuses imitant les traces de vers dans le bois* (*fig.*).
∅ *All.* wurmförmig, *angl.* vermiculated, *esp.* vermiculádo, *ital.* vermicolato.

verre n.m. (*lat.* vitrum). Corps dur et transparent, mais fragile, obtenu par fusion du sable siliceux.
∅ *All.* Glas, *angl.* glass, *esp.* cristal, vidrio, *ital.* vetro.
On appelle *verres doubles* les verres colorés dans la masse, servant au Moyen Age à faire les vitraux*.
∅ *All.* durchgefärbt, *angl.* coloured all through, *ital.* vetro colorato nella pasta.
Verre à boire :
∅ *All.* Trinkglas, *angl.* tumbler, *esp.* vaso, *ital.* bicchiere.

verrier n.m. (*dér. de* verre). Fabricant de verre*.
∅ *All.* Glasmacher, *angl.* glass-blower, *esp.* vidriero, *ital.* vetraio.

verrière n.f. *Voir* vitrail.

verrou n.m. (*lat.* veruculum, *dim. de* veru : broche). Appareil de fer (ou de métal) servant de fermeture (*v. pl.* 91). C'est une targette se mouvant horizontalement entre deux crampons au moyen d'un bouton. Un verrou vertical s'appelle une *crémone*. Le verrou vient se loger dans une *vertevelle* (*v. ce mot*).
∅ *All.* Riegel, *angl.* bolt, *esp.* cerrojo, *ital.* paletto.

versant n.m. (*de* verser, *lat.* vertere : tourner). *Archit.* Pente d'un toit*.
∅ *All.* Dachschräge, *angl.* slope, *esp.* pendiente, vertiente, *ital.* pendenza.

Verseau n.m. (*pour* verse-eau). Signe du zodiaque*.
∅ *All.* Wasserman, *angl.* Waterbearer, *esp.* Acuario, *ital.* Acquario.

vert adj. (*lat.* viridis). Couleur faite du mélange de jaune et de bleu.
∅ *All.* grün, *angl.* green, *esp. et ital.* verde.

vertevelle n.f. (*du lat.* vertibula : vertèbre). Pièce de fer en forme d'anneau ou de piton dans laquelle tourne et glisse un verrou lorsqu'il est poussé ou tiré (*v.* verrou).
∅ *All.* Riegelhacken, *esp.* hembrilla, *ital.* anello per paletto.

vertical adj. (*lat.* verticalis, *de* vertex : sommet). Perpendiculaire au plan de l'horizon.
All. senkrecht, *angl.* vertical, *esp.* vertical, *ital.* verticale.

vertus n.f.pl. (*lat.* virtus). On distingue, dans la hiérarchie des vertus, les trois vertus théologales : Foi, Espérance, Charité, et les quatre vertus cardinales : Force, Justice, Prudence et Tempérance. Leurs attributs ont varié selon les époques.
Vertus théologales :
∅ *All.* die göttlichen Tugenden, *angl.* the theological Virtues, *esp.* virtudes Teologales, *ital* le virtù teologali.
Vertus cardinales :
∅ *All.* die Haupttugenden, *angl.* the cardinal Virtues, *esp.* virtudes cardinales, *ital.* le virtù cardinali.

« **vesica piscis** » (*mots latins signifiant* vessie de poisson). Gloire* ou nimbe* en forme d'amande (*v.* gloire, nimbe).
∅ *All.* Fischblase, *angl.* vesica piscis, *esp.* vejiga de pez, *ital.* vescia di pesce.

vestige n.m. (*lat.* vestigium : trace). *Voir* ruine.

vêtements liturgiques (*dér. de* vêtir, *lat.* vestire). Vêtements revêtus par le célébrant et les ministres pour les cérémonies du culte.
∅ *All.* liturgische Gewänder, *angl.* liturgical vestments, *esp.* vestiduras litúrgicas, *ital.* indumenti sacri.

vêture n.f. (*dér. de* vêtir). Cérémonie dans laquelle on donne l'habit spécial d'un institut religieux à un novice ou à une novice.
∅ *All.* Einkleidung, *angl.* taking of the veil, of the habit, *esp.* toma de hábito, *ital.* vestizione.

vétusté n.f. (*dér. de* vetus : vieux). État de ce qui est vieux, atteint par l'âge, délabré par le temps.
∅ *All.* Verfall, *angl.* decay, *esp.* antigüedad, *ital.* vetustà.

« via dolorosa » Chemin suivi par le Christ portant sa croix pour se rendre au Calvaire.

vice (n.m.) **de construction** (n.f.) (*lat.* vitium : faute). Malfaçon, faute dans l'exécution d'une construction*, qui en menace la solidité.

ø *All.* fehlerhafte Arbeit, *angl.* defective labour, *esp.* trabajo defectuoso, *ital.* vizio di costruzione.

vide n.m. (*rac. lat.* viduus : vide). *Archit.* Ouverture, baie, ménagée dans un mur*. L'art de l'architecture répartit avec harmonie dans une façade* pleins et vides. Les pleins dominent dans l'architecture romane, les vides dans la gothique.

ø *All.* Zwischenraum, Leere, *angl.* void, empty space, *esp.* hueco, vano, *ital.* vuoto.

Pousser (ou *tirer*) *au vide* : se dit d'une construction qui menace de perdre l'aplomb, de se déverser.

ø *All.* schief stehen, *ital.* spingere al vuoto.

vieillards (les vingt-quatre). Vision de saint Jean dans l'Apocalypse*.

ø *All.* die vierundzwanzig Ältesten, *angl.* the twenty-four Elders, *esp.* los veinticuatro Ancianos del Apocalipsis, *ital.* i venti quatro Vecchi dell'Apocalisse.

vielle n.f. (*orig. obsc.*). Instrument de musique à cordes. L'archet est remplacé par une roue. Doublet de *viole*.

ø *All.* Drehleier, *angl.* hurdy-gurdy, *esp. et ital.* viola.

Vierge n.f. (*lat.* virgo). *Par antonomase* La Très Sainte Vierge Marie. ‖ *Bx-Arts* Une statue ou peinture représentant la Vierge.

ø *All.* die Heilige Jungfrau, *angl.* the Blessed Virgin, *esp.* la Virgen, *ital.* la Vergine.

Vierge assise :

ø *All.* Sitzmadonna, *angl.* Our Lady seated, *esp.* Virgen sedente, *ital.* Vergine seduta.

Vierge debout :

ø *All.* Standmadonna, *angl.* Our Lady standing *esp.* Virgen en pie, *ital.* Vergine in piedi.

Vierge à l'Enfant :

ø *All.* Jungfrau mit dem Jesuskind, *angl.* Virgin with the Child, *esp.* Virgen con el Niño, *ital.* Madonna col Bambino.

Vierge de l'espérance (Vierge enceinte) :

ø *All.* Maria in der Hoffnung, *angl.* Our Lady of expectation, *esp.* Virgen de la esperanza, *ital.* Madonna del parto.

Vierge en majesté :

ø *All.* die thronende Madonna, *angl.* the Virgin enthroned, *esp.* Virgen en Majestad, *ital.* Vergine di Maestà.

Vierge des sept Douleurs :

ø *All.* Madonna der sieben Schmerzen, *angl.* Virgin of the seven Sorrows, of tears, with seven swords, *esp.* Virgen de los siete dolores, Dolorosa, *ital.* Santa Maria dei sette Dolori.

Vierge de Pitié (avec le cadavre du Christ sur ses genoux) :

ø *All.* Vesperbild, *angl.* Our Lady of Pity, *esp.* Piedad, *ital.* Pietà.

Vierge de Miséricorde :

ø *All.* Mutter des Erbarmens, Schutzmantelmadonna, *angl.* Virgin of Mercy, *esp.* Virgen de la Merced, *ital.* Madonna del Manto del Soccorso.

Vierge du Bon Secours :

ø *All.* Mariahilf, *angl.* Our Lady of Succour, *esp.* Virgen del Perpetuo socorro, *ital.* Vergine del Soccorso.

Vierge du Rosaire :

ø *All.* Rosenkranz-Madonna, *angl.* Virgin of the Rosary, *esp.* Virgen del Rosario, *ital.* Madonna del Rosario.

Vierge du Buisson de Roses :

ø *All.* Maria im Rosenhag, *angl.* Madonna in the rose arbour, *esp.* Virgen de la Rosaleda, *ital.* Madonna fra le rose.

Vierge ouvrante (statuette ou statue, en bois ou en ivoire, s'ouvrant par le milieu pour laisser voir au dedans des reliques* ou des bas-reliefs*) :

ø *All.* Klappmadonna, *angl.* opening Virgin, *esp.* Virgen abridera, *ital.* Vergine aperta.

Vierge noire :

ø *All.* schwarze Jungfrau, *angl.* Black Virgin, *esp.* Virgen morena, *ital.* Madonna nera.

Vierges sages et vierges folles : personnages antithétiques d'une parabole évangélique. Les premières allument leurs lampes à l'arrivée tardive

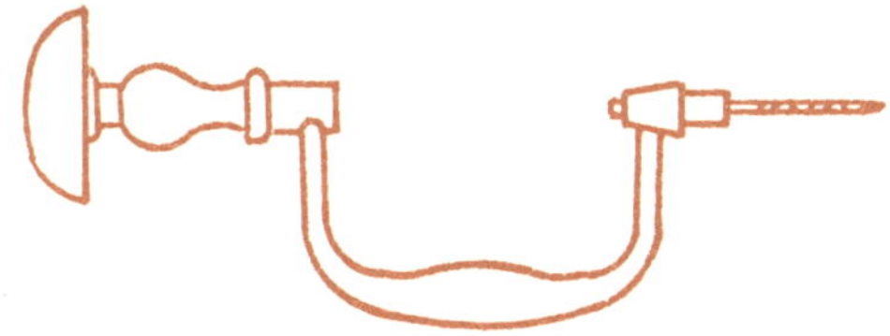

vilebrequin

de l'époux; les secondes, faute de s'être munies d'huile, ne peuvent entrer dans la salle du festin des noces.

ø *All.* die klugen und die törichten Jungfrauen, *angl.* the wise and the foolish Virgins, *esp.* las Vírgenes prudentes y necias, *ital.* le Vergini stolte e saggie.

Les onze mille vierges (légende de sainte Ursule) :

ø *All.* die elftausend Jungfrauen, *angl.* the eleven thousand Virgins, *esp.* las once mil virgenes, *ital.* le undicimila vergini.

vif adj. (*lat.* vivus : qui est en vie). *Substantivement* Le vif d'une pierre* est la partie dure qui paraît lorsqu'on a enlevé au marteau le bousin (*v. ce mot*).

Vif argent : métal appelé aussi *mercure*, mobile comme le dieu Mercure, dieu du commerce des Romains; allié à un autre métal, il forme un amalgame qui permet divers usages (dorure, argenture, etc.) :

ø *All.* Quecksilber, *angl.* quick silver, *esp.* azogue, *ital.* mercurio.

A arêtes vives : *v.* arête, épaufrer, émousser.

A joints vifs : *v.* appareil.

Chaux vive : *v.* chaux.

vigne n.f. (*lat.* vinea, *dér. de* vinum : vin). 1) Arbuste qui fournit le raisin. ‖ 2) Enclos où est cultivée la vigne.

ø *All.* 1) die Weinrebe, 2) der Weinberg, *angl.* 1) vine, 2) vineyard, *esp.* 1) vid, 2) viña, *ital.* 1) vite, 2) vigna.

vilebrequin n.m. (*du néerl.* wimmelkijn). Outil* à manche semi-circulaire servant à faire tourner des mèches* pour percer le bois, la pierre, etc. (*fig.*).

ø *All.* Traubenbohrer, *angl.* wimble, *esp.* berbiquí, *ital.* trapano.

viole n.f. (*orig. obsc.*) Instrument de musique à corde et archet.

ø *All.* Viola, *angl.* viola, *esp. et ital.* viola.

violet adj. (*de* violette, fleur, *dim. du lat.* viola). Couleur provenant du mélange du rouge et du bleu. Elle est signe de pénitence pour les vêtements* liturgiques et les parements* d'autel. Elle est aussi insigne de dignité pour certains prélats, dont les évêques, pour leurs vêtements non liturgiques.

ø *All.* veilchenblau, violett, *angl.* violet, purple, *esp.* morado, violado, *ital.* pavonazzo.

vireton n.m. (*dér. de* virer). Trait d'arbalète* court muni de lames obliques qui lui impriment une fois lancé un mouvement circulaire. On en voit représentés dans les mains de saint Sébastien.

ø *All.* Drehpfeil, *angl.* vireton, *esp.* dardo con hojas oblicuas, *ital.* verrettone.

virer v.intr. (*orig. discutée*; *du lat.* virare, *altération de* gyrare : tourner, *sous influence de* vertere *ou de* vibrare). Tourner sur soi-même.

vis n.f. (*du lat.* vitis : vigne, *au sens de* vrille de la vigne). 1) Cylindre gravé en spirale; la contre-partie de la *vis* est l'*écrou**.

ø *All.* Schraube, *angl.* screw, *esp.* tornillo, *ital.* vite.

2) Escalier* tournant en colimaçon autour d'un noyau*.

ø *All.* Schneckentreppe, *angl.* corkscrew staircase, *esp.* escalera de caracol, *ital.* scala a chiocciola.

3) *Vis de saint Gilles* : escalier* fait de telle manière que la coquille d'escalier (dessous des marches) soit une voûte*. Le plan de ces escaliers est carré, ou rectangulaire, ou circulaire; ils présentent des combinaisons de voûtes diverses : en ogive, rampantes, annulaires, etc., extrêmement difficiles à tracer (*v.* voûte).

visage n.m. (*anc. franç.* vis, *du lat.* visus, *de* videre : voir). La face humaine.

ø *All.* Gesicht, *angl.* face, *esp.* cara, *ital.* volto.

visière n.f. (*de l'anc. franç.* vis : visage). Elément du casque couvrant le *vis* (ou *visage*) dans les armures* du Moyen Age.

ø *All.* Visier, *angl.* visor, *esp.* visera, *ital.* visiera.

Visitation n.f. (*du lat.* visitare, *rac.* videre : voir). Rencontre de la Sainte Vierge et de sainte Élisabeth.

ø *All.* Heimsuchung Mariae, *angl.* Visitation, *esp.* Visitación de la Virgen a Santa Isabel, *ital.* Visitazione.

vitrail n.m. (*dér. de* vitre, *du lat.* vitrum : verre).

Ensemble des panneaux* de verre monté en plomb qui garnissent une baie*. Ils sont formés de petites pièces de verre de couleur, dessinant des mosaïques très variées (*pl.* 153, *v. pl.* 5).

L'armature se compose de tigettes de fer dont les extrémités sont prises dans la maçonnerie*. On appelle *barlotières* les tringles rondes qui soutiennent de loin en loin les plaques de verres; les verges ou vergettes de plomb y sont maintenues par des *nilles* qui sont des pitons carrés recevant des petites clavettes courbes qui servent à fixer les panneaux de vitraux.

Au XIIe et XIIIe s. les vitraux sont des mosaïques transparentes ayant 350 à 400 morceaux de verre au mètre carré. Plus tard, ils deviendront des tableaux peints sur verre.

ø *All.* Kirchenfenster, *angl.* stained glass window, *esp.* vidriera, *ital.* vetrata dipinta.

vitrerie n.f. (*dér. de* vitre). *Archit.* Ensemble des vitraux* d'une église*. *Ex.* La vitrerie de Bourges.

ø *All.* Fensterschmuck, *angl.* glazing, *esp.* vidriería, *ital.* vetreria.

vocable n.m. (*lat.* vocabulum, *de* vocare : appeler). « Sous le vocable d'un saint » signifie pour une église ou une chapelle qu'elle est construite en l'honneur d'un saint dont elle porte le nom, et placée sous son patronage.

ø *All.* unter dem Schutz, *angl.* dedicated to, *esp.* bajo la advocación, *ital.* chiesa dedicata a tal santo.

voile n.m. (*lat.* vela, *plur. de* velum : voile). *Liturgie* 1) Pièce d'étoffe servant à cacher le visage. – *Voile de baptême* : voile blanc dont on recouvre la tête des néophytes après leur baptême, comme symbole d'affranchissement. – *Voile de religion* : insigne des religieuses et novices.

ø *All.* Schleier, *angl.* veil, *esp. et ital.* velo.

2) *Voile huméral* : longue écharpe de soie placée sur les épaules dont les extrémités servent à couvrir les mains de qui présente un objet. ‖ 3) *Voile du calice* : étoffe couvrant calice* et patène*.

ø *All.* Kelchdecke, *angl.* chalice-veil, *esp.* velo eucarístico, *ital.* velo del calice.

• n.f. *Marine.* Lés de toile forte cousus ensemble, attachés aux mâts pour prendre le vent (*v.* navire).

ø *All.* Segel, *angl.* sail, *esp. et ital.* vela.

voilier n.m. (*dér. de* voile). Navire* à voile.

ø *All.* Segelboot, *angl.* sailing boat, *esp.* velero, *ital.* nave a vela.

volée n.f. (*dér. du lat.* volare : voler). 1) *Archit.* Partie d'un escalier* qui se projette horizontalement en ligne droite. L'escalier peut être à une ou plusieurs *volées.*

Escalier à double volée :

ø *All.* zweiläufige Treppe, *angl.* two-flighted stairs, *esp.* escalera a dos tramos, *ital.* scala a doppia volata.

2) Ce mot se prend aussi, par abus de langage, dans le sens de révolution d'un escalier*.

ø *All.* Treppenlauf, *angl.* flight of steps, *esp.* tramo de escalera, *ital.* volata.

3) Branle d'une cloche*. *Ex.* Sonner à toute volée.

volet n.m. (*dér. du lat.* volare : voler, flotter au gré du vent). 1) Panneau* mobile (bois ou métal) servant à fermer une baie* à l'intérieur; le panneau fermant la baie à l'extérieur se nomme *contrevent.*

ø *All.* Fensterladen, *angl.* shutter, *esp.* postigo, *ital.* imposta.

2) Vantail* ou aile de triptyque*, de rétable (*v. ce mot*).

ø *All.* Klappe, *angl.* volet, *esp.* hoja, *ital.* sportello.

volige n.f. (*normand* voliche, *du vx fr.* volice : qui vole, léger). Planches minces clouées sur les chevrons* d'une toiture et sur lesquelles les couvreurs fixent ensuite tuiles ou ardoises*.

ø *All.* Schindelbrett, *angl.* batten, *esp.* chilla, *ital.* tavoletta.

volume n.m. (*lat.* volumen : livre, *de* volvere : rouler; *a pris en franç. le sens fig. de* ampleur). 1) Ampleur, masse, espace occupé par un corps.

ø *All.* Umfang, *angl.* bulk, *esp.* bulto, *ital.* volume.

2) Livre, quelle que soit sa forme (les livres de l'Antiquité étaient des rouleaux de papyrus).

ø *All.* Band, *angl.* volume, *esp.* volumen, *ital.* volume.

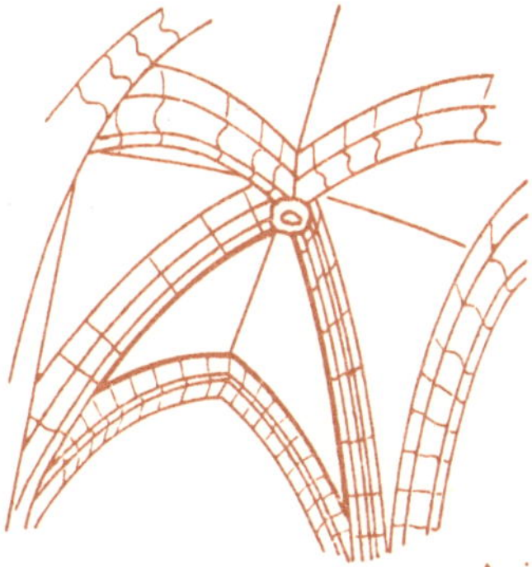

voûtain

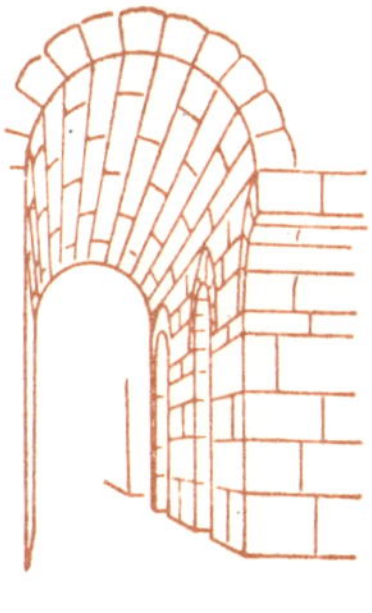

voûte en berceau

Manuscrit roulé :

∅ *All.* Buchrolle, *angl.* scroll, *esp.* rollo, *ital.* rotolo.

volute n.f. (*lat.* volutum : chose enroulée, *de* volvere : tourner). 1) *Archit.* Enroulement formé de plusieurs circonvolutions. En particulier membres* d'architecture enroulés en spirale décorant les chapiteaux* ioniques, dont ils sont la caractéristique. Le centre de l'enroulement se nomme *œil* de la volute. Les consoles*, les modillons* présentent souvent un profil en volute.

∅ *All.* Schnörkel, Volute, *angl.* scroll, *esp.* voluta, *ital.* voluta.

2) *Volute de crosse** :

∅ *All.* Stabkrümme, *angl.* crook, *esp.* espiral de báculo, *ital.* riccio di pastorale.

votif adj. (*lat.* votivus, *de* votum : vœu). Se dit d'un objet offert en accomplissement d'un vœu, en ex-voto.

Couronne votive :

∅ *All.* Weihkrone, *angl.* votive crown, *esp. et ital.* corona votiva.

vouge n.f. (*lat.* vidubium, *d'un mot gaulois* vidu : bois, *et* bi : couper). *En vx franç.* Serpe*, hallebarde, épieu.

∅ *All.* Glefe, *angl.* boar-spear, *esp.* chuzo, *ital.* spiedo da caccia.

voussoir n.m. (*du lat.* volsorium, *de* volvere : tourner). *Archit. Synon. de* claveau*. Pierre taillée en forme de coin formant un élément d'un arc*, d'un cordon*, d'une voûte* (*pl.* 155, *v. pl.* 6). Le *voussoir* est parfois taillé en pentagone, l'arc formant ainsi un appareil géométrique. On appelle *voussoirs à crossettes** ceux dont la partie supérieure déborde et se recourbe en forme de crosse pour mieux se lier à la maçonnerie environnante et en particulier aux assises* de pierres.

∅ *All.* Wölbstein, *angl.* arch-stone, *esp.* dovela, *ital.* cuneo.

voussure n.f. (*du lat.* volsura, *de* volvere : tourner). *Archit.* Arc* élémentaire, dans une archivolte*, formé de la juxtaposition de voussoirs*. La structure de la *voussure* est la même que celle du rouleau*, qui supporte par exemple une voûte*. Les portails romans et gothiques comportent plusieurs arcs ou cordons concentriques en retrait les uns par rapport aux autres. Les voussures sont souvent couvertes d'ornements géométriques ou de sculptures (*pl.* 154, *v. pl.* 7).

∅ *All.* Bogenrundung, *angl.* recessed order of an arch, *esp.* arco en retirada, *ital.* arca di portale.

voutain n.m. (*dér. de* voûte). *Archit.* Compartiment d'une voûte* sur croisée* d'arêtes ou d'ogives (*fig.*, *v. pl.* 4). Synon. de *quartier* ou de *canton.*

∅ *All.* Gewölbesegment, *angl.* segment of a ribbed vault, *esp.* segmento de bóveda, *ital.* segmento di volta.

voûte n.f. (*lat. pop.* volta, *de* volvere : tourner). *Archit.* Construction* formée à l'aide de voussoirs* et qui est destinée à couvrir un espace vide compris entre deux murs* parallèles qui servent de pieds-droits* à la voûte. Ces pieds-droits doivent être très solides parce qu'ils ont à résister à la fois à un effort horizontal appelée poussée* et à un effort vertical.

Dans une voûte ordinaire, chaque voussoir a son semblable sauf celui du centre, placé au sommet de la voûte qui sert à la fermer et pour cela se nomme clef*. Les voussoirs portant directement sur les pieds-droits à la naissance* de la voûte se nomment sommiers*. On nomme extrados* de la voûte la surface extérieure convexe et intrados* la surface intérieure.

Lorsque la construction d'une voûte se fait sur cintres*, l'opération du décintrement est très délicate pendant la période de séchage et de tassement des joints.

On distingue deux grandes catégories de voûtes : les voûtes simples, engendrées par la translation d'un arc quelconque; les voûtes composées, formées de la combinaison de plusieurs voûtes simples.

1. Voûtes simples.

Voûte en berceau : la plus simple de toutes, c'est un arc de cercle prolongé en cylindre dont la directrice est une droite (*fig.*, *pl.* 156; *v. pl.* 3, 6). On appelle *tête de voûte* l'arc générateur du berceau.

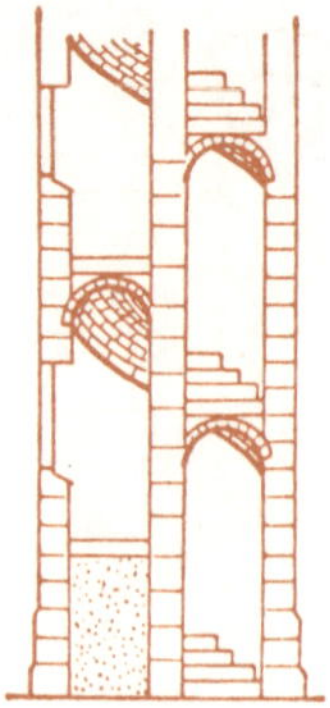

voûte annulaire

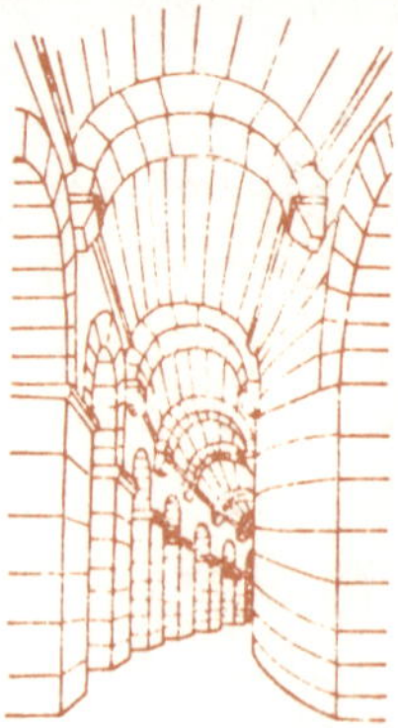

voûte en berceau tournant

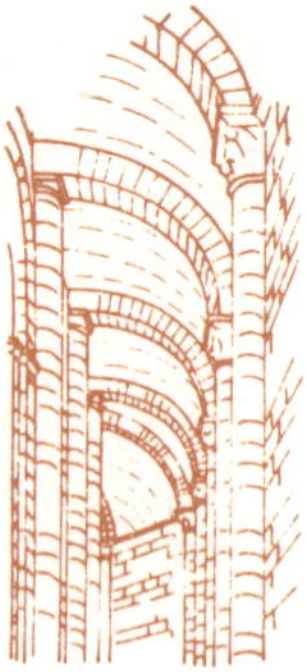

voûte en demi-berceau

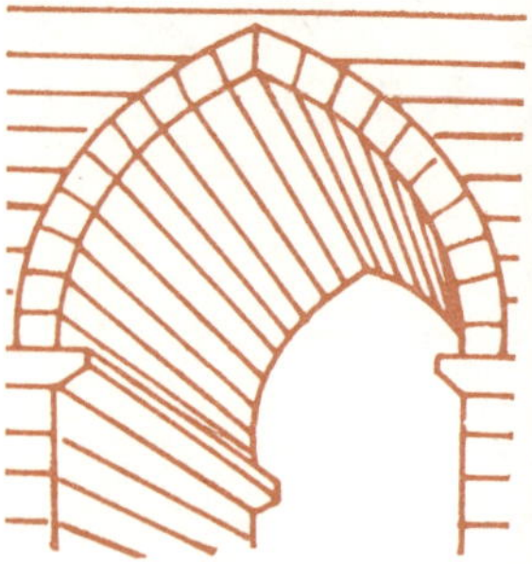

voûte en berceau brisé

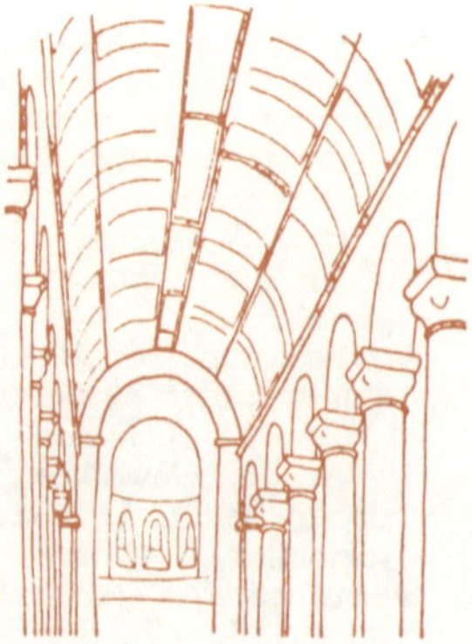

voûte en berceau longitudinal

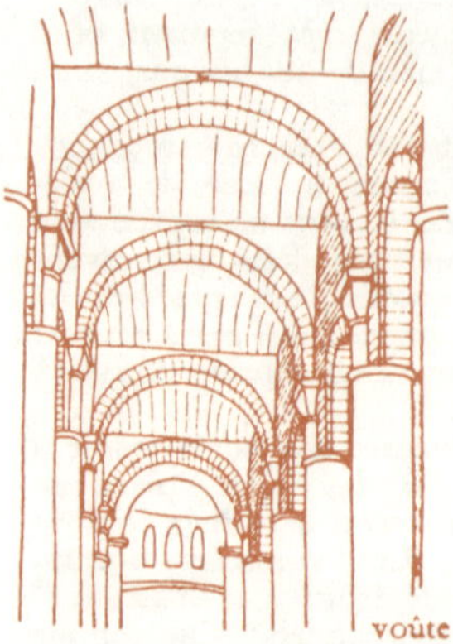

voûte à berceaux transversaux

⌀ *All.* Tonnengewölbe, *angl.* barrel, tunnel-vault, *esp.* bóveda de medio cañón, *ital.* volta a botte.

Voûte annulaire : à plan circulaire, ou bien cylindrique suivant un plan curviligne (*v.* vis de saint Gilles) (*fig.*).

⌀ *All.* ringförmiges Gewölbe, *angl.* ring-shaped vault, *esp.* bóveda anular, *ital.* volta annulare.

Ces voûtes simples peuvent être *surhaussées* lorsque la génératrice de l'arc est plus grande que la demi-circonférence; *en plein cintre* si la génératrice est une demi-circonférence; *surbaissée* si la génératrice est inférieure à la demi-circonférence.

Elles peuvent être aussi :

En anse de panier* (la génératrice est alors une courbe se rapprochant de l'ellipse) :

⌀ *All.* Korbhenkelgewölbe, *angl.* basket handle vault, *esp.* bóveda en asa de cesta, *ital.* volta in forma d'ansa di pannettiere.

En demi-berceau (en quart de cercle) (*fig., pl.* 157) :

⌀ *All.* einhüftiges Gewölbe, *angl.* half barrel vault, *esp.* bóveda de cuarto de circulo, *ital.* volta a quarto di cerchio.

En berceau brisé (dite parfois à tort *en ogive*; son arc générateur est un arc* brisé) (*fig., pl.* 159).

⌀ *All.* Spitzbogentonne, *angl.* pointed barrel vault, *esp.* cañón de arco apuntado, *ital.* volta a punta.

En berceau rampant : *Voir* rampant.

Si l'axe du berceau est parallèle à la direction principale de l'espace à couvrir, le berceau est dit *longitudinal* (*fig.*). Si cette direction est perpendiculaire à l'axe du berceau, celui-ci est dit *transversal*; il doit être multiple pour couvrir tout l'espace et on dit alors la voûte *à berceaux* transversaux (*fig., pl.* 158).

Les voûtes romanes sont également faites de calottes* ou de demi-sphères, appelées *coupoles* (*pl.* 160) (*v. ce mot*).

La *voûte en cul-de-four* est celle dont la portion cintrée est égale à un quart de sphère (*pl.* 160).

⌀ *All.* Halbkuppel, *angl.* demi cupola, *esp.* bóveda de cuarto de esfera, *ital.* volta in forma di mezza tazza.

La *voûte hélicoïdale* est une voûte sphérique dont les assises* décrivent une ligne spirale (*fig.*).

La *voûte domicale* est une voûte plus bombée que la sphère (*fig., pl.* 163).

⌀ *All.* Domikalgewölbe, *angl.* domical vault, *esp.* bóveda bombeada, *ital.* volta in forma di duomo.

La *voûte Plantagenêt* est aussi très bombée. Elle fut utilisée en Anjou dans la période de transition entre le roman et le gothique (*pl.* 162). Sa forme demeurant « domicale » ou « coupoliforme », sa structure a profondément évolué. Au départ,

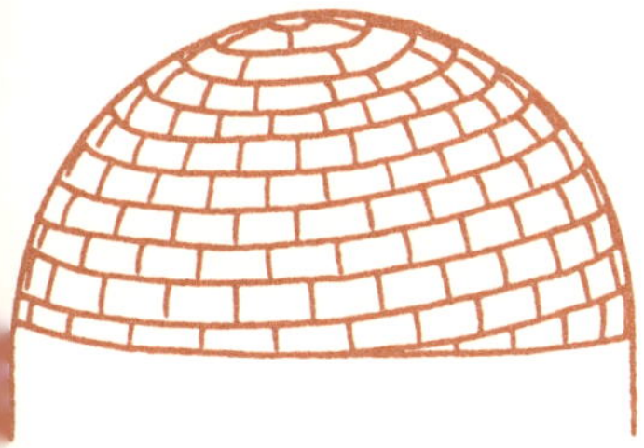

voûte hélicoïdale

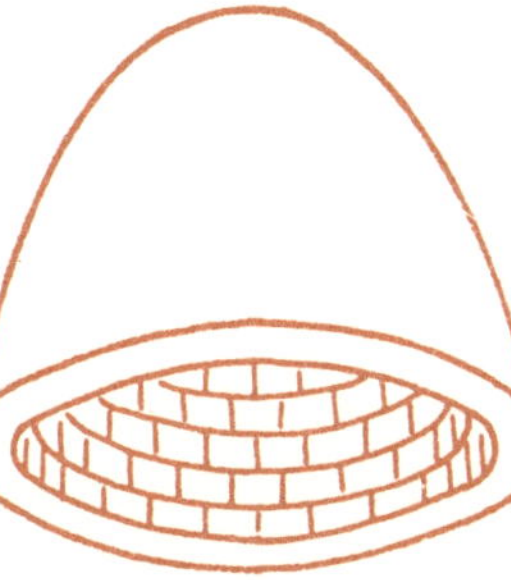

voûte domicale

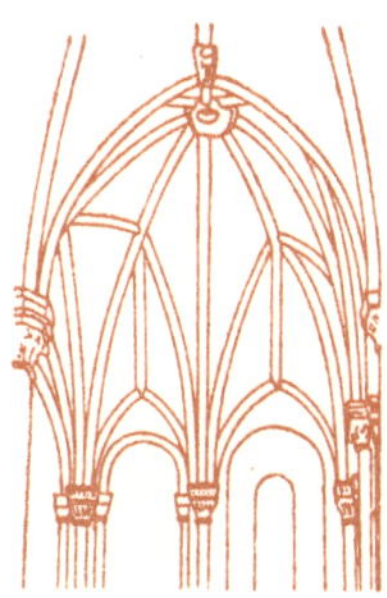

voûte Plantagenêt

on avait une « coupole nervée », c'est-à-dire une coupole sur pendentifs* renforcée par des nervures*; le terme est nettement gothique : on a une vraie croisée* d'ogives et les voûtains* ne reposent plus que sur les arcs. La forme reste celle d'un dôme*, parce que la clef des arcs doubleaux* est restée presque aussi basse que celle des formerets* (*fig.*).

Jusqu'à la fin du XIe s. il n'y a eu en France que des voûtes en berceau à profil en plein cintre*. C'est seulement alors qu'on a préféré les avantages du berceau brisé dont la poussée* est moindre que celle du plein cintre, mais dont la valeur spirituelle n'est plus la même.

La voûte romane est construite en moellons*, sur cintre*, avec claveaux*, renforcée parfois de place en place par des doubleaux*, eux-mêmes tantôt indépendants, tantôt à-demi noyés dans la voûte.

La coupole romane est en général à profil semicirculaire; le plan est parfois octogonal; parfois les angles sont fortement arrondis; le raccordement avec la base carrée se fait de préférence par triangles sphériques (pendentifs*) dans les régions de l'Ouest français; presque partout ailleurs on emploie pour le raccordement la petite voûte conique dite trompe*.

L'équilibrage des poussées des voûtes et coupoles se fait par des contreforts* qui sont nettement en saillie* sur le mur extérieur. Il peut se faire aussi par des tirants.

2. Voûtes composées (couvrant un espace à peu près carré).

Les pénétrations, c'est-à-dire l'intersection de deux berceaux de voûte, sont d'abord évitées par surhaussement d'un des berceaux puis dans la suite traitées par appareillage en besace (*v. ce mot*) ou par divers procédés.

Berceau à pénétration :

ø *All.* Tonnengewölbe mit Stichkappen, *esp.* bóveda con luneto, *ital.* volta a lunette.

La voûte en arc de cloître est une calotte à quatre pans (*fig.*) formée, à l'intersection de deux galeries de cloître perpendiculaires, par les sections triangulaires de deux voûtes en berceau.

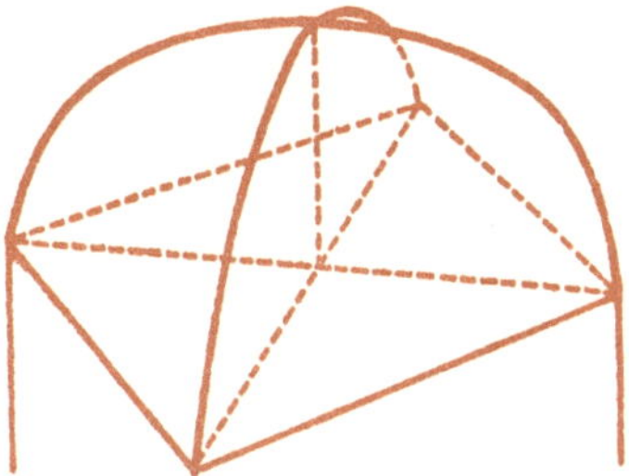

voûte en arc de cloître

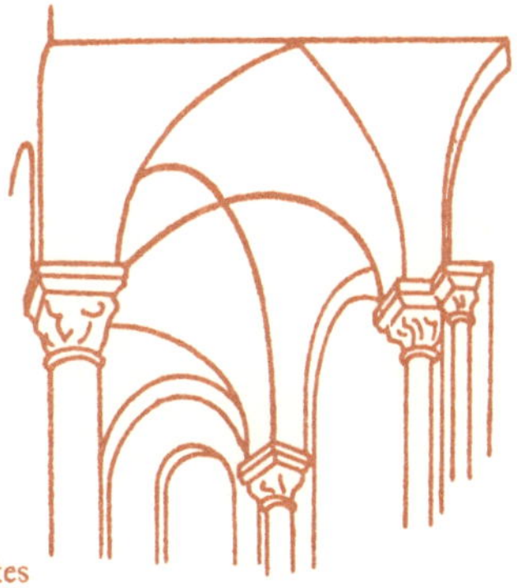

voûte d'arêtes

ø *All.* Klostergewölbe, *angl.* cloister vaulting, *esp.* bóveda claustral, *ital.* volta ad arco di chiostro.

Rem. Dans la pénétration de deux berceaux, les pans* de voûtes qui restent en plein dans la voûte en arc de cloître sont en vide dans la voûte d'arêtes; inversement, ceux de la voûte d'arêtes seraient comme à l'extérieur, au-dessus de la voûte en arc de cloître.

Dans *la voûte d'arêtes* (ou *d'arête,* comme écrit Viollet-le-Duc) (*fig., pl.* 158), l'ouverture des deux berceaux se poursuit sans qu'ils s'interrompent mutuellement et les pans de voûtes qui subsistent

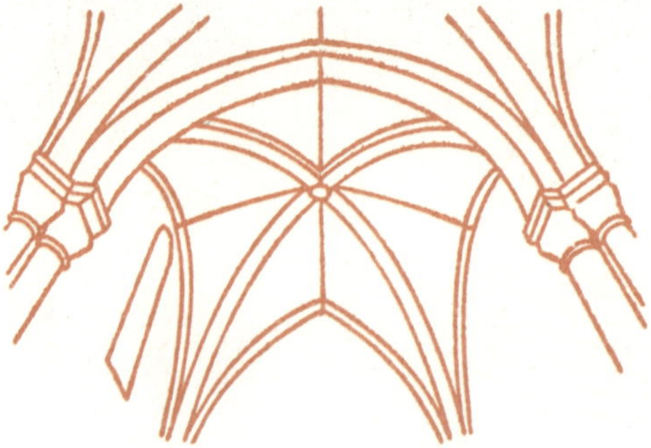

voûte à croisée d'ogives

après la pénétration se coupent selon des arêtes vives* qui, en plan, forment une croix* de saint André – la même qui correspondait aux angles* rentrants de la voûte précédente. Ces pans ne reposent que par leur pointe inférieure et on sera conduit à consolider les arêtes par des nervures*. D'ailleurs le poids et la poussée se trouvent ainsi reportés en quatre points : cela donnera l'idée de partager la longueur de la nef* principale de l'église en travées* carrées dont la voûte soit soutenue par des piliers, les murs étant inutiles. La voûte d'arêtes fut souvent utilisée dans l'art roman, notamment pour les bas-côtés*. *Rem.* Dans la voûte d'arêtes, la crête de la voûte reste en général horizontale, même si les arêtes sont nervées. La croisée d'ogive relèvera la clef* et on aura des voûtains inclinés de toute part. *Voir* arête.

C'est avec la période gothique qu'apparaîtra la véritable *voûte à croisée d'ogives* qui remédiera, par une sorte de révolution dans la construction, au point faible de la voûte romane qui est la jonction des panneaux aux arêtes : le moindre glissement disjoint l'enchevêtrement* des voussoirs arêtiers et détruit la stabilité de l'ensemble. Le procédé inventé à cette époque fut de laisser sous les arêtes un cintre* permanent, une nervure diagonale en pierre (l'ogive) qui a donné cette souplesse qui manquait à la voûte d'arêtes. En effet la voûte gothique se composera d'une carcasse constituée par deux nervures diagonales et quatre nervures de tête dont deux (en travers de la nef) portent le nom de doubleaux*, les deux autres de formerets*. Ce sont ces arcs qui porteront, avec les ogives, les voûtains* indépendants qui garniront les vides (*fig.*, *pl.* 161, *v. pl.* 4).

Voûte d'arêtes :

∅ *All.* Kreuzgratgewölbe, *angl.* groined vault, *esp.* bóveda de arista, *ital.* volta a spigoli.

Voûte nervée :

∅ *All.* Rippengewölbe, *angl.* ribbed vault, *esp.* bóveda con nervaduras, *ital.* volta a costoloni.

Voûte à croisée d'ogives :

∅ *All.* Kreuzrippengewölbe, *angl.* cross-ribbed vault, *esp.* bóveda de crucería, *ital.* volta a crocciera ogivale.

voûtement n.m. (*dér. de* voûte). *Archit.* Agencement, disposition d'une voûte*, d'un système de voûtes.

∅ *All.* Einwölbung, *angl.* vaulting, *esp.* abovedamiento, *ital.* voltamento.

vrille n.f. (*lat.* viticula, *de* vitis : vigne). *Vrilles de la vigne* : enroulement des rameaux de la vigne*.

∅ *All.* Weinranke, *angl.* vine tendril, *esp.* tijereta de vid, *ital.* viticcio.

vue n.f. (*subst. participé de* voir, *lat.* videre).

1) Ouverture par laquelle arrive l'air, la lumière.

Vues d'un casque :

∅ *All.* Augenschlitz, *angl.* eyeslits, *ital.* apertura nell'elmo per la vista.

2) Aspect extérieur ou intérieur d'un édifice, d'une ville, etc. :

∅ *All.* Anblick, *angl.* view, *esp.* vista, *ital.* veduta.

3) Représentation d'objets vus d'un point élevé ou distant.

Vue de face :

∅ *All.* Vorderansicht, *angl.* front view, *esp.* vista de frente, *ital.* vista di faccia.

Vue de dos :

∅ *All.* Rückenansicht, *angl.* rear view, *esp.* vista de atrás, *ital.* vista di tergo.

Vue de côté :

∅ *All.* Seitenansicht, *angl.* side view, *esp.* vista de lado, *ital.* vista di lato.

Vue aérienne :

∅ *All.* Luftbild, *angl.* aerial view, *esp.* vista aérea, *ital.* veduta aerea.

Vue cavalière (*v.* cavalière).

Vue d'ensemble :

∅ *All.* Gesamtansicht, *angl.* general survey, *esp.* vista de conjunto, *ital.* veduta d'insieme.

Vue panoramique :

∅ *All.* Rundschau, *angl.* panoramic view, *esp.* vista panorámica.

Vue à vol d'oiseau :

∅ *All.* Vogelschauaufnahme, *angl.* bird's eye

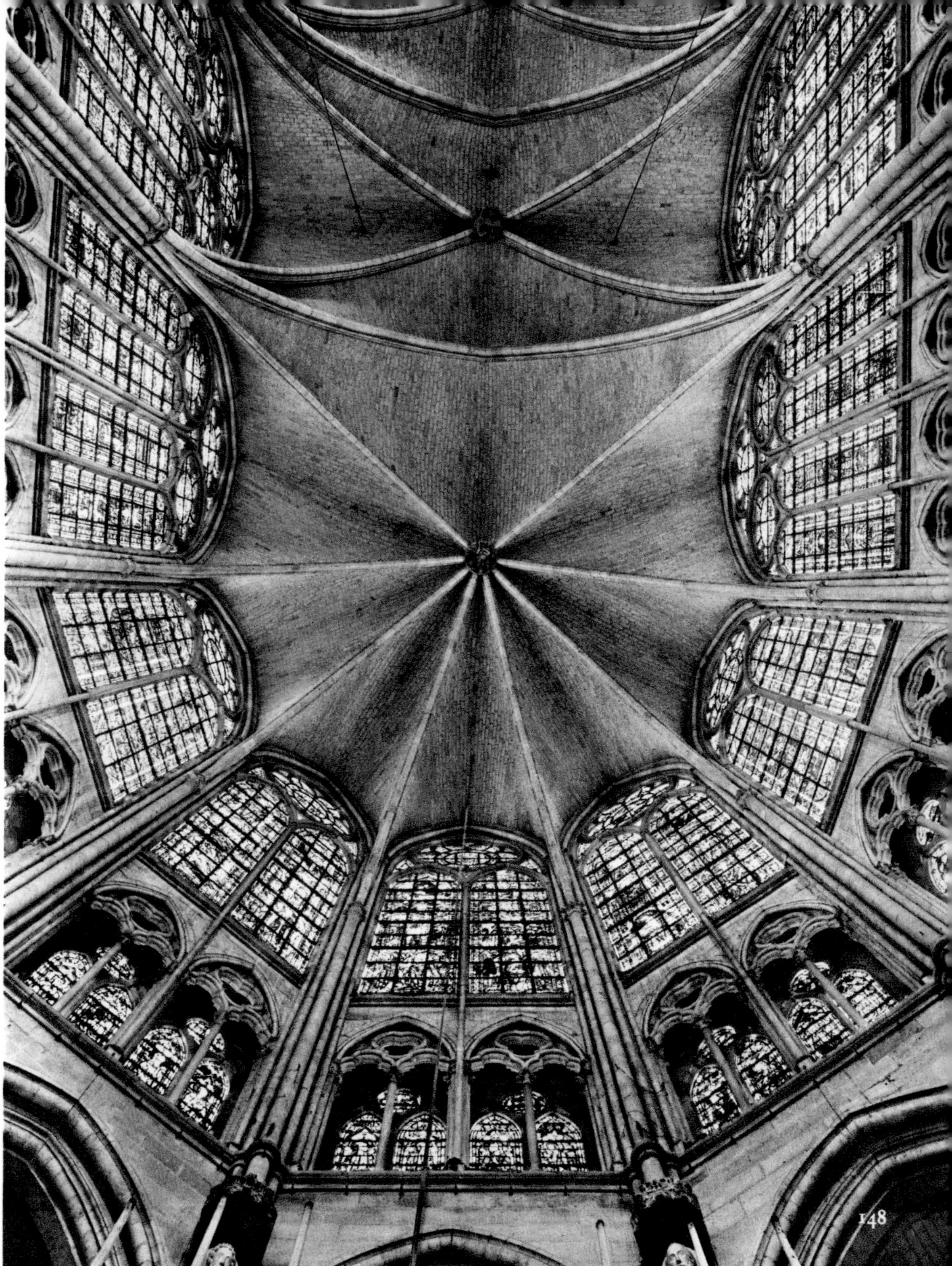

148

triforium

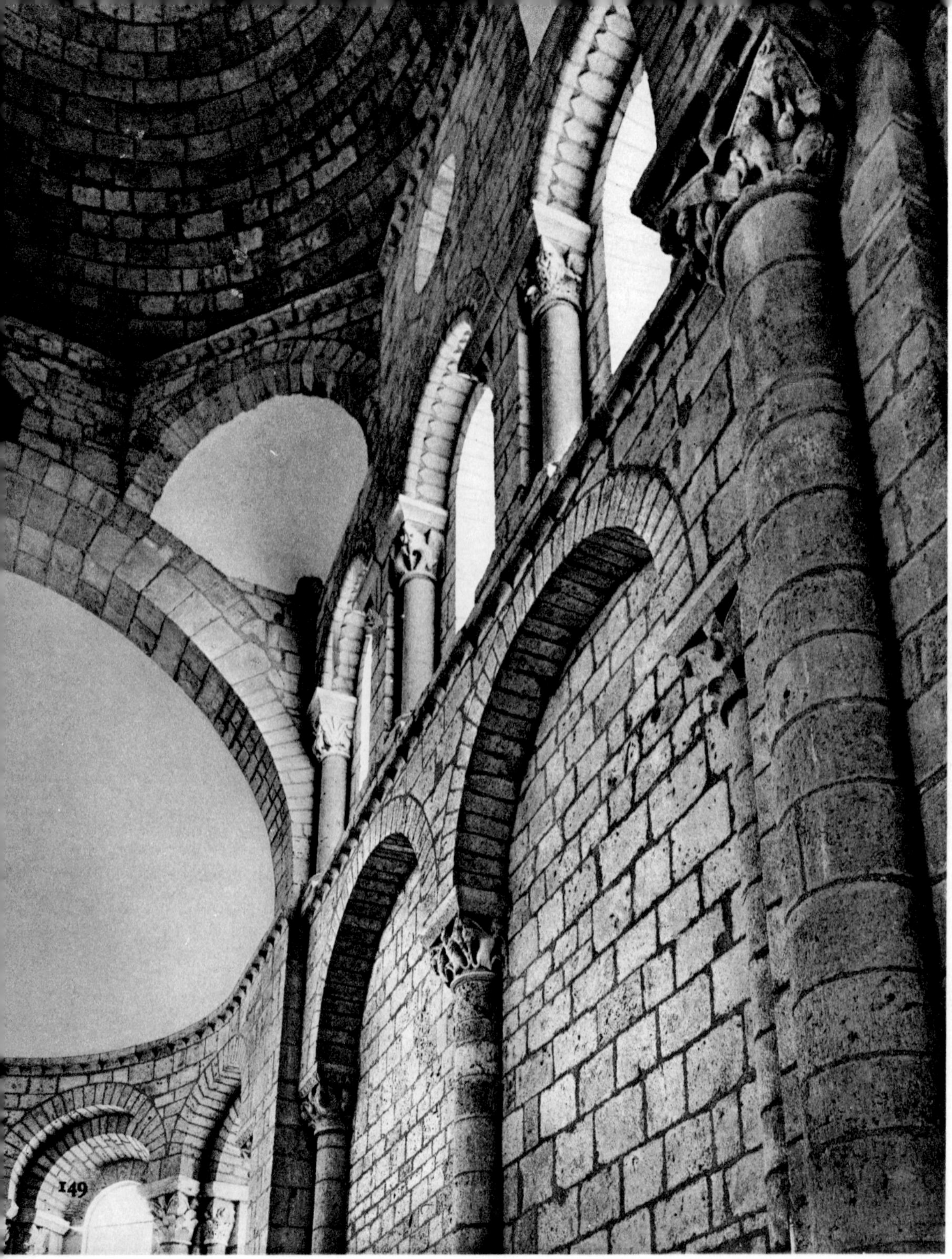

trompe

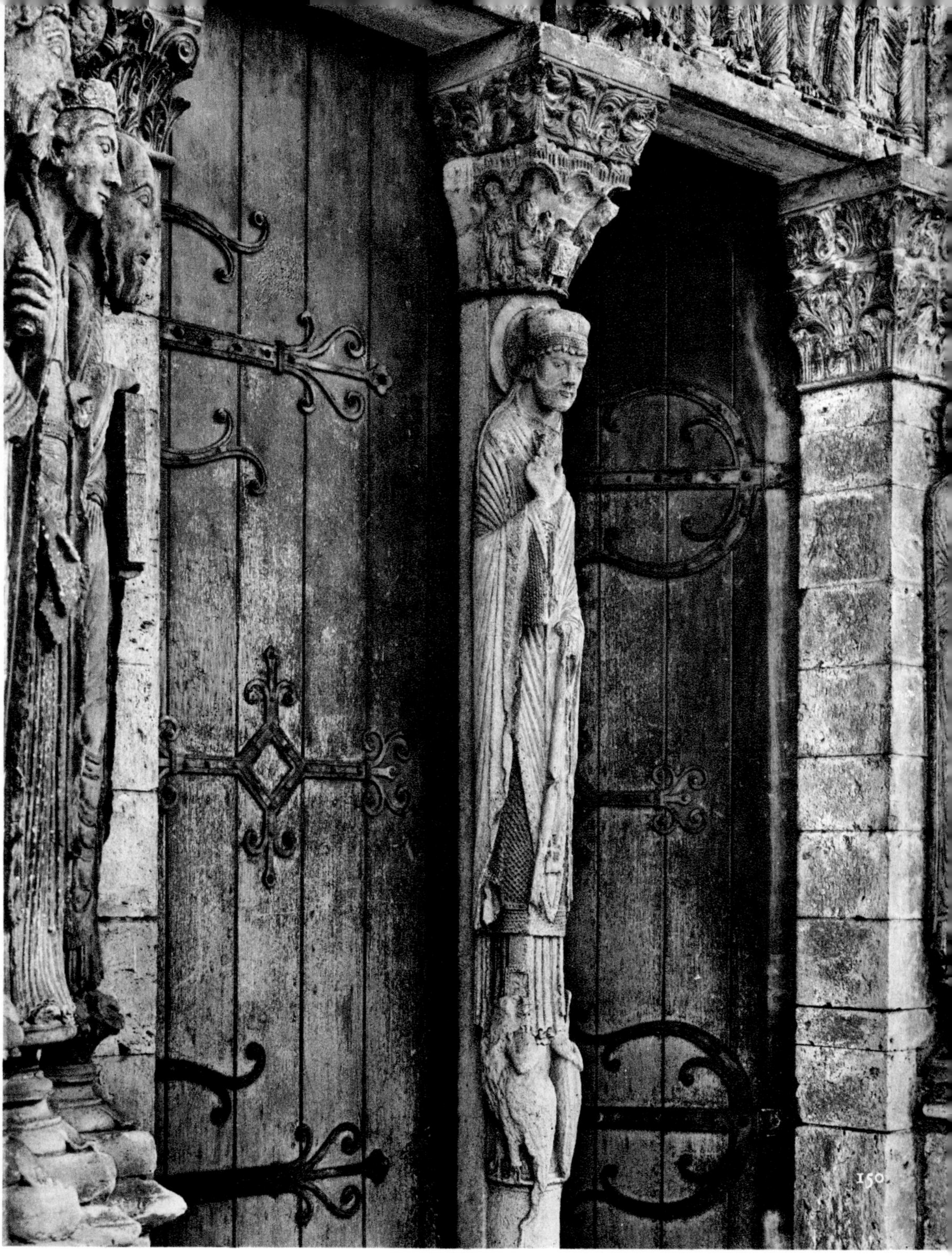

trumeau

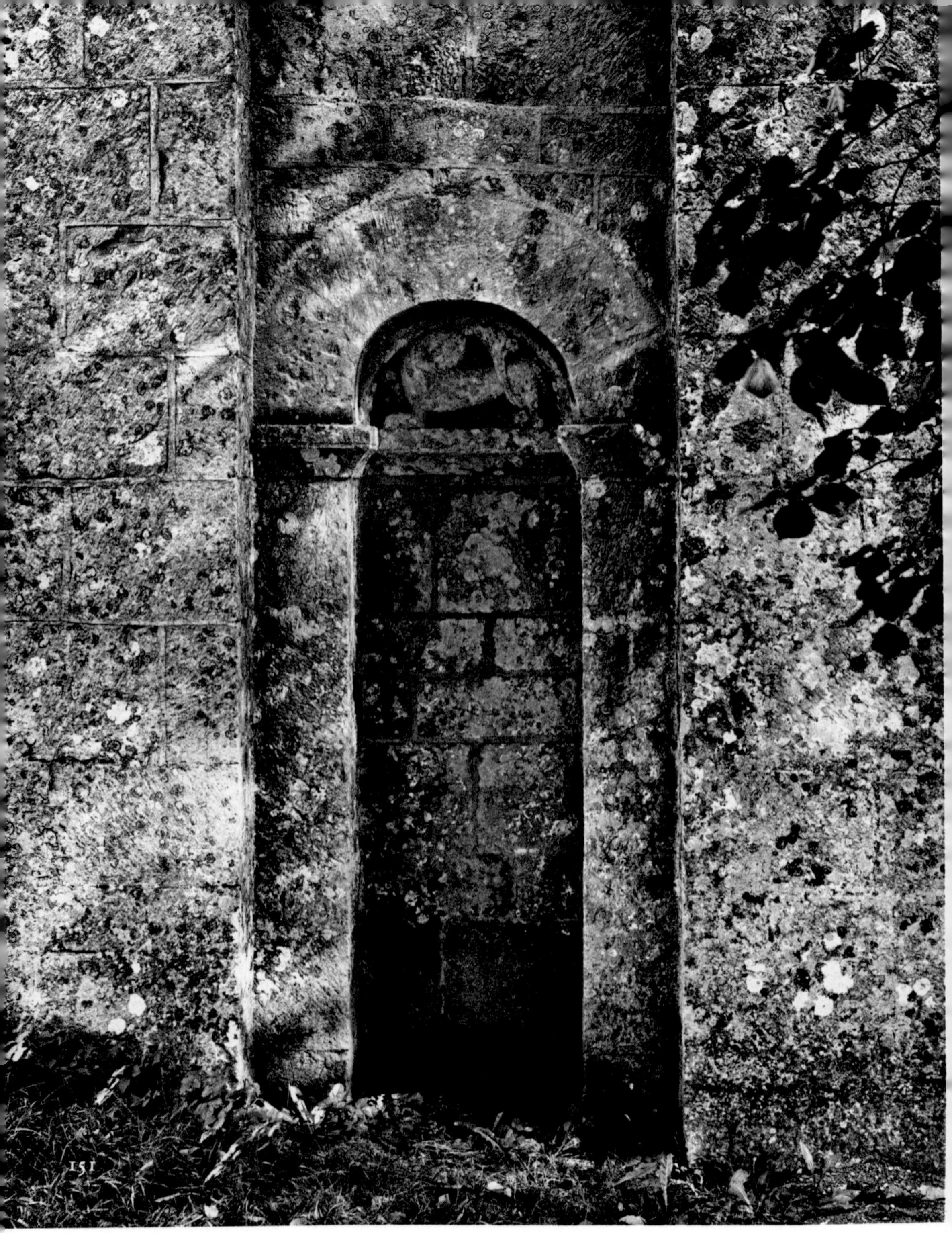

151

faux-tympan

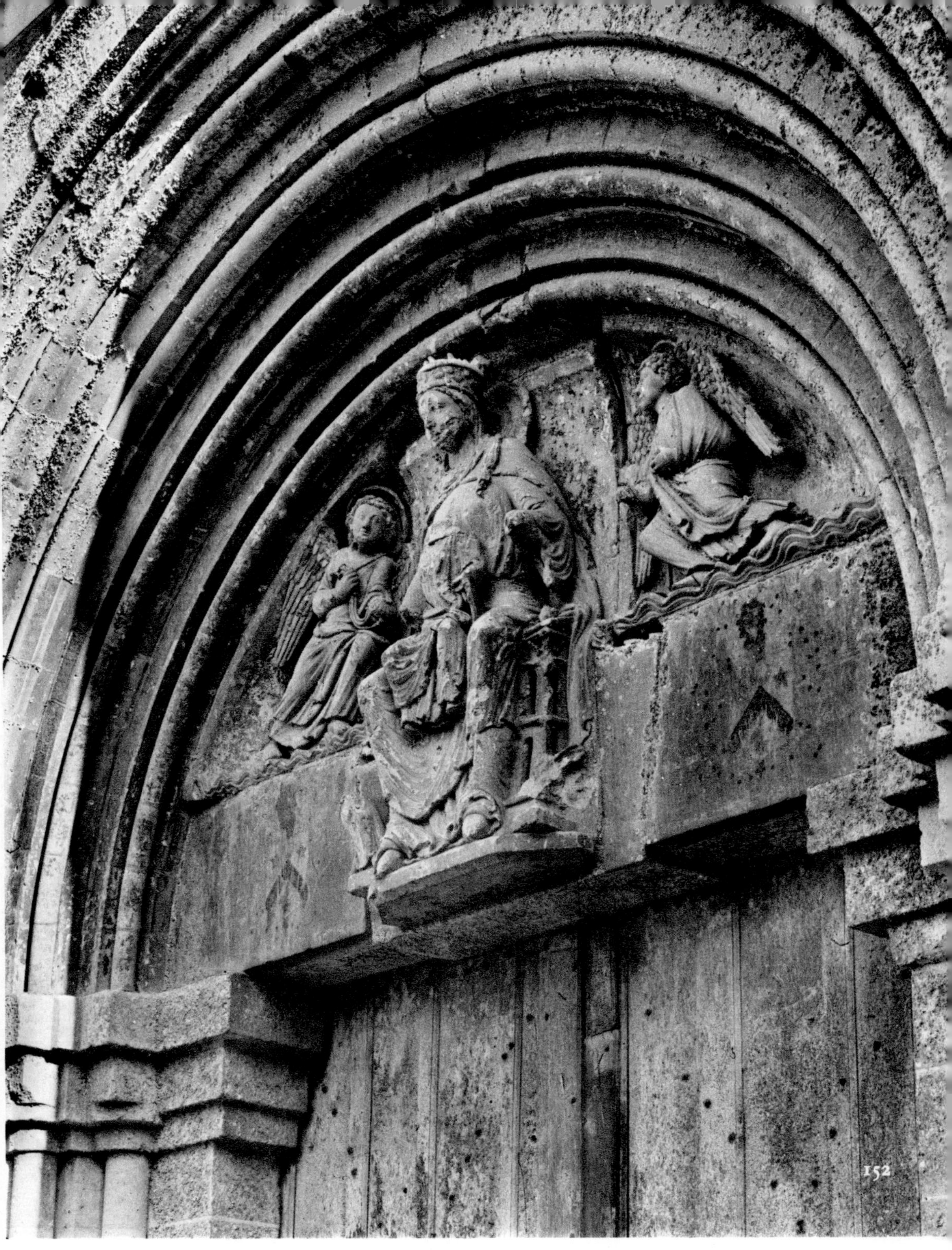

152

tympan

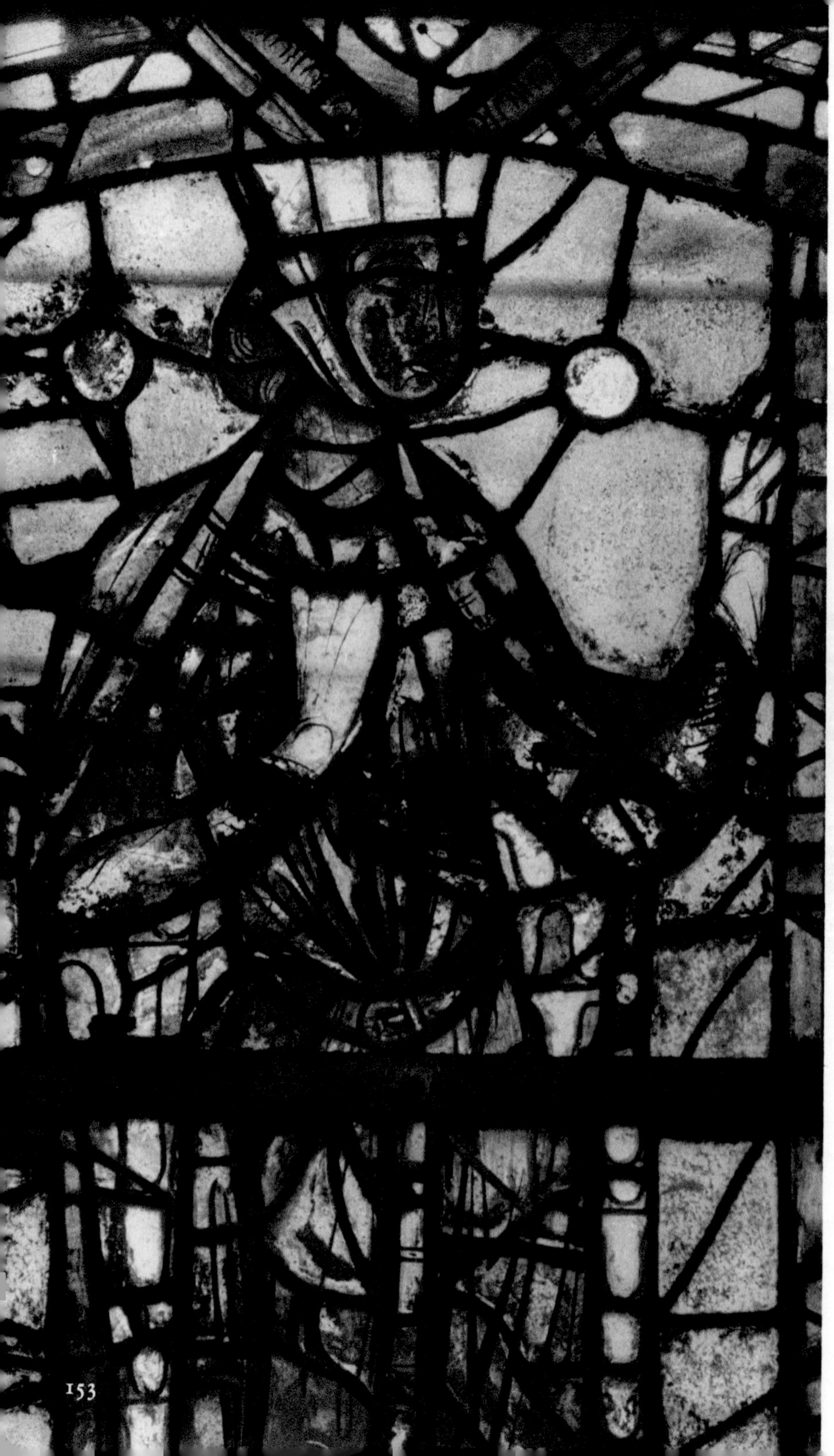

vitrail

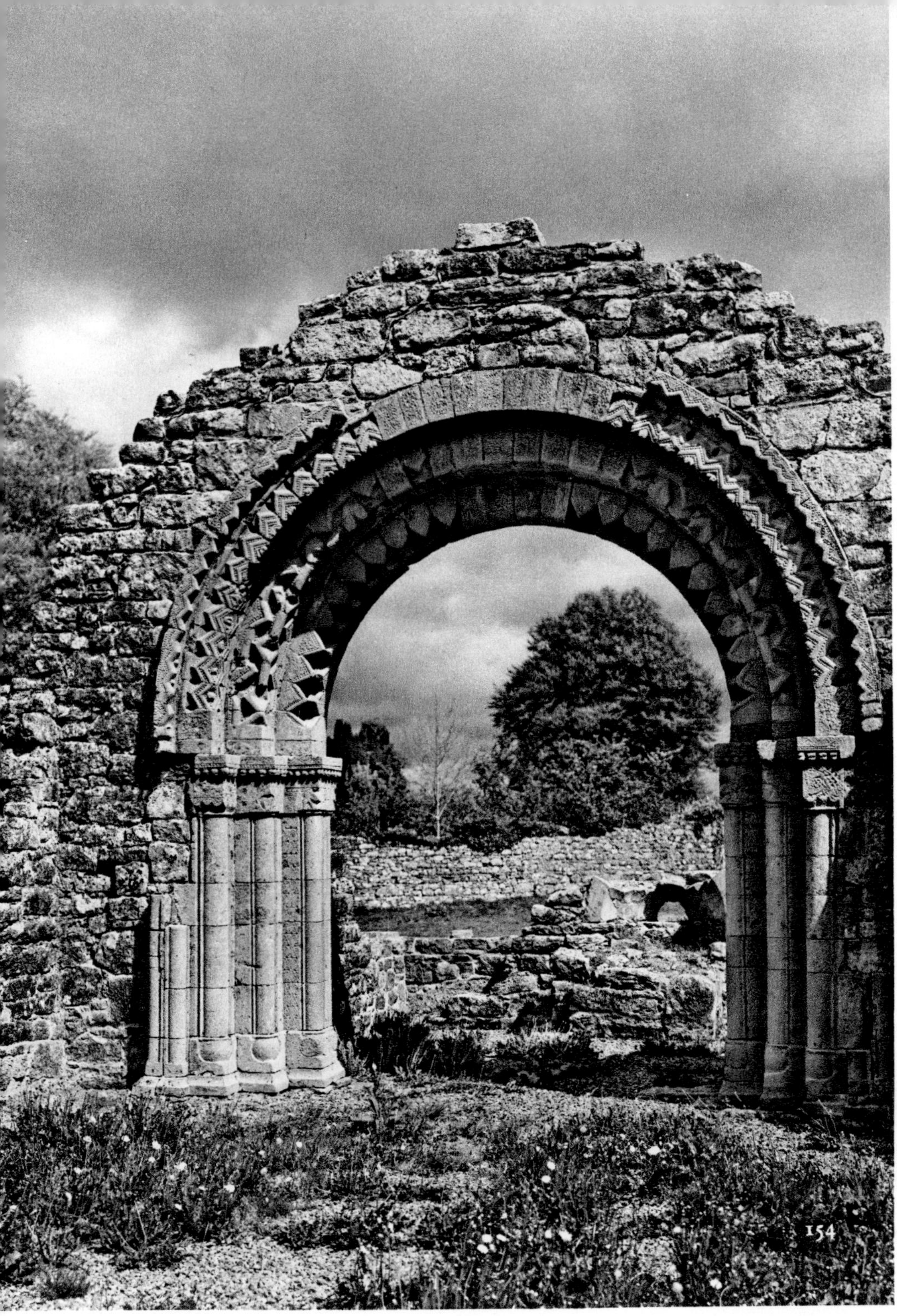

voussures

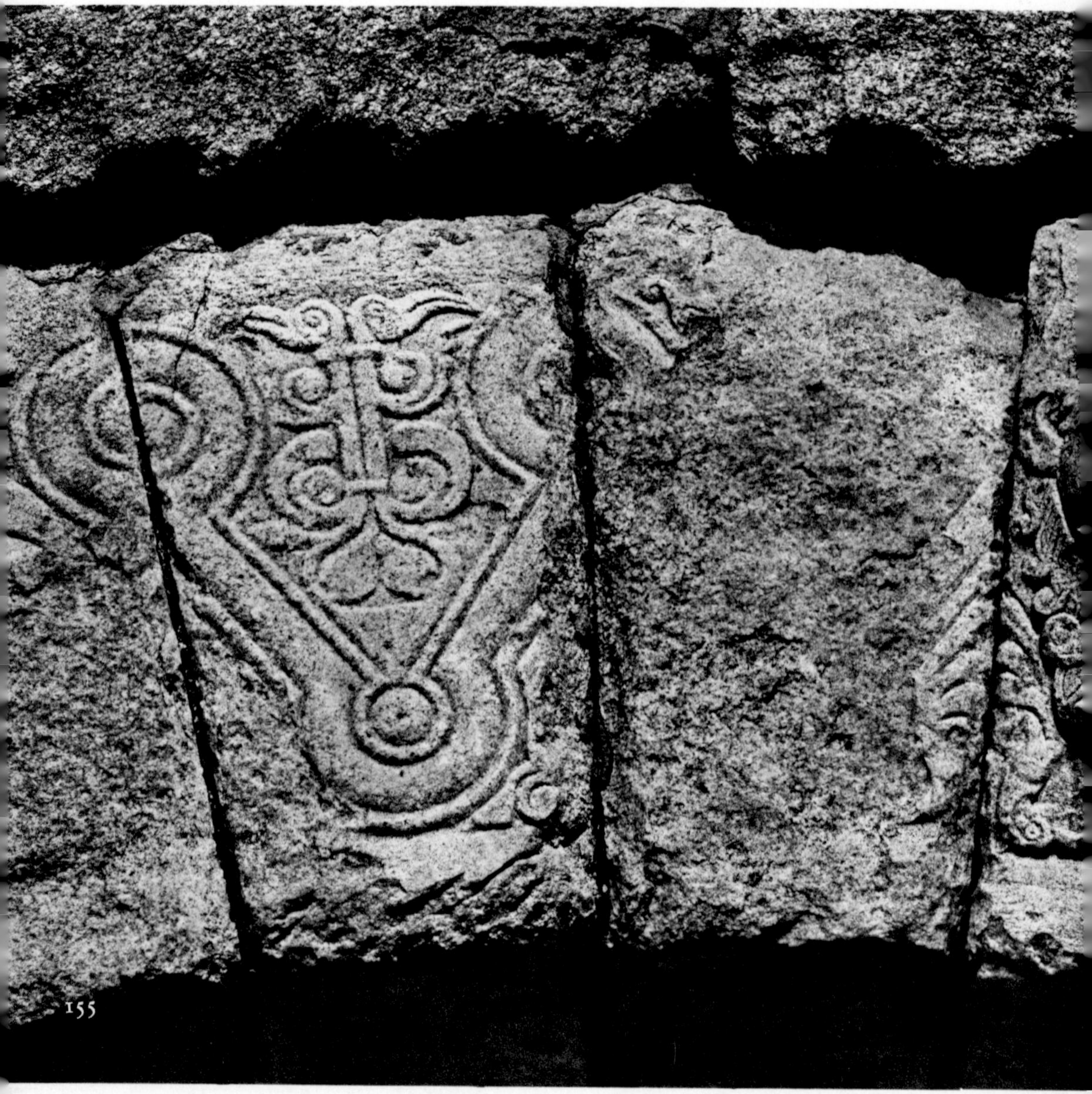

voussoirs

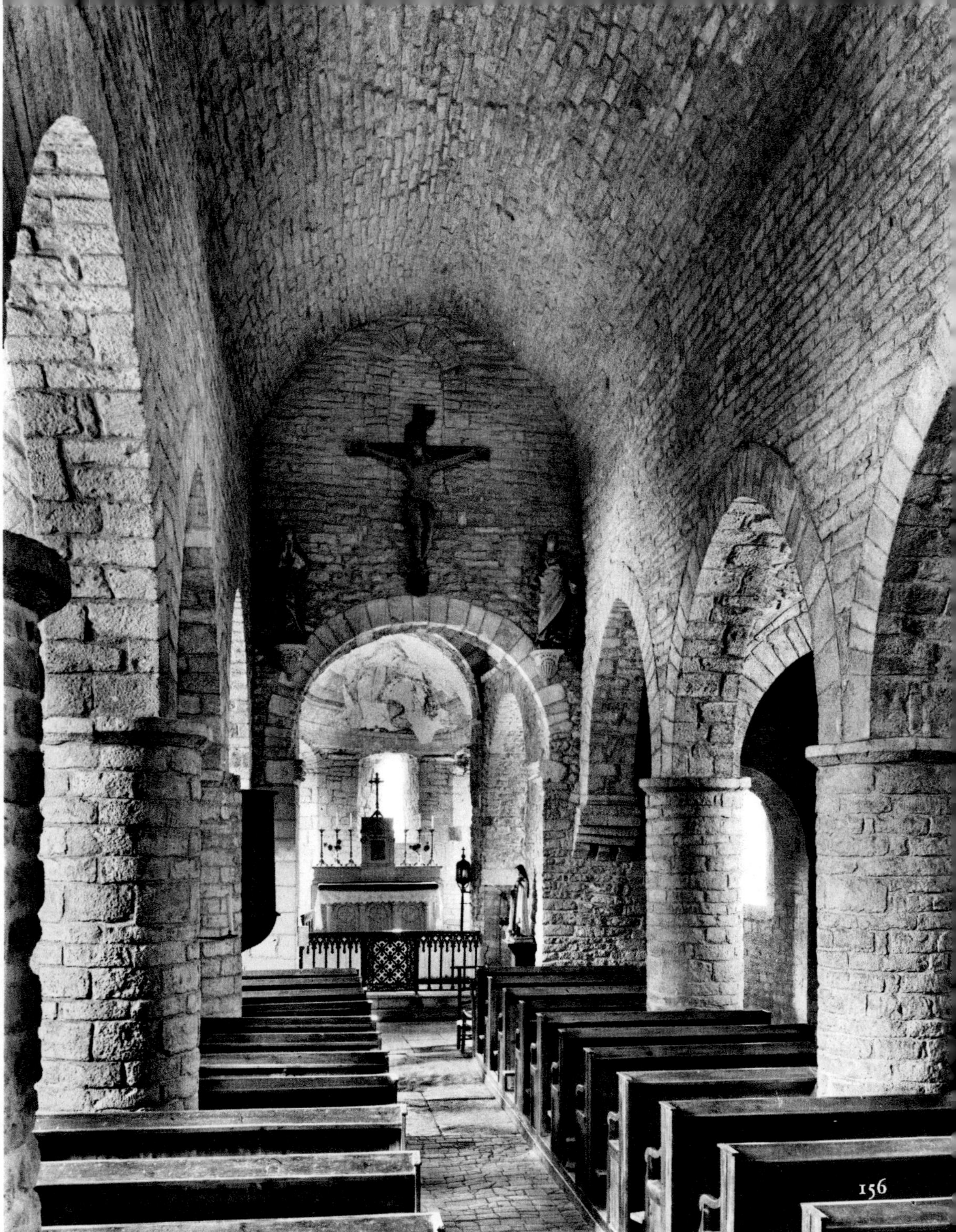

voûte en plein cintre

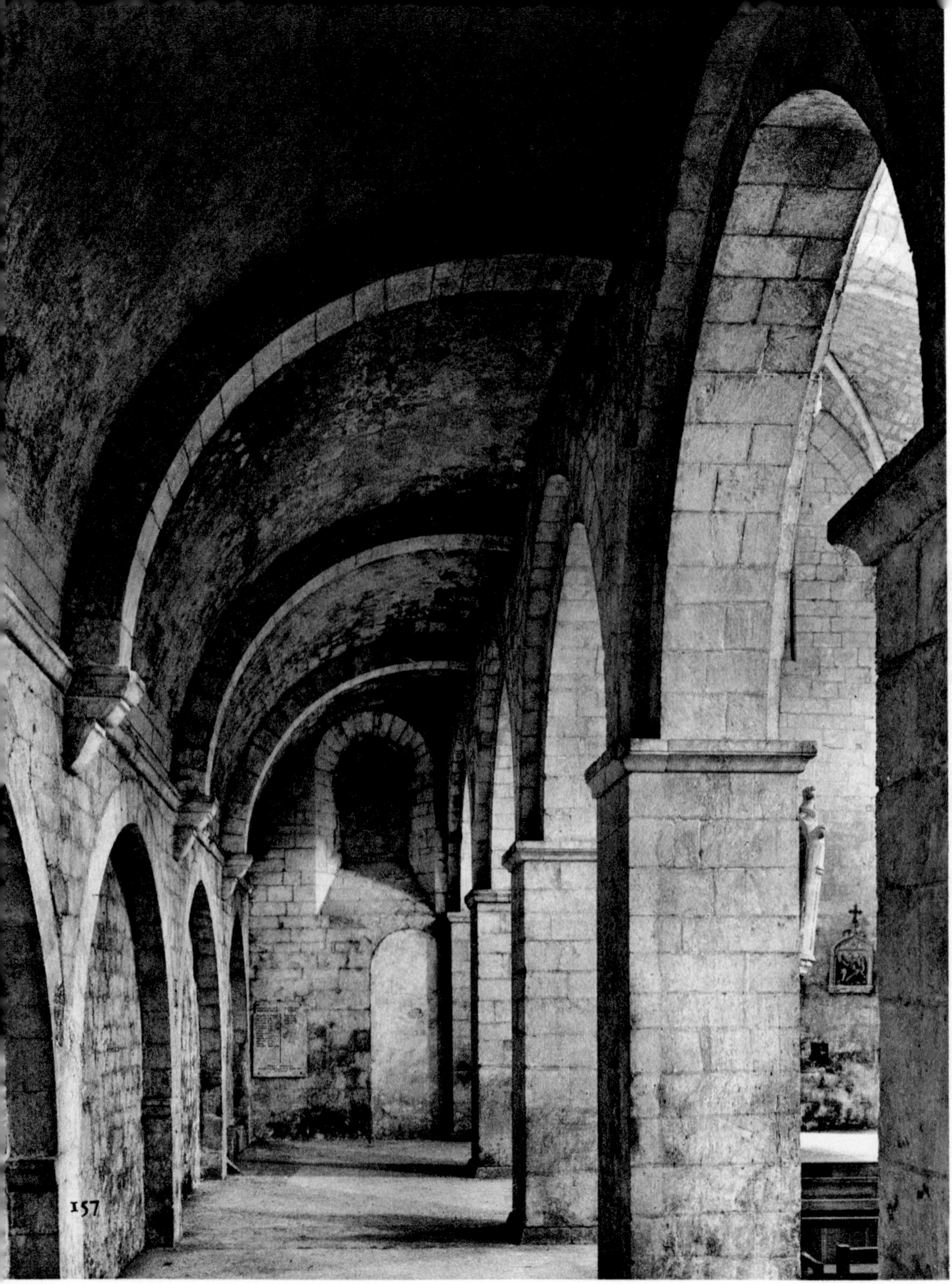

157

voûte en demi-berceau

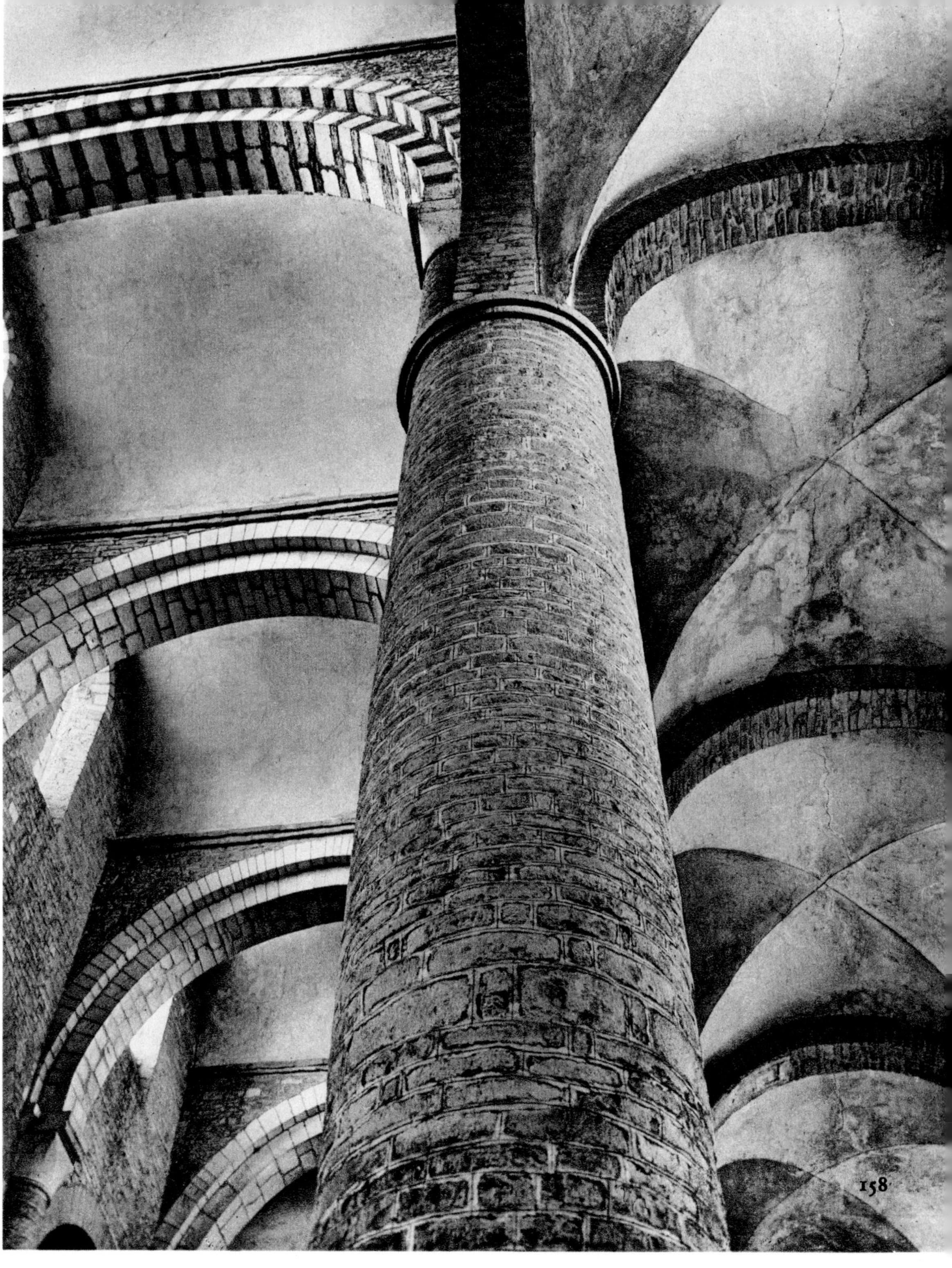

voûte en berceaux transversaux et voûte d'arêtes

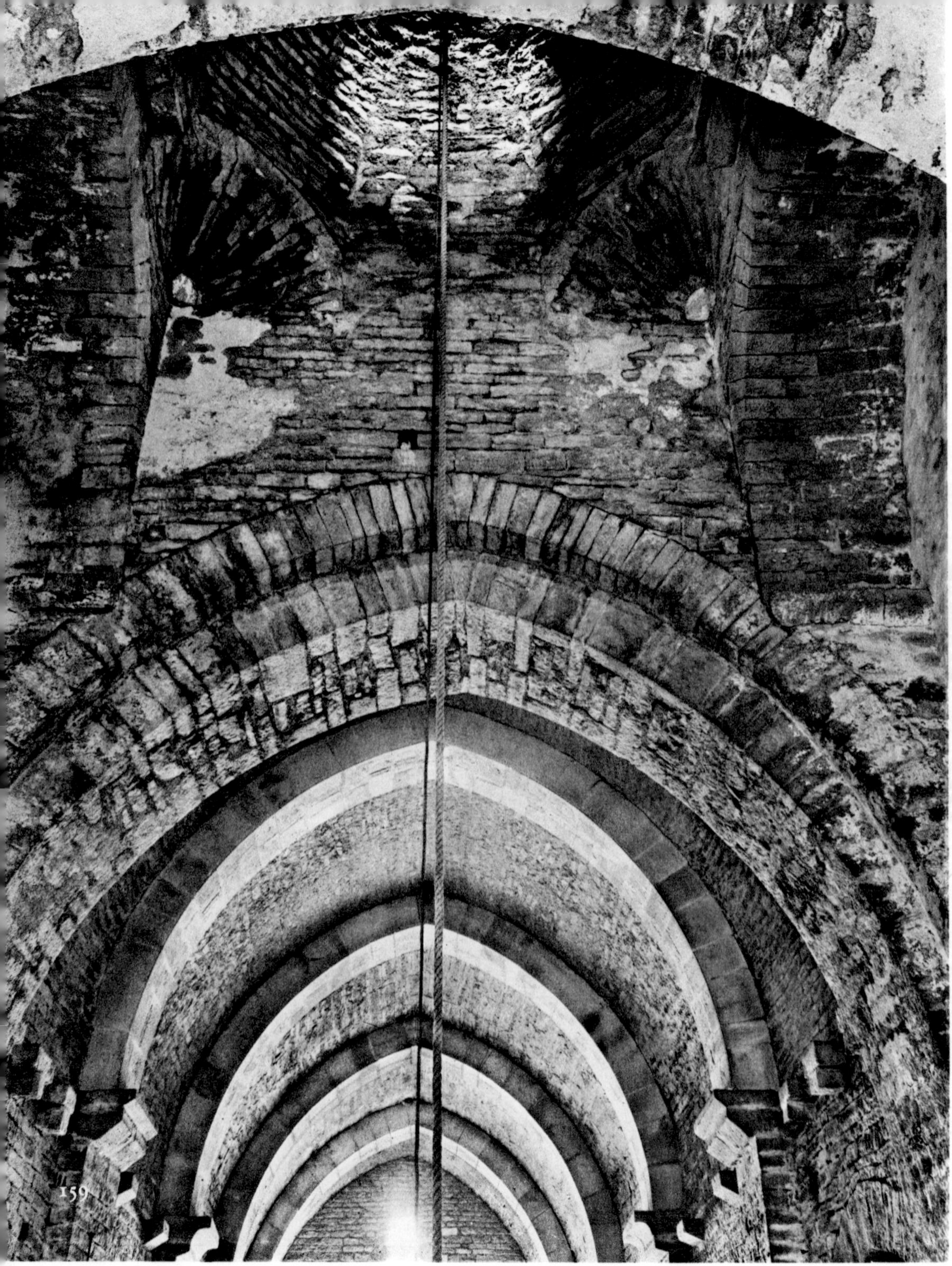

voûte en berceau brisé

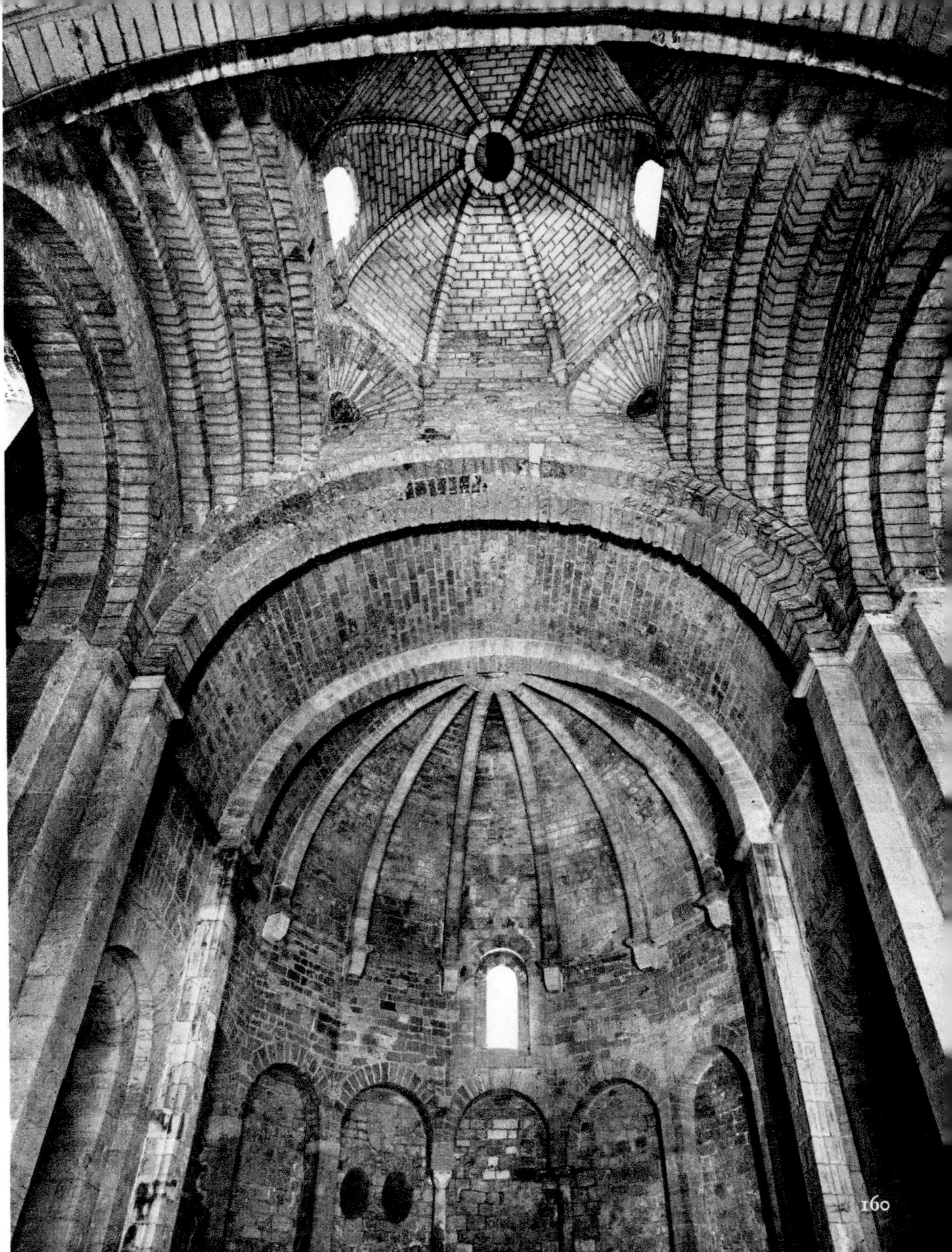

160

voûte en cul-de-four et coupole

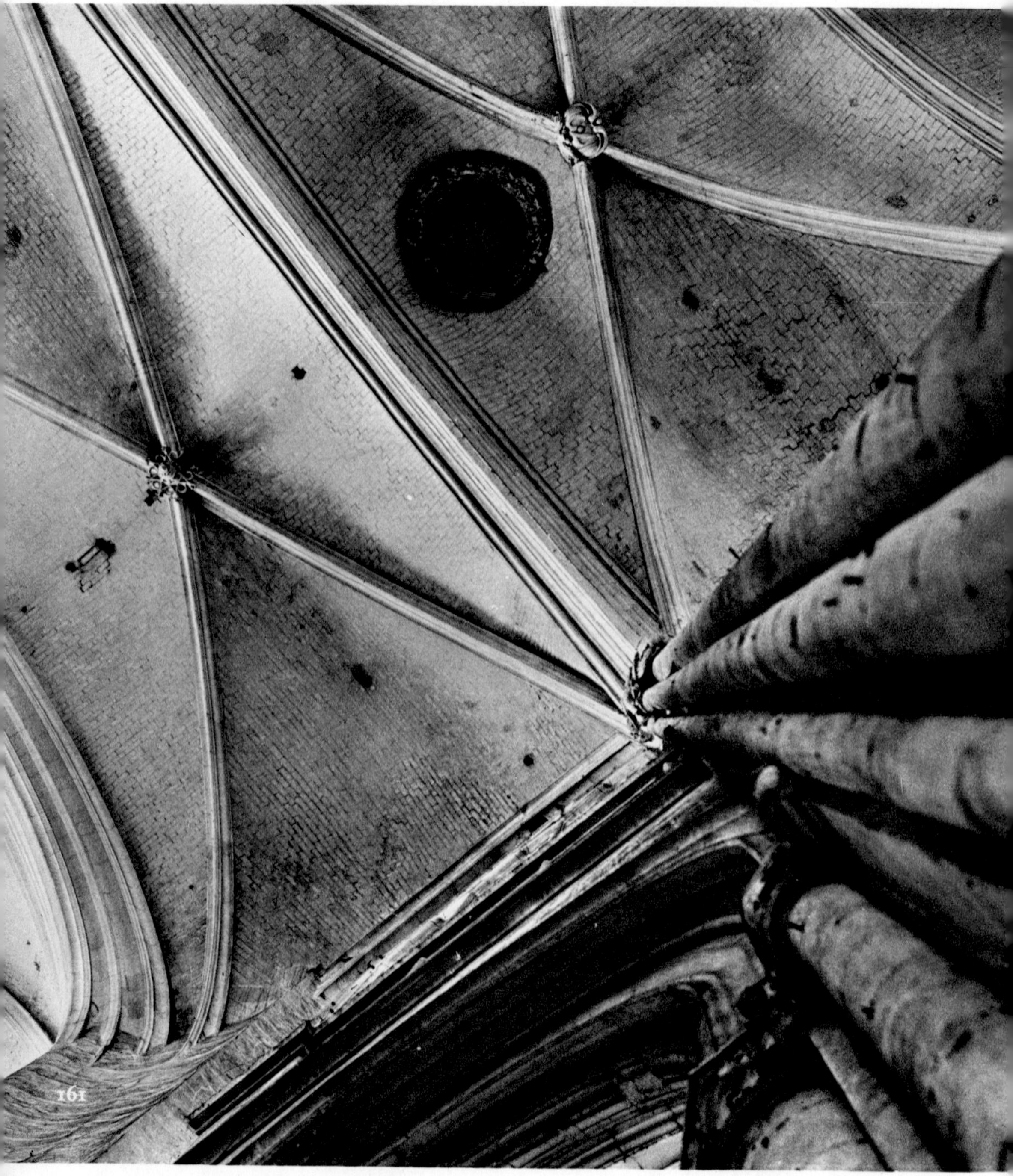

voûte en croisée d'ogives

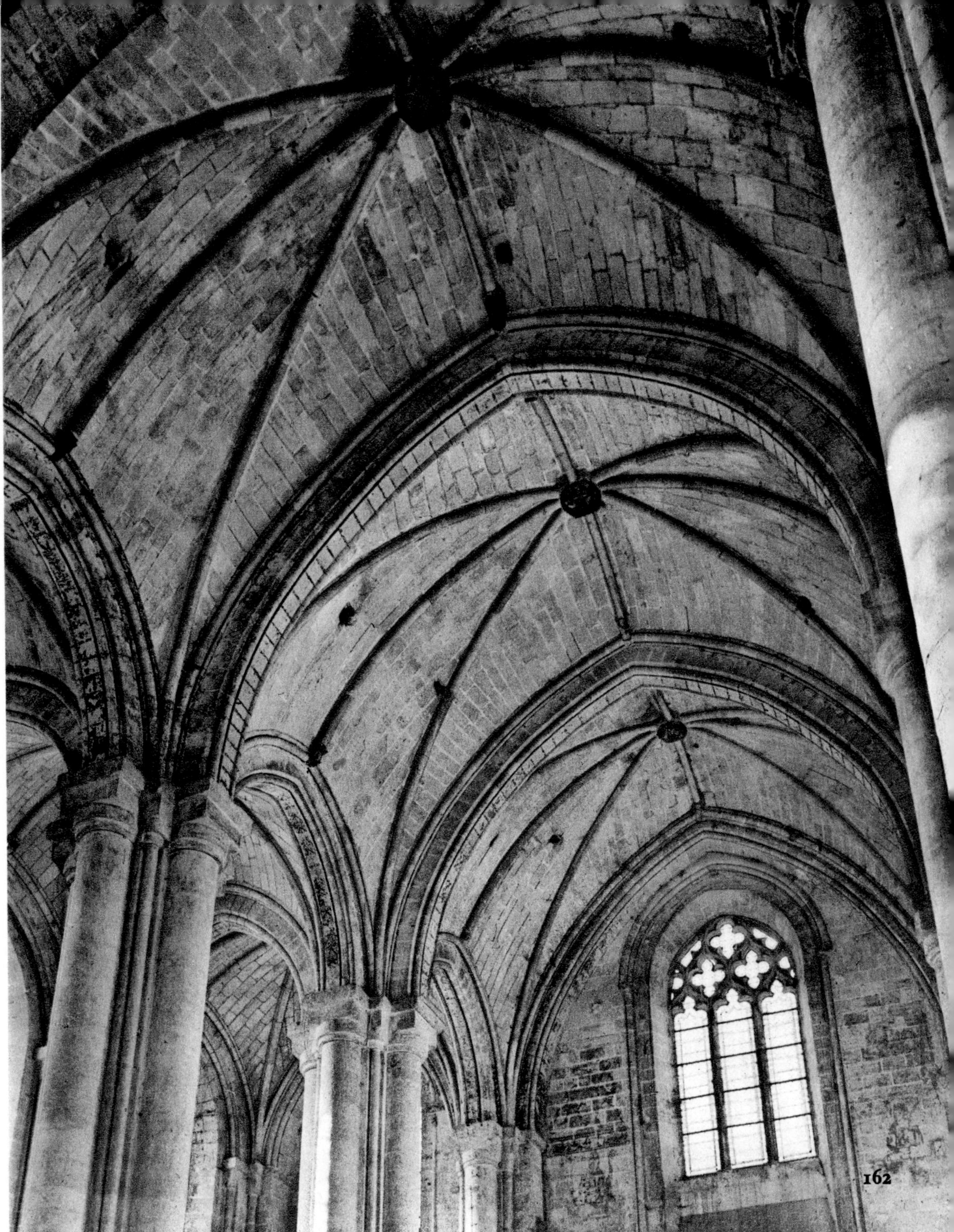

162

voûte plantagenêt

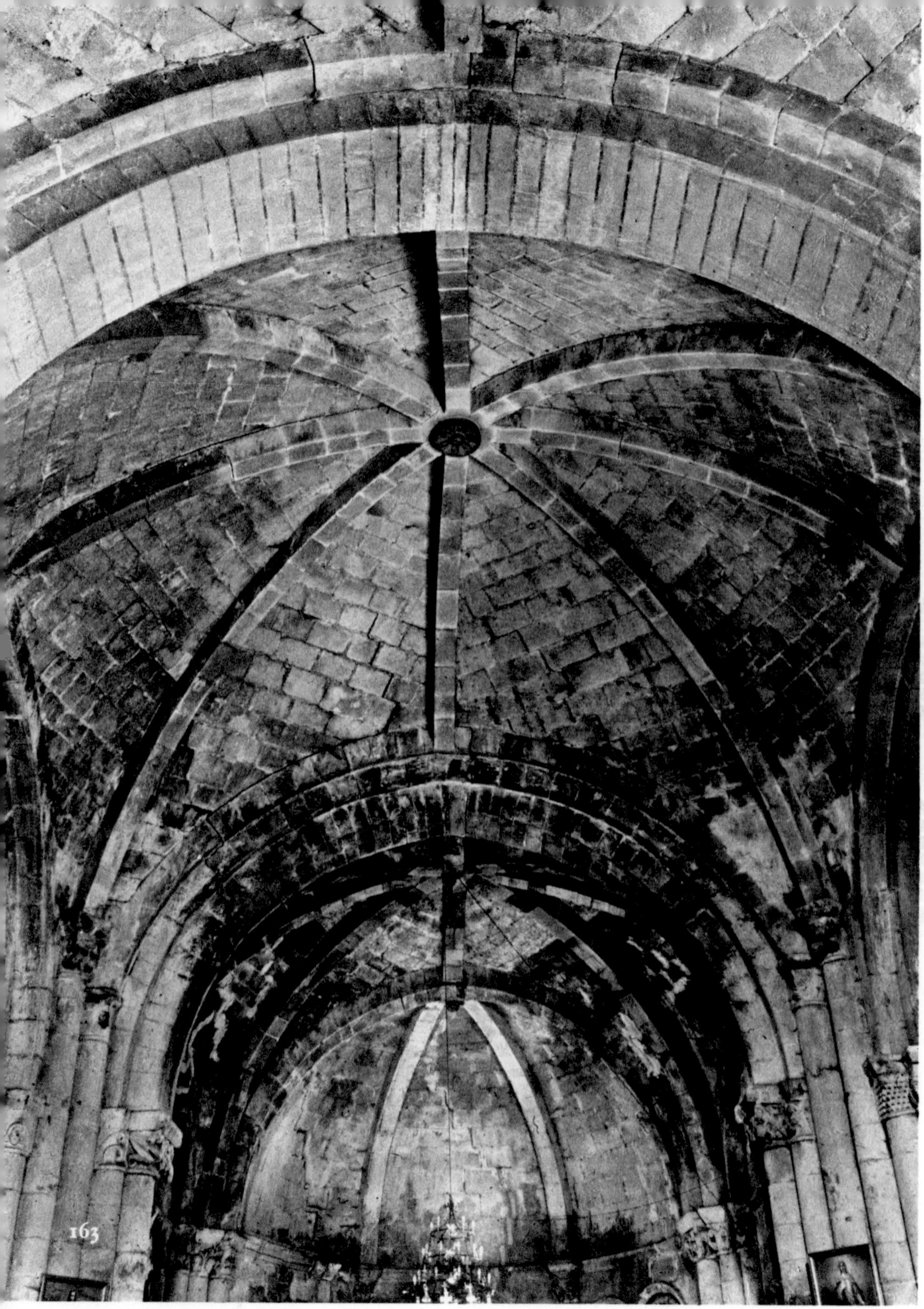

163

voûte domicale

view, *esp.* a vista de pájaro, *ital.* vista a volo d'uccello.

Vulgate n.f. (*lat.* vulgatus : répandu, *de* vulgus : le peuple). Traduction latine des Livres Saints, officielle dans l'Église. Pour l'Ancien Testament*, elle remonte à saint Jérôme.

∅ *All.* Vulgata, *angl.* Vulgate, *esp.* Vulgata, *ital.* Volgata.

X

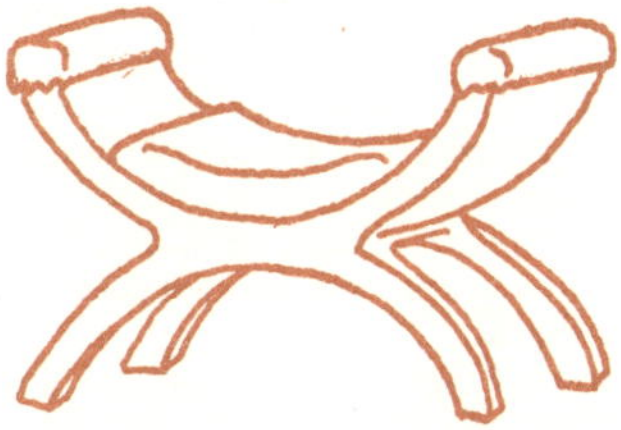

X (siège en)

X (siège en). Siège dont les pieds s'entrecroisent en branches de ciseaux. C'est souvent la forme du faldistoire* (*fig.*).

∅ *All.* Scherenstuhl, *angl.* X chair, *esp.* silla de tijera, *ital.* sedia a piedi a guisa di forbici.

Y

Ygdrasil. Nom de l'arbre de vie dans la mythologie scandinave; il est le pivot du monde universel (*v.* hom).

Z

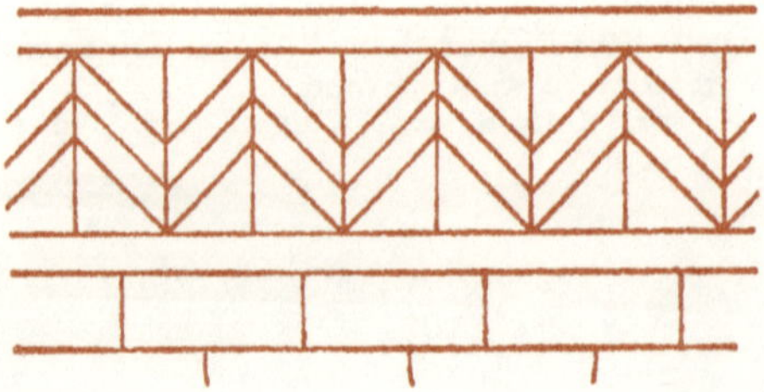
zigzag

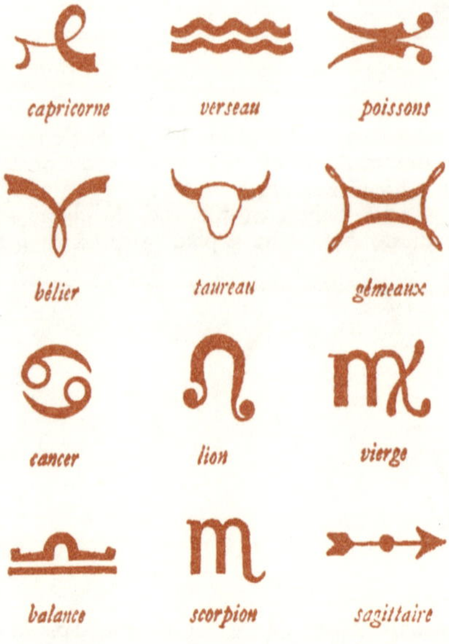

zodiaque (*signes conventionnels*)

zigzag (*onomatopée*). Ornementation* faite d'une suite de chevrons* ou de bâtons* rompus, et caractéristique de l'architecture normande du Moyen Age (*fig.*).

ø *All.* Zickzackstab, *angl.* zigzag, *esp.* zigzag, *ital.* zigzag.

zodiaque n.m. (*lat.* zodiacus, *rac. gr.* ζωον : être vivant). Zone circulaire idéale faisant le tour du ciel et contenant les douze constellations représentées par des animaux vivants, que le soleil semble parcourir dans l'espace d'un an, et qui se partagent la route apparente du soleil.

ø *All.* Tierkreis, *angl.* zodiac, *esp.* zodíaco, *ital.* zodiaco.

Signes du Zodiaque (*fig.*) :
le Verseau : janvier; les Poissons : février; le Bélier : mars; le Taureau : avril; les Gémeaux : mai; l'Écrevisse ou Cancer : juin; le Lion : juillet; la Vierge : août; la Balance : septembre; le Scorpion : octobre; le Sagittaire : novembre; le Capricorne : décembre.

ø *All.* Tierkreisbilder, *angl.* signs of the Zodiac, *esp.* los signos del Zodíaco, *ital.* segni zodiacali.

zone n.f. (*gr.* ζωνη : ceinture). Portion de la surface d'une sphère limitée par deux plans parallèles. (La portion d'une surface plane verticale prise entre deux lignes horizontales, à la manière d'une bande, se nomme plutôt *registre**).

ø *All.* Streifen, Zone, *angl.* zone, *esp.* zona, *ital.* zona.

zoomorphique (**ornement**) (*gr.* ζωον : animal *et* μορφη : forme). Décoration empruntée au règne animal pour la distinguer de celle qui est géométrique ou végétale.

ø *All.* Tierornamentik, *angl.* zoomorphic, *esp.* zoomórfico, *ital.* zoomorfico.

zoophore (**frise**) adj. (*gr.* ζωον : animal *et* φερειν : porter). Frise ornée d'animaux en mouvement.

ø *All.* Tierfries, *angl.* zoophorus, *esp.* friso zoóforo, *ital.* fregio zooforo.

TABLES

TABLE
DES PLANCHES

PLANCHES-RÉPERTOIRES

PLANCHES-ILLUSTRATIONS

chœur de la basilique de la Nativité.
32 **bénitier.** Saint-Junien (Hte-Vienne). Bénitier de l'église.
33 **billettes.** Leyre (Espagne). Détail des voussures du portail Ouest.
34 **bossages.** Sahyoun (Syrie). Détail de l'appareillage du donjon.
35 **bouclier.** Conques (Aveyron). Chapiteau du cloître. Guerrier portant lance et bouclier.
36 **boulin.** Chapaize (Saône-et-Loire). Détail du clocher : trous de boulin.
37 **bretèche.** Fribourg (Suisse). Détail de la porte de Bourguillon.
38 **cabochon.** Ambazac (Hte-Vienne). Détail du reliquaire.
39 **calice.** Dublin (Irlande), National Museum of Ireland. Calice d'Ardagh.
40 **cannelure.** Autun (Saône-et-Loire). Vue plongeante d'un pilier de la nef.
41 **canon.** León (Espagne), archives de la cathédrale. Bible de 920 : page de canon des évangiles.
42 **cariatide.** San Pantaleón de Losa (Espagne). Atlante de la façade occidentale.
43 **chaire** ***du lecteur.*** Mont-Saint-Michel (Manche). Détail du réfectoire.
44 **charpente.** Chambon-sur-Voueize (Creuse). Charpente de la nef (XIIe s.).
45 **châsse.** Silos (Espagne), abbaye de Santo Domingo. Châsse émaillée.

P. 125 à 140

46 **chef-reliquaire.** Solignac (Hte-Vienne). Chef-reliquaire de saint Théaut. Argent repoussé et gravé (XIVe-XVe s.).
47 **chevet sur plan polygonal.** Obazine (Corrèze). Chœur.
48 **chevet sur plan rectangulaire.** Fontenay (Côte-d'Or). Chœur.
49 **chevet sur plan semi-circulaire.** Montoire (L.-et-Ch.). Chœur de la chapelle Saint-Gilles.
50 **chrisme.** Jaca (Espagne). Tombeau de Doña Sancha. Le chrisme.
51 **ciboire.** Sens (Yonne), trésor de la cathédrale. La « grande coupe » (XIIe-XIIIe s.).
52 **claustra.** Valdedios (Espagne), San Salvador. Fenêtre munie de claustra.
53 **claveau.** Killeshin (Irlande). Claveau des voussures du portail.
54 **clef.** Marbourg (Allemagne), Universität Museum für Kunst und Kulturgeschichte. Clef de bronze de l'église Sainte-Élisabeth (fin XIIe s.).
55 **clef de voûte.** Santa María de Arbas (Espagne). Clef de voûte de la travée droite du chœur, ornée d'un Agnus Dei.
56 **clocher à gable.** Collonges (Corrèze). Le clocher.
57 **clocher-peigne.** Perse (Aveyron). L'église vue du Nord-Est.
58 **clocher-peigne.** Sainte-Colombe (Charente). Façade Ouest.
59 **clocher-porche.** Lesterps (Charente). Le clocher-porche.
60 **cloître.** Santo Domingo de Silos (Espagne). Vue plongeante du cloître.
61 **collatéral.** Lichères (Charente). Collatéral Sud et nef centrale vus de l'absidiole Sud.
62 **colonnade.** Palmyre (Syrie). Colonnade du temple de Bel.
63 **colonnes accouplées** ***et*** **cul-de-lampe.** Flaran (Gers). Colonnes de la nef de l'ancienne abbatiale.

P. 173 (*Planche couleurs*) **émail.** Guéret (Creuse), musée. Détail du revers de la châsse de Malval.

P. 191 à 206

64 **colonnes-contreforts.** Vallejo de Mena (Espagne). Le chevet vu du Sud-Est.
65 **contrefort.** Champagne-sur-Rhône (Ardèche). Vue du mur Nord de la nef.
66 **culot.** Solignac (Hte-Vienne). Culot de la nef.
67 **cul-de-lampe.** Pontigny (Yonne). Arcades de la nef, côté Nord.
68 **coupole sur pendentifs.** Angoulême (Charente). Coupoles de la cathédrale Saint-Pierre.
69 **coupole sur trompes.** San Quirce (Espagne). Coupole du faux-transept.
70 **crosse.** Rouen (Seine-Maritime). Crosse provenant de Boscherville.
71 **déambulatoire.** Le Dorat (Hte-Vienne). Le déambulatoire vu vers le Sud-Est.
72 **dents de scie** ***et*** **dents d'engrenage.** Tournus (S.-et-L.), Saint-Philibert. Détail du décor de la façade Ouest.
73 **déposition de croix.** Nuremberg (Allemagne) : Germanisches Museum. Détail d'un reliquaire en bronze provenant de Maastricht (vers 1100).
74 **diaphragme (mur).** Vignory (Hte-Marne). Mur diaphragme de la croisée du transept.
75 **dosseret** ***et*** **doubleau.** Le Dorat (Hte-Vienne). Arc-doubleau du bas-côté Sud.
76 **ébrasement.** Le Dorat (Hte-Vienne). Fenêtre de la crypte.
77 **enfeu.** Soria (Espagne), cloître de San Pedro. Enfeu.
78 **émail cloisonné.** Paris. Bibliothèque nationale, cabinet des médailles. Fragment de la croix de saint Éloi (VIIe siècle) provenant de Saint-Denis.

79 **émail champlevé.** Bellac (Hte-Vienne). Détail de la châsse (certaines plaques d'émail ayant sauté, il est permis de mieux voir le travail du champlevage.
80 **encensoir.** Lund (Suède). Musée. Encensoir roman.
81 **enseigne de pèlerinage.** Le Puy (Hte-Loire), musée Crozatier. Enseigne de Notre-Dame du Puy trouvée dans la Saône à Lyon (don Cortial).
82 **entrelacs.** Anhenny (Irlande). Détail d'une des croix.
83 **façade.** Châtel-Montagne (Allier). La façade Ouest.
84 **fenêtre limousine.** Obazine (Corrèze.) Fenêtre de l'angle Nord-Est du chevet.

P. 207 (*Planche couleurs*) **fresque.** Saint-Aignan-sur-Cher (Loir-et-Cher). Saint Gilles bénissant un pauvre, fresque de la voûte de la chapelle méridionale de la crypte.

P. 225 (*Planche couleurs*) **galerie.** Canales de la Sierra (Espagne). Vue prise à l'intérieur de la galerie Sud.

P. 243 à 258

85 **file de coupoles.** Solignac (Hte-Vienne). Vue axiale de la nef et du chœur.
86 **filigrane.** Silos (Espagne), abbaye de Santo Domingo. Détail de la patène de saint Dominique (voir l'ensemble pl. 121).
87 **fonts baptismaux.** Lokrume (Gotland, Suède). Les fonts baptismaux.
88 **formeret.** Pontigny (Yonne). Détail de la nef, côté Nord.
89 **frise.** Palmyre (Syrie). Frise du temple de Bel.
90 **gable.** Ribe (Danemark). Gable du portail Sud : la Jérusalem céleste.
91 **gâche et verrou.** Obazine (Corrèze). Gâche et verrou de l'armoire romane du transept Nord (voir l'ensemble pl. 20).
92 **galbe.** Silos (Espagne), abbaye de Santo Domingo. Cloître : colonnes de la galerie Nord.
93 **galerie.** Santillana del Mar (Espagne). Galerie du cloître.
94 **girouette.** Tingelstad (Norvège), musée. Girouette de l'église.
95 **grecques.** Baalbek (Liban). Détail d'une architrave.
96 **grille.** Silvanès (Aveyron). Grille de la fenêtre absidale.
97 **hotte.** Mont-Saint-Michel (Manche). Cheminée de la salle des hôtes.
98 **hom.** Sens (Yonne), trésor de la cathédrale. Détail de la sainte châsse, ivoire : paons et hom.
99 **huche.** Sion (Suisse), musée de la Majorie. Huche romane.
100 **imposte.** Castelnau-Pégayrolles (Aveyron). Imposte décorée d'un pilier de la nef.
101 **incrustation.** Le Puy (Hte-Loire), Saint-Michel d'Aiguilhe. Détail de la façade.
102 **intaille.** Gorre (Hte-Vienne). Détail de la croix-reliquaire.
103 **lause.** Orcival (Puy-de-Dôme). Détail de la toiture du clocher.
104 **lanterne des morts.** Ciron (Indre). La lanterne des morts.
105 **lanterne.** Le Dorat (Hte-Vienne). Lanterne de la coupole du transept.

P. 323 à 338

106 **linteau.** Crac des Chevaliers (Syrie). Linteau de porte monolithe d'un bâtiment de l'étage supérieur.
107 **mâchicoulis.** Crac des Chevaliers (Syrie). Détail d'une tour de la première enceinte.
108 **linteau en bâtière.** Beaulieu (Corrèze). Linteau orné d'un lion et d'un hom, dans le bas-côté Nord.
109 **lunette.** Fontenay (Côte-d'Or). Détail d'une galerie du cloître.
110 **marque de tâcheron.** Beaulieu (Corrèze). Détail de l'abside.
111 **modillon.** Beaulieu (Corrèze). Modillons de l'abside.
112 **mitre.** Sens (Yonne), trésor de la cathédrale. Mitre d'un archevêque de Sens, datant du XIIIe siècle.
113 **monogramme.** Quintanilla de las Viñas (Espagne). Détail d'une frise du chevet.
114 **moulure.** Crac des Chevaliers (Syrie). Moulure du mur Sud de la chapelle.
115 **mosaïque de revêtement.** Germigny-des-Prés (Loiret). L'arche d'alliance, mosaïque de l'abside.
116 **mosaïque de pavement.** Saint-Benoît-sur-Loire (Loiret). Détail d'une mosaïque du sanctuaire.
117 **oculus.** Plassac (Charente). Oculus du chevet.
118 **olifant.** Le Puy (Hte-Loire), musée Crozatier. Cornet de saint Hubert ou huchet de saint Hubert, XIIe siècle.
119 **onciales.** Orléans (Loiret). Bibliothèque municipale. Manuscrit 192, fin VIe siècle (provenant de l'abbaye de Fleury-sur-Loire) : saint Ambroise, *Hexameron*, fol. 10.
120 **orgues.** Junquera de Ambía (Espagne). L'orgue.
121 **patène.** Silos (Espagne), abbaye de Santo Domingo. Patène de saint Dominique.
122 **peigne liturgique.** Sens (Yonne), trésor de la cathédrale. Peigne dit de saint Loup, VIIe-VIIIe siècle.

123 **pendentif.** Saint-Junien (Hte-Vienne). Coupole de l'extrémité Ouest de la nef.
124 **penture.** Orcival (Puy-de-Dôme). Pentures de la porte Sud de la nef.
125 **phylactère.** Conques (Aveyron). Détail du tympan Ouest : ange portant un phylactère.
126 **piédroit.** Sainte-Colombe (Charente). Piédroit de la fenêtre de la façade Ouest, avec sainte Colombe et saint Pierre.
127 **piédestal.** Fontfroide (Aude). Piédestal de la nef.

P. 387 à 402

128 **pinacle.** Mont-Saint-Michel (Manche). Pinacle du chevet.
129 **porche.** Châtel-Montagne (Allier). Vue du porche.
130 **rinceaux.** Ambazac (Hte-Vienne). Détail de la châsse.
131 **bas-relief.** Le Puy (Hte-Loire), musée Crozatier. Détail du bas-relief de la châsse trouvée dans l'ancien cimetière de Saint-Marcel, près du Puy : biche broutant (Ier s.).
132 **haut-relief.** Silos (Espagne), abbaye de Santo Domingo. Détail d'un chapiteau de la galerie Ouest du cloître : la Fuite en Égypte.
133 **ronde-bosse.** La Chomette (Hte-Loire). Détail de la Vierge romane.
134 **rosace.** Troyes (Aube). Rosace du transept Sud de la cathédrale.
135 **rose.** Flaran (Gers). Rose de la façade.
136 **rotonde.** Saint-Léonard de Noblat (Hte-Vienne). Vue intérieure du « Sépulcre ».
137 **salle capitulaire.** Sénanque (Vaucluse). La salle capitulaire.
138 **sertie (gemme).** Gorre (Hte-Vienne). Détail d'un bras de la croix-reliquaire.
139 **sarcophage.** Jouarre (Seine-et-Marne). Crypte. Sarcophage de Theodechilde.
140 **solive.** Vallejo de Mena (Espagne). Tribune Ouest de la nef.
141 **stalle.** Pontigny (Yonne). **Les stalles vues** vers l'Ouest.
142 **statue.** Troyes (Aube), presbytère Saint-Urbain. Vierge à l'Enfant, XVIIIe siècle.
143 **stuc.** Grenade (Espagne). Alhambra. Détail des stucs du Patio de los leones.
144 **tores *et* scoties.** Lichères (Charente). Base d'une colonne de l'abside (vue d'ensemble pl. 2).

145 **torques.** Toulouse (Hte-Garonne), musée Saint-Raymond. Torques en or massif trouvé à Fenouillet (Hte-Garonne).
146 **torsade.** San Pedro de Tejada (Espagne). Détail des voussures du portail Ouest.
147 **transept *et* tribune.** Conques (Aveyron). Sainte-Foy. Transept vu vers le Nord depuis la tribune du bras Sud du transept.

P. 419 (*Planche couleurs*) **tapisserie.** Oslo (Norvège), Musée des arts décoratifs. Le mois de mai, détail de la tapisserie de Baldishol.

P. 439 à 454

148 **triforium.** Troyes (Aube). Cathédrale. Triforium, verrières et voûtes du chœur.
149 **trompe.** Moirax (Lot-et-Garonne). Trompe de la coupole de la travée droite du chœur.
150 **trumeau.** Saint-Loup-de-Naud (Seine-et-Marne). Trumeau du portail Ouest, avec la statue de saint Loup.
151 **tympan (faux-).** Lichères (Charente). Arcature aveugle et faux-tympan, à la droite de la façade Ouest.
152 **tympan.** Cunault (Maine-et-Loire). Le tympan Ouest.
153 **vitrail.** Chartres (Eure-et-Loire). Détail d'un vitrail du transept Nord de la cathédrale.
154 **voussure.** Clonmacnois (Irlande). L'arc triomphal de l'église des religieuses.
155 **voussoirs.** Killeshin (Irlande). Détail des voussures du portail.
156 **voûte en berceau.** Farges (Saône-et-Loire). La nef et le chœur.
157 **voûte en demi-berceau.** Léoncel (Drôme). Le bas-côté Sud.
158 **voûte en berceaux transversaux *et* voûte d'arêtes.** Tournus (Saône-et-Loire). Voûte de la nef et voûte du bas-côté Sud.
159 **voûte en berceau brisé.** Brancion (Saône-et-Loire). Coupole du transept et voûte de la nef, vues du chœur.
160 **voûte en cul-de-four *et* coupole sur trompes.** Marseille (Bouches-du-Rhône). La Major. Voûtes du transept et du chœur.
161 **voûtes en croisée d'ogives.** Troyes (Aube). Voûte de la nef vers la tribune d'orgue.
162 **voûte Plantagenêt.** Cunault (Maine-et-Loire). Voûte des travées occidentales de la nef.
163 **voûte domicale.** Vallejo de Mena (Espagne). Voûtes de la nef et du chœur.

INDEX
ANALYTIQUE

LISTE DES MOTS CLEFS

Les mots en italique sont importants soit par eux-mêmes, soit en raison de la longueur de la notice à eux consacrée.

PROVENANCE DES PHOTOGRAPHIES

P. BELZEAUX-ZODIAQUE : pl. 1, 2, 4, 6, 16, 21, 29, 32, 38, 39, 40, 43, 44, 46, 53, 56, 58, 59, 61, 66, 68, 75, 76, 79, 82, 85, 97, 102, 104, 105, 108, 110, 111, 117, 122, 123, 126, 128, 130, 136, 138, 144, 150, 151, 153, 154, 155 et pl. coul. p. 173.

J. DIEUZAIDE-ZODIAQUE : pl. 54, 73, 99, et 145.

G. FRANCESCHI-ZODIAQUE : pl. 65.

R. G. PHÉLIPEAUX-ZODIAQUE : pl. 25, 115, 134, 148, 161.

ZODIAQUE : toutes les autres, tant en noir qu'en couleurs.

ÉQUIVALENCES

NOTA

Dans les index suivants, les termes français sont à prendre selon l'acception du glossaire. Le chiffre qui les suit éventuellement renvoie à une subdivision de l'article correspondant du glossaire.

ÉQUIVALENCE
DES TERMES EN ALLEMAND

a

abbeizen : décaper
abblättern (sich) : se déliter, s'écailler
abbrechen : démolir
Abbruch : démolition
Abdachung : pente d'un toit *cf.* glacis
Abdruck : empreinte
Abendmahl (das heilige) : la sainte Cène
Abendmahlssaal : Cénacle
abgeschnitten : coupé, tronqué, abattu
abgestumpft : émoussé
abgießen : mouler
Abglanz : reflet
abgleichen : égaliser, araser, calibrer, niveler, racheter
Abgott : idole
Abguß : moulage
Abhang : pente, rampant
Abklafterung : toisé
abkratzen : gratter
Abkürzungsbuchstaben : sigle
Ablastebogen : arc de décharge
Ablauf : congé
abputzen : crépir, ravaler
Absatz : redent, palier
Abschnitt : segment, section
abschrägen : chanfreiner
Absingen der Psalmen : psalmodie
Absteckpfahl : jalon
Abstufung : gradation, redent
Abt : abbé
Abtei : abbaye
Abteikirche : abbatiale, *cf.* église
Äbtissin : abbesse
Abtönung : nuance
Abtrag : déblai
Abzugskanal : canal d'égout
Achse : axe
Achteck : octogone
Achterdeck : gaillard d'arrière
affrontiert : affronté
Ahnenforschung : généalogie
Ähre : épi
Akanthusblatt : feuille d'acanthe
Alabaster : albâtre
Allerheiligste Altarsakrament (das) : le Très Saint Sacrement, *cf.* sacrement
Allherrscher : Pantocrator
Almosenbeutel : aumônière
Alte Testament (das) : l'Ancien Testament
Altar : autel
Altarbaldachin : ciborium
Altarraum : sanctuaire
Altarrückwand : retable
Altarstufe : marche d'autel
Altartafel : table d'autel
Altartuch : nappe d'autel
Altarumhang : parement (4)
Altarvorhang : antependium
Älteste(r) : vieillard
Ambo : ambon
Amboß : enclume
Amethyst : améthyste
Anbau : hors d'œuvre
Andachtsmalerei : peinture religieuse
andersgelegt : en délit
Andreaskreuz : croix de saint André
Anfang : début, départ
Anfänger : tas de charge
Anfänger eines Gewölbes : retombée de voûte
Anfangsbuchstabe : initiale, lettrine, *cf.* lettre ornée
Angèl : pivot
angelehnt : adossé
Anker : ancre
Anmut : grâce
Anordnung : ordonnance
Ansatz : début, *v. Bogenansatz*, *Turmansatz*.
ansetzen : placer, dater
Ansicht : vue
Anstrich : couche de peinture, *cf.* apprêt
Anten : antes
Anwurf : crépi
Apfel : pomme
Apostel : Apôtre

Apostelgeschichte : Actes des Apôtres
apostolisches Glaubensbekenntnis : symbole des Apôtres
Apsis : abside
Arabesken : arabesques
Arbeit : travail, façon, *cf.* main d'œuvre
Arche Noah : arche de Noé
Architrav : architrave
Archiv : archives
Archivolte : archivolte
Arkade : arcade
Arkosolgrab : arcosolium
Arm : bras
Armband : bracelet
Armbrust : arbalète
ärmellose Tunika : colobium
Armesünderstühlchen : sellette (3)
Armreliquiar : bras-reliquaire
Armstütze : accoudoir
Astragal : astragale
Atlant : atlante
Attribut : attribut
Auferstehung : résurrection
Auferweckung des Lazarus : Résurrection de Lazare
auffrischen : rafraîchir
aufgelegte Arbeit : applique
aufleimen : maroufler
aufmessen : lever le plan de...
aufrichten : dresser
Aufriß : élévation
Aufschüttung : remblai
aufstülpen : retrousser
Auftritt : montoir
Augapfel : prunelle
Augustinermönche : augustins
ausbauchen (sich) : faire ventre, boucler
ausbessern : raccommoder, réparer
ausebnen : aplanir, planer
auserwählt : élu
Ausführung : facture, rendu, exécution, *cf.* fini
Ausführungsfehler : vice de construction
Ausfüllung : remplage (1)
ausgespartes Feld : réserve (1)
ausgleichen, v. abgleichen
Ausgrabungen : fouilles
Aushängeschild : enseigne de boutique
Aushöhlung : évidement
Aushubmaterial : déblai
auskehlen : élégir
Auskragung : encorbellement
Ausladung : encorbellement, surplomb (2)
Ausschrägung : ébrasement
ausschweifen : chantourner
Aussicht : vue (2)
ausspringender Winkel : angle saillant
Auszahnung : dentelure
Ausweichung : déversement
Aventurin : aventurine
Axt : hache

b

Backstein : brique
Balken : poutre, fasce
Balkendecke : plafond à poutres apparentes
Balkenkopf : about, mutule
Band : lien, bande, cordon, ruban, volume (2)
Bandbalken : moise
Bändchen : bandelette
Banderole : banderole
Bandgesims : bandeau
Bandstreifen : ruban
Bank : banquette
Banner : bannière
Basilika : basilique
Bau : construction
Bauabschnitt : campagne de construction
baufällig : délabré
Baugerüst : échafaudage
Baugrund : terrain à bâtir
Bauholz : bois de charpente
Baum der Erkenntnis : arbre de la science du Bien et du Mal
Baumeister : architecte
Baurechnung : mémoire
Bauriß : épure
Baustelle : chantier, *cf.* tas (sur le), œuvre (à pied d')
Baustoffe : matériaux
Bauzeichnung : dessin d'architecture
Bearbeitung : mise en œuvre
bebildert : historié, *cf.* image
Becken : cuve
Bedachung : toiture
Befensterung : fenestrage
befestig : fortifié
beglaubigen : authentifier
Begräbnis : inhumation
behauen : dégrossir, *cf.* ébaucher, épanneler
Beichtstuhl : confessionnal
Beil : hache
Beinharnisch : jambières
Beinhaus : charnier, ossuaire
Beiwerk : hors d'œuvre
Bekleidung : habillement, revêtement
Beleuchtungskörper : luminaire
Bergeisen : pointerolle
Bergfried : beffroi
berindetes Holz : grume
beringt : annelé
Beschädigung : dégradation, détérioration
Beschneidemesser : grésoir
besiegeln : sceller (1)
Besprengung : lustration
Bestand : fonds
bestoßen : épaufrer
Beter : orant
Betkapelle : oratoire
Bettelorden : ordres mendiants
Beweinung Christi : thrène
bewerfen (mit Mörtel) : crépir
Bibel : bible
Bewurf : enduit, crépi
Biegen : gauchissement
Bild : image
bildende Künste : arts plastiques, *cf.* plastiques
Bilderhandschrift : manuscrit enluminé
bildern : historier
Bilderwand : iconostase
Bilderstürmer : iconoclaste
Bildhauer : sculpteur, statuaire (1)
Bildnis : effigie, portrait
Bildchnitzer : imagier
Bildstreifen : registre (2)
Bindemittel : liaison
Binder : boutisse
Binderdreieck : ferme
Bindestein : boutisse, parpaing
Bindlatte : tasseau
birnenförmig : piriforme
Bischof : évêque
bischöflich : épiscopal
Bischofshut, Bischofsmütze : mitre
Bischofsstuhl : chaire épiscopale, trône épiscopal
Blasbalg : soufflet
Blashorn : serpent
Blasinstrument : instrument à vent
Blatt : feuille
Blätterkopf : tête de feuilles
Blattgold : or en feuilles
Blei : plomb
Bleilot : fil à plomb
Bleiruten : plomb de vitrail
Bleiwaage : niveau
Blend... : ... aveugle
Blockrolle : poulie
bloßlegen : déchausser, *cf.* dégagement
Blume : fleur, fleuron
Blutzeuge : martyr
Boden : sol, terrain; *auf gleichem B.* : de plain pied
Bodenbelag : pavement

Bodenheizung : hypocauste
Bogen : arc, arche de pont, *cf.* arceau
Bogenansatz : abaque, coussinet, sommier, tailloir
Bogenbehänge : feston
Bogenfläche : douelle
Bogengang : arcade
Bogenkämpfer : imposte
Bogenrücken : extrados
Bogenrundung : voussure
Bogenschütze : sagittaire
Bogensehne : corde d'arc
Bogenstellung : arcature
Bohle : madrier
bohren : tarauder
Bohreisen : mèche (2)
Bohrspitze : mèche (2)
Bohrstab : mirette
Bolzen : boulon
Born : fontaine
Böschung : fruit, talus, *cf.* escarpe, contrescarpe, glacis
Bossenwerk : bossage
Brechhammer : têtu
Breithacke : houe
Brett : ais, planche
Brettfußboden : plancher
bröck(e)lig : friable, *cf.* souchet, poufes
Brocken : fragment, *cf.* recoupe
Bronze : bronze
Brotschrank : panetière
Bruchstein : moellon, *cf.* libage
Brücke : pont
Brückenbogen : arche de pont
Brückenpfeiler : pile de pont
Bruderschaft : confrérie
Brunnen : puits, fontaine
Brunnenhaus : lavabo
Brust : poitrine, appui, *cf. Brüstung*
Brustplatte : pectoral
Brustschild des Hohenpriesters : rational
Brüstung : appui, parapet, *cf.* bahut
Brustwehr : parapet
Bücherei : librairie
Buchmalerei : enluminure, miniature
Buchrolle : manuscrit roulé, *cf.* volume
Büchse : boîte
Buckel : godron
Bühne : estrade
Bündel : faisceau, *cf.* fasciculé
Bundeslade : Arche d'Alliance
Burg : château
Burgverließ : oubliettes, cul de basse-fosse
Butzenscheiben : cives

c

Cellerar : cellérier
Cement : ciment
Cherub : chérubin
Chimära : chimère
Chor : chœur
Choralbuch : livre liturgique, *cf.* liturgie
Choremd : surplis
Chorhaupt : chevet, rond-point
Chörlein : oriel
Chormantel : chape
Chorpult : lutrin
Chorrock : rochet
Chorschranken : clôture de chœur, chancel
Chorstuhl : stalle
Chorstuhlwange : jouée, parclose
Chorumgang : pourtour du chœur, carole, déambulatoire
Chrismon : chrisme
Cisterzienser : cistercien
Cluniazenser : clunisien

d

Dach : couverture, toit
Dachaufsatz : lanterneau
Dachbinder : entrait
Dachfenster : lucarne
Dachfette : panne
Dachrinne : gouttière
Dachsbeil : herminette
Dachschindel : bardeau
Dachschräge : versant, égout, rampant de toit
Dachstockwerk : comble
Dachstroh : chaume
Dachstuhl : charpente, comble
Dachstuhlsaüle : jambe de force
Dachziegel : tuile
Dachzimmer : mansarde
Damast : damas
damasziert : damasquiné
Damenbrett : damier
Damenmantel : mante
Decke : couverture, plafond, housse
Deckplatte : couvre-joint
Degen : épée
Degenknopf : pommeau (1)
Deichsel : pairle
Deutschritterorden : ordre teutonique, *cf.* teutonique
Diakonicum : diaconicum
Diakonsgewand : dalmatique
Diakonus : diacre
Diamant : diamant, *cf.* pointe de diamant
Diamantquader : bossage en pointe de diamant
Diamantschleiferei : taille des diamants
Dickstein : cabochon
Dielenkopf : mutule
Diözese : diocèse
Docht : mèche
Docke : balustre
Dockengeländer : balustrade
Dom : cathédrale, dôme
Domherr : chanoine séculier
domherrlich : canonial
Domikalgewölbe : voûte domicale
Dominikaner : dominicain
Domscolaster : écolâtre
Doppelbogen : arc doubleau
Doppelfenster : fenêtre bilobée
Doppeltasche : besace
Doppeltafel : diptyque
dorische Ordnung : ordre dorique
Dornenkrone : couronne d'épines
Doxale : jubé
Drache : dragon
drechseln : faire au tour, tourner
Drehbohrer : tarière
Drehleier : vielle
Drehpfeil : vireton
Drehscheibe : roue de potier, tour
Dreibein : triscèle
Dreieck : triangle
Dreieinigkeitsfenster : triplet
Dreikönigsfest : Épiphanie
Drillbohrer : drille
dritter Orden : tiers-ordre, *cf.* ordre
Dünnbeil : doloire
durchbrochen : ajouré, à jour, *cf.* claustra, jour, transenna, mâcles
Durchbruch : ajour
Durchgang : passage
durchgefärbtes Glas : verre double
durchscheinend : diaphane
Durchschnitt : coupe
durchstochene Zeichnung : poncif (1)
dynamisch : dynamique

e

Ebenmaß : symétrie
ebnen : aplanir, planer
Eckblatt : *cf.* griffe
Ecke : coin, encoignure; *abgeschnittene E.* : angle abattu; *abgeschrägte E.* : pan coupé
Ecknische : trompe (1)
Eckpfosten : poteau cornier
Ecksporn : griffe
Eckstein : pierre angulaire
Ecktrichter : trompillon
Eckzwickel : pendentif
Edelstein : pierre précieuse, gemme

Efeublatt : feuille de lierre
Egge : herse
Ehrengrabmal : cénotaphe
Ehrenmal : monument (2)
Ehrenzeichen : insigne
Ei : œuf, *cf.* ove, échine
eiförmig : ovale, ovoïde
Einband : reliure
Einbrennen : recuit
Einfassung : encadrement
einförmig : monotone
Einfriedigung : enceinte
einfügen : encastrer, assembler
Eingang : entrée
eingelegte Arbeit : incrustation, placage
eingezogen : concave
eingraben : graver
Einhorn : licorne
Einkleidung : vêture
Einlaßpförtchen : guichet
einmauern : encastrer
Einrammen : fonçage
Einsiedelei : reclusoir, ermitage
Einsiedler : ermite
einspringend : rentrant
Einsteinsäule : colonne monolithe
einverleiben (sich) : faire corps
Einwölbung : voûtement
Einziehen : retrait (1)
Eisenbeschlag : ferrure
Eisenbeton : béton armé
eisklüftig : gélif
Elfenbein : ivoire
Elfenbeindrechsler : ivoirier
Elfenbeinhorn : olifant
Empore : tribune (1)
Endblume : fleuron
Engel : ange
entartet : abâtardi
entlasten : soulager
Entschlafung (Mariä) : dormition de la Vierge
Entwicklung : évolution
Entwurf : esquisse, ébauche
Epistel : épître
Epistyl : épistyle
Eppichblatt : ache
Erde : terre
Erdgeschoß : rez-de-chaussée
erhaben : en relief
Erhaltung : entretien
Erinnerung : réminiscence
Erker : oriel
Erlöser : Rédempteur
errichten : élever, ériger
Erscheinung Christi : Épiphanie
Erstmärtyrer : protomartyr
Erzbischof : archevêque
Erzvater : patriarche
Eselsrücken : dos d'âne
Evangelium (pl. Evangelien) : évangile
Exedra : exèdre
Exultetrolle : rouleau d'exsultet

f

Fach : pan, panneau, travée
Fächer : éventail, flabel
Fachwerk : colombage
Fackel : torche
Fahne, Fähnchen : bannière, oriflamme
Fallbrücke : pont-levis
Fallgatter : herse
Fallstrick : lacs
Falltüre : trappe
Falte : pli, *cf.* godron
falten (die Hände) : joindre les mains
Faltenkapitell : chapiteau à godrons
Faltenwerk : draperie, *cf.* serviette repliée
Faltenwurf : jet de draperies
Falz : feuillure, rainure
Fasche : fasce
Fase : filet
Fassade : façade
fassen : enchâsser, sertir
Fasten : carême
Federbusch : panache
Feh : vair
Feigenblatt : feuille de vigne (*litt.* feuille de figuier)
Feile : lime
Feld : champ, caisson, pan
Felderdecke : plafond à caissons, soffite
Feldzeichen : enseigne
Fenster : fenêtre
Fensterbahn : forme (3)
Fensterbank : banquette de fenêtre
Fensterbrüstung : allège, appui de fenêtre
Fensterkreuz : croisée, meneau
Fensterladen : volet, *cf.* contrevent
Fensterleibung, Fensternische : embrasure
Fensterriegel : crémone, espagnolette
Fensterstange : barlotière
Fensterwerk : fenestrage
Festrechnung : comput
feuerfestig : réfractaire
Fiale : clocheton, pinacle
Figur : figure, personnage, meuble
First : faîte
Fischblase : « vesica piscis »
Fischgrätenmauerwerk : « opus spicatum »
Flachhacke : hoyau
Flachrampe : rampe (2)
Flachrelief : bas-relief, *cf.* anaglyphe
Flagge : pavillon (2)
Flamberg : flamberge
Flammenstil : gothique flamboyant
Fläschchen : ampoule
Flechtband : torsade, *cf.* corde tressée
Flechte : natte (2)
Flechtwerk : natte (1), tresse, entrelacs
Fleischton : incarnat
flicken : raccommoder
Flicksteine : blocage
Fliese : carreau, dalle
Flügel : aile, battant, volet
Formeisen : mandrin
Formenschatz : répertoire
Formnaht : balèvre
Franziskaner : franciscain
Fratzenbild : marmouset
Fratzengesicht : mascaron
Freilegung : dégagement
Freitreppe : escalier extérieur, perron
Freskomalerei : fresque
Friedhof : cimetière
Friedhofslampe : lanterne des morts
Fries : frise, cordon
Frostriß : gélivure
Frühgotik : gothique primaire
Fuge : joint
fugendicht : jointif
Fugenschnitt : refend (2)
Fugenwerk : assemblage
Füllhorn : corne d'abondance
Füllung : panneau
Fünfblatt, Fünfpaß : cinq-feuilles, quintefeuille
Fürbitter : intercesseur
Fußbank : escabeau
Fußbeschlag : sabot (2)
Fußgestell : piédestal, socle
Futtermauer : mur de revêtement, *cf.* chemise

g

Gabeldeichsel : limon
Galerie : galerie
Galgen : potence (1)
Gamaschen : guêtres, *cf.* houseaux
Ganzfigur : portrait en pied
Garten : jardin; *hangender G.* : jardin suspendu
Gaufrierzange : gaufrier
Gebälk : entablement, charpente
Gebälkträgerin : cariatide

Gebäude : bâtiment, construction (2), édifice
Gebiß : mors
Geburt : Nativité
gediegen : pur, massif (métal)
gedrückt : écrasé
gedrungen : trapu
Gefäß : vaisseau (1), vase
geflügelt : ailé
Gefüge : structure
Gegenabzug : décalque
Gegenbewegung : contrapposto
Gegenbogen : contre-courbe
Gegengewicht : contrepoids, peson
gegenstützen : contrebuter
Gehänge : feston, guirlande, pendentif (2)
Geheimzimmer : retrait (2)
Gehilfe : aide, compagnon, praticien
Geistliche(r) : clerc, ecclésiastique
gekoppelt : double, *cf.* gemellé, géminé
Geländer : garde-corps, garde-fou, parapet, rampe
Gelbguß : dinanderie, laiton
Gemme : gemme
Gemmenkreuz : croix gémmée
Genius : génie
Gerät : ustensile, outil, *cf.* équipage
gerben : corroyer
Gerechtigkeitshand : main de justice
Gericht : tribunal
Gerichtssaal : *cf.* prétoire
Gerichtsthron : *cf.* lit de justice
Gerstenkornverband : graindorge
Geschirr : vase, harnachement
Gesamtansicht : vue d'ensemble
Geschoß : étage
Geschnörkel : fioritures, *cf.* tarabiscoté
geschraubt : guindé
Gesicht : vue, visage
Gesims : moulure, corniche, chambranle
Gestalt : forme, stature
gestalten : façonner
gestielt : pédiculé
gestrichelt : strié, pointillé
getriebene Arbeit : repoussé
geviert : écartelé
Gewand : vêtement, ornement liturgique
Gewände : jambage, pied-droit, postes
Gewicht : poids
Gewölbe : voûte
Gewölbeanfang : imposte, naissance d'une voûte
Gewölbefläche : *cf.* extrados, intrados
Gewölbewinckel : reins d'une voûte
gewölbt : cintré, convexe, voûté
gewürfelt : en damier
gezinnt : crénelé
Giebel : faîte, pignon, fronton, *cf.* gâble
Giebelbogen : arc en fronton
Giebelfeld : fronton
Giebelfenster : lucarne en fronton ou faîtière
gießen : verser, couler, fondre
Gießer : fondeur
Gießform : moule
Gießgefäß : aquamanile
Gilde : corporation, guilde
Gips : gypse, plâtre
Gitter : grille, quadrillage, claire-voie
Glas : verre
glasieren : vernir, vernisser, émailler
Glasmacher : verrier
Glasmalerei : peinture sur verre
Glaspaste : pâte de verre
Glätter : polissoir
glattschleifen : égriser
Glefe : vouge
Gleichgewicht : équilibre, pondération
gleichmachen : niveler (*v. abgleichen, ebnen*)
gleichseitig : équilatéral
gleichseitiger Spitzbogen : arc en tiers-point
Gliederbau : membrure
Glimmer : mica
Glimmerstein : aventurine
Globus : globe (1)
Glocke : cloche, *cf.* bourdon
Glockengießer : fondeur de cloches
Glockenspiel : carillon
Glockenstuhl : beffroi
Glockenturm : clocher, campanile, beffroi
Glockenwand : clocher-mur
Glockleiste : doucine
Glorie, Glorienschein : gloire, auréole, nimbe
Gnadenbild : image miraculeuse
Goldarbeit : orfèvrerie (2)
Goldborte : orfroi
goldene Legende der Heiligen : Légende dorée
Goldgelb : jaune d'or
Goldschmied : orfèvre
Gorgone : gorgone
Gotik : art gothique
gotisch : gothique
Gottesdienst : liturgie, office
göttliche Tugenden : vertus théologales
Götze : idole
Grab : sépulture, tombe
Graben : fossé, *cf.* douve
Grabgewölbe : caveau
Grabdenkmal : mausolée
Grabkapelle : chapelle sépulcrale
Grablegung : Mise au tombeau
Grabmal : monument funéraire, *cf.* mausolée, tombeau
Grabplatte : plaque tombale
Grabstätte : sépulture
Grabstein : pierre tombale
Grabtafel : dalle funéraire
Grabtuch Christi : Saint Suaire, *cf.* sindon
Gradiereisen : gradine
Graduale : graduel
Granat : grenat
Granit : granit
Grat, Gräte : arête
Gratgewölbe : voûte d'arêtes
Gratsparren : arêtier (2)
Graus : gravois, recoupe
gregorianisch : grégorien
Greif : griffon
Grieß : gravier
Griff : manche d'outil
Griffel : style (1)
Grossquaderwerk : grand appareil
Grubenschmelz : émail champlevé
Grundriß : plan, *cf.* ichnographie
Grundstein : première pierre, pierre fondamentale
Guckloch : judas
Guilloschieren : guillochis
Gurgelplatte : hausse-col
Gurt : ceinture, nervure, plinthe de colonne
Gürtel : ceinture, cordon
Guß : fonte
Gußerker : bretèche
Gußbloch : assommoir, *cf.* machicoulis
Gußnaht : balèvre

h

Hacke : pic, *cf.* houe, pioche
Haken : crochet, agrafe, *cf.* crosse, crossette, paumelle
Hakenkreuz : svastika
Hakenstein : crossette
halberhaben : en demi-bosse
Halbgigur : portrait demi-nature
halbflach : méplat
Halbkreis : demi-cercle, plein cintre
Halbkugel : hémisphère
Halbkuppel : voûte en cul-de-four

Halbschatten : pénombre
Halle : galerie, halle, salle
Halsstück : gorgerin
Hammer : marteau
hämmern : marteler
Handbreite : palme (1)
Handschrift : manuscrit
Handschuh : gant
Handwerk : métier (1)
Handwerker : artisan
Hänge... : ... pendant, en pente
Hängeboden : soupente
Harfe : harpe
Harpye : harpie
Haube : chape, mitre, lanterne
Haupt : tête, chef
Haupt... : ... principal(e), central(e)
Hauptgebäude : corps de logis
Hauptträger : céphalophore
Haupttugenden : vertus cardinales
Haus : maison, logis, hôtel
Haus des Herrn, Haus Gottes : maison de Dieu, église
Hausgerät : mobilier
Haustein : pierre de taille
Hebel : levier
Hebebock : chèvre
heben : élever
Hebewinde : cric
Heft : manche d'outil
Heiland : Rédempteur
heilig : sacré, saint; *heilige Gefäße* : vases sacrés
Heilige Grab (*das*) : le Saint Sépulcre
Heilige Gral (*der*) : le Saint Graal
Heilige Jungfrau (*die*) : la Sainte Vierge
Heilige Sippe (*die*) : la Sainte Parenté
Heilige Stuhl (*der*) : le Saint-Siège
Heiligenkalendar : martyrologe
Heiligenschein : nimbe
Heimsuchung Mariae : Visitation
Helm : heaume, *cf.* timbre; dôme
Henkel : anse; *Korbhenkel...* : ... en anse de panier
Henkelkreuz : croix ansée
Henker : bourreau
Hermelin : hermine
Herzlaub : rais-de-cœur
Hierarchie : hiérarchie
Hinterchor : arrière-chœur
Hintergrund : arrière-plan, *cf.* champ
Hintertür : poterne
Hippe : serpe
Hippogryph : hippogriffe
Hirt (*der Gute*) : le Bon Pasteur
Hirtenstab : bâton pastoral, crosse, houlette
Hobel : rabot
Hobelspan : copeau
Hochaltar : maître-autel
Hochfüllung : panneau en hauteur, parclose
Hochgotik : gothique rayonnant
hochlitzige Wirkerei : tapisserie de haute lisse
Hochrelief : haut-relief
hochrot : ponceau (*adj.*)
Hocker : tabouret
Hof : cour, hôtel
Hofkapelle : chapelle royale
Hohepriester : grand-prêtre, pontife
Hobleisen : gouge
Hohlkehle : gorge, glyphe, scotie, *cf.* cavet
Hohlmeißel : gouge
Hölle : enfer
Höllenrachen : gueule d'Enfer
Holz : bois
Holzblock : bille
Holzschnitzer : sculpteur sur bois, huchier
Holzschale : sébile
Holzschuh : sabot (1)
Hosen : haut-de-chausses
Hospitaliter : hospitalier
Hospiz : hôpital, hospice
Hostie : hostie
Hostienbüchse : pyxide
Hostiengefäß : ciboire
Hostienmonstranz : ostensoir
Hostienschale : patène
Hostientaube : colombe eucharistique
Hufeisen : fer à cheval
Hüfte : hanche, reins de voûte; *einhüftiges Gewölbe* : voûte en demi-berceau
Hürde : claire-voie
Hürdengalerie : hourd

i

Ikone : icône
Indigo : indigo
ionische Ordnung : ordre ionique
Inschriftenkunde : épigraphie
Intaglio : intaille
Irisbildung : irisation

j

Jakobiner : jacobins
Jakobsleiter : échelle de Jacob
Jaspis : jaspe
Jessebaum : arbre de Jessé
Joch : joug, travée
Johannes der Taüfer : Jean-Baptiste
Jungfrau (*die Heilige*) : la Sainte Vierge
jüngste Gericht (*das*) : le Jugement dernier
Junker : écuyer
Juwel : joyau

k

Kachel : carreau de brique, *cf.* azulejo
Kachelofen : poêle en faïence
Kahlheit : nu d'un mur
Kai : quai
Kalbfellpergament : vélin
Kalender : calendrier
Kalk : chaux; *gelöschter Kalk* : chaux éteinte; *ungelöschter Kalk* : chaux vive
Kalkeinrührer : gâcheur
Kalkmilch : lait de chaux
Kalkofen : chaufour
Kalkstein : calcaire
Kamaldulenser : camaldule
Kamee : camée
Kamin : cheminée
Kaminbock : landier
Kaminmantel : manteau de cheminée
Kamm : crête, peigne
Kämpfer : imposte
Kämpferkapitell : chapiteau-imposte
Kanal : canal
Kannelierung : cannelure
kanonisch : canonique
Kanontafel : canon d'autel
Kante : arête, rive (2); *auf die hohe K.* : de champ
kantoniert : cantonné
Kantor : chantre
Kantorstab : bâton cantoral
Kanzel : chaire à prêcher
Kapelle : chapelle
Kapitel : chapitre
Kapitell : chapiteau
Kapitellknospe : crochet de chapiteau
Kapitelsaal : salle capitulaire
Kappe : chape, chaperon, canton de voûte, voûtain
Kardinal : cardinal
Karnies : cimaise
karriert : quadrillé
Karwoche : semaine sainte
Kasel : chasuble
Kassette : caisson
Katheder : chaire de professeur
Katzenloch : chatière
Kaufhaus : halle
Kegel : cône

Kegelstumpf : tronc de cône
Kehle : canal, cannelure, gorge
Kehlleiste : talon
Kehlrinne : noue
Keil : coin
Keilstein : claveau, voussoir
Kelch : calice
Kelchdecke : voile de calice
Keller : cave, cellier
Kellerloch : soupirail
Kellermeister : cellérier
Kelter : pressoir
Keramik : céramique
Kerbe : entaille
Kerbenfügung : embrèvement
Kerbschnitt : encoche
Kern : noyau, âme
Kerze : cierge
Kessel : bassin
Kesselpauke : timbale
Kette : chaîne
Kies : gravier
Kinn : menton, larmier
Kirche : église
Kirchenagende : eucologe
Kirchenfenster : vitrail
Kirchenlehrer : docteur de l'Église
Kirchenrat : conseil de paroisse
Kirchenratsstuhl : banc d'œuvre
Kirchenschatz : trésor d'église
Kirchhof : cimetière
Kirchweihe : consécration, dédicace d'église
Kistchen : coffret, *cf.* layette
Kitt : mastic, lut
Klafter : toise
Klageleute : pleurants
Klammer : bride, crampon
Klappe : volet (2)
Klappaltar : triptyque
Klapphorn : ophicléïde
Klappmadonna : vierge ouvrante
Klappstuhl : rabat de stalle, *cf.* miséricorde
Klause : cellule
Klausner(in) : ermite, reclus(e)
Klausur : clôture
Klee : trèfle
kleeblattförmig : tréflé, trilobé
Kleinquaderwerk : petit appareil
Klerus : clergé
Klinge : lame, épée, fer de rabot
Klinke : loquet
Klinkwerk : assemblage en about
Klöppel : battant de cloche, fuseau, rondin
Kloster : monastère, moutier
Klostergang : galerie de cloître
Klostergewölbe : voûte en arc de cloître
Klosterkirche : église conventuelle
Klostermönch : cénobite
Klotz : bille, bûche
klotzig : grossier
Knauf : bouton, nœud, pommeau
Knochengerüst : ossature
Knopf : bouton, nœud, pommeau
Knospe : bouton de fleur
Knoten : nœud (1)
Knotenschnur : cordelière
knotig : raboteux
Knüppel : rondin
Koffer : coffre
Kommende : commende
Kommunionbrüstung : table de communion
Komplementärfarben : couleurs complémentaires
komposit : composite
Komturei : commanderie
Konche : conque, lobe
Königsgalerie : Galerie des rois
Konsole : console, culot
Konsulardiptychon : diptyques consulaires
Kontrapost : contrapposto
Kopfreliquiar : chef-reliquaire
Korb : corbeille, panier
Korbflechterei : vannerie (1)
Korbhenkel : anse de panier
Korbträgerin : canéphore
korinthisch : corinthien (*cf.* chapiteau, ordre)
Kostenvoranschlag : devis
Kraft : force
Kragstein : corbeau, modillon, cul-de-lampe
Krambude : échoppe
Kranz : couronne, anneau
Kranzgesims : corniche, larmier
Kredenz : crédence
Kredenztisch : crédence (de sanctuaire)
Kreis : cercle
kreiselnd : giratoire
Kreuz : croix
Kreuzabnahme : Déposition de Croix
Kreuzauffindung : Invention de la Sainte Croix
Kreuzblume : fleuron
Kreuzestitel : titulus
Kreuzfahne : labarum
Kreuzfenster : fenêtre à meneaux
Kreuzgang : cloître
Kreuzgratgewölbe : voûte d'arêtes
Kreuzgurten : croisée d'ogives
Kreuzigung : crucifiement, crucifixion
Kreuzmeißel : bec d'âne
Kreuznimbus : nimbe crucifère
Kreuzrippe : ogive (arc)
kreuztragend : crucifère
Kreuzung : intersection
Kreuzweg : chemin de croix
Krippe : crèche
Krone : couronne
kröneln : bretteler
Krönung : couronnement, sacre (2), *cf.* amortissement
Kropfeisen : louve
Kröseleisen : grésoir, grugeoir
Krückstab : potence (2)
Krug : jarre
Krummstab : crosse
Krümmung : cintre, gauchissement, *cf.* galbe
Kruste : croûte, *cf.* bousin
Kruzifix : crucifix
Krypta : crypte
Küche : cuisine
Küchengarten : jardin potager
Kugel : boule
Kunkel : quenouille
Kunst : art
Kunstförderer : mécène
Kunstgriff : tour de main
Künstler : artiste
künstlich : factice
Kunstwerk : œuvre d'art
Kuppel : coupole, dôme
Kußtäfelchen : baiser-de-paix
Kutte : coule, cagoule

l

Labyrinth : labyrinthe
Lade : bahut, huche, arche
Lage : assise, lit
Lager : magasin
Lagerfuge : joint
Laie : laïc
Lamm (Gottes) : Agneau mystique
Lampe : lampe
ländlich : rustique, rural
Landsitz : manoir
Längengurt : arc formeret
Längs... : ... longitudinal(e)
Lanze : lance
Lanzenbrechen : joute
lanzeneisenförmig : en fer de lance, lancéolé
Lanzenfähnchen : gonfalon
Lanzenspitze : pointe de lance
Lanzette : lancette
Lappen : lobe
Last : charge
Lasurstein : lapis-lazuli, lazulite
lateinisches Kreuz : croix latine
Lateran : Latran
Laterne : lanterne

Latte : latte, volige
Lattenwerk : hourdage, lattis
Laubwerk : feuillage, rinceaux
laufende Verzierung : ornement courant
Laufgang : coursière
Lebensgrösse : grandeur naturelle
Lectionarium : lectionnaire
Leere : vide
Legendarium : légendaire, légendier
Legende : légende (2)
Legung : pose
Lehm : terre limoneuse
Lehne : appui, rampe, pente
Lehrbogen : cintre de charpente
Lehrling : apprenti
Leibung : embrasure, panse, *cf.* extrados, intrados
Leichentuch : linceul, suaire, *cf.* sindon
Leiden Christi : Passion du Christ
Leidensgeräte : instruments de la Passion
Leidensweg : via dolorosa
Leinentuch : linge
Leinwandmalerei : peinture sur toile
Leiste : baguette, filet, listel, orle
Leiter : échelle, gradation
Leitersprosse : échelon
Lendentuch : perizonium
Leprosenhaus : léproserie, maladrerie
Lettner : jubé
Leuchter : candélabre, chandelier, flambeau, torchère, girandole
Leviathan : Léviathan
Levitikus : Lévitique
Licht : jour, lumière, ajour, cierge; *falsches L.* : faux-jour
Lichterrechen : herse pour cierges
Lichtkrone : lustre
Lichtmess : Chandeleur
Liegefigur : gisant
Limbus : limbes
Lilie : lis
lilienverziert : fleurdelysé
Linse : lentille
linsenförmig : lenticulaire
Lisene : bande lombarde, lésène
Litanei : litanie, kyrielle
Liturgie : liturgie
Litze : galon, lisse
Lorbeer : laurier
lorbeerbekränzt : lauré
löten : souder
Luftbild : vue aérienne
Luftziegel : brique crue

m

Mäander : méandres
Mäanderstreifen : grecques
Madonna : Vierge
Mailbahn : mail
Majestas : majesté, *cf.* Vierge
Maler : peintre
Malergod : or moulu
Malerschmelz : émail peint
Malerschule : école de peintres
Malgrund : subjectile
Malhügel : montjoie
Malteserkreuz : croix de Malte
Malteserorden : ordre de Malte
Mandelglorie : mandorle
Manierismus : maniérisme
Manipel : manipule
Mansarde : mansarde
Mantel : manteau, chape, parement
Mäntelchen : mantelet
Mantelschloß : formal
Mariahilf : Vierge du Bon Secours
Marketerie : marqueterie
Marmor : marbre
Marmorhauer : marbrier
Märtyrer : martyr
Martyrologium : martyrologe
Masche : maille
Maserung : madre
Maske : masque
Maß : mesure, proportion
Masse : masse
Mäßigkeit : tempérance
massiv : massif
Maßstab : échelle de mesure
Maßverhältnisse : proportions
Maßwerk : remplage (2)
Maßzeichnung : plan coté
Mastkorb : hune
Matte : natte, sparterie
Mauer : mur; *Innenmauer* : mur de refend
Mauerfeld : pan de mur
Mauerhut, Mauerkappe : chape, chaperon de mur
Mauerwerk : maçonnerie, appareil, *cf.* tas de charge
Mauerzacke : merlon
Maurer : maçon
Maurerkelle : truelle
Mausoleum : mausolée
Mäzen : mécène
Medaillon : médaillon
Meerschiff : navire de haute mer
Meißel : ciseau
Meister : maître
Meisterstück : chef-d'œuvre
Mennig : minium
Menschwerdung : Incarnation
Merkzeichen : marque, attribut, repère
Meßbuch : missel
Meßornat : chapelle, vêtements liturgiques
Minderbrüder : frères mineurs
Miniatur : miniature
Minoriten : franciscains, frères mineurs
Mitra : mitre
Mitrabänder : fanons
Mittelalter : Moyen Age
Mittelpfeiler : pilier du milieu, trumeau
Möbel : meuble
Modell : modèle, gabarit
Modellierstab : ébauchoir
Monatsbeschäftigungen, Monatsbilder : travaux des mois
Mönch : moine
Mönchtum : monachisme
Monstranz : ostensoir, monstrance
Monument : monument
Moresken : mauresque
Mörtel : mortier, ciment, béton, gâchis
Mosaik : mosaïque
Mosaiksteinchen : smalte
Motiv : motif
Mozaraber : mozarabe
Mühlenkalkstein : meulière
Mühlstein : meule
Münzaufschrift : légende (1)
Münze : monnaie
Münzkunde : numismatique
Muschel : conque, coquille
Muster : modèle, échantillon, patron, parangon, *cf.* poncif
Musterriß : épure
mustern : gaufrer
Myrrhe : myrrhe

n

Nachahmung : imitation
Nadel : aiguille
Nagel : clou
Nagelkopf : tête de clou
Nagelstein : onyx
Namenszug : monogramme
Napf : jatte
Narthex : narthex
Natterzungen (Aufsatz mit) : languier
Nebengebäude : dépendances
Netz : filet, *cf.* lacs, entrelacs, résille
netzartig : réticulé
Netzgewebe : lacis
Netzwerk : appareil réticulé
Neue Testament (das) : le Nouveau Testament
Nierenstein : jade
nieten : river

Nimbus : nimbe
Nische : niche
Nodus : nœud (2)
Nonne : nonne

o

Oberbau : superstructure
Oberkirche : église-haute
Oberlicht : jour venant d'en haut, étage clair
Oberlichtgitter : imposte
Oberschwelle : linteau, *cf.* plate-bande
Ochsenauge : œil-de-bœuf
Ocker : ocre
Ofen : poêle, four
Offenbarung : Révélation
Offenbarung Johannis : Apocalypse de saint Jean
Öffnung : ouverture, baie, jour
Öl (geweihtes) : saint chrême
Ölmalerei : peinture à l'huile
Opal : opale
Opfer : sacrifice
Opferung Mariä : Présentation
Opferschale : patère
Opferstock : tronc (2)
Ophikleid : ophicléïde
Orant, Orantin : orant, orante
Orden : ordre
Ordensgeistliche(r) : clerc régulier, religieux
Ordensregel : règle d'un ordre
Orgel : orgue
Orgelbühne : tribune (2)
Orgelgehäuse : buffet d'orgue
Osterkerze : cierge pascal
Osterleuchter : chandelier pascal
Ostern : Pâques

p

Packsattel : bât
Palast : palais
Palimpsest : palimpseste
Pallium : pallium
Palme : palme
Palmenblatt : palmette
Palmenträger : paumier
Palmette : palmette
Palmsonntag : dimanche des rameaux
Panier : bannière, *cf.* pennon
Panspfeife : flûte de Pan, syrinx
Panzer : cuirasse, *cf.* cotte de mailles, haubert
Papst : pape
Parabel : parabole
Paradies : paradis, parvis
Passionale : passionnaire
Pavillon : pavillon (3)
Pechkohle : jais
Peitsche : fouet
Pelz : fourrure, pelisse, *cf.* aumusse, mélote
Pentateuch : Pentateuque
Pergament : parchemin
Perle : perle (1)
Perlenschnur : chapelet, collier, cordon de perles
Perlenstab : fusarolle
Perpendikularstil : gothique perpendiculaire
Pfahl : pieu, pilot, piquet, *cf.* pal
Pfahlrost : pilotis
Pfahlwerk : palanque, palis
Pfarrhaus : presbytère
Pfarrkirche : église paroissiale
Pfefferbüchse : poivrière, échauguette
Pfeil : flèche
Pfeiler : pilier, pile
Pfingsten : Pentecôte
Pflock : cheville, goujon, goupille
Pflöckchen : clavette
Pforte : porte, portail
Pförtnerhaus : porterie
Pfosten : jambage, montant, poteau
Pfründe : prébende
Pfühl : boudin, tore
Pfuscher : gâcheur
Pfuscherei : bousillage
Pilaster : pilastre
Pilger : pèlerin
Pilgerfahrt : pèlerinage
Pilgermuschel : coquille Saint Jacques
Pilgerstab : bourdon
Pilgertasche : panetière
Pilgerzeichen : enseigne de pèlerinage
Pinienzapfen : pomme de pin
Piscina : piscine
Plättchen : lamelle, *cf.* réglet, filet
Platte : plaque, dalle, table, *cf.* abaque
Plattenpanzer, Plattenrüstung : armure de plates
Plattform : plate-forme
Pluviale : pluvial (2)
Podest : palier
Podium : podium, estrade
Pokal : hanap
Porphyr : porphyre
Portal : portail
Portalbau : porterie
Porzellan : porcelaine
Porzellanmalerei : peinture sur porcelaine
Posaune : trompe (2), trombone
Pracht : magnificence
Prachtzelt : pavillon (1)
Prälat : prélat
Prämonstratenser : prémontré
Praxis : pratique
Prediger : pasteur protestant, prédicateur, frère prêcheur
Prellstein : borne, *cf.* montoir
pressen : gaufrer
Priester : prêtre
Priesterweihe : ordination
Primas : primat
Primat : primatie
Primitiven : peintres primitifs
Prior : prieur
Priorei : prieuré
Prisma : prisme
profanieren : profaner
Profil : profil
Projektion : projection
Prophet : prophète
Prozession : procession
Prüfstein : pierre de touche
Prüfung : examen, sondage
Psalm : psaume
Psalmbuch : psautier
Psalter : psaltérion, psautier
Psychomachie : Psychomachie
Puddingstein : poudingue
Pult : pupitre, lutrin
Pultdach : comble à un versant
Punkt : point (2)
Punktlinie : pointillé
Purpur : pourpre
Putz : crépi, enduit, ravalement
Pyramide : pyramide

q

Quader : pierre de taille
Quaderbau, Quaderwerk : construction appareillée
Quadrat : carré
Quadrille : quadrille
Quecksilber : vif argent
Queraxt : bisaiguë
Querbalken : solive, traverse
Querbogen : arc doubleau
Quereisen, Querholz : croisillon, entretoise
Quermauer : mur transversal, mur de refend, mur diaphragme
Querschiff : transept
Querschiffarm : bras de transept, croisillon (3)
Querschnitt : coupe
Quinkunx : quinconce

r

Rad : roue (1)
Radius : rayon (2)
Radspeiche : rayon de roue

Rahmen : cadre, châssis
Rahmenwerk : armature, bâti
Rähmstück : pièce d'encadrement, *cf.* poitrail, sommier
Rangordnung : hiérarchie
Ranken : rameaux, ramages, rinceaux
Raspelfeile : rifloir
Rätsel : énigme
Rauchaltar : autel des parfums
Rauchbecken : cassolette
Rauchfang : hotte de cheminée
Rauchfaß : encensoir
Rauchfaßengel : ange thuriféraire
rauh : brut
Raute : losange, rhombe, facette
Rechte : droite, dextre
rechteckig, rechtwinkelig : à angle droit, rectangulaire, d'équerre
Refektorium : réfectoire
Regenbogen : arc-en-ciel, iris
Register : registre (1)
Reichsapfel : globe (2)
Reif : anneau, bague
Reifelung : cannelure
Reihe : rangée, file, épine de colonnes
Reiter : cavalier
Reiterstandbild : statue équestre
Reittier : monture
Relief : relief
Reliefschmelz : émail translucide sur relief
Reliquiar : reliquaire, *cf.* fierte
Reliquien : reliques
Reliquienkassette, Reliquienkasten, Reliquienschrein : reliquaire, châsse, lipsanothèque, fierte
Reliquienübertragung : translation de reliques
restaurieren : restaurer
Retter : Sauveur
retuschieren : retoucher
Rhombus : losange
Rhythmus : rythme
Richtmass : étalon, canon de mesure, module
Richtung : direction, tendance
Riefe : cannelure
Riegel : verrou, pène
Riegelhacken : vertevelle
riffeln : canneler; *geriffelte Säule* : colonne cannelée
Ring : anneau, bague
ringförmig : annulaire
Ringmauer : enceinte, muraille
Ringnagel : piton
Rinne : canal, cannelure, gouttière, rigole
Rinnleiste : doucine
Rinnstein : caniveau
Rippe : côte, nerf, nervure, *cf.* ogive, lierne
Rippengewölbe : voûte nervée
Riß : fissure, lézarde, tracé épure, plan, *cf.* projet
Ritter : chevalier
Ritterorden : ordres de chevalerie
Ritualbuch : rituel
Ritus : rite
Ritz : fissure, rayure, *cf.* brettelure, rayère
Ritztechnik : sgraffito
roh : brut, cru
Rohbau : gros-œuvre
Rohr, Röhre : tuyau
Rolle : rouleau
römisch : romain, *cf.* composite (ordre)
Rose : rose, rosace
Rosenhag (Maria im) : Vierge du Buisson de roses
Rosenkranz : chapelet, patenôtre
Rosette : rosace
Rost : gril, radier
Rotstein : rubrique
Rotunde : rotonde
Rubin : rubis
Rücken : dos, derrière, verso
Rücklaken : dorsal
Rücklehne : dossier
Rücksprung : retraite
Ruhe : repos
Ruhealtar : reposoir (2)
Ruinen : ruines
Rumpf : torse
Rundbau : rotonde
Rundbildnerei : ronde-bosse
Rundfalte : godron
Rundfenster : oculus, œil-de-bœuf
Rundschau : vue panoramique
Rundschild : rondache
Rundstab : baguette, boudin, tore
Rüstbalken : boulin
Rustika : rustique (ordre)
Rustikaquaderung : appareil en bossage
Rüstloch : boulin
Rüstschuh : soleret
Rüstung : armure, harnois, panoplie; échafaudage
Rute : baguette, verge
Rutenbündel : faisceau

S

Saal : salle
Saalbau : halle, *cf.* église-halle
Säge : scie
Sägezahn : dent-de-scie
Saiteninstrument : instrument à cordes
Sakrament : sacrement
Sakramentshäuschen : custode (1), tabernacle
Sakristei : sacristie
Salbung : onction, *cf.* sacre, consécration
Salpeter : salpêtre
Sand : sable (2)
Sandstein : grès
Sanduhr : sablier
Sänfte : litière
Sänger : chantre
Sängerchor : chœur de chantres
Saphir : saphir
Sardonyx : sardoine
Sarg : cercueil
Sargbehang : poêle (4)
satirisch : satirique, *cf.* drôleries
Sattel : selle (2)
Satteldach : toit en bâtière, comble à deux égouts
Sattelknopf : pommeau (2)
Satz : assise, garniture
Säulchen : colonnette
Säule : colonne
Säulengang : colonnade, péristyle
Säulenhalle : portique
Säulenheiliger : stylite
Säulenplatte : plinthe
Säulenstuhl : stylobate
Saum : orle
Schabeisen : ripe
Schablone : modèle, poncif (2); *cf.* pochoir
Schachbrett : échiquier
Schächer : larron; *der böse S.* : le mauvais larron; *der bußfertige S.* : le bon larron
Schachtel : boîte
Schaf-Fell : mélote
Schaft : fût, hampe, pied (2)
Schale : enveloppe, calotte, jatte
Schallblatt : abat-son
Schalldeckel : abat-voix
Schallgefässe : vases acoustiques
Schall-Löcher : ouïes
scharf : tranchant, vif
Scharlach : écarlate
Scharnier : charnière
Schärpe : écharpe
Scharte : brèche, *cf.* meurtrière
Schatten : ombre
Schaufel : pelle
Schauloch : regard
Schauseite : façade
Schaumünze : médaille
Scheibe : disque, *cf.* besant, piécette, pirouette
Scheidemauer : refend (mur de)

Scheidewand : cloison, séparation (mur de), *cf.* galandage
Schein... : faux-..., feint
Scheitel : sommet
Scheitelrippe : lierne
Schembart : ventaille
Schemel : escabeau, selle (1)
Scheune : grange
Schicht : couche, assise, lit, rangée
schief : biais, déjeté, oblique, *cf.* biseau, vide (pousser au)
Schiefer : ardoise
Schießscharte : arbalétrière, archère, barbacane (2), meurtrière
Schiff : navire, nef, vaisseau (2), vaisseau (3)
Schiffchen : navette (à encens)
Schild : bouclier, écu, pavois, scutum, enseigne de boutique
Schimmel : moisissure
Schindel : bardeau, billette, essaule
Schindelbrett : volige
Schirm : abri, protection, *cf.* abat-vent
Schirmdach : appentis, auvent
Schlafsaal : dortoir
Schlaginstrument : instrument à percussion
Schlagschatten : ombre portée
Schlange : serpent, guivre
Schlegel : batte, maillet, mailloche, masse
Schleier : voile
Schlendrian : routine
schlichten : aplanir, planer
Schlichthobel : varlope
Schließe : fermoir, *cf.* agrafe, formal, auberon, moraillon, mors de chape
Schließkappe : gâche
Schlitz : fissure
Schlitzfenster : meurtrière, barbacane, rayère
Schloß : château, palais
Schloß : fermeture, serrure, *cf.* palastre
Schloßkasten : palastre
Schloßriegel : pène
Schlößchen : châtelet
Schlüssel : clé, cheville d'assemblage
Schlußstein : clé de voûte
Schmelz : émail
schmelzen : fondre
Schmelzmaler : émailliste
Schmelzofen : fournaise
Schmied : forgeron
schmiedbar : malléable
Schmiede : forge
Schmiedeeisen : fer forgé
Schnabel : bec, *cf.* bec d'oiseau, bec de corbin
Schnalle : agrafe, boucle
Schnecke : escargot, enroulement, spirale, volute, *cf.* caulicoles
Schneckenlinie : spirale
Schneckentreppe : escalier à vis, en colimaçon
Schneide : taillant, tranchant, mèche
Schnitt : taille (1), entaille
Schnittpunkt : point d'intersection
Schnitzaltar : rétable sculpté
Schnitzer : sculpteur sur bois
Schnitzmesser : plane
Schnörkel : enroulement, volute (1)
Schnur : cordon, chapelet, guirlande
Schnürloch : œillet
Schornstein : cheminée
Schornsteinhaube : mitre de cheminée
Schornsteinmündung : souche (1)
Schoßtuch : grémial
Schraffierung : hachure, brettelure, *cf.* sgraffito
Schräge : chanfrein, biais, versant de toit, inclinaison, talus
Schrank : armoire
Schranke : clôture
Schraube : hélice, vis
Schraubenmutter : écrou
Schraubenwinde : vérin
Schraubenzieher : tournevis
Schreibgriffel : style (1)
Schreibstube : scriptorium
Schrift (die Heilige) : la Sainte Écriture
Schriftausleger : exégète
Schritt : pas
Schrot : tronc, bille
Schrothobel : riflard
Schub : poussée
Schule : école
Schüler : élève
Schulter : épaule
Schulterjoch : palanche
Schuppe : écaille, *cf.* imbrication
schuppenförmig : imbriqué
Schuppenpanzer : haubert
Schutt : décombres, gravois
Schutz : protection
Schutzheiliger, Schutzpatron : saint patron, titulaire, *cf.* vocable
Schwalbenschwanz : queue d'aronde
schweifen : bomber, cambrer, échancrer, festonner
Schweifung : cambrure, feston, ventre
Schweinsfedern : chardon
schweißen : souder
Schwelle : seuil, semelle (2), sole
Schwellung : renflement, *cf.* entasis
Schwert : épée
Seele : âme (3)
Seelentag : jour des morts
Seelenwägung : pèsement des âmes, psychostasie
Segel : voile de navire
Segelboot : voilier
Seil : corde
Seite : côté
Seiten... : ... latéral, de côté
Seitenschiff : nef latérale, bas-côté, collatéral
selig : bienheureux
senken (sich) : s'enfoncer, travailler
Senkgrube : puisard
senkrecht : vertical, perpendiculaire, d'aplomb
Senkung : affaissement, tassement
Septuaginta : Septante
Seraph : séraphin
Servitut : servitude
Sessel : siège
Setzschwelle : sablière
Sieb : crible, tamis
Siegel : sceau
Siegelkunde : sigillographie, sphragistique
Sims : moulure
Simsprofilierung : modénature, mouluration
Singschule : école de chant, psallette
Sinnbild : emblème, symbole
Sinnbilderkunde : iconologie
Sirene : sirène
Sitz : siège
Skapulier : scapulaire
Skiapode : sciapode
Smaragd : émeraude
Sohle : semelle (1)
Sommerladen : persienne
Sondieren : sondage
Sonnenuhr : cadran solaire
Sonnenzeiger : gnomon
Spagnolette : espagnolette
Spalt : fente, fissure
spalten (sich) : se fendre, se déliter
Spannbalken, Spannriegel : entrait, tirant
Sparren : chevron
Spätgotik : gothique tardif
Spektrum : spectre
Spiegel : miroir
Spielraum : jeu, *cf.* jouer
Spieß : pique
Spindel : fuseau, noyau d'escalier
spindelförmig : fuselé
Spindelstein : peson (2)
Spital : hôpital

spitz : pointu, aigu
Spitzamboß : bigorne
Spitzbogen : arc brisé
Spitzbogengewölbe : voûte en berceau brisé
Spitze : pointe, dentelle
Spitzhacke : pioche
Spitzhammer : boucharde
Sporn : éperon, *cf.* bec
Spruchband : banderole, phylactère
Sprung : fissure
Spuk : diablerie
Stabkirche : stavkirke, église de bois
Stabkrümme : volute de crosse
Stachel : pointe
Stachelsporn : éperon à pointe unique
Staffel : marche, degré
Staffelei : chevalet
Stamm : tronc (1)
Stammbaum : arbre généalogique
Stammeltern : nos Premiers Parents
stämmig : trapu
Stampferde : pisé
Standbild : statue, portrait en pied
Ständer : poteau, pilier, support, montant, piédestal, piédouche
Ständerwerk : colombage
Standfähigkeit : stabilité
Stange : hampe, perche
Stangengold : or en barre
Stangenwaffe : arme d'hast
Stanzung : estampage (1)
Statue : statue
Statuette : statuette, figurine
Staurothek : staurothèque
Stechbahn : lice
stechen : piquer, graver, jouter
Stecher : graveur
Steigbügel : étrier
steigender Bogen : arc rampant
Steigreif : étrier
Steigung : rampe (1)
Stein : pierre
Steinausmesser : appareilleur
Steinbohrer : trépan
Steinbruch, Steingrube : carrière
Steingut : faïence
Steinhändler : lapidaire (2)
Steinigung : lapidation
Steinmetz : tailleur de pierre, lapicide
Steinmetzzeichen : signes lapidaires, marques de tâcheron
Steinsarg : sarcophage
Steinschneidekunst : glyptique
Steinschneider : lapidaire (1)
Steinschnitt : taille des pierres, *cf.* stéréotomie

Stelze : échasse
Stern : étoile
Stich : piqûre, point (1)
Stichbalken : blochet, chevêtre
Stichkappe : lunette, pénétration
sticken : broder
Stickerei : broderie
Stiel : tige, manche, montant, pédicule
Stierschädel : bucrâne
Stift : goupille
Stift : fondation, maison religieuse, chapitre, évêché
Stifter : fondateur
Stiftskirche : église collégiale, église cathédrale
Stiftsfrau, Stiftsherr : chanoinesse, chanoine
Stiftung : fondation
Stil : style
Stirn : front
Stirnband : diadème, frontal
Stirnreif : diadème
Stirnseite : façade
Stock, Stockwerk : étage
Stole : étole
Strahl : rayon (1)
Strahlenkranz : gloire, auréole, nimbe
Strauß : bouquet
Strebeband : empannon, étai
Strebebogen : arc-boutant
Strebepfeiler : contrefort
Streckbalken : longeron
Streichinstrument : instrument à corde frottée
Streifen : bande, zone, cannelure, strie, rainure, clave
Streiflicht : lumière rasante
Streitaxt : hache d'armes
Streithammer : marteau d'armes
Streitkolben : masse d'armes
Streumuster : semis
Strich : trait
Strichziegel : antéfixe
Striegel : strigile
stri(e)giliert : strigilé
Stroh : paille, chaume
Strohgelb : jaune paille
Strohhütte : chaumière
Strohlehm : bousillage, torchis
Stuck : stuc
Stück : morceau, fragment
Stufe : degré, marche, gradin
Stufenbreite : giron
Stufennute : emmarchement
Stuhl : chaise, siège, chaire; *Bischofsstuhl* : chaire épiscopale, trône épiscopal
stumpf : émoussé, obtus

Stundenbuch : livre d'heures
Sturz : linteau, *cf.* plate-bande; *dachförmiger Sturz* : linteau en bâtière
stürzen : s'écrouler
Stützbalken : lambourde
Stütze : étai, étançon, étrésillon
stützen : buter, contrebuter, épauler, étayer, raidir
Stützmauer : mur de soutènement
Stützpfeiler : contrefort, pédicule
Stützpunkt : point d'appui
Sünder : pécheur
Symbol : symbole
Symbolik : symbolisme
Symmetrie : symétrie
Synagoge : synagogue
Synod : synode
Synoptiker : Synoptiques

t

Tabernakel : tabernacle
Tafel : table, tableau, plaque, plinthe
Tafelgeld : mense
Tafelmalerei : peinture sur bois, panneau (3)
Talar : simarre
Tapete : tapis, tapisserie
Tapetenbehang : tenture
Tartsche : targe, pelte
Tau : câble, *cf.* rudenture
Taube : colombe
Taubenhaus : colombier, *cf.* pigeonnier
Taubenloch : boulin
Taufbecken : fonts baptismaux
Taufe : baptême
Taufkapelle : baptistère
Tempel : temple
Tempelherr : templier
Temperamalerei : peinture à la détrempe
Teppich : tapis
Terrakotta : terre cuite
Terrasse : terrasse
Terrassendach : toit en terrasse
Tertiarier : tertiaire
Testament : testament
Teufel : diable
Thebais : Thébaïde
Thron : trône, *cf.* majesté, étimasie
Thronhimmel : baldaquin, dais
Tiara : tiare
tiefschäftig : de basse lisse
Tier : animal, *cf.* zoomorphique, zoophore
Tierbuch : bestiaire
Tierkreis : zodiaque
Tierkreisbilder : signes du zodiaque

Tinkturen : couleurs héraldiques, émaux
Tisch : table; *Tisch des Herrn* : table de communion
Tischler : menuisier
Titelheiliger : titulaire (saint)
Tochterabtei : fille (abbaye)
Ton : ton
Ton : terre glaise
Tonwerte : valeurs
Tonnengewölbe : voûte en berceau
Topas : topaze
Topf : pot
Töpfer : potier
Töpferscheibe : tour de potier
Tor : porte
Torweg : porte cochère
toskanisch : toscan (ordre)
Totenbuch : obituaire
Totenleuchte : lanterne des morts
Totenmaske : masque mortuaire
Totentanz : danse macabre
Tragaltar : autel portatif
Tragbalken : sommier
Tragband : aissellier, gousset, lien
Tragbütte : hotte
Traghimmel : poêle (2)
Tragorgel : orgue portatif
Tragstange : bâton de confrérie
Tragweite : portée
Tränen : larmes
Traubenbohrer : vilebrequin
Trauerbinde : litre
Traufe, Traufrinne : chéneau, gargouille, gouttière
Treppe : escalier
Treppenabsatz : palier
Treppengeländer : rampe (3)
Treppenhaus : cage d'escalier
Treppenlauf : volée (1)
Treppenspindel : noyau d'escalier à vis
Treppenwange : limon
Trittbrett, Trittholz : escabeau, *cf.* suppedaneum
Triumphbalken : tref
Triumphbogen : arc triomphal
Troddel : gland
Trog : auge
Trommel : tambour
Trompete : trompette
Tropfen : goutte *cf.* larmes
Trümmer : ruines, décombres
Tuch : draperie, linge
Tünche : badigeon, enduit
Tunika : tunique
Tür : porte, huis
Türangel : gond
Türband : penture
Türbogenfeld : tympan
Türeinfassung : cadre, chambranle de porte, huisserie
Türflügel : battant de porte, vantail (1)
Türgewände : jambage, pied-droit, postes
Türkis : turquoise
Türklopfer : heurtoir, marteau de porte
Turm : tour
Türmchen : tourelle
Turmansatz : souche (2)
Turmspitze : flèche, aiguille de clocher
Turnier : tournoi
Türschwelle : seuil, pas de porte
Typologie : typologie

u

Überbau : surélévation
Überdeckung : recouvrement
Überform : surmoulage
Übergang : transition
Überhang : surplomb (1)
überhöht : surhaussé
Überladenheit : surcharge
Überlappung : chevauchement
Überlieferung : tradition
Überzug : housse
umarbeiten : remanier, *cf.* repentir, sous-œuvre
Umbraerde : terre d'Ombrie
Umfang : volume (1)
Umfried(ig)ung : enceinte
Umgang : pourtour
Umschrift : exergue, *cf.* médaille
Unterbau : soubassement, substruction
unterbauern : reprendre en sous-œuvre
Untergeschoß : étage inférieur, rez-de-chaussée, *cf.* sous-sol
untergraben : saper
unterirdisch : souterrain
Unterkirche : église-basse
Untermauern : reprise en sous-œuvre, rempiètement
Unterschrift : signature, seing
unterstreichen : souligner
unterstützen : étayer
Untertauchung : immersion
Unze : once
Unzialschrift : onciales
Urbild : prototype
Urkunde : document, archive, charte
Urkundenbuch : cartulaire
Urkundensammlung : chartier, archives
Urvater : patriarche

v

Vase : vase
veilchenblau : violet
Verankerung : ancrage, chaînage
Verband, Verbindung : liaison, assemblage
Verbindungstange : tirant
Verbleiung : plombs de vitrail, *cf.* résille
verdammt : damné
Verfahren : procédé
Verfall : ruine, vétusté, *cf.* délabré
Verfirstung : faîtage
Vergeistigung : spiritualisation
vergießen : verser, sceller (2)
Vergoldung : dorure
Verjüngen : réduction, *cf.* échelle, fruit, élégir
Verkleidung : revêtement, *cf.* habillement, rhabiller
verkleinern : réduire, rapetisser
Verknüpfung : liaison
Verließ : cul de basse-fosse, oubliette
vermauern : maçonner, murer
Verschalung : coffrage
Verschlingung : entrelacs
verschnörkelt : tarabiscoté, *cf.* fioritures
Verschrägung : ébrasement
Verspottung Christi : Dérision du Christ
Verstäbung : garniture de bâtons, *cf.* rudenture
Verstärkung : renfort
verstopfen : boucher
verstreichen (die Fugen) : jointoyer
Verteidigungsturm : tour de défense
verunstalten : défigurer
Verzahnung : indentation, *cf.* amorce, arrachement, harpe, pierres d'attente
Verzapfung : assemblage à tenon et mortaise
verziehen : tirer de travers, *cf.* déjeté, gaucher
Verzierung : décoration, ornement, ornementation, *cf.* ouvragé, fioritures
Vesperbild : Vierge de pitié
vieleckig : polygonal
Vielfarbigkeit : polychromie
Vierblatt : quadrilobe, quatre-feuilles
viereckig : quadrangulaire, carré, *cf.* équarrir
Vierseit : quadrilatère
Viertelstab : quart de rond
Vierung : carré ou croisée du transept

Viola : viole
violett : violet
Visier : visière
Vogelperspektive, Vogelschau : vue cavalière, vue à vol d'oiseau
Vollbild : pleine page (illustration)
Vollsäule : colonne isolée
Vorbild : préfigure, type, archétype
Vorder... : ... de devant, de face
Vorderabschnitt : protomé
Vorderfläche : parement (2)
Vordergrund : premier plan
Vorderkastell : gaillard d'avant
Vorhalle : porche
Vorhimmel : Limbes
Vorhof : narthex, parvis, galilée
Vorhölle : Limbes
Vorraum : galilée
Vorrichtung : dispositif
vorromanisch : préroman
Vorsänger : préchantre
vorspringend : saillant
Vorsprung : avant-corps, rebord, ressaut, saillie
Vortragekreuz : croix processionnelle
Vorwerk : barbacane (1)
Vorwurf : sujet, thème
Votivtafel, Ex Voto : ex-voto
Vulgate : Vulgate

W

Wachsmalerei : peinture à l'encaustique
Waffe : arme
wag(e)recht : horizontal
Wahlspruch : devise de blason
Wallfahrt : pèlerinage
Walmdach : croupe de comble
Wand : mur, paroi
Wandbehang : tapisserie, tenture
Wandbekleidung : lambris
Wandbogen : arc formeret
Wandelaltar : polyptique
Wandlung : consécration de la messe
Wandpfeiler : pilastre, pilier engagé, *cf.* contrefort, dosseret
Wandrute : longrine
Wandsäule : colonne engagée
Wandschrank : placard
Wandteppich : tapisserie, tenture
Wappen : armoiries, armes, *cf.* blason
Wappenfeld : champ de l'écu, quartier
Wappenherold : héraut d'armes
Wappenkunde : héraldique
Wappenlilie : fleur de lis
Wappenschild : blason, écusson, panonceau
Wärmapfel : pomme à chauffer les mains
Wärmstube : chauffoir
Warte : donjon
Wartesaal : salle d'attente, salle des pas perdus
Wartturm : tour de guet, échauguette
Wasserblatt : feuille d'eau
Wasserkanne, Wasserkrug : hydrie
Wassermann : Verseau
Wasserspeier : gargouille
Wasserstrahl : jet d'eau
Webstuhl : métier à tisser
Wegbereiter : Précurseur
Weibelstab : masse d'huissier
Weih... : ... votif
Weihe : consécration
Weihekreuz : croix de consécration
weihen : vouer, consacrer
Weihnacht : Noël
Weihrauch : encens
Weihwasser : eau bénite
Weihwasserbecken : bénitier
Weihwedel : goupillon
Weinberg : vigne (2)
Weinblatt : feuille de vigne
Weinranke : pampre
Weinrebe : vigne (1)
Wellbaum : arbre de treuil
Wellenbogen : arc en accolade
Wellenlinie, Wellenmuster : ondes, flots grecs, strigiles, vagues
Weltgeistlicher : clerc séculier
Weltkugel : globe (2)
weltlich : du monde, séculier, laïque, profane
werfen (sich) : gauchir, jouer, travailler, *cf.* déjeté
Werk : œuvre, travail
Werkmeister : maître d'œuvre
Werkstatt : atelier
Werkstoff : matériau
Werkzeug : instrument, outil, engin
Westbau, Westwerk : clocher-porche, massif occidental
Wetterdach : auvent
Wetterhahn : coq de clocher, *cf.* girouette
Wickel : enroulement
Wickelranke : vrille
Widerlager : butée, culée de pont
Widerstandsfähigkeit : capacité de résistance
Wiedergabe : rendu
Wiederherstellung, Wiederinstandsetzung : restauration, réfection
Windeisen : barlotière
Windel : lange
winden (sich) : se tordre, se tortiller, *cf.* tors
Windfahne : girouette
Winkel : angle; *rechter W.* : angle droit; *spitzer W.* : angle aigu; *stumpfer W.* : angle obtus; *einspringender W.* : angle rentrant; *ausspringender W.* : angle saillant
Winkeleisen : cornière
Winkelmaß : équerre
Wirbel : tournoiement, *cf.* giratoire
Wohnung : habitation, hôtel, logis
Wölbstein : claveau, voussoir
Wolkenverzierung : nébules
Wulst : boudin, coussinet de chapiteau ionique
Wunder : miracle
Wundertäter : thaumaturge
Wurf : jet
Würfel : dé
Würfelkapitell : chapiteau cubique
Wurfmaschine : machine de jet, *cf.* mangonneau
Wurfspieß : javelot, *cf.* javeline
Wurfwaffe : arme de jet

Z

Zacke : dent, pointe, lobe, merlon
Zackenbogen : arc polylobé
Zahn : dent
zähneln : denteler, créneler, layer, bretteler, *cf.* indentation
Zahnfries : denticules, dentelure
Zahnhammer : laie, bretture
Zahnstein : pierre d'attente, *cf.* amorce (2), harpe (2), arrachement
Zange : tenailles
Zapfen : tenon, cheville, goujon
Zapfenloch : mortaise
Zarge : châssis, cadre, *cf.* bâte
Zeichnung : dessin
Zelebrant : officiant
Zelle : cellule
Zellenschmelz : émail cloisonné
Zelt : tente
Zelter : palefroi
Zement : ciment
Zepter : sceptre
Zerstörung : destruction
Zeugschmiedwerk : taillanderie
Zickzack : zigzag
Ziegel : brique, tuile
Ziegelmauerwerk : briquetage
Ziegenhaut : peau de chèvre, *cf.* mélote
Zier, Zierat, Zierde, Zieren :

décoration, ornement
Ziergiebel : gâble
Zierrahmen : cartouche
Ziertürmchen : clocheton
Zimmermann : charpentier
Zinne : créneau
Zinnenfries : frette
Zinnenkranz : crénelage
Zipfel : pan d'étoffe
Zipolinmarmor : cipolin
Zirkel : cercle
Zirkelschnur : simbleau
Zisterne : citerne
Zitronengelb : jaune citron
Zoll : pouce
Zönakel : Cénacle
Zunft : corporation, corps de métier
Zunge : langue, languette
zuspitzen : tailler en pointe, surhausser
Zuweisung : attribution
Zweispitz(e) : smille
Zwerchaxt : bisaiguë
Zwickel : coin, *cf.* écoinçon, fourche, pendentif, panache
Zwickstein : blocage
Zwielicht : pénombre
Zwillinge : Gémeaux
Zwischenfeld : métope
Zwischenraum : interstice, *cf.* entrecolonnement, solin (2)
Zwischenwall : courtine
Zwischenwange : parclose, jouée

ÉQUIVALENCE
DES TERMES EN ANGLAIS

a

abacus : abaque
abbess : abbesse
abbey : abbaye
abbot : abbé
abut (to) : buter
abutment of a bridge : culée d'un pont
acanthus leaf : feuille d'acanthe
achievement : œuvre
Acts of the Apostles : Actes des Apôtres
adornment : ornementation
adze : herminette, doloire
air hole : soupirail
aisle : aile, bas-côté; *side-aisle* : nef latérale, collatéral
alabaster : albâtre
alms-box : tronc (2); *alms-house* : hôpital, hospice; *alms-purse* : aumônière
altar : autel; *fixed altar* : autel fixe; *high altar* : maître-autel; *temporary altar* : reposoir (2); *altar-ornament* : parement (4); *carved altar-piece* : rétable sculpté; *portable altar-stone* : autel portatif
alter (to) : remanier
alteration : repentir
ambo : ambon
ambulatory : déambulatoire, carole, pourtour du chœur; *ambulatory with radiating chapels* : déambulatoire à chapelles rayonnantes
amethyst : améthyste
amice : aumusse
anaglyph : anagliphe
anchor : ancre
anchorage : reclusoir
angel : ange
angle : angle; *acute angle* : angle aigu; *obtuse angle* : angle obtus; *reentrant angle* : angle rentrant; *right angle* : angle droit; *salient angle* : angle saillant; *angle iron* : cornière
animals (symbolical) : animaux symboliques
anointing : onction; *anointing vessel* : ampoule
annulet : bague
antae : antes
antefix : antéfixe
antependium : antependium
anvil : enclume
apex : sommet
Apocalypse : Apocalypse
apple : pomme, prunelle
apprentice : apprenti
apron : radier
apse : abside; *trefoil apse* : abside tréflée; *double apse plan* : plan à double abside; *apse with radiating chapels* : abside à chapelles rayonnantes
aquamanile : aquamanile
arabesque : arabesque
arcade : arcade; *blind arcade* : arcade aveugle; *arcades* : orbevoie; *blind arcades* : arcature aveugle; *arcades of Kings* : galerie des Rois; *intersecting arcades* : arcatures entrecroisées; *pierced arcades* : arcature à jour; *trefoiled arcades* : arcature trilobée
arcature : arcature
arch : arc, voussure, arche; *cross-arch* : arc ogive; *ogee arch, four centered arch* : arc en accolade; *three centered arch* : arc en anse de panier; *depressed arch* : arc surbaissé; *chancel arch* : arc triomphal; *horseshoe arch* : arc en fer à cheval; *mitre arch* : arc en mitre; *triangular arch* : arc angulaire; *multifoil arch* : arc

polylobé; *pointed arch :* arc brisé, arc en tiers-point; *raised arch :* arc surhaussé; *rampant arch :* arc rampant; *relieving arch :* arc de décharge; *round arch :* arc en plein cintre; *scalloped arch :* arc festonné; *segmental arch :* arc segmentaire, arc bombé; *small arch :* arceau; *trefoil arch :* arc trilobé; *wall arch :* arc formeret; *wooden-arch :* cintre; *arch band :* arc doubleau; *arch-stone :* claveau, voussoir
archbishop : archevêque
arched : arqué
archetype : archétype
architect : architecte
architectonic : architectonique
architrave : architrave
archivolt : archivolte, voussure
area : aire
Ark of the Covenant : arche d'Alliance; *Noah's ark :* arche de Noé
arm : bras; *arm of transept :* croisillon (3); *arm reliquary :* bras-reliquaire; *arm-rest :* accoudoir
arms (coat of) : blason
armlet : bracelet
armorial bearings : armes
armour : armure, harnois; *plate armour :* armure de plates
arrowhead : pointe de flèche; *arrow slit :* archère
artificial : factice
artist : artiste
ascription : attribution
ashlar : pierre de taille
assistant (sculptor's) : praticien
astragal : astragale
atlante : atlante
attic : mansarde
attribute : attribut
Augustinians : augustins
authenticate (to) : authentiquer
aventurine : aventurine
awry : de travers
axe : hache ; *battle-axe :* hache d'armes; *mortising axe :* bisaiguë
axis : axe

b

back : épauler
back-basket : hotte
background : champ
backward : retardataire
badge : insigne; *pilgrim's badge : enseigne de pèlerinage*
balance : équilibre
ball : boule, globe (1); *ball-flower :* bouton
balistraria : arbalétrière
baluster : balustre
band : bandeau ; *purple band :* clave ; *bands :* nerfs (2)
banda lombarda : lésène
banderole : banderole
bandelet : bandelette
banister : rampe (3)
bank : remblai
banner : bannière
baptism by immersion : baptême par immersion
baptistery : baptistère
bar : barre
barbican : barbacane (1)
barn : grange
barrel : tambour (2), voûte en berceau
bartisan : échauguette
basement : sous-sol, soubassement
basilica : basilique
basin : cuve; *holy water basin :* bénitier
basis : base
basket : panier, corbeille; *basket-work :* vannerie (1)
batten : volige
batter : fruit
battlemented : crénelé
bay : travée
beads (strings of) : cordon de perles
beadroll : chapelet (2)
beak : bec d'oiseau; *bird's beak moulding :* bec de corbin
beaker : hanap
beam : poutre; *small beam :* poutrelle; *beams :* gloire
beautify (to) : embellir
bed of justice : lit de justice; *bed-plate :* sole
belfry : beffroi (2); *wall belfry :* clocher-mur
bell : cloche; *big bell :* bourdon; *bell frame :* beffroi (1); *bell tower :* clocher, beffroi (2)
bellows : soufflet
bellshaped : campaniforme
bench : banc d'église, banquette
bent : hanché
bestiary : bestiaire
bevel : biseau
bezant : besant
bezel : bâte
Bible : Bible
bill : mémoire
billets : billettes
binding : reliure; *binding-joist :* chevêtre
bird's eye view : vue à vol d'oiseau, vue cavalière
bishop : évêque
bit of a wall : pan de mur
blacksmith : forgeron
blade : lame
blessed : bienheureux
blind (to) : aveugler
blind (outer window) : persienne
blister : balèvre
blunt : émoussé
boar-spear : vouge
board : planche, ais
boaster : ébauchoir
body (to form one) : faire corps
bolt : boulon, verrou, pène; *ring bolt :* piton
bond : lien, liaison, appareil; *bond stone :* boutisse
boring rod : mirette
bossage : bossage
bottom : fond
bowl : jatte; *wooden bowl :* sébile
box : boîte, layette
brace : tasseau, contrefiche, jambe de force, écharpe, moise
bracket : potence (2), console, modillon, culot, gousset
braid : natte (2), tresse
braided rope : corde tressée
brass : laiton; *brass-ware :* dinanderie
breadth : largeur
breast-high : à hauteur d'appui; *breast-plate :* pectoral, rational; *breast-summer :* poitrail; *breast wall :* mur d'appui; *breastwork :* parapet
brick : brique, brique cuite; *glazed brick :* brique émaillée; *brickwork :* briquetage
bridge : pont; *drawbridge :* pont-levis; *small bridge :* ponceau
brim : rebord
bronze : bronze
bruise : épaufrure
buckle : boucle
building : construction, bâtiment, édifice; *within the building :* dans œuvre
bulge : galbe
bulge out (to) : boucler
bulged : galbé
bulk : masse, volume (1)
bulky : massif
bunch : bouquet
bundle : faisceau
bungled piece of work : bousillage (2)
bungler : gâcheur
burial : inhumation; *burial place :*

sépulture; *burial vault* : caveau
bush hammer : boucharde
butt end : about
buttress (to) : contrebuter
buttress : contrefort; *inner buttress* : contrefort intérieur

C

cable : cable
cabling : rudenture
cabochon : cabochon
cairn : montjoie
calendar : calendrier
Camaldolese : camaldule
cambered : cambré
cameo : camée
campaign (building) : campagne de construction
campanile : campanile
candelabrum : candélabre, lampadaire, torchère; *seven candles candelabrum* : chandelier à sept branches
candle (paschal) : cierge pascal
Candlemas : Chandeleur
candlestick : chandelier; *paschal candlestick* : chandelier pascal
canephor : canéphore
canon : canon, chanoine; *White Canons* : prémontrés; *canons of the altar* : canons d'autel
canonical : canonique, canonial
canonry : canonicat
canopy : baldaquin, poêle (2), dais (1); *altar canopy* : ciborium
cant : pan coupé
canted angle : angle abattu
cantilever : encorbellement
cantoned : cantonné
cantor : chantre
capital : fonds
capital : chapiteau; *composite capital* : chapiteau composite; *corinthian capital* : chapiteau corinthien; *crocket capital* : chapiteau à crochets; *cushion capital* : chapiteau cubique; *godrooned capital* : chapiteau à godrons; *historiated capital* : chapiteau historié; *impost capital* : chapiteau imposte; *capital with foliage* : chapiteau à feuillage
cardinal : cardinal
carpenter : charpentier; *carpenter's line* : simbleau
carpet : tapis
carry out (to) : exécuter
cartouche : cartouche
cartulary : cartulaire
carver (wood) : sculpteur sur bois, huchier
carving (wood) : sculpture sur bois
caryatid : cariatide
case : palastre
casement : croisée de fenêtre; *casement bolt* : crémone
cast (to) : fondre
cast (at a single) : de premier jet
caster (bronze-) : fondeur
casting : fonte
castle : château; *small castle* : châtelet
cat-hole : chatière
cathedral : cathédrale
cauliculi : caulicoles
cavetto : cavet
ceiling : plafond; *timber ceiling with open beams* : plafond à poutres apparentes
cell : cellule
cellar : cave, cellier
cellarer : cellérier
cement : ciment
Cenacle : Cénacle
cenotaph : cénotaphe
censer : encensoir
central line of pillars : épine de piliers
central pier : trumeau
cephalophorous : céphalophore
ceramics : céramique
chain : chaîne
chair : chaise
chalice : calice
chalky : plâtreux
chamfer (to) : chanfreiner
chamfer : chanfrein
chancel : sanctuaire
chapel : chapelle; *apsidal chapel* : chapelle absidale; *funeral chapel* : chapelle funéraire; *palatial chapel* : chapelle palatine
chapter : chapitre; *chapter room* : salle capitulaire
charnel house : charnier
charter : charte; *charter room* : chartrier
charterhouse : chartreuse
chasuble : chasuble
check : damier
chequer work : quadrillage
chequered : quadrillé
cherub : chérubin
chess-board : échiquier
chest : coffre
chevet : chevet
chevron : chevron (2)
chief : chef
chimæra : chimère
chime of bells : carillon
chimney-cowl : abat-vent; *chimney piece* : cheminée; *chimney pipe* : tuyau de cheminée; *chimney pot* : mitre (3); *chimnet-stack* : souche de cheminée
chink : fissure
chip : copeau
chisel : ciseau
choir : chœur (2); *trefoiled choir* : chœur tréflé; *round end of the choir* : rond-point; *choir book* : livre liturgique; *choir-screen* : clôture de chœur
chord : corde (3)
chorus : chœur (1)
chrism : saint chrême
Church : Église; *abbey church* : église abbatiale; *collegiate church* : église collégiale; *conventual church* : église conventuelle; *desecrated church* : église profanée; *fortified church* : église fortifiée; *hall church* : église-halle; *lower church* : église basse; *parish church* : église paroissiale; *pilgrimage church* : église de pèlerinage; *stave church* : église de bois; *upper church* : église haute
churchyard : cimetière
ciborium : ciboire
cinquefoil : cinq-feuilles, quintefeuille
cipolin : cipolin
Cistercian : cistercien
cistern : citerne
clamping : chaînage
clapper (bell) : battant de cloche
clasp : agrafe, formal, mors de chape
clay : terre glaise; *baked clay* : terre cuite; *potter's clay* : terre à potier; *unbaked clay* : brique crue; *clay-lamp* : lampe d'argile
clean off (to) : ébousiner
clear-story : fenêtre haute
clearing : dégagement (1)
clerestory : fenêtre haute, claire-voie (3), étage clair
clergy : clergé
clergyman : clerc, ecclésiastique
clinch (to) : river
cliving grain : lit
cloak (ladies) : mante; *short cloak* : mantelet
clock : horloge
clog : sabot (1)
cloister : cloître; *cloister-walk* : galerie de cloître
cloth (swaddling) : lange

cloth (*altar-*) : nappe d'autel
clothing : habillement
clouds (*curled*) : nébules
clumsy : lourd
Cluniac : clunisien
coarse : grossier
coat (*to*) : rhabiller
coat of arms : armoiries
coating : enduit, revêtement
cob : torchis, bousillage (1)
cœnobite : cénobite
coffin : cercueil
coin : monnaie
colonnade : colonnade
colour : couleur; *complementary colour* : couleur complémentaire
column : colonne; *bundle column* : colonne fasciculée; coupled *columns* : colonnes gemellées; *fluted column* : colonne cannelée; *free standing column* : colonne isolée; *monolithic column* : colonne monolithe; *rostral column* : colonne rostrale; *semi-column* : demi-colonne; *small column* : colonnette; *small coupled columns* : colonnettes couplées
comb : peigne; *liturgical comb* : peigne liturgique
commandery : commanderie
commendam : commende
communion table : table de communion
compensate (*to*) : racheter
composite : composite
computation : comput
concave : concave; *concave moulding* : gorge
concrete : béton; *reinforced concrete* : béton armé
confessional : confessional
confraternity : confrérie
congé : congé
consecration : consécration, sacre (1); *consecration cross* : croix de consécration
console : console
contrast (*to*) : trancher
convex : convexe
cope : chape
coped : en dos d'âne
coping : crête (3), chaperon
corbel : corbeau, modillon
corbelled out : en encorbellement
corbelling : surplomb (2)
cordon : cordon
core : âme
corner : coin, encoignure; *corner ornament* : acrotère; *corner post* : poteau cornier; *corner stone* : pierre angulaire
cornice : corniche
corona : lustre
coronation : sacre (2)
course : assise
counter curve : contre-courbe
counterpoise : contrapposto; *sliding counterpoise* : peson (1)
counterscarp : contrescarpe
cover (*book*) : couverture de livre
cowl : coule, cagoule
crack : lézarde
craftmanship : pratique
craftsman : artisan
cramp-iron : crampon
credence : crédence (2)
creed (*the Apostles'*) : le symbole des Apôtres
crenel : créneau
crest : crête (2); *crest of feathers* : panache
Crib : crèche
crockery : faïence
crocket : crochet
crook : volute de crosse; *shepherd's crook* : houlette
cross : croix; *jewelled cross* : croix gemmée; *greek cross* : croix grecque; *latin cross* : croix latine; *Maltese cross* : croix de Malte; *pectoral cross* : croix pectorale; *processional cross* : croix processionnelle; *St. Andrew's cross* : croix de saint André; *cross potent* : croix potencée; *limb of cross* : bras de croix; *cross-bar* : croisillon (2), traverse; *cross bow* : arbalète
crossing : carré, croisée de transept
crown : couronne; *pope's triple crown* : trirègne; *royal crown* : couronne royale; *crown of thorns* : couronne d'épines
crowning : couronnement
crozier : crosse (1)
cruciferous : crucifère
crucifix : crucifix
crucifixion : crucifixion, crucifiement
cruciform : cruciforme
crude : grossier
crypt : crypte
cul-de-lampe : cul-de-lampe
cupboard : armoire; *wall cupboard* : placard
cupola : calotte; *demi-cupola* : voûte en cul-de-four; *cupola on pendentives* : coupole à pendentifs; *cupola on squinches* : coupole sur trompes
curb : margelle
curtain wall : courtine
curvature : cintre
curve : cambrure
cushion : coussinet (1)
cusp : pointe (1), redent
cutting : taille (1), *stone cutting* : coupe des pierres; *cutting of diamonds* : taille des diamants
cutwater : bec (2)
cyma : cimaise

d

dado : dé (2)
daint : mièvre
dalmatic : dalmatique
damaged : endommagé
damaging : détérioration
damascened : damasquiné
damascening : damasquinage
damask : damas
damned (*the*) : les damnés
dance of Death : danse macabre
dart : javelot
date (*to*) : dater
date of coins : millésime
daughter-house : abbaye fille
deacon : diacre
dead-fall : assommoir
decay : vétusté
decayed : dégradé
Decollation of St. John the Baptist : Décollation de saint Jean-Baptiste
deconsecrated : désaffecté
decoration : décoration
dedicated to : sous le vocable de
dedication : dédicace, consécration d'église
deface (*to*) : défigurer
defacement : dégradation
deflection : désaxement
degenerate : abâtardi
Delivery of the keys to Peter : Tradition des clefs à saint Pierre
demolition : démolition
dentils : denticules
Deposition of the Cross : Déposition de Croix
Descent of the Holy Ghost : Descente du Saint Esprit
Descent to Limbo : Descente (du Christ) aux limbes
design : plan
desk (*reading*) : pupitre
destruction : destruction
detached statuary : ronde bosse
deviated : déjeté
devil : diable

devilry : diablerie
dexter : dextre
diaconicum : diaconicum
diadem : diadème
diamond : diamant; *diamond moulding* : pointe de diamant; *diamond point chisel* : graindorge; *diamond shaped work* : bossage en pointe de diamant
diaphragm wall : mur diaphragme
diaphanous : diaphane
die : dé (1)
diggings : fouilles
dilapidated : délabré
dimensioned sketch : plan coté
diocese : diocèse
diptych : diptyque; *consular diptych* : diptyque consulaire
discentre (to) : décintrer
disconnexion : décrochement
discus : disque
disposition : dispositif
disproportion : disproportion
distaff : quenouille
distemper : détrempe, peinture à la détrempe
ditch : rigole
Doctors of the Church : docteurs de l'Église
dome : dôme; *semi-dome* : cul-de-four
Dominican : dominicain
door : porte, huis; *jib door* : porte dérobée; *door-frame* : chambranle, huisserie; *door-hinge* : paumelle; *door-post* : jambage
doorstep : pas de porte
doorway : portail
dormer-window : lucarne
Dormition : Dormition
dormitory : dortoir
dossal : dorsal
dotted line : pointillé
doucine : doucine
dove-cot : pigeonnier; *dove hole* : boulin (1); *dove shaped pyx* : colombe eucharistique; *dove tail* : queue d'aronde
draft-hole : regard
dragon : dragon
drain : rigole
draining well : puisard
drapery : draperie
drawing : dessin; *architectural drawing* : dessin d'architecture; *working drawing* : épure; *drawing knife* : plane
dressing : apprêt
drill : mèche (2), tarière, trépan, drille
dripstone : larmier
drolleries : drôleries
drown (to) : noyer
drum : tambour (1)
dry : sec, maigre
dungeon : basse-fosse, cul de basse-fosse
dwarf-wall : alège
dwelling : habitation
dynamic : dynamique

e

ear : épi
earth : terre
easel : chevalet
easement : servitude
Easter : Pâques
echinus : échine
edge : taillant, tranchant, rive (2); *sharp edge* : angle vif
edged (sharp) : à arête vive
edgetool trade : taillanderie
edgewise : de champ
effigy : effigie
eggs and darts pattern : oves; *egg-shaped* : oval
elaborate : soigné
Elders (the twenty-four) : les vingt-quatre Vieillards
elect (the) : les élus
elevation : élévation
embankment : quai
embattling : crénelage
embed (to) : encastrer
emblem : emblème
embrasure : embrasure
embroidery : broderie
emerald : émeraude
emphasize (to) : souligner
empty space : vide
enamel : émail; *champlevé enamel* : émail champlevé; *cloisonné enamel* : émail cloisonné; *painted enamel* : émail peint; *translucent enamel* : émail translucide; *enamel painter* : émailliste
enamelled tile : carreau
enameller : émailleur
enamelling : émaillerie
enceinte : enceinte
enclosure : clôture, chancel
end ornament : amortissement
engine : engin
engrave (to) : graver
engraving : gravure
ensign : enseigne
entablature : entablement
entasis : renflement, entasis
enthroned (the Virgin) : vierge en majesté
entombment : Mise au tombeau
entrance : entrée
epigraph : épigraphe
epigraphy : épigraphie
epistle side : côté de l'épître
epistyle : épistyle
epitaph : épitaphe
equipment : équipage
erect (to) : ériger
ermine : hermine
eschatology : eschatologie
escutcheon : écusson
espagnolette : espagnolette
estimate : devis
etch (to) : graver
euchology : eucologe
evangeliary : évangéliaire
Evangelist : Évangéliste
even : uni
evolution : évolution
excavate (to) : fouiller
exedra : exèdre
exegete : exégète
exfoliate (to) : se déliter
expression : expression
extrados : extrados
exultet roll : rouleau d'exsultet
eye (bull's) : œil-de-bœuf; *eye of a volute* : œil (1); *eyeslits* : vues d'un casque
eyelet : œillet

f

façade : façade
face : visage; *face to face* : affronté; *full face* : de face
facet : facette
facing of a wall : parement (2)
faded : effacé
fall in (to) : s'écrouler
false : feint
fanons : fanons
fasten (to) : sceller (2)
fastening : scellement
fathom : toise
feather-edge : biseau
features : traits du visage
Fellowship (the Holy) : la Sainte Parenté
feretory : fierte
fess : fasce
festoon : feston
field : champ
figure : figure; *kneeling figure* : orant (2); *life size figure* : portrait grandeur nature; *reclining figure* : figure couchée; *seated figure* : figure assise; *standing figure* : figure debout
figurine : figurine

fillet : filet, listel, bandeau
filling up : remblai
fillings : remplage (1)
find : trouvaille
Finding of the Holy Cross : Invention de la Sainte Croix
fingered : digité
finial : épi de faîtage
finish : fini
fir-cone : pomme de pin
fire clay : brique réfractaire; *fire-dog* : landier
fitting of stones : appareil; *fittings* : garniture
flabellum : flabel
flat : plat
flag : pavillon (2)
flagstone : dalle, carreau; *flagstone pavement* : dallage
flat part : méplat
flank (to) : flanquer
flank : flanc
flanked : accosté
flesh-colour : incarnat
fleur-de-lis : fleur de lis; *adorned with fleurs-de-lis* : fleurdelysé
fleuret : fleuron
flight of steps : volée (2); *two-flighted stairs* : escalier à double volée
floor : plancher, parquet, étage; *ground floor* : rez-de-chaussée
floral pattern : ramages
flourishes : fioritures
flower-de-luce : fleur de lis
flush with : à fleur de
flushing : affleurement
fluted : cannelé, strigilé
fluting : cannelure
flying buttress : arc-boutant
foil : lobe, paillon
fold : pli; *folds of draperies* : jet de draperies
folded hands (with) : à mains jointes
folding : battant
foliage : feuillage; *foliage scrolls* : rinceaux
foliated head : tête de feuilles
font : fonts baptismaux
foot : pied (1)
footing : empattement
footstool : escabeau
footwarmer : chauffe-pieds
fore part : avant-corps
forecastle : gaillard d'avant
foreground : premier plan
foreman mason : appareilleur
forge : forge
form : forme
formal : guindé
fortified : fortifié
foundation : fondation; *foundations* : fondations
founder : fondateur
founder (bell) : fondeur de cloches
foundry : fonderie
fountain : fontaine, jet d'eau
fragment : fragment
frame : cadre; *frame-work* : bâti, armature, charpente, ferme
framing : encadrement, coffrage
Franciscan : franciscain
fresco-painting : fresque
freshen up (to) : rafraîchir
frets (greek) : grecques; *fret pattern* : frette
friar : moine; *Friar Minor, Grey Friar* : franciscain, frère mineur; *Friar Preacher, Black Friar* : frère prêcheur
frieze : frise
front (in) : de front
frontal : frontal (2)
frontality : frontalité
frontlet : frontal (1)
frost-cleft, frost-split : gélif; *frost-cleft* : gélivure
frustum of a cone : tronc de cône
full : plein
furnace : fournaise
furniture : mobilier; *piece of furniture* : meuble
fusarole : fusarolle

g

gable : gâble, pignon
gadroon : godron
galilee : galilée
gallery : galerie
galloon : galon
gallows : potence (1)
gangway : coursière
gap : lacune
garden : jardin
gargoyle : gargouille
garland : guirlande
garnet : grenat
gate (carriage) : porte cochère; *gate-house* : porterie
gatepost : montant
gateway : entrée; *small gateway* : porte bâtarde
gem : gemme
geminate : géminé
genealogy : généalogie
genius : génie
genuine : original
geometrical ornament : ornement géométrique
gesture : geste
gilding : dorure
girandole : girandole
girder (longitudinal) : longeron
girdle : ceinture
glass : verre; *all through coloured glass* : verre double; *glass blower* : verrier; *glass paste* : pâte de verre
glazing : vitrerie
glory : gloire; *almond-shaped glory* : mandorle
gloves (episcopal, pontifical) : gants liturgiques
gnomon : gnomon
glue a canvass (to) : maroufler
glyph : glyphe
glyptics : glyptique
go (at one) : d'un seul jet
goffer (to) : gaufrer
gold : or; *ingot-gold* : or en barre; *leaf-gold* : or en feuilles; *solid gold* : or massif
golden : jaune d'or
goldsmith : orfèvre; *goldsmith's art* : orfèvrerie
gonfalon : gonfalon
gorgerin : gorgerin
gorget : hausse-col
gorgon : gorgone
gospel : évangile; *gospel book* : évangéliaire
gothic : gothique; *early gothic* : gothique primaire; *flamboyant gothic* : gothique flamboyant; *rayonnant gothic* : gothique rayonnant
gouge : gouge
gown (judge's) : simarre
grace : grâce
gradation : gradation
gradual : graduel
Grail (the Holy) : le Saint Graal
granite : granit
grate : grille
grave : sépulcre
gravel : gravier
gravestone : pierre tombale
greatness : grandeur
greaves : jambières
gregorian : grégorien
gremial : grémial
grey : gris
gridiron : gril
griffin : griffon
grind off (to) : égriser
grindstone : meule
groined vault : voûte d'arêtes
groove : canal, rainure, gorge, feuillure, cannelure
grooving : refend (2)

ground : fond; *background* : arrière-plan
group : groupe
green : vert
grozing iron : grésoir, grugeoir
gudgeon : goujon
guiding mark : repère
guild : corporation, guilde
guilloche : guillochis
gules : de gueules
gutter : gouttière, chaîneau; *gutter lead* : noue
gypsum : gypse

h

habit (*taking of the*) : vêture
hagiography : hagiographie
half life size : demi-nature
hall : salle; *drapers hall* : halle aux draps
hammer (*to*) : marteler
hammer : marteau; *pole hammer* : marteau d'armes
hanap : hanap
hand : main; *the Hand of the Almighty, of God* : la main de Dieu; *hand of justice* : main de justice; *hands* : main d'œuvre; *left hand* : main gauche; *right hand* : main droite
handicraft : métier (1)
handle : manche d'outil
handrail : barre d'appui, garde-corps
handwarmer : chauffe-mains
hanging : tapisserie; *hangings* : tenture
harmonical vases : vases acoustiques
harmony : harmonie
harness : harnachement, harnois
harp : harpe
harpy : harpie
harrow : herse
hasp : moraillon
hat : chapeau
hatchings : hachures; *cross-hatchings* : hachures croisées
haunches of a vault : reins de voûte
head : tête, chef; *head reliquary* : chef-reliquaire
header : boutisse
heading : rubrique (2)
hearse : herse; *hearse cloth* : poêle (4)
heart-leaves : rais-de-cœur
heavy : lourd
height : hauteur, stature
Hell : enfer; *mouth of Hell* : gueule d'Enfer
helmet : heaume
hemisphere : hémisphère
herald : héraut
heraldry : héraldique
hermit : ermite
hetimasia : étimasie
hierarchy : hiérarchie; *the Heavenly Hierarchy* : les hiérarchies angéliques
hinge : gond, charnière; *wrought iron hinges* : penture
hip : hanche, croupe
hippogriff : hippogriffe
hoe : houe; *grubbing hoe* : hoyau
hog backed : en dos d'âne
hollow : évidement; *hollow moulding* : congé
holy : saint; *Holy Land* : Terre Sainte; *the Holy Places* : les Lieux Saints; *Holy See* : Saint-Siège
hod : chaperon, hotte de cheminée
hook (*bill*) : serpe; *hook-nail* : havet
horn (*ivory*) : olifant; *horn of plenty* : corne d'abondance; *horse-bit* : mors; *horse cloth* : housse de cheval
hose : chausses
Hospitallers (*Knights*) : hospitaliers
host : hostie
Hours (*book of*) : livre d'heures
hues of the shield : couleurs héraldiques
huge : vaste
hurdy-gurdy : vielle
hutch : huche
hydria : hydrie
hypocaust : hypocauste

i

ichnography : ichnographie
iconography : iconographie
iconology : iconologie
iconostasis : iconostase
identification : identification
idol : idole
ikon : icône
ill-matched : disparate
illumination : miniature, enluminure; *whole page illumination* : miniature de pleine page
illustrated : illustré
image : image; *miraculous image* : image miraculeuse; *image-breaker* : iconoclaste
imbricated : imbriqué
imbrication : imbrication
imitation : imitation
implement : instrument
impost : imposte
Incarnation : incarnation
incense-bearer : thuriféraire; *incense boat* : navette
inch : pouce
indentation : dentelure
indigo : indigo
inhumation : inhumation
initial : initiale; *historiated initial* : initiale historiée
injured : endommagé
inlaid work : marqueterie, figure d'applique
inlaying : incrustation
inordinate : démesuré
inscription : inscription
inside wall : mur de refend
instrument (*musical*) : instrument de musique; *percussion instrument* : instrument à percussion; *stringed musical instrument* : instrument à cordes; *wind instrument* : instrument à vent; *instruments of the Passion* : instruments de la Passion
intaglio : intaille
intercessor : intercesseur
intercolumnation : entre-colonnement
interpret (*to*) : interpréter
intersection : intersection
interstice : interstice
intrados : intrados
inventory : inventaire
iris : iris
irisation : irisation
iron (*wrought*) : fer forgé; *iron fitting* : ferrure; *iron window bar* : barlotière; *iron-work* : ferronnerie
isocephaly : isocéphalie
ivory : ivoire; *ivory turner* : ivoirier; *ivory work* : ivoirerie

j

jack-plane : riflard; *jack rafter* : empannon
Jacob's ladder : échelle de Jacob
Jacobins : jacobins
jade : jade
jamb, jambshaft : pied-droit, jambage
James (*Saint*) : saint Jacques
jar : jarre
jasper : jaspe
javelin : javeline
Jesse (*stem of*) : arbre de Jessé
jet : jais
jewel : joyau
jewellery : joaillerie
jig-saw (*to*) : chantourner
joggle : crossette
John the Baptist : Jean-Baptiste

joined : jointif
joiner's work : menuiserie
joining : raccord, assemblage; *mortise and tenon joining* : assemblage à tenon et mortaise
joint (to) : jointoyer
joint : joint; *slit and tongue joint* : embrèvement
jointing-plane : varlope
joist : solive, lambourde
joust : joute
jube : jubé
Judgment (the Last) : Jugement dernier
junction : joint; *junction plate* : couvre-joint

k

kennel-stone : caniveau
kettle drum : timbale
key up (to) : bander (un arc)
key : clef; *key stone* : clef (d'arc)
kitchen : cuisine
knack : tour de main
knob : nœud (2), pommeau (3); *pendent knob* : clé pendante
knock off (to) : marteler
knocker : marteau (de porte); *door knocker* : heurtoir
knot : nœud (1)
knotty : raboteux
knotwork : entrelacs

l

labarum : labarum
labour : travail; *defective labour* : vice de construction; *the labours of the months* : les travaux des mois
lace : dentelle
lacunar : caisson
Lady of expectation (our) : Vierge de l'espérance; *Our Lady of Pity* : Vierge de Pitié; *Our Lady of Succour* : Vierge du bon secours; *Our Lady seated* : vierge assise; *Our Lady standing* : vierge debout
Lamb (the Holy) : agneau mystique
lamp : lampe
lamp stand : lampadaire
lance head : fer de lance
lanceolate : lancéolé
lancet window : fenêtre en lancette
landing : palier
lantern : lanterne, tour lanterne; *lantern turret* : lanterneau; *lantern of the dead* : lanterne des morts
lapidary : lapidaire
lapis-lazuli : lapis-lazuli, lazulite
latch : loquet
lateral pressure : poussée
Lateran : Latran
lath : latte, volige; *lath-work* : lattis
lathe : tour
lathing : lattis
laureate : lauré
laurel : laurier
lavabo : lavabo
lavish : luxuriant
lay bare (to) : déchausser
laying : pose; *corner-stone laying* : pose de la première pierre; *laying bare* : dégagement; *laying on* : pastillage; *laying out* : tracé
layman : laïc
lead : plomb, plomb de vitrail
leading : mise en plombs
leaf : vantail (1), feuille; *acanthus leaf* : feuille d'acanthe; *ivy-leaf* : feuille de lierre; *laurel leaf* : feuille de laurier; *vine leaf* : feuille de vigne
leaning : adossé; *leaning place* : accoudoir
lectern : lutrin
lectionary : lectionnaire
ledger : pierre tombale
leg : pied (2)
legend : légende; *Golden Legend* : Légende dorée
legendary : légendaire, légendier
leggings : houseaux
length : longueur
lens : lentille
lent : carême
lenticular : lenticulaire
leper's hospital : léproserie, maladrerie
letter (head), ornamented letter : lettre ornée, lettrine
level (to) : araser
level with (on a) : à fleur de, de plain pied avec
levelling : nivellement, arasement; *levelling rod* : jalon
lever : levier
Leviathan : Léviathan
Leviticus : Lévitique
lewis : louve
library : librairie
lierne : lierne
lifting jack : cric
light : jour, lumière; *level light* : lumière rasante; *wrong light* : faux-jour; *light-column* : lanterne des morts
lighten (to) : soulager, élégir
limb : membre
Limbo : limbes
lime : chaux; *quick lime* : chaux vive; *lime-kiln* : chaufour
limestone : calcaire
linchpin : clavette
line : ligne
linen : linge
lining : lambris; *lining wall* : mur de revêtement
lintel : linteau, plate-bande; *gable shaped lintel* : linteau en bâtière
lion (winged) : lion ailé de saint Marc
listel : listel
litany : kyrielle
litre : litre
litter : litière
liturgy : liturgie
load : charge
lobate : lobé
local colour : ton local
location : emplacement
lock : serrure
locksmith's work : serrurerie
lodge : pavillon (3)
loft : soupente, tribune (1)
log : rondin, bille
loin-cloth : perizonium
loom : métier à tisser
loop-hole : meurtrière, barbacane (2)
louvre : abat-son; *louvre boarding* : ouïes
lozenge : losange
luminary : luminaire
lunette : lunette
lustration : lustration
lute : lut

m

mace : masse d'huissier, masse d'armes
machicolation : mâchicoulis
Madonna in the rose arbour : Vierge au buisson de roses
mæcenas : mécène
Magi : Mages
magnificence : magnificence
mail (coat of) : haubert
main building : corps de logis
Majesty (Christ in) : Christ en majesté
making : façon
mall (pall) : mail; *link of mail* : maille
malleable : malléable
mallet (heavy) : mailloche; *wooden mallet* : maillet
mangonel : mangonneau

maniple : manipule
mannerism : maniérisme
manor-house : manoir
mansion : manoir
manuscript : manuscrit; *manuscript with illuminations* : manuscrit enluminé
many-sided : polygonal
mantle : manteau; *mantle piece* : manteau de cheminée; *mantle wall* : chemise
map of the world : mappemonde
marble : marbre; *white marble* : marbre statuaire; *marble cutter* : marbrier
market (corn) : halle au blé; *market house* : halle
marquetry : marqueterie
martyr : martyr
martyrology : martyrologe
mascaron : mascaron
mascles : macles
mask : masque; *death mask* : masque mortuaire
mason : maçon; *mason's marks* : marques de tâcheron, signes lapidaires
masonry : maçonnerie; *masonry in large courses* : grand appareil; *masonry in small courses* : petit appareil
mass-book : missel
master : maître; *master of works* : maître d'œuvre
material (building) : matériau; *building materials* : matériaux
mattock : pioche
matwork : natte (1), sparterie
mausoleum : mausolée
maze : labyrinthe
mazer (speckled) : madre
meagre : maigre
meanders : méandres
measuring : toisé
medal : médaille
medallion : médaillon
mediæval : médiéval
melt (to) : fondre
memorial : monument (2)
mend (to) : raccommoder
mendicant orders : ordres mendiants
menology : ménologe
merlon : merlon
mermaid : sirène
metal : métal (blason)
metope : métope
mica : mica
Middle Ages : Moyen Age
milk-like : laiteux
millstone : meule, meulière
miniature-painting : miniature
minim : minime
mirror : miroir
miserere seat : miséricorde
missal : missel
mitre : mitre
moat : douve (1)
Mocking of Christ : Dérision du Christ
model : gabarit
module : module
monastery : monastère, moutier
monasticism : monachisme
monk : moine
monogram : monogramme; *sacred monogram* : chrisme
monography : monografia
monolith : monolithe
monotonous : monotone
monstrance : ostensoir, monstrance
montjoy : montjoie
monument : monument
moresque : mauresque
mortar : liaison, mortier
mortise : mortaise; *mortise chisel* : bec d'âne
mosaic : mosaïque; *floor mosaic* : mosaïque de pavement; *wall mosaic* : mosaïque murale; *mosaic piece* : smalte
moslem art : art musulman
motif : motif
motto : devise, épigraphe
mould (to) : mouler
mould : moule; *strong lasting mould* : moule à bon creux
mould : moisissure
moulding : moulure, mouluration; *mouldings* : modénature; *prismatic mouldings* : moulures prismatiques
mounting-stone : montoir
mourners : pleurants
movement : mouvement
mozarabic : mozarabe
mud : gâchis
mullion : meneau; *mullioned window* : fenêtre à meneaux
muscovy-glass : mica
mutule : mutule
myrrh : myrrhe

n

nail : clou; *nailhead* : tête de clou
naked facing : nu (d'un mur)
narthex : narthex; *inner narthex* : esonarthex; *outer narthex* : exonarthex
Nativity : Nativité
nave : vaisseau (3); *blind nave* : nef aveugle; *chief nave* : nef centrale
nebula moulding : nébules
neck piece : hausse-col
net-work : lacis, résille
nimbus : nimbe; *cross nimbus* : nimbe crucifère; *square nimbus* : nimbe carré
nosegay : bouquet
notch (to) : bretteler
notch : entaille, encoche
numbers (sacred) : nombres sacrés
numismatics : numismatique
nun : nonne
nut : écrou

o

obituary : obituaire
oblique : oblique
obliterated : effacé
oblong : barlong
ochre : ocre
octagon : octogone
officiating priest : officiant
ogee : doucine, talon
oil (holy) : saint chrême
olive mouldings : olives
onyx stone : onyx
opal : opale
opening : percement, baie, ouverture
openwork : ajour
ophicleide : ophicleïde
oratory : oratoire
orb of sovereignty : globe (2)
order (composite) : ordre composite; *corinthian order* : ordre corinthien; *doric order* : ordre dorique; *ionic order* : ordre ionique; *toscan order* : ordre toscan
order of knighthood : ordre de chevalerie; *order of Malta* : ordre de Malte; *mendicant orders* : ordres mendiants; *third order* : tiers-ordre
ordering : ordonnance
ordination : ordination
organ : orgue; *chamber-organ* : positif; *portable organ* : orgue portatif; *organ case* : buffet d'orgue; *organ-loft* : tribune (2)
oriel : oriel, bretèche
orient (to) : orienter
orientation : orientation
oriflamme : oriflamme
orle : orle
ormolu : or moulu
ornament : ornement; *geometrica ornament* : ornement géomé trique; *running ornament* : orne

ment courant; *sacred ornaments :* ornements liturgiques
orphrey : orfroi
osculatory : baiser-de-paix
ossuary : ossuaire
oubliettes : oubliettes
ounce : once
outbuildings : dépendances
outline drawing : dessin au trait
outwork : hors-d'œuvre
oven : four
overdecorating : surcharge
overelaborate : tarabiscoté
overhang : porte-à-faux
overhanging : surplomb (1); *slight overhanging :* trompillon
overlapping : recouvrement, chevauchement
overplus lip : balèvre
ovoid : ovoïde
ox-skull : bucrâne

P

painter : peintre
painting (canvas) : peinture sur toile; *china painting :* peinture sur porcelaine; *encaustic painting :* peinture à l'encaustique; *glass-painting :* peinture sur verre; *miniature-painting :* miniature; *oil painting :* peinture à l'huile; *panel-painting :* peinture sur panneau (3), peinture sur bois; *religious painting :* peinture religieuse; *vase painting :* peinture sur vases; *wall-painting :* peinture murale
palace : palais; *episcopal palace :* palais épiscopal; *Palace of the popes :* Palais des papes
pale : pal
paleography : paléographie
palfrey : palefroi
palimpsest : palimpseste
paling : palis
pallium : pallium
palm : palme (1); *palm-branch :* palme (3); *Palm-Sunday :* dimanche des rameaux
palmette : palmette
panache : panache
panel : panneau; *choir screen panel :* transenna; *high panel :* panneau en hauteur, parclose; *linenfold :* serviette repliée; *stained glass panel :* panneau de vitrail; *panel-frame :* membrure
panes (bull's eye) : cives
panoply : panoplie
parable : parabole
Paradise (earthly) : paradis terrestre
parangon : parangon
parchment : parchemin
Parents (our first) : nos Premiers Parents
parget (to) : crépir
parish : paroisse
parsonage : presbytère
partition : séparation, cloison, paroi, parclose, jouée; *partition wall :* mur de refend
parvis : parvis
passage : passage
Passion : Passion
passional : passionnaire
paten : patène
patera : patère
paternoster : patenôtre
Pathfinder : hodigitria
patriarch : patriarche
patron : patron
pattern : patron, modèle
paunch : panse
pavement : pavement
pear shaped : piriforme
pearl : perle (1)
pedestal : piédestal; *small pedestal :* piédouche
pediment : fronton
peep-hole : judas, guichet
peg : cheville, piquet
pelta : pelte
penannular : penannulaire
pendant (rise and fall) : lustre; *pendant jewel :* pendentif (2)
pendentive : pendentif (1)
penetration : pénétration
pennant : pennon
penny : sou
Pentateuch : Pentateuque
pent-house : auvent, appentis
penumbra : pénombre
pepperbox : poivrière
perforate (to) : ajourer
perforated : ajouré
perfume pan : cassolette
periphery : pourtour
peristyle : péristyle
perpendicular : perpendiculaire
perpendicularity : aplomb
perron : perron
personage : personnage
perspective : perspective
pew (churchwarden's) : banc d'œuvre
phylactery : phylactère
pick out (to) : rechampir
pick axe : pic
pier (bridge) : pile de pont
pierced : jour, ajouré
pike : pique
pilaster : pilastre; *pilaster strip :* lésène, bande lombarde
pile : pilot; *piles :* pilotis; *pile-driving :* fonçage
pilgrim : pèlerin
pilgrimage : pèlerinage
pillar : pilier; *clustered pillar :* pilier fasciculé
pin : goupille
pinnacle : pinacle, clocheton
pint : pinte
pipe : tuyau
piscina : piscine
pisé : pisé
pitch : pente, rampant d'un toit
pivot : pivot
plain : uni
plan : plan
plane : rabot
plane (to) : planer
plank (thick) : madrier
plasher (mortar-) : gâcheur
plaster by hand (to) : pigeonner
plaster : plâtre; *plaster cast :* plâtre, moulage
plastering : enduit
plastic arts : arts plastiques
plate : plaque; *gold plate :* orfèvrerie (2)
platform : plate-forme, estrade
plinth : plinthe, socle
plot (building-) : terrain à bâtir
plumb-level : niveau; *plumb line :* fil à plomb
pluvial : pluvial (2)
point : point (2); *starting point :* point de départ; *point of view :* point de vue
poise : pondération, équilibre
pole : perche; *pole arm :* arme d'hast
polished : poli
polisher : polissoir
polychromy : polychromie
polyptych : polyptique
pommel : pommeau (1)
pontiff : pontife
pope : pape
porch : porche
porphyry : porphyre
portcullis : herse
portrait : portrait; *equestrian portrait :* portrait équestre; *full length portrait :* portrait en pied; *half length portrait :* portrait à mi-corps; *portrait of a man :* portrait d'homme; *portrait of a woman :* portrait de femme
post : poteau, montant
postern : poterne
posture : attitude

potter's wheel : roue de potier
pottery : poterie
prætorium : prétoire
Preacher (friar), Preaching brother : frère prêcheur, dominicain
prebend : prébende
precentor : préchantre
Precursor : Précurseur
predella : prédelle
prelate : prélat
Premonstratensian : prémontré
preromanesque : préroman
presbytery : presbytère
press (wine) : pressoir
pretty : joli
pricked drawing : poncif (1)
prickspur : éperon à pointe unique
priest : prêtre
primate : primat
primitive art : art primitif; *Primitive masters* : Primitifs
print : empreinte
prior : prieur
priory : prieuré
prism : prisme
private house : hôtel
process : procédé
procession : procession
profile (to) : profiler
profile : profil
project : projet
projection : saillie, ressaut, projection
prop : point d'appui, étai, étançon, étrésillon
prop up (to) : étrésillonner, étayer
prophet : prophète
proportions : proportions
propping : étançonnement
protomartyr : protomartyr
prototype : prototype
protruding : saillant
psalm : psaume
psalmody : psalmodie
psalter : psautier
psaltery : psaltérion
Psychomachy : psychomachie
Psychostasia : psychostasie
pudding-stone : poudingue
puddle (to make) : corroyer (3)
pugging : hourdage
pull down (to) : démolir, raser
pulley : poulie
pulpit : chaire (2); *outside pulpit* : chaire extérieure
pummel : pommeau (2)
punch : mandrin; *embossing punch* : repoussoir
pupil : élève
purlin : panne
purple : pourpre, violet
push out of the upright (to) : pousser au vide
putlog : boulin (3); *putlog-hole* : boulin (2)
putty : mastic
pyramid : pyramide
pyx : pyxide, custode

q

quadrangular : quadrangulaire
quadrilateral : quadrilatère
quadrille : quadrille
quarter-deck : gaillard d'arrière; *quarter round* : quart-de-rond, échine
quartered : écartelé (écu)
quartering : quartier
quatrefoil : quadrilobe, quatre-feuilles
quick silver : vif argent
quincunx : quinconce

r

rabbet : rainure
radius : rayon (2)
raft (foundation) : radier
rafter : poutre, chevron (2); *chief-rafter* : arbalétrier
rag-stone : moellon, souchet
railing : grille, balustrade; *bridge railing* : parapet de pont
rainbow : iris
rainwater spout : gargouille
raise (to) : dresser (1), exhausser
Raising of Lazarus : Résurrection de Lazare; *raising piece* : sablière
rammer : batte
ramp : rampe (2)
rasp : rifloir
raw : brut
ray of light : rayon (1)
realism : réalisme
rebeck : rebec
rebuilding : réfection
recess : redent, niche
recessed doorway : portail ébrasé
recluse : reclus, recluse
records : archives
recumbent effigy : gisant
red (poppy) : ponceau; *red chalk* : rubrique (1); *red lead* : minium
Redeemer : Rédempteur
reduction : réduction
reentrant : rentrant
refectory : réfectoire
refill with mortar (to) : rejointoyer
refiring : recuit
reflex : reflet
register : registre (1)
reglet : réglet
regular clergy : clergé régulier
relics : reliques
relief (high) : haut-relief; *low relief* : bas-relief; *middle relief* : demi-bosse
reliquary : lipsanothèque; *reliquary casket* : reliquaire
remblai : remblai
reminiscence : réminiscence
rendering : rendu
repair : réparation; *repair of the foot of a wall* : rempiétement
repairing : réfection
repetition : répétition
replica : réplique
repose : repos
repoussé work : repoussé
representation : représentation
reredos : retable
resistance : résistance
respond : dosseret
restoration : restauration
restore (to) : restaurer
restored : restauré
restorer : restaurateur
resurface (to) : ravaler
Resurrection : Résurrection
reticulated : réticulé
retreat : retrait (2)
retro-choir : arrière-chœur
reuse : remploi
reveal : jouée (1)
revenue : mense
reversed : inversé
revival of classical art : retour à l'antique
rework (to) : remanier
rhomb : rhombe
rhythm : rythme
rib : côte, nervure; *diagonal rib* : branche d'ogive; *diagonal ribs* : croisée d'ogives
ribbed : côtelé
ribbon : ruban
riddle : crible; énigme
ridge : crête (1), faîte, faîtage, arêtier; *ridge-tile* : tuile faîtière
rift : fissure
right angles (at) : d'équerre
ring : bague, anneau; *ring-shaped* : annulaire
ringed : annelé
ritual : rituel; *ritual book* : livre liturgique
rite : rite
Robber (the good) : le bon Larron
rochet : rochet
rock church : église rupestre
rod : verge

roll : rouleau
roman : romain
romanesque : roman
roodbeam : tref
roof : toit, comble, *flat roof* : toit en terrasse; *double pitch roof* : comble à deux égouts; *single pitch roof* : comble à un versant; *saddle-roof* : toit en bâtière; *roof-truss* : ferme
roofing : toiture, couverture
rope : corde (1)
rosary : chapelet (1)
rose-window : rose
rosette : rosace
rotary : giratoire
rotunda : rotonde
rough-hew (to) : dégrossir; *to rough out* : épanneler
rough : brut; *rough cast* : crépi; *rough draft* : avant-projet; *rough hewn* : ébauché; *rough sketch* : ébauche
roughing out : épannelage
routine : routine
row : rangée, file; *row of billets* : cordon de billettes; *row of pales* : palis; *row of palmettes* : frise de palmettes
rubbish : gravois, décombres
rubble : blocage, libage
rubric : rubrique (3)
ruby : rubis
rudenture : rudenture
ruins : ruines
rule : règle
run along (to) : régner
running : courant
rustic : rural

S

sable : sable (1)
sacrament : sacrement; *the Blessed Sacrament* : le Très Saint Sacrement
sacrifice of Abraham : sacrifice d'Abraham
saddle : selle (2); *pack saddle* : bât; *saddle-horse* : monture; *saddle shaped* : en dos d'âne
Sagittarius : Sagittaire
sail : voile de navire; *sailing boat* : voilier
saint (warrior) : stratelate
saltpetre : salpêtre
sample : échantillon
sanctuary : sanctuaire
sand : sable (2); *sand-glass* : sablier; *sand-stone* : grès
sapphire : saphir
sarcophagus : sarcophage
sardonyx : sardoine
saved (the) : les élus
Saviour : Sauveur
saw : scie
sawing : sciage
scaffolding : échafaud
scale off (to) : s'écailler
scales (fish) : écailles de poisson
scale : échelle; *on a large scale* : à grande échelle; *on a small scale* : à petite échelle
scalloped : festonné
scapling hammer : smille
scapular : scapulaire
scarlet : écarlate
scarp : escarpe
sceptre : sceptre
schedule : inventaire
school : école; *singing school* : psallette; *school of painting* : école de peinture
sconce : flambeau, applique
scooper : gouge
scotia : scotie
scrape (to) : gratter, décaper
scraper : ripe
scraping : décapage, ravalement
scratch-work : graffito
screen (choir) : jubé
screw : vis, hélice; *screw driver* : tournevis; *screw-jack* : vérin
script : besace
scriptorium : scriptorium
Scripture (Holy) : Écriture Sainte
scroll : enroulement, volume, volute (1)
sculptor : sculpteur, imagier
sculpture : sculpture sur pierre; *small sculpture* : petite sculpture
scutcheon : panonceau
seal (to) : sceller (1)
seal : sceau;
seat : siège; *seat-back* : dossier
section : coupe, canton de voûte; *cross section* : coupe transversale; *longitudinal section* : coupe longitudinale
secular clergyman : clerc séculier
segment : segment; *segment of a ribbed vault* : voûtain
self-balance : contrapposto
semidome : hémisphère
Septuagint (the) : les Septante
Sepulchre (the Holy) : le Saint Sépulcre
seraph : séraphin
serpent : serpent
service (divine) : office divin
set (to) : sertir, enchâsser; *to set up* : élever, ériger
set back : retraite
settlement : tassement
sewer : égout
shade : ombre réelle, nuance
shadow : ombre portée
shaft : fût; hampe, limon; *banded shaft* : colonne annelée, colonne bandée; *embedded shaft* : colonne engagée; *semi detached shaft* : colonne adossée
shape (to) : façonner
sheep-skin : mélote
shell : conque; *scallop-shell* : coquille Saint-Jacques
Shepherd (the Good) : le Bon Pasteur; *shepherd's scrip* : panetière
shield : écu, bouclier; *large archer's shield* : pavois; *round shield* : rondache
shieldlike : scutiforme
shingle : bardeau; *shingles* : essaules
ship : vaisseau (2), navire, nef; *sea going ship* : navire de haute mer
shoe : sabot (2); *armed shoe* : soleret
shop (small) : échoppe
shore up (to) : contrebuter
shorten (to) : rapetisser
shovel : pelle
shrine : fierte, châsse
shrink (to) : travailler (2)
shrinkage : retrait (1)
Shroud (Holy) : Saint Suaire
shutter : volet (1); *window shutter* : contrevent
side : flanc; *side...* : latéral; *side view* : vue de profil
sienna : terre de Sienne
sieve : tamis
sigillography : sigillographie
sigla : sigle
sign board : enseigne de boutique; *signs of the zodiac* : signes du zodiaque
signature : signature, seing
sill : banquette; *window sill* : appui rampant
Sindon, Sindon of Christ : Saint Suaire, Sindon
sink (to) : travailler (1)
sinking : affaissement
sinister : senestre
site (on) : à pied d'œuvre
size (to) : calibrer
size (full) : grandeur d'exécution; *life size* : grandeur naturelle;

half life size : portrait demi-nature
skeleton : ossature
sketch : esquisse
skew : biais
skiapod : sciapode
skirt : pan d'étoffe
slab (funeral) : plaque tombale; *grave slab* : dalle funéraire; *pierced slabs* : claustra; *slab of the altar* : table d'autel
slanting : oblique
sledge : masse de sculpteur; *sledge hammer* : têtu
sleeper : longrine, lambourde
slender, slim : grêle
slip cover : housse
slope : pente, talus, rampe (1), rampant, versant; *slope of a roof* : égout de toit
sloping bank : glacis
slouching from the hip : hanchement
smallage : ache
smooth (to) : aplanir
smooth : lisse
snare : lacs
sober : sobre
soffit : douelle, soffite
solder (to) : souder
sole : semelle; *sole piece* : blochet
sounding board : abat-voix
spade : pelle
span : travée de pont
spandril : écoinçon
spare part : réserve (1)
spear : lance; *spear head* : pointe de lance; *spear in rest* : lance au repos; *spear shaped* : lancéolé
spectrum : spectre
spherical : sphérique
sphragistics : sphragistique
spikes : chardons
spindle : fuseau; *spindle shaped* : fuselé; *spindle whorl* : peson (2)
spiral : spirale; *spiral shaped flutings* : strigile
spire : aiguille, flèche
spiritualisation : spiritualisation
splaying : ébrasement
splinter (to) : épaufrer
splinter : recoupe, épaufrure
split (to) : fendre
spoil : déblai
spoke : rayon de roue
spot level : cote de niveau
spreading abroad : rayonnement
springer : sommier, coussinet, retombée
springing : départ; *springing of a vault* : naissance d'une voûte; *springing stones* : tas de charge
sprinkler : goupillon
spur : éperon, bec (2); *angle spur* : griffe
square (to) : équarrir
square : équerre
squat : trapu, écrasé
squinch : trompe (1)
squire : écuyer
stability : stabilité
staff (cantor's) : bâton de chantre; *pastoral staff* : bâton pastoral; *pilgrimm's staff* : bourdon; *processional staff* : bâton de confrérie
staggered : en quinconce
staircase (cork screw) : escalier en spirale, escalier à vis : *hidden staircase* : escalier dérobé; *outer staircase* : escalier extérieur
stair newel : noyau d'escalier à vis
stairs : escalier; *horseshoe stairs* : escalier en fer à cheval; *spiral stairs* : escalier en spirale
stake : pieu
stalk : tige, pédicule; *supported by a stalk* : pédiculé
stall : échoppe, stalle; *stall end* : jouée
stamping : estampage (1)
stanchion : étançon
stand out (to) : ressortir
staple : gâche
star : étoile
stiff : rigide
statuary : statuaire
statue : statue; *equestrian statue* : statue équestre
stave : douve (2)
stay : support, étrésillon, étai
stencil : pochoir
step : degré, gradin, échelon, pas, marche, marche d'autel
stereotomy : stéréotomie
sticks (broken) : bâtons rompus
stiff : guindé
stigmata : stigmates
stilts : échasses
stylus : style (1)
stirrup : étrier
stitch : maille, point (1)
stock : fonds
stockade (timber) : palanque
stole : étole
stone : pierre; *corner stone* : pierre angulaire; *crumbling stone* : parties poufes; *foundation stone* : première pierre; *precious stone* : pierre précieuse; *through stone* : parpaing; *touch stone* : pierre de touche; *stone cutter* : lapicide
stoning : lapidation
stool : tabouret, escabeau, selle (1), sellette (3)
stop (to) : boucher
storehouse : magasin
storiated : historié
story : étage
stoup : bénitier
stove : poêle; *tile stove* : poêle en faïence
strap : bride
stratum (contrary to the) : en délit
strength : force
strengthen (to) : renforcer
strengthening : renfort
strewing : semis
stria : strie
string : chapelet (2); *string board* : limon; *string of beads* : cordon de perles; *string of pearls* : collier de perles
stripe : liteau
structure : structure, édifice, bâtiment
strut : entretoise, aissellier, contrefiche
stucco : stuc
stud work : colombage
stump : souche (2)
style : style; *perpendicular style* : gothique perpendiculaire; *pointed style* : style ogival
stylisation : stylisation
stylite : stylite
stylobate : stylobate
subject : sujet
substruction : substruction
sundial : cadran solaire
superstructure : superstructure, surélévation
Supper (the Last) : la Sainte Cène
support : subjectile
surface : surface
surplice : surplis
survey (to) : lever (un plan)
survey (general) : vue d'ensemble
sustaining wall : mur de soutènement
svastika : svastika
sword : épée, flamberge; *two edged sword* : épée à deux tranchants
symbol : symbole
symbolism : symbolisme
symmetry : symétrie
synagogue : synagogue
synod : synode
Synoptic Gospels : évangiles synoptiques
syrinx : syrinx

t

tabernacle : tabernacle
table : table; *side table* : crédence (1)
tap (to) : tarauder
taper : cierge
tapestry : tapisserie
targe : targe
tassel : gland
tears : larmes
telamon : atlante
temperance : tempérance
Templar : templier
template : calibre
tendency : tendance
tenon : tenon
tent : tente, pavillon (1)
terrace : terrasse
tertiary : tertiaire
Testament : Testament; *the New Testament* : le Nouveau Testament; *the Old Testament* : l'Ancien Testament
tetramorph : tétramorphe
thatch : chaume; *thatched cottage* : chaumière
Thebaid : thébaïde
theophany : théophanie
Thief (the impenitent) : le mauvais larron; *the penitent Thief* : le bon larron
thin : mince; *thin wall* : galandage
thread : fil; *threadlike* : filiforme
threshold : seuil
throne : trône, chaire (1); *bishop's throne* : trône épiscopal; *the empty throne* : étimasie
thurible : encensoir
thurifer : thuriféraire
tiara : tiare
tie : lien; *tie-beam* : tirant, entrait, moise
•*tier* : rangée, registre (2)
tighten (to) : raidir
tile : tuile, carreau; *tile-pavement* : carrelage
tilt : joute
tiltyard : lice
timber : bois de charpente, bois de construction; *rough timber* : grume; *timber framed house* : maison en pans de bois
timpani : timbales
tinctures : émaux (blason)
tippet : pèlerine
titular : titulaire
tomb : tombe, tombeau, mausolée; *tomb slab* : plate-tombe
tone : ton
tongs : tenailles
tongue : languette; *adder's tongue* : languier
tonsure : tonsure
tool (to) : layer, bretteler
tool : outil, instrument
tooth : dent; *saw-teeth* : dents de scie
toothed hammer : laie, bretture
toothing : indentation; *toothing stone* : pierre d'attente; *toothing stones* : amorce, arrachement, harpe
top : sommet, hune
topaz : topaze
topic : thème
torch : torche, flambeau
torque : torque
torso : torse
torus : tore, boudin
touch up (to) : retoucher
tournament : tournoi
tower : tour; *bell tower* : clocher; *defensive tower* : tour de guet; *gate tower* : clocher-porche; *watch-tower* : tour de défense
tracery (window) : remplage (2)
trade : métier (1), corps de métier
tradition : tradition
transept : transept; *double transept* : double transept
transfer to canvas (to) : transférer (une fresque)
transfert : décalque
transition style : style de transition; *translation of relics* : translation de reliques
transom : imposte
trapdoor : trappe
trappings (horse) : harnachement
tread : marche; *tread board* : giron
treasure (art) : répertoire; *treasure room* : salle du trésor
tree of Knowledge of Good and Evil : arbre de la Science du Bien et du Mal; *family tree* : arbre généalogique; *sacred tree* : hom
trefoil : trèfle
trefoiled : tréflé, trilobé
trial boring : sondage; *trial piece* : chef-d'œuvre (1)
triangle : triangle
triforium : triforium; *blind triforium* : triforium aveugle
triplet : triplet
triptych : triptyque; *folding triptych* : rétable à volets
triskele : triscèle
trombone : trombone
trough : auge
trowel : truelle
trumpet : trompette
truncated : tronqué
trunk : tronc (1), layette
trunkmaker : layetier
tuck up (to) : retrousser
tumbler : verre à boire
tunic : tunique
tunnel-vault : voûte en berceau
turret : tourelle
turn (to) : tourner
turquoise : turquoise
Twelfth Night : Épiphanie
twibill : bisaiguë
Twins : Gémeaux
twisted : tors; *twisted fillet* : cordelière; *twisted fringe* : torsade
tympanum : tympan
type : type, préfigure
typology : typologie

u

ugly : laid
umber : terre d'Ombrie
unbroken : intact
uncial letters : onciales
undamaged : intact
undercut (to) : refouiller
underground : souterrain
undermine (to) : saper
underpin (to) : reprendre en sous-œuvre
underpinning : sous-œuvre, reprise en sous-œuvre
unicorn : licorne
unveiling : dégagement (2)
upkeep : entretien
Upper-Room : Cénacle
upright beam : montant

v

vair : vair
values (tone) : valeurs
vane : girouette
variant : variante
variegated : diapré
vault : voûte; *basket handle vault* : voûte en anse de panier; *cross ribbed vault* : voûte à croisée d'ogives; *domical vault* : voûte domicale; *groined vault* : voûte d'arêtes; *half barrel vault* : voûte en demi-berceau; *pointed barrel vault* : voûte en berceau brisé; *ribbed vault* : voûte nervée; *ring shaped vault* : voûte annulaire
vaulting : voûtement; *cloister vaulting* : voûte en arc de cloître
veil : voile; *chalice veil* : voile de calice
vellum : vélin
veneering : placage

ventail of helmet : ventaille
vermiculated : vermiculé
vert : sinople
vertical : vertical
vessel : vase, vaisseau (1); *consecrated vessel* : vases sacrés
vestments (*liturgical*) : vêtements liturgiques
vestry : sacristie
viola : viole
view : vue (2); *aerial view* : vue aérienne; *bird's eye view* : vue à vol d'oiseau; *panoramic view* : vue panoramique; *rear view* : vue de dos; *side view* : vue de côté
vine : vigne (1); *vine branch* : pampre; *vine tendril* : vrille
vineyard : vigne (2)
violet : violet
vireton : vireton
Virgin (*Black*) : Vierge noire; *the Blessed Virgin* : la Sainte Vierge; *opening Virgin* : vierge ouvrante; *Virgin enthroned* : Vierge en majesté; *Virgin of Mercy* : Vierge de Miséricorde; *Virgin of the Rosary* : Vierge du Rosaire; *Virgin of the seven Sorrows, with seven Swords, of Tears* : Vierge des sept douleurs; *Virgin with the Child* : Vierge à l'Enfant; *the eleven thousand Virgins* : les onze mille Vierges; *the wise and the foolish Virgins* : les Vierges sages et les Vierges folles
virtues (*the cardinal*) : les vertus cardinales; *the theological virtues* : les vertus théologales
Visitation : Visitation
visor : visière
void : vide
volet : volet (2)
volume : volume (2)
votive crown : couronne votive; *votive offering* : ex-voto
Vulgate : Vulgate

w

wafer : hostie
waffle iron : gaufrier
wainscot : lambris
waiting hall : salle des pas perdus
wall up (*to*) : murer
wall : mur; *walls* : muraille; *low wall* : bahut, mur d'appui; *main walls* : gros-œuvre; *string wall* : mur d'échiffre; *wall-tomb* : arcosolium
wall niche tomb : enfeu
wand of power : sceptre
warmer (*hand*) : pomme à chauffer les mains
warming room : chauffoir
warp (*to*) : jouer, gauchir
warp : lisse; *high warp tapestry* : tapisserie de haute lisse; *low warp tapestry* : tapisserie de basse lisse
warped : déjeté
warping : gauchissement; *warping of a wall* : déversement d'un mur
watch turret : échauguette
water (*holy*) : eau bénite; *water drops* : larmes; *water leaf* : feuille d'eau
Waterbearer : Verseau
waves : vagues; *wave moulding* : flots grecs
Way of the Cross : Chemin de croix, via dolorosa
weapon : arme; *missile weapon* : arme de jet; *shafted weapon* : arme d'hast
weathercock : coq de clocher, girouette
weathered : dégradé
Weighing of souls : Pèsement des âmes
weight : poids
well : puits, cage d'escalier
wheel : roue (1); *wheel of bells* : roue de clochettes; *wheel window* : rose
windlass : treuil
whip : fouet
whitewash : lait de chaux, badigeon
Whitsuntide : Pentecôte
wick : mèche
width : largeur
wimble : vilebrequin
winding : sinueux; *winding carving* : ondes; *winding sheet* : suaire, linceul; *winding stair case* : escalier en limaçon
window : fenêtre; *fixed window* : fausse fenêtre; *round window* : oculus; *stained glass window* : vitrail; *two light window* : fenêtre bilobée; *window-frame* : châssis; *window tracery* : fenestrage
wing : aile
wonder-worker : thaumaturge
wood : bois; *wood carving* : bois sculpté, hucherie
wooden gallery : hourd; *wooden shoe* : sabot (1)
work : travail, œuvre; *conventional work* : poncif (2); *herring bone pattern work* : opus spicatum; *open work* : claire-voie (1); *reticulated work* : appareil réticulé; *rustic work* : appareil en bossages, ordre rustique; *work of art* : œuvre d'art
working up : mise en œuvre
workmanship : facture
workshop : atelier
wordly : profane
wrought : ouvré; *finely wrought* : ouvragé
wyvern : guivre

x

X chair : siège en X

y

yard : cour; *on the yard* : sur le tas; *quadrangle yard* : préau de cloître
yellow : jaune; *lemon-yellow* : jaune citron; *straw-yellow* : jaune paille
yoke : joug, palanche

z

zigzag : zigzag, bâtons rompus
zodiac : zodiaque
zone : zone
zoomorphic : zoomorphique
zoophorus : zoophore

ÉQUIVALENCE
DES TERMES EN ESPAGNOL

a

ábaco : abaque
abad : abbé
abadesa : abbesse
abadía : abbaye
abertura : ouverture, percement
abocinado : ébrasé
abovedamiento : voûtement
ábside : abside, rond-point; *plano a doble ábside* : plan à double abside; *ábside con capillas radiales* : abside à chapelles rayonnantes; *ábside trilobada* : abside tréflée
acanto : acanthe
acantonado : cantonné
aceitunas : olives
achaflanar : chanfreiner
achaparrado : écrasé
achicar : rapetisser
acotado (*dibujo*) : plan coté
acrotera : acrotère
actitud : attitude
Acuario : Verseau
acústicos (*jarrones*) : vases acoustiques
adaraja : amorce, harpe, pierre d'attente
adelgazar : élégir
ademán : geste
aderezo : apprêt
adobe : brique crue, bousillage (1)
adorno : décoration, ornement, ornementation, cartouche; *adornos geométricos* : ornements géométriques
adosado : adossé
advocación (*bajo la*) : sous le vocable de
afectado : guindé
afloramiento : affleurement
afrontado : affronté
agua : égout (de toit), versant; *agua bendita* : eau bénite
aguamanil : aquamanile
aguja : aiguille, flèche
agustinos : augustins
ahogar : noyer
ahondar : refouiller
ahuecamiento : évidement
ahusado : fuselé
ajimez : fenêtre bilobée
ala : aile; *ala de puerta* : vantail (1)
alabastro : albâtre
alabeado : déjeté
alabearse : jouer, travailler
alacena : placard
albañal : égout
albañil : maçon
albañilería : maçonnerie; *cf.* hourdage
albarda : bât
albardilla : chaperon
alcázar : château, gaillard d'arrière
aldaba : marteau de porte
aldabón : heurtoir
alero : rive (2)
alfarería : poterie
alféizar : embrasure
alfombra : tapis
alforja : besace
alhaja : joyau
alhóndiga : halle au blé
alisar : planer
aljibe : citerne
alma : âme; *alma de una escalera* : mur d'échiffre
almacén : magasin
almena : créneau, merlon
almenada (*muralla*) : bretèche
almenado : crénelé
almenaje : crénelage
almendrilla : poudingue
almohadilla : bossage; *almohadilla en punto de diamante* : bossage en pointe de diamant
almojaza : boulin (3)
altar : autel; *altar mayor* : maître-autel; *altar provisional* : reposoir (2)
altura : hauteur; *a la altura del codo* : à hauteur d'appui
alzacuello : hausse-col
alzada : surélévation
alzado : élévation
allanar : aplanir
amaneramiento : maniérisme
amarillo : jaune; *amarillo de limón* : jaune citron; *amarillo dorado* : jaune d'or; *amarillo paja* : jaune paille
amasador : gâcheur
amasar : corroyer (3)
amatista : améthyste
ambón : ambon; *ambón romano* : jubé
amoldar : mouler
ampolla : ampoule
anáglifo : anaglyphe
anchura : largeur
Ancianos (*los veinticuatro*) : les vingt-quatre Vieillards
ancla : ancre
andamio : échafaud
anegar : noyer
ángel : ange
angular (*piedra*) : pierre angulaire
ángulo : angle; *ángulo agudo* : angle aigu; *ángulo cortado* : pan coupé; *ángulo embotado* : angle abattu; *ángulo entrante* : angle rentrant; *ángulo obtuso* : angle obtus; *ángulo recto* : angle droit; *ángulo saliente* : angle saillant; *ángulo vivo* : angle vif
anillado : annelé
anillo : anneau, bague, ceinture
animales simbólicos : animaux symboliques
antas : antes
antefija : antéfixe
antepecho : garde-corps, appui rampant
anteproyecto : avant-projet
antigüedad : vétusté
antorcha : torche
anular : annulaire
aovado : ovoïde
aparato : engin
aparejador : appareilleur
aparejo : appareil; *gran aparejo* : grand appareil; *aparejo almoha-*

dillado : appareil en bossages; *aparejo de cruceta* : appareil à crossettes; *aparejo pequeño* : petit appareil; *aparejo reticular* : appareil réticulé
apeadero : montoir
apear : étayer
apeo : chaînage
apertura : regard
apio silvestre : ache
apisonada (tierra) : pisé
aplicación : figure d'applique
aplomo : aplomb
Apocalipsis : Apocalypse
apoyar : épauler
apoyarse : buter
apoyo : support, accoudoir; *apoyo de ventana* : allège, banquette
aprendiz : apprenti
apuntalamiento : étançonnement
apuntalar : contrebuter, étayer, étrésillonner
ara : autel portatif
arabesco : mauresque; *arabescos* : arabesques
araña de cristal : lustre
Arbol de la ciencia del Bien y del Mal : Arbre de la science du Bien et du Mal; *árbol genealógico* : arbre généalogique
arbotante : arc-boutant
arca : coffre, huche; *arca de la Alianza* : arche d'Alliance; *arca de Noé* : arche de Noé
arcada : arcade, arche, travée de pont; *arcada ciega* : arcade aveugle
archivo : chartrier, archives
archivolta : archivolte
arcilla : terre glaise, terre à potier
arco : arc, voussure; *arco apuntado* : arc brisé; *arco de asa de cesta* : arc en anse de panier; *arco de descarga* : arc de décharge; *arco de herradura* : arc en fer à cheval; *arco de medio punto* : arc en plein cintre; *arco diagonal* : arc ogive; *arcos entrecruzados* : arcatures entrecroisées; *arco escarzano* : arc bombé, arc segmentaire; *arco escocés* : arc en accolade; *arco festoneado* : arc festonné; *arco formero* : arc formeret; *arco iris* : iris; *arco mitriforme* : arc en mitre; *arco pequeño* : arceau; *arco peraltado* : arc surhaussé; *arco perpiaño* : arc doubleau; *arco polilobulado* : arc polylobé; *arco por tranquil* : arc rampant; *arco terciario* : arc en tiers-point; *arco tribolado* : arc trilobé; *arco triunfal, toral* : arc triomphal
arcosolio : enfeu, arcosolium
área : aire
arena : sable (2)
argamasa : mortier, gâchis
arimez : avant-corps
arista viva (a) : à arête vive; *bóveda de aristas* : voûte d'arêtes
arma : arme; *arma de asta* : arme d'hast; *arma de tiro* : arme de jet; *armas* : armes, armoiries
armadura : armature, charpente, armure; *armadura de carpintería* : ferme
armar : bander un arc
armario : armoire; *armario empotrado* : placard
armazón : bâti, membrure, ossature, chaînage; *armazón de campanario* : beffroi (1)
armella : gâche, piton
armiño : hermine
arnés de justa : harnois
arpa : harpe
arpía : harpie
arqueado : arqué, hanché
arquería : arcature; *arquería calada* : arcature à jour; *arquería ciega* : arcature aveugle, orbevoie; *arquería trilobada* : arcature trilobée
arquetipo : archétype
arquitecto : architecte
arquitectónico : architectonique
arquitrabe : architrave, épistyle
arranque : départ, naissance, retombée (d'une voûte ou d'un arc), arrachement
arrepentimiento : repentir
arruinado : délabré
artesano : artisan
artesón : caisson
artista : artiste
arzobispo : archevêque
aserradura : sciage
asiento : siège, tassement
aspillera : meurtrière, barbacane
áspero : raboteux
asta : hampe; *asta de bandera* : bâton de confrérie
astilla : épaufrure
astillar : épaufrer
astrágalo : astragale
asunto : sujet
asurcado : côtelé
atadura : lien
atalaya : tour de guet, échauguette
ataúd : cercueil
ataujía : damasquinage
atiesar : raidir
atlante : atlante
atrasado : retardataire
atribución : attribution
atributo : attribut, insigne
atril : pupitre
atrio : parvis
aureola : nimbe, gloire; *aureola crucífera* : nimbe crucifère
autentificar : authentiquer
aventurina : aventurine
azabache : jais
azada : houe
azadilla : hoyau
azogue : vif argent
azotea : terrasse, toit en terrasse
azuela : herminette; *azuela de dos filos* : bisaiguë
azulejo : carreau

b

báculo episcopal : crosse (1); *báculo pastoral* : bâton pastoral
badajo : battant (de cloche)
Bajada al Limbo : Descente (du Christ) aux limbes
bajo relieve : bas-relief
balaustre : balustre
baldaquino : baldaquin, ciborium
baldosa : carreau
balumba : masse
ballesta : arbalète
ballestera : arbalétrière
banca : banc d'église
banco de fábrica : banc d'œuvre
banda : écharpe; *bandas lombardas* : bandes lombardes, lésènes
bandera : bannière, enseigne, pavillon (2)
banderola : banderole, panonceau
banqueta : banquette
banquillo : sellette (3)
baquetón : baguette
baranda : barre d'appui
barandilla : balustrade
barbacana : barbacane (1)
barquillero : gaufrier
barra : barre
barrena : mèche (2)
barreño : jatte
barro cocido : terre cuite
basa : base; *basa pequeña* : piédouche
basamento : soubassement
base (carencia de) : porte-à-faux
basílica : basilique
bastón de cantor : bâton cantoral
bautismo de inmersión : baptême par immersion

bautisterio : baptistère
beato : bienheureux
berbiquí : vilebrequin
berroqueña (*piedra*) : granit
besante : besant
bestiario : bestiaire
Biblia : Bible
bigornia : enclume
billetes : billettes
bisagra : charnière
bisel : biseau
blasón : blason, héraldique
bocado : mors
bocel : boudin, tore
bodega : cave, cellier
bola : boule; *bola de universo* : globe (2)
bolo : noyau (d'escalier à vis)
bonito : joli
bordado : broderie
borde : rebord
bordón : bourdon
borla : gland
borrado : effacé
borrón : ébauche
bosquejado : ébauché
bosquejo : ébauche, esquisse
botón : bouton
bóveda : voûte; *bóveda anular* : voûte annulaire; *bóveda bombeada* : voûte domicale; *bóveda claustral* : voûte en arc de cloître; *bóveda con luneto* : berceau à pénétration; *bóveda con nervaduras* : voûte nervée; *bóveda de aristas* : voûte d'arêtes; *bóveda de crucería* : voûte à croisée d'ogives; *bóveda de cuarto de círculo* : voûte en demi-berceau; *bóveda de cuarto de esfera* : voûte en cul-de-four; *bóveda de medio cañón* : voûte en berceau; *bóveda en asa de cesta* : voûte en anse de panier
bovedilla : solin
brazalete : bracelet
brazo : bras; *brazo de cruz* : bras de croix; *brazo de transepto* : croisillon (3); *brazo relicario* : bras-reliquaire
brocal de pozo : margelle
brochal : chevêtre
broche : formal; *broche de capa* : mors de chape
bronce : bronze
bruto : brut
bucráneo : bucrâne
bufonadas : drôleries
buhardilla : lucarne, mansarde
bulto : volume (1); *bulto entero* : ronde bosse
buque : navire, vaisseau (2)
burial : inhumation

C

cabalgadura : monture
caballera (*vista*) : vue cavalière
caballete : chevalet, faîtage, arêtier, abat-vent; *en forma de caballete* : en dos d'âne
cabecera : chevet; *cabecera trelobada* : chœur tréflé
cabeza : tête, chef; *cabeza de clavo* : tête de clou; *cabeza relicario* : chef-reliquaire
cabo : about
cabria : treuil
cabrío : chevron (2)
cabujón : cabochon
cadena : chaîne
cadera : hanche
caja : boîte; *caja de escalera* : cage d'escalier; *caja de órgano* : buffet d'orgue
cajeta : layette
cal : chaux; *cal viva* : chaux vive
calabozo : basse-fosse, oubliette, cul de basse-fosse
calado : jour, ajouré
calaña : calibre
calar : ajourer
calco : décalque
calefactorio : chauffoir
calendario : calendrier
calera : chaufour
calibrar : calibrer
calientamanos : chauffe-mains
calientapies : chauffe-pieds
cáliz : calice
caliza : calcaire
calzas : chausses
Calle de la Amargura : Via dolorosa
camafeo : camée
camaldulense : camaldule
camisa : chemise
campana : cloche; *campana de chimenea* : hotte de cheminée, manteau de cheminée; *campana grande* : bourdon
campanario : clocher, beffroi (2)
campaniforme : campaniforme
campanil : campanile
campo : champ
caña : tige; *media caña* : godron
canal : canal, caniveau, noue; *canales de plomo* : plomb de vitrail
canalón : chaîneau
canasta : panier, hotte
candelabro : candélabre, girandole, torchère; *candelabro de muchos brazos* : herse; *candelabro de siete brazos* : chandelier à sept branches
Candelaria : Chandeleur
candelero : chandelier; *candelero pascual* : chandelier pascal
candil de barro : lampe d'argile
canecillo : modillon
canéfora : canéphore
canon : canon
cañón de arco apuntado : voûte en berceau brisé; *cañón de chimenea* : tuyau de cheminée, souche (1)
canonical : canonial
canonicato : canonicat
canónico : canonique
canónigo : chanoine
canto (*de*) : de champ
cantor : chantre; *primer cantor* : préchantre
capa : manteau, chape (1)
capilla : chapelle; *Santa Capilla* : Sainte-Chapelle; *capilla absidal* : chapelle absidale; *capilla funeraria* : chapelle funéraire; *capilla mayor* : chœur (2); *capilla palatina* : chapelle palatine
capítulo : chapitre
capitel : chapiteau; *capitel compuesto* : chapiteau composite; *capitel corintio* : chapiteau corinthien; *capitel cúbico* : chapiteau cubique; *capitel de ramaje* : chapiteau à feuillage; *capitel historiado* : chapiteau historié; *capitel imposta* : chapiteau imposte
cara : visage
caracol : limaçon
cardinal : cardinal
cardos : chardons
cariátide : cariatide
carillón : carillon
carpintería : charpenterie, menuiserie
carpintero : charpentier
carrera : lambourde
carrillo : poulie
carta : charte
cartón : cartouche
cartuja : chartreuse
cartulario : cartulaire
casa : hôtel
cascajo : recoupe, gravier
cascarón : cul-de-four
casquijo : blocage
castillejo : châtelet
castillo de proa : gaillard d'avant
casulla : chasuble

cátedra : chaire (1)
catedral : cathédrale
caulículos : caulicoles
caveto : cavet
cayado : houlette
cefalóforo : céphalophore
celda : cellule
celosía : claustra
cementerio : cimetière
cemento : ciment
Cenáculo : Cénacle
cenobita : cénobite
cenotafio : cénotaphe
cepillo : tronc (2), rabot; *cepillo de tonelero* : plane
cerámica : céramique
cerco : enceinte
cerradura : serrure
cerrajería : serrurerie
cerrojo : verrou
cesta : corbeille, panier
cestería : vannerie (1)
cetro : sceptre
cielo raso : plafond
cillerero : cellérier
cimacio : cimaise, doucine
cimbra : cintre
cimiento : substruction, fondation
cincel : ciseau
cinta : ruban
cipolino : cipolin
circuito : pourtour
cirio : cierge; *cirio pascual* : cierge pascal
cisterciense : cistercien
claraboya : claire-voie (3)
claustro : cloître
clausura : clôture
clavar : fonçage
clave : clé; *clave colgante* : clé pendante
clavija : cheville, goupille; *clavija de hierro* : goujon
clavo : clou; *cabeza de clavo* : tête de clou
clérigo : clerc, ecclésiastique
clero : clergé
cluniacense : clunisien
cobija : tuile faîtière
cocina : cuisine
codo metálico : cornière
cofa : hune
cofradía : confrérie
cofrero : layetier
cogulla : cagoule, coule
cojinete : coussinet (2)
cola de milano : queue d'aronde
colateral : collateral; *nave colateral* : bas-côté
colgadizo : auvent
colgadura : tenture; *colgadura de luto* : litre
collar : collier
colobio : colobium
colocación : pose; *colocación de la primera piedra* : pose de la première pierre
color : couleur; *color complementario* : couleur complémentaire; *colores heráldicos* : couleurs héraldiques
columna : colonne; *media columna* : demi-colonne; *columna acanalada* : colonne cannelée; *columnas acopladas* : colonnes gémellées; *columna adosada* : colonne adossée; *columna armillada* : colonne annelée; *columna embebida* : colonne engagée; *columna en forma de haz* : colonne fasciculée; *columna exenta* : colonne isolée; *columna monolítica* : colonne monolithe; *columna rostrada* : colonne rostrale; *columna torcida* : colonne torse
columnata : colonnade
columnillas geminadas : colonnettes couplées
columnita : colonnette
combado : cambré
comulgatorio : table de communion
compás de cuerda : simbleau
compensar : racheter
compuesto : composite (ordre)
cómputo : comput
cóncavo : concave
concha : conque; *concha de Santiago* : coquille Saint-Jacques
confesonario : confessionnal
consagración : consécration, sacre
construcción : construction
contera : sabot (2)
contracurva : contre-courbe
contraescarpa : contrescarpe
contrafuerte : contrefort; *contrafuerte interior* : contrefort intérieur
contralecho (a) : en délit
contraluz : faux-jour
contrapeso : peson (1)
contraventana : contrevent
convexo : convexe
copa medieval : hanap
copón : ciboire
cordero místico : agneau mystique
cordón : cordon, cordelière, bandeau
cornisa : corniche
coro : chœur
corona : couronne; *corona de espinas* : couronne d'épines; *corona real* : couronne royale
coronación : sacre (royal)
coronamiento : crête (3), amortissement
corondura : cambrure
corporación : corporation, guilde
correa : panne
corredor : coursière
corrido : courant (*adj.*)
corte : tranchant, taillant, taille (1); *corte de piedra* : coupe des pierres
cortina : courtine
costado : flanc
cota : cote de niveau; *cota de malla* : haubert
credencia : crédence
crestería : crête
criba : crible
cripta : crypte
crisma : saint chrême
crismón : chrisme
cristal : verre
Cristo todopoderoso : Pantocrator
crucería de ojivas : croisée d'ogives
crucero : carré, moise, croisée de transept, transept; *doble crucero* : double transept
cruceta : crossette
crucífero : crucifère
crucifijo : crucifix
crucifixión : crucifiement, crucifixion
cruciforme : cruciforme
cruz : croix; *cruz de consagración* : croix de consécration; *cruz de Malta* : croix de Malte; *cruz de san Andrés* : croix de saint André; *cruz griega* : croix grecque; *cruz pectoral* : croix pectorale; *cruz potenzada* : croix potencée; *cruz procesional* : croix processionnelle
cruzamiento : chevauchement
cuadrante solar : cadran solaire
cuadrangular : quadrangulaire
cuadriculado : quadrillage, quadrillé
cuadrifolios : quatre-feuilles
cuadrilobo : quadrilobe
cuadriláter : quadrilatère
cuadrilla : quadrille
cuaresma : carême
cuartel : quartier
cuartelado : écartelé (écu)
cuarto de círculo : quart de rond
cubierta : couverture
cuerda : corde; *cuerda trenzada* : corde tressée
cuerno de la abundancia : corne d'abondance; *cuerno de marfil* :

olifant
cuerpo (*formar*) : faire corps; *cuerpo de casa* : corps de logis
cuezo : auge
cuidado : soigné
culo de botella : cives; *culo de lámpara* : cul-de-lampe
cuña de madera : tasseau
cúpula : dôme, calotte; *cúpula sobre pechinas* : coupole nervée, coupole à pendentifs; *cúpula sobre trompas* : coupole sur trompes
curvas paralelas : strigiles
custodia : ostensoir, monstrance

ch

chaflán : biseau, chanfrein
chamarra : simarre
chapucería : bousillage (2)
chapucero : gâcheur
chaveta : clavette
chilla : volige
chimenea : cheminée
choza : chaumière
chuzo : vouge

d

dado : dé
dalmática : dalmatique
damasco : damas
damasquinado : damasquiné
dañado : endommagé
danza macabra : danse macabre
dardo con hojas oblicuas : vireton
debastador : ébauchoir
declive : rampant; *declive del techo* : rampant de toit
dedicación : dédicace
degenerado : abâtardi
Degollación de San Juan Bautista : Décollation de saint Jean-Baptiste
delgado : mince, grêle
delineamiento : dessin au trait
demoler : démolir, raser
demolición : démolition
dentellón : dentelure
dentículos : denticules
dependencias : dépendances
derrame : ébrasement
derribo : démolition
desalineamiento : décrochement
desbastador : praticien
desbastar : dégrossir, épanneler
desbaste : épannelage
descalzar : déchausser
descanso : repos
descantillar : ébousiner
descanzo : palier
descargar : soulager
Descendimiento : Déposition (de Croix)
descimbrar : décintrer
desfigurar : défigurer
deslunado : préau
desmesurado : démesuré
desnudo : nu (d'un mur)
desoxidación : décapage
desoxidar : décaper
despejo : dégagement (1)
desplomarse : s'écrouler
desplome : fruit, déversement
desplomo : surplomb
desprenderse en escamas : s'écailler
desproporción : disproportion
destacar : rechampir
destacarse : ressortir
destornillador : tournevis
destrucción : destruction
desviación : désaxement
deteriorado : dégradé
deterioro : détérioration, dégradation
día : jour
diablería : diablerie
diablo : diable
dibujo : dessin; *dibujo ajedrezado* : damier
diacónica : diaconicum
diácono : diacre
diadema : diadème
diáfano : diaphane
diamante : diamant
diapreado : diapré
dibujo : damier
diestra : dextre
diente : dent; *dientes de sierra* : dents de scie
digitado : digité
dimensiones : proportions
dinámico : dynamique
dintel : linteau, plate-bande
diócesis : diocèse
díptico : diptyque; *díptico consular* : diptyque consulaire
discípulo : élève
disco : disque
diseminación : semis
diseño : dessin
disparejo : disparate
disposición : dispositif
divisa : devise
divisiones : refends (2)
doctores de la Iglesia : docteurs de l'Église
doladera : doloire
Dolorosa : Vierge des sept douleurs
dominico : dominicain
dorado : dorure
Dormición de la Virgen : Dormition de la Vierge
dormitorio : dortoir
dornajo : sébile
dorsal : dorsal
dovela : claveau, voussoir, douelle
dragón : dragon
duela : douve (2)

e

Edad Media : Moyen Age
edificio : bâtiment, édifice
efigie : effigie
eje : axe
ejecutar : exécuter
elegidos (*los*) : les élus
embaldosado : carrelage
embellecer : embellir
emblema : emblème
embotado : émoussé
empalizada : palis
empalme : raccord
empedrado : pavement
emplazamiento : emplacement
empotramiento : scellement
empotrar : encastrer, sceller (2)
empuje lateral : poussée
encaje : dentelle
Encarnación : Incarnation
encarnado : incarnat
enchapado : placage
encofrado : coffrage
encomienda : commende, commanderie
encorvado : galbé
encuardernación : reliure
engastar : enchâsser, sertir
engaste : bâte
engofar : bander une arbalète
engrudar : maroufler
enigma : énigme
enjaezamiento : harnachement
enjuta : écoinçon
enlosado : dallage
enlucido : crépi
enlucir : crépir
enrasamiento : arasement
enrasar : araser
ensambladura : assemblage; *ensambladura de mortaja y espiga* : assemblage à tenon et mortaise
entablamento : entablement
entallador : sculpteur sur bois, imagier
entabladura : emmarchement
entarimado : parquet
éntasis : renflement, entasis
enterrar : fonçage
entramado : colombage, pan de bois

entrante : rentrant
entrada : entrée
entrecruzadas (*líneas*) : guillochis
Entrega de las llaves a San Pedro (*la*) : la Tradition des clefs à saint Pierre
envoltura : chape (2)
enyesar : pigeonner
Epifanía : Épiphanie
epígrafe : épigraphe
epigrafía : épigraphie
epístola (*lado de la*) : côté de l'épître
epitafio : épitaphe
equilibrio : équilibre, pondération
equino : échine
equipaje : équipage
eremitorio : reclusoir
erigir : ériger
ermitaño : ermite
escabel : escabeau
escala : échelle; *en gran escala* : à grande échelle; *en pequeña escala* : à petite échelle
escalera : escalier; *escalera a dos tramos* : escalier à double volée; *escalera de caracol* : escalier en spirale, escalier à vis; *escalera de herradura* : escalier en fer à cheval; *escalera al descubierto* : escalier extérieur; *escalera secreta* : escalier dérobé
escalón : échelon
escamado : imbriqué
escamarse : se déliter
escamas : écailles
escapulario : scapulaire
escarlata : écarlate
escarnecido (*Cristo*) : Dérision du Christ
escarpa : escarpe
escarpe : soleret
escatología : eschatologie
esciápodo : sciapode
esclavina : pèlerine
escocia : scotie
escoda : boucharde, laie, smille
escodar : layer, bretteler
escofinar : rifloir
escombro : déblai; *escombros* : décombres, gravois
esconce : retraite
escoplo : bec d'âne, ripe
escritorio : scriptorium
Escritura (*la Sagrada*) : l'Écriture sainte
escuadra : équerre; *a escuadra* : d'équerre
escuadrar : équarrir
escudero : écuyer
escudo : bouclier, écu, scutum; *en forma de escudo* : scutiforme; *escudo de armas* : armoiries, écusson
escuela : école; *escuela de canto* : psallette; *escuela de pintura* : école de peintres
escultor : sculpteur; *escultor de madera* : huchier
escultura : sculpture sur pierre; *escultura en marfil* : ivoirerie; *escultura pequeña* : petite sculpture
esférico : sphérique
esfragística : sphragistique
esgrafiado : sgraffito
esgucio : congé
esmaltador : émailleur, émailliste
esmalte : émail, émaillerie, smalte; *esmalte campeado* : émail champlevé; *esmalte pintado* : émail peint; *esmalte tabicado* : émail cloisonné; *esmalte translúcido* : émail translucide; *esmaltes de los escudos* : émaux (blason)
esmeralda : émeraude
espada : épée, flamberge; *espada de dos filos* : épée à deux tranchants
espadaña : clocher-mur
espartería : sparterie
espectro : spectre
espejo : miroir
espiga : pivot, tenon, épi; *espiga de techo* : épi de faîtage
espiral : spirale; *espiral de báculo* : volute de crosse
espiritualización : spiritualisation
espolón : bec (2)
espuela : éperon; *espuela de punta* : éperon à pointe unique
esquina : coin, encoignure
estabilidad : stabilité
estaca : pieu, pal, pilot
estacada : palanque
estampado : estampage (1)
estampar : gaufrer
estarcido : poncif (1)
estatura : stature
estatua : statue; *estatua ecuestre* : statue équestre; *estatua orante* : orant (2); *estatua yacente* : gisant
estatuaria : statuaire (2)
estatuario : statuaire (1)
estauroteca : staurothèque
estera : natte (1)
estereotomía : stéréotomie
estigmas : stigmates
estilete : style (1)
estilita : stylite
estilización : stylisation
estilo : style; *estilo ogival* : style ogival; *estilo perpendicular* : gothique perpendiculaire
estilóbato : stylobate
estola : étole
estrado : estrade
estrella : étoile
estría : strie, cannelure
estriado : cannelé
estriar : bretteler
estribo : étrier; *estribo de puente* : culée
estrigilado : strigilé
estructura : structure
estuco : badigeon, stuc
estufa : poêle
etimasia : étimasie
evangeliario : évangéliaire
evangelio : évangile
evangelista : évangéliste
evolución : évolution
excavar : fouiller
excavaciones : fouilles
exedra : exèdre
exegeta : exégète
expresión : expression
exvoto : ex-voto

f

faceta : facette
fachada : façade
facistol : lutrin
facticio : factice
factura : facture
faja : registre (2), fasce
falla : affaissement
falleba : crémone, espagnolette
fechar : dater
feo : laid
ferronería : ferronnerie
festón : feston
festoneado : festonné
figle : ophicléïde
figura : figure; *figura acostada* : figure couchée; *figura de pie* : figure debout; *figura sentada* : figure assise
figurilla : figurine
fila de billetes : cordon de billettes; *fila de columnas* : épine
filacteria : phylactère
filete : bandelette, filet, listel
filiforme : filiforme
filo : taillant
fingido : feint
firma : signature, seing
flabelo : flabel
flaco : maigre
flanco : flanc

flanqueado : accosté
flanquear : flanquer
flor de (*a*) : à fleur de; *flor de lis* : fleur de lis
flordelisado : fleurdelisé
floreos : fioritures
florón : fleuron
follage : feuillage, rinceaux
fondo : fond, fonds, subjectile
forma : forme, hostie
formar : façonner
fortificado : fortifié
foso : douve (1)
fragmento : fragment
fragua : gorge
frailes menores, franciscanos : franciscains
franja : clave
frente (*de*) : de face
fresco (*pintura al*) : fresque
friso de palmitas : frise de palmettes; *friso zoóforo* : frise zoophore
frontal : frontal; *frontal de altar* : parement (4), antependium
frontalidad : frontalité
frontispicio : façade
frontón : fronton
fuelle : soufflet
fuente : fontaine
fuera de obra : hors d'œuvre
fueza : force
funda : housse
fundación : fondation
fundador : fondateur
fundición : fonte, fonderie
fundidor : fondeur; *fundidor de campanas* : fondeur de cloches
fundir : fondre
fuste : fût

g

gablete : gâble, pignon
galería : galerie; *galería de claustro* : galerie de cloître; *galería de los Reyes* : galerie des Rois
gálibo : gabarit
galilea : galilée
galón : galon
gallo de campanario : coq de clocher
ganchillo : crochet
garbado : galbé
garbo : galbe
garfio : crochet de chapiteau
garganta : gorge
gárgola : gargouille
garlopa : varlope, riflard
gatera : chatière
gato : cric, vérin
gema : gemme
geminado : géminé
Géminis : Gémeaux
genealogía : généalogie
genio : génie
geométrico (*adorno*) : ornementation géométrique
gesto : geste; *gesto de caderas* : hanchement
giralda : girouette
giratorio : giratoire
girola : déambulatoire, carole, pourtour du chœur; *girola con capillas radiales* : déambulatoire à chapelles rayonnantes
glifo : glyphe
glíptica : glyptique
globo : globe (1)
gnomon : gnomon
gola : talon
golpe (*de un*) : d'un seul jet
gonfalón : gonfalon
gorgona : gorgone
gorguera : gorgerin
gotas : larmes
goterón : larmier
gótico : gothique; *gótico flamígero* : gothique flamboyant; *gótico primitivo* : gothique primaire
gozne : gond, paumelle
grabado : gravure
grabar : graver
gracia : grâce; *gracia de Dios* : grâce de Dieu
grada : gradin
gradería exterior : perron
gradación : gradation
gradual : graduel
grandeza : grandeur
grapa : agrafe, bride, crampon
granate : grenat
granja : grange
grano de cebada : graindorge
grava : charge
grebas : jambières
greca : frette; *grecas* : grecques
gregoriano : grégorien
gremial : grémial
gremio de artesanos : corps de métier
gres : grès
grieta : gélivure
Grial (*Santo*) : Saint Graal
grieta : lézarde
grietoso : gélif
grifo : griffon
gris : gris
grosero : grossier
grujidor : grésoir, grugeoir
grupo : groupe
gualdrapa : housse de cheval
guantes episcopales : gants liturgiques
gubia : gouge
guerreros (*santos*) : stratelates
guirnalda : guirlande
gules : de gueules
gotera : gouttière

h

habitación : habitation
hacer barriga : boucler
hacha : flambeau, hache; *hacha de armas* : hache d'armes
hagiografía : hagiographie
hallazgo : trouvaille
haz : faisceau
hebilla : boucle, formal
Hechos de los Apóstoles : Actes des Apôtres
hechura : façon
hélice : hélice
hembrilla : vertevelle
hemisferio : hémisphère
hendedura : fissure
hender : fendre
hermandad : confrérie
hermanos menores : frères mineurs
herraje : ferrure
heraldo : héraut
herramienta : outil
herrería : ferronnerie; *herrería de corte* : taillanderie
herrero : forgeron
hidria : hydrie
hierro forjado : fer forgé
hija : fille
hilada : assise, tas de charge
hilera : file, rangée; *hilera de perlas* : cordon de perles
hilo : fil
hipocausto : hypocauste
hipogrifo : hippogriffe
hisopo : goupillon
historiado : historié
hoguera : fournaise
hoja : feuille, lame, volet (2), battant; *hoja acuática* : feuille d'eau; *hoja de acanto* : feuille d'acanthe; *hoja de hiedra* : feuille de lierre; *hoja de laurel* : feuille de laurier
homa : hom
horca : potence (1)
horizontal : horizontal
hormigón : béton; *hormigón armado* : béton armé
hornacina : niche
hornilla de palomar : boulin (1)
horno : four
hospicio : hospice
hospital : hôpital

hospitalarios : hospitaliers
hostia : hostie
hueco : vide, baie; *piedra grabada en hueco* : intaille
huella : giron

i

icnografía : ichnographie
icono : icône
iconoclasta : iconoclaste
iconografía : iconographie
iconología : iconologie
iconostasio : iconostase
identificación : identification
ídolo : idole
Iglesia : Église; *iglesia abacial* : église abbatiale; *iglesia colegial* : église collégiale : *iglesia conventual* : église conventuelle; *iglesia de madera* : église de bois; *iglesia de peregrinación* : église de pèlerinage; *iglesia de planta de salón* : église-halle; *iglesia fortificada* : église fortifiée; *iglesia parroquial* : église paroissiale; *iglesia profanada* : église profanée
iluminación : enluminure
ilustrado : illustré
imagen : image; *imagen milagrosa* : image miraculeuse
imaginero : imagier
imbricación : imbrication
imitación : imitation
imposta : imposte, bandeau
impronta : empreinte
incensario : encensoir
inclinarse : pousser au vide
incrustación : incrustation
índigo : indigo
infierno : enfer; *boca del Infierno* : gueule d'Enfer
ínfulas : fanons
inhumación : inhumation
inicial : initiale; *inicial historiada* : initiale historiée
inscripción : inscription
insignia : insigne, enseigne militaire
instrumento : instrument; *instrumentos de cuerda* : instruments à cordes; *instrumentos de la Pasión* : instruments de la Passion; *instrumento de música* : instrument de musique; *instrumentos de percusión* : instruments à percussion; *instrumentos de viento* : instruments à vent
intacto : intact
intercesor : intercesseur
intercolumnio : entre-colonnement
interpretar : interpréter
intersección : intersection
intersticio : interstice
intradós : intrados
Invención de la Cruz : Invention de la Sainte Croix
inventario : inventaire
invertido : inversé
iris : iris

j

jabalina : javeline
Jacob (escala de) : échelle de Jacob
irisación : irisation
jacobinos : jacobins
jade : jade
jalón : jalon
jamba : jambage, pied-droit
jardín : jardin
jarra : jarre
jarrón : vase
jaspe : jarpe
jerarquía : hiérarchie; *las jerarquías angélicas* : les hiérarchies angéliques
Jesé (arbol de) : arbre de Jessé
joyería : joaillerie
Juan Bautista (San) : saint Jean-Baptiste
juego : garniture; *juego de manos* : tour de main
Juicio final : Jugement dernier
junquillo : rudenture
juntado : jointif
juntas (con las manos) : mains jointes
juntura : joint
justa : joute

l

lábaro : labarum
laberinto : labyrinthe
labrada : orfèvrerie (2)
labrado : ouvragé
lacería : entrelacs
ladearse : gauchir
ladrillo : brique, brique cuite; *mampostería de ladrillos* : briquetage; *ladrillo vidriado* : brique émaillée
Ladrón (el buen) : le bon Larron; *el mal Ladrón* : le mauvais Larron
lagar : pressoir
laguna : lacune
lámina : plaque, paillon; *lámina sepulcral* : plate-tombe
lámpara : lampe; *soporte de lámpara* : lampadaire
lanceolado : lancéolé
lanceta : lancette
lanza : lance; *lanza en ristre* : lance au repos
lápida : pierre tombale
lapidación : lapidation
lapidario : lapidaire
lapislázuli : lapis-lazuli
latas : lattes, voliges; *obras de latas* : lattis
lateral : latéral
látigo : fouet
latón : laiton
latonería : dinanderie
laude : pierre tombale
laureado : lauré
laurel : laurier
lavabo : lavabo
lazo : lacs
lazulita : lazulite
leccionario : lectionnaire
leche de cal : lait de chaux
lecho : lit; *lecho de justicia* : lit de justice
lechoso : laiteux
legendario : légendaire, légendier
lengüeta : languette
lente : lentille
lenticular : lenticulaire
león de san Marcos : lion de saint Marc
leprosería : léproserie, maladrerie
letanía : kyrielle
Letrán : Latran
levantar : dresser (1), élever, ériger, exhausser, lever un plan
Leviatán : Léviathan
levítico : Lévitique
leyenda : légende; *Leyenda áurea* : Légende dorée
librería : librairie
libro coral : livre liturgique; *libro de horas* : livre d'heures
lienzo : linge; *lienzo de muro* : pan de mur
ligadura : lien
Limbo : Limbes
limón : limon
limosnera : aumônière
limpiadura : dégagement (2)
lindo : joli
línea : ligne
linterna : lanterne; *linterna funeraria* : lanterne des morts
linternón : lanterneau
lipsanoteca : lipsanothèque
liso : lisse
lista colorada : liteau
litera : litière
liturgia : liturgie
liza : lice
lizo : lisse; *tapiz de alto lizo* : tapisserie de haute lisse; *tapiz*

de bajo lizo : tapisserie de basse lisse
lobulado : lobé
lóbulo : lobe
lograda : rendu
lomos : reins d'une voûte
longitud : longueur
lonja : halle; *lonja de paños* : halle aux draps
loriga : armure de plates
losa : dalle; *losa funeraria* : dalle funéraire; *losa sepulcral* : plaque tombale
loza : faïence
lujuriante : luxuriant
lumbrera : soupirail
luminaria : luminaire
luneto : lunette
lustración : lustration
luz : lumière; *luz rasante* : lumière rasante

ll

llana de albañil : truelle
llano : plat, uni
lleno : plein

m

maceta : têtu
macho : masse de sculpteur
macizo : massif
maclas : macles
madera : bois; *escultura de madera* : sculpture sur bois, hucherie; *madera con su corteza* : grume; *madera de construcción* : bois de charpente, bois de construction; *madera manchada* : madre; *madera tallada* : bois sculpté
madero : madrier, bille
maestrescuela : écolâtre
maestro : maître; *maestro de obras* : maître d'œuvre
magnificencia : magnificence
Magos : Mages
mainel : meneau
Majestad (*Cristo en*) : Christ en majesté; *Virgen en Majestad* : Vierge en majesté
maleable : malléable
malla : maille
mallo : mail
mamarracho : marmouset
mampostear : jointoyer
mampuesto : libage
manganel : mangonneau
mango : manche d'outil
manípulo : manipule
mano : main; *la Mano de Dios* : la Main de Dieu; *mano de justicia* : main de justice; *mano de obra* : main-d'œuvre; *mano derecha* : main droite; *mano izquierda* : main gauche
manpuesto : moellon
mansión señorial : manoir
manta : mante
mantel de altar : nappe d'autel
mantelete : mantelet
mantenimiento : entretien
mantillas : lange
manuscrito : manuscrit; *manuscrito miniado* : manuscrit enluminé
mapamundi : mappemonde
marcas de cantero : marque de tâcheron
marco : cadre
marfil : ivoire
marfileño : ivoirin
marfilero : ivoirier
mármol : marbre; *mármol blanco* : marbre statuaire
marmolista : marbrier
martillar : marteler
martillo : marteau
mártir : martyr
martirologio : martyrologe
máscara : masque; *máscara funeraria* : masque mortuaire
mascarón : mascaron
masilla : mastic
matacán : assommoir, hourd, mâchicoulis
material : matériau; *materiales* : matériaux
matiz : nuance
mayúscula miniada : lettre ornée, lettrine
mausoleo : mausolée
maza : masse d'huissier; *maza de armas* : masse d'armes, marteau d'armes
mazo : maillet, mailloche
meandros : méandres
mecenas : mécène
mechinal : boulin (2)
medalla : médaille
medallón : médaillon
medición : toisé
medio relieve : demi-bosse
medieval : médiéval
melindroso : mièvre
memoria : mémoire
menologio : ménologe
ménsula : console, culot
mercado : halle
mesa : table, mense; *mesa de altar* : table d'autel
metal : métal (blason)
meter en obra : mise en œuvre
metopa : métope
mica : mica
miembro : membre
miniado, miniatura : miniature; *miniatura a página entera* : miniature de pleine page
mínimos : minimes
minio : minium
mirilla : judas
mirra : myrrhe
misal : missel
misericordia : miséricorde
mitra : mitre
mobiliario : mobilier
modelo : modèle
módulo : module
molar : meulière
molde : moule
moldura : moulure; *moldura pequeña* : réglet; *molduras prismáticas* : moulures prismatiques
molduración : mouluration
monaquismo : monachisme
monasterio : monastère, moutier
moneda : monnaie
monja : nonne
monje : moine
monograma : monogramme
monografía : monographie
monolito : monolithe
monótono : monotone
montante : montant
montón de piedras : montjoie
monumento : monument; *monumento conmemorativo* : monument
morado : violet
morillo : landier
mortaja : mortaise
mortero : liaison
mosaico : mosaïque; *mosaico de pavimento* : mosaïque de pavement; *mosaico mural* : mosaïque murale
motivo : motif
movimiento : mouvement
mozárabe : mozarabe
muceta : mozette, aumusse
mueble : meuble
muela : meule
muelle : quai
muesca : entaille, encoche, rainure
muestra : échantillon, enseigne de boutique
muleta : potence (2)
muralla : muraille
muro de revestimiento : mur de revêtement; *muro de sostenimiento* : mur de soutènement
musulmán (*arte*) : art musulman
mútulo : mutule

n

Nacimiento : Nativité, Crèche
nártex : narthex
Natividad : Nativité
nave : vaisseau (3); *nave central* : nef centrale; *nave colateral* : nef latérale; *nave ciega* : nef aveugle
naveta de incienso : navette à encens
Navidad : Nativité
navío : navire nef; *navío de alta mar* : navire de haute mer
nervadura : lierne
nervio : côte, nerf (2), nervure
nimbo almendrado : mandorle; *nimbo cuadrado* : nimbe carré
nivel de albañil : niveau
nivelación : nivellement
no me toques : noli me tangere
nubes : nébules
nudo : nœud, pommeau (3)
números sagrados : nombres sacrés
numismática : numismatique

o

obispo : évêque
obituario : obituaire
oblicuo : oblique
oblongo : barlong
obra : œuvre; *a pie de obra* : à pied d'œuvre; *bajo obra* : sous-œuvre; *en la obra* : dans œuvre; *obra de arte* : œuvre d'art; *obra de fábrica* : gros-œuvre; *obra de prueba* : chef-d'œuvre; *obra trivial* : poncif (2)
ocre : ocre
octógono : octogone
Odigitria : Hodigitria
oficiante : officiant
oficio : office
oficio : métier (1)
ojete : œillet
ojo : œil (1); *ojo de buey* : œil-de-bœuf
olas : flots grecs, vagues
olivas : olives
ondulaciones : ondes
ónix : onyx
onza : once
ópalo : opale
orante : orante
oratorio : oratoire
orden (tercera) : tiers-ordre; *orden compuesto* : ordre composite; *orden corintio* : ordre corinthien; *orden de caballería* : ordre de chevalerie; *orden de Malta* : ordre de Malte; *orden dórico* : ordre dorique; *orden jónico* : ordre ionique; *orden rústico* : ordre rustique; *orden toscano* : ordre toscan ; *ordenes mendicantes* : ordres mendiants
ordenación : ordination
ordenamiento : ordonnance
orfebre : orfèvre
órgano : orgue; *órgano portátil* : orgue portatif
orientación : orientation
orientar : orienter
oriflama : oriflamme
orifrés : orfroi
original : original
orla : orle, encadrement
ornamento corriente : ornement courant; *ornamentos sacerdotales* : ornements liturgiques
ornato : ornement
oro : or; *oro en barra* : or en barre; *oro en láminas* : or en feuilles; *oro molido* : or moulu; *oro macizo* : or massif
osario : ossuaire, charnier
oval : oval
óvalo : oves
ovoide : ovoïde

p

pabellón : pavillon
pabilo : mèche
Padres (los primeros) : nos premiers Parents
paja : chaume
pájaro (a vista de) : à vol d'oiseau
palacio : palais; *palacio episcopal* : palais épiscopal; *palacio papal* : palais des papes
palafrén : palefroi
palanca : levier, louve, papanche
palastro : palastre
paleografía : paléographie
palimpsesto : palimpseste
palio : poêle (2), dais (1), pallium
palma : palme (3)
palmita : palmette
palmo : palme (1)
paloma eucarística : colombe eucharistique
palomar : pigeonnier
pámpano : pampre
panel de cancela : transenna
paño : pan d'étoffe; *paño mortuario* : poêle (4); *paño lumbar* : perizonium
panoplia : panoplie
Pantocrátor : Pantocrator
panza : panse
papa : pape
parábola : parabole
paraíso terrenal : paradis terrestre
paramento : parement (2)
parangón : parangon
parapeto : parapet
pared : mur, cloison, paroi; *pared de sillería* : jouée ; *pared divisoria* : mur de refend
Parentela (la Santa) : la Sainte Parenté
parrilla : gril
parroquia : paroisse
parteluz : trumeau
partido : parti
pasadizo : passage
pasamanos : rampe (3)
Pascua : Pâques
Pasión : Passion
pasionario : passionnaire
paso : pas
pasta vítrea : pâte de verre
Pastor (el Buen) : le Bon Pasteur
patena : patène
pátera : patère
patio : cour; *patio de monasterio* : préau de cloître
patriarca : patriarche
patrón : patron
pavés : pavois
pax : baiser-de-paix
pebetero : cassolette
pechina : pendentif (1)
pectoral : pectoral
pedestal : piédestal
pediculado : pédiculé
pedículo : pédicule
pendiente : pendentif (2)
peine : peigne; *peine litúrgico* : peigne liturgique
peldaño : degré, marche, marche d'autel
pelta : pelte
penacho : panache
penanular : penannulaire
pendiente : pente, versant
pendón : bannière, pennon
penetración : pénétration
Pentateuco : Pentateuque
Pentecostés : Pentecôte
penumbra : pénombre
peregrinación : pèlerinage
peregrino : pèlerin
perfección : fini
perfil : profil
perfilar : profiler
pergamino : parchemin; *pergamino plegado* : serviette repliée
período de edificación : campagne de construction
peristilo : péristyle
perla : perle (1)

pernio : gond, penture
perno : boulon
perpendicular : perpendiculaire
perpiaño : parpaing
persiana : persienne
personaje : personnage
perspectiva : perspective
pértiga : perche
pesado : lourd
peso : poids; *el peso de las almas* : le pèsement des âmes, psychostasie
pestillo : pène; *pestillo de cerradura* : moraillon
pica : pioche
picapedrero : lapicide
picaporte : marteau de porte, loquet
pico : pic, bec; *pico de cuervo* : bec de corbin
pie : pied
piececitas : piécettes
Piedad : Vierge de pitié
piedra : pierre; *primera piedra* : première pierre; *piedra angular* : pierre angulaire; *piedra blanda* : parties poufes; *piedra de toque* : pierre de touche; *piedra fina* : pierre précieuse; *piedra preciosa* : gemme; *piedra solera* : souchet
pila bautismal : fonts baptismaux, cuve baptismale; *pila de agua bendita* : bénitier; *pila de puente* : pile de pont
pilar : pilier, radier; *pilar fasciculado* : pilier fasciculé
pilastra : pilastre
pilastra saliente : dosseret
pimentero : poivrière
piña : pomme de pin
pináculo : pinacle, clocheton
pinta : pinte
pintor : peintre
pintura al encausto : peinture à l'encaustique; *pintura al óleo* : peinture à l'huile; *pintura al temple* : peinture à la détrempe; *pintura de códices* : miniature; *pintura en lienzo* : peinture sur toile; *pintura mural* : peinture murale; *pintura religiosa* : peinture religieuse; *pintura sobre tabla* : peinture sur bois, panneau (3); *pintura sobre vidrio* : peinture sur verre; *pintura sobre porcelana* : peinture sur porcelaine
piquete : piquet
pirámide : pyramide
piriforme : piriforme
piscina : piscine
piso : plancher, étage; *piso en voladizos* : en encorbellement
pisón : batte
píxide : pyxide
plañideros : pleurants
plano : plan, dessin d'architecture; *plano de un edificio* : épure; *primer plano* : premier plan; *último plano* : arrière-plan
planta : étage; *planta baja* : rez-de-chaussée
plásticas (artes) : arts plastiques
plataforma : plate-forme
platería : orfèvrerie (1)
pliegue : pli
plinto : plinthe
plomada : fil à plomb
plomo : plomb
plumeados : hachures
plumero : panache
podadera : serpe
podio : bahut
polainas : houseaux
polea : poulie
policromía : polychromie
poligonal : polygonal
políptico : polyptique
poma del arzón : pommeau (2)
pomo : pommeau (1)
pontífice : pontife
pórfido : porphyre
portada : portail
portapaz : baiser-de-paix
portería : porterie
pórtico : porche, portique
poste : poteau; *poste angular* : cornier
postigo : volet (1), porte bâtarde
poterna : poterne
pozo : puits
práctica : pratique
prebenda : prébende
Precursor : Précurseur
predela : prédelle
predicadores (hermanos) : frères prêcheurs
prefiguración : préfigure
prelado : prélat
premonstratenses : prémontrés
prerrománico : préroman
presbiterio : presbytère
pretil : chancel, mur d'appui, parapet de pont
pretorio : prétoire
primado : primat
primitivos : primitifs; *arte primitivo* : art primitif
prior : prieur
priorato : prieuré
prisma : prisme
procesión : procession
procedimiento : procédé
profanado : désaffecté
profano : profane
profeta : prophète
proporciones : proportions
protomártir : protomartyr
prótomo : protomé
prototipo : prototype
proyección : projection, rayonnement
proyecto : projet, devis
Psicomaquia : Psychomachie
Psicostasia : Psychostasie
puente : pont; *puente levadizo* : pont-levis
puentecillo : ponceau
puerta : porte, huis; *quicio de una puerta* : huisserie; *puerta cochera* : porte cochère; *puerta secreta* : porte dérobée
puesto : échoppe
pulgada : pouce
pulido : poli
pulidor : polissoir
pulimentar : égriser
púlpito : chaire (2); *púlpito externo* : chaire extérieure
puño : pommeau (3)
punta : pointe (1), about; *punta de diamante* : pointe de diamant; *punta de flecha* : pointe de flèche; *punta de lanza* : pointe de lance, fer de lance
puntal : contrefiche, étançon, étrésillon, étai, poitrail
punteado : pointillé
punto : point; *punto de apoyo* : point d'appui; *punto de partida* : point de départ; *punto de vista* : point de vue
punzó : ponceau
pupila : prunelle
púrpura : pourpre

q

querubín : chérubin
quimera : chimère
quinquefolio : cinq-feuilles, quintefeuille

r

rabel : rebec
racional : rational
radio : rayon (2); *radio de una rueda* : rayon de roue
ramaje : ramages
ramillete : bouquet
Ramos (*domingo de*) : dimanche des Rameaux

rampa : rampe (2)
ranura : rainure
rascar : gratter
rasgos : traits du visage; *rasgos cruzados* : hachures croisées
raspador : mirette
rastrillo : herse
rayo : rayon (1); *rayos de corazón* : rais-de-cœur
realismo : réalisme
rebaba : balèvre
rebajo : feuillure
recargo de adornos : tarabiscoté
rechoncho : trapu
recinto de murallas : enceinte
recluso, reclusa : reclus, recluse
recobro : recouvrement
recocido : recuit
reconstrucción de cimientos : rempiètement
redecilla : lacis, résille
Redentor : Rédempteur
reducción : réduction
reempleo : remploi
refectorio : réfectoire
reflejo : reflet
reforzar : renforcer
refuerzo : renfort, semelle (2)
refractario : réfractaire (terre)
refrescar : rafraîchir
registro : registre (1)
regla : règle
reguera : rigole
regular : regulier (clergé)
reinar : régner
reja : grille; *reja del coro* : clôture de chœur
relicario : châsse, reliquaire, fierte
relieve (*alto*) : haut-relief
reliquia : relique
reloj : horloge; *reloj de arena* : sablier
rellenar con argamasa : rejointoyer
relleno : remplage
remachar : river
remangar : retrousser
remate : couronnement
remendar : raccommoder
reminiscencia : réminiscence
reparación : réfection
reparo : réparation
repertorio : répertoire
repetición : répétition
repique de campanas : carillon
repisa : corbeau
réplica : réplique
reposo : repos
representación : représentation
réprobos (*los*) : les damnés
repujado : repoussé
resaltar : trancher
resalte : ressaut
resalto : redent, balèvre, ressaut, avant-corps
reserva : réserve (1)
Resurrección : Résurrection; *Resurrección de Lázaro* : Résurrection de Lazare
resistencia : résistance
respaldo : dossier
restauración : restauration
restaurado : restauré
restaurador : restaurateur
restaurar : restaurer
retablo : retable; *retablo con alas* : rétable à volets; *retablo entallado* rétable sculpté
reticulado : réticulé
retiro : retrait (2)
retocar : retoucher, rafraîchir, remanier
retracción : retrait (1)
retrato : portrait; *retrato de cuerpo entero* : portrait en pied; *retrato de hombre* : portrait d'homme; *retrato de medio cuerpo* : portrait demi-nature; *retrato de medio cuerpo* : portrait à mi-corps; *retrato de mujer* : portrait de femme; *retrato ecuestre* : portrait équestre; *retrato en tamaño natural* : portrait grandeur nature
revestimiento : revêtement, lambris
revestir : rhabiller
revocar : ravaler
revoque : enduit, ravalement
rey de armas : héraut; *los Reyes de Oriente* : les Mages; *Día de Reyes* : Épiphanie
rígido : rigide
riostra : arbalétrier
ripio : remplage (1)
ristra : chapelet (2)
ritmo : rythme
rito : rite
ritual : rituel
rodela : rondache
roleo : enroulement
rollo : rondin, rouleau, volume
románico : roman
romano : romain
rombo : losange, rhombe
ropaje : draperie
roquete : rochet
rosario : chapelet (1), patenôtre
rosetón : rose, rosace
rotonda : rotonde
rubí : rubis
rúbrica : rubrique
rueca : quenouille
rueda : roue (1); *rueda harmónica* : roue de clochettes
ruinas : ruines
rupestre : rupestre
rural, rústico : rural
rutina : routine

S

Sábana Santa (*la*) : le Saint Suaire
sable : sable (1)
sacerdote : prêtre
sacramento : sacrement
sacras : canons d'autel
sacrificio de Abraham : sacrifice d'Abraham
sacristía : sacristie
saetera : archère
sagitario : sagittaire
sagrario : tabernacle
sala : salle; *sala capitular* : salle capitulaire; *sala de espera* : salle des pas perdus
salidizo : ressaut, encorbellement, oriel
saliente : saillant, rebord
salitre : salpêtre
salmer : sommier
salmo : psaume
salmodia : psalmodia
salterio : psautier, psaltérion
Salvador : Sauveur
Santa Sede : Saint-Siège
Santiago : saint Jacques
Santísimo (*el*) : le Très Saint Sacrement
santo : saint; *los Santos Lugares* : les Lieux saints
santuario : sanctuaire
sarcófago : sarcophage
sardónice : sardoine
sarta de perlas : cordon de perles
sección : coupe; *sección longitudinal* : coupe longitudinale; *sección transversal* : coupe transversale
seco : sec, maigre
seglar : laïc, clerc séculier
segmento : segment; *segmento de bóveda* : voûtain, canton de voûte
sellar : sceller (1)
sello : sceau
semiplano : méplat
señal : repère
Señora de la Majestad (*Nuestra*) : Vierge en majesté
separación : séparation
Sepelio de Cristo : Mise au tombeau
sepulcral (*bóveda*) : caveau
sepulcro : tombeau, sépulcre; *Santo*

Sepulcro : Saint Sépulcre
sepultura : sépulture
serafín : séraphin
serpentón : serpent
servidumbre : servitude
sesgo : biais
Setenta (los) : les Septante
sierpe : guivre
sierra : scie
sigilografía : sigillographie
sigla : sigle
signos del zodiáco (los) : les signes du zodiaque; *signos lapidarios* : signes lapidaires
silla : chaise, selle (1); *silla de coro* : stalle; *silla de montar* : selle (2); *silla de tijera, silla episcopal* : trône épiscopal
sillar : pierre de taille
simbolismo : symbolisme
símbolo : symbole; *símbolo de los Apóstoles* : symbole des Apôtres
simetría : symétrie
sinagoga : synagogue
siniestro : senestre
sínodo : synode
sínople : sinople
sinópticos (evangelios) : évangiles synoptiques
sinuoso : sinueux
siringa : syrinx
sobrado : soupente
sobrecarga : surcharge
sobrepelliz : surplis
sobrio : sobre
sofita : soffite
soga : câble
sogueado : torsade
soldar : souder
solera : sole
sombra : ombre; *sombra proyectada* : ombre portée
sombrero : chapeau
sondeo : sondage
soporte : support
sotabanco : coussinet
sótano : sous-sol
subrayar : souligner
subsanación : reprise en sous-œuvre
subterráneo : souterrain
sudario : suaire, sindon
suela : semelle (1)
sueldo : son
suelo : plancher
sumidero : puisard
supedáneo : suppedaneum
superestructura : superstructure
superficie : surface
surtidor : jet d'eau
svástica : svastika

t

tabernáculo : tabernacle
tabique : mur de refend, cloison, galandage
tabla : planche, ais
tablero : panneau; *tablero alto* : panneau en hauteur, parclose; *tablero de ajedrez* : échiquier
tablilla : bardeau
taburete : tabouret
taladrar : tarauder
taladro : mandrin, tarière, drille
talud : talus, rampe (1), glacis, fruit
talla : sculpture sur bois
tallado : taille de diamants
taller : atelier
tamaño natural : grandeur naturelle
tambor : tambour (1); *tambor de piedra* : tambour (2)
tamiz : tamis
tapa de libro : couverture de livre
tapajunta : couvre-joint
tapia : torchis
tapiar : boucher, aveugler, murer
tapiz : tapisserie
taracea : marqueterie
tarja : targe
taumaturgo : thaumaturge
tazón : jatte
Tebaida : Thébaïde
techado : toiture
techo : comble; *techo a dos aguas* : comble à deux égouts; *techo a un vertiente* : comble à un versant
techumbre : faîte
teja : tuile
tejadillo : appentis
tejado : toit; *tejado de dos vertientes* : toit en bâtière
tejillado de chimenea : mitre (3)
telar : métier à tisser
tema : thème
templanza : tempérance
templarios : templiers
temple (al) : à la détrempe
tenazas : tenailles
tendencia : tendance
tender : raidir
teofanía : théophanie
terciario : tertiaire
terno : chapelle
terraplén : remblai
terraza : terrasse
terreno de construcción : terrain à bâtir
tesoro : trésor
testamento : testament; *Antiguo Testamento* : Ancien Testament; *Nuevo Testamento* : Nouveau Testament

tetramorfo : tétramorphe
tiara : tiare, trirègne
tierra : terre; *tierra de Siena* : terre de Sienne; *Tierra Santa* : Terre Sainte
tijereta de vid : vrille
timbal : timbales
tímpano : tympan
tipo : type
tipología : typologie
tirante : tirant, entrait, blochet
titular : titulaire
título : titulus
tizón : boutisse
toesa : toise
toldo : tente, pavillon (1)
toma de hábito : vêture
tono : ton; *tono local* : ton local
tonsura : tonsure
topacio : topaze
torcido : tors
torcimiento : gauchissement
tornapunta : jambe de force; gousset
tornavoz : abat-boix
tornear : tourner, chantourner
torneo : tournoi
tornillo : vis
torno de alfarero : tour, roue de potier
torques : torque
torre : tour; *atrio torre* : clocher-porche; *torre de defensa* : tour de défense; *torre linterna* : tour-lanterne
torrecilla : tourelle
torso : torse
torzal : torsade
trabajado : ouvré
trabajo : travail; *trabajos de los meses* : travaux des mois; *trabajo defectuoso* : vice de construction
tracería de ventanal : remplage (2)
tradición : tradition
tramo : travée; *tramo de escalera* : volée d'escalier
trampa : trappe
transición (estilo de) : style de transition
trascoro : arrière-chœur
trasdós : extrados
trasladar del muro al lienzo : transférer (une fresque)
traslado de reliquias : translation de reliques
través (de) : de travers
travesaño : longeron, traverse, croisillon (2)
trazado : tracé
trazo : jet de draperies

trébol : trèfle
trebolado : tréflé, trilobé
treno : thrène
trenza : tresse, natte (2)
trépano : trépan
tresbolillo : quinconce; *en tresbolillo* : en quinconce
triángulo : triangle
tribuna : tribune; *tribuna del órgano* : tribune de l'orgue
triforio : triforium; *triforio ciego* : triforium aveugle
triple ventanal : triplet
triquetro : triscèle
tríptico : triptyque
trombón : trombone
trompa : trompe (1)
trompeta : trompette
trompillón : trompillon
tronco : tronc (1), souche (2); *tronco de cono* : tronc de cône
trono : trône
truncado : tronqué
tubo : tuyau
tuerca : écrou
tumba : tombe, mausolée
túnica : tunique
turiferario : thuriféraire
turquesa : turquoise

u

umbral : seuil, pas de porte
unciales (*letras*) : onciales
unción : onction
unicornio : licorne

v

vaciado de escultura : moulage; *vaciado en yeso* : plâtre, moulage
valores : valeurs
vano : forme (3), vide
vara : verge, limon
variante : variante
vaso : verre à boire, vaisseau (1); *vasos sagrados* : vases sacrés
vasto : vaste
vejiga de pez : vesica piscis
vela : voile de navire
velero : voilier
velo : voile; *velo eucarístico* : voile de calice
venablo : javelot
venida del Espíritu Santo : descente du Saint Esprit
ventalla : ventaille
ventana : fenêtre, croisée de fenêtre; *ventana ajimezada* : fenêtre à meneaux; *ventana alta* : fenêtre haute; *ventana ciega, falsa, figurada* : fausse fenêtre; *ventana redonda* : oculus; *ventanas geminadas* : fenêtres géminées;
ventanaje : fenestrage
ventanillo : judas, guichet
verde : vert
verja : grille
vermiculado : vermiculé
vero : vair
vertical : vertical
vértice : sommet
vertiente : versant, *v.* techo, tejado
vestido : habillement
vestiduras litúrgicas : vêtements liturgiques
vez (*de una*) : de premier jet
via crucis : chemin de croix
vid : vigne (1)
vidriera : vitrail, panneau
vidriería : vitrerie
vidriero : verrier
vidrio : verre
viga : poutre, solive, aissellier; *viga maestra* : sablière
vigueta : poutrelle
viña : vigne (2)
viola : viole, vielle
Virgen (*la*) : la Vierge; *virgen abridera* : vierge ouvrante; *Virgen con el Niño* : Vierge à l'Enfant; *Virgen de la esperanza* : Vierge de l'espérance; *Virgen de la Merced* : Vierge de la Miséricorde; *Virgen de la roselada* : Vierge au buisson de roses; *Virgen de los siete dolores* : Vierge des sept douleurs; *Virgen del perpetuo soccorro* : Vierge du bon secours; *Virgen del rosario* : Vierge du rosaire; *virgen en pie* : vierge debout; *Virgen morena* : Vierge noire; *virgen sedente* : vierge assise; *las once mil vírgenes* : les onze mille Vierges; *las Vírgenes prudentes y necias* : les Vierges sages et les Vierges folles
viril : custode
virotillo : entretoise
virtudes cardinales : vertus cardinales; *virtudes teologales* : vertus théologales
viruta : copeau
visera : visière
Visitación : Visitation
vista : vue (2); *vista aérea* : vue aérienne; *vista de atrás* : vue de dos; *vista de conjunto* : vue d'ensemble; *vista de lado* : vue de côté; *vista de pájaro* : vue à vol d'oiseau; *vista panorámica* : vue panoramique
vitela : vélin
vivienda : logis
voladizo : saillie
volumen : volume (2)
voluta : volute (1)
votiva (*corona*) : couronne votive
vuelta a lo antiguo : retour à l'antique
Vulgata : Vulgate

y

yelmo : heaume
yeso : plâtre, gypse
yesoso : plâtreux
yugo : joug
yunque : bigorne

z

zafiro : saphir
zalea : mélote
zamarra : simarre
zampeado : pilotis
zancos : échasses
zapapico : pique
zapar : saper
zarpa : griffe
zigzag : zigzag, bâtons rompus
zócalo : socle; *zócalo de cantería* : empattement
zodíaco : zodiaque
zona : zone
zoomórfico : zoomorphique
zueco : sabot (1)
zulaque : lut
zurrar : corroyer (1)
zurrón : panetière

ÉQUIVALENCE
DES TERMES EN ITALIEN

réalisée par Novello Novelli
Architetto Ispettore onorario alle Antichità

a

abaco : abaque
abate : abbé
abadia : abbaye
abbadessa : abbesse
abbadia : abbaye
abbaino : lucarne
abbassamento : tassement
abbate : abbé
abbazia : abbaye
abbellire : embellir
abbinato : géminé
abborracciatore : gâcheur (2)
abbozzato : ébauché
abbozzatoio : ébauchoir
abbozzo : ébauche
abitazione : habitation
abitudine (*forza d'*) : routine
abside : abside, chevet; *abside triconica, abside trilobata* : abside tréflée, chœur tréflé; *abside e absidiole* : abside à chapelles rayonnantes; *pianta a doppia abside* : plan à double abside
acanto : acanthe
accantonato : cantonné
accavallamento : chevauchement
accecare : aveugler
accollo : surplomb
accoppiato : géminé
accurato : soigné
acqua benedetta o santa : eau bénite
acquamanile : aquamanile
acquasantiera : bénitier
acroterio : acrotère
addentellato : pierre d'attente, amorce, harpe
addobbo funebre : litre
addossato : adossé
affondamento : fonçage
affresco : fresque
affusolato : fuselé
aggettante (*elemento*) : porte-à-faux
aggetto : décrochement, encorbellement, balèvre
aggiunta : hors-d'œuvre
agiografia : hagiographie
Agnello di Dio, Agnello immaculato, Agnello pasquale : Agneau mystique
agostiniani : augustins
ala : aile; *ala di muro* : pan de mur
alabastro : albâtre
alare : landier
Albero della Scienza del bene e del male : Arbre de la Science du bien et du mal; *albero della vita* : hom; *albero genealogico* : arbre généalogique; *albero tagliato* : grume
alleggerire : élégir
allievo : élève
allineamento : file, rangée
alloggio : logis
alloro : laurier; *coronato d'alloro* : lauré
alluminare : miniature
altare : autel, autel fixe; *altare da campo* : autel portatif; *altare maggiore* : maître-autel; *altare mobile* : autel portatif; *altare provvisorio* : reposoir; *pallium altaris, vestis altaris* : antependium
altezza : hauteur
alto rilievo : haut-relief
alzato : élévation
ambone : ambon, chaire à prêcher
ambrogetta : carreau
ametista : améthyste
ammattonato : carrelage
amplificatori (*vasi*) : vases acoustiques
ampolla : ampoule
anaglifo : anaglyphe
anca : hanche
ancora : ancre
andazzo : routine
Andrea (*croce di S.*) : croix de saint André
anello : anneau, bague; *anello per paletto* : vertevelle
angelo : ange
angolare : cornière, semelle (2); *pietra angolare* : pierre angulaire
angolo : angle, coin (2), encoignure; *angolo acuto* : angle aigu; *angolo ottuso* : angle obtus; *angolo retto* : angle droit; *angolo rientrante* : angle rentrant; *angolo saliente* : angle saillant
animali simbolici : animaux symboliques
annegare : noyer
ante : antes
antefissa : antéfixe
antenne verticale : échasses
antependium : antependium
anulare : annulaire
apertura : ouverture, regard
Apocalisse : Apocalypse
appio, apio : ache
applicata (*decorazione*) : figure d'applique
applicazioni di grottesco : pastillage
apprendista : apprenti
apprettatura, appretto : apprêt
Aquario : Verseau
arabesco : arabesque, mauresque
araldica : héraldique
araldo : héraut
arazzo : tapisserie
arca dell'Alleanza, arca del Testamento : arche d'Alliance; *arca di Noe* : arche de Noé
arcale : arêtier
arcata : arcade; *arcata cieca* : arcade aveugle
arcatella : arcature; *arcatelle cieche* : arcatures aveugles, orbevoie; *arcatelle incrociate* : arcatures entrecroisées; *arcatelle trilobate* : arcatures trilobées
arcato : arqué
archetipo : archétype
archetto : arceau, arcature; *archetti incrociati* : arcatures entrecroi-

sées; *archetti trilobati :* arcatures trilobées; *archetti pensili :* arcature
archipenzolo : aplomb
architetto : architecte
architettonico : architectonique; *elemento architectonico :* membre
architrave : architrave, linteau; *architrave bugnato :* linteau à crossettes; *architrave triangolare :* linteau en bâtière
archivio : archives, chartrier
archivolto : archivolte
arcicantore : préchantre
arcivescovo : archevêque
arco : arc, arche, travée (de pont); *arco a ferro di cavallo tondo :* arc en fer à cheval; *arco a fiamma :* arc en accolade; *arco a festone :* arc festonné; *arco a pieno centro :* arc en plein cintre; *arco a sesto ellittico :* arc bombé; *arco a sesto inflesso :* contre-courbe; *arco a terzo punto :* arc en tiers-point; *arco a tre centri :* arc en anse de panier; *arco a tutto sesto :* arc en plein cintre; *arco carenato :* arc en accolade; *arco di scarico, arco di sostegno :* arc de décharge, arc-boutant; *arco estradossato :* rouleau; *arco in aggetto :* arc doubleau; *arco longitudinale di volta a crociera rizalta :* arc formeret; *arco moresco :* arc outrepassé; *arco policentrico :* arc en anse de panier; *arco polilobato :* arc polylobé; *arco rampante :* arc rampant; *arco rialzato :* arc surhaussé; *arco ribassato :* arc surbaissé; *arco sordino :* arc-boutant; *arco spezzato :* arc en fronton; *arco sporgente :* arc doubleau; *arco trilobato :* arc trilobé; *arco trionfale :* arc triomphal
arcobaleno : iris
arcosolio : arcosolium
arcuato : arqué, cambré
area : aire
argomento : sujet
arma in asta : arme d'hast
armadio : armoire; *armadio a muro :* placard
armare (*uno scavo*) *:* étrésillonner
armatura : armature, membrure, harnois, armure; *armatura di piastra :* armure de plates; *armatura di sostegno :* âme (de statue); *armatura di tetto :* ferme
arme : arme, armoiries, armes (blason); *armi da getto, armi da lancio :* armes de jet; *armi in asta :* armes d'hast
armonia : harmonie
arpa : harpe
arpia : harpie
arredo : mobilier
arte : métier
artificiale : factice
artigiano : artisan
artista : artiste
ascia : hache, herminette; *ascia da bottaio :* doloire
asino (*a schiena d'*) *:* en dos d'âne
aspersorio : goupillon
assaggio del terreno : sondage
asse : ais, axe; *fuori asse :* désaxé
assito del tetto : voliges
asta : hampe, lance
astragalo : astragale
atlante : atlante
atrio : porche (paléochrétien latin)
atteggiamento : attitude, geste
Atti degli Apostoli : Actes des Apôtres
attributo : attribut
attribuzione : attribution, identification
aurifrisia : orfroi
autenticare : authentifier
avancorpo : avant-corps
avello, v. *lavello*
avorio : ivoire; *scultura in avorio :* ivoirerie; *specialista in avorio :* ivoirier
avventurina : aventurine
avvicinato : accosté

b

bacchetta : baguette
badessa : abbesse
badia : abbaye
badile : pelle
bagnolo : auge (à plâtre)
baia : baie
balaustrata : balustrade, garde-fou
balaustro : balustre
baldacchino : baldaquin, abat-voix, poêle (2); *baldacchino portatile :* dais
balestra : arbalète
balestriera : arbalétrière
balestriere : arbalétrier
banco : siège, banc; *banco degli accusati :* sellette (3)
banda lombarda : bande lombarde, lésène
bandella : penture
banderuola : banderole, bannière, girouette; *banderuola con il gallo :* coq de clocher
bandiera : bannière, pavillon (2)
bandierale : panonceau
bara : cercueil
barbacane : barbacane
bardatura : harnachement
barlotta : varlope
barocco : tarabiscoté
basamento : bahut, soubassement, empattement
base : base
basilica : basilique
bassorilievo : bas-relief
basto : bât
bastoncino : godron
battaglio : battant de cloche
battente : vantail, battant, marteau de porte, heurtoir; *battente della serratura :* palastre
battistero : baptistère, cuve baptismale
battuta mazzerangata : pisé
baule : layette
beato : bienheureux
beccatello : corbeau; *beccatelli :* mâchicoulis
becco : bec d'oiseau; *modanatura a becco di clarino o di civetta :* bec de corbin
bedano (*scalpello*) *:* bec d'âne
bertesca : bretèche
bestiario : bestiaire
biancheria : linge
Bibbia : Bible
bicchiere : verre à boire
bicornietta : bigorne
biffa : jalon
bifora : fenêtre bilobée
bigollo : palanche
bisaccia : besace
bisantata (*ghiera*) *:* besant
blasone : blason
bocchetta : gâche
bocciarda : boucharde
bocciardare : layer, bretteler; *martello da bocciardare :* laie, bretture
borchia : agrafe, mors de chape
bordo del tetto : rive de toit
bordone : bourdon
borsa a elemosiniere : aumônière
bossolo : tronc (2)
botteguccia : échoppe
bottonatura, bottone : bouton
bozzello : poulie
bozzetto : petite sculpture
braccio : bras; *braccio del transetto, braccio di crociera :* bras de transept, croisillon de transept; *braccio di croce :* bras de croix; *reliquiario del braccio :* bras-reli-

quaire
bracciolo dello stallo : jouée
briglia : bride
bril : paillon
bronzo : bronze
brutto : laid
buche dell'impalcatura : boulin (2)
buco della serratura : œil (2)
bucranio : bucrâne
buffa : cagoule
buffonata : drôlerie
bugnatura : bossage; *bugnatura a punta di diamante* : bossage en pointe de diamant

C

cacciachiodo, cacciatoio : repoussoir
cacciavite : tournevis
caditoia : assommoir, mâchicoulis
calastrello : entretoise
calcare : calcaire
calce : chaux; *calce viva* : chaux vive
calcestruzzo : béton
calcina : mortier
calcinaccio : gravois
calcinaio : gâcheur
calco in gesso : plâtre, moulage
calendario : calendrier
calibrare : calibrer
calibro : calibre
calice : calice
callotta : calotte
calma : pondération
calzabraga, calzamaglia : chausse
camaldolese : camaldule
cambretta : piton
camicia : chemise
caminetto : manteau de cheminée, chauffoir
camino : cheminée, chauffoir; *cappa del camino* : hotte de cheminée
cammeo : camée
campana : cloche; *concerto di campane* : carillon; *cella campanaria* : cage de clocher
campanaria (torre) : campanile
campaniforme : campaniforme
campanile : clocher, campanile; *campanile a cavaliere* : clocher-mur; *campanile a vela* : clocher en bâtière, clocher-mur
campaniluzzo : clocheton
campanone : bourdon (2)
campestre : rural
campione : échantillon
campire : rechampir
campo : champ; *campo santo* : cimetière
canale : canal; *canale di gronda* : chéneau
canaletto : rigole
cancellata : grille
cancellato : macles
cancello : chancel
candelabro : candélabre, girandole; *candelabro a sette bracci* : chandelier à sept branches; *candelabro per il cereo pasquale* : chandelier pascal
candeliere : chandelier
Candelara : Chandeleur
cane corrente : enroulement, flots grecs
canefora : canéphore
canestro : panier
canna : tuyau
canone : canon
canonicale : canonial
canonicato : canonicat
canonico : chanoine, canonique
cantiere (sul) : sur le tas
canto della casa : poteau cornier
cantore : chantre
capanna : chaumière, grange
capestro : chevêtre, potence
capifuoco : landier
capitello : chapiteau; *capitello a fogliami* : chapiteau à feuillage; *capitello a paniere di stuola* : chapiteau à sparterie; *capitello a stampella* : chapiteau-imposte; *capitello caulicato* : chapiteau à godrons; *capitello composito* : chapiteau composite; *capitello corinzio* : chapiteau corinthien; *capitello cubico* : chapiteau cubique; *capitello istoriato* : chapiteau historié; *capitello vimineo* : chapiteau à sparterie
capitolo : chapitre
capitoni del focolare : landier
capo : tête; *capo di chiodo* : tête de clou
capocielo : dais
capolavoro : chef-d'œuvre
cappa corale : aumusse; *cappa del camino* : mitre (3)
cappella absidiale : chapelle absidale; *cappella funeraria* : chapelle funéraire; *cappella palatina* : chapelle palatine
cappellaccio : bousin; *ripulire dal cappellaccio* : ébousiner
cappello : chapeau
capriata : ferme
cardinale : cardinal
cardine della porta : gond
cardo di ferro : chardon (sur un mur)
cariatide : cariatide
carico : charge
carillon : carillon
carpentiere : charpentier
carrucola : poulie
carta : charte; *carta gloria* : canon d'autel
cartella : cartouche; *cartella del canone* : canon d'autel
cartiglio : cartouche; *cartiglio del pregonio pasquale* : rouleau d'Exsultet
cartoccio : cartouche
cartolare : cartulaire
casa signorile : hôtel
cassa : châsse; *cassa da morto* : cercueil
cassaforma : coffrage
cassapanca : coffre
casseretto, cassero di poppa : gaillard d'arrière
cassero di prua : gaillard d'avant
cassetta, cassone : layette
cassettone : caisson
castelletta, castelletto : châtelet
castello : château, gaillard d'avant
castone : bâte
casule : chasuble
cataletto : fierte
catenaccio : pène
catino dell'abside : conque
cattedra : chaise, chaire (siège); *cattedra episcopale* : trône de l'évêque
cattedrale : cathédrale
caulicolo : caulicoles
cavalcatura : monture
cavalletto : chevalet
cavallottino : piton
cavetto : cavet
caviglia : cheville
cazzuola : truelle
cefaloforo : céphalophore
celebrante : officiant
celino : dais
cella monastica : cellule
cellaio : cellier
cellerario : cellérier
cembra : ceinture
cemento : ciment; *cemento armato* : ciment ou béton armé
Cena (Ultima) : Cène
Cenacolo : Cénacle
cenobio : moutier
cenobita : cénobite
cenotafio : cénotaphe
centina : cintre
ceramica : céramique
cerchi (decorazione a) : piécettes
cerniera : charnière
cero : cierge

certosa : chartreuse
cherubino : chérubin
chiavarda : cheville, boulon
chiave : clef; *chiave di volta* : clef de voûte; *ponere la chiave* : bander une voûte
chiaverina : javeline
chiavetta : clavette
chiavicchia : cheville
chierico : clerc
chiesa : église; *chiesa a sala, chiesa ad altezze parallele* : église-halle; *chieza abbaziale* : église abbatiale; *chiesa conventuale* : église conventuelle; *chiesa fortificata* : église fortifiée; *chiesa inferiore* : église-basse; *chiesa parrochiale* : église paroissiale; *chiesa superiore* : église-haute
chimera : chimère
chiocciola (scala a) : escalier en colimaçon, escalier à vis
chiodo : clou; *chiodo d'ornamento* : cabochon; *testa di chiodo* : tête de clou
chiostro : cloître
chiudere : boucher
ciapodo : sciapode
ciborio : ciboire; *ciborio ad archi e padiglione* : ciborium
cieca (*arcata*) : arcade aveugle; *navata cieca* : nef aveugle
cielino del pulpito : abat-voix
cimasa : cimaise
cimitero : cimetière
cimosa : liteau
cinquefoglie : quintefeuilles
cintura : ceinture
cipollino (*marmo*) : cipolin
cistercense : cistercien
cisterna : citerne
clavo : clave
clero : clergé
clessidra clessidra a polvere : sablier; *clessidra ad acqua* : clepsydre
cluniacense : clunisien
cocolla : coule
codice : manuscrit; *codice miniato* : manuscrit enluminé
coffa : hune
colata : moulage
collarino : collier
collegiata : église collégiale
colmata : remblai
colmo : comble; *colmo del tetto* : faîtage
colobio : colobium
colomba eucaristica : colombe eucharistique
colombaia : pigeonnier
colonna : colonne; *colonna a fascio* : colonne fasciculée; *colonna addossata* : colonne adossée; *colonna aggeminata* : colonne gémellée; *colonna anellata, colonna con bugnato* : colonne annelée; *colonna legata* : colonne adossée; *colonna monolitica* : colonne monolithe; *colonna rostrata* : colonne rostrale; *colonna scanalata* : colonne cannelée; *colonna sola* : colonne isolée; *colonna tortile* : colonne torse
colonnato : colonnade
colonnina : colonnette; *colonnine abbinate* : colonnettes couplées
colore : couleur; *colori complementari* : couleurs complémentaires
coltellineria : taillanderie
commenda : commende
commendazio : commanderie
compagnia : confrérie
compluvio : noue
composito : composite
computo : comput; *computo estimativo* : devis
concatenamento : chaîne
concavo : concave
conchiglia : coquille
confessionale : confessional
confraternita : confrérie
connessione : assemblage
connettitura : liaison
conocchia : quenouille
consacrazione : consécration, sacre
Consegna delle chiavi a S. Pietro (*la*) : la Tradition des clefs à saint Pierre
contraffisso : contrefiche
contrafforte : contrefort
contrapposto : contrapposto
contrario : inversé
contrassegno : seing
controluce : faux-jour
controscarpa : contrescarpe
convesso : convexe
copertina : couverture (de livre); *copertina di muro* : chaperon
copertura : couverture (archit.); *copertura a terrazza* : toit en terrasse; *copertura di muro* : banquette; *copertura di un giunto* : recouvrement
copia : représentation
copiatura : poncif (2)
copiglia : goupille
coppo di colmo : tuile faîtière
coprigiunto : couvre-joint
coprimobile : housse
corda : corde
cordicella : simbleau
cordonatura (*delle volta*) : côte
cordone : cordon, bandeau
cornice : corniche, cadre, encadrement
cornucopia : corne d'aboncance
coro : chœur
corona : couronne, chapelet; *corona di spine* : couronne d'épines; *corona reale* : couronne royale
coronamento (*di un edificio*) : couronnement
coroncina di perline : patenôtre
corporazione : corps de métier
correggiolo : nerf
correntino : solive, chevêtre, lambourde, empannon
corridoio circolare : pourtour; *corridoio dei passi perduti* : salle des pas perdus
corrimano : barre d'appui
corritora : coursière
corso di pietra : assise
cortile : cour
cortiletto : préau
cortina : courtine
costolone : côte, nervure, branche d'ogive
costoluto : côtelé
costruire : construction (1)
costruzione : œuvre (archit.), construction (2), bâtiment
cotta : surplis
covito : boulin (2)
credenza : crédence (2)
crepa : lézarde
crepidine : bahut
cresima : chrisme
cresta di colmo : crête
cripta : crypte
crisma (*sacro*) : saint chrême
Cristo deriso : Dérision du Christ
crivello : crible
croce : croix; *croce ansata* : croix ansée; *croce astile* : croix processionnelle; *croce decussata* : croix de saint André; *croce del transetto* : croisée du transept; *croce di consacrazione* : croix de consécration; *croce di S. Andrea* : croix de saint André; *croce egiziana* : croix ansée; *croce greca* : croix grecque; *croce latina* : croix latine; *croce pettorale* : croix pectorale; *croce potenziata* : croix potencée; *croce uncinata* : svastika
crociera gotica : croisée d'ogives; *volte a crociera* : voûte d'arêtes
crocifero : crucifère

primitivo : gothique primaire; *gotico perpendicolare* : gothique perpendiculaire; *gotico raggiante* : gothique rayonnant; *modanatura gotica* : moulure prismatique
Graal (*Santo*) : Saint Graal
gracile : grêle
gradazione : gradation
gradina : gradine
gradino : degré, gradin, bahut
graduale : graduel
graffito : enlevage
granato : grenat
grandezza : grandeur; *a grandezza naturale* : à grandeur naturelle
granito : granit
grappa : crampon
grata : grille (de moniales)
gratella : gril
graticola : claire-voie
graticolato : radier
graticolo a losanghe : guillochis
grazia : grâce
grazioso : joli
greca : grecque, frette
gregoriano : grégorien
grembiale : grémial
gres : grès
grifo : griffon
grigio : gris
grisatoio : grésoir, grugeoir
gronda, grondaia : gouttière, chéneau; *muro della grondaia* : mur gouttereau
grottesca, *grottesco* : mauresque
gruppo : groupe
gualdrappa : housse (de cheval)
guanti episcopali, guanti pontificali : gants liturgiques
guardamano : paumelle
guardiola : échauguette
guarnitura : garniture, orfroi
guglia : aiguille, flèche, clocheton, pignon; *guglia con fiorone* : gâble

i

icnografia : ichnographie
icona : icône
iconoclasta : iconoclaste
iconografia : iconographie
iconologia : iconologie
iconostasi : iconostase
idolo : idole
idria : hydrie
illustrato : illustré
imbastardito : abâtardi
imbiancatura : badigeon
imitazione : imitation, poncif (2)
immagine : image; *immagine miracolosa* : image miraculeuse
immersione (*battesimo per*) : baptême par immersion
impalcatura : échafaud, lattis
impastare : corroyer (la chaux)
impiallacciatura : placage
impiombatura : mise en plombs, scellement
imposta : imposte, volet (1), vantail; *imposta di volta* : naissance de voûte, retombée de voûte
impresa : devise
imprimitura : apprêt
inanellato : annelé
incarnato : incarnat
Incarnazione : Incarnation
incastonare : sertir
incastro : entaille, mortaise, embrèvement; *incastro semplice* : assemblage à tenon et mortaise
incensiere : encensoir
incidere : graver
incisione : gravure
incollare una tela : maroufler
incordonamento : mise en plombs
incoronazione : sacre (2)
incorporare : faire corps
incrostatura : incrustation
incudine : enclume
indaco : indigo
indentatura : indentation
Inferno : Enfer; *bocca dell'Inferno* : gueule d'Enfer
influenza : rayonnement
infule : fanons
ingegno : engin
ingessare : sceller
iniziale : initiale; *iniziale illustrata, iniziale miniata* : initiale historiée
inquartato : quartier, écartelé (blason)
insegna : insigne, enseigne (1), enseigne (3)
intagliata (*pietra*) : intaille
intagliatore : huchier; *intagliatore in legno* : sculpteur sur bois
intaglio : hucherie
intarsio : marqueterie
intatto : intact
intercessore : intercesseur
intercolunnio : entrecolonnement
interno della costruzione (*nell'*) : dans œuvre
interpretare : interpréter
intersezione : intersection
interstizio : interstice
intonacare : crépir, ravaler
intonacatura di tegoli : solin (1)
intonaco : enduit
intradosso : intrados
intrecci : entrelacs
intrecciata (*corda*) : corde tressée
inumazione : inhumation
inventario : inventaire
Invenzione della S. Croce : Invention de la Sainte Croix
inverso : inversé
ipocausto : hypocauste
ippogrifo : hippogriffe
iride : iris
iridescenza : irisation
irrigidire : raidir
iscrizione : inscription
isocefalia : isocéphalie
isolamento : dégagement
istoriato : historié

j

Jesse (*albero di*) : arbre de Jessé
jube : jubé

l

labaro : labarum
labirinto : labyrinthe
laboratorio : atelier
laccio : lacs
lacuna : lacune
lacunare : caisson
Ladrone (*il buon*) : le bon Larron; *il cattivo Ladrone* : le mauvais Larron
laico : laïc
lama : lame
lamiera : semelle (2)
lampadario : lustre, lampadaire
lanceolato : lancéolé
lancetta : lancette
lancia : lance; *lancia in resta* : lance en arrêt
languier : languier
lanterna : lanterne; *lanterna dei morti* : lanterne des morts; *lanterna del tiburio* : tour-lanterne
lanternino : lanternon, lanterneau
lapicida : lapicide
lapidario : lapidaire
lapidazione : lapidation
lapislazzuli : lapis-lazuli, lazulite
larghezza : largeur
lastra : plaque; *lastra da rivestimento* : dalle; *lastra sepolcrale* : plaque tombale, dalle funéraire
lastricato : dallage
laterale : latéral
Laterano : Latran
latte di calce : lait de chaux
lattiginoso : laiteux
lauro : laurier
lavagna : ardoise
lavamano : lavabo
lavello : vase à eau bénite, tombeau

lavorato : ouvré; *finamente lavorato* : ouvragé
lavoro : travail; *lavoro in economia* : façon; *Lavori dei mesi* : Travaux des mois; *lavori in ferro* : ferronnerie
lebbrosario, lebbroseria : léproserie, maladrerie
leggenda : légende; *Leggenda dorata* : Légende dorée
leggendario : légendaire, légendier
leggio di coro : lutrin, pupitre
legname : charpente; *legname da travatura e da impalcatura* : bois de charpente
legno : bois; *legno intagliato* : bois sculpté; *legno venato* : madre
lembo di stoffa : pan d'étoffe
lente : lentille
lenticolare : lenticulaire
lenzuolo funebre : linceul
leone alato di San Marco : lion ailé de saint Marc
lesena, lesena romanica : lésène, bande lombarde
lettera capitale : lettre ornée, lettrine
lettiga : litière
letto : lit
leva : levier
Leviatan : Léviathan
Levitico : Lévitique
lezionario : lectionnaire
lezioso : mièvre
libreria : librairie
libretto delle economie : mémoire
libro di coro : livre liturgique
liccio : lisse; *arazzo d'alto liccio* : tapisserie de haute lisse; *arazzo di basso liccio* : tapisserie de basse lisse
Limbo : Limbes
linea : ligne; *linea di colmo* : faîtage, arêtier; *linea di colmo absidiale* : croupe de chevet
lineamenti : traits du visage
linguetta : languette; *linguetta del catenaccio* : moraillon
Liocorno : licorne
lipsanoteca : lipsanothèque
lisciatoio : polissoir
liscio : lisse, poli, uni
listello : listel, réglet, bandelette; *listello di raccordo* : solin (1)
litanie : kyrielle
liturgia : liturgie
livellamento : nivellement, arasement
livello : niveau; *allo stesso livello* : de plain pied
lizza : lice
lobato : lobé
lobo : lobe
longarina : longrine
loto e paglia : torchis
luce : lumière; *luce indiretta* : faux-jour; *luce radente* : lumière rasante
lucerna : lampe; *lucerna fittile* : lampe d'argile
lucidare : décaper
lucido : poli
lucignolo : mèche
luminare : luminaire
lunetta, lunotto : lunette; *lunetta di portale* : tympan
lunghezza : longueur; *di lunghezza zoppa* : barlong
lung'Arno, lungo Tevere, lungo Senna: quai de l'Arno, du Tibre, de la Seine
lunotto : tympan
luogo : emplacement
lussureggiante : luxuriant
lustrazione : lustration
luto : lut

m

macerie : décombres
macina da mulino : meule
madia : huche
madonnaro, madonnero : imagier; *bottega del madonnaro* : imagerie; *Madonna col Bambino* : Vierge à l'Enfant; *Madonna del Manto del Soccorso* : Vierge de miséricorde; *Madonna del parto* : Vierge de l'espérance; *Madonna del Rosario* : Vierge du Rosaire; *Madonna fra le rose* : Vierge du buisson de roses; *Madonna nera* : Vierge noire
Maesta (*Cristo in*) : Christ en majesté; *Madonna in Maesta* : Vierge en majesté
maestro : maître; *maestro muratore* : maître d'œuvre
magazzino : magasin
Magi : Mages
maglia : maille
magnificenza : magnificence
maiolica : faïence
malleabile : malléable
Malta (*croce di*) : croix de Malte; *Ordine di Malta* : ordre de Malte
malta : gâchis; *malta di fango e paglia* : bousillage, torchis
malte : mortier
manata di gesso : pigeon de plâtre
mandorla : mandorle
mangano : mangonneau
manico : manche (d'outil)
manierismo : maniérisme
maniero : manoir
maniglia di finestra : espagnolette, crémone
manipolo : manipule
mano : main; *mano destra* : main droite; *mano felice* : tour de main; *la Mano di Dio* : la Main de Dieu; *mano d'opera* : main-d'œuvre; *mano di giustizia* : main de justice; *mano sinistra* : main gauche
manocorrante : barre d'appui
manoscritto : manuscrit
manovale : gâcheur
mantellata : mantelet
mantenimento : entretien
mantiglia : mantille
manto : mante
mappamondo : mappemonde
Maria dei sette Dolori (Santa) : Vierge des sept Douleurs
marmista : marbrier
marmo : marbre; *marmo consentito o eroso* : parties poufes; *marmo statuario* : marbre statuaire
martellare : marteler
martellina : boucharde, smille; *martellina da cavapietre* : pointerolle
martello : marteau, boucharde; *martello d'arme* : marteau d'armes
martinetto : cric
martire : martyr
martirologio : martyrologe
maschera : masque; *maschera funebre* : masque mortuaire
mascheramento : habillement
mascherare : racheter
mascherina : pochoir
mascherone : mascaron
maschio : tenon
massa : masse
massiccio : massif
mastice : mastic
materiale : matériau; *materiali da costruzione* : matériaux de construction
matrice : coin (1)
mattone : brique; *mattone cotto* : brique cuite; *mattone crudo* : brique crue; *mattone smaltato* : brique émaillée
mattonella : carreau; *mattonella di maiolica* : carreau émaillé
mausoleo : mausolée
mazza : masse d'huissier, bâton cantoral; *mazza a T* : mail;

mazza d'arme : masse d'armes; *mazza della compagnia* : bâton de confrérie
mazzo di fiori : bouquet de fleurs
mazzuolo : maillet, têtu, mailloche, masse de sculpteur
meandro : frette, méandre
mecenate : mécène
medaglia : médaille
medaglione : médaillon
Medio Evo : Moyen Age
medioevale : médiéval
Mendicanti : ordres mendiants
menologio : ménologe
mensa : mense; *mensa dell'altare* : table d'autel; *sacra mensa* : table de communion
mensola : console, trompillon
mercato del grano : halle au blé; *mercato generale* : halle
mercurio : vif-argent
meridiana : cadran solaire
merlato : crénelé
merlatura : crénelage
merlettatura : dentelle
merlo : créneau, merlon
mesi (*Lavori dei*) : Travaux des mois
messale : missel
mestiere : métier (1)
metallo : métal (blason)
metopa : métope
mezzo busto : demi-nature; *posa a mezzo lungo* : pose de champ
mezzovolo : quart-de-rond
mica : mica
millesimo : millésime
miniatura : enluminure, miniature; *miniatura a piena pagina* : miniature de pleine page
Minimi : minimes
minio, minium : minium
minutiere : menuiserie
mirra : myrrhe
misericordia : miséricorde
misura : toisé; *fuori misura* : démesuré
mitra : mitre
mobile : meuble; *mobili* : mobilier
modanatura : modénature, moulure, mouluration; *modanatura a pettine* : redent; *modanatura ad anello* : bracelet
modellino : modèle
modello : patron (3)
modiglione : modillon
modulo : module
mola : parangon, meule
molatrice : meulière
mollica : mica
monaca : moniale, nonne
monaco : moine
monachismo : monachisme
monastero : monastère, moutier
moneta : monnaie
monile : formal
monografia : monographie
monogramma : monogramme
monolito : monolithe
monotono : monotone
montatoio : montoir
monumento : monument; *monumento commemorativo* : monument (2); *monumento funerario* : monument funéraire; *monumento sepolcrale* : tombeau
morso : mors, formal
mosaico : mosaïque; *mosaico pavimentale* : mosaïque de pavement; *mosaico parietale* : mosaïque murale, mosaïque de revêtement
motivo : motif
movimento : mouvement
mozzarabi : mozarabes
mozzetta : mosette
mucchio di pietre : montjoie
mudeja : gothique espagnol
muffa : moisissure
muraglia : muraille
murare : murer, encastrer
muratore : maçon
muratura : maçonnerie, scellement; *muratura di mattoni in foglio* : hourdage; *muratura di pietrame listato* : petit appareil; *muratura in laterizio* : briquetage
muro : mur; *muro d'appoggio* : mur d'appui; *muro della grondaia* : mur gouttereau; *muro di cinta* : clôture; *muro di rivestimento* : mur de revêtement; *muro di sostegno* : mur de soutènement; *muro divisorio* : cloison, mur de refend; *muri maestri* : gros-œuvre; *muro sottile* : galandage
mussulmano : musulman
mutulo : mutule

n

nappo : hanap
nartece : narthex, porche (grec paléochrétien)
Natività (*la*) : la Nativité
navata : vaisseau (3); *navata centrale* : nef centrale; *navata laterale* : bas-côté, collatéral, nef latérale
nave : navire, vaisseau (2); *nave di alto mare* : navire de haute mer
navicelle : navette
nero : sable (1)
nervatura : nervure; *nervatura dei costoloni* : lierne
nicchia : niche, boîte (charp.)
nimbo crocifero : nimbe crucifère; *nimbo quadrato* : nimbe carré
nodo : nœud
nodoso : raboteux
Non mi toccare : Noli me tangere
nonna : grand'mère
nudo del muro : nu du mur
numeri sacri : nombres sacrés

o

obituario : obituaire
obliquo : oblique
occhio : œil (1); *occhio della colombaia* : boulin (1); *occhio di bove* : œil-de-bœuf
ocra gialla : ocre jaune; *ocra rossa* : ocre rouge
oculo : oculus
Odigitria : hodigitria
officiante : officiant
oficleide : ophycléide
ogiva (*arco d'*) : arc d'ogive
ogivale (*stile*) : style ogival
olifante : olifant
ombra : ombre (réelle); *ombra portata* : ombre portée
oncia : once
onciali (*caratteri*) : onciales
onde : vagues, ondes, nébules
onice : onyx
opale : opale
opera d'arte : œuvre d'art; *opera di consolidamento* : rempiètement du mur; *opera poligonale* : grand appareil; *a piede d'opera* : à pied d'œuvre; *mettere in opera* : mettre en œuvre; *ripresa in sott'opera* : reprise en sous-œuvre
opposto : inversé
orante : orante
oratorio : oratoire
ordinanza : ordonnance
ordinazione : ordination
ordine composito : ordre composite; *ordine corinzio* : ordre corinthien; *ordine dorico* : ordre dorique; *ordine ionico* : ordre ionique; *ordine toscano* : ordre toscan
Ordini cavallereschi : ordres de chevalerie; *Ordini mendicanti* : ordres mendiants; *Terz'Ordini* : tiers-ordres
orditura del solaio : bardeau
ore (*libro d'*) : livre d'heures
orefice : orfèvre

oreficeria : orfèvrerie
organo : orgue; *organo fisso*, *organo tradizionale* : positif; *organo portativo* : orgue portatif; *mostra d'organo* : buffet d'orgue
orientamento, *orientazione* : orientation
orientare : orienter
orifiamma : oriflamme, pavillon (2)
originale : original
orlo : orle, rebord
orizzontale : horizontal
ornamento : ornement; *ornamenti correnti* : ornements courants; *ornamenti geometrici* : ornements géométriques; *ornamenti dei paramenti* : ornements liturgiques; *ornamenti dell'arme* : ornements du blason
oro : or; *oro battuto* : or battu; *oro in foglia* : or en feuille; *oro in verga* : or en barre; *oro macinato* : or moulu; *oro massicio* : or massif
orologio : horloge; *orologio ad acqua* : clepsydre; *orologio solare* : cadran solaire
orto : jardin potager
osculatorium : baiser-de-paix
ospedale : hôpital
Ospedalieri : hospitaliers
ospizio : hospice
ossario : ossuaire, charnier
ossatura : ossature; *ossatura di muro divisorio* : colombage
ostensorio : ostensoir, monstrance
ostia : hostie
ottagono : octogone
ottoname : dinanderie
ottone : laiton
ovale : ovale
ovoide : ovoïde
ovoli : oves

P

pace : baiser-de-paix
padiglione : pavillon
paglia : chaume
paglierino : jaune paille
pala : pelle
palafitta di fondazione : pilotis
palafreno : palefroi
palanca : palanque
palazzo : palais, hôtel, édifice; *Palazzo papale* : Palais des papes
palco : estrade
paleografia : paléographie
paletto : verrou
palina : jalon
palinsesto : palimpseste
paliotto : parement (4)
palla : boule, montant
pallio : pallium
palma : palme (3); *domenica delle palme* : dimanche des rameaux
palmetta : palmette; *frigio a palmette* : frise de palmettes
palmiere : paumier
palmo : palme (1)
palo : pal, pieu, poteau, perche; *palo di fondazione* : pilot
pampino : pampre
panca, *panchina* : banquette
panettiera : panetière
panieraio : vannerie
panneggio : jet de draperies
pannello : panneau (1); *pannello di vetrata* : panneau de vitrail; *pannello oblungo* : panneau en hauteur, parclose (1)
panno mortuario : poêle (4)
panoplia : panoplie
Pantocratore : Pantocrator
papa : pape
papavero selvatico : ponceau
parabola : parabole
paradiso : galilée; *Paradiso terrestre* : paradis terrestre
parapetto : parapet, garde-fou, barre d'appui, accoudoir, allège; *parapetto di ponte* : parapet de pont; *parapetto del pozzo* : margelle
parasta : lésène
pareggiatura : affleurement
Parentela (*la Santa*) : la Sainte Parenté
parete : paroi, cloison; *parete in legno* : pan de bois
parrochia : paroisse, église paroissiale
parte di una costruzione : membre
particola : hostie
Pasque : Pâques
passagio : passage
passamano tortile : torsade
passetto : coursière
passionario : passionnaire
Passione : Passion
passo : pas
pasta vitrea : pâte de verre
pastorale : crosse, bâton pastoral
Pastore (*il Buon*) : le Bon Pasteur
patena : patène
patera : patère
patriarca : patriarche
patrono : patron (2)
pavese : pavois
pavimento : plancher; *pavimento in legno* : parquet; *pavimento ricco*, *pavimento di lusso* : pavement
pavonazzo : violet
pedata : giron, emmarchement
pedicellato : pédiculé
pedicello : pédicule
peduccio : piédouche, naissance de voûte, pédicule, cul-de-lampe
pelle caprina : mélote
pellegrina : pèlerine
pellegrinaggio : pèlerinage; *chiesa di pellegrinaggio* : église de pèlerinage
pellegrino : pèlerin
pelta : pelte
penanulare : penannulaire
pendente : pendentif (2)
pendenza : versant; *pendenza del tetto* : pente du toit, rampant de toit
penduli : fanons
penetrazione : pénétration
pennacchio : panache; *pennacchio sferico* : pendentif (1)
pennoncello : panonceau
pennone : pennon
penombra : pénombre
Pentateuco : Pentateuque
Pentecoste : pentecôte
perforamento : percement
pergamena : parchemin; *pergamene ripiegate* : serviettes repliées
pergamo : ambon
peristilio : péristyle
perizona : perizonium
perla : perle; *fila di perle* : perles (2)
perline (*modanatura a*) : cordon de perles
perno : pivot, goujon
perpendicolare : perpendiculaire
persiana : persienne; *persiane di campanile* : ouïes
personaggio : personnage
pertica : perche
Pesamento delle anime : Pèsement des âmes
pesante : lourd
peso : poids
pestello, *pestone* : batte
pettine : peigne; *pettine liturgico* : peigne liturgique
pettorale : pectoral, formal; *pettorale gemmaio* : rational
pezzo di rinforzo : semelle (2); *pezzo di stoffa* : pan d'étoffe
piagnoni : pleurants
pialla : plane
pialletto americano, *piallone*, *pialluzzo* : rabot
pianerottolo : palier; *pianerottolo di scala* : perron

pianeta : chasuble
piano : étage; *piano terreno* : rez-de-chaussée; *piano inclinato* : rampant; *piano di fondo* : arrière-plan; *primo piano* : premier plan
pianta : plan, épure
Pianto sul Cristo morto : thrène
piastra : semelle (2)
piastrella : carreau émaillé
piattabanda : plate-bande, linteau
piattaforma : plateforme
piatto : plat
picca : pique
picchetto : piquet
piccone : pic, pioche
piede : pied
piedistallo : piédestal
piedritto : pied-droit
piega : pli
pieno : plein
Pietà : Vierge de Pitié
pietra : pierre; *pietra angolare* : pierre angulaire; *pietra bugnata* : appareil en bossages; *pietra da affilare* : parangon; *pietra da taglio* : pierre de taille; *pietra di scarto* : souchet; *pietra di paragone* : pierre de touche; *pietra grezza* : cabochon; *pietra per lastricare* : dalle; *pietra sepolcrale*, *pietra tombale* : pierre tombale, lame funéraire; *pietra tenera* : moellon; *legamento in pietra* : parpaing; *prima pietra* : première pierre
pietrisco : blocage
pieve : église paroissiale
pigna : pomme de pin
pila di ponte : pile de pont
pilastrata a fascio : pilier fasciculé
pilastrino : dosseret
pilastro : pilastre; *pilastro divisorio* : trumeau; *pilastri litici* : parpaings
piliere : colonne fasciculée
pilone : pilier
pina : pomme de pin
pinnacolo : flèche, pinacle, pignon, clocheton, amortissement
pinta : pince
piolo : échelon
piombato (*fuso*) : fuseau à peson
piombatoia : mâchicoulis, assommoir
piombo : plomb; *legatura in piombo* : plomb de vitrail
piramide : pyramide
piriforme : piriforme
pirolette (*decorazione a*) : pirouettes
piscina : piscine
pisside : pyxide
pittore : peintre
pittura a tempera : peinture à la détrempe; *pittura ad olio* : peinture à l'huile; *pittura ad encausto* : peinture à l'encaustique; *pittura murale* : peinture murale; *pittura sacra* : peinture religieuse; *pittura su porcellana* : peinture sur porcelaine; *pittura su vaso* : peinture sur vases; *pittura su tavola* : peinture sur bois; *pittura su tela* : peinture sur toile; *pittura su vetro* : peinture sur verre
piviale : pluvial, chape d'église
plastiche (*arti*) : arts plastiques
platea : radier; *platea di fondazione* : pilotis
plinto : plinthe, filet
pluviale : chéneau
podio : parquet (archéol.)
policromia : polychromie
poligonale : polygonal
polittico : polyptique, retable à volets
pollice : pouce
pomelle : pomme
pomo : pommeau; *pomo della ringhiera* : pomme de rampe
ponderazione : pondération
ponte : pont; *ponte levatoio* : pont-levis
ponteggiatura : boulin (3)
ponticello : ponceau
pontifice : pontife
porfido : porphyre
porpora : pourpre
porta : porte; *porta da carrozze* : porte cochère; *porta segreta* : porte dérobée; *porta principale* : portail
portale : portail
portata : portée
porticato del chiostro : galerie de cloître
portico : porche, portique; *portico del campanile* : clocher-porche
portineria : porterie
posa : pose; *posa della prima pietra* : pose de la première pierre
postergale : retable; *postergale intagliato* : retable sculpté
posterla, *posterula* : poterne
posto : emplacement
pozzo : puits; *pozzo a fondo perduto* : puisard
pratica : tour de main
praticaccia : pratique
prebenda : prébende
Precursore : Précurseur
predella : prédelle, rétable à volets; *predella del trono* : lit de justice
Predicatori (*Frati*) : frères prêcheurs
prefigurazione : préfiguration
prelato : prélat
Premonstratensi : prémontrés
preromanico : préroman
presbiterio : presbytère
Presepio : Crèche
pretorio : prétoire
primate : primat
primitiva (*arte*) : art primitif; *maestri Primitivi* : les Primitifs
priorato : prieuré
priore : prieur
prisma : prisme
procedimento : procédé
processione : procession
profanata (*chiesa*) : église profanée
profano : profane
profeta : prophète
profilare : profiler
profilo : profil
progettare un piano : dresser un plan
progetto : projet; *progetto di massima* : avant-projet
proiezione : projection
proporzionato (*bene*) : en équilibre
proporzioni : proportions
prospettiva : perspective; *prospettiva a volo d'uccello* : vue cavalière
protomartire : protomartyr
protome : protomé
Protoparenti (*i*) : les Premiers Parents
prototipo : prototype
Psicomachia : Psychomachie
Psicostasia : Psychostasie
puddinga : poudingue
puleggia : poulie
pulire : égriser
pulitura : décapage
pulpito : ambon, chaire à prêcher
pulvino d'imposta : coussinet d'arc
punta : pointe; *punta di diamante* : pointe de diamant; *punta da flecha* : pointe de flèche; *punta di lancia* : fer de lance; *tetto a punta* : toit en poivrière
punteggiato : pointillé
puntellamento : étai, étançonnement
puntellare : étayer
puntello : étançon
punteruolo : mandrin
punto : point; *punto d'appoggio* : point d'appui; *punto di partenza* : point de départ; *punto di vista* : point de vue; *punti di riferimento* : repère

puntone : jambe de force; *puntone della capriata* : aissellier; *puntone del tetto* : arbalétrier
pupilla : prunelle
pusteruola : porte bâtarde

q

quadrangolare : quadrangulaire
quadrante : cadran solaire
quadrato del transetto : carré du transept
quadrello : carreau
quadrettato : quadrillé
quadrettatura : quadrillage
quadriglia : quadrille
quadrilatero : quadrilatère
quadrilobo : quadrilobe
quadriportico : porche
quia : quai
quaresima : carême
quattrofoglie : quatre-feuilles
quinconce : quinconce
quota di livello : cote de niveau
quotato (disegno) : plan coté

r

raccomodare : raccommoder
raccordare : racheter
raccordo : raccord; *raccordo di volta* : retombée de voûte
radere al suolo : raser au sol
raggi a cuori : rais-de-cœur
raggio : rayon; *raggio di curvatura* : rayon de courbure; *raggio di ruota* : rayon de roue
rampa : rampe; *rampa di scala* : rampe d'escalier
randello : rondin
raschiare : gratter
raschiatoio : ripe
raschietto di ferro : brettelure
raspa a sega : rifloir
rastremato : galbé
rastremazione : entasis, fruit
realismo : réalisme
recluso : reclus
reclusorio monastico : reclusoir
Redentore : Rédempteur
refacimento : réfection
refettorio : réfectoire
refrattario : terre réfractaire
registro : registre (1)
regnare : régner
regola : règle
regolare : régulier
reimpiego : remploi
reliquia : relique
reliquiario : reliquaire; *reliquiario della testa* : chef-reliquaire
rena : gravier
renaio : sablière
reni della volta : reins de voûte
repertorio : répertoire
replica : réplique
Reposizione : Mise au tombeau
resistenza : résistance
restaurare : restaurer
restaurato : restauré
restauratore : restaurateur
restauro : restauration
Resurrezione : Résurrection
reticella : lacis
reticolato : réticulé; *reticolato di piombo* : résille
retrocoro : arrière-chœur
rialzare : retrousser
rialzo : surélévation
ribadire : river
ribeca : rebec
ricalcata : décalque
ricamo : broderie
riccio di legno : copeau; *riccio di pastorale* : volute de crosse
ricordo : réminiscence
ricottura : recuit
riduzione : réduction
riempire : rejointoyer
riempitura : remplage; *riempitura della cuffia* : remplage de rosace
rientramento : retraite (1)
rientrante (angolo) : angle rentrant
rientranza : retrait
riflesso : reflet
rigido : rigide
rigonfiamento : renflement, pause, entasis, gauchissement
rimaneggiare : remanier
rimpiccolire : rapetisser
rinforzare : renforcer
rinforzo : renfort
rinfrescare : rafraîchir
rinfrescatura della facciata : ravalement de la façade
ripensamento, ripentimento : repentir
ripetizione : répétition
riporto di terra : remblai
riposo : repos
ripostiglio : crédence (1)
ripresa : reprise
ripristino : raccord
riquadro alto : panneau en hauteur
risalto : relief, ressaut
ritardatario : retardataire
ritmo : rythme
rito : rite
ritoccare : retoucher
ritorno all'antiquo : retour à l'antique
ritratto : portrait; *ritratto a cavallo* : portrait équestre; *ritratto a mezza figura* : portrait à mi-corps; *ritratto al naturale* : portrait grandeur nature; *ritratto femminile* : portrait de femme; *ritratto in piedi* : portrait en pied; *ritratto maschile* : portrait d'homme
rituale : rituel
rivestimento : revêtement, lambris
rivestire : rhabiller
rocchetto : rochet
rocco : tambour (2)
romanica (arte) : art roman
romano : romain
romano : peson (1)
rombo : rhombe, losange
rompitratta : blochet
roncola : serpe
rondine (a coda di) : en queue d'aronde
rosario : chapelet
rosetta : bouton, cinq-feuilles
rosolaccio : ponceau
rosone : rosace, rose, fleuron, cinq-feuilles
rosso : de gueules
rosta di porta : imposte
rostro della pila di ponte : bec de pont
rota armonica : roue de clochettes; *rota da vasaio* : tour de potier
rotella : rondache
rotolo : volume roulé; *rotolo del preconio pasquale* : rouleau d'Exsultet
rotonda : rotonde
rovine : ruines
rozzo : grossier
rubino : rubis
rubrica : rubrique
rudentura : rudenture
ruota : roue (1); *ruota da vasaio* : roue de potier
rupestre : rupestre
rustica (costruzione) : ordre rustique
rustico, ruvido : brut

s

sabbia : sable (2)
sacerdote : prêtre
sacramento : sacrement
sacrare : sacre (2)
Sacrificio di Abramo : Sacrifice d'Abraham
saetta : contrefiche
Sagittario : Sagittaire
sagoma : gabarit
sagomare : chantourner
sagomatura : graindorge
sagrestia : sacristie

sagrato : rond-point, parvis
sala : salle; *sala capitolare* : salle capitulaire; *sala del tesoro* : trésor
saldare : souder
saliscendi : loquet
salita a gradoni : rampe (2)
salmo : psaume
salmodia : psalmodie
salnitro : salpêtre
salterio : psautier, psaltérion
Salvatore : Sauveur
santo : saint, bienheureux; *santi guerrieri* : stratelates; *Santa Sede* : Siège; *Luoghi Santi* : Lieux Saints; *Il Santissimo* : le Très Saint Sacrement
santuario : sanctuaire
saracinesca : herse
sarcofago : sarcophage
sardonico : sardoine
savonarola : siège en X
sbalzo : repoussé; *a sbalzo* : en porte-à-faux
sbatacchio : étrésillon
sbieco : biais
sbonzolare : travailler (1)
sbozzare : dégrossir, épanneler
sbozzato : émoussé; *appena sbozzato* : brut
sbozzatore : praticien
sbozzatura : demi-bosse
scabro : brut
scacchiera : damier; *ghiera a scacchiera* : billettes
scacchiere : échiquier
scaglie : écailles
scala : échelle; *su larga scala* : à grande échelle; *su piccola scala* : à petite échelle
scala : escalier; *scala a chiocciola* : escalier en colimaçon; *scala a rampa curva, scala ellittica* : escalier en fer à cheval; *scala segreta* : escalier dérobé; *tromba della scala, vano di scala* : cage d'escalier
scalcinato : dégradé
scaldaletto, scaldino : chauffe-mains, chauffe-pieds
scalino : marche, degré
scalpellino : lapicide, appareilleur
scalpello : ciseau
scanalato : cannelé
scanalatura : cannelure, côte, feuillure, rainure, évidement
scancellato : effacé
scandola : bardeau, essaule
scantinato : cave
scapolare : scapulaire
scarlatto : écarlate
scarpa : talus, soleret
scarpata : escarpe, remblai
scarpatura : glacis
scavare : fouiller
scavaturare : refouiller
scavo : fonçage; *scavi* : fouilles
scettro : sceptre
scheggia : épaufrure; *scheggia di pietra* : recoupe
scheggiare : épaufrer
schiacciato : méplat
schiena d'asino : dos d'âne
schiniere : jambières
schizzo : esquisse
scodella : jatte, sébile
sconsacrato : désaffecté
scoperta : trouvaille
scoppiare : boucler
scortecciare : corroyer
scortese : grossier
scozia : congé, scotie
scrittorio : scriptorium
Scrittura (Sacra) : Écriture Sainte
scudiere : écuyer
scudo : bouclier, écu, écusson, scutum
scultore : sculpteur; *scultore in legno* : sculpteur sur bois
scultura : sculpture, petite sculpture; *scultura in legno* : sculpture sur bois
scuola : école; *scuola di cappella* : psallette
scure d'armi : hache d'armes
scuro della finestra : contrevent
scutiforme : scutiforme
secco : sec
secolare : séculier
sedia : siège; *sedia episcopale* : chaire
sedile di coro : sellette (1); *sedile di finestra* : banquette de fenêtre
sega : scie
segamento : sciage
segmento : segment
segnatura : signature
segno : signature; *segni lapidari* : signes lapidaires
segreta : basse-fosse; *fondo di segreta* : cul de basse-fosse
sella : selle
semicolonna : demi-colonne, colonne engagée
seminato : semis
separazione : séparation
sepolcro : tombeau, sépulcre; *Santo Sepolcro* : Saint Sépulcre
sepoltura : sépulture, tombeau
serafino : séraphin
serpentone : serpent
serraglia : clef de voûte, clef pendante
serratura : serrure
servitu : servitude
Settanta (i) : les Septante
sezione : coupe; *sezione longitudinale* : coupe longitudinale; *sezione trasversale* : coupe transversale
sfaccettatura : surface d'un objet
sfaccettazione : taille (2)
sfaldare (si) : se déliter
sferico : sphérique
sfigurare : défigurer
sfragistica : sphragistique
sfumatura : nuance
sgabello : escabeau, tabouret
sghembo : embrasure; *a sghembo* : de travers
sgorbia : ciseau, gouge; *sgorbia da bottaio a due manici* : plane
sgravare di peso : soulager
sgrossare : épanneler
sgrossatura : épannelage
sguancio : embrasure
sigillare : sceller
sigillatura : scellement
sigillo : sceau
sigillografia : sigillographie
sigla : sigle; *sigla del lapicida* : marque de tâcheron
simbolismo : symbolisme
simbolo : symbole; *simbolo degli Apostoli* : symbole des Apôtres
simmetria : symétrie
sinagoga : synagogue
sindone : linceul, sindon, suaire; *Santa Sindone* : Saint Suaire
sinistro : senestre
sinodo : synode
sinuoso : sinueux
sirena : sirène
smaltatore : émailleur, émailliste
smaltatura : émaillerie
smalto : émail, smalte; *smalti araldici* : couleurs héraldiques; *smalti del scudo* : émaux de blason *smalto dipinto* : émail peint; *smalto posto in alveoli incavati* : émail champlevé; *smalto posto in alveoli rilevati* : émail cloisonné; *smalto translucido* : émail translucide
smeraldo : émeraude
smisurato : demesuré
smussare : chanfreiner
smussato (angolo) : chanfrein, pan coupé
smusso : abattu
sobrio : sobre
soffietto : soufflet

soffitta : mansarde
soffittatura a capriate : plafond à poutres apparentes
soffitto : plafond, soffite
soglia della porta : seuil, pas de porte
solaio : plancher
solcare : fendre
solco del fregio : gaufré
soldo : sou
solera, *soletta* : sole
somiere : buffet d'orgue
soppalco : soupente
sopraccarico : surcharge
sopra elevare : surélever, exhausser
soprastampo : surmoulage
soprastruttura : superstructure
sostegno : support, appui, butée
sostenere : épauler
sostruzione : substruction
sottarco : intrados
sotterraneo : souterrain
sottile : mince, grêle
sottobase : sous-œuvre
sottolineare : souligner
sottomurazioni : rempiètement d'un mur
sottosuolo : sous-sol
spaccare : fendre
spaccatura : gélivure
spada : épée; *spada a due tagli* : épée à deux tranchants
spagnoletta : crémone
spalle : jambage
spalliera : dossier, accoudoir
spatola : riflard; *spatola a denti* : ripe
spazio libero : réserve
spazioso : vaste
specchio : miroir
sperone : jambage
spettro : spectre
spianare : planer, aplanir
spiccamento : départ
spiccare : trancher
spiedo da caccia : vouge
spiga (*terminale a*) : épi
spigolo vivo : angle vif; *a spigolo vivo* : à arêtes vives
spina : noyau (d'escalier), échiffre, épine
spinapesce : chevron; *ghiera a spinapesce* : bâtons rompus
spingere nel vuoto : pousser au vide
spinta : poussée
sponcino : judas
spiovente : pente d'un toit
spiraglio : soupirail
spirale : spirale
spiritualizzamento : spiritualisation
spolvero : poncif (1)
sponda del pozzo : margelle
sponderuolo per sagome : rabot
sporgente : en encorbellement, saillant; *arco sporgente* : arc-doubleau; *elemento sporgente*, *pietra sporgente* : recouvrement
sporgenza : saillie, balèvre
sportello : guichet, volet (2)
spranga : poitrail
sprofondamento : affaissement
sprone : étai, éperon; *sprone a punta* : éperon à pointe
spoporzione : disproportion
squadra : équerre, semelle (2); *a squadra* : d'équerre
squadrare : équarrir
squamarsi : s'écailler
stabilità : stabilité
staccio : tamis
staccionata : claire-voie
staffa : crampon
stallo : stalle
stampella : potence (2)
stampaggio : estampage
stampatura : empreinte
stampo : pochoir
stanga : barre d'appui, limon
statua : statue; *statua equestre* : statue équestre; *statua genuflessa* : orant de tombe; *statua sdraiata* : gisant
statuaria : statuaire
statuario : statuaire
statura : stature
stauroteca : staurothèque
steccata, *steccato* : palissade, palis
stecco : mirette
stella : étoile
stemme : armes (blason)
stereotomia : stéréotomie
sterro : déblai
stiacciato : écrasé, méplat
stile : style (3)
stilita : stylite
stilizzazione : stylisation
stilo : style (1)
stilobate : stylobate
stimmate : stigmate
stipite : jambage, montant, chambranle, souche de clocher
stoffa : étrier
stola : étole
stombo : voussure
stoviglie : poterie
strada di Gerusalem : labyrinthe
strapiombo : déversement
strappo d'affresco : dégagement d'une fresque
stria : strie
strigilato : strigilé
strigilatura : décor strigilé
strigile : strigile
strombato (*portale*) : portail ébrasé
strombatura : ébrasement
strumento : instrument; *strumenti a corde* : instruments à cordes; *strumenti a filato* : instruments à vent; *strumenti a percussione* : instruments à percussion; *strumento da musica* : instrument de musique; *strumenti della Passione* : instruments de la Passion
struttura : structure
stucco : stuc
stufa : poêle; *stufa di maiolica* : poêle en faïence
stuoia : natte (1); *stuoia di sparto* : sparterie
suola da scarpe : semelle (1)
suolo : semelle (2)
superficie : surface
suppedaneo : suppedaneum
supporto : semelle (2)
svellimento : arrachement

t

tabernacolo : tabernacle
tacca : encoche
tagliapietre : lapicide
taglio : tranchant, taillant, taille (1); *taglio delle pietre* : taille des pierres
tamburato : écharpe
tamburo : tambour (1)
tanaglie : tenailles
tappeto : tapis
tappezzeria : tapisserie, tenture
targa : targe
tassello : tasseau
taumaturgo : thaumaturge
tavola : table, planche, panneau (3), ais; *tavola d'altare*, *dipinto su tavola* : rétable à volets; *tavola di legno* : barre de bois
tavolame : lattes, voliges
tavolone : madrier, longeron
tazza : hanap
tenda : tente
tendenza : tendance
teofania : théophanie
teoria di personaggi : registre
terra : terre; *terra argillosa* : terre glaise; *terra cotta* : terre cuite; *terra da vasaio* : terre à potier; *terra di Siena* : terre de Sienne; *Terra Santa* : Terre sainte
terrazza : terrasse
terreno : terrain
terziario : tertiaire

tesa : toise
testa : tête, chef; *testa di foglie* : tête de feuilles; *testa di bassorelievo* : tête plate
testamento : testament; *Nuovo Testamento* : Nouveau Testament; *Vecchio Testamento* : Ancien Testament
tetramorfo : tétramorphe
tetto : toit, toiture; *tetto a due displuvi* : comble à deux égouts; *tetto ad uno spiovente* : comble à un versant; *tetto convesso* : bâtière
tettoia : auvent, appentis
tipo : type
tipologia : typologie
tirante : tirant, entrait, chaînage
titolare : titulaire
titolo : titulus
tomba : tombe, tombeau, caveau
tombale (*lastra*) : pierre tombale
tondino : baguette; *tondino aperline* : boucle
tondo : ronde-bosse
tono : ton; *toni* : valeurs; *tono locale* : couleur locale, ton local
tonsura : tonsure
topazio : topaze
torchio : pressoir
torcia : torche, flambeau
torciere : flambeau, torchère
tornire : tourner
toro : tore, boudin
torque : torque
torre : tour; *torre di difesa* : tour de défense; *torre di scolta* : tour de guet; *torre civica* : beffroi; *torre lanterna* : tour-lanterne
torretta : tourelle
torriciuola : échauguette
torso : torse
tortiglione : corde
tortile : câble, cordelière
torto : tors
tovaglia di altare : nappe d'autel
tozzo : trapu
trabeazione : entablement
trabocchetto : oubliettes
traccia : tracé
tradizione : tradition
traforato : ajouré
traforo : ajour, remplage (2); *lavorare a traforo* : ajourer
tramezzo : meneau, mur de refend, mur diaphragme; *tramezzo di mattoni* : galandage
transenna : transenna, claustra
transetto : transept; *transetto del coro* : clôture de chœur; *transetto doppio* : double transept
transizione (*stile di*) : style de transition
trapanare : tarauder
trapano : trépan, drille, vilebrequin, mèche (2)
trappola : trappe
trasportare su tela : transférer (une fresque)
trasporto di reliquie : translation des reliques
tratteggio : hachures; *tratteggio incrociato* : hachures croisées
trattenuta dall'arco rampante : poussée au vide
tratto : dessin au trait
travatura portante : cintre
trave : poutre, longeron; *trave triunfale* : tref
traversa : blochet
traversina : traverse
travetta : poutrelle
travicello : chevron, chevêtre, solive, panne, lambourde
treccia : tresse, natte (2)
triangolo : triangle
tribuna ad archi : jubé; *tribuna d'organo* : tribune d'orgue; *tribuna vescovile* : chaire extérieure
trifoglio : trèfle; *a trifoglio* : tréflé
trifora : triplet
triforio : triforium; *triforio cieco* : triforium aveugle
triregno : tiare, trirègne
triquetro : triscèle
trittico : triptyque, rétable à volets
trogolo : auge
tromba : trompe
trombetta : trompette
trombone : trombone
troncato : tronqué
tronco : tronc (1); *tronco di cono* : tronc de cone
tronfio : guindé
trono : trône
truciolo : copeau
trumeau : trumeau
tufo : moellon
tugurio : chaumière
tunica : tunique
turchese : turquoise
turibolo : encensoir
turiferario (*angiolo*) : ange thuriféraire

u

uccello (*a volo d'*) : à vol d'oiseau
uffizio : office
ulivella : louve
unghia : retombée de voûte
unzione : onction
uose : houseaux
usbergo : haubert
uscio : huis
utensile : outil

v

vaio : vair
vaglio : crible
valori : valeurs
vangelo : évangile; *Vangeli sinottici* : Évangiles synoptiques
variante : variante
vasca del fonte battesimale : cuve baptismale
vascello : vaisseau (1)
vasellame di terracotta : poterie
vaso : vase; *vasi sacri* : vases sacrés; *vaso del capitello* : corbeille
Vecchi dell'Apocalisse (*i venti quatro*) : les vingt-quatre Vieillards de l'Apocalypse
veduta : vue (2); *veduta aerea* : vue aérienne; *veduta d'insieme* : vue d'ensemble
vela : voile; *nave a vela* : voilier; *vela del catino absidiale* : cul-de-four d'abside
velino : vélin
velo : voile; *velo del calice* : voile du calice
ventaglia : ventaille
venturina : aventurine
vera del pozzo : margelle
verde : vert, sinople
verga : verge
Vergine (*la*) : la Vierge; *vergine aperta* : vierge ouvrante; *Vergine del Soccorso* : Vierge du Bon Secours; *Vergine di Maesta* : Vierge en majesté; *Vergine in piedi* : Vierge debout; *Vergine seduta* : Vierge assise; *le Vergini stolte e saggie* : les Vierges sages et les Vierges folles; *le undicimila vergini* : les onze mille vierges
vermicolato : vermiculé
vero (*al*) : à grandeur d'exécution
verrettone : vireton
verricello : treuil, vérin
verticale : vertical
vertice : sommet
vescia di pesce : vesica piscis
vescovo : évêque
vestizione : vêture
vetraio : verrier
vetrata dipinta : vitrail
vetreria : vitrerie
vetro : verre; *vetri lenticolari* : cives
vetustà : vétusté
via crucis : via dolorosa, chemin

de croix
vigna : vigne (2)
villano : grossier
vincastro : houlette
vincolo : lien
viola : viole, vieille
virtu teologali : vertus théologales; *virtu cardinali :* vertus cardinales
visiera : visière, vues d'un casque
Visitazione : Visitation
vista a volo d'uccello : vue à vol d'oiseau, vue cavalière; *vista di faccia :* vue de face; *vista di lato :* vue de côté; *vista di tergo :* vue de dos
vite : vis, vigne (1)
viticcio : vrille
vitte : fanon
vivagni : liteau
vizio di costruzione : vice de construction
volata : volée; *scala a doppio volata :* escalier à double volée
Volgata : Vulgate
volta a botte : voûte en berceau, travée d'église; *volta a costoloni :* voûte nervée; *volta a crociera ogivale :* voûte à croisée d'ogives; *volta a lunette :* berceau à pénétration; *volta a punta :* voûte en berceau brisé; *volta a quarto di cerchio :* voûte en demi-berceau; *volta a quarto di sfera :* coquille; *volta a spigoli :* voûte d'arêtes; *volta a vela :* canton de voûte; *volta anulare :* voûte annulaire; *volta ad arco di chiostro :* voûte en arcs de cloître; *volta in forma d'ansa di pannettiere :* voûte en anse de panier; *volta in forma di duomo :* voûte domicale; *volta in forma di mezza tazza :* voûte en cul-de-four; *segmento di volta :* voûtain
voltamento : voûtement
volto : visage
volume : volume
voluta : volute
votiva (corona) : couronne votive
vuoto : vide; *vuoto degli arcarecci :* solin (2); *spingere al vuoto :* pousser au vide

Z

zaffiro : saphir
zampillo : jet d'eau
zappa : hoyau; *zappa da vontadino :* houe
zappare : saper
zimarra : simarre
zoccolo : sabot, socle, bahut, lambris
zona luminosa : étage clair

NOUS TENONS A REMERCIER TOUS CEUX QUI NOUS ONT AIDÉS DANS LA RÉVISION DE LA RÉDACTION DE CE GLOSSAIRE, SPÉCIALEMENT NOS AMIS RAYMOND OURSEL QUI A ASSURÉ LA RELECTURE DES TEXTES ET NOVELLO NOVELLI QUI A BIEN VOULU RECHERCHER LES ÉQUIVALENCES ITALIENNES. NOUS REMERCIONS AUSSI TOUS CEUX QUI ONT COLLABORÉ A L'AMÉLIORATION DE CET OUVRAGE PAR LEURS OBSERVATIONS BIENVEILLANTES. NOUS SOMMES HEUREUX DE LEUR TÉMOIGNER ICI NOTRE GRATITUDE.

TABLE

COMPOSITION
DU TEXTE ET IMPRESSION DES PLANCHES COULEURS PAR LES ATELIERS DE LA PIERRE-QUI-VIRE (YONNE). IMPRESSION DU TEXTE EN DEUX COULEURS ET DES PLANCHES HÉLIO PAR HAUTES-VOSGES IMPRESSIONS A SAINT-DIÉ.

RELIURE
PAR LA NOUVELLE RELIURE INDUSTRIELLE A AUXERRE. MAQUETTE DE L'ATELIER DU CŒUR-MEURTRY, ATELIER MONASTIQUE DE L'ABBAYE SAINTE-MARIE DE LA PIERRE-QUI-VIRE (YONNE).

ISSN 0550-3604
ISBN 2-7369-0164-9
(ouvrage reproduit : ISBN 2-7369-0100-2)

Directeur-Gérant : José Surchamp

Dépôt légal : 1410-3-89

GLOSSAIRE

BAYEUX

SYMBOLES

ÉVOCATION

LEXIQUE

INVENTION

FLORAISON 1

FLORAISON 2

HISTOIRE 1

HISTOIRE 2

RÉVÉLATION

ROUTES ROMANES 1

ROUTES ROMANES 2

ROUTES ROMANES 3

introductions à la nuit des temps 1